Gerhard Lippe · Das Wissen für Bankkaufleute

Gerhard Lippe

Das Wissen für Bankkaufleute

Bankbetriebslehre
Betriebswirtschaftslehre
Bankrecht
Wirtschaftsrecht
Rechnungswesen, Organisation, Datenverarbeitung

6., neubearbeitete und erweiterte Auflage

GABLER

CIP-Titelaufnahme der Deutschen Bibliothek

Lippe, Gerhard:
Das Wissen für Bankkaufleute: Bankbetriebslehre, Betriebswirtschaftslehre, Bankrecht, Wirtschaftsrecht, Berechnungswesen, Organisation, Datenverarbeitung/Gerhard Lippe. – 6., neubearb. u. erw. Aufl. – Wiesbaden: Gabler, 1990
  Bis 5. Aufl. u. d. T.: Lippe, Gerhard: Das Wissen des Bankkaufmanns
  ISBN 3-409-47039-5

1. Auflage 1973
2. Auflage 1977
3. Auflage 1980
4. Auflage 1984
5. Auflage 1987
6. Auflage 1990

Der Gabler Verlag ist ein Unternehmen der Verlagsgruppe Bertelsmann International.

© Betriebswirtschaftlicher Verlag Dr. Th. Gabler GmbH, Wiesbaden 1990
Lektorat: Brigitte Stolz-Dacol

Das Werk einschließlich aller seiner Teile ist urheberrechtlich geschützt. Jede Verwertung außerhalb der engen Grenzen des Urheberrechtsgesetzes ist ohne Zustimmung des Verlags unzulässig und strafbar. Das gilt insbesondere für Vervielfältigungen, Übersetzungen, Mikroverfilmungen und die Einspeicherung und Verarbeitung in elektronischen Systemen.

Satz: SATZPUNKT Ursula Ewert, Braunschweig
Druck und Bindung: C. W. Niemeyer, Hameln
Printed in Germany

ISBN 3-409-47039-5

Vorwort zur 6. Auflage

Liebe Leserin, lieber Leser,

das Geschäft der Kreditinstitute ist in den letzten Jahren erneut komplexer und schwieriger geworden. Neben der Episode „Quellensteuer" beherrschen die Themen Allfinanz, europäischer Binnenmarkt und Konzentration der Kräfte das Kreditgewerbe.

Während die Bundesrepublik sich zu einem international zunehmend attraktiven Finanzplatz entwickelt, das Wertpapiergeschäft ständig neue Produkte und Handelsformen kreiert, verschärft sich auch der Wettbewerb. Die technologische Entwicklung durchdringt alle Geschäftsbereiche; da Rationalisierungspotentiale weitgehend ausgeschöpft sind, liegt nun der Schwerpunkt bei der qualitativen Unterstützung am Arbeitsplatz des Kundenberaters und des Sachbearbeiters.

Das notwendige Wissen für Bankkaufleute erweitert sich damit ständig. Es hat sich seit der Erstauflage dieses Lehrbuchs, gemessen an den Seitenzahlen, fast verdreifacht. Die Anforderungen, die an Sie als Auszubildende(r) und Mitarbeiter(in) eines Kreditinstitutes gestellt werden, haben sich darüber hinaus qualitativ wesentlich erhöht.

Ich halte es für dringend erforderlich, daß die für die Berufsausbildung Bankkaufmann/Bankkauffrau zuständigen Stellen hierauf reagieren. Nicht die Vermittlung von Wissen in ständig steigender Quantität ist der richtige Weg. In Zukunft wird es darauf ankommen, eine breite Wissensbasis zu schaffen, aber nicht durch Detailwissen, sondern durch Darstellung von Schwerpunkten und Strukturen, der Zusammenhänge und vielfältigen Vernetzungen im Kreditgewerbe und den einzelnen Geschäftsarten.

Das Ihnen vorliegende Lehrbuch soll Sie in der Ausbildung und der Praxis als Ratgeber begleiten. Es kann nicht das Ziel sein, daß Sie eines Tages alles wissen, was in diesem Buch steht. Schön wäre es, wenn Sie aufgrund Ihrer Ausbildung und Praxis alles, was darin steht, verstehen. Das Ziel aber ist meines Erachtens, daß dieses Buch Ihnen hilft, die an Sie gestellten Anforderungen und Ihnen begegnenden Probleme zu lösen.

Bei allen, die mich mit Anregungen und Hinweisen, Formularen und Mustern bei der Erarbeitung dieser Auflage unterstützt haben, bedanke ich mich herzlich. Ein besonderer Dank gilt meinen Kollegen Thomas Friemann, Thomas Nack, Kay Ritthaler, Thomas Tänzer und Christoph Schulz, die ihre Erfahrung und ihr Wissen eingebracht haben.

Gerhard Lippe

Inhaltsverzeichnis

0.	**Wirtschaftslehre**	1
0.0	**Grundlagen**	1
0.0.0	*Volkswirtschaftliche Grundbegriffe*	1
0.0.00	Wesen und Aufgaben der Wirtschaft	1
0.0.01	Wirtschaftssysteme	5
0.0.02	Einzelne Begriffe und ihre Einordnung	8
0.0.1	*Betriebswirtschaftliche Grundbegriffe*	10
0.0.10	Der Betrieb als Einzelwirtschaft	10
0.0.11	Handels- und Industriebetriebe	12
0.0.2	*Rechtliche Grundbegriffe*	14
0.0.20	Überblick	14
0.0.21	Einzelne Begriffe und ihre Einordnung	15
0.1	**Lehre vom Rechtsgeschäft**	19
0.1.0	*Grundbegriffe*	19
0.1.00	Überblick	19
0.1.01	Rechtsgeschäftliche Grundbegriffe	19
0.1.02	Die Vertragsfreiheit und ihre Beschränkungen	24
0.1.03	Nichtigkeit und Anfechtbarkeit von Willenserklärungen	26
0.1.04	Vertretung und Vollmacht	27
0.1.1	*Der Vertrag*	28
0.1.10	Zustandekommen	28
0.1.11	Vertragsarten des BGB	31
0.1.2	*Der Kaufvertrag*	34
0.1.20	Das Verpflichtungsgeschäft	34
0.1.21	Inhalt des Kaufvertrages	36
0.1.22	Erfüllung des Kaufvertrages	44
0.1.23	Erfüllungsstörungen	49
0.1.3	*Die Durchsetzung von Ansprüchen*	53
0.1.30	Mahnverfahren	54
0.1.31	Klageverfahren (Zivilprozeß)	58
0.1.32	Zwangsvollstreckung	60
0.1.33	Verjährung	60

0.1.4	*Rechtsgeschäftliche Spezialgesetze*	63
0.1.40	Überblick	63
0.1.41	Einzelne Vorschriften	64

0.2	**Kaufmännischer Dienstleistungsverkehr**	69
0.2.0	*Güter- und Nachrichtenverkehr*	69
0.2.00	Überblick	69
0.2.01	Der Frachtführer	70
0.2.02	Eisenbahngüterverkehr	71
0.2.03	Lkw-Güterverkehr (Kraftfahrt)	75
0.2.04	Binnenschiffahrt	76
0.2.05	Luftfrachtverkehr	79
0.2.06	Post-Güterverkehr (Paketpostdienst)	81
0.2.07	Seeschiffahrt	83
0.2.08	Nachrichtenverkehr (Telekommunikation)	91
0.2.1	*Handelsmittler, Spediteure, Lagerhalter*	98
0.2.10	Überblick	98
0.2.11	Handelsmittler	99
0.2.12	Spediteur und Lagerhalter	103

0.3	**Grundstücksverkehr**	108
0.3.0	*Überblick*	108
0.3.1	*Das Grundbuch*	108
0.3.10	Wesen und Bedeutung	108
0.3.11	Inhalt und Aufbau	109
0.3.2	*Der Grundstückskaufvertrag*	119
0.3.20	Vertragsschluß	119
0.3.21	Übereignung des Grundstücks	120
0.3.3	*Die Grundpfandrechte*	121
0.3.30	Wesen und Bedeutung	121
0.3.31	Arten	121
0.3.32	Form, Entstehung und Übertragung, Löschung	122
0.3.33	Abgrenzung	125
0.3.34	Zwangsvollstreckung in das Grundstück	126

0.4	**Handelsrecht**	127
0.4.0	*Grundbegriffe*	127
0.4.00	Kaufmannseigenschaft	127
0.4.01	Die Firma	135

0.4.02	Das Handelsregister	139
0.4.03	Bevollmächtigte des Kaufmanns	142
0.4.04	Rechnungslegung bei Kaufleuten	144

0.4.1	*Unternehmensformen*	159
0.4.10	Grundbegriffe	159
0.4.11	Einzelunternehmung	166
0.4.12	Gesellschaft bürgerlichen Rechts	168
0.4.13	Offene Handelsgesellschaft	170
0.4.14	Kommanditgesellschaft	175
0.4.15	Stille Gesellschaft	177
0.4.16	Aktiengesellschaft	178
0.4.17	Gesellschaft mit beschränkter Haftung	190
0.4.18	Genossenschaft	194
0.4.19	Unternehmenssonderformen	198

0.4.2	*Unternehmenszusammenschlüsse*	204
0.4.20	Überblick	204
0.4.21	Formen von Zusammenschlüssen	205
0.4.22	Der Wettbewerb der Unternehmungen	208

0.4.3	*Das Notleiden von Unternehmen*	210
0.4.30	Überblick	210
0.4.31	Sanierung	212
0.4.32	Liquidation	212
0.4.33	Vergleich	213
0.4.34	Konkurs	215

0.4.4	*Finanzierung der Unternehmung*	220
0.4.40	Grundbegriffe	220
0.4.41	Bilanzrelationen und Unternehmenskennziffern	221
0.4.42	Finanzierung	223

| 0.5 | **Arbeits- und Sozialrecht** | 226 |

0.5.0	*Überblick*	226
0.5.00	Arbeitsrecht	226
0.5.01	Sozialrecht	228

0.5.1	*Individualarbeitsrecht*	228
0.5.10	Die Mitglieder eines Betriebes	228
0.5.11	Das Arbeitsverhältnis	232
0.5.12	Arbeitsschutz und Arbeitsförderung	234

| 0.5.2 | *Kollektives Arbeitsrecht* | 239 |
| 0.5.20 | Überblick | 239 |

0.5.21	Die Sozialpartner	239
0.5.22	Der Tarifvertrag	240
0.5.23	Arbeitskampf	242
0.5.24	Betriebsverfassungsrecht	243
0.5.3	*Arbeitsgerichtsbarkeit*	245
0.5.4	*Sozialrecht*	245
0.5.40	Überblick	245
0.5.41	Rentenversicherung	246
0.5.42	Krankenversicherung	248
0.5.43	Unfallversicherung	249
0.5.44	Arbeitslosenversicherung (Arbeitsförderung)	250
0.5.45	Sozialgerichtsbarkeit	250
0.6	**Steuern**	251
0.6.0	*Grundbegriffe*	251
0.6.00	Überblick	251
0.6.01	Finanzverwaltung	252
0.6.02	Erhebung der Steuern	252
0.6.1	*Besitzsteuern*	254
0.6.10	Einkommensteuer	254
0.6.11	Kapitalertragsteuer	263
0.6.12	Körperschaftsteuer	266
0.6.13	Vermögensteuer	267
0.6.14	Realsteuern	268
0.6.2	*Verkehrsteuern*	269
0.6.20	Umsatzsteuer (Mehrwertsteuer)	269
0.6.21	Grunderwerbsteuer	270
0.6.22	Erbschaft- und Schenkungsteuer	270
0.6.23	Sonstige Verkehrsteuern	273
0.6.3	*Sonstige Abgaben*	273
0.6.30	Verbrauchsteuern	273
0.6.31	Lastenausgleich	273
0.7	**Wiederholung**	274
1.	**Bankbetriebslehre**	281
1.0	**Grundlagen**	281
1.0.0	*Die Stellung der Kreditinstitute*	281
1.0.00	Aufgaben der Kreditinstitute	281

1.0.01	Geschichte der Kreditinstitute	284
1.0.02	Die Arten der Kreditinstitute	287
1.0.1	*Rechtsgrundlagen*	296
1.0.10	Überblick	296
1.0.11	Einzelne privatrechtliche Vorschriften	296
1.0.12	Kreditwesengesetz (KWG) von 1961	297
1.0.13	Einlagensicherung	306
1.0.2	*Der Bankbetrieb*	308
1.0.20	Überblick	308
1.0.21	Geschäftspolitik	309
1.0.22	Personalwesen	310
1.0.23	Marketing	316
1.0.24	Revision	320
1.1	**Zahlungsverkehr**	**323**
1.1.0	*Überblick*	323
1.1.00	Zahlungsverkehr und Zahlungsmittel	323
1.1.01	Bedeutung des Zahlungsverkehrs	324
1.1.1	*Das Konto*	324
1.1.10	Grundlagen	324
1.1.11	Kontoinhaber und Kontoverfügung	325
1.1.12	Kontoführung durch das KI	332
1.1.13	Kontenarten nach der Verwendung	334
1.1.14	Allgemeine Geschäftsbedingungen (AGB) der Kreditinstitute	336
1.1.15	Das Bankgeheimnis	342
1.1.2	*Der Barverkehr*	345
1.1.20	Grundlagen	345
1.1.21	Kassengeschäfte der KI	346
1.1.3	*Der Überweisungsverkehr*	350
1.1.30	Grundlagen	350
1.1.31	Überweisungsarten	352
1.1.32	Die Gironetze	354
1.1.4	*Der Scheckverkehr*	365
1.1.40	Grundbegriffe	365
1.1.41	Scheckkarten	371
1.1.42	Abwicklung des Scheckverkehrs	377
1.1.5	*Der Wechselverkehr*	384
1.1.50	Grundbegriffe	384
1.1.51	Ausstellung, Annahme und Übertragung des Wechsels	394

1.1.52	Wechseleinlösung	398
1.1.53	Nichteinlösung = Notleiden des Wechsels	402
1.1.54	Wechselgeschäfte der Kreditinstitute	408
1.1.55	Sonderform: Quittungen	409
1.1.6	*Der Lastschriftverkehr*	410
1.1.60	Grundlagen	410
1.1.61	Durchführung des Lastschriftverkehrs	412
1.1.7	*Die Abrechnung*	417
1.1.70	Grundlagen	417
1.1.71	Abwicklung	418
1.1.8	*Besondere Zahlungsmittel*	419
1.1.80	Der Reisescheck	419
1.1.81	Der Kreditbrief	422
1.1.82	Das Barakkreditiv	423
1.1.83	Kreditkarten	424
1.1.9	*Modernisierung des Zahlungsverkehrs der Kreditinstitute*	427
1.1.90	Überblick	427
1.1.91	Vereinheitlichung des Zahlungsverkehrs	429
1.1.92	Elektronischer Zahlungsverkehr	433
1.1.93	POS-System des deutschen Kreditgewerbes	438
1.1.94	EDV-Kundenservice	440
1.2	**Passivgeschäft**	443
1.2.0	*Überblick*	443
1.2.1	*Einlagengeschäft*	443
1.2.10	Rechtsgrundlagen	443
1.2.11	Sichteinlagen	444
1.2.12	Termineinlagen	445
1.2.13	Spareinlagen (Grundbegriffe)	446
1.2.14	Sparformen	449
1.2.15	Staatliche Sparförderung	457
1.2.16	Bedeutung des Sparens	462
1.2.2	*Aufgenommene Gelder*	464
1.2.20	Wesen	464
1.2.21	Der Geldmarkt	465
1.2.22	Ausgabe von Schuldverschreibungen	466
1.3	**Aktivgeschäft (Kreditgeschäft)**	467
1.3.0	*Überblick*	467

1.3.00	Wesen und Bedeutung des Kredits	467
1.3.01	Rechtsgrundlagen	469
1.3.02	Kreditarten	471
1.3.1	*Kreditsicherheiten*	473
1.3.10	Bürgschaft	473
1.3.11	Garantie	477
1.3.12	Abtretung (Zession) von Forderungen	478
1.3.13	Pfandrecht	487
1.3.14	Grundpfandrechte	491
1.3.15	Sicherungsübereignung	491
1.3.16	Patronatserklärung	498
1.3.2	*Technik der kurzfristigen Kreditgewährung*	499
1.3.20	Voraussetzungen	499
1.3.21	Der Kreditvertrag	504
1.3.3	*Einzelne kurz- und mittelfristige Kreditarten*	507
1.3.30	Kontokorrentkredit (KKK)	507
1.3.31	Diskontkredit	509
1.3.32	Lombardkredit	512
1.3.33	Konsumkredite	515
1.3.34	Akzeptkredit	523
1.3.35	Avalkredit	528
1.3.36	Besondere Finanzierungsformen	532
1.3.4	*Das langfristige Kreditgeschäft*	536
1.3.40	Realkredite	536
1.3.41	Kommunalkredit	557
1.3.42	Schuldscheindarlehen, Treuhandkredite und durchgeleitete Kredite	558
1.4	**Wertpapiergeschäft**	561
1.4.0	*Grundlagen*	561
1.4.00	Das Wertpapier	561
1.4.01	Begriff und Bedeutung der Effekten	565
1.4.1	*Gläubigerpapiere*	566
1.4.10	Grundbegriffe	566
1.4.11	Einzelne Gläubigerpapiere	572
1.4.2	*Anteilspapiere*	588
1.4.20	Gemeinsames	588
1.4.21	Die einzelnen Anteilspapiere	588
1.4.3	*Wertpapiersonderformen*	592
1.4.30	Investmentzertifikat	592

1.4.31	Weitere Wertpapier-Sonderformen	599
1.4.4	*Emissionsgeschäft*	602
1.4.40	Überblick	602
1.4.41	Abwicklung des Emissionsgeschäftes	603
1.4.5	*Effektenhandel und Effektenbörsen*	608
1.4.50	Die Börse	608
1.4.51	Börsenhandel	615
1.4.52	Kursbestimmende und kursbeeinflussende Faktoren	631
1.4.53	Besteuerung von Effektenerträgen	635
1.4.54	Effektenhandel der Kreditinstitute	639
1.4.55	Erfüllung der Effektengeschäfte	643
1.4.6	*Depotgeschäft*	648
1.4.60	Geschlossenes Depot	648
1.4.61	Offenes Depot	649
1.4.7	*Anlageberatung durch Kreditinstitute*	659
1.4.70	Grundbegriffe	659
1.4.71	Einzelne Anlageformen und ihre Bewertung	662
1.4.72	Aktienanalyse und Kursprognose	665
1.5	**Wiederholung**	670
2.	**Außenhandel und Auslandsgeschäfte der Kreditinstitute**	680
2.0	**Der Außenhandel**	680
2.0.0	*Grundbegriffe*	680
2.0.00	Wesen und Bedeutung	680
2.0.01	Formen des Außenhandels	681
2.0.1	*Rechtsgrundlagen des Außenhandels*	682
2.0.10	Außenwirtschaftsgesetz von 1961 (AWG)	682
2.0.11	Außenwirtschaftsverordnung (AWV)	685
2.0.12	Waren- und Länderlisten gemäß AWG und AWV	687
2.0.13	EG-Verordnungen, EG-Verträge, Handelsabkommen usw.	688
2.0.14	Innerdeutscher Handel (Handel mit der DDR)	689
2.0.2	*Der Kaufvertrag im Außenhandel (Kontrakt)*	690
2.0.20	Überblick	690
2.0.21	Lieferungsbedingungen	691
2.0.22	Zahlungsbedingungen	695
2.0.23	Weitere Risiken und ihre Absicherung	697
2.0.3	*Dokumente im Außenhandel*	699

2.0.30	Wesen und Bedeutung	699
2.0.31	Transportdokumente	699
2.0.32	Warenbegleitpapiere	700
2.0.33	Versicherungsdokumente	706
2.0.34	Sonstige Dokumente	708
2.0.4	*Handelsmittler im Außenhandel*	710
2.0.40	Überblick	710
2.0.41	Einzelne Arten	710
2.0.5	*Die Zahlungsbilanz*	711
2.0.50	Grundbegriffe	711
2.0.51	Ausgleich der Zahlungsbilanz	713
2.1	**Die Auslandsgeschäfte der Kreditinstitute**	716
2.1.0	*Zahlungsabwicklung*	716
2.1.00	Reiner Zahlungsverkehr	716
2.1.01	Dokumenten-Inkasso	723
2.1.02	Dokumenten-Akkreditiv	727
2.1.03	Akkreditiv-Sonderformen mit Finanzierungscharakter	742
2.1.1	*Finanzierung des Außenhandels*	748
2.1.10	Überblick	748
2.1.11	Importfinanzierung	750
2.1.12	Exportfinanzierung	754
2.1.13	Auslandsgarantiegeschäft	772
2.1.2	*Devisen und Devisenhandel*	772
2.1.20	Grundbegriffe	772
2.1.21	Devisengeschäfte der Kreditinstitute	777
2.2	**Wiederholung**	794
3.	**Rechnungswesen in Kreditinstituten**	798
3.0	**Grundlagen**	798
3.0.0	*Überblick*	798
3.0.1	*Buchführungssysteme*	798
3.0.2	*Die Bilanz*	799
3.0.20	Grundbegriffe	799
3.0.21	Die Aktivseite (Aktiva)	800
3.0.22	Die Passivseite (Passiva)	800
3.0.23	Jahresabschluß der Kreditinstitute	801

3.0.3	*Das Konto*	803
3.0.30	Grundbegriffe	803
3.0.31	Bestandskonten	803
3.0.32	Erfolgskonten	805
3.0.4	*Die Betriebsübersicht*	807
3.0.40	Begriff	807
3.0.41	Aufbau	808
3.1	**Buchungen im Geschäftsverkehr**	809
3.1.0	*Zahlungsverkehr*	809
3.1.00	Barverkehr	809
3.1.01	Bargeldloser Zahlungsverkehr	812
3.1.1	*Passivgeschäft*	820
3.1.10	Einlagengeschäft	820
3.1.11	Aufgenommene Gelder	821
3.1.2	*Aktivgeschäft*	822
3.1.20	Kurz- und mittelfristige Kredite	822
3.1.21	Langfristige Kredite	824
3.1.22	Kreditleihe	826
3.1.3	*Wertpapiergeschäft*	828
3.1.30	Kommissionsgeschäft	828
3.1.31	Eigenhändlergeschäfte	830
3.1.32	Eigengeschäfte	830
3.1.33	Wertpapieremission	833
3.1.34	Verwahrung und Verwaltung von Wertpapieren	834
3.1.4	*Auslandsgeschäft*	835
3.1.40	Währungsbuchführung	835
3.1.41	Auslandszahlungen	837
3.2	**Spezielle Buchungen**	840
3.2.0	*Spezielle Aufwandsbuchungen*	840
3.2.00	Lohn- und Gehaltszahlungen	840
3.2.01	Abschreibungen	841
3.2.1	*Abgrenzungsbuchungen*	843
3.2.10	Sachliche Abgrenzung	843
3.2.11	Zeitliche Abgrenzung	844
3.2.12	Rückstellungen	847
3.2.2	*Sonstige Buchungen*	848

3.2.20	Mehrwertsteuer (Umsatzsteuer)	848
3.2.21	Weitere Steuern	849
3.2.22	Kalkulatorische Kosten	849
3.2.23	Jahresabschluß, Bilanzgewinn, Rücklagen	849
3.3	**Kosten- und Erlösrechnung**	851
3.3.0	*Grundlagen*	851
3.3.00	Aufwendungen und Erträge	851
3.3.01	Kosten und Erlöse	851
3.3.02	Bankleistungen	852
3.3.03	Bedeutung der Kosten- und Erlösrechnung	852
3.3.1	*Verfahren der Kosten- und Erlösrechnung*	853
3.3.10	Betriebsabrechnung	853
3.3.11	Zinsspannenrechnung	855
3.3.12	Kalkulation	856
3.3.13	Profit Center	857
3.4	**Statistik**	858
3.4.0	*Grundlagen*	858
3.4.1	*Methodik*	858
3.5	**Wiederholung**	860
4.	**Organisation und Datenverarbeitung**	866
4.0	**Grundlagen**	866
4.1	**Organisation in Kreditinstituten**	867
4.1.0	*Grundlagen*	867
4.1.1	*Organisatorische Tätigkeit*	868
4.1.10	Elemente der Organisation	868
4.1.11	Aufbauorganisation	869
4.1.12	Ablauforganisation	872
4.1.13	Systematische Vorgehensweise	874
4.2	**Datenverarbeitung in Kreditinstituten**	876
4.2.0	*Grundlagen*	876
4.2.00	Überblick	876
4.2.01	Grundbegriffe der Datenverarbeitung	877
4.2.1	*EDV im Bankbetrieb*	883
4.2.10	Hardware	883

4.2.11	Software	885
4.2.12	Anwendungen	887
4.2.13	Sicherheit	887
4.3	**Wiederholung**	888

5. Geld – Wirtschaft – Währung 890

5.0	**Das Geld**	890
5.0.0	*Wesen des Geldes*	890
5.0.00	Entwicklung des Geldes	890
5.0.01	Definition, Aufgaben und Arten des Geldes	890
5.0.02	Theorien zum Wesen des Geldes	892
5.0.03	Entstehung des Geldes durch Geldschöpfung	893
5.0.1	*Wert des Geldes*	896
5.0.10	Kaufkraft	896
5.0.11	Währung und Währungssysteme	898
5.0.12	Inflation und Deflation	901
5.1	**Geld- und Wirtschaftspolitik**	910
5.1.0	*Geldpolitik*	910
5.1.00	Überblick	910
5.1.01	Notenbankpolitik	912
5.1.02	Finanzpolitik	927
5.1.03	Währungspolitik	931
5.1.1	*Wirtschaftspolitik*	937
5.1.10	Grundbegriffe	937
5.1.11	Internationale Wirtschaftsbeziehungen	939
5.1.12	Wesen, Ziele und Mittel der Wirtschaftspolitik	941
5.2	**Wiederholung**	950

Stichwortverzeichnis 953

Abkürzungsverzeichnis

Abs.	Absatz
AbzG	Abzahlungsgesetz
ADSp	Allgemeine Deutsche Spediteurbedingungen
AfA	Absetzung für Abnutzung
AG	Aktiengesellschaft
AGB	Allgemeine Geschäftsbedingungen
AGBG	AGB-Gesetz
AKA	Ausfuhr-Kreditgesellschaft mbH
AKT	Automatischer Kassen-Tresor
AktG	Aktiengesetz
AKV	Auslandskassenverein
allg.	allgemein
AMR	Anweisung der Deutschen Bundesbank über Mindestreserven
AO	Abgabenordnung
AR	Aufsichtsrat
Art.	Artikel
AtP	Authority to Purchase
AWB	Air Waybill
AWG	Außenwirtschaftsgesetz
AWV	Außenwirtschaftsverordnung
B	Brief
BAK	Bundesaufsichtsamt für das Kreditwesen
BBankG	Bundesbankgesetz
BBauG	Bundesbaugesetz
BBRL	Bankbilanzrichtlinie
BdL	Bank deutscher Länder
BetrVG	Betriebsverfassungsgesetz
BGB	Bürgerliches Gesetzbuch
BGH	Bundesgerichtshof
BiRiLiG	Bilanzrichtlinien-Gesetz
BiSta	Bilanzstatistik
B/L	Bill of Lading
BLZ	Bankleitzahl
BörsG	Börsengesetz
BR	Betriebsrat

BSE	Belegloser Scheckeinzug
Btx	Bildschirmtext
BUSt	Börsenumsatzsteuer
bz	bezahlt
CD	Certificate of Deposit
C & F	Cost and Freight
CFR	Cash-Flow-Ratio
CIF	Cost, Insurance, Freight
CLC	Commercial Letter of Credit
C. o. d.	Cash on delivery
C. p. D.	Konto pro Diverse
D	Diskontsatz
D/A	Documents against Acceptance
DATA	Datenträger-Austausch
DAX	Deutscher Aktien-Index
DepG	Depotgesetz
DFÜ	Datenfernübertragung
DM	Deutsche Mark
D/P	Documents against Payment
DTA	Datenträger-Austausch
DTB	Deutsche-Termin-Börse
DV	Datenverarbeitung
EBK	Eröffnungsbilanzkonto
ec	eurocheque
ECU	European Currency Unit
EDV	Elektronische Datenverarbeitung
EFTA	European Free Trade Association
eG	eingetragene Genossenschaft
EG	Europäische Gemeinschaften
EGKS	Europäische Gemeinschaft für Kohle und Stahl
ERA	Einheitliche Richtlinien und Gebräuche für Dokumenten-Akkreditive
ErbSt	Erbschaftsteuer
ERI	Einheitliche Richtlinien für Inkassi
ERP	European Recovery Program
EStG	Einkommensteuergesetz
etw.	etwas

EV	Eigentumsvorbehalt
E. v.	Eingang vorbehalten
e. V.	eingetragener Verein
E. V.	Eidesstattliche Versicherung
EVO	Eisenbahnverkehrsordnung
EWA	Europäisches Währungsabkommen
ex B	ex Bezugsrecht
ex D	ex Dividende
EZÜ	Elektronischer Zahlungsverkehr für individuelle Überweisungen
f.	(bei Rechtsvorschriften) folgende eine Vorschrift
FAS	Free Alongside Ship
FCR	Forwarding Agents Certificate of Receipt
FCT	Forwarding Agents Certificate of Transport
ff.	(bei Rechtsvorschriften) folgende mehrere Vorschriften
FIBOR	Frankfurt Interbank Offered Rate
FOB	Free on Board
FW	Fremdwährung
G	Geld
G	… gesetz
GA	Geldautomat
GATT	General Agreement on Tariffs and Trade
GBO	Grundbuchordnung
GEFI	Gesellschaft zur Finanzierung von Industrieanlagen mbH
GenG	Genossenschaftsgesetz
GG	Grundgesetz
GmbH	Gesellschaft mit beschränkter Haftung
GuV	Gewinn- und Verlustrechnung
GVZ	Gerichtsvollzieher
GWB	Gesetz gegen Wettbewerbsbeschränkungen
GZ	Girozentrale
gzj.	ganzjährig
GZS	Gesellschaft für Zahlungssysteme
h. M.	herrschende Meinung
HGB	Handelsgesetzbuch
HV	Hauptversammlung
HypBG	Hypothekenbankgesetz

IATA	International Air Transport Association
IBIS	Inter-Banken-Informationssystem
ICC	International Chamber of Commerce
i. d. F.	in der Fassung
IDN	Integriertes Text- und Datennetz
IHK	Internationale Handelskammer, Industrie- und Handelskammer
i. H. v.	in Höhe von
Incoterms	International Commercial Terms
insb.	insbesondere
ISDN	Integrated Services Digital Network
IWF	Internationaler Währungsfonds
K	Käufer
KapSt	Kapitalertragsteuer
kfm.	kaufmännisch
Kfz.	Kraftfahrzeug
KfW	Kreditanstalt für Wiederaufbau
KG	Kommanditgesellschaft
KGaA	Kommanditgesellschaft auf Aktien
KI	Kreditinstitut
KKK	Kontokorrentkredit
KO	Konkursordnung
KSchG	Kündigungsschutzgesetz
KSt	Körperschaftsteuer
KWG	Kreditwesengesetz
LAN	Local Area Network, Lokales Netz
LG	Landgericht
LIBOR	London Interbank Offered Rate
Lkw	Lastkraftwagen
LVG	Luftverkehrsgesetz
LZB	Landeszentralbank
max.	maximal
Mill.	Million
MODEM	Modulator-Demodulator
MR	Mindestreserven
Mrd.	Milliarden
MwSt.	Mehrwertsteuer

n. E.	nach Eingang des Gegenwertes
NV	Nichtveranlagung
OCR	Optical Character Recognition
OECD	Organization for Economic Cooperation and Development
OHG	Offene Handelsgesellschaft
OLG	Oberlandesgericht
OtN	Order to Negotiate
p. a.	pro anno (im Jahr)
PAngV	Preisangabenverordnung
PC	Personalcomputer
PDK	Persönlicher Dispositionskredit
PDR	Persönlicher Dispositionsrahmen
PE	Personalentwicklung
PER	Price-Earnings-Ratio
PIN	Persönliche Identifikations-Nummer
p. m.	pro mense (im Monat)
POS	Point of Sale
PR	Personalrat
RA	Rechnungsabgrenzung
RabG	Rabattgesetz
rep	repartiert
RG	Rechtsgeschäft
SBK	Schlußbilanzkonto
ScheckG	Scheckgesetz
SCHUFA	Schutzgemeinschaft für allgemeine Kreditsicherung
SLS	Schriftenlese-System
s. o.	siehe oben
StG	Stille Gesellschaft
StGB	Strafgesetzbuch
StPO	Strafprozeßordnung
s. u.	siehe unten
SWB	Sammelwertberichtigung
S. W. I. F. T.	Society for Worldwide Financial Telecommunication
SZR	Sonderziehungsrechte

TAN	Transaktions-Nummer
u. a.	unter anderem
U-Schatz	Unverzinsliche Schatzanweisung
UStG	Umsatzsteuergesetz
u. U.	unter Umständen
UWG	Gesetz gegen unlauteren Wettbewerb
V	Verkäufer
VE	Verrechnungseinheit
VerglO	Vergleichsordnung
VermBG	Vermögensbildungsgesetz
vgl.	vergleiche
VVaG	Versicherungsverein auf Gegenseitigkeit
WA	Warschauer Abkommen
WE	Willenserklärung
WEG	Wohnungseigentumsgesetz
WG	Wechselgesetz
WoPG	Wohnungsbau-Prämiengesetz
WZG	Warenzeichengesetz
z. B.	zum Beispiel
ZPO	Zivilprozeßordnung
ZSM	Zahlungssystem-Modul
ZV	Zwangsvollstreckung

0. Wirtschaftslehre

0.0 Grundlagen

0.0.0 Volkswirtschaftliche Grundbegriffe

Unter *„Wirtschaften"* versteht man die planmäßige Tätigkeit des Menschen zur Deckung seines *Bedarfs* an *Gütern*. Der in die Gemeinschaft, einen sozialen Verband, den Staat eingeordnete einzelne kann seine *Bedürfnisse* nicht nach eigenem Belieben befriedigen, sondern er muß wirtschaften, *„haushalten"*. Der unmittelbare Weg zu vielen knappen Gütern ist ihm versperrt; es treten verschiedenartige *Betriebe* als Mittler ein, die das gewünschte Gut produzieren und verteilen. Um es zu erhalten, muß der einzelne eine Gegenleistung erbringen, die in *Geld* besteht. Dieses Geld erhält er dadurch, daß er seine Arbeitskraft den Betrieben als Mittel der Produktion, *Produktionsfaktor*, zur Verfügung stellt und damit an der Produktion des von ihm angestrebten Gutes letztlich mitwirkt.

Der Platz für den Umschlag von Gütern ist der *Markt*. Die *Nachfrage* der Kaufwilligen und das *Angebot* durch die Betriebe finden hier einen natürlichen Ausgleich auf der Grundlage des Prinzips der *Freiheit*.

An einer *Volkswirtschaft*, also der gesamten Wirtschaft eines Landes einschließlich aller einwirkenden Kräfte und Wechselbeziehungen, ist heute der *Staat* nicht unbeteiligt. Er kann den Wirtschaftspartnern Handlungsfreiheit belassen, sich jedoch das Recht zum Eingreifen vorbehalten. Solche Eingriffe finden ihre Berechtigung in der besonderen Aufgabe des Staates, *sozial* zu sein, d. h. schwächere oder hilflose Wirtschaftsteilnehmer zu schützen und ihnen zu helfen. Diese Aufgabe ermächtigt ihn zur Erhebung von Steuern, zur Beschränkung der wirtschaftlichen Freiheit, zur Kontrolle des Wirtschaftsgeschehens.

0.0.00 Wesen und Aufgaben der Wirtschaft

0.0.000 Der Wirtschaftskreislauf

o Der Wirtschaftskreislauf setzt sich zusammen aus dem Geld- und dem Güterkreislauf.
o Die Haushalte (Verbraucher) verdienen Geld durch Leistung von Arbeit (= Produktionsfaktor); sie verwenden es zum Erwerb von Konsumgütern.
o Die Unternehmen (Produzenten) veräußern Konsumgüter, die hieraus erzielten Erlöse werden zur Bezahlung der Produktionsfaktoren, insbesondere der Leistungen der Arbeitnehmer, verwandt.

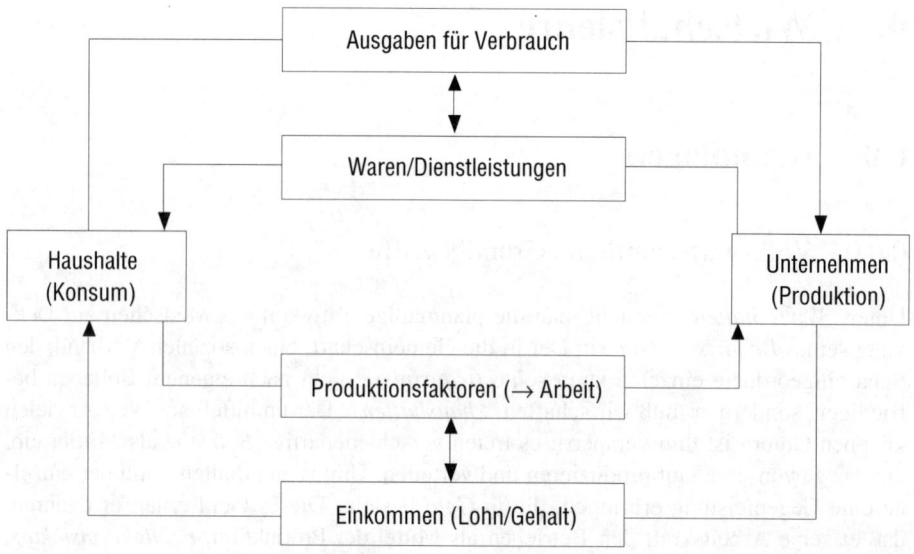

0.0.001 Der Aufbau der Wirtschaft

Die Gesamtheit wirtschaftlicher Prozesse findet in und zwischen den verschiedenen Einzelwirtschaften = Betrieben statt.

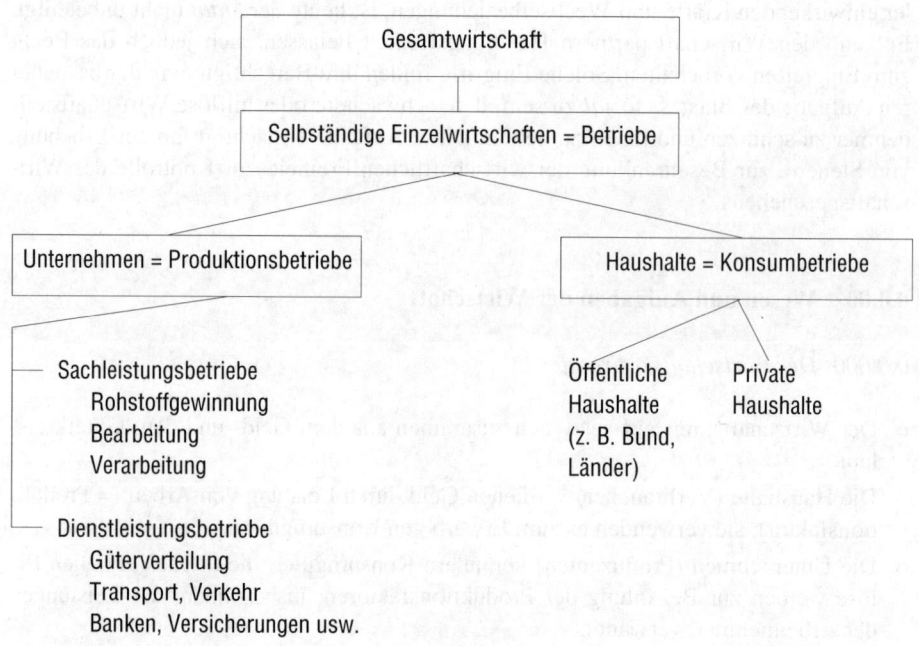

Dabei kommt den Güterverteilungs- und den sonstigen Dienstleistungsbetrieben eine ständig wachsende Bedeutung zu; sie sind für einen reibungslosen Ablauf der Erstellung von Leistungen auf den einzelnen Stufen unentbehrlich.

Der dargestellte Wirtschaftsaufbau ist nicht zwangsläufig:

Kosumenten können selbst (Ur-)Produzenten sein (Bauern); die Be- oder Verarbeitung kann von den Urproduzenten übernommen werden (Erzgewinnung und Stahlproduktion) oder ganz fortfallen (Landwirtschaft). Die Güterverteilung wird zum Teil von den Produktionsunternehmen durchgeführt, desgleichen der Transport. Soweit überhaupt Transportunternehmen als selbständige Betriebe vorhanden sind, werden sie auf allen verschiedenen Stufen eingeschaltet.

0.0.002 Die Stellung der Kreditinstitute (KI)

Kreditinstitute übernehmen im Bereich des Geldkreislaufs

o die Durchführung von Zahlungen (nationaler und internationaler *Zahlungsverkehr*),
o die Entgegennahme von Geldkapital der Verbraucher, das nicht für den Konsum verwandt wird *(Passivgeschäft),*
o die Gewährung von Krediten aus diesen Mitteln zur Finanzierung der Produktion und des Konsums *(Aktivgeschäft)* sowie
o die Vermittlung von Wertpapierkäufen und -verkäufen und die Hilfe bei der Beschaffung von Fremd- oder Eigenkapital über Wertpapiere *(Effektengeschäft).*

Aufgrund ihrer zentralen Stellung haben die KI besondere Aufgaben = Funktionen:

o *Zahlungsfunktion:* Durchführung des bargeldlosen Zahlungsverkehrs
o *Finanzierungsfunktion:* Kreditgewährung an Betriebe und Haushalte
o *Sammlungs(Ballungs-)funktion:* Sammlung kleinerer, sonst brachliegender Geldbeträge (Sparen), Ausleihen großer Beträge (Investitions-, Produktionskredite)
o *Vertrauensfunktion:* Den KI werden bedenkenlos Gelder anvertraut, da sie allgemein als sicher gelten; dieses Vertrauen müssen sie erhalten und fördern

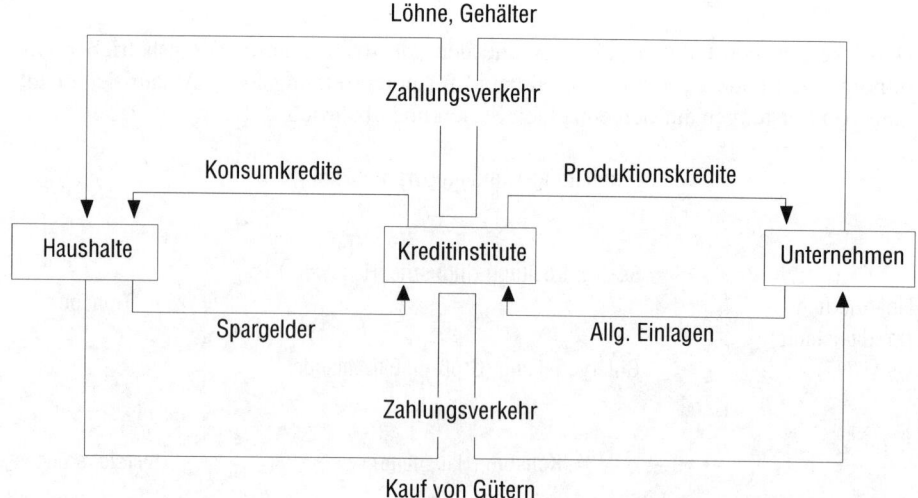

- *Fristverlängerungsfunktion:* KI leihen Gelder zu längeren Fristen aus, als es ihnen überlassen wurde, und erweitern damit ihren Finanzierungsspielraum
- *Giralgeldschöpfungsfunktion:* Die Vergabe von Buchgeldkrediten durch KI führt zu einer Vermehrung des Buchgeldes, ohne das die Gesamtheit aller wirtschaftlichen Vorgänge sich nicht finanzieren ließe*).

0.0.003 Der Markt

Wesen: Auf dem Markt treffen sich Angebot an Gütern und Nachfrage nach Gütern. Diese beiden Faktoren bestimmen und verändern den Preis.

Bedeutung: Der Markt schafft einen Ausgleich zwischen Produktion und Konsum. Eine bestehende Nachfrage nach bestimmten Gütern führt dazu, daß diese Güter auch produziert und angeboten werden. Ein vorhandenes Güterangebot weckt (durch Werbung und/oder günstige Preise) die Nachfrage; sofern dies nicht gelingt, wird die Produktion dieses Gutes eingestellt, die Produktionsmittel kommen dann besser absetzbaren Produkten zugute.

Der Begriff „Güter" ist im weitesten Sinne zu verstehen, da z. B. auch ein Arbeitsmarkt mit Arbeitskräften als „Gütern" existiert.

Einen wesentlichen Einfluß auf das Marktgeschehen hat der *Wettbewerb (Konkurrenz).* Da die Nachfrage zum besten Angebot geht, führt er zu niedrigen Preisen, besseren Produkten. Er fördert den technischen Fortschritt oder macht sich Erkenntnisse der Wissenschaften zunutze. Seine Existenz verhindert die Ausnutzung von Machtposi-

---

* siehe Kreditschöpfung

tionen (Monopolen) bei den Gütern, nach denen stets Nachfrage besteht (lebensnotwendige Güter).

Folgende *Wissenschaften* sind für Markt und Marktwirtschaft besonders wichtig:

o Chemie, Physik, Biologie → Produktion
o Mathematik, Statistik, Informatik → rechnerische Erfassung der wirtschaftlichen Vorgänge
o Psychologie, Soziologie → Werbung, Marktpolitik
o Technologie → Nutzung, Entwicklung und Anwendung der Technik
o Rechtswissenschaft → Vertragsrecht
o Wirtschaftswissenschaften (Betriebswirtschaft, Volkswirtschaft) → grundlegende Erfassung der Wirtschaft als Ganzes und im einzelnen.

0.0.01 Wirtschaftssysteme

Aufgrund natürlicher Entwicklung oder der Umsetzung theoretischer Prinzipien sind verschiedene Systeme denkbar, denen die Gesamtwirtschaft untergeordnet sein kann. Geistige Grundlagen hierfür sind

o der *Liberalismus*
o der *Sozialismus*
o der *Kommunismus*.

In der Praxis stößt die Verwirklichung dieser Prinzipien jedoch meist auf erhebliche – z. T. unüberwindliche – Schwierigkeiten.

0.0.010 Freie Marktwirtschaft

Merkmale:

o freie Märkte, d. h. freie Preisbildung nach Angebot und Nachfrage; uneingeschränkter Wettbewerb; Fehlen staatlicher Eingriffe, keine Subventionen
o freies Unternehmertum, d. h. völlige Gewerbefreiheit
o Konsumfreiheit; das Einkommen des Konsumenten hängt von seiner Leistung und Marktposition ab
o garantiertes Privateigentum, keine Enteignungen/Verstaatlichungen
o Autonomie (= Selbstverwaltungsrecht) der Tarifpartner, d. h. Löhne/Gehälter werden von Arbeitnehmer und Arbeitgeber ausgehandelt und von Angebot und Nachfrage bestimmt / beeinflußt
o Aufgabe des Staates: Schutz der Freiheit der Wirtschaft, insbesondere gegenüber dem Ausland („Nachtwächterstaat"), im Innern jedoch so wenig Eingriffe wie möglich.

Grundlage: wirtschaftlicher *Liberalismus* (18. Jahrh., Adam Smith); Vorstellung vom Marktmechanismus (Harmonieargument): Wie sich auf dem Markt der gerechte Preis durch Angebot und Nachfrage entwickelt, so bewirkt auch der Mechanismus der gegenseitigen Abhängigkeit der Wirtschaftsfaktoren ein Gleichgewicht, eine innere Harmonie der Wirtschaft.

Bedeutung: In der Praxis zeigt sich (so im 19. Jahrh.), daß eine freie Wettbewerbswirtschaft zur Machtbildung führt (Monopole) und vom konstruktiven (= fördernden) zum destruktiven (= schädigenden) Wettbewerb übergehen kann. Sozial Schwächere werden ausgenutzt bzw. nicht beachtet, sind ungeschützt – der Stärkere setzt sich durch.

Anwendungsbereich: heute praktisch keiner, Marktwirtschaft (in der westlichen Welt weit verbreitet) hat stets soziale Züge (s. u.).

0.0.011 Zentralverwaltungswirtschaft

Merkmale:

o Staatliche Planung der Produktion, der Güterverteilung und des Konsums
o staatliche Festsetzung von Preisen/Löhnen bzw. ihrer Grenzen
o Markt-, Wettbewerbs-, Gewerbefreiheit fehlen teilweise oder völlig; evtl. Konsumzwang
o mögliche Verstaatlichung der Betriebe
o Prinzip der Bedarfsdeckung, nicht der Gewinnerzielung
o evtl. Überführung des Privateigentums in „Volkseigentum"
o evtl. Ausschaltung der Berufsfreiheit
o denkbares Endstadium: Abschaffung des Geldes und jeglicher privater Wirtschaftstätigkeit.

Grundlage: Theorie, daß zentrale Planung und Organisation zu besserer Sicherung der Bedarfsnutzung und effektiverer (wirksamerer) Ausnutzung der Produktionsfaktoren als der Marktmechanismus führen, daß seine Gefahren (Unsozialität, ruinöser Wettbewerb) ausgeschaltet und größere wirtschaftliche Gerechtigkeit erreicht werden. Leitidee: *Kommunismus* (Marx, Engels; ursprünglich weitgehend wirtschaftliches Modell).

Bedeutung: Planwirtschaft ist in verschiedensten Ausgestaltungen denkbar, je nachdem, wie weitgehend die Freiheit des Wirtschaftsgeschehens beschränkt wird. Zum Teil wird vertreten, Planwirtschaft sei mit Demokratie unvereinbar. In der Praxis zeigt sich, daß eine Durchorganisierung der Wirtschaft auf erhebliche Schwierigkeiten stößt (Planungsfehler, Produktionsstörungen, Leistungsabfall wegen fehlenden Eigeninteresses der Arbeitnehmer usw.).

Anwendungsbereich: insbesondere Ostblock (dort nur teilweise verwirklicht).

0.0.012 Soziale Marktwirtschaft

Merkmale:

o Beibehaltung des Prinzips der Freien Marktwirtschaft in folgenden Punkten:
  - freie Märkte, freier Wettbewerb; Gewerbe- und Konsumfreiheit
  - Tarifautonomie
  - Privateigentum, dessen Erhaltung und Schutz der Staat garantiert
  - Berufsfreiheit

o staatliche Eingriffe sind jedoch erlaubt, insbesondere aus im weitesten Sinne sozialen Gründen:
  - wenn die Belange einer Gruppe oder eines Wirtschaftsbereiches in Gefahr sind
  - zur Unterbindung destruktiven Wettbewerbs
  - wenn das (vor allem soziale) Interesse der Gemeinschaft es erfordert (Gerechtigkeitsprinzip; z. B. gerechte Vermögensverteilung, soziale Gleichheit)
  - um Geldwertstabilität, Wirtschaftswachstum, Vollbeschäftigung und außenwirtschaftliches Gleichgewicht zu sichern

o die Eingriffe des Staates sollen marktkonform sein, d. h. die Wirtschaft anregen, auftretende Gefahren und Probleme selbst zu beseitigen.

Grundlage: Elemente aus *Liberalismus* und *Sozialismus*. Prinzip der Wahrung der wirtschaftlichen Freiheit, da der Marktmechanismus grundsätzlich Selbstregulierung bewirkt; jedoch Abwehr aller im Inneren auftretenden Gefahren für die Freiheit (insbesondere durch schädigenden Wettbewerb). Außerdem hat der Staat eine gegenüber jedem Bürger gleiche soziale Verpflichtung, die durch marktwirtschaftliche Mechanismen nicht ersetzt werden kann.

Bedeutung: Die Aufgabe des Staates, unter Wahrung des Freiheitsprinzips sozial gerechtfertigte Marktbeeinflussung zu betreiben, dabei aber die Grenze zum Dirigismus (= staatliche Wirtschaftslenkung) nicht zu überschreiten, ist sehr schwierig. Eine verwirklichte Soziale Marktwirtschaft vermag jedoch die Nachteile der anderen Systeme weitgehend auszuschalten und die Hauptgrundsätze der Demokratie zu verwirklichen: Freiheit, Gleicheit, Gerechtigkeit.

Anwendungsbereich: Bundesrepublik Deutschland.

0.0.013 *Entwicklung und Ausblick*

Die Entwicklung zeigt, daß die Extreme – Freie Marktwirtschaft und Planwirtschaft – in der heutigen menschlichen Gesellschaft nicht positiv realisierbar sind. Eine Marktwirtschaft muß daher stets soziale Züge, eine Planwirtschaft freiheitliche Elemente enthalten. Die Soziale Marktwirtschaft der Bundesrepublik Deutschland zeigt jedoch einen Trend zu ständig wachsender Einflußnahme des Staates, der sich nicht mehr weitgehend neutral verhält, sondern in zunehmendem Maße Marktlenkung betreibt.

Man spricht daher heute von einer *Globalsteuerung* der Wirtschaft der Bundesrepublik Deutschland.

0.0.02 Einzelne Begriffe und ihre Einordnung

a) *Wirtschaften* ist die planmäßige Tätigkeit des Menschen zur Deckung seines Bedarfs an Gütern. Diese sind knapp, müssen daher geschaffen und bereitgestellt werden: Wirtschaften als Berücksichtigen und Bewältigen der *Knappheit*.

b) *Güter:*
- *freie* Güter stehen unbeschränkt zur Verfügung (z. B. Luft, Wasser); sie können jedoch aufgrund der Wirtschaftsverhältnisse knapp werden (z. B. öffentliche Wasserversorgung)
- *knappe* (wirtschaftliche) Güter sind nur in beschränkten Umfang verfügbar und stellen daher den eigentlichen Gegenstand des Wirtschaftens dar:
  – *Konsumgüter* werden unmittelbar zum Verbrauch verwendet
  – *Produktions-(Investitions-)güter* dienen unmittelbar der Produktion, mittelbar der Bedarfsbefriedigung (z. B. Maschinen, Rohstoffe; Geld).
  Dabei kann es sich handeln um
  – *Sachgüter* (Lagerung möglich)
  – *Dienstleistungen* (keine Vorratshaltung; Bereitstellung und Verbrauch meist gleichzeitig).

c) *Bedürfnisse* stellen das menschliche Verlangen nach Gütern dar, gleich, ob diese gekauft werden können oder nicht, ob die Bedürfnisse des einzelnen also überhaupt wirtschaftlich interessant sind.
- *Elementar*bedürfnisse: lebensnotwendig (existenziell), z. B. Essen, Wohnen, Schlafen
- *Kultur*bedürfnisse: geistige Ansprüche, z. B. Theater, Kunst, Reisen
- *Luxus*bedürfnisse: nicht lebenswichtig, z. B. Schmuck, großes Auto.

Diese Bedürfnisse unterscheidet man nach
- *individuellen* B. (von Einzelpersonen empfunden, einzeln befriedigt)
- *kollektiven* B. (im Allgemeininteresse, dem Gemeinwohl dienend).

d) Der *Bedarf* umfaßt nur den Teil der Bedürfnisse, der wirtschaftlich interessant ist, d. h. mit dem vorhandenen Einkommen/Vermögen befriedigt werden kann. Auf dem Markt tritt der Bedarf als Nachfrage in Erscheinung.

e) *Produktionsfaktoren* sind die für die Produktion unentbehrlichen materiellen und immateriellen Güter.
- volkswirtschaftlich: *Arbeit – Natur* (Boden) *– Kapital – technisches Wissen* (in letzter Zeit bedeutsam geworden)

o betriebswirtschaftlich: *Arbeit – Betriebsmittel* (z. B. Gebäude, Maschinen, Werkzeuge) *– Werkstoffe* (Rohstoffe, Halbfertig- und Fertigprodukte).

f) Wirtschaftliche Entscheidungen werden bestimmt vom *Nutzen,* den der Verbrauch von Gütern für die Befriedigung von Bedürfnissen bringt. Je mehr Einheiten eines Gutes verbraucht werden, desto geringer ist ihr zusätzlicher Nutzen *(= Grenznutzen).* Ein Maximum an Bedürfnisbefriedigung wird erreicht, wenn der Grenznutzen bei jedem verbrauchten Gut gleich groß ist. Danach bestimmt sich die menschliche Entscheidung, welche Reihenfolge für die Befriedigung von Bedürfnissen zu wählen ist. (Sog. *Gossensche Gesetze*).

g) Der Einsatz der Mittel bei marktwirtschaftlicher Tätigkeit vollzieht sich nach dem *ökonomischen Prinzip:*

o *Maximalprinzip:* mit gegebenen Mitteln den größten Nutzen erzielen

o *Minimalprinzip* (Sparprinzip): ein gegebenes Ziel mit möglichst geringem Aufwand erreichen

o *Wirtschaftlichkeitsprinzip:* den Aufwand zu einem möglichst kleinen Teil des Nutzen machen

o hieraus entwickelt: Prinzip der *Gewinnmaximierung;* Ziel: Festsetzung der Absatzmenge, die größten Gewinn verspricht, unter Beachtung der Mehrkosten bei Mehrproduktion, bei gleichbleibendem oder verringertem Verkaufspreis.

h) Wirtschaftliches Handeln erreicht den größten Effekt durch *Arbeitsteilung:*

o *gesellschaftliche A.:* ursprünglich: unterschiedliche Aufgaben für Mann und Frau; heute: Existenz verschiedener Berufe (z. B. Produzent, Kaufmann)

o *innerberufliche A.:* Aufteilung eines Berufes (z. B. Bank-, Büro-, Industrie-, Großhandelskaufmann)

o *Arbeitszerlegung:* technische Aufgliederung eines Arbeitsganges (Fließband)

o *territoriale* (räumliche) *A.:* Spezialisierung einzelner Gebiete vor allem nach natürlichen Gegebenheiten (z. B. Ölförderländer – Industriestaaten; Kanada: Weizen, Chile: Kupfer, Island: Fischereiprodukte)

o *internationale A.:* Sonderfall der territorialen A.; behindert durch *Protektionismus* = Außenhandelspolitk, die den Schutz inländischer Branchen gegen ausländische Konkurrenz bezweckt.

Vorteile der Arbeitsteilung: bessere Ausnutzung der Arbeitskraft, Spezialisierung, Rationalisierung, international: Förderung der Zusammenarbeit. Nachteile: Sinken der Arbeitsleistung durch geringere Arbeitslust, höhere Streßbelastung; „Fachidiotie"; geringere Überschaubarkeit; international: gegenseitige Abhängigkeit, politischer Druck; entgegengesetzes Ziel: *Autarkie.*

0.0.1 Betriebswirtschaftliche Grundbegriffe

0.0.10 Der Betrieb als Einzelwirtschaft

Die Produktion (im weitesten Sinn, d. h. einschließlich der Güterverteilung und der Dienstleistungen) und der Konsum finden in Betrieben und Haushalten als *Einzelwirtschaften* innerhalb der Gesamtwirtschaft statt.

0.0.100 Aufgaben der Betriebe

Ziel der wirtschaftlichen Tätigkeit eines Betriebes ist die *Leistungserstellung*. Sie besteht

o in der Herstellung und Verteilung von *Sachgütern*
o in der Erbringung von *Dienstleistungen*.

Zu diesem Zweck werden die betrieblichen *Produktionsfaktoren* eingesetzt (Arbeit, Betriebsmittel, Werkstoffe).

Die betriebliche Tätigkeit gliedert sich in *Haupt- und Hilfsfunktionen:*

a) *Beschaffung:*

o Bedarfsermittlung: anhand von Lagerkarteien, Bestellbüchern, Absatzstatistiken, Marktberichten usw.; im Erzeugungsbetrieb: anhand eines Produktionsplans für Rohstoffe, Hilfs- und Betriebsstoffe, Zubehör, Werkzeuge usw.
o Ermittlung der Bezugsquellen für die im Betrieb benötigten Materialien anhand von in die Lieferer- und Warenkartei übernommenen Informationen
o Abschluß der erforderlichen Kaufverträge unter Beachtung der Warenbeschaffenheit, des Preises (einschließlich eventueller Preisabzüge), der Verpackungskosten, der Lieferungs- und Zahlungsbedingungen sowie Allgemeiner Geschäftsbedingungen und sonstiger Abreden

b) *Leistungserstellung*

o Erzeugungsbetrieb: Produktion; Tätigkeitsbereiche: Rohstoffgewinnung (Kohle, Erz, Erdöl usw.) – Herstellung von Grundstoffen (Stahl, Kunstfasern usw.) – Bearbeitung, Verarbeitung, Veredelung, Umwandlung von Grundstoffen zu Fertigerzeugnissen – Energieerzeugung – Errichtung von Bauten
o Handelsbetrieb: Lagerung in sachgemäßer, warengerechter und übersichtlicher Form; Vorbereitung des Verkaufs (Ausstellungsräume, Besuch von Messen, Märkten)

c) *Vertrieb (Absatz):*

o Vorbereitung durch Marktuntersuchung unter Einsatz der Wissenschaften
o marktgerechte Preiskalkulation

- o Absatzpolitk, insbesondere das Betreiben kundenorientierter Werbung
- o Abschluß von Verkaufsverträgen unter Beachtung der Wettbewerbsvorschriften
- o Kundendienst

d) *Verwaltung:*

Einsatz von Arbeitskräften zur Vereinheitlichung, Organisation und Kontrolle der Beschaffung, Leistungserstellung und des Vertriebes als sog. Grundfunktionen des Betriebes in den Abteilungen Rechnungswesen – Korrespondenz (Schriftwechsel) – Registratur – Zahlungs- und Kreditverkehr – Personalwesen – Revision (innerbetriebliche Kontrolle).

e) *Leitung:*

Eigenverantwortliche Entscheidung der betrieblichen Grundfragen (Finanzierung und Investierung, Betriebsorganisation, Geschäftszweig, Risikotragung, Verhältnis zu den Arbeitnehmern) durch Einzelunternehmer, voll haftende Gesellschafter von Personengesellschaften, Vorstände/Geschäftsführer von Kapitalgesellschaften sowie Leitende Angestellte.

0.0.101 Betriebsarten

a) Nach Art der Leistung:

- o *Sachleistungsbetriebe:* Rohstoffgewinnung – Herstellung von Produktionsmitteln – Herstellung von Konsumgütern
- o *Dienstleistungsbetriebe:* Handel, Banken, Versicherungen, Transport, Nachrichtenübermittlung

b) nach der Größe:

Klein, Mittel-, Großbetriebe; mulitnationale Unternehmen (sog. Multis)

c) nach der Zielsetzung:

- o *erwerbswirtschaftliche Betriebe:* Gewinnerzielungsabsicht
- o *gemeinwirtschaftliche B.:* Ziel der Kostendeckung und der möglichst günstigen Versorgung der Verbraucher (meist unter staatlicher Kontrolle, z. T. in öffentlich-rechtlicher Rechtsform)
- o *genossenschaftliche B.:* Ziel wirtschaftlicher Förderung der Mitglieder (Genossen) durch Kooperation (= Zusammenarbeit) und Solidarität (= Gemeinschaftssinn, Zusammenhalt)

0.0.102 Betrieb als Unternehmung

Unternehmungen = Betriebe in einer marktwirtschaftlichen Ordnung:
o privatrechtliche Rechtsform
o Einzelunternehmung oder Gesellschaft
o private Unternehmenseigner, im Unternehmen tätig (Unternehmer, Gesellschafter) oder als Kapitaleigner (Aktionäre, GmbH-Gesellschafter, Genossen)
o Möglichkeit der Gewinnerzielung – Risikotragung
o äußerliche Erkennbarkeit an der Firma (= der Name eines Vollkaufmanns).

0.0.11 Handels- und Industriebetriebe

0.0.110 Der Handel

Aufgaben:
o Verkauf an Einzelhändler, andere Großhändler, Weiterverarbeitungsbetriebe
o Überbrückung der Entfernung zwischen Hersteller und Verbraucher
o Überbrückung der Zeit zwischen Herstellung und Verbrauch durch Übernahme größerer Mengen, Lagerung und der Nachfrage angepaßten Absatz
o Verstärkung vorhandenen, Wecken neuen Bedarfs; Kundenberatung und -bedienung, Service.

Arten:

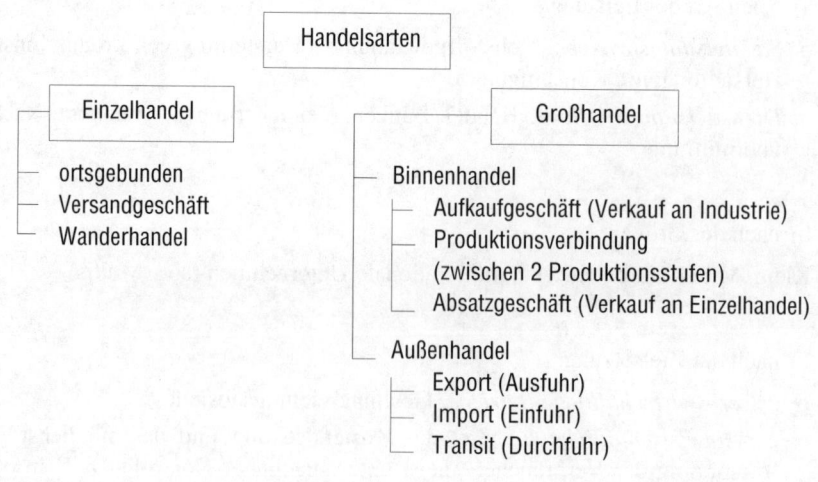

```
                        Handelsarten
                    ┌────────┴────────┐
              Einzelhandel         Großhandel
              ├ ortsgebunden       ├ Binnenhandel
              ├ Versandgeschäft    │   ├ Aufkaufgeschäft (Verkauf an Industrie)
              └ Wanderhandel       │   ├ Produktionsverbindung
                                   │   │  (zwischen 2 Produktionsstufen)
                                   │   └ Absatzgeschäft (Verkauf an Einzelhandel)
                                   └ Außenhandel
                                       ├ Export (Ausfuhr)
                                       ├ Import (Einfuhr)
                                       └ Transit (Durchfuhr)
```

Sonderformen:
o Großhandel:
Einkaufskontore zur Erzielung günstigerer Einkaufsbedingungen durch Großeinkauf

Cash-and-Carry-System: Selbstbedienung in Lägern von Großhändlern durch Einzelhändler und gewerbliche Verbraucher
- o Einzelhandel:
  Einkaufsgenossenschaften für gemeinsamen Einkauf
  Konsumgenossenschaften: Finanzierung von Einzelhandelsunternehmen durch Verbraucher
  Selbstbedienungsläden, Supermärkte, Kaufhäuser, Einkaufszentren
  Versandhandel
- o Kombination:
  Freiwillige Ketten: Zusammenschluß eines Großhändlers mit Einzelhändlern (z. B. Spar, Edeka)

Markt- und Börsenhandel:

- o Märkte sind Orte, an denen Angebot und Nachfrage über anwesende Güter zusammentreffen. Sonderformen sind Versteigerungen, Messen, Ausstellungen.
- o Börsen sind Märkte für vertretbare, allgemein bekannte Güter, die nicht ortsanwesend sind. Arten: Warenbörsen (z. B. Getreide, Baumwolle, Kaffee, Metalle) – Effektenbörsen (Aktien, Anleihen) – Devisenbörsen – Versicherungsbörsen (insb. für Transportversicherungen) – Frachtbörsen.

0.0.111 Die Industrie

Aufgaben: Be- und Verarbeitung, Umwandlung und Veredelung von Roh- und Grundstoffen zu unfertigen und fertigen Produkten.

Arten:

- o Urerzeugung/Herstellung von Grundstoffen/von Produktionsgütern/von Investitionsgütern/von Konsumgütern/von Nahrungs- und Genußmitteln
- o materialintensive Industrie (Materialkosten überwiegen)/arbeitsintensive I. (Lohnkosten überwiegen, z. B. Bergbau)/kapitalintensive I. (z. B. Schiffbau)
- o rohstofforientierte I. (in Rohstoff-Nähe, z. B. Porzellanfabrik)/verkehrsorientierte I. (verkehrsgünstige Lage)/verbrauchsorientierte I. (insb. Nahrungsmittelindustrie)/ arbeitsorientierte I. (in Ballungszentren)

Merkmale:

- o großer Kapitaleinsatz erforderlich
- o umfangreiche Anlagegüter (z. B. Fabrikgrundstück, Maschinen)
- o großes Marktrisiko, da meist kein direkter Verkauf an Verbraucher
- o hohe Beschäftigungszahlen vom ungelernten Arbeiter bis zum Spezialisten
- o weitgehende Arbeitsteilung, straffe Organisation, Rationalisierungen
- o Bestreben, den Wettbewerb einzuschränken

o Probleme der Menschenführung, auf soziologischem (gesellschaftlichem) und sozialem Gebiet.

0.0.2 Rechtliche Grundbegriffe

0.0.20 Überblick

Das *Recht* ist die Summe aller Normen (Bestimmungen, Vorschriften) für die Organisation und friedliche Ordnung des gesellschaftlichen Lebens. Mittelpunkt des Rechts ist der *Mensch*. Das Recht ist weitgehend wertneutral, orientiert sich aber an den Leitgedanken Ordnung – Zweckmäßigkeit, Nützlichkeit – Rechtssicherheit – Vernunft.

Das Recht hat sich entwickelt aus Sitten, Gebräuchen, Gewohnheiten innerhalb natürlicher Sozialbeziehungen (Familie) und gesellschaftlicher Ordnungen (Religion, Gemeinschaft, Staat), die zunächst ungeschrieben waren, während heute nahezu die gesamte Rechtsordnung aus kodifizierten (geschriebenen) Rechtssätzen besteht.

Das Recht soll elastisch sein, d. h. sich den wandelnden Verhältnissen anpassen. Grenze hierfür ist die *Rechtssicherheit* einerseits, die *Gerechtigkeit* andererseits. Beide Grundsätze sollen das Vertrauen des Menschen in die Rechtsordnung festigen: Das Gerechtigkeitsprinzip als Orientierung an höheren Werten (Sittlichkeit, Moral, Ethik, Religion), die Rechtssicherheit als Schutz des einzelnen vor „Justizirrtümern" (durch Verjährung und den Grundsatz „in dubio pro reo" = im Zweifel für den Angeklagten) und vor zu weitgehender Abhängigkeit vom Urteil anderer (durch schematische Regelungen wie die Volljährigkeit, Formvorschriften u. a.)

Hauptgruppen des Rechts sind das *Privatrecht* und das *Öffentliche Recht*. Eine besondere Bedeutung kommt dem *Verfassungsrecht* zu, das im Grundgesetz (GG) niedergelegt ist und die tragenden Grundsätze für die gesamte Ordnung unseres Staates, des Rechts und der Wirtschaft enthält. Wichtigster Grundsatz ist die *Rechtsschutzgarantie* (Art. 19 Abs. IV GG), die jedem, der durch die öffentliche Gewalt in seinen Rechten verletzt ist, den Weg zu unabhängigen Gerichten eröffnet.

Die *Grundrechte* legen die wesentlichen Menschen- und Bürgerrechte fest, die jedem einzelnen unter Wahrung seiner Persönlichkeit und Menschenwürde freie Entfaltung ermöglichen.

Die Rechtsordnung ist das Grundgerüst jedes Staates. Sie ist in unterschiedlichen Formen denkbar. Das Grundgesetz hat den Weg der Freiheit und Gleichheit des einzelnen gewählt. Damit ist zumindest auch eine negativ abgrenzende Entscheidung über unser Wirtschaftssystem gefällt: Das Grundgesetz ermöglicht keine reine Zentralverwaltungswirtschaft. Da es sich zur Sozialstaatlichkeit bekennt, ist auch die Freie Marktwirtschaft ausgeschlossen. Demnach muß unsere Wirtschaftsordnung sich zwischen diesen Extremen bewegen. Sie tut dies zur Zeit in der Form der *Sozialen Marktwirtschaft*.

0.0.21 Einzelne Begriffe und ihre Einordnung

0.0.210 Grundlagen

a) Aufbau des Rechts:

```
                        Rechtsordnung
                       /             \
              Öffentliches Recht    Privatrecht
              /            \        /          \
    Verfassungsrecht    Arbeitsrecht       Bürgerliches Recht
    Verwaltungsrecht    Sozialrecht        Handelsrecht
       Strafrecht       Gesellschaftsrecht  Wertpapierrecht
       Prozeßrecht
```

Öffentliches Recht:
- regelt die Beziehungen Staat – Bürger oder Staatsorgan – Staatsorgan
- nach dem Prinzip der Über- und Unterordnung
- Durchsetzbarkeit der Vorschriften mit Zwang (z. B. Polizei)
- dient in erster Linie dem Gemeinwohl

Privatrecht (Zivilrecht)
- regelt die Beziehungen Bürger – Bürger
- nach dem Prinzip der Gleichordnung
- der Staat wird als Schiedsrichter tätig, neutral
- dient zunächst dem Wohl jedes einzelnen und damit der Allgemeinheit.

b) *Rechtssätze*

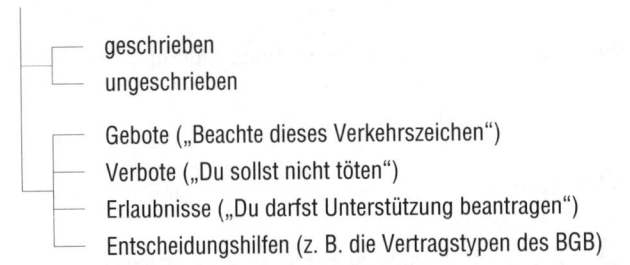

- geschrieben
- ungeschrieben

- Gebote („Beachte dieses Verkehrszeichen")
- Verbote („Du sollst nicht töten")
- Erlaubnisse („Du darfst Unterstützung beantragen")
- Entscheidungshilfen (z. B. die Vertragstypen des BGB)

c) *Rechtsquellen*

- Gesetz (von der Legislative = Gesetzgebung geschaffen)

- o Rechtsverordnung (von der Verwaltung = Exekutive aufgrund gesetzlicher Ermächtigung erlassen)
- o autonome Satzung (interne Regelungen öffentlicher Verbände, z. B. der Gemeinden, aufgrund staatlich anerkannter Befugnis)

0.0.211 Das Grundgesetz

a) *Verfassungsgrundsätze:* Art. 20 GG

- o *Demokratie:* Die staatliche Gewalt geht vom Volke aus; sie wird zwar grundsätzlich durch besondere Staatsorgane ausgeübt (*repräsentative* Demokratie), die jedoch aus allgemeinen, gleichen, freien und geheimen *Wahlen* hervorgehen müssen (Art. 38 GG); nur ausnahmsweise läßt das Grundgesetz Volksentscheide und -abstimmungen zu. Es gilt der *Mehrheitsgrundsatz.*
- o *Rechtsstaatlichkeit:* Bindung der Legislativen an die Verfassung, der Exekutiven und der Rechtsprechung an Gesetze und an das Recht (Ziel: gerechte Entscheidungen). Die *Freiheitssphäre* des einzelnen wird garantiert.
- o *Bundesstaatlichkeit:* Einteilung der Bundesrepublik Deutschland in Bund und Länder als eigenstaatliche und gleichberechtigte Gebilde *(Föderalismus).* Gegenseitige Mitwirkungsrechte und -pflichten; der Bund kann das Zusammenwirken erzwingen („Bundesrecht bricht Landesrecht"; Bundeszwang, Art. 31, 37 GG); die Länder müssen ihre Verfassungen an den Grundaussagen des Grundgesetzes ausrichten (*Homogenitätsgrundsatz,* Art. 28 GG).
- o *Sozialstaatlichkeit:* Der Staat ist zur Herstellung und Erhaltung sozialer Gerechtigkeit verpflichtet; er muß dem sozial Schwächeren gleiche Chancen eröffnen. Gewährung des Existenzminimums, Minderung des Lebensrisikos (z. B. Sozialversicherung, Fürsorge), Ermöglichung eines angemessenen wirtschaftlichen und kulturellen Lebensniveaus.
- o *Gewaltenteilung:* Verteilung der staatlichen Aufgaben auf Exekutive (ausführende Gewalt), Legislative (Gesetzgebung), Judikative (Rechtsprechung), die voneinander unabhängig sind, jedoch gegenseitiger Gewaltenhemmung und Kontrolle unterliegen.
- o *Unabhängigkeit* der obigen Grundsätze (keine Verfassungsänderung des Art. 20 GG möglich, Art. 79).

b) *Grundrechte:*

Art. 1: Schutz der Menschenwürde
Art. 2 I: freie Entfaltung der Persönlichkeit
Art. 2 II: Recht auf Leben, Freiheit der Person, körperliche Unversehrtheit
Art. 3 I: Gleicheit vor dem Gesetz
Art. 3 II: Gleichberechtigung von Mann und Frau
Art. 4: Glaubens-, Gewissens-, Bekenntnisfreiheit

Art. 5: freie Meinungsäußerung; Freiheit von Presse, Rundfunk, Kunst, Wissenschaft, Forschung, Lehre
Art. 8,9: Versammlungs- und Vereinigungsfreiheit
Art. 10: Brief-, Post-, Fernmeldegeheimnis
Art. 11: Freizügigkeit (freie Wahl des Aufenthalts innerhalb der Bundesrepublik Deutschland)
Art. 12: Freiheit der Berufswahl und -ausübung
Art. 13: Unverletzlichkeit der Wohnung
Art. 17: Petitionsrecht (Bitten/Beschwerden an staatliche Stellen)

Neben den Grundrechten gibt es die *institutionellen Garantien*, d. h. die Gewährleistung bestimmter Einrichtungen durch den Staat:

Art. 6: Schutz von Ehe und Familie
Art. 7: Gewährleistung eines Schulwesens unter staatlicher Aufsicht
Art. 14: Garantie der Erhaltung von Eigentum und Erbrecht
Art. 19: Rechtsschutzgarantie
Art. 103: Schutz von Angeklagten (Anhörung, keine doppelte Bestrafung)
u. a.

Die vorstehenden Grundrechte und Garantien sind einschränkbar durch Gesetz oder aufgrund eines Gesetzes durch die Exekutive. Ausnahme: z. B. Art. 4 GG. Alle Grundrechte finden ihre Schranken jedoch in der gesamten Wertordnung des Grundgesetzes und den Grundrechten anderer. Ein Grundrecht darf aber keinesfalls in seinem Wesensgehalt angetastet werden.

0.0.212 Das Gerichtssystem

a) *Ordentliche Gerichtsbarkeit:* Entscheidung in Zivil- und Strafsachen. Merkmale: Bestimmung und Beeinflussung des Prozesses durch die Parteien; grundsätzlich öffentliche und mündliche Verhandlungen. Gegen ergangene Urteile der 1. Instanz kann einmal, unter Umständen zweimal Beschwerde erhoben werden = Berufung und Revision.

b) *Verfassungsgerichtsbarkeit:* Entscheidungen in Verfassungsstreitigkeiten durch Bundesverfassungsgericht und Landesverfassungsgerichte (Staatsgerichtshöfe); nur eine Instanz. Der Bürger hat die Möglichkeit, Entscheidungen durch *Verfassungsbeschwerde* herbeizuführen.

c) *Arbeitsgerichtsbarkeit:* Entscheidung in Streitigkeiten aus Arbeitsverhältnissen. Instanzen: Arbeitsgerichte – Landesarbeitsgerichte – Bundesarbeitsgericht.

Instanzen der ordentlichen Gerichtsbarkeit:

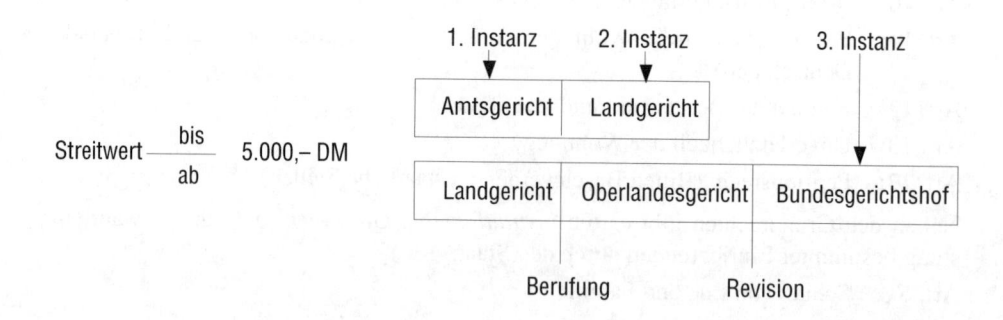

```
                                    1. Instanz    2. Instanz         3. Instanz
                                         ▼            ▼
                                    ┌────────────┬────────────┐
                                    │ Amtsgericht│ Landgericht│
                                    ├────────────┴────────────┼──────────────────┤
Streitwert  bis  5.000,– DM         │ Landgericht│Oberlandes- │ Bundesgerichtshof│
            ab                      │            │ gericht    │                  │
                                    └────────────┴────────────┴──────────────────┘
                                                  Berufung       Revision
```

d) *Verwaltungsgerichtsbarkeit:* Entscheidung in Streitigkeiten über verwaltungsrechtliche Fragen (z. B. Anfechtung eines Bußgeldbescheides oder Klage auf Erlaß einer Baugenehmigung) mit dem Staat und seinen Organen. Instanzen: Verwaltungsgerichte – Landesverwaltungsgerichte/Verwaltungsgerichtshöfe – Bundesverwaltungsgericht.

e) *Sozialgerichtsbarkeit:* insbes. Entscheidung in Streitigkeiten über Sozial-, Arbeitslosenversicherung, Kriegsopferversorgung, Instanzen: Sozialgerichte – Landessozialgerichte – Bundessozialgericht.

f) *Finanzgerichtsbarkeit:* Rechtsschutz des Bürgers auf dem Gebiet des Steuerrechts. Instanzen: Finanzgerichte – Bundesfinanzhof.

Wichtig sind die Entscheidungen der Bundesgerichte, die sich grundsätzlich nur mit rechtlichen Fragen befassen und Grundentscheidungen fällen, die weitgehend verbindliche Auslegung der Gesetze und der Verfassung darstellen.

g) *Freiwillige Gerichtsbarkeit:* Rechtspflege von Amts wegen im Rahmen der ordentlichen Gerichtsbarkeit. Formen:
o Verwaltung von Vormundschafts-, Familien- und Nachlaßangelegenheiten
o Beurkundung von Erklärungen und Rechtsgeschäften, öffentliche Beglaubigung von Unterschriften
o Führung öffentlicher *Register:*
  – Vereinsregister
  – Handelsregister
  – Grundbuch
  – Schiffsregister
  – Genossenschaftsregister
  – Güterrechtsregister.

0.1 Lehre vom Rechtsgeschäft

0.1.0 Grundbegriffe

0.1.00 Überblick

Grundlage für die Lehre vom Rechtsgeschäft als einem privatrechtlich erheblichen Rechtsakt ist in erster Linie das *Bürgerliche Gesetzbuch* (BGB), darüber hinaus das *Handelsgesetzbuch* (HGB) sowie einige Spezialgesetze. Das BGB regelt Fragen des Rechtsgeschäfts insbesondere in den ersten drei Büchern, dem Allgemeinen Teil, dem Recht der Schuldverhältnisse und dem Sachenrecht; im übrigen enthält es Vorschriften über das Familien- und Erbrecht.

Im Rahmen des Wirtschaftsgeschehens kommt den *Verträgen* als mehrseitigen Rechtsgeschäften besondere Bedeutung zu, da sie die typischen Rechtsbeziehungen zwischen Wirtschaftsteilnehmern darstellen. Wichtig ist dabei neben Miet-, Pacht-, Dienst- und Werkverträgen sowie Aufträgen und Darlehen besonders der *Kaufvertrag.*

Die gesetzlichen Regelungen beruhen auf dem Prinzip der *Vertragsfreiheit,* schließen sich also den verfassungsrechtlichen Grundentscheidungen sowie dem System der Marktwirtschaft an. Sie enthalten dementsprechend nur wenige zwingende Vorschriften, dienen den Parteien vielmehr in erster Linie als *Entscheidungshilfen:* d. h. sie bieten verschiedene Möglichkeiten für die Gestaltung von Rechtsbeziehungen und greifen oft nur ergänzend ein, wenn zwischen den Partnern von Verträgen nichts anders vereinbart wurde.

0.1.01 Rechtsgeschäftliche Grundbegriffe

0.1.010 Rechtssubjekte

Subjekte, d. h. Handelnde, können im Rahmen von Rechtsgeschäften nur

o *natürliche Personen* oder
o *juristische Personen* sein.

Juristische Personen sind Vereinigungen von Personen und/oder Vermögensmassen zu einem rechtlich selbständigen, von der Rechtsordnung anerkannten Gebilde, das somit rechtsfähig und durch seine Organe geschäftsfähig ist.

Juristische Personen sind von natürlichen Personen abgeleitete Hilfskonstruktionen des Rechts zur Vereinfachung des Rechtsverkehrs.

Beispiel: Partner eines Vertrages mit einer Aktiengesellschaft ist nicht die Gesamtheit aller Aktionäre – deren Zahl in die Tausende gehen kann –, sondern allein die AG, vertreten durch ihren Vorstand.

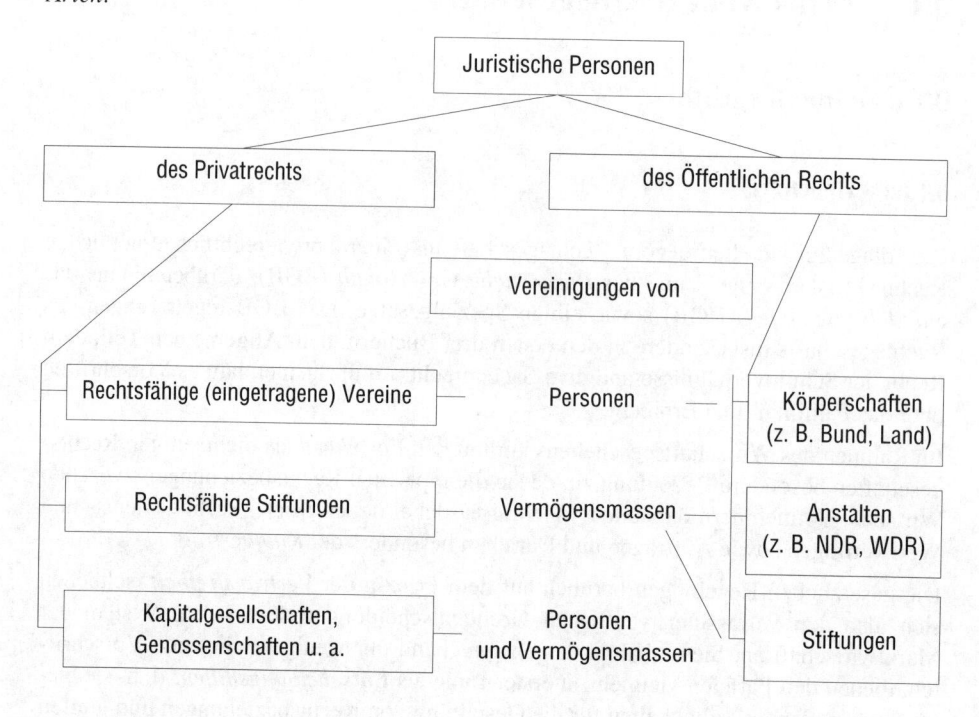

Arten:

```
                        Juristische Personen
                       /                    \
            des Privatrechts            des Öffentlichen Rechts
```

des Privatrechts	Vereinigungen von	des Öffentlichen Rechts
Rechtsfähige (eingetragene) Vereine	Personen	Körperschaften (z. B. Bund, Land)
Rechtsfähige Stiftungen	Vermögensmassen	Anstalten (z. B. NDR, WDR)
Kapitalgesellschaften, Genossenschaften u. a.	Personen und Vermögensmassen	Stiftungen

0.1.011 Rechts- und Geschäftsfähigkeit

Rechtsgeschäfte sind nur gültig, wenn sie von rechts- und geschäftsfähigen Personen getätigt werden.

Rechtsfähigkeit ist die Fähigkeit, Träger von Rechten und Pflichten zu sein.

Geschäftsfähigkeit ist die Fähigkeit, Rechtsgeschäfte rechtswirksam abzuschließen.

a) *Natürliche Personen:*

Ihre *Rechtsfähigkeit* beginnt mit der Geburt (bereits ein Baby kann z. B. Eigentümer eines Grundstücks sein und daraus Pflichten haben, die von den Eltern wahrgenommen werden) und endet mit dem Tod (§ 1 BGB).

Die *Geschäftsfähigkeit* ist gestaffelt:

Geschäftsunfähigkeit (§ 104 BGB):

o Kinder bis zur Vollendung des 7. Lebensjahres
o wegen Geisteskrankheit Entmündigte
o dauernd Geisteskranke (d. h. nie mündig gewordene Personen)

Wirkung: Willenserklärungen Geschäftsunfähiger sind *nichtig,* Rechtsgeschäfte nur durch die gesetzlichen Vertreter möglich (§ 105 BGB).

Beschränkte Geschäftsfähigkeit (§§ 6, 106 BGB):

o Minderjährige vom vollendeten 7. Lebensjahr bis zum vollendeten 18. Lebensjahr

o wegen Geistesschwäche, Trunk-, Verschwendungs- oder Rauschgiftsucht Entmündigte (§ 114 BGB)

o Personen unter vorläufiger Vormundschaft (vor endgültiger Entscheidung des Vormundschaftsgerichtes über die Entmündigung)

Wirkung: Willenserklärungen bedürfen der *Zustimmung* der gesetzlichen Vertreter (vorherige Zustimmung = Einwilligung, nachträgliche Zustimmung = Genehmigung). Bis zur Genehmigung sind Rechtsgeschäfte *schwebend unwirksam* (nicht nichtig, da sie noch – durch Genehmigung – wirksam werden können) (§§ 107, 108 BGB).

Ausnahmen: keine Zustimmung ist erforderlich für Rechtsgeschäfte

o die dem beschränkt Geschäftsfähigen lediglich einen rechtlichen Vorteil bringen (z. B. Schenkung, nicht aber günstiger Kaufvertrag), § 107

o im Rahmen von Mitteln, die dem beschränkt Geschäftsfähigen zur freien Verfügung überlassen wurden (Taschengeldparagraph), sofern sofort darüber verfügt wird (kein Ratenkauf!), § 110

o im Rahmen eines selbständigen Erwerbsgeschäftes, zu dem die gesetzlichen Vertreter mit Genehmigung des Vormundschaftsgerichtes den beschränkt Geschäftsfähigen ermächtigt haben, § 112

o im Rahmen eines mit Zustimmung der gesetzlichen Vertreter eingegangenen Dienst- oder Arbeitsverhältnisses, § 113.

Ohne Ausnahme unwirksam sind einseitige Rechtsgeschäfte (s. u.), die der beschränkt Geschäftsfähige ohne Zustimmung eingeht (§111).

Volle Geschäftsfähigkeit: alle Willenserklärungen sind grundsätzlich voll wirksam (Ausnahme: z. B. vorübergehende Unzurechnungsfähigkeit, § 105 II BGB, die Nichtigkeit zur Folge hat).

b) *Juristische Personen*

Juristische Personen des Privatrechts erlangen Rechtsfähigkeit durch Eintragung in ein öffentliches Register bzw. durch staatliche Konzession (Stiftungen).

Juristische Personen des öffentlichen Rechts entstehen durch Gesetz und werden zu einem vom Gesetz bestimmten Zeitpunkt rechtsfähig.

Geschäftsfähigkeit erlangen juristische Personen durch die Einsetzung von Organen (z. B. Vorstand einer AG), die mit der gesetzlichen Vertretung beauftragt werden.

0.1.012 Rechtsobjekte

= Gegenstände von Rechtsgeschäften:

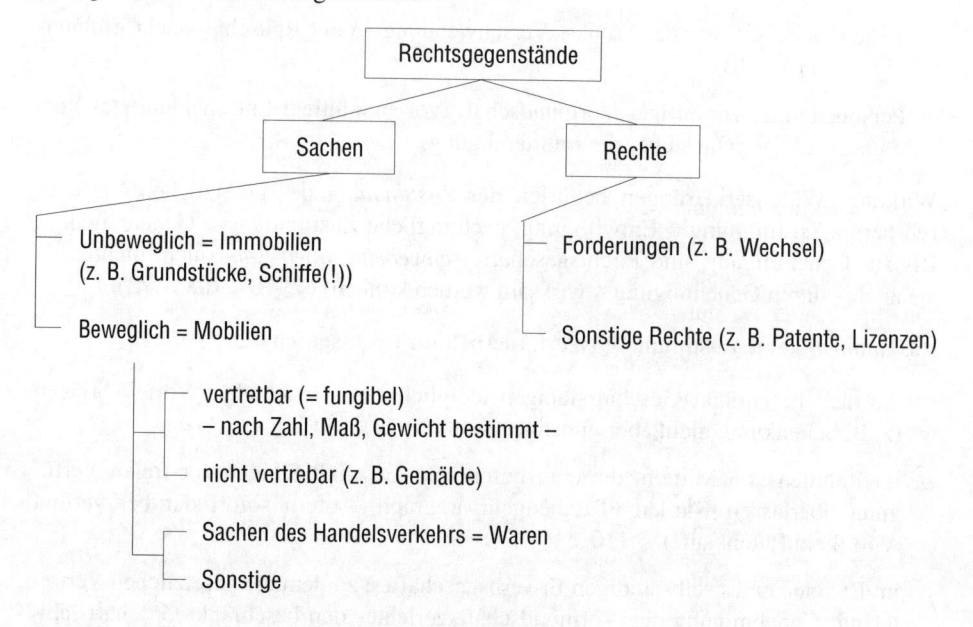

```
                    Rechtsgegenstände
                    /               \
                Sachen              Rechte
```

- Unbeweglich = Immobilien (z. B. Grundstücke, Schiffe(!))
- Beweglich = Mobilien
  - vertretbar (= fungibel) – nach Zahl, Maß, Gewicht bestimmt –
  - nicht vertrebar (z. B. Gemälde)
  - Sachen des Handelsverkehrs = Waren
  - Sonstige

- Forderungen (z. B. Wechsel)
- Sonstige Rechte (z. B. Patente, Lizenzen)

0.1.013 Willenserklärung – Rechtsgeschäft – Vertrag

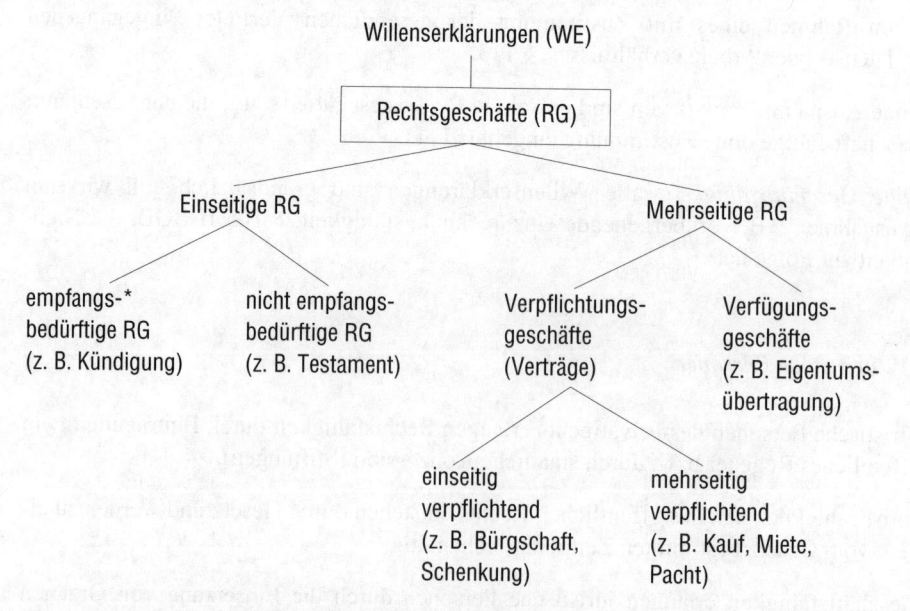

```
              Willenserklärungen (WE)
                Rechtsgeschäfte (RG)
                /                 \
        Einseitige RG          Mehrseitige RG
```

- empfangs-* bedürftige RG (z. B. Kündigung)
- nicht empfangsbedürftige RG (z. B. Testament)
- Verpflichtungsgeschäfte (Verträge)
  - einseitig verpflichtend (z. B. Bürgschaft, Schenkung)
  - mehrseitig verpflichtend (z. B. Kauf, Miete, Pacht)
- Verfügungsgeschäfte (z. B. Eigentumsübertragung)

* müssen zur Wirksamkeit dem Betroffenen bekannt werden

Rechtsgeschäfte kommen zustande durch Willenserklärungen.

Willenserklärung = Äußerung des menschlichen Willens, die auf ein rechtliches Ergebnis abzielt.

Rechtsgeschäft = das rechtliche Ergebnis einer oder mehrerer Willenserklärungen.

Vertrag = zwei- oder mehrseitiges Rechtsgeschäft; die Willenserklärungen müssen übereinstimmen.

Willenserklärungen können abgegeben werden

o ausdrücklich *mündlich* oder *schriftlich*

o durch *schlüssiges* Handeln (konkludent; z. B. Hochheben des Arms bei einer Versteigerung, Wegnahme einer Zeitung am Kiosk)

o *stillschweigend*: nur ausnahmsweise; Beispiel: ein Angebot wird verspätet angenommen, dies stellt ein neues Angebot dar; Schweigen darauf gilt als Annahme.

0.1.014 Eigentum und Besitz

Besitz ist die tatsächliche Herrschaft (Verfügungsgewalt) über eine Sache; der Besitzer einer Sache *kann* mit ihr nach Belieben verfahren (§ 854 BGB).

Eigentum ist die rechtliche Herrschaft über eine Sache; der Eigentümer einer Sache *darf* mit ihr beliebig verfahren (§ 903 BGB).

a) *Besitzarten:*

o *unmittelbarer* Besitz: jemand übt die Sachherrschaft selbst, persönlich aus

o *mittelbarer* Besitz: jemand übt die Sachherrschaft nicht persönlich, sondern durch einen sogenannten Besitzmittler aus (§ 868 BGB):

mittelbarer Besitzer	Besitzmittler
Verleiher	Entleiher
Vermieter	Mieter
Verpächter	Pächter
Verpfänder	Pfandgläubiger
Hinterleger	Verwahrer
Eigentümer	Nießbraucher

o *Mitbesitz:* jemand übt den unmittelbaren oder mittelbaren Besitz mit einem anderen gemeinschaftlich aus: beide können – und dürfen – nur gemeinsam verfügen (§ 866 BGB) (z. B. von zwei Personen gemeinschaftlich gemietete Wohnung).

b) *Eigentumsarten:*

o *Alleineigentum:* die rechtliche Herrschaft über eine Sache steht einer Person allein zu

- *Miteigentum nach Bruchteilen:* mehrere Personen haben gemeinsam die rechtliche Herrschaft über eine Sache; diese wird gemeinschaftlich verwaltet, über sie kann nur gemeinschaftlich verfügt werden, während jeder Bruchteilseigentümer über seinen Anteil allein verfügen und jederzeit Aufhebung der Gemeinschaft verlangen kann (Beispiel: Gemeinschaftseigentum wie Treppenhaus, Garagen usw. in einer Eigentumswohnanlage) (§§ 1008, 741 ff. BGB)
- *Miteigentum zur gesamten Hand:* wie Bruchteilseigentum, doch kann kein Gesamthandseigentümer über seinen Anteil verfügen oder Teilung verlangen (Beispiel: Vermögen einer BGB-Gesellschaft, vgl. § 719 BGB).

0.1.02 Die Vertragsfreiheit und ihre Beschränkungen

0.1.020 Grundsatz

Im Privatrecht gilt das Prinzip der *Vertragsfreiheit:* jeder kann frei darüber entscheiden, ob, mit wem und mit welchem Inhalt sowie in welcher Form er Verträge schließen will (vgl. § 305 BGB). Grundlage ist das Grundrecht auf freie Entfaltung der Persönlichkeit (Art. 2 I GG). Man unterscheidet:

- *Abschlußfreiheit:* jeder, der einen Vertrag schließen will, kann sich seinen Partner frei aussuchen (Beispiel: ein Kaufmann lehnt ein Geschäft mit einem Kunden ohne Begründung ab: kein Vertrag!); die Möglichkeit der Willkür, sogar einer Diskriminierung toleriert (duldet) das BGB.
- *Inhaltsfreiheit* (Gestaltungsfreiheit): Die Parteien können den Vertragsinhalt nach ihrem Belieben bestimmen. Sie sind nicht an die Vertragstypen des BGB gebunden (Ausnahme: Vorschriften des Sachenrechts, d. h. §§ 854–1296 BGB, z. B. Übereignung oder Pfandbestellung).
- *Formfreiheit:* Verträge können in beliebiger Form geschlossen werden.

0.1.021 Grenzen der Vertragsfreiheit

a) *Abschlußfreiheit:* zum Teil besteht die Verpflichtung zum Abschluß eines Vertrages *(Kontrahierungszwang):*

- bei Versorgungs- und Fürsorgeeinrichtungen: z. B. Personenbeförderung, Energieversorgung, Kfz.-Haftpflichtversicherung
- bei marktbeherrschenden Unternehmen oder Verbänden: keine Diskriminierung (Ausschluß ohne sachlichen Grund) anderer Unternehmen (§ 26 II GWB)
- bei vorsätzlicher sittenwidriger Schädigung; insbesondere bei lebenswichtigen Leistungen und Gütern, wenn der Unternehmer praktisch ein Monopol besitzt (Beispiel: der einzige Lebensmittelladen in einem entlegenen Stadtteil) (§§ 826, 249 BGB)

b) *Inhaltsfreiheit:* Verträge dürfen ihrem Inhalt nach nicht sittenwidrig sein oder gegen Gesetze verstoßen (§§ 134, 138 BGB, s. u.); manche gesetzlichen Pflichten der Vertragspartner sind unabdingbar (d. h. zwingend), z. B. die Fürsorgepflicht des Arbeitgebers für Arbeitnehmer.

c) *Formfreiheit:* die gesetzlichen Ausnahmen von Prinzip der Formfreiheit dienen dazu, bei besonderen Rechtsgeschäften

o die Beweisbarkeit zu erleichtern

o die Parteien auf besondere Risiken hinzuweisen

o aufgrund der rechtlichen Probleme bei einzelnen Rechtsgeschäften Fachleute, d. h. Juristen hinzuzuziehen.

Arten der Ausnahmen:

o *Schriftform* (§ 126 BGB): z. B. bei Mietverträgen über mehr als ein Jahr Vertragsdauer

o Schriftform + *öffentliche Beglaubigung* der Unterschrift(en) durch Notar (§ 129), z. B. Antrag auf Eintragung im Handelsregister

o Schriftform + *notarielle Beurkundung* des Inhalts (Gesetzmäßigkeit?) und der Unterschrift(en) (§ 128), z. B. Grundstückskaufvertrag.

d) *Generalisierung:* Die Tatsache, daß eine Vielzahl gleichartiger Verträge abgeschlossen wird, macht es für einzelne Unternehmen und ganze Branchen sinnvoll, *Allgemeine Geschäftsbedingungen* (AGB) zu erlassen. Dies sind Klauseln in Vertragsformularen (Rückseite!) oder gesonderten Druckschriften, die Fragen

o der Haftung

o der Gewährleistung

o des Erfüllungsortes und Gerichtsstands

o des Eigentumsvorbehalts

o generell der Rechte und Pflichten beider Vertragspartner

regeln. Dabei werden die entsprechenden gesetzlichen Vorschriften abgeändert, soweit sie abdingbar sind (Vertragsfreiheit!). Dies geschieht meist zugunsten desjenigen, der diese Bedingungen erläßt. Zum Schutze des Vertragspartners (soweit dieser kein Kaufmann ist) hat das AGB-Gesetz von 1976 eine erhebliche Verbesserung seiner Rechtsstellung gebracht (siehe Abschnitt 0.1.411).

Generalisierende Bedingungen in diesem Sinne sind auch die Einheitlichen Richtlinien und Gebräuche für Dokumenten-Inkassi und Dokumenten-Akkreditive sowie die Incoterms (siehe Auslandsgeschäft).

0.1.03 Nichtigkeit und Anfechtbarkeit von Willenserklärungen

0.1.030 Nichtigkeit

Willenserklärungen können *nichtig,* d. h. rechtlich unwirksam sein; Gründe:

o *Formmangel* = Verstoß gegen gesetzliche Formvorschrift (§ 125 BGB)
o *fehlende Geschäftsfähigkeit* (§ 105; s. o.)
o *Sittenwidrigkeit* = Verstoß gegen die guten Sitten, z. B. Glücksspiel (vgl. § 762 BGB), mißbräuchliche Ausnutzung einer Macht- oder Monopolstellung, Wucher („auffälliges Mißverhältnis zwischen Leistung und Gegenleistung", z. B. bei mehr als 20 % Zinsen p. a.; unterschiedliche Rechtsprechung), § 138
o *Verstoß gegen Gesetz* (§ 134), z. B. Hehlerei
o *Scheingeschäft:* die Parteien wollen den Inhalt des RG nur zum Schein, z. B. zwecks Täuschung des Finanzamtes (§ 117)
o *Scherzgeschäft:* Inhalt des RG ist nicht ernstlich gewollt (§ 118)

0.1.031 Anfechtbarkeit

Willenserklärungen können *anfechtbar* sein; damit bleiben sie jedoch solange gültig, bis der Anfechtungsberechtigte von seinem Recht Gebrauch macht. Durch die Anfechtung werden Willenserklärung und Rechtsgeschäft nichtig (§ 142 BGB).

Zweck: Das Ergebnis, das zur Anfechtung berechtigt, muß nicht immer für den Berechtigten nachteilig sein; ihm soll daher die Entscheidung überlassen bleiben, ob das RG gültig bleiben soll oder nicht.

Gründe für die Anfechtung:

o *Irrtum:* der Erklärende irrt sich über den Inhalt seiner Äußerung (Verwechslung, falscher Fachausdruck), über die Erklärungsform (Versprechen, Verschreiben, Vergreifen) oder über wesentliche Eigenschaften einer Person oder Sache (z. B. Alter, Echtheit), §§ 119–122 BGB
o *arglistige Täuschung* durch Handlung, u. U. auch durch Unterlassen (z. B. Verschweigen eines Unfallschadens beim Kauf eines Gebrauchtwagens), § 123 BGB
o *widerrechtliche Drohung,* § 123 BGB (beachte: eine Drohung kann rechtmäßig sein, z. B. die Drohung mit Anzeige, wenn der Dieb die gestohlene Sache nicht zurückgibt).

0.1.04 Vertretung und Vollmacht

0.1.040 Wesen und Arten

Vertretungsmacht ist das Recht zum Handeln in fremdem Namen, d. h. zur Abgabe von Willenserklärungen, die den Vertretenen rechtlich binden.

Arten der Vertretung:

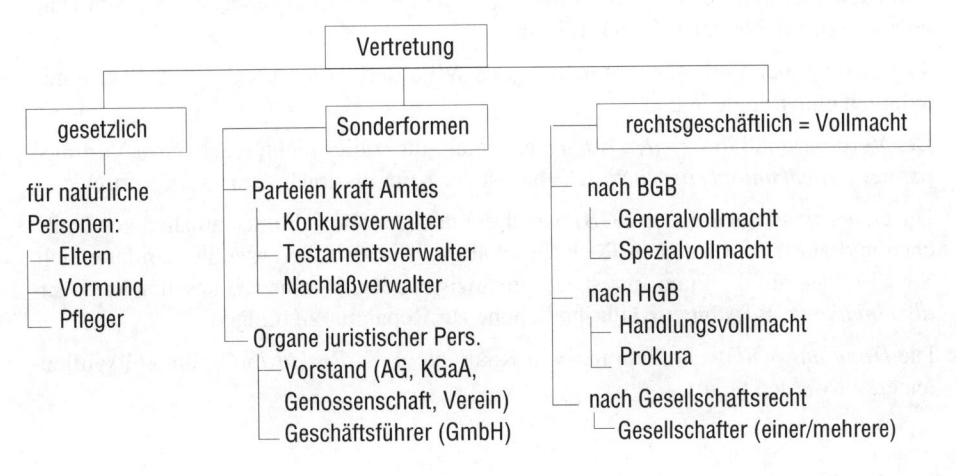

```
                            Vertretung
         ┌──────────────────────┼──────────────────────┐
   gesetzlich            Sonderformen          rechtsgeschäftlich = Vollmacht

für natürliche       ─ Parteien kraft Amtes    ─ nach BGB
Personen:              ├─ Konkursverwalter       ├─ Generalvollmacht
  ├─ Eltern            ├─ Testamentsverwalter    └─ Spezialvollmacht
  ├─ Vormund           └─ Nachlaßverwalter
  └─ Pfleger                                   ─ nach HGB
                     ─ Organe juristischer Pers.  ├─ Handlungsvollmacht
                       ├─ Vorstand (AG, KGaA,     └─ Prokura
                       │   Genossenschaft, Verein)
                       └─ Geschäftsführer (GmbH) ─ nach Gesellschaftsrecht
                                                  └─ Gesellschafter (einer/mehrere)
```

0.1.041 Gesetzliche Vertretung

Eltern üben ihre „elterliche Gewalt" über ihre Kinder aus (§ 1626 ff. BGB). Diese umfaßt

o die *Personensorge:* Erziehung, Beaufsichtigung, Bestimmung des Aufenthalts, Anwendung von Zuchtmitteln, Erteilung des Vornamens, Berufswahl, Abschluß von Lehr- und Arbeitsverträgen
o die *Vermögenssorge:* alle Maßnahmen, die darauf gerichtet sind, das Vermögen des Kindes zu erhalten, zu verwerten, zu vermehren.

Die elterliche Gewalt steht beiden Eltern gemeinsam zu.

Ein *Vormund* wird vom Vormundschaftsgericht für ein Kind bestellt, das nicht unter elterlicher Gewalt steht (z. B. Waisen) oder bei dem die elterliche Gewalt für das Kindeswohl nicht ausreicht (z. B. Halbwaisen), §§ 1773 ff. BGB. Der Vormund nimmt die elterlichen Pflichten wahr.

Ein *Pfleger* nimmt einzelne Angelegenheiten wahr, an denen Eltern oder Vormund verhindert sind (§§ 1909 ff. BGB).

Die Ausübung der gesetzlichen Vertretung wird durch den Staat überwacht (Art. 6 GG). Der Umfang der gesetzlichen Vertretung ist beschränkt (z. B. keine Kreditaufnahme auf den Namen des Kindes ohne Zustimmung des Vormundschaftsgerichtes), insbesondere auch die Verwendung des Kindesvermögens (vgl. §§ 1807, 1808 BGB; „mündelsichere" Anlagen).

0.1.042 Vollmacht

Vollmacht ist die durch einseitiges Rechtsgeschäft erteilte Vertretungsmacht zum Handeln in fremden Namen (§§ 164 ff. BGB).

Abgrenzung: der *Vertreter* gibt eine eigene Willenserklärung ab, der *Bote* übermittelt lediglich eine fremde WE.

Der Vertreter muß in *fremden Namen* auftreten; tut er dies nicht, ist er selbst Vertragspartner *(Offenkundigkeitsprinzip)*. Daher ist der Kommissionär (s. u.) kein Vertreter.

Die *Generalvollmacht* (nach *BGB*) berechtigt den Bevollmächtigten zu allen gewöhnlichen und außergewöhnlichen Rechtsgeschäften, ist also außerordentlich umfangreich. Sie wird daher in der Praxis meist auf ein einziges oder einzelne RG beschränkt: *Spezialvollmacht* (z. B. A bittet B, für ihn Schuhe zur Reparatur zu bringen).

Die *Handlungsvollmacht* kann nur von Kaufleuten, die *Prokura* nur von Vollkaufleuten erteilt werden (s. u.).

0.1.1 Der Vertrag

0.1.10 Zustandekommen

Verträge sind zweiseitige (z. B. Kauf) oder mehrseitige (z. B. Gesellschaftsvertrag) Rechtsgeschäfte; in erster Linie handelt es sich dabei um *Verpflichtungsgeschäfte,* d. h. Rechtsgeschäfte, in denen eine oder alle Parteien sich zu bestimmten Leistungen verpflichten. Diese Leistungen werden in Form von *Erfüllungsgeschäften* erbracht (z. B. Eigentumsübertragung, Übergabe).

0.1.100 Vorverhandlungen

Vor Abschluß eines Vertrages müssen die Einzelheiten geklärt werden. Diese sind bei jedem Vertrag unterschiedlich. Im wesentlichen geht es darum, die *Leistungspflichten* der Parteien in ihrem Inhalt und der Form ihrer Erbringung *genau festzulegen.*

Dazu gehören:

o genaue Erfassung des fraglichen *Gegenstandes* (zu mietende Wohnung, zu kaufende Ware usw.), evtl. durch Besichtigung oder exakte Beschreibung

o Festlegung der Höhe und Art und Weise der *Zahlung* (in bar/durch Überweisung, Scheck; Anzahlung, Sofortzahlung, Raten usw.)

o Absprache über die für die Erfüllung wichtigen *Termine* (Liefer-, Zahlungstermin, Kündigungsfristen).

Bevor der Vertrag geschlossen wird, sollten alle Vorfragen geklärt und auf ihre Vereinbarkeit mit dem geltenden Recht geprüft sein. Wichtig ist es, alle Abreden und möglichst auch den Vertrag *schriftlich* oder in Gegenwart von Zeugen zu schließen.

Die Vorverhandlungen begründen bereits ein *Vertrauensverhältnis* zwischen den Parteien, dessen Verletzung zu *Schadensersatzansprüchen* führen kann. Beispiele:

o Kunde rutscht im Kaufhaus auf Bananenschale aus
o Verkäufer klärt Käufer eines Grundstücks nicht über bestehende Formvorschriften auf, so daß der Kaufvertrag nichtig ist
o A schließt trotz laufender Verhandlungen mit B einen Vertrag mit C ab, ohne B zu informieren.

Zu ersetzen ist der Schaden, der entstanden ist, weil der Berechtigte seinem Partner vertraut hat *(Vertrauensschaden)*.

0.1.101 Vertragsschluß

Ein Vertrag kommt zustande durch mindestens zwei übereinstimmende Willenserklärungen.

a) 1. WE = *Antrag* (Angebot):

o ist bereits *bindend,* wenn rechtzeitig und ohne Abänderungen die Annahme erfolgt (§ 145 BGB)
o muß inhaltlich genau bestimmt sein, d. h. alle vertragswichtigen Punkte enthalten (Annahme sollte mit „*Ja*" möglich sein)
o muß an eine bestimmte Person oder erkennbaren Personenkreis gerichtet sein (anders: z. B. Katalog) und dem Empfänger zugehen
o muß auf Vertragsschluß gerichtet sein (*Bindungswille* des Antragenden ist erforderlich).

b) 2. WE = *Annahme:*

o muß unter Anwesenden (auch: Telefon!) *sofort,* unter Abwesenden innerhalb einer evtl. bestimmten Frist, sonst in angemessener Zeit erfolgen (Faustregel: 1 Tag zum Überlegen + Postlaufzeit), §§ 147, 148; der Antragende kann erwarten, daß dasselbe Nachrichtenmittel benutzt wird
o muß *unbedingt* und *ohne Abweichung* vom Antrag erfolgen
o kann ohne Erklärung erfolgen, wenn dies üblich ist (z. B. Bestellung eines Hotelzimmers).

Verspätete/abgeänderte Annahme = neuer Antrag!

	WE 1	WE 2
	Antrag	rechtzeitige, übereinstimmende Annahme
Antrag	verspätete Annahme = neuer Antrag (§ 150I)	Bestätigung Schweigen
Antrag	abgeänderte Annahme = neuer Antrag (§ 150 II)	Bestätigung oder Erfüllung (= konkludente Willenserklärung)

Haben sich die Parteien nicht über alle (zumindest für eine Partei wichtigen) Punkte geeinigt, liegt noch kein Vertrag vor (*Dissens,* § 154).

0.1.102 Unmöglichkeit

Vor oder nach Vertragsschluß kann Unmöglichkeit der Vertragserfüllung eintreten; Grunde:

o rechtliche Unmöglichkeit: die Rechtsordnung erkennt die Leistung nicht an (z. B. Verkauf eines Menschen)

o tatsächliche U.: die Leistung ist logisch unmöglich (z. B. gleichzeitiges Gastspiel eines Sängers in Bremen und Hamburg).

Arten der Unmöglichkeit: (vgl. §§ 275, 306, 279–283, 323–327 BGB)

o *anfängliche* U.: die Unmöglichkeit bestand bereits bei Vertragsschluß (z. B. A und B schließen einen Kaufvertrag über den Hund Harro ab – dieser ist bei Vertragsschluß jedoch schon tot*)

o *nachträgliche* U.: die Unmöglichkeit tritt erst nach Vertragsschluß ein (z. B. Harro stirbt erst später)

o *objektive* U.: objektiv niemand kann die Leistung erbringen (Harro kann von niemandem mehr lebendig gemacht werden)

o *subjektive* U.: nur der Schuldner kann nicht leisten (z. B. Harro lebt, ist aber dem E von B gestohlen worden: nur E, nicht aber B, der Schuldner, kann das Eigentum an Harro auf A übertragen).

Bedeutung:

Bei der nachträglichen Unmöglichkeit ist entscheidend, ob es sich um eine Stückschuld, d. h. genau bestimmte Sachen, oder eine Gattungsschuld, d. h. Bezeichnung der Ware nur nach der Gattung, zu der sie gehört, handelt.

Sonderfall: *wirtschaftliche* Unmöglichkeit der Leistung, z. B. wegen Krieg, Inflation, Revolution; Folge: Anpassung des Vertrages, soweit möglich, sonst Auflösung durch Rücktritt/Kündigung.

---

* Tiere gelten als Sachen

Art der Unmöglichkeit →	anfänglich		nachträglich	
Schuldner haftet ↓	objektiv	subjektiv	bei Stückschuld	bei Gattungsschuld
auch ohne Verschulden*		X		(X) Nachlieferung solange möglich
nur bei Verschulden*			X	
nur bei Kenntnis der Unmöglichkeit	X			
Vertrag gültig		X	X	X
Vertrag nichtig	X			

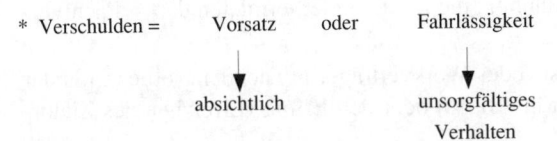

* Verschulden = Vorsatz oder Fahrlässigkeit
↓ ↓
absichtlich unsorgfältiges Verhalten

0.1.103 Inhalt von Verträgen

a) *Hauptpflichten* = Verpflichtung zur Erbringung einer vertraglich bedeutsamen Leistung (z. B. Zahlung des Kaufpreises, Überlassung des Pachtgrundstücks).

b) *Nebenpflichten* = Verpflichtung zur Erfüllung untergeordneter Leistungen (z. B. Rückgabe der geliehenen Sachen, Ersatz der Aufwendungen eines Beauftragten).

c) *Sorgfaltspflichten* = Verpflichtung zu bestimmtem Verhalten (Tun oder Unterlassen), d. h. den Partner nicht unnötig zu schädigen; Verstoß führt zu Schadensersatzpflicht (Beispiel: Tierhändler verkauft ein krankes Tier, das die übrigen Tiere des Käufers ansteckt; diese verenden).

d) *Obliegenheiten* = Pflichten, deren Verletzung den Belasteten selbst beeinträchigt (z. B. nicht rechtzeitige Rüge mangelhafter Ware führt zum Verlust der Gewährleistungsansprüche; Verlust des Versicherungsschutzes, wenn Kfz.-Unfall nicht sofort angezeigt wird).

0.1.11 Vertragsarten des BGB

Die nebenstehenden Vertragstypen sind Vorschläge des BGB an die Parteien, deren Regeln grundsätzlich erst eingreifen, wenn *nichts anderes vereinbart* wurde.

Außerdem kennt das BGB noch folgende Vertragstypen: Maklervertrag – Beratungsvertrag – Leibrente – Spiel, Wette – Vergleich – Schuldversprechen – Bürgerschaftsvertrag sowie sachenrechtliche Verträge (Übereignung, Erbbaurecht, Dienstbarkeiten, Pfandrecht, Grundpfandrechte), familien- und erbrechtliche Verträge.

Besonderheiten einzelner Vertragstypen: (siehe Übersicht)

o Schenkungsversprechen bedarf notarieller Beurkundung; Formmangel wird aber geheilt, wenn Schenkung erfolgt; Schenkung ist zweiseitiges RG, da WE des Beschenkten erforderlich (anders Testament: wirksam allein durch WE des Erblassers, Annahme/Ausschlagung durch Erben betrifft nur die Erfüllung des Testaments)

o Begriff „Leihe" wird in der Praxis oft falsch verwendet („Leihwagen", „Leihbücherei")

o im Mietrecht gelten besondere Mieterschutzvorschriften (hins. Kündigung, Mieterhöhungen usw.), die z. T. unabdingbar sind

o vorübergehende Überlassung von Rechten ist nur durch Pachtvertrag möglich, da bei ihnen gerade den Erträgen („Fruchtgenuß") besondere Bedeutung zukommt; Beispiel: „Vermietung" einer Wohnung, die Mieter untervermieten darf = Pachtvertrag!

o Beförderungsverträge sind Dienst- oder Werkverträge, je nachdem, ob es in erster Linie auf die Beförderung (Fahrt ins Blaue) oder den Erfolg (Erreichen des Zielortes) ankommt.

o Operation = Dienstvertrag, da der Chirurg keine Erfolgsgarantie übernimmt

o Werkvertrag: Der Unternehmer ist verpflichtet zur Herstellung, bei Mängeln zur Neuherstellung oder Nachbesserung so lange, bis der Erfolg eintritt; der Besteller muß u. U. mitwirken (z. B. Anprobe beim Schneider), das Werk abnehmen; bei Mängeln kann Besteller (nach Fristsetzung und Ablehnungsandrohung) wandeln, mindern, bei Verschulden Schadenersatz wegen Nichterfüllung fordern (vgl. hierzu Kaufvertrag)

o Darlehen: Zur Kündbarkeit siehe Abschnitt 1.3.01

o bei Dienst-, Werk-, Verwahrungsvertrag gilt eine Vergütung als stillschweigend vereinbart, wenn dies üblich ist für dieses Geschäft (§§ 612, 632, 689 BGB)

o Reisevertrag: 1979 geregelt; Veranstalter ist verpflichtet, die Reise so zu erbringen, daß sie die zugesicherten Eigenschaften hat und nicht mit Fehlern behaftet ist; der Reisende kann Abhilfe verlangen, evtl. selbst Abhilfe schaffen (z. B. Hotelwechsel), ggf. Schadensersatz verlangen oder den Reisepreis mindern.

Art	Wesen	Hinweise, Beispiele	§§ (BGB) ff
Kaufvertrag	entgeltliche Überlassung von Sachen oder Rechten	meist handelt es sich um Waren	433
Schenkung	unentgeltliche Zuwendung von Sachen oder Rechten	Bereicherung erforderlich; **kein** einseitiges RG	516
Leihvertrag	unentgeltliche Überlassung von Sachen zum Gebrauch	„Leihwagen" ist ein Mietwagen, da nicht unentgeltlich!	598
Mietvertrag	entgeltliche Überlassung von Sachen zum Gebrauch	z. B. Wohnung, Auto, Buch („Leihbücherei") usw.	535
Pachtvertrag	entgeltliche Überlassung von Sachen oder Rechten zum Gebrauch und Fruchtgenuß	z. B. Grundstück, Gaststätte, Lizenz = Nutzungsrecht eines Patents	581
Darlehen	entgeltliche oder unentgeltliche Überlassung von Geld oder anderen vertretbaren Sachen (zum Verbrauch)	Verpflichtung zur Rückgabe von Sachen gleicher Art, Menge, Güte – nicht derselben Sachen, da nicht mehr möglich	607
Dienstvertrag	entgeltliche Leistung von Diensten	gerichtet auf eine Tätigkeit, keine Erfolgsgarantie	611
Werkvertrag	entgeltliche Herstellung eines Werkes an einer Sache des Bestellers	gerichtet auf ein Ergebnis (Erfolgsgarantie); z. B. Autoreparatur	631
Werklieferungsvertrag	entgeltliche Herstellung eines Werkes an einer Sache des Unternehmers	Kombination von Kauf- und Werkvertrag, z. B. Schneider stellt Anzug für Kunden aus eigenem Stoff her	651
Reisevertrag	entgeltliche Erbringung einer Gesamtheit von Reiseleistungen	eingeführt durch Reisevertragsgesetz von 1979	651 a
Auftrag	unentgeltliche Besorgung eines übertragenen Geschäfts	z. B. Botengang für Freund	662
Geschäftsbesorgungsvertrag	entgeltliche Besorgung eines übertragenen Geschäfts	insb. Dienstleistungen der Kreditinstitute; Kombination aus Auftrag und Dienstvertrag	675
Verwahrvertrag	entgeltliche Verwahrung hinterlegter Sachen	kein Verwahrvertrag: Gaststättengarderobe	688

0.1.2 Der Kaufvertrag

Der Kaufvertrag ist die bei weitem wichtigste Form rechtsgeschäftlichen Handelns der Wirtschaftsteilnehmer und daher gesetzlich sehr umfassend geregelt. Dabei werden *Privatpersonen* und *Kaufleute* teilweise unterschiedlich behandelt (beachte die Hinweise auf §§ des BGB oder des HGB)

Der Kaufvertrag selbst ist das *Verpflichtungsgeschäft;* die Erfüllung der einzelnen Pflichten geschieht durch die *Erfüllungsgeschäfte,* die ebenfalls Rechtsgeschäfte sind, da sie

o einen bestimmten Willen des Leistenden zum Ausdruck bringen (Willenserklärung) und

o ein rechtliches Ergebnis bezwecken bzw. erzielen (nämlich die Erfüllung).

Die Erfüllung der vertraglichen Pflichten geschieht nicht immer reibungslos; man spricht dann von *Erfüllungsstörungen.*

0.1.20 Das Verpflichtungsgeschäft

0.1.200 Zustandekommen

Ein Kaufvertrag kommt zustande durch zwei übereinstimmende Willenserklärungen (*Antrag und Annahme,* s. o. Abschnitt 0.1.101).

Im Handelsverkehr werden Vertragsverhandlungen meist durch Anfrage eingeleitet:

o sie ist *rechtlich unverbindlich*

o sie dient zur Ermittlung der Preise und Bedingungen des Lieferers, der zur Abgabe eines Angebotes aufgefordert wird

o sie ist formfrei.

Grundsätzlich kann die *Initiative* (Anregung) zum Vertragsschluß vom Käufer (K) oder Verkäufer (V) ausgehen:

a) *Verkäuferinitiative:*

Einleitung	WE 1	WE 2
	festes Angebot (V)	Bestellung (K)
freibleibendes (unverbindliches) Angebot (V)	Bestellung (K)	Schweigen (V, wenn er Kaufmann ist) oder Bestätigung/ Lieferung
	Zusendung unbestellter Ware (V)	Bezahlung/Verwendung/ Bestätigung (K)

b) *Käuferinitiative:*

Einleitung	WE 1	WE 2
	Angebot (K)	Akzeptierung durch Bestätigung/ Lieferung (V)
Anfrage (K)	Angebot (V)	Annahme (K)
	Bestellung an Hand von Unterlagen (Katalog, Prospekt) (K)	Bestätigung/Lieferung (V)

Beachte:

Ein *„Katalogangebot"* ist kein Angebot (Antrag) im Rechtssinne, d. h. für den Abietenden *nicht verbindlich*, da der rechtliche Bindungswille des Verkäufers fehlt. Denn sonst wäre das Versandhaus auf jede Bestellung hin (die dann WE 2 wäre) zur Vertragserfüllung verpflichtet, ohne Rücksicht darauf, ob die Lagerbestände hierzu ausreichen. Dasselbe gilt für ein *„Schaufensterangebot"*. Beide sind lediglich *Aufforderungen* des Verkäufers an den Käufer *zur Abgabe eines Angebots*.

0.1.201 Abstraktionsprinzip

Durch den Kaufvertrag gehen die Parteien *Verpflichtungen* ein (§ 433 BGB):

Verkäufer:

o Lieferung = Hauptpflicht
o Eigentumsübertragung = Hauptpflicht

Käufer:

o Zahlung des Kaufpreises = Hauptpflicht
o Annahme der Ware = Nebenpflicht

beide:

o vertragsmäßige Leistung = Nebenpflicht
o fristgerechte Erfüllung = Nebenpflicht

Durch die Lieferung wird der Käufer Besitzer, erhält also die tatsächliche Verfügungsgewalt über die Sache bzw. das Recht. Er muß aber auch verfügen *dürfen,* d. h. Eigentümer werden: durch gesonderte Eigentumsübertragung.

Die Zahlung entspricht der Lieferung. Eine besondere Eigentumsübertragung des Geldes erfolgt zwar meist konkludent, ist hier aber nicht nötig, da Geld im Zweifel dem gehört, der es besitzt.

Der Kaufvertrag ist das *Verpflichtungsgeschäft;* die in ihm enthaltenen Pflichten werden erfüllt durch die *Erfüllungsgeschäfte*.

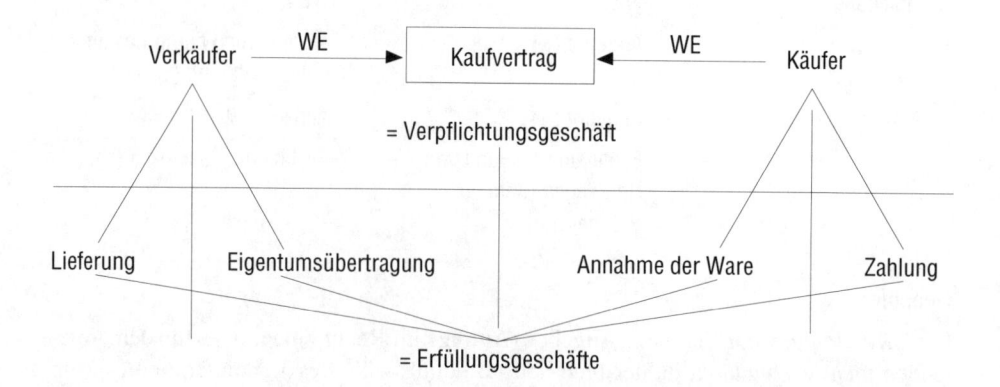

```
        Verkäufer ──WE──▶ Kaufvertrag ◀──WE── Käufer
                       = Verpflichtungsgeschäft
   ─────────────────────────────────────────────────────
   Lieferung   Eigentumsübertragung   Annahme der Ware   Zahlung
                       = Erfüllungsgeschäfte
```

Das Verpflichtungsgeschäft und die Erfüllungsgeschäfte sind rechtlich voneinander *völlig unabhängig*, genauso die Erfüllungsgeschäfte im Verhältnis zueinander: Trennungs- oder *Abstraktionsprinzip*.

Das heißt z. B.:

o K wird Eigentümer der Ware erst mit Eigentumsübertragung – nicht durch Vertragsschluß oder Zahlung

o wenn der Kaufvertrag nichtig ist, können die Erfüllungsgeschäfte dennoch gültig sein.

Beispiel:

o Fall: Ein zehnjähriger Junge kauft ein Fahrrad und bekommt es übereignet, zahlt aber noch nicht.

o Rechtslage: Der Kaufvertrag ist wegen Minderjährigkeit schwebend unwirksam (Ausnahmen greifen nicht ein), bei Nichtgenehmigung der Eltern nichtig; der (rechtlich getrennte) Eigentumserwerb bringt dem Minderjährigen jedoch lediglich rechtlichen Vorteil, daher wirksam. Das Fahrrad muß rückübereignet werden! Da dies M allein nicht kann (rechtlicher Nachteil), müssen die Eltern zustimmen (vgl. §§ 106, 107 BGB).

0.1.21 Inhalt des Kaufvertrages

0.1.210 Ware und Preis

Angaben über Ware und Preis im Kaufvertrag sollen so exakt wie möglich sein, um spätere Unstimmigkeiten zu vermeiden.

a) Angaben über die *Ware:*

o Die *Art* der Ware ist durch den genauen Namen zu bezeichnen.

o Festlegung der *Beschaffenheit* und *Qualität:*

vor Vertragsschluß: durch Besichtigung (Augenschein)/Muster, Proben/Abbildungen

im Kaufvertrag:
- Kauf entsprechend der vorherigen Kenntnisnahme
- Angabe (soweit möglich) von Handelsklassen/Standards/Typen, Warenzeichen/ sonstiger Einzelheiten.

o Die *Menge* der Ware kann bezeichnet sein nach

gesetzlichen Maßeinheiten: Liter, Gramm, Kilo, Zentner, Tonne usw.

handelsüblichen Maßeinheiten: Dutzend, Gros (= 12 Dtz.), Schock (= 60 Stück), Sack, Kiste, Ballen, Waggon, Festmeter u. v. a. m.

b) Angaben zur *Verpackung* und ihren Kosten:

o *Verkaufsverpackung* (Dosen, Flaschen usw.) ist im Kaufpreis enthalten

o *Versandverpackung* (Kartons, Fässer, Kisten usw.) wird als *Tara* (= Verpackungsgewicht) bezeichnet und ist grundsätzlich vom Käufer zu zahlen; doch sind folgende Vereinbarungen möglich:
- Reingewicht einschließlich Verpackung: Verpackung bleibt unberechnet, wird Eigentum des Käufers
- Reingewicht ausschließlich Verpackung: gesonderte Berechnung der Verpakkung, für die oft Rückgaberecht besteht (gegen Vergütung, sog. Leihverpakkung)
- Rohgewicht einschließlich Verpackung („brutto für netto"): Verpackungsgewicht wird wie Warengewicht behandelt.

c) *Preis*angaben:

o Angabe des Gesamtpreises, meist auch des *Preises pro Einheit*

o z. T. gesonderter Ausweis der Verpackungskosten (s. o.) und der Transportkosten (s. u.)

o u. U. Gewährung von *Preisabzügen* (Nachlässen):

Rabatt ist eine Vergünstigung unabhängig vom Zeitpunkt der Zahlung aus besonderem Anlaß (Menge-, Treue-, Wiederverkaufs-, Personal-, Sonderrabatt)

Barzahlungsrabatt ist eine Vergünstigung eines Einzelhändlers gegenüber Verbrauchern für sofortige Zahlung, gewährt in bar oder Gutscheinen (Rabattmarken), gesetzlich beschränkt auf 3 % (§ 2 RabattG)

Skonto ist ein Nachlaß für Zahlung innerhalb vereinbarter Frist (z. B. 2 % Skonto bei Zahlung innerhalb einer Woche)

Nicht hierher gehört der *Bonus:* nachträgliche, meist am Jahresende gewährte Vergünstigung, vom Umsatz abhängig.

Exkurs: *Preiskalkulation* (am Beispiel des Großhandels)

Der genaue und richtige Preis der Ware kann nur angegeben werden, wenn der Verkäufer vorher eine genaue Kalkulation (Preisberechnung) durchgeführt hat. Denn durch den Preis sollen *gedeckt* werden:

o der *Wareneinkauf* (Warenwert, Einkaufspreis)

o die *Bezugskosten* (Verpackung, Verladung und Transport, Versicherung, Zölle usw.)

o die *Handlungskosten* (= Geschäfts-, Gemeinkosten) (Personal, Mieten, Werbung, Abschreibungen – vgl. Kontenklasse 5 im Großhandel)

o der *Gewinn* (beinhaltet Unternehmerlohn, Verzinsung des eingesetzten Eigenkapitals, Prämie für das Unternehmerrisiko).

Zur Preisberechnung dient folgendes *Kalkulationsschema:* (ohne Umsatzsteuer)

```
        Listenpreis
   ./.  Rabatt
        Rechnungspreis (bei Ziel-Einkauf)
   ./.  Skonto (bei Sofortzahlung)
        Einkaufspreis
   +    Bezugskosten
        Bezugspreis
   +    Handlungskosten
        Selbstkostenpreis
   +    Gewinn
        Barverkaufspreis
   +    Kundenskonto
        Zielverkaufspreis
   +    Rabatt
        Listenpreis
```

Da Handlungskosten, Gewinnaufschlag und Verkaufszuschläge (Rabatt, Skonto) = der *Rohgewinn* prozentual für jede Ware gleich ist, verwendet man *Formeln,* um die Spanne zwischen Bezugspreis und Verkaufspreis zu überbrücken:

$$\text{Kalkulationszuschlag} = \frac{\text{Rohgewinn} \times 100}{\text{Bezugspreis}}$$

$$\text{Kalkulationsfaktor} = \frac{\text{Endgültiger Verkaufspreis}}{\text{Bezugspreis}}$$

$$\text{Handelsspanne} = \frac{\text{Rohgewinn} \times 100}{\text{Verkaufspreis}}$$

d) *Freizeichnungsklauseln*

o Wesen: Formulierungen in Angebot oder Vertrag, die dem *Lieferer* dazu dienen, trotz Bindung des Käufers selbst noch weitgehend ungebunden zu bleiben, da der Vorrat begrenzt oder der Preis Schwankungen unterworfen ist.

o Arten:

Klausel	Menge	Preis
Solange der Vorrat reicht Liefermöglichkeit vorbehalten	unverbindlich	verbindlich
Preis freibleibend	verbindlich	unverbindlich
freibleibend unverbindlich ohne Obligo	unverbindlich	unverbindlich

0.1.2.11 Die Lieferung

a) *Lieferungsbedingungen*

Wesen: = Vereinbarungen über Verteilung der *Transportkosten,* zugleich über die Einzelheiten der Lieferung (Transportart, -weg usw.).

Wichtigste *Versandkosten:*

o Rollgeld für Anfuhr an Versandort, d. h. zum Hauptbeförderungsmittel (z. B. per Lkw zum Schiff oder Versandbahnhof)
o Verladekosten
o Fracht (= Kosten für Haupttransport)
o Entladekosten
o Rollgeld für Abfuhr am Bestimmungsort, d. h. vom Haupttransportmittel zum Käufer (z. B. Abholung durch Lkw am Flughafen)

Gesetzliche Kostenverteilung (§ 448 BGB):

Die Kosten		
	o der Versendung bis zum Erfüllungsort	trägt V
	o der Übergabe am Erfüllungsort	trägt V
	o des Transports vom Erfüllungsort zum Käufer	trägt K
	o des Messens, Wiegens	
	bei Herausnahme aus dem Lager des Verkäufers	trägt V
	bei Übergabe an Käufer zur Kontrolle	trägt K
	o der Abnahme (Untersuchung der Ware usw.)	trägt K
	o der Versendung an anderen als den Erfüllungsort	trägt K

Vereinbarungen: Im Handelsverkehr haben sich zur Vereinfachung bestimmte *Lieferklauseln* herausgebildet, deren Bedeutung

o an dem jeweiligen Handelsplatz (z. B. Hafen)
o in dem betreffenden Land
o international (sog. Incoterms = International Commercial Terms)
bekannt ist.

Folgende Klauseln sind im *Inlandsverkehr* allgemein bekannt und üblich:

Kostenart / Klausel	Rollgeld bis Versandort	Ver-ladung	Fracht	Ent-ladung	Rollgeld vom Bestimmungsort
ab Werk / ab Lager / ab Fabrik	K	K	K	K	K
ab hier / unfrei / ab Bahnhof hier / ab Hafen hier	V	K	K	K	K
frei Waggon / frei Schiff	V	V	K	K	K
frachtfrei / frei dort / frei Bahnhof	V	V	V	K	K
frei Haus / frei Lager	V	V	V	V	V

Besondere Klauseln:

o Frachtparität = Angabe des Ortes, bis zu dem, d. h. bis zu welcher Entfernung Verkäufer die Fracht trägt (im Umkreis seines Versandortes)
o Frachtbasis = Angabe des Ortes, von dem an Käufer die Fracht trägt (im Umkreis des Bestimmungsortes)

b) *Lieferzeit*

o *gesetzliche* Regelung: Schuldner (Verkäufer) kann sofort liefern, Gläubiger (Käufer) Sofortlieferung verlangen (§ 271 BGB)
o *vertragliche* Vereinbarungen: Angabe
  – eines Termins
  – einer Frist, deren Ablauf kalendermäßig bestimmbar ist;
  hierbei kann im Zweifel der Gläubiger die Leistung nicht vorher verlangen, der Schuldner sie aber vorher bewirken (§ 271 II BGB).

Besonderheit: *Fixkauf* (§§ 361 BGB, 376 HGB) = fest vereinbarter Liefertermin mit dem Zusatz „fix", „fest", „genau" u. a.; Sinn: die Leistung wird für den Käufer nach Terminablauf sinnlos; Bedeutung: für Lieferungsverzug (siehe dort).

0.1.213 Die Zahlung

a) *Gesetzliche* Regelung: ohne Vereinbarung ist *Zug um Zug*, d. h. gegen Lieferung zu zahlen (§ 271 BGB).

b) *Zahlungsbedingungen:* mögliche Vereinbarungen sind:

Vorauszahlung: vor der Lieferung
o teilweise (Anzahlung)/vollständig
o bei Bestellung/Vertragsschluß
o bestimmte Frist nach Bestellung/Vertragsschluß
o bei teilweiser/vollständiger Fertigstellung

Zahlung bei Lieferung:
o bei Absendung der Ware
o bei Wareneingang („sofortige Kasse", „gegen Kasse", „netto Kasse")
o gegen Übergabe der Ware (Zahlung gegen Lieferung = Nachnahme)

Zahlung auf Ziel (offene Zielgewährung): vereinbarte Frist nach Lieferung
o gegen bar/Überweisung oder gegen (bei Warenerhalt akzeptierten) Wechsel
o oft verbunden mit Skontoklausel

Ratenzahlung (Teilzahlung), i. d. R. mit Eigentumsvorbehalt verbunden.

c) *Rechtzeitigkeit* der Zahlung: soweit nichts anderes vereinbart ist, reicht *rechtzeitige Absendung* des Geldes aus.

0.1.214 Sonstiges und Wertung

a) Sonstige Vereinbarungen betreffen *Erfüllungsort* (s. u.), *Gerichtsstand* (s. u.) sowie die *Allgemeinen Geschäftsbedingungen* (s. o.).

b) *Wertung:* Jeder der Vertragspartner wird sich bemühen, die Vertragsbedingungen zu seinem Vorteil zu gestalten. Je stärker seine wirtschaftliche Position als Verkäufer bzw. als Käufer ist, desto erfolgreicher ist dieses Bemühen. Die Position des Vertragsschließenden ergibt sich

o aus seiner grundsätzlichen Situation (z. B. Schwäche der Verbraucher, der Einzelhändler gegenüber Großunternehmen, der Entwicklungsländer gegenüber Industrienationen, Rohstoffabhängigkeit der Industrienationen)
o aus der jeweiligen Wirtschaftslage des Unternehmens/der Branche/der Gesamtwirtschaft (z. B. schlechte Auftragslage eines Industrieunternehmens, Konkurrenzsituation).

Vertragsinhalt	für Verkäufer:	günstig	etwa gleich	ungünstig
	für Käufer:	ungünstig		günstig
Zahlung		Anzahlung Vorauszahlung	Zahlung auf Ziel; Ratenzahlung (wegen der Zinsen)	Zahlungsziel
Lieferzeit		Lieferfrist		Sofortlieferung
Transportkosten		ab Werk ab hier frei Waggon	Frachtparität Frachtbasis	frachtfrei frei Haus
Gefahrtragung		beim Käufer	Übergang in der Mitte	beim Verkäufer

0.1.215 Besondere Kaufvertragsarten

a) nach der Ware und ihren Eigenschaften:

o *Stückkauf* = Kauf eines oder mehrerer bestimmter Stücke (z. B. bestimmtes Gemälde, Gebrauchtwagen), die i. d. R. nicht vertretbar sind

o *Gattungskauf* = Kauf einer nur der Gattung nach bestimmten Sache, die meist vertretbar ist (z. B. 1 Zentner Zucker Qualität I), aber auch nicht vertretbar sein kann (Kauf irgendeines Gemäldes von Picasso bis 100 000,– DM); wichtig: Verkäufer hat innerhalb der Gattung eine Sache *mittlerer Art und Güte* zu liefern (§§ 243 BGB, 360 HGB)

o *Spezifikationskauf* (Bestimmungskauf) = Kauf von Waren nach der Gattung, meist in bestimmter Menge zu einem Grundpreis; Recht des Käufers, Form, Maß, Ausstattung usw. der Ware näher zu bestimmen = zu spezifizieren (z. B. Kauf eines Pkw, dessen Farbe und „Extras" der Käufer später bestimmen darf); für die Spezifikation ist eine Frist gesetzt; § 375 HGB

o *Kauf nach Probe:* V sendet Muster (Probe), K bestellt gemäß dem Muster; nimmt V an, sichert er zu, daß die Ware dieselben Eigenschaften hat wie die Probe (§ 494 BGB)

o *Kauf zur Probe:* Kauf einer kleine Menge; K stellt größeren Vertrag in Aussicht (keine Verpflichtung des Käufers, oft aber „Option", d. h. Recht auf Bezug größerer Menge, die V innerhalb bestimmter Frist bereithalten muß)

o *Kauf auf Probe* (auf Besicht): Kauf „zur Ansicht" mit Rückgaberecht innerhalb vereinbarter/angemessener Frist (§§ 495, 496 BGB)

o *„gekauft wie besehen"* (Kauf nach Besicht): Besichtigung der Ware vor Vertragsschluß, Lieferung ohne weitere Veränderungen durch V; K hat keine Gewährleistungsansprüche für Mängel, die erkennbar waren (z. B. Gebrauchtwagen)

- *Bausch- und Bogen-Kauf* („tel quel"): Kauf einer Ware so, wie sie ausfällt, zu Pauschalpreis; V hat einwandfreie Ware beliebiger Qualität zu liefern; ist oft ein Risikokauf: Erwerb einer Ernte oder eines Fischzuges usw. vor Feststellen des Umfangs und der Qualität
- *Ramschkauf:* Kauf von Restbeständen (auslaufende Warenposten), Konkursmassen usw.

b) nach den Parteien:

- *Bürgerlicher Kauf:* Partner sind zwei Personen, für die der Kauf nicht Handelsgeschäft ist, die den Vertrag also nicht im Rahmen eines Handelsgewerbes schließen (also Privatpersonen oder Kaufleute, die privat tätig werden); es gelten die BGB-Vorschriften (§§ 433–514); Beispiel: Kaufmann A verkauft seinen Privatwagen an Rentner B
- *Handelskauf:*

  einseitig, d. h. ein Kaufmann im Rahmen seines Handelsgewerbes und eine Person, für die der Kauf kein Handelsgeschäft ist (z. B. Hausfrau C kauft von Händler D einen Wagen)
  zweiseitig, d. h. zwei Kaufleute werden im Rahmen ihres Handelsgewerbes tätig (z. B. Großhändler E liefert Waren an Supermarkt F);

  es gelten die HGB-Vorschriften über den Kauf (§§ 343, 373–382).

c) nach der Lieferzeit:

- *Tageskauf:* Lieferung erfolgt sofort, d. h. unverzüglich nach Vertragsschluß
- *Terminkauf:* Lieferung zu vereinbartem Termin/innerhalb bestimmter Frist
- *Fixkauf:* Terminkauf mit Zusatz „fix" usw.; von besonderer rechtlicher Bedeutung, da keinerlei Terminüberschreitung hingenommen werden muß
- *Andienungskauf:* Lieferzeitpunkt hängt vom Verkäufer ab, dieser „dient" dem Käufer die Ware (im Außenhandel: die Warendokumente) an
- *Kauf auf Abruf:* Liefertermin wird vom Käufer bestimmt, i. d. R. je nach Bedarf (z. B. Bierversorgung einer Gaststätte); oft verbunden mit *Teillieferungskauf,* d. h. Lieferung von Teilmengen innerhalb eines Vertrages mit fester Gesamtmenge oder eines Dauerschuldverhältnisses (sog. Sukzessivlieferungsvertrag: die Lieferung erfolgt „sukzessiv" = nach und nach).

d) nach der Zahlungszeit:

- *Vorauszahlungskauf*
- *Barkauf:* Zahlung Zug um Zug gegen Lieferung
- *Zielkauf:* V gewährt K ein Zahlungsziel (=Kredit)
- *Ratenkauf*

Oft werden hier mehrere Formen kombiniert; Beispiel (insbesondere im Außenhandel):

- 10 % Anzahlung
- 10 % Zahlung bei Lieferung
- 80 % in acht Raten.

0.1.22 Erfüllung des Kaufvertrages

Erfüllung ist das Bewirken der geschuldeten Leistung (§ 362 BGB). Diese kann bestehen:

- in einer Leistungshandlung (z. B. Pflicht des Anwalts zur Prozeßführung, des Arbeitnehmers zur Dienstleistung)
- in einem Leistungserfolg (z. B. Pflicht zur Übereignung der Ware: erfüllt erst mit Eigentumserwerb des Käufers).

Grundsätzlich ist genau die vertraglich vereinbarte Leistung zu erbringen. Ausnahmen sind in folgenden Fällen möglich (die grundsätzlich nur die Zahlung betreffen):

- Leistung *an Erfüllungs Statt* (§ 364 I BGB): z. B. der Gläubiger akzeptiert statt Barzahlung eine Überweisung. Folge: das alte Schuldverhältnis erlischt, es entsteht ein neuer Anspruch des Gläubigers gegen seine Bank auf Auszahlung des Gutschriftsbetrages.
- Leistung *erfüllungshalber* (§ 364 II BGB): der Schuldner geht gegenüber dem Gläubiger eine neue Verbindlichkeit ein (z. B. Ausstellung eines Schecks, Akzeptierung eines Wechsels). Folge: neben dem neuen bleibt auch das alte Schuldverhältnis (z. B. aus Kaufvertrag) bestehen, beide Verbindlichkeiten erlöschen, wenn die neue Schuld beglichen wird (z. B. durch Einlösung des Wechsels/Schecks).

Im Rahmen eines Kaufvertrages haben beide Parteien *am rechten Ort, zur rechten Zeit* und *in der richtigen Art und Weise,* vor allem aber *vertragsgemäß* zu leisten. Was das heißt, ergibt sich in erster Linie aus dem Inhalt des Vertrages (s. o.), daneben aus den meist disponiblen (abänderbaren) gesetzlichen Vorschriften. Von besonderer Bedeutung sind dabei der *Erfüllungsort* und die *Eigentumsübertragung.*

0.1.220 Erfüllungsort (= Leistungsort)

= der Ort, an dem der Schuldner die Leistung zu erbringen hat:

– V schuldet die Lieferung, K schuldet die Zahlung –

Zu unterscheiden sind:

- der Ort, an dem der Schuldner die Leistungs*handlung* zu erbringen hat = eigentlicher Erfüllungsort (z. B. Absendung des Geldes)
- der Ort, an dem der geschuldete Leistungs*erfolg* eintritt (z. B. Empfang des Geldes durch den Gläubiger).

Folgende Pflichten können Schuldner und Gläubiger treffen:
- *Holschulden:* Erfüllungs- und Erfolgsort liegt beim Schuldner, d. h. der Gläubiger muß die Leistung abholen
- *Bringschulden:* Erfüllungs- und Erfolgsort liegt beim Gläubiger, d. h. der Schuldner muß die Leistung bringen
- *Schickschulden:* Erfüllungsort liegt beim Schuldner, Erfolgsort beim Gläubiger, d. h. der Schuldner muß die Leistung absenden, diese muß beim Gläubiger eintreffen.

Arten von Erfüllungsorten (die in dieser Reihenfolge gelten!):

a) *vertraglicher* Erfüllungsort: ergibt sich aus der Vereinbarung der Parteien; oft in AGB enthalten;

b) *natürlicher* Erfüllungsort: ergibt sich aus den Umständen bzw. der Natur des Rechtsgeschäfts (Beispiele: Versandhäuser haben Waren den Kunden i. d. R. zu bringen, desgleichen Kaufhäuser u. a. bei größeren Objekten wie Möbeln);

c) *gesetzlicher* Erfüllungsort: findet Anwendung, wenn nichts anderes vereinbart wurde und kein natürlicher Erfüllungsort feststellbar ist.

Gesetzlicher Erfüllungsort ist *grundsätzlich* der Ort des *Schuldners* (§ 269 BGB), d. h. *Lieferort* = Ort des *Verkäufers (Holschuld)*.

Für den *Zahlungsort* gilt etwas anderes (§ 270 BGB): *Geld* hat der Schuldner im Zweifel auf seine Gefahr und Kosten dem *Gläubiger* an dessen Wohnsitz zu *übermitteln (Schickschuld)*. Folge: Für die *Zahlung* ist der *Erfüllungsort* (= Ort der Leistungs*handlung*) zwar noch beim *Schuldner* (dort ist daher der *Gerichtsstand*), der *Erfolgsort* aber beim Gläubiger.

Merksatz: *Warenschulden sind Holschulden*
              Geldschulden sind Schickschulden.

Bedeutung des Erfüllungsortes:
- = der Ort, an dem der Schuldner von seiner Leistungspflicht frei wird, bis zu dem seine Leistung aber gebracht werden muß *(Dispositions- = Sorgepflicht)*
- = Ort des *Gefahrenübergangs;* Gefahren: unverschuldete Zerstörung/Verlust/Beschädigung der Ware (bzw. des Geldes). Beachte: bei *schuldhaft* verursachtem Schaden haftet immer der Schuldige! Ist eine Versicherung abzuschließen, so kommt für die Kosten grundsätzlich der Gefahrtragende auf.
- = Ort des *Kostenübergangs,* d. h. des Übergangs der Kosten für die Lieferung vom Schuldner auf den Gläubiger
- = Ort des Gerichtes *(Gerichtsstand),* das im Streitfall anzurufen ist.

Beachte: *Vertragliche* Vereinbarungen des Erfüllungsortes sind nur zwischen *Vollkaufleuten* möglich, im übrigen nichtig (§ 29 ZPO)!

Beispiele:

	Übergang Sorgepfl.	Gefahren-übergang	Kosten-übergang	Gerichts-stand	
1. für **Lieferung** der Ware:					
Vertrag zwischen Kaufleuten: „Erfüllungsort beim Verkäufer"	bei V	bei V	bei V	bei V	
Kauf bei Versandhaus (Möbel)	bei K	bei K	bei K	bei K	*
Vertrag Kfm.-Privatperson: „Erfüllungsort beim Verkäufer"	bei V	bei V	bei V	bei V	**
gesetzlicher Erfüllungsort	bei V	bei V	bei V	bei V	
2. für **Zahlung:**					
gesetzlicher Erfüllungsort	bei V	bei V	bei V	bei K	***

* natürlicher Erfüllungsort
** Vereinbarung ist nichtig (s. o.), der gesetzliche Erfüllungsort regelt aber dasselbe (in diesem Fall)
*** da Erfüllungsort bei K, aber Erfolgsort bei V (s. o)

0.1.221 Eigentumsübertragung

Die Übertragung des Eigentums ist ein besonderes Erfüllungsgeschäft, das sich aus Willenserklärungen (Einigung = Vertrag) und einer Handlung (Realakt) zusammensetzt.

Grundsätzliche Form (§ 929, 1 BGB):

Einigung der Parteien *und Übergabe* der Sache

a) Von dieser Form kann in bestimmten Fällen abgewichen werden:

o *Einigung allein,* wenn die Sache bereits im Besitz des Erwerbers ist (§ 929, 2), z. B. bei vorangegangenem Leihvertrag

o *Einigung + Indossament + Übergabe,* z. B. bei einem Wechsel, zu dessen Übertragung ein zusätzlicher Übertragungsvermerk = Indossament auf der Rückseite erforderlich ist

o *Einigung + Abtretung des Herausgabeanspruchs,* wenn sich die Sache bei einem Dritten befindet, z. B. Lagerhalter, und dort bleiben soll: durch den Herausgabeanspruch wird der Käufer mittelbarer Besitzer (§ 931)

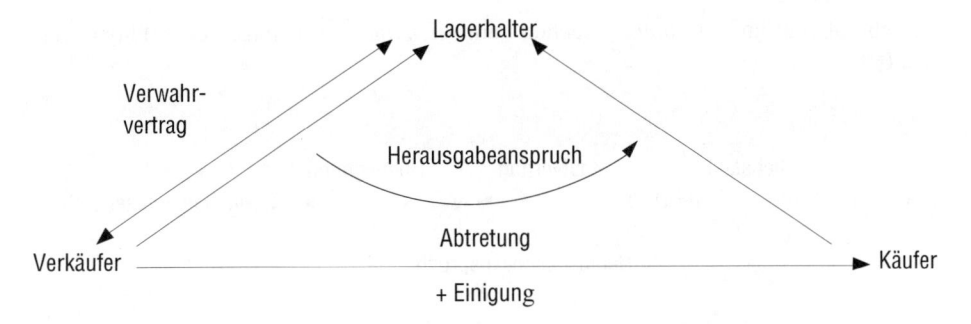

```
                    Lagerhalter
                   ↗         ↘
         Verwahr-
         vertrag
                  Herausgabeanspruch
                    ⌣        ↗
                    Abtretung
Verkäufer ─────────────────────────────→ Käufer
                    + Einigung
```

- *Einigung + Übergabe eines Traditionspapiers:* ein Traditionspapier = Übertragungspapier verkörpert eine Ware, d. h. wer Eigentümer des Papiers ist, ist auch Wareneigentümer; die Übertragung des Papiers bewirkt daher den Übergang des Eigentums an der Ware; z. B. Ladeschein, Konnossement, Orderlagerschein
- *Einigung + Besitzkonstitut* bei der sog. Sicherungsübereignung: der Kreditnehmer überträgt dem Kreditgeber, z. B. Bank, das Eigentum an einer Sache zur Sicherheit, behält aber den Besitz (§ 930)

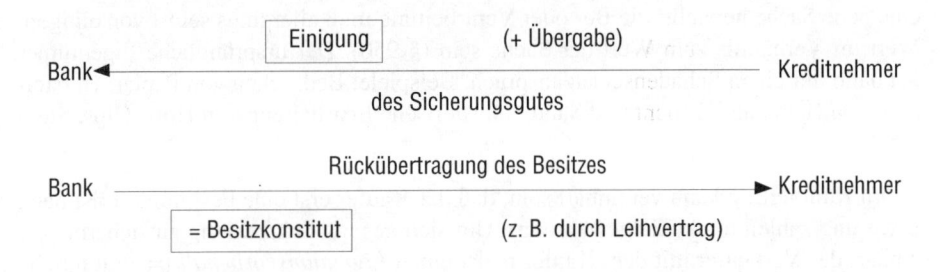

```
             Einigung       (+ Übergabe)
Bank ◄──────────────────────────────────── Kreditnehmer
              des Sicherungsgutes

             Rückübertragung des Besitzes
Bank ───────────────────────────────────► Kreditnehmer
        = Besitzkonstitut    (z. B. durch Leihvertrag)
```

- *dingliche Einigung = Auflassung + Registereintragung:* nur bei unbeweglichen Sachen, d. h. Grundstücken und Schiffen; die Auflassung ist eine Einigung in Form einer notariellen Urkunde (§§ 873, 925 BGB).

b) Grundsätzlich darf nur der Eigentümer einer Sache das Eigentum an ihr übertragen, kann der Kontrahent (Partner) das Eigentum nur vom Eigentümer selbst erwerben. Ausnahme: *Gutgläubiger Erwerb* (§§ 932–934 BGB)

```
             z. B. Leihe        Eigentumsübertragung
Eigentümer ──────────────► V ──────────────────────► K   = gutgl. Eigentümer
```

Wenn der Dritte *gutgläubig* ist, d. h. der ehrlichen Meinung, daß sein Partner Eigentümer der Sache ist – und wenn er die Wahrheit nicht hätte wissen müssen –, dann wird er Eigentümer der Sache; der ursprüngliche Eigentümer verliert sein Recht.

Einschränkung: an *gestohlenen* Sachen kann *niemand* gutgläubiger Eigentümer werden (§ 935 I).

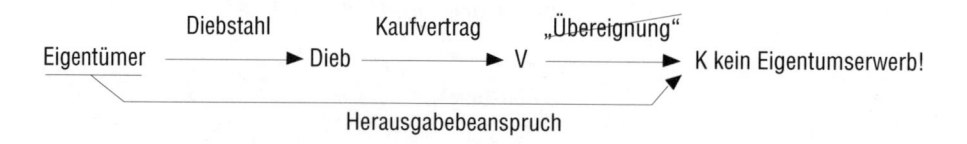

```
              Diebstahl         Kaufvertrag      „Übereignung"
Eigentümer ───────────────► Dieb ─────────► V ─────────────► K  kein Eigentumserwerb!
           ▲                                                │
           └────────────── Herausgabebeanspruch ────────────┘
```

Diese Einschränkung gilt allerdings *nicht* für Geld, *Inhaberpapiere* und Sachen, die bei *öffentlicher Versteigerung* veräußert werden, da hier der Erwerber besonders schutzwürdig ist (§ 935 II).

Wer Besitzer einer Sache ist, kann auch gegen den Willen des Eigentümers das Eigentum daran erwerben, wenn er

o durch Bearbeitung der Oberfläche (Gravieren, Bedrucken)
o durch Verarbeitung des ganzen Stoffes

eine neue Sache herstellt; die Be- oder Verarbeitung muß allerdings selbst von einigem Wert im Verhältnis zum Wert der Sache sein (§ 950). Der ursprüngliche Eigentümer hat dann nur einen Schadensersatzanspruch. Beispiele: Bedrucken von Papier; Herstellung von Beton aus Zement und Sand; künstlerische Bearbeitung von Holz, Gips, Stein usw.

c) Im Kaufvertrag kann vereinbart sein, daß der Käufer erst eine bestimmte Frist nach Lieferung zahlen muß (Zielgewährung). Um sich gegen Nichtzahlung zu sichern, vereinbart der Verkäufer mit dem Käufer meist einen *Eigentumsvorbehalt* (= vertragliche Abweichung vom Grundsatz der Trennung der Erfüllungsgeschäfte = Abstraktionsprinzip, s. o., aufgrund der Vertragsfreiheit möglich), § 455 BGB.

Wesen: Der Verkäufer bleibt so lange Eigentümer der Ware, bis der Käufer vollständig bezahlt hat.

Risiken:

o gutgläubiger Eigentumserwerb eines Dritten:

```
      Lieferung unter           Kaufvertrag
V ──────────────────────► K ─────────────────► D  gutgläubiger Eigentumserwerb
   Eigentumsvorbehalt         Übereignung
```

Sicherungsmöglichkeit: *Verlängerter Eigentumsvorbehalt* als vertragliche Vereinbarung, d. h. wenn V durch gutgläubigen Erwerb eines Dritten sein Eigentum an der Sache verliert, ist er automatisch

– Eigentümer des Geldes, das D an K zahlt
– (durch Abtretung) Inhaber der Forderung, die sonst K gegen D hätte:

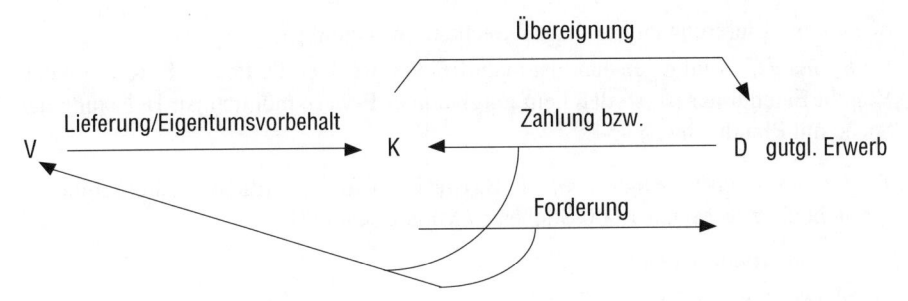

```
                              Übereignung
      Lieferung/Eigentumsvorbehalt      Zahlung bzw.
V ─────────────────────► K ◄─────────────── D  gutgl. Erwerb
                              Forderung
                           ─────────────►
```

Zu beachten ist: Der verlängerte Eigentumsvorbehalt kann bei Konkurrenz zu anderen Sicherungsrechten durch diese entwertet werden (der BGH hat z. B. der Abtretung von Forderungen im Rahmen von Factoring-Verträgen und dem Wechseldiskont den Vorrang eingeräumt).

o Eigentumserwerb des Käufers durch Verarbeitung:

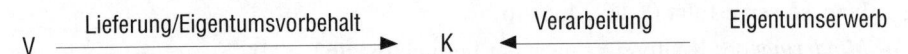

```
      Lieferung/Eigentumsvorbehalt       Verarbeitung      Eigentumserwerb
V ─────────────────────────► K ◄──────────────────
```

Sicherungsmöglichkeit: *Erweiterter Eigentumsvorbehalt* als vertragliche Vereinbarung, d. h. wenn K die Sache zu etwas Neuem verarbeitet, erwirbt nicht er das Eigentum daran, sondern das Eigentum des V wird erweitert auf die ganze hergestellte neue Sache.

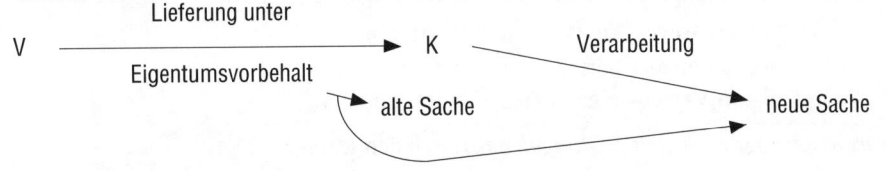

```
         Lieferung unter
V ─────────────────────► K         Verarbeitung
      Eigentumsvorbehalt    
                         ► alte Sache ─────────────► neue Sache
```

Kann K nicht zahlen, läßt V diese Sache versteigern und behält den ihm gebührenden Teil des Erlöses.

0.1.23 Erfüllungsstörungen

0.1.230 Mangelhafte Lieferung

Wesen: *Gewährleistungspflicht* des Verkäufers, wenn der Wert oder die Tauglichkeit der Ware zum gewöhnlichen oder vertraglichen Gebrauch gemindert oder aufgehoben sind (§ 459 BGB).

Arten von Mängeln:

a) *Fehler:*

o *Qualitätsmangel* (Gütemangel): schlechtere Qualität, technische Fehler, Wertverlust durch Beschädigung, Verderb usw.

o *Quantitätsmangel* (Mengenmangel): es wurde zu wenig geliefert, Nachlieferung ist sinnlos

- *Artmangel:* Lieferung einer falschen Sache (bzw. Gattung)
- *Rechtsmangel:* Kaufgegenstand ist nicht frei von Rechten Dritter (z. B. K weiß, daß V nicht Eigentümer ist, so daß kein gutgläubiger Erwerb möglich ist; Belastung der Sache mit Pfandrecht), § 434

b) *Fehlen zugesicherter Eigenschaft:* z. B. Uhr ist nicht wasserdicht, Nähmaschine erbringt nicht die zugesagten 1 000 Stiche pro Minute (§ 459 II).

Erkennbarkeit von Mängeln:

- *offene Mängel:* klar erkennbar
- *versteckte* M.: Materialfehler, die erst bei längerer Verwendung auftreten, angeschmorte Kabel in Elektrogeräten usw.

Rechte des Käufers:

- *Wandlung* = Rückgängigmachen des Kaufvertrages, Rückabwicklung der Erfüllung, soweit erfolgt (§ 462, 465–467)
- *Minderung* des Kaufpreises nach der Formel: (§§ 462, 472)

$$\text{Minderung} = \frac{\text{Kaufpreis} \times \text{wirklicher Wert}}{\text{Wert bei Mangelfreiheit}}$$

- *Umtausch* in mangelfreie Ware (nur bei Gattungskauf, § 480)
- *Schadensersatz wegen Nichterfüllung* (§ 463) bei
  - Fehlen einer zugesicherten Eigenschaft
  - arglistigem Verschweigen eines Mangels durch V.

Voraussetzung: rechtzeitige Mängelrüge durch den Käufer

- zweiseitiger Handelskauf: unverzügliche Prüfung, unverzügliche Rüge offener Mängel (verdeckte Mängel sind sofort nach Entdeckung zu rügen)
- einseitiger Handelskauf/bürgerlicher Kauf: keine Pflicht zur unverzüglichen Prüfung und Rüge
- in jedem Fall ist die Gewährleistungsfrist von sechs Monaten nach Lieferung einzuhalten (auch von Privatpersonen, auch bei versteckten Mängeln), sofern keine kürzere/längere Frist vereinbart wurde

(vgl. §§ 477, 478 BGB, 377 HGB).

Beachte: Die *Gewährleistungspflicht* betrifft nur Mängel, die *bei Gefahrenübergang,* d. h. bei Übergabe der Sache vorhanden waren. Für später auftretende Schäden, die erst nach Gefahrenübergang entstanden sind, haftet der Verkäufer nur, wenn er eine *Garantieerklärung* abgegeben hat.

Beispiel: Ein Autohersteller gewährt eine Garantie von 6 Monaten oder 10 000 km; nach 5 Monaten, aber 11 000 km sind sämtliche Zuleitungen zum Motor defekt, da bei Herstellung schlechtes Material verwendet wurde: Der Hersteller haftet trotz Ablaufs der Garantiezeit aus seiner Gewährleistungspflicht (versteckter Mangel).

Seit dem 1.1.1990 gilt auch in der BR Deutschland eine *Herstellerhaftung* für den Schaden, den Produkte verursachen, unabhängig von eigener Schuld. Für Sachschäden gilt eine unbegrenzte Haftung, die aber erst nach einer Selbstbeteiligung des Geschädigten von 1 125,– DM einsetzt. Bei Personenschäden liegt die Obergrenze der Haftung bei 160 Mill. DM. Es besteht kein Schmerzensgeldanspruch. Ist der Produzent unbekannt, haftet der Hersteller. Die Verjährungsfrist beträgt 10 Jahre.

0.1.231 Leistungsverzug

Wesen: nicht rechtzeitige Leistung des Verkäufers *(Lieferungsverzug)* oder des Käufers *(Zahlungsverzug);* Voraussetzung: *Verschulden* des Leistungspflichtigen (Vorsatz oder Fahrlässigkeit), § 285 BGB.

Eintritt des Verzuges:

o durch *Mahnung,* wenn
  - schuldhafte Nichtleistung des Schuldners vorliegt
  - Leistungstermin kalendermäßig nicht bestimmt/bestimmbar ist;
  der Mahnung entspricht die Klageerhebung oder Zustellung eines Mahnbescheids (§ 284 I).

o *sofort* bei Fälligkeit, wenn
  - schuldhafte Nichtleistung des Schuldners vorliegt
  - Leistungstermin kalendermäßig bestimmt/bestimmbar ist (§ 284 II).

Rechte des Gläubigers: §§ 286, 325	**Geltendmachung** der Rechte: § 326
Bestehen auf Leistung, evtl. + Schadensersatz	sofort
Rücktritt vom Vertrag	erst nach Mahnung + angemessener Nachfrist
Verzicht auf Leistung + Schadensersatz wegen Nichterfüllung	Ausnahme: **Fixkauf** (hier können alle Rechte sofort geltend gemacht weden)

Rücktritt + Schadensersatz ist aus folgendem Grund nicht möglich: Grundlage für die Schadensersatzforderung ist der nicht erfüllte Kaufvertrag – dieser wird aber durch den Rücktritt aufgehoben; man kann sich nicht auf etwas Ungültiges berufen!

Schaden:

a) *Lieferungsverzug:*

o bei Bestehen auf Leistung hat Käufer Anspruch auf *Verzugsschaden* für die eingetretene Verzögerung

o *Schadensersatz wegen Nichterfüllung* betrifft den Schaden, den K durch die Nichterfüllung erlitten hat:
  - *konkreter* Schaden (genau feststellbar): tritt meist durch Deckungskauf des K ein, den dieser tätigt, um seine Lieferpflicht gegenüber einem Dritten (D) einhalten zu können; Beispiel:

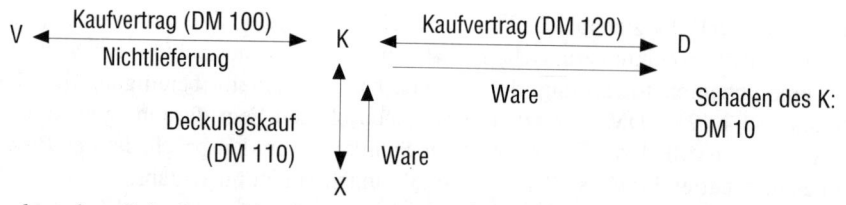

```
        Kaufvertrag (DM 100)          Kaufvertrag (DM 120)
    V ◄─────────────────────► K ◄─────────────────────► D
           Nichtlieferung      ▲
                               │         Ware              Schaden des K:
         Deckungskauf          │                           DM 10
           (DM 110)       ▼   │  Ware
                             X
```

– *abstrakter* Schaden: nicht genau zu berechnen; besteht i. d. R. in dem Gewinn, der K entgangen ist, wenn er durch den Verzug des V seine eigenen Lieferpflichten nicht einhalten konnte.

b) *Zahlungsverzug:* konkreter Schaden; dieser wird abgegolten durch

o Verzugszinsen: gemäß vertraglicher Vereinbarung; fehlt diese, nach gesetzlicher Regelung: 5 % p. a. bei zweiseitigem Handelskauf (§ 352 HGB), sonst 4 % (§ 288 BGB)

o Kostenersatz.

Beachte: vom Eintritt des Verzuges an liegt die *Gefahr* (Haftung für zufällige Beschädigung/Zerstörung der Sache) in jedem Fall beim *Schuldner* (§ 287 BGB).

0.1.232 Annahmeverzug (Gläubigerverzug)

Eintritt des Verzuges (§§ 293 ff. BGB):

o der Gläubiger der Leistung nimmt diese nicht an, obwohl sie ordnungs- und fristgemäß erbracht wurde

o die Leistung muß dem Gläubiger angeboten worden sein, und es ist kein Verschulden des Gläubigers erforderlich.

Rechte des Leistenden (Schuldners):

o *Klage* auf Abnahme oder

o Verzicht auf Klage, Ausführung einer *Handlung,* durch die er sich von seiner eigenen Leistungspflicht befreit, die also die Erfüllung seiner Pflichten darstellt (§§ 372–386 BGB, 373, 374 HGB):

Leistender: ──────►	Privatperson	Kaufmann
Geld, Wertpapiere, Wertsachen (= hinterlegungsfähig)	Hinterlegung bei öffentl. Hinterlegungsstelle (Amtsgericht)	Einlagerung
Waren (= hinterlegungsunfähig)	1. Verkauf (Waren mit Börsen-/Marktpreis)	
	2. öffentl. Versteigerung – Hinterlegung des Erlöses	2. Versteigerung – Herausgabe eines Mehrerlöses gegenüber dem Kaufpreis

Der Kaufmann ist nach dieser Regelung günstiger gestellt, er ist nicht den BGB-Vorschriften der öffentlichen Hinterlegung und Versteigerung unterworfen und kann seine Forderung selbst gegen den erzielten Erlös aufrechnen. Von einer Versteigerung muß der Gläubiger, der in Annahmeverzug ist, durch sog. *Androhung* benachrichtigt werden (Ausnahme: *Notverkauf* bei leichtverderblichen Waren). Er trägt alle Kosten, kann allerdings an der Versteigerung selbst teilnehmen und mitbieten.

0.1.3 Die Durchsetzung von Ansprüchen

Wird der Anspruch eines Gläubigers aus einem Schuldverhältnis vom Schuldner nicht erfüllt, muß sich der Gläubiger bemühen, diesen Anspruch in möglichst kurzer Zeit durchzusetzen. Dabei ist zu beachten, daß verschiedene Ursachen zu der Säumnis des Schuldners geführt haben können:

o vom Schuldner nicht verschuldete Umstände (höhere Gewalt, das Verschulden Dritter, z. B. im Straßenverkehr, usw.)
o Versehen, Irrtümer, Fehlleitung von Waren oder Geld
o wirtschaftliche Notsituation des Schuldners (z. B. Zahlungsunfähigkeit), die vorübergehend oder grundsätzlicher Natur sein kann.
o strafwürdiges Verhalten des Schuldners (z. B. Betrugsversuch).

Außerdem muß der Gläubiger zwei gegensätzliche Aspekte berücksichtigen:

o Nicht- oder Schlechtlieferung bzw. Nichtzahlung bedeuten für ihn Kosten, Ausfall kalkulierter Gewinne, Zinsverlust, wobei die Zeit eine erhebliche Rolle spielt
o falsches oder ungeschicktes Verhalten gegenüber dem säumigen Schuldner kann das Ende einer bestehenden oder sich anbahnenden Geschäftsbeziehung bedeuten.

Daher wird der Gläubiger zunächst durch Erinnerungen und höfliche Mahnungen den Schuldner zur Leistung anhalten *(kaufmännisches Mahnverfahren);* bei größeren Forderungen wird er außerdem versuchen, die Ursache der Erfüllungsstörungen herauszufinden, etwa durch Einholung einer Auskunft mit Hilfe seiner Bank.

Haben diese Maßnahmen keinen Erfolg, empfiehlt sich die Geltendmachung der Ansprüche über die *Gerichte*. Dabei ist zu beachten, daß zum Teil erhebliche Gerichts- und Rechtsanwaltskosten anfallen, die zunächst vom Gläubiger zu tragen sind und nur bei Erfolg des gerichtlichen Vorgehens vom Schuldner übernommen werden müssen, sofern dieser überhaupt zahlungsfähig ist. Daher empfiehlt sich zunächst das wesentlich kostengünstigere *Mahnbescheidsverfahren* an Stelle der *Klage*.

Zu beachten ist schließlich, daß nahezu alle Ansprüche der *Verjährung* unterliegen, d. h. nach gewisser Zeit nicht mehr gerichtlich durchgesetzt werden können.

0.1.30 Mahnverfahren

0.1.300 Kaufmännisches Mahnverfahren

In unterschiedlichen Formen möglich; üblicher *Ablauf:*
1. (höfliche) Erinnerung
2. Erster Mahnbrief, evtl. mit Rechnungskopie, Kontoauszug
3. Zweiter Mahnbrief mit Fristsetzung
4. Dritter Mahnbrief mit Androhung von Maßnahmen, z. B. (bei Geldforderung) Einzug des Geldes
5. Einzug der Forderung durch Postnachnahme/Auftrag an Inkassoinstitut; wenn erfolglos:
6. „Letzte Mahnung" mit Androhung gerichtlicher Schritte.

0.1.301 Gerichtliches Mahnverfahren (durch *Mahnbescheid*)

a) Der Mahnbescheid wurde anstelle des Zahlungsbefehls durch die sog. Vereinfachungsnovelle zur Zivilprozeßordnung ab 1.7.1977 eingeführt, u. a. zur (späteren) Rationalisierung des Mahnverfahrens durch Einsatz der EDV.

b) *Ablauf* (§§ 688–703d ZPO):
1. *Antrag* auf Erlaß eines Mahnbescheids beim zuständigen *Amtsgericht;* Voraussetzungen:
    o Anspruch auf Zahlung bestimmter Geldsumme in DM
    o Anspruch ist nicht von einer Gegenleistung abhängig/oder: die Gegenleistung wurde bereits erbracht
    o zuständig: ausschließlich das Amtsgericht, bei dem der Antragsteller seinen allgemeinen Gerichtsstand hat (keine abweichende Vereinbarung!); die Geschäfte im Mahnverfahren werden von Rechtspflegern ausgeübt.
2. *Erlaß* des Mahnbescheids; Inhalt (u. a.):
    o Aufforderung zur Zahlung oder Widerspruch binnen 2 *Wochen*
    o Hinweis, daß Berechtigung nicht geprüft wurde
    o Hinweis auf Möglichkeit eines Vollstreckungsbescheids
3. Zutellung zum Schuldner von Amts wegen (i. d. R. durch die Post)

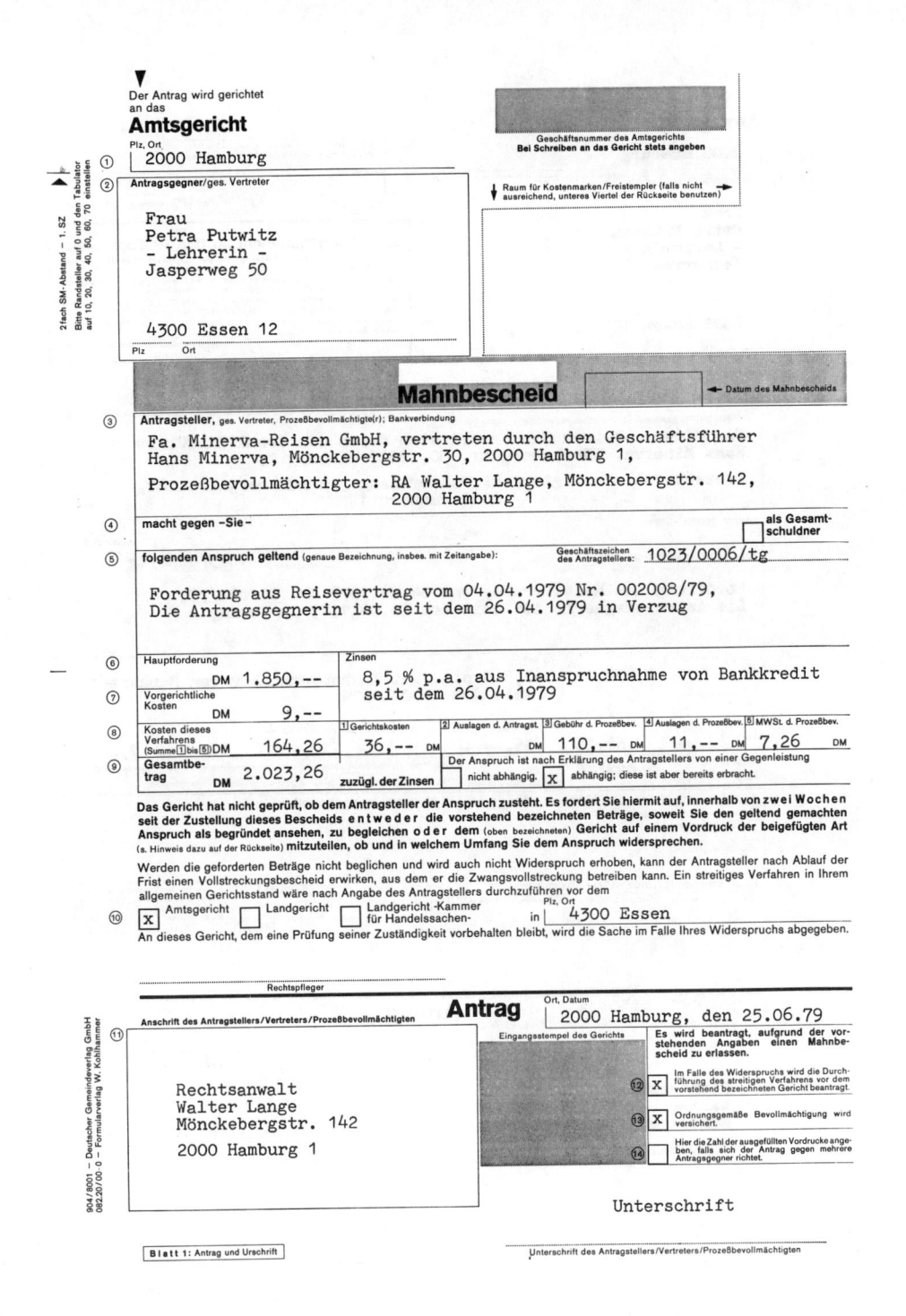

▼
Der Antrag wird gerichtet
an das
Amtsgericht

Plz, Ort
① 2000 Hamburg

Geschäftsnummer des Amtsgerichts
Bei Schreiben an das Gericht stets angeben

② Antragsgegner/ges. Vertreter

Frau
Petra Putwitz
- Lehrerin -
Jasperweg 50

4300 Essen 12
Plz   Ort

Raum für Kostenmarken/Freistempler (falls nicht
ausreichend, unteres Viertel der Rückseite benutzen)

Mahnbescheid ← Datum des Mahnbescheids

③ Antragsteller, ges. Vertreter, Prozeßbevollmächtigte(r); Bankverbindung

Fa. Minerva-Reisen GmbH, vertreten durch den Geschäftsführer
Hans Minerva, Mönckebergstr. 30, 2000 Hamburg 1,

Prozeßbevollmächtigter: RA Walter Lange, Mönckebergstr. 142,
2000 Hamburg 1

④ macht gegen –Sie–   ☐ als Gesamtschuldner

⑤ folgenden Anspruch geltend (genaue Bezeichnung, insbes. mit Zeitangabe):   Geschäftszeichen des Antragstellers: 1023/0006/tg

Forderung aus Reisevertrag vom 04.04.1979 Nr. 002008/79,
Die Antragsgegnerin ist seit dem 26.04.1979 in Verzug

⑥ Hauptforderung DM **1.850,--**   Zinsen
⑦ Vorgerichtliche Kosten DM **9,--**   8,5 % p.a. aus Inanspruchnahme von Bankkredit seit dem 26.04.1979
⑧ Kosten dieses Verfahrens (Summe ⑥ bis ⑧) DM **164,26**   ① Gerichtskosten **36,--** DM   ② Auslagen d. Antragst.   ③ Gebühr d. Prozeßbev. **110,--** DM   ④ Auslagen d. Prozeßbev. **11,--** DM   ⑤ MWSt. d. Prozeßbev. **7,26** DM
⑨ Gesamtbetrag DM **2.023,26**   zuzügl. der Zinsen   Der Anspruch ist nach Erklärung des Antragstellers von einer Gegenleistung ☐ nicht abhängig. ☒ abhängig; diese ist aber bereits erbracht.

Das Gericht hat nicht geprüft, ob dem Antragsteller der Anspruch zusteht. Es fordert Sie hiermit auf, innerhalb von **zwei Wochen** seit der Zustellung dieses Bescheids **e n t w e d e r** die vorstehend bezeichneten Beträge, soweit Sie den geltend gemachten Anspruch als begründet ansehen, zu begleichen **o d e r** dem (oben bezeichneten) Gericht auf einem Vordruck der beigefügten Art (s. Hinweis dazu auf der Rückseite) mitzuteilen, ob und in welchem Umfang Sie dem Anspruch widersprechen.

Werden die geforderten Beträge nicht beglichen und wird auch nicht Widerspruch erhoben, kann der Antragsteller nach Ablauf der Frist einen Vollstreckungsbescheid erwirken, aus dem er die Zwangsvollstreckung betreiben kann. Ein streitiges Verfahren in Ihrem allgemeinen Gerichtsstand wäre nach Angabe des Antragstellers durchzuführen vor dem

⑩ ☒ Amtsgericht ☐ Landgericht ☐ Landgericht -Kammer für Handelssachen   in   Plz, Ort **4300 Essen**

An dieses Gericht, dem eine Prüfung seiner Zuständigkeit vorbehalten bleibt, wird die Sache im Falle Ihres Widerspruchs abgegeben.

Rechtspfleger

⑪ Anschrift des Antragstellers/Vertreters/Prozeßbevollmächtigten

Antrag   Ort, Datum **2000 Hamburg, den 25.06.79**

Eingangsstempel des Gerichts

Rechtsanwalt
Walter Lange
Mönckebergstr. 142

2000 Hamburg 1

⑫ ☒ Es wird beantragt, aufgrund der vorstehenden Angaben einen Mahnbescheid zu erlassen.
⑬ ☒ Im Falle des Widerspruchs wird die Durchführung des streitigen Verfahrens vor dem vorstehend bezeichneten Gericht beantragt.
⑭ Ordnungsgemäße Bevollmächtigung wird versichert.

Hier die Zahl der ausgefüllten Vordrucke angeben, falls sich der Antrag gegen mehrere Antragsgegner richtet.

Unterschrift

Blatt 1: Antrag und Urschrift

Unterschrift des Antragstellers/Vertreters/Prozeßbevollmächtigten

Amtsgericht

Plz, Ort
2000 Hamburg

Antragsgegner/ges. Vertreter

**Frau
Petra Putwitz
- Lehrerin -
Jasperweg 50**

4300 Essen 12

Plz   Ort

Geschäftsnummer des Amtsgerichts
Bei Schreiben an das Gericht stets angeben

Datum des Vollstreckungsbescheids

Zustellungsnachricht an den Antragsteller.

In Ihrer Mahnsache ist dem Antragsgegner der Mahnbescheid an dem aus dem folgenden Vordruckteil ersichtlichen Tag zugestellt worden.
Prüfen Sie, nachdem die mit dem darauffolgenden Tag beginnende Zwei-Wochen-Frist abgelaufen ist, ob der Antragsgegner die Schuld beglichen hat.
Sollte das nicht der Fall sein und sollte auch nicht Widerspruch eingelegt sein, können Sie den Erlaß des Vollstreckungsbescheids beantragen.
Verwenden Sie dazu bitte nur diesen Vordruck und beachten Sie die Hinweise auf der Rückseite.

Die Geschäftsstelle des Amtsgerichts

Vollstreckungsbescheid zum Mahnbescheid vom   zugestellt am

Antragsteller, ges. Vertreter, Prozeßbevollmächtigte(r); Bankverbindung

**Fa. Minerva-Reisen GmbH, vertreten durch den Geschäftsführer
Hans Minerva, Mönckebergstr. 30, 2000 Hamburg 1,
Prozeßbevollmächtigter: RA Walter Lange, Mönckebergstr. 142,
2000 Hamburg 1**

macht gegen –Sie–

folgenden Anspruch geltend: als Gesamtschuldner

Geschäftszeichen des Antragstellers: **1023/0006/tg**

**Forderung aus Reisevertrag vom 04.04.1979 Nr. 002008/79.
Die Antragsgegnerin ist seit dem 26.04.1979 in Verzug**

Hauptforderung	Zinsen
DM **1.850,--**	**8,5 % p.a. aus Inanspruchnahme von Bankkredit seit dem 26.04.1979**
Vorgerichtliche Kosten DM **9,--**	

Bisherige Kosten des Verfahrens (Summe ① bis ⑤) DM	① Gerichtskosten	② Auslagen d. Antragst.	③ Gebühr d. Prozeßbev.	④ Auslagen d. Prozeßbev.	⑤ MWSt. d. Prozeßbev.
164,26	**36,--** DM	DM	**110,--** DM	**11,--** DM	**7,26** DM

| Gesamtbetrag DM | **2.023,26** | zuzügl. der Zinsen | Der Anspruch ist nach Erklärung des Antragstellers von einer Gegenleistung nicht abhängig. ☒ abhängig; diese ist aber bereits erbracht. |

Auf der Grundlage des Mahnbescheids ergeht Vollstreckungsbescheid

② wegen vorstehender Beträge | wegen ③

abzüglich gezahlter ④

Hinzu kommen folgende weitere Kostenbeträge ⑤				insgesamt (Summe von ① bis ④)	Die Kosten des Verfahrens sind ab Erlaß dieses Bescheids mit 4 % zu verzinsen	Dieser Bescheid wurde dem Antragsgegner zugestellt am:
① Gerichtskost., Auslag.	② Gebühr d. Prozeßbev.	③ Auslagen d. Prozeßbev.	④ MWSt. d. Prozeßbev.			
DM	DM	DM	DM	DM		

Rechtspfleger

Antragst. | ges.Vertr. | Prozeßbev.
wurde VB-Ausf. erteilt am:

**Rechtsanwalt
Walter Lange
Mönckebergstr. 142
2000 Hamburg 1**

Antrag ①   Ort, Datum

Eingangsstempel des Gerichts

Es wird beantragt, aufgrund der vorstehenden Angaben Vollstreckungsbescheid zu erlassen.
Der Antragsgegner hat geleistet
⑥ ☐ keine Zahlungen. ☐ nur die oben angegebenen Zahlungen.
⑦ Die Auslagen für die Zustellung von Amts wegen habe ich vorausentrichtet.
⑧ Ich beantrage, mir den Bescheid in Ausfertigung zur Zustellung im Parteibetrieb zu übergeben.

Blatt 3: Zustellungsnachricht, Antrag und Urschrift

Unterschrift des Antragstellers/Vertreters/Prozeßbevollmächtigten

4. *Möglichkeiten* des Schuldners:

   o Zahlung

   o Widerspruch binnen 2 Wochen → Gerichtsverhandlung
   → Urteil
   (falls kein Vollstreckungsbescheid verfügt ist, kann der Schuldner auch noch nach Fristablauf widersprechen)

   o bei *Nichtbeachtung:*

5. Antrag des Gläubigers, einen *Vollstreckungsbescheid* zu erlassen = vollstreckbarer Titel zur zwangsweisen Durchsetzung des Anspruches

6. *Erlaß* des Vollstreckungsbescheids und *Zustellung* zum Schuldner

7. *Möglichkeiten* des Schuldners:

   o Zahlung

   o Einspruch binnen 2 Wochen → Gerichtsverhandlung
   → Urteil

   o bei *Nichtbeachtung:*

8. *Zwangsvollstreckung* in das Vermögen des Schuldners (s. u. 0.1.32); diese kann nach Erlaß des Vollstreckungsbescheids ab Zustellung, also auch vor Ablauf der Einspruchsfrist, durchgeführt werden; Fortsetzung ist selbst bei Einspruch möglich (kann aber auf Antrag durch das Gericht einstweilen eingestellt werden).

0.1.302 Eidesstattliche Versicherung (§ 807 ZPO) = E. V.

o Pfändung führt nicht zu vollständiger Befriedigung des Gläubigers

o Antrag des Gläubigers auf Abgabe der E. V. durch Schuldner

o Schuldner hat Verzeichnis seines Vermögens vorzulegen (z. B. Offenlegung von Bankkonten usw.)

o Schuldner hat auch Veräußerungen an Ehegatten/Verwandte (bis 1 Jahr vor E. V.), Geschenke (bis 1 Jahr vor E. V.) sowie Verfügungen an den Ehegatten (bis 2 Jahre vor E. V.) offenzulegen

o Schuldner hat die Wahrheit seiner Angaben zu versichern (früher: Eidleistung = Offenbarungseid)

o bei Weigerung kann Schuldner zur Abgabe der E. V., notfalls durch Gefängnishaft bis zu 6 Monaten, gezwungen werden (sog. Verhaftung)

o falsche Angaben sind strafbar

o die E. V. wird vom Gericht in sog. Schuldnerliste eingetragen, von jedermann einsehbar.

0.1.31 Klageverfahren (Zivilprozeß)

0.1.310 Verfahrensgang

a) *Klageerhebung* beim örtlich und sachlich *zuständigen* Gericht;

o örtliche Zuständigkeit: siehe Erfüllungsort/Gerichtsstand; sonst Wohn- bzw. Geschäftssitz des Schuldners

o sachliche Zuständigkeit:

Amtsgericht bei Streitwert bis 5 000,– DM, außerdem immer zuständig bei Streit aus gesetzlicher Unterhaltspflicht, in Mietsachen u. a. (desgleichen bei Mahnverfahren, Zwangsvollstreckung, Vergleich, Konkurs); *Landgericht* bei Streitwert ab 5 000,– DM, außerdem bei Ansprüchen gegen den Staat (Verletzung von Amtspflichten) u. a.

o Klage wird schriftlich erhoben oder mündlich zu Protokoll gegeben

o Gericht prüft Klage, verlangt *Kostenvorschuß,* setzt Termin für mündliche Verhandlung fest.

b) *Zustellung* der Klage zum Schuldner; dieser hat Einwände/Beweismittel gegen die Behauptungen des Klägers vorzubringen (sog. *Einlassung*) innerhalb der *Einlassungsfrist* (Frist von Klagezustellung bis zur mündlichen Verhandlung).

c) *Mündliche Verhandlung:* dient zur Klärung des erhobenen Anspruches; mögliche Beweismittel: Zeugenvernehmung – Augenschein – Gutachten von Sachverständigen – Urkunden – Parteivernehmung (uneidlich oder eidlich).

d) *Beurteilung* des Streites durch das Gericht:

o *Zulässigkeit* der Klage: Zuständigkeit des Gerichtes/Parteifähigkeit (= Fähigkeit, Kläger oder Beklagter zu sein, von der Rechtsfähigkeit abhängig), Prozeßfähigkeit (= Fähigkeit, im Prozeß zu handeln, grundsätzlich von der Geschäftsfähigkeit abhängig)/Rechtsschutzbedürfnis u. a. m.

o *Begründetheit* des Klageantrags: Prüfung der materiellen Rechtslage anhand der in Frage kommenden Vorschriften.

e) *Klagearten:*

o Leistungsklage: Ziel der Verurteilung zu Leistung (z. B. Zahlung des Kaufpreises) oder Unterlassen (z. B. der Geschäftsschädigung)

o Gestaltungsklage: Ziel der Gestaltung der Rechtslage durch Urteil (z. B. Ausschluß eines OHG-Gesellschafters, Ehescheidung)

o Feststellungsklage: Ziel der Feststellung des Bestehens oder Nichtbestehens eines Rechtsverhältnisses (z. B. Feststellung, daß der Kläger Eigentümer einer bestimmten Sache ist).

f) *Beendigung* des Verfahrens:

o Versäumnisurteil, wenn Kläger oder Beklagter zur mündlichen Verhandlung nicht erscheint, auf Antrag der Gegenpartei

o Prozeßurteil, wenn die Klage unzulässig ist (s. o.)

o Klagrücknahme des Klägers

o Anerkenntnisurteil auf Antrag des Klägers, wenn Beklagter den Anspruch anerkennt

o Verzichtsurteil auf Antrag des Beklagten, wenn Kläger auf seinen Anspruch verzichtet

o Prozeßvergleich der Parteien vor dem Gericht

o Streitiges Urteil (Sachurteil) über den vom Kläger behaupteten, vom Beklagten bestrittenen Anspruch; enthält die Urteilsformel (Tenor), den Tatbestand (Darstellung der Sachlage und des Streitstandes) und die Entscheidungsgründe.

0.1.311 Besonderheiten

a) Der Zivilprozeß wird von verschiedenen *Verfahrensgrundsätzen* beherrscht:

o Verfügungsgrundsatz (Dispositionsmaxime): Gang und Inhalt des Verfahrens steht in der Verfügungsmacht der Parteien, Gericht ist daran grundsätzlich gebunden

o Verhandlungsgrundsatz: die Parteien beschaffen den Tatsachenstoff; das Gericht hat allerdings Aufklärungspflicht

o Grundsatz der Mündlichkeit der Verhandlung (Ausnahmen möglich)

o Grundsatz des rechtlichen Gehörs (Art. 102 I GG): jede Partei muß sich vor Entscheidung zum gesamten Prozeßstoff äußern können.

b) Gerichtsentscheidungen unterliegen der *Rechtskraft;* Ziel: jeder Streit soll einmal ein Ende finden. Arten:

o *formelle* Rechtskraft: Entscheidung kann weder durch Rechtsmittel (Berufung, Revision) noch durch Einspruch beseitig werden; tritt ein mit Ablauf einer Rechtsmittel-(Einspruchs-)frist bzw. mit Verkündung (z. B. bei Urteilen der letzten Instanz)

o *materielle* R.: formell unangreifbare Entscheidungen binden jedes künftige Gericht.

Beispiel: Landgericht A stellt fest, daß X Eigentümer einer Sache ist; der Gegner Y versäumt die Rechtsmittelfrist. X verklagt Y vor dem Landgericht B auf Herausgabe der Sache: dieses geht davon aus, daß X Eigentümer ist.

0.1.32 Zwangsvollstreckung (ZV)

Die Zwangsvollstreckung dient der Realisierung (Verwirklichung) von Ansprüchen.

Voraussetzungen:

o Titel = gerichtliche Bestätigung des Anspruches, i. d. R. durch Urteil oder Vollstreckungsbescheid
o Klausel = staatliche Bescheinigung, daß Gläubiger zur ZV berechtigt ist
o Zustellung von Titel und Klausel zum Schuldner.

Ablauf der ZV:

o Einsetzung eines Vollstreckungsorgans (i. d. R. der Gerichtsvollzieher)
o Pfändung
o Verwertung des Pfandes.

Von besonderer Bedeutung ist die *Pfändung,* die der Sicherstellung von beweglichen Vermögenswerten des Schuldners dient. Ablauf:

o Geld, Kostbarkeiten, Wertpapiere werden vom Gerichtsvollzieher (GVZ) in Besitz genommen
o andere Sachen werden durch Aufkleben eines Pfandsiegels („Kuckuck") als Pfänder gekennzeichnet
o bei Forderungen wird dem Drittschuldner verboten, an den Schuldner zu zahlen, Geld ist an den Gläubiger zu überweisen (Pfändungs- und Überweisungsbeschluß)
o beachte: die Pfändung unterliegt bestimmten *Grenzen,* da dem Schuldner das Existenzminimum verbleiben muß. Unpfändbar sind u. a.:
  – Kleidungsstücke, Wäsche, übliche Haushaltsgegenstände, Nahrungsmittel für vier Wochen, Informationsmittel (Radio/Fernseher, GVZ kann höherwertiges Objekt austauschen) u. a. m.
  – Grundbetrag vom Nettoverdienst (wird jährlich neu festgelegt, erhöht sich bei Unterhaltspflichten entsprechend).

Die *Verwertung* von Pfändern erfolgt i. d. R. durch *öffentliche Versteigerung.*

0.1.33 Verjährung

0.1.330 Wesen und Bedeutung

Wesen:

o Verjährung ist eine *Einrede*möglichkeit des Schuldners gegenüber Ansprüchen des Gläubigers (§ 194 BGB); sie gibt ihm ein *Leistungsverweigerungsrecht* durch Zeitablauf (§ 222 I)
o d. h. der Schuldner *kann* auf eine verjährte Forderung leisten, *muß* es aber nicht (er-

brachte Leistungen trotz Verjährung können nicht zurückgefordert werden) (§ 222 II)

o die Forderung bleibt also bestehen

o der Anspruch ist gerichtlich nicht mehr durchsetzbar, wenn der Schuldner die Einrede der Verjährung erhebt.

Bedeutung:

= Förderung der Rechtssicherheit:

o nach längerer Zeit bestehen Beweisschwierigkeiten, Gefahr von Justizirrtümern, ungenauen Zeugenaussagen

o Unzumutbarkeit der langen Aufbewahrung von Beweismitteln (Rechnungen, Buchungsbelege usw.) gerade im Wirtschaftsleben (kaufmännische Aufbewahrungsfristen: 6 Jahre für Belege, 10 Jahre für Handelsbücher, vgl. Abschnitt 0.4.000).

Beachte:

o Sicherheiten für Forderungen (Pfandrecht, Hypothek u. a.) können trotz Verjährung vom Gläubiger in Anspruch genommen werden (§ 223)

o Ausschluß/Erschwerung der Verjährung, Verlängerung der Fristen durch Rechtsgeschäft sind nicht möglich.

0.1.331 Verjährungsfristen

Es gibt unterschiedliche Fristen im Hinblick auf Sinn und Bedeutung der Verjährung; wichtigste *Arten:*

a) regelmäßige Frist: *30* Jahre

o für Forderungen von Privatpersonen untereinander

o für Darlehen

o für gerichtlich bestätigte Ansprüche (Urteile, Vollstreckungsbescheide; Konkursforderungen)

Beginn: mit Entstehen des Anspruches bzw. (bei Forderung) mit Fälligkeit. Vgl. §§ 195, 198 BGB.

b) *Vierjährige* Frist: § 196

o Ansprüche von Gewerbetreibenden untereinander

o Zins-, Miet-, Pachtansprüche

o Renten-, Ruhegehaltsansprüche und alle Ansprüche auf regelmäßig wiederkehrende Leistungen

c) *Zweijährige* Frist: § 197

o Ansprüche von Gewerbetreibenden gegen Privatpersonen

o Ansprüche von Transportunternehmen, Gastwirten, Arbeitnehmern, Vermietern beweglicher Sachen (z. B. Mietwagen) u. a. m.
o Honorarforderungen (Ärzte, Rechtsanwälte, Lehrer u. a.)

d) *Sonderfristen:* z. B. im Wechselrecht; für Mängelrügen.

Beginn der *verkürzten* Verjährungsfristen: am Ende (31.12.) des Jahres, in dem die Forderung fällig war bzw. der Anspruch entstand (§ 201).

Zusammenfassung (wichtigste Fälle):

Anspruch	Gewebetreibender	gegen Privatperson:	2 Jahre
	Gewerbetreibender	gegen Gewerbetreibenden:	4 Jahre
	Privatperson	gegen Gewerbetreibenden:	30 Jahre
	Privatperson	gegen Privatperson:	30 Jahre

0.1.332 Hemmung und Unterbrechung der Verjährung

a) *Hemmung* der Verjährung:

So lange die Verjährungsfrist läuft, ist der Schuldner jederzeit zur Leistung verpflichtet. Wird er von dieser Pflicht vorübergehend befreit oder kann der Gläubiger seine Ansprüche aus anderen Gründen nicht durchsetzen, wird die Verjährung gehemmt. *Folge:* Die Zeit der Hemmung wird zur Verjährungsfrist hinzugerechnet (§ 205 BGB).

Hemmungsgründe:

o Stundung der Forderung durch Gläubiger
o Stillstand der Rechtspflege (z. B. Krieg) / höhere Gewalt innerhalb der letzten sechs Monate der Frist, d. h. der Gläubiger kann seine Ansprüche gerichtlich nicht durchsetzen
o Zeit der Ehe bei Ansprüchen der Ehepartner untereinander.

b) *Unterbrechung* der Verjährung:

Die Verjährung soll der Rechtssicherheit dienen. Wenn neue Beweismittel entstehen, während die Frist abläuft, besteht dieselbe Situation wie bei Entstehen/Fälligkeit des Anspruches. *Folge:* Die Verjährungsfrist beginnt von neuem (§ 217).

Unterbrechungs*gründe:*

o Schuldanerkenntnis des Schuldners (z. B. durch Teilzahlung, Zinszahlung)
o gerichtliche Geltentmachung des Anspruches durch Gläubiger (z. B. Klage, Mahnbescheidzustellung, Zwangsvollstreckung, Konkursanmeldung des Anspruches).

Beispiele anhand der zweijährigen Frist:

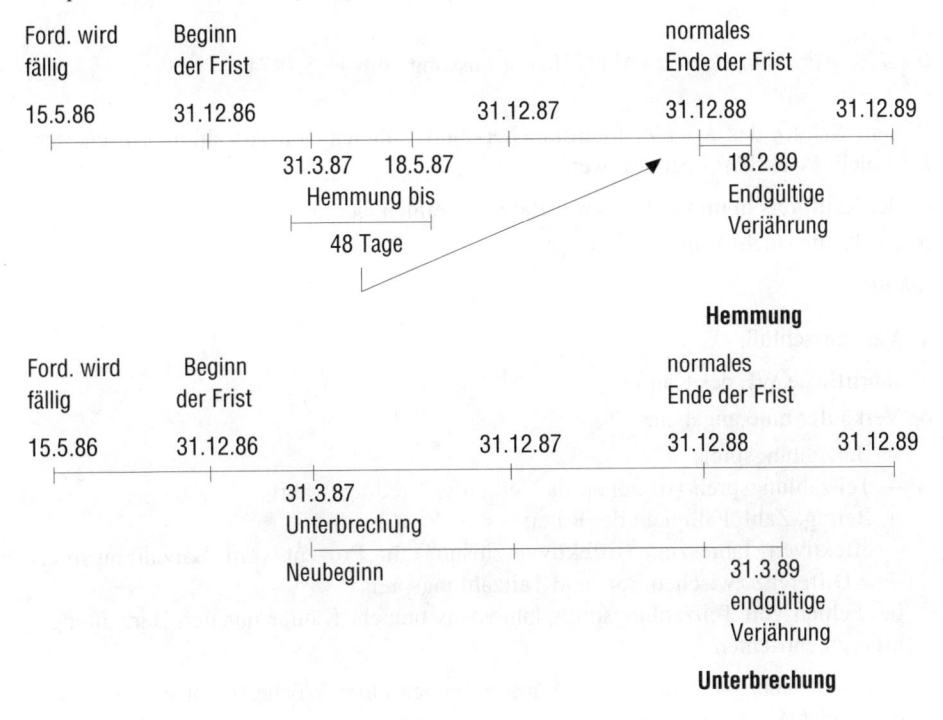

```
Ford. wird    Beginn                                    normales
fällig        der Frist                                 Ende der Frist
15.5.86       31.12.86              31.12.87            31.12.88         31.12.89
  |--------------|--------------------|-------------------|----------------|
                           31.3.87  18.5.87                18.2.89
                           Hemmung bis                    Endgültige
                             |--------|                    Verjährung
                               48 Tage
```

Hemmung

```
Ford. wird    Beginn                                    normales
fällig        der Frist                                 Ende der Frist
15.5.86       31.12.86              31.12.87            31.12.88         31.12.89
  |--------------|--------------------|-------------------|----------------|
                  31.3.87
                  Unterbrechung
                  Neubeginn                              31.3.89
                                                         endgültige
                                                         Verjährung
```

Unterbrechung

0.1.4 Rechtsgeschäftliche Spezialgesetze

0.1.40 Überblick

Der Grundsatz der *Vertragsfreiheit* beherrscht und kennzeichnet die Lehre vom Rechtsgeschäft. Dennoch gibt es – neben den bereits erwähnten Einschränkungen (s. o. 0.1.021) – eine Reihe sozialgesetzlicher Vorschriften, die dem Schutz einzelner Wirtschaftsteilnehmer dienen. *Schützenswert* erscheinen dabei insbesondere

o die Verbraucher

o Mitkonkurrenten Gewerbetreibender

o geistige Leistungen (z. B. Erfindungen, Herstellungsverfahren).

Diese Vorschriften sind gekennzeichnet dadurch, daß sie *zwingendes* Recht enthalten, also nicht durch (womöglich aufgezwungene) vertragliche Vereinbarungen übergangen werden können. Dementsprechend enthalten sie Straf-, Bußgeld- und Überwachungsvorschriften.

0.1.41 Einzelne Vorschriften

0.1.410 Abzahlungsgesetz (AbzG) in der Fassung vom 15.5.1974

Wesen: Schutz des *Käufers* (Verbrauchers) im Rahmen von Abzahlungsgeschäften. Ein solches Geschäft liegt vor, wenn

- o der Kaufpreis in mindestens zwei Raten zu zahlen ist
- o der Käufer nicht Vollkaufmann ist.

Inhalt:

a) Vertragsschluß:

- o schriftliche WE des Käufers
- o Verkäufer muß angeben:
  - Barzahlungspreis
  - Teilzahlungspreis (ist höher, da Verkäufer Kredit gewährt)
  - Betrag, Zahl, Fälligkeit der Raten
  - effektiven Jahreszins (Effektivverzinsung) in Prozent vom Barzahlungspreis
    = Differenz zwischen Bar- und Teilzahlungspreis

  bei Fehlen von Teilzahlungspreis/Jahreszins braucht Käufer nur den Barzahlungspreis zu entrichten
- o Widerrufsrecht (schriftlich) des Käufers binnen einer Woche (rechtzeitige Absendung reicht)
- o Käufer muß über das Widerrufsrecht belehrt worden sein (Bestätigung durch Unterschrift des K), sonst erlischt es erst mit vollständiger Lieferung/Zahlung (im Katalog-Versandhandel reicht Belehrung in Katalog und Bestellformular aus; das – bereits übliche – Rückgaberecht der Ware an Stelle des Widerrufsrechts ist zulässig)
- o Widerruf nach Lieferung ist zulässig; Rückgewähr der empfangenen Leistungen; Käufer hat Wertsatz für die Überlassung der Sache zu zahlen, nicht aber Wertminderung durch Ingebrauchnahme

b) Rücktritt einer Partei:

- o Rückgewähr der empfangenen Leistungen
- o Käufer hat dem Verkäufer Aufwandsersatz, Gebrauchsvergütung, Wertminderung zu erstatten
- o Abrede, daß Käufer bei Nichterfüllung die gesamte Restschuld zu zahlen hat, ist nur zulässig, wenn er mit mindestens zwei Raten und 1/10 des Kaufpreises in Verzug ist

c) Erfüllung:

- o hat Zug um Zug zu erfolgen, ebenso die Rückgewähr bei Widerruf/Rücktritt
- o Gerichtsstand: maßgeblich ist ausschließlich Wohnsitz des Käufers

d) Dieselben Vorschriften finden Anwendung auf Rechtsgeschäfte, in denen in anderer Form ein Abzahlungsgeschäft verwirklicht werden soll (Umgehungsgeschäfte).

0.1.411 Gesetz zur Regelung des Rechts der Allgemeinen Geschäftsbedingungen (AGB-Gesetz) vom 9.12.1976

a) *Wesen:* Allgemeine Geschäftsbedingungen sind vorformulierte Bedingungen für eine Vielzahl von Verträgen.

b) *Einbeziehung:* AGB werden Vertragsinhalt bei Vertragsschluß
- durch ausdrücklichen Hinweis
- durch deutlichen Aushang am Ort des Vertragsabschlusses
- bei Möglichkeit des Partners, von ihrem Inhalt zumutbar Kenntnis zu erhalten
- nur bei Einverständnis des Partners mit ihrer Geltung.

Nicht Vertragsinhalt werden *überraschende* Klauseln. Individuelle Abreden gehen vor. Auslegungszweifel gehen zu Lasten desjenigen, der die AGB verwendet.

c) *Unwirksame Klauseln:* grds. alle Bestimmungen, die den Partner gegen Treu und Glauben unangemessen benachteiligen, d. h.
- mit wesentlichen Grundgedanken einer zugrundeliegenden gesetzlichen Regelung nicht zu vereinbaren sind
- durch Einschränkung wesentlicher Rechte/Pflichten die Erreichung des Vertragszwecks gefährden.

Einzelfälle: unwirksam sind z. B. Bestimmungen zugunsten des Verwenders der AGB
- mit unangemessen langer/nicht hinreichend bestimmter Annahme- und Leistungs- oder Nachfrist
- mit unangemessenem Rücktrittsvorbehalt oder unzumutbarem Recht auf Änderung der Leistung
- mit unangemessener Vergütung/Aufwandsersatzforderung bei Rücktritt/Kündigung einer Partei
- mit der Wahl ausländischen oder DDR-Rechts ohne anerkennenswertes Interesse
- mit der Möglichkeit von Preiserhöhungen bei Lieferung/Leistung binnen 4 Monaten nach Vertragsschluß (z. B. Autokauf)
- mit Ausschluß/Einschränkung des Leistungsverweigerungsrechts wegen Nichterfüllung (§ 320 BGB) oder eines Zurückbehaltungsrechts sowie mit Aufrechnungsverbot
- mit Freistellung des Verwenders von Mahnung/Fristsetzung
- mit Haftungsausschluß bei grobem Verschulden
- mit unangemessener Einschränkung der Gewährleistungspflichten bei Lieferung neu hergestellter Sachen und Leistungen

o mit Ausschluß/Einschränkung von Schadensersatzansprüchen wegen Fehlens zugesicherter Eigenschaften
  o mit Änderung der Beweislast zum Nachteil des Partners.

d) *Anwendungsbereich:* **keine** Anwendung für Verträge des Arbeits-/Erb-/Familien-/Gesellschaftsrechts; weitere Ausnahmen (u. a.: Bausparvertrag und Vertrag zwischen Kapitalanlagegesellschaft und Anteilseigner unterliegen den – genehmigten – AGB, auch wenn keine Einbeziehung durch Hinweis/Aushang bei zumutbarer Kenntnisnahme erfolgt ist); keine Anwendung gegenüber einem Kaufmann, wenn der Vertrag zum Betrieb seines Handelsgewerbes gehört, sowie gegenüber juristischer Person des öffentlichen Rechts/Sondervermögen.

e) *Vorgehen* gegen unwirksame AGB:
  o Unterlassungs- und Widerrufsanspruch
  o Geltendmachung nur durch
    – rechtsfähige Verbände zur Verbraucheraufklärung oder Förderung gewerblicher Interessen
    – Industrie- und Handelskammern/Handwerkskammern
  o zuständig: Landgericht.

0.1.412 *Gesetz über den Widerruf von Haustürgeschäften (HaustürWG) von 1986*

a) *Wesen:* Gesetzliche Regelung im Rahmen des Verbraucherschutzes, die verhindern soll, daß Verbraucher an der Haustür „überrumpelt" und damit unangemessen vertraglich gebunden werden.

b) *Gegenstand:* „Haustürgeschäfte" sind gegeben, wenn die Willenserklärung des Kunden

  o durch mündliche Verhandlungen in einer Privatwohnung oder am Arbeitsplatz
  o anläßlich einer Freizeitveranstaltung, die zumindest auch im Interesse des Vertragspartners lag (z. B. Verkaufsveranstaltung anläßlich einer Kaffeefahrt)
  o im Anschluß an überraschendes Ansprechen in der Öffentlichkeit
zustande kommt.

c) *Rechtsfolgen:*

  o Rechtsgeschäft ist schwebend unwirksam
  o Wirksamkeit tritt erst ein, wenn der Kunde nicht binnen einer Woche schriftlich widerruft (rechtzeitige Absendung reicht)
  o Widerrufsfrist beginnt erst nach schriftlicher Belehrung über das Widerrufsrecht durch den Vertragspartner
  o *kein* Widerrufsrecht besteht, wenn

- die mündlichen Verhandlungen in der Privatwohnung/am Arbeitsplatz auf Bestellung des Kunden geführt wurden
- die Leistung sofort erbracht und bezahlt wird und das Entgelt 80,– DM nicht übersteigt
- die Willenserklärung von einem Notar beurkundet worden ist

o *keine* Anwendung des Gesetzes,
- wenn der Kunde in Ausübung eines selbständigen Erwerbsgeschäftes abschließt oder die andere Partei nicht geschäftsmäßig handelt
- beim Abschluß von Versicherungsverträgen.

d) *Auswirkungen für KI:*

o einige Geschäfte *müssen* sofort abgewickelt werden (z. B. Wertpapier-Kaufvertrag; bei zwischenzeitlichem Kursverlust und Ausübung des Widerrufsrecht ist das KI geschädigt!)

o Wettbewerbsnachteil gegenüber Versicherungen, auf die das Gesetz nicht angewandt wird

o aktiver Verkauf durch KI daher nur bei voraufgehender „Bestellung" durch den Kunden.

0.1.413 Gesetz gegen den unlauteren Wettbewerb (UWG)

in der ab 1.1.1987 geltenden Fassung.

a) *Wesen:* Handlungen im Rahmen des Geschäftsverkehrs zu Zwecken des Wettbewerbs, die gegen die guten Sitten verstoßen und zu Wettbewerbsvorteilen führen sollen, können zu

o Unterlassungsansprüchen

o Schadensersatzansprüchen

o Bestrafungen

führen.

b) *Verboten* sind u. a.

o irreführende Angaben (z. B. Anlocken von Kunden mit Schleuderpreisen)

o Mißbrauch bekannter Namen

o „Anschwärzen" von Mitbewerbern

o vergleichende Werbung („besser als ...")

o Verkauf über Schneeballsystem: Veranlassung von Nichtkaufleuten, wiederum andere zum Abschluß gleichartiger Geschäfte zu veranlassen und dafür Vorteile zu versprechen

o Werbung mit mengenmäßig beschränkten Angeboten

o Werbung mit Preisgegenüberstellungen

o Bestechung von Angestellten anderer Firmen zwecks Bevorzugung beim Bezug von Waren oder gewerblichen Leistungen o Verstöße gegen Vorschriften über Sonderverkäufe, Räumungsverkauf, Konkurswarenverkauf usw.

o Verrat von Geschäftsgeheimnissen.

c) Weitere Vorschriften bieten Schutz

o durch Rücktrittsrecht bei unwahren und irreführenden Werbeangaben

o gegen Anschwärzung und geschäftliche Verleumdung

o für geschäftliche Bezeichnungen.

0.1.414 Sonstige Vorschriften (Auswahl)

a) *Preisangabenverordnung:* Für alle Waren, die Endverbrauchern angeboten werden, ist eine Preisauszeichnung vorgeschrieben:

o Angabe des Bruttopreises (incl. Mehrwertsteuer), der Verkaufseinheit, der Güte

o durch Preisschilder/Preisverzeichnisse

o Pflicht trifft auch Schlachter, Bäcker, Friseure, Wäscherei u. a.

b) *Zugabeverordnung:* Verbot des Ankündigens/Anbietens/Gewährens von Zugaben mit Ausnahme von Zubehör oder geringwertigen Gegenständen (z. B. Kugelschreiber, Kalender).

c) *Warenzeichengesetz (WZG):* Schutz von Wort- und Bildzeichen oder entsprechenden Kombinationen zur Kennzeichnung von Waren oder Dienstleistungen eines bestimmten Unternehmens

o durch Eintragung beim Patentamt gegen Gebühr

o Schutzzeit 10 Jahre, Verlängerung um jeweils 10 Jahre möglich

o z. B. Coca Cola, 4711, Mercedes-Stern, Reine Schurwolle.

d) *Patentgesetz:* Schutz von technischen Erfindungen und neuen technischen Herstellungsverfahren

o durch Eintragung beim Patentamt gegen Gebühr

o Schutzzeit maximal 20 Jahre

o Voraussetzung: Erfindung muß neu und gewerblich verwertbar sein

o Bedeutung: der Patentinhaber ist ausschließlich berechtigt, die Erfindung zu verwerten; er kann einem anderen dieses Recht verkaufen oder für bestimmte Zeit überlassen (Lizenz).

e) *Gebrauchsmustergesetz:* Schutz technischer Erfindungen, soweit es sich um bewegliche Arbeitsgeräte handelt (z. B. Haushaltsgeräte), für maximal 8 Jahre.

f) *Geschmacksmustergesetz:* Schutz der künstlerischen, ästhetischen Gestaltung von Produkten (technische Produkte; Bekleidung; Einrichtungsgegenstände), sofern das Design neu und gewerblich verwertbar ist und eine besondere Eigenart hat, für maximal 20 Jahre.

Patente, Gebrauchs- und Geschmacksmuster können mittlerweile auch beim Europäischen Patentamt in München angemeldet werden.

0.2 Kaufmännischer Dienstleistungsverkehr

Kaufmännische Dienstleistungen werden in weitesten Sinne durch jedes Dienstleistungsunternehmen erbracht, sofern dieses als Kaufmann im Sinne des Handelsgesetzbuches bezeichnet werden kann, also auch z. B durch Kreditinstitute.

Im engeren Sinne ersetzt sich der kaufmännische Dienstleistungsverkehr aus denjenigen Unternehmen zusammen, die in unmittelbarem Zusammenhang mit der Tätigkeit des *Handelskaufmanns* stehen, d. h. ihm beim Anschluß von Warengeschäften behilflich sind *(Nachrichtenverkehr, Handelsmittler)* oder im Rahmen der Erfüllung durch Warenlieferung eingeschaltet werden *(Güterverkehr)*.

0.2.0 Güter- und Nachrichtenverkehr

0.2.00 Überblick

Das Bestehen eines *Güterverkehrs* ist eine der wesentlichen Voraussetzungen für das Funktionieren einer Volkswirtschaft. Aufgrund der territorialen Arbeitsteilung (s. o. 0.0.02 – h), die in zunehmend größerem Umfang eine Rolle spielt, befinden sich die Produzenten der verschiedensten Güter und die Konsumenten nur selten und zufällig an demselben Ort.

Doch es sind nicht nur räumliche Distanzen zwischen Produzent und Konsument zu überbrücken, sondern jede der einzelnen Wirtschaftsstufen braucht Querverbindungen in ihrem eigenen Bereich und zur jeweils nächsten Stufe: Ein (Ur-)Produkt muß zur weiteren Be- oder Verarbeitungsstätte gebracht werden, die dazu notwendigen Hilfsmittel (Werkzeuge, maschinelle Anlagen, weitere Rohstoffe) sind von verschiedenen Orten herbeizuschaffen, die fertige Ware muß dem Händler übergeben werden und wird unter den Verteilungsbetrieben weitergereicht (Großhändler – andere Großhändler – Einzelhändler, Exporteur –Importeur usw.); sie soll schließlich bis zum Konsumenten gelangen.

Dabei werden an das *Transportmittel* die unterschiedlichsten Anforderungen gestellt: es soll

o schnell
o besonders preisgünstig
o möglichst sicher
o erschütterungsfrei
o eventuell regelmäßig

sein, und nach Möglichkeit alles zugleich.

Dementsprechend haben sich verschiedene *Transportarten* herausgebildet: *Träger* des Güterverkehrs sind

- Eisenbahn
- Lkw-Verkehr
- Binnen- und Küstenschiffahrt
- Seeschiffahrt
- Luftfrachtverkehr
- Post.

Die am Güterverkehr beteiligten *Personen* werden bezeichnet als

- Absender (Befrachter, Ablader)
- Frachtführer (Verfrachter)
- Empfänger.

Der *Nachrichtenverkehr* dient zur schnellen, sicheren und geheimen Übermittlung von Nachrichten, d. h. Informationen, Angeboten und sonstigen Willenserklärungen, und der Klärung von Unklarheiten oder Streitigkeiten ohne wesentliche Zeitverzögerung für das abgeschlossene Geschäft. Sein Träger ist die *Post*.

0.2.01 Der Frachtführer

Der Güterverkehr ist ein Teil des kaufmännischen Dienstleistungsverkehrs; Dienstleistender ist der Frachtführer.

a) *Wesen:*

= gewerbsmäßiger Beförderer von Gütern (§ 425 HGB)
- auf der Grundlage eines Frachtvertrages als Regelung der Rechtsbeziehungen zwischen den Parteien

= Mußkaufmann durch Ausübung eines Grundhandelsgewerbes (§ 1 II HGB).

b) *Pflichten* des Frachtführers:

- Beförderung der Güter in angemessener (wenn nicht vorgeschriebener) Frist
- Prüfung des Transportgutes bei Annahme (insb. Verpackung)
- Ablieferung der Ware an den Empfänger (der im Frachtbrief genannt ist oder sich durch ein Dokument ausweisen kann: unterschiedliche Regelungen bei den verschiedenen Transportarten!)
- Haftung für Schäden, die durch „Sorgfalt eines ordentlichen Frachtführers" hätten vermieden werden können (§ 429 HGB), also auch Sorgfaltspflicht

c) *Rechte* des Frachtführers:

- Ausstellung eines Frachtbriefes
- Erhalt sonstiger notwendiger Papiere (z. B. Ausfuhrschein u. a.)
- Zahlung der Frachtkosten und sonstiger Auslagen (i. d. R. durch Empfänger)
- gesetzliches Pfandrecht an der Ware für alle Ansprüche (§ 440 HGB).

Der Empfänger hat offene Mängel der Sache sofort, versteckte Mängel binnen einer Woche zu rügen (§ 438 HGB).

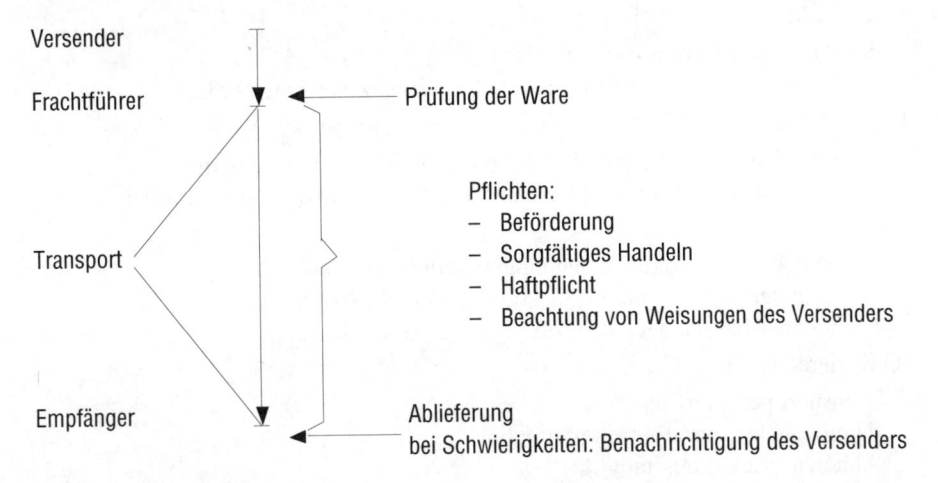

```
Versender

Frachtführer  ──────◄──────  Prüfung der Ware

                             Pflichten:
                             – Beförderung
Transport                    – Sorgfältiges Handeln
                             – Haftpflicht
                             – Beachtung von Weisungen des Versenders

Empfänger                    Ablieferung
                             bei Schwierigkeiten: Benachrichtigung des Versenders
```

0.2.02 Eisenbahngüterverkehr

0.2.020 Ausgestaltung

a) *Frachtvertrag:*

o Rechtsgrundlage: Eisenbahnverkehrsordnung (EVO); HGB, BGB
o *Beförderungszwang* der Deutschen Bundesbahn für alle ihren Bedingungen entsprechenden Güter (da Monopolstellung für Schienentransport)

b) *Versandarten:*

o Ganzzüge:
  – Transporte insb. für Großindustrie und Energiewirtschaft
  – z. B. Eisen, Stahl, Erze, Kohle, Kalk, Mineralöl, Getreide
  – Transportbeginn beim Versender (Gleisanschluß)
o InterCargo:
  – Transport von ganzen Wagenladungen
  – über Nacht (d. h. Abholung nachmittags, Ankunft morgens)
  – Verbindung der 11 bedeutendsten deutschen Wirtschaftszentren
o Containerverkehr:
  – Eignung der Behälter zugleich für Binnen-, z. T. für Überseeverkehr
  – Vorteile: für fast jedes Gut geeignet, hohe Transportsicherheit, bestmögliche Raumnutzung, kein Umladen
  – Abwicklung über Transfracht (Tochter der Bundesbahn)
o Stückfahrt:

= alle Sendungen, die keinen ganzen Wagen füllen
  – Einschaltung von Stückgutunternehmen (Transport zum und vom Bahnhof)
- o Partiefracht:
  – Sendungen ab 1 Tonne (sog. Partien)
  – Abholung per Lkw, Nachttransport per Schiene, Zustellung per Lkw
- o Expreßdienst:
  – jeweils nächster Reise- oder Expreßgutzug nimmt die Sendung mit
  – Frachtberechnung nur nach Gewicht (unabhängig von der Zahl der Stücke)
- o Termindienst:
  – Garantie der Bahn, daß die Sendung pünktlich am Ziel ist
  – Aufgabe der Sendung bis 17.30, Ankunft am nächsten Morgen
  – bestimmte Maß-/Gewichtsgrenze
- o IC-Kurierdienst:
  – Transport per InterCity
  – damit gleichtägiges Eintreffen möglich
  – Abholung/Zustellung möglich.

c) *Fracht* (= Transportkosten): auf der Grundlage des Eisenbahngütertarifs berechnet, abhängig von

- o Versandart
- o Gewicht der Warensendung
- o Schnelligkeit des Transports
- o Entfernung
- o Warenwert.

Bezahlung: meist durch Empfänger (Frachtbrief: „frei"); bis zu 15 Tagen *Stundung* durch Bundesbahn über Deutsche Verkehrs-Kreditbank AG möglich.

d) *Haftung* der Bahn:

- o ab Erhalt der Ware für Verlust, Minderung, Beschädigung
- o ohne Rücksicht auf Verschulden (Gefährdungshaftung)
- o nicht für höhere Gewalt sowie durch den Absender oder durch Mängel des Gutes verursachte Schäden
- o bei Überschreitung der Lieferfrist bis zur Höhe der Fracht oder (soweit angegeben) des Lieferwertes.

0.2.021 *Frachtbrief*

= Beweispapier für den Abschluß des Frachtvertrages
= Warenbegleitpapier
o Auslandstransport: Internationaler Frachtbrief

o vierteiliges Formular:

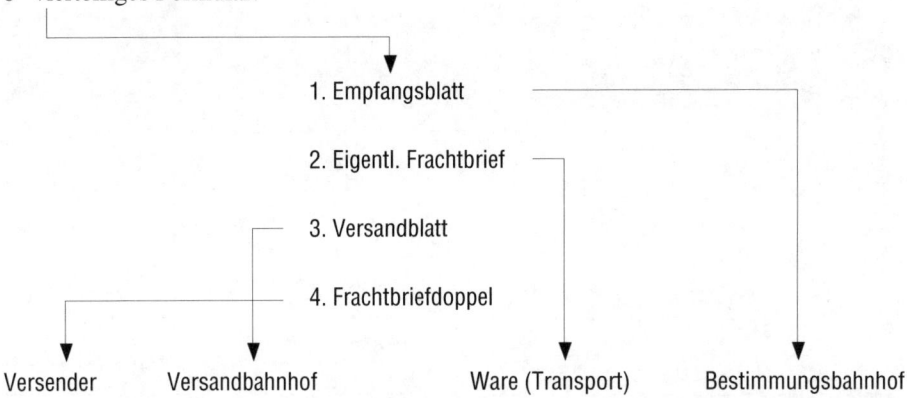

```
                          1. Empfangsblatt
                          2. Eigentl. Frachtbrief
                          3. Versandblatt
                          4. Frachtbriefdoppel

Versender    Versandbahnhof        Ware (Transport)    Bestimmungsbahnhof
```

Bedeutung des Frachtbriefdoppels:

o wird dem Versender ausgehändigt
o *Verfügungspapier,* d. h. Mittel für nachträgliche Verfügungen des Versenders durch Rückruf/Umleitung/Anhalten/Auslieferung der Ware an anderen Empfänger – jedoch nur so lange, wie der Versender es in Händen hat und die Ware noch nicht ausgeliefert wurde
o daher geeignet als *Inkasso-*(Einzugs-)*Papier:* Empfänger zahlt gegen Übergabe des Frachtbriefdoppels, um nachträgliche Verfügungen des Versenders zu verhindern = *„Kasse gegen Frachtbriefdoppel"*
o außerdem Kreditunterlage: Banken bevorschussen die rollende Ware gegen Übergabe des Frachtbriefdoppels:

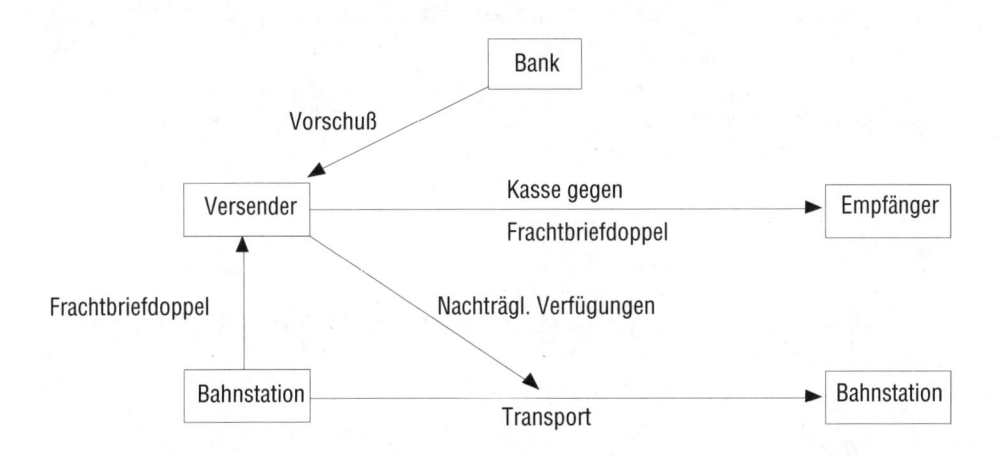

```
                              Bank
                    Vorschuß  /
                             ↙
                                   Kasse gegen
              Versender ─────────────────────────────► Empfänger
                  ▲        Frachtbriefdoppel
                  │              ╲
Frachtbriefdoppel │               Nachträgl. Verfügungen
                  │                ╲
              Bahnstation ──────────────────────────► Bahnstation
                              Transport
```

Frachtbriefdoppel

Absender – Postanschrift – Fernsprecher
Kundennummer: 105619

Firma
August Müller
Spitalerstr. 10
2000 Hamburg 1

Empfänger – Postanschrift – Fernsprecher

Firma
Max Huber
Bahnhofstr. 11
8100 Garmisch-Partenkirchen

Wagen: A.M. 1 - 5

8000164528

Ihre Best. v. 10.01.89

Zahlungsvermerk (Zv): X unfrei ☐ frei

PLZ – Versandbahnhof/-ort: 2000 Hamburg Hgbf

Sp.-/Zug-Nr. Abg.-/Annahme-/Auflieferg.: 16.01.89

Stückgut: X

Bahnhof für Zoll- oder Steuerbeh.: 5

Bestimmungsbahnhof/-ort: 8100 Garmisch-Partenkirchen 1038

5 Kisten   Werkzeuge

Wirkliches Gewicht in kg: 190

0.2.03 Lkw-Güterverkehr (Kraftfahrt)

0.2.030 Ausgestaltung

a) *Rechtsgrundlagen:*

- o Güterkraftverkehrsgesetz
- o Reichskraftwagentarif
- o Kraftverkehrsordnung

b) *Transportarten:* je nach Konzession, kenntlich durch Schild am Lkw

- o Güternahverkehr: 0–50 km, anmeldepflichtig
- o Güterfernverkehr: über 50 km (Umkreis), genehmigungspflichtig:
  - rote Konzession: keine Entfernungsbeschränkung
  - grüne Konzession: keine Entfernungsbeschränkung – ohne Berlin und DDR
  - blaue Konzession: Entfernungsbeschränkung auf 150 km
  - rosa Konzession: keine Entfernungsbeschränkung/In- und Ausland
- o Werknahverkehr (frei)/Werkfernverkehr (anmeldepflichtig): Transport mit werkseigenem Lkw
- o Möbelverkehr (für Umzüge): genehmigungspflichtig (gelbe Konzession)

c) *Internationaler Güterkraftverkehr:*

- o Grundlage: internationale Übereinkünfte („CMR")
- o Besonderheit: Vereinfachtes Zollverfahren durch verplombte Lkw/Behälter zur Vermeidung von Wartezeiten an der Grenze und zusätzlichen Kosten („Carnet-TIR-Verfahren", durch „TIR"-Schild am Lkw gekennzeichnet)

d) *Versandarten:* vgl. Bundesbahn; *Fracht:* einheitlicher Tarif

e) *Bedeutung* des Lkw-Verkehrs:

Vorteile:

- o Verkehr von Haus zu Haus ohne Umladung
- o i. d. R. kürzere Lieferfristen als bei Bahntransport (maximal 24 Stunden pro angefangene 300 km) bei gleicher Fracht
- o größere Haftung

Nachteile: Nichteignung für

- o erschütterungsempfindliche Güter
- o Massengüter
- o hochwertige Güter (wegen Unfallgefahr)

0.2.031 Frachtbrief

Arten:

o RKT-(Reichskraftwagentarif) Frachtbrief im Inlandsverkehr
o CMR-Frachtbrief im internationalen Lkw-Verkehr

Bedeutung:

o wird vom Fahrer mitgeführt
= Beweispapier für Abschluß des Frachtvertrages
o verbrieft Versicherungsschutz für alle aufgeführten Güter.

0.2.04 Binnenschiffahrt

0.2.040 Ausgestaltung

a) *Wesen:*

o Schiffahrt auf Binnenwasserstraßen (Flüsse, Seen, Kanäle)
o Küstenschiffahrt
o Rechtsgrundlagen: Gesetz über den gewerblichen Binnenschiffsverkehr; Bundeswasserstraßengesetz, Landeswassergesetze

b) *Versandarten:*

o Stückgut
o Schiffsmiete: Mieter erhält Verfügungsrecht über ein ganzes Schiff
o Charterung: Schiffseigentümer behält Verfügungsrecht über das Schiff
  – Totalcharter: Charterung eines ganzen Schiffes
  – Teilcharter: Teil des Schiffes
  – Raumcharter: bestimmter Laderaum

c) *Bedeutung:*

o billiger Transport, vor allem bei Massengütern (ein Schiff kann Ladung eines ganzen Güterzuges aufnehmen); feste Tarife im Inland; unterschiedliche Frachtberechnung für Berg- (flußaufwärts) und Talfahrt
o praktisch erschütterungsfrei
o allerdings langsam
o abhängig von Wasserstand, Nebel, Eis
o Haftung: siehe HGB (Frachtführer) und Seeschiffahrt

Weißes Blatt: Für die Tarifüberwachung – Gelbes Blatt: Für den Absender – Rosa Blatt: Für den Empfänger – Grünes Blatt: Für den Unternehmer

1	(A) Absender Name und Postanschrift	(B) Versandort	Hamburg	**FRACHTBRIEF** für den gewerblichen Güterfernverkehr **NR.**	
2	**SCHENKER & CO GMBH**	Belade-Stelle	Mitte		
3	Zweigniederlassung Hamburg Bei den Mühren 5, 2000 Hamburg 11	Gemeinde-Tarifbereich	dito		
4	Telefon (040) 3 61 35-0			Ordnungs-Nr. d. Genehmig. By 0078 obb	
5	(C) Empfänger Name und Postanschrift	(D) Bestimmungsort	München		
6	Schenker & Co. GmbH Bei den Mühren 5	Entlade-Stelle	Mitte	(N) Tarifentfernung km 782	
7		Gemeinde-Tarifbereich	dito	Amtl. Kennz. LKW M-SH 333	Nutzlast
8	2000 Hamburg 11			Anh. M-SH 444	
9	(E) Erklärungen, Vereinbarungen (ggf. Hinweis auf Spezialfahrzeuge)	(F) Weitere Beladestellen (§ 20 KVO)		LKW	
10	Wir beantragen die stückzahl- mäßige Übernahme der Ladung gem. §16 Abs.4 der KVO			Anh.	
11		(G) Weitere Entladestellen (§ 20 KVO)		Fahrzeug-Führer Meyer	
12				Begleiter Müller	
13	./. 10 % Marge vereinbart	KFZ-Wechsel in		Fahrten-buch-Nr. G 5678	
14	(H) Bezeichnung der Sendung				Beladung Fahrzeug bereitgestellt
15	Anzahl, Art, Verpackung	Zeichen, Nr.	Inhalt (tarifmäßige Bezeichnung)	Güterart-Nr.	Bruttogewicht kg	Tag 8.8.89 Stunde 14.00
16	400 Kll.		See-Einfuhrgut AT 964		15.000,-	Beladung beendet
17						Tag 8.8.89 Stunde 19.00
18						Entladung Fahrzeug bereitgestellt
19						Tag 9.8.89 Stunde 8.00
20						Entladung beendet
21	(I) Freivermerk frei	(K) Nachnahme DM		Tag 9.8.89 Stunde 10.00	
22	(L) Ort und Tag der Ausstellung	(M) Empfang der Sendung bescheinigt		(O) Gut und Frachtbrief übernommen	
23	Hamburg , den 8.8.89	München , den 9.8.89		Tag 8.8.89 Stunde 20.00	
24	**SCHENKER & CO GMBH** Zweigniederlassung Hamburg			Schenker & Co. GmbH 8000 München	
25					
26	Unterschrift des Absenders	Unterschrift des Empfängers		Anschrift und Unterschrift des Unternehmers	

MUSTER

1. Exemplar für Tarifkontrolle	Exemplaire pour controle tarifaire	Exemplaar voor tariefcontrole	Essemplare per controllo tarifario	Copy for tariffcontrol	Exemplar for tarifkontrolen
2. Exemplar für Absender	Exemplaire de l'expéditeur	Exemplaar voor Afzender	Essemplare per mittente	Copy for sender	Exemplar for Afsender
3. Exemplar für Empfänger	Exemplaire du destinataire	Exemplaar voor Geadresseerde	Essemplare per destinatario	Copy for consignee	Exemplar for Modtager
4. Exemplar für Frachtführer	Exemplaire du transporteur	Exemplaar voor vervoerder	Essemplare per transportatore	Copy for carrier	Exemplar for befordrer

1 Absender (Name, Anschrift, Land) / Expéditeur (nom, adresse, pays)
SCHENKER & CO GMBH
Zweigniederlassung Hamburg
Bei den Mühren 5
2000 Hamburg 11

INTERNATIONALER FRACHTBRIEF
LETTRE DE VOITURE INTERNATIONAL

Diese Beförderung unterliegt trotz einer gegenteiligen Abmachung den Bestimmungen des Übereinkommens über den Beförderungsvertrag im internat. Straßengüterverkehr (CMR).

Ce transport est soumis, nonobstant toute clause contraire, à la Convention relative au contrat de transport international de marchandises par route (CMR).

2 Empfänger (Name, Anschrift, Land) / Destinataire (nom, adresse, pays)
WITAG WELTIFURRER
Internationale Transport AG
Zypressenstr. 60

CH - 8021 Zürich

16 Frachtführer (Name, Anschrift, Land) / Transporteur (nom, adresse, pays)

3 Auslieferungsort des Gutes / Lieu prévu pour la livraison de la marchandise
Ort/Lieu Zürich
Land/Pays Schweiz

17 Nachfolgende Frachtführer (Name, Anschrift, Land) / Transporteurs successifs (nom, adresse, pays)

4 Ort und Tag der Übernahme des Gutes / Lieu et date de la prise en charge de la marchandise
Ort/Lieu Hamburg
Land/Pays BR Deutschland
Datum/Date 03.08.1989

18 Vorbehalte und Bemerkungen der Frachtführer / Réserves et observations des transporteurs

5 Beigefügte Dokumente / Documents annexés
eine Ladeliste

CMR

6 Kennzeichen und Nummern / Marques et numéros	**7** Anzahl der Packstücke / Nombre des colis	**8** Art der Verpackung / Mode d'emballage	**9** Bezeichnung des Gutes / Nature de la marchandise	**10** Statistiknummer / No statistique	**11** Bruttogewicht in kg / Poids brut, kg	**12** Umfang in m³ / Cubage m³
Markierung laut anliegender Ladeliste	170	Packstücke	Sammelgut laut anliegender Ladeliste		6.405,-	19,050

Klasse	Ziffer	Buchstabe	(ADR)
Classe	Chiffre	Lettre	(ADR)

13 Anweisungen des Absenders (Zoll- und sonstige amtliche Behandlung) / Instructions de l'expéditeur (formalités douanières et autres)

19 Zu zahlen vom / À payer par:
	Absender L'expéditeur	Währung Monnaie	Empfänger Le Destinataire
Fracht / Prix de transport			
Ermäßigungen / Réductions			
Zwischensumme / Solde			
Zuschläge / Suppléments			
Nebengebühren / Frais accessoires			
Sonstiges / Divers			
Zu zahlende Gesamtsumme / Total à payer			

MUSTER

14 Rückerstattung / Remboursement

15 Frachtzahlungsanweisungen / Prescription d'affranchissement
Frei / Franco
Unfrei / Non Franco **unfrei**

20 Besondere Vereinbarungen / Conventions particulières

21 Ausgefertigt in / Etabli à Hamburg   am / le 02.08. 19 89

24 Gut empfangen / Réception des marchandises
am / le _____ 19 ___

22 SCHENKER & CO GMBH
Zweigniederlassung Hamburg
Bei den Mühren 5 - 2000 Hamburg 11
Unterschrift und Stempel des Absenders (Signature et timbre de l'expéditeur)

23 Unterschrift und Stempel des Frachtführers (Signature et timbre du transporteur)

Unterschrift und Stempel des Empfängers (Signature et timbre du destinataire)

25 Angaben zur Ermittlung der Tarifentfernung mit Grenzübergängen

von	bis	km	**28** Berechnung des Beförderungsentgelts				
			Frachtpfl. Gewicht in kg	Tarifteile / Sonderabmachung	Güterarten	Währung	Frachtsatz	Beförderungsentgelt

26 Vertragspartner des Frachtführers ist - kein - Hilfsgewerbetreibender im Sinne des anzuwendenden Tarifs

27
Kfz Amtl. Kennzeichen   Nutzlast in kg
Anhänger

Summe

Benutzte Gen.-Nr.   ☐ National   ☐ Bilateral   ☐ EG   ☐ CEMT

0.2.041 Transportdokumente

a) *Arten:*

o Frachtbrief (Bedeutung: vgl. Lkw-Frachtbrief)

o Charterpartie = Frachtvertrag bei Charterung

o *Ladeschein* = Flußkonnossement: kann vom Verfrachter (= Frachführer) auf Verlangen des Absenders ausgestellt werden.

b) *Bedeutung* des *Ladescheins:*

o Empfangsbestätigung für die Ware

o Ablieferungsversprechen an den Empfänger

o Beweisurkunde für Abschluß des Frachtvertrages und Versendung der Ware

o Mittel für nachträgliche Verfügungen des Absenders = *Verfügungspapier*

o Warenwertpapier = *Traditionspapier:* Der Ladeschein verkörpert die Ware; durch Übertragung des Eigentums am Papier wird das Wareneigentum übertragen. Der Ladeschein entspricht dem Konnossement: siehe Seeschiffahrt.

c) *Arten:*

o Namensladeschein: = Rektapapier, d. h. übertragbar nur durch Einigung, Zession (= Abtretungserklärung) und Übergabe

o *Orderladeschein:* = gekorenes Orderpapier, d. h. übertragbar durch Einigung, Indossament und Übergabe, sofern mit Orderklausel versehen (sonst Rektapapier).

0.2.05 Luftfrachtverkehr

0.2.050 Grundlagen des Luftfrachtverkehrs

a) *Rechtsgrundlagen:*

o Gesetze der jeweiligen Staaten

o innerdeutscher Luftfrachtverkehr: Luftverkehrsgesetz von 1922 i. d. F. von 1968

o Abkommen zur Vereinheitlichung von Regeln über die Beförderung im internationalen Luftverkehr (Warschauer Abkommen, WAK) von 1929 in der Fassung des Haager Protokolls von 1955

o IATA-Bedingungen (International Air Transport Association, Internationale Lufttransport-Vereinigung)

o Frachtvertrag (vgl. §§ 425 ff. HGB).

b) *Transportarten:*

o Einzeltransporte durch Luftfrachtführer, i. d. R. vermittelt durch IATA-Frachtagenten; Beförderungsdokument: Luftfrachtbrief o Luftfrachtsammelverkehr: Dienstleistung von Spediteuren durch Sammlung kleinerer Sendungen zu Gesamttransporten per Luftfracht bei günstigen Raten, Dokument: Hausfrachtbrief.

c) *Haftung:*

o innerdeutscher Luftfrachtverkehr: gemäß Luftverkehrsgesetz (LVG) für den Schaden, der an Frachtgütern während der Luftbeförderung entsteht; keine Haftung, wenn Luftfrachtführer beweist, daß er und seine Mitarbeiter alle erforderlichen Maßnahmen zur Verhütung des Schadens getroffen haben

o internationaler Luftfrachtverkehr: gemäß Warschauer Abkommen Haftung für Schaden, der durch Zerstörung, Verlust oder Beschädigung von Gütern entsteht; auch für durch Verspätung entstandenen Schaden; Haftungsausschluß wie LVG

o die IATA-Bedingungen kehren die Beweislast um (der Geschädigte muß ein Verschulden des Luftfrachtführers beweisen) und schließen die Haftung bei Mitverschulden des Geschädigten aus; diese Bestimmungen sind in den Anwendungsbereichen von LVG und WAK nichtig

o meist wird eine Luftfracht-Versicherung abgeschlossen.

d) *Bedeutung:*

o sehr schnell, pünktlich, regelmäßig, sicher

o in zunehmendem Maße witterungsunabhängig durch Technologie und EDV-Unterstützung (Automatischer Pilot)

o verhältnismäßig teuer (Brennstoffverbrauch, umfangreiche Bodenorganisation und Sicherheitsmaßnahmen für Flugzeuge)

o geeignet besonders für eilbedürftige/leicht verderbliche/hochwertige/erschütterungsempfindliche Güter/lebende Tiere.

0.2.051 Luftfrachtbrief = Air Waybill (AWB)

a) *Wesen:*

= Beweispapier für Frachtvertrag und Absendung der Ware
= Frachtrechnung
= *Verfügungspapier* (Mittel für nachträgliche Verfügungen über die Ware)

o kann als Inkassopapier verwendet werden, d. h. zum Einzug der Warenforderung, wenn Warennachnahme mit Frachtführer im Luftfrachtbrief vereinbart wurde

o kann nach WAK als „begebbarer Luftfrachtbrief" ausgestellt werden:
  = Orderpapier
  = Traditionspapier
  – vgl. Konnossement im Seeschiffsverkehr

o kann gleichzeitig Versicherungsdokument sein bei Abschluß einer Transportversicherung über dem Frachtführer meist angeschlossene Versicherungsgesellschaft.

b) *Form:*

o Luftfrachtbrief wird in mehreren Originalen ausgestellt; nach WAK drei Ausfertigungen:
  - 1. Original „Für den Luftfrachtführer", vom Absender unterzeichnet
  - 2. Original „Für den Empfänger", von Absender und Frachtführer unterzeichnet, begleitet die Ware zum Empfänger
  - 3. Original wird vom Frachtführer unterzeichnet, dient dem Absender als Beweis für den Abschluß des Beförderungsvertrages und die Übergabe der Ware an den Frachtführer
o der Luftfrachtbrief kann auf Wunsch des Absenders vom Luftfrachtführer ausgestellt werden
o ein nicht begebbarer Luftfrachtbrief wird mit dem Vermerk „not negotiable" gekennzeichnet.

0.2.06   Post-Güterverkehr (Paketpostdienst)

Vergleiche auch Abschnitt 0.2.08.

a) *Rechtsgrundlagen:*

o Reichspostgesetz, Poststrukturgesetz
o Postordnung
o Weltpostvertrag

b) *Versandarten:*

o Päckchen (bis 2 000 g)
o Pakete (bis 20 kg): Einlieferung mit Paketkarte; Arten:
  - gewöhnliche Pakete
  - Standardpakete (bestimmte Formate)
  - Schnellsendung (günstigste Transportmöglichkeit, aber ohne Einschaltung von Flugzeugen; Sonderzustellung)
  - Luftpost (max. 100 x 50 x 50 cm)
o Postgut: gewöhnliche Paketsendungen mit gleichbleibender Einlieferungsnummer an denselben Empfänger, bis 20 kg, auch als Schnellsendung
o SAL-Paket-Dienst: Surface Air Lifted = kombinierter Land-/Luftweg (z. B. nach Afrika, Amerika, Asien), schneller als Land-/Seeweg-Transport, billiger als Luftpost
o Sendung mit Wertangabe: max. 100 000,– DM (Luftpost: 10 000,– DM), Schutz vor Verlust/Beschädigung, versiegelt
o Warensendung: bis 500 g, verbilligter Versand von Gegenständen ohne briefliche Mitteilungen an den Empfänger, z. B. für Proben, Muster

220	1234 5678							
Shipper's Name and Address	Shipper's account Number 34 567		Not negotiable **Air Waybill***			✈ **Lufthansa**		
Mr. Stelios Philipou Oskar-Schlemmer-Str. 24 2000 Hamburg 75			Issued by Deutsche Lufthansa AG, D-5000 Köln 21, Von-Gablenz-Straße 2—6			Member of International Air Transport Association		
			Copies 1, 2 and 3 of this Air Waybill are originals and have the same validity					
Consignee's Name and Address	Consignee's account Number 23 456							
Mr. Georgios Philippou Agridhia Limassol/Cyprus			61 119					
Issuing Carrier's Agent Name and City TAC, HAM-AP			Accounting Information					
Agent's IATA Code 23-4-7079	Account No. 9602							
Airport of Departure (Addr. of first Carrier) and requested Routing HAMBURG-AIRPORT								
to LCA	By first Carrier Routing and Destination LH 618/18	to / by / to / by	Currency DMK	CHGS Code	WT/VAL PPD COLL X	Other PPD COLL X	Declared Value for Carriage NVD	Declared Value for Customs NVD
Airport of Destination LARNACA		Flight/Date / For Carrier Use only / Flight/Date	Amount of Insurance NIL			Insurance — If Carrier offers insurance and such insurance is requested in accordance with conditions on reverse hereof, indicate amount to be insured in figures in box marked amount of insurance		

Handling Information
1/one carton marked: addr.

pls. adv. consignee immed, upon arrival of shipment by phone

No of Pieces RCP	Gross Weight	kg lb	Rate Class Commodity Item No.	Chargeable Weight	Rate / Charge	Total	Nature and Quantity of Goods (incl. Dimensions or Volume)
1	15,-kgs	N		15,-	11,49	172,35	pers.effects - free of charge - without commercial value 1 TV-set / harmless goods - not dangerous
1	15,-kgs					172,35	

Prepaid	Weight Charge	Collect	Other Charges	
172,35			AWB/CLEAR A 23,50	
	Valuation Charge		Insurance premium	
	Tax			
	Total other Charges Due Agent		Shipper certifies that the particulars on the face hereof are correct and that insofar as any part of the consignment contains dangerous goods, such part is properly described by name and is in proper condition for carriage by air according to the applicable Dangerous Goods Regulations.	
23,50	Total other Charges Due Carrier			
			TAC, TRANSAIRCARGO, HAM-AP	
			Signature of Shipper or his Agent	
Total prepaid 195,85		Total collect		
Currency Conversion Rates		cc charges in Dest. Currency	14.07.19xx HAMBURG TAC,HAM-AP	
For Carriers Use only at Destination		Charges at Destination	Executed on (Date) at (Place) Signature of Issuing Carrier or its Agent	
			Total collect Charges	

* Luftfrachtbrief (nicht begebbar) — eine verbindliche Übersetzung dieses Frachtbriefformulars (einschließlich der Vertragsbedingungen) in die deutsche Sprache liegt bei allen Lufthansa Frachtbüros aus.

(extra copy)

- o Datapostdienst: besonders zuverlässige, sichere und schnelle Übermittlung von Sendungen mit Nachrichten und Waren; entstanden aus dem Transport von Datenträgern (Magnetbänder usw.); regelmäßige Einlieferung bei demselben Postamt; Pakete bis max. 20 kg.

c) *Haftung:*
- o für gewöhnliche Pakete bis max. 500 DM je Sendung
- o für Sendungen mit Wertangabe bis zum angegebenen Wert
- o Ausschluß der Haftung, wenn der Schaden überwiegend auf der natürlichen Beschaffenheit der Sendung beruht, durch den Absender verursacht worden ist, nach Entdeckung nicht unverzüglich gerügt wurde oder der Gewahrsam der Post bei Schadensentstehung aufgehoben war.

d) *Bedeutung:*
- o schnell und sicher
- o breites Postnetz, entlegenste Orte können erreicht werden
- o besondere Eignung für kleinere Güter.

e) *Transportpapier:*
- o *Posteinlieferungsschein* als Beweis für die Übergabe des Gutes an die Post
- o Paketkarte mit Wertangabe zur Geltendmachung von Ersatzansprüchen.

0.2.07 Seeschiffahrt

0.2.070 Ausgestaltung

a) *Arten:*
- o Trampschiffahrt: Einsatz von Schiffen je nach Transportbedürfnis auf beliebigen Strecken zu verschiedenen Zielen
- o Linienschiffahrt: feste Routen, Fahrpläne
- o Stückguttransport, z. T. in Großbehältern *(Container)*
- o Charterung: Total-, Teil-, Raumcharter

b) beteiligte *Personen:*
- o Verfrachter = Frachtführer: Reederei
- o Befrachter als Vertragspartner des Frachtvertrages mit dem Verfrachter (Exporteur oder – für ihn - Spediteur können Befrachter sein)
- o Ablader: derjenige, der die Ware zum Schiff bringt
- o Empfänger
- o u. U. Schiffsmakler als Vermittler zwischen Be- und Verfrachter

Beispiel:

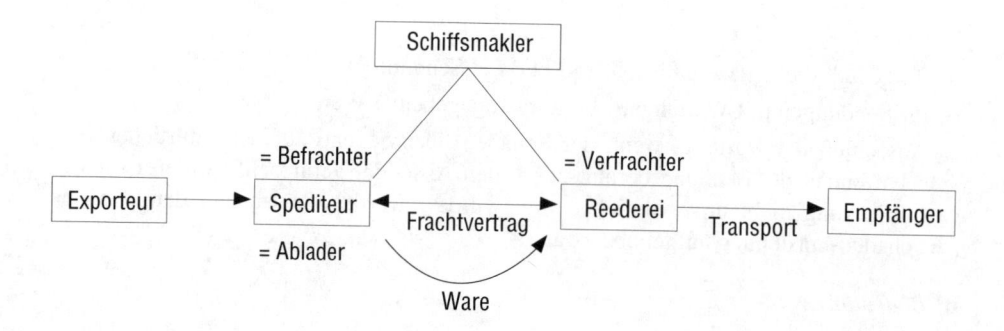

```
                      Schiffsmakler
                     /            \
           = Befrachter    = Verfrachter
  Exporteur → Spediteur ← Frachtvertrag → Reederei → Transport → Empfänger
           = Ablader
                        Ware
```

c) *Haftung:* für Schäden während der Fahrt = *Havarie;* unterschiedlich:

o große (gemeinsame) Havarie: Zur Rettung von Schiff/Ladung müssen Teile des Schiffes/der Ladung über Bord geworfen werden; Verteilung des Schadens auf *alle* Beteiligten (Reederei und alle Versender bzw. Empfänger, je nach vereinbartem Gefahrenübergang)

o kleine Havarie: unvorhergesehene Kosten (z. B. Schleppgebühren, Lotsen- und Hafengeld), von der Reederei getragen

o besondere (teilweise) Havarie: Einzelschäden von Schiff/Ladung durch zufällige Ereignisse (Sturm, unverschuldeter Zusammenstoß), zu Lasten des/der jeweiligen Betroffenen.

Unbedingt erforderlich daher: *Seetransportversicherung* mit möglichem Schutz gegen die verschiedenen Risiken durch Katalog entsprechender Versicherungen.

0.2.071 Konnossement

= Transportdokument im Seeschiffsverkehr (eng. „Bill of Lading" = B/L)

a) *Ausstellung:* Das Konnossement wird ausgestellt auf der Grundlage eines abgeschlossenen Seefrachtvertrages gegen eine Bescheinigung, die beweist, daß die Ware einem Bevollmächtigten der Reederei (Kaiverwaltung, Kapitän, Schiffsoffizier) übergeben wurde.

Ablauf:
o Abschluß eines Seefrachtvertrages zwischen Befrachter und Verfrachter
o Ware wird vom Ablader (Spediteur, Frachtführer, Exporteur selbst) einem Bevollmächtigten der Reederei übergeben, und zwar i. d. R.
  – Kaiverwaltung oder
  – Schiffsoffizier
  gegen Empfangsbescheinigung, und zwar
  – *Quay Receipt* = Kai-Empfangsschein (bestätigt Erhalt der Ware am Kai) oder
  – *Mate's Receipt* = Empfangsschein des Schiffsoffiziers (bestätigt Erhalt der Ware auf dem Schiff).

  Diese Dokumente sind „Zwischendokumente mit Sperrwirkung", d. h. sie sind noch keine Konnossemente, diese werden jedoch allein gegen die Zwischendokumente ausgestellt.
o Ausstellung eines *Konnossements,* gewöhnlich durch den Ablader selbst auf Formularen der Reederei, anschließend Einholen der Unterschrift von der Reederei.

Übergabe erfolgt an:	Empfangsbescheinigung	Konnossementsart
Kaiverwaltung	Quay Receipt	Übernahmekonnossement
Schiffsoffizier	Mate's Receipt	Bordkonnossement

b) *Konnossementsarten:*

o *Bordkonnossement:* bescheinigt die erfolgte Verladung an Bord eines bestimmten Seeschiffes
o *Übernahmekonnossement:* bescheinigt die Übernahme der Waren zur Verschiffung (z. B. wenn das Schiff noch nicht im Hafen oder noch nicht gelöscht ist); kann durch den Vermerk „actually shipped on board" nachträglich in Bordkonnossement umgewandelt werden. Verwendung: insb. Linienverkehr.
o *Durchkonnossement:* wird ausgestellt, wenn die Ware mit verschiedenen Beförderungsmitteln transportiert werden soll; Frachtführer 1 verpflichtet sich im Durchfrachtvertrag zur Durchführung des Weitertransports und zum Abschluß der weiteren erforderlichen Frachtverträge.
o *Hafenkonnossement:* Sonderform des Übernahmekonnossements; bescheinigt, daß das gewünschte Schiff bereits im Hafen liegt (Anwendung: Baumwollhandel/USA)
o *Lagerhalterkonnossement:* Sonderform des Übernahmekonnossements; Lagerhalter übernimmt die Ware und verpflichtet sich, diese innerhalb von drei Wochen zu verschiffen (Anwendung: insb. Baumwollhandel/USA)

- o *Konnossement aufgrund Charter Party:* Schiffscharterung; beinhaltet keinen Anspruch auf Auslieferung (s. u.) bestimmter Ware, sondern nur auf Entladung des betr. Laderaums/Schiffsteiles/des ganzen Schiffes (je nach Chartervertrag)
- o *Sammelkonnossemente:* Zusammenfassung mehrerer Einzelsendungen auf einem Konnossement bei Versendung zu demselben Bestimmungshafen; Arten:
  – Spediteur-Sammelkonnossemente, d. h. Abwicklung des Sammelverkehrs durch Spediteure (Transporte z. B. nach Skandinavien, Nordamerika usw.)
  – Lieferanten-S.: Einzelsendungen desselben Exporteurs
  – Empfänger-S.: mehrere Einzelsendungen (auch verschiedener Lieferanten) an denselben Empfänger.

  Vorteile:
  – Vermeidung von Minimalfrachten für kleine Sendungen
  – Beschleunigung des Transportablaufs im Bestimmungshafen, wo meist ein Spediteur – ohne Einschaltung von Banken – anhand des ihm übersandten Sammelkonnossements für Zollabfertigung und Weitertransport sorgt.

c) *Inhalt und Bedeutung* des Konnossements: es ist

- o *Empfangsbekenntnis* des Verfrachters, d. h. Bestätigung des Empfangs der zur Beförderung übernommenen Waren
- o *Auslieferungsdokument,* d. h. es enthält den Herausgabeanspruch gegen den Verfrachter in Bestimmungshafen, bezogen auf eine bestimmte Ware (Ausnahme: Charter-Party-Konnossement)
- o *Präsentationspapier,* d. h. zur Auslieferung der Ware muß das Konnossement (ein Original) der Reederei bzw. ihrem Bevollmächtigten (Kapitän, Agent usw.) im Bestimmungshafen vorgelegt werden
- o *Traditionspapier* (Warenwertpapier): Das Konnossement *verkörpert* die Ware. Es „vertritt" sie und kann daher bei Übereignung der Ware selbst an ihre Stelle treten. Die *Eigentumsübertragung* in bezug auf die Ware vollzieht sich daher durch *Übereignung* des *Traditionspapiers* selbst. Der Besitzer des Konnossements ist zugleich mittelbarer Besitzer der Ware. (Weitere Traditionspapiere sind der Ladeschein der Binnenschiffahrt und der Orderlagerschein.)

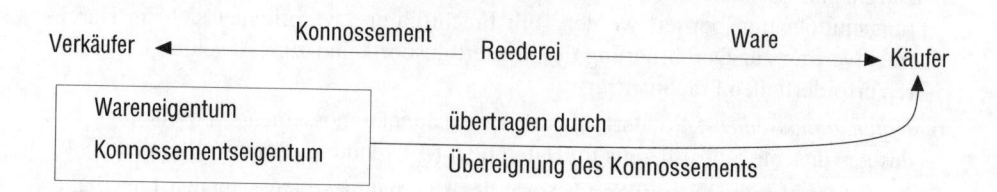

```
Verkäufer ◄──── Konnossement ──── Reederei ──── Ware ────► Käufer
┌──────────────────────────┐
│ Wareneigentum            │     übertragen durch
│ Konnossementseigentum    │     Übereignung des Konnossements
└──────────────────────────┘
```

Hapag-Lloyd Aktiengesellschaft Hamburg/Bremen	Bill of Lading Page 2 FOR COMBINED TRANSPORT OR PORT TO PORT SHIPMENT	
SHIPPER: MÜLLER CHEMIEWERKE G.M.B.H. BAHNHOFSTRASSE 15 5000 KÖLN WEST GERMANY	VOYAGE-NO. 812	B/L-NO. HL 102
	SHIPPER'S REFERENCE	
CONSIGNEE OR ORDER: TO THE ORDER OF BANK OF INDONESIA, JAKARTA	**Hapag-Lloyd** Indonesia Service	
NOTIFY ADDRESS (carrier not responsible for failure to notify; see clause 19 (1) hereof): SMITH & SONS KALI BESAR BARAT 52 P.O.B. 1234 JAKARTA, INDONESIA	Place of receipt (Applicable only when document used for COMBINED transport): HAMBURG	
	Place of delivery (Applicable only when document used for COMBINED transport):	
OCEAN VESSEL: "BAVARIA"	**PORT OF LOADING:** HAMBURG	JAKARTA
PORT OF DISCHARGE: JAKARTA		

Container Nos, Seal Nos; Marks and Nos.	Number and kind of packages; description of goods	Gross weight (kg)	Measurement (cbm)
MUELLER XYZ HAM-JKT 1-10	10 PALLETS WITH 100 DRUMS OF SYNTHETIC RESIN. AS PER LETTER OF CREDIT NO.: 12345/1989 FREIGHT PREPAID ===============	15700 KG	21,5 CBM

SHIPPED ON BOARD MV "BAVARIA"
DATE 02.08.1989
FOR THE CARRIER
    Unterschrift

M U S T E R
ORIGINAL

ABOVE PARTICULARS AS DECLARED BY SHIPPER				
Total No. of containers/packages: 10			Received by the Carrier from the Shipper in apparent good order and condition (unless otherwise noted herein) the total number or quantity of Containers or packages or units indicated, stated by the Shipper to comprise the Goods specified above, for Carriage subject to all the terms hereof (INCLUDING THE TERMS ON THE REVERSE HEREOF AND THE TERMS OF THE CARRIER'S APPLICABLE TARIFF) from the Place of Receipt or the Port of Loading, whichever is applicable, to the Port of Discharge or the Place of Delivery, whichever is applicable. In accepting this Bill of Lading the Merchant expressly accepts and agrees to all its terms and conditions, whether printed, stamped or written, or otherwise incorporated, notwithstanding the non-signing of this Bill of Lading by the Merchant. As far as this Bill of Lading covers Combined Transport it is based on the Uniform Rules for a Combined Transport Document (I.C.C. Brochure No. 298). IN WITNESS of the contract herein contained the number of originals stated below have been issued, one of which being accomplished the other(s) to be void.	
Movement:				
Freight and Charges:	Prepaid	Collect		
Seafreight	X			
Landfreight Origin				
Landfreight Destination				
Origin LCL/THC charges	X		Place and date of issue: HAMBURG, 2.AUG.1989	
Destination LCL/THC charges		X		
Appropriate columns to be marked with "X"			Number of original Bs/L: 3/3	For the carrier: Stempel des Agenten UNTERSCHRIFT

Hapag-Lloyd Aktiengesellschaft Hamburg/Bremen		Bill of Lading Page 2 FOR MULTIMODAL TRANSPORT OR PORT TO PORT SHIPMENT	
SHIPPER: MEYER MASCHINENBAU G.M.B.H. HAUPTSTR. 10 7000 STUTTGART WEST GERMANY		VOYAGE-NO. 9831	B/L-NO. HLCU9 246810
		SHIPPER'S REFERENCE 897-3	
CONSIGNEE: MEYER OF AMERICA INC. 42 KENNEDY PLAZA CHICAGO, IL 60623 U.S.A.		**Hapag-Lloyd** Europe – North America Services	
NOTIFY ADDRESS (carrier not responsible for failure to notify; see clause 22 hereof) - SAME AS CONSIGNEE -		Place of receipt (Applicable only when document used for MULTIMODAL transport; see clause 2c): 7000 STUTTGART	
*Local vessel:	*From:	Place of delivery (Applicable only when document used for MULTIMODAL transport; see clause 2c): CHICAGO , ZIP 606	
OCEAN VESSEL: "KÖLN ATLANTIC"	PORT OF LOADING: HAMBURG		
PORT OF DISCHARGE: BALTIMORE	*For transhipment to:		

Container Nos, Seal Nos; Marks and Nos.	Number and kind of packages; description of goods	Gross weight (kg)	Measurement (cbm)
HLCU 424550-1 SEAL NO. 711 30.	1/ONE 40' CONTAINER SAID TO CONTAIN: ONE SET OF METAL WORKING MACHINERY INCLUDING SPAREPARTS SHIPPER'S LOAD, STOWAGE AND COUNT FREIGHT COLLECT ===============	14.523 NET 3.550 TARE	

MUSTER

ORIGINAL

ABOVE PARTICULARS AS DECLARED BY SHIPPER				Received by the carrier from the shipper in apparent good order and condition (unless otherwise noted herein) the total number or quantity of containers or other packages or units indicated (see Box opposite), stated by the shipper to comprise the goods specified above, for carriage subject to all the terms hereof (INCLUDING THE TERMS ON PAGE 1 HEREOF AND THE TERMS OF THE CARRIER'S APPLICABLE TARIFF) from the place of receipt or the port of loading, whichever is applicable, to the port of discharge or the place of delivery, whichever is applicable. In accepting this Bill of Lading the merchant expressly accepts and agrees to all its terms, conditions and exceptions whether printed, stamped or written, or otherwise incorporated, notwithstanding the non-signing of this Bill of Lading by the merchant. IN WITNESS WHEREOF the number of original Bills of Lading stated below all of this tenor and date has been signed, one of which being accomplished the others to stand void.	
Total No. of containers/packages: 1/ONE	Shipper's declared value (see clause 3 hereof): $				
Movement: FCL/FCL					
Freight and Charges:		Prepaid	Collect		
Ocean freight			x		
Multimodal Through Freight					
Origin Landfreight		x			
Destination Landfreight			x	Freight payable at: CHICAGO	Place and date of issue: HAMBURG APR.7th 1989
Origin Terminal Charges			x	Number of original Bs/L: 3/3	For the carrier: **Rob. M. Sloman jr.** Hamburg as agents Unterschrift
Destination Terminal Charges			x		
Appropriate columns to be marked with "X"					

*Applicable only when document used for transhipment (see clause 2 b)

o Damit ist das Konnossement besonders gut verwendbar als *Inkasso- oder Akkreditivdokument* (siehe dort): der Verkäufer will sichergehen, daß er die Ware nur gegen Zahlung des Kaufpreises aus der Hand gibt – der Käufer will nur zahlen gegen die Ware, möglichst gegen Erwerb des Eigentums daran. Wenn Banken damit beauftragt werden, dem Käufer das Konnossement gegen Zahlung auszuhändigen, erreichen beide ihre Ziele.

o Konnossement als *Kreditunterlage:* Banken gewähren Kredite gegen Übereignung der Ware als Kreditsicherheit; dies ist durch das Konnossement leicht möglich.

o Rechtsnatur: Neben seiner Eigenschaft als Warenwertpapier ist das Konnossement – hinsichtlich seiner Übertragbarkeit – ein *gekorenes Orderpapier,* d. h. es wird durch Hinzusetzen der Orderklausel („an Order") zum Namen des Empfängers zu einem Orderpapier und kann dann durch Einigung, *Indossament* und Übergabe übertragen werden. Ohne diese Klausel ist es grundsätzlich Rektapapier.

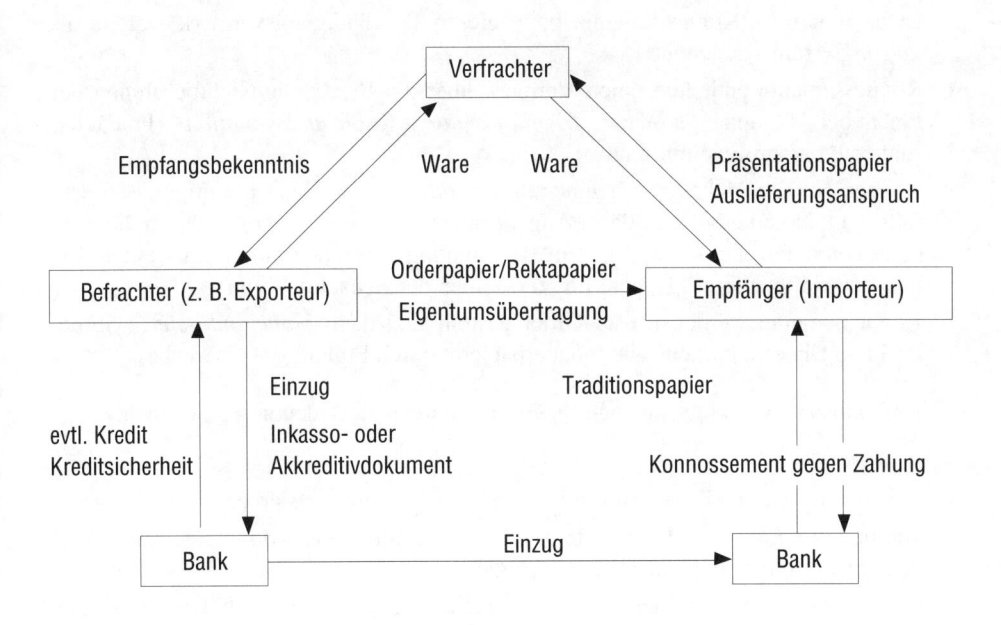

```
                          Verfrachter
                         ↗         ↖
         Empfangsbekenntnis   Ware    Ware   Präsentationspapier
                                              Auslieferungsanspruch
                        ↙                 ↘
    Befrachter (z. B. Exporteur) ——Orderpapier/Rektapapier——> Empfänger (Importeur)
                                   Eigentumsübertragung
                  ↑              Einzug         Traditionspapier     ↑
         evtl. Kredit         Inkasso- oder                  Konnossement gegen Zahlung
         Kreditsicherheit     Akkreditivdokument
                  ↓                                                   ↓↑
                Bank ——————————— Einzug ————————————————> Bank
```

d) Konnossement in der *Praxis:*

Konnossemente enthalten folgende wichtige *Angaben:*

o Namen des Befrachters, des Verfrachters, des Kapitäns, des Empfängers
o Namen und Nationalität des Schiffes
o Verschiffungs- und Bestimmungshafen
o Ort und Tag der Ausstellung (= Abgangsdatum des Schiffes)

- o Zahl der Ausfertigungen
- o genaue Warenbeschreibung mit Art, Maß, Gewicht/Stückzahl, Markierungen der Verpackung (Kisten, Container usw.)
- o Konnossemente werden in der Regel in mehreren Originalen ausgestellt; Gesamtzahl der Originale = „*voller Satz*" (full set), z. B. 2/2, 3/3. Grund: Ausschaltung des Verlustrisikos, da Dokumente dem Empfänger gewöhnlich per Post zugesandt werden und nun in Erst- und Zweitpost aufgeteilt werden können.
- o Importeure zahlen grundsätzlich nur gegen Übergabe eines vollen Konnossements-Satzes; Grund: Die Reederei liefert die Ware schon gegen *ein* Original aus; wenn der Importeur also z. B. 2/3 Originale erhält, weiß er nicht, ob die Ware nicht schon mit dem fehlenden Original von einem unberechtigten Dritten abgeholt worden ist.
- o Reederei/Kapitän prüfen die verpackte Ware nicht auf ihre Übereinstimmung mit den Angaben des Abladers (Zusatz „*said to contain*" = „enthält angeblich" im Konnossement). Wenn die Ware allerdings äußerlich beschädigt ist (insb. an der Verpackung), wird ein entsprechender Vermerk ins Konnossement aufgenommen: es ist dann *unrein*. Konnossemente ohne diesen Beschädigungsvermerk werden als „*clean*" = rein bezeichnet.
- o Konnossemente enthalten einen Vermerk über die Bezahlung/Nichtbezahlung der Fracht bei Abladung der Ware: „*freight prepaid/payable at destination*" (Fracht bezahlt/zahlbar am Bestimmungsort).
- o Konnossemente enthalten oft eine „*notify address*" = Benachrichtigungsadresse (ungenau: Notadresse): der darin Angegebene (meist Spediteur) *soll* durch die Reederei von der Ankunft der Ware im Bestimmungshafen benachrichtigt werden (die Reederei haftet allerdings nicht für Versäumen der Benachrichtigung).
- o Konnossemente werden oft an Order gestellt und dann *blankoindossiert*. Grund: leichtere Übertragbarkeit (wie Inhaberpapiere: durch Einigung + Übergabe).

e) *Container-Seeverkehr:* Hat auch für Europa ständig an Bedeutung gewonnen;

Vorteile:

- o nahezu alle Waren bis zu bestimmter Größe sind „containerisierbar"
- o kombinierte Land/See-Transporte (gedeckt oft mit *Durchkonnossementen*) sind ohne neues Stauen der Einzelwaren möglich
- o volle Auslastung insb. der speziellen Vollcontainerschiffe, auch Deckverladung möglich (da Ware besser geschützt ist)
- o daher kostengünstig.

Arten des Containereinsatzes:

- o Haus/Haus-Verkehr: durchlaufender Container von Absender bis Empfänger
- o Pier/Haus-Verkehr: durchlaufender Container vom Verschiffungshafen zum Empfänger
- o Haus/Pier-Verkehr: durchlaufender Container vom Absender zum Bestimmungshafen

- Pier/Pier-Verkehr: Containereinsatz von Verschiffungshafen bis Bestimmungshafen
- Sammelcontainerverkehr: Zusammenstellung von Stückgutsendungen durch Spediteure.

Konnossement: Verwendung spezieller Container-K. oder Versand der Ware im Rahmen üblicher Konnossemente mit Container-*Klauseln:*

- „Shipper's load, count and stowage": für Container-Inhalt, d. h. Ladung (Ware), Stückzahl, Verstauung trägt der Versender die Haftung
- „Ship's Option": Recht der Reederei zur Verladung der Container auf/unter Deck ohne zusätzliche Haftung bei Verladung auf Deck
- im Haus/Haus- und Haus/Pier-Verkehr haftet die Reederei nicht für die Zahl der im Container verladenen Packstücke;

wegen dieser Haftungseinschränkungen sind spezielle *Transportversicherungen* notwendig.

f) *Seefracht*berechnung: im Konnossement ausgewiesen („freight and charges"); maßgeblich für die Berechnung:

- Gewicht oder Kubikmeter (daher bei Verladung Wiegen/Messen erforderlich)
- Schwergewichts- und Längenzuschläge
- Wert (meist Wertgrenzen, bei deren Erreichen Fracht in Prozent vom Wert berechnet wird)
- Minimalfrachten für kleine/kleinste Sendungen
- Hafenzuschläge, Verstopfungszuschläge (bei überlasteten Häfen); werden zwischen Versender und Spediteur oft pauschal durch Lumpsumfracht erfaßt.

Angabe erfolgt durch Frachtrate = Beförderungspreis pro Frachteinheit (in metrischen oder englischen Maßeinheiten).

0.2.08 Nachrichtenverkehr (Telekommunikation)

0.2.080 Grundlagen

Wichtigster Träger des Nachrichtenverkehrs ist die *Post*, Bundesrepublik Deutschland: *Deutsche Bundespost;* internationale Zusammenarbeit des grundsätzlich staatlichen Postwesens der Nationen erfolgt im *Weltpostverein*.

Rechtsgrundlagen: Gesetz über das Postwesen v. 1969; Postordnung (= Regelung des Benutzungsverhältnisses). Daraus ergeben sich o *Monopolstellung* der Post = alleiniges Recht der Nachrichtenbeförderung

o *Kontrahierungszwang* = Pflicht zur Beförderung von Nachrichten, die den Postvorschriften entsprechen.

Außerdem besteht ein *Postgeheimnis* (vgl. Art 10 GG).

1988 ist die Bundespost durch das Poststrukturgesetz in drei eigenständige Bereiche aufgeteilt worden:

o Postdienst

o Postbank

o Telekom.

Dadurch sollen eine höhere Effektivität, mehr Raum für Innovationen und gleichzeitig Erhalt der traditionellen Postdienste mit ihren Aufgaben für die Allgemeinheit erreicht werden. Die drei Bereiche sollen als selbständige Unternehmen agieren. Dennoch bleibt es bei dem gemeinsamen Sondervermögen. Die Koordination soll durch ein Direktorium erreicht werden, das aus den drei Vorstandsvorsitzenden besteht. Die Rechtsaufsicht für die gesamte Bundespost bleibt beim Bundesminister für Post und Telekommunikation.

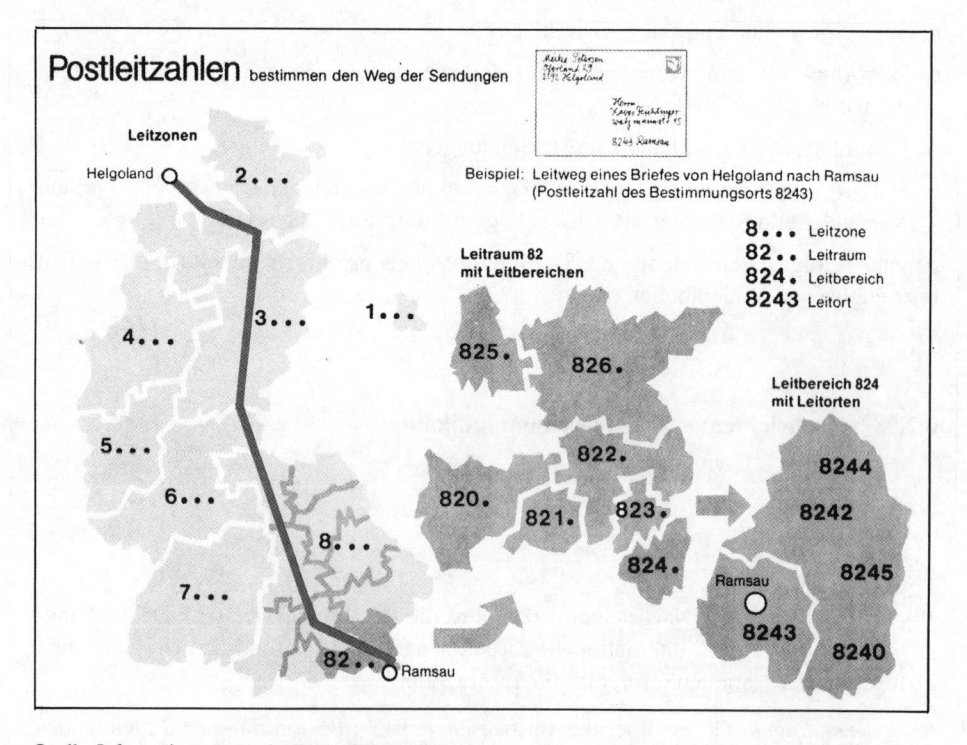

Quelle: Informationsmappe der Deutschen Bundespost

Allgemeine Vorschriften:

o Verwendung der *Postleitzahlen:* Aufteilung nach Leitzonen:

1	= Berlin	5	= Köln
2	= Hamburg	6	= Frankfurt
3	= Hannover	7	= Stuttgart
4	= Düsseldorf	8	= München

o Freimachung der Sendungen durch Postwertzeichen (Briefmarken)/Barzahlung am Schalter/Freistempelung (durch Post oder Absender selbst mit Aufdruck, wenn Genehmigung der Post vorliegt).

0.2.081 Schriftverkehr (vgl. Abschnitt 0.2.06)

a) *Briefe:* Inland bis 1 000 g, Ausland 2 kg

o Standardbriefe: bis 20 g, Länge 14–23,5 cm, Breite 9–12 cm, Höhe bis 0,5 cm; gebührenbegünstigt, da maschinelle Bearbeitung möglich

o Drucksachen: preiswerter Versand von Vervielfältigungen; Standarddrucksachen/Massendrucksachen/Briefdrucksachen

b) *Beschleunigte Sendungen:*

o Eilzustellung: Briefe, Postkarten; entspr. Vermerk; Zustellung durch Eilboten zwischen 6 und 22 Uhr, u. U. auch nachts; Eilzustellgebühr

o Luftpost gegen entspr. Gebühr, Vermerk „Mit Luftpost"

o Kursbrief: bestimmte Postverbindung, gewöhnlicher Brief (roter Rand), Abholung durch Empfänger unmittelbar nach Ankunft gegen Ausweisvorlage

c) *Besondere Sendungen:*

o *Einschreiben:* Bescheinigung der Einlieferung und Aushändigung; Vermerk „Einschreiben"; Gebühr

o *Nachnahme:* bis 3 000,– DM; Beifügung einer Zahlkarte; Aushändigung nur gegen Zahlung des angegebenen Betrages

o *Postzustellungsauftrag:* für Schriftstücke, deren förmliche Zustellung beurkundet werden muß (Zahlungs-, Vollstreckungsbefehl, Klage; vgl. ZPO); Aushändigung gegen Unterzeichnung des Rückscheins, der an den Absender (Gericht, Notar, Gerichtsvollzieher, Behörde) zurückgeht

o *Postfachsendungen:* Postfach des Empfängers, Abholung

o *Telebrief:* Übermittlung mit Fernkopierern durch eigene Geräte oder über entsprechend gekennzeichnete Postämter; Post übernimmt Auslieferung, falls Empfänger keinen Fernkopierer besitzt

o *Eigenhändig:* Aushändigung nur an den Empfänger oder eine besonders bevollmächtigte Person o *Rückschein:* Absender erhält die Original-Empfangsbestätigung des Empfängers; zulässig für eingeschriebene Briefsendungen, Briefe und Pakete mit Wertangabe; oft kombiniert mit „Eigenhändig"

o *Kursbrief:* Beförderung mit einer bestimmten verabredeten Postverbindung, Bereithaltung zur Abholung unmittelbar nach Ankunft

o Sonstiges: Postkarten – Büchersendungen – Warensendungen – Wurfsendungen – Werbeantworten („Gebühr zahlt Empfänger") – postlagernde Sendungen.

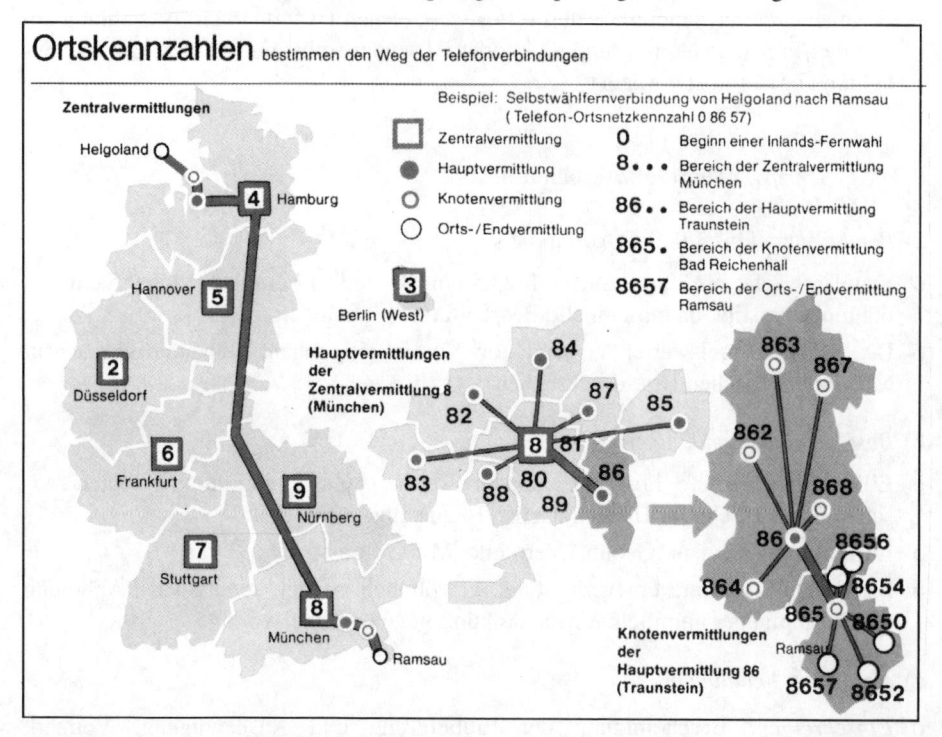

Ortskennzahlen bestimmen den Weg der Telefonverbindungen

Quelle: Informationsmappe der Deutschen Bundespost

0.2.082 Telefondienst

Weitgehend automatisiert (Selbstwähldienst) auch bei Auslandsgesprächen.

a) Handvermittlung: gewöhnliche – dringende – Blitzgespräche (einfache – doppelte – zehnfache Gebühr)

b) Selbstwähldienst: bei Ferngesprächen Vorwahl entsprechender Ortsnetz- oder Auslandskennzahl.

c) *Gebühren:* Maßstab sind Gebühreneinheiten von –,23 DM; Berechnung nach unterschiedlichen Zonen und Tarifen:

o Zonen:
  - Ortszone: Gespräche innerhalb eines Ortsnetzes
  - Nahzone: Gespräche innerhalb eines Nahbereichs zu bestimmten festgelegten Ortsnetzen mit Vorwahl; gleiche Gebühr wie in der Ortszone
  - Fernzonen: Unterteilung in drei Zonen, ab 1.4.1991 in eine Regional- und eine Weitzone

o Tarife:
  - Normaltarif: Montag bis Freitag 8–18 Uhr
  - Billigtarif: übrige Zeit sowie bundeseinheitliche Feiertage

o Gebühreneinheiten:
  - ab 1.4.1989
    - Ortszone/Nahzone 480 sec. (Normaltarif)/720 sec. (Billigtarif)
    - Fernzone 1:   60/120   sec.
    - Fernzone 2:   20/ 38,571 sec.
    - Fernzone 3:   15/ 38,571 sec.
  - ab 1.4.1990
    - Ortszone/Nahzone 480/720   sec.
    - Fernzone 1:   60/120   sec.
    - Fernzone 2:   20/38,571 sec.
    - Fernzone 3:   18/38,571 sec.
  - ab 1.4.1991
    - Ortszone/Nahzone 360/720 sec.
    - Regionalzone   60/120 sec.
    - Weitzone   21/ 42 sec.

o für Fernwählverbindungen in die DDR und nach Berlin (Ost) gelten entfernungs- und zeitabhängige Sondertarife
o Fernwählverbindungen ins Ausland: erhebliche Gebührenunterschiede je nach Entfernung und Vermittlungsart (Handvermittlung, Selbstwählferndienst)
o Sozialtarif: besondere Gebühren für Personen ab 63 Jahren, Schwerbehinderte, Hilfsbedürftige
o Service 130: vom Geschäftssitz eines Unternehmens unabhängige für alle Teilnehmer einheitliche Vorwahl 0130, wobei der Anrufer nur die Orts-/Nahverbindungsgebühr zahlt und der Angerufene die Fernverbindungsgebühren übernimmt; Nutzung von Unternehmen für Werbung, Kundenbestellungen usw.
o Kartentelefone: öffentliche Telefone, bei denen die Gebühren mit Karten bezahlt werden: Arten:
  - Telefonkarten mit Guthaben, das während des Telefonats anteilig verbraucht wird
  - Buchungskarten mit Abrechnung über die Fernmelderechnung; Nutzung mit PIN-Eingabe.

0.2.083 Telegrammdienst

= Übermittlung von Buchstaben/Wörtern/Zahlen durch die Post;
o Aufgabe: mündlich/fernmündlich/schriftlich/fernschriftlich
o Übermittlung: gewöhnlich/dringend
o Text: offen/geheim (chiffriert, anhand von Codes)
o Gebühr: abhängig von Wort- und Buchstabenzahl
o Zustellung: grds. 6–22 Uhr, u. U. auch nachts; auch telefonische/fernschriftliche Zustellung möglich.

0.2.084 Telexdienst

= Fernschreibverkehr, d. h. Übermittlung von Nachrichten (auch international) durch öffentliches Fernschreibnetz
o Anrufer und Empfänger müssen angeschlossen sein
o Selbstwählverfahren (Inland und fast alle Länder der Welt)
o Text wird auf Sendemaschine geschrieben, dort und beim Empfänger wortgetreu festgehalten (Empfänger braucht nicht anwesend zu sein)
o beschleunigte Übermittlung durch vorher angefertigte Lochstreifen
o Gebühren: abhängig von Entfernung und Schreibdauer; wesentlich niedriger als Telefon.

0.2.085 Teletexdienst

= international standardisierter Textkommunikationsdienst für Bürokommunikation
o Funktionserweiterung für elektronische Büromaschinen (Speicherschreibmaschinen, Personal Computer, Textsysteme)
o an *einem* Arbeitsplatz können Texte erstellt, abgesandt und empfangen werden
o Endgerät muß für den Teletexdienst zugelassen sein
o Text muß bestimmten Formaten und Standards entsprechen
o Übertragungsgeschwindigkeit 2 400 bit/Sekunde (A4-Seite: 10 sec.)
o Empfang rund um die Uhr möglich.

0.2.086 Telefaxdienst

= Übertragung von Texten und Grafik originalgetreu über das Telekommunikationsnetz (sog. Fernkopieren)
o die zu übertragende Abbildung wird fotoelektrisch in Rasterpunkte zerlegt, in elek-

trische Signale umgewandelt und gesendet (beim Empfänger entsprechend umgekehrt)
o die eingesetzten Fernkopierer und Telefaxanlagen müssen zugelassen sein
o wenn Absender und/oder Empfänger nicht über einen Fernkopierer verfügen, kann ein Telebrief eingesetzt werden (vgl. Abschnitt 0.2.081)
o die Zahl der Teilnehmer am Telefaxdienst hat sich allein 1988 auf fast 200 000 verdoppelt; Telefax hat für die Kommunikation von Unternehmen bereits heute erhebliche Bedeutung.

0.2.087 Datenübermittlungsdienst (vgl. Abschnitt 4.2.014)

= Datenfernübertragung (DFÜ) über Anschlüsse, die die Bundespost zur Verfügung stellt
o Arten von Anschlüssen:
  – Telefonanschluß
  – Telexanschluß
  – Wählanschluß der Gruppe L (früher: DATEX-L) mit Leitungsvermittlung (d. h. für die gesamte Dauer der digitalen Wählverbindung sind zwei Wählanschlüsse quasi direkt über Leitungen und Netzknoten verbunden), Übertragungsgeschwindigkeit 9 600 bit/sec. sowie im Probebetrieb 64 000 bit/s
  – Wählanschluß der Gruppe P (früher: DATEX-P) mit Paketvermittlung (d. h. Aufteilung der zu übermittelnden Nachricht in einzelne „Pakete" sowie Adressieren, Zwischenspeichern und Vermitteln dieser Pakete; zwischen zwei Wählanschlüssen der Gruppe P besteht keine direkte physikalische, sondern eine logische Verbindung), feste Verbindung (sog. Standleitung) möglich
  – Wählanschluß der Gruppe S (Satellitenverbindungen)
  – Direktrufanschluß: jeweils 2 Direktrufanschlüsse gleicher Übertragungsgeschwindigkeit werden fest zu einer Direktrufverbindung zusammengefügt; bis zu 19 200 bit/s
  – Telebox: Benutzung von Zwischenspeichereinrichtungen in Netzknoten für die Hinterlegung von Nachrichten in elektronischen Briefkästen.

0.2.088 ISDN (vgl. Abschnitt 4.2.014)

= Integrated Services Digital Network, d. h. diensteintegrierendes digitales Telekommunikationsnetz
o durch die Digitalisierung des bisher analogen Telefonnetzes können sämtliche Kommunikationsarten, nämlich
  – Sprache
  – Text

- Bilder
- Daten

durch die Binärzeichen 0 und 1 elektronisch übertragen werden

o die Übertragung ist in *einem* Netz möglich, so daß die unterschiedlichen Kommunikationsarten unter einem einzigen Anschluß zur Verfügung stehen (bis zu acht Endgeräte)
o verbesserte Übertragungsqualität und Verständlichkeit
o kürzerer Verbindungsaufbau
o „Kommunikationssteckdose": genormte Schnittstelle zum Anschluß der Endgeräte.

0.2.1 Handelsmittler, Spediteure, Lagerhalter

0.2.10 Überblick

Der Handelskaufmann bedarf neben Güterverkehrsbetrieben, Banken und Versicherungen der Hilfe weiterer *kaufmännischer Dienstleistungsbetriebe*.

Dazu gehören

o Handelsvertreter
o Kommissionäre
o Handelsmakler

als Mittler im Handelsverkehr, insbesondere beim Abschluß von Handelsgeschäften, sowie

o Spediteure
o Lagerhalter

im Rahmen der Erfüllung dieser Geschäfte.

Sie alle sind *Kaufleute kraft Grundhandelsgewerbes* (Mußkaufleute, § 1 II HGB). Bei Ausübung ihrer Tätigkeit übernehmen diese Kaufleute einen Teil der Arbeit der eigentlichen Handelsunternehmen: *Arbeitsteilung*. Sie verfügen auf ihrem Gebiet über Spezialkenntnisse, die sie anderen Kaufleuten gegen entsprechende Vergütung zur Verfügung stellen, gute Vermittlungsmöglichkeiten durch umfangreiche Geschäftsverbindungen und haben ihren Unternehmenssitz an einem für ihr Gewerbe günstigen Standort. Damit ersparen sie den Handelsunternehmen erhebliche eigene Aufwendungen für die Einrichtung entsprechender Niederlassung, Erlangung dieser Kenntnisse oder des Kundenkreises.

0.2.11 Handelsmittler

0.2.110 Handelsvertreter (=Agent)

a) *Wesen:* Handelsvertreter ist, wer
- o als selbständiger Gewerbetreibender
- o ständig damit betraut ist, für einen anderen Unternehmer Geschäfte
    - zu vermitteln (*Vermittlungsagent,* Regelfall)
    - abzuschließen *(Abschlußagent)*
- o und dabei im *fremden Namen* für *fremde Rechnung* handelt (§ 84 HGB).

b) *Pflichten* (§ 86):
- o Wahrung der Interessen des Auftraggebers
- o Sorgfaltspflicht eines ordentlichen Kaufmanns
- o auch sorgfältige Auswahl des Dritten (Geschäftspartners); Haftung für dessen Zahlungsfähigkeit (sog. Delkrederehaftung) jedoch nur bei schriftlicher Vereinbarung im voraus gegen Delkredereprovision (§ 86 b)
- o Benachrichtigung des Auftraggebers über Vermittlung/Abschluß

c) *Rechte* (§ 86 a HGB):
- o Provision für alle vermittelten oder abgeschlossenen Geschäfte
- o Erhalt aller erforderlichen Unterlagen
- o Benachrichtigung über den Abschluß eines von ihm vermittelten Geschäftes durch den Auftraggeber
- o bei Beendigung des Vertragsverhältnisses (Agenturvertrag): Pflicht zur angemessenen Ausgleichszahlung (§ 89 b), der Handelsvertreter soll an den von ihm eingeleiteten Geschäftsbeziehungen beteiligt werden, die ihm bei Fortsetzung seiner Tätigkeit durch Provisionen genutzt hätten.

d) *Anwendung:*
- o Handelsware (Einkaufs- und Verkaufsvertreter)
- o Versicherungen
- o Transportwesen
- o Bausparwesen

Beispiel (Verkaufsvertreter):

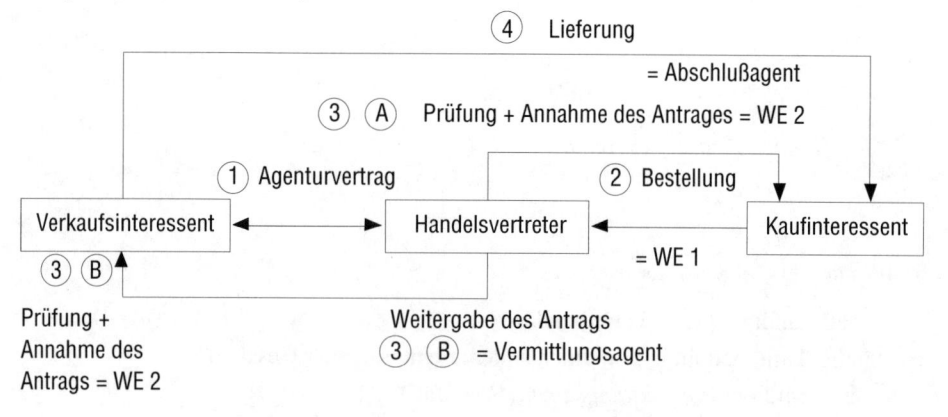

```
                                    ④  Lieferung
                        ┌─────────────────────────────────────────────┐
                        │                              = Abschlußagent │
                    ③ Ⓐ  Prüfung + Annahme des Antrages = WE 2
                    ┌─────────────────────────┐
              ① Agenturvertrag          ② Bestellung
    ┌─────────────────┐         ┌─────────────────┐         ┌─────────────────┐
    │ Verkaufs-       │ ──────▶ │ Handels-        │ ◀────── │ Kauf-           │
    │ interessent     │ ◀────── │ vertreter       │         │ interessent     │
    └─────────────────┘         └─────────────────┘              = WE 1
        ③ Ⓑ ▲
    Prüfung +                Weitergabe des Antrags
    Annahme des              ③ Ⓑ  = Vermittlungsagent
    Antrags = WE 2
```

0.2.111 Kommissionär

a) *Wesen:* Kommissionär ist, wer

o gewerbsmäßig Waren oder Wertpapiere für einen anderen (den *Kommittenten*)
  – kauft *(Einkaufskommissionär)*
  – verkauft *(Verkaufskommissionär)*

o und dabei im *eigenen Namen* für *fremde Rechnung* handelt (§ 383 HGB).

b) *Pflichten:*

o Übertragung des Geschäftsergebnisses auf den Kommittenten (durch Eigentumsübertragung, Forderungsabtretung usw.), § 384 II HGB

o Treuepflicht: Wahrung der Interessen des Kommittenten, Befolgung seiner Weisungen (§§ 384–387)

o Sorgfaltspflicht eines ordentlichen Kaufmanns, insb. sorgfältige Auswahl des Dritten; Delkrederehaftung, soweit vereinbart oder handelsüblich, gegen Delkredereprovision (§ 394)

o Erteilung einer Ausführungsanzeige für Geschäfte und einer Abrechnung

o Nennung des Kontrahenten (sonst haftet der Kommissionär selbst für die Erfüllung, § 384 III)

o besondere Pflichten beim Selbsteintritt (s. u.)

c) *Rechte:*

o Anspruch auf Provision (Kommission) und Auslagenersatz (§ 396)

o gesetzliches *Pfandrecht* an der Kommissionsware für alle Ansprüche aus Kommissionsgeschäften (§ 397) o *Selbsteintrittsrecht* (§§ 400–405):

Bei Waren/Wertpapieren mit einem Markt- oder Börsenpreis kann der Kommissionär selbst als Verkäufer oder Käufer eintreten. Er hat dem Kommittenten nachzuweisen, daß der zur Zeit der Ausführung der Kommission bestehende Markt-/Börsenpreis eingehalten wurde. Schließt der Kommissionär ein günstigeres Deckungsgeschäft ab, gilt dessen Preis nur, wenn die Ausführungsanzeige noch nicht abgesandt war. Der Provisionsanspruch bleibt bestehen. (Besonders wichtig bei Effektenkommission der KI).

Beispiel:
– Auftrag des Kommittenten an Kommissionär zum Kauf von 100 Stück X-Aktien
– Selbsteintritt des Kommissionärs zum Tageskurs von 250,– DM pro Stück
– Absendung der Ausführungsanzeige
– am nächsten Tag Deckungskauf zu 245,– DM pro Stück
– Kommissionär verdient 500,– DM (Differenz Selbsteintritt – Deckungskauf) und die Provision

Verfahren:

a. Einkaufskommission

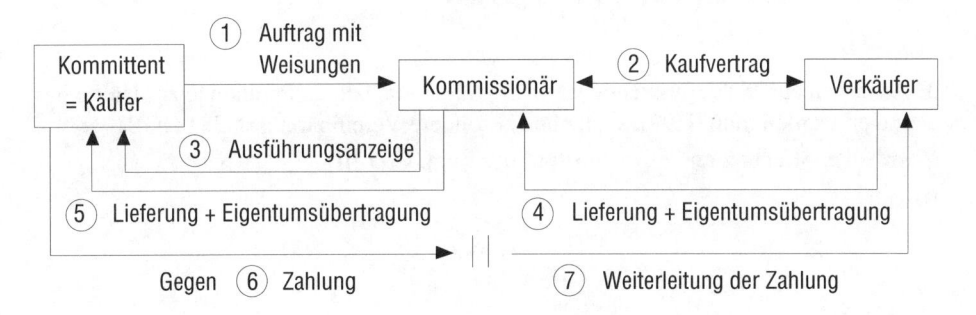

```
                  ① Auftrag mit
┌───────────┐       Weisungen      ┌──────────────┐   ② Kaufvertrag   ┌───────────┐
│ Kommittent│ ───────────────────► │ Kommissionär │ ◄───────────────► │ Verkäufer │
│ = Käufer  │                      │              │                    │           │
└───────────┘ ◄── ③ Ausführungsanzeige ─┘         └────────────────────┘
      ▲ ▲                                                  ▲
      │ └── ⑤ Lieferung + Eigentumsübertragung ──┤   ④ Lieferung + Eigentumsübertragung
      │                                      │││
      │         Gegen ⑥ Zahlung                    ⑦ Weiterleitung der Zahlung
```

b. Verkaufskommission

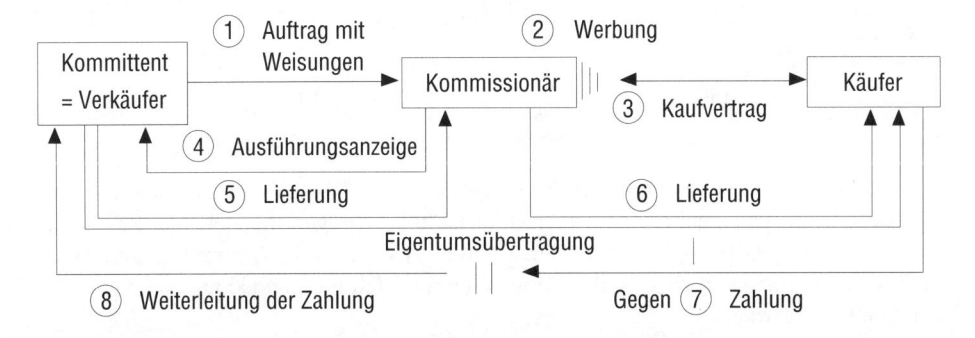

```
                  ① Auftrag mit              ② Werbung
┌─────────────┐      Weisungen       ┌──────────────┐                  ┌─────────┐
│ Kommittent  │ ───────────────────► │ Kommissionär │ │││ ◄──────────► │ Käufer  │
│ = Verkäufer │                      │              │   ③ Kaufvertrag  │         │
└─────────────┘ ◄── ④ Ausführungsanzeige ─┘         └──────────────────┘
      ▲                ⑤ Lieferung                      ⑥ Lieferung     ▲ ▲
      │                                                                  │
      │                         Eigentumsübertragung                     │
      │                                                │││               │
      │   ⑧ Weiterleitung der Zahlung                     Gegen ⑦ Zahlung
```

0.2.112 Handelsmakler

a) *Wesen:* Handelsmakler ist, wer
- o gewerbsmäßig für andere die Vermittlung von Verträgen übernimmt,
- o ohne ständig vertraglich dazu beauftragt zu sein
- o wobei als Vertragsgegenstände in Frage kommen: Gegenstände des *Handelsverkehrs,* d. h.
  - Waren und Wertpapiere
  - Versicherungen
  - Güterbeförderung
  - Schiffsmiete (§ 93 HGB).

b) *Pflichten:*
- o Haftung gegenüber beiden Parteien bei Pflichtverletzung (§ 98)
- o Wahrung der Interessen beider Parteien (Maklertreue)
- o Sorgfaltspflicht eines ordentlichen Kaufmanns
- o Beurkundung des vermittelten Geschäftes durch sog. Schlußnote (Schlußschein) für jeden Partner (§ 94)
- o Führung eines Tagebuches (§§ 100–103)
- o beachte: grds. keine Pflicht zum Tätigwerden

c) *Rechte:*
- o Anspruch auf Maklerprovision *(Courtage),* die von beiden Parteien je zur Hälfte getragen werden muß (§ 99), auch ohne besondere Vereinbarung (§ 354 HGB)
- o grds. kein Recht zum Selbsteintritt (Ausn.: vgl. § 95 III)

Beispiel:

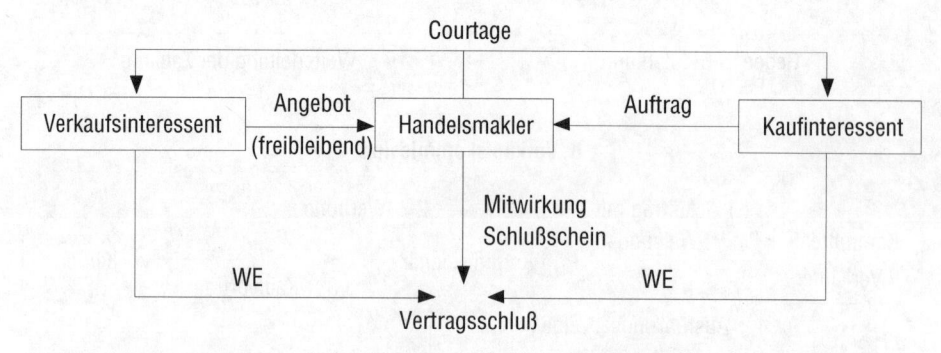

```
                        Courtage
      ┌─────────────────────┬─────────────────────┐
      ▼                                           ▼
┌──────────────────┐  Angebot   ┌──────────────┐  Auftrag  ┌──────────────┐
│ Verkaufsinteressent│────────▶│ Handelsmakler │◀─────────│ Kaufinteressent│
└──────────────────┘(freibleibend)└──────────────┘         └──────────────┘
      │                            Mitwirkung                     │
      │                            Schlußschein                   │
      │         WE                     ▼              WE          │
      └─────────────────────▶                ◀────────────────────┘
                              Vertragsschluß
```

d) Beachte: Abgrenzung zum Zivilmakler (§§ 652 ff. BGB): dieser kann sich mit dem Nachweis einer Gelegenheit zum Vertragsabschluß begnügen, handelt i. d. R. nur im Interesse seines Auftraggebers, von dem allein er Provision erhält, vermittelt keine Geschäfte des Handelsverkehrs (z. B. Mietwohnungen, Heiraten) und kann auch nur gelegentlich tätig werden.

0.2.12 Spediteur und Lagerhalter

0.2.120 Spediteur

a) *Wesen:* Spediteur ist, wer
- gewerbsmäßig für Güterversendungen durch Frachtführer (oder Verfrachter von Seeschiffen) sorgt
- dabei in *eigenem Namen* für *fremde Rechnung* tätig ist (§ 407 HGB).

b) *Rechtsgrundlagen:*
- § 675 BGB (Geschäftsbesorgungsvertrag)
- Allgemeine Deutsche Spediteurbedingungen *(ADSp)* als AGB, meist als Vertragsinhalt vereinbart
- §§ 407 ff. HGB (Speditionsgeschäft), soweit nicht durch die ADSp abbedungen.

c) *Pflichten:*
- Wahrung der Interessen des Auftraggebers, insb. ordnungsgemäße Versendung des Gutes (§ 408 HGB)
- Sorgfaltspflicht eines ordentlichen Kaufmanns, insb. bei Auswahl von Frachtführern, Verfrachtern und Zwischenspediteuren
- Abschluß einer *Speditionsversicherung* zur Deckung vor allem von Dispositionsfehlern des Spediteurs (§ 39 ADSp) (Abschluß von Transport- und Lagerversicherungen nur auf besonderen Auftrag)
- *Haftung:*
  - §§ 407, 390 HGB: für alle schuldhaft verursachten Schäden ohne summenmäßige Haftungsbegrenzung
  - ADSp: keine Haftung, wenn Schaden unter Speditionsversicherung fällt (§ 41); entsprechend bei sonstiger Versicherung; i. ü. zum Teil Haftungsausschlüsse (§ 57), sonst Begrenzung auf 20 000,– DM (§ 54)

d) *Rechte:*
- Provisionsanspruch ab Übergabe der Ware an Frachtführer (§ 409 HGB)
- Aufwandsersatz (§ 407)
- gesetzliches Pfandrecht zur Sicherung seiner Forderungen (§ 410)
- *Selbsteintrittsrecht:* der Spediteur kann den Transport selbst übernehmen und durchführen (§ 412; i. d. R. durch LKW), erhält dadurch zusätzlich die Rechte eines Frachtführers (Verfrachters) mit den zugehörigen Pflichten.

e) *Bedeutung:* der Spediteur ist auf seinem Gebiet Spezialist; d. h.
- Kenntnisse der Transportmöglichkeiten
- Kenntnisse aller erforderlichen Einfuhr-, Ausfuhr-, Zollvorschriften
- mögliche Durchführung kostengünstiger Sammelladungen
- Erbringung von Nebenleistungen (Dokumentenbeschaffung, Zoll, Versicherung)

Zweigniederlassung Hamburg
Schenker & Co GmbH
TERMINAL NORD · Peutestraße 48-52 · 2000 Hamburg 28
Telefon (040) 78953-0 · Telefax (040) 78953150
Telex 2163943

SCHENKER
Internationale Spedition

VERSENDER
MARTIN MERKEL GMBH
SANITASTR. 17 - 21

2102 HAMBURG 93

BEI RÜCKFRAGEN POSITIONS-NR. ANGEBEN
POSITIONS-NR. 08/566/0701/01
ABTEILUNG EXPORT LAND
BEI RÜCKFRAGEN THOMAS HEINZE
DURCHWAHL 78953148

HAMBURG, 07.08.89

SPEDITEUR-ÜBERNAHMEBESCHEINIGUNG
FORWARDING AGENTS'S CERTIFICATE OF RECEIPT
CERTIFICAT DE PRISE EN CHARGE DU TRANSITAIRE

EMPFÄNGER
FOREIGN TRADE ENTERPRISE
POLSERVICE
P.O. BOX 335

PL - 00-950 WARSCHAU

NOTIFY
KUM BUMAR LABEDY
UL. MECHANIKOW 9

PL - 44-109 GLIWICE

P E K A E S - AUTOTRANSPORT S.A.
SNIADECKICH STRASSE 17
ATT: K. BRZOSKA

PL - 00-950 WARSZAWA

TBL-FCR-FCT-FBL-NO.	ANZAHL DER ORIGINALE		
LKW-NR. L K W	VERSANDORT HAMBURG		
GRENZÜBERGANG GUDOW	ENDBESTIMMUNG WARSCHAU		
VERLADEN AM 07.08.89	TRANSPORTVERSICHERUNG VERMITTELT NEIN/NO	FRANKATUR FREI DEUTSCHE GRENZE	
MARKE UND NUMMER	ANZAHL, ART UND INHALT DER KOLLI		BRUTTO KG
KUM BUMAR LABEDY KONTRAKT 16-460/ 9-0016 GLIWICE	1 KARTON	ROOF SHAPED SEALS E3-180, E2-140, P6-140 SAMT 1800 STCK	70,0

KONTRAKT 16-460/9-0016
L/C NR. 03/IM/443133
LIEFERKONDITION: DELIVERED AT FRG/GDR FRONTIER

M U S T E R

ORIGINAL ORIGINAL ORIGINAL

Wir bescheinigen hiermit obige Sendung von obengenanntem Versender in äußerlich guter Beschaffenheit zur unwiderruflichen Weiterbehandlung gemäß Instruktionen des Empfangsspediteurs bzw. zur unwiderruflichen Weiterbeförderung an den obengenannten Empfänger erhalten zu haben. / Inhalt und Gewicht laut Angabe des Absenders.
We hereby certify receipt of the above consignment from the above-mentioned consignor in apparent good order and condition with the irrevocable order to forward it as per the instructions of the consignee's authorized forwarding agent or to forward it to the above-mentioned consignee, respectively. / Contents and weight as per the consignor's declaration.
Par la présente nous certifions avoir reçu l'envoi ci-dessus de l'expéditeur mentionné ci-haut en apparemment bon état avec l'ordre irrévocable de l'expédier selon les instructions de l'agent de transport autorisé par le destinataire ou de l'expédier à l'adresse du destinataire mentionné ci-haut. / Contenu et poids selon les indications de l'expéditeur.
Wir arbeiten aufgrund der Allgemeinen Deutschen Spediteur-Bedingungen (ADSp) und haben den SVS/RVS gezeichnet. Die Bedingungen stehen auf Wunsch zur Verfügung. Der Transport wird gemäß den Bedingungen der beteiligten Eisenbahnen, Straßenverkehrsunternehmen, Schiffahrts- und Luftfahrtgesellschaften und anderen Unternehmen durchgeführt.
Business is undertaken subject to the German Forwarders' Standard Terms and Conditions (ADSp) and the SVS/RVS (German Forwarding and Cartage Insurance Cover) is signed by us. The conditions are available on request. The Transport is subject to the conditions of Railways, Trucking Companies, Shipping Companies, Airlines and other carriers participating in the transport.
Les affaires sont exécutées sur la base des Conditions Générales des Commissionaires Allemands de Transport (ADSp) et la SVS/RVS (Assurance Allemande Risque de Transport et de Camionage) est signée par nous. Le transport est effectué selon les conditions des Administrations de Chemin-de-Fer, des Transporteurs Routiers, des Compagnies Maritimes, des Compagnies Aériennes et d'autres transporteurs participant au transport.
Gerichtsstand: Hamburg
Competent court of law: Hamburg
Tribunal compétent: Hamburg

SCHENKER & CO GMBH
ZWEIGNIEDERLASSUNG HAMBURG

ppa. i.V.

Zweigniederlassung Hamburg
Schenker & Co GmbH · P.O.B. 110313, 2000 Hamburg 11
Phone: (040) 36135–0 · Telefax (040) 3613 5216 Gr. 2/a
Telex: 217 004–37 sh d · Cable: Schenkerco · Teletex 402169 SHEHH

We herewith certify having received from the below mentioned supplier the following goods – in external apparent good order and condition – for irrevocable forwarding

SCHENKER
Internationale Spedition

SUPPLIER
EFIBA HANDELSGESELLSCHAFT M.B.H.&CO
ORGANISATIONS KG
P. O. B. 1147
D-2830 BASSUM 1

OUR REF.
01/423/1274   0
AFGHANISTAN
INGEBORG JORDAN

CONSIGNEE
HAJI SHAH MOHAMMAD
S/O HAJI GHULAM MOHAMMAD
SARAI FAIZ MOHAMMAD NASIRI
JADE-I-MANDAWI
KABUL / AFGHANISTAN

Forwarding Agents Certificate of Receipt
Spediteurübernahmebescheinigung
COPY NOT NEGOTIABLE

NOTIFY
BANKE MILLIE AFGHAN
FORWARDING DEPARTMENT
P.O.BOX 522
KABUL / AFGHANISTAN

DELIVERY TO BE EFFECTED THROUGH:
BANKE MILLIE AFGHAN
FORWARDING DEPARTMENT
P.O.BOX 522
KABUL / AFGHANISTAN

FCR-NO.	NUMBER OF ORIG. FCR		
6548	3/THREE		
(OCEAN) VESSEL	PORT OF LOADING	LOCAL VESSEL	FROM
CONT.BY TRUCK/RAIL	BRAMSTEDT		
VIA/PORT OF DISCHARGE	TO/FINAL DESTINATION		
USSR	HAIRATAN/AFGHAN		

MARKS & NOS.: NUMBER AND KIND OF PACKAGES | **DESCRIPTION OF GOODS AND GROSS WEIGHT KILOS AS PER SHIPPER'S DECLARATION.**

```
CONTAINER NO.:                    SAID TO CONTAIN
427.732-4       1 X 40' CONT.659 BAGS SECONDHAND    13.975,0
                                  SHOES
                                        TARE         3.460,0

THE CONTAINER IS PROPERTY OF CONSIGNEE
FREIGHT PAYABLE AT DESTINATION.

       TOTAL       1         TOTAL      17.435,0
```

MUSTER

FREIGHT UP TO: HAIRATAN   **PAYABLE AT** KABUL

Forwarding operations will be performed on the basis of the German Forwarder's Standard Terms and Conditions (Allgemeine Deutsche Spediteur-Bedingungen). Transportation will be subject to the terms and conditions of the carriers involved, for example of railway companies, ocean and inland water transport companies, airlines etc.
No insurance of transport-, war- or warehouse-risks will be arranged without written special order.

SCHENKER & CO GMBH
ZWEIGNIEDERLASSUNG HAMBURG
COPY not negotiable

We hereby affirm the number of original certificate/s stated above all of the same tenor and date.

Dated at Hamburg, 09.01.89

f) Besonderes *Transportdokument: Internationale Spediteur-Übernahmebescheinigung* (Forwarding Agents Certificate of Receipt, *FCR*):

o Beweisurkunde für Übernahme der Ware durch den Spediteur

o beinhaltet die Verpflichtung des Spediteurs, die Ware an bestimmten Empfänger zu liefern bzw. diesem zur Verfügung zu stellen (die Verpflichtung wird im Text des FCR fälschlich als unwiderruflich bezeichnet)

o *Verfügungspapier*, d. h. Mittel für nachträgliche Verfügungen des Absenders

o weder Traditions- noch Präsentationspapier

o Inkasso- und Akkreditivdokument

Sonderform: *Internationales Spediteur-Durchkonnossement* (Forwarding Agents Certificate of Transport, *FCT*):

o wie oben, der Spediteur garantiert jedoch, daß die Ware nur gegen das FCT-Original ausgeliefert wird (= *Präsentationspapier*).

0.2.121 Lagerhalter

a) *Wesen:*

o gewerbsmäßige Einlagerung und Aufbewahrung von Waren für andere (§ 416 HGB)

b) *Pflichten:* vgl. Kommissionär (§§ 417, 388–390)

o Sorgfaltspflichten (Schutz der Ware vor Verderb usw.)

o Prüfung der Ware bei Entgegennahme

o Ausstellung eines Lagerscheins

o Herausgabe der Ware an den Berechtigten

c) *Rechte:*

o Anspruch auf Lagergeld und Auslagenersatz (§ 420)

o gesetzliches Pfandrecht am Lagergut für alle Forderungen (§ 421)

d) *Sonderform:* Verwahrung nach Depotgesetz (insb. für Wertpapiere); unregelmäßige Verwahrung (s. dort).

e) *Lagerscheine:*

o *Orderlagerschein* (§ 363 HGB; § 1 Orderlagerscheinverordnung):

= gekorenes Orderpapier, d. h. bei Zusetzen der Orderklausel durch Einigung, Indossament, Übergabe übertragbar

– darf nur von staatlich konzessionierten Lagerhaltern ausgestellt werden

= *Traditionspapier:* durch Übereignung des Papiers geht das Eigentum an der Ware über

– geeignet als Kreditsicherheit (Sicherungsübereignung, Verpfändung)

o *Namenslagerschein:* § 424 HGB
  - von jedem Lagerhalter ausstellbar
  - Inhaber- oder Rektapapier
  - kein Traditionspapier; Übereignung der Ware aber durch Einigung und Abtretung des Herausgabeanspruches (§ 931 BGB) gegen den Lagerhalter möglich, diese erfolgt durch Übertragung des Lagerscheins.

0.3 Grundstücksverkehr

0.3.0 Überblick

Der Grundstücksverkehr befaßt sich mit den Rechtsverhältnissen an Grundstücken, d. h.

- *Übertragung des Eigentums* an Grundstücken
- *Belastung* von Grundstücken durch Rechte Dritter:
  - Nutzungsrechte
  - Erwerbsrechte
  - Verwertungsrechte
- *Übertragung dieser Rechte.*

Unter den Geschäften des Wirtschaftsverkehrs nimmt der Grundstücksverkehr eine besondere Stellung ein. Diese Ausnahmestellung ist begründet durch die besondere Bedeutung, die dem Privateigentum und vor allem Eigentum an Grund und Boden in unserer Gesellschaft zukommt.

Der *Gesetzgeber* hat diese Bedeutung zum Ausdruck gebracht durch besonders strenge *Formvorschriften* für die Übertragung von Grundstücken und die Bestellung und Übertragung grundstücksgebundener Rechte sowie durch die Einrichtung eines *Grundbuches,* das über die Rechtsverhältnisse zumindest aller in privatem Besitz befindlichen Grundstücke gegenüber der Öffentlichkeit Auskunft gibt. Das Eigentum selbst ist durch die *Verfassung* geschützt und gewährleistet (Art. 14 GG).

Auch in der geschichtlichen Entwicklung nahm der Grundstücksverkehr stets eine besondere Stellung ein. Sie zeigt sich noch heute in verschiedenen altertümlichen, zunächst kaum verständlichen Begriffen sowie Rechtskonstruktionen, die sich nur noch in diesem Bereich der Wirtschaft finden.

Hieraus erklärt es sich auch, daß *Schiffe* als unbewegliche Sachen angesehen werden und die sich hieraus ergebenden Rechtsverhältnisse genauso geregelt sind wie bei Grundstücken.

0.3.1 Das Grundbuch

0.3.10 Wesen und Bedeutung

a) *Definition:* Das Grundbuch ist das beim Grundbuchamt (am Amtsgericht) geführte *öffentliche Register* aller privaten und der (auf Antrag) eingetragenen öffentlichen Grundstücke eines Amtsgerichtsbezirks (= Grundbuchbezirk).

Rechtsgrundlage: Grundbuchordnung (GBO) in der Fassung von 1935.

Ein *Grundstück* ist ein räumlich abgegrenzter Teil der Erdoberfläche, der im Grundbuch als selbständiges Grundstück eingetragen ist.

b) *Zweck* des Grundbuches: Darlegung der *Rechtsverhältnisse eines Grundstückes* gegenüber der Öffentlichkeit, insbesondere zur Einholung von Auskünften über den Eigentümer und über auf dem Grundstück ruhende Rechte Dritter.

c) *Bedeutung* des Grundbuches: Es genießt *öffentlichen Glauben* (§§ 892, 893 BGB), d. h.

- im Grundbuch eingetragene Tatbestände gelten gutgläubigen Dritten gegenüber als richtig *(positive Publizität)*
- eintragungspflichtige, aber nicht eingetragene Tatbestände gelten als nicht bestehend *(negative Publizität)*
- der öffentliche Glaube gilt nicht bei besserem Wissen des Dritten
- das Grundbuch eignet sich durch den öffentlichen Glauben als Grundlage für alle Grundstücksgeschäfte.

Das Grundbuch kann von jedem, der ein berechtigtes Interesse nachweisen kann (z. B. bevorstehender Kaufvertrag, zu vergebender Kredit), *eingesehen* werden.

0.3.11 Inhalt und Aufbau

0.3.110 Aufbau des Grundbuches

Für das jeweilige Grundstück ist das Grundbuch*blatt* das eigentliche Grundbuch. Auf ihm werden die *Eintragungen* vorgenommen, die letztlich maßgeblich sind für die Begründung, Änderung oder Aufhebung der Rechtsverhältnisse an Grundstücken.

Die Grund*akte* enthält alle Urkunden und sonstigen Dokumente, die zu Eintragungen geführt haben und Voraussetzung für diese Eintragungen waren.

Das *Handblatt* als Kopie des Grundbuchblattes wird aus praktischen Gründen geführt, insbesondere, um Interessenten nicht das Original-Grundbuchblatt zur Einsicht vorlegen zu müssen.

Grundbücher werden heute in zunehmendem Maße in Lose-Blatt-Form, d. h. als Karteien geführt.

0.3.111 Inhalt des Grundbuches

a) *Bestandsverzeichnis:*
- Die hier enthaltenen Angaben zur Beschreibung des Grundstücks sind Auszüge des *Katasters,* eines öffentlichen Verzeichnisses des Katasteramtes, das die tatsächlichen Verhältnisse sogenannter *Flurstücke* beschreibt.

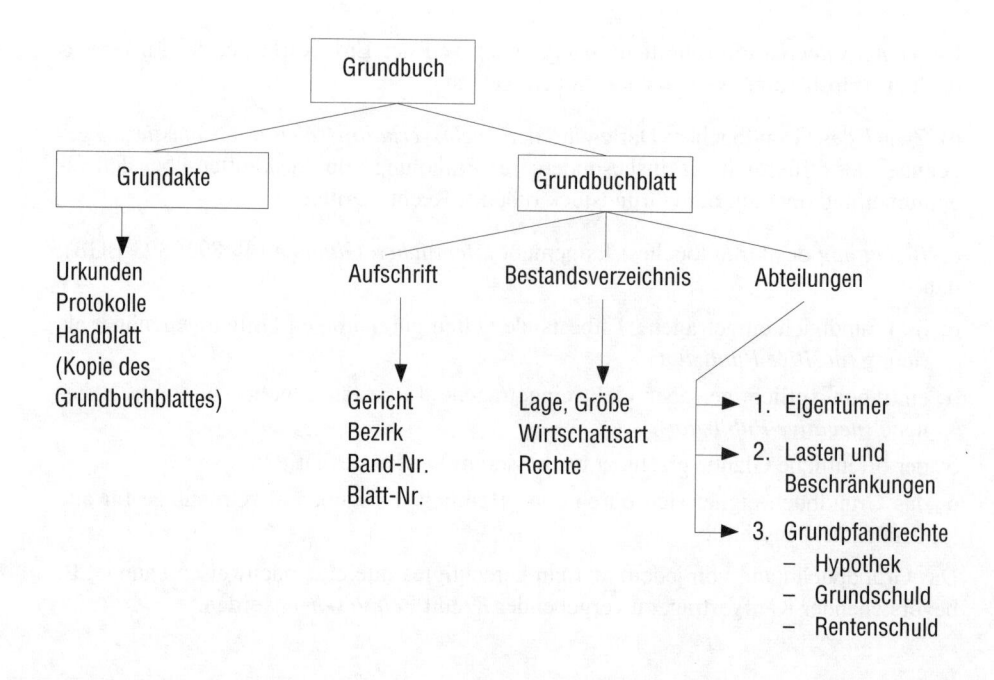

```
                            Grundbuch
                           /         \
                    Grundakte      Grundbuchblatt
                        |          /     |      \
                  Urkunden    Aufschrift  Bestandsverzeichnis  Abteilungen
                  Protokolle      |            |               \
                  Handblatt       |            |           → 1. Eigentümer
                  (Kopie des   Gericht    Lage, Größe
                  Grundbuchblattes)  Bezirk  Wirtschaftsart  → 2. Lasten und
                              Band-Nr.   Rechte                Beschränkungen
                              Blatt-Nr.
                                                           → 3. Grundpfandrechte
                                                              – Hypothek
                                                              – Grundschuld
                                                              – Rentenschuld
```

- Ein *Flurstück* ist eine abgegrenzte Fläche; ein Grundstück kann aus mehreren Flurstücken bestehen.
- Im Bestandsverzeichnis sind außerdem mit dem Grundstück verbundene *Rechte* aufgeführt (z. B. Wegerecht, Brunnenrecht), die an anderen Grundstücken bestehen und in deren Grundbuchblatt hinter den „Lasten und Beschränkungen" erscheinen.

b) *Lasten und Beschränkungen:*

Lasten und Beschränkungen sind Rechte Dritter bzw. anderer Grundstücke an dem belasteten Grundstück:

- Grunddienstbarkeiten stehen zwingend,
- Reallasten und Vorkaufsrechte fakultativ (d. h. bei entsprechender Vereinbarung) keiner bestimmten Person, sondern dem *jeweiligen Eigentümer* eines anderen („herrschenden") Grundstücks zu (subjektiv-dingliche Rechte).
- *Vorkaufsrecht* = die Berechtigung des Begünstigten (meist des Staates über die Gemeinde), in einen vom Eigentümer mit einem Dritten geschlossenen Kaufvertrag über das Grundstück zu denselben Bedingungen einzutreten (§§ 504 ff., 1094 ff. BGB; vgl. § 24 BBauG); beachte: mit Ausübung des Vorkaufsrechtes bestehen *zwei* Kaufverträge; um Ersatzansprüchen zu entgehen, muß Verkäufer in den ersten Vertrag eine Auflösungsklausel aufnehmen!

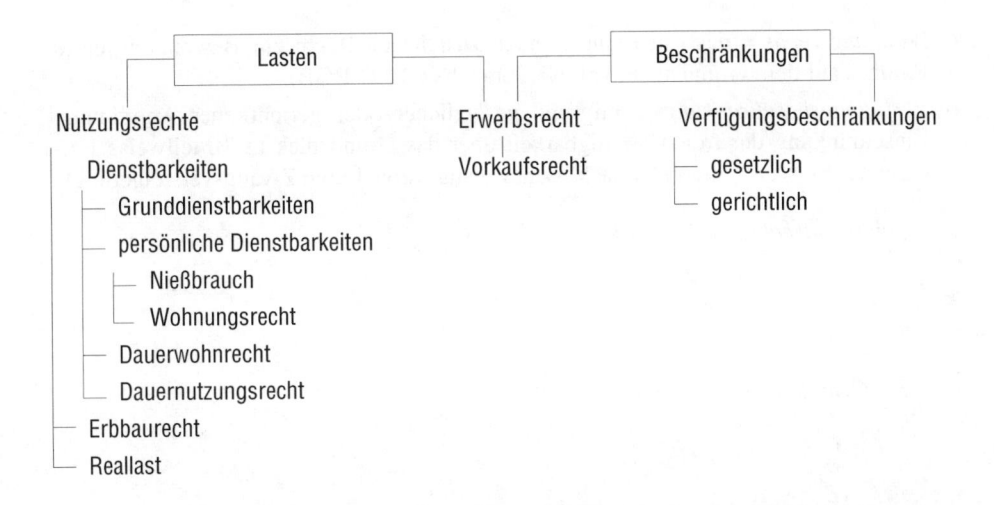

```
                    ┌──── Lasten ────┐              ┌──── Beschränkungen ────┐
Nutzungsrechte            Erwerbsrecht              Verfügungsbeschränkungen
    Dienstbarkeiten         Vorkaufsrecht              ├── gesetzlich
      ├── Grunddienstbarkeiten                         └── gerichtlich
      └── persönliche Dienstbarkeiten
            ├── Nießbrauch
            └── Wohnungsrecht
      ├── Dauerwohnrecht
      └── Dauernutzungsrecht
├── Erbbaurecht
└── Reallast
```

o *Erbbaurecht* = das vererbbare Recht, auf dem Grundstück ein Gebäude zu errichten und zu unterhalten (vgl. Verordnung über das Erbbaurecht von 1919); heute von besonderer Bedeutung im Rahmen des Wohnungseigentumsrechts (§ 30 WEG): ein Grundeigentümer stellt sein Grundstück durch Erbbaurecht gegen Erbbauzins zur Bebauung zur Verfügung; die Bauherren verkaufen Eigentumswohnungen an Interessenten; damit erzielt der Grundeigentümer Grundstückserträge ohne Kapitaleinsatz, die Käufer erlangen preisgünstiges Wohnungseigentum, da der Grundstückskaufpreis fortfällt.

o *Nießbrauch* = das (unübertragbare) Recht, die regelmäßigen Nutzungen (Erträge) eines Grundstückes zu ziehen (§§ 1030 ff. BGB), z. B. Obsternte, Mieten.

o *Reallasten* = wiederkehrende Leistungen aus dem Grundstück an den Begünstigten (Geld, Naturalien; Erntehilfe) unter persönlicher Haftung des Eigentümers (§§ 1105 ff. BGB).

o *Grunddienstbarkeiten* = die Eintragung der folgenden Rechte zugunsten eines anderen Grundstücks (d. h. seines jeweiligen Eigentümers):
  – bestimmte *Benutzung* (Wegerecht, Brunnenrecht)
  – *Verbot* bestimmter Handlungen (Wohnverbot, Verbot bestimmter Gewerbebetriebe, z. B. wegen Lärmbelästigung)
  – *Unterlassen* bestimmter Einwirkungen auf das andere Grundstück (Schatten durch Bäume, Rauchbelästigung)
  – *Duldung* bestimmter Einwirkungen des anderen Grundstücks
  (vgl. §§ 1018 ff. BGB).

o *Dauerwohn- und Dauernutzungsrechte* = die veräußerlichen und vererbbaren Rechte, bestimmte Räume auf dem Grundstück auf Dauer zu bewohnen (§ 32 WEG)/ gewerblich zu nutzen.

- *Wohnungsrecht* = das (nur) einer Person zustehende Recht zur Bewohnung eines Raumes auf dem Grundstück; vgl. Nießbrauch (§ 1093 BGB).
- *Verfügungsbeschränkungen* aufgrund gesetzlicher oder gerichtlicher Anordnung: Einschränkung der freien Verfügbarkeit über das Grundstück (z. B. teilweise Enteignung, Einweisung von Obdachlosen; Zwangsverwaltung, Zwangsversteigerung).

c) *Grundpfandrechte:* siehe 0.3.3

0.3.112 Grundbucheintragungen

a) Grundbucheintragungen erfolgen auf
- *Antrag* eines Beteiligten (§ 13 GBO) und
- *Eintragungsbewilligung* desjenigen, dessen Recht durch die Eintragung betroffen wird (§ 19 GBO), in grundbuchfähiger Form (Protokoll/notarielle Urkunde).

b) Da an einem Grundstück mehrere Rechte gleichzeitig bestehen können, richtet sich ihr Verhältnis zueinander nach einer bestimmten *Rangfolge,* für die die Reihenfolge der Eintragungen im Grundbuch maßgeblich ist:
- für Rechte in *derselben* Abteilung ist die zeitliche Folge der *tatsächlichen* Eintragung maßgeblich
- für Rechte in *verschiedenen* Abteilungen gilt die Datumsfolge der Eintragung (§ 879 BGB).

Bedeutung: Das höherrangige Recht wird vor dem im Rang folgenden Recht *voll* befriedigt.

Durch *Einigung* und *Eintragung* ist eine *Rangänderung* möglich; einigen müssen sich der zurücktretende und der vortretende Berechtigte (§ 880 BGB). *Erlischt* ein Recht und wird es im Grundbuch gelöscht, rücken die folgenden Rechte entsprechend vor.

Der Eigentümer kann sich bei der Eintragung einer Belastung vorbehalten, ein bestimmtes anderes Recht dem eingetragenen Recht im Rang vorgehen zu lassen = *Rangvorbehalt* (§ 881 BGB).

c) Die *Löschung* von Eintragungen erfolgt durch
- Unterstreichen der Eintragung
- Vermerk der Löschung in besonderer Rubrik.

Sie erfordert die *Löschungsbewilligung* desjenigen, der aus der Eintragung berechtigt war.

Amtsgericht	Schonberg	Grundbuch von	Trienach	Band	100	Blatt	3115	**Bestandsverzeichnis**		
Laufende Nummer der Grundstücke	Bisherige laufende Nummer d.Grundstücke	Bezeichnung der Grundstücke und der mit dem Eigentum verbundenen Rechte						Größe		
		Gemarkung (Vermessungsbezirk)	Karte		Liegenschaftsbuch	Wirtschaftsart und Lage		ha	a	qm
			Flur	Flurstück						
		a		b	c/d	e			4	
1	2				3					
1	–	Trienach	–	1953	721	Hof- und Gebäudefläche Bahnhofstraße 9			7	80

Anmerkung:
Die Eintragungen sind von dem Rechtspfleger und dem Urkundsbeamten der Geschäftsstelle zu unterschreiben. Der Behördenvorstand kann für die Unterschriftsleistung anstelle des Urkundsbeamten einen Justizangestellten ermächtigen (§ 44 GBO, § 2 AVO GBO, § 3 Nr 1 Buchst. h RpflG).

Bestand und Zuschreibungen		Abschreibungen	
Zur lfd. Nr. d. Grundstücke		Zur lfd. Nr. d. Grundstücke	
5	6	7	8
1	Nr 1 ist bei Umschreibung des Grundbuches von Trienach Band 18 Blatt 670 gemäß § 67 Grundbuchverfügung als Bestand eingetragen am 26. April 1965. Unterschrift Unterschrift		

Amtsgericht Schönberg	Grundbuch von Trienach		Band 100 Blatt 3115 Erste Abteilung
Laufende Nummer der Eintragungen	Eigentümer	Laufende Nummer der Grundstücke im Bestandsverzeichnis	Grundlage der Eintragung
1	2	3	4
1	Alma Charlotte Auguste Caroline Gerber geborene Evers.	1	Das auf dem geschlossenen Grundbuch von Trienach Band 78 Blatt 670 eingetragene Eigentum bei Umschreibung des Blattes gemäß § 67 Grundbuchverfügung hier eingetragen am 26. April 1965. Unterschrift Unterschrift
2	Ilse Erna Franziska Neumann geborene Gerber.	1	Auf Grund der Auflassung vom 24. November 1971 (ON 26) eingetragen am 15. Februar 1972. Unterschrift Unterschrift

Fortsetzung unten!

Amtsgericht Schönberg		Grundbuch von Trienach	Band 100 Blatt 3115 **Zweite Abteilung**
Laufende Nummer der Eintragungen	Lfd. Nummer der betroffenen Grundstücke im Bestandsverzeichnis	Lasten und Beschränkungen	
1	2	3	
1	1	Grunddienstbarkeit zugunsten des jeweiligen Eigentümers des im Grundbuch von Trienach Band 100.Blatt 3100 eingetragenen Grundstücks, die Abwässer und Fäkalien dieses Grundstücks durch die an der Straßenfront liegende Leitung in das Hauptsiel abzuleiten. Unter Bezugnahme auf die Eintragungsbewilligung vom 22. Oktober 1932 eingetragen am 25. September 1933 und umgeschrieben am 26. April 1965. Unterschrift	
2	1	Vormerkung zur Sicherung des Anspruchs auf Übertragung des Eigentums für Hans Friedrich Starck. Eingetragen am 3. Oktober 1972. Unterschrift	

| Amtsgericht | Schonberg | Grundbuch von | Trienach | Band | 100 | Blatt | 3115 | Dritte Abteilung |

Hypotheken Grundschulden, Rentenschulden

Laufende Nummer der Eintragungen	Laufende Nummer der belasteten Grundstücke im Bestandsverzeichnis	Betrag	
1	2	3	4
1	1	15.000.--DM	Fünfzehntausend Deutsche Mark Hypothek mit 7% jährlich verzinslich für die Stadtsparkasse Schonberg. Unter Bezugnahme auf die Bewilligung vom 30. März 1966 (ON 21) eingetragen am 4. Mai 1966. Unterschrift
2	1	35.000.--DM	Fünfunddreißigtausend Deutsche Mark Grundschuld mit 12% jährlich verzinslich für die Allgemeine Bank Aktiengesellschaft, Trienach. Der jeweilige Eigentümer ist der sofortigen Zwangsvollstreckung unterworfen. Unter Bezugnahme auf die Bewilligung vom 15. September 1972 (ON 29) -unter Briefausschluß- eingetragen am 4. Oktober 1972. Unterschrift

Veränderungen			Löschungen		
Laufende Nummer d.Spalte 1	Betrag		Laufende Nummer d.Spalte 1	Betrag	
5	6	7	8	9	10
1	15.000.—DM	Löschungsvormerkung gemäß Bewilligung vom 15. September 1972 für die Allgemeine Bank Aktiengesellschaft, Trienach, als Gläubigerin des Postens 2 der Abteilung III. Eingetragen am 4. Oktober 1972. Unterschrift			
1	15.000.—DM	Abgetreten mit den Zinsen seit dem 18. September 1972 an Dr. Alfred Carl Neumann. Eingetragen am 5. Oktober 1972. Unterschrift			
2 1	35.000.—DM 15.000.—DM	Nr 2 hat den Rang vor Nr 1. Eingetragen am 6. Oktober 1972. Unterschrift			

d) *Vormerkung* = Eintragung zur Sicherung schuldrechtlicher Ansprüche auf Änderung bestehender Rechtsverhältnisse (§§ 883 ff. BGB).

Wirkung:
- o zwischenzeitliche Verfügungen, die den gesicherten Anspruch beeinträchtigen, sind nichtig *(Sicherungswirkung)*
- o die Vormerkung wird wie das gesicherte Recht behandelt *(Vollwirkung)*
- o die Vormerkung sichert den entsprechenden Rang *(Rangwirkung).*

Arten:
- o *Auflassungsvormerkung* zur Sicherung des Anspruches auf Übertragung des Eigentums am Grundstück; ist notwendig, da zwischen Auflassung und Umschreibung nach Kauf eines Grundstücks (s. u.) gewisse Zeit vergeht und inzwischen weitere Verfügungen (insb. Belastungen) des Verkäufers erfolgen könnten (diese Verfügungen wären wirksam wegen des öffentlichen Glaubens des Grundbuches, in dem der Verkauf des Grundstücks nicht vermerkt wäre).
- o *Löschungsvormerkung* = Eintragung, durch die sich der Grundstückseigentümer einem Dritten gegenüber verpflichtet, eine vorrangige Belastung bei Erlöschen auch tatsächlich löschen zu lassen (vgl. § 883 BGB). Durch Gesetz vom 22.6.1977 wurden neue Vorschriften für die Löschung von Grundpfandrechten geschaffen (siehe Abschnitt 0.3.323).

Die Vormerkung ist *akzessorisch*, d. h. setzt das Bestehen eines Anspruchs voraus. Ihre Eintragung kann auch *zwangsweise* (durch einstweilige Verfügung/vorläufig vollstreckbares Urteil) herbeigeführt werden, wenn dem Gericht der zu sichernde Anspruch glaubhaft gemacht wird (vgl. § 885 BGB).

e) *Widerspruch* = vorläufige Eintragung, die auf falsche Grundbucheintragungen hinweist und damit den öffentlichen Glauben an die Richtigkeit dieser Eintragungen zerstört.

0.3.2 Der Grundstückskaufvertrag

0.3.20 Vertragsschluß

a) *Voraussetzungen:*
Der Kaufvertrag bedarf der notariellen *Beurkundung*, d. h. der Notar bestätigt
- o die Unterschriften der Parteien
- o die rechtliche Ordnungsmäßigkeit des Inhalts (§ 313 BGB)

Grund:
- o komplizierte gesetzliche Vorschriften zum Grundstücksrecht
- o i. d. R. Übertragung bedeutender Werte.

Die *Nichtbeachtung* der Formvorschrift kann *geheilt* werden, wenn Auflassung und Grundbucheintragung erfolgen; sonst führt sie zur Nichtigkeit des Vertrages.

Der BGH nimmt nach mehreren Entscheidungen von 1979 die Beurkundungspflicht sehr streng. Danach erstreckt sie sich auch auf Baupläne/Baubeschreibung, die Bestandteil des Kaufvertrages werden müssen, wenn das Haus/die Wohnung noch zu errichten sind. Zur Vermeidung von Nachteilen für Käufer ist 1980 ein spezielles Gesetz als Reaktion auf diese Entscheidungen erlassen worden.

b) *Sicherungen:*

o *vor* Vertragsschluß: Einsicht in das Grundbuch:
   - Gehört das Grundstück dem Verkäufer?
   - Stimmen seine Angaben zum Grundstück?
   - Ist das Grundstück unbelastet?

o *nach* Vertragsschluß: Eintragung einer *Auflassungsvormerkung* (s. o.); diese wird in der Praxis meist durch sog. *Auflassungsformel* im Kaufvertrag mitvereinbart, die
   - die dingliche Einigung (Auflassung, s. u.)
   - den Antrag auf Eintragung
   - die Eintragungsbewilligung des Verkäufers
   enthält.

c) *Inhalt* des Kaufvertrages:

Insbesondere genaue Angaben über

o das Grundstück selbst (Größe, Lage, Wirtschaftsart usw.)

o Nutzungen, Lasten, Beschränkungen, die bestehen oder zwischen Verkäufer und Käufer neu vereinbart werden

o Zeitpunkt des Übergangs der laufenden Kosten (insb. Steuern), Bezahlung der Grunderwerbsteuer (= Steuer für den Eigentumswechsel bei Übereignung inländischer Grundstücke).

0.3.21 Übereignung des Grundstücks

Der Eigentumserwerb an Grundstücken erfolgt durch
dingliche Einigung = *Auflassung* und *Grundbucheintragung* (§ 873 BGB).

a) *Auflassung* (dingliche, d. h. grundstücksbezogene Einigung):

o Anwesenheit der Parteien vor zuständiger Stelle (i. d. R. = Notar)

o Abgabe der Einigungserklärungen

o Ausfertigung einer *Auflassungsurkunde*
(vgl. § 925 BGB).

b) *Grundbucheintragung:* Voraussetzungen sind

o Antrag von Käufer oder Verkäufer (§ 13 GBO) in Urkundenform

o Eintragungsbewilligung des Verkäufers (§ 19 GBO) in Urkundenform

o Vorlage der Auflassungsurkunde (§ 20 GBO)
o Vorlage sonstiger Bescheinigungen (insb. Unbedenklichkeitsbescheinigung des Finanzamtes hinsichtlich Bezahlung der Grunderwerbsteuer).

Das *Eigentum* am Grundstück geht erst *mit der Eintragung* auf den Erwerber über. Der Eintragungsvorgang dauert i. d. R. bis zu 6 Wochen (daher ist Auflassungsvormerkung besonders wichtig!).

0.3.3 Die Grundpfandrechte

0.3.30 Wesen und Bedeutung

Grundpfandrechte sind *Sicherungsrechte* an Grundstücken, die dem Begünstigten das Recht geben, in bestimmten Situationen (z. B. Nichtbezahlung einer Schuld durch den Grundstückseigentümer) aus dem Grundstück *Befriedigung* in Höhe eines bestimmten Geldbetrages zu verlangen (§§ 1113, 1191 BGB). Sie entstehen durch:

o Einigung beider Parteien über die Bestellung des Grundpfandrechtes und
o Eintragung in das Grundbuch (§ 873 BGB).

Zur Eintragung in das Grundbuch sind erforderlich:

o Antrag des Eigentümers und/oder des Begünstigten
o Bewilligung durch den Eigentümer (notariell beglaubigt).

Grundpfandrechte können auch im Rahmen der Zwangsvollstreckung aufgrund eines vollstreckbaren *Titels* entstehen; dabei wird zur Sicherung der Durchsetzbarkeit einer Forderung eine Sicherungshypothek in das Grundbuch eingetragen (§ 866 ZPO; = ZV in das unbewegliche Vermögen).

Hauptanwendungsfall für Grundpfandrechte: *langfristige Kredite,* insb. bei Gewährung durch Kreditinstitute.

0.3.31 Arten

0.3.310 Hypothek

a) *Wesen:* = Recht des Gläubigers, aus dem belasteten Grundstück eine bestimmte Summe zur Befriedigung einer Forderung zu verlangen; *akzessorisch,* d. h. die Hypothek ist unlöslich mit einer zugrundeliegenden *Forderung* verbunden:

o eine Forderung muß bestehen, wenn die Hypothek entstehen soll (§ 1113 BGB)
o die Hypothek wird übertragen durch Abtretung der Forderung (§ 1153): die Forderung kann nicht ohne Hypothek, die Hypothek nicht ohne die Forderung übertragen werden

o die Hypothek paßt sich in ihrer Höhe weitgehend oder völlig der Forderung an und erlischt mit ihr (vgl. § 1173).

Aufgrund der Hypothek haften dem Gläubiger daher

o das Grundstück *(dingliche Haftung)*

o die Person des Schuldners (über die Forderung; *persönliche Haftung).*

b) *Hypothekenarten:*

o Verkehrshypothek (Normalfall)

o Sicherungshypothek

o Höchstbetragshypothek (Sonderform der Sicherungshypothek)

0.3.311 Grundschuld

a) *Wesen:* = Recht des Begünstigten, aus dem Grundstück eine bestimmte Geldsumme zu fordern; abstrakt, d. h. die Grundschuld ist losgelöst von eventuell zugrundeliegenden Schuldverhältnissen und auf deren Existenz und Wirksamkeit für Entstehung, Wirksamkeit, Höhe und Erlöschen nicht angewiesen.

Aus der Grundschuld haftet dem Begünstigten nur das Grundstück *(dingliche Haftung).* In der Praxis wird jedoch eine sogenannte *Zweckerklärung* schuldrechtlich vereinbart. Sie verbindet die abstrakte Grundschuld mit dem Darlehen/Kredit, aus dem die persönliche Haftung hergeleitet wird.

b) *Sonderform: Rentenschuld:* aus dem Grundstück ist kein fester Geldbetrag, sondern eine Rente zu zahlen, für die nur das Grundstück haftet; abstrakt.

0.3.32 Form, Entstehung und Übertragung, Löschung

0.3.320 Form von Grundpfandrechten

Grundpfandrechte können in Form von *Briefrechten* oder *Buchrechten* bestellt werden.

a) *Briefform:* = grundsätzliche Form (§ 1116 I); das Recht wird im Grundbuch eingetragen. Es wird eine Urkunde ausgestellt (Hypotheken-, Grundschuldbrief), in der das betr. Recht mit näheren Angaben (Betrag, belastetes Grundstück) verbrieft ist.

b) *Buchform:* = Ausnahme; das Recht wird im Grundbuch eingetragen, zugleich ein Vermerk, der die Ausstellung eines Briefes ausschließt (§ 1116 II).

0.3.321 Entstehung von Grundpfandrechten

a) *Hypothek:*

o Einigung = Vereinbarung eines *Verwertungsrechts* am Grundstück
o Bestehen bestimmter zugrundeliegender Forderung; besteht sie (noch) nicht, entsteht eine Eigentümergrundschuld (s. u.)
o Eintragung der Hypothek ins Grundbuch (Buchhyp.: + Briefausschluß)
o Übergabe des Hypothekenbriefes (soweit vorhanden)
o Berechtigung des Eigentümers zur Hypothekenbestellung

b) *Grundschuld:*

o Einigung
o Eintragung ins Grundbuch (u. U. Briefausschluß)
o Übergabe des Briefes (soweit vorhanden)
o Berechtigung des Eigentümers

c) Besonderheit: *Eigentümergrundschuld* = im Grundbuch eingetragenes Grundpfandrecht, das dem Grundstückseigentümer selbst zusteht; eine Eigentümer*hypothek* kann zwar theoretisch entstehen, wandelt sich aber im selben Moment zur Grundschuld, da eine Forderung (Akzessorietät!) des Eigentümers gegen sich selbst nicht bestehen kann (vgl. §§ 1163, 1177 BGB).

Entstehen:

o Eigentümer läßt Grundschuld auf seinen Namen eintragen, um
  – eine Rangstelle für spätere Hypotheken freizuhalten
  – durch Abtretung und Übergabe des Grundschuldbriefes jederzeit eine Kreditsicherheit stellen zu können
o Eintragung einer Hypothek zugunsten eines Dritten, die zugrundeliegende Forderung ist aber noch nicht entstanden
o teilweise oder völlige Tilgung der einer Hypothek zugrundeliegenden Forderung
o Hypothekengläubiger verzichtet auf hypothekarische Sicherung
o Hypothek geht (durch Erbschaft, Schenkung) auf den Eigentümer über.

0.3.322 Übertragung von Grundpfandrechten

Grundpfandrechte können vom Gläubiger auf einen Dritten übertragen werden (vgl. §§ 1153 ff. BGB). Die Technik der Übertragung ist bei Buch- und Briefrechten unterschiedlich.

a) *Hypothek:*
- Buchhypothek:
  - Einigung über die Forderungsabtretung (§ 398 BGB)
  - schriftliche Abtretungserklärung (der Forderung)
  - Umschreibung im Grundbuch (§ 873)
- Briefhypothek:
  - Einigung über die Forderungsabtretung
  - schriftliche Abtretungserklärung und Briefübergabe *oder*
  - mündliche Abtretungserklärung, Umschreibung im Grundbuch und Briefübergabe
- die Hypothek braucht nicht abgetreten zu werden: wegen der Akzessorietät geht sie automatisch auf den Erwerber über (§ 1153).

b) *Grundschuld:*
- Buchgrundschuld:
  - schriftliche Abtretungserklärung (der Grundschuld)
  - Umschreibung im Grundbuch
- Briefgrundschuld
  - schriftliche Abtretungserklärung und Briefübergabe *oder*
  - mündliche Abtretungserklärung, Umschreibung im Grundbuch und Briefübergabe
- da die Grundschuld abstrakt ist, braucht nur sie übertragen zu werden; auf eine eventuelle Forderung kommt es nicht an.

0.3.323 Löschung von Grundpfandrechten

Zur Löschung von Grundpfandrechten sind erforderlich:
- die Freigabeerklärung des bisherigen Gläubigers
- die Zustimmung des Grundstückseigentümers
- die Eintragung des Löschungsvermerks im Grundbuch.

a) Die *Löschungsbewilligung* des Gläubigers kann auch bei Bestehen des Rechtes erteilt werden. Löschungsantrag und -bewilligung (notariell beglaubigt) führen zur Löschung.

b) Die *löschungsfähige Quittung* ist eine schriftliche Freigabeerkärung und Bestätigung des Gläubigers, daß sein Anspruch erfüllt ist. Mit ihr kann der Eigentümer
- die Eintragung löschen lassen
- das Grundpfandrecht als Eigentümergrundschuld (auch ohne Umschreibung auf den Eigentümer) bestehen bleiben lassen

o das Grundpfandrecht unter Umwandlung in eine Eigentümergrundschuld an einen Dritten abtreten.

c) Die *Löschungsvormerkung* war früher eine Möglichkeit eines nachrangigen Hypotheken-/Grundschuldgläubigers, sicherzustellen, daß eine vorrangige Belastung nach Befriedigung auch tatsächlich gelöscht wurde und nicht z. B. als Eigentümergrundschuld bestehen blieb bzw. erneut zur Forderungssicherung verwendet wurde.

Durch Gesetz vom 22.6.1977 besteht für *nach dem* 31.12.1977 eingetragene Grundpfandrechte ein *gesetzlicher Löschungsanspruch* von gleich- oder nachrangigen Gläubigern (§§ 1179a, 1192 BGB), der dieselbe Wirkung wie früher die Vormerkung hat. Löschungsvormerkungen sind nur noch für andere Rechte möglich, z. B. Nießbrauch, Dauerwohnrecht (§ 1179).

Für *vor dem* 1.1.1978 eingetragene Grundpfandrechte besteht kein gesetzlicher Löschungsanspruch, für sie bleibt es bei der Möglichkeit der Löschungsvormerkung.

0.3.33 Abgrenzung

Typ	Wesen	Form	Haftung	Beweislast	Sonstiges
Verkehrs-Hypothek	Akzessorisch (kein Wiederaufleben)	Buchform Briefform	Grundstück + Kreditnehmer	Schuldner	
Sicherungs-Hypothek	Akzessorisch (kein Wiederaufleben)	Buchform	Grundstück + Kreditnehmer	Gläubiger	
Höchstbetrags-Hypothek	Streng akzessorisch (Lebt wieder auf)	Buchform	Grundstück + Kreditnehmer Nur bis Höchstbetrag	Gläubiger	Sonderform der Sicherungshypothek Höchstbetrag = Kredit + Zinsen + Kosten
Grundschuld	Abstrakt	Buchform Briefform	Grundstück	–	

Erläuterungen:

o Verkehrs- und Sicherungshypothek passen sich nur der jeweiligen Verminderung der Grundforderung an; die Höchstbetragshypothek dagegen macht jede Forderungsveränderung mit, auch eine Erhöhung (z. B. bei Kontokorrentkredit) o *Beweislast:* Bei der Verkehrshypothek gilt der öffentliche Glaube des Grundbuches für die Forderung, d. h. der Schuldner muß nachweisen, daß die Forderung in Höhe der Grundbucheintragung nicht mehr besteht (da er bereits Zahlungen geleistet hat usw.). Bei der Sicherungshypothek gilt der öffentliche Glaube nicht für die Forderung, der Gläubiger muß also die wahre Forderungshöhe nachweisen. Bei der Grundschuld stellt sich – da sie abstrakt ist – die Frage nach der Beweislast nicht.

0.3.34 Zwangsvollstreckung in das Grundstück

Sie ist möglich

- o bei einer *Hypothek:* wenn die durch Hypothek gesicherte Grundforderung fällig ist und vom Schuldner nicht bezahlt wird
- o bei einer *Grundschuld:* wenn der Schuldner bei Fälligkeit der Grundschuld keine Zahlung auf die dingliche Sache leistet.

Voraussetzung: Vollstreckbarer *Titel* gegen den Schuldner, den der Gläubiger erhält

- o durch Klage aufgrund des Grundpfandrechts und Urteil des Gerichts
- o durch freiwillige Vereinbarung der Parteien, daß der Schuldner sich (ohne Urteil) der Zwangsvollstreckung unterwirft, und Eintragung eines entsprechenden Vermerks (sog. Zwangsvollstreckungsklausel) ins Grundbuch (sowie in den Brief, wenn vorhanden), § 794 ZPO.

Arten der Zwangsvollstreckung:

- o *Zwangsverwaltung:* der Anspruch des Gläubigers wird aus den Erträgen des Grundstücks (insb. Mieten, Pachtgelder) befriedigt
- o *Zwangsversteigerung:* der Anspruch des Gläubigers wird aus dem Erlös der Versteigerung befriedigt.

Die Art der ZV hängt vom Antrag des Gläubigers ab.

Bei einer Versteigerung wird die *Rangfolge* der Rechte am Grundstück bedeutsam:

- o Rechte, die dem Gläubiger, der die ZV durchführt, *vorgehen,* bleiben *bestehen* und gehen als Grundstücksbelastungen auf den Ersteigerer über (entsprechend geringer ist der Versteigerungserlös)
- o *nachrangige* Rechte *erlöschen* und werden nach Rängen befriedigt, soweit der Erlös reicht (jeder Rang wird vor dem folgenden voll befriedigt).

0.4 Handelsrecht

0.4.0 Grundbegriffe

0.4.00 Kaufmannseigenschaft

0.4.000 Kaufmannsbegriff

a) *Definition:* Kaufmann im Sinne des HGB ist, wer ein Handelsgewerbe betreibt (§ 1 I HGB).

b) *Bedeutung:* Der Kaufmann ist neben den Bestimmungen des BGB – und vorrangig vor diesen – den Vorschriften des HGB unterworfen. Diese geben ihm zum Teil mehr Rechte als der Privatperson, um seine Tätigkeit zu erleichtern, stellen andererseits aber erhöhte Anforderungen an ihn (z. B. kaufmännische Sorgfaltspflichten) und verlangen von ihm ein größeres Verantwortungsbewußtsein.

Gegenüber dem BGB enthält das HGB *Spezial*regelungen. Das bedeutet, daß das BGB nur nachrangig zur Anwendung kommt, insbesondere dann, wenn das HGB einen bestimmten Sachverhalt nicht regelt. Beispiel: Die §§ 105 ff. HGB enthalten Regelungen über die OHG. Soweit im HGB nicht etwas anderes geregelt ist, finden nach § 105 II ergänzend die Vorschriften über die BGB-Gesellschaft Anwendung (§§ 705 ff. BGB).

Neben dem HGB gelten für Kaufleute noch andere Sondervorschriften, z. B.

o Wechselgesetz (WG)
o Scheckgesetz (ScheckG)
o Aktiengesetz (AktG)
o Gesetz betreffend die Gesellschaften mit beschränkter Haftung (GmbHG)
o Gesetz betreffend die Erwerbs- und Wirtschaftsgenossenschaften (GenG)
o Gesetz gegen den unlauteren Wettbewerb (UWG)
o Gesetz gegen Wettbewerbsbeschränkungen (GWB) u. a. m.

Im Zuge der Rechtsvereinheitlichung innerhalb der Europäischen Gemeinschaften werden zunehmend kaufmännische Regelungen berührt. Ein besonders einschneidendes Beispiel ist das Bilanzrichtliniengesetz (BiRiG), das unter anderem zu erheblichen Änderungen im HGB geführt hat.

Für Kaufleute gelten besondere Anforderungen hinsichtlich ihrer *Rechnungslegung* (siehe Abschnitt 0.4.04).

c) Als Kaufleute kommen *natürliche* und *juristische* Personen in Betracht (auch z. B. eine GmbH ist Kaufmann!). Daneben kennt das Handelsrecht noch den Begriff der *quasi-juristischen* Person, d. h. einer Personengesellschaft, die in bezug auf Rechte und Pflichten einer juristischen Person gleichgestellt ist: betrifft OHG und KG (siehe dort), die daher Kaufmannseigenschaft besitzen.

Volle *Geschäftsfähigkeit* ist *nicht* erforderlich: Auch Minderjährige können Träger von Rechten und Pflichten sein.

o Die Neuerrichtung eines Handelsgewerbes im Namen eines Minderjährigen bedarf neben der Zustimmung der gesetzlichen Vertreter einer Genehmigung des Vormundschaftsgerichts (§ 1645 BGB).

o Für den Erwerb eines bestehenden Handelsgewerbes durch einen nicht voll Geschäftsfähigen ist Genehmigung des Vormundschaftsgerichtes nur erforderlich, wenn der Erwerb entgeltlich erfolgt (§§ 1643 I, 1822 Nr. 3 BGB).

o Für den selbständigen Betrieb des Handelsgewerbes braucht der Minderjährige die Genehmigung der gesetzlichen Vertreter und des Vormundschaftsgerichtes (§ 112 BGB). Damit erlangt der Minderjährige partielle Geschäftsfähigkeit (Handelsmündigkeit) für Rechtsgeschäfte, die der Geschäftsbetrieb mit sich bringt. Ausgenommen sind z. B. Prokuraerteilung und Wechselzeichnung.

d) *Arten von Kaufleuten:*

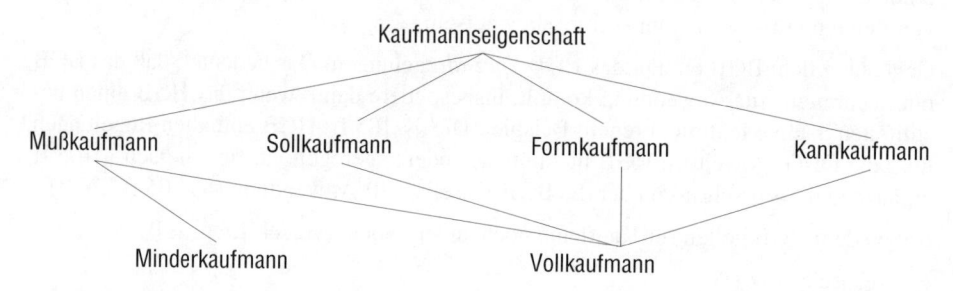

```
                    Kaufmannseigenschaft

Mußkaufmann    Sollkaufmann     Formkaufmann     Kannkaufmann

        Minderkaufmann          Vollkaufmann
```

0.4.001 Handelsgeschäfte

a) *Wesen:* Nach § 343 I HGB sind Handelsgeschäfte alle Geschäfte eines Kaufmanns, die zum Betrieb seines Handelsgewerbes gehören (vgl. Abschnitt 0.4.002). Dazu zählt auch tatsächliches Verhalten (z. B. Unterlassen oder unerlaubte Handlung): auch dieses wird nach dem HGB behandelt.

Im Zweifel gelten die von einem Kaufmann vorgenommenen Rechtsgeschäfte als zum Betrieb seines Handelsgewerbes gehörig (§ 344 I). Dies erspart Kontrahenten eine detaillierte Prüfung. Die Grundhandelsgewerbe des § 1 II HGB sind auch dann Handelsgeschäfte, wenn das Handelsgewerbe gewöhnlich auf andere Geschäfte gerichtet ist (§ 343 II HGB).

Beispiel: Hotelbetrieb (Sollkaufmann nach § 2 HGB) handelt gelegentlich auch mit Antiquitäten – Handelsgewerbe nach § 1 II Nr. 1 HGB.

b) Die Kaufmannseigenschaft eines Partners reicht für die Anwendung des HGB grundsätzlich aus, soweit eine Vorschrift nicht etwas anderes regelt *(einseitiges* Handelsgeschäft, § 345 HGB). Die Eigenschaft als Minderkaufmann reicht ebenfalls grundsätzlich aus; Ausnahmen: z. B. §§ 348–350 (gemäß § 351), 369 ff., 377, 379 HGB.

c) *Bedeutung:* Für Kaufleute gelten gegenüber dem BGB zahlreiche strengere Vorschriften, insbesondere

o § 347: Sorgfaltspflicht eines ordentlichen Kaufmanns

o § 348: verschärfte Haftung bei Vertragsstrafen, die von einem Kaufmann im Betrieb seines Handelsgewerbes versprochen werden

o § 349: eine Bürgschaft ist selbstschuldnerisch, wenn sie für den Kaufmann ein Handelsgeschäft ist

o § 350: für Bürgschaft, Schuldversprechen und Schuldanerkenntnis ist entgegen dem BGB Schriftform nicht erforderlich

o § 352: der gesetzliche Zinssatz bei beiderseitigen Handelsgeschäften beträgt 5 % p. a. (§ 246 BGB: 4 %)

o §§ 353, 354 II: die Zinsberechnung erfolgt ab Fälligkeit (§ 288 BGB: ab Verzug)

o § 354 I: für Geschäftsbesorgung oder Dienstleistung besteht ein gesetzlicher Vergütungsanspruch (auch wenn nichts vereinbart wurde) auf Provision/Lagergeld

o § 346: Rechtsbedeutung von Handelsbräuchen (vgl. § 157 BGB)

o §§ 355–357: Kontokorrent (vgl. Abschnitt 1.1.131)

o § 362 I: Das Schweigen eines Kaufmanns ist die Annahme eines Antrages auf Geschäftsbesorgung, wenn folgende Voraussetzungen gegeben sind:
  – Gewerbe ist auf Geschäftsbesorgung gerichtet
  – und es besteht Geschäftsverbindung zum Antragsteller
  – oder der Kaufmann erbietet sich zur Geschäftsbesorgung
  – auch bei Ablehnung besteht die Pflicht, Schaden von der Ware abzuwenden (§ 362 II)

o §§ 366, 367: Besonderheiten beim gutgläubigen Erwerb (vgl. Abschnitt 0.1.221):
  – wenn ein Kaufmann im Betrieb seines Handelsgewerbes eine bewegliche Sache veräußert, die ihm nicht gehört, so genügt es, wenn sich der gute Glaube des Erwerbers auf die Befugnis des Veräußerers erstreckt, über die Sache für den Eigentümer zu verfügen
  – dasselbe gilt bei Verpfändung
  – wenn die Sache mit dem Recht eines Dritten belastet ist, genügt der gute Glaube, daß der Veräußerer ohne Vorbehalt des Rechtes über die Sache verfügen darf
  – bei Erwerb von Inhaberpapieren, die gestohlen worden, verlorengegangen oder sonst abhanden gekommen sind, ist unter bestimmten Voraussetzungen der gute Glaube eines Kreditinstituts (Kaufmann, der Bankier- oder Geldwechslergeschäfte betreibt) ausgeschlossen

§§ 373 ff.: Besonderheiten beim Handelskauf (vgl. Abschnitt 0.1.2), insb.
  – wenn der Käufer in Annahmeverzug ist, gelten zum Schutz des Verkäufers besondere Rechte, die Ware kurzfristig zu verwerten (§ 373)

- § 376 regelt den Fixhandelskauf (vgl. § 361 BGB)
- bei zweiseitigem Handelskauf hat der Käufer die Ware unverzüglich nach Ablieferung zu untersuchen und einen Mangel unverzüglich zu rügen; anderenfalls gilt die Ware als genehmigt (§ 377 HGB, vgl. §§ 477, 478 BGB).

0.4.002 Handelsgewerbe

a) *Definition:* Ein Handelsgewerbe ist eine selbständige wirtschaftliche Tätigkeit mit dem Ziel der Erwirtschaftung eines Gewinns, die planmäßig unter Einsatz kaufmännischer oder technischer Fertigkeiten und Hilfsmittel erfolgt. Es setzt ein *Gewerbe* voraus, das auch betrieben werden muß.

b) *Gewerbebetrieb:*
o selbständig (z. B. Prokurist ist unselbständig)
o planmäßig
o fortgesetzt, nachhaltig
o auf Gewinnerzielung gerichtet (problematisch bei Sparkassen und beim VVaG, s. u.)
o nach außen wirkend, erkennbar
o kein freier Beruf (s. u.)

c) Das Gewerbe muß *betrieben* werden: Dies ist auch der Fall bei einem OHG-Gesellschafter (neben der OHG ist auch er selbst Kaufmann), einem Komplementär. *Kein* Betrieb liegt z. B. bei einem Kommanditisten oder einem Konkursverwalter vor (Kaufmann ist der Gemeinschuldner).

d) Bei *freien Berufen* ist kein Gewerbe und damit keine Kaufmannseigenschaft gegeben: z. B.

o Rechtsanwalt
o Wirtschaftsprüfer ⎫
o Steuerberater ⎬ die Nichtausübung eines Gewerbes ist gesetzlich festgelegt
o Architekt ⎭
o Maler, Bildhauer
o Schauspieler, Sänger
o Schriftsteller
o Arzt

Wer einen freien Beruf ausübt, kann Kaufmannseigenschaft nur über die Rechtsform einer Kapitalgesellschaft erlangen (z. B. GmbH, AG), bei der es für die Kaufmannseigenschaft auf den Unternehmensgegenstand nicht ankommt (vgl. § 6 II HGB).

e) *Sonderfälle:*
o Für die Kaufmannseigenschaft von *Sparkassen* sprechen die betrieblichen Geschäfte (vgl. §§ 1 II Nr. 4 – Bankiers- und Geldwechslergeschäfte – und Nr. 6 – Kom-

missionsgeschäft –). Fraglich ist aber die für ein Gewerbe erforderliche Gewinnerzielungsabsicht, da die in den Sparkassengesetzen festgelegte Hauptaufgabe in der Erfüllung ihres öffentlichen Auftrags liegt.

Da die Sparkassen kein Eigenkapital im eigentlichen Sinne besitzen, ist für sie die Erzielung regelmäßiger Überschüsse zur Rücklagenbildung besonders wesentlich. Diese Zielsetzung reicht nach der Rechtsprechung für das Vorliegen eines Gewerbebetriebes aus.

o Dem Versicherungsverein auf Gegenseitigkeit (*VVaG,* vgl. 0.4.193) fehlt die Gewinnerzielungsabsicht. Allerdings finden über § 16 VAG die §§ 8–104, 343–460 HGB auf größere Versicherungsvereine Anwendung.

o Die *Deutsche Bundesbank* wird als Kaufmann angesehen, da sie ihre Geschäfte privatrechtlich und bankmäßig ausübt, obwohl nach § 19 III BBankG die Vorschriften über die Handelsregistereintragung nicht anzuwenden sind.

o Die *Bundespost* ist nach § 452 HGB ein Hoheitsbetrieb, kein Gewerbe.

o Die *Bundesbahn* (§§ 453–460 HGB) ist nicht ausdrücklich von den Kaufmannsvorschriften ausgenommen.

0.4.003 Mußkaufmann

= *Kaufmann kraft Grundhandelsgewerbes.* Hierzu gehört, wer eines der folgenden *Grundhandelsgewerbe* betreibt (§ 1 II HGB):

o Handel mit Waren und Wertpapieren (Groß- und Einzelhandel); Be- und Verarbeitung von gekauften Waren (Industrie; Bäcker, Schneiderei)

o Be- und Verarbeitung von Waren für andere, d. h. aufgrund von Werkverträgen (z. B. Reparaturbetriebe, Wäschereien)

o Versicherungen

o Banken

o Transportunternehmen

o Kommissionäre, Spediteure, Lagerhalter

o Handelsvertreter, Handelsmakler

o Verlage, Buch- und Kunsthandel

o Druckereien.

Mußkaufleute sind *Vollkaufleute,* wenn ihr Gewerbebetrieb einen in kaufmännischer Weise eingerichteten Geschäftsbetrieb *erfordert* (nicht unbedingt schon hat). Die Notwendigkeit einer kaufmännischen Organisation richtet sich vor allem nach folgenden Kriterien:

o Beschäftigtenzahl

o Vielfalt der Erzeugnisse

o Umsatzhöhe

o Lagerhaltung

o kaufmännische Buchführung

o geordnete Kassenführung

o Höhe des Anlage- und Betriebskapitals

o Höhe des Gewerbekapitals und -ertrags

o Bankverbindungen, Geschäftsbeziehungen,

wobei es auf die Gesamtbetrachtung dieser Umstände ankommt.

Auf Vollkaufleute finden die HGB-Vorschriften *volle* Anwendung.

Minderkaufleute sind zwar Mußkaufleute, betreiben also ein Grundhandelsgewerbe, benötigen hierzu jedoch keinen in kaufmännischer Weise eingerichteten Geschäftsbetrieb (§ 4 HGB). Auf sie finden die HGB-Vorschriften nur beschränkte Anwendung, d. h. sie haben *kein Recht*

o zur Führung einer Firma

o zur Eintragung ins Handelsregister

o zur Prokuraerteilung

o zur mündlichen Abgabe von Bürgschaftsversprechen und Schuldanerkenntnis (§§ 348–351 HGB)

und *keine Pflicht*

o zur Führung von Handelsbüchern

o zur Verwendung doppelter Buchführung u. a. m.

o zur Einhaltung mündlicher Bürgschaftsversprechen und Schuldanerkenntnisse.

Die Unterteilung in Voll- und Minderkaufleute gibt es nur bei den Mußkaufleuten.

Für die in § 1 II HGB aufgeführten Grundhandelsgewerbe gelten folgende Besonderheiten:

o Nr. 1: gilt nicht für *Urproduktion* (Bergbau, Erdölförderung, Steinbruch usw.), da keine „Anschaffung" vorliegt (= abgeleiteter rechtsgeschäftlicher Erwerb gegen Entgelt); Urpoduzenten sind evtl. Sollkaufleute; Nr. 1 gilt auch nicht für *Grundstücksmakler,* da eine bewegliche Sache als Handelsobjekt verlangt wird (Grundstücksmakler sind aus diesem Grunde auch nicht über Nr. 7 als Handelsmakler Kaufleute, vgl. § 93 HGB)

o Nr. 2, 9: gelten nicht für *Handwerksbetriebe* = ein Handwerk betreibende, in die Handwerksrolle eingetragene, grundsätzlich von einem Meister geleitete Betriebe, die noch nicht den Umfang eines Industriebetriebes haben (vgl. §§ 1,7 Handwerksordnung; Anlage A zur Handwerksordnung enthält ein Verzeichnis der Gewerbe, die als Handwerk oder handwerksähnlich betrieben werden können).

Die Kaufmannseigenschaft von Mußkaufleuten *entsteht* mit *Aufnahme* ihres Gewerbes, die Eintragung ins Handelsregister hat nur *deklaratorischen* (rechtsbekundenden) Charakter.

Handwerk	Industrie
persönliche Mitarbeit des Inhabers	Unternehmer ist an der Produktion nicht beteiligt
vorwiegend ausgebildete Arbeitskräfte	zahlreiche ungelernte Arbeitskräfte
Arbeiter sind mit allen Arbeiten vertraut, individuelle Leistung	Arbeitsteilung, Fließbandarbeit
manuelle Tätigkeit überwiegt	maschinelle Fertigung überwiegt
Auftragsfertigung	Produktpalette
örtlich beschränkter Kundenkreis	oft überregional
einfache Organisationsform (Meister-Gesellen-Lehrlinge)	industrielle Organisation

0.4.004 Sollkaufmann

= *Kaufmann kraft Eintragung* ins Handelsregister.

Sollkaufmann ist, wer kein *Grundhandelsgewerbe,* sondern ein sonstiges gewerbliches Unternehmen betreibt, zu dessen Führung nach Art und Umfang eine *kaufmännische Organisation* erforderlich ist (§ 2 HGB). Beispiele: Handwerksbetriebe; Hotels, Bauunternehmen, Privatkliniken, Reisegesellschaften, Theater (soweit privat) usw.

Sollkaufleute sind zur Eintragung ins Handelsregister verpflichtet. Die Kaufmannseigenschaft *entsteht* mit der *Eintragung,* die damit *konstitutiven* (rechtsbegründenden) Charakter hat.

Typische Sollkaufleute:

o Urproduzenten

o Bauunternehmer (verkaufen Häuser, also keine beweglichen Sachen; anders: Baulieferant, der bewegliche Sachen an den Bau liefert)

o Grundstückshändler und -makler

o Hotel (garni, d. h. ohne volle Küche), Pension

o Sanatorium

o Theater, Kino, Zirkus

o Werbeagentur

o Handwerksbetriebe.

0.4.005 Formkaufmann

= *Kaufmann kraft Rechtsform.* Die erforderliche Rechtsform muß *körperschaftlicher* Art sein, also letztlich auf den Verein zurückgehen. Hierher gehören:

o Kapitalgesellschaften (AG, KGaA, GmbH)

o eingetragene Genossenschaften.

Formkaufleute sind zugleich juristische Personen des Privatrechts. Die Kaufmannseigenschaft und die Rechtsform *entstehen* erst durch die *Eintragung* in das jeweilige Register *(konstitutiv)*.

Formkaufleute besitzen die Kaufmannseigenschaft ohne Rücksicht auf den Geschäftsgegenstand. Es muß also kein Handelsgewerbe betrieben werden (z. B. freier Beruf: Wirtschaftsprüfer besitzen nicht als Einzelunternehmung oder Personengesellschaft, wohl aber als Kapitalgesellschaft Kaufmannseigenschaft).

Formkaufleute sind niemals Minderkaufleute (§ 6 II HGB).

OHG und KG *(Handelsgesellschaften)* sind *keine* Formkaufleute, da sie keine juristischen Personen sind, werden ihnen jedoch gleichgestellt (§ 6 I HGB); auf sie finden die Vorschriften für Vollkaufleute also in jedem Fall Anwendung.

0.4.006 Kannkaufmann

= *Kaufmann kraft Eintragung*

Personen, die einen *land-* oder *forstwirtschaftlichen* Betrieb oder ein damit verbundenes *Nebengewerbe* betreiben, *können* sich in das Handelsregister eintragen lassen, wenn der Betrieb oder das Nebengewerbe nach Art und Umfang einen in kaufmännischer Weise eingerichteten Geschäftsbetrieb erfordern (= Voraussetzung des § 2 HGB für Sollkaufleute).

Dies gilt auch dann, wenn es sich bei dem Nebengewerbe eigentlich um ein Grundhandelsgewerbe handelt: Entscheidungsfreiheit (im Gegensatz zum Mußkaufmann mit Erfordernis der kaufmännischen Organisation, der sich eintragen lassen muß). Ist der Kaufmann eingetragen, gilt die Entscheidungsfreiheit nicht mehr, Löschung ist also nicht ohne weiteres möglich.

Beispiele für Nebengewerbe: Sägewerk, Mühle, Schnapsbrennerei, Brauerei, Molkerei, Kies- oder Sandgrube, Ziegelei, Fleischverarbeitung, Gastwirtschaft u. a. m.

Die Kaufmannseigenschaft entsteht mit der Eintragung *(konstitutiv)*, vgl. § 3 HGB.

0.4.007 Scheinkaufmann

= *Kaufmann kraft Rechtsscheins*

Rechtssicherheit des Handelsverkehrs und Vertrauensschutz erfordern es, daß auch die Personen als Kaufleute behandelt werden, d. h. dem HGB unterliegen, die es nicht sind, § 5 HGB. Zu unterscheiden sind:

a) Scheinkaufmann kraft *Eintragung* (§ 5 HGB):

Ein Gewerbetreibender, der im Handelsregister eingetragen ist, gilt jedem gegenüber (auch dem, der den Fehler kennt) als Vollkaufmann, auch wenn die Eintragung zu Unrecht besteht.

Beispiel: Ein Gewerbe ist eingetragen, obwohl es keine kaufmännische Organisation erfordert, also minderkaufmännisch betrieben wird.

b) Scheinkaufmann kraft *kaufmännischen Auftretens:*

Wer im Rechtsverkehr als kaufmännischer Unternehmer auftritt und damit den Rechtsschein erweckt, er sei Kaufmann, muß sich Gutgläubigen gegenüber auch als Kaufmann behandeln lassen (Grundsatz von Treu und Glauben).

Beispiele: Jemand weiß, daß er kein Kaufmann ist (Vortäuschen), jemand hält sich für einen Kaufmann (Irrtum), jemand ist sich seines Auftretens als Kaufmann nicht bewußt.

0.4.01 Die Firma

0.4.010 Wesen und Arten

a) *Definition:* Die Firma ist der *Name,* unter dem ein *Vollkaufmann*
- o seine Geschäfte betreibt
- o seine Unterschrift abgibt
- o klagen kann
- o verklagt werden kann (§ 17 HGB).

Unter seiner Firma ist der Vollkaufmann im *Handelsregister* eingetragen.

b) *Arten:*
- o Personenfirma, z. B. „Meyer und Müller", „Schulze & Co."
- o Sachfirma: dem Unternehmensgegenstand entnommen, z. B. „Hamburgische Electricitätswerke", „Deutsche Bank AG"
- o Mischfirma, z. B. „Bankhaus Hermann Lampe KG"
- o Phantasiefirma, z. B. „Sinalco AG"

c) Für die Art der Firma gelten folgende *Vorschriften:*

Einzelkaufmann: Name und ausgeschriebener Vorname (§ 18 I HGB)

o OHG: Name (Vorname nicht erforderlich) wenigstens eines Gesellschafters mit Gesellschaftszusatz – oder Namen aller Gesellschafter (§ 19 I)

o KG: Name wenigstens eines Komplementärs (nicht: Kommanditisten!) mit Gesellschaftszusatz (§ 19 II); ein Hinweis auf die Gesellschaftsform „KG" ist nicht zwingend

o AG: in der Regel Sachfirma mit Bezeichnung als Aktiengesellschaft (§ 4 AktG)

o KGaA: in der Regel Sachfirma mit Zusatz „Kommanditgesellschaft auf Aktien" (§ 279 AktG)

o GmbH: Sachfirma – oder: Personenfirma (Name aller Gesellschafter oder Name eines Gesellschafters mit Gesellschaftszusatz) – und: Zusatz „mit beschränkter Haftung"

o Genossenschaft: immer Sachfirma mit Zusatz „eingetragene Genossenschaft" oder „eG"; nicht: Name von Genossen.

0.4.011 Firmengrundsätze

a) *Firmenwahrheit:* Die Firma darf keine falschen Angaben über

o ein Gesellschaftsverhältnis

o Art und Umfang

o die Verhältnisse des Inhabers

enthalten. Dies gilt besonders für den Firma*kern:* bei Personenfirmen der Name von Vollhaftern (muß mit dem bürgerlichen Namen übereinstimmen), bei Sachfirmen der Gegenstand des Unternehmens (muß den Tatsachen entsprechen). Vgl. § 18 HGB.

b) *Firmenklarheit:* Die Firma darf keine irreführenden Angaben enthalten. Dies gilt insbesondere für den Firmen*zusatz,* soweit dieser zur Kennzeichnung nicht zwingend erforderlich ist (z. B. Tätigkeitsbereich des Unternehmens). Irreführung kommt vor allem hinsichtlich Art, Umfang und Vermögen des Unternehmens in Betracht (z. B. ein Lebensmittel-Einzelhändler nennt sich „Deutsches Lebensmittel-Vertriebs-Kontor").

c) *Firmenausschließlichkeit* (Firmenmonopol): Jede neue Firma muß sich von allen in dasselbe Handels- oder Genossenschaftsregister eingetragenen und/oder in derselben Gemeinde bestehenden Firmen deutlich unterscheiden, darf ihnen also weder gleichen noch zu sehr ähneln (§ 30 HGB; kann auch auf Nachbargemeinden erweitert werden).

Dieser Firmengrundsatz gewährt also nur einen örtlich begrenzten Schutz. Ein überregionaler Schutz ist nur über § 16 UWG möglich (vgl. Firmenschutz, 0.4.012).

d) *Firmenbeständigkeit:* Durchbrechung des Grundsatzes der Firmenwahrheit in folgenden Fällen:

- o Namensänderung des Geschäftsinhabers (insbes. durch Heirat/Adoption), § 21 HGB
- o Erwerb eines bestehenden Handelsgewerbes und Fortführung der Firma mit ausdrücklicher Zustimmung des bisherigen Inhabers oder der Erben, § 22 HGB
- o Änderungen im Gesellschafterbestand (auch: Eintritt eines Gesellschafters in eine bisherige Einzelunternehmung), § 24 HGB.

In diesen Fällen kann der Name der Unternehmung beibehalten werden. Grund: Der mit dem Namen verbundene „good will" (Ruf) des Unternehmens, der sogar einen Marktwert hat, soll erhalten bleiben.

e) *Firmenöffentlichkeit:* Durch Eintragungspflicht ins Handels- oder Genossenschaftsregister erfolgt Publikation und damit Information der Öffentlichkeit über das Bestehen und über bestimmte Rechtsverhältnisse (Zweigniederlassungen, Prokura, Ausscheiden von Gesellschaftern, Konkurs) der Unternehmungen, §§ 29, 31 HGB.

0.4.012 Firmenschutz

= Schutz eingetragener Unternehmen gegen unbefugten Gebrauch ihrer Firma. Beispiel: Ein erfolgreiches Unternehmen ist als „Metallwarenfabrik Heinz Lapöhn" eingetragen. Ein Unternehmer gleichen Namens gründet eine Metallwarenfabrik gleicher Firma (unabsichtlich oder um sich den Kundenkreis der gut bekannten anderen Unternehmung zugänglich zu machen).

a) Öffentlich-rechtlicher Schutz: nach § 37 I HGB schreitet der Registerrichter bei Verletzung der Firmengrundsätze von Amts wegen ein und kann die Abstellung z. B. der mißbräuchlichen Firmenbenutzung durch Ordnungsgeld erzwingen.

b) Privatrechtlicher Schutz:
- o § 37 II HGB: Wer durch unbefugten Firmengebrauch eines anderen in seinen Rechten verletzt wird, kann Unterlassung verlangen.
- o § 16 UWG (Gesetz gegen den unlauteren Wettbewerb): Wer mißbräuchlich mit Verwechslungsgefahr eine Firma benutzt, setzt sich Unterlassungs- und Schadensersatzansprüchen aus. Diese Regelung gilt auch überregional, also nicht nur für den jeweiligen Registerbezirk (vgl. 0.4.011 c).
- o § 3 UWG: Wer irreführende Angaben zu Zwecken des Wettbewerbs (auch im Rahmen seiner Firma) macht, kann auf Unterlassung verklagt werden.

0.4.013 Firmenfortführung

Nach dem Grundsatz der Firmenbeständigkeit kann bei Übertragung eines Handelsgewerbes auf einen Dritten auch die Firma fortgeführt werden. Dabei ergeben sich Fragen, wie dies auf Schuldner und Gläubiger des Unternehmens wirkt.

a) Erwerb unter *Lebenden* (Beispiel: A verkauft sein Handelsgewerbe für 100 000 DM an B):

- o Wenn B die bisherige Firma mit oder ohne Nachfolgezusatz *fortführt,* haftet er grundsätzlich mit seinem gesamten Vermögen für die Geschäftsverbindlichkeiten. Er kann die Haftung durch Eintragung und Bekanntmachung im Handelsregister oder durch Mitteilung an die Gläubiger aber ausschließen (§ 25 HGB).

  Wenn B nicht haftet, liegt die Haftung bei dem Veräußerer (A) allein. Wenn der Erwerber haftet, verjährt die Haftung des Veräußerers spätestens nach 5 Jahren (§ 26 HBG).

- o Wählt der Erwerber (B) eine *neue* Firma, dann haftet er für die bestehenden Verbindlichkeiten grundsätzlich *nicht*. Anders ist es, wenn B sich bewußt ist, das gesamte Vermögen des A mit dem Gewerbe zu übernehmen: Dann haftet A voll weiter und B mit dem übernommenen Vermögen (§ 419 BGB).

b) Erwerb von *Todes* wegen (Erbschaft):

- o Bei Fortführung der bisherigen Firma (mit oder ohne Nachfolgezusatz) haften die Erben grundsätzlich unbeschränkt, können die Haftung aber ausschließen (s. o.) oder den Geschäftsbetrieb binnen 3 Monaten einstellen, § 27 HGB.

- o Bei Fortführung des Gewerbes unter neuer Firma haften die Erben für Verbindlichkeiten nur im Rahmen des allgemeinen Erbrechts (d. h. die Haftung kann auf den Nachlaß beschränkt werden).

c) Für *Geschäftsschuldner* ergeben sich bei Veräußerung oder im Erbfall folgende Wirkungen:

- o Die Forderungen gelten als auf den neuen Firmeninhaber übergegangen.
- o Wenn der Geschäftsübergang im Handelsregister eingetragen und bekanntgemacht worden ist, können Schuldner mit schuldbefreiender Wirkung nur an den Erwerber zahlen.

Firmenfortführung	unter Lebenden		von Todes wegen
Haftung	Veräußerer	Erwerber	Erbe(n)
bei neuer Firma	ja, voll	grds. nein	grds. nein (Erbrecht!)
Haftungsübernahme		möglich	möglich
bei bisheriger Firma	ja, Verjährung nach max. 5 Jahren	ja, voll	ja, voll
Haftungsausschluß		möglich	möglich

0.4.02 Das Handelsregister

0.4.020 Wesen

a) *Definition:* Das Handelsregister ist das vom Amtsgericht geführte öffentliche Verzeichnis aller Vollkaufleute eines Amtsgerichtsbezirks (§§ 8–16 HGB).

b) *Eintragungen* erfolgen grundsätzlich nur auf Antrag, der vom Unternehmer oder den zur Vertretung berechtigten Personen (Inhaber, die Gesellschafter, Vorstand usw.) eingereicht wird und öffentlich beglaubigt sein muß.

Maßgebliche Stelle ist – auch bei Eintragung von Zweigniederlassungen – das Amtsgericht der Hauptniederlassung (dieses veranlaßt die Eintragung beim Amtsgericht der Zweigniederlassung).

c) *Aufbau:*
o Abteilung A: Einzelunternehmen, Personengesellschaften
o Abteilung B: Kapitalgesellschaften

Für *Genossenschaften* wird ein eigenes Register geführt.

0.4.021 Bedeutung

a) *Unterrichtung* der Öffentlichkeit über Rechtsverhältnisse und wirtschaftliche Tatbestände der eingetragenen Unternehmungen:
o jeder kann in das Handelsregister einsehen und Abschriften verlangen (§ 9)
o Eintragungen werden veröffentlicht im Bundesanzeiger sowie in einer Tageszeitung am Platz des Handelsregisters (sog. Pflichtblatt).

b) Sicherung des Firmenmonopols

c) *Publizitätswirkung* des Handelsregisters:
o Ist eine eintragungspflichtige Tatsache *nicht eingetragen* (oder noch nicht bekanntgemacht), so darf ein *gutgläubiger* Dritter auf die bisherige Rechtslage vertrauen (Beispiele: Erlöschen der Prokura, Ausschluß der Vertretungsmacht von Gesellschaftern), § 15 I HGB.
o Eingetragene und bekanntgemachte Tatsachen *muß* ein Dritter (ab 15 Tagen nach Bekanntmachung) *gegen sich gelten* lassen, § 15 II HGB.
o Wer eine Eintragung im Handelsregister veranlaßt, muß sich bei *falscher* Eintragung und Bekanntmachung (oder richtiger Eintragung und falscher Bekanntmachung) so behandeln lassen, *als sei* die Eintragung *richtig* (sofern der Dritte gutgläubig ist), § 15 III HGB.

Amtsgericht Hamburg   **HR A** 72 799   Blatt 1

Nr. der Eintragung	Firma a) Ort der Niederlassung b) (Sitz der Gesellschaft) c) Gegenstand des Unternehmens (bei juristischen Personen)	Geschäftsinhaber Persönlich haftende Gesellschafter Vorstand Abwickler	Prokura	Rechtsverhältnisse	a) Tag der Eintragung und Unterschrift b) Bemerkungen
1	2	3	4	5	6
1	a) Hamburger Autospezial-reinigung Frischauf & Co. b) H a m b u r g	<u>Michael Robert Repar</u>, Kraftfahrzeugmechaniker, Hamburg. Heiner Schmutzer, Bankkaufmann, Hamburg. Volker Frischauf, Kraftfahrzeugeinzel-handelskaufmann, Hamburg.		Offene Handelsgesellschaft. Die Gesellschaft hat am 1. Juli 1982 begonnen. Jeder der persönlich haftenden Gesellschafter <u>Michael Robert Repar</u>, Heiner Schmutzer, und Volker Frischauf vertritt die Gesellschaft gemeinsam mit einem anderen persönlich haftend Gesellschafter.	a) 1. September 1982
2				<u>Der persönlich haftende Gesellschafter Michael Robert Repar</u>. ist aus der Gesellschaft ausge-schieden.	a) 26. November 1984 - 4. MRZ. 1986
				Die unterstrichenen Eintragungen sind gelöscht, falls sich nicht aus dem sonstigen Inhalt etwas anderes ergibt.	

Fortsetzung Rückseite

Amtsgericht Hamburg | **HR B** 33 496 | Blatt 1

Nr. der Eintragung	a) Firma b) Sitz c) Gegenstand des Unternehmens	Grund- oder Stammkapital DM	Vorstand Persönlich haftende Gesellschafter Geschäftsführer Abwickler	Prokura	Rechtsverhältnisse	a) Tag der Eintragung und Unterschrift b) Bemerkungen
1	2	3	4	5	6	7
1	a) BALMED Sanitär- und therapeutische Geräte GmbH b) H a m b u r g c) (1) Die Herstellung und der Vertrieb von Sanitär- und therapeutischen Geräten sowie der Handel mit genehmigungsfreien Waren aller Art. (2) Die Gesellschaft ist zur Vornahme aller Geschäfte berechtigt, die den Gesellschaftszweck unmittelbar oder mittelbar zu fördern geeignet sind. (3) Die Gesellschaft darf andere Unternehmen gleicher oder ähnlicher Art übernehmen, sich an ihnen beteiligen oder ihre Geschäfte führen. Die Gesellschaft darf ferner Zweigniederlassungen errichten.	50.000,--	Hans Glanz Kaufmann Hamburg,		Gesellschaft mit beschränkter Haftung. Gesellschaftsvertrag vom 23. August 1984. Die Gesellschaft hat einen oder mehrere Geschäftsführer. Ist nur ein Geschäftsführer vorhanden, vertritt er die Gesellschaft allein. Sind mehrere Geschäftsführer bestellt, so wird die Gesellschaft durch zwei Geschäftsführer gemeinsam oder durch einen Geschäftsführer zusammen mit einem Prokuristen vertreten. Alleinvertretungsbefugnis und Befreiung von den Beschränkungen des § 181 BGB können erteilt werden. Der Geschäftsführer Hans Glanz vertritt die Gesellschaft allein und ist von den Beschränkungen des § 181 BGB befreit.	a) 3. Dezember 1984 b) Ges.-Vertr.Bl. 6 ff. Sdb.
					Die unterstrichenen Eintragungen sind gelöscht, falls sich nicht aus dem sonstigen Inhalt etwas anderes ergibt.	-5. APR. 1986

KS 104 Hauptblatt HR B   Fortsetzung Rückseite

d) *Rechtswirkung* der Eintragungen: diese können sein

o *konstitutiv* = rechtsbegründend: durch die Eintragung wird eine Tatsache erst rechtswirksam (z. B. Rechtsfähigkeit von Kapitalgesellschaften, Kaufmannseigenschaft bei Soll-, Kann- und Formkaufleuten)

o *deklaratorisch* = rechtsbekundend: durch die Eintragung wird eine bereits rechtswirksame Tatsache bekanntgemacht und der Publizitätswirkung des Handelsregisters unterstellt (z. B. Gründung einer OHG, Kaufmannseigenschaft bei Mußkaufleuten).

0.4.03 Bevollmächtigte des Kaufmanns

0.4.030 Überblick

Der Kaufmann, dessen Geschäft nicht völlig unbedeutend ist, muß sich zur Ausführung seines Gewerbes anderer Personen bedienen. Neben anderen selbständigen Kaufleuten (kfm. Hilfspersonen) setzt er *unselbständige Hilfspersonen* als Angestellte ein, die z. T. die Befugnis haben, ihn zu vertreten *(Bevollmächtigte)*.

Unselbständige Hilfspersonen des Kaufmanns sind:

o Handlungsgehilfen (§§ 59 ff. HGB)
  - Nichtbevollmächtigte (z. B. Buchhalter, Schreibkraft)
  - Bevollmächtigte:
    - Prokuristen (§§ 48 ff. HGB)
    - Handlungsbevollmächtigte (§§ 54 ff. HGB)
    - Angestellte in Laden/Warenlager (§ 56 HGB)
o Handlungslehrlinge (BerufsbildungsG)
o Volontäre (§ 82a HGB)

0.4.031 Prokura

a) *Wesen und Umfang:*

o Berechtigung des Prokuristen zu *allen gewöhnlichen* und *außergewöhnlichen* Rechtsgeschäften *irgendeines* Handelsgewerbes: z. B. Einkauf einer Ware, Unterschreiben von Wechseln, Gründung einer Filiale; die Vollmacht gilt grundsätzlich für alle Handelsgewerbe und alle Niederlassungen, die vom Kaufmann betrieben werden (§§ 49, 50 HGB).

o Der Prokurist darf *nicht* ausüben: Geschäfte, die die Grundlage des Betriebes berühren, d. h.
  - Bilanz, Inventar, Steuererklärung unterschreiben
  - Anmeldungen zum Handelsregister vornehmen
  - Prokura erteilen

- Gesellschafter aufnehmen
- Geschäft verkaufen/auflösen, Konkurs anmelden
- ohne Sondervollmacht Grundstücke belasten oder veräußern (§ 49 II; unpraktische, zweifelhafte Vorschrift, da der Prokurist in beliebigem Umfang z. B. Grundstücke erwerben/Kredite eingehen darf)

b) *Erteilung:*

o nur durch *Vollkaufleute* (auch: Handelsgesellschaften)

o nur an *natürliche* Personen

o *ausdrücklich* (§ 48 I HGB) mündlich oder schriftlich (§ 167 BGB)

o gegenüber dem Prokuristen oder der Allgemeinheit

o *Handelsregistereintragung* ist erforderlich (*deklaratorische* Wirkung)

c) *Beschränkungen* des Umfangs: nur im Innenverhältnis, *Dritten* gegenüber *unwirksam* (§ 50 HGB). *Ausnahmen:*

o Gesamtprokura = Vollmachtserteilung an mehrere Personen gemeinschaftlich, diese können nur zusammen handeln (§ 48 II HGB)

o Filialprokura mit Wirkung für eine Niederlassung des Unternehmens (§ 50 III HGB)

o bewußter Mißbrauch der Vollmacht durch den Prokuristen mit Wissen oder Wissenmüssen des Dritten.

Wegen des großen Umfangs der Befugnisse des Prokuristen und der geringen Außenwirkung von Beschränkungen ist die Prokuraerteilung für den Kaufmann ein besonderes *Risiko* und erfordert eine entsprechende *Vertrauensbasis*. Daher ist die Prokura *jederzeit widerruflich* und nicht übertragbar (§ 52 HGB); der Widerruf kann gegenüber dem Prokuristen oder der Öffentlichkeit erklärt werden. Wichtig ist die *Löschung der Handelsregistereintragung* wegen der Publizitätswirkung des Handelsregisters (s. o.)

0.4.032 Handlungsvollmacht

a) *Wesen:* = jede im Rahmen des Handelsgewerbes erteilte Vollmacht, die *nicht* Prokura ist (§ 54 I HGB).

b) *Umfang:* kann vom Geschäftsinhaber *frei* bestimmt werden; *grundsätzlich* umfaßt die Handlungsvollmacht alle *gewöhnlichen* Geschäfte eines *bestimmten* Handelsgewerbes *(Gesamtvollmacht)*. Sie kann eingeschränkt werden auf eine bestimmte Art regelmäßig anfallender Geschäfte = *Artvollmacht* (z. B. Kassierer, Einkäufer, Verkäufer) oder auf ein einzelnes Geschäft – *Einzelvollmacht* (z. B. Prozeßvollmacht, d. h. Auftreten für den Kaufmann vor Gericht, soweit zulässig), vgl. § 54 HGB.

Der Kaufmann kann dem Handlungsbevollmächtigten jedoch auch umfangreichere Befugnisse als einem Prokuristen geben *(Generalhandlungsvollmacht)!*

Im Kreditwesen wird die Befugnis von Handlungsbevollmächtigten oft auf bestimmte

Geschäfte, auf gemeinsame Zeichnung zweier Bevollmächtigter oder auf Betragsgrenzen beschränkt. Größere KI verfügen jedoch oft über General(handlungs)bevollmächtigte mit weitreichenden, umfassenden Befugnissen.

c) *Erteilung:*

o auch durch *Minderkaufleute* oder Prokuristen, sogar durch andere Handlungsbevollmächtigte

o nur an *natürliche* Personen

o auf jede Weise (auch konkludent oder stillschweigend)

o *keine Handlungsregistereintragung.*

0.4.033 Vollmacht Angestellter in Laden/Warenlager

Personen, die in Laden oder Lager eines Kaufmanns zu Verkaufszwecken tätig sind, *gelten* als Bevollmächtigte (§ 56 HGB) für entsprechende Geschäfte, wenn ein Kunde eine derartige Vollmacht vermutet.

0.4.04 Rechnungslegung bei Kaufleuten

0.4.040 Grundlagen

a) Für Kaufleute gelten besondere Anforderungen hinsichtlich ihrer Rechnungslegung. Dadurch soll es anderen Wirtschaftsteilnehmern möglich werden, in die wirtschaftlichen Verhältnisse ihrer Kontrahenten Einblick zu nehmen und davon die Entscheidung beeinflussen zu lassen, ob sie eine vertragliche Bindung eingehen wollen.

b) Jeder Kaufmann ist zur *Führung von Büchern* verpflichtet, wobei die Grundsätze ordnungsmäßiger Buchführung zu beachten sind (vgl. § 238 HGB):

o einwandfreie Form, inhaltliche Richtigkeit

o ein sachverständiger Dritter muß sich innerhalb angemessener Zeit Überblick über Geschäftsvorfälle und Lage des Unternehmens verschaffen können

o Geschäftsvorfälle müssen sich in Entstehung und Abwicklung verfolgen lassen.

Für die *Führung der Handelsbücher* gilt (§ 239 HGB):

o Eintragungen/Aufzeichnungen müssen vollständig, richtig, zeitgerecht, geordnet sein

o keine Änderung, ohne daß ursprünglicher Inhalt feststellbar (kein Radieren)

o als „Handelsbücher" sind auch Belege oder Datenträger zugelassen, sofern diese verfügbar sind und jederzeit in angemessener Frist lesbar gemacht werden können (z. B. Mikrofilm, elektronische Speichermedien).

c) Zu Beginn des Handelsgewerbes und am Schluß eines jeden Geschäftsjahres ist ein *Inventar* aufzustellen (§ 240 HGB):

= schriftliches Ergebnis der *Inventur,* d. h. der mengen- und wertmäßigen Erfassung des Vermögens und der Schulden des Unternehmens
- o ein Geschäftsjahr darf 12 Monate nicht überschreiten.

d) Kaufleute sind verpflichtet, diverse Unterlagen geordnet für eine bestimmte Zeit aufzubewahren (§ 257 HGB). Dabei gelten folgende *Aufbewahrungsfristen:*

- o Zehn Jahre:
  - Handelsbücher
  - Inventare
  - Eröffnungsbilanzen, Jahresabschlüsse
  - Lageberichte
  - Konzernabschlüsse und -lageberichte
- o sechs Jahre:
  - empfangene Handelsbriefe   ⎫ kaufmännischer
  - Kopien abgesandter Handelsbriefe ⎬ Schriftverkehr
  - Buchungsbelege

Die Aufbewahrungsfrist beginnt mit dem Schluß des betreffenden Kalenderjahres der letzten Handelsbucheintragung/der Inventaraufstellung/der Bilanzfeststellung usw.

0.4.041 Jahresabschluß

Durch das am 1.1.1986 in kraft getretene Bilanzrichtlinien-Gesetz (BiRiLiG) wurde das HGB in wesentlichen Teilen geändert. Dabei wurden auch zahlreiche Vorschriften für den Jahresabschluß aufgenommen, die einer Vereinheitlichung des Rechtes innerhalb der Europäischen Gemeinschaften dienen sollen. Sondervorschriften gelten für Kapitalgesellschaften (siehe Abschnitt 0.4.042) und eingetragene Genossenschaften (Abschnitt 0.4.043).

In den nachfolgenden Abschnitten sind zunächst systematisch und dem Aufbau des Gesetzes entsprechend die Vorschriften und Kernaussagen dargestellt. Mit dem Abschnitt 0.4.044 schließt sich ein Teil an, der die Auswirkungen in der Praxis aufzeigen soll.

a) Den Jahresabschluß bilden die *Bilanz* und die *Gewinn- und Verlustrechnung* (§ 242 HGB). Beide sind zum Schluß eines jeden Geschäftsjahres aufzustellen.

b) Der Jahresabschluß ist nach den Grundsätzen ordnungsmäßiger Buchführung aufzustellen. Er muß klar und übersichtlich sein und ist innerhalb der einem ordnungsmäßigen Geschäftsgang entsprechenden Zeit aufzustellen (§ 243 HGB), und zwar in deutscher Sprache und Währung (§ 244). Er ist vom Kaufmann (d. h. auch von allen persönlich haftenden Gesellschaftern) unter Datumsangabe zu unterzeichnen (nicht von Bevollmächtigten!), § 245 HGB.

c) Ansatzvorschriften (§§ 246–251 HGB):

o Keine Verrechnung von Posten der Aktiv- und der Passivseite, von Aufwendungen und Erträgen, von Grundstücksrechten und Grundstückslasten (§ 246 HGB)

o Rückstellungen (§ 249 HGB): Bildung erfolgt für
  - ungewisse Verbindlichkeiten
  - drohende Verluste aus schwebenden Geschäften
  - im Geschäftsjahr unterlassene Aufwendungen für Instandhaltung (Nachholung binnen 3 Monaten)
  - Gewährleistungen, die ohne rechtliche Verpflichtung erbracht werden
  - genau beschriebene Aufwendungen, die am Abschlußstichtag wahrscheinlich oder sicher, aber hinsichtlich Höhe/Zeitpunkt unbestimmt sind.

  Rückstellungen dürfen nur aufgelöst werden, soweit der Grund hierfür entfallen ist.

o Rechnungsabgrenzungsposten (§ 250) sind
  - Ausgaben vor dem Abschlußstichtag, die einen Aufwand für eine bestimmte Zeit danach darstellen (Ausweis auf der Aktivseite)
  - Einnahmen vor dem Abschlußstichtag, die einen Ertrag für eine bestimmte Zeit danach darstellen (Ausweis auf der Passivseite)

  Beispiel: Zahlung der Miete für die Geschäftsräume für Januar eines Jahres bereits im Dezember des Vorjahres (vgl. Abschnitt 3.2.11).

o Bestimmte Haftungsverhältnisse sind unter der Bilanz auszuweisen (soweit ihr Ausweis nicht aufgrund anderer Vorschriften auf der Passivseite erforderlich ist), § 251 HGB:
  - Verbindlichkeiten aus Begebung/Übertragung von Wechseln
  - Verbindlichkeiten aus Bürgschaften, Wechsel- und Scheckbürgschaften
  - Verbindlichkeiten aus Gewährleistungsverträgen
  - Haftungsverhältnisse aus der Bestellung von Sicherheiten für fremde Verbindlichkeiten.

d) *Bewertungsvorschriften:* Von besonderer Bedeutung, da von ihnen die Aussagefähigkeit des Jahresabschlusses abhängt; im einzelnen:

o allgemeine Bewertungsgrundsätze (§ 252 HGB):
  - die Wertansätze von Schlußbilanz eines Geschäftsjahres und Eröffnungsbilanz des Folgejahres müssen übereinstimmen (Grundsatz der Stetigkeit)
  - bei der Bewertung ist die Fortführung des Unternehmens zu unterstellen, wenn nicht tatsächliche oder rechtliche Gegebenheiten entgegenstehen (Grundsatz der Unternehmensfortführung)
  - die Vermögensgegenstände und Schulden sind zum Abschlußstichtag einzeln zu bewerten (also nicht pauschal; damit sind auch Sammelwertberichtigungen nicht mehr zugelassen)
  - Grundsatz der vorsichtigen Bewertung (d. h. Berücksichtigung aller vorsehbaren Risiken und Verluste, auch wenn diese erst zwischen Abschlußstichtag und Aufstellung des Jahresabschlusses bekanntwerden); Berücksichtigung von Gewinnen nur, wenn diese am Abschlußstichtag realisiert sind

- Berücksichtigung der Aufwendungen und Erträge unabhängig vom Zeitpunkt der entsprechenden Zahlungen
- Beibehaltung der auf den vorhergehenden Jahresabschluß angewandten Bewertungsmethoden

o Bewertung von Vermögensgegenständen (§§ 253–255 HGB):
- höchstens mit den Anschaffungs- oder Herstellungskosten (siehe dazu § 255 HGB)
- vermindert um Abschreibungen:
  - beim Anlagevermögen planmäßige Abschreibungen, d. h. Verteilung auf mehrere Geschäftsjahre entsprechend der voraussichtlichen Nutzungsdauer; außerdem *können* außerplanmäßige Abschreibungen vorgenommen werden, um den niedrigeren Wert anzusetzen; sie *müssen* vorgenommen werden bei dauernder Wertminderung
  - beim Umlaufvermögen *müssen* Abschreibungen vorgenommen werden, um aufgrund Börsen- oder Marktpreis den niedrigeren Wert anzusetzen *(Niederstwertprinzip);* außerdem *dürfen* Abschreibungen zur Verhinderung von Wertschwankungen vorgenommen werden
  - der niedrigere Wert darf beibehalten werden, auch wenn die Gründe dafür nicht mehr bestehen
- Abschreibungen können auch aufgrund steuerlicher Vorschriften vorgenommen und beibehalten werden.

0.4.042 Sondervorschriften für Kapitalgesellschaften

Kapitalgesellschaften (AG, KG auf Aktien, GmbH) sind aufgrund der HGB-Vorschriften strengeren Anforderungen an die Rechnungslegung unterworfen. Dies betrifft Bilanzierung, Information, Publizität und Prüfung des Jahresabschlusses.

a) *Grundlagen* (§§ 264, 265 HGB):
o Der Jahresabschluß gemäß § 242 HGB ist um einen Anhang zu erweitern, der mit Bilanz und GuV eine Einheit bildet; außerdem ist ein Lagebericht zu erstellen
o verschiedene Vorschriften differenzieren nach Größenklassen (§ 267 HGB):

Größe	Bilanzsumme		Umsatzerlöse		Arbeitnehmer
kleine Ges.	bis	3,9 Mio DM	bis	8 Mio DM	bis 50
mittelgroße Ges.	bis	15,5 Mio DM	bis	32 Mio DM	bis 250
große Ges.	über	15,5 Mio DM	über	32 Mio DM	über 250

o Jahresabschluß und Lagebericht sind binnen 3 Monaten nach Abschluß des Geschäftsjahres zu erstellen
o bei kleinen Kapitalgesellschaften genügt Aufstellung binnen 6 Monaten
o der Jahresabschluß hat ein den tatsächlichen Verhältnissen entsprechendes Bild der Vermögens-, Finanz- und Ertragslage zu vermitteln

o in Bilanz und GuV ist zu jedem Posten der Betrag des laufenden und des Vorjahres anzugeben
o der Anhang dient der Aufnahme von Erläuterungen (z. B. wenn Beträge des laufenden und des Vorjahres nicht vergleichbar sind; wenn ein Vermögensgegenstand oder eine Schuld unter mehrere Posten fällt usw.)

b) *Bilanz:* gesetzlich vorgegebene Gliederung: siehe Übersicht unten; wesentliche Vorschriften (§§ 266–274 HGB):
o Aufstellung in Kontoform
o kleine Kapitalgesellschaften dürfen verkürzte Bilanz aufstellen
o der Betrag der Forderungen/Verbindlichkeiten mit mehr als einem Jahr Restlaufzeit ist bei jedem gesondert ausgewiesenen Posten zu vermerken
o Einstellungen in die Kapitalrücklage und deren Auflösung sind bereits bei Aufstellung der Bilanz vorzunehmen
o Beteiligungen sind Anteile an anderen Unternehmen, die durch eine dauernde Verbindung dem eigenen Geschäftsbetrieb dienen sollen (§ 271); im Zweifel liegt eine Beteiligung vor, wenn der Anteil am Nominalkapital 20 % übersteigt
o Eigenkapital:
  – gezeichnetes Kapital: das Kapital, auf das die Haftung der Gesellschafter für die Verbindlichkeiten der Gesellschaft beschränkt ist; ausstehende Einlagen sind auf der Aktivseite gesondert auszuweisen
  – Kapitalrücklage: Agio bei Ausgabe von Anteilen; Betrag, der bei Ausgabe von Wandelschuldverschreibungen und Optionsanleihen erzielt wird; andere Zuzahlungen von Gesellschaftern
  – Gewinnrücklagen: Beträge, die aus dem Ergebnis gebildet worden sind.

Bilanzgliederung nach § 266 HGB

Aktivseite

A. Anlagevermögen
  I. Immaterielle Vermögensgegenstände:
    1. Konzessionen, gewerbliche Schutzrechte und ähnliche Rechte und Werte sowie Lizenzen an solchen Rechten und Werten
    2. Geschäfts- oder Firmenwert
    3. geleistete Anzahlungen
  II. Sachanlagen:
    1. Grundstücke, grundstücksgleiche Rechte und Bauten einschl. der Bauten auf fremden Grundstücken

Passivseite

A. Eigenkapital
  I. Gezeichnetes Kapital
  II. Kapitalrücklage
  III. Gewinnrücklagen:
    1. gesetzliche Rücklage
    2. Rücklage für eigene Anteile
    3. satzungsmäßige Rücklagen
    4. andere Gewinnrücklagen
  IV. Gewinnvortrag/Verlustvortrag
  V. Jahresüberschuß/Jahresfehlbetrag

      2. technische Anlagen und Maschinen
      3. andere Anlagen, Betriebs- und Geschäftsausstattung
      4. geleistete Anzahlungen und Anlagen im Bau

  III. Finanzanlagen:

      1. Anteile an verbundenen Unternehmen
      2. Ausleihungen an verbundene Unternehmen
      3. Beteiligungen
      4. Ausleihungen an Unternehmen, mit denen ein Beteiligungsverhältnis besteht
      5. Wertpapiere des Anlagevermögens
      6. sonstige Ausleihungen

B. Umlaufvermögen:

  I. Vorräte:

      1. Roh-, Hilfs- und Betriebsstoffe
      2. unfertige Erzeugnisse, unfertige Leistungen
      3. fertige Erzeugnisse und Waren
      4. geleistete Anzahlungen

  II. Forderungen und sonstige Vermögensgegenstände:

      1. Forderungen aus Lieferungen und Leistungen
      2. Forderungen gegen verbundene Unternehmen
      3. Forderungen gegen Unternehmen, mit denen ein Beteiligungsverhältnis besteht
      4. sonstige Vermögensgegenstände

  III. Wertpapiere:

      1. Anteile an verbundenen Unternehmen
      2. eigene Anteile
      3. sonstige Wertpapiere

C. Rechnungsabgrenzungsposten

B. Rückstellungen

  1. Rückstellungen für Pensionen und ähnliche Verpflichtungen
  2. Steuerrückstellungen
  3. sonstige Rückstellungen

C. Verbindlichkeiten

  1. Anleihen, davon konvertibel
  2. Verbindlichkeiten gegenüber Kreditinstituten
  3. erhaltene Anzahlungen auf Bestellungen
  4. Verbindlichkeiten aus Lieferungen und Leistungen
  5. Verbindlichkeiten aus der Annahme gezogener Wechsel und der Ausstellung eigener Wechsel
  6. Verbindlichkeiten gegenüber verbunden Unternehmen
  7. Verbindlichkeiten gegenüber Unternehmen, mit denen ein Beteiligungsverhältnis besteht
  8. sonstige Verbindlichkeiten, davon aus Steuern, davon im Rahmen der sozialen Sicherheit

D. Rechnungsabgrenzungsposten

c) *Gewinn- und Verlustrechnung:* gesetzlich vorgegebene Gliederung: siehe Übersicht unten; wesentliche Vorschriften (§§ 275–278 HGB):

o der Kaufmann kann Aufstellung der GuV nach dem *Gesamtkosten-* oder dem *Umsatzkosten*verfahren wählen, § 275 I

o als außerordentliche Erträge bzw. Aufwendungen sind Erträge und Aufwendungen auszuweisen, die außerhalb der gewöhnlichen Geschäftstätigkeit der Kapitalgesellschaft anfallen (Erläuterung im Anhang), § 277 IV.

Gliederung der Gewinn- und Verlustrechnung nach § 275 HGB

I. nach Gesamtkostenverfahren

1. Umsatzerlöse
2. Erhöhung oder Verminderung des Bestands an fertigen und unfertigen Erzeugnissen
3. andere aktivierte Eigenleistungen
4. sonstige betriebliche Erträge
5. Materialaufwand:
    a) Aufwendungen für Roh-, Hilfs- und Betriebsstoffe und für bezogene Waren
    b) Aufwendungen für bezogene Leistungen
6. Personalaufwand:
    a) Löhne und Gehälter
    b) soziale Abgaben und Aufwendungen für Altersversorgung und für Unterstützung, davon für Altersversorgung
7. Abschreibungen:
    a) auf immaterielle Gegenstände des Anlagevermögens und Sachanlagen sowie auf aktivierte Aufwendungen für die Ingangsetzung und Erweiterung des Geschäftsbetriebes
    b) auf Vermögensgegenstände des Umlaufvermögens, soweit diese die in der Kapitalgesellschaft üblichen Abschreibungen überschreiten
8. sonstige betriebliche Aufwendungen
9. Erträge aus Beteiligungen, davon aus verbundenen Unternehmen
10. Erträge aus anderen Wertpapieren und Ausleihungen des Finanzanlagevermögens, davon aus verbundenen Unternehmen
11. sonstige Zinsen und ähnliche Erträge, davon aus verbundenen Unternehmen
12. Abschreibungen auf Finanzanlagen und auf Wertpapiere des Umlaufvermögens
13. Zinsen und ähnliche Aufwendungen, davon an verbundene Unternehmen
14. Ergebnis der gewöhnlichen Geschäftstätigkeit
15. außerordentliche Erträge
16. außerordentliche Aufwendungen
17. außerordentliches Ergebnis
18. Steuern vom Einkommen und vom Ertrag
19. sonstige Steuern

20. Jahresüberschuß/Jahresfehlbetrag

II. nach Umsatzkostenverfahren

1. Umsatzerlöse
2. Herstellungskosten der zur Erzielung der Umsatzerlöse erbrachten Leistungen
3. Bruttoergebnis vom Umsatz
4. Vertriebskosten
5. allgemeine Verwaltungskosten
6. sonstige betriebliche Erträge
7. sonstige betriebliche Aufwendungen
8. Erträge aus Beteiligungen,
davon aus verbundenen Unternehmen
9. Erträge aus anderen Wertpapieren und Ausleihungen des Finanzanlagevermögens,
davon aus verbundenen Unternehmen
10. sonstige Zinsen und ähnliche Erträge,
davon aus verbundenen Unternehmen
11. Abschreibungen auf Finanzanlagen und auf Wertpapiere des Umlaufvermögens
12. Zinsen und ähnliche Aufwendungen,
davon an verbundene Unternehmen
13. Ergebnis der gewöhnlichen Geschäftstätigkeit
14. außerordentliche Erträge
15. außerordentliche Aufwendungen
16. außerordentliches Ergebnis
17. Steuern vom Einkommen und vom Ertrag
18. sonstige Steuern
19. Jahresüberschuß/Jahresfehlbetrag

d) *Bewertung:* §§ 279–283 HGB; im einzelnen:

o § 253 IV HGB nicht anwendbar: keine zusätzlichen Abschreibungen über den Rahmen des § 253 I-III hinaus, § 279 I 1

o Vornahme außerplanmäßiger Abschreibungen nur bei Finanzanlagen (außer bei voraussichtlich dauernder Wertminderung), § 279 I 2

o bei bestimmten Abschreibungen muß, wenn in späterem Geschäftsjahr die Gründe dafür nicht mehr bestehen, Zuschreibung erfolgen („Wertaufholungsgebot", § 280)

o Wertansatz des Eigenkapitals zum Nennbetrag, § 283.

e) *Anhang:* §§ 284–288 HGB

o Aufnahme der Angaben, die vom HGB vorgeschrieben sind und nicht bereits in Bilanz/GuV aufgenommen wurden, § 284 I

o Angabe der angewandten Bilanzierungs- und Bewertungsmethoden, § 284 II Nr. 1

o Angabe und Begründung von Abweichungen von den Bilanzierungs- und Bewertungsmethoden, § 284 II Nr. 3

o weitere umfangreiche und detaillierte Erläuterungen (§ 285), z. B.
   – Gesamtbetrag der Verbindlichkeiten mit Restlaufzeit von mehr als 4 Jahren

- sonstige finanzielle Verpflichtungen, sofern diese für die Beurteilung der Finanzlage von Bedeutung sind
- Aufgliederung der Umsatzerlöse nach Tätigkeitsbereichen und geografisch bestimmten Märkten
- Belastung des ordentlichen und des außerordentlichen Ergebnisses durch Steuern von Einkommen und vom Ertrag
- Zahl der beschäftigten Arbeitnehmer im Geschäftsjahresdurchschnitt
- Name und Sitz anderer Unternehmen, bei denen Beteiligung von mind. 20 % besteht
- Name und Sitz des Mutterunternehmens der Kapitalgesellschaft.

f) *Lagebericht:* soll den Geschäftsverlauf und die Lage der Kapitalgesellschaft so darstellen, daß ein den tatsächlichen Verhältnissen entsprechendes Bild vermittelt wird (§ 289 HGB), einschl.

o Vorgänge nach Schluß des Geschäftsjahres von besonderer Bedeutung
o voraussichtliche Entwicklung der Kapitalgesellschaft
o Bereich Forschung und Entwicklung.

g) Besondere Vorschriften für *Konzernabschluß und Konzernlagebericht* (§§ 290–315 HGB), insbesondere

o Pflicht zur Aufstellung von Konzernabschluß und -lagebericht (§ 290),
- wenn in einem Konzern die Unternehmen unter der einheitlichen Leitung einer Kapitalgesellschaft (Mutterunternehmen) mit Sitz im Inland stehen und dem Mutterunternehmen eine Beteiligung (§ 271) gehört
- wenn dem Mutterunternehmen folgendes zusteht:
  - die Mehrheit der Stimmrechte der Gesellschafter
  - das Recht, die Mehrheit der Mitglieder des Verwaltungs-/Leitungs-/Aufsichtsorgans zu bestellen oder abzuberufen (bei gleichzeitiger Gesellschafterstellung)
  - das Recht, einen beherrschenden Einfluß aufgrund eines mit diesem Unternehmen geschlossenen Beherrschungsvertrages oder aufgrund einer Satzungsbestimmung dieses Unternehmens auszuüben

o Befreiungen von dieser Verpflichtung, u. a. nach der Größe, d. h. wenn bei zwei aufeinander folgenden Jahresabschlüssen mindestens zwei der drei folgenden Merkmale zutreffen (§ 293):
- *entweder* (Mutter- und Tochterunternehmen zusammengefaßt)
  Bilanzsummen abzügl. Fehlbeträge übersteigen nicht 46,8 Mill. DM
  Umsatzerlöse der voraufgegangenen 12 Monate übersteigen nicht 96 Mill DM
  im Jahresdurchschnitt nicht mehr als 500 Arbeitnehmer
- *oder* (bei Konzernabschluß)
  Bilanzsumme abzügl. Fehlbetrag übersteigt nicht 39 Mill. DM
  Umsatzerlöse übersteigen nicht 80 Mill. DM
  im Jahresdurchschnitt nicht mehr als 500 Arbeitnehmer

- o besondere Befreiungsvorschriften für Kreditinstitute (§ 293 II) und Versicherungen (§ 293 III), siehe Abschnitt 3.0.23
- o Konzernabschluß besteht aus Konzernbilanz, Konzern-GuV, Konzernanhang (§ 297)
- o anzuwendende Vorschriften: §§ 244–256, 265, 266, 268–275, 277–283 HGB
- o im Konzernabschluß sind Jahresabschlüsse des Mutterunternehmens und der Tochterunternehmen zusammenzufassen (Vollkonsolidierung, § 300); dabei sind
  - die dem Mutterunternehmen gehörenden Anteile an einem Tochterunternehmen mit dem auf diese Anteile entfallenden Betrag des Eigenkapitals des Tochterunternehmens zu verrechnen (Kapitalkonsolidierung, § 301)
  - Ausleihungen und andere Forderungen, Rückstellungen und Verbindlichkeiten zwischen den in den Konzernabschluß einbezogenen Unternehmen wegzulassen (Schuldenkonsolidierung, § 303)
  - in der GuV die Erlöse und sonstigen Erträge aus Lieferungen und Leistungen mit den auf sie entfallenden Aufwendungen zu verrechnen (Aufwands- und Ertragskonsolidierung, § 305)
- o einheitliche Bewertung der in den Konzernabschluß übernommenen Vermögensgegenstände und Schulden der Unternehmen nach den auf den Jahresabschluß des Mutterunternehmens anwendbaren Bewertungsmethoden, § 308
- o besonderer Ausweis in der Konzernbilanz für *assoziierte* Unternehmen = Unternehmen, die nicht in den Konzernabschluß einbezogen sind, auf die aber von einem Konzernunternehmen ein maßgeblicher Einfluß ausgeübt wird; dieser wird vermutet, wenn das Konzernunternehmen mind. 20 % der Stimmrechte besitzt (§§ 311–312).

h) *Prüfung* von Jahresabschluß und Lagebericht: §§ 316–324 HGB

- o Pflicht zur Prüfung durch Abschlußprüfer (sofern keine „kleine" Kapitalgesellschaft nach § 267 HGB), § 316
- o Prüfung erstreckt sich – unter Einbeziehung der Buchführung – auf Einhaltung der Vorschriften von Gesetz, Gesellschaftsvertrag, Satzung, § 317
- o Wahl des Abschlußprüfers durch die Gesellschafter (bei Konzernen: durch die Gesellschafter des Mutterunternehmens); bei GmbH Abweichung im Gesellschaftsvertrag möglich; § 318 I
- o Abberufung auf Antrag der gesetzlichen Vertreter, des Aufsichtsrats oder von Gesellschaftern (bei AG/KGaA aber nur, wenn die Anteile dieser Gesellschafter 10 % des Grundkapitals oder 2 Mill. DM Nennwert erreichen = Minoritätsrecht) durch Gericht, § 318 III-V
- o als Abschlußprüfer kommen in Frage Wirtschaftsprüfer, Wirtschaftsprüfungsgesellschaften; bei mittelgroßer GmbH auch vereidigte Buchprüfer und Buchprüfungsgesellschaften; Prüfer darf bei zu prüfender Gesellschaft oder verbundenem/ beteiligtem Unternehmen nicht als Gesellschafter, gesetzlicher Vertreter, Aufsichtsorgan engagiert oder sonst in Interessenkollision sein (§ 319)

o Abschlußprüfer stellt schriftlichen Prüfungsbericht auf; sofern keine Einwendungen zu erheben sind, wird folgender Bestätigungsvermerk erteilt (§ 322):

„Die Buchführung und der Jahresabschluß entsprechen/Der Konzernabschluß entspricht nach meiner/unserer pflichtgemäßen Prüfung den gesetzlichen Vorschriften. Der Jahresabschluß/Konzernabschluß vermittelt unter Beachtung der Grundsätze ordnungsmäßiger Buchführung ein den tatsächlichen Verhältnissen entsprechendes Bild der Vermögens-, Finanz- und Ertragslage der Kapitalgesellschaft/des Konzerns. Der Lagebericht/Konzernlagebericht steht im Einklang mit dem Jahresabschluß/Konzernabschluß."

o bei Meinungsverschiedenheiten zwischen Kapitalgesellschaft und Abschlußprüfer entscheidet ausschließlich das Landgericht (Anwendung des Gesetzes über die Angelegenheiten der freiwilligen Gerichtsbarkeit), § 324.

i) *Offenlegung und Veröffentlichung:* §§ 325–329 HGB

o Einreichung beim Handelsregister:
  – Jahresabschluß mit Prüfungsvermerk
  – Lagebericht
  – Bericht des Aufsichtsrates
  – Vorschlag für Verwendung des Ergebnisses und Beschluß darüber

unverzüglich nach Vorlage an die Gesellschafter/spätestens vor Ablauf von 9 Monaten; danach Bekanntmachung im Bundesanzeiger, bei welchem Handelsregister und unter welcher Nummer die Unterlagen eingereicht wurden (325 I)

o bei großen Kapitalgesellschaften Bekanntmachung der Unterlagen im Bundesanzeiger vor Einreichung beim Handelsregister, die Bekanntmachung ist dann mit einzureichen (§ 325 II)

o bei mittelgroßen Kapitalgesellschaften muß die Bilanz nur in der für kleine Kapitalgesellschaften vorgeschriebenen Form, aber mit einer Reihe von Zusatzangaben eingereicht werden (§ 327)

o bei kleinen Kapitalgesellschaften sind nur die Bilanz und der Anhang spätestens vor Ablauf von 12 Monaten einzureichen (Jahresergebnis, Vorschlag und Beschluß über seine Verwendung müssen enthalten sein oder beigefügt werden), § 326

k) *Straf- und Bußgeldvorschriften:* §§ 331–335 HGB, anzuwenden bei unrichtiger Darstellung, Verletzung der Berichts- oder der Geheimhaltungspflicht.

0.4.043 Sondervorschriften für Genossenschaften

Die §§ 336–339 HGB enthalten Sondervorschriften für eingetragene Genossenschaften; hervorzuheben sind:

o Der Jahresabschluß gemäß § 242 HGB ist um einen Anhang zu erweitern, der mit Bilanz und GuV eine Einheit bildet, außerdem ist ein Lagebericht aufzustellen, §§ 264 II, 265–289 sind (mit Ausnahmen) anzuwenden, § 336

o Bilanz: § 337
- statt des gezeichneten Kapitals ist der Betrag der Geschäftsguthaben der Genossen auszuweisen
- anstelle der Gewinnrücklagen sind die Ergebnisrücklagen auszuweisen

o Anhang: § 338
- auch Angaben über die Zahl der im Laufe des Geschäftsjahres eingetretenen/ausgeschiedenen sowie am Jahresschluß der Genossenschaft angehörenden Genossen
- Betrag und Veränderung der Haftsummen

o Offenlegung: § 339
- der Vorstand hat unverzüglich nach der Generalversammlung den Jahresabschluß, den Lagebericht und den Bericht des Aufsichtsrates zum Genossenschaftsregister einzureichen
- bei großer Genossenschaft (vgl. § 267 III) ist unverzüglich nach der Generalversammlung der festgestellte Jahresabschluß mit Bestätigungsvermerk in den dafür bestimmten Blättern bekanntzumachen und die Bekanntmachung zum Genossenschaftsregister einzureichen
- Anwendung der größenabhängigen Erleichterungen der §§ 326–329 HGB.

0.4.044 Der Jahresabschluß von Unternehmen in der Praxis

Die Änderungen, die das Bilanzrichtliniengesetz für den Jahresabschluß der Unternehmen gebracht hat, wirken sich bis in die kreditwirtschaftliche Praxis hinein aus. Da zur Beurteilung der Bonität von kreditsuchenden Unternehmen die Bilanz, die Gewinn- und Verlustrechnung und die weiteren verfügbaren Unterlagen eine wesentliche Rolle spielen, mußte sich die Praxis auf die veränderte Aussagefähigkeit dieses Materials einstellen. Die nachfolgenden Hinweise sollen dabei helfen.

a) *Anwendungsbereich:*

o alle Vollkaufleute: gesetzlich fixierte Grundsätze ordnungsmäßiger Buchführung (§§ 238–263 HGB)

o Kapitalgesellschaften (AG, KGaA, GmbH): strengere Vorschriften zur Rechnungslegung (§§ 264–335 HGB), nämlich Vorschriften über
- Bilanzierung
  - Ansatz
  - Bewertung
  - Gliederung
- Information
- Offenlegung
- Prüfung

o Konzerne: im Rahmen der Vorschriften für Kapitalgesellschaften geregelt (§§ 290–315 HGB) o Genossenschaften: Verweis auf zahlreiche Vorschriften für Kapitalgesellschaften (§§ 336–339 HGB)

b) *Größenklassen:* Das HGB unterscheidet nach kleinen, mittleren und großen Kapitalgesellschaften (Genossenschaften), § 267 HGB. Diese Einteilung wirkt sich insb. bei den Vorschriften über Gliederung, Information, Offenlegung und Prüfung aus.

c) *Generalklauseln:*

o § 238 I HGB (allgemein):

„Die Buchführung muß so beschaffen sein, daß sie einem sachverständigen Dritten innerhalb angemessener Zeit einen Überblick über die Lage des Unternehmens vermitteln kann. Die Geschäftsvorfälle müssen sich in ihrer Entstehung und Abwicklung verfolgen lassen."

o § 264 II HGB (Kapitalgesellschaften):

„Der Jahresabschluß der Kapitalgesellschaft hat unter Beachtung der Grundsätze ordnungsmäßiger Buchführung ein den tatsächlichen Verhältnissen entsprechendes Bild von der Vermögens-, Finanz- und Ertragslage der Kapitalgesellschaft zu vermitteln. Führen besondere Umstände dazu, daß der Jahresabschluß ein den tatsächlichen Verhältnissen entsprechendes Bild im Sinne des Satzes 1 nicht vermittelt, so sind im Anhang zusätzliche Angaben zu machen."

d) *Ansatzvorschriften:* Hier sind Regelungen über die Aufnahme von Posten in die Aktiv- oder Passivseite der Bilanz getroffen.

o Aktivierungsvorschriften:
  – allgemein: Aktivierungsgebote, –verbote, -wahlrechte, z. B.
    – Vollständigkeitsgebot (§ 246 I): sämtliche Vermögensgegenstände, Rechnungsabgrenzungsposten
    – Verrechnungsverbot von Posten der Aktiv- und Passivseite (§ 246 II)
    – Aktivierungsverbot für Gründungs- und Kapitalbeschaffungskosten (§ 248 I)
    – Aktivierungsverbot für immaterielle Anlagen (§ 248 II)
    – Rechnungsabgrenzung: nur transitorische Posten sind zulässig (vgl. Abschnitt 3.2.11)
    – Aktivierungswahlrechte für Disagio (§ 250 III), Geschäfts- oder Firmenwert (§ 255 IV), Zölle und Verbrauchsteuern (§ 250 I 2)
  – Kapitalgesellschaften: Bilanzierungshilfen
    – Aktivierungswahlrecht für Ingangsetzung und Erweiterung des Geschäftsbetriebs (§ 269)
    – Aktivierungswahlrecht für zeitliche Abgrenzung von Steuern (§ 274 II)

o Passivierungsvorschriften:
  – allgemein: Passivierungsgebote, -verbote und -wahlrechte, z. B.
    – Vollständigkeitsgebot (§ 246 I): sämtliche Schulden, Rechnungsabgrenzungsposten, auch Pensionsrückstellungen (ab 1.1.87)
    – Passivierungsgebote für

- Rückstellungen für ungewisse Verbindlichkeiten und drohende Verluste aus schwebenden Geschäften (§ 249 I 1)
- unterlassene Instandhaltung und Abraumbeseitigung (§ 249 I 2)
- Auflösung von Rückstellungen nur, wenn Grund entfallen (§ 249 III 2)
- Passivierungsverbot
  - für Rückstellungen für andere Zwecke (§ 249 III 1)
- Passivierungswahlrechte für bestimmte unterlassene (§ 249 I 3) sowie künftige Instandhaltung (§ 249 II)
- Kapitalgesellschaften:
  - Passivierungsgebot für latente Steuern (§ 274)

e) *Grundsätze* für den Jahresabschluß:

o Grundsatz des "true and fair view" („wahrhafte und redliche Sicht"): der Jahresabschluß der Kapitalgesellschaften soll ein den tatsächlichen Verhältnissen entsprechendes Bild der Vermögens-, Finanz-, Ertragslage vermitteln (§ 264 II)

o Grundsatz der Klarheit und Übersichtlichkeit (§ 243 II)

o Grundsatz der Unternehmensfortführung (§ 252 I Nr. 2): Bei der Bewertung ist von der Fortführung der Unternehmenstätigkeit auszugehen, sofern dem nicht tatsächliche oder rechtliche Gegebenheiten entgegenstehen, d. h. grundsätzlich ist bei der Bewertung zu unterstellen, daß das Unternehmen seine Tätigkeit fortsetzt; andernfalls (z. B. bei Überschuldung) ist dies deutlich zu machen

o Grundsatz der Stetigkeit (§ 252 I Nr. 1): Identität von Schlußbilanz des Vorjahres und Eröffnungsbilanz des Folgejahres

o Grundsatz der Bewertungsstetigkeit (§ 252 I Nr. 6): Die auf den vorhergehenden Jahresabschluß angewandten Bewertungsmethoden sind beizubehalten

o Grundsatz der Wesentlichkeit (z. B. §§ 268 IV 2, 277 IV 2): Die Rechnungslegung soll alle wesentlichen Informationen für die Beurteilung der Vermögens-, Finanz- und Ertragslage vermitteln und darf unwesentliche Informationen vernachlässigen.

f) Hinweise zur *Bilanzierung* bei Kapitalgesellschaften:

o für das Anlagevermögen ist in der Bilanz oder im Anhang die Entwicklung darzustellen: Anschaffungs- und Herstellungskosten, Zugänge, Abgänge, Umbuchungen, Zu- und Abschreibungen (§ 268 II)

o sämtliche Immobilien werden zu der Position „Grundstücke und grundstücksgleiche Rechte und Bauten einschließlich der Bauten auf fremden Grundstücken" zusammengefaßt

o Definition der „Beteiligung" in § 271 I

o Definition des „verbundenen Unternehmens" in § 271 II

o seperater Vermerk der Forderungen bzw. Verbindlichkeiten mit Restlaufzeit bis zu einem Jahr bei jedem Einzelposten

o Zusammenfassung der „flüssigen Mittel" in nur einem Posten

o Einteilung des Eigenkapitals nach der Herkunft in gezeichnetes Kapital, Kapitalrücklagen und Gewinnrücklagen (§ 272), Gewinn-/Verlustvortrag, Jahresüberschuß/Jahresfehlbetrag
o Offenlegung der Gewinnverwendung (§§ 325, 326).

g) Hinweise zur *Gewinn- und Verlustrechnung* bei Kapitalgesellschaften:

o Unterteilung in Gesamtkostenverfahren (in Deutschland bisher üblich) und Umsatzkostenverfahren (international üblich):

Gesamtkostenverfahren:		
Betriebsergebnis	Position	1–8
+ Finanzergebnis	Position	9–13
= Ergebnis der gewöhnlichen Geschäftstätigkeit	Position	14
+/- außerordentliches Ergebnis	Position	17
- Steuern	Position	18–19
= Jahresüberschuß/Jahresfehlbetrag	Position	20
Umsatzkostenverfahren:		
Betriebsergebnis	Position	1–7
+ Finanzergebnis	Position	8–12
= Ergebnis der gewöhnlichen Geschäftstätigkeit	Position	13
+/- außerordentliches Ergebnis	Position	16
- Steuern	Position	17–18
= Jahresüberschuß/Jahresfehlbetrag	Position	19

o Kürzung der Gliederung der GuV, damit verringerte Aussagefähigkeit
o Neudefinition der außerordentlichen Aufwendungen und Erträge.

0.4.1 Unternehmensformen

0.4.10 Grundbegriffe

Gesellschaften im Überblick

Typ:	Gruppe:	Rechtsstellung:	Rechtsgrundlage:
Einzel-unter-nehmen	./.	natürliche Person	HGB (BGB)
OHG	Personen-gesellschaft	juristischen Personen angenähert (quasi-juristische Person)	HGB (BGB)
KG			
Stille Gesellschaft			HGB
GmbH & Co KG			HGB (GmbHG)
AG	Kapital-gesell-schaft	juristische Personen	AktG
GmbH			GmbHG
KGaA			AktG
Genossen-schaft	./.		GenG

159

Typ	Wesen, Definition:	Mindest-gründerzahl	Mindest-kapital
Einzel-unter-nehmen	Kaufmännisches Unternehmen in Händen einer natürlichen Person	1	–
OHG	Personengesellschaft zum Betrieb eines gemeinsamen Handelsgewerbes mit mindestens 2 Vollhaftern	2	–
KG	Personengesellschaft zum Betrieb eines gemeinsamen Handelsgewerbes mit mindestens 1 Vollhafter (Kompl.) + 1 Teilhafter (Komm.)	1 Komplementär 1 Kommanditist	–
Stille Gesell-schaft	Beteiligung am Handelsgewerbe eines Kaufmanns, nach außen nicht erkennbar	1 Kaufmann 1 stiller Gesell-schafter	–
GmbH & Co KG	KG, in der eine GmbH Vollhafter ist; Personengesellschaft	1 GmbH 1 Kommanditist	–
AG	Kapitalgesellschaft mit in Aktien zerlegtem Grundkapital; Formkaufmann	5	100.000,–
GmbH	Kapitalgesellschaft; Formkaufmann	1	50.000,–
KGaA	AG, in der mindestens 1 Aktionär wie der Komplementär einer KG haftet; Kapitalgesellschaft, Formkaufmann	5	100.000,–
Genossen-schaft	dient der Förderung des Erwerbs oder der Wirtschaft der Mitglieder; Formkaufmann	7	–

Typ	Geschäftsführung:	Geschäftsvertretung:
Einzelunternehmen	Inhaber	Inhaber
OHG	Grundsätzlich jeder Gesellschafter allein; Widerspruchsrecht der anderen	Grundsätzlich jeder Gesellschafter allein; kein Widerspruchsrecht
KG	Grundsätzlich jeder Komplementär allein (vgl. OHG); außergewöhnlichen Geschäften müssen die Kommanditisten zustimmen	Grundsätzlich jeder Komplementär allein; kein Widerspruchsrecht der Kommanditisten
Stille Gesellschaft	Nur der Kaufmann (je nach Rechtsform), nicht der Stille Gesellschafter	dto. <--
GmbH & Co KG	GmbH (Geschäftsführer)	dto. <--
AG	Vorstand (grundsätzlich alle Vorstandsmitglieder gemeinsam)	dto. <--
GmbH	Geschäftsführer	dto. <--
KGaA	Komplementäre = unabsetzbarer Vorstand	dto. <--
Genossenschaft	Vorstand (mindestens 2 Genossen)	dto. <--

Typ:	Haftung gegenüber Unternehmensgläubigern	Gewinnverteilung	Verlustverteilung
Einzelunternehmen	Inhaber allein, unbeschränkt	Inhaber allein	Inhaber allein
OHG	Jeder Gesellschafter unbeschränkt – unmittelbar – gesamtschuldnerisch – primär – persönlich	grundsätzlich 4 % auf die Einlage, Rest nach Köpfen	grds. nach Köpfen
KG	Komplementär: wie OHG-Ges. Kommanditist: mit seiner Einlage	grundsätzlich 4 % auf die Einlage, Rest angemessen	grds. angemessen
Stille Gesellschaft	Kaufmann allein; im Konkurs ist der Stille Gesellschafter Gläubiger	angemessen (Vereinbarung)	grds. angemessen
GmbH & Co KG	wie KG; BEACHTE ABER: Haftungsbegrenzung bei der GmbH	wie KG	wie KG
AG	AG: mit Geschäftsvermögen Aktionär: mit Anteil am Geschäftsvermögen	Beschluß der Hauptversammlung; gesetzliche Rücklagenbildung	HV-Beschluß; i. d. R. Verlustvortrag
GmbH	wie AG; Nachschußpflicht kann vereinbart werden	grundsätzlich nach Geschäftsanteilen	Gesellschafter-Beschluß
KGaA	KGaA: mit Geschäftsvermögen Komplementär: wie OHG-Gesellschafter	wie AG; Berücksichtigung der persönlichen Haftung des Vorstands	wie AG
Genossenschaft	Grundsätzlich wie AG; Nachschußpflicht kann vereinbart werden	Beschluß der Generalversammlung	Beschluß der Generalversammlung

0.4.100 Überblick

a) Eine Unternehmung ist eine *rechtliche* oder *organisatorische Einheit*, die *wirtschaftliche Zwecke* verfolgt („Betrieb").

Sie kann in verschiedenen *Formen* auftreten, wobei die *Einzelunternehmung* unter Leitung eines Kaufmanns als Alleininhaber am weitesten verbreitet ist und zugleich die *Urform* darstellt. Stärke der Einzelunternehmung ist die zentrale Leitung durch den Unternehmer, Schwächen sind vor allem die Alleinhaftung und die i. d. R. beschränkte Kapital- und Kreditbasis.

b) Diese Schwächen werden in der *Personengesellschaft,* wo mehrere Personen Inhaber sind, weitgehend beseitigt. Allerdings steht hier die Unternehmensleitung i. d. R. mehreren Personen zu, was die schnelle und sichere Entschlußfähigkeit beeinträchtigen kann.

Merkmale der Personengesellschaften:

o die Personen stehen im Vordergrund
o das Geschäftskapital wird von mehreren Gesellschaftern aufgebracht
o Kapital- und Kreditbasis sind damit i. d. R. weiter als bei Einzelunternehmungen
o für die Schulden der Gesellschaft haften mehrere Personen (als Voll- oder Teilhafter)
o alle Vollhafter sind zur Geschäftsführung und Vertretung berechtigt.

c) *Kapitalgesellschaften* bilden sich meist bei wachsender Betriebsgröße und höherem Kapitalbedarf heraus.

Unterschiede zu den Personengesellschaften:

o das Kapital steht im Vordergrund
o es wird i. d. R. von vielen Teilhabern aufgebracht
o dadurch meist weite Kapital- und Kreditbasis
o Geschäftsführung und Vertretung stehen gewählten Vertretern zu
o den Gläubigern haftet meist nur das Vermögen der Gesellschaft
o steuerliche Unterschiede (insb. bei Gewinnbesteuerung).

0.4.101 Grundlagen des Gesellschaftsrechts

Während sich in der Einzelunternehmung von der Struktur her keine wesentlichen Probleme auf privatrechtlichem Sektor ergeben, da der Inhaber alleinige Entscheidungs- und Verfügungsgewalt hat und seinen Prokuristen, soweit überhaupt vorhanden, jederzeit die Vollmacht entziehen kann, ist die *Gesellschaft* gekennzeichnet durch eine Mehrheit von Inhabern, die in unterschiedlicher Weise entscheidungs- und verfügungsbefugt sind, woraus sich in wesentlich größerem Umfang *Rechtsprobleme* ergeben.

Die verschiedenen Gesellschaftsformen finden ihre Entsprechung in politisch soziologischen Organisationsformen der menschlichen Gesellschaft, z. B. Alleinherrschaft (Diktatur/Monarchie), Herrschaft einer Auslese (Oligarchie), Volksherrschaft (Demokratie) mit mehr oder minder starker Beteiligung der Mitglieder an der Aus-übung der Herrschaftsgewalt. Die Diskussion um die Mitbestimmung der Arbeitnehmer und ihre Realisierung zeigen zugleich konkrete Berührungspunkte zwischen dem Recht der Unternehmungen einerseits und der Politik andererseits.

Unternehmensformen können ihrer Struktur nach *personenrechtlich* oder *körperschaftlich* organisiert sein. *Grundformen* hierfür sind – außerhalb der Einzelunternehmung – die *BGB-Gesellschaft* und der *rechtsfähige Verein*.

	Gesellschaften		andere Vereinigungen
Wesen	Privatrechtliche Personenvereinigungen zur Erreichung eines bestimmten gemeinsamen Zwecks, begründet durch Rechtsgeschäft		Merkmale der Gesellschaften fehlen, z. B. – keine Personenvereinigung – kein privatrechtl. rechtsgeschäftl. Zusammenschluß – keine Zweckgemeinschaft
Grundform	BGB-Gesellschaft	Verein	
Arten	OHG KG stille Gesellsch.	AG KGaA GmbH Genossenschaft VVaG bergrechtliche Gewerkschaft	Stiftungen Körperschaften, Anstalten familienrechtl. Gemeinschaften (Ehe, Gütergemeinschaft) Erbengemeinschaft sonstige Rechtsgemeinschaften

Abgrenzung von Verein (§§ 21 ff. BGB) und Gesellschaft des bürgerlichen Rechts (§§ 705 ff.):

	Verein*	BGB-Gesellschaft
Zweck, Ziel	ist von den Mitgliedern unabhängig, überdauert sie	ist an die Person der Mitglieder gebunden; kann vorübergehend sein
Organisation	Körperschaft, d. h. im Innen- und Außenverhältnis als einheitliches Ganzes; Satzung, Organe, einheitl. Name	von den Einzelpersönlichkeiten abhängig, deren Bindung aneinander die Gesellschaft darstellt
Mitglieder	unbeschränkte Zahl, Wechsel ohne weiteres möglich	begrenzt auf die Partner des Gesellschaftsvertrages (grds.)
Auftreten	als juristische Person	als Gesamtheit der Gesellschafter
Arten	begrenzte, gesetzlich geregelte Zahl; Vermischung ist möglich (z. B. GmbH & Co. KG)	

* Diese Ausführungen betreffen den *rechtsfähigen Verein,* der im Vereinsregister eingetragen und juristische Person ist. Nicht rechtsfähige, d. h. nicht eingetragene Vereine sollen nach § 54 BGB wie BGB-Gesellschaften behandelt werden; die Rechtsprechung sieht dies anders: auch die nicht rechtsfähigen Vereine werden dem Recht des eingetragenen Vereins unterstellt, sofern nicht Rechtsfähigkeit erforderlich ist!

Ein *Verein* kann erst bei mindestens *7 Mitgliedern* in das Vereinsregister eingetragen werden.

Die *BGB-Gesellschaft* kann von mindestens zwei natürlichen oder juristischen Personen sowie Personenhandelsgesellschaften gegründet werden.

0.4.102 Vorgesellschaften

a) *Problematik:*
o Bei der klaren und eindeutigen Einteilung des Gesellschaftsrechts in die *nicht rechtsfähige* BGB-Gesellschaft einerseits, den *rechtsfähigen* Verein andererseits ergibt sich die Frage, wie ein *nicht eingetragener,* also nicht rechtsfähiger Verein behandelt wird
o dieselbe Frage stellt sich, wenn eine Kapitalgesellschaft gegründet worden ist, in der Zeit bis zu ihrer Eintragung (durch die sie zur juristischen Person wird)
o in diesem Stadium wird die Kapitalgesellschaft als *Vorgesellschaft* bezeichnet (z. B. GmbH i. G. = in Gründung).

b) *Gesetzliche Regelung:* nach § 54,1 BGB werden auf nicht rechtsfähige Vereine die Vorschriften über die BGB-Gesellschaft angewandt; Folgen:

- o rechtssystematischer Bruch, da hierdurch die beiden Grundformen des Gesellschaftsrechts miteinander vermengt werden
- o eine Kapitalgesellschaft in Gründung, die ja vom Verein abgeleitet ist, müßte vor Eintragung im Handelsregister ebenfalls wie eine BGB-Gesellschaft behandelt werden, obwohl keiner der an der Gründung Beteiligten dies gewollt haben dürfte.

c) Rechtliche *Weiterentwicklung* durch Rechtsprechung und Literatur:

- o auf den nicht rechtsfähigen Verein werden hinsichtlich Haftung, aber auch darüber hinaus die Vorschriften über den rechtsfähigen Verein (§§ 21 ff. BGB) angewandt, sofern nicht die Rechtsfähigkeit dafür Voraussetzung ist
- o auch Vorgesellschaften werden im wesentlichen dem Recht der zu gründenden Gesellschaft (z. B. dem Recht der GmbH) unterstellt, es sei denn, die Rechtsfähigkeit ist zwingend erforderlich (Beispiel: eine GmbH in Gründung will Gesellschafterin einer anderen GmbH werden – hier ist Rechtsfähigkeit erforderlich!)
- o für die Haftung gilt außerdem bei dem nicht rechtsfähigen Verein § 54,2 BGB: aus einem Rechtsgeschäft für den nicht rechtsfähigen Verein haftet der *Handelnde persönlich;* vergleichbare Vorschriften gibt es auch bei Kapitalgesellschaften (vgl. § 11 II GmbHG).

0.4.11 Einzelunternehmung

0.4.110 Wesen und Bedeutung

a) *Wesen:* = kaufmännisches Unternehmen, das einzelner Person gehört, d. h. der Inhaber *allein*

- o bringt das Kapital auf
- o hat Geschäftsführung (Leitung des Unternehmens im Innenverhältnis) und Vertretung (gegenüber Dritten = Außenverhältnis) inne
- o haftet, und zwar *unbeschränkt,* d. h. mit seinem gesamten Geschäfts- und Privatvermögen
- o erhält den Gewinn, trägt aber auch das gesamte Risiko.

b) *Bedeutung:*

- o freie, schnelle Entscheidungen ohne Meinungsverschiedenheiten
- o zentrale Leitung in einer Hand
- o dennoch Übertragung von Befugnissen an Bevollmächtigte (z. B. Prokuristen) möglich
- o aber begrenzte Kapitalbasis, beschränkte Kapitalbeschaffungsmöglichkeiten, insbesondere nur bedingte Kreditwürdigkeit Kunden und Banken gegenüber, sofern die persönliche Haftung nicht genügend Sicherheit verspricht.

0.4.111 Beendigung

Die Einzelunternehmung kann beendet werden durch Auflösung oder Umwandlung in eine Gesellschaftsform.

a) *Gründe* für *Auflösung:*

o persönlich (Alter, Krankheit, Tod)

o wirtschaftlich:

- Liquidation (=freiwillige Auflösung), z. B. aus Konkurrenzschwäche, Nachfragerückgang, gesamtwirtschaftlicher Krise
- Konkurs (=zwangsweise Auflösung) wegen Zahlungsunfähigkeit

b) *Fortsetzung* des Unternehmens durch Aufnahme eines Gesellschafters:

o Aufnahme eines *stillen Gesellschafters* ermöglicht dem Einzelunternehmer, seine Kapitalbasis zu erweitern und dennoch die alleinige Entscheidungsgewalt zu behalten

o Aufnahme eines *Kommanditisten* (Bildung einer Kommanditgesellschaft) beläßt dem Inhaber weitgehend das Entscheidungs- und Verfügungsrecht

o Aufnahme eines *Vollhafters* (Bildung einer Offenen Handelsgesellschaft) erweitert die Haftungs- und Kreditbasis, beschneidet aber die Befugnisse des bisherigen Alleininhabers

o Bildung einer *Kapitalgesellschaft* bedingt meist völlige Umstrukturierung (= Umformung) der Unternehmensorganisation (Ausn. GmbH) und führt zum (oft gewünschten) Ausschluß der persönlichen Haftung.

Gründe für eine Umwandlung:

o Erweiterung der Kapital- und Kreditbasis

o Risikoverteilung

o Erweiterung der Haftungsbasis

o Verstärkung der Arbeitskraft, Verteilung der Verantwortung für unternehmerische Entscheidungen

o persönliche Gründe (Alter usw.)

o Hinzuziehen von Fachleuten

o Ausnutzung steuerliche Vorteile

o Gründung von Zweigniederlassungen

o Erhaltung oder Verbesserung der Konkurrenzfähigkeit durch Erweiterung, Vergrößerung, Investierung des hinzukommenden Kapitals.

0.4.12 Gesellschaft bürgerlichen Rechts = BGB-Gesellschaft (§§ 705–740 BGB)

0.4.120 Wesen

a) *Definition:* § 705 BGB
- vertraglicher Zusammenschluß (ausdrücklich/stillschweigend)
- Gesellschafter:
  - natürliche Personen
  - juristische Personen
  - quasi-juristische Personen (OHG, KG)
- keine Rechtsfähigkeit
- gemeinsam verfolgter Zweck
- kein Handelsgewerbe
- keine Firma
- keine Bruchteilsgemeinschaft (vgl. §§ 741–758 BGB), sondern Gesamthandsgemeinschaft
- weitgehend dispositives, d. h. nach dem Grundsatz der Vertragsfreiheit (§ 305 BGB) abänderbares Recht

b) *Abgrenzung:*

Bruchteilsgemeinschaft	Gesamthandsgemeinschaft
1. Jedem Teilhaber steht an jedem einzelnen Vermögensgegenstand ein ziffernmäßig bestimmter Anteil zu (vgl. § 742 BGB)	1. Das gemeinschaftliche Vermögen bildet eine von dem übrigen Vermögen der Mitglieder gesonderte rechtliche Einheit = Sondervermögen (§ 718 BGB)
2. Über diesen Anteil kann er frei verfügen (§ 747, 1)	2. Keine Verfügungen über den Anteil am einzelnen Vermögensgegenstand sowie am gemeinsamen Vermögen
3. Er hat jederzeit Anspruch auf Aufhebung der Gemeinschaft (§ 749).	3. Teilung kann nicht verlangt werden (§ 719 I).

c) *Erscheinungsformen:*
- im nichtwirtschaftlichen Bereich: z. B. Schulausflug, Lottogemeinschaft, Jazzband, Mitfahrgemeinschaft, Investmentclub
- als Zusammenschluß von Minderkaufleuten, da diese keine OHG oder KG gründen können, § 4 II HGB
- als Zusammenschluß von Freiberuflern, bei denen OHG und KG entfallen, da kein Handelsgewerbe betrieben wird, z. B. Rechtsanwalts-Sozietät, Gemeinschaftspraxis von Ärzten

- o als Gelegenheitsgesellschaften (Zweckzusammenschlüsse), z. B.
  - Arbeitsgemeinschaften (ARGE, Baugewerbe)
  - Konsortien (z. B. Emissionskonsortium = Zusammenschluß von KI zur Übernahme und Unterbringung von Wertpapieremissionen; Kreditkonsortien von KI zur gemeinsamen Vergabe eines Großkredites)
- o als überbetriebliche Zusammenschlüsse:
  - Kartell (horizontaler Zusammenschluß)
  - Konzern (horizontal oder vertikal)
  - Interessengemeinschaft
- o als Holdinggesellschaften (Dachgesellschaften für mehrere Unternehmen – nicht notwendig in Form der BGB-Gesellschaft)
- o als landwirtschaftliche Zusammenschlüsse.

0.4.121 Rechtsverhältnisse

a) *Geschäftsführung:* betrifft das Innenverhältnis zwischen den Gesellschaftern, d. h. Entscheidungen über die Führung der Gesellschaft (z. B. Ernennung eines Bevollmächtigten, Änderung des Gesellschaftszwecks); aber auch nach außen wirkende Entscheidungen wie der Abschluß eines Vertrages haben eine nach innen wirkende Komponente, die interne Entscheidung, so zu handeln. Für die Geschäftsführung gilt (§§ 709–713 BGB):

- o gemeinschaftlich
- o Zustimmung aller Gesellschafter für eine Entscheidung erforderlich (positives Konsensprinzip)
- o Übertragung der Geschäftsführungsbefugnis auf einen oder mehrere Gesellschafter möglich
- o wenn von mehreren Gesellschaftern jeder allein zu handeln berechtigt ist, hat jeder ein Widerspruchsrecht (kann vertraglich abweichend geregelt werden)
- o Entziehung der Geschäftsführung ist bei wichtigem Grund möglich.

b) *Vertretung* (§§ 714–715): betrifft das Außenverhältnis, d. h. das Verhältnis der Gesellschaft bzw. der Gesellschafter zu Dritten (insb. Vertragspartnern); im einzelnen gilt:

- o wer geschäftsführungsbefugt ist, ist im Zweifel auch vertretungsbefugt
- o daher gilt grundsätzlich Gesamtvertretung (alle handeln gemeinsam, d. h. jeder unterschreibt jeden Vertrag mit)
- o abweichende vertragliche Regelung möglich.

c) *Haftung* für Gesellschaftsschulden:

- o Haftung des BGB-Gesellschafters: mit seinem Gesellschafts- und Privatvermögen,

d. h. persönlich, unbeschränkt, unmittelbar (direkt gegenüber dem Gläubiger), gesamtschuldnerisch
o Beschränkung der Haftung auf das Gesellschaftsvermögen ist möglich, muß aber für Dritte erkennbar sein
o Vollstreckung in das Gesellschaftsvermögen: der Gläubiger benötigt einen Vollstreckungstitel gegen alle Gesellschafter
o Vollstreckung in das Privatvermögen: wenn der Gläubiger dabei auch den Anteil des Gesellschafters an der BGB-Gesellschaft zu seinen Gunsten verwerten will:
  – Pfändung des Gesellschaftsanteils des Schuldners
  – dann wird die Gesellschaft gekündigt (ohne Frist)
  – es entsteht ein Abfindungsanspruch des Gesellschafters gegen die anderen Gesellschafter, der vom Gläubiger verwertet werden kann.

d) *Sonstiges:*

o grundsätzlich gleicher Anteil der Gesellschafter am Gewinn/Verlust (kann vertraglich abweichend geregelt werden)
o die Gesellschafterstellung ist grds. unübertragbar (kann abweichend geregelt werden)
o die BGB-Gesellschaft löst sich grds. auf bei
  – Ausscheiden
  – Kündigung
  – Ausschließung   eines Gesellschafters
  – Tod
  – Konkurs
o bei Ausscheiden eines Gesellschafters „wächst" sein Anteil den anderen Gesellschaftern zu (§ 738); für ihn entsteht ein Abfindungsanspruch.

0.4.13 Offene Handelsgesellschaft = OHG (§§ 105–160 HGB)

0.4.130 Wesen und Entstehung

a) *Definition:* § 105 HGB

= Personen(handels)gesellschaft
o Zusammenschluß zum Betrieb eines Handelsgewerbes unter gemeinsamer Firma
o Gesellschafter: mindestens zwei
  – natürliche Personen
  – juristische Personen
  – Personenhandelsgesellschaften (d. h. auch zwei OHG's können eine weitere OHG gründen!)
  (nicht in Betracht kommen BGB-Gesellschaft, Erbengemeinschaft, nicht rechtsfähiger Verein)

- Gleichberechtigung und unbeschränkte Haftung der Gesellschafter
- den Vorschriften über Vollkaufleute unterworfen (§ 6 I HGB).

b) *Auftreten* der OHG im Rechtsverkehr: *wie selbständiges Rechtssubjekt* (d. h. den juristischen Personen gleichgestellt): sog. quasi-juristische Person

- die OHG kann unter ihrer Firma Rechte (auch Eigentum) erwerben, Verbindlichkeiten eingehen (§ 124 I HGB)
- die OHG kann unter ihrer Firma klagen und verklagt werden sowie in Konkurs gehen (§§ 124 HGB, 50 ZPO, 209 KO).

c) *Gründung:* durch formfreien Gesellschaftsvertrag; notarielle Beurkundung bei Einbringung von Grundstücken (§ 313 BGB).

Wirksamkeit = Beginn der Gesellschaft im *Außenverhältnis:*

- bei Betreiben eines Grundhandelsgewerbes (Mußkaufmann) mit Aufnahme der Geschäfte (unter Zustimmung aller Gesellschafter), § 123 II HGB
- sonst (als Soll- oder Kannkaufmann bzw. wegen Gleichstellung mit Formkaufleuten) mit Eintragung ins Handelsregister (§ 123 I).

Die OHG *muß* ins Handelsregister *eingetragen* werden, ist also mindestens Sollkaufmann. Die Anmeldung zur Eintragung muß durch alle Gesellschafter erfolgen (§§ 106, 108 HGB).

0.4.131 Geschäftsführung (Innenverhältnis)

a) *Wesen:* Geschäftsführung ist das Innenverhältnis der Gesellschafter zueinander.

b) *Gesetzliche Regelung:* Gilt grundsätzlich, d. h. soweit nichts anderes vereinbart wurde:

- *Jeder Gesellschafter* ist zur Geschäftsführung berechtigt und verpflichtet (§ 114)
- jeder Gesellschafter darf gewöhnliche Handlungen *allein* durchführen (Einzelgeschäftsführung, § 115)
- jeder einzelne Gesellschafter hat ein *Widerspruchsrecht* (Vetorecht); bei Ausübung dieses Rechts muß die Handlung unterbleiben *(negatives Konsensprinzip,* § 115 I 2).

c) Abweichungen aufgrund vertraglicher *Vereinbarung:*

- Beschränkung der Geschäftsführung auf einige oder einen Gesellschafter (dann haben nur die geschäftsführungsberechtigten Gesellschafter ein Vetorecht)
- Gesamtgeschäftsführung aller Gesellschafter (Zustimmung aller erforderlich, *positives Konsensprinzip;* in der Praxis meist zu umständlich)
- Notgeschäftsführung (bei Gesamtgeschäftsführung mehrerer/aller Gesellschafter): bei Gefahr im Verzuge darf ein Gesellschafter die erforderliche Maßnahme allein treffen (§ 115 I)

o bei *ungewöhnlichen* Geschäften ist *kein* Ausschluß der Zustimmungspflicht aller möglich; *Beispiele:*
– Kauf von Grundstücken
– Errichtung einer Filiale
– Bestellung von Prokuristen (Entlassung eines Prokuristen ist jedem geschäftsführungsberechtigten Gesellschafter möglich).

d) *Umfang:*

o Geschäftsführungsbefugnis erstreckt sich auf alle Handlungen, die der gewöhnliche Betrieb des Handelsgewerbes mit sich bringt (also abhängig von der Branche!)
o für außergewöhnliche Geschäfte ist Beschluß sämtlicher Gesellschafter erforderlich (§ 166 II).

e) *Entziehung* der Geschäftsführungsbefugnis auf Antrag der übrigen Gesellschafter, bei wichtigem Grund (insb. grobe Pflichtverletzung/Unfähigkeit), durch gerichtliche Entscheidung (§ 117).

f) *Kündigung* der Geschäftsführungsbefugnis bei wichtigem Grund (vgl. § 712 I BGB).

0.4.132 Vertretung (Außenverhältnis)

a) *Wesen:* Der Begriff der Vertretung betrifft das Verhältnis der Gesellschaft zu Dritten und die in diesem Zusammenhang zustandekommenden Rechtsgeschäfte und sonstigen Rechtshandlungen.

b) *Gesetzliche Regelung* (§§ 125–127):

o Jeder Gesellschafter ist zur Abgabe von Willenserklärungen gegenüber Dritten befugt, die die OHG berechtigen und verpflichten, wenn er nicht durch Gesellschaftsvertrag von der Vertretung ausgeschlossen ist
o grundsätzlich gilt *Einzelvertretung* (§ 125)
o kein Widerspruchsrecht der anderen Gesellschafter (Grund: Schutz der Vertragspartner, die sich sonst auf Willenserklärungen eines Gesellschafters nicht verlassen könnten).

c) Abweichungen aufgrund vertraglicher *Vereinbarung:*

o *echte Gesamtvertretung* (§ 125 II): gemeinsame Vertretung durch mehrere oder alle Gesellschafter; Unterermächtigung an einzelne Gesellschafter für bestimmte Geschäfte möglich
o *unechte Gesamtvertretung* (§ 125 III): Gesellschafter gemeinsam mit einem Prokuristen
o jede vom Gesetz abweichende Vertretungsregelung muß ins Handelsregister eingetragen werden (§ 125 IV).

d) *Umfang* (§ 126):

o alle gerichtlichen/außergerichtlichen Geschäfte/Rechtshandlungen

o auch Veräußerung/Belastung von Grundstücken

o auch Erteilung/Widerruf der Prokura

o keine Unterscheidung zwischen gewöhnlichen/außergewöhnlichen Geschäften

o keine Beschränkung der Vertretungsmacht Dritten gegenüber (Ausnahme: Gesamtvertretung; Filialvertretung; vgl. § 50 III HGB)

o die Vertretungsmacht umfaßt *nicht* die Abänderung des Gesellschaftsvertrages, Auflösung der Gesellschaft, Aufnahme weiterer Gesellschafter ohne Zustimmung aller Gesellschafter.

e) *Entzug* der Vertretungsmacht bei wichtigem Grund durch gerichtliche Entscheidung möglich, auch gegen den einzigen allein vertretungsberechtigten Gesellschafter (§ 127).

0.4.133 Haftung

a) Haftung der *OHG:* selbständig für die Schulden der Gesellschaft (§ 124 I).

b) Haftung der *Gesellschafter: neben* der OHG für alle Schulden der Gesellschaft, und zwar (§ 128 HGB)

o *unmittelbar,* d. h. direkt gegenüber dem jeweiligen Gläubiger, nicht nur über die OHG

o *primär,* d. h. ohne Einrede der Vorausklage gegen die OHG (zum Begriff vgl. § 771 BGB sowie Abschnitt 1.3.101 b)

o *gesamtschuldnerisch* (solidarisch): jeder Gesellschafter haftet für die gesamten Schulden der Gesellschaft (vgl. § 421 BGB), der Gläubiger kann von ihm also den Gesamtbetrag seiner Forderung verlangen (daß die Gesellschafter anschließend untereinander für Ausgleich sorgen, § 426 BGB, berührt den Gläubiger nicht)

o *persönlich,* d. h. neben dem Geschäftsvermögen auch mit dem Privatvermögen

o *unbeschränkt,* d. h. ohne Begrenzung auf einen bestimmten Betrag (anders beim Kommanditisten einer KG).

Den Gesellschaftern stehen allerdings alle Einwendungen zur Verfügung, die auch die OHG erheben kann, z. B. mangelhafte Warenlieferung, Verjährung des Anspruches usw. Haftungsbeschränkungen sind nur im Innenverhältnis möglich.

Ein neu *eintretender* Gesellschafter haftet wie die übrigen Gesellschafter, d. h. auch für die vor seinem Eintritt begründeten Verbindlichkeiten.

Ein *ausscheidender* Gesellschafter (ebenso *alle* Gesellschafter bei *Auflösung* der OHG) haftet für die vor seinem Austritt begründeten Verbindlichkeiten noch *5 Jahre* lang (§ 159).

0.4.134 Pflichten im Innenverhältnis

a) Ansprüche *Gesellschaft gegen Gesellschafter:*

o Leistung von Beiträgen (§§ 705, 706 BGB)

o Erfüllung der Geschäftsführungspflichten mit der Sorgfalt, die man in eigenen Angelegenheiten anwendet (§ 708 BGB)

o *Wettbewerbsverbot:* ein Gesellschafter darf weder in derselben Branche Geschäfte auf eigene Rechnung tätigen noch an einer anderen gleichartigen Gesellschaft als Komplementär beteiligt sein (Ausnahme: Zustimmung der anderen Gesellschafter), §§ 112, 113 HGB

o Treuepflicht gegenüber der Gesellschaft

b) Ansprüche *Gesellschafter gegen Gesellschaft:*

o Gewinnanteil (s. u.), §§ 120, 121 HGB

o Kapitalentnahme: jeder darf bis zu 4 % seines Jahresanfangskapitals entnehmen (§ 122)

o Ersatz von Aufwendungen für die Gesellschaft (§ 110)

o angemessene Vergütung für die Geschäftsführung.

0.4.135 Sonstige Grundsätze

a) *Gewinnverteilung* (soweit nichts anderes vereinbart): jeder Gesellschafter erhält

o 4 % Zinsen auf seinen Kapitalanteil

o der Rest wird nach Köpfen verteilt (§ 121)

Beispiel:

Jahresgewinn 16 000,– DM

Gesellschafter	Einlage	4 % Zinsen	Kopfanteil	Gesamtgewinn
A	100 000,–	4 000,–	3 200,–	7 200,–
B	40 000,–	1 600,–	3 200,–	4 800,–
C	20 000,–	800,–	3 200,–	4 000,–
	160 000,–	6 400,–	9 600,–	16 000,–

Der Gewinn wird dem Kapitalkonto des Gesellschafters gutgeschrieben.

b) *Verlustverteilung:* grds. nach Köpfen, d. h. zu gleichen Teilen (durch Abbuchungen vom Kapitalkonto jedes Gesellschafters), § 121 III.

c) *Auflösung* der OHG erfolgt, sofern nichts anderes vereinbart ist, bei

o Tod/Kündigung eines Gesellschafters

- o Ablauf der Vertragslaufzeit
- o Gesellschafterbeschluß
- o Konkurseröffnung über das Gesellschaftsvermögen oder das Vermögen eines Gesellschafters
- o Gerichtsentscheidung (auf Antrag eines Gesellschafters bei wichtigem Grund)
- o Kündigung durch Privatgläubiger eines Gesellschafters, wenn bei diesem Zwangsvollstreckung fruchtlos verlaufen ist.

Zum Teil kann die Auflösung durch Fortsetzungsbeschluß der Gesellschafter verhindert werden. Vgl. §§ 131 ff. HGB.

Zur „kapitalistischen OHG" siehe Abschnitt 0.4.190.

0.4.14 Kommanditgesellschaft = KG (§§ 161–177 HGB)

0.4.140 Wesen und Entstehung

a) *Definition:* § 161 HGB

= Personengesellschaft

- o Zusammenschluß von mindestens zwei Personen zum Betrieb eines Handelsgewerbes unter gemeinsamer Firma
- o mindestens ein Gesellschafter haftet unbeschränkt und persönlich *(Komplementär, Vollhafter)*, mindestens einer nur mit seiner Einlage *(Kommanditist, Teilhafter)*
- o den Vorschriften über Kaufleute unterworfen (§ 6 I HGB)

= Sonderform der OHG.

b) Die KG *entspricht* weitgehend *der OHG*, die Rechtsstellung des *Komplementärs* (Vollhafters) der eines OHG-Gesellschafters. Abweichungen ergeben sich aus der Rechtsstellung des Kommanditisten (vgl. § 161 II HGB).

Im Rahmen der *Gründung* haben auch die Kommanditisten an der Anmeldung zum Handelsregister mitzuwirken; Name, Stand, Wohnort und Betrag ihrer Einlagen werden eingetragen, veröffentlicht wird jedoch nur ihre Zahl (§ 162 HGB).

0.4.141 Rechtsstellung des Kommanditisten

a) *Pflichten:*

- o Pflicht zur Einlage (die Höhe bestimmt der Gesellschaftsvertrag)
- o Verlustbeteiligung in angemessenem Verhältnis (§ 168 II)

b) *Haftung:*

o für *Altverbindlichkeiten,* die vor Eintritt des Kommanditisten in das Unternehmen entstanden sind: nach §§ 171, 172
  - beschränkte persönliche Haftung
  - unmittelbar, primär und gesamtschuldnerisch (vgl. Abschnitt 0.4.133 b)
  - bis zur Höhe der Einlage (im Handelsregister eingetragen)
  - *keine* Haftung, *soweit* die Einlage geleistet ist
  - wenn die Einlage ganz oder teilweise zurückgewährt wird, lebt die Haftung entsprechend wieder auf (§ 172 IV)
  - entgegenstehende Vereinbarung ist Dritten gegenüber unwirksam (§ 173 II)

o *vor Eintragung:*
  - Neugründung einer KG: § 176 I HGB
    - Haftung des Kommanditisten für bis zur Eintragung begründete Verbindlichkeiten wie ein *persönlich* haftender Gesellschafter
    - es sei denn, der Gläubiger kannte seine Beteiligung als Kommanditist
    - der Kommanditist muß dem Geschäftsbeginn zugestimmt haben
    - gilt nicht bei einer KG, die ein sollkaufmännisches Gewerbe betreibt, da diese erst mit Eintragung entsteht
  - Eintritt des Kommanditisten in eine bestehende Gesellschaft: § 176 II, d. h. entsprechende Anwendung des Absatzes I mit persönlicher Haftung des Kommanditisten für Verbindlichkeiten, die zwischen Eintritt in die KG und Eintragung als Kommanditist begründet wurden – es sei denn, daß der Gläubiger die Kommanditistenstellung kannte

o *nach Eintragung:* Für jetzt entstehende Verbindlichkeiten gilt:
  - Haftung nach §§ 171, 172 bis zur Höhe der Einlage
  - wenn die Einlage geleistet ist, *keine* Haftung, sondern lediglich unternehmerisches Risiko des Einlagenverlustes z. B. bei Konkurs.

Beispiel:

o A tritt am 7.7. als Kommanditist in eine KG ein. Seine Eintragung erfolgt im Handelsregister am 25.7.
  - Bis zum 25.7 haftet A unbeschränkt und persönlich, sofern der Gläubiger nicht wußte, daß er Kommanditist ist, sondern ihn auch für einen Vollhafter halten konnte.

o Mit dem Datum der Registereintragung leistet A auf seine Einlage von nominell 20 000,- DM einen Betrag von 15 000,- DM.
  - Von nun an haftet A zwar persönlich, aber beschränkt auf den Betrag der rückständigen Einlage = 5 000,- DM

o Am 15.8. leistet A auf seine Einlage den Restbetrag von 5 000,- DM.
  - Nun haftet A nicht mehr.

c) *Rechte:*

o *kein* Geschäftsführungs- oder Vertretungsrecht, aber bei außergewöhnlichen Ge-

schäften müssen die Kommanditisten *zustimmen* (entgegen § 164, der nur ein Widerspruchsrecht einräumt)
- o Kontrollrecht (Informationsanspruch): Prüfung des Jahresabschlusses durch Einsicht in Bücher und Papiere (§ 166); jedoch keine laufende Kontrolle
- o Gewinnanspruch: die gesetzliche Gewinnverteilung (§ 168, soweit nichts anderes vereinbart) sieht vor:
  - 4 % auf die Einlage
  - Rest: Verteilung in angemessenem Verhältnis (unter Berücksichtigung der Arbeitsleistung und Risikotragung der Komplementäre)
- o Kündigungsrecht (zum Ende eines Geschäftsjahres, Sechs-Monats-Frist)
- o kein Wettbewerbsverbot.

d) *Auflösung* der KG: wie OHG, jedoch nicht bei Tod/Austritt eines Kommanditisten (§ 177).

0.4.15 Stille Gesellschaft (§§ 230–237 HGB)

a) *Definition:* § 230 HGB

= Personengesellschaft
- o Beteiligung eines Kapitalgebers am Handelsgewerbe eines Kaufmanns
- o der stille Gesellschafter tritt nach außen nicht als Gesellschafter in Erscheinung
- o nur 2 Mitglieder (mehrere Beteiligungen führen zu mehreren stillen Gesellschaften)
- o Beteiligung geht in das Geschäftsvermögen des Kaufmanns über
- o nur Innenverhältnis, kein Außenverhältnis.

b) *Wesen:* Der stille Gesellschafter steht zwischen der Konstruktion des Kommanditisten und einem Gläubiger. Er hat nur wenige Gesellschafterrechte und wechselt im Konkurs – im Gegensatz zu sonstigen Gesellschaftern, auch Kommanditisten – auf die Seite der Gläubiger über!

c) *Rechtsstellung* des stillen Gesellschafters:
- o Pflicht zur Einlage
- o weder Geschäftsführungs- noch Vertretungsrecht
- o kein Widerspruchsrecht bzw. keine Zustimmungspflicht bei außergewöhnlichen Geschäften
- o Recht auf angemessenen Gewinn (§ 232 HGB)
- o angemessene Verlustbeteiligung maximal bis zur Einlagenhöhe; kann vertraglich ausgeschlossen werden (§ 232 II)
- o kein Wettbewerbsverbot
- o im Konkurs: Gläubigerrecht hinsichtlich der Einlage (§ 236) nach Abzug der (eventuellen) Verlustbeteiligung

o Kontrollrecht wie ein Kommanditist (§ 233).

d) *Abgrenzung* zum Darlehen mit Gewinnbeteiligung ist schwierig, insb. nach dem Vertrag vorzunehmen; bei Verlustbeteiligung liegt immer stille Gesellschaft vor.

0.4.16   Aktiengesellschaft = AG

0.4.160   Wesen und Bedeutung

a) *Rechtsgrundlage:* Aktiengesetz (AktG) von 1965

b) *Definition:* § 1 AktG

= Kapitalgesellschaft

= Gesellschaft mit eigener Rechtspersönlichkeit *(juristische Person)* und einem in Aktien zerlegten Grundkapital

o für die Verbindlichkeiten der Gesellschaft haftet den Gläubigern *nur das Gesellschaftsvermögen*

= Formkaufmann (Handelsgesellschaft), §§ 6 II HGB, 3 AktG.

c) *Bedeutung:* Die Aktiengesellschaft ist die wichtigste Rechtsform für große Unternehmungen. Ihre Vorteile liegen in der auf das Gesellschaftsvermögen beschränkten Haftung, der breiten Kapitalbasis und der Möglichkeit, durch Ausgabe neuer (junger) Aktien leicht zusätzliches Kapital zu beschaffen. Durch Ausgabe einer Vielzahl kleiner Anteile (50-DM-Aktie) wird breite Streuung des Eigentums an großen Unternehmen ermöglicht. Oft befinden sich die Majoritäten (Mehrheiten) jedoch in Händen anderer Unternehmen, insbesondere von Kreditinstituten; dies ermöglicht eine Verschachtelung wichtiger Wirtschaftszweige, die Bildung von Konzernen und schließlich von einheitlichen Größtunternehmen (Trusts) von oft internationaler Bedeutung (die sogenannten „Multis", z. B. ITT, IBM), deren Einfluß politische Dimensionen erreicht.

0.4.161   Entstehung

a) *Voraussetzungen der Gründung:*

o mindestens 5 Gründer (§ 2 AktG)

o Abhaltung einer Gründungsversammlung; Beschluß über eine Satzung (= Gesellschaftsvertrag der Gründer), die notariell zu beurkunden ist (§ 23)

o *Inhalt* der Satzung (§ 23):
   – Firma (i. d. R. Sachfirma mit der Bezeichnung als „Aktiengesellschaft", § 4)
   – Sitz der Gesellschaft
   – Gegenstand des Unternehmens (insb. bei Industrie- und Handelsunternehmen Art der Erzeugnisse und Waren)
   – Höhe des Grundkapitals (mind. 100 000,– DM, § 7)

- Höhe des Nennwertes der Aktien (pro Aktie mind. 50,- DM, höhere Nennwerte auf volle 100,- DM lautend)
- Zahl der Aktien (nach Gattungen unterschieden)
- ob die Aktien auf den Inhaber oder den Namen ausgestellt werden
- Zahl der Mitglieder des Vorstands (oder Regeln, nach denen diese Zahl festgelegt wird)
- Bestimmungen über Form der Bekanntmachungen
- Abweichungen von den Vorschriften des Aktiengesetzes nur, wenn dort ausdrücklich zugelassen

o Wahl des ersten Aufsichtsrats durch die Gründer, des ersten Vorstands durch den Aufsichtsrat (§ 30 AktG)

o Übernahme aller Aktien durch die Gründer; zu unterscheiden:
- bei Bareinlagen brauchen die Aktien nur mit mindestens 25 % ihres Nennwertes eingezahlt zu werden, damit Handelsregistereintragung erfolgen kann (§§ 36 II, 36a I). Werden die Aktien zu einem über dem Nennwert liegenden Preis ausgegeben (Über-pari-Emission), so muß für jede Aktie auch der überschießende Betrag (Aufgeld = Agio) eingezahlt werden. Eine Unter-pari-Emission ist verboten. („pari": Kurswert = Nennwert)
- Sacheinlagen sind vollständig zu leisten (§ 36a II).

Beispiel bei Bargründung:

Nennwert (Nw) des Grundkapitals = 100 000,- DM
= 2 000 Aktien à 50,- DM Nennwert

Ausgabekurs:
$$\begin{array}{rll} & 50,- \text{ DM} & (\text{Nw}) \\ + & 4,- \text{ DM} & (\text{Agio}) \\ \hline & 54,- \text{ DM} & (\text{Kurswert}) \end{array}$$

Mindesteinzahlung pro Aktie: 25 % auf Nennwert von 50,- DM

$$\begin{array}{rll} & = & 12{,}50 \text{ DM} \\ + \text{ Agio} & = & 4,- \text{ DM} \\ \hline & & 16{,}50 \text{ DM} \end{array}$$

Gesamteinzahlung: 16,50 DM x 2 000 (Zahl der Aktien) = 33 000,- DM

b) *Arten* der Gründung:

o einfache Gründung *(Bargründung)*. Bareinzahlung des Kapitals

o qualifizierte Gründung *(Sach- und Vorteilsgründung)*:
- Sacheinlagen der Aktionäre (Grundstücke, Kfz, Maschinen, Patente)
- nur Vermögensgegenstände, deren wirtschaftlicher Wert feststellbar ist
- Sachübernahme vorhandener oder herzustellender Werte von Dritten

- Vorteile (z. B. bei Auftragsvergabe) an Aktionäre
- Aufwandsentschädigung für Gründer

Einzelheiten sind in der Satzung festzuhalten (§§ 26, 27 AktG).

c) *Entstehung* der AG: Mit der Übernahme aller Aktien durch die Gründer ist die AG *errichtet* (§ 29), jedoch noch nicht entstanden. Es handelt sich nun um eine „AG i. G. = in Gründung". Diese wurde früher als BGB-Gesellschaft angesehen (Grundlage war § 54 BGB, vgl. Abschnitt 0.4.102). Heute wird nach der Rechtsprechung allgemein eine Kapitalgesellschaft in Gründung, soweit möglich, dem Recht der zu gründenden Gesellschaft unterstellt. Für eine AG i. G. gilt also bereits weitgehend das Aktienrecht.

Weiteres Erfordernis: *Eintragung* ins Handelsregister. Die Anmeldung erfolgt durch alle Gründer, den Vorstand und den Aufsichtsrat unter Vorlage aller erforderlichen Unterlagen (Satzung, Prüfungsbericht über den Gründungsvorgang durch sog. Gründungsprüfer, § 33, Beweis von Aktienübernahme und Einzahlung u. dgl.), § 36.

Nach Prüfung nimmt das Gericht die Eintragung vor. Diese enthält (§ 39):

o Firma, Sitz der AG

o Gegenstand des Unternehmens

o Höhe des Grundkapitals

o Vertretungsbefugnis der Vorstandsmitglieder u. a.

Die Bekanntmachung der Eintragung enthält noch zusätzliche Angaben, u. a.

o Ausgabebetrag der Aktien

o Name, Beruf, Wohnort von Gründern und Aufsichtsrat (§ 40).

Vor Eintragung in das Handelsregister besteht die Aktiengesellschaft *nicht*. Wer vor Eintragung bereits im Namen der AG handelt, haftet *persönlich;* haften mehrere, gilt gesamtschuldnerische Haftung (§ 41). Vor Eintragung können Anteilsrechte nicht übertragen werden (§ 41 IV).

Durch die Eintragung wird die gegründete Gesellschaft

o Aktiengesellschaft

o juristische Person

o Kapitalgesellschaft

o Formkaufmann.

0.4.162 Rechtsverhältnisse der AG

Die AG ist als juristische Person rechtsfähig, braucht aber, um geschäftsfähig zu sein, noch *Organe,* durch die sie einen Willen bildet und handelt. Diese Organe sind insbesondere

- der Vorstand
- der Aufsichtsrat
- die Hauptversammlung.

Die Rechte und Pflichten dieser Organe regelt das Aktiengesetz. Im Vergleich mit einer politsch-demokratischen Gesellschaftsordnung läßt sich der Vorstand als Exekutive, der Aufsichtsrat als Judikative und die Hauptversammlung als Legislative ansehen.

Dieser Verleich ist problematisch, da in finanzieller Hinsicht zwar die Aktionäre die AG tragen, eine solche Gesellschaft jedoch nicht ohne *Arbeitnehmer* existieren kann. Außerdem sind viele, insb. Kleinaktionäre anonym und kennen die Verhältnisse der AG nicht genau, im Gegensatz zu den Arbeitnehmern, die zudem in ihrer wirtschaftlichen Existenz von der AG abhängen.

Daher gibt es seit 1951 (in sog. Montanbetrieben) bzw. 1952 (in Kapitalgesellschaften einer bestimmten Größe) eine *Mitbestimmung,* die durch das neue, lange Zeit heftig umstrittene Mitbestimmungsgesetz von 1976 zum Teil erheblich verändert wurde.

Diese Regelungen betreffen das Mitentscheidungsrecht der Arbeitnehmer insbesondere bei der *Wahl des Aufsichtsrats und des Vorstands.*

Seit dem 1. Juli 1976 gilt folgende Rechtslage:

① AG ist Familiengesellschaft mit weniger als 500 Arbeitnehmern:
- Wahl *aller* Aufsichtsratsmitglieder durch Hauptversammlung
- Bestellung des Vorstands durch Aufsichtsrat

(§ 76 VI Betriebsverfassungsgesetz 1952)

② AG gehört der Montanindustrie an (Bergbau, Eisen- und Stahlerzeugung) und hat i. d. R. mehr als 1 000 Arbeitnehmer:
- Aufsichtsrat besteht aus mind. 11 Mitgliedern
  - 5 Mitgl. wählt die Hauptversammlung (davon soll 1 Mitgl. nicht Kapitalvertreter sein)
  - 5 Mitgl. wählt die Belegschaft (2 Betriebsangehörige, 2 außerbetriebliche Arbeitnehmervertreter, 1 Mitgl., das weder Arbeitnehmer ist noch einer Gewerkschaft angehört)
  - 11. Mitglied (zur Vermeidung einer Patt-Situation) wird von beiden Mitgliedsgruppen gewählt
- Vorstand wird vom Aufsichtsrat bestellt; gleichberechtigtes Vorstandsmitglied ist der „Arbeitsdirektor", dessen Bestellung die Mehrheit der Arbeitnehmervertreter zustimmen muß und der insb. für Personalfragen zuständig ist (Zusammenarbeit mit Betriebsrat)

(Mitbestimmungsgesetz Bergbau, Eisen, Stahl von 1951)

Von dieser Regelung werden auch Obergesellschaften der Montan-Konzerne erfaßt (Mitbestimmungs-Ergänzungsgesetz von 1956)

③ AG hat mindestens 500, i. d. R. jedoch weniger als 2 000 Arbeitnehmer und gehört nicht der Montanindustrie an:

- o Aufsichtsrat besteht aus mindestens 3 Mitgl. (höhere Zahl: durch 3 teilbar)
  – 2/3 der Mitgl. wählt die Hauptversammlung
  – 1/3 der Mitgl. wählt die Belegschaft in demokratischer Wahl (wobei zu berücksichtigen ist, daß die Belegschaft sich aus Arbeitern und Angestellten sowie aus Frauen und Männern zusammensetzt)
- o der Aufsichtsrat bestellt den Vorstand

(§ 76 Betriebsverfassungsgesetz 1952, § 129 Betriebsverfassungsgesetz 1972)

④ AG beschäftigt i. d. R. mehr als 2 000 Arbeitnehmer und gehört nicht der Montanindustrie an:

- o Aufsichtsrat besteht aus mindestens 12, ab 10 000 Arbeitnehmern 16, ab 20 000 Arbeitnehmern 20 Mitgliedern; *paritätische* Mitbestimmung:
  – 50 % wählt die Hauptversammlung
  – 50 % wählt die Belegschaft, getrennt nach Arbeitern und Angestellten (mind. 1 Vertreter der leitenden Angestellten); Verfahren:
  Verhältniswahl, u. U. Wahlmännerverfahren; 2 Gewerkschaftsvertreter
  – Aufsichtsrat wählt Vorsitzenden und Stellvertreter mit Zweidrittelmehrheit; wird die Mehrheit nicht erreicht, wählen die Vertreter der Anteilseigner den Vorsitzenden, die Arbeitnehmervertreter den Stellvertreter
  – bei Stimmengleichheit im Aufsichtsrat entscheidet der Vorsitzende (Stichentscheid), so daß letztlich die Anteilseigner ein leichtes Übergewicht behalten (wichtig wegen verfassungsrechtlicher Bedenken: keine Entwertung des Eigentums der Anteilseigner)
- o Vorstand wird vom Aufsichtsrat bestellt; Wahl mit Zweidrittelmehrheit; wird diese Mehrheit nicht erreicht, wird ein paritätisch besetzter Vermittlungsausschuß eingesetzt; über dessen Vorschläge beschließt der Aufsichtsrat mit Mehrheit der Mitglieder; bei Stimmengleichheit hat in folgender Abstimmung wiederum der Vorsitzende den Stichentscheid

(Gesetz über die Mitbestimmung der Arbeitnehmer von 1976)

Neben der AG gelten die gesetzlichen Regelungen *auch* für andere Gesellschaftsformen:

- o das Betriebsverfassungsgesetz 1952, (1) und (3), für KGaA
- o das Betriebsverfassungsgesetz 1952, (3), für GmbH und, sofern ein Aufsichtsrat besteht, den VVaG, außerdem für Genossenschaften
- o das Mitbestimmungsgesetz Bergbau, Eisen, Stahl von 1951, (2), für GmbH und bergrechtliche Gewerkschaft
- o das Gesetz über die Mitbestimmung der Arbeitnehmer von 1976, (4), für KGaA, GmbH, bergrechtliche Gewerkschaft und Genossenschaften.

Keine Anwendung finden diese Vorschriften auf Unternehmen, die eine bestimmte, i. d. R. nicht wirtschaftliche Tendenz haben (z. B. politisch, koalitionspolitisch, konfessionell, karitativ, erzieherisch, wissenschaftlich, künstlerisch), vgl. §§ 81, 118 BetrVerfG 1972.

0.4.163 Rechtsstellung der Organe

a) *Vorstand:* wird vom Aufsichtsrat nach obigen Vorschriften für 5 Jahre bestellt (Wiederwahl zulässig), kann aus einer oder mehreren Personen bestehen; *Rechte* und *Pflichten* (§§ 76 ff. AktG):

o *Geschäftsführung* und *Vertretung* (grundsätzlich: Gesamtbefugnis, d. h. alle Mitglieder gemeinschaftlich), d. h. Gesamtleitung der Gesellschaft
o Sorgfalts- und Haftpflicht: Pflicht zu sorgfältigem Handeln und zur Haftung für Fehler, soweit schuldhaft verursacht
o Berichte an den Aufsichtsrat (§ 90):
  – beabsichtigte Geschäftspolitik/grundsätzliche Fragen
    (mind. einmal jährlich)
  – Rentabilität
    (in der Aufsichtsratssitzung, in der über den Jahresabschluß verhandelt wird)
  – Gang der Geschäfte, insb. Umsatz, und Lage der Gesellschaft
    (regelmäßig, mind. vierteljährlich)
  – Geschäfte, die für die Rentabilität/Liquidität der AG von erheblicher Bedeutung sein können
    (so rechtzeitig, daß der Aufsichtsrat vor Vornahme der Geschäfte Stellung nehmen kann)
  – AR kann jederzeit Bericht über Angelegenheiten der AG und ihre Beziehungen zu verbundenen Unternehmen verlangen
o Vorlage des Jahresabschlusses, des Lageberichtes und des Berichtes des Aufsichtsrats in der Hauptversammlung
o Wettbewerbsverbot: Vorstandsmitglied darf weder Handelsgewerbe betreiben noch für eigene oder fremde Rechnung im Geschäftszweig der AG Geschäfte machen noch Vorstandsmitglied, Geschäftsführer oder persönlich haftender Gesellschafter einer anderen gleichartigen Gesellschaft sein (Ausnahme: Einwilligung des Aufsichtsrats)
o Anspruch auf Gehalt; meist wird außerdem Anteil am Jahresgewinn (Tantieme) gewährt.

b) *Aufsichtsrat:* wird nach obigen Vorschriften auf 4 Jahre gewählt; darf nicht zugleich Vorstandsmitglied derselben Gesellschaft sein. *Rechte* und *Pflichten* (§§ 95 ff. AktG):

- *Bestellung, Überwachung, Abberufung des Vorstandes*
- Kontrollrecht (Einsichtnahme, Prüfung von Unterlagen und Vermögenswerten der AG)
- insbesondere Prüfung von Jahresabschluß, Gewinn- und Verlustrechnung und Lagebericht
- Sorgfalts- und Haftpflicht (s. o.)
- kein Wettbewerbsverbot
- Vergütung und Gewinnbeteiligung können gewährt werden.

Eine Person darf in höchstens 10 Aufsichtsräten vertreten sein (§ 100 AktG). Verboten ist die sog. *Überkreuzverflechtung:*

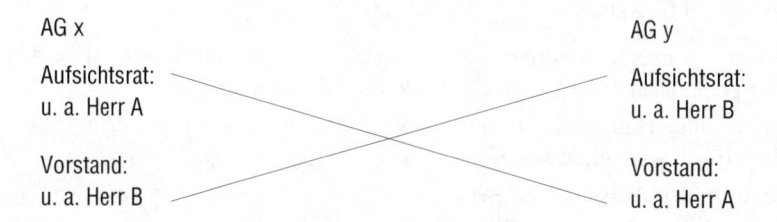

```
AG x                                    AG y

Aufsichtsrat:                           Aufsichtsrat:
u. a. Herr A                            u. a. Herr B


Vorstand:                               Vorstand:
u. a. Herr B                            u. a. Herr A
```

c) *Hauptversammlung:* Versammlung der *Aktionäre* (Teilhaber) der Aktiengesellschaft, mindestens einmal jährlich vom Vorstand einzuberufen (sog. „ordentliche" HV im Gegensatz zur aus besonderem Anlaß stattfindenden „außerordentlichen" HV); *Aufgaben* (§§ 118 ff. AktG):

- Wahl der Vertreter der Anteilseigner für den Aufsichtsrat (vgl. Abschnitt 0.4.162)
- *Satzungsänderungen* (mit mind. 3/4-Mehrheit), insbesondere Kapitalerhöhungen/-herabsetzungen
- Beschluß über Gewinnverwendung, Dividendenhöhe
- *Entlastung* von Vorstand und Aufsichtsrat = Bestätigung, daß sie sorgfältig ($\rightarrow$ Sorgfaltspflicht) gearbeitet haben und daher nicht zur Haftung ($\rightarrow$ Haftpflicht) herangezogen werden; Ersatzansprüche sind dennoch möglich (§ 120)
- Bestellung des Abschlußprüfers
- Auflösung der Gesellschaft (mit 3/4-Mehrheit)
- Recht auf Erteilung von Auskünften durch Vorstand (dieser darf die Auskunft verweigern, wenn Nachteile für die Gesellschaft zu befürchten sind), § 131.

Besondere Rechte: *Minoritätsrechte,* durch die Minderheiten folgendes ermöglicht wird:

- Antrag auf gerichtliche Abberufung der Abschlußprüfer (Minderheit von 10 % oder 2 Mill. DM des Grundkapitals, § 318 III HGB)
- Einberufung einer außerordentlichen HV (5 %, § 122 I AktG)
- Bekanntmachung von Gegenständen zur Beschlußfassung der HV durch den Vorstand (5 % oder 1 Mill. DM, § 122 II).

0.4.164 Die Aktie

= *vertretbares Kapitalwertpapier* (siehe Wertpapierarten)

= *Teilhaberpapier* (Anteilspapier, Wertpapier mit variablem Ertrag)

Arten:

a) nach der *Übertragbarkeit:*
- o *Inhaberaktien:* übertragbar durch Einigung und Übergabe
- o *Namensaktien:* = geborene *Orderpapiere,* d. h. übertragbar durch Einigung, Indossament, Übergabe (vgl. § 68 AktG); lauten auf den Namen des Aktionärs, der im *Aktionärsbuch* der Gesellschaft eingetragen ist. Zusätzlich zur Übertragung der Rechte aus der Aktie ist zur *Geltendmachung* dieser Rechte außerdem *Umschreibung* im Aktionärsbuch erforderlich (§ 67 II).
- o Sonderform: *vinkulierte Namensaktien,* bei denen die Übertragung von der *Zustimmung* der Gesellschaft abhängt. Anwendungsbereich:
  - Ausgabe laut Satzung, insb. wenn die Aktien noch nicht voll eingezahlt sind (z. B. nach Gründung; bei Versicherungsgesellschaften); § 68 II
  - Ausgabe laut Gesetz, wenn die Aktionäre neben der Einlage regelmäßige nicht in Geld bestehende Nebenleistungen erbringen müssen (z. B. Molkerei-AG: Milch, Zucker-AG: Zuckerrüben), § 55
- o die Ausgabe von Inhaberaktien ist nicht mehr die Regel.

b) nach den verbrieften *Rechten:*
- o *Stammaktien:* verbriefen die *normalen* Rechte einer Aktie, und zwar
  - Anteil am Grundkapital der AG
  - Teilnahme an der HV
  - Stimmrecht in der HV
  - Anspruch auf Dividende
  - Anspruch auf Anteil am Liquidationserlös
  - Recht auf Auskunft in der HV
  - Bezugsrecht bei Ausgabe junger (neuer) Aktien (Kapitalerhöhung)
- o *Vorzugsaktien:* verbriefen bei einigen Rechten *Vorzüge,* die allerdings auf Kosten anderer Rechte gehen können:
  - Vorzüge hinsichtlich des *Stimmrechts:* sog. Mehrstimmrechtsaktien; ihre Ausgabe ist grundsätzlich verboten – Ausnahme: wenn zur Wahrung überwiegender gesamtwirtschaftlicher Belange erforderlich und oberste Wirtschaftsbehörde des betr. Bundeslandes zustimmt (§ 12). Anwendung: Aktiengesellschaften der öffentlichen Versorgung (Elektrizität, Wasser, Gas, Transportmittel), Mehrstimmrechtsaktien bestehen hier meist zugunsten des Staates (Landes), der ohne große Kapitalbindung die AG beherrscht und für (preisgünstige) Sicherung der öffentlichen Versorgung sorgen kann (Abwehr der Gefahren bestehender Monopole).

- Vorzüge hinsichtlich des Anteils am Liquidationserlös, d. h. bei Verteilung des nach freiwilliger Auflösung der AG übrigbleibenden Betrages (§ 271 II)
- Vorzüge hinsichtlich der *Dividende:*
  kumulative Vorzugsaktien: bestimmter zugesicherter Dividendensatz wird gezahlt (soweit der Gewinn es zuläßt); Dividendenausfälle werden in späteren Jahren nachgezahlt
  kumulativ-stimmrechtslose Vorzugsaktien: der Dividendenvorzug geht auf Kosten des Stimmrechts; bei zweimaligen Dividendenausfällen hintereinander lebt das Stimmrecht jedoch so lange wieder auf, bis die Rückstände aufgeholt sind (§ 140)
  Prioritätsaktien: Dividende wird zuerst auf die Vorzugsaktionäre verteilt (bis zu einem Höchstsatz), den eventuellen Rest erhalten die Stammaktionäre
  Aktien mit *Überdividende:* Vorzugsaktionäre erhalten einen bestimmten Prozentsatz mehr als die Stammaktionäre

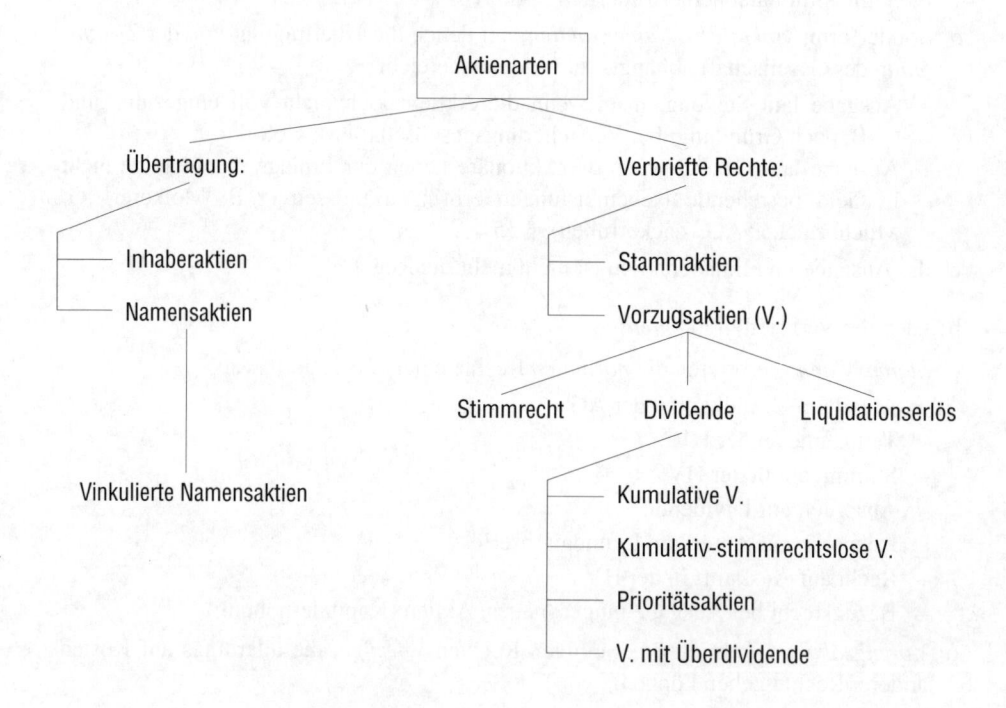

```
                            Aktienarten
                   ┌────────────┴────────────┐
              Übertragung:              Verbriefte Rechte:

           ├── Inhaberaktien           ├── Stammaktien
           └── Namensaktien            └── Vorzugsaktien (V.)
                   │               ┌─────────┼─────────────┐
                   │          Stimmrecht  Dividende   Liquidationserlös
        Vinkulierte Namensaktien       │
                                       ├── Kumulative V.
                                       ├── Kumulativ-stimmrechtslose V.
                                       ├── Prioritätsaktien
                                       └── V. mit Überdividende
```

0.4.165 Ausübung des Stimmrechts

Das Stimmrecht wird nach Aktien-Nennwert ausgeübt, wobei i. d. R. jede 50-DM-Aktie 1 Stimme verbrieft. Je größer der Aktienbesitz, desto größer der Einfluß. Hat ein Aktionär 25 % aller Stimmen (z. B. durch Aufkaufen am Markt) erworben, muß dies der Gesellschaft mitgeteilt und von ihr veröffentlicht werden.

Verfügt ein Aktionär über einen nicht unwesentlichen Anteil am Grundkapital einer

AG, spricht man von einer *Beteiligung*. Zweck von Beteiligungen ist die teilweise oder völlige *Beherrschung* anderer Unternehmen.

Stufen:

o über *25 %* der Stimmen (Sperrminorität, Schachtel): Verhinderung von Satzungsänderungen, allgemein 3/4-Mehrheits-Beschlüssen möglich

o über *50 %* (Majorität): absolute Mehrheit bei Abstimmungen

o über *75 %:* Durchsetzbarkeit praktisch aller Beschlüsse in der HV.

In der Praxis genügen oft 30 bis 40 % der Stimmen zur Beherrschung einer AG, da auf den HV gewöhnlich nicht alle Aktionäre vertreten sind.

Durch Aufkauf von Aktienpaketen deutscher Gesellschaften durch ausländische Staaten (insb. Ölländer) bestand zeitweilig die Gefahr der *Überfremdung*, d. h. der Beeinflussung der Unternehmenspolitk nicht unter ökonomisch-finanziellen, sondern politischen Gesichtspunkten. Daher haben einige bedeutende deutsche Aktiengesellschaften *Stimmrechtsbeschränkungen* eingeführt (z. B. Mannesmann, Deutsche Bank): diese sind nach § 134 AktG möglich

o durch Festsetzung eines Höchstbetrages an Stimmen oder

o durch Aufstellung einzelner Stimmrechtsgruppen oder

o durch Kombination beider Formen

o für alle oder bestimmte HV-Beschlüsse

o jedoch nicht für Beschlüsse, in denen Kapitalmehrheit erforderlich ist (i. d. R.: Satzungsänderungen, Kapitalerhöhungen, Fusionen)

o keine Beschränkung auf bestimmte Aktionäre.

Jeder Aktionär kann sein Stimmrecht auf der HV ausüben. *Praxis:* Banken, in deren Depot die Aktien i. d. R. hinterlegt sind, werden mit der Ausübung des Stimmrechts beauftragt (*Depotstimmrecht,* § 135 AktG).

Ablauf:

1. Bank unterrichtet Kunden von der Einberufung einer HV, übersendet den Geschäftsbericht, der Jahresabschluß (G + V, Bilanzen) und sonstige Erläuterungen enthält, und macht eigene Vorschläge für die Abstimmung zu den einzelnen Punkten der Tagesordnung der HV.

2. Aktionär = Kunde kann

o Eintrittskarte für HV anfordern

o die Bank mit der Ausübung des Stimmrechts beauftragen:
  – schriftliche Vollmacht
  – Erteilung von Weisungen für die Stimmrechtsausübung (fehlen diese, stimmt die Bank nach ihren eigenen Vorschlägen)

3. Üblich ist es, daß die Bank den Kunden um Generalvollmacht für bestimmten Zeitraum bittet (maximal 15 Monate, jederzeit widerruflich).

Praktische Konsequenz dieser Regelung ist es, daß sich viele Stimmen, mit den eigenen der Banken oft die Mehrheit, in Händen von Kreditinstituten befinden, deren Einfluß auf die Wirtschaft damit außerordentliche Bedeutung besitzt. Die Geschäftspolitik vieler Unternehmen orientiert sich dadurch oft weitgehend an den Interessen der KI, zugleich aber – aufgrund der volkswirtschaftlichen Mittlerstellung der KI – letztlich an den Interessen der Gesamtwirtschaft auch im Sinne der Verbraucher, kleinen Kapitalanlegern und sozial Schwächeren. Andererseits nimmt die Wirtschaft so zunehmend den Charakter eines einheitlichen Ganzen an und wird in ihrer Gesamtheit für tiefgreifende Krisen anfälliger.

0.4.166 Kapitaländerungen

a) *Kapitalerhöhungen* = Maßnahmen zur Finanzierung der AG durch Erhöhung des Grundkapitals (§§ 182 ff. AktG); *Arten:*

o effektive Kapitalerhöhung *gegen Einlagen* (in bar oder in Sachwerten)
o *bedingte* Kapitalerhöhung: kommt so weit zustande, wie von einem Umtausch- oder Bezugsrecht Gebrauch gemacht wird; der genaue Umfang der Kapitalerhöhung ist daher zunächst ungewiß = bedingt; Anwendungsfälle (§ 192):
  – Ausgabe von Wandelschuldverschreibungen, die das Recht auf Umtausch in Aktien des Emittenten verbriefen (vgl. Abschnitt 1.4.310); Ermächtigung des Vorstands kann höchstens für fünf Jahre erteilt werden
  – Vorbereitung des Zusammenschlusses mehrerer Unternehmen
  – Gewährung von Bezugsrechten an Arbeitnehmer auf Belegschaftsaktien, wenn Gegenleistung aus Gewinnbeteiligung stammt
o *genehmigtes Kapital:* Ermächtigung des Vorstands durch die HV, das Grundkapital innerhalb von maximal 5 Jahren bis zu einem bestimmten Betrag gegen Einlagen zu erhöhen (günstig wegen Handlungsfreiheit des Vorstands: Kapitalerhöhung kann so den Finanzbedürfnissen der AG und der Marktlage angepaßt werden)
o Kapitalerhöhung aus *Gesellschaftsmitteln:* Umwandlung von offenen Rücklagen (s. u.) in Grundkapital durch Ausgabe von *Berichtigungsaktien* (Gratisaktien) an die bisherigen Aktionäre; ihr Anteil an der AG ändert sich nur nominal, nicht prozentual (Bilanz: Passivtausch); es kommen keine neuen Aktionäre hinzu.

Bei Kapitalerhöhungen haben die alten (= bisherigen) Aktionäre ein *Bezugsrecht* für die jungen (=neuen) Aktien (siehe Effektengeschäft).

b) *Kapitalherabsetzungen* = Verminderungen des Grundkapitals (§§ 222 ff. AktG), um

o das Grundkapital einer tatsächlichen Vermögensminderung anzupassen
o Teile des Grundkapitals zurückzuzahlen/in Rücklagen umzuwandeln
o Verluste buchhalterisch auszugleichen.

Arten:

- o *ordentliche* (= normale) Kapitalherabsetzung: durch
  - Herabsetzung des Aktiennennbetrages
  - Zusammenlegung von Aktien (wenn sonst Aktien-Mindestnennbeträge unterschritten würden)
- o *vereinfachte* K.: rein buchmäßiger Ausgleich von Wertminderungen/sonstigen Verlusten; nur zulässig, wenn freie Rücklagen ganz, gesetzliche R. bis auf 10 % des neuen Grundkapitals aufgelöst
- o K. durch *Einziehung* von Aktien:
  - nach Erwerb der Aktien durch die AG
  - zwangsweise nur, wenn in der Satzung angeordnet oder gestattet.

c) Kapitaländerungen sind zugleich *Satzungsänderungen,* so daß grundsätzlich 3/4-Mehrheit auf der HV erforderlich ist.

0.4.167 Sonstiges

a) *Gewinnverwendung:* möglicher Ablauf:

- o Einstellung in die *gesetzliche Rücklage:* mind. 5 % des Jahresüberschusses so lange, bis 10 % des Grundkapitals oder der satzungsmäßig bestimmte höhere Prozentsatz erreicht sind (§ 150 AktG)
- o Einstellung in die *freien Rücklagen:* aufgrund Satzungsbestimmung höchstens die Hälfte des Jahresüberschusses (§ 58)
- o Ausschüttung an die Aktionäre *(Dividende):* Beschluß der HV, der auch zusätzliche Einstellung in freie Rücklagen beinhalten kann (§ 174)
- o buchhalterischer Gewinnvortrag des Restes auf die neue Rechnung.

Die *gesetzliche* Rücklage dient der Deckung eines Bilanz-Unterschusses und damit letztlich dem Gläubigerschutz.

Die *freien* Rücklagen werden gemäß Satzung durch Vorstand und Aufsichtsrat oder durch HV-Beschluß gebildet, und zwar für

- o Verlustdeckung
- o zusätzliche Dividende
- o Investitionen
- o Kapitalerhöhungen usw.

Stille Reserven sind Rücklagen, die durch zu niedrige Bilanzbewertung des Vermögens entstehen, z. B. durch überhöhte Abschreibungen; ihre Bildung ist gesetzlich eingeschränkt (§§ 252 ff. AktG); vgl. Niederstwertprinzip (Buchführung).

Der *Jahresabschluß* der AG wird im *Geschäftsbericht* näher erläutert, mit diesem zusammen beim Handelsregistergericht eingereicht, außerdem von der AG in den Gesellschaftsblättern bekanntgemacht (§§ 325 ff. HGB).

Zur Rechnungslegung der AG vgl. Abschnitt 0.4.04.

b) Verhältnis der Aktiengesellschaft zu *eigenen* Aktien:

o keine Zeichnung eigener Aktien durch die AG (§ 56 I)

o Erwerb eigener Aktien nur (§ 71),
- wenn zur Abwendung schweren, unmittelbar bevorstehenden Schadens für die AG notwendig (max. 10 %)
- wenn die Aktien den Arbeitnehmern des eigenen/eines verbundenen Unternehmens angeboten werden sollen (max. 10 %)
- bei Erwerb zur Abfindung von Aktionären (max. 10 %)
- bei unentgeltlichem Erwerb oder Ausführung einer Einkaufskommission durch ein KI
- durch Gesamtrechtsnachfolge
- aufgrund eines HV-Einziehungsbeschlusses bei Kapitalherabsetzung

o aus eigenen Aktien stehen der AG keine Rechte zu (§ 71b)

o Inpfandnahme steht dem Erwerb gleich; Ausnahme: für KI im Rahmen des laufenden Geschäfts bis zu 10 % des Grundkapitals.

c) *Auflösung* der AG: §§ 262 ff. AktG

o nach Zeitablauf (Satzung) ⎫ durch Vorstandsmitglieder als
o nach HV-Beschluß ⎭ Abwickler (Liquidatoren)
o durch Konkurseröffnung
o durch Ablehnung des Konkurses mangels Masse.

0.4.17 Gesellschaft mit beschränkter Haftung = GmbH

0.4.170 Wesen und Bedeutung

a) *Rechtsgrundlage:* Gesetz betreffend die Gesellschaften mit beschränkter Haftung von 1892 in der Reformfassung von 1980.

b) *Definition:* vgl. § 1 GmbHG

= Kapitalgesellschaft

= Handelsgesellschaft mit eigener Rechtspersönlichkeit (juristische Person)

o kann für jeden gesetzlich zulässigen Zweck durch eine oder mehrere Personen errichtet werden (vor 1980: keine Gründung von Ein-Mann-GmbH's zulässig)

o für die Verbindlichkeiten der Gesellschaft *haftet* den Gläubigern nur das *Gesellschaftsvermögen*

= Formkaufmann, § 6 II HGB

c) *Bedeutung:* Die GmbH ähnelt in vielem der AG. Unterschiede:

o die GmbH kann mit relativ wenig Kapital und bereits von einer Person gegründet werden

o die Gesellschafter haben ein weitgehendes Mitspracherecht.

Weitere *Vorteile:*

o Haftungsbeschränkung

o relativ einfache Gründung

o grundsätzlich kein Aufsichtsrat (erst ab 500 Arbeitnehmern).

Nachteil:

o geringere Kreditwürdigkeit als bei OHG/KG wegen der Haftungsbeschränkung; bei Ein-Mann-GmbH liegt praktisch eine Einzelunternehmung mit Ausschluß der unbeschränkten Haftung vor.

0.4.171 Entstehung

Einzelheiten (vgl. auch AG):

o bereits *ein* Gründer reicht aus (bis 1980: mind. 2 Gründer)

o Errichtung eines Gesellschaftsvertrages in notarieller Form

o Mindeststammkapital 50 000,– DM (früher: 20 000,– DM), Mindeststammeinlage eines Gesellschafters 500,– DM (§ 5 GmbHG).

o Voraussetzung für die Anmeldung zum Handelsregister (§ 7):
  - Einzahlung von mind. 25 % auf jede Stammeinlage
  - Gesamt-Mindesteinzahlung auf das Stammkapital 25 000,– DM
  - Sacheinlagen sind vollständig zu leisten
  - bei Ein-Mann-Gründung muß der Gesellschafter neben der Mindesteinlage für den ausstehenden Betrag eine Sicherung stellen

o der Anmeldung sind beizufügen:
  - Gesellschaftsvertrag
  - von den Anmeldenden unterschriebene Liste der Gesellschafter mit Namen, Vornamen, Stand, Wohnort, Betrag der Stammeinlage
  - Verträge und Unterlagen bei eventueller Sachgründung

o der Gesellschaftsvertrag muß Angaben enthalten über
  - Firma und Sitz der Gesellschaft
    Gegenstand des Unternehmens
  - Betrag des Stammkapitals
  - Betrag der Stammeinlagen

o im Handelsregister eingetragen werden Firma und Sitz der Gesellschaft, Gegenstand des Unternehmens, Höhe des Stammkapitals, Abschlußdatum des Gesellschaftsvertrages, Personen der Geschäftsführer, Art ihrer Vertretungsbefugnis

- vor Eintragung einer neugegründeten GmbH haften die *Handelnden* (also nicht zwingend alle Gesellschafter) *persönlich* und *solidarisch* (§ 11 II GmbHG, vgl. Abschnitt 0.4.102)
- die Eintragung hat *konstitutive* Wirkung, d. h. erst jetzt entsteht die GmbH (§ 11)
- der GmbH-*Anteilschein*, der dem Gesellschafter ausgestellt wird, ist – im Gegensatz zur Aktie – *kein Wertpapier,* sondern lediglich Beweis für die Leistung der Einlage. Er spielt daher für die Anteilsübertragung keine Rolle: sie erfolgt durch notariell beurkundeten Abtretungsvertrag, ist der Gesellschaft mitzuteilen und kann ihrer Genehmigung unterliegen.
- Als GmbH-*Mantel* werden die gesamten Anteile einer GmbH bezeichnet, die auch ohne den ursprünglichen Geschäftsbetrieb veräußert werden können. Damit ist eine Neugründung vermeidbar.

0.4.172 Rechtsverhältnisse der GmbH

Zur Realisierung ihrer Geschäftsfähigkeit benötigt die GmbH wie auch die AG *Organe:*

a) *Geschäftsführung* (§§ 35 ff.):
- durch einen oder mehrere Geschäftsführer
- von der Gesellschaftsversammlung (*nicht* vom Aufsichtsrat, § 46 Nr. 5) auf unbestimmte Zeit bestellt, jederzeit abberufbar
- gerichtliche und außergerichtliche Vertretung der GmbH
- Beschränkung der Geschäftsführungsbefugnis ist Dritten gegenüber unwirksam

b) *Aufsichtsrat:* muß erst ab *500 Arbeitnehmern* gebildet werden; i. ü. gelten dieselben Regelungen wie beim Aufsichtsrat der AG (also auch BetrVerfG von 1952, MitbestimmungsG Bergbau, Eisen, Stahl von 1951 und Gesetz über die Mitbestimmung der Arbeitnehmer von 1976).

c) *Gesellschafterversammlung* (§§ 45 ff.):
- je 100,– DM eines Geschäftsanteils gewähren eine Stimme (§ 47 II)
- die Befugnisse der Organe, ihre Rechte und Pflichten entsprechen weitgehend den AG-Bestimmungen; die Vorschriften des GmbH-Gesetzes sind jedoch einfacher gehalten und weniger streng
- die von der Geschäftsführung einzuberufende Gesellschafterversammlung kann – aufgrund ihrer gewöhnlich geringeren Gesellschafterzahl – öfter zusammentreten und mehr Einfluß auf die Geschäftsführung nehmen als die Hauptversammlung einer AG
- die Rechte der Gesellschafter bestimmen sich nach dem Gesellschaftsvertrag, soweit nicht gesetzliche Vorschriften entgegenstehen

- soweit der Gesellschaftsvertrag nichts anderes regelt, unterliegen der Entscheidung der Gesellschafter:
  - Feststellung des Jahresabschlusses, Verwendung des Ergebnisses
  - Einforderung von Nachzahlungen auf Stammeinlagen
  - Rückzahlung von Nachschüssen
  - Teilung/Einziehung von Geschäftsanteilen
  - Bestellung/Entlastung/Abberufung von Geschäftsführern
  - Maßregeln zur Prüfung und Überwachung der Geschäftsführung
  - Bestellung von Prokuristen und Handlungsbevollmächtigten zum gesamten Geschäftsbetrieb
  - Geltendmachung von Ersatzansprüchen gegen Geschäftsführer/Gesellschafter.

0.4.173 Nachschußpflicht

Der *Gewinn* wird grundsätzlich nach dem Verhältnis der Geschäftsanteile verteilt; Rücklagenbildung ist nicht erforderlich.

Tritt ein *Verlust* ein, so kann – wenn im Gesellschaftsvertrag vorgesehen, also *nicht grundsätzlich* – auf Beschluß der Gesellschafterversammlung u. U. von jedem Gesellschafter ein *Nachschuß* gefordert werden. Hierbei handelt es sich *nicht* um einen Anspruch der Gläubiger der GmbH gegen die Gesellschafter, sondern um eine Verpflichtung der Gesellschafter gegenüber der *GmbH selbst*.

Der Gesellschaftsvertrag kann vorsehen (§ 26):

- *unbeschränkte* Nachschußpflicht
- *beschränkte* Nachschußpflicht.

Bei Nachforderung und *Zahlungsunfähigkeit/Verzug* des Gesellschafters bestehen folgende Möglichkeiten:

- *Beschränkte* Nachschußpflicht (§ 28): *Kaduzierungsverfahren,* d. h. dem Gesellschafter wird sein Anteil abgesprochen und versteigert, mit dem Erlös der Nachschuß gedeckt;
  - Mehrerlös: erhält die GmbH
  - Mindererlös: trägt der ausgeschlossene Gesellschafter bzw. (soweit endgültig Zahlungsunfähigkeit vorliegt) die Gesamtheit aller Gesellschafter je nach Anteil (§ 24)
- *unbeschränkte* Nachschußpflicht (§ 27): *Abandonrecht jedes* Gesellschafters, d. h. er kann seinen Anteil der GmbH zur Verfügung stellen (= Verzicht); dieser wird versteigert, mit dem Erlös der Nachschuß gedeckt;
  - Mehrerlös: erhält der ausgeschiedene Gesellschafter
  - Mindererlös: trägt die GmbH, d. h. alle Gesellschafter.

Beide Verfahren haben *Schutzzweck:* Das Kaduzierungsverfahren soll die GmbH vor

Säumigkeit oder Zahlungsunfähigkeit eines Gesellschafters schützen, das Abandonrecht den Gesellschaftern dienen, die sich – durch Beschluß der Versammlung – einer u. U. für sie untragbaren Verpflichtung ausgesetzt sehen. Kaduzierung ist auch bei verzögerter Zahlung des Anteils möglich.

Ist die Nachschußpflicht nicht im Gesellschaftsvertrag vorgesehen, kann sie nur mit Zustimmung *aller* Gesellschafter eingeführt werden (§ 53 III).

0.4.18 Genossenschaft

0.4.180 Wesen und Bedeutung

a) *Rechtsgrundlage:* Gesetz betreffend die Erwerbs- und Wirtschaftsgenossenschaften von 1889 (Genossenschaftsgesetz, GenG) i. d. Fassung von 1973.

b) *Definition* (§§ 1, 2 GenG):

= Gesellschaft mit eigener Rechtspersönlichkeit *(juristische Person)*

= Formkaufmann (den Handelsgesellschaften gleichgestellt), § 6 II HGB

o dient der Förderung des Erwerbs oder der Wirtschaft ihrer Mitglieder durch gemeinsamen Geschäftsbetrieb.

c) *Bedeutung:* Zusammenschluß einzelner wirtschaftlich schwacher Partner, die gemeinsam eine stärkere wirtschaftliche Stellung erlangen und als Gesamtheit dem einzelnen Genossen wirtschaftliche Hilfe leisten; Ziel ist *nicht* das Erwirtschaften eines *Gewinns,* sondern Erlangung *wirtschaftlicher Vorteile* durch *Solidarität* („einer für alle, alle für einen") besonders im gewerblichen und landwirtschaftlichen Bereich (z. B. gemeinsamer Großeinkauf; gemeinsame Nutzung einer Melkmaschine).

d) *Arten:* § 1 GenG

o Kreditgenossenschaften (Volksbanken, Raiffeisenbanken, Spar- und Darlehnskassen)

o Rohstoffgenossenschaften: gemeinsame Rohstoffgewinnung

o Absatzgenossenschaften (gewerblich, ländlich): gemeinsamer Verkauf

o Produktivgenossenschaften: gemeinschaftliche Herstellung und Veräußerung von Gegenständen

o Konsumgenossenschaften: gemeinsamer Einkauf (insbes. Handwerk, Einzelhandel, Landwirtschaft)

o Betriebsgenossenschaften: gemeinsame Beschaffung und Nutzung von Investitionsgütern

o Baugenossenschaft (Wohnungen, Eigenheime).

0.4.181 Entstehung, Eintritt, Ausscheiden, Auflösung

a) *Entstehung:*

o mindestens 7 Gründer *(Genossen)*, § 4

o schriftliche Vereinbarung eines *Statuts* (= Satzung der Genossenschaft), in dem alle wesentlichen Fragen geregelt sein müssen (§§ 5 ff.; z. B. Firma, Sitz, Unternehmensgegenstand, Nachschußpflicht, Einberufung der Generalversammlung usw.)

o *keine* gesetzliche Mindesteinzahlung; Höhe des *Geschäftsanteils* bestimmt das Statut (§ 7); dieses kann Beteiligung eines Genossen mit mehreren Geschäftsanteilen zulassen oder vorschreiben (sog. *Pflichtbeteiligung),* § 7a

o *Anmeldung* zur Eintragung im *Genossenschaftsregister* (§ 11; vgl. AG)

o *vor* Eintragung: *Prüfung* insbes. der Vermögenslage der Genossenschaft durch Prüfungsverband (s. u.), § 11 II Nr. 4

o *konstitutive Eintragung* im Genossenschaftsregister (beim Amtsgericht geführt), §§ 10, 13; Inhalt: Statut, Vorstandsmitglieder; das Statut wird vom Gericht auszugsweise veröffentlicht (§ 12)

o *Firma:* muß *Sach*firma sein und den Zusatz „*eingetragene Genossenschaft"* (oder: „*eG")* tragen, § 3.

b) *Beitritt:* §§ 15, 15a

o ist jederzeit möglich (nach Anmeldung des Statuts)

o durch schriftliche, unbedingte Erklärung des Beitretenden

o vom Vorstand dem Registergericht zur Eintragung in die Genossenliste einzureichen

o durch Eintragung ensteht die Mitgliedschaft

o den Beitretenden treffen auch bestehende Nachschußpflichten.

c) *Ausscheiden* einzelner Genossen: §§ 65 ff.; möglich durch

o Kündigung zum Ende eines Geschäftsjahres mit Dreimonatsfrist (mindestens); kündigen kann grds. der Genosse, an seiner Stelle ein Gläubiger des Genossen nach vorheriger fruchtloser Zwangsvollstreckung

o außerordentliches Kündigungsrecht bei bestimmten, den Genossen belastenden Statutenänderungen (§ 67a)

o Ausschluß (z. B. wegen Mitgliedschaft in einer entsprechenden Genossenschaft am selben Ort)

o Tod: Mitgliedschaft geht auf Erben über, erlischt grds. am Ende des betr. Geschäftsjahres

o Übertragung des Geschäftsguthabens (s. u.) auf (neuen oder bisherigen) anderen Genossen (durch das Statut ausschließbar).

d) *Pflichtprüfung* der Genossenschaft bei Gründung (§ 11) und laufend (§§ 53 ff.):

o *zweijährlich,* ab 2 Mill. DM Bilanzsumme *jährlich*

o durch *Prüfungsverband,* dem die Genossenschaft als Pflichtmitglied angehört; Prüfungsverbände bestehen regional als eingetragene Vereine, deren Mitglieder eingetragene Genossenschaften oder ihnen gehörende oder dienende Unternehmen sind und die Sondervorschriften des Genossenschaftsgesetzes unterliegen (insbes. §§ 63 ff.)

o *Gegenstand* der Prüfung: Einrichtungen, Vermögenslage, Ordnungsmäßigkeit der Geschäftsführung der Genossenschaft, Jahresabschluß unter Einbeziehung der Buchführung und des Lageberichts

o *Verfahren:*
  - Anzeige der Prüfung
  - Einsicht in Bücher, Belege, Vermögensbestände
  - schriftlicher Bericht an Vorstand.

e) *Auflösung* der Genossenschaft: §§ 78 ff.

o durch Beschluß der Generalversammlung (3/4-Mehrheit)

o durch Zeitablauf, soweit vereinbart (Statut)

o durch Gericht bei weniger als 7 Genossen oder unzulässiger Tätigkeit

o durch Verschmelzung, d. h. Übernahme durch andere Genossenschaft

o durch Konkurs (§§ 98 ff.)

0.4.182 Rechtsverhältnisse der Genossenschaft

Innerhalb der Genossenschaft gelten Sondervorschriften zur Mitgliedschaft des einzelnen Genossen (insbes. zur Nachschußpflicht). Als juristische Person wird die Genossenschaft vertreten durch ihren *Vorstand.*

Daneben gibt es folgende *Organe:*

o Aufsichtsrat

o Generalversammlung

a) *Mitgliedschaft:* Das Statut enthält Angaben über die Höhe des Betrages, den jeder Genosse als Beteiligung erbringen kann (*Geschäftsanteil,* § 7). Dieser Betrag muß nicht sofort voll eingezahlt werden.

Die *tatsächliche* Beteiligung des Genossen ist das *Geschäftsguthaben,* bestehend aus

o erster Einzahlung

o weiteren Teilzahlungen

o Zuschreibungen von Gewinnanteilen (§§ 7,19).

Gewinne werden erst ausgezahlt, wenn das Guthaben die Höhe des Anteils erreicht hat.

Im *Konkurs kann* eine *Nachschußpflicht* der Genossen bestehen; § 6 Nr. 3 GenG sieht folgende Möglichkeiten vor:

o *keine* Nachschußpflicht

o *beschränkte* Nachschußpflicht bis zur Höhe einer sog. *Haftsumme*, die nicht niedriger sein darf als der Geschäftsanteil (§ 119)

o *unbeschränkte* Nachschußpflicht.

Die Höhe des jeweiligen Nachschusses berechnet der Konkursverwalter an Hand der nicht durch das Genossenschaftsvermögen gedeckten Gläubigerforderungen; dann zieht er die Nachschüsse ein (§§ 106 ff.)

Beispiel:

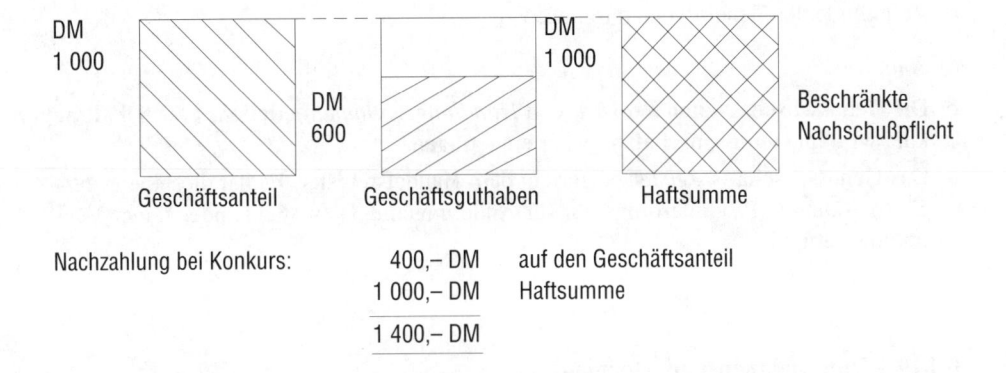

```
DM                          DM
1 000                       1 000
                                              Beschränkte
              DM                              Nachschußpflicht
              600

     Geschäftsanteil    Geschäftsguthaben    Haftsumme

Nachzahlung bei Konkurs:    400,- DM   auf den Geschäftsanteil
                          1 000,- DM   Haftsumme
                          ─────────
                          1 400,- DM
```

In der Praxis ist beschränkte Nachschußpflicht die Regel (insbes. bei Kreditgenossenschaften); die Haftsummen erlangen Bedeutung jedoch erst im Konkurs. Während der laufenden Geschäftsführung können sie dem Geschäftsguthaben zugerechnet, also als haftendes Eigenkapital angesehen werden.

b) *Vorstand* (§§ 24 ff.): besteht aus mindestens *2 Mitgliedern* (Genossen); wird grundsätzlich von der Generalversammlung gewählt (die Statuten sehen jedoch meist Bestellung durch Aufsichtsrat vor); Befugnisse: vgl. AG.

c) *Aufsichtsrat* (§§ 36 ff.): *muß* gebildet werden; besteht aus mindestens *3 Mitgliedern* (Genossen); darf keine Tantieme beziehen.

Die Mitglieder des Aufsichtsrates werden bis 500 Arbeitnehmer ausschließlich von der Generalversammlung bestellt, ab 500 Arbeitnehmern gilt eine der AG entsprechende Regelung nach

o Betriebsverfassungsgesetz 1952

o Gesetz über die Mitbestimmung der Arbeitnehmer von 1976,

nicht jedoch nach dem Mitbestimmungsgesetz Bergbau, Eisen, Stahl von 1951 (Montanbetriebe), s. o. Abschnitt 0.4.162.

Befugnisse des AR: vgl. AG.

d) *Generalversammlung* (§§ 43 ff.):

o Abstimmung erfolgt nach *Köpfen;* Mehrstimmrecht (höchstens 3 Stimmen) möglich, sofern nicht 3/4-Mehrheit erforderlich

o Stimmrechts*vollmacht* ist möglich; der Bevollmächtigte kann höchstens 2 Genossen vertreten

o statt der Generalversammlung kann (ab *1 500* Genossen) bzw. *muß* (ab *3 000* Genossen) eine *Vertreterversammlung* die Rechte der Genossen wahrnehmen: Versammlung von mindestens 50 durch die Genossen gewählten Vertretern (Einzelheiten regeln die Statuten)

o Befugnisse der Generalversammlung: vgl. AG.

e) *Sonstiges:*

o Die Genossenschaft kann *Prokura* und *Handlungsvollmacht* erteilen, § 42. Die Prokura wird im Genossenschaftsregister eingetragen.

o Das Genossenschafts*register* entspricht dem Handelsregister. Es hat dieselbe *Publizitätswirkung* (§ 29), allerdings nur für Änderungen des Vorstands oder seiner Vertretungsbefugnis.

0.4.19 Unternehmenssonderformen

0.4.190 GmbH & Co. KG

a) *Definition:*

= Personengesellschaft

= *Kommanditgesellschaft,* in der eine *GmbH* (oder *AG, KGaA) Komplementär* ist

o Gesellschafter der GmbH können zugleich Kommanditisten der KG, bisherige Komplementäre oder dritte Personen sein.

b) *Entstehung:*

o aus einer KG (siehe Beispiel)

o aus einer GmbH (oder AG, KGaA)

o Gründung einer KG oder GmbH von vornherein mit dem Ziel der Errichtung einer GmbH & Co. KG.

Beispiel:

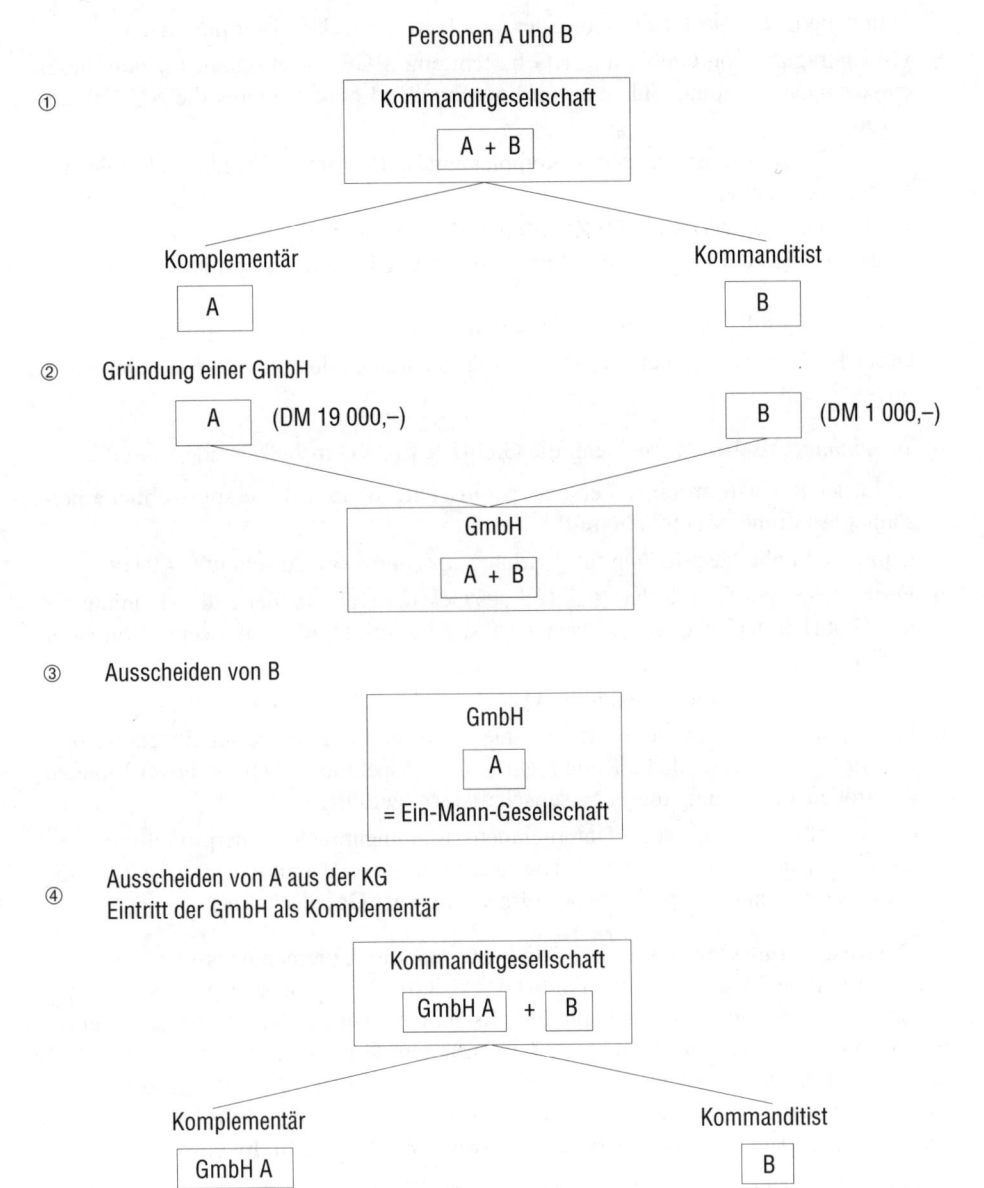

Personen A und B

① Kommanditgesellschaft A + B

Komplementär A — Kommanditist B

② Gründung einer GmbH

A (DM 19 000,–) — B (DM 1 000,–)

GmbH A + B

③ Ausscheiden von B

GmbH A = Ein-Mann-Gesellschaft

④ Ausscheiden von A aus der KG
Eintritt der GmbH als Komplementär

Kommanditgesellschaft GmbH A + B

Komplementär GmbH A — Kommanditist B

Auf diese Weise ist sogar Entstehung einer *Ein-Mann-GmbH-&-Co.-KG* möglich: A ist Alleingesellschafter einer Ein-Mann-GmbH, gründet mit sich als Kommanditist eine KG!

c) *Rechtsverhältnisse:*
- o Gründung ist erst nach Eintragung der GmbH im Handelsregister möglich
- o vor Eintragung von GmbH und KG besteht eine BGB-Gesellschaft; für von dieser eingegangene Verbindlichkeiten wird anschließend ohne weiteres die KG Schuldnerin
- o da die GmbH die Stellung des Komplementärs übernimmt, ergibt sich folgende Haftungskonstellation:
  - – volle Haftung wie bei jeder KG für den Komplementär
  - – die GmbH als Komplementär haftet aber wie jede GmbH nur mit ihrem Vermögen
  - – der/die Gesellschafter der GmbH haften *nicht*
- o Geschäftsführung liegt bei der GmbH, wahrgenommen durch den/die Geschäftsführer.

d) *Bedeutung:* Als *Mischform* bietet die GmbH & Co. KG insb. folgende Vorteile:
- o Wahl der Rechtsform einer Personengesellschaft, ohne daß die sonst übliche persönliche Haftung effektiv eingreift
- o geringere Publizitätspflichten für den Jahresabschluß (vgl. Abschnitt 0.4.04)
- o Fortbestehen der Gesellschaft bei Tod des Geschäftsführers (der evtl. Alleininhaber der GmbH ist) (Personengesellschaft: löst sich sonst grds. auf, wenn Vollhafter stirbt)
- o geringe Kapitalaufbringung (allerdings entsprechend geringere Kreditbasis)
- o Steuerersparnis als Gründungsmotiv spielt aufgrund der Körperschaftsteuerreform von 1977 keine wesentliche Rolle mehr (dieser Aspekt hatte wohl in erster Linie zu der großen Verbreitung dieser Gesellschaftsform geführt)
- o die GmbH & Co. KG ist an Unternehmenszusammenbrüchen überproportional beteiligt; Vertragspartner (wie z. B. Kreditinstitute) vereinbaren daher meist zusätzliche Sicherungen (z. B. persönliche Bürgschaften der Gesellschafter).

e) Die Mischform „GmbH & Co. KG" ist eine typische Unternehmenssonderform der Wirtschaft. Eine Mischform als „GmbH & Co. OHG" ist jedoch ebenfalls denkbar. Außerdem können auch andere Kapitalgesellschaften, insbesondere Aktiengesellschaften; als Vollhafter in einer OHG oder KG auftreten. Gibt es in einer OHG oder KG keine vollhaftende natürliche Person, spricht man von einer *„kapitalistischen"* OHG bzw. KG. Für diese besonderen Unternehmen sind im Zuge der GmbH-Reform Vorschriften in das HGB eingefügt bzw. ergänzt worden (§§ 130a, b). Im einzelnen gilt:
- o Die Firma einer kapitalistischen Personengesellschaft muß einen Hinweis auf die Haftungsbeschränkung enthalten.
- o Die Geschäftsbriefe dieser Gesellschaft müssen Angaben über Rechtsform, Sitz der Gesellschaft, Registergericht und Registernummer sowie Firmen der Gesellschafter enthalten.
- o Wird die Gesellschaft zahlungsunfähig oder deckt das Vermögen nicht mehr die

Schulden (Überschuldung), müssen Konkurs oder gerichtliches Vergleichsverfahren beantragt werden.

Dies gilt nicht, wenn bei den beteiligten Gesellschaften eine natürliche Person haftet.

0.4.191 Kommanditgesellschaft auf Aktien (KGaA)

a) *Definition:*
= Kapitalgesellschaft (Aktiengesellschaft)
o mindestens ein Aktionär haftet gegenüber den Gesellschaftsgläubigern *unbeschränkt* (persönlich haftender Gesellschafter, *Komplementär)*
o die übrigen Aktionäre haben normale Aktionärsstellung *(Kommanditaktionäre)*
o §§ 278 ff. AktG.

b) *Entstehung:* i. d. R. aus einer KG, bei der erhöhter Kapitalbedarf (z. B. für Investitionen, um konkurrenzfähig zu bleiben) die Aufnahme von Gesellschaftern notwendig macht, andererseits die bisherigen Inhaber die Herrschaft behalten wollen.

c) *Rechtsverhältnisse* der KGaA:

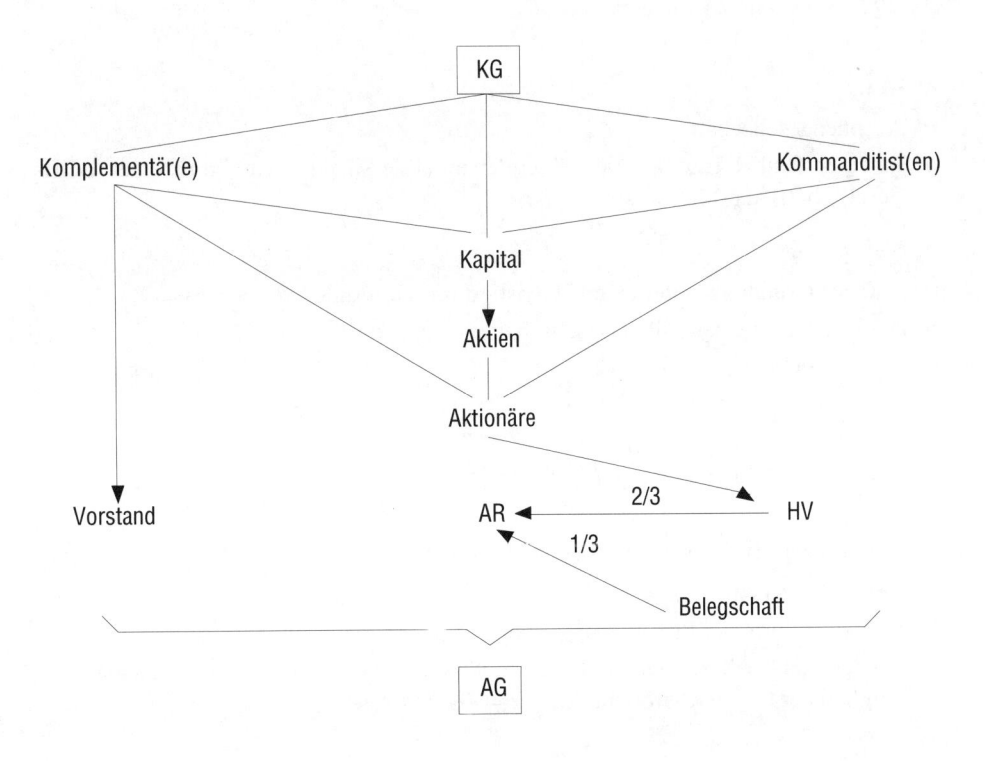

```
                         ┌──────┐
                         │  KG  │
                         └──────┘
              ┌─────────────┼─────────────┐
    Komplementär(e)                  Kommanditist(en)
         │                │                │
         │            Kapital              │
         │                ▼                │
         │            Aktien               │
         │                │                │
         └───────── Aktionäre ─────────────┘
                          │
                          │         2/3
         ▼                ▼  ◄──────────── 
      Vorstand           AR              HV
                          ▲      1/3
                          └──── Belegschaft
                    ┌──────┐
                    │  AG  │
                    └──────┘
```

- *Vorstand:* besteht kraft Gesetzes (§ 282 AktG) aus den *Komplementären,* die (durch den Aufsichtsrat) *unabsetzbar* sind (vgl. § 285)
- *Aufsichtsrat:* Vertretung der Kommanditaktionäre gegenüber dem Vorstand; kein Komplementär darf Mitglied sein; Wahl des AR (durch Hauptversammlung bzw. Belegschaft) wie bei AG (siehe dort).
- *Hauptversammlung:* Versammlung aller Aktionäre, zu denen auch die Komplementäre gehören, da auch sie Einlagen geleistet haben, die zum in Aktien zerlegten Grundkapital der KGaA gehören. Die persönlich haftenden Gesellschafter dürfen jedoch – zum Schutz der Kommanditaktionäre – *nicht mitstimmen* bei Beschlüssen über
  - Wahl und Abberufung des Aufsichtsrats
  - Entlastung von Vorstand und Aufsichtsrat
  - Bestellung von Sonderprüfern, Wahl von Abschlußprüfern
  - Geltendmachung von/Verzicht auf Ersatzansprüche (§ 285).

d) *Bedeutung:* Starke Unternehmerpersönlichkeit erforderlich, die sich der unbeschränkten Haftung aussetzt; große Kreditwürdigkeit; oft für große bisherige Alleinunternehmungen oder Familiengesellschaften vorteilhaft; allerdings Publizitätspflicht und steuerliche Nachteile.

0.4.192 GmbH-StG (Stille Gesellschaft)

a) *Wesen:*

= Personengesellschaft
- an einer GmbH beteiligt sich eine Person (oder mehrere in Form einer BGB-Gesellschaft) als stiller Gesellschafter.

b) *Bedeutung:*
- einfache Gründung, sofern GmbH existiert (durch formlosen Vertrag)
- Haftungsvorteile des stillen Gesellschafters (siehe dort)
- Steuervorteile.

0.4.193 Versicherungsverein auf Gegenseitigkeit (VVaG)

a) *Wesen:* §§ 15 ff. Versicherungsaufsichtsgesetz (VAG)

= juristische Person
- besondere Form der Privatversicherung
- Versicherungsnehmer wird mit Abschluß des Versicherungsvertrages gleichzeitig Mitglied der Gesellschaft (Versicherer = Versicherter)

o Versicherungsleistungen werden aus den Beiträgen bestritten
o durch Rückversicherungen Vorsorge gegen Versicherungs-Unterschüsse möglich
o Haftung ist auf das Vermögen des VVaG beschränkt
o Rechtsfähigkeit durch Genehmigung der Versicherungstätigkeit durch Bundesaufsichtsamt für das Versicherungswesen
o deklaratorische Eintragung ins Handelsregister
o VVaG gilt als Kaufmann im Sinne des HGB (§ 16 VAG); diese Vorschrift des Versicherungsaufsichtsgesetzes ist erforderlich, da das HGB keine unmittelbare Anwendung findet, weil beim VVaG die Gewinnabsicht verneint wird.

0.4.194 Bergrechtliche Gewerkschaft

a) *Wesen:* vgl. Bundesberggesetz, Landesberggesetze
o Kapitalverein, d. h. juristische Person
o mit bergrechtlicher Berechtigung ausgestattet (z. B. Bergwerkseigentum)
o Mitglieder = „Gewerken"
o Nachschußpflicht (sog. „Zubuße"); Abandonrecht des Gewerken (vgl. GmbH).

b) *Rechtsverhältnisse:* vgl. AG und GmbH; Mitgliedsrechte werden verbrieft durch den *Kux* (vgl. Abschnitt 1.4.211).

c) *Bedeutung:* praktisch *keine* mehr, da Bergwerke heute in aller Regel als AG betrieben werden. Daher regelt das Bundesberggesetz von 1980: Noch bestehende bergrechtliche Gewerkschaften mußten bis Ende 1985 eine andere Rechtsform annehmen oder mit einer AG oder GmbH verschmelzen.

0.4.195 Partenreederei

a) *Wesen:* §§ 489 ff. HGB
o mehrere Personen verwenden *ein* ihnen gehörendes Schiff zum Erwerb durch Betreiben der Seefahrt (bei mehreren Schiffen ist die Reederei mehrfach Reeder)
= *BGB-Gesellschaft*
o Mitreeder sind *Bruchteilseigentümer des Schiffes.*

b) *Rechtsverhältnisse:*
o keine juristische Person
o aber firmenähnlicher Name
o besonderes Vertretungsorgan nicht erforderlich.

0.4.196 Europäische wirtschaftliche Interessenvereinigung (EwiV)

a) *Wesen:* seit dem 1.7.89 geltende auf der Basis des EG-Rechts geschaffene neue Rechtsform für Unternehmen.

b) *Ausgestaltung:*

o Gründung durch mindestens zwei natürliche Personen oder Gesellschaften aus verschiedenen EG-Staaten, die ein Handelsgewerbe, ein handwerkliches oder sonstiges gewerbliches Unternehmen betreiben, einen Landwirtschaftsbetrieb führen oder einen freien Beruf ausüben
o Gründung ist vollzogen mit Abschluß des Gesellschaftsvertrages und Eintragung in ein nationales Register
o die EwiV kann Träger von Rechten und Pflichten sein und Rechtsgeschäfte oder sonstige Rechtshandlungen wirksam abschließen
o Gewinne dürfen nicht erwirtschaftet werden
o Geschäftsführung und Vertretung durch Geschäftsführer
o Mitglieder haften unbeschränkt und gesamtschuldnerisch
o Arbeitnehmerzahl darf max. 500 betragen
o die EwiV darf weder unmittelbar noch mittelbar die Leitungs- oder Kontrollmacht über die Tätigkeiten ihrer Mitglieder oder eines anderen Unternehmens ausüben
o wegen dieser Einschränkungen ist kein großer Erfolg dieser Unternehmensform zu erwarten.

0.4.2 Unternehmenszusammenschlüsse

0.4.20 Überblick

Unternehmungen schließen sich zusammen, um gemeinsame Ziele zu erreichen. Triebkraft ist insbesondere der *Wettbewerb,* da der Druck der Konkurrenz letztlich gewinnschmälernd wirkt; nicht zuletzt diesem Druck versuchen Unternehmungen durch Zusammenschlüsse zu entgehen.

Gründe für derartige Zusammenschlüsse können insbesondere sein:

o Einschränkung oder Ausschaltung des für Unternehmen nachteiligen freien Wettbewerbs, *Monopol*bildung, Marktbeeinflussung, Marktbeherrschung, Unabhängigkeit vom Markt und seinen Faktoren
o Vermeidung von Überproduktion; Fehlinvestitionen
o gegenseitige wirtschaftliche *Unterstützung* (Rationalisierungen, technische Zusammenarbeit, z. B. über gemeinsame Computeranlagen, gemeinschaftliche Entwicklungs- und Forschungsprojekte).

Unternehmenszusammenschlüsse können für die Gesamtwirtschaft *nützlich* und wünschenswert sein: z. B. zur Überwindung von Krisen, Erhaltung und Verbesserung der Konkurrenzfähigkeit gegenüber dem Ausland, billigere Produkte durch gemeinsame Rationalisierungen, Forschung, technischer Fortschritt usw.

Dennoch bilden sie *Gefahren* für die freie Wirtschaft, da zusammengeschlossene Unternehmen bedeutende *Machtpositionen* vertreten. Mögliche *Nachteile* für die Gesamtwirtschaft sind insbesondere:

o Ausschaltung des Wettbewerbs, willkürliche Preisfestsetzung

o Verschlechterung der Qualität der Produkte, da Konkurrenz entfällt

o Unübersichtlichkeit der rechtlichen und wirtschaftlichen Bindungen und Abhängigkeiten.

Zusammenschlüsse von Unternehmen erfolgen durch *Verträge,* wobei es sich handeln kann um

o einfache (formlose) Abreden

o Gesellschaftsverträge

o Beteiligungen

o Fusionen (Verschmelzungen).

Es kann sich dabei um Zusammenschlüsse auf derselben Produktionsstufe handeln (*horizontal,* z. B. Hersteller von Autoreifen – Fabrikant von Autokarosserien) oder aber auf verschiedenen Produktionsstufen (*vertikal,* z. B. Hersteller von Kühlschränken – Großhändler).

Besonders wichtig ist die Frage, inwieweit rechtliche und wirtschaftliche *Selbständigkeit* eingeschränkt sind.

Die wichtigsten *Formen* sind:

Kartell – Konzern – Trust – Holdinggesellschaft – Interessengemeinschaft – Syndikat.

0.4.21 Formen von Zusammenschlüssen

0.4.210 Kartell

a) *Wesen:* relativ lose Verbindung von Unternehmen durch *Abreden;* bei Nichtbeachtung der Abmachungen sind Vertragsstrafen zu zahlen. Einzelnes:

o *Rechtliche* Selbständigkeit bleibt *erhalten*

o *wirtschaftliche* Selbständigkeit bleibt weitgehend *erhalten,* wird nur in einem Teilbereich eingeschränkt

o *horizontaler* Zusammenschluß.

b) *Arten:*

o Preiskartell (Einhaltung gleicher Preise für gleiche/entsprechende Artikel)
o Konditionenkartell (gleichartige Lieferungs- und Zahlungsbedingungen)
o Rabattkartell (Konditionenkartell für Rabatte)
o Normen-, Typenkartelle (Festlegung auf einheitliche Produktionsformen, Größen, Abmessungen, kombiniert verwendbare Produkte)
o Gebietskartell (Aufteilung des Absatzgebietes)
o Ausfuhr-, Einfuhrkartelle (Absprachen über einheitliche Liefer-, Zahlungsbedingungen, Preise usw.)
o Krisenkartell (Zusammenschluß zur Abwendung insbes. einer branchenbedingten Krise)
o Rationalisierungskartell (einheitliche innerbetriebliche Maßnahmen, z. B. Normung und Einschränkung des Angebots, zur Kosten- und Preissenkung, Leistungssteigerung).

c) Kartelle unterliegen dem Gesetz gegen Wettbewerbsbeschränkungen *(Kartellgesetz)* (siehe 0.4.22).

0.4.211 Syndikat

= Sonderform des *Kartells:* Absprache zwischen mehreren Unternehmen in Form eines *Gesellschaftsvertrages;* die neue Gesellschaft – grundsätzlich juristische Person – übernimmt für die Unternehmen als selbständige gemeinsame *Vertriebsgesellschaft* den Verkauf der Erzeugnisse.

Aufträge werden nach bestimmten, vorher vereinbarten Schlüsseln auf die Unternehmen verteilt, Lieferungen erfolgen durch die Unternehmen direkt an die Kunden, die Zahlungen nimmt das Vertriebskartell entgegen.

0.4.212 Interessengemeinschaft

a) *Wesen:*

o Zusammenschluß meist in Form einer *BGB-Gesellschaft,* der zwischen Kartell und Konzern steht
o *rechtliche* Selbständigkeit bleibt *erhalten*
o *wirtschaftliche* Selbständigkeit geht weitgehend *verloren*
o *horizontal* oder *vertikal.*

b) *Bedeutung:*

o reine *Innengesellschaft:* keine Firma, keine Rechtsgeschäfte mit Dritten

o meist *Gewinngemeinschaft:* Gewinne und Verluste mehrerer Unternehmen werden zusammengerechnet und nach bestimmtem Schlüssel verteilt
o oft Vorstufe für spätere Fusionen.

0.4.213 Konzern

a) *Wesen:*
= *Verbundenes Unternehmen* im Sinne des Aktienrechts (§§ 15 ff., 291 ff. AktG)
o Zusammenschluß von Unternehmen unter *einheitlicher Leitung*
o *rechtliche* Selbständigkeit bleibt *erhalten*
o *wirtschaftliche* Selbständigkeit geht *völlig verloren*
o *horizontal* oder *vertikal*
o Rechtsform der zusammengeschlossenen Unternehmen ist gleichgültig (also auch Personengesellschaften oder Einzelunternehmen).

b) *Entstehung:*
o Ein Unternehmen erwirbt Mehrheit der Anteile, insbes. Aktien, anderer Unternehmen und erlangt damit beherrschende Stellung („Mutter-Tochter-Gesellschaft")
o Unternehmungen tauschen ihre Anteile (Aktien) untereinander aus (Rechtsgrundlage: meist Interessengemeinschaft; „Schwestergesellschaft")
o Abschluß von Beherrschungs- und Gewinnabführungsverträgen (§ 291 AktG)
o Eingliederung (Voraussetzung: sog. Hauptgesellschaft besitzt alle Anteile einer anderen Gesellschaft; §§ 319 ff. AktG)
o Bildung einer Holdinggesellschaft (s. u.).

c) *Bedeutung:* Die einheitliche Leitung in einem Konzern ermöglicht besonders starken Einfluß auf die Wirtschaft; die rechtliche Selbständigkeit erschwert die Durchschaubarkeit der wirtschaftlichen Zusammenhänge. Verschiedenste Gründe können zur Konzernbildung führen. Sowohl horizontale (z. B. Versicherungsunternehmen; Kaufhäuser) als auch vertikale Zusammenschlüsse (insb. in der Industrie) sind verbreitet.

0.4.214 Holding-Gesellschaft (Holding-Company)

Wesen: Erwerb einer Mehrheit von Anteilen durch eine Gesellschaft an anderen Unternehmen, Beherrschung dieser Unternehmen. Die Holding-Gesellschaft wird speziell zu diesem Zweck gegründet; sie hat *keinen* eigenen *Produktionsbetrieb,* sondern ist nur *Dachgesellschaft,* „Konzernleitung".

0.4.215 Trust

= ein Großunternehmen, aus mehreren anderen Unternehmen durch *Fusion* entstanden
o *horizontal* oder *vertikal*
o *rechtliche* und *wirtschaftliche* Selbständigkeit gehen *verloren*
o Zusammenschluß erfolgt durch
  – Neugründung unter Auflösung der übrigen bisherigen Unternehmen
  – Aufnahme durch das stärkste, beherrschende Unternehmen.

0.4.22 Der Wettbewerb der Unternehmungen

0.4.220 Überblick

Großunternehmen – seien sie durch Unternehmenszusammenschlüsse in den oben beschriebenen Formen oder auf anderem Wege entstanden – sind in einer freien Marktwirtschaft eine typische Erscheinung, bergen in einer sozialen Marktwirtschaft jedoch stets Gefahren in sich, die mit der sozialen Zielsetzung des Staates nicht vereinbar sind. Am deutlichsten wird dies bei Monopolen und anderen marktbeherrschenden Machtgruppierungen; doch auch die Marktbeeinflussung durch einzelne Unternehmen kann sich auf andere Wirtschaftsteilnehmer, insbesondere die Verbraucher nachteilig auswirken.

Daher gibt es eine Reihe gesetzlicher Vorschriften, die in den letzten Jahren zunehmend verschärft wurden und letztlich die Erhaltung eines freiheitlichen Wettbewerbs unter Wahrung sozialpolitischer Ziele bezwecken.

0.4.221 Gesetz gegen Wettbewerbsbeschränkungen (Kartellgesetz)

von 1957 in der Fassung vom 24.9.1980 (GWB).

a) *Kartellrecht:*
o Grundsatz: *Verbot* aller *Kartelle* = Vereinbarungen zur Beeinflussung der Erzeugung oder der Marktverhältnisse durch *Wettbewerbsbeschränkung* (§ 1)
o Ausnahme: *anmeldepflichtige* Kartelle:
  – Konditionenkartell
  – Rabattkartell
  – Normen-, Typenkartell

Wirksamwerden dieser Abreden nur, wenn Kartellbehörde nicht binnen 3 Monaten widerspricht.

Aufgrund der 5. Novelle zum GWB sind im Handel seit 1.1.190 Einkaufs-Kooperationen, die die Wettbewerbsfähigkeit kleiner und mittlerer Unternehmen verbessern, vom Kartellverbot ausgenommen.

- o Ausnahme: *genehmigungspflichtige* Kartelle:
    - Strukturkrisenkartell (Situation: Absatzrückgang wegen Nachfrageänderung)
    - Rationalisierungskartell (Spezialisierung auf bestimmte Martkbereiche)
    - Einfuhr- und Ausfuhrkartelle
    - Syndikat
    - (sonstige) Sonderkartelle, wenn Wettbewerbsbeschränkung aus überwiegenden gesamtwirtschaftlichen Gründen notwendig ist;

  Genehmigung wird i. d. R. für 3 Jahre erteilt; Kartelle werden in das Kartellregister beim Bundeskartellamt eingetragen (§§ 9, 11).

- o Aufsicht: erfolgt durch *Bundeskartellamt* (Berlin) sowie Bundeswirtschaftsminister und oberste Landesbehörden; Befugnisse:
    - Auskunftsrecht über wirtschaftliche Verhältnisse von Unternehmen
    - Einsichtnahme, Prüfung von Geschäftsunterlagen
    - Auskünfte von Wirtschafts- und Berufsvereinigungen
    - Durchsuchungen auf Anordnung des zuständigen Amtsrichters
    - aber keine Verwertung der Informationen in Besteuerungsverfahren.

b) *Sonstiges Wettbewerbsrecht:*

- o *keine Preisbindung* der zweiten Hand mehr (= Festsetzung von Endverbraucherpreisen durch Hersteller/Lieferer), § 17; Ausnahme: Verlagserzeugnisse (Bücher, Zeitschriften usw.), § 16; zulässig sind i. ü. nur noch ausdrücklich *unverbindliche Preisempfehlungen* (§ 38a);

- o strenge *Mißbrauchsaufsicht* der Kartellbehörden über *marktbeherrschende Unternehmen* (Marktbeherrschung: überragende Marktstellung oder kein wesentlicher Wettbewerb vorhanden, auch bei mehreren Unternehmen, wenn zwischen ihnen praktisch kein Wettbewerb besteht), § 22; Recht der Kartellbehörden:
    - mißbräuchliches Verhalten zu untersagen
    - Verträge für unwirksam zu erklären.

- o *Anzeigepflicht* bei *Zusammenschluß* von Unternehmen, wenn ein Martkanteil von mindestens 20 % erreicht/erhöht wird (Vorauss.: insgesamt mind. 10 000 Beschäftigte oder 500 Mill. DM Umsatz), § 23

- o *Fusionskontrolle* der Kartellbehörden, wenn zu erwarten ist, daß durch Zusammenschluß marktbeherrschende Stellung entsteht/verstärkt wird (Ausn.: wenn überwiegende Wettbewerbsverbesserungen erzielt werden); Befugnis der Kartellbehörden zur Untersagung oder Auflösung des Zusammenschlusses (§ 24); Einrichtung einer *Monopolkommission* zur Überwachung der Unternehmenskonzentration (§ 24b)

- o Verbot aufeinander abgestimmten Verhaltens von Unternehmen, wettbewerbsbeschränkender Maßnahmen (insb. durch Zwang auf andere Unternehmen), Verbot von Liefer- oder Bezugssperren oder sonstiger Diskriminierungen (§§ 25,26).

c) Bei *Verstößen* gegen das GWB: §§ 34 ff.

- o u. U. Schadensersatzpflicht gegenüber anderen geschädigten Unternehmen
- o Anspruch von Unternehmen und Verbänden auf Unterlassung

o in vielen Fällen: Begehung einer Ordnungswidrigkeit, die mit *Bußgeld* (bis zu 1 Mill. DM, darüber hinaus bis zum Dreifachen des rechtswidrig erzielten Mehrerlöses) geahndet wird.

d) Gegen Verfügungen der Kartellbehörden ist *Beschwerde* beim zuständigen Oberlandesgericht zulässig; letzte Instanz (der sog. Rechtsbeschwerde) ist der Bundesgerichtshof.

e) Vergleichbare Kartellvorschriften gelten im Bereich der Europäischen Gemeinschaft; das Gemeinschaftsrecht ist dabei grundsätzlich vorrangig.

0.4.222 Recht der verbundenen Unternehmen

nach §§ 15 ff., 291 ff. AktG; Anwendung insbesondere auf Konzerne. Wichtigste Bestimmungen:

o Geltung grds., wenn Konzernunternehmen unter einheitlicher Leitung durch AG oder KGaA stehen

o jährlich sind *Konzernbilanz* und Konzern-G + V aufzustellen (für alle Unternehmen, die mit Mehrheit Konzernunternehmen gehören und/oder für Beurteilung der Vermögens- und Ertragslage des Konzerns wichtig sind) und ein Konzern-Geschäftsbericht zu veröffentlichen

o gesonderte Prüfung des Konzernabschlusses durch Konzernabschlußprüfer

o Schutz außenstehender Aktionäre (Minderheitsaktionäre) beim Abschluß von Beherrschungs- und Gewinnabführungsverträgen.

Vgl. hierzu Abschnitt 0.4.042 g.

0.4.3 Das Notleiden von Unternehmen

0.4.30 Überblick

Kennzeichnend für das Notleiden von Unternehmen ist insbesondere die Unfähigkeit, fällige Zahlungen zu leisten. Diese wird nach außen hin deutlich z. B. durch das „Platzen" von Schecks, durch protestierte Wechsel, durch Anhängigkeit von gerichtlichen Mahn- und Klageverfahren.

Die Zahlungsunfähigkeit kann ihre Gründe in vorübergehenden Liquiditätsschwierigkeiten haben; mögliche Ursachen:

o Ausfall von Forderungen (durch Zahlungsunfähigkeit anderer Schuldner)

o Lieferschwierigkeiten von Zulieferern

o schlechte finanzielle Dispositionen

o branchen- oder gesamtwirtschaftlich bedingte Umsatzrückgänge u. dgl.

Diese vorübergehenden finanziellen Engpässe lassen sich meist durch Bankkredite, Stundungen durch Gläubiger usw. überbrücken (vgl. Kontokorrentkredit).

Aber auch tiefergehende Gründe können zur Einstellung der Zahlungen führen. Ursachen für diese Entwicklung:

o *innerbetrieblich:* Kapitalmangel, Überaltung, schlechte Führung, Fehlinvestitionen, Organisationsmängel, zu hohe Privatentnahmen usw.

o *außerbetrieblich:* umfangreiche Forderungsausfälle, Konjunkturrückgang, verschärfte Konkurrenz, außenwirtschaftliche Faktoren usw.

Mögliche *Entwicklung* (Beispiel):

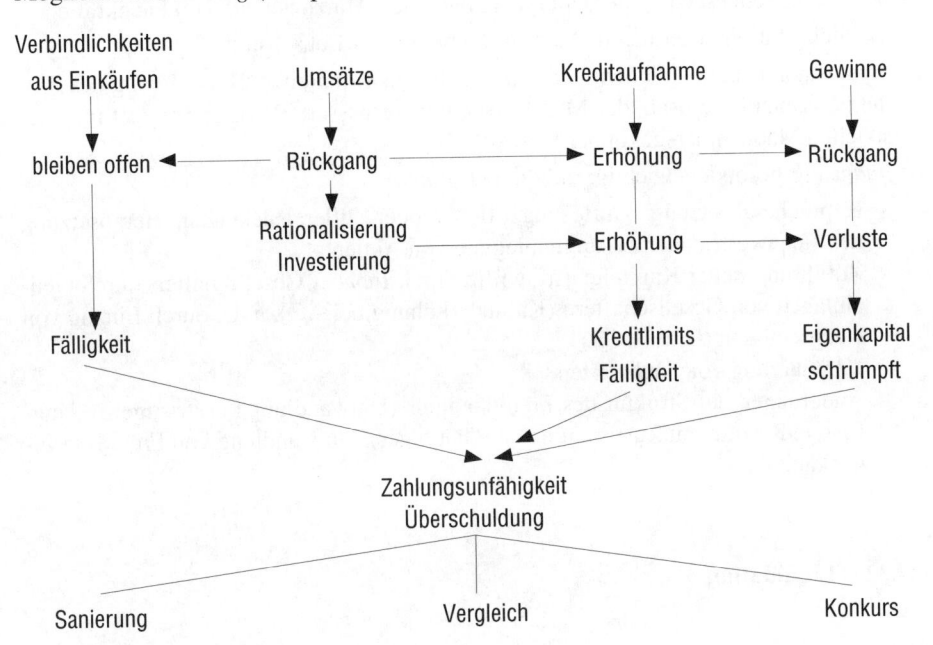

```
Verbindlichkeiten
  aus Einkäufen         Umsätze          Kreditaufnahme        Gewinne
       │                   │                    │                 │
       ▼                   ▼                    ▼                 ▼
  bleiben offen ◄──── Rückgang ─────────► Erhöhung ────────► Rückgang
       │                   │                    │                 │
       │                   ▼                    ▼                 ▼
       │            Rationalisierung ────► Erhöhung ────────► Verluste
       │             Investierung                                 │
       │                                        │                 │
       ▼                                        ▼                 ▼
   Fälligkeit                              Kreditlimits       Eigenkapital
                                           Fälligkeit          schrumpft
                       │                        │                 │
                       └────────► Zahlungsunfähigkeit ◄───────────┘
                                  Überschuldung
                      ┌──────────────┼──────────────┐
                  Sanierung       Vergleich       Konkurs
```

Sieht der Unternehmer diese Entwicklung kommen, kann er *Gegenmaßnahmen* treffen:

o *Sanierung* aufgrund eigener Anstrengungen
o *Vergleich* mit den Gläubigern
o *Unternehmenszusammenschluß,* Umbildung, andere Unternehmensform (z. B. Umwandlung einer KG in KGaA zwecks Kapitalbeschaffung)
o freiwillige Auflösung *(Liquidation)* als Ausweg, solange die Vermögenswerte zur Deckung der Schulden ausreichen
o *Konkurs* = zwangsweise Auflösung des Unternehmens als (negativer) Abschluß der Entwicklung.

Das zum Zeitpunkt der Erstellung dieser Auflage gültige Insolvenzrecht basiert auf der Vergleichsordnung von 1935 und der Konkursordnung von 1877. Eine Reform ist seit Jahren in der Diskussion, konkretisiert sich nunmehr aber, da inzwischen ein Regierungsentwurf einer neuen Insolvenzordnung vorliegt (vgl. Abschnitt 0.4.342).

0.4.31 Sanierung

a) *Wesen:* = „Heilung", d. h. Einsatz von Maßnahmen, die Leistungsfähigkeit und Ertragskraft des Unternehmens wiederherzustellen; Voraussetzung: Aufdeckung der Ursachen für die Krise.

b) *Maßnahmen:*

o personell: Neubesetzung der leitenden Positionen, Hinzuziehung von Fachkräften
o sachlich: Rationalisierungen, Austausch unrentabler Betriebsmittel
o organisatorisch: Neugliederung der betrieblichen Tätigkeit, z. B. Änderung des Produktionsablaufs, Einsatz der Marktforschung, verbesserte Werbung (meist mit personellen Maßnahmen gekoppelt)
o *finanziell:* besonders wichtig; mögliche *Formen:*
  – Kapitalherabsetzung, Auflösung offener oder stiller Rücklagen, Herabsetzung des Nennwertes oder Zusammenlegung von Aktien
  – Zuführung neuer Kapitalien freiwillig durch Inhaber/Gesellschafter, durch Neueinlagen von Gesellschaftern (Kapitalerhöhung bei AG), u. U. durch Einzug von Nachschüssen (GmbH, eG)
  – Veräußerung von Sachwerten
  – Änderungen der Struktur des Fremdkapitals (Umwandlung kurzfristiger in langfristige Kredite mit Zustimmung der Gläubiger), Umwandlung von Fremd- in Eigenkapital.

0.4.32 Liquidation

a) *Wesen:*

= *freiwillige* Auflösung eines Unternehmens
o Voraussetzung (grds.): Vermögenswerte reichen aus zur Deckung der Schulden
o z. T. gesetzlich geregelt (vgl. §§ 145 ff. HGB)

b) *Abwicklung:*

o Liquidationsbeschluß (bei Gesellschaften)
o Veröffentlichung, Handelsregistereintragung; Firma: Zusatz „i. L." = „in Liquidation"
o Bestellung von Liquidatoren (meist Inhaber/Gesellschafter/Geschäftsführer/Vorstand)
o Veräußerung aller Vermögenswerte, Einzug der Forderungen (bei langfristigen Forderungen: Verkauf möglich)
o Bezahlung der Schulden mit dem Erlös
o Auszahlung des Restes (sog. Liquidationserlös) an den/die Eigentümer/Gesellschaf-

ter (bei Kapitalgesellschaften und Genossenschaften erst nach Ablauf eines sog. Sperrjahres).

c) *Sonstiges:*

o Aufstellung einer Liquidationsbilanz zu Beginn und am Ende der Liquidation
o bei Personengesellschaften Haftung der Gesellschafter noch 5 Jahre lang
o oft läßt sich günstiger das gesamte Unternehmen *verkaufen*
o eine Liquidation wird – abgesehen von *wirtschaftlichen Gründen* – oft notwendig wegen Tod des Inhabers, Tod/Ausscheiden von Gesellschaftern bei Personengesellschaften (nur Vollhafter), Erbauseinandersetzungen *(persönliche Gründe).*

0.4.33 Vergleich

0.4.330 Grundbegriffe

a) *Wesen:*

= Verfahren zur *Vermeidung* der Unternehmensauflösung
o durch *Vertrag* zwischen Schuldner und Gläubiger(n)
o Rechtsgrundlage: Vergleichsordnung (VerglO) von 1935, geltend für den gerichtlichen Vergleich

b) *Arten:*

o Verfahren:
  – außergerichtlicher Vergleich
  – gerichtlicher Vergleich
o Technik:
  – Stundungsvergleich: *Stundung* der Forderungen
  – Erlaßvergleich: *Erlaß* von Forderungen
  – Kombination zwischen Stundung und Erlaß
o Sonderform: Zwangsvergleich

0.4.331 Außergerichtlicher Vergleich = Akkord

a) *Wesen:*

o Der Schuldner wendet sich an einzelne, seltener an alle Gläubiger und bittet sie um Hilfe. Er kann die Gläubiger dabei willkürlich auswählen und frei mit ihnen die Vergleichsbedingungen aushandeln.
o Voraussetzung: *Interesse* der angesprochenen Gläubiger an einem Vergleich; mögliche Gründe:

- sie brauchen das notleidende Unternehmen (z. B. einziges Transportunternehmen am Platz, Güterbeförderung müßten die Gläubiger selbst durchführen)
- sie befürchten, bei einem Konkurs noch weniger Geld zu bekommen (was tatsächlich sehr oft der Fall ist, s. u.)
- private Gründe (z. B. Freundschaft mit dem Schuldner).

b) *Bedeutung:*

o Vorteil: Abwicklung in der Stille und ohne Gerichtskosten

o Nachteil: wenn es nachträglich zum Konkurs kommt, kann der Teil der Forderungen, auf den vorher verzichtet wurde, nicht mehr geltend gemacht werden!

0.4.332 Gerichtlicher Vergleich

a) *Wesen:* Vertrag des Schuldners mit *allen gewöhnlichen* (d. h. nicht bevorrechtigten, vgl. Konkurs) *Gläubigern* unter Mitwirkung des *Vergleichsgerichts* (= zuständiges Amtsgericht); §§ 2, 25 ff. VerglO. Alle Vergleichsgläubiger sind *gleich* zu behandeln (§ 8).

b) *Abwicklung:*

① Antrag des Schuldners beim Vergleichsgericht (§§ 2 ff.); Inhalt: *Vergleichsvorschlag;* der Schuldner ist nur *vergleichswürdig,* wenn er

   o mindestens 35 % innerhalb eines Jahres
   o mindestens 40 % innerhalb von 18 Monaten
   o mehr als 40 % der Forderungen bei mehr als 18 Monaten Zahlungsfrist zur Barzahlung den Gläubigern anbietet.

② Anzugeben bzw. dem Antrag beizufügen:

   o Sonstiger Vergleich/Konkurs/Zwangsvollstreckung/eidesstattliche Versicherung des Schuldners innerhalb der letzten 5 Jahre
   o Vermögensübersicht (Bilanz)
   o Verzeichnis der Gläubiger und Forderungen, Schuldner und Schulden
   o Erklärung über Vermögensverfügungen an Angehörige innerhalb der letzten 2 Jahre.

③ Prüfung des Antrags durch das Gericht; bei Ablehnung: *Anschlußkonkurs* (§ 19); Ablehnung erfolgt insb. bei fehlender Vergleichswürdigkeit, anderen Vergleichs- oder Konkursverfahren innerhalb der letzten 5 Jahre und schuldhaftem Vermögensverfall (Unredlichkeit, Leichtsinn usw.), §§ 17, 18; bei Annahme: *Vergleichseröffnung* (Vermerk im Handelsregister).

④ *Wirkung* der Eröffnung: §§ 46 ff.

   o Verjährung der Gläubigeransprüche wird gehemmt
   o keine Zwangsvollstreckungen bis zur Beendigung des Vergleichs mehr möglich.

⑤ Ernennung eines *Vergleichsverwalters;* Aufgaben: (§§ 38 ff.)
  o Prüfung der Wirtschaftslage des Schuldners
  o Überwachung der Geschäftsführung und Privatausgaben des Schuldners.

⑥ Einberufung einer *Gläubigerversammlung* (Vergleichstermin, binnen eines Monats); bis zu diesem Termin sind Forderungen *anzumelden* (§ 67); Verhandlung und Abstimmung über den Vergleichsvorschlag des Schuldners: Erforderlich mit Zustimmung der Mehrheit der Gläubiger (pro Kopf) sowie von
  o 75 % der Forderungen, wenn der Schuldner 50 % und mehr anbietet
  o 80 % der Forderungen, wenn der Schuldner weniger als 50 % anbietet
  (§ 74); die übrigen Gläubiger sind dann an das Ergebnis gebunden.

⑦ Bestätigung des Vergleichs durch das Gericht; damit verbindlich für alle Gläubiger.

⑧ *Abwicklung:* bei *Verzug* des Schuldners mit der Erfüllung (= Nichtleistung trotz schriftlicher Mahnung und mind. einwöchiger Nachfrist) leben die Forderungen wieder voll auf, Stundung und Erlaß sind *hinfällig;* desgleichen bei Konkurseröffnung vor vollständiger Erfüllung (§ 9).

⑨ Beendigung des Verfahrens durch das Gericht.

0.4.333 Besonderheit: Zwangsvergleich

Wesen: Durch Zwangsvergleich wird ein bereits eröffnetes *Konkursverfahren aufgehoben* (§§ 173 ff. KO).

Zustandekommen:

o der Schuldner bietet den Gläubigern *höhere Zahlungen* an, als im Konkurs zu erwarten wären

o *Mindestgebot: 20 %* der nicht bevorrechtigten Forderungen

o Zustimmung der Mehrheit der Gläubiger sowie von 75 % der Forderungen erforderlich, außerdem Bestätigung des Gerichts.

Praxis: Der Schuldner verfügt über Geldquellen, die nicht zur Konkursmasse gehören (z. B. Vermögen der Ehefrau bei rechtzeitiger Gütertrennung, Geldmittel von Freunden usw.) und versucht das Unternehmen damit zu retten.

0.4.34 Konkurs

0.4.340 Grundbegriffe

a) *Wesen:* = gerichtliches Verfahren zur *zwangsweisen* Auflösung einer Unternehmung. Rechtsgrundlage: Konkursordnung (KO) von 1877.

b) *Zweck:* gerechte und gleichmäßige Verteilung des gesamten Schuldnervermögens auf die Gläubiger; der Einzelzugriff wird unterbunden, der Schuldner einzelner Verbindlichkeiten wird *Gemeinschuldner.*

c) *Bedeutung* für den Gemeinschuldner: erheblicher Eingriff in seine geschäftliche und Privatsphäre, begleitet von totaler Aufdeckung der wirtschaftlichen Verhältnisse; der Konkurs, der durchaus nicht persönlich verschuldet sein muß, wirkt sich für die Zukunft des Unternehmers sehr negativ aus, bringt oft persönlichen Makel mit sich.

0.4.341 Abwicklung

① *Antrag* beim Konkursgericht (= für den Gemeinschuldner zuständiges Amtsgericht)
- o durch den Gemeinschuldner (Einreichung eines Gläubiger- und Schuldnerverzeichnisses und einer Vermögensübersicht)
- o durch einen Gläubiger unter Nachweis der Zahlungsunfähigkeit des Schuldners (z. B. Wechselprotest, fruchtlose Zwangsvollstreckung), §§ 102 ff. KO.

② *Prüfung* des Antrags durch das Konkursgericht; Möglichkeiten:
- o Ablehnung, da Konkurs nicht erforderlich erscheint (Zahlungsunfähigkeit ist nicht glaubhaft)
- o *Ablehnung mangels Masse:* Vermögen reicht nicht zur Deckung der Verfahrenskosten aus (§ 107)
- o *Annahme* des Antrags

③ *Eröffnung* des Konkursverfahrens (§§ 108 ff.); *Maßnahmen:*
- o Bekanntmachung der Eröffnung (Bundesanzeiger, Pflichtblätter)
- o Ernennung des *Konkursverwalters*
- o Terminsetzung für erste *Gläubigerversammlung* (binnen eines Monats)
- o Anordnung des *offenen Arrests* (s. u.)
- o Festsetzung einer Anmeldefrist für Forderungen (diese werden in Konkurstabelle eingetragen)
- o *Eintragung* der Konkurseröffnung in Handelsregister usw., u. U. im Grundbuch.

④ *Wirkung* der Eröffnung:

für die *Gläubiger:*
- o sämtliche Forderungen werden *sofort fällig*
- o das Einzelzugriffsrecht (z. B. durch Zwangsvollstreckung) *ruht* für die Dauer des Verfahrens (§ 14)

für den *Gemeinschuldner:*
- o Verlust des Verwaltungs- und Verfügungsrechts über das Vermögen, soweit zur Konkursmasse gehörig (§ 6)

- o von ihm erteilte Vollmachten erlöschen (§ 23)
- o Vermögensverfügungen des Gemeinschuldners nach Konkurseröffnung sind den Gläubigern gegenüber *unwirksam* (§§ 7, 15)
- o er darf seinen Wohnort ohne Gerichtserlaubnis nicht verlassen, muß dem Konkursverwalter Auskunft erteilen, seine Ehrenämter ruhen

für die *Schuldner* des Gemeinschuldners: sog. *offener Arrest* (§§ 8, 118), d. h.

- o *Verbot,* an den Gemeinschuldner zu leisten (Erfüllung tritt sonst nur ein, wenn Leistung in die Konkursmasse gelangt)
- o *Anzeige* von Schulden gegenüber der Masse sowie des Besitzes von zur Konkursmasse gehörenden Sachen.

⑤ Abhaltung von *Gläubigerversammlungen;* Beschlüsse:
- o Bestätigung des gerichtlich ernannten Konkursverwalters oder Neuwahl
- o Unterstützung des Gemeinschuldners und seiner Familie aus der Masse
- o Fortführung und/oder Beendigung der Geschäftstätigkeit usw. (§ 132)

⑥ Weitere Abwicklung erfolgt durch den *Konkursverwalter,* der das *Verwaltungs- und Verfügungsrecht* über die Konkursmasse erhält (vgl. §§ 17 ff., 117 ff. KO):
- o Aufstellung von Inventar und *Konkursbilanz*
- o Errechnung einer vorläufigen *Konkursquote* (= der Prozentsatz, den die nicht bevorrechtigten Gläubiger auf ihre Forderungen erhalten)
- o Fortführung, schließlich Beendigung der Geschäfte.

Der Konkursverwalter hat die Interessen von Gemeinschuldner und Gläubigern gleichermaßen zu wahren.

⑦ *Konkursmasse* ist das gesamte Vermögen des Schuldners, das zur Zeit der Konkurseröffnung in seinem Eigentum steht und pfändbar ist (§ 1).

⑧ *Vor* Verteilung der Konkursmasse sind *Gläubiger mit Sonderrechten* zu berücksichtigen; solche Rechte sind:

- o *Aussonderung* von Gegenständen in fremden Eigentum, die *nicht zur Masse* gehören (§§ 43–46), z. B. geliehene, gemietete, unter Eigentumsvorbehalt gelieferte Gegenstände
- o *Absonderung von Massengegenständen,* die mit *Sicherungsrechten* belastet sind (§§ 47–51): gesetzliche, gerichtliche, vertragliche Pfandrechte (auch: Grundpfandrechte), Sicherungseigentum u. dgl. Die Gläubiger erhalten diese Gegenstände zur *Verwertung* (Versteigerung) und *Befriedigung* aus dem Erlös; Mehrerlös: geht in die Konkursmasse zurück; Mindererlös: Restforderungen werden als gewöhnliche Forderungen erneut angemeldet
- o *Aufrechnung,* d. h. Verrechnung von Forderungen eines Gläubigers mit Verbindlichkeiten, die er dem Gemeinschuldner gegenüber hat (§§ 53 ff. KO, 387 ff. BGB); so kann der Ausfall durch die meist ungünstige Konkursquote umgangen oder gemildert werden.

⑨ Nach *Verwertung* („Versilberung") der restlichen Vermögensgegenstände durch den Konkursverwalter erfolgt *Verteilung* des Gesamterlöses in folgender Reihenfolge *(Rangordnung!):*

  a) *Vorwegbefriedigung* der Massegläubiger (§§ 57–60): *Masseschulden* und *Massekosten,* Ränge: (auszugsweise)

  o Ansprüche aus Geschäften/Handlungen des Konkursverwalters

  o gerichtliche Verfahrenskosten; Kosten für Verwaltung/Verwertung/Verteilung der Masse

  o Ansprüche von Arbeitnehmern, Pensionsberechtigten usw. aus Zahlungsrückständen bis zu *6 Monaten* vor Konkurseröffnung

  o Unterstützung an Gemeinschuldner und Familie.

  b) *Bevorrechtigte* Gläubiger (§ 61); Ränge:

  o Lohn- und Gehaltsforderungen u. dgl.

  o Forderungen für Steuern, öff. Abgaben (Bund, Länder, Gemeinden)

  o Forderungen von Kirchen, Schulen, öff. Verbänden

  o Forderungen von Ärzten, Apothekern, Pflegern usw.

  } jeweils für das letzte Jahr vor Konkurseröffnung

  o Unterhaltsansprüche von Kindern, Mündeln u. dgl.

  c) Nichtbevorrechtigte = *gewöhnliche* Gläubiger (§ 61 I Nr. 6):

  anteilige Auszahlung des eventuellen Restes durch *Konkursquote.*

⑩ *Beendigung* des Konkursverfahrens, letzte Gläubigerversammlung (Schlußtermin), §§ 162, 163; *Wirkung* der Beendigung (§§ 164 ff.):

  o Befreiung des Gemeinschuldners von den bisherigen Auflagen

  o *Haftung* des Schuldners für nicht befriedigte Restforderungen *30 Jahre* lang (gleich, welche Verjährungsfrist bisher galt)

  o *Einzelzugriffsrecht* der Gläubiger *lebt* wieder *auf;* Auszug aus Konkurstabelle ist Vollstreckungstitel.

0.4.342 Praxis und Zukunft des Insolvenzrechts

Die Anzahl der beantragten Konkurs- und Vergleichsverfahren hat in den achtziger Jahren erheblich zugenommen.

Merkmale dieser Entwicklung sind:

o häufigere Insolvenzen bei jüngeren Unternehmen (mehr als zwei Drittel sind bis zu 10 Jahre alt)

o Insolvenzgefährdung besonders kleinerer und mittlerer Unternehmen (insb. 50–200 Arbeitnehmer)

- o Insolvenzgefährdung bei bestimmten Unternehmensformen (vor allem GmbH, GmbH & Co. KG)
- o geringe Deckungsquote bei Konkursen selbst für bevorrechtigte Forderungen.

Folgende *Ursachen für Insolvenzen* lassen sich erkennen:

- o Unfähigkeit des Managements, insb. in kaufmännischer Sicht
- o falsche Markteinschätzung
- o verschärfter Wettbewerb
- o überhöhte Investitionen
- o Abhängigkeit von nur einem oder wenigen Produkten
- o falsches Finanzierungsverhalten, unzureichende Finanzplanung
- o große Verluste bei Debitoren sowie im Warenlager
- o zu einseitige Orientierung auf die Größe des Umsatzes
- o zu hohe Belastungen auf der Kostenseite, insb. bei Gehältern und Lohnnebenkosten
- o Abhängigkeit von Tochtergesellschaften sowie von in Zahlungsschwierigkeiten geratenden Großlieferanten, -kunden oder vom Ausland.

Während bei fast jedem gerichtlich ermittelten Fall von Zahlungsschwierigkeiten ein Konkursverfahren beantragt wird, kommt die Konkurseröffnung nur bei weniger als 30 % zustande. In allen anderen Fällen werden die Konkursanträge mangels Masse abgelehnt.

Ursachen für diese Entwicklung:

- o Fehlen qualifizierter Vergleichs- und Konkursverwalter
- o Streben der Gläubiger nach Sonderrechten (Aus- und Absonderung), vor allem über den Eigentumsvorbehalt
- o unsichere Grundlagen in wirtschaftlicher und fachlicher Hinsicht bei der Gründung von Unternehmen (hier nehmen die Bürgschaftsgemeinschaften eine wichtige Stellung ein, da sie durch kritische Auswahl der Begünstigten negative Entwicklungen wie überhöhte Kreditaufnahme verhindern können)
- o Wirtschaftskriminalität.

Folgen: Ablehnung von Vergleichs- und Konkursverfahren mangels Masse führt dazu, daß die Gläubiger sich selbst schützen müssen: Wettlauf mit Vollstreckungsmaßnahmen; Arbeitnehmer stellen die Arbeit in der Regel sofort ein, da die Bundesanstalt für Arbeit ein Konkursausfallgeld nur für die letzten 3 Monate vor Konkurseröffnung zahlt.

Das überalterte Konkurs- und Vergleichsrecht befindet sich seit Jahren in der Diskussion. Geplant ist eine grundlegende Reform durch Einführung einer *Insolvenzordnung*.

Die geplante Insolvenzordnung sieht ein einheitliches, durchgängiges Insolvenzverfahren vor, das nach anglo-amerikanischem Vorbild konzipiert ist. Dabei soll an die Stelle des bisherigen Konkurses, Vergleichs oder Zwangsvergleichs der *Insolvenzplan* treten, der Sanierungs- oder Liquidationsplan sein kann. Folgende Merkmale sollen das neue Insolvenzrecht kennzeichnen:

o Insolvenzgericht bleibt das Amtsgericht
o allgemeiner Grund für die Eröffnung des Insolvenzverfahrens ist die Zahlungsunfähigkeit; hinzu tritt die *drohende* Zahlungsunfähigkeit
o die Abweisung des Verfahrens mangels Masse kann abgewendet werden, wenn ein ausreichender Geldbetrag zur Deckung der Verfahrenskosten vorgeschossen wird
o das Gericht ernennt einen Insolvenzverwalter
o bei der Insolvenzmasse kommt es zu Änderungen gegenüber den bisherigen Verfahren
o die Aufteilung bei Befriedigung der Insolvenzgläubiger nach Massekosten und Masseschulden entfällt
o die Rechte der Arbeitnehmer bleiben im wesentlichen unberührt.

0.4.4 Finanzierung der Unternehmung

0.4.40 Grundbegriffe

Für Gründung und Existenzfähigkeit einer Unternehmung müssen insbesondere folgende *Voraussetzungen* erfüllt sein:

o *persönliche* Fähigkeiten: fundierte Sach- und allgemeinwirtschaftliche Kenntnisse, Organisationstalent, Urteilsvermögen und Entschlußkraft, Mut zum Risiko, Anpassungsfähigkeit, Zuverlässigkeit usw.
o *marktgerechte* Tätigkeit, Anpassung an die jeweiligen Marktverhältnisse, richtiger *Standort*
o ausreichendes *Kapital*.

Der *Finanzierung* des Vermögens durch hinreichende Kapitalausstattung kommt besondere Bedeutung zu.

Spiegel der Kapital- und Vermögensverhältnisse ist die *Bilanz*.

Die Bilanz ist eine zweiseitige Rechnung, deren Passivseite über die *Vermögensquellen* und deren Aktivseite über die *Vermögensverwendung* Auskunft gibt.

*Aktiv*positionen der Bilanz sind

o Anlagevermögen
o Umlaufvermögen;

*Passiv*positionen sind

o Eigenkapital
o Fremdkapital.

Das *Anlagevermögen* besteht aus *langfristig* in Grundstücken, Gebäuden, Geschäftsausstattung, Fuhrpark, Maschinen, Beteiligungen u. dgl. angelegten Mitteln.

Umlaufvermögen sind *kurzfristige* Werte wie Kassenbestände, Bank- und Postscheckguthaben, Forderungen, Waren, Wechselforderungen u. a. m., die durch die betriebliche Tätigkeit ständig umgesetzt werden.

Das *Eigenkapital* dient in erster Linie zur Finanzierung des *Anlagevermögens,* da es zeitlich grds. unbegrenzt zur Verfügung steht. Es bedeutet Unabhängigkeit von Gläubigern, keine Zinsbelastung.

Fremdkapital stammt aus kurz-, mittel- und langfristigen *Krediten* an die Unternehmung, ist also stets befristet, d. h. *zurückzuzahlen,* und zu verzinsen. Rückzahlung ist nur möglich bei nicht zu langfristiger Verwendung und Anlage in Vermögenswerten, die sich möglichst jederzeit in liquide (=flüssige) Mittel umwandeln lassen, also in *Umlaufvermögen*.

0.4.41 Bilanzrelationen und Unternehmenskennziffern

0.4.410 Bilanzrelationen

Die Größe der einzelnen Bilanzpositionen im Verhältnis zueinander gibt Auskunft über die wirtschaftliche Lage der Unternehmung.

Wichtigste Bilanzrelationen (= Bilanzbeziehungen):

a) *Liquidität:* Vermögensteile, die *Zahlungsmittel* sind oder sich dazu in kurzer Zeit umwandeln lassen, sind *liquide;* ihr Verhältnis zu den kurzfristigen Verbindlichkeiten gibt über die Liquidität = *Zahlungsbereitschaft* der Unternehmung Auskunft:

o Barliquidität = Liquidität 1. Grades:

$$\frac{\text{liquide Mittel 1. Ordnung}}{\text{kurzfr. Verbindlichkeiten}} \quad (= \text{Bargeld, Bankguthaben, Wechsel})$$

o Liquidität 2. Grades:

$$\frac{\text{liquide Mittel 1. + 2. Ordnung}}{\text{kurzfr. Verbindlichkeiten}} \quad (+ \text{Forderungen, Wertpapiere, gängige Waren})$$

o Gesamtliquidität = Liquidität 3. Grades:

$$\frac{\text{liquide Mittel 1. + 2. + 3. Ordnung}}{\text{kurzfr. Verbindlichkeiten}} \quad (= \text{gesamtes Umlaufvermögen})$$

b) *Finanzierung* (s. u.): Eigenkapital : Fremdkapital

c) *Investierung*: Anlagevermögen : Eigenkapital

d) *Struktur des Fremdkapitals:* Gliederung nach der Fälligkeit

e) *Vermögensaufbau* (Konstitution): Anlagevermögen : Umlaufvermögen; zu beachten sind hierbei *stille Reserven* = buchmäßige Rücklagen, die durch Unterbewertung von Vermögenswerten entstehen (bewußt, d. h. durch Anwendung insb. des Niederstwertprinzips, oder zwangsläufig durch Wertschwankungen).

Eine *Bewertung* der Bilanz anhand dieser Kennzahlen ist möglich

o durch *Zeitvergleich* (Bilanzen desselben Unternehmens über mehrere Jahre)

o durch *Betriebsvergleich* (branchenübliche Kennzahlen vergleichbarer Betriebe).

0.4.411 Unternehmenskennziffern

Eine reale Einschätzung der tatsächlichen Wirtschaftslage einer Unternehmung erfordert noch zusätzliche Daten, die sich mit dem Unternehmens*erfolg* und der *Tätigkeit* der Unternehmung befassen. Sie erlauben zugleich eine Beurteilung der voraussichtlichen *zukünftigen Entwicklung*.

a) *Unternehmenstätigkeit:*

o kalkulatorische Kennziffern (Kalkulationszuschlag, Kalkulationsfaktor, Handelsspanne; s. o.)

o Lagerumschlag:

$$\text{Durchschnittlicher Lagerbestand} = \frac{\text{Jahresanfangsbestand} + \text{Jahresendbestand}}{2}$$

$$= \frac{\text{Jahresanfangsbestand} + 12 \text{ Monatsendbestände}}{13}$$

Umschlagshäufigkeit = Nettoumsatz : Durchschnittl. Lagerbestand
(Nettoumsatz = Verkauf zu Einstandspreisen)
Durchschnittl. Lagerdauer = Berichtszeitraum : Umschlagshäufigkeit

o Forderungsumschlag:
Durchschnittl. Forderungsbestand = (Anfangs- + Endbestand) : 2
Umschlagshäufigkeit = Bruttoumsatz : Durchschnittl. Forderungsbestand
(Bruttoumsatz = Verkauf zu Verkaufspreisen)
Durchschnittl. Debitorenziel = Berichtszeitraum : Umschlagshäufigkeit

o Umsatz: Feststellung der Umschlagshäufigkeit von Bilanzpositionen, d. h. Umsatz zu Eigenkapital, Gesamtkapital, Anlagevermögen

b) *Kostenstruktur* der Unternehmung:

o Sachaufwand
o Personalaufwand
o Abschreibungen } in % des Umsatzes
o Zinsen
o Steuern

c) *Produktivität* (= Herstellungskraft):

Umsatz : Belegschaftzahl oder Personenkosten

d) *Rentabilität* = Einträglichkeit, Verzinsung des Kapitaleinsatzes:

o Eigenkapital-R.: $$\frac{\text{Jahresüberschuß} \times 100}{\text{Eigenkapital}}$$

o Gesamtkapital-R.: $$\frac{\text{Jahresüberschuß} + \text{Zinsen f. Fremdkapital}}{\text{Eigenkapital} + \text{Fremdkapital}}$$

o Betriebs-R.: $$\frac{\text{Betriebsgewinn} \times 100}{\text{betriebsnotw. Kapital}}$$

o Umsatz-R.: $$\frac{\text{Bilanzgewinn} \times 100}{\text{Bruttoumsatz}}$$

0.4.42 Finanzierung

Unter Finanzierung versteht man den Einsatz von *Maßnahmen* im Zusammenhang mit der *Kapitalausstattung* einer Unternehmung. Finanzierungsvorgänge finden statt

o bei Gründung eines Unternehmens

o während der Geschäftstätigkeit durch laufenden Finanzierungsbedarf

o bei Erweiterung des Betriebes (Investitionen usw.)

o aus besonderen Anlässen, z. B. Sanierung, Unternehmenszusammenschlüsse.

Finanzierungs*quellen* sind

o das Eigenkapital

o das Fremdkapital

Finanzierungsgrundsätze:

o Grad der Verschuldung soll nicht mehr als 50 % des Gesamtkapitals ausmachen (Eigenkapital = Fremdkapital); „goldene Finanzierungsregel"

o das Anlagevermögen soll vollständig durch Eigenkapital gedeckt sein (Anlagevermögen = Eigenkapital), „goldene Bilanzregel"

o das Anlagevermögen soll mindestens durch Eigenkapital + langfristiges Fremdkapital gedeckt sein („2 : 1-Regel")

o Gestaltung des Verhältnisses von Eigen- und Fremdkapital so, daß die Eigenkapital-Rentabilität möglichst groß ist (da der aus Fremdkapital erwirtschaftete Gewinn i. d. R. höher als der Zinsaufwand ist, erhöht die Existenz von Fremdkapital die Rentabilität des Eigenkapitals, da geringer eigener Kapitaleinsatz höheren Ertrag bewirkt) o Erhaltungsinvestitionen (Erneuerung von Vermögenswerten) sollen aus dem Bruttoertrag, Erweiterungsinvestitionen (Schaffung neuer Vermögenswerte) aus zusätzlichem Eigen- und Fremdkapital finanziert werden.

0.4.420 Eigenkapitalfinanzierung

a) *Wesen:* Einsatz von Eigenkapital zur Durchführung von Finanzierungsaufgaben der Unternehmung.

Vorteil: zeitloses Vorhandensein; Eingehung von Risiken möglich

Nachteile: oft schwer zu beschaffen, teuer (z. B. bei Aktienemission), weitgehend unbeweglich, da keine Rückzahlungsmöglichkeit bei vorübergehendem Kapitalüberfluß besteht.

b) *Selbstfinanzierung:* Bildung von Eigenkapital aus *eigenen Mitteln* der Unternehmung;

o *unechte* Selbstfinanzierung: Bildung stiller Reserven (vgl. § 253 HGB); vorübergehende Finanzierungswirkung von *Abschreibungen:* diese finden – sofern sie zwischenzeitlich notwendige Reparaturen der Wirtschaftsgüter übersteigen – zur Freisetzung von Kapital, das sofort in gleichartigen Wirtschaftsgütern erneut investiert wird; Bildung von Rückstellungen für erwartete Verbindlichkeiten/Verluste, sofern sie das wirtschaftlich notwendige Maß übersteigen

o *echte* Selbstfinanzierung: Nichtausschüttung des versteuerten Gewinns, Einstellung in *offene Rücklagen,* Umwandlung in Eigenkapital (bei AG: sog. Kapitalerhöhung aus Gesellschaftsmitteln durch Ausgabe von Berichtigungsaktien).

c) *Eigenfinanzierung:* Bildung von Eigenkapital aus *fremden Mitteln*

o durch den Inhaber selbst (Einzelunternehmung)

o durch Aufnahme neuer Gesellschafter oder Zuzahlung der bisherigen Gesellschafter (Personengesellschaft)

o durch Erhöhung des Grund- bzw. Stammkapitals mit Ausgabe neuer Gesellschaftsanteile (Kapitalgesellschaft)

o durch Wahl einer anderen, hinsichtlich der Kapitalbeschaffung günstigeren Unternehmensform: insb.

Einzelunternehmung → Personengesellschaft (sehr selten erfolgt sofortiger Übergang zur Kapitalgesellschaft)

OHG → KG (bessere Beschaffung von Kommanditkapital)

Personengesellschaft → Kapitalgesellschaft, insb. AG/KGaA.

Die Neuaufnahme von Gesellschaftern ist oft mit Kosten, vor allem aber mit eventuellen Einschränkungen der Herrschaftsgewalt der bisherigen Inhaber verbunden (Änderung der Stimmverhältnisse in einer Kapitalgesellschaft; Bedingung eines neuen OHG-Gesellschafters, an der Geschäftsführung und Vertretung teilzunehmen).

0.4.421 Fremd(kapital)finanzierung

a) *Wesen:* Einsatz fremder Mittel, die der Unternehmung nur für begrenzte Zeit zur Verfügung stehen; die Kapitalgeber sind nicht Teilhaber, sondern lediglich Gläubiger, haben damit also grds. weder Mitspracherechte noch Anspruch auf Gewinnbeteiligung; sie erhalten Zinsen.

b) *Beschaffung:*

o Fremdkapital ist grds. nur gegen *Sicherheiten* zu erlangen, die in
  – Vermögenswerten (dingliche Sicherheiten, insb. Grundstücke)
  – Bürgschaften Dritter
  bestehen können.
o *Unterteilung* in
  – kurzfristige Fremdfinanzierung (Lieferanten-, Kunden-, Bankkredite), Laufzeit etwa bis 6 Monate
  – mittelfristige F.: bis zu 4 Jahren Laufzeit
  – langfristige F.: mind. 4 Jahre Laufzeit; Beschaffung durch langfristigen Bankkredit oder Ausgabe von *Schuldverschreibungen* auf dem Kapitalmarkt, seltener durch darlehensähnliche Einlagen stiller Gesellschafter; z. T. staatliche Finanzierungsförderung (vgl. Exportfinanzierung); besonderes Finanzierungsinstrument: *Leasing*.

c) *Vorteile:*

o grds. Rückzahlungsmöglichkeit bei Vorhandensein flüssiger Mittel (z. B. vorzeitige Tilgung, Kündigung), wodurch sich die Rentabilität erhöht
o steuerliche Vorteile (Abzugsfähigkeit der Fremdkapitalzinsen)
o flexible Anpassung an tatsächlichen Finanzierungsbedarf
o Unabhängigkeit des Unternehmens in seiner Geschäftsführung.

d) *Nachteile:*

o Zins- und Tilgungsraten sind i. d. R. auch bei Unternehmensverlusten abzuführen
o Zinsbelastung kann erheblich sein, Abwälzung auf die Preise kann die Konkurrenzfähigkeit beeinträchtigen
o Gefahr, daß Gläubiger bei auch nur vorübergehenden Zahlungsschwierigkeiten Einfluß auf das Unternehmen erlangen, Konkurs beantragen usw.

0.5 Arbeits- und Sozialrecht

0.5.0 Überblick

Das Arbeitsrecht und das Sozialrecht sind Rechtsbereiche, die sowohl öffentlich-rechtliche als auch privatrechtliche Elemente enthalten. Beide Gebiete haben nach dem Krieg, insbesondere aber in den letzten Jahren besondere Bedeutung erlangt.

0.5.00 Arbeitsrecht

Grundlagen des Arbeitsrechts finden sich

o im *Privatrecht:* Grundsatz der Vertragsfreiheit, marktwirtschaftliche Freiheit des Arbeitsmarktes

o im *Verfassungsrecht:* Freie Entfaltung der Persönlichkeit (Art. 2 I GG), freie Berufswahl und -ausübung (Art. 12 GG).

Hinzu kommt eine Reihe *spezialgesetzlicher Vorschriften:*

o Individualarbeitsrecht:
 - Recht der Arbeitsverhältnisse: §§ 611 ff. BGB, Gesetz über Mindestarbeitsbedingungen (1952), Lohnfortzahlungsgesetz (1969), Bundesurlaubsgesetz (1963), Kündigungsschutzgesetz (1969) u. a. m.
 - Berufsgruppenrecht: §§ 105 ff. Gewerbeordnung, §§ 59 ff. HGB, Seemansgesetz (1957), Berufsbildungsgesetz (1969)
 - Arbeitsschutzrecht: Arbeitszeitordnung (1938), Mutterschutzgesetz (1968), Jugendarbeitsschutzgesetz (1960), Heimarbeitsgesetz (1951)

o Kollektives Arbeitsrecht:
 - Tarifrecht: Tarifvertragsgesetz (1969)
 - Betriebsverfassungsrecht: Betriebsverfassungsgesetz (1972), Mitbestimmungsgesetz Bergbau, Eisen, Stahl (1951), Mitbestimmungs-Ergänzungsgesetz (1956), Personalvertretungsgesetz (1955), Mitbestimmungsgesetz der Arbeitnehmer (1976)

Diese Vorschriften tragen insbesondere der Tatsache Rechnung, daß die Bundesrepublik Deutschland nach dem Grundgesetz (Art. 20) ein *Sozialstaat* sein soll, so daß marktwirtschaftliche Grundsätze aus sozialpolitischen Gründen eingeschränkt werden müssen. Das Arbeitsrecht ist somit zugleich Sozialrecht.

Gegenstand des Arbeitsrechts ist insbesondere die *Rechtsstellung* der *Arbeitnehmer,* weiterhin die der Arbeitgeber; die Beamten sind keine Arbeitnehmer in diesem Sinne, werden jedoch weitgehend hinzugerechnet.

Der *Betrieb* ist die Beschäftigungsstätte des Arbeitnehmers, also eine *Unternehmung* in arbeitsrechtlicher Hinsicht.

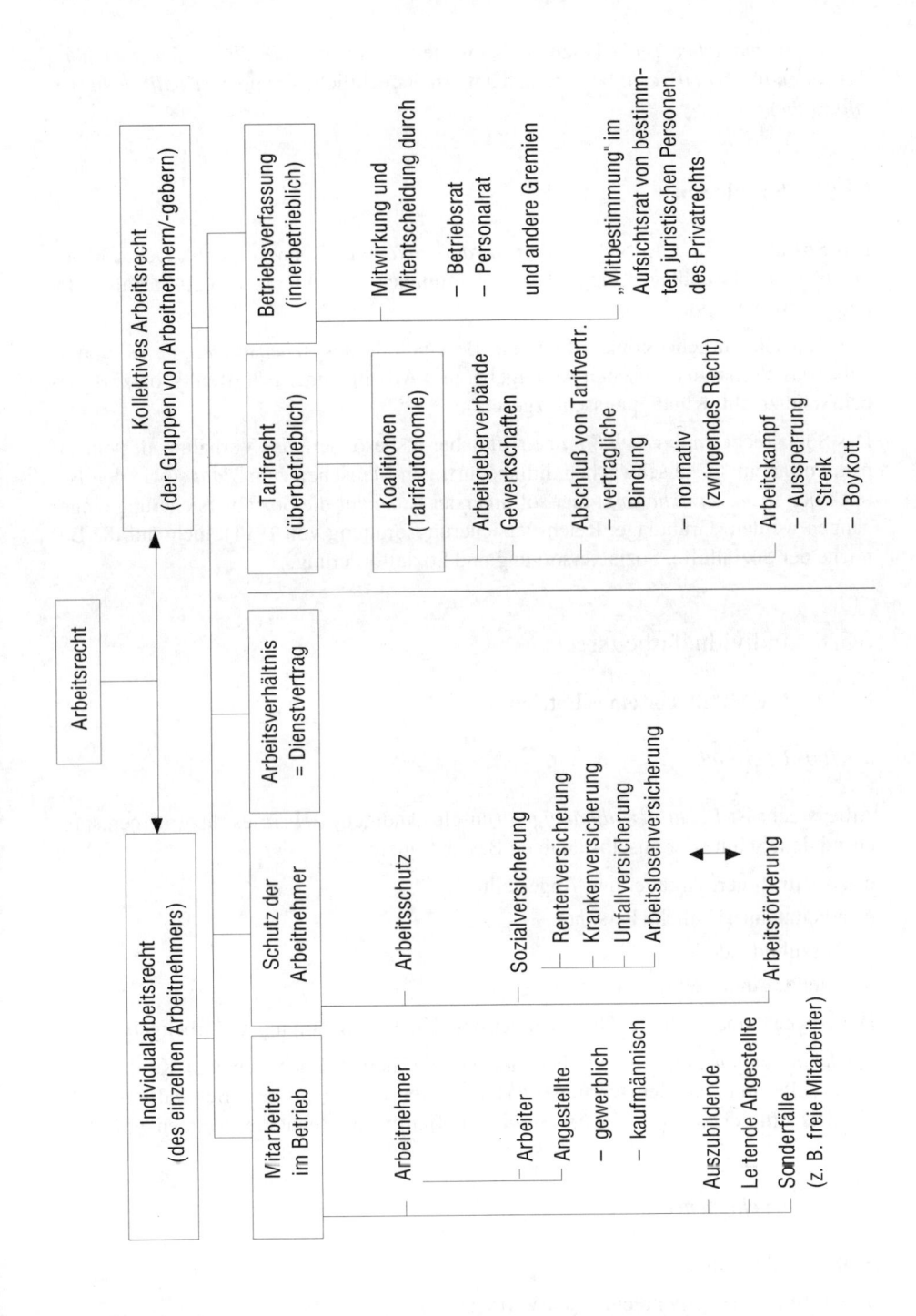

Arbeitsrecht

Individualarbeitsrecht (des einzelnen Arbeitnehmers)

Mitarbeiter im Betrieb

- Arbeitnehmer
  - Arbeiter
  - Angestellte
    - gewerblich
    - kaufmännisch
- Auszubildende
- Le tende Angestellte
- Sonderfälle (z. B. freie Mitarbeiter)

Schutz der Arbeitnehmer

- Arbeitsschutz
- Sozialversicherung
  - Rentenversicherung
  - Krankenversicherung
  - Unfallversicherung
  - Arbeitslosenversicherung ↔
- Arbeitsförderung

Arbeitsverhältnis = Dienstvertrag

Kollektives Arbeitsrecht (der Gruppen von Arbeitnehmern/-gebern)

Tarifrecht (überbetrieblich)

- Koalitionen (Tarifautonomie)
  - Arbeitgeberverbände
  - Gewerkschaften
- Abschluß von Tarifvertr.
  - vertragliche Bindung
  - normativ (zwingendes Recht)
- Arbeitskampf
  - Aussperrung
  - Streik
  - Boykott

Betriebsverfassung (innerbetrieblich)

- Mitwirkung und Mitentscheidung durch
  - Betriebsrat
  - Personalrat
  und andere Gremien
- „Mitbestimmung" im Aufsichtsrat von bestimmten juristischen Personen des Privatrechts

Das *Individualarbeitsrecht* befaßt sich mit der Person des *einzelnen Arbeitnehmers*; das *kollektive Arbeitsrecht* bezieht sich auf arbeitsrechtliche Gruppen (*Koalitionen, Tarifpartner*).

0.5.01 Sozialrecht

Das Sozialrecht ist Ausdruck der *Sozialstaatlichkeit* der Bundesrepublik Deutschland, obwohl seine Grundlagen bis in das 19. Jahrhundert zurückreichen (vgl. Sozialgesetzgebung Bismarcks).

Viele sozialrechtliche Vorschriften sind Bestandteile des *Arbeitsrechts*, da sie unmittelbar das Verhältnis zwischen Arbeitgeber und Arbeitnehmer betreffen (s. o., z. B. Arbeitsschutzrecht, Kündigungsschutzgesetz).

Das Sozialrecht im *engeren Sinn* betrifft daher insbesondere das Verhältnis des einzelnen, vor allem sozial schwachen, hilfsbedürftigen Menschen zum *Staat* sowie den Bereich der *Sozialversicherung*; hier soll in erster Linie auf die Sozialversicherung eingegangen werden (Grundlage: Reichsversicherungsordnung von 1911), nicht auf die Bereiche der Sozialhilfe, Sozialversorgung und Sozialförderung.

0.5.1 Individualarbeitsrecht

0.5.10 Die Mitglieder eines Betriebes

0.5.100 Überblick

Arbeitsrecht ist *Recht der abhängigen* (unselbständigen) *Arbeit*; es dient dementsprechend dem Schutz der unselbständigen Beschäftigten:

o Arbeitnehmer: Arbeiter und Angestellte
o arbeitnehmerähnliche Personen
o Auszubildende
o leitende Angestellte.

Diesen gegenüber steht der Unternehmer bzw. die Unternehmung als Arbeitgeber.

Sonderstellungen nehmen mitarbeitende Gesellschafter, Ehegatten und Kinder, aufgrund selbständigen Dienstvertrages (oder anderer Vertragsformen) Beschäftigte (z. B. Handelsvertreter, Kommissionäre) sowie im öffentlichen Recht die Beamten ein.

0.5.101 Arbeitnehmer

a) *Wesen*: Arbeitnehmer ist, wer
o aufgrund eines privatrechtlichen Vertrages

- in *persönlicher Abhängigkeit*
- für einen anderen Dienste leistet.

Kennzeichen: Vergütung durch Lohn/Gehalt, Weisungsgebundenheit, Urlaubsanspruch, in Personalakten geführt.

b) *Arten*:

- *Angestellte*: überwiegend geistige Arbeitsleistung, insb. kaufmännische, büromäßige, verwaltende Tätigkeit
- *Arbeiter*: überwiegend körperliche (manuelle) Arbeitsleistung.

Der Unterschied hat sich heute weitgehend verwischt. Er besteht allerdings fort in verschieden ausgestalteten Arbeits- und Tarifverträgen sowie in der Betriebsorganisation (Produktion – überwiegend Arbeiter; Verwaltung – überwiegend Angestellte). Außerdem gibt es gesetzliche Unterschiede, z. B. längere Kündigungsfristen für Angestellte.

c) Unterscheidung nach Tätigkeit und Stellung im Betrieb:

- Bürogehilfen (leichtere Bürotätigkeiten, z. B. Post, Ablage, Registratur, Rechnungsschreiben): grds. zweijährige Ausbildungszeit
- kaufmännische Angestellte (Handlungsgehilfen): vgl. §§ 59–83 HGB; grds. zwei- bis dreijährige Ausbildungszeit nach bestimmten Branchen, z. B. Büro-, Bank-, Versicherungs-, Großhandels-, Speditions-, Industrie-„kaufmann" (irreführende Bezeichnung!)
- Handlungsbevollmächtige: i. d. R. kaufmännische Angestellte mit besonderen Befugnissen (s. o.).

Zur Ausübung dieser Tätigkeiten bedarf es nicht unbedingt einer entsprechenden Ausbildung mit staatlich anerkanntem Abschluß; entscheidend sind die persönlichen Fähigkeiten und die Stellung im Betrieb.

d) Durch Einfügung der §§ 611 a und b sowie 612 III in das BGB hat der Gesetzgeber aufgrund des arbeitsrechtlichen EG-Anpassungsgesetzes 1980 versucht, die *Gleichberechtigung weiblicher Arbeitnehmer* im Berufsleben zu sichern. Dies gilt für

- die Begründung von Arbeitsverhältnissen, insbesondere das Arbeitsentgelt
- den beruflichen Aufstieg
- Kündigungen
- innerbetriebliche und öffentliche Stellenausschreibungen, die grundsätzlich nicht nur für Männer oder nur für Frauen erfolgen dürfen (seitdem fehlen in den Stellenanzeigen der Zeitungen die Unterscheidungen nach „männlich – weiblich" weitgehend).

Eine unterschiedliche Behandlung ist nur zulässig, wenn ein bestimmtes Geschlecht unverzichtbare Voraussetzung für eine Tätigkeit ist.

0.5.102 Arbeitnehmerähnliche Personen

a) *Wesen*: Personen, die *persönlich* zwar *selbständig* sind, wirtschaftlich jedoch vom Arbeitgeber abhängen und daher sozial schutzwürdig sind.

b) *Arten*:

o Heimarbeiter

o Handelsvertreter mit geringem Einkommen, die für nur ein Unternehmen tätig sind,

o freie Mitarbeiter z. B. bei Fernsehen, Rundfunk, Presse.

0.5.103 Leitende Angestellte

a) *Wesen*:

o Angestellte mit besonderen Aufgaben und Fähigkeiten

o die aufgrund ihrer Sonderstellung sozial weniger schutzwürdig sind.

Gründe: Sie nehmen Vertrauensstellungen ein und üben z. T. Aufgaben der Arbeitgeberseite aus.

b) *Definition*: nach § 5 III BetrVG Personen, die

o nach Dienstvertrag und tatsächlicher Dienststellung zur selbständigen Einstellung und Entlassung von Arbeitnehmern berechtigt sind

o Generalvollmacht oder Prokura haben

o oder im wesentlichen eigenverantwortliche Aufgaben erfüllen.

Zweifelsfrei gehören in KI dazu:

o Prokuristen (vgl. §§ 48 ff. HGB, s. o.), da sie mit wenigen Ausnahmen unternehmerische Tätigkeiten ausüben

o Geschäftsleiter (vgl. § 1 II KWG), Vorstandsmitglieder, Geschäftsführer, sofern sie Angestellte der Unternehmung sind; d. h. alle zur Geschäftsführung und Vertretung satzungsmäßig berufenen Angestellten; Voraussetzungen: werden von verschiedenen Gesetzen unterschiedlich geregelt (z. B. § 33 II KWG: fachliche Eignung, d. h. dreijährige Tätigkeit in leitender Stellung bei vergleichbarem Kreditinstitut).

„Direktoren" (üblicher Titel in größeren Unternehmen) sind Prokuristen oder Geschäftsleiter.

c) *Bedeutung:* Leitende Angestellte werden von der Geltung verschiedener Gesetze ausgenommen; Beispiele:

o Betriebsrat hat kein Mitbestimmungsrecht, wenn ihnen z. B. gekündigt wird (§§ 99, 105 BetrVG)

o Arbeitszeitbeschränkungen gelten nicht (§ 1 II ArbeitszeitO): z. B. Pflicht zur unbezahlten Leistung von Überstunden.

Zum Teil haben leitende Angestellte Sonderrechte, z. B. bei der Wahl der Belegschafts-Aufsichtsratsmitglieder nach dem Mitbestimmungsgesetz 1976 (s. o. AG).

0.5.104 Auszubildende

a) *Rechtsgrundlagen*:

o Berufsausbildungsvertrag: schriftlicher Abschluß, Einreichung bei der Industrie- und Handelskammer zur Eintragung in das „Verzeichnis der Berufsausbildungsverhältnisse"
o Tarifvertrag (s. u.)
o Berufsbildungsgesetz von 1969: umfaßt Berufsausbildung, berufliche Fortbildung sowie Umschulung.

Zusätzliche Grundlagen: (wichtig für Ausbildung zum Bankkaufmann)

o Verordnung über die Berufsausbildung zum Bankkaufmann von 1979: Angabe eines Berufsbildes (umfaßt die zu erwerbenden Kenntnisse und Fertigkeiten), eines Ausbildungsrahmenplans, Regelung der Dauer der Ausbildung und der Prüfungen
o Ausbilder-Eignungsverordnung: besondere Anforderungen an Ausbilder in fachlicher und pädagogischer Hinsicht.

b) Besondere *Rechtsstellung* des Auszubildenden (i. ü. vgl. allgemeines Arbeitsrecht):

o Berufsschulpflicht
o Recht auf Ausbildung entsprechend der Ausbildungsordnung

c) *Ablauf* der Ausbildung:

o die Ausbildungsdauer zum „Bankkaufmann" beträgt grds. 3 Jahre, kann für bestimmte Auszubildende (z. B. Handelsschüler, Abiturienten) auf 2 1/2 oder 2 Jahre verkürzt werden
o das „duale System" in der Bundesrepublik Deutschland sieht Ausbildung vor
  – durch staatliche Berufsschulen *und*
  – durch die Betriebe
o Probezeit (mind. 1, höchstens 3 Monate): Kündigung jederzeit ohne Frist möglich
o i. ü. kann der Arbeitgeber nur aus wichtigem Grund fristlos kündigen, der Auszubildende auch zwecks Aufgabe dieser Ausbildung mit vierwöchiger Kündigungsfrist
o Ziel der Ausbildung ist die *Abschlußprüfung*; Voraussetzungen: Ablegung von Zwischenprüfungen, Führung eines Berichtsheftes
o die Industrie- und Hanelskammer überwacht die Ausbildung und nimmt (durch Prüfungsausschüsse, in denen ein Arbeitgeber-, ein Arbeitnehmervertreter und ein Berufsschullehrer vertreten sein müssen) die Abschlußprüfung ab.

0.5.11 Das Arbeitsverhältnis

a) *Wesen*: Dienstvertrag (§§ 611 ff. BGB); schuldrechtlich, Austausch von Leistungen (Arbeit gegen Geld); Dauerschuldverhältnis, d. h. auf Dauer, meist ohne zeitliche Bedgrenzung angelegt.

b) *Begründung*: durch Abschluß des Arbeitsverrages; das – grds. geltende – Prinzip der *Vertragsfreiheit* wird z. T. *eingeschränkt*:

o Abschlußgebote, z. B. Einstellung von Schwerbehinderten
o Abschlußverbote, z. B. nach Jugendarbeitsschutzgesetz und Arbeitszeitordnung
o Beschränkung der Inhaltsfreiheit durch Arbeitsschutzgesetze und Tarifvertragsrecht
o Mitspracherecht des Betriebsrates bei Neueinstellungen (§§ 99–101 BetrVG; öff. Dienst: Personalrat).

c) *Pflichten des Arbeitnehmers*:

o Arbeitspflicht; Umfang: meist nicht vertraglich festgelegt, wird aber durch Weisungsrecht des Arbeitgebers konkretisiert (näher bestimmt); Arbeitnehmer verliert Lohnanspruch bei unberechtigtem Fernbleiben, hat andererseits Recht zur Leistungsverweigerung, wenn der Arbeitgeber seinen Pflichten nicht nachkommt
o Gehorsamspflicht gegenüber Weisungen des Arbeitgebers, soweit diese berechtigt sind (angemessene Arbeit!).

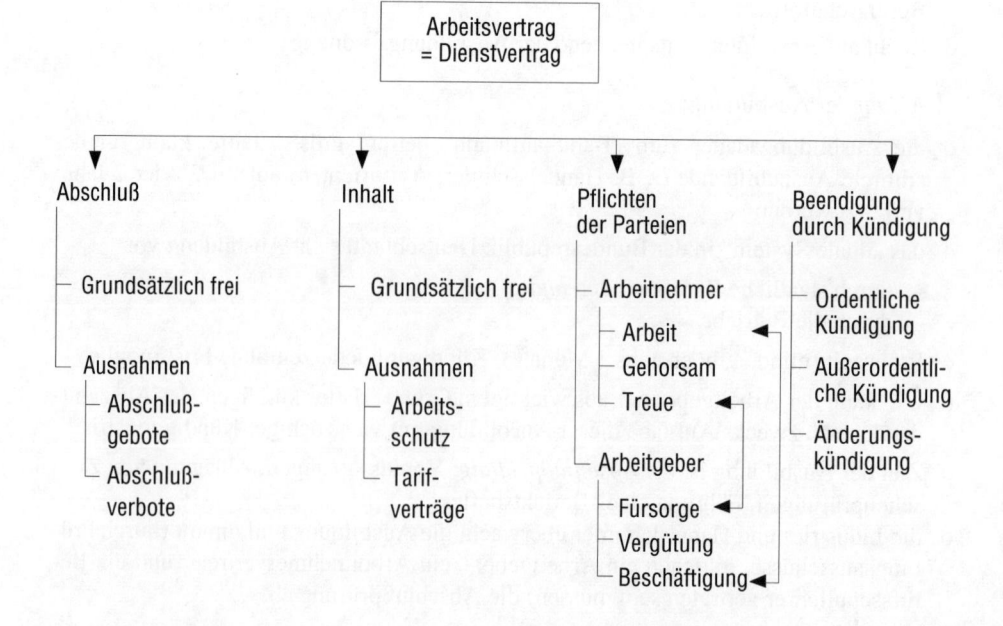

```
                    Arbeitsvertrag
                   = Dienstvertrag

   Abschluß         Inhalt          Pflichten              Beendigung
                                    der Parteien           durch Kündigung

  - Grundsätzlich  - Grundsätzlich  - Arbeitnehmer         - Ordentliche
    frei             frei             - Arbeit               Kündigung
                                      - Gehorsam
  - Ausnahmen      - Ausnahmen         - Treue             - Außerordentli-
    - Abschluß-      - Arbeits-                              che Kündigung
      gebote           schutz        - Arbeitgeber
                                                           - Änderungs-
    - Abschluß-      - Tarif-          - Fürsorge            kündigung
      verbote          verträge        - Vergütung
                                       - Beschäftigung
```

- Treuepflicht: Beitrag des Arbeitnehmers zu den unternehmerischen Zielen des Arbeitgebers, d. h.
  - Wettbewerbsverbot (vgl. §§ 60 ff. HGB für Handlungsgehilfen)
  - Wahrung von Geschäftsgeheimnissen, auch nach Ausscheiden
  - keine Abwerbung anderer Mitarbeiter
  - Meldung von Störungen des Betriebsablaufs u. dgl.

d) *Pflichten des Arbeitgebers*:

- Zahlung einer Vergütung (siehe e)
- Fürsorgepflicht: Sorge für das Wohl des Arbeitnehmers, keine Schädigung seiner Interessen; Einzelheiten:
  - Sorge für gefahrlose Arbeit (§§ 618, 619 BGB)
  - Schutz von Eigentum des Arbeitnehmers (Bereitstellung von Garderoben, u. U. von Parkraum usw.)
  - Beachtung aller dem Arbeitnehmer dienenden Vorschriften (insbes. Arbeitsschutz, Sozialversicherung)
- Pflicht zur Gleichbehandlung aller Arbeitnehmer bei Allgemeinmaßnahmen (nicht z. B. bei Lohnvereinbarung)
- Pflicht zur Beschäftigung (Recht des Arbeitnehmers auf Arbeit!), soweit zumutbar
- Pflicht zur Zeugniserteilung über Art und Dauer, auf Wunsch über Führung und Leistungen des Arbeitnehmers (§ 73 HGB); Praxis: in größeren Betrieben Verwendung von Personalbeurteilungsbögen mit sehr konkreten Einzelheiten über die Tätigkeit des Arbeitnehmers (einschließlich Sorgfalt, Initiative, Kollegialität, Auffassungsgabe, Tempo usw.).

e) *Arbeitsentgelt**: Hauptpflicht des Arbeitgebers

- Lohnhöhe richtet sich nach Arbeitsvertrag und tarifvertraglicher Vereinbarung (im Zweifel gilt das Günstigste); Zahlung grds. nachträglich
- Lohn*arten:*
  - Geldlohn als Zeitlohn (i. d. R.) oder Leistungs- = Akkordlohn
  - Naturallohn, z. B. Wohnung, Verpflegung
  - Sonderformen: Zuschläge, z. B. für Überstunden; Provisionen, Gewinnbeteiligung (Tantieme); Gratifikationen; vermögenswirksame Leistungen
- da die wirtschaftliche Existenz des Arbeitnehmers von seinem Verdienst abhängt, ist dieser weitgehend geschützt – vor Dritten und dem Arbeitnehmer selbst: durch Einschränkung der Pfändbarkeit, Abtretbarkeit, Verpfändbarkeit (vgl. z. B. §§ 850 ff. ZPO)
- zusätzlich zum Lohn gezahlte *Gratifikationen* (z. B. Weihnachts-, Urlaubsgeld) sind freiwillige Leistungen, aber keine Schenkungen; bei längerer betrieblicher Übung ohne Hinweis auf die Freiwilligkeit wird daraus ein Leistungs*anspruch* (grds. nach 3 Jahren).

---

* „Lohn": hier im Sinne jeder Arbeitsvergütung (sonst: Entgelt an Arbeiter)

f) *Störungen* des Arbeitsverhältnisses: Grundsatz: *„Ohne Arbeit kein Lohn"*; diese Regel findet nur beschränkt Anwendung. Einzelheiten:

o *Lohn ohne Arbeit:*
  – Arbeitgeber kommt seiner Beschäftigungspflicht nicht nach
  – Arbeitsfreistellung kraft Gesetzes: Stellensuche; Mitwirkung bei sozialer Selbstverwaltung (z. B. Betriebsrat); Erholungsurlaub (nach Bundesurlaubsgesetz, Tarif- oder Arbeitsvertrag); an Feiertagen
  – persönliche Arbeitsverhinderung des Arbeitnehmers (z. B. wegen Krankheit): siehe Arbeitsschutzrecht

o *unverschuldete* Störungen: Arbeitnehmer ist arbeitswillig und bereit, Arbeitgeber kann ihn unverschuldet nicht beschäftigen; Lösung: derjenige, aus dessen Bereich die Störung kommt, trägt den Schaden; Einzelheiten:
  – *grds.* trägt *Arbeitgeber* das Risiko, z. B. Brand des Betriebes, Energieausfall, Absatzkrise – sofern nicht Existenz des Betriebes bedroht ist (dann evtl. Lohnkürzung, Lohnausfall)
  – *Arbeitnehmer* tragen das Risiko, wenn die Störung auf *Arbeitnehmerverhalten* beruht, z. B. Streik (auch in anderen Betrieben, wenn dieser sich z. B. durch Lieferstörungen auswirkt)

o *verschuldete* Störungen gehen zu Lasten dessen, der sie verschuldet hat.

g) *Beendigung* des Arbeitsverhältnisses durch *Kündigung:*

o *Wesen:* einseitige, empfangsbedürftige Willenserklärung
o vor jeder Kündigung muß *Betriebsrat* angehört werden (§ 102 BetrVG)
o *Arten:*
  – Änderungskündigung: des Arbeitgebers, wenn der Arbeitnehmer nicht mit neuen Arbeitsbedingungen einverstanden ist, des Arbeitnehmers, wenn der Arbeitgeber den Lohn nicht erhöht
  – ordentliche (regelmäßige) Kündigung: nur an Fristen gebunden, *nicht* von *Gründen* abhängig (siehe Kündigungsschutz)
  – außerordentliche Kündigung: nicht an Fristen gebunden, muß jedoch *begründet* sein: Vorliegen eines *„wichtigen Grundes"* (z. B. strafbare Handlung des Arbeitnehmers gegenüber dem Arbeitgeber); muß binnen zwei Wochen nach Kenntnis des Grundes erfolgen (§ 626 BGB).

0.5.12 Arbeitsschutz und Arbeitsförderung

0.5.120 Arbeitsschutzrecht

Wesentliche Aufgabe des Arbeitsrechts – und damit sein soziales Element – ist der Schutz des Arbeitnehmers vor Nachteilen und Schädigung seiner Interessen. Das Arbeitsschutzrecht beinhaltet daher entsprechende *Pflichten der Arbeitgeber* (aber auch der Arbeitnehmer und des Staates, der insbesondere Überwachungsfunktion hat).

a) *Lohnfortzahlungspflicht im Krankheitsfall* (§ 616 BGB): Pflicht des Arbeitgebers, dem Arbeitnehmer das Entgelt für 6 Wochen weiterzuzahlen;

o Voraussetzung: Krankheit ist vom Arbeitnehmer weder vorsätzlich noch grob fahrlässig herbeigeführt worden

o daneben besteht ein Anspruch auf Krankengeld in Höhe von mind. 65 % (wichtig z. B., wenn Arbeitgeber nicht weiterzahlen will/kann)

o *nach* 6 Wochen zahlt die Krankenkasse grds. zeitlich unbegrenzt (wegen derselben Erkrankung für maximal 78 Wochen innerhalb von je 3 Jahren) Krankengeld in Höhe von 80 % des entgangenen Regellohns, höchstens jedoch 100 % des Nettoarbeitsentgelts.

Beachte: Lohnfortzahlungsgesetz von 1969.

b) *Unfallschutz:* Es gibt eine Reihe von Unfallverhütungsvorschriften der Berufsgenossenschaften; ihre Einhaltung wird durch Gewerbeaufsichtsämter (nach der Gewerbeordnung) überwacht.

Bei Arbeitsunfällen besteht *Lohnfortzahlungspflicht* des Arbeitgebers, wenn der Unfall

o vom Arbeitgeber vorsätzlich herbeigeführt wurde

o sich im *allgemeinen Verkehr* ereignet hat (z. B. Weg zur Arbeit/nach Hause),

§ 636 Reichsversicherungsordnung (RVO); für typische, d. h. mit der *Arbeit* zusammenhängende Arbeitsunfälle tritt die gesetzliche Unfall*versicherung* ein.

c) *Arbeitszeit:*

o Arbeitszeitordnung von 1938: höchstens 8 *Stunden* werktäglich (einschließlich samstags!); also maximal 48 Std. wöchentlich, die auch auf 5 Arbeitstage verteilt werden können; Überschreitungen sind in besonderen Fällen (z. B. Jahresabschluß; drohender Warenverderb) und an 30 Tagen im Jahr zulässig (aber höchstens 10 Std. täglich); Mehrarbeit muß unter bestimmten Voraussetzungen vergütet werden (Überstunden); grds. keine Sonn- und Feiertagsarbeit.

o Ladenschlußgesetz von 1956 für *Einzelhandel:* Öffnungszeiten grds. auf 7–18.30 Uhr täglich, bis 14 Uhr samstags beschränkt; Ausnahmen z. B. vor Weihnachten. Neuregelung (Dienstleistungsabend am Donnerstag) wurde 1989 gesetzlich ermöglicht.

d) *Kündigungsschutz:* Gesetz in der Fassung von 1969

o Die Kündigung ist eine einseitige empfangsbedürftige Willenserklärung. Ihre Wirksamkeit tritt erst mit ihrem Eingang in den Machtbereich des Empfängers ein.

Die grundsätzlich zulässige *ordentliche* Kündigung ist nicht an Gründe, aber an Fristen gebunden und darf nicht sozialwidrig sein. Die *außerordentliche,* fristlose Kündigung ist dagegen nur unter bestimmten Voraussetzungen zulässig.

o Die *ordentliche* Kündigung setzt die Einhaltung der gesetzlichen oder tarif- bzw. arbeitsvertraglichen Kündigungsfristen voraus. Eine Kündigung durch den Arbeitgeber muß *sozial gerechtfertigt* sein, d. h. sich stützen auf
  - dringende betriebliche Erfordernisse (z. B. Verkleinerung des Betriebes, notwendige Rationalisierungen), *betriebsbedingte* Kündigung
  - Gründe in der Person des Arbeitnehmers (z. B. mangelnde Leistung), *personenbedingte* Kündigung
  - Gründe im Verhalten des Arbeitnehmers (Pflichtverletzungen), *verhaltensbedingte* Kündigung.

  Dieser Kündigungsschutz greift nur bei Arbeitnehmern, die
  - mindestens 18 Jahre alt sind
  - mehr als 6 Monate beschäftigt sind
  - in einem Betrieb mit grds. mehr als 5 Arbeitnehmern arbeiten
  - nicht Repräsentanten des Arbeitgebers sind.

  Ordentliche Kündigungen sind in folgenden Fällen eingeschränkt bzw. ausgeschlossen:
  - in befristeten Arbeitsverhältnissen (für max. 5 Jahre)
  - gegenüber Auszubildenden nach Beendigung der Probezeit
  - gegenüber Arbeitnehmerinnen/Auszubildenden während der Schwangerschaft und bis 4 Monate nach Entbindung (s. u.); Ausnahme nur mit behördlicher Zustimmung
  - gegenüber anerkannten Schwerbehinderten (s. u.): vorherige Zustimmung der Hauptfürsorgestelle erforderlich
  - gegenüber Wehrpflichtigen ab Zustellung des Einberufungsbescheids bis Beendigung des Wehrdienstes sowie während einer Wehrübung; gleiches gilt für Zivildienstleistende
  - gegenüber Mitgliedern von Betriebsräten sowie bis 1 Jahr nach Amtsniederlegung (außer bei Betriebsstillegung)
  - in sonstigen besonderen Fällen (z. B. bei Bundestagsabgeordneten; bei vertraglicher Unkündbarkeit).

  Ordentliche Kündigung ohne Anhörung des *Betriebsrates* ist *nichtig*. Dabei muß der Arbeitgeber den Arbeitnehmer, die Kündigungsart, den Termin und die Gründe angeben. Widerspruch des Betriebsrates hindert die Kündigung nicht (Anhörungs-, kein Mitbestimmungsrecht).

  Kündigungsfristen bei außerordentlicher Kündigung für *Angestellte:*
  - gesetzlich: 6 Wochen (42 Tage) zum Quartalsende, d. h. spätestens am 17./18.2., 19.5., 19.8., 19.11.; bei langjährigen Angestellten (ab 5 Jahre) Verlängerung auf 3–6 Monate bei Kündigung durch den Arbeit*geber;* § 622 BGB
  - (tarif-)vertraglich: längere oder auch kürzere Fristen, mind. 1 Monat, stets zum Monatsende.

o Für die *außerordentliche* (fristlose) Kündigung gelten folgende Voraussetzungen:
  - wichtiger Grund (die soziale Rechtfertigung wie bei ordentlicher Kündigung

reicht nicht aus), d. h. für den Kündigenden ist das Abwarten der Kündigungsfrist unzumutbar; wirtschaftliche Gründe reichen nicht aus
- Zustimmung des Betriebsrates bei fristloser Kündigung eines Betriebsratsmitglieds, der Behörde bei einer Schwangeren, der Hauptfürsorgestelle bei einem Schwerbehinderten
- Anhörung des Betriebsrates (3 Tage Bedenkzeit)
- Erklärung der Kündigung durch Arbeitgeber binnen 14 Tagen, nachdem er von dem wichtigen Grund Kenntnis erlangt hat.

o Der Kündigungsschutz wird gewährleistet durch den *Kündigungsschutzprozeß*; Einzelheiten:
- die Kündigung muß zu Unrecht erfolgt sein
- der gekündigte Arbeitnehmer muß binnen 3 Wochen nach Zugang der Kündigung beim Arbeitsgericht Kündigungsschutzklage erheben
- vorläufiger Rechtsschutz: Weiterbeschäftigungsanspruch des Arbeitnehmers nach ordentlicher Kündigung, wenn der Betriebsrat widersprochen hat
- Gerichtsentscheidung: Hält das Arbeitsgericht die Kündigung für unwirksam, stellt es das Fortbestehen des Arbeitsverhältnisses (mit vollem Lohnanspruch) fest oder löst – auf Antrag – das Arbeitsverhältnis auf (der Arbeitgeber hat dann angemessene Abfindung zu zahlen).

e) *Frauen- und Mutterschutz:*

o *Arbeitszeit:* höchstens 10 Std. täglich; längere Pausen
o *Mutterschutz:* keine Beschäftigung
- 6 Wochen vor der Geburt
- 8 Wochen nach der Geburt
- zusätzlich 4 Wochen bei Früh- und Mehrlingsgeburten
- Zahlung von *Mutterschaftsgeld* für die Zeit der Schutzfristen (die gesetzliche Krankenkasse ersetzt bis 25,– DM pro Tag; während der Mutterschutzfrist zahlt der Arbeitgeber die Differenz zum Durchschnittsnettolohn der letzten 3 Monate zu)
- Beschäftigungsverbot z. B. für Akkord-, Fließband-, Nacht-, Sonntagsarbeit und Überstunden

o *Erziehungsgeld:* Neuregelung seit 1986
- Zahlung von 600,– DM für max. 12 Monate, ab 1.7.89 15 Monate, ab 1.7.90 18 Monate
- ab dem 7. Lebensmonat des Kindes ist die Höhe des Erziehungsgeldes einkommensabhängig
- Ehegatten bestimmen gemeinsam den Berechtigten (sonst ist die Frau berechtigt)
- laufendes Mutterschaftsgeld wird angerechnet

o *Erziehungsurlaub:* ebenfalls neu seit 1986
- wird für den gleichen Zeitraum wie Erziehungsgeld gewährt
- Voraussetzung ist Erziehungsgeldanspruch

o *Kündigungsschutz:* für werdende Mütter während der Schwangerschaft und bis 4 Monate nach Entbindung, außerdem während des Erziehungsurlaubs; Schwangerschaft muß, insbes. vor Einstellung, dem Arbeitgeber mitgeteilt werden.

f) *Jugendarbeitsschutz:* Gesetz in der Fassung von 1984; geschützt: Kinder (unter 14 Jahre), Jugendliche (unter 18 Jahre); Einzelheiten:

o *keine Kinderarbeit* (Ausnahmen: z. B. Betriebspraktikum, ab 13 Jahre: leichte Beschäftigungen in der Landwirtschaft, beim Zeitungsaustragen, beim Sport; weitere Ausnahmen können für Theater, Musik, Werbung, Film usw. erteilt werden)

o *Jugendliche:*
- Beschäftigung Jugendlicher unter 15 Jahren verboten
- grds. max. 8 Stunden täglich, 40 Stunden pro Woche
- 8 1/2 Std. täglich zulässig, wenn an anderen Tagen derselben Woche weniger als 8 Std. gearbeitet wird
- Freistellung für die Berufsschule; keine Beschäftigung an Tagen mit mindestens 5 Unterrichtsstunden
- ab 6 Std. täglicher Arbeitszeit 1 Std. Pause
- ununterbrochene Freizeit mindestens 12 Stunden
- Beschäftigung nur von 6 bis 20 Uhr (ab 16 Jahre: in Gaststätten/Schaustellerbetrieben bis 22 Uhr, in mehrschichtigen Betrieben bis 23 Uhr, in der Landwirtschaft ab 5 oder bis 21 Uhr, in Bäckereien/Konditoreien ab 5 Uhr)
- Beschäftigung nur an 5 Tagen in der Woche
- Urlaub: mindestens 30 Werktage bei Alter unter 16, 27 Werktage/unter 17, 25 Werktage/unter 18
- keine gefährliche Arbeit, Akkordarbeit, Arbeit unter Tage
- vor Einstellung: ärztliches Attest erforderlich; ärztliche Untersuchung in jedem weiteren Lebensjahr.

g) *Schwerbehinderte:* Beschäftigungspflicht für 6 % der Arbeitsplätze; bei Unterschreitung dieser Zahl monatlicher Ausgleich (100,– DM) an die Hauptfürsorgestelle zu zahlen; Gewährung eines jährlichen Zusatzurlaubs, der der Dauer der regelmäßigen Arbeitswoche entspricht, d. h. 5 zusätzliche Urlaubstage bei 5-Tage-Woche.

0.5.121 Arbeitsförderung

Grundlage: Gesetz von 1969

Ziele:

o Sicherung der Vollbeschäftigung
o Vermeidung von Arbeitslosigkeit
o bessere berufliche Beweglichkeit (Mobilität), Anpassungsfähigkeit
o bessere Berufschancen, Aufstiegsmöglichkeiten.

Das Arbeitsförderungsgesetz ist sozialstaatlich motiviert und geht von dem Grundgedanken aus, daß die Verbesserung der Leistungsfähigkeit und berufliche Existenzsicherung des *einzelnen* zugleich der *Gesamtwirtschaft*, ihrer Stabilität und dem Wachstum dient.

Maßnahmen: finanzielle Förderung durch Zuschüsse, Darlehen, Kostenerstattung, Unterhaltsgeld, auf die *Rechtsanspruch* besteht, für

o betriebliche Grund- und Fach*ausbildung*
o *Fortbildung* zur Verbesserung beruflicher Chancen
o *Umschulung* zur beruflichen Anpassung, Änderung der Berufstätigkeit; wichtig insbesondere die *Rehabilitation* (Wiederherstellung, Wiedereingliederung) geistig oder körperlich Behinderter
o *Arbeitsvermittlung* grds. durch Arbeitsämter
o *Arbeitsbeschaffungs*maßnahmen, *Sicherung* der Arbeitsplätze in bestimmten Branchen sowie insbes. für ältere Arbeitnehmer
o Berufs- und Arbeits*beratung* durch Arbeitsämter für alle Arbeitnehmer, insbes. aber für Jugendliche.

0.5.2 Kollektives Arbeitsrecht

0.5.20 Überblick

Das kollektive Arbeitsrecht betrifft nicht die Arbeitnehmer als Einzelpersonen, sondern in ihrer Gesamtheit als Gruppe, *Koalition*; dies sind Zusammenschlüsse von

o *Arbeitnehmern* in *Gewerkschaften,*
o *Arbeitgebern* in *Arbeitgeberverbänden;*

diese Zusammenschlüsse sind *überbetrieblich.*

Gegenstände des kollektiven Arbeitsrechts sind

o Abschluß von *Tarifverträgen*
o *Arbeitskampf*
o *Betriebsverfassung* und *Mitbestimmung.*

0.5.21 Die Sozialpartner

0.5.210 Koalitionen

a) *Wesen:* = Zusammenschlüsse der Sozialpartner, d. h. von Arbeitnehmern und Arbeitgebern, zur Wahrung der kollektiven, d. h. die jeweilige Gruppe, den *Berufsverband* betreffenden Interessen.

b) *Definition*: Koalitionen sind

o freie, körperschaftlich organisierte (Grundform: Verein), privatrechtliche Vereinigungen
o überbetrieblich

- o „koalitionsrein", d. h. entweder Arbeitgeber *oder* Arbeitnehmer
- o unabhängig vom Staat
- o nicht unbedingt parteipolitisch neutral
- o zur „Wahrung und Förderung der Arbeits- und Wirtschaftsbedingungen" (Art. 9 III GG).

c) Koalitionen sind in Art. 9 III GG verfassungsrechtlich *geschützt:*

- o positive Koalitionsfreiheit des einzelnen, d. h. das Recht, Koalitionen zu bilden
- o Schutz der Koalition, ihres Bestandes, ihrer Betätigung
- o negative Koalitionsfreiheit, d. h. das Recht, unorganisiert zu bleiben.

d) *Bedeutung*:

- o nur Koalitionen sind, abgesehen von einzelnen Arbeitgebern, *tariffähig*
- o nur Koalitionen können ihre Mitglieder vor den Arbeitsgerichten vertreten
- o nur Koalitionen können rechtmäßige *Arbeitskämpfe* führen.

0.5.211 Arten von Koalitionen

a) *Arbeitgeberverbände:* ca. 800, nach Wirtschaftsbereichen gegliedert; auf Landesebene z. B. zu „Industrieverbänden" zusammengefaßt, auf Bundesebene zu Bundesverbänden; Spitzenorganisation: Bundesvereinigung der Deutschen Arbeitgeberverbände.

b) *Gewerkschaften:* als Industriegewerkschaften regional und nach Wirtschaftsbereichen gegliedert;

- o der Deutsche Gewerkschaftsbund (DGB) umfaßt als Dachorganisation 17 Einzelgewerkschaften (z. B. IG Metall, IG Farben)
- o die Deutsche Angestellten-Gewerkschaft (DAG) umfaßt als Gesamtgewerkschaft einzelne Fachgruppen (z. B. Handel, Banken, Versicherungen, Industrie)
- o weitere Spitzenorganisationen sind der Christliche Gewerkschaftsbund Deutschlands (CGD), der Verband der weiblichen Angestellten e. V. u. a.

Insgesamt sind in der Bundesrepublik Deutschland etwa 7 Mill. Arbeitnehmer organisiert.

0.5.22 Der Tarifvertrag

0.5.220 Grundbegriffe

a) *Wesen:*

= schriftlicher Vertrag zwischen tariffähigen Parteien

o zur Regelung von Rechten und Pflichten der Parteien (sog. schuldrechtlicher Teil)

o und zur Festsetzung von Rechtsnormen über Arbeitsverhältnisse, betriebliche und betriebsverfassungsrechtliche Fragen (normativer Teil).

b) *Schuldrechtlicher* Teil: vgl. Vertragsrecht; grundsätzlich werden geregelt:

o *Friedenspflicht:* Verpflichtung der Parteien, während der Laufzeit des Tarifvertrages keinen Arbeitskampf zu führen

o *Einwirkungspflicht:* Verpflichtung, die Mitglieder von Arbeitskämpfen abzuhalten und zur Einhaltung des Tarifvertrages anzuhalten.

c) *Normativer* Teil: = Recht der Parteien, *Rechtsnormen* zu setzen (wie der Staat durch Gesetze), die unmittelbar und zwingend für jedes Mitglied gelten *(sog. Tarifautonomie);* Außenseiter können durch „Allgemeinverbindlichkeitserklärung" oder Aufnahme in Arbeitsverträge einbezogen werden.

Die Rechtsnormen regeln z. B. Höhe des Arbeitsentgelts, Arbeitszeit, Urlaub, Fragen der Mitbestimmung im Betrieb, Einrichtung einer Kantine, Schaffung gemeinsamer Einrichtungen der Parteien usw.

Dementsprechend gibt es folgende *Arten* von Tarifverträgen:

o Mantel-(Rahmen-)tarife über allgemeine Arbeitsbedingungen

o Lohn- und Gehaltstarife.

d) Bei *Ablauf* eines Tarifvertrages gelten seine Bestimmungen bis zum Abschluß eines neuen Tarifvertrages fort. *Abweichungen* von Tarifverträgen sind nur zugunsten der Arbeitnehmer möglich *(Günstigkeitsprinzip).*

0.5.221 Einzelheiten

a) Tarifverträge müssen schriftlich abgeschlossen werden. Ob die Parteien tarif*zuständig* sind, ergibt sich aus ihrer Koalitionssatzung. Die Tarifautonomie umfaßt *nicht* Eingriffe in das Privatleben der Arbeitnehmer, die Grundlage der Unternehmung sowie gesetzliche Vorschriften, die zwingend sind.

b) *Unzulässig* sind folgende Klauseln:

o Differenzierungsklauseln: Begünstigung der Mitglieder gegenüber nichtorganisierten Außenseitern

o Effektivklauseln, d. h. Vereinbarungen, die bisherige freiwillige übertarifliche Zahlungen zum Bestandteil des neuen Tariflohns machen.

c) Im *privaten Bankgewerbe* wird das Arbeitsentgelt nach bestimmten *Tarifgruppen* gezahlt, die nach Art der Tätigkeit, Umfang der Verantwortung und Grad der erforderlichen Kenntnisse 9 Gruppen umfassen; hinzu kommen Differenzierungen nach Berufsjahren, Unterhaltspflichten usw.

d) Der *Bundes-Angestellten-Tarifvertrag* (BAT), der z. B. in Sparkassen gilt, enthält einige besondere Klauseln wie z. B. die Unzulässigkeit einer ordentlichen Kündigung für mindestens 15 Jahre beschäftigte, mindestens 40 Jahre alte Arbeitnehmer.

0.5.23 Arbeitskampf

a) *Wesen:* Maßnahmen der Koalitionen zur bewußten *Störung des Arbeitsfriedens,* um durch wirtschaftlichen Druck auf die andere Partei ein bestimmtes Ziel zu erreichen.

Es gilt der Grundsatz der *Waffengleichheit*: *beide* Parteien verfügen über Kampfmittel; Arbeitgeber: *Aussperrung*; Arbeitnehmer: *Streik;* beide: *Boykott*.

b) *Streik:* = bewußte, planmäßige Arbeitsniederlegung mehrerer Arbeitnehmer; *kein Vertragsbruch,* sofern er rechtmäßig ist.

Voraussetzungen:
o durch Gewerkschaften geführt (Gegenteil: „wilder Streik")
o nur für Leistungen, die tariflich geregelt werden können
o grds. nur gegen den beteiligten Arbeitgeber (d. h. keine Proteststreiks, keine politischen Streiks; die Zulässigkeit von Sympathiestreiks ist umstritten)
o bisheriger Tarifvertrag muß abgelaufen sein (sonst würde die Friedenspflicht die Gewerkschaft binden)
o Grundsatz fairer Kampfführung: keine Gewaltanwendung, kein Mißbrauch, wenn der Betriebsstillstand die Versorgung der Bevölkerung mit lebensnotwendigen Gütern gefährdet
o Streik als letzter Ausweg: zunächst Verhandlungen (bei Scheitern meist Versuch eines Schlichtungsverfahrens), dann „Urabstimmung" der Gewerkschaftsmitglieder (meist erforderlich: 3/4-Mehrheit).

Streik hat *suspendierende* (=aufschiebende) *Wirkung:* die Hauptpflichten des Arbeitsverhältnisses (nicht Nebenpflichten wie Fürsorge-/Treuepflicht) ruhen; *fristlose Kündigung* durch den Arbeitgeber ist *unzulässig.*

Gewerkschaftsmitglieder erhalten ein *Streikgeld;* Nichtmitglieder erhalten nichts, auch keine staatliche Unterstützung (der Staat soll sich neutral verhalten!).

c) *Aussperrung:* = planmäßiger Ausschluß von Arbeitnehmern durch den Arbeitgeber von der Arbeit, zugleich von der Lohnzahlung; ebenfalls *kein Vertragsbruch*. Die Aussperrung darf aber* nicht gleichbedeutend mit Auflösung der Arbeitsverhältnisse sein, sie hat ebenfalls nur *aufschiebende Wirkung* (Ausn.: z. B. bei wilden Streiks).

d) *Boykott:* = planmäßiges Abschneiden des Gegners vom Geschäftsverkehr durch Ablehnung von Vertragsschlüssen oder Aufforderung dazu; z. B. Einstellungs- oder Arbeitssperre.

---

* So das Bundesarbeitsgericht (BAG)

e) Die wichtige Frage, ob das Grundgesetz ein Recht zum *Arbeitskampf* gewährleistet (vgl. Art. 9 III GG), ist heute noch umstritten und wird überwiegend verneint, obwohl die europäische Sozialcharta ein solches Recht anerkennt.

f) Im *öffentlichen Dienst* gilt grundsätzlich ein *Arbeitskampfverbot*, insbes. ein Streikverbot für *Beamte;* nicht jedoch für Angestellte, sofern die Arbeitsniederlegung nicht die lebenswichtige Versorgung der Bevölkerung beeinträchtigt.

0.5.24 Betriebsverfassungsrecht (BetrVR)

a) *Wesen:* Betriebsverfassungsrecht ist *betriebsbezogenes Kollektivarbeitsrecht;* Grundgedanke, daß sich innerhalb eines Betriebes Interessengegensätze durch Zusammenarbeit von *Unternehmer* und *Belegschaft* überwinden lassen, da zugleich gemeinsames Interesse und beiderseitige Abhängigkeit vom Wohlergehen des Betriebes bestehen.

b) *Rechtsgrundlagen:*
o Betriebsverfassungsgesetz (BetrVG) von 1972
o Mitbestimmungsgesetze
o im öffentlichen Dienst: Personalvertretungsgesetze (PersVG) des Bundes und der Länder (Geltung z. B. für öffentlich-rechtliche KI, insbes. Sparkassen).

c) Das BetrVR begründet *Mitwirkungs- und Mitbestimmungsrechte der Belegschaft.* Diese wird vertreten durch den *Betriebsrat* (öff. Dienst: *Personalrat).*

Zustandekommen: in Betrieben mit mind. 5 wahlberechtigten (3 wählbaren) Arbeitnehmern durch geheime und unmittelbare *Wahl.*

o Wahlberechtigt: alle Arbeitnehmer ab 18 Jahre
o wählbar: Wahlberechtigte, die dem Betrieb seit 6 Monaten (öff. Dienst: 1 Jahr) angehören.

Weitere Betriebsinstitutionen:

o Jugend- und Auszubildendenvertretung (s. u. k)
o Betriebsversammlung
o Einigungsstelle
o Wirtschaftsausschuß.

d) *Grundsätze* der Betriebsverfassung

o Betriebsrat (BR)/Personalrat (PR) repräsentieren *alle* Mitarbeiter (keine Außenseiter!)
o BR/PR sind keine Gewerkschaftsorgane
o BR/PR sollen der Zusammensetzung der Belegschaft entsprechen, d. h. zu angemessenen Anteilen aus Arbeitern und Angestellten, Männern und Frauen bestehen;

das BetrVG gilt jedoch *nicht* für leitende Angestellte, das PersVG, das grds. Beamte einschließt, *nicht* für Beamte der Besoldungsgruppe B

o BR/PR sind zu parteipolitischer Neutralität verpflichtet

o BR/PR haben sich um Gleichbehandlung aller Arbeitnehmer zu bemühen.

e) *Art der Beteiligungsrechte:* Mitwirkung in

o sozialen Angelegenheiten
o personellen Fragen
o wirtschaftlichen Angelegenheiten (insb. über Wirtschaftsausschuß und durch Teilnahme am Aufsichtsrat von Kapitalgesellschaften/Genossenschaften).

f) *Umfang der Mitwirkungsrechte:*

o Unterrichtungsrecht, sofern zur Ausübung der Aufgaben erforderlich, insbes. z. B. über Arbeitsschutzmaßnahmen, Betriebs- und Personalplanung, wirtschaftliche Fragen (→ Wirtschaftsausschuß)

o Beratungsrecht: neben regelmäßigen Besprechungen insbes. bei Maßnahmen, über die BR/PR zu unterrichten sind, außerdem bei Maßnahmen zur Berufsbildung und Kündigungen

o Antrags- und Kontrollrecht im Sinne allgemeiner Überwachung sowie z. B. bei Beschwerden, Stellenausschreibungen, Arbeitsschutz und Personalplanung.

Bei Nichteinigung entscheidet der *Arbeitgeber*.

g) *Umfang* der *Mitbestimmungsrechte*:

o Widerspruchsrecht z. B. bei Bestellung von Ausbildern, bei ordentlichen Kündigungen

o Zustimmungsrecht z. B. in sozialen Angelegenheiten (Arbeitszeit, Urlaub, betriebliche Sozialeinrichtungen, Arbeitsschutz), bei außerordentlichen Kündigungen von Betriebsratsmitgliedern, bei Bildungsmaßnahmen

o Beteiligung im *Aufsichtsrat* durch Wahl von AR-Mitgliedern (s. o. Aktiengesellschaft).

Bei Nichteinigung entscheidet die *Einigungsstelle* (paritätisch besetzt).

h) Besonderes Mittel zur Ausübung der Beteiligungsrechte ist die *Betriebsvereinbarung* (vergleichbar dem Tarifvertrag, aber nur mit betrieblicher Wirkung, geltend für alle Mitarbeiter):

= „Normenvertrag" zwischen Betriebsrat und Arbeitgeber

o Festsetzung von *Rechtsnormen* für Abschluß, Inhalt, Beendigung von *Arbeitsverhältnissen* und sonstige betriebliche Angelegenheiten

o nur zugelassen, wenn diese Fragen nicht üblicherweise durch Tarifverträge geregelt werden

o im öff. Dienst: *Dienstvereinbarung*.

i) Das im öffentlichen Dienst geltende *PersVG* sieht – im Vergleich zum BetrVG – *geringere Befugnisse* der Personalräte vor.

k) Das Gesetz zur Bildung von *Jugend- und Auszubildendenvertretungen* in den Betrieben von 1988 (zugleich Änderung des BetrVG) sieht folgendes vor:

o Bildung einer Jugend- und Auszubildendenvertretung anstelle der bisherigen Jugendvertretung

o in Betrieben mit i. d. R. mindestens 5 Arbeitnehmern, die das 18. Lebensjahr noch nicht vollendet haben oder die zu ihrer Berufsausbildung beschäftigt sind und das 25. Lebensjahr noch nicht vollendet haben

o Zuständigkeit der JAV auch für volljährige zu ihrer Berufsausbildung Beschäftigte

o Wahl der JAV geheim, unmittelbar, gemeinsam

o Durchführung der Wahl bundesweit alle 2 Jahre in der Zeit vom 1.10. bis 30.11 (erstmals 1988).

0.5.3 Arbeitsgerichtsbarkeit

Als besondere Zivilgerichte sind die *Arbeitsgerichte* zur Entscheidung von Arbeitssachen berufen. Grundlage: Arbeitsgerichtsgesetz.

Gerichts*aufbau:*

o Arbeitsgericht (1. Instanz)

o Landesarbeitsgericht (Berufungsinstanz)

o Bundesarbeitsgericht, Kassel (Revisionsinstanz).

Neben *Berufsrichtern* werden sog. *Arbeitsrichter* eingesetzt: = Laienrichter, die zur Hälfte der Arbeitgeber- und der Arbeitnehmerseite entnommen werden.

Vor jeder erstinstanzlichen Verhandlung erfolgt *Güteverhandlung*.

Normalerweise wird durch *Urteile* entschieden; bei betriebsverfassungsrechtlichen Streitigkeiten können die Arbeitsgerichte *Beschlüsse* fassen.

0.5.4 Sozialrecht

0.5.40 Überblick

Das Sozialrecht dient der sozialen Sicherung der Arbeitnehmer. Es besteht aus sozialen Vorschriften des Arbeitsrechts und aus dem *Sozialversicherungsrecht*.

Träger der Sozialversicherung sind Körperschaften des öffentlichen Rechts. Sie sind in folgenden wichtigen Zweigen tätig:

o Rentenversicherung für Arbeiter und Angestellte

o Krankenversicherung

o Unfallversicherung

o Arbeitslosenversicherung

0.5.41 Rentenversicherung

a) *Arten:*

o Angestellten-Rentenversicherung (Träger: Bundesversicherungsanstalt für Angestellte – BfA –, Berlin): Gegenstand der folgende Ausführungen

o Arbeiter-Rentenversicherung (Träger: Landesversicherungsanstalten – LVA –)

o knappschaftliche Rentenversicherung (Bergbau)

b) *Versicherungspflichtig:* Angestellte (auch Auszubildende), sofern sie regelmäßig wöchentlich nicht mehr als 15 Stunden arbeiten und höchsten 450,– DM monatlich verdienen (bei höherem Einkommen Versicherungsfreiheit, wenn das Arbeitsentgelt 1/6 des gesamten Einkommens nicht übersteigt); z. T. Selbständige (insbes. Handwerker). Nicht mehr Versicherungspflichtige können sich freiwillig durch Beitragszahlung *weiterversichern* lassen. Die Versicherungszeit kann durch Nachzahlung von Beiträgen verlängert werden. Auch *nicht Versicherungspflichtige* können der Rentenversicherung beitreten.

c) Die *Beiträge* betragen derzeit (1989) 18,7 % des Bruttoverdienstes, je zur Hälfte von Arbeitgeber und Arbeitnehmer aufgebracht (bei Verdienst, der 1/10 der Beitragsbemessungsgrenze nicht übersteigt: vom Arbeitgeber allein). Bemessungsgrenze (1989): 73 200,– DM pro Jahr, d. h. 6 100,– DM Monatseinkommen. Die Beiträge werden vom Arbeitgeber *einbehalten und abgeführt*. Versicherungsnachweis erfolgt durch Versicherungsscheckhefte jedes Versicherten, denen vom Arbeitgeber jährlich auszufüllende Versicherungskarten entnommen und dem Rentenversicherungsträger eingereicht werden.

d) *Leistungen* der Angestelltenversicherung:

o *Altersruhegeld:*

   – grds. an jeden Versicherten ab 65 Jahre nach Wartezeit von 180 Monaten (setzt sich zusammen aus Beitragszeiten, in denen Beiträge geleistet wurden, und Ersatzzeiten, in denen Zahlung nicht erforderlich war, z. B. Wehrdienst bis 1945)

   – *flexibles* Altersruhegeld ab 63 J. (Berufs-/Erwerbsunfähige, Schwerbehinderte ab 62) bei mind. 35 anrechnungsfähigen Versicherungsjahren (hier werden Ausfallzeiten berücksichtigt: z. B. Mutterschaft, Ausbildung ab 16 J.)

   – *vorgezogenes* Ruhegeld ab 60 J. nach 180 Monaten Wartezeit und Bezug von Arbeitslosengeld für mind. 52 Wochen in den letzen 1 1/2 Jahren; für Frauen ab 60 J. nach 180 Monaten Wartezeit und Zahlung von mind. 121 Pflichtbeiträgen während der letzten 20 Jahre.

In jedem Fall muß ein *Antrag* gestellt werden.

o *Berufsunfähigkeitsrente,* wenn Erwerbsunfähigkeit um mehr als 50 % gemindert ist (durch Krankheit u. a.)

o *Erwerbsunfähigkeitsrente,* wenn der Beruf (nahezu) nicht mehr ausgeübt werden kann

o *Hinterbliebenenrente* für Witwen und Waisen

o *Kinderzuschuß*

e) *Rentenhöhe:* richtet sich nach

o Versicherungsjahren (J)

o Steigerungssätzen (St): 1,5 % bei Erwerbs-, 1 % bei Berufsunfähigkeit für jedes Versicherungsjahr

o persönlicher Bemessungsgrundlage (pB) = Verhältnis des Arbeitsentgelts des Versicherten zum Durchschnittsentgelt aller Versicherten in Prozent

o allgemeiner Bemessungsgrundlage (aB) = Durchschnitt der durchschnittlichen Bruttoarbeitsverdienste dreier vorangegegangener Jahre.

Die Berechnung erfolgt anhand der *Rentenformel:*

$$\text{Jahresrente} = \frac{pB \times aB \times J \times St}{100}$$

Zur Verbesserung der Rente bei kleineren Einkommen wurde als Mindesteinkommen eine persönliche Bemessungsgrundlage von 75 % festgesetzt.

Da die allgemeine Bemessungsgrundlage sich nach vorangegangenen Jahren richtet und bei steigenden Durchschnittsverdiensten mitsteigt, ist die Rente *dynamisiert,* d. h. der Einkommensentwicklung angepaßt.

f) *Betriebsrente:* Versorgungszusage, die von Betrieben ihren Mitarbeitern unter bestimmten Voraussetzungen gewährt wird; in der Höhe oft verbunden mit den Leistungen der Rentenversicherung (z. B. Auffüllung der Ruhestandsbezüge auf 75 % des letzten Nettomonatsgehalts).

Durch das Gesetz zur Verbesserung der betrieblichen Altersversorgung von 1974 wurde festgelegt, daß bei vorzeitiger Beendigung eines Arbeitsverhältnisses betriebliche Ruhegelder *unverfallbar* sind,

o wenn der Arbeitnehmer mindestens 35 Jahre alt ist und die Versorgungszusage mindestens 10 Jahre bestanden hat

o oder wenn mindestens 12jährige Betriebszugehörigkeit gegeben ist und die Versorgungszusage mindestens 3 Jahre bestanden hat.

g) *Vorruhestand:*

= vorzeitiger Eintritt von Arbeitnehmern in ein ruhestandähnliches Rechtsverhältnis aufgrund entsprechender Tarifverträge oder Einzelvereinbarungen

o Grundlage: Gesetz zur Erleichterung des Übergangs vom Arbeitsleben in den Ruhestand von 1984, ermöglichte Eintritt in den Vorruhestand bis zum 31.12.88; Ziel war die Verringerung der Arbeitslosenzahl

o Gewährung eines Vorruhestandsgeldes von mindestens 65 % des Bruttoarbeitsentgelts durch den Arbeitgeber, außerdem war der freiwerdende Arbeitsplatz mit einem Arbeitslosen oder sonst nicht unterzubringenden Auszubildenden zu besetzen

o Zahlung eines Zuschusses durch die Bundesanstalt für Arbeit von 35 % des Vorruhestandsgeldes sowie der Sozialversicherungs-Pflichtbeiträge an den Arbeitgeber

o Arbeitnehmer mußte vor den Jahren 1927 bis 1931 geboren sein und das 58. Lebensjahr vollendet haben

o durch Tarifverträge wurde der Vorruhestand z. T. mit deutlich über den gesetzlichen Rahmen und den Zeitrahmen hinausgehenden Leistungen ausgestattet.

h) *Rentenreform:* 1989 wurde eine Reihe von Neuregelungen zur Sicherung des vorhandenen Rentensystems beschlossen:

o Rentenanwartschaften bleiben weiterhin an die Bruttolohn- und -gehaltsentwicklung gekoppelt; Renten werden künftig zur Jahresmitte an die Entwicklung der verfügbaren Einkommen der Arbeitnehmer des jeweiligen Vorjahres angepaßt („Nettoformel")

o vom Jahre 2001 an sollen die vorgezogenen Altersgrenzen schrittweise auf das 65. Lebensjahr erhöht werden (zunächst jährlich um 3 Monate und nach 2005 um jährlich 6 Monate); für Frauen und Arbeitslose gilt die Regelaltersgrenze von 65 Jahren von 2012 an

o den Versicherten ist freigestellt, die Altersgrenze um bis zu 3 Jahre vorzuziehen (jährliche Kürzung der Rente um 3,6 %)

o wer über das 65. Lebensjahr hinaus arbeitet, erhält einen jährlichen Rentenzuschlag von 6 %

o für Kinder, die nach 1991 geboren werden, werden 3 Jahre für Kindererziehung auf die Rente angerechnet.

0.5.42 Krankenversicherung

a) *Träger:*

o Ortskrankenkassen (AOK)

o zugelassene Ersatzkassen (z. B. DAK, Barmer Ersatzkasse)

o Betriebskrankenkassen

b) *Versicherte:*

o *Pflichtversicherte*: grds. alle Arbeitnehmer, wenn sie mit ihrem Verdienst die Jahresarbeitsentgeltgrenze nicht überschreiten (=75 % der Beitragsbemessungsgrenze der Rentenversicherung), d. h. für 1989 jährlich 54 900,– DM (monatlich 4 575,– DM); Versicherungsfreiheit vgl. Rentenversicherung
o freiwillige Versicherung aller nicht Pflichtversicherten, z. B. Angestellte mit höherem Verdienst, Beamte, Gewerbetreibende
o zusätzlich sind pflichtversichert alle Rentner und die Bezieher von Unterhaltsgeld, Arbeitslosenhilfe, Arbeitslosengeld.

c) *Beiträge:* unterschiedlich hoch; je zur Hälfte von Arbeitnehmer und Arbeitgeber getragen.

d) *Leistungen* der Krankenversicherung (vgl. Abschnitt 0.5.120):

o Krankenpflege, d. h. ärztliche Behandlung, Arznei- und Heilmittel usw. sowie Krankenhauspflege
o Krankengeld in Höhe von 80 % des entgangenen Regellohns; für dieselbe Krankheit höchstens für 78 Wochen innerhalb von 3 Jahren
o Mutterschaftshilfe
o Fürsorge für Genesende, Gesundheitsvorsorge, z. B. Kuren, Vorsorgeuntersuchungen
o Sterbegeld für die Bestattungskosten u. a.

0.5.43 Unfallversicherung

a) *Wesen:* Schutz aller Arbeitnehmer bei Betriebsunfällen einschließlich direktem Hin- und Heimweg sowie Berufskrankheiten.

b) *Träger:* Berufsgenossenschaften (Bankgewerbe: „Verwaltungsberufsgenossenschaft für gesetzliche Unfallversicherung", Hamburg).

c) *Leistungen:*

o Heilbehandlung bei Nichtzahlung der Krankenkasse
o Verletztengeld
o Unfallrente ab 20 % Minderung der Erwerbsfähigkeit
o Berufshilfe, z. B. Umschulung
o Sterbegeld
o Hinterbliebenenrente.

d) *Beiträge:* zahlt der Arbeitgeber *allein* (Umlage, abhängig von Verdienst des Arbeitnehmers und Gefahrengrad in diesem Berufszweig).

0.5.44 Arbeitslosenversicherung (Arbeitsförderung)

a) *Beitragspflichtig:* grundsätzlich alle Arbeitnehmer, sofern sie wöchentlich mindestens 19 Stunden arbeiten.

b) *Träger:* Bundesanstalt für Arbeit, Nürnberg.

c) *Beiträge:* 4,3 % der Beitragsbemessungsgrenze der Rentenversicherung; d. h. 262,30 DM als Monatshöchstbetrag (1989); von Arbeitnehmer und Arbeitgeber je zur Hälfte aufgebracht.

d) *Leistungen:*
- *Arbeitslosengeld:* Zahlung nur, wenn Versicherter in den letzten beiden Jahren mindestens 26 Wochen beschäftigt war, z. Z. arbeitslos ist und bereit ist, eine zumutbare Arbeit anzunehmen (er muß für Vermittlung zur Verfügung stehen); keine Zahlung für 12 Wochen erhält, wer den Arbeitsplatz grundlos aufgegeben oder schuldhaft verloren hat, desgl. bei Teilnahme an Streik; Dauer der Unterstützung (mind. 78 Tage) ist nach vorangegangener Beschäftigungszeit gestaffelt, außerdem nach dem Alter des Arbeitslosen; über 58jährige erhalten auch dann Arbeitslosengeld oder -hilfe, wenn sie nicht bereit sind, jede zumutbare Arbeit anzunehmen; Höhe des Arbeitslosengeldes 63 oder 68 % des letzten Netto-Einkommens je nach Lohnsteuerklasse
- Arbeitslosenhilfe (58 % des letzten Nettolohns), wenn noch nicht/nicht mehr Arbeitslosengeld gezahlt wird; Voraussetzung ist Bedürftigkeit (d. h. Anrechnung des Einkommens z. B. des Ehegatten)
- Kurzarbeitergeld, Schlechtwettergeld (z. B. Baubranche)
- Arbeitsförderung durch berufliche Ausbildung, Fortbildung, Umschulung.

0.5.45 Sozialgerichtsbarkeit

= Sonderform der Verwaltungsgerichtsbarkeit; Grundlage: Sozialgerichtsgesetz.
Aufbau:
- Sozialgerichte als 1. Instanz
- Landessozialgerichte als Berufungsinstanz
- Bundessozialgericht (BSG), Kassel, als Revisionsinstanz.

Die Gerichte werden grundsätzlich erst tätig nach vorangegangenem Widerspruchsverfahren (= Auseinandersetzung mit der zuständigen Behörde direkt).

0.6 Steuern

0.6.0 Grundbegriffe

0.6.00 Überblick

Steuern sind öffentliche *Zwangsabgaben*, die dem Bürger vom *Staat* (Bund, Länder, Gemeinden) ohne Gewähr einer bestimmten Gegenleistung auferlegt werden:

Steuerhoheit des Staates – Steuerunterwerfung des Bürgers.

Die Steuern dienen zur *Finanzierung* der Aufgaben des Staates und stehen in den staatlichen Haushalten als Einnahmen den Ausgaben gegenüber.

Die Steuereinnahmen des Staates betrugen 1988 insgesamt 488 Mrd. DM; davon entfielen auf

o den Bund: 223 Mrd. DM = 45,6 %

o die Länder: 173 Mrd. DM = 35,4 %

o die Gemeinden: 69 Mrd. DM = 14,1 %

o die Europäischen Gemeinschaften: 24 Mrd. DM = 4,9 %.

Etwa 90 % des gesamten Steueraufkommens entfallen auf die folgenden Steuerarten: (mit den Einnahmen in 1988)

o Lohnsteuer (168 Mrd. DM)

o Umsatzsteuer (123 Mrd. DM)

o Gewerbesteuer (34 Mrd. DM)

o Einkommensteuer (33 Mrd. DM)

o Körperschaftsteuer (30 Mrd. DM)

o Mineralölsteuer (27 Mrd. DM)

o Tabaksteuer (15 Mrd. DM)

o Kapitalertragsteuer (9 Mrd. DM).

Systematisch lassen sich die folgenden *Steuerarten* unterscheiden:

a) nach der Art der *Erhebung:*

o direkte Steuern: unmittelbar vom Steuerpflichtigen erhoben

o indirekte Steuern: Einrechnung in die Preise von Waren/Leistungen.

b) nach dem *Gegenstand* der Besteuerung:

o Besitzsteuern:
 – Personensteuern: Einkommen-, Vermögen-, Erbschaftsteuer
 – Realsteuern: Grundsteuer, Gewerbesteuer

o Verkehrsteuern: Besteuerung des Umsatzes bei Verkehrsgeschäften; Umsatz-, Grunderwerb-, Wechsel-, Versicherung-, Kfz.-Steuer u. a.

o Verbrauchsteuern: Belastung einzelner Waren; Zölle.

c) nach dem Steuer*empfänger:*

o Bundessteuern: Verbrauchsteuern (außer Biersteuer), Zölle; Lohn-/Einkommensteuer zu 42,5 %, Umsatzsteuer zu 65 % (abzüglich EG-Anteil) u. a.
o Landessteuern: Vermögen-, Erbschaft-, Kfz.-, Biersteuer; Lohn-/Einkommensteuer zu 42,5 %, Umsatzsteuer zu 35 % u. a.
o Gemeindesteuern: Gewerbe-, Grund-, Vergnügungs-, Hundesteuer; Lohn-/Einkommensteuer zu 15 %.

Für den Unternehmer sind Steuern

o Kostensteuern (sog. Betriebsteuern, z. B. Gewerbesteuer), die kalkuliert werden können
o Gewinnsteuern (Einkommen- und Körperschaftsteuer)
o durchlaufende Posten, die für die Finanzbehörde einbehalten und an diese abgeführt werden (Verbrauchsteuern; Lohn-, Kirchen-, Kapitalertragsteuer).

0.6.01 Finanzverwaltung

a) *Aufbau:*

o örtliche Finanzämter und Hauptzollämter
o Oberfinanzdirektionen als Aufsichtsinstanzen (zugleich Landes- und Bundesbehörden)
o Finanzministerien der Länder; Bundesfinanzministerium.

b) Gemeindesteuern werden direkt von der Gemeinde erhoben und an diese gezahlt; Besitz- und Verkehrsteuern werden von den Finanzämtern, Verbrauchsteuern von den Hauptzollämtern veranlagt.

0.6.02 Erhebung der Steuern

0.6.020 Steuerverfahren

a) *Veranlagungsverfahren:*

o Verpflichteter wird durch öffentliche Bekanntmachung zur Abgabe einer Steuer*erklärung* aufgefordert
o auf ihrer Grundlage erfolgt durch das Finanzamt die Festsetzung der Steuerschuld = *Veranlagung*
o Art der Berechnung und Höhe der Schuld werden dem Verpflichteten durch Steuer*bescheid* mitgeteilt
o Zahlung erfolgt i. d. R. durch Vorauszahlungen (aufgrund früherer Bescheide festgesetzt) und Abschlußzahlung von Differenzen (bzw. Erstattung)
o die Steuerschuld kann gestundet werden.

b) *Abzugsverfahren:* Einbehaltung der Steuer durch Dritten, Abführung an das Finanzamt; z. B.

o durch Arbeitgeber bei Lohnsteuer
o durch Emittent/Kreditinstitut bei Ertragsteuern für Wertpapiere
o Empfänger erhält Bescheinigung über einbehaltene Abzüge
o spätere Veranlagung ist dennoch möglich.

Vorteil: Vereinfachung; Schutz des Staates vor Hinterziehung.

0.6.021 Rechtsmittel; Steuervergehen

a) Steuerbescheide sind *Verwaltungsakte;* gegen sie kann binnen eines Monats *Einspruch* eingelegt werden, über den grds. die nächsthöhere Behörde entscheidet.

Bei Erfolglosigkeit des Einspruchs ist *Klage* vor dem zuständigen Finanzgericht zu erheben. In bestimmten Fällen kann als Revisionsinstanz der Bundesfinanzhof (BFH), München, angerufen werden.

b) Bei *Steuervergehen* (z. B. Steuerhinterziehung, auch der Versuch; Schmuggel) wird ein *Strafverfahren* durchgeführt; solche Straftaten werden oft durch Steuerfahnder der Finanzämter aufgedeckt. Berichtigt der Steuerpflichtige seine Falschangaben rechtzeitig selbst, wird von Strafe abgesehen.

Bei *Ordnungswidrigkeiten* (z. B. unbefugte Hilfe bei Steuererklärung; leichtere Verstöße gegen Steuergesetze) werden *Bußgelder* verhängt (durch Finanzamt).

0.6.022 Straferlaß

a) Steuerpflichtigen, die bisher ihre Kapitalerträge und das ihnen zugrundeliegende Kapital den Finanzbehörden gegenüber nicht oder nicht vollständig erklärt haben, ist im Zuge der Steuerreform 1989/1990 der Weg in die Steuerehrlichkeit erleichtert worden. Dazu wurde bzw. wird ihnen trotz Erfüllung des Tatbestands der Steuerhinterziehung unter bestimmten Voraussetzungen *Straffreiheit* gewährt.

b) *Voraussetzung* für die Straffreiheit ist, daß die Einkünfte aus Kapitalvermögen sowie das Kapital selbst ab 1986 korrekt nacherklärt werden. Diese Nacherklärung muß bis spätestens 31.12.1990 erfolgen.

c) *Folgen* der Nacherklärung:
o Straffreiheit sowohl für die nacherklärten Zeiten als auch für die Zeiträume vor dem 1.1.1986
o keine Nachzahlung der nicht gezahlten (= verkürzten) Einkommen-/Vermögensteuer für Zeiträume vor dem 1.1.1986
o Nachzahlung der verkürzten Einkommen-/Vermögensteuer für die Jahre ab 1986.

0.6.1 Besitzsteuern

0.6.10 Einkommensteuer

a) *Rechtsgrundlage:* Einkommensteuergesetz (EStG) vom 12.6.1985 in der jeweils geltenden Fassung (hier: Stand nach Steuerreformgesetz 1990 und Reparaturgesetz 1989).

Das Einkommensteuerrecht unterliegt ständigen Änderungen durch die verschiedensten Gesetze. Da in der Kundenberatung einkommensteuerrechtliche Überlegungen eine wesentliche Rolle spielen, ist es für jeden Berater wichtig, sich in diesem Bereich ständig auf dem laufenden zu halten.

b) *Einkommensteuerpflicht*

o *Persönliche Steuerpflicht:*
  – **unbeschränkt** steuerpflichtig sind alle natürlichen Personen, die ihren Wohnsitz oder gewöhnlichen Aufenthalt im Inland haben *(Steuerinländer)*. Steuerpflichtig sind grundsätzlich alle Einkünfte, gleichgültig, ob im Inland oder im Ausland bezogen
  – **beschränkt** steuerpflichtig sind alle natürlichen Personen, die keinen Wohnsitz oder gewöhnlichen Aufenthalt im Inland haben, soweit sie inländische Einkünfte beziehen *(Steuerausländer)*. Steuerpflichtig sind hier nur die inländischen Einkünfte im Sinne von § 49 EStG
  – die persönliche Einkommensteuerpflicht besteht unabhängig von Staatsangehörigkeit, Geschlecht, Alter und ähnlichen Merkmalen, auch unabhängig von der Höhe der Einkünfte.

o *Steuerpflichtige Einnahmen:*
  – der Einkommensteuer unterliegen alle Einnahmen, die einer der *sieben Einkunftsarten* des EStG zugeordnet werden können. Die übrigen Einnahmen bleiben bei der Einkommensteuer unberücksichtigt; hierzu zählen z. B. Spielgewinne, Lotterie-, Lotto- und Totogewinne, Erbschaften, Schenkungen und Erlöse aus privaten Verkäufen (sofern kein Spekulationsgeschäft)
  – das EStG nennt in § 3 eine große Anzahl von *Steuerbefreiungen*. Diese für steuerfrei erklärten Einnahmen, z. B. Kindergeld, Arbeitslosengeld und Zinsen für bestimmte festverzinsliche Wertpapiere, bleiben bei der Ermittlung des zu versteuernden Einkommens unberücksichtigt.

o *Höhe* der Einkommensteuer:
  – wenn jemand steuerpflichtige Einnahmen hat, heißt dies noch nicht, daß hierauf auch Einkommensteuer zu entrichten ist. Bemessungsgrundlage für die Einkommensteuer ist das „zu versteuernde Einkommen" eines Kalenderjahres, das sich aus der Summe aller sieben Einkunftsarten, vermindert um steuerlich abziehbare Beträge, zusammensetzt

- über die Höhe der Einkommensteuer entscheidet dann die Grundtabelle (bei Ehegatten: Splittingtabelle), die aufgrund des Steuertarifs als Anlage zum EStG geschaffen wurde.

c) *Einkommensteuertarif*/Aufbau der Steuertabellen:

o *Bemessungsgrundlage:* Die tarifliche Einkommensteuer bemißt sich nach dem zu versteuernden Einkommen

o *Grundfreibetrag:* Vom zu versteuernden Einkommen bleiben 5 616,- DM (bei Ehegatten 11 232,- DM) Grundfreibetrag steuerfrei

o *1. Proportionalzone:* Einem gleichbleibenden Steuersatz von 19 % unterliegen zu versteuernde Einkommen von 5 617,- DM bis 8 150,- DM (Ehegatten: 11 233,- DM bis 16 300,- DM)

o *Progressionszone:* Einem von 19 bis 53 % ansteigenden Steuersatz unterliegen zu versteuernde Einkommen von 8 151,- bis 120 000,- DM (bei Ehegatten: 16 301,- bis 240 000,- DM)

o *2. Proportionalzone:* Zu versteuernde Einkommen von mehr als 120 000,- DM (Ehegatten: 240 000,- DM) unterliegen einem gleichbleibenden Steuersatz von 53 %

o *Tabellensprung:* Das zu versteuernde Einkommen ist auf den nächsten durch 54 ohne Rest teilbaren vollen DM-Betrag abzurunden, wenn es nicht bereits durch 54 ohne Rest teilbar ist

o *Ehegatten-Splitting:* Für Ehegatten gibt es die Möglichkeit
  - getrennter oder
  - gemeinsamer Veranlagung.

Bei gemeinsamer Besteuerung wird das gesamte zu versteuernde Einkommen beider Ehegatten halbiert und die anzuwendende Steuer verdoppelt (sog. „Splitting")

o *Grenzsteuersatz* = Steuersatz in der Spitze: Der Grenzsteuersatz gibt an, wie hoch der letzte Teil des zu versteuernden Einkommens mit Steuern belastet wird, und ist in der Anlageberatung interessant für die Ermittlung von Steuerersparnissen durch bestimmte Anlageformen

o *Durchschnittsteuersatz:* Mit diesem Satz wird das gesamte besteuerte Einkommen durchschnittlich belastet. Der Durchschnittsteuersatz weicht vom Grenzsteuersatz ab, weil für alle Steuerpflichtigen die Steuervorteile der vorangehenden Zonen ebenfalls gelten.

d) Der Weg zum *„zu versteuernden Einkommen"*

o Die Einkommensteuer wird nicht für jede der sieben Einkunftsarten einzeln erhoben. Vielmehr wird das nachstehende Schema angewendet, um das zu versteuernde Einkommen eines Steuerpflichtigen zu ermitteln.

zu versteuerndes Einkommen Grundtabelle Splittingtab.	Grundfreibetrag	1. Poportional-zone	Progressions-zone	2. Proportional-zone
120 000,– 240 000,–				Steuersatz 53 % Steuersatz 19 %–53 %
8 150,– 16 300,–		Steuersatz 19 %	Steuersatz 19 %	Steuersatz 19 %
5 616,– 11 232,–	Steuerfrei	Steuerfrei	Steuerfrei	Steuerfrei
0,–				

Einkommensteuertarif seit 1990

o *Einkünfte:* Bei den ersten drei Einkunftsarten, den sogenannten Gewinneinkünften, sind die Einkünfte jeweils der „Gewinn", errechnet aus Betriebseinnahmen minus Betriebsausgaben. Bei den letzten vier Einkunftsarten, den sogenannten Überschuß-einkünften, sind die Einkünfte der Überschuß der Einnahmen über die Werbungskosten. Als Werbungskosten definiert der Gesetzgeber „Aufwendungen zur Sicherung, Erwerbung und Erhaltung der Einnahmen"; dies bedeutet, daß es sich um Ausgaben handelt, die in wirtschaftlichem Zusammenhang mit steuerpflichtigen Einnahmen stehen.

Die Einkünfte sind für jede Einkunftsart getrennt zu ermitteln, wobei die Einnahmen und Ausgaben/Werbungskosten immer der Einkunftsart zuzurechnen sind, zu der sie wirtschaftlich gehören. Die Einkünfte können positiv oder negativ sein. Bei der Ermittlung der Summe der Einkünfte können negative Einkünfte (Verluste) grundsätzlich mit anderen positiven Einkünften verrechnet werden. Nähere Ausführungen zu einigen Einkunftsarten siehe nächste Seite.

o *Altersentlastungsbetrag:* Dieser Betrag wird jedem Steuerpflichtigen gewährt, der vor Beginn des Kalenderjahres, in dem er sein Einkommen bezogen hat, das 64. Lebensjahr vollendet hatte. Als Altersentlastungsbetrag werden berücksichtigt: 40 % des Arbeitslohns und der positiven Summe der Einkünfte, die nicht aus selbständiger Arbeit stammen, höchstens insgesamt 3 720,– DM.

o *Sonderausgaben:* Dies sind Aufwendungen, die weder Betriebsausgaben noch Werbungskosten sind und unter die nach dem EStG nicht abziehbaren Kosten der Lebenshaltung fallen würden. Aus sozial- und wirtschaftspolitischen Gründen hat der Gesetzgeber die Sonderausgaben teilweise beschränkt, teilweise unbeschränkt zum Abzug ausdrücklich zugelassen.

1. Einkünfte aus Land- und Forstwirtschaft	± _____
2. Einkünfte aus Gewerbebetrieb	± _____
3. Einkünfte aus selbständiger Arbeit	± _____
4. Einkünfte aus nichtselbständiger Arbeit	± _____
5. Einkünfte aus Kapitalvermögen	± _____
6. Einkünfte aus Vermietung und Verpachtung	± _____
7. sonstige Einkünfte	± _____
Summe der Einkünfte	= _____
− Altersentlastungsbetrag	− _____
Gesamtbetrag der Einkünfte	= _____
− Sonderausgaben	− _____
− außergewöhnliche Belastung	− _____
Einkommen	= _____
− Haushaltsfreibetrag	− _____
− Kinderfreibetrag	− _____
zu versteuerndes Einkommen	= _____

Unbeschränkt abzugsfähig sind z. B.
- gezahlte Kirchensteuer
- Steuerberatungskosten.

Beschränkt abzugsfähig sind u. a.
- Aufwendungen des Steuerpflichtigen für seine Berufsausbildung oder seine Weiterbildung in einem nicht ausgeübten Beruf bis zu 900,– DM p. a. (1 200,– DM bei auswärtiger Unterbringung)
- Beiträge und Spenden an politische Parteien, soweit 1 200,– DM p. a. (Ehegatten: 2 400,– DM) überschritten werden, bis zu 5 % des Gesamtbetrags der Einkünfte (die tarifliche Einkommensteuer wird um 50 % der Ausgaben, höchstens um 600,–/1 200,– DM p. a. ermäßigt)
- bestimmte Spenden u. a. für kirchliche, wissenschaftliche und gemeinnützige Zwecke bis zu verschiedenen Höchstgrenzen
- *Vorsorgeaufwendungen:*
    - Beiträge zu Kranken-, Unfall-, Haftpflicht-, gesetzlicher Renten- und Arbeitslosenversicherung
    - Beiträge zu Versicherungen auf den Erlebens- oder Todesfall unter bestimmten Voraussetzungen
    - Beiträge an Bausparkassen zur Erlangung von Baudarlehen (zur Hälfte abzugsfähig).

Höchstbeträge für Vorsorgeaufwendungen:

- Vorwegabzug für Versicherungsbeiträge 4 000,– DM (Ehegatten: 8 000,– DM); zu kürzen um unterschiedliche Vomhundertsätze gemäß § 10 EStG
- 2 340,– DM (Ehegatten: 4 680,– DM) sind voll abziehbar
- diese Beträge noch einmal zur Hälfte, höchstens bis zu 50 %
- Für Sonderausgaben, die nicht Vorsorgeaufwendungen sind, wird ein *Sonderausgaben-Pauschbetrag* von 108,– DM (Ehegatten: 216,– DM) abgezogen, wenn der Steuerpflichtige nicht höhere Aufwendungen nachweist.
- Hat der Steuerpflichtige Arbeitslohn bezogen und weist in seiner Steuererklärung keine oder niedrigere Vorsorgeaufwendungen nach, so tritt an ihre Stelle die Vorsorgepauschale. Sie wird durch bestimmte Vomhundertsätze vom Arbeitslohn errechnet. Die Höchstgrenzen der Pauschale entsprechen denen für Vorsorgeaufwendungen und berücksichtigen ab 1990 auch den Versicherungs-Vorwegabzug.
- Sonderausgaben gemäß § 10 e EStG siehe Abschnitt 1.3.40

o *Außergewöhnliche Belastungen:* Erwachsen einem Steuerpflichtigen zwangsläufig größere Aufwendungen als der überwiegenden Mehrzahl vergleichbarer Steuerpflichtiger, so wird auf Antrag die Einkommensteuer dadurch ermäßigt, daß der Teil der Aufwendungen, der eine bestimmte dem Steuerpflichtigen zumutbare Belastung übersteigt, vom Gesamtbetrag der Einkünfte abgezogen wird. Zu den außergewöhnlichen Belastungen zählen unter bestimmten Voraussetzungen z. B.

- Krankheitskosten
- Wiederbeschaffung von Hausrat oder Kleidung infolge von Brand, Diebstahl und Unwetter
- Kosten der Berufsausbildung der Kinder
- Unterhaltskosten nahestehender Personen
- Aufwendungen für Paketsendungen an Angehörige in der DDR
- Kinderbetreuungskosten Alleinstehender.

Für bestimmte häufiger vorkommende Fälle hat der Gesetzgeber Freibeträge und Pauschbeträge festgelegt.

o *Haushaltsfreibetrag* von 4 536,– DM steht jedem alleinstehenden Steuerpflichtigen mit mindestens einem Kind zu.

o *Kinderfreibetrag:* Für jedes Kind im Sinne des Gesetzes wird ein Kinderfreibetrag von 3 024,– DM gewährt. Dieser Freibetrag wird ggf. auf beide Elternteile je zur Hälfte aufgeteilt, wenn z. B. die Ehegatten dauernd getrennt leben oder geschieden sind. (Kann der Steuerpflichtige wegen seines geringen Einkommens den Kinderfreibetrag nicht nutzen, erhöht sich das Kindergeld bis zu 46,– DM monatlich.)

o *Zu versteuerndes Einkommen:* Bemessungsgrundlage für die Einkommensteuer ist das zu versteuernde Einkommen. Nach ihm wird die Einkommensteuer berechnet. Für den Kundenberater ist das zu versteuernde Einkommen insofern von Bedeutung, als es auch maßgebend dafür ist, ob in dem betreffenden Jahr eine Arbeitnehmersparzulage nach dem VermBG gezahlt wird und ob in dem folgenden Jahr ein Anspruch auf Prämie nach dem WoPG besteht. Zusätzlich kann der Berater mit Hilfe des zu versteuernden Einkommens den Grenzsteuersatz ermitteln, der in der Beratung unter steuerlichen Gesichtspunkten eine wesentliche Rolle spielt.

e) *Einkünfte aus nichtselbständiger Arbeit*

o Die Einkünfte aus nichtselbständiger Arbeit werden ermittelt, indem vom Arbeitslohn – das sind alle Einnahmen, die einem Arbeitnehmer aus einem Dienstverhältnis zufließen – folgende Beträge abgezogen werden:
   – Versorgungs-Freibetrag von 40 % der Vorsorgungsbezüge (z. B. Renten, Witwen- oder Waisengeld), höchstens 4 800,– DM
   – Werbungskosten, mindestens jedoch Arbeitnehmer-Pauschbetrag von 2 000,– DM.
o Werbungskosten für Arbeitnehmer sind z. B.
   – Aufwendungen für Arbeitsmittel (Werkzeuge, typische Arbeitskleidung)
   – Fahrten zwischen Wohnung und Arbeitsstätte mit Pkw, Motorrad oder öffentlichen Verkehrsmitteln (Pauschbetrag bei Benutzung eines Pkw: –,50 DM für jeden Kilometer, den die Wohnung von der Arbeitsstätte entfernt liegt, pro Arbeitstag, an dem der Pkw benutzt wird)
   – Fortbildungskosten in einem ausgeübten Beruf

**Ermittlung der
Einkünfte aus nichtselbständiger Arbeit**

Einnahmen (= steuerpflichter Arbeitslohn lt. Lohnsteuerkarte)	DM
– ggf. Versorgungs-Freibetrag bis zu 4 800 DM	DM
– Arbeitnehmer-Pauschbetrag (oder höhere nachgewiesene Werbungskosten)	DM 2 000,–
= Einkünfte aus nichtselbständiger Arbeit	DM

f) *Einkünfte aus Kapitalvermögen* (vgl. Abschnitt 1.4.53)

o Zu den Einnahmen aus Kapitalvermögen gehören z. B. Zinsen auf Einlagen bei Kreditinstituten und festverzinsliche Wertpapiere, Dividenden zuzüglich anzurechnender oder zu vergütender Körperschaftsteuer und Erträge aus Investmentanteilen. Als Werbungskosten können anerkannt und von den Einnahmen abgesetzt werden: z. B.
   – Depotgebühren, Schließfachmiete
   – Vermögensverwaltungskosten
   – Bürokosten, Porto, Telefongebühren
   – Kosten für spezielle Wirtschafts- und Fachzeitungen.

o Mindestens wird ein Pauschbetrag von 100,– DM, bei Ehegatten 200,– DM, abgezogen. Zusätzlich kann noch ein sog. Sparer-Freibetrag von 600,– DM, bei Ehegatten 1 200,– DM, abgesetzt werden. (Werbungskosten-Pauschbetrag und Sparer-Freibetrag können nicht höher sein als die Einnahmen aus Kapitalvermögen.)

**Ermittlung der
Einkünfte aus Kapitalvermögen**

Einnahmen (Zinsen, Dividenden, usw.)
– Werbungskosten, mindestens Pauschbetrag 100,–/200,– DM
– Sparerfreibetrag 600,–/1 200,– DM

= Einkünfte aus Kapitalvermögen

---

g) *Einkünfte aus Vermietung und Verpachtung*

o Einnahmen werden hier in erster Linie erzielt aus der Vermietung oder Verpachtung von unbeweglichem Vermögen, insbes. Grundstücken, Erbbaurechten und Gebäuden (Miete, Mietnebenkosten, Pacht, Mietwert der eigenen Wohnung usw.).
o Einkünfte aus Vermietung und Verpachtung sind die Einnahmen, vermindert um die Werbungskosten wie z. B.
  – Schuldzinsen, Geldbeschaffungskosten
  – Instandhaltungskosten
  – Grundsteuer, Müllgebühr, Kanalbenutzung, Kaminkehrer
  – Hausversicherung
  – Abschreibungen (z. B. nach § 7 bzw. § 7 b EStG)*
o Steuervorteile für Bauherren: siehe Übersicht bei Abschnitt 1.3.40

**Ermittlung der
Einkünfte aus Vermietung und Verpachtung**

Einnahmen
– Werbungskosten

= Einkünfte aus Vermietung und Verpachtung

---

o Für das vom Eigentümer selbstgenutzte Einfamilienhaus bzw. die eigengenutzte Eigentumswohnung gilt jedoch folgende Ausnahme:
  – als Einnahmen ist der Grundbetrag = 1,4 % des Einheitswertes anzusetzen

---

* Ab 1.1.1987 gilt als Nachfolgeregelung für § 7 b EStG der § 10 e EStG.

- als Werbungskosten werden nur berücksichtigt:
  Schuldzinsen bis zur Höhe des Grundbetrages sowie erhöhte Absetzung/Abschreibung z. B. nach § 7 b EStG*

Weitere Werbungskosten können nicht geltend gemacht werden. Diese Sonderregelung gilt nur für die Zeit der Eigennutzung; für die Zeit des Baues oder der Vermietung ist die allgemeine Berechnung vorzunehmen: Einnahmen minus Werbungskosten.

Steuervorteile nach § 10 e EStG werden bei den Sonderausgaben und nicht bei den Einkünften aus Vermietung und Verpachtung geltend gemacht. Demzufolge sind auch keine Einnahmen unter dieser Einkunftsart zu versteuern.

h) *Sonstige Einkünfte*

o Sonstige Einkünfte im Sinne des EStG sind Einkünfte aus
  - wiederkehrenden Bezügen, insbes. Leibrenten
  - Unterhaltsleistungen des geschiedenen oder dauernd getrennt lebenden Ehegatten
  - Spekulationsgeschäften
  - (gelegentlichen) Leistungen
  - Abgeordnetenbezügen.

Die Einkünfte sind für jede dieser Unterarten gesondert zu ermitteln.

o *Spekulationsgeschäfte* und ihre steuerliche Behandlung sind im Rahmen der Kundenberatung wichtig. Ein steuerpflichtiges Spekulationsgeschäft liegt immer dann vor, wenn der Zeitraum zwischen An- und Verkauf bei Grundvermögen nicht mehr als zwei Jahre und bei anderen Wirtschaftsgütern, insbes. Wertpapieren, nicht mehr als sechs Monate beträgt.

Ermittlung der Einkünfte aus einem steuerpflichten Spekulationsgeschäft

Einnahmen = Verkaufserlös

- Anschaffungskosten des veräußerten Wirtschaftsgutes
- Werbungskosten

= Einkünfte aus dem Spekulationsgeschäft

Steuerfrei bleiben Veräußerungsgewinne bei inländischen festverzinslichen Wertpapieren. Gewinne aus Spekulationsgeschäften bleiben steuerfrei, wenn der insgesamt aus solchen Geschäften erzielte Gewinn im Kalenderjahr weniger als 1 000,– DM betragen hat (Freigrenze).

---

* Ab 1.1.1987 gilt als Nachfolgeregelung für § 7 b EStG der § 10 e EStG.

Verluste aus Spekulationsgeschäften können nur mit Gewinnen aus Spekulationsgeschäften desselben Jahres verrechnet werden; sie können also nicht die Summe der Einkünfte vermindern.

i) *Lohnsteuer*

o Bei Einkünften aus nichtselbständiger Arbeit schreibt das EStG vor, daß die Einkommensteuer durch Abzug vom Arbeitslohn erhoben wird (sog. Lohnsteuer). Damit ist die Einkommensteuer für Einkünfte aus nichtselbständiger Arbeit abgegolten, sofern nicht eine Veranlagung zur Einkommensteuer erfolgt; diese setzt ein, wenn

– das Einkommen aus einem Dienstverhältnis 27 000,– DM, bei Ehegatten 54 000,– DM, übersteigt

– die Nebeneinkünfte 800,– DM übersteigen

– der Steuerpflichtige die Veranlagung beantragt

(weitere Gründe siehe § 46 EStG).

o Der Steuerpflichtige erhält jährlich von der Gemeinde seines Wohnsitzes die *Lohnsteuerkarte*, die dem Arbeitgeber vorgelegt wird. Sie enthält neben wichtigen persönlichen Angaben die *Steuerklasse;* nach dieser richten sich die anzuwendenden Frei- und Pauschbeträge. Arten:

Steuerklasse	
I:	nicht verheiratete oder dauernd getrennt lebende Arbeitnehmer
II:	wie Steuerklasse I, wenn auf der Lohnsteuerkarte mindestens 1,0 Kinder einzutragen sind
III:	verheiratete Arbeitnehmer, wenn nur ein Ehegatte Lohn bezieht oder der andere Ehegatte in die Steuerklasse V eingereiht wird (auf Antrag möglich)
IV:	Verheiratete, die beide Arbeitnehmer sind
V:	verheiratete Arbeitnehmer, deren Ehegatte nach Steuerklasse III besteuert wird (auf Antrag möglich)
VI:	Arbeitnehmer in weiterem Dienstverhältnis (hier sind grundsätzlich keine Frei- und Pauschbeträge in die Lohnsteuertabelle eingearbeitet)

Die einzelnen Klassen sind in sich unterteilt nach der Kinderzahl, z. B. I/ohne Kindern, I/0,5, I/1,0, I/1,5, II/1,0, III/2,0.

o Besteuert wird grundsätzlich der Bruttoarbeitslohn; Werbungskosten oder Sonderausgaben über die Pauschbeträge hinaus können – bei Überschreitung von Mindestgrenzen und entsprechendem Nachweis – als „*steuerfreier Betrag*" in die Lohnsteuerkarte eingetragen werden; sie werden dann vom Arbeitgeber berücksichtigt.

o Maßgeblich für die Lohnsteuerabzüge innerhalb eines Jahres ist die Anwendung des Steuertarifs auf das zu versteuernde Einkommen. Dieses Ergebnis kann von dem tatsächlich monatlich einbehaltenen Steuerbetrag zugunsten des Arbeitnehmers abweichen, wenn sich z. B. das Einkommen während des Jahres geändert hat, bei nicht ständiger Beschäftigung oder bei Änderung des Familienstandes. Durch Lohnsteuerjahresausgleich – oft vom Arbeitgeber automatisch durchgeführt – wird der Nachteil ausgeglichen.

j) *Freigrenze für Nebeneinkünfte*

o Besteht das Einkommen ganz oder teilweise aus Einkünften aus nichtselbständiger Arbeit, von denen Lohnsteuer einbehalten wurde, und beträgt das Einkommen des Steuerpflichtigen nicht mehr als 27 000,– DM, bei Ehegatten 54 000,– DM, so bleiben nicht der Lohnsteuer unterworfene Nebeneinkünfte bis zu einer Freigrenze von 800,– DM steuerfrei.

o Sind unter diesen Voraussetzungen die Nebeneinkünfte höher als 800,– DM, aber niedriger als 1 600,– DM, ist als Härteausgleich der Betrag abzuziehen, um den die Nebeneinkünfte insgesamt niedriger als 1 600,– DM sind.

o Die Freigrenze entfällt, sofern eine Veranlagung zur Einkommensteuer durchgeführt wird oder wenn die Nebeneinkünfte insgesamt negativ sind.

o Der Härteausgleich kann dazu führen, daß z. B. Einkünfte aus Kapitalvermögen auch über den Werbungskosten-Pauschbetrag von 100,– DM (Ehegatten: 200,– DM) und den Sparer-Freibetrag von 600,– (1 200,–) DM hinaus steuerfrei bleiben.

0.6.11 Kapitalertragsteuer

Vorbemerkung: Im Jahr 1988 wurde ab 1.1.1989 eine zehnprozentige Kapitalertragsteuer (Quellensteuer) eingeführt. Nachdem in der öffentlichen Diskussion die Kritik nicht abgerissen war und ein erheblicher Abfluß von Anlagekapital in das Ausland verzeichnet werden mußte, wurde die Quellensteuer im Juni 1989 mit Wirkung vom 1.7.1989 wiederum abgeschafft.

Nachfolgend sind das vom 1.1. bis 30.6.1989 gültige Verfahren und die Rahmenbedingungen der Abschaffung dargestellt.

0.6.110 Verfahren

a) *Wesen:* Sonderform der Einkommensteuer. Rechtsgrundlage ist daher für Einführung und Abschaffung der Steuer das EStG. Wegen der Besteuerung „an der Quelle" des Entstehens eines Kapitalertrages wird diese Steuerform auch als *Quellensteuer* bezeichnet.

b) *Arten:*

o „*große*" Kapitalertragsteuer (KapSt): Besteuerung von
  – Zinsen aus steuerbegünstigten Schuldverschreibungen, Wandelschuldverschreibungen und Gewinnobligationen
  – Dividenden aus Aktien

o „*kleine*" KapSt: Besteuerung von Zinsen aus Schuldverschreibungen

- deutscher Emittenten/Schuldner
- ausländischer Emittenten/Schuldner mit Firmensitz im Inland.

c) *Höhe:*

o große KapSt:
- die KapSt wird vom Emittenten einbehalten und abgeführt
- Zinsen aus steuerbegünstigten Schuldverschreibungen werden mit 30 % besteuert, wobei damit die Einkommensteuer abgegolten ist
- Zinsen aus Wandelschuldverschreibungen, Gewinnobligationen und Dividenden sind mit 25 % zu versteuern, wobei beim Empfänger der Zinsen eine Verrechnung mit der zu erbringenden Einkommensteuerschuld vorgenommen werden kann.

o kleine KapSt:
- die KapSt in Höhe von 10 % wird vom Emittenten einbehalten und abgeführt
- sie entsprach einer Steuervorauszahlung und wurde auf die tatsächliche Steuerschuld angerechnet.

d) *Ausnahmen:*

o bei der kleinen KapSt:
- Zinserträge aus Giroguthaben, die mit einem Zinssatz von nicht mehr als 0,5 % p. a. verzinst wurden
- Zinserträge im Giroverkehr, wenn der Kontoinhaber
  - seinen ständigen Wohnsitz in der DDR hatte
  - ein Kreditinstitut war
- Zinsgutschriften je Konto von max. 10,– DM pro Jahr, sofern die Zinsperiode ein Jahr umfaßte
- Spareinlagen mit gesetzlicher Kündigungsfrist, für die keine Sonderzinsvereinbarungen galten oder ein Bonus gezahlt wurde (d. h. ganzjährige Zahlung des Regel-Sparzinssatzes des KI laut Aushang und Preisverzeichnis)
- Zinserträge aus Bausparguthaben, sofern für das Jahr der Gutschrift eine Wohnungsbauprämie oder die Arbeitnehmer-Sparzulage gewährt wurde
- da unter den KapSt-Abzug nur *inländische* Kapitalerträge fielen (s. o. b), war keine inländische KapSt abzuziehen für
  - DM-Auslandsanleihen ausländischer Emittenten
  - Fremdwährungsanleihen ausländischer Emittenten
  - Investmentzertifikate, deren Ausschüttung KapSt-freie Erträge zugrunde lagen;
  im Ausland zu zahlende KapSt blieb unberührt

o generell: Liegt dem KI eine *Nichtveranlagungsbescheinigung* (NV-Bescheinigung) vor, so werden die Erträge brutto gutgeschrieben (siehe auch Abschnitt 1.4.531); im Schalterverkehr gilt diese Regelung jedoch nicht.

e) Die sog. NV-Bescheinigungen werden natürlichen Personen ausgestellt, die nicht zur ESt veranlagt werden und deren Kapitalerträge aufgrund der Freibeträge und Einkommensverhältnisse nicht zu versteuern sind.

Eine NV-Bescheinigung können auch von der Körperschaftsteuer befreite juristische Personen, Personenvereinigungen und Vermögensmassen beibringen (z. B. gemeinnützige und kirchliche Einrichtungen).

Die NV-Bescheinigung gilt für sämtliche Konten/Depots des Kunden. Sie ist maximal 3 Jahre gültig.

Verfahren:

o bei allen KapSt-pflichtigen Zinserträgen im Einlagenbereich wird das sog. *Abstandnahmeverfahren* angewandt, d. h., bei Vorliegen einer NV-Bescheinigung wird vom KapSt-Abzug Abstand genommen, die Zinsen werden ohne Abzug gutgeschrieben

o bei allen Kapitalerträgen aus Wertpapieren wird das *Erstattungsverfahren* angewandt, d. h., die KapSt wird zunächst abgeführt; die Erstattung erfolgt
 – im Sammelantragsverfahren: Antrag durch das depotführende KI beim Bundesamt für Finanzen, Gutschrift der Erträge ohne KapSt-Abzug, das KI tritt also in Vorlage
 – im Einzelerstattungsverfahren: Antrag durch den Kunden selbst beim Bundesamt für Finanzen.

f) *Zeitpunkt* der KapSt-Erhebung: Zeitpunkt des steuerlichen Zuflusses des Zinsertrages, d. h.

o Fälligkeitstag, soweit festgelegt

o tatsächlicher Tag der Zinsgutschrift bzw. Zinszahlung.

Abweichende Wertstellungsdaten sind ohne Bedeutung.

g) Das KI ist verpflichtet, dem Kunden über die einbehaltene und abgeführte KapSt eine *Steuerbescheinigung* auszustellen. Die Ausstellung erfolgt bezogen auf das einzelne Konto des Kunden.

h) KapSt bei *Lebensversicherungsverträgen:* Steuerpflicht war gegeben; 3,5 % Zinsen (sog. Rechnungszins) aus dem Versicherungsguthaben waren steuerfrei, wenn die Versicherung nach § 10 EStG begünstigt ist (Mindestlaufzeit 12 Jahre). Steuersatz 25 % für Rechnungszinsen, soweit nicht steuerfrei, 10 % für außerrechnungsmäßige Zinsen.

Bei 10-%-Abzug war die ESt abgegolten, 25-%-Abzug wurde auf die ESt angerechnet.

0.6.111 Abschaffung der Quellensteuer

Das „Steuerreparaturgesetz" vom Juni 1989 brachte folgende wesentliche Regelungen:

o keine Erhebung der 10%igen KapSt bei Kapitalerträgen, die nach dem 30.6.89 zuflossen

- keine Rückzahlung der im 1. Halbjahr 1989 gezahlten KapSt, sondern Anrechnung als Vorauszahlung auf die Einkommensteuer
- Rückzahlung der KapSt bei Lebensversicherungen
- Anhebung des Sparer-Freibetrages auf 600,–/1 200,– DM (Alleinstehende/ Zusammenveranlagte)
- Die Einkommensteuerpflicht von Kapitalerträgen bleibt bestehen.
- Das Gesetz über die strafbefreiende Erklärung von Einkünften aus Kapitalvermögen bleibt bestehen.

0.6.112 Bedeutung der KapSt

a) Für den Steuerpflichtigen: im Prinzip gegenüber dem vorher geltenden Recht *keine* Änderung, da es sich um eine Sonderform der Einkommensteuer handelt und die Steuerpflicht für Kapitalerträge schon immer gegeben war. Diese Aussagen gelten allerdings nur für den *steuerehrlichen* Empfänger von Kapitalerträgen. Dadurch, daß ab 1.1.89 der Kapitalertrag *an der Quelle* besteuert wurde, verringerten sich die Möglichkeiten, die Besteuerung zu umgehen.

Das *Bankgeheimnis* wurde durch die Einführung der zehnprozentigen KapSt nicht berührt. Der bisherige sog. Bankenerlaß (siehe Abschnitt 1.1.15) hat durch die Aufnahme als § 30 a in das EStG sogar Gesetzeskraft erlangt.

b) Für die KI: Die Einführung der Quellensteuer hat zu ganz erheblichem Verwaltungsaufwand geführt, der allein für die Anpassung der EDV-Programme bei den einzelnen KI Millionenbeträge erforderte. Besonders aufwendig ist auch das Verfahren der NV-Bescheinigungen. Hinzu kam der äußerst umfangreiche Beratungsaufwand, der in der Übergangszeit erforderlich war. Die Abschaffung der Quellensteuer führte zu weiterem nicht unerheblichem Aufwand.

c) Für die Volkswirtschaft: Der gesamtwirtschaftliche Sinn der Einführung einer zehnprozentigen Quellensteuer ist höchst umstritten. Die Abschaffung war aus der Sicht nicht nur der Steuerzahler, sondern führender Wirtschaftswissenschaftler ein richtiger Schritt. Der volkswirtschaftliche Schaden insbes. durch den deutlich feststellbaren Effekt der Kapitalflucht in steuerbefreite Anlageformen und damit in das Ausland war erheblich.

Allerdings war die Einführung der Quellensteuer als Einstieg in den steuerlichen Anpassungsprozeß innerhalb der Europäischen Gemeinschaften in Vorbereitung auf den EG-Binnenmarkt zu verstehen. Da die meisten EG-Mitgliedsstaaten bereits die KapSt haben, war dieser Schritt in der Bundesrepublik absehbar. Durch die Abschaffung ist der Vereinheitlichungsprozeß in der EG in diesem Bereich in Frage gestellt.

0.6.12 Körperschaftsteuer

a) *Rechtsgrundlage:* Körperschaftsteuergesetz (KStG) in der Fassung vom 10.2.1984 sowie Steuerreformgesetz 1990.

b) *Steuerpflichtig:* Juristische Personen des Privatrechts, nichtrechtsfähige Vereine und Stiftungen, gewerbliche Betriebe juristischer Personen des öffentlichen Rechts (unbeschränkte Steuerpflicht, d. h. für sämtliche Einkünfte); ausländische Körperschaften/Personenvereinigungen/Vermögensmassen mit ihren inländischen Einkünften (beschränkte Steuerpflicht); Befreiung für Bahn, Post, Bundesbank, einige öffentlich-rechtliche KI, Liquiditäts-Konsortialbank u. a. m.; vgl. §§ 1–6 KStG.

c) *Bemessungsgrundlage:* Das zu versteuernde Einkommen; Ermittlung vergleichbar dem Einkommensteuerrecht.

d) *Höhe der Steuer:*

o Steuersatz (§§ 23 ff.):
  - grds. 50 % (insbes. Kapitalgesellschaften, Genossenschaften)
  - Ermäßigung auf 46 % (grds. alle anderen Steuerpflichtigen)
  - Sonderregelungen für besondere Steuerpflichtige (z. B. Freibeträge)

o Für den ausgeschütteten Gewinn beträgt die KSt-Belastung 36 % (unabhängig vom grundsätzlich angewendeten Steuersatz); diese *Ausschüttungsbelastung* ergibt sich, ausgehend vom Steuersatz, aus einer komplizierten Berechnung („Nebenrechnung", §§ 27 ff.), die dazu führt, daß die eigentlich auf den Anteilseigner entfallende Dividende um eine Steuergutschrift erhöht wird; die sich daraus ergebende Bruttodividende unterliegt der individuellen Einkommensteuer des Anteilseigners *(Anrechnungsverfahren).*

o Die Kapitalertragsteuer bleibt hiervon unberührt.

o Durch diese Regelung ist die frühere Doppelbesteuerung ausgeschütteter Gewinne mit KSt bei der Gesellschaft und ESt (oder KSt) beim Anteilseigner seit 1977 beseitigt.

0.6.13 Vermögensteuer

a) *Grundlage:* Gesamtvermögen natürlicher und juristischer Personen nach Abzug der Schulden. Rechtsgrundlage: Vermögensteuergesetz (VStG) vom 14.3.1985.

Vermögenswert: berechnet nach Bewertungsgesetz; Gewerbebetriebe und Grundstücke zum jeweiligen Einheitswert (s. u.); Wertpapiere zum Steuerkurswert des Bundesfinanzministeriums.

Freibeträge (nur für *natürliche* Personen):

o je 70 000,– DM für Steuerpflichtigen, Ehefrau, jedes im Haushalt lebende Kind (bis 18 J., bei Berufsausbildung höchstens bis 27 J.); Zusammenveranlagung

o 1 000,– DM pro Person für nichtgewerbliches Kapitalvermögen

o 10 000,– DM pro Person ab 60 J., 50 000,– DM ab 65 J. (wenn Gesamtvermögen unter 150 000,– DM liegt).

Befreiung für einige öffentlich-rechtliche Körperschaften (z. B. Post, Bahn, Bundesbank) vollständig.

b) *Steuersatz:*

o 0,5 % für natürliche Personen

o 0,6 % für juristische Personen und Personenvereinigungen.

0.6.14 Realsteuern

0.6.140 Gewerbesteuer

= Gemeindesteuer für Gewerbebetriebe; Gewerbesteuergesetz (GewStG) vom 14.5.1984.

a) *Besteuerungsgrundlagen:*

o Gewerbe*ertrag*:
- = Gewinn (ermittelt nach Einkommen- bzw.Körperschaftsgesetz)
- + Hinzurechnungen (z. B. Dauerschuldzinsen, Renten, Dauerlasten, halbe Miete für fremde Wirtschaftsgüter, soweit nicht Grundbesitz, Gewinn des stillen Gesellschafters)
- − Kürzungen (z. B. 1,2 % des Einheitswertes des Betriebsgrundstücks; Gewinn aus Beteiligungen)
- − Gewerbeverlust früherer Jahre

  auf volle 100 DM abgerundet (Freibetrag 36 000 DM für natürliche Personen/ Personengesellschaften).

o Gewerbe*kapital:*
- = Einheitswert des Betriebsvermögens (nach Bewertungsgesetz von Finanzämtern alle 3 Jahre festgesetzt)
- + Hinzurechnungen (z. B. Dauerschulden, fremde Wirtschaftsgüter, soweit nicht Grundbesitz)
- − Kürzungen (Einheitswert betriebseigener Grundstücke, Beteiligung an anderer Gesellschaft)

  auf volle 1 000 DM abgerundet (Freibetrag 120 000 DM).

b) Anwendung fester *Steuermeßzahlen* in Prozent auf den Gewerbeertrag und das Gewerbekapital:

o Steuermeßzahl für Gewerbe*kapital* einheitlich 2 ‰

o Steuermeßzahl für Gewerbe*ertrag juristischer* Personen: einheitl. 5 %

o Steuermeßzahl für Gewerbe*ertrag natürlicher* Personen/Personengesellschaften:
- − für die ersten 36 000 DM 0 %, darüber 5 %.

Durch Anwendung der Steuermeßzahlen und Addition ergibt sich der *Steuermeßbetrag* für Gewerbeertrag und -kapital.

c) *Berechnung* der *Gewerbesteuer:* durch Anwendung des *Hebesatzes* der betr. Gemeinde = der Prozentsatz, mit dem der Steuermeßbetrag vervielfältigt wird; Höhe ist der Gemeinde überlassen, liegt i. d. R. zwischen 150 und 600 %, einheitlich für alle Gewerbebetriebe.

0.6.141 Grundsteuer

= Gemeindesteuer auf Haus- und Grundbesitz; Grundsteuergesetz (GrStG) vom 7.8.1973; Arten: A für landwirtschaftliches, B für sonstiges Grundvermögen.

Berechnung: Grundlage ist der *Einheitswert* des Grundbesitzes; auf diesen wird die *Steuermeßzahl* angewandt (2,6–3,5 ‰, vom Finanzamt festgesetzt); durch den *Hebesatz* (jährlich von der Gemeinde festgesetzt) ergibt sich die *Steuerschuld,* die grds. vierteljährlich zu zahlen ist.

0.6.2 Verkehrsteuern

0.6.20 Umsatzsteuer (Mehrwertsteuer)

a) *Wesen:* Belastung des Umsatzes von Gütern und Leistungen; entgegen dem früheren System wurde die Umsatzsteuer aus der Kalkulation herausgelöst; für Unternehmer kein Kostenbestandteil, sondern durchlaufender Posten: Die beim Verkauf erhobene Steuer (Umsatzsteuer) wird um die beim Einkauf bezahlte Steuer (Vorsteuer) gekürzt, die Differenz = *Zahllast* monatlich (bis zum 10. des folgenden Monats) an das Finanzamt überwiesen. Rechtsgrundlage: Umsatzsteuergesetz (UStG) vom 26.11.1979.

b) *Steuergegenstand:* sog. *steuerbare* Umsätze (§ 1 UStG), d. h.

o Lieferungen/sonstige Leistungen, die Unternehmer im Inland gegen Entgelt im Rahmen seines Unternehmens ausführt

o Eigenverbrauch (z. B. Privatentnahme/Privatverwendung von Betriebsgegenständen)

o Einfuhr

c) *Steuersätze:*

o grds. 14 % (seit 1.7.1983, vorher 13 %)

o Ermäßigung auf 7 % z. B. für Lebensmittel, Holz, Bücher; Leistungen von Rechtsanwälten, Notaren, Steuerberatern u. a. m.

o Steuer*befreiungen* für Ausfuhrlieferungen/-leistungen, Bundespost, Vermietung/ Verpachtung, übliche Leistungen von Kreditinstituten, ärztliche Leistungen u. a.

o Steuerpflicht setzt erst bei Jahresumsatz von 25 000 DM ein.

d) *Bemesssungsgrundlage* ist das *Entgelt,* d. h. alles, was der Empfänger der Lieferung/Leistung aufzuwenden hat; auch Auslagenersatz, Verzugszinsen, Diskont usw.

Änderungen des Entgelts führen zur *Berichtigung* der Steuerkonten (z. B. Boni, Skonti, Rücksendungen Preisnachlässe).

e) Umsatzsteuerpflichtige Umsätze bei *Kreditinstituten* sind z. B.

o Umsätze von Edelmetallen, Sammlermünzen (gesetzliche Zahlungsmittel: Umsätze sind steuerpflichtig, wenn die Münzen wegen ihres Edelmetallgehalts oder ihres Sammlerwertes umgesetzt werden, d. h., wenn der Netto-Verkaufspreis über dem Nennwert liegt; Goldmünzen: voller Satz, wenn der Nettopreis 250 % des Metallwertes nicht übersteigt, sonst halber Satz)

o Vermittlungsgebühren (außer: für Wertpapiere/gesetzl. Zahlungsmittel), z. B. für Schuldscheindarlehen, Bausparverträge

o Vermietung von Schrank- und Schließfächern.

0.6.21 Grunderwerbsteuer

a) *Rechtsgrundlage:* Grunderwerbsteuergesetz (GrEStG) vom 17.12.1982.

b) *Wesen:* Besteuerung von Erwerbsvorgängen bei Grundstücken und grundstücksgleichen Rechten (z. B. Erbbaurecht, Wohnungs- und Teileigentum).

c) *Bemessungsgrundlage* ist der Wert der Gegenleistung (Kaufpreis) bzw. der Wert des Grundeigentums.

d) *Höhe:* Die Steuer beträgt 2 %; sie ist auf volle D-Mark abzurunden.

e) *Ausnahmen:*

o Grundstückserwerb von Todes wegen und Grundstücksschenkungen unter Lebenden im Sinne des Erbschaftsteuer- und Schenkungsteuergesetzes

o Grundstückserwerb durch den Ehegatten des Veräußerers bzw. mit dem Veräußerer in gerader Linie verwandte Personen.

0.6.22 Erbschaft- und Schenkungsteuer

a) *Rechtsgrundlage:* Erbschaft- und Schenkungsteuergesetz (ErbStG) vom 17.4.1974. Der Erbschaftsteuer unterliegen Erwerbe von Todes wegen (z. B. gesetzliche Erbfolge, Testament, Vermächtnis) und Schenkungen unter Lebenden.

b) *Erbschaft- und Schenkungsteuerpflicht:*

o unbeschränkte Steuerpflicht tritt ein, wenn entweder der Erwerber oder der Erblasser/Schenker Inländer ist; als Inländer gelten auch deutsche Staatsangehörige, die sich noch nicht länger als 5 Jahre im Ausland aufhalten; der Steuerpflicht unterliegt der gesamte Erwerb

o *beschränkte* Steuerpflicht besteht bei Erwerb inländischen Vermögens, wenn weder Erwerber noch Erblasser/Schenker Inländer sind

o mehrere innerhalb von 10 Jahren von derselben Person anfallende Vermögensvorteile werden zusammengerechnet

o die Bewertung des steuerpflichtigen Vermögens erfolgt nach dem Bewertungsgesetz.

c) *Steuerklassen:* Nach dem ErbStG vier Klassen, die nach dem persönlichen Verhältnis zwischen Erwerber und Erblasser/Schenker unterschieden werden und die Staffelung von Freibeträgen und Steuersätzen bestimmen:

Steuerklasse I:	Ehegatte, Kinder und Stiefkinder, Kinder verstorbener Kinder und Stiefkinder
Steuerklasse II:	Abkömmlinge der Kinder und Stiefkinder, soweit sie nicht der Steuerklasse I angehören, sowie bei Erwerbern von Todes wegen die Eltern und Voreltern
Steuerklasse III:	Eltern und Voreltern, soweit sie nicht zur Steuerklasse II gehören, Geschwister und deren Kinder, Stiefeltern, Schwiegerkinder und -eltern sowie der geschiedene Ehegatte
Steuerklasse IV:	alle übrigen Erwerber

d) *Freibeträge und Steuerbefreiungen:*

o *Sachliche* Steuerbefreiungen: In § 13 ErbStG sind 18 Befreiungsvorschriften genannt, die sich im wesentlichen auf Gegenstände des täglichen Gebrauchs erstrecken bzw. aus öffentlichem Interesse erfolgen, z. B.
  – Hausrat einschl. Wäsche und Kleidungsstücke sowie Kunstgegenstände und -sammlungen beim Erwerb durch Personen
    – der Steuerklassen I und II: bis zu 40 000 DM
    – der übrigen Steuerklassen: bis zu 10 000 DM
  – andere bewegliche körperliche Gegenstände beim Erwerb durch Personen
    – der Steuerklassen I und II: bis zu 5 000 DM
    – der übrigen Steuerklassen: bis zu 2 000 DM.

Die Befreiungen gelten nicht für Gegenstände, die zum land- oder forstwirtschaftlichen Vermögen, zum Grund- oder Betriebsvermögen gehören, für Zahlungsmittel, Wertpapiere, Münzen, Edelmetalle, Edelsteine und Perlen.

o *Persönliche* Freibeträge und *Versorgungs*freibeträge: Erbschaft-/Schenkungsteuer fällt erst an, wenn der steuerpflichtige Erwerb folgende Freibeträge übersteigt:

Steuerklasse I:	250 000 DM	für Ehegatten
	90 000 DM	für die übrigen Angehörigen
Steuerklasse II:	50 000 DM	
Steuerklasse III:	10 000 DM	
Steuerklasse IV:	3 000 DM	

Für beschränkt steuerpflichtige Personen: 2 000 DM unabhängig von der Steuerklasse.

Außerdem wird ein besonderer Versorgungsfreibetrag gewährt:

250 000 DM   für den überlebenden Ehegatten
50 000 DM   für Kinder bis zu 5 Jahren
40 000 DM   für Kinder bis zu 10 Jahren
30 000 DM   für Kinder bis zu 15 Jahren
20 000 DM   für Kinder bis zu 20 Jahren
10 000 DM   für Kinder bis zu 27 Jahren

Stehen dem Ehegatten bzw. den Kindern nicht der ErbSt unterliegende Versorgungsbezüge zu, wird der Versorgungsfreibetrag um den Kapitalwert dieser Versorgungsbezüge gekürzt. Übersteigt der steuerpflichtige Erwerb eines Kindes unter Berücksichtigung früherer Erwerbe 150 000 DM, so vermindert sich der Versorgungsfreibetrag um den über 150 000 DM hinausgehenden Betrag.

e) *Steuersatz:* Tabelle in § 19 ErbStG, *Auszug:*

Wert des steuerpflichtigen Erwerbs (§ 10) bis einschließlich Deutsche Mark	Vomhundertsatz in der Steuerklasse			
	I	II	III	IV
50 000	3	6	11	20
75 000	3,5	7	12,5	22
100 000	4	8	14	24
125 000	4,5	9	15,5	26
150 000	5	10	17	28
200 000	5,5	11	18,5	30
250 000	6	12	20	32
300 000	6,5	13	21,5	34
400 000	7	14	23	36
500 000	7,5	15	24,5	38
600 000	8	16	26	40
700 000	8,5	17	27,5	42
800 000	9	18	29	44
900 000	9,5	19	30,5	46
1 000 000	10	20	32	48
.	.	.	.	.
.	.	.	.	.
.	.	.	.	.

0.6.23 Sonstige Verkehrsteuern

a) *Wechselsteuer:* siehe Wechsel

b) *Kapitalverkehrsteuer:* für Übertragung von Wertpapieren (z. B. Börsenumsatzsteuer, die ab 1991 entfallen soll).

c) Kraftfahrzeugsteuer, Vergnügungsteuer, Versicherungsteuer.

0.6.3 Sonstige Abgaben

0.6.30 Verbrauchsteuern

a) *Wesen:* indirekte Steuern; verwaltet durch Hauptzollämter.

b) *Bemessungsgrundlagen:*

o Verkaufspreis (Tabak, Leuchtmittel)

o Menge (Brannt-, Schaumwein)

o Menge und Güte (Bier)

o Gewicht (Essigsäure, Kaffee, Mineralöl, Salz, Tee, Zucker)

o Stückzahl (Kartenspiele, Zündwaren)

c) *Steuerpflichtig* ist der Inhaber des Herstellungsbetriebes.

0.6.31 **Lastenausgleich**

a) *Zweck:* Ausgleich von Kriegsverlusten und -schäden sowie von Härten der Währungsreform; Grundlage: Lastenausgleichsgesetz von 1952.

b) Ausgleichsberechtigte Schäden:

o Vertreibungsschäden

o Kriegsschäden

o Ostschäden

o Spareschäden.

c) *Ausgleichsabgaben:*

o Vermögensabgabe in Höhe von grds. 50 % des Vermögens am Tag der Währungsreform

o Hypothekengewinnabgabe in Höhe von grds. 90 % (durch Währungsumstellung 1:10)

o Kreditgewinnabgabe für bestimmte gewerbliche Unternehmen.

d) *Bedeutung:* heute *keine* mehr, da sämtliche Ausgleichsabgaben abgeführt sind.

0.7 Wiederholung

Abschnitt 0.0 Grundlagen

1. Zeichnen Sie eine skizzenartige Übersicht des Wirtschaftskreislaufs!
2. Welche wichtigsten Wirtschaftsstufen lassen sich unterscheiden?
3. Welche Aufgaben nehmen die Kreditinstitute im Wirtschaftsaufbau und im Wirtschaftskreislauf wahr?
4. Ist der Wettbewerb für den Markt positiv oder negativ? Begründen Sie Ihre Auffassung!
5. Wodurch unterscheiden sich die verschiedenen Wirtschaftssysteme?
6. Welche Argumente lassen sich für, welche gegen eine Investitionskontrolle anführen?
7. Untersuchen Sie am Beispiel der Stellung der Bundesrepublik Deutschland innerhalb der Weltwirtschaft Bedeutung und Risiken der internationalen Arbeitsteilung!
8. Was ist das „Recht"? Welche Bedeutung im Rahmen des Rechts nehmen die Begriffe Rechtssicherheit, Gerechtigkeit und Zweckmäßigkeit ein?
9. Wodurch unterscheiden sich öffentliches und privates Recht?
10. Lesen Sie Art. 20 GG und leiten Sie daraus die wichtigsten Verfassungsgrundsätze und ihre Bedeutung ab!
11. Welche Grundrechte kennen Sie?
12. Welche verschiedenen Gerichtsbarkeiten gibt es?

Abschnitt 0.1 Lehre vom Rechtsgeschäft

1. Was sind „juristische Personen"? Wozu gibt es sie?
2. Ein 17jähriger kauft sich einen Farbfernseher im Wert von 2 000,–DM. Was ist zu beachten?
3. Grenzen Sie die Begriffe Rechtsgeschäft – Willenserklärung – Vertrag voneinander ab!
4. Wodurch unterscheiden sich Eigentum und Besitz?
5. Was versteht man unter der Vertragsfreiheit? Hat sie Grenzen?
6. Lesen Sie bitte die Allgemeinen Geschäftsbedingungen Ihres Kreditinstituts durch. Welche Bestimmungen sind für Ihr Institut besonders bedeutsam? Auf welche Kundenfragen zu den AGB stellen Sie sich ein?
7. Willenserklärungen können unter bestimmten Umständen anfechtbar oder nichtig sein. Was bedeutet das?

8. Wie kommt ein Vertrag zustande? Muß er schriftlich geschlossen werden? Kann Schweigen zum Vertragsschluß führen?

9. Welche BGB-Vertragstypen liegen in den folgenden Fällen vor?

   a) A nimmt sich einen „Leihwagen".

   b) B fährt mit der Bahn zur Arbeit.

   c) C borgt sich von D eine Tasse Mehl.

   d) E sucht sich beim Schneider einen Stoff aus und läßt daraus einen Anzug machen.

10. Welche rechtliche Bedeutung hat ein Katalogangebot?

11. Was versteht man unter dem Abstraktions-(Trennungs-)prinzip?

12. Setzen Sie nach eigenen Vorstellungen einen Kaufvertrag zwischen dem Hersteller von Möbeln und einem Großhändler auf. Welche einzelnen Punkte sollte der Vertrag enthalten?

13. Wodurch unterscheiden sich Rabatt und Skonto?

14. Stellen Sie das Kalkulationsschema eines Großhandelsbetriebs auf!

15. Erklären Sie die folgenden Arten von Kaufverträgen:

    a) einseitiger Handelskauf

    b) Gattungskauf

    c) Fixkauf.

16. Wodurch unterscheiden sich Hol-, Bring- und Schickschulden?

17. Welche Bedeutung hat der Erfüllungsort?

18. Nennen Sie mindestens fünf verschiedene Formen der Eigentumsübertragung und die Geschäfte, bei denen sie verwandt werden!

19. Ein Lieferant hat mangelhafte Ware geliefert. Schreiben Sie ihm und machen Sie ihn auf seine Pflichten und Ihre Rechte aufmerksam!

20. Wann tritt der Leistungsverzug ein, und welche Rechte stehen dem Gläubiger in diesem Fall zu?

21. Ein Schuldner kommt seiner Zahlungspflicht nicht nach. Beschreiben Sie den Weg, den ein Kaufmann einschlagen sollte, um zu seinem Geld zu kommen.

22. Kennzeichnen Sie das Wesen der Verjährung, und nennen Sie die wichtigsten Fristen!

23. Sie erhalten einen Vertreterbesuch und schließen einen Kaufvertrag ab, worin Sie sich zur Annahme eines Klaviers verpflichten, das in 24 Monatsraten zu bezahlen ist. Am nächsten Tag bereuen Sie den Kauf. Können Sie zurücktreten? Welche Vorschriften gelten für ein solches Geschäft?

24. Achten Sie bei Einkäufen einmal darauf, ob die Unternehmer ihrer Preisauszeichnungspflicht nachkommen!

Abschnitt 0.2 Kaufmännischer Dienstleistungsverkehr

1. Erläutern Sie den Begriff „Frachtführer" und nennen Sie die wichtigsten Träger des Güterverkehrs einschließlich der von ihnen verwandten Transportdokumente!
2. Welche Bedeutung hat das Frachtbriefdoppel im Eisenbahngüterverkehr?
3. Versuchen Sie, die wichtigsten Bestandteile eines Konnossements aufzuführen!
4. Das Konnossement wird als „Traditionspapier" bezeichnet; was drückt dieser Begriff aus?
5. Wodurch unterscheiden sich Handelsvertreter, Kommissionäre und Handelsmakler?
6. Was verstehen Sie unter dem „Selbsteintrittsrecht"
   a) des Kommissionärs?
   b) des Spediteurs?
7. Der Nachrichtenverkehr (Telekommunikation) über die Deutsche Bundespost hat heute große Bedeutung. Nennen und beschreiben Sie die einzelnen Formen!

Abschnitt 0.3 Grundstücksverkehr

1. Was versteht man unter dem „öffentlichen Glauben" des Grundbuches?
2. Nennen Sie mindestens vier mögliche Lasten und Beschränkungen eines Grundstücks mit ihrer Bedeutung!
3. Welche Bedeutung haben die folgenden Grundbucheintragungen:
   a) Rangvorbehalt
   b) Auflassungsvormerkung
   c) Löschungsvormerkung?
4. Beschreiben Sie kurz Abschluß und Inhalt eines Grundstückskaufvertrages!
5. Wodurch unterscheiden sich Hypothek und Grundschuld?
6. Die einer Hypothek zugrundeliegende Forderung wird beglichen, die Eintragung im Grundbuch jedoch nicht gelöscht. Was geschieht? Der Eigentümer will das eingetragene Grundpfandrecht, über das ein Brief ausgestellt wurde, übertragen. Wie macht er es?
7. Wie kann die Zwangsvollstreckung in ein Grundstück erfolgen?

Abschnitt 0.4 Unternehmungen

1. Nennen Sie vier Firmengrundsätze mit ihrer Bedeutung!
2. Ordnen Sie die folgenden Gewerbe unter den Begriff „Kaufmannsarten" ein:

- Spediteur
- Hotel
- Bauer
- Versicherung
- Theater
- Privatklinik (Rechtsform: GmbH)
- Bank
- Städtische Brauerei
- von einem Bauern betriebene Mühle
- Wäscherei
- Klempner.

3. Was versteht man unter der Publizitätswirkung des Handelsregisters? Bilden Sie Beispiele!
4. Vergleichen Sie die möglichen Befugnisse eines Prokuristen und eines Handlungsbevollmächtigten!
5. Durch das Bilanzrichtliniengesetz haben sich die Vorschriften über die Rechnungslegung von Kaufleuten wesentlich geändert. Nennen und erläutern Sie die wichtigsten Bewertungsgrundsätze für das Anlage- und das Umlaufvermögen!
6. Wodurch unterscheiden sich Personen- und Kapitalgesellschaften im allgemeinen?
7. Welche Unterschiede bestehen zwischen einem Verein und einer BGB-Gesellschaft?
8. Ein Einzelunternehmer will seinen Betrieb künftig in einer anderen Unternehmensform betreiben. Welche Gründe können ihn dazu veranlaßt haben? Beraten Sie ihn, welche Unternehmensform unter welchen Voraussetzungen für ihn in Frage kommt!
9. Wie haftet ein OHG-Gesellschafter gegenüber den Gläubigern der Gesellschaft?
10. Welche Rechtsstellung hat der Kommanditist einer KG?
11. Wie haftet der Kommanditist für Verbindlichkeiten der KG? Stellen Sie auch die Haftung für Altverbindlichkeiten (vor Eintritt in die KG) dar!
12. Beschreiben Sie kurz den Gründungsvorgang

    a) bei einer Aktiengesellschaft

    b) bei einer GmbH

    und stellen Sie Vergleiche an!
13. Was versteht man unter der „Mitbestimmung der Arbeitnehmer"? Versuchen Sie, die geltende Rechtslage zu umreißen!
14. Welche Rechte und Pflichten haben die drei Organe einer Aktiengesellschaft?
15. Erläutern Sie den Begriff „Vorzugsaktie" anhand einiger Beispiele!

16. Ein Kunde, der Inhaber eines kleinen Aktienpakets ist, fragt Sie, welche Vorteile und Nachteile es mit sich brächte, wenn er sich auf Hauptversammlungen durch seine Bank vertreten ließe.

17. Welche Möglichkeiten hat eine Aktiengesellschaft, ihr Grundkapital zu erhöhen?

18. Steht es einer Aktiengesellschaft völlig frei, wie sie ihren Gewinn verwendet? Welche Möglichkeiten bestehen?

19. Erläutern Sie im Zusammenhang mit der Genossenschaft die Begriffe

    a) Solidarität

    b) Geschäftsguthaben

    c) Haftsumme!

20. Wieviele Personen und wieviel Mindestkapital sind erforderlich für die Gründung und das rechtswirksame Entstehen einer

    o OHG

    o KG

    o AG

    o GmbH

    o Genossenschaft?

21. Ist eine „Ein-Mann-GmbH-&-Co.-KG" denkbar? Was wäre darunter zu verstehen?

22. Beschreiben Sie die Rechtsstellung des Vorstandes einer KGaA!

23. Welche Vorzüge, welche Nachteile können Unternehmenszusammenschlüsse für die Gesamtwirtschaft haben? Wie hat der Gesetzgeber auf die möglichen Nachteile reagiert?

24. Grenzen Sie Kartell, Konzern und Trust voneinander ab!

25. Ein Unternehmen befindet sich in Zahlungsschwierigkeiten. Welche Möglichkeiten bieten sich dem Unternehmer und den Gläubigern?

26. Erläutern Sie die folgenden Begriffe:

    a) Vergleichswürdigkeit

    b) Anschlußkonkurs

    c) Zwangsvergleich!

27. Was versteht man unter Aussonderung, Absonderung und Aufrechnung im Rahmen eines Konkursverfahrens?

28. Welche Schutzvorschriften bestehen zugunsten der Arbeitnehmer eines Unternehmens, das Konkurs anmelden mußte?

29. Suchen Sie in einer größeren Tageszeitung nach Mitteilungen

    a) über Handelsregistereintragungen

    b) über Vergleiche und Konkurse!

30. Aus welchen Hauptpositionen besteht die Bilanz eines Unternehmens? Welche Aussagen lassen sich daraus ableiten?

31. In einer Diskussion taucht der Begriff „Finanzierung von Unternehmungen" auf, ohne daß die Anwesenden damit etwas anzufangen wissen. Versuchen Sie zu erklären, was es damit auf sich hat, welche Finanzierungsmöglichkeiten bestehen und welche Regeln dabei beachtet werden sollten. Üben Sie dies, indem Sie einem Laien diese Begriffe klarzumachen versuchen!

Abschnitt 0.5 Arbeits- und Sozialrecht

1. Nennen Sie einige arbeitsrechtliche Gesetze! Womit befaßt sich das Arbeitsrecht? Hat es auch für Sie Bedeutung?

2. Der Begriff des „Leitenden Angestellten" ist umstritten. Was würden Sie darunter verstehen?

3. Haben Sie sich Ihren Ausbildungsvertrag (Arbeitsvertrag) schon einmal vollständig durchgelesen? Tun Sie es! Haben Sie alles verstanden?

4. Welche Pflichten haben Arbeitnehmer bzw. Arbeitgeber aus dem zwischen ihnen bestehenden Arbeitsverhältnis?

5. Welche Voraussetzungen müssen zur Wirksamkeit einer Kündigung eingehalten werden?

6. Ein Arbeitnehmer ist schwer erkrankt. Er muß damit rechnen, für acht Monate krankgeschrieben zu bleiben; vielleicht wird er in seinem bisherigen Beruf überhaupt nicht mehr arbeiten können. Er macht sich daher große Sorgen um sich und seine Familie. Können Sie ihn mit konkreten Informationen beruhigen?

7. Eine Gewerkschaft fordert die Mitglieder zum Streik auf. Unter welchen Voraussetzungen ist das rechtmäßig? Dürfen auch Nichtmitglieder der Gewerkschaft streiken? Darf ein anderer Betrieb aus Sympathie ebenfalls bestreikt werden? Welche Gegenmaßnahmen könnte der Unternehmer eines bestreikten Betriebes ergreifen?

8. Beschaffen Sie sich beim Betriebsrat Ihres Unternehmens den für Sie geltenden Tarifvertrag und lesen Sie ihn sorgfältig durch!

9. Welche Rechte stehen dem Betriebsrat einer Unternehmung zu?

10. Wie und von wem wird eine Jugend- und Auszubildendenvertretung gewählt? Welche Rechte und Aufgaben hat sie?

11. Beschreiben Sie kurz die wesentlichen Aufgaben, Leistungen und Voraussetzungen der Renten-, Kranken-, Arbeitslosen- und Unfallversicherung!

Abschnitt 0.6 Steuern

1. Wodurch unterscheiden sich direkte und indirekte Steuern? Welche weiteren Steuerarten kennen Sie?
2. Beschreiben Sie das Steuerveranlagungs- und -abzugsverfahren!
3. Erklären Sie folgende Begriffe aus dem Bereich der Einkommensteuer:
   a) Progression
   b) Werbungskosten
   c) Sonderausgaben
   d) Splitting!
4. Erläutern Sie den Begriff „Quellensteuer" und die Umstände und Folgen ihrer Einführung 1988 und Abschaffung 1989.

1. Bankbetriebslehre

1.0 Grundlagen

1.0.0 Die Stellung der Kreditinstitute

Die Bedeutung der Kreditinstitute hat im Laufe der Geschichte ständig zugenommen. Das gilt gleichermaßen für Verbraucher (Privatpersonen) wie für Produzenten und Händler. Aus der heutigen komplexen und arbeitsteiligen Wirtschaft sind KI nicht mehr wegzudenken. Es gibt heute kaum noch wirtschaftliche Handlungen, an denen KI nicht in irgendeiner Form beteiligt sind, sei es in der Beratung, Finanzierung oder Abwicklung.

Darüber hinaus nehmen KI indirekt über Beteiligungen, Ausübung von Depotstimmrechten, Aufsichtsgremien usw. Einfluß. Daher ist die Frage der „Macht der Banken" ein heute aktuelles, gleichzeitig aber sehr streitiges Thema.

Im Vergleich der verschiedenen Wirtschaftsformen haben die KI im marktwirtschaftlichen System besonders großen Einfluß und eine Zentralstellung. Die Geschichte hat gezeigt, wie wichtig ein funktionierendes Bankwesen ist. Um dieses zu sichern, gibt es das Kreditwesen betreffende und auch regulierende und das einzelne KI einschränkende Vorschriften. Das Funktionieren des Kreditwesens ist Gemeininteresse, so daß die Einzelinteressen der KI zurücktreten müssen. Dadurch wird die zentrale Bedeutung der KI aber nicht gemindert, sondern stabilisiert und dauerhaft bestätigt.

Nur in einer weitgehend verwirklichten Planwirtschaft treten die KI und mit ihnen das Geld- und Kreditwesen im innerstaatlichen Bereich in den Hintergrund, bleiben jedoch notwendig für die Außenbeziehungen des planwirtschaftlich organisierten Wirtschaftssystems, da die Weltwirtschaft ein im wesentlichen freies System von Wirtschaftsbeziehungen ist.

Die unterschiedlichen *Arten* von KI ermöglichen eine Anpassung an die jeweiligen wirtschaftlichen Aufgaben und Erfordernisse. Die umfangreichen und teilweise hochkomplizierten Anforderungen haben zu einer entsprechenden Spezialisierung zahlreicher KI geführt.

1.0.00 Aufgaben der Kreditinstitute

Kreditinstitute sind im wesentlichen *Dienstleistungsbetriebe*. Hieraus erklärt sich ihre Bedeutung.

1.0.000 Kreditinstitute und Gesamtwirtschaft

Innerhalb der Gesamtwirtschaft liegt der Tätigkeitsbereich der KI im *Geldkreislauf:* sie übernehmen hier die Aufgaben

o der Abwicklung von Zahlungsvorgängen

o der Finanzierung sowohl der Produktion als auch des Konsums.

Zahlungsverkehr ist heute ohne KI nicht mehr denkbar, da Zahlungen grundsätzlich – abgesehen von Geschäften des täglichen Lebens – nicht mehr in bar, sondern *bargeldlos* durch Bewegung von *Buchgeld* ausgeführt werden. Dies beginnt bereits mit der Einrichtung von Lohn- oder Gehaltskonten für Arbeitnehmer und zeigt sich deutlich daran, daß auch einfache Kaufverträge von Verbrauchern heute weitgehend mit Zahlung durch Scheck, Kreditkarte oder Überweisung erfüllt werden.

Wirtschaftliche Tätigkeit ist heute ohne Finanzierung durch Fremdkapital, also *Kreditgewährung*, kaum noch möglich. Träger des Kreditwesens in diesem Sinne sind die Kreditinstitute. Dies erstreckt sich ebenfalls auf den Bereich des Konsums, wo Konsum-, also Verbraucherkredite in den letzten Jahren zunehmend an Bedeutung gewannen.

Auch der Handel mit Wertpapieren dient letztlich der Finanzierung von Unternehmen oder öffentlichen Haushalten. Somit nehmen die am *Wertpapiergeschäft* maßgeblich beteiligten KI auch insofern Finanzierungsfunktionen wahr.

Zu beachten ist schließlich, daß die KI Machtpositionen innerhalb der Wirtschaft einnehmen, die aus ihrer Mittlerstellung und dem von ihnen verwalteten umfangreichen Kapital resultieren. Sie bieten daher für die Wirtschaftspolitik einen der wichtigsten Ansatzpunkte – insbesondere über die Geld- und Kreditpolitik der Deutschen Bundesbank –, sind andererseits aber auch selbst imstande, Wirtschaftspolitik zu betreiben. Dies zeigt sich in ihrer teilweise engen Verbindung zu Industrie- und Handelsunternehmen über Beteiligungen und Funktionen (z.B. Aufsichtsratsmandate).

1.0.001 Gliederung der Bankgeschäfte

① *Zahlungsverkehr*

a) Barverkehr

b) Überweisungsverkehr

c) Inkassogeschäfte:

   o Schecks

   o Wechsel

   o Lastschriften

   o Zins- und Dividendenscheine

   o Dokumente

d) Besonderheit: Abrechungsverkehr

  e) Sorten- und Devisengeschäfte

  f) Akkreditivgeschäfte

② *Passivgeschäfte*

  a) Einlagengeschäfte

  - Sichteinlagen
  - Termineinlagen
  - Spareinlagen

  b) Geldaufnahme – Geldmarkt –

  c) Ausgabe von Schuldverschreibungen – Kapitalmarkt –

③ *Aktivgeschäft*

  a) kurz- und mittelfristige Kredite

  - Kontokorrentkredite
  - Diskontkredite
  - Lombardkredite
  - Akzeptkredite
  - Avalkredite
  - Konsumkredite

  b) langfristige Kredite

  - Investitionsdarlehen
  - Realkredite
  - Kommunalkredite

④ *Wertpapiergeschäft*

  a) Effektenkommission (An- und Verkauf für Kunden)

  b) Depotgeschäft (Verwahrung, Verwaltung)

  c) Emissionsgeschäft

  d) eigene Geschäfte

Zahlungs- und Werpapiergeschäft sind, soweit sie nicht für eigene Rechnung betrieben werden, Dienstleistungsgeschäfte; Aktiv- und Passivgeschäft lassen sich unter dem Oberbegriff Kreditgeschäft zusammenfassen: das Passivgeschäft dient der Kapitalbeschaffung, im Aktivgeschäft werden die fremden Gelder wieder ausgeliehen.

1.0.01 Geschichte der Kreditinstitute

Die Geschichte der KI ist zunächst die Geschichte des *Geldes*. Mit der Entwicklung des *Tauschverkehrs* im frühen *Altertum* entstand ein erstes Bedürfnis nach Tauschmitteln, Gegenständen, die allgemein begehrt waren und als wertvoll angesehen wurden (Getreide; Vieh: vgl. „pecus" = Vieh, „pecunia" = Geld; Waffen, Muscheln usw.).

Aufgrund ihrer Seltenheit, Wertbeständigkeit, Gleichmäßigkeit und Teilbarkeit wurden die *Metalle*, die zudem leicht zu transportieren waren, zu Trägern eines Tausch- und ersten Zahlungsverkehrs. Aus ihnen entwickelten sich die *Münzen*, die zunächst vollwertig waren (sog. *Kurantgelt*, d. h. aus Edelmetallen in entsprechendem Wert bestanden), später zu unterwertigen *Scheidemünzen* wurden.

Erste *Bankgeschäfte* wurden durch Priester des Altertums getätigt, die in Tempeln über sichere Aufbewahrungsmöglichkeiten verfügten und zudem als vertrauenswürdig galten. Quittungen = *Anweisungen* wurden für empfangenes Geld ausgegeben; auch *Kredite* wurden gegen Schuldscheine vergeben, jedoch zumeist nicht – wie heute – aus Kundengeldern. Wichtigstes Geschäft war jedoch das des *Geldwechselns*.

Die Geldgeschäfte wurden zunehmend durch nichtpriesterliche private und insb. staatliche Einrichtungen übernommen (Griechenland, Rom), die als (überwiegend) *Geldinstitute* noch nicht die Funktionen der heutigen KI hatten.

Im *Mittelalter* wurde die Technik des Geld- und Kreditwesens erheblich verbessert:

o Einführung der doppelten Buchführung
o Wechselbrief neben dem Geldwechsel (Anweisung)
o Verfeinerung der Abwicklung des Zahlungsverkehrs.

Zentrum der neuen Entwicklung war *Oberitalien*, wo im 16. Jahrhundert auch die ersten *Girobanken* errichtet wurden, deren Hauptaufgabe die Durchführung eines Überweisungsverkehrs war. Noch heute stammen viele Bankfachausdrücke aus dem Italienischen (z. B. „giro" = Kreis, „bilancia" = Waage, Lombardkredit: vgl. Lombardei).

In Deutschland wurden die *Fugger* und *Welser* zu Finanzherren und Bankiers großen Stils; sie demonstrierten die Macht des Geldes in der Politik durch ihre Finanzhilfe bei der Wahl Karls I. von Spanien zum deutschen Kaiser (als Karl V., 1519).

Gegen Ende des Mittelalters gelangte auch die Kreditgewährung durch Bankiers aus *Einlagen* ihrer Kunden zu größerer Bedeutung. Hinzu kam die Entwicklung der *Banknoten* zunächst als reiner Depositenscheine mit voller Einlagendeckung, auch als Quittungen von Goldschmieden für hinterlegtes Geld (London), später nur noch teilgedeckt und – als Abschluß dieser Entwicklung – mit staatlicher Einlösungsgarantie versehen sowie zum *gesetzlichen Zahlungsmittel* gemacht.

In Europa wurde die erste Banknote 1661 durch die Stockholmer Bank ausgegeben. 1694 schloß sich die Bank von England an. Doch erst die „Assignaten", das Papiergeld der Französischen Revolution (1789), verhalfen der Banknote zum entscheidenden Durchbruch.

Zu dieser Zeit gab es noch keine staatlichen Notenbanken. Jede Bank durfte dementsprechend Banknoten ausgeben. Man nannte die Banken auch „Zettelbanken". Problematisch war die Frage, ob die Noten auch gedeckt waren. Als im 19. Jahrhundert nahezu alle Reiche, Staaten und Fürstentümer die Idee der Finanzierung durch Ausgabe weitgehend ungedeckter Banknoten aufgriffen, schien die Banknote am Ende angelangt. Eine Papiergeldinflation sowie die völlige Unüberschaubarkeit des Geldwesens in Europa waren die Folge. 1871 gab es in Deutschland allein 138 verschiedene Arten von Papiergeld.

Für das neugegründete Deutsche Reich brachte das Bankgesetz von 1875 mit der Umgründung der Preußischen Bank AG in die Reichsbank die Wende. Es führte dazu, daß letzlich nur die Banknoten der Reichsbank als vertrauenswürdig angesehen wurden. Bis 1910 hatte die Reichsbank alle anderen „Zettelbanken" aufgekauft. Von nun an waren die Banknoten der Reichsbank gesetzliches Zahlungsmittel. Auch in anderen Staaten entstanden *Zentralnotenbanken*.

War erster Kreditnehmer des Mittelalters noch der Staat, so führte der Beginn der Industriellen Revolution im 19. Jahrhundert zu einem rasch zunehmenden erheblichen Kreditbedarf von Privatunternehmen. Dieser Entwicklung waren die Privatbankiers finanziell insgesamt nicht gewachsen. Stattdessen wandte das Bankgeschäft sich neuzeitlichen kapitalkräftigen Rechtsformen zu: Es entstanden die ersten *Aktienbanken*, die zum Teil auch durch Privatbankiers gegründet wurden:

o 1822 Société Générale, Brüssel
o 1852 Crédit Mobilier, Paris
o 1853 Darmstädter Bank (ging 1932 in der Dresdner Bank auf)
o 1856 Disconto-Gesellschaft, Berlin (ging 1929 in der Deutschen Bank auf)
o 1870 Commerzbank, Hamburg, und Deutsche Bank, Berlin
o 1872 Dresdner Bank.

Während die in der Industrialisierung benötigten großen Kapitalbeträge zunächst über Beteiligungen (Aktien) aufgebracht wurden, entwickelte sich später das auch heute gültige Grundprinzip, das Aktivgeschäft über das Passivgeschäft (Einlagen) zu finanzieren. Um entsprechend Einlagen zu sammeln, wurden Zweigstellen (sog. Depositenkassen) gegründet.

Aus den Aktienbanken entwickelten sich die ersten *Großbanken*. Die in dieser Zeit entstandenen sonstigen Kreditinstitute nahmen in erster Linie Sonderaufgaben wahr, die den wirtschaftlichen Notwendigkeiten bestimmter Wirtschaftsbereiche entsprachen:

o Die Vorläufer der *Sparkassen* gab es bereits im 18. Jahrhundert. Sie wurden als Waisenkassen (1749 Salem) zur Anlage von Spargeld gegründet. Andere Vorläufer der Sparkassen waren Leihhäuser. Im Gegensatz zu den Genossenschaftsbanken wurden die Sparkassen nicht von den Betroffenen selbst, sondern von wohlhabenden weitsichtigen Bürgern mit Gemeinschaftssinn gegründet. Erst Anfang des 19. Jahrhunderts entstanden Sparkassen durch Gründungen kommunaler Einrichtungen.

o Die *Kreditgenossenschaften* wurden als Selbsthilfeeinrichtungen gegründet: seit 1850 im *gewerblichen* Bereich (Schulze-Delitzsch), seit 1864 im landwirtschaftlichen Bereich (Raiffeisen).

Die *Bankenkrise* von 1931, letztlich verursacht durch die unbezahlbaren Kriegsschulden des Deutschen Reiches aus dem I. Weltkrieg (Reparationen), machte eine gesetzliche Regelung des Bankwesens notwendig, die die Funktionsfähigkeit des Kreditwesens erhalten und sichern sollte: das *Kreditwesengesetz* von 1934. Es führte auch die *Bankenaufsicht* ein. Das heute geltende Kreditwesengesetz (KWG) von 1961 fußt weitgehend auf dem KWG 1934.

Die jüngere Geschichte des Kreditwesens zeigt den enormen Anpassungsprozeß der Kreditwirtschaft, der noch nicht abgeschlossen ist.

In den fünfziger Jahren herrschte im Kreditwesen ein Verkäufermarkt. Aufgrund der Bedürfnisprüfung für Neueröffnungen von Zweigstellen und der staatlich vorgegebenen Soll- und Habenzinsen war kein starker Konkurrenzkampf zwischen den Bankengruppen möglich. Zum Ende dieses Jahrzehnts, als die Bedürfnisprüfung entfiel und die Großbanken sich bewußt dem Mengengeschäft zuwandten, begann der Wandel zum Käufermarkt. Dieser erlebte seinen Durchbruch, als 1967 die Zinsverordnung (1932 als Soll- und Habenzinsabkommen eingeführt) abgeschafft wurde und die KI die Zinsen selbst festlegen konnten.

Seither war (und ist) ein Sinken der Zinsspanne als Folge der zunehmend angespannten Wettbewerbssituation festzustellen. Um diesen Trend aufzufangen, wurde die Senkung der Bedarfsspanne, d. h. der zur Deckung der betriebswirtschaftlichen Kosten notwendigen Marge, durch Rationalisierung angestrebt. So erhielt der Einsatz der Datenverarbeitung besondere Dynamik, wobei auch heute noch Potentiale für Rationalisierungen vorhanden sind, deren Nutzung in erster Linie der Kundenberatung zugute kommt.

Zur Erlangung von Marktvorteilen wurden in den siebziger und achtziger Jahren zahlreiche neue Produkte geschaffen und konsequent kundenorientiert vertrieben.

In einem 1979 vorgelegten Gutachten der Bankenstrukturkommission, die 1974 eingesetzt worden war, wurde das für das deutsche Kreditwesen kennzeichnende Universalbanksystem bestätigt und betont, daß das Problem der Machtkonzentration bei KI sich nicht durch Verstaatlichung lösen läßt, wenn auch gewisse Einschränkungen als erforderlich angesehen wurden. Daneben wurde auf die insgesamt zu geringe Eigenkapitalausstattung der KI hingewiesen. Auf dieser Grundlage wurde das KWG 1984 in wesentlichen Punkten geändert (vgl. Abschnitt 1.0.12).

Der Entwicklungsprozeß im Kreditgewerbe ist unverändert im Gange. Die Verbreiterung der Produktpalette hat zu einer engeren Verbindung des Kredit- und des Versicherungswesens und der Schaffung von *Allfinanzkonzepten* geführt. Dabei entstanden neue Konzernverbindungen, neue Unternehmen wurden gegründet (z. B. durch Kreditinstitute: Lebensversicherungsgesellschaften und Bausparkassen).

Andererseits findet ein intensiver *Konzentrationsprozeß* statt, von dem besonders die Kreditgenossenschaften, aber auch die Sparkassen betroffen sind. Gleichzeitig bilden sich große international bedeutende Institute heraus (vgl. die geplanten bzw. diskutierten Fusionen von Landesbanken).

Diese und andere Maßnahmen dienen der Vorbereitung auf den Europäischen Binnenmarkt ab 1992, der zu noch weitergehenden Finanzangeboten und einer Verschärfung des Wettbewerbs auch im Kreditgewerbe führen wird.

1.0.02 Die Arten der Kreditinstitute

1.0.020 Übersicht

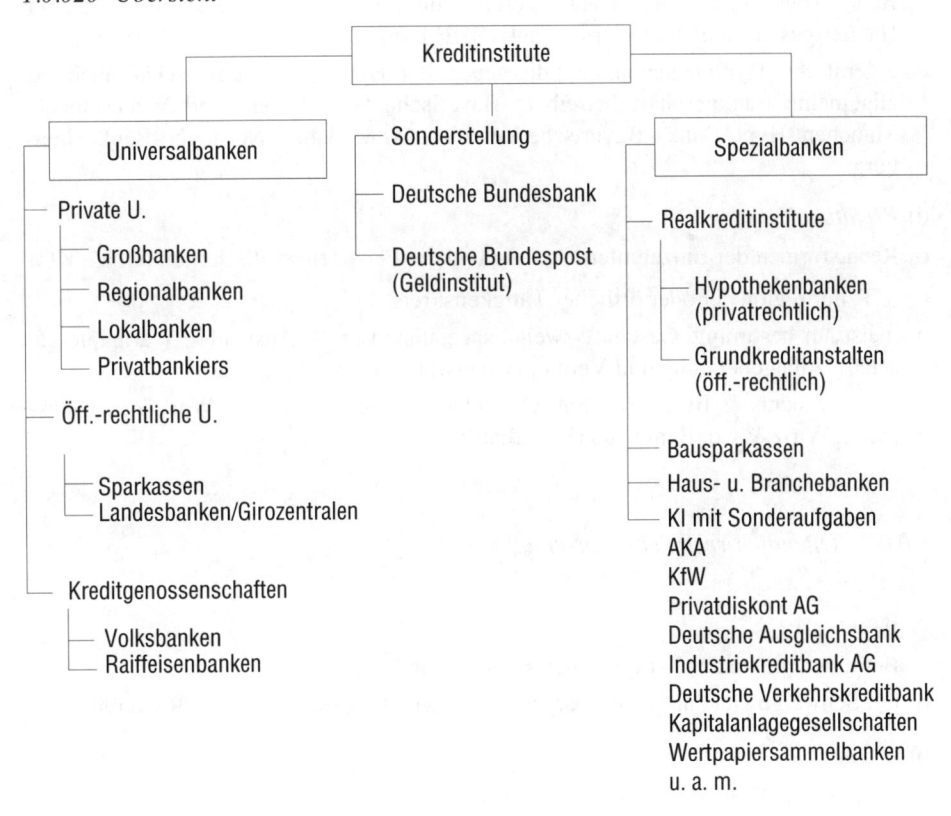

```
                          Kreditinstitute
         ┌────────────────────┼────────────────────┐
   Universalbanken      Sonderstellung          Spezialbanken
                        Deutsche Bundesbank
   ─ Private U.                                 ─ Realkreditinstitute
                        Deutsche Bundespost
     ├ Großbanken       (Geldinstitut)            ├ Hypothekenbanken
     ├ Regionalbanken                             │ (privatrechtlich)
     ├ Lokalbanken                                └ Grundkreditanstalten
     └ Privatbankiers                               (öff.-rechtlich)

   ─ Öff.-rechtliche U.                         ─ Bausparkassen
                                                ─ Haus- u. Branchebanken
     ├ Sparkassen                               ─ KI mit Sonderaufgaben
     └ Landesbanken/Girozentralen                 AKA
                                                  KfW
   ─ Kreditgenossenschaften                       Privatdiskont AG
                                                  Deutsche Ausgleichsbank
     ├ Volksbanken                                Industriekreditbank AG
     └ Raiffeisenbanken                           Deutsche Verkehrskreditbank
                                                  Kapitalanlagegesellschaften
                                                  Wertpapiersammelbanken
                                                  u. a. m.
```

1.0.021 Private Universalbanken

a) *Wesen:*

o Betreiben aller typischen Bankgeschäfte („universell")

o in privatrechtlicher Rechtsform.

b) *Großbanken:* Rechtsform der Aktiengesellschaft; Institute:

- o Deutsche Bank AG, Frankfurt
- o Dresdner Bank AG, Frankfurt
- o Commerzbank AG, Frankfurt
- o Berliner Tochterinstitute der drei Großbanken.

c) *Regional- und Lokalbanken:*

- o KI in der Rechtsform einer Kapitalgesellschaft (AG, KGaA, GmbH)
- o regional oder örtlich begrenzter Tätigkeitsbereich
- o z. B. Bank für Gemeinwirtschaft (trotz bundesweiten Tätigkeitsbereichs von der Bundesbankstatistik hier erfaßt), Vereins- und Westbank AG, Hamburg, Berliner Handelsgesellschaft-Frankfurter Bank (BHF-Bank)
- o 3 gemischte Hypothekenbanken, die neben dem Hypothekenbankgeschäft auch das allgemeine Bankgeschäft betreiben: Bayerische Hypotheken- und Wechselbank, München (Hypo-Bank), Bayerische Vereinsbank, München, Nordhypo-Bank, Hamburg.

d) *Privatbankiers:*

- o Rechtsformen der Einzelunternehmung und der Personengesellschaften (OHG, KG)
- o z. T. nur regionaler oder örtlicher Tätigkeitskreis
- o meist auf bestimmte Geschäftszweige spezialisiert (z. B. Auslands-, Wertpapiergeschäft, Anlageberatung und Vermögensverwaltung)
- o z. B. Trinkaus & Burkhardt, Sal. Oppenheim jr. & Cie., M. M. Warburg, Brinckmann, Wirtz & Co, Bankhaus H. Aufhäuser.

1.0.022 *Öffentlich-rechtliche Universalbanken*

a) *Wesen:*

- o Betreiben praktisch aller typischen Bankgeschäfte
- o mit Schwergewicht auf dem Spargeschäft sowie der Gewährung von Realkrediten.

b) *Arten:*

- o Sparkassen als rechtlich selbständige Institute
- o unter Gewährträgerschaft der Gebietskörperschaften (Städte, Gemeinden, Länder usw.)
- o Ausnahme: „Freie" Sparkassen (z. B. Hamburger Sparkasse, Die Sparkasse in Bremen), die private Rechtsform haben (z. B. Stiftung)
- o Girozentralen/Landesbanken als Zentralstellen der Sparkassen mit regionaler Zuständigkeit entsprechend ihrem Geschäftsbereich, insb. für Zahlungs-, Wertpapier- und Außenwirtschaftsgeschäfte, zugleich als bedeutende Universalbanken mit überregionalem und internationalem Tätigkeitsfeld

o *Spitzeninstitut:* Deutsche Girozentrale – Deutsche Kommunalbank (DGZ), Frankfurt; da die Sparkassenorganisation nach dem Subsidiariditätsprinzip organisiert ist und damit die Basis, die Sparkassen, die Entscheidungsträger darstellen, hat die DGZ keine für ein Spitzeninstitut typischen Funktionen, sondern befaßt sich mit dem Kommunalkreditgeschäft, dem Geldhandel sowie der Depotpflege der zur Sparkassenorganisation gehörenden Investmentgesellschaften (DEKA, DESPA).

c) *Sonstiges:*

o Aufbau, innere Organisation und Geschäftstätigkeit der Sparkassen richten sich nach ihrer *Satzung* (Grundlage: Mustersatzungen)

o internationaler Zusammenschluß der Sparkassen im IIS (Internationales Institut der Sparkassen, Genf, Schwerpunkt: Entwicklungshilfe) und der EWG-Sparkassenvereinigung, Brüssel.

1.0.023 Kreditgenossenschaften

a) *Wesen:*

o KI in der Rechtsform der Genossenschaft

o Betreiben aller typischen Bankgeschäfte

o Tätigkeit soll im wesentlichen den Interessen der Mitglieder dienen.

b) *Arten:*

o gewerbliche Kreditgenossenschaften = Volksbanken

o ländliche Kreditgenossenschaften = Raiffeisenbanken, Spar- und Darlehenskassen

o beide Bereiche arbeiten eng zusammen und sind in einem Verband zusammengeschlossen

o Zentralbanken als regional übergeordnete Zentralstellen

o Spitzeninstitut: Deutsche Genossenschaftsbank, Frankfurt, (DG-Bank), ein überregional und international bedeutendes Institut.

1.0.024 Spezialbanken

a) *Realkreditinstitute:*

o private Hypothekenbanken

o öffentlich rechtliche Grundkreditanstalten

o Aufgaben: Gewährung von Hyptheken- und Kommunaldarlehen, Finanzierung durch Ausgabe von Pfandbriefen und Kommunalobligationen.

b) *Bausparkassen:*

o private und öffentliche Institute

o Aufgaben: Finanzierung von Eigenheimen, Eigentumswohnungen und sonstigen wohnwirtschaftlichen Zwecken über Bauspardarlehen, für die zunächst Bauspareinlagen in bestimmter Höhe geleistet wurden.

c) *Haus- und Branchenbanken:*

o KI zur Abwicklung des Geld- und Kreditverkehrs von Unternehmen/Unternehmensgruppen
o z. B. Edeka-Bank, Deutsche Fischkreditbank, KI, die zu Automobilherstellern gehören.

d) *KI mit Sonderaufgaben:*

o Spezialkreditinstitute, die vom Staat, auf staatliche Veranlassung oder durch Eigeninitiative der Kreditwirtschaft gegründet wurden
o übernehmen bestimmte Aufgaben im allgemeinen oder öffentlichen Interesse
o Wichtigste Institute:
  – AKA Ausfuhr-Kreditgesellschaft mbH: Konsortialgründung der wichtigsten deutschen KI zur Finanzierung des Exports mit Mitteln der Konsortialbanken und der Deutschen Bundesbank
  – Kreditanstalt für Wiederaufbau (KfW): öffentlich-rechtliches KI ursprünglich zur Finanzierung des Wiederaufbaus, heute in erster Linie langfristige Exportfinanzierung und Vergabe von Krediten an Entwicklungsländer; Mittel: Bundeshaushalt; Kapitalmarkt (Ausgabe von Schuldverschreibungen)
  – Privatdiskont AG: Konsortialgründung deutscher KI zum günstigen An- und Verkauf von Bankakzepten im Rahmen der Exportfinanzierung
  – Deutsche Ausgleichsbank (früher Lastenausgleichsbank): öffentlich-rechtliches KI zur Vorfinanzierung des Lastenausgleichs sowie zur Vergabe von Krediten insb. an Vertriebene und Kriegsgeschädigte; Finanzierungshilfen für Existenzgründer (sog. Ansparförderungsprogramm) u. a. m.; Mittel: Bundeshaushalt; Kapitalmarkt
  – Industriekreditbank AG: Gründung der deutschen Industrie und von KI zur Vergabe langfristiger Kredite an die gewerbliche Wirtschaft; Mittel: vorwiegend Kapitalmarkt
  – Deutsche Verkehrs-Kreditbank AG: Hausbank der Deutschen Bundesbahn; Übernahme von Frachtstundungen aus Bundesmitteln
  – Liquiditäts-Konsortialbank GmbH: Gemeinschaftsgründung der Deutschen Bundesbank und der Bankenverbände zur Vergabe von Kredithilfen an in Liquiditätsschwierigkeiten geratene KI.

e) *Sonderstellung:*

o Deutsche Bundesbank als Zentral(noten)bank der Bundesrepublik Deutschland sowie als Träger der Geld- und Kreditpolitik
o Deutsche Bundespost als Geldinstitut über die Postgiroämter und Postsparkassenämter.

1.0.025 Daten der Bankengruppen (Stand: Ende 1988)

Gruppe	Zahl der KI	Bank-stellen (Inland)	Geschäfts-volumen Mrd. DM
Großbanken	6	3 114	354
Regional- u. Lokalbanken	163	2 972	455
Privatbankiers	86	325	60
Sparkassen	585	17 940	864
Landesbanken/Girozentralen/DGZ	11	237	623
Kreditgenossenschaften	3 358	15 824	492
Zentralbanken u. DG-Bank	6	38	181
Private Hypothekenbanken	27	55	359
Öff.-rechtl. Grundkreditanstalten	11	17	196
Private Bausparkassen	17	36	106
Öffentl. Bausparkassen	3	3	51
KI mit Sonderaufgaben	16	100	266
Postgiroämter	13		61
Postsparkassenämter	2		

1.0.026 Verbände der Kreditwirtschaft

a) *Aufgaben:*

o Vertretung der einzelnen Zweige der Kreditwirtschaft gegenüber der Öffentlichkeit; Beratung, Unterstützung der Behörden, Lobbytätigkeit, politische Einflußnahme

o Hilfe durch Raterteilung, Richtlinien für Ausbildung

o bei Sparkassen/Genossenschaften: Durchführung der sog. Verbandsprüfung.

b) *Arten:* insbesondere

o Bundesverband deutscher Banken: für Geschäftsbanken

o Deutscher Sparkassen und Giroverband

o Bundesverband der Deutschen Volksbanken und Raiffeisenbanken

o Verband öffentlicher Banken.

c) Die einzelnen Verbände arbeiten zusammen in Arbeitskreisen, Ausschüssen u. dgl. (z. B. Zentraler Kreditausschuß; Wettbewerbsausschuß).

Aktivseite — Deutsche Bank Aktiengesellschaft

Position	DM	DM	DM	31.12.1987 in 1 000 DM
Kassenbestand			698 370 681	611 067
Guthaben bei der Deutschen Bundesbank			3 425 901 847	6 926 408
Postgiroguthaben			20 651 784	9 747
Schecks, fällige Schuldverschreibungen, Zins- und Dividendenscheine sowie zum Einzug erhaltene Papiere			201 100 615	196 059
Wechsel			1 956 103 440	1 785 134
darunter:				
a) bundesbankfähig DM 1 060 962 511				
b) eigene Ziehungen DM 64 862 404				
Forderungen an Kreditinstitute				
a) täglich fällig		9 733 930 179		6 402 000
b) mit vereinbarter Laufzeit oder Kündigungsfrist von				
ba) weniger als drei Monaten		19 264 114 944		12 637 653
bb) mindestens drei Monaten, aber weniger als vier Jahren		21 204 526 893		19 924 157
bc) vier Jahren oder länger		5 936 957 700		5 697 687
			56 139 529 716	44 661 497
Schatzwechsel und unverzinsliche Schatzanweisungen				
a) des Bundes und der Länder		—		1 924
b) sonstige		2 380 979 660		2 284 815
			2 380 979 660	2 286 739
Anleihen und Schuldverschreibungen				
a) mit einer Laufzeit bis zu vier Jahren				
aa) des Bundes und der Länder DM 1 067 680 719				
ab) von Kreditinstituten DM 1 437 535 013				
ac) sonstige DM 147 388 746		2 652 604 478		1 967 090
darunter:				
beleihbar bei der Deutschen Bundesbank DM 2 053 724 826				
b) mit einer Laufzeit von mehr als vier Jahren				
ba) des Bundes und der Länder DM 1 525 032 064				
bb) von Kreditinstituten DM 2 867 090 161				
bc) sonstige DM 1 499 132 683		5 891 254 908		5 582 038
darunter:				
beleihbar bei der Deutschen Bundesbank DM 3 552 178 983			8 543 859 386	7 549 128
Wertpapiere, soweit sie nicht unter anderen Posten auszuweisen sind				
a) börsengängige Anteile und Investmentanteile		4 677 010 771		4 953 344
b) sonstige Wertpapiere		53 117 523		132 922
darunter: Besitz von mehr als dem zehnten Teil der Anteile einer Kapitalgesellschaft oder bergrechtlichen Gewerkschaft ohne Beteiligungen DM 116 056 855			4 730 128 294	5 086 266
Forderungen an Kunden mit vereinbarter Laufzeit oder Kündigungsfrist von				
a) weniger als vier Jahren		48 289 172 543		39 401 725
b) vier Jahren oder länger		55 528 249 366		47 266 765
darunter:				
ba) durch Grundpfandrechte gesichert DM 11 375 036 044				
bb) Kommunaldarlehen DM 1 875 485 734				
vor Ablauf von vier Jahren fällig DM 26 634 402 000			103 817 421 909	86 668 490
Ausgleichsforderungen gegen die öffentliche Hand			146 491 395	169 354
Durchlaufende Kredite (nur Treuhandgeschäfte)			884 689 316	177 924
Beteiligungen			6 360 301 681	6 430 120
darunter: an Kreditinstituten DM 3 932 182 016				
Grundstücke und Gebäude			1 105 641 300	1 039 111
Betriebs- und Geschäftsausstattung			658 000 000	656 195
Eigene Schuldverschreibungen			59 403 021	42 480
Nennbetrag DM 52 117 750				
Sonstige Vermögensgegenstände			679 832 154	768 140
Rechnungsabgrenzungsposten				
a) Unterschiedsbetrag gem. § 250 Abs. 3 HGB		128 603 852		102 256
b) sonstige Rechnungsabgrenzungsposten		69 625 259		31 473
			198 229 111	133 729
Summe der Aktiven			**192 006 635 310**	**165 197 588**

In den Aktiven und in den Rückgriffsforderungen aus den unter der Passivseite vermerkten Verbindlichkeiten sind enthalten
a) Forderungen an verbundene Unternehmen ... 16 051 261 602 / 15 331 634
b) Forderungen aus unter § 15 Abs. 1 Nr. 1 bis 6, Abs. 2 des Gesetzes über das Kreditwesen fallenden Krediten, soweit sie nicht unter a) vermerkt werden ... 677 169 641 / 617 028

Jahresbilanz zum 31. Dezember 1988 — Passivseite

	DM	DM	DM	31.12.1987 in 1 000 DM
Verbindlichkeiten gegenüber Kreditinstituten				
a) täglich fällig		13 126 253 092		10 030 689
b) mit vereinbarter Laufzeit oder Kündigungsfrist von				
ba) weniger als drei Monaten	10 583 037 481			
bb) mindestens drei Monaten, aber weniger als vier Jahren	16 579 090 182			
bc) vier Jahren oder länger	25 306 303 756	52 468 431 419		44 857 170
darunter: vor Ablauf von vier Jahren fällig .... DM 13 448 499 000				
c) von der Kundschaft bei Dritten benutzte Kredite		133 603 330		138 909
			65 728 287 841	55 026 768
Verbindlichkeiten aus dem Bankgeschäft gegenüber anderen Gläubigern				
a) täglich fällig		24 299 192 167		21 818 882
b) mit vereinbarter Laufzeit oder Kündigungsfrist von				
ba) weniger als drei Monaten	24 487 917 207			
bb) mindestens drei Monaten, aber weniger als vier Jahren	8 978 679 594			
bc) vier Jahren oder länger	10 388 059 305	43 854 656 106		34 160 554
darunter: vor Ablauf von vier Jahren fällig .... DM 9 187 508 000				
c) Spareinlagen				
ca) mit gesetzlicher Kündigungsfrist	15 651 292 664			
cb) sonstige	10 984 361 586	26 635 654 250		26 265 976
			94 789 502 523	82 245 412
Schuldverschreibungen mit einer Laufzeit von				
a) bis zu vier Jahren		350 000		498
b) mehr als vier Jahren		7 695 395 700		7 304 276
darunter: vor Ablauf von vier Jahren fällig .... DM 6 525 592 700			7 695 745 700	7 304 774
Eigene Akzepte und Solawechsel im Umlauf			4 059 529 703	2 815 314
Durchlaufende Kredite (nur Treuhandgeschäfte)			884 689 316	177 924
Rückstellungen				
a) Pensionsrückstellungen		2 074 636 100		1 921 196
b) andere Rückstellungen		4 745 399 676	6 820 035 776	4 288 607
				6 209 803
Sonstige Verbindlichkeiten			196 378 253	203 452
Stiftungen und Unterstützungskassen				
Stiftungsvermögen		7 148 664		7 174
abzüglich Effektenanlage		6 997 937		6 998
			150 727	176
Rechnungsabgrenzungsposten			901 318 217	881 501
Sonderposten mit Rücklageanteil				
a) nach Entwicklungsländer-StG		2 828 447		4 299
b) nach § 6b EStG		152 163 315		125 314
c) nach § 3 Auslandsinvestitionsgesetz		15 087 000		966
d) nach der Verwaltungsvorschrift über die Aufhebung von Sammelwertberichtigungen		159 000 000	329 078 762	–
				130 579
Gezeichnetes Kapital (Inhaber-Aktien)			1 772 636 300	1 772 631
Bedingtes Kapital DM 839 574 900				
Kapitalrücklage		5 490 441 424		
Einstellungen gem. § 272 Abs. 2 HGB		27 133	5 490 468 557	5 490 441
Gewinnrücklagen				
a) Gesetzliche Rücklage		25 000 000		25 000
b) Andere Gewinnrücklagen	2 488 380 923			
Einstellung aus dem Jahresüberschuß	400 000 000	2 888 380 923	2 913 380 923	2 488 381
				2 513 381
Bilanzgewinn			425 432 712	425 432
		Summe der Passiven	192 006 635 310	165 197 588
Eigene Ziehungen im Umlauf			60 094 114	18 890
darunter: den Kreditnehmern abgerechnet .... DM 49 473 400				
Indossamentsverbindlichkeiten aus weitergegebenen Wechseln			4 010 901 903	3 506 838
Verbindlichkeiten aus Bürgschaften, Wechsel- und Scheckbürgschaften sowie aus Gewährleistungsverträgen (im übrigen siehe Anhang)			25 962 432 563	21 023 302
Verbindlichkeiten im Falle der Rücknahme von in Pension gegebenen Gegenständen, sofern diese Verbindlichkeiten nicht auf der Passivseite auszuweisen sind			–	52 174
In den Passiven sind an Verbindlichkeiten (einschließlich der unter der Bilanz vermerkten Verbindlichkeiten) gegenüber verbundenen Unternehmen enthalten			26 049 039 735	21 423 908

Aufwendungen   Deutsche Bank Aktiengesellschaft

	DM	DM	1987 in 1 000 DM
Zinsen und zinsähnliche Aufwendungen		7 283 775 057	5 754 959
Provisionen und ähnliche Aufwendungen für Dienstleistungsgeschäfte		75 174 425	67 125
Abschreibungen und Wertberichtigungen auf Forderungen und Wertpapiere sowie Zuführungen zu Rückstellungen im Kreditgeschäft		–	797 595
Gehälter und Löhne		2 451 795 658	2 260 178
Soziale Abgaben		372 514 345	343 622
Aufwendungen für Altersversorgung und Unterstützung		410 850 962	408 652
Sachaufwand für das Bankgeschäft		1 142 747 134	1 067 545
Abschreibungen und Wertberichtigungen auf Grundstücke und Gebäude sowie auf Betriebs- und Geschäftsausstattung		368 466 437	348 755
Abschreibungen und Wertberichtigungen auf Beteiligungen		8 083 592	115 036
Steuern			
a) vom Einkommen, vom Ertrag und vom Vermögen	1 417 913 634		529 242
b) sonstige	11 271 634		17 753
		1 429 185 268	546 995
Aufwendungen aus Verlustübernahme		126 573 825	97 965
Einstellungen in Sonderposten mit Rücklageanteil		253 673 555	146 487
Sonstige Aufwendungen		213 054 525	279 961
Jahresüberschuß		825 432 712	425 432
Summe der Aufwendungen		14 961 327 495	12 660 307

Jahresüberschuß
Einstellungen in Gewinnrücklagen
  a) in die gesetzliche Rücklage
  b) in andere Gewinnrücklagen
Bilanzgewinn

Gewinn- und Verlustrechnung für die Zeit vom 1. Januar bis 31. Dezember 1988 — Erträge

	DM	DM	1987 in 1 000 DM
Zinsen und zinsähnliche Erträge aus Kredit- und Geldmarktgeschäften		10 774 740 063	8 874 242
Laufende Erträge aus			
a) festverzinslichen Wertpapieren und Schuldbuchforderungen	545 593 411		475 440
b) anderen Wertpapieren	189 779 225		194 014
c) Beteiligungen	544 907 263	1 280 279 899	557 427
			1 226 881
Provisionen und andere Erträge aus Dienstleistungsgeschäften		1 998 409 665	1 832 249
Andere Erträge einschließlich der Erträge aus der Auflösung von Rückstellungen im Kreditgeschäft		794 322 080	503 378
Erträge aus Gewinngemeinschaften, Gewinnabführungs- und Teilgewinnabführungsverträgen		22 711 372	20 257
Erträge aus der Auflösung von Rückstellungen, soweit sie nicht unter „Andere Erträge" auszuweisen sind		35 502 402	151 040
Erträge aus der Auflösung von Sonderposten mit Rücklageanteil		55 362 014	52 260
Summe der Erträge		14 961 327 495	12 660 307

	DM	DM	1987 DM
		825 432 712	425 431 512
	400 000 000	400 000 000	–
		425 432 712	425 431 512

1.0.027 Ziele der KI

KI können mit ihrer Tätigkeit im wesentlichen drei Ziele verfolgen:

o möglichst großer *Gewinn* (erwerbswirtschaftlich; insbes. Geschäftsbanken)
o Förderung bestimmter Wirtschaftsgruppen, *gemeinwirtschaftliche* Aufgaben (Sparkassen und andere öff.-rechtliche KI, selten private KI)
o Förderung der Mitglieder *(genossenschaftliche* Kreditinstitute).

1.0.1 Rechtsgrundlagen

1.0.10 Überblick

Kreditinstitute unterliegen einer Vielzahl von Gesetzen und anderen Rechtsvorschriften. Diese lassen sich in zwei Gruppen aufteilen:

o Vorschriften, die das privatwirtschaftliche Handeln der KI am Markt, d. h. mit dem Kunden regeln: insbesondere
  – Bürgerliches Gesetzbuch (BGB)
  – Handelsgesetzbuch (HGB)
  – Scheck- und Wechselgesetz (ScheckG, WG)
  – AGB-Gesetz
o Vorschriften, die den Aufbau, die Struktur, die Organisation des einzelnen KI betreffen (ordnungspolitische Vorschriften) und den Rahmen für die Tätigkeit des KI setzen, insbesondere
  – Kreditwesengesetz (KWG)
  – Bundesbankgesetz (BBankG) aufgrund der darin geregelten Aufgaben und Befugnisse der Bundesbank, die sich auf die Tätigkeit der KI auswirken
  – Grundsätze des Bundesaufsichtsamtes für das Kreditwesen über das Eigenkapital und die Liquidität der KI
  – Gesetze, die jeweils nur für bestimmte KI gelten, z. B.
    – Sparkassengesetze der Bundesländer für die Sparkassen (außer Hamburg)
    – Genossenschaftsgesetz für die Volks- und Raiffeisenbanken
    – Hypothekenbankgesetz für die Realkreditinstitute
    – Gesetz über Kapitalanlagegesellschaften
    – Gesetz über Bausparkassen.

1.0.11 Einzelne privatrechtliche Vorschriften

a) *Bürgerliches Gesetzbuch (BGB):*

o Die KI tätigen täglich eine Vielzahl von Rechtsgeschäften (z. B. Kontoverträge, Darlehensverträge, Wertpapier-Kaufverträge, Kauf von Büromaschinen)

- o für diese Rechtsgeschäfte gelten die BGB-Vorschriften; KI werden hier nicht anders gestellt als andere natürliche oder juristische Personen
- o das BGB stellt als „lex generalis", als generelle Norm, die Grundlage dar; es findet immer dann Anwendung, wenn keine Spezialregeln („lex specialis") vorhanden sind.

b) *Handelsgesetzbuch (HGB):*
- o Das HGB ist das Gesetzbuch für Kaufleute
- o Kaufleute haben in bestimmten Bereichen größere Handlungsfreiheit (sie können z. B. Bürgschaften auch mündlich wirksam erklären, Prokuristen bestellen)
- o Kaufleute unterliegen aber auch wesentlich weitergehenden Pflichten als Privatpersonen (z. B. kaufmännische Buchführungspflicht, Sorgfaltspflichten)
- o da auch KI sich kaufmännisch betätigen, gilt für sie das HGB ebenfalls in vollem Umfang.

c) *Scheckgesetz, Wechselgesetz:* Vor Einführung der modernen Zahlungsverkehrstechniken hatten Scheck und Wechsel eine noch größere Bedeutung als heute. Dieser Tatsache trug der Gesetzgeber 1933 durch Schaffung des ScheckG und des WG Rechnung.

d) *AGB-Gesetz (AGBG):* vgl. Abschnitt 0.1.411. Für KI sind AGB als generelle und einheitliche Basis der Geschäftsverbindung zum Kunden sehr wesentlich, müssen sich aber auf dem Boden dieses Gesetzes bewegen.

1.0.12 Kreditwesengesetz (KWG) von 1961

Wichtigste Grundlage für die Tätigkeit der Kreditinstitute ist das Kreditwesengesetz von 1961, das 1976 neugefaßt und 1984 in wesentlichen Punkten geändert wurde.

Grundsätzlich stellt sich die Frage, warum der Gesetzgeber mit dem KWG direkt in das Kreditwesen eingreift. Der ausschlaggebende Grund liegt in der volkswirtschaftlichen Bedeutung der KI und ihrer Schlüsselfunktion, bei der das Vertrauen in das einzelne Institut, dem der Einleger sein Geld anvertraut, eine wesentliche Rolle spielt.

Wenn ein KI in Konkurs fällt, kann dies für die Gesamtwirtschaft einen erheblich höheren Schaden bedeuten als z. B. bei einem Industriebetrieb. Neben der Vielzahl der Einleger kann das Vertrauen in KI generell in Mitleidenschaft gezogen werden. Dies hat die Vergangenheit mehrfach deutlich gezeigt, besonders aber die Bankenkrise von 1931, die zum Vorläufer des heutigen KWG, dem KWG 1934, führte (vgl. Abschnitt 1.0.01).

Die Folge eines einzelnen Zusammenbruchs und einer dadurch ausgelösten Vertrauenskrise kann ein sog. „Run" sein: Die Kunden „laufen" zur Bank und versuchen, ihre Einlagen bar zurückzuerhalten. Da der Bargeldbestand – selbst bei einem gesunden Institut – hierfür keinesfalls ausreicht, „bestätigen" sich die Befürchtungen, das Institut ist tatsächlich zahlungsunfähig.

Die Eingriffe des Gesetzgebers und in der Folge der Bankenaufsicht sollen diese Situation verhindern. Zusätzliches Vertrauen schafft die Einlagensicherung, die nach dem Zusammenbruch des Bankhauses Herstatt 1974 noch wesentlich verbessert wurde.

Das KWG regelt folgende Bereiche:

o Geschäftsaufnahme eines KI

o Struktur- und Ordnungsvorschriften (Eigenkapital, Liquidität, Groß-, Millionen-, Organkredite)

o Melde-, Berichts- und Auskunftspflichten

o Bilanzierung und Pflichtprüfung

o Eingriffsbefugnisse der Aufsichtsbehörde.

1.0.120 Grundlagen des Kreditwesens

a) Nach § 1 KWG sind Kreditinstitute Unternehmen, die Bankgeschäfte betreiben, deren Umfang eine kaufmännische Organisation erfordert.

Bankgeschäfte sind:

o Einlagengeschäft

o Kreditgeschäft

o Diskontgeschäft (Ankauf von Wechseln und Schecks)

o Effektengeschäft (An- und Verkauf von Wertpapieren für andere)

o Depotgeschäft (Verwahrung und Verwaltung von Wertpapieren für andere)

o Investmentgeschäft

o Avalgeschäft (Gewährung von Bürgschaften/Garantien)

o Girogeschäft (bargeldloser Zahlungsverkehr, Abrechnung)

o Verpflichtung zum Erwerb von Darlehensforderungen vor Fälligkeit (Revolving).

b) Schutz der Bezeichnung „Bank", „Bankier", „Sparkasse" u. a.: Verwendung nur durch die betr. KI (§§ 39 ff.).

c) *Verbotene Geschäfte* (§ 3): KI dürfen bestimmte Geschäfte nicht ausüben, die wirtschaftliche oder rechtliche Gefahren für ihre Kunden mit sich bringen könnten, z. B. Kredit- oder Einlagengeschäft, wenn die Barverfügung über Kredit bzw. Guthaben ausgeschlossen oder erheblich erschwert ist.

d) *Bankenaufsicht:* s. u.

e) *Sondervorschriften* für Eigenkapital und Liquidität, Kreditgeschäft und Sparverkehr der KI, die insb. der *Sicherung der Einlagen* dienen sollen (siehe dort).

f) Besondere *Publizitätspflichten* der KI gegenüber den Aufsichtsbehörden.

1.0.121 Bankenaufsicht

a) *Wesen:* KI unterliegen (vergleichbar den Versicherungen) einer strengen Aufsicht durch den Staat. Die Bankenaufsicht ist eines der Instrumente der Einlagensicherung, die in letzter Zeit durch den Zusammenbruch einiger KI (vor allem Bankhaus I. D. Herstatt, Köln) besondere Bedeutung erlangt hat.

b) *Träger* der Aufsicht sind

o in erster Linie das *Bundesaufsichtsamt für das Kreditwesen (BAK)*, Berlin (§§ 5 ff. KWG)

o außerdem die *Deutsche Bundesbank,* Frankfurt, direkt und über die zu ihr gehörenden Landeszentralbanken

o bei den Kreditgenossenschaften und den Sparkassen die Prüfungsstellen der Regionalverbände: diese sog. Verbandsprüfungen sind aber nicht im KWG geregelt, sondern in Spezialvorschriften.

c) Die Bankenaufsicht beginnt bei der *Zulassung zum Geschäftsbetrieb;* Voraussetzung: schriftliche Erlaubnis des BAK, die versagt wird, wenn

o ausreichendes haftendes Eigenkapital

o persönliche Zuverlässigkeit

o fachliche Eignung

fehlen (§§ 32 ff.).

Kreditinstitute müssen von mindestens *zwei Geschäftsführern* geleitet werden (sog. „Vier-Augen-Prinzip", § 33 I Nr. 4). Deshalb und wegen der Schwierigkeiten des Einzelkaufmanns bei der Beschaffung des erforderlichen Eigenkapitals und anderer zureichender Haftungsgrundlagen werden *Einzelbankiers nicht mehr zugelassen* (§ 2 a).

d) Haupttätigkeit des BAK: laufende Aufsicht und Kontrolle über die KI zusammen mit der Bundesbank; dazu gehören

o Einholung von *Auskünften,* Durchführung von *Prüfungen* (§ 44), und zwar unvermutet und auch ohne besonderen Anlaß

o Pflicht der KI, monatlich der Bundesbank *Monatsausweise,* jährlich die *Bilanzen* vorzulegen, die an das BAK weitergeleitet werden, sowie zur Anzeige wichtiger die Geschäftsführung oder das KI im ganzen betreffender Tatsachen (§§ 24–26), z. B. bei Änderungen der Rechtsform, Kündigung von Personengesellschaften, Kapitalverlusten über 25 %

o der *Jahresabschluß* muß bei allen KI (nicht nur bei Kapitalgesellschaften) *geprüft* werden (§§ 27 ff.), wobei die Prüfung sich auch auf die wirtschaftlichen Verhältnisse des KI erstreckt; außerdem ist seine *Veröffentlichung* vorgeschrieben.

e) *Eingriffsbefugnisse* des BAK bei

o nicht ausreichendem haftendem Eigenkapital

- o unzureichender Liquidität (nicht dem Gesetz entsprechender Anlage der Mittel)
- o Gefahr für die Erfüllung der Pflichten gegenüber den Gläubigern
- o wirtschaftlichen Schwierigkeiten, die schwerwiegende Gefahren für die Gesamtwirtschaft bedeuten
- o Nichteinhaltung des Vier-Augen-Prinzips.

Gefährdet sind die einem KI anvertrauten Vermögenswerte bei Verlust in Höhe von 50 % des haftenden Eigenkapitals oder von mehr als 10 % in drei aufeinander folgenden Geschäftsjahren.

Die möglichen *Maßnahmen* des BAK sind gestaffelt nach der Schwere der Pflichtverletzungen und dem Grad der drohenden Gefahren (vgl. §§ 46 ff.):

- o Verbot bzw. Einschränkung von Gewinnausschüttung, Privatentnahmen, Kreditgewährung
- o Vorschriften über die Anlage verfügbarer Mittel
- o Verbot der Entgegennahme von Zahlungen, die nicht zur Schuldentilgung bestimmt sind (insbes. Einlagen)
- o Erteilung von Anweisungen für die Geschäfsführung
- o Beschränkung oder Untersagung der Tätigkeit von Inhabern/Geschäftsleitern, Abberufung von Geschäftsführern
- o Bestellung von Aufsichtspersonen
- o Anordnung eines Moratoriums, d. h. Aufschub der Zahlungen durch das KI
- o Erlaß eines Veräußerungs- und Zahlungsverbotes
- o vorübergehende Schließung der Schalter für den Verkehr mit der Kundschaft
- o dabei Zusammenarbeit mit den Verbänden und freiwilligen Sicherungseinrichtungen der Kreditwirtschaft
- o Stellung eines Konkursantrags nur durch das BAK.

1.0.122 Eigenkapital und Liquidität

a) Kreditinstitute müssen ein *angemessenes haftendes Eigenkapital* haben (§ 10 KWG). Einzelheiten sind in entsprechenden Grundsätzen des Bundesaufsichtsamtes geregelt (Abschnitt 1.0.125).

b) Als haftendes Eigenkapital gelten

- o je nach Rechtsform
  - Geschäftskapital und Rücklagen abzüglich der Entnahmen (Einzelkaufmann, OHG, KG)
  - eingezahltes Grund- oder Stammkapital und Rücklagen abzüglich eigener Aktien (AG, KGaA – dort sind Entnahmen der Komplementäre abzuziehen –, GmbH)

- Geschäftsguthaben und Rücklagen sowie Haftsummenzuschlag (Genossenschaften)
- nur Rücklagen (Sparkassen)
- Genußscheine unter bestimmten Voraussetzungen

o die KWG-Reform von 1984 führte zu einer Veränderung des *Haftsummenzuschlags* bei Kreditgenossenschaften: wurden bisher 50 % des Eigenkapitals mit Rücksicht auf die Haftsummenverpflichtung der Genossen als weiteres Eigenkapital anerkannt, so ist dieser Zuschlag seit 1985 bis 1995 jährlich um 2,5 % auf 25 % des tatsächlichen Eigenkapitals zu reduzieren

o seit dem 1.1.85 wird Kapital, das gegen Gewährung von *Genußrechten* (Genußscheinen) eingezahlt ist, als Eigenkapital anerkannt, wenn folgende Voraussetzungen erfüllt sind:

- volle Verlustteilnahme dieses Kapitals
- Mindestlaufzeit von 5 Jahren, Restlaufzeit von 2 Jahren
- ausdrücklicher, schriftlicher Hinweis auf Rechtsfolgen bei Vertragsabschluß über Genußrechtskapital
- Begrenzung der Anerkennung auf 25 % des tatsächlich vorhandenen Eigenkapitals (das BAK kann diese Grenze in besonderen Fällen erweitern)

o der Wunsch der *Sparkassen,* zum Ausgleich für Wettbewerbsnachteile gegenüber den Kreditgenossenschaften die Anerkennung eines Haftungszuschlags auf die Rücklagen zu erlangen (Begründung: besondere Sicherheit aufgrund der öffentlich-rechtlichen Gewährträger), wurde in der KWG-Reform von 1984 nicht berücksichtigt

o zum haftenden Eigenkapital werden Vermögenseinlagen stiller Gesellschafter unter den gleichen Voraussetzungen wie bei Genußrechten zugerechnet.

c) Mit Wirkung vom 1.7.85 wurde die bankaufsichtsrechtliche *Konsolidierung* eingeführt (§ 10 a KWG). Danach wird die Angemessenheit des haftenden Eigenkapitals nicht mehr nur für die einzelnen KI, sondern bei KI-Gruppen für die gesamte Gruppe ermittelt. Haftende Mittel werden zusammengefaßt. Betroffen sind in erster Linie größere private Banken (insbes. die Großbanken) sowie die Landesbanken mit ihren Tochtergesellschaften, auch im Ausland.

Die „Konsolidierungsschwelle" ist erreicht, wenn ein übergeordnetes Mutterinstitut an Tochterinstituten Beteiligungen von mindestens 40 % hält oder beherrschenden Einfluß auf das Tochterinstitut nehmen kann. Auch Factoring- und Leasinggesellschaften (sonst nicht der Bankenaufsicht unterstellt) werden einbezogen.

Die Institute müssen bis zum 1.1.1991 die Anpassung an die neuen Vorschriften voll zogen, d. h. ein angemessenes haftendes Eigenkapital der Gruppe erreicht haben.

d) Die Kreditinstitute müssen ihre Mittel so anlegen, daß jederzeit eine *ausreichende Zahlungsbereitschaft* gewährleistet ist (§ 11 KWG). Auch die Liquidität ist in den Grundsätzen des Bundesaufsichtsamtes näher geregelt.

e) Die *Anlagen* eines KI dürfen zusammen das haftende Eigenkapital nicht übersteigen (§ 12 KWG). Anlagen sind

o Grundstücke, Gebäude, Schiffe

o Betriebs- und Geschäftsausstattung

o Beteiligungen (auch als stiller Gesellschafter)

o Genußrechte.

Maßgeblich ist der Buchwert.

Ausgenommen sind

o Beteiligungen bis zu 10 % des Unternehmenskapitals

o Grundstücke, Gebäude, Schiffe, Beteiligungen, die zur Verhütung von Kreditverlusten erworben werden, sofern sie nicht länger als 5 Jahre gehalten werden

o ein Handelsbestand an Wertpapieren bis zu 5 % des Unternehmenskapitals.

Für den ebenfalls 1984 neugefaßten § 12 gilt eine Übergangsfrist bis zum 1.1.1990.

1.0.123 Kreditgeschäft

a) *Großkredite* sind Kredite an einen Kreditnehmer, die 15 % des haftenden Eigenkapitals des Kreditinstituts übersteigen. Für sie gilt nach § 13 KWG:

o unverzügliche Anzeige bei der Bundesbank

o der einzelne Großkredit darf 50 % des haftenden Eigenkapitals des KI nicht übersteigen

o alle Großkredite zusammen dürfen das Achtfache des haftenden Eigenkapitals nicht übersteigen

o Großkredite dürfen nur aufgrund eines einstimmigen Beschlusses sämtlicher Geschäftsleiter gewährt werden

o Bürgschaften, Garantien und Kredite aus dem Ankauf bundesbankfähiger Wechsel werden nur zur Hälfte angesetzt

o § 13 gilt auch für Großkredite von Kreditinstitutsgruppen (§ 13 a).

b) *Millionenkredite* sind der Bundesbank zu melden (§ 14 KWG). Der Meldezeitraum beträgt drei Monate, Meldetermin ist der 15. der Monate Januar, April, Juli und Oktober. Realkredite sind durch die KWG-Reform von 1984 mit einbezogen.

c) *Organkredite* (§ 15) sind Kredite an die eigenen

o Geschäftsleiter und Gesellschafter (auch stille Gesellschafter)

o Mitglieder des Aufsichtsorgans

o Prokuristen und zum gesamten Geschäftsbetrieb ermächtigten Handlungsbevollmächtigten

o Ehegatten und minderjährigen Kinder dieses Personenkreises o Unternehmen, zu denen ein bestimmtes Beteiligungsverhältnis oder Überkreuzverflechtung Geschäftsleitung – Aufsichtsorgan besteht.

Organkredite liegen auch vor, wenn diese Personen zu einer Mutter- oder Tochtergesellschaft des KI gehören. Ausgenommen sind Kredite an Prokuristen, Handlungsbevollmächtigte, deren Ehegatten und minderjährigen Kinder, wenn der Kredit ein Jahresgehalt nicht überschreitet.

Für Organkredite gilt:

o einstimmiger Beschluß sämtlicher Geschäftsleiter und Zustimmung des Aufsichtsorgans des KI erforderlich
o Anzeige bei Bundesaufsichtsamt und Bundesbank, wenn der Kredit
   – bei natürlichen Personen 250 000 DM übersteigt
   – bei Unternehmen außerdem 5 % des haftenden Eigenkapitals des KI überschreitet.

d) Nach § 18 müssen KI sich die wirtschaftlichen Verhältnisse der Kreditnehmer bei Krediten ab 100 000 DM *offenlegen* lassen (insbes. durch Vorlage der Jahresabschlüsse).

e) § 19 KWG definiert den Begriff des Kredites und des Kreditnehmers im Sinne der §§ 13–18.

f) § 20 KWG regelt Ausnahmen für die §§ 13–18, so z. B. für Kredite, die dem Bund, einem Sondervermögen des Bundes, einem Land, einer Gemeinde oder einem Gemeindeverband gewährt werden.

1.0.124 Weitere Vorschriften

a) *Sparverkehr:* §§ 21, 22, 22 a mit der grundlegenden Definition der Spareinlagen (vgl. Abschnitt 1.2.13).

b) *Werbung* in KI: § 23 regelt, daß das BAK bestimmte Arten der Werbung der KI zur Abwehr von Mißständen untersagen kann.

c) *Meldewesen:* Die §§ 24 und 25 regeln die Verpflichtung zur Anzeige bestimmter Tatbestände an Bundesbank und BAK, z. B. Bestellung eines Geschäftsleiters, Übernahme einer Beteiligung, Änderung der Rechtsform, Verlust von 25 % des haftenden Eigenkapitals usw., sowie Einreichung von Monatsausweisen.

d) *Rechnungslegung:* Für KI gelten die Rechnungslegungsvorschriften des HGB (vgl. Abschnitt 0.4.04). Darüber hinaus enthalten die §§ 25 a bis 26 b weitergehende Vorschriften, die im Abschnitt 3.0.2 erläutert werden.

1.0.125 Grundsätze des Bundesaufsichtsamtes über das Eigenkapital und die Liquidität der Kreditinstitute

Diese Grundsätze, die das BAK 1969 aufgestellt hat, dienen zur Konkretisierung der §§ 10 und 11 KWG.

a) *Grundsatz I:* Die Kredite und Beteiligungen eines KI abzüglich der Wertberichtigungen sollen das 18fache des haftenden Eigenkapitals nicht übersteigen.

Bestimmte Kredite werden nur zur Hälfte angerechnet, z. B. langfristige Kredite, die als Deckung für Schuldverschreibungen dienen oder grundpfandrechtlich gesichert sind, Eventualforderungen, Kredite an ausländische KI. Kredite an inländische KI werden mit 20 %, Kredite an inländische juristische Personen des öffentlichen Rechts und Sondervermögen des Bundes nicht berücksichtigt.

b) *Grundsatz Ia:* Der Unterschied zwischen bestimmten Aktiv- und Passiv-Devisenpositionen soll

o bei Devisenkassapositionen 30 %

o bei Devisenterminpositionen 40 %

des haftenden Eigenkapitals nicht übersteigen.

Diese Vorschrift dient zur Begrenzung der Risiken des Devisenhandels, in dem durch offene Positionen bei starken Kursschwankungen erhebliche Verluste möglich sind (vgl. den Zusammenbruch des Bankhauses Herstatt 1974).

c) *Grundsatz II:* Die langfristigen Anlagen eines KI (abzüglich Wertberichtigungen) sollen die Summe der langfristigen Finanzierungsmittel nicht übersteigen.

o Langfristige Anlagen:
  - Forderungen an KI und Kunden mit Laufzeit/Kündigungsfrist von 4 Jahren oder länger
  - nicht börsengängige Wertpapiere
  - Beteiligungen
  - Anteile an herrschender oder mit Mehrheit beteiligter Gesellschaft
  - Grundstücke und Gebäude
  - Betriebs- und Geschäftsausstattung

o langfristige Finanzierungsmittel:
  - Eigenkapital
  - 60 % der Spareinlagen
  - 10 % der Sicht- und Termineinlagen von Nichtbanken
  - Verbindlichkeiten gegenüber KI und Kunden mit Laufzeit/Kündigungsfrist von 4 Jahren oder länger
  - umlaufende Schuldverschreibungen mit mehr als 4 Jahren Laufzeit
  - 60 % der umlaufenden Schuldverschreibungen mit kürzerer Laufzeit
  - 60 % der Pensionsrückstellungen

- für Girozentralen/Zentralkassen: 20 % der Verbindlichkeiten gegenüber angeschlossenen KI mit mind. 6 Monaten/weniger als 4 Jahren Laufzeit/Kündigungsfrist.

Dieser Grundsatz beinhaltet die *„Goldene Bankregel"*, nach der das langfristige Geschäft der KI auch langfristig finanziert werden soll, damit jederzeit eine ausreichende Zahlungsbereitschaft gewährleistet ist.

d) *Grundsatz III:* Die kurz- und mittelfristigen Anlagen eines KI (abzüglich Wertberichtigungen) sollen die Summe der kurz- und mittelfristigen Finanzierungsmittel nicht übersteigen.

o Kurz- und mittelfristige Anlagen:
  - 20 % der Forderungen an KI mit mind. 3 Monaten/weniger als 4 Jahren Laufzeit/Kündigungsfrist
  - die Forderungen an Kunden mit Laufzeit/Kündigungsfrist von weniger als 4 Jahren
  - Forderungen aufgrund von Wechseln und Solawechseln im Bestand
  - börsengängige Wertpapiere, Investmentanteile
  - sonstige Aktiva

o kurz- und mittelfristige Finanzierungsmittel:
  - 10 % der Verbindlichkeiten gegenüber KI bis 3 Monate Laufzeit/Kündigungsfrist
  - 50 % der Verbindlichkeiten gegenüber KI mit mind. 3 Monaten/weniger als 4 Jahren Laufzeit/Kündigungsfrist
  - 80 % der Verbindlichkeiten gegenüber KI aus von der Kundschaft bei Dritten benutzten Krediten
  - 20 % der Spareinlagen
  - 60 % der sonstigen Verbindlichkeiten gegenüber Kunden mit weniger als 4 Jahren Laufzeit/Kündigungsfrist
  - 80 % der Verpflichtungen aus Warengeschäften, aufgenommenen Warenkrediten, eigenen Akzepten und Solawechseln im Umlauf
  - 20 % der umlaufenden Schuldverschreibungen bis 4 Jahre Laufzeit
  - zuzüglich Überschuß/abzüglich Unterschuß aus Grundsatz II.

e) Monatliche Meldung der für die Grundsätze wichtigen Daten über die *Monatliche Bilanzstatistik* an die Bundesbank.

f) *Bedeutung* der BAK-Grundsätze: Mit den aufgestellten Relationen wird der mögliche geschäftspolitische Rahmen gesetzt. Sie haben dadurch erhebliche Auswirkungen auf die Geschäftspolitik der KI. Zu wenig Eigenkapital kann die geschäftlichen Möglichkeiten begrenzen. Eine ungünstige Bilanzstruktur kann zu einschneidenden Maßnahmen führen, z. B.

o Anlage der Kundengelder teilweise in Wertpapieren statt im Kreditgeschäft
o Erhöhung der Kreditvergabe an andere KI

o Veränderung der Fristigkeit der Forderungen (z. B. von kurz- zu langfristigen Forderungen).

Um mehr (ertragreiches) Geschäft machen zu können, muß mehr Eigenkapital zur Verfügung stehen. Bedingt durch die Rechtsform haben die KI aber unterschiedliche Möglichkeiten der Eigenkapitalbeschaffung.

g) Im Laufe des Jahres 1989 wurde folgende *Änderung* der Grundsätze I und I a vom Bundesaufsichtsamt vorgeschlagen:

o Grundsatz I: Einbeziehung von Ausfallrisiken aus Finanz-Swaps, Termingeschäften und Optionsrechten

o Grundsatz I a: Neuregelung, bei der

– offene Fremdwährungs- und Edelmetallpositionen (einschl. nicht bilanzwirksamer Geschäfte) auf 30 %,

– offene Zinstermingeschäfte und Zinsoptionen auf 10 %,

– offene Termingeschäfte und Optionen mit sonstigem Preisrisiko (insb. Aktienkursrisiko) auf 10 %

des haftenden Eigenkapitals begrenzt werden; die Summe aller offenen Positionen soll danach 40 % nicht übersteigen.

1.0.13 Einlagensicherung

1.0.130 Überblick

Die volkswirtschaftlich entscheidende Aufgabe der Kreditinstitute besteht in der Gewährung von *Krediten* an Unternehmen und Haushalte zur Produktion bzw. zum Konsum von Gütern. Die eigenen Mittel der KI reichen zur Erfüllung dieser Aufgabe bei weitem nicht aus; daher nehmen sie *Einlagen* entgegen, die i. d. R. verzinst werden, und stellen dieses Geld der Kunden den Kreditnehmern zur Verfügung.

Da die KI aber *fremdes* Geld ausleihen, besteht zunächst ein Risiko darin, daß dieses Geld nicht wieder zurückgezahlt werden könnte. Ein weiteres Risiko entsteht dann, wenn KI den auf langfristige Finanzierungen gerichteten Wünschen der Kreditnehmer nur noch durch die sog. „Fristentransformation" nachkommen können, d. h. dadurch, daß sie die ihnen überlassenen Gelder zu längeren Fristen ausleihen, als die Einleger eigentlich auf sie verzichten wollen („aus kurz mach lang").

Diese Risiken erfordern nicht nur eine ständige Überwachung des Geschäftsgebarens der KI, sondern auch verschiedene Vorschriften, deren Ziel letztlich die Sicherung der Einlagen ist und die von Richtlinien für das Kreditgeschäft bis zur Einrichtung von Sicherungsfonds für Einlagen reichen.

1.0.131 Einzelne Formen der Einlagensicherung

a) *Mindestreserve* (§ 16 BBankG): Die KI sind verpflichtet, einen bestimmten Teil der Kundeneinlagen (zwischen 0 und 30 %) zinslos auf einem Konto bei der Bundesbank zu unterhalten (vgl. Abschnitt 5.1.012); dieses Geld, ursprünglich als Liquiditätsreserve für Zahlungsschwierigkeiten des einzelnen KI gedacht, steht den KI jedoch jederzeit *voll* zur Verfügung, sofern nur im *Monatsdurchschnitt* der erforderliche Betrag erzielt wird. Dieses System bringt es mit sich, daß die Mindestreserve praktisch *keine* einlagensichernde Bedeutung hat.

b) *Gewährträgerhaftung/Anstaltslast: alle* öffentlich-rechtlichen KI unterstehen dem Staat, d. h. einer Körperschaft, die zugleich für sie einzustehen hat. Der Staat übernimmt also bei öffentlich-rechtlichen KI die Gewährleistung für die Aufrechterhaltung des Geschäftsbetriebs (Anstaltslast) und bei einem Zusammenbruch im Außenverhältnis die volle Garantie für die Einlagen (Gewährträgerhaftung).

c) Dies gibt es bei *privatrechtlichen KI nicht:* hier stehen zwar Inhaber hinter dem Unternehmen (Einzelunternehmer, vollhaftende Gesellschafter, Aktionäre usw.), doch ihre finanzielle Gewähr ist entweder *beschränkt* oder durch zu geringes Privatvermögen *unzureichend*.

d) Eine Einlagensicherung im engeren Sinne, d. h. die Möglichkeit für Einleger, ihren Forderungsbetrag trotz Zahlungsunfähigkeit der Schuldnerbank zurückzuerhalten, besteht in der Bundesrepublik Deutschland nicht kraft Gesetzes, sondern auf *freiwilliger Basis* als Selbsthilfe-Maßnahmen der Kreditwirtschaft in Form der *Einlagensicherungsfonds* (sog. gruppenspezifische Lösung, orientiert an der Zugehörigkeit eines KI zu einem Verband).

Der Fall Herstatt zeigte dabei auf, daß die Kapitalausstattung dieser Fonds bei einem Bankenzusammenbruch derartigen Umfangs völlig unzureichend war; sie wurde daher erheblich erweitert.

Der Stützungsfonds der Sparkassen wird mit einer jährlichen Verbandsumlage von 0,3 ‰ der Kundenforderungen auf insgesamt 3 ‰ der Kundenforderungen aufgefüllt. Die Kreditgenossenschaften bringen für ihren Garantiefonds jährlich 0,5 ‰ insb. der Kundenforderungen auf.

Dabei setzen die Sparkassen und die genossenschaftlichen KI ihre Mittel vorwiegend dazu ein, vorbeugend die Zahlungsschwierigkeiten eines angeschlossenen KI zu beseitigen und so mittelbar den Einleger zu schützen.

Der Bundesverband deutscher Banken bevorzugt – statt der Institutssicherung – den unmittelbaren Schutz des Einlegers durch Auszahlung des ausstehenden Einlagebetrages. Dies erfordert ein umfangreiches Sicherungssystem, insbes. in finanzieller Hinsicht. Das System schützt den einzelnen Einleger (sofern es sich um Nichtbanken-Kundschaft handelt) bis zu 30 % des haftenden Eigenkapitals des betreffenden KI. Jährlicher Beitrag der Mitgliedsbanken: 0,3 ‰ der Verbindlichkeiten aus dem Bankgeschäft gegenüber Nichtbanken.

Das Sicherungssystem des deutschen Kreditgewerbes wird als bestes in der Welt und als Garantie für die absolute Sicherheit der Einlagen angesehen. Allerdings hat der Einleger keinerlei Rechtsanspruch auf Schutz, d. h. auf Zahlung seiner Einlage aus dem Sicherungsfonds.

e) *Liquiditäts-Konsortialbank GmbH:* Diese Gemeinschaftsgründung der Kreditwirtschaft und der Bundesbank dient zur Unterstützung von KI, die sich in Liquiditätsschwierigkeiten befinden. KI können nach Prüfung durch die Liquiditäts-Konsortialbank Wechsel ziehen, die im Rahmen eines speziellen Rediskont-Kontingents bei der Bundesbank rediskontiert werden.

1.0.2 Der Bankbetrieb

1.0.20 Überblick

Wie andere Betriebe setzen auch Kreditinstitute *Produktionsfaktoren* ein, um ihre Leistungen zu erbringen:

o Arbeit:
   - elementare Arbeitsleistung: ausführende Tätigkeiten
   - dispositive Arbeitsleistung: leitende, planende, ordnende Tätigkeiten
o Betriebsmittel:
   - Grundstücke und Gebäude
   - Betriebs- und Geschäftsausstattung
   - Büromaschinen
   - EDV-Anlagen und -Einrichtungen
o eingesetztes Kapital.

Die *Organisation* bildet den Rahmen, innerhalb dessen sich die betriebliche Tätigkeit bewegt. Ihre wesentlichen Aufgaben sind (vgl. Abschnitt 4.1):

o Bereitstellung einer übersichtlichen, den Aufgaben entsprechenden *Aufbauorganisation*
o Schaffung und detaillierte Beschreibung der *Ablauforganisation* für den betrieblichen Leistungsprozeß.

Die *Datenverarbeitung* ist unverzichtbares Instrument, um die Vielzahl, Komplexität und Quantität der Vorgänge im Kreditinstitut schnell und sicher abzuwickeln (vgl. Abschnitt 4.2). So ließe sich der bargeldlose Zahlungsverkehr ohne Datenverarbeitung nicht bewerkstelligen.

Die *Geschäftspolitik* hat die Aufgabe, den Handelnden *Ziele* für ihre Aufgabenerfüllung zu geben.

Das *Marketing* dient der Unterstützung der Geschäftspolitik und ihrer Umsetzung in Richtung auf den Absatz der Bankdienstleistungen. Im Mittelpunkt des Marketing steht der *Kunde*.

Das *Personalwesen* stellt den *Mitarbeiter* in den Mittelpunkt, denn dieser ist der entscheidende Leistungsträger in einem Dienstleistungsbetrieb.

Die *Revision* hat die Aufgabe, die Ordnungsmäßigkeit aller Tätigkeiten in einem KI zu prüfen und sicherzustellen sowie für die Beseitigung und Verhinderung von Fehlern und Unkorrektheiten zu sorgen.

1.0.21 Geschäftspolitik

a) *Wesen:* Formulierung der *Zielsetzungen* für das Unternehmen. Ausdruck dieser Ziele können sein

o ausformulierte Unternehmensziele

o Besprechungen des Vorstands mit den leitenden Mitarbeitern, um die Ziele und insbesondere Zieländerungen deutlich zu machen

o Rundschreiben an alle Mitarbeiter.

Ausformulierte Unternehmensziele fehlen noch in vielen Kreditinstituten. Die Zielsetzung für das Handeln der Mitarbeiter ergibt sich dann aus einer Fülle von Einzelentscheidungen.

b) *Träger:*

o in erster Linie die Geschäftsleitung (Vorstand)

o das Vorstandssekretariat oder eine vergleichbare Stelle

o alle leitenden Mitarbeiter

o alle Mitarbeiter.

c) *Instrumente:*

o Grundentscheidung über geschäftliche Richtungen und Schwerpunkte, z. B.
  – Aufbau einer Zweigstellenorganisaion für die Kundenbetreuung vor Ort
  – Schwerpunkte der Tätigkeit z. B im Auslandsgeschäft oder im Wertpapiergeschäft, in der Betreuung der vermögenden Privatkunden oder der mittelständischen Firmenkunden usw.

o Wahl einer besonderen Rechtsform oder geschäftlichen Ausrichtung, mit der bereits eine weitgehend festgelegte Zielsetzung verbunden wird, z. B.
  – Universalbank
  – Hypothekenbank
  – Sparkasse

o Produktpolitik, d. h. Entscheidung über die Art der Produkte, die den Kunden angeboten werden sollen, z. B.
  – Teilfinanzierungsgeschäft
  – Allfinanzgeschäft (einschl. Lebensversicherung und Bausparen)
  – Angebot eigener Kreditkarten
  – Einsatz von Geldausgabeautomaten

o Preispolitik, d. h. Festlegung der Preise (Zinsen und Gebühren), zu denen den Kunden die Leistungen zur Verfügung gestellt werden, erkennbar am Preisaushang und im Preisverzeichnis

o Standortpolitik, d. h. Entscheidungen über Standorte für Zweigstellen, Repräsentanzen (Ausland?)

o Kooperationspolitik, d. h. welchen Verbänden gehört ein Institut an, mit welchen anderen Unternehmen (z. B. Korrespondenzinstitute, auch im Ausland, Versicherungen, Bausparkassen) arbeitet es zusammen.

d) *Identität:* Für den Mitarbeiter ist es sehr wichtig, ein möglichst klares Bild von „seiner" Bank/Sparkasse zu haben, denn nur so ist es ihm möglich,

o sich mit seiner Bank/Sparkasse zu identifizieren,

o gegenüber Dritten glaubwürdig und überzeugend aufzutreten,

o das Unternehmenskonzept mitzutragen und zu „leben".

Viele Unternehmen befassen sich mit dieser Frage unter dem Begriff „Corporate Identity" und versuchen, die wesentlichen Aussagen zu formulieren, um Fragen, die die Mitarbeiter hierzu haben, beantworten zu können, z. B.

o Steht das einmalige Geschäft oder die dauerhafte Kundenbeziehung im Vordergrund?

o Geht die Betreuung des Kunden so weit, daß er in seinem Interesse beraten wird, oder hat das Interesse des KI stets Vorrang?

1.0.22 Personalwesen

Bedeutung: Aufgabe des Personalwesens ist die Betreuung der Mitarbeiter. Da diese die Leistungsträger im Kreditinstitut sind, stellt ein modernes Personalmanagement die Mitarbeiter in den Mittelpunkt und behandelt sie in einer der Kundenbetreuung vergleichbaren Weise.

1.0.220 Personalbeschaffung

a) Kreditinstitute haben ebenso wie andere Unternehmen grundsätzlich ständigen Personalbedarf. Dieser ergibt sich aus

o der *Fluktuation,* d. h. den Abgängen von Mitarbeitern aufgrund
  - von Kündigungen
  - Mutterschaft, evtl. mit anschließendem Erziehungsurlaub
  - längerdauernden Krankheiten, Todesfällen
  - Eintritts in den Ruhestand

o zusätzlichem Bedarf von Mitarbeitern für bestimmte Aufgaben.

b) Da Mitarbeiter, die neue Aufgaben übernehmen oder ausscheidende Mitarbeiter ersetzen sollen, eine zum Teil längere Einarbeitungszeit benötigen, braucht jedes Institut

o eine gezielte Personalplanung, die die Fluktuation berücksichtigt

o eine Nachfolgeplanung für vakant werdende Arbeitsplätze.

Hilfreich sind klare Vorstellungen darüber, welche Tätigkeiten in einer bestimmten

Stelle anfallen *(Stellen-, Aufgabenbeschreibungen)* und welche *Anforderungen* daraus für neue Mitarbeiter resultieren.

c) Die *Auswahlentscheidung* nimmt eine zentrale Stellung ein. Fehler, die hier gemacht werden, belasten ein Kreditinstitut unter Umständen Jahrzehnte und können für den Mitarbeiter selbst dauernde Unzufriedenheit bedeuten. Daher gibt es eine Reihe von Auswahl*instrumenten,* die in unterschiedlicher Kombination eingesetzt werden:

o Testverfahren

o Gruppengespräche

o Einzelgespräche

o Assessment-Centers (mehrtägige Veranstaltungen, bei denen unterschiedliche Aufgaben von meist mehreren Kandidaten zu bearbeiten sind und ein Kreis von Beobachtern die Entscheidung fällt).

d) Als *Auswahlverfahren* lassen sich unterscheiden:

o interne Stellenausschreibung, d. h., innerhalb des Betriebes wird auf die freie Stelle unter Nennung der Anforderungen hingewiesen

o Ausschreibung durch Stellenanzeige in Tageszeitungen usw.

e) Der *Berufsausbildung* als Medium der Personalbeschaffung kommt besondere Bedeutung zu. Das KI hat hier die Möglichkeit, einen Kreis von Nachwuchsmitarbeitern umfassend auf eine spätere Tätigkeit vorzubereiten und dabei die Fähigkeiten, Stärken und Schwächen dieser Menschen kennenzulernen. Daher rekrutieren heute die meisten KI den größten Teil ihres Bedarfs an Nachwuchskräften aus den Reihen der eigenen Auszubildenden.

1.0.221 Personalverwaltung

a) *Wesen:* Aufgabe der Personalverwaltung ist es, unter Beachtung der Vorschriften des Arbeitsrechts

o Verträge mit dem Mitarbeiter zu schließen

o die Einhaltung der Verträge zu überwachen

o den Mitarbeiter im Rahmen der Fürsorgepflicht des Arbeitgebers im gesamten sozialen Bereich zu betreuen

o die Erfüllung der Arbeitgeberpflichten sicherzustellen (Gehaltszahlung, Urlaubsgewährung, angemessener Arbeitsplatz usw.)

o die Personalakte zu führen.

Zum Arbeits- und Sozialrecht siehe Abschnitt 0.5.

b) Die *Vertragsgestaltung* erstreckt sich auf

o den Arbeitsvertrag (Vollzeit-, Teilzeit-, Aushilfsverhältnis)

- soziale Vereinbarungen, die z. T. auch über Betriebsvereinbarungen geregelt sind
- die Umsetzung tarifvertraglicher Regelungen
- die Gestaltung außertariflicher Regelungen
- eine evtl. betriebliche oder überbetriebliche Altersversorgung
- spezielle Vertragsverhältnisse (z. B. Sterbekasse, Sportgemeinschaft).

c) Hinsichtlich der Frage, ob die Verträge von den Mitarbeitern *eingehalten* werden, nimmt das Personalwesen die Arbeitgeberfunktion ein. Seine Aufgabe ist es, die Interessen des Arbeitgebers zu wahren, ohne dabei die Fürsorgepflicht dem Mitarbeiter gegenüber zu verletzen.

Für Vertragsverletzungen durch den Mitarbetier gibt es ein abgestuftes Sanktionssystem, angefangen bei mündlichen und schriftlichen Verweisen über Abmahnungen bis hin zu Kündigungen. Die Mitbestimmungsrechte des Betriebsrates sind zu beachten.

d) Die *soziale Betreuung* umfaßt insbesondere
- die Weiterleitung von Beiträgen an die Sozialversicherungsträger
- die Beratung in generellen und konkreten Fragen der Kranken- und Rentenversicherung
- die Krankenfürsorge (z. B. Betriebsarzt)
- die soziale Fürsorge und Beratung (z. B. Einrichtung eines Sozialberaters, Suchtberatung)
- die Beteiligung an vorbeugenden Maßnahmen des Gesundheitsschutzes (z. B. Grippeschutzimpfungen), der Unfallverhütung (gemeinsam mit der zuständigen Fachkraft für Arbeitssicherheit), der Sicherstellung von Hilfeleistungen (z. B. Erste-Hilfe-Kurse)
- die Zuschußleistung zu Krankheitskosten (sog. Beihilfe)
- Sonderleistungen wie Jubiläumsgeld, Geschenke zu besonderen Geburtstagen, Pensionärsbetreuung
- Sonderkonditionen, in KI z. B. gebührenfreie Kontoführung, Vorzugszinsen.

d) Zur *Erfüllung der Arbeitgeberpflichten* gehören in erster Linie
- Gehaltszahlung einschl. detaillierter Gehaltsabrechnung
- Angebot eines angemessenen Arbeitsplatzes (belichtet, gut belüftet, den Arbeitsstättenrichtlinien entsprechend, mit der erforderlichen Ausstattung versehen), der den Fähigkeiten des Mitarbeiters entspricht
- Einhaltung der Vorschriften des Arbeitsschutzrechtes (z. B. Urlaub, Mutterschutz, Arbeitszeit, Jugendarbeit)
- Gewährung aller tarifvertraglichen, durch Betriebsvereinbarung geregelten und einzelvertraglich festgeschriebenen Leistungen.

f) Die *Personalakte* spiegelt die vertraglichen und sonstigen Beziehungen zwischen Arbeitgeber und Mitarbeiter wieder. Sie enthält sämtliche Verträge, die Bewerbungsunterlagen, die Beurteilungen und die gesamte Korrespondenz mit dem Mitarbeiter (z. B. Beförderungsschreiben, Gewährung von Sonderurlaub usw.). Der Mitarbeiter ist berechtigt, Einsicht in seine Personalakte zu verlangen.

g) Basis einer guten Personalverwaltung ist ein funktionierendes *Personalinformationssystem*. Dieses basiert auf dem Gehaltsabrechnungsprogramm, das bereits einen Großteil der wesentlichen Daten über den Mitarbeiter liefert (Name, Anschrift, Geburtsdatum, Gehalt, Steuerklasse, Familienstand, Zahl der Kinder usw.).

Weitere wichtige gespeicherte Informationen können die bisherigen Einsatzorte und die absolvierte Aus- und Weiterbildung sein.

Personalinformationssysteme sind wichtige Hilfsmittel einer gezielten Personalplanung und Mitarbeiterbetreuung. Sie finden ihre Grenzen in der totalen Überwachung („gläserner Mitarbeiter"), die aber meist weder vom Arbeitgeber angestrebt noch von Betriebs-/Personalrat zugelassen wird.

1.0.222 *Personalentwicklung*

a) *Wesen:* Aufgabe der Personalentwicklung (PE) ist es, das vorhandene Leistungspotential der Mitarbeiter zu erfassen und optimal zu nutzen. Dies bedeutet nicht *aus*nutzen, denn es ist heute unstreitig, daß nur gut motivierte Mitarbeiter gute Leistungen erbringen. Das bedeutet, daß mit einem menschlichen Arbeitsklima, in dem die Mitarbeiter Freude an der Arbeit haben, auch das Interesse des Betriebes an kontinuierlicher, möglichst hoher Arbeitsleistung gesichert werden kann.

b) *Adressaten:* Vielfach wird unter Personalentwicklung noch die gezielte Förderung junger Nachwuchskräfte für Führungspositionen verstanden. Das heutige Verständnis ist wesentlich umfassender: Es erfaßt sämtliche Mitarbeiter und erstreckt sich auf

o Aufstiegsentwicklung (Karriere, Laufbahn)
o Qualifikationsentwicklung (Erweiterung des Fachwissens, Spezialistenentwicklung)
o Persönlichkeitsentwicklung.

Damit werden von der Personalentwicklung letztlich alle Mitarbeiter erfaßt, niemand wird ausgeschlossen.

c) *Voraussetzungen* für ein funktionierendes PE-System:

o mindestens mittelfristige Personalplanung
o Nachfolgeplanung (welche Mitarbeiter scheiden wann aus?)
o eindeutige Vorstellungen über die Anforderungen zu besetzender Positionen (z. B. aufgrund eines Anforderungsprofils, einer Stellenbeschreibung)
o eingespieltes Beurteilungssssystem.

d) *Beurteilungen:* Wichtiges Instrument der Personalentwicklung, da es dazu dient, den Leistungsstand und das Potential des Mitarbeiters zu erfassen. Beurteilungen sollten sich daher nicht auf vergangenheitsbezogene Aspekte beschränken, sondern auch Perspektiven, anzustrebende Verhaltensänderungen und Leistungsbeweise sowie Vereinbarungen darüber enhalten, was von beiden Seiten innerhalb welchen Zeitraums zu tun ist.

Oft werden Beurteilungen ergänzt um eine Selbsteinschätzung des Mitarbeiters.

e) Entscheidender Dreh- und Angelpunkt ist das *Mitarbeitergespräch* und damit die Rolle des Vorgesetzten, der seine Mitarbeiter nicht nur beurteilt, sondern ihnen seine Einschätzung erläutert, mit ihnen über ihre Ziele spricht, ihnen Alternativen aufzeigt, mögliche Wege bespricht, sie berät und betreut. Dazu gehört auch Offenheit in bezug auf Schwächen.

f) Weitere *Instrumente* der Personalentwicklung sind besondere Auswahlverfahren wie das Assessment Center (s. o. Abschnitt 1.0.221 c), die nicht nur der Auswahl geeigneter Nachwuchs-Führungskräfte dienen, sondern durch die hierbei einschätzbare Leistungsfähigkeit und Persönlichkeit Ansatzpunkte für persönliche Entwicklungspläne und Gespräche bieten.

Außerdem sind zu nennen

o Traineeprogramme

o Betreuungsprogramme für Studenten

o Hospitationsprogramme u. a. m.

1.0.223 Aus- und Weiterbildung

a) Als *Ausbildung* in diesem Sinne wird in einem Kreditinstitut die Berufsausbildung zum Bankkaufmann verstanden (vgl. Abschnitt 0.5.104). Diese verläuft nach dem *dualen System* mit der theoretischen Ausbildung in der Berufsschule und der praktischen Ausbildung im KI.

b) Die *Weiterbildung* wird unterteilt in

o Aufstiegsweiterbildung: standardisierte Maßnahmen, festgelegte Bildungsgänge (instituts- und verbandsinterne Lehrgänge, Bankakademie usw.), die mit einer Prüfung und oft auch mit einem Titel abschließen

o Anpassungsweiterbildung: Maßnahmen, die
 – der Erweiterung des Fachwissens dienen
 – die Anpassung an neue Anforderungen, Techniken, Produkte usw. ermöglichen.

c) Wichtig ist es, daß Bildungsmaßnahmen in KI nicht nach dem „Gießkannenprinzip" stattfinden, sondern geplant nach einem Konzept, das in die Personalplanung und die Personalentwicklung integriert wird und die dort vereinbarten Ziele und getroffenen Entscheidungen unterstützt und ergänzt.

Dies setzt voraus, daß der Bildungs*bedarf* gründlich ermittelt und dabei die Betroffenen einbezogen werden.

Damit Bildungsmaßnahmen nicht verpuffen und die oft sehr schwierige Umsetzung in die Praxis gelingt, ist es wichtig, daß sie vorbereitet und nachbereitet werden. Dies geschieht in erster Linie durch Mitarbeitergespräche, wobei wiederum die Vorgesetzten eine entscheidende Rolle einnehmen.

d) Der *Erfolg* von Bildungsmaßnahmen ist kaum meßbar. Dennoch spielt heute der Begriff des „Bildungscontrolling" zunehmend eine Rolle, da auch bei solchen Investitionen eine sinnvolle Relation von Aufwand und Ertrag gegeben sein muß.

1.0.224 Personalführung

a) *Wesen:* Der Begriff der Personalführung beschreibt die Aufgabe des Vorgesetzten, seine Mitarbeiter zu *betreuen,* sie *anzuleiten,* zu *motivieren* und so ihr *Leistungspotential* zu nutzen.

b) *Methoden:* Gute Personalführung ist Ausdruck einer entsprechenden Persönlichkeit, bei der Selbstbewußtsein und Einfühlungsvermögen wesentliche Voraussetzungen sind. Daher ist Personalführung auch nur in begrenztem Umfang erlernbar. Trainierbar sind allerdings einzelne Methoden wie

o Mitarbeitergespräche, insb. Kritikgespräche
o Beurteilungen und deren Voraussetzungen, nämlich Beobachtung, Interesse, Aufmerksamkeit
o Kommunikation, d. h. aktives Zuhören, Gesprächsstil, Feedback = Rückkoppelung (Rückmeldung von Beobachtungen und Gefühlen)
o Austragen von Konflikten.

c) *Aufgaben* im Rahmen der Personalführung:
o anleiten, einweisen, unterweisen
o informieren, einbeziehen, beteiligen, mitdenken lassen
o beurteilen, Lob und Tadel, konstruktive Kritik
o kontrollieren, korrigieren, Interesse zeigen
o beraten und betreuen, ermutigen, unterstützen
o delegieren, Verantwortung übertragen
o weiterbilden, fördern, entwickeln
o Ziele geben, Wege zeigen
o Vorbild sein.

d) *Führungsstile:* In der Managementlehre und Führungswissenschaft gibt es eine Reihe von modellhaften Führungsstilen. Die heutige Wirklichkeit in Kreditinstituten läßt im wesentlichen drei Stilrichtungen erkennen:
o autoritärer Führungsstil: nicht mehr gegenwartsgerecht, aber noch vorhanden

o kooperativer Führungsstil: in mehr oder minder deutlicher Ausprägung überall vorhanden, aber meist nicht konsequent betrieben

o situativer Führungsstil: meist persönlichkeitsgeprägt; die Führungskraft verhält sich so, wie es nach ihrer Einschätzung die Situation gebietet, und wechselt dabei den Führungsstil.

Wichtiges Führungs*prinzip* ist heute das Management by Objectives = das Führen durch Zielvereinbarungen, also über Absprachen bezüglich der in einem festgelegten Zeitraum zu erbringenden Leistungen (z. B. Absatzziele).

e) Viele Institute legen ihre Führungsprinzipien und Grundaussagen zur Mitarbeiterführung in *Führungsleitlinien* nieder. Problem dieser Leitlinien ist, sie nicht nur zu formulieren, sondern auch zu *leben*.

1.0.23 Marketing

1.0.230 Grundbegriffe

a) Unter Marketing versteht man die Gesamtheit aller unternehmerischen *Maßnahmen* zur Lenkung, Förderung und Sicherung des *Absatzes* als wichtigster Hauptfunktion eines Handels- oder Dienstleistungsbetriebes.

Dahinter steht ein Unternehmens-Grundkonzept, das dem Absatz, d. h. dem Vertrieb der Leistungen des Unternehmens, den Vorrang einräumt.

b) Der Begriff des „*Verkaufens*" war dem Kreditgewerbe zunächst fremd und hat erst in den siebziger Jahren Bedeutung erlangt. Der Wettbewerb in einem verteilten Markt bringt es mit sich, daß der Berater heute zugleich Verkäufer der Dienstleistungen und Produkte und des ganzen Unternehmens ist.

Schulungen in Verkaufstechniken und -methoden (verkäuferisches Denken und Handeln) gehören daher heute zum Standard inner- und überbetrieblicher Bildungsmaßnahmen im Kreditgewerbe und werden z. T. auch in der Ausbildung zum Bankkaufmann eingesetzt.

c) Marketing ist ein *strategischer* Ansatz, der eine *Konzeption* voraussetzt, in deren Sinne die Marketing-Instrumente eingesetzt werden.

1.0.231 Marketingkonzeption

a) Die Konzeption, nach der die Marketinginstrumente eingesetzt werden, muß in enger Abstimmung mit der Geschäftspolitik aufgestellt werden.

b) Grundlage einer Konzeption ist eine intensive *Marktforschung*. Sie dient

o der Ermittlung der momentanen und zukünftigen Marktsituation und Absatzmöglichkeiten durch *Marktanalyse* (Momentaufnahme), o der Feststellung von Wandlungen, Tendenzen usw. durch laufende, kurz- bis langfristige *Marktbeobachtung*.

Dabei werden regelmäßige periodische Schwankungen, Zufallsbewegungen, Konjunktureinflüsse und strukturelle Verschiebungen im gesamtwirtschaftlichen Gefüge berücksichtigt.

c) Das Marketing benötigt ebenso wie die Geschäftspolitik eindeutige *Ziele*. Da das Marketing kundenbezogen ist, stellt sich hier die Frage nach dem *Adressaten* der absatzorientierten Bemühungen. Dementsprechend lassen sich unterschiedliche *Kundengruppen* (Zielgruppen) aufstellen:

o Privatkundschaft
  – Kundschaft im Mengengeschäft: Ansatzpunkt ist das Girokonto (Lohn- und Gehaltsempfänger) oder das Sparkonto (z. B. Jugendliche, Ruhegehaltsempfänger)
  – vermögende Privatkundschaft: Zielrichtung ist Betreuung im Rahmen der Vermögensanlage

o Firmenkundschaft
  – mittelständische Unternehmer (z. B. Handwerker, Einzelhändler)
  – größere Unternehmen
  – andere Kreditinstitute

o öffentliche Haushalte, Verbände, ausländische Staaten usw.

d) Wesentliche Frage einer Marketingkonzeption ist, wie das Kreditinstitut sich im Markt sieht, ob bestimmte Kundengruppen bevorzugt, neue Märkte erschlossen, neue Produkte aufgenommen werden sollen.

1.0.232 Absatzpolitik

a) *Wesen:* Die Absatzpolitik ist die Gesamtheit aller unternehmerischen Maßnahmen, die möglichst günstige *Voraussetzungen* für den Absatz schaffen sollen. Sie orientiert sich an den Bedürfnissen und Wünschen der Kunden.

b) *Preispolitische* Maßnahmen sind Preisdifferenzierungen z. B. nach Absatzgebieten, Käuferschichten, Jahreszeit und Wirtschaftslage. Mittel der KI ist in erster Linie der *Zins,* darüber hinaus Gebühren (z. B. für die Kontoführung), Provisionen usw. Die KI betreiben auf diesem Gebiet heute intensiven Wettbewerb. Dies wird z. B. deutlich, wenn die Bundesbank ein Zinssignal gesetzt hat und die KI vor der Frage stehen, ihre Preise zu verändern.

c) *Mengenpolitische* Maßnahmen dienen der Einwirkung auf Preise durch am Markt vorhandene Mengen, die – z. B. durch bewußte Verknappung – zur künstlichen Anregung der Nachfrage oder zu gewollten Preissteigerungen führen können. KI selbst haben auf die im Wirtschaftskreislauf vorhandene *Geldmenge* nur geringen Einfluß;

Mengenpolitik wird für die KI vielmehr durch die Deutsche Bundesbank im Rahmen ihrer Geld- und Kreditpolitik betrieben.

d) Die *Sortimentspolitik* betreiben KI, indem sie den Kunden eine Vielfalt von Dienstleistungen anbieten. Die Angebotspalette ist in den letzten zehn Jahren ständig erweitert worden. Hierzu gehören strukturelle Erweiterungen wie die Aufnahme von Versicherungen in das Angebot ebenso wie Verbreiterungen (z. B. im Wertpapiergeschäft durch eine Vielzahl neuer Papiere und Vertragsarten).

e) *Präferenzpolitische* Maßnahmen (= Bevorzugungsmaßnahmen) bestehen in der Berücksichtigung und Steuerung des Kunden*verhaltens,* das sich in der Bevorzugung bestimmter Betriebe und/oder Leistungen ausdrückt; Gründe für diese Bevorzugung durch Kunden können bedingt sein

o sachlich (Auswirkung der Leistungsqualität)

o persönlich (Vorliebe für bestimmtes Unternehmen, z. T. familiär oder traditionell bedingt)

o psychologisch (Einfluß der Werbung; Übereinstimmung mit Charakterhaltungen und z. T. unbewußten Neigungen des Kunden)

o räumlich (günstige Lage)

o zeitlich (unterschiedliches Interesse für verschiedene Leistungsangebote zu verschiedenen Zeiten, z. B. Hang zum Sparen in Krisenzeiten).

f) Die *Standortpolitik* ist wesentlicher Teil der Absatzpolitik. Ansätze zum standortunabhängigen Verkauf wie z. B. Btx oder sogenannte Briefbanken, die ihre Leistungen per Post offerieren, haben sich in der Breite bisher nicht durchgesetzt. Daher spielt die Frage, wie der Kunde das KI erreicht, heute noch eine wesentliche Rolle. Dementsprechend lassen sich unterscheiden

o zentraler Absatz

o dezentraler Absatz über Zweigstellen (Filialen, Geschäftsstellen, Verkaufsbüros, Repräsentanzen)

o Verkauf beim Kunden selbst: z. B.
   – Besuch im Betrieb durch Firmenkundenbetreuer
   – Außendienst.

g) Die zunehmende Bedeutung der *Kundenselbstbedienung* macht die Standortpolitik noch differenzierter. Die Kundenbedürfnisse werden unterschieden nach Leistungen, die auch durch Automaten erbracht werden können (z. B. Geld abheben, Kontoauszüge abholen), und persönlicher Betreuung. Ansätze in der Praxis:

o Selbstbedienungszweigstellen

o alleinstehende Geldausgabeautomaten

o Zweigstellen mit Selbstbedienung und begrenzter Beratung

o Zweigstellen mit umfassender Beratung in allen Bereichen

o reine Beratungsstellen (Verkaufsbüros).

1.0.233 Werbung

a) *Wesen:* Werbung ist der planmäßige Einsatz von Mitteln, die geeignet sind, Leistungen bekannt und begehrenswert zu machen. Sie dient dazu,

o neue Kunden zu gewinnen (z. B. Einführungswerbung)
o Stammkunden zu behalten (Erinnerungswerbung)
o neue Leistungen bekanntzumachen (Neuheitenwerbung)
o neue Bedürfnisse zu wecken (Bedarfswerbung).

b) Damit die jeweiligen Ziele erreicht werden, müssen *Werbebotschaften* eingesetzt werden. Diese sind häufig nach der sog. *AIDA-Formel* aufgebaut. AIDA bedeutet (in englischen Begriffen)

A = Attention (Aufmerksamkeit erregen)
I = Interest (Interesse am Zielobjekt binden)
D = Desire (Wünsche nach dem Produkt im Kunden wecken)
A = Action (dem Kunden die Möglichkeit geben, tätig zu werden, z. B durch ausgegebene Kupons für kostenlose Information).

c) Die *Alleinwerbung* wird von einem einzelnen Unternehmen, die *Gemeinschaftswerbung* von einer ganzen Branche betrieben. Sie kann in einer *Einzel*umwerbung bestehen, gerichtet auf den einzelnen, persönlich angesprochenen Kunden, oder in *Massen*umwerbung, wobei insb. die Massenmedien (Presse, Funk, Fernsehen) eingesetzt werden.

d) *Mittel* der Werbung sind das gesprochene und geschriebene Wort, Bilder und Zeichen, die Ware selbst (KI: Plakate mit Abbildungen von Münzen, Geldscheinen), das mit ihr Erreichbare (Fotos von Autos, Häusern, Reisezielen) sowie Werbegeschenke (kleinere Zugaben, z. B. Kugelschreiber, Kalender).

Der Einsatz der Werbemittel sollte von folgenden Grundsätzen beherrscht sein:

o Wahrheit und Klarheit
o Wirksamkeit
o Wirtschaftlichkeit.

e) Die Werbe*politik* läßt sich bei KI unterscheiden nach

o Produktwerbung (die Leistung steht im Vordergrund; Ziel ist das Vertrauen in die Leistung)
o Imagewerbung (das ganze Unternehmen, sein Ansehen steht im Vordergrund; Ziel ist das Vertrauen in das Unternehmen).

Eine besondere Werbeart sind *Public Relations* (= „öffentliche Beziehungen"), d. h. die Öffentlichkeitsarbeit des Unternehmens, als besondere Form der Imagewerbung. Hierzu gehört der direkte Kontakt zu den Medien (besonders Journalisten).

1.0.24 Revision

a) *Wesen:* Revision ist die nachträgliche Überprüfung betrieblicher Vorgänge mit dem Ziel der Beseitigung von Fehlern. Eine darüber hinausgehende Zielsetzung betrifft die Herstellung und Erhaltung der Betriebs- und Ablaufsicherheit und führt zu einer Beratungsfunktion des Revisoren.

In KI ist eine funktionierende Revision besonders wichtig, da zum Teil erhebliche Vermögenswerte betreut werden und diese nicht dem Institut selbst gehören, sondern ihm vom Kunden anvertraut wurden.

b) *Durchführung:* Prüfungsmaßnahmen in KI können durchgeführt werden durch

o *externe* Prüfungsstellen, z. B.
  - Bundesaufsichtsamt für das Kreditwesen (BAK)
  - Deutsche Bundesbank (z. B. Einhaltung der Mindestreserve- und Großkreditvorschriften)
  - Prüfungsverbände (Kreditgenossenschaften)
  - Prüfungsstellen der Sparkassen- und Giroverbände (Sparkassen)
  - Wirtschaftsprüfer

o *interne* Prüfungseinrichtungen = *Innenrevision.*

Die Prüfungen können aufgrund vorheriger Ankündigung oder überraschend (unvermutet) erfolgen. Sie können den Bestand oder Vorgang lückenlos aufnehmen oder aber stichprobenartig. Wesentliche Prüfungshandlungen sind das Aufnehmen, das Vergleichen und das Abstimmen.

Die nachträglichen Prüfungsmaßnahmen der Revision werden ergänzt durch

o Kontrollmaßnahmen = vorsorgliche Überwachung von Arbeitsvorgängen (z. B. unvermutete Kassenprüfungen); Grundsätze:
  - Einsatz von Kontrolleuren, Vier-Augen-Prinzip
  - Verantwortlichkeit der Vorgesetzten
  - mechanische Kontrollen (z. B. Schlüssel, fortlaufende Numerierung)
  - programmierte Kontrolle (Bestandteil von EDV-Programmen), z. B.
    - Plausibilitätskontrolle (ist eine Eingabe denkbar und möglich?)
    - Prüfziffernrechnung (z. B. bei Kontonummern: Einstellung einer zusätzlichen Ziffer in die Kontonummer, die sich aus einem Rechenvorgang mit den anderen Ziffern ergibt)
o Sicherungsmaßnahmen = vorbeugende Regeln, z. B.
  - Unterschriftenregelung
  - Belegaufbewahrung und -vernichtung
  - Schlüsselverwahrung und -verwaltung (z. B. Doppelverschluß)
  - Dienstanweisungen über Verhalten bei Überfällen usw.

c) *Grundsätze* der Revision:

o Unabhängigkeit

- o Recht auf Information
- o Innenrevision: unterstützt die Geschäftsleitung und ist dieser unmittelbar unterstellt.

d) *Gegenstand* der Revision: *Sämtliche* Tätigkeitsbereiche in einem Kreditinstitut; Schwerpunkte:

- o Kreditgeschäft: Zielsetzung ist die Vermeidung von Ausfällen durch
  - Einhaltung der Bearbeitungsvorschriften, Kompetenzen
  - ordnungsgemäße Prüfung der wirtschaftlichen Verhältnisse des Kreditnehmers
  - ausreichende, den Vorschriften entsprechende Sicherheiten
- o Organisation und Datenverarbeitung (sog. Systemprüfung): Zielsetzung ist die Gewährleistung der Ordnungsmäßigkeit, Wirtschaftlichkeit und Sicherheit der Arbeitsabläufe; dabei hat die EDV-Revision mittlerweile erhebliche Bedeutung erlangt, da die wichtigsten Arbeitsvorgänge maschinell oder zumindest EDV-gestützt ablaufen
- o Bestände: Sicherstellung, daß die in Beständen gehaltenen Werte vollständig vorhanden und Zu- und Abgänge nachweisbar sind; z. B.
  - Kassenbestand
  - Tresorbestände
  - Wechsel
  - Wertformulare (z. B. Schecks)
- o Depotgeschäft (sog. Depotprüfung): externe Revision der
  - Anschaffung und Veräußerung
  - Verwahrung und Verwaltung

  von Wertpapieren
- o Jahresabschluß: interne und im Anschluß daran externe, gesetzlich vorgeschriebene Prüfung, die sich besonders erstreckt auf
  - Erstellung von Bilanz und Gewinn- und Verlustrechnung
  - Lagebericht
  - vollständige und richtige Erfassung sämtlicher Geschäftsvorfälle
  - Ordnungsmäßigkeit der Buchführung.

e) Die *Ergebnisse* von Prüfungen werden in *Revisionsberichten* (Prüfungsberichten) festgehalten. Diese enthalten

- o Prüfungsauftrag
- o Gegenstand und Umfang der Prüfung
- o Feststellungen und Wertung der Ergebnisse
- o beim Jahresabschluß: Bestätigungsvermerk, vgl. Abschnitt 0.4.042 h.

f) Anforderungen des Bundesaufsichtsamtes für das Kreditwesen an die *Innenrevision* in Kreditinstituten:

- o Voraussetzung für die Funktionsfähigkeit der Innenrevision ist eine schriftlich fixierte Ordnung des gesamten Betriebes (Kompetenzen, Arbeitsabwicklung).

- Die Prüfungsergebnisse sollen über Ordnungsmäßigkeit des Betriebsablaufs, aufgetretene Mängel und Gefahren für das KI Aufschluß geben.
- Trennung der Innenrevision von anderen betrieblichen Funktionen.
- Möglichst selbständige Aufgabenwahrnehmung durch die Revision.
- Erstellung schriftlicher Revisionsberichte regelmäßig, zeitnah, bei drohenden Gefahren unverzüglich; Vorlage bei der Geschäftsleitung.
- Der Revisionsbericht hat neben Feststellungen auch Beurteilungen des Prüfungsgebietes zu enthalten.
- Die Erledigung von Beanstandungen ist zu überwachen.
- Schwerwiegende Feststellungen gegen Mitglieder der Geschäftsleitung sind der gesamten Geschäftsleitung unverzüglich schriftlich zu berichten und von dieser unverzüglich dem Vorsitzenden des Aufsichtsorgans zu unterbreiten.

1.1 Zahlungsverkehr

1.1.0 Überblick

1.1.00 Zahlungsverkehr und Zahlungsmittel

Der *Zahlungsverkehr* der *Kreditinstitute* besteht in der Durchführung von baren, halbbaren und unbaren (bargeldlosen) Zahlungen für Kunden sowie für eigene Rechnung. *Gegenstand* des Zahlungsverkehrs ist *Geld* im weitesten Sinne als *Zahlungsmittel*.

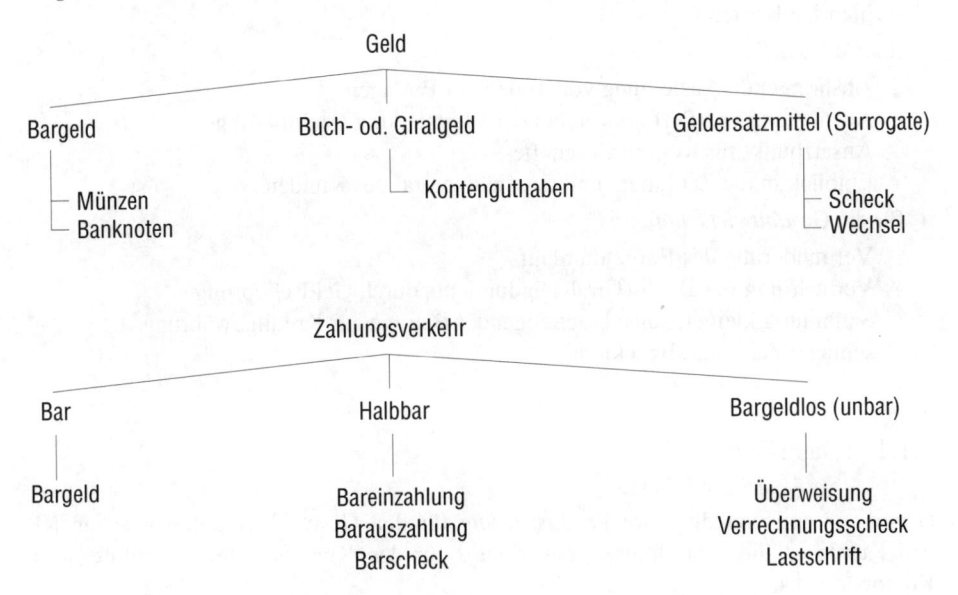

```
                          Geld
        ┌──────────────────┼──────────────────────┐
     Bargeld         Buch- od. Giralgeld    Geldersatzmittel (Surrogate)
       │                    │                      │
     ├ Münzen            └ Kontenguthaben        ├ Scheck
     └ Banknoten                                 └ Wechsel
```

```
                     Zahlungsverkehr
        ┌──────────────┼──────────────┐
       Bar          Halbbar      Bargeldlos (unbar)
        │              │              │
     Bargeld      Bareinzahlung    Überweisung
                  Barauszahlung    Verrechnungsscheck
                  Barscheck        Lastschrift
```

Die heutigen Aufgaben der Kreditinstitue im Zahlungsverkehr beschänken sich auf die halbbaren und bargeldlosen Zahlungsformen. Der Umfang dieses Dienstleistungsgeschäftes nimmt immer zu und entspricht damit der Abnahme der Barzahlungen im gesamten Wirtschaftsverkehr. (Beispiele: Löhne/Gehälter werden nicht mehr in „Tüten" bar ausgezahlt, sondern auf Lohn- oder Gehaltskonten überwiesen; größere Käufe auch von Privatpersonen werden nicht bar, sondern durch Eurocheque, Kreditkarte oder Überweisung bezahlt.)

Träger des Zahlungsverkehrs sind

o Deutsche Bundesbank
o Geschäftsbanken (Groß-, Regional-, Lokalbanken, Privatbankiers)
o Sparkassen und Girozentralen
o Kreditgenossenschaften
o Postgiroämter.

1.1.01 Bedeutung des Zahlungsverkehrs

a) *Barzahlungen* treten in der Praxis immer mehr in den Hintergrund.

b) Der *bargeldlose Zahlungsverkehr* ist für das heutige Wirtschaftsleben praktisch unentbehrlich. Bedeutung:

o für die *Kunden:*
- schnelle, sichere, bequeme Zahlungen, Verminderung der (riskanten) Bargeldhaltung
- Gewinn durch Zinsen
- niedrige Kosten

o für die *Kreditinstitute:*
- zinsbringende Ausleihung von Teilen der Einlagen
- Ausnutzung von Differenzen bei der Wertstellung (Valutierung)
- Ansatzpunkt für weitere Geschäfte
- Einblick in die Zahlungs- und Geschäftsmoral des Kunden

o für die *Gesamtwirtschaft:*
- Verminderung des Bargeldumlaufs
- Vermehrung des Buch-(Giral-)geldumlaufs durch Geldschöpfung
- Sammlung kleiner, sonst brachliegender Beträge zur Kreditgewährung
- schnelle Zahlungsabwicklung.

1.1.1 Das Konto

Grundlage und unabdingbare *Voraussetzung* für den Geschäftsverkehr zwischen KI und Kunde ist die Einrichtung eines *Kontos* für den Kunden unter Abschluß eines Kontovertrages.

1.1.10 Grundlagen

a) *Definition:* Das Konto ist eine zweiseitige Rechnung des Kreditinstituts über Forderungen und Verbindlichkeiten gegenüber dem Kunden aufgrund der Geschäftsbeziehung.

b) *Bedeutung:*
o für das Kreditinstitut: Erhalt von Geldern zur Verwendung im Kreditgeschäft
o für den Kunden:
- Verminderung der Bargeldhaltung
- Teilnahme am bargeldlosen Zahlungsverkehr
- zinsbringende Geldanlage.

c) *Einrichtung* eines Kontos: setzt den Abschluß eines *Kontovertrages* voraus.

Vorgang:

o Antrag des Kunden auf Kontoeröffnung = 1. Willenserklärung
o Inhalt des Antrags: Kontobezeichnung, Person des Kontoinhabers, Kontoart, Verfügungsberechtigung, Anerkennung der AGB und Zustimmung zu Meldungen an die „Schufa", Unterschrift des Antragstellers
o *Legitimationsprüfung:* erforderlich aufgrund
  – § 154 Abgabenordnung (AO): kein Konto darf unter falschem oder erdichtetem Namen eröffnet werden (um Steuerhinterziehungen zu vermeiden)
  – eigenen Interesses der Bank (z. B. Haftbarmachung des Kunden bei unberechtigter Überziehung und Nicht-Rückzahlung)
  – eventueller Minderjährigkeit des Antragstellers
o Annahme des Eröffnungsantrags durch das KI = 2. Willenserklärung
o Anforderung einer *Unterschriftsprobe:* in dieser Weise hat der Kunde künftig zu unterzeichnen.

Das KI richtet nun eine *Kontokarte* ein, die mit der Kontobezeichnung und der Unterschriftsprobe versehen wird und auf der Verfügungen, ausgegebene Formulare (z. B. Schecks) und Kreditvermerke eingetragen werden. Vom Computer erstellte Kontoblätter können an die Stelle der Kontokarte treten.

d) Der *Kontovertrag* ist ein Geschäftsbesorgungsvertrag (§ 675 BGB), der für beide Parteien Rechte und Pflichten beinhaltet:

o das *Kreditinstitut* hat
  – erteilte Aufträge weisungsgemäß auszuführen
  – das Konto zu führen und abzurechnen
o der *Kunde* muß
  – jederzeit für ausreichende Deckung sorgen (Guthaben bzw. Einhalten eines Kreditlimits)
  – Gebühren zahlen (durch Abbuchung vom Konto).

1.1.11 Kontoinhaber und Kontoverfügung

1.1.110 Kontoinhaber

Zum Abschluß des Kontovertrages sind – wie für jeden zweiseitig verpflichtenden Vertrag – *Rechtsfähigkeit* und *Geschäftsfähigkeit* erforderlich. Daraus folgt:

o nicht voll geschäftsfähige natürliche Personen (z. B. Minderjährige) können ohne Zustimmung ihrer gesetzlichen Vertreter kein Konto einrichten (die Kontoeröffnung ist auch nicht lediglich rechtlich vorteilhaft, § 107 BGB); Ausnahme: gesetzliche Vertreter haben einem Arbeitsvertrag des Minderjährigen zugestimmt: = Einwilligung zur Kontoeinrichtung, wenn Vergütung bargeldlos erfolgt

Kontobezeichnung/Vorname, Name (ggf. Geburtsname):	1.	Konto-Nr.
Schönfeld & Sulzbach		1234/135223
	2.	
1. Anschrift: Bahnhofstr. 22-24, 4600 Dortmund	3.	
2. Anschrift:	4.	
Telefon: 22 31 33	Tel. Stichwort:	Konto eröffnet am: 04.07.90
Geschäftszweig/Beruf/Arbeitgeber: Einzelhandel mit Elektroartikel	Geschäftszweig/Beruf/Arbeitgeber:	

Für obiges Konto gelten folgende Zeichnungsbefugnisse

Vorname, Name	Geburtsdatum in seiner / Ihrer Eigenschaft als	Die Bevollmächtigten sind berechtigt, mit Verbindlichkeit für mich / uns Wechsel zu akzeptieren *) zeichnet	E, A od. B **)
1. Johann Schönfeld	04.03.37 p.hft.Ges.	*Schönfeld*	E
2. Ernst Sulzbach	12.06.35 p.hft.Ges.	*Sulzbach*	E
3. Harald Heinsen	09.02.40 Bevollm.	*Harald Heinsen*	E
4.			
5.			

*) falls nicht erwünscht, diesen Absatz bitte streichen
**) Es zeichnet: E = einzeln, A = mit einem anderen Zeichnungsberechtigten gemeinsam, B = mit einem Zeichnungsberechtigten zu A gemeinsam

Schufa-Klausel

Ich/Wir willige(n) ein, daß die Hamburger Sparkasse der für meinen/unseren Wohnsitz zuständigen SCHUFA-Gesellschaft (Schutzgemeinschaft für allgemeine Kreditsicherung) Daten über die Beantragung, die Aufnahme und Beendigung dieser Kontoverbindung übermittelt.

Unabhängig davon wird die Hamburger Sparkasse der SCHUFA auch Daten aufgrund nicht vertragsgemäßen Verhaltens (z.B. Scheckkartenmißbrauch durch den rechtmäßigen Karteninhaber, Scheckrückgabe mangels Deckung, Wechselprotest, beantragter Mahnbescheid bei unbestrittener Forderung sowie Zwangsvollstreckungsmaßnahmen) melden. Diese Meldungen dürfen nach dem Bundesdatenschutzgesetz nur erfolgen, soweit dies zur Wahrung berechtigter Interessen des Kreditinstituts, eines Vertragspartners der SCHUFA oder der Allgemeinheit erforderlich ist und dadurch meine/unsere schutzwürdigen Belange nicht beeinträchtigt werden.

Soweit hiernach eine Übermittlung erfolgen kann, befreie(n) ich/wir die Hamburger Sparkasse zugleich vom Bankgeheimnis.

Die SCHUFA speichert die Daten, um den ihr angeschlossenen Kreditinstituten, Leasinggesellschaften, Einzelhandels-, Versandhandels- und sonstigen Unternehmen, die gewerbsmäßig Geld- oder Warenkredite an Konsumenten geben, Informationen zur Beurteilung der Kreditwürdigkeit von Kunden geben zu können. Sie stellt diese Daten ihren Vertragspartnern nur zur Verfügung, wenn diese ein berechtigtes Interesse an der Datenübermittlung glaubhaft darlegen. Die SCHUFA übermittelt nur objektive Daten ohne Angabe des kontoführenden Instituts; subjektive Werturteile, persönliche Einkommens- und Vermögensverhältnisse sind in SCHUFA-Auskünften nicht enthalten.

Ich kann/Wir können Auskunft bei der SCHUFA über die mich/uns betreffenden gespeicherten Daten erhalten. Die Adresse der SCHUFA lautet:

**SCHUTZGEMEINSCHAFT FÜR ALLGEMEINE KREDITSICHERUNG GMBH
ALTSTÄDTER STRASSE 6 · 2000 HAMBURG 1**

Ich/Wir willige(n) ein, daß im Falle eines Wohnsitzwechsels die vorgenannte SCHUFA die Daten an die dann zuständige SCHUFA übermittelt.

Weitere Informationen über das SCHUFA-Verfahren enthält ein Merkblatt, das auf Wunsch zur Verfügung gestellt wird.

Schönfeld   Sulzbach
Unterschrift des/der Kontoinhaber/s

Kontobezeichnung/Vorname, Name (ggf. Geburtsname):		1.	Konto-Nr.
Günther Kreutzger		2.	1268/534678
1. Anschrift: Hofstr. 9, 2000 Hamburg 50		3.	
2. Anschrift:		4.	
Telefon: 435 67 23	Tel. Stichwort:	Konto eröffnet am: 27.06.90	
Geschäftszweig/Beruf/Arbeitgeber: Student	Geschäftszweig/Beruf/Arbeitgeber:		

Für obiges Konto gelten folgende Zeichnungsbefugnisse

Vorname, Name	Geburtsdatum in seiner / Ihrer Eigenschaft als	Die Bevollmächtigten sind berechtigt, mit Verbindlichkeit für mich / uns, Wechsel zu akzeptieren *) zeichnet	E, A od. B **)
1. Günther Kreutzger	08.02.46 Kto.-Inh.	*[Unterschrift]*	E
2. Renate Müller	10.03.49 Bevollm.	*Renate Müller*	E
3.			
4.			
5.			

bei Geschäftsgiro: Fotokopie an Auskunftei

Leerfelder abstreichen!

*) falls nicht erwünscht, diesen Absatz bitte streichen

**) Es zeichnet: E = einzeln, A = mit einem anderen Zeichnungsberechtigten gemeinsam, B = mit einem Zeichnungsberechtigten zu A gemeinsam

Girokonto-Eröffnungsantrag bzw. Anschlußblatt mit Unterschriftsproben

Ich (Wir) beantrage(n) hiermit die Eröffnung bzw. Weiterführung eines Girokontos bei der Hamburger Sparkasse unter der umstehenden Bezeichnung. Ihre **Satzung**, Ihre **Allgemeinen Geschäftsbedingungen** und die **Bedingungen für den Überweisungsverkehr** hängen in allen Kassenstellen zur Einsicht aus. Das **Preisverzeichnis**, die **Bedingungen für den Scheckverkehr** und die **Sonderbedingungen für den Lastschriftverkehr** können dort eingesehen werden. Der Inhalt dieser Unterlagen ist mir (uns) bekannt; ich (wir) erkenne(n) ihn für meinen (unseren) Geschäftsverkehr mit Ihnen als verbindlich an. Bei Gemeinschaftskonten sind Mitteilungen der Sparkasse wirksam, wenn sie einem der Inhaber gegenüber abgegeben werden (auch bei gemeinsamer Zeichnungsbefugnis) und jeder von ihnen ist berechtigt, das Konto aufzulösen.

Vollmachten: Die neben dem Kontoinhaber umstehend als Zeichnungsberechtigte aufgeführte(n) Person(en) ist/sind von mir (uns) – soweit ihre handelsrechtlichen Befugnisse nicht weitergehen – bevollmächtigt, mich (uns) der Sparkasse gegenüber in allen Giroangelegenheiten, die sich aus der Geschäftsverbindung mit Ihnen ergeben, rechtsgültig zu vertreten. Die Bevollmächtigten sollen insbesondere berechtigt sein, über mein (unser) jeweiliges Guthaben und über mir (uns) etwa eingeräumte Kredite jeder Art in beliebiger Weise in meinem (unserem) Namen, **auch zu eigenen Gunsten** und zugunsten Dritter zu verfügen sowie **das Konto zu überziehen**. Sie sind ferner berechtigt, Kontoauszüge, Abrechnungen, Saldenbestätigungen und sonstige Schriftstücke für mich (uns) entgegenzunehmen, zu prüfen und anzuerkennen. Die Bevollmächtigten dürfen auch in meinem (unserem) Geschäftsverkehr mit Ihnen mit Verbindlichkeit für mich (uns) Wechsel ausstellen sowie Wechsel und Schecks girieren. Die Vollmacht behält auch für den Fall Geltung, daß das Konto zu einer anderen Kassenstelle verlegt wird. Die Bevollmächtigten sind dazu berechtigt. Die Bevollmächtigung gilt Ihnen gegenüber so lange, wie Ihnen ein schriftlicher Widerruf nicht zugegangen ist. Sie wirkt **über den Tod** des Vollmachtgebers **hinaus** und bleibt so lange in Kraft, bis sie durch den Rechtsnachfolger des Inhabers, nachdem dieser sich gemäß den Allgemeinen Geschäftsbedingungen legitimiert hat, schriftlich widerrufen wird.

27.06.90	*[Unterschrift]*	
Datum	Unterschrift des / der Kontoinhaber/s	

Ausgewiesen durch PA Nr. F 289 6684 ~~Stadt Bonn, vom 16.06.89~~	1	2
	Vollständigkeit und Ordnungsmäßigkeit geprüft	U-Blatt ausgefertigt, Legitimation geprüft
Familienstand/ Güterstand des Kontoinhabers: ledig	Bei Eröffnung in einer fremden Kassenstelle:	
Konto geschlossen am	Datum	Kassenstelle/Abt.

Bankvollmacht (BkV)

Gilt nicht für Schrankfächer und Verwahrstücke!

1. Ich/Wir – als Vollmachtgeber – bevollmächtige(n)

   Elisabeth Musterkunde

   allein *) ~~gemeinschaftlich mit *)~~

   Der/Die Bevollmächtigte(n) wird/werden zeichnen:

   Elisabeth Musterkunde

   im Namen des Vollmachtgebers alle Handlungen im Geschäftsverkehr mit der **VEREINS- UND WESTBANK Aktiengesellschaft** (nachstehend „Bank" genannt) vorzunehmen, insbesondere über die jeweiligen Guthaben, Depots und sonstigen Vermögenswerte sowie eingeräumte Kredite in beliebiger Weise – auch zu eigenen und zu Gunsten Dritter – uneingeschränkt zu verfügen. Der/Die Bevollmächtigte(n) ist/sind auch berechtigt, Scheck- und Wechselverbindlichkeiten einzugehen, und zwar auch dann, wenn er/sie zur Kreditaufnahme nicht befugt ist/sind. Soweit die Bank dem Vollmachtgeber eine Kontoüberziehung gestatten würde, kann sie auch entsprechende Verfügungen des/der Bevollmächtigten zulassen.

**)2. Der/Die Bevollmächtigte(n) ist/sind berechtigt, im Namen des Vollmachtgebers Kredite jeder Art aufzunehmen und dafür aus dessen Vermögen Sicherheiten jeder Art zu bestellen.
3. Der/Jeder Bevollmächtigte ist berechtigt, Kontoauszüge, Depotauszüge, Saldoabstimmungen, Rechnungsabschlüsse, Abrechnungen und sonstige Schriftstücke für den Vollmachtgeber entgegenzunehmen, zu prüfen und anzuerkennen. Läßt sich der – einer der – Bevollmächtigte(n) aufgrund vorstehender Ermächtigung die vorgenannten Unterlagen zustellen, so erhält der Vollmachtgeber Duplikate davon nur auf besonderen Antrag.
4. Diese Vollmacht behält auch für den Fall Gültigkeit, daß Konten und Depots des Vollmachtgebers zu einer anderen Geschäftsstelle der Bank verlegt werden.
5. Diese Vollmacht gilt der Bank gegenüber, bis ihr ein schriftlicher Widerruf zugeht, es sei denn, ihr Erlöschen ist der Bank infolge groben Verschuldens unbekannt geblieben.
6. Diese Vollmacht erlischt nicht mit dem Tode des Vollmachtgebers. Sie bleibt in Kraft, bis sie durch dessen Rechtsnachfolger unter Nachweis der Rechtsnachfolge schriftlich widerrufen wird. Widerruft einer von mehreren Rechtsnachfolgern die Vollmacht, so wirkt der Widerruf nur für diesen mit der Folge, daß der/die Bevollmächtigte(n) Verfügungen nur gemeinsam mit dem Widerrufenden treffen kann/können.
7. Die Erteilung von Untervollmacht durch den/die Bevollmächtigten ist ausgeschlossen.
***)8. Der/Die Bevollmächtigte(n) ist/sind kein(e) Mitarbeiter der Bank.

Vollmachtgeber:

Hamburg, 09.06.1989
Ort/Datum

Hans Musterkunde
Unterschrift(en)

*) Nichtzutreffendes bitte streichen.
**) Absatz Nr. 2 kann gestrichen werden.
***) Absatz Nr. 8 ist im Ausnahmefall zu streichen.

Name: Hans Musterkunde

Anschrift: Neue Allee 30, 2000 Hamburg 1

Von der Bank auszufüllen

Zutreffendes ankreuzen:

☒ Die umstehende Unterschrift des Vollmachtgebers wurde heute in meiner Gegenwart vollzogen.

☐ Der Vollmachtgeber erkennt seine umstehende Unterschrift als eigene an.

☐ Der Empfang der Vollmacht wurde dem Vollmachtgeber durch Einschreiben – eigenhändig – gegen Rückschein bestätigt.

Sonstige Vermerke:

Datum: 09.06.1989   (Meyer) *Meyer*
Name und Unterschrift des Sachbearbeiters

Vollmacht-Aufhebung

An VEREINS- UND WESTBANK

Die umseitig erteilte Bankvollmacht wird hiermit widerrufen.

Datum: _____

Unterschrift(en) des Vollmachtgebers

- bei juristischen Personen geschieht die Kontoeröffnung durch die vertretungsberechtigten Organe (Vorstand) sowie durch Prokuristen
- nicht rechtsfähige Personenvereinigungen können nicht selbst handeln, sondern dies müssen ihre Mitglieder durch gemeinschaftliches Auftreten tun; das Konto kann allerdings auf den Namen eines hierzu ermächtigten Mitglieds eröffnet werden.

1.1.111 Verfügungsberechtigung

a) *Verfügungsberechtigt* kann sein:
- der Kontoinhaber selbst
- sein gesetzlicher Vertreter
- ein rechtsgeschäftlicher Vertreter (Bevollmächtigter)

(vgl. Übersicht).

b) Eine *Vollmacht,* d. h. die rechtsgeschäftliche Verfügungsmacht über ein fremdes Konto, kann erteilt werden
- nach BGB:
  - im Rahmen einer Generalvollmacht
  - aufgrund einer Spezialvollmacht
- nach HGB:
  - im Rahmen einer Handlungsvollmacht
  - im Rahmen einer Prokura
  - durch ausdrücklich zu diesem Zweck erteilte Handlungsvollmacht (Artvollmacht).

Die Vollmacht kann zeitlich befristet oder unbeschränkt gelten; in diesem Fall gilt sie über den Tod des Kontoinhabers im Zweifel hinaus (§§ 672, 168 BGB). Die Vollmacht kann aber auch ausdrücklich ausgesprochen sein
- bis zum Tode
- für den Todesfall
- über den Tod hinaus.

Bei General- und Handlungsvollmachten ergibt sich die Verfügungsberechtigung i. d. R. aus einem Unterschriftsprobenblatt, das beim kontoführenden Kreditinstitut hinterlegt wird.

Generalbevollmächtigter und Prokurist können sich andernfalls durch Vollmachtsurkunde bzw. beglaubigten Handelsregisterauszug sowie durch persönliche Legitimation ausweisen. Sie dürfen nicht nur über das Konto verfügen, sondern auch Kredite aufnehmen und Wechselverbindlichkeiten eingehen. (Diese Befugnisse hat ein Handlungsbevollmächtigter nur nach besonderer Ermächtigung.)

Kontoinhaber kann sein:	Verfügungsberechtigt ist:
1. Natürliche Personen	
a) Geschäftsunfähige	Gesetzliche Vertreter – grundsätzlich beide Eltern – bzw. der überlebende Teil – evtl. Vormund
b) beschränkt Geschäftsfähige	evtl. Kontoinhaber selbst
c) Mündel (z. B. Waisen, uneheliche Kinder)	Vormund über →Zinsen + Vormundschaftsgericht über →Vermögen
d) voll Geschäftsfähige	Kontoinhaber Bevollmächtigter:
– Privatperson – Minderkaufmann – Vollkaufmann	nach BGB Bevollmächtigter Handlungsbevollmächtigter Prokurist
2. Personalgesellschaften	
a) OHG	jeder Gesellschafter allein
b) KG	jeder Komplementär allein
c) BGB-Gesellschaft	alle Gesellschafter zusammen
	Bevollmächtigte (Prokura, Handlungsvollmacht)
3. Juristische Personen des Privatrechts	
a) AG, GmbH, Vereine, Stiftungen, Genossenschaft, Versicherungsverein a. G.	alle Mitglieder des Vorstandes bzw. Geschäftsführer gemeinsam
b) KGaA	jeder Komplementär allein
4. Juristische Personen des öffentlichen Rechts	der bestimmte gesetzliche Vertreter

(soweit nichts anderes vereinbart – gilt für OHG/KG/BGB-Gesellschaft sowie für AG/GmbH/.../KGaA)

1.1.112 Kontenarten nach der Verfügungsmöglichkeit

a) *Einzelkonten:*

o ein Kontoinhaber

o er allein ist verfügungsberechtigt (außerdem evtl. ein Bevollmächtigter).

b) *Gemeinschaftskonten:* mehrere Personen sind gemeinsam Kontoinhaber;

o *Oder-*Konto: jeder Kontoinhaber ist allein verfügungsberechtigt („der eine oder der andere")

o *Und-*Konto: die Kontoinhaber sind nur gemeinsam verfügungsberechtigt.

Darüber hinaus können auch hier Bevollmächtigte verfügungsberechtigt sein.

c) *Anderkonten:*

o Kontoinhaber ist ein *Treuhänder*, z. B. Notar, Rechtsanwalt, Wirtschaftsprüfer

o Anderkonten dienen zur treuhänderischen Verwahrung und Verwaltung von Vermögenswerten, die dem Treuhänder nicht gehören; sie werden unter dem Namen und Titel des Treuhänders geführt

o Verfügung Bevollmächtigter ist nur eingeschränkt möglich

o hier gelten neben den AGB besondere Geschäftsbedingungen für Anderkonten.

1.1.113 Besondere Verfügungsrechte

a) Bei *Tod* des Kontoinhabers:

o Erben mit Erbschein (oder Testament u. Protokoll der Eröffnung)

o Testamentsvollstrecker mit Testamentsvollstreckungszeugnis

o für den Todesfall Bevollmächtigter

o über den Tod hinaus Bevollmächtigter.

b) Zugunsten von *Gläubigern:*

o im *Konkurs* Verfügungsrecht des Konkursverwalters (evtl. zusammen mit einem Vertreter der Gläubiger = Mitglied des Gläubigerausschusses)

o bei *Pfändung* von Kontenguthaben: sog. Pfändungs- und Überweisungsbeschluß (§§ 828 ff. ZPO)
- verbietet dem KI die Leistung an den Schuldner
- verbietet dem Schuldner die Verfügung über die gepfändete Forderung an das KI
- berechtigt den Gläubiger zur Einziehung der Forderung, d. h. zur Verfügung
- Voraussetzung: vollstreckbarer und zugestellter Titel
- durch Vorankündigung der Pfändung können zwischenzeitliche Verfügungen verhindert werden, da diese als Sperrung des Kontos wirkt
- beachte: das Pfandrecht des KI selbst nach AGB am Kontoguthaben des Kunden muß auch der Pfändungsgläubiger gegen sich gelten lassen

o möglich ist *Beschlagnahme* von Bankguthaben durch Justiz- und Finanzbehörden

o der Kontoinhaber kann selbst über sein Guthaben zugunsten Dritter verfügen (abgesehen von normalen Zahlungsvorgängen):
- durch *Abtretung* (Zession), die dem sog. Zessionar alle Rechte des bisherigen Kontoinhabers verschafft (§§ 398 ff. BGB)

– durch *Verpfändung*, die dem Gläubiger ein Zugriffsrecht auf das Guthaben gibt (muß dem KI angezeigt werden; Schuldner bleibt Gläubiger der Forderung gegenüber dem KI).

1.1.12 Kontoführung durch das KI

a) Die KI erstellen für die Buchungen eines Tages auf einem Konto einen *Kontoauszug* (Tagesauszug). Daß eine Buchung an einem bestimmten Tag erfolgt, bedeutet jedoch nicht, daß der gutgeschriebene Betrag dem Kontoinhaber vom Buchungstag an zur Verfügung steht oder der belastete Betrag mit diesem Tag nicht mehr verfügbar ist: entscheidend ist die *Wertstellung,* ein zusätzlicher Datumsvermerk neben dem gebuchten Betrag auf Kontoblatt und Auszug.

Die Wertstellung (Valutierung) drückt folgendes aus:

o ein *belasteter* Betrag steht dem Kontoinhaber vom Datum der Wertstellung an nicht mehr zur Verfügung

o über einen *gutgeschriebenen* Betrag darf der Kontoinhaber zwar sofort verfügen – das Geld steht ihm jedoch erst vom Wert an zur *eigenen* Verfügung; ist sein Konto sonst ungedeckt, nimmt er also eine *Überziehung* in Anspruch, für die Sollzinsen zu zahlen sind.

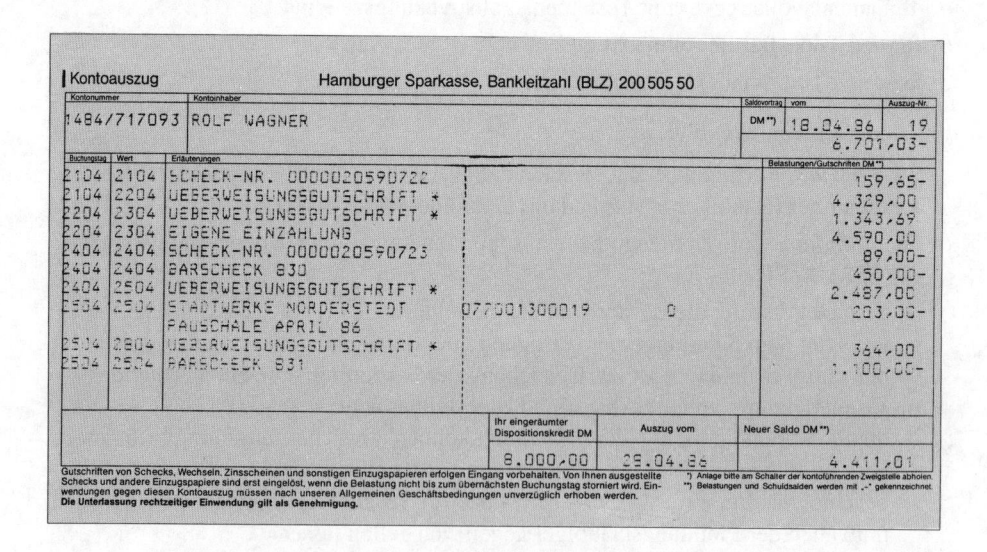

Kontoauszug		Hamburger Sparkasse, Bankleitzahl (BLZ) 200 505 50			
Kontonummer	Kontoinhaber			Saldovortrag vom	Auszug-Nr.
1484/717093	ROLF WAGNER			DM*) 18.04.96 6.701,03-	19
Buchungstag	Wert	Erläuterungen			Belastungen/Gutschriften DM*)
2104	2104	SCHECK-NR. 0000020590722			159,65-
2104	2204	UEBERWEISUNGSGUTSCHRIFT *			4.329,00
2204	2304	UEBERWEISUNGSGUTSCHRIFT *			1.343,69
2204	2304	EIGENE EINZAHLUNG			4.590,00
2404	2404	SCHECK-NR. 0000020590723			89,00-
2404	2404	BARSCHECK 830			450,00-
2404	2504	UEBERWEISUNGSGUTSCHRIFT *			2.487,00
2504	2504	STADTWERKE NORDERSTEDT PAUSCHALE APRIL 96	077001300019	0	203,00-
2504	2804	UEBERWEISUNGSGUTSCHRIFT *			364,00
2504	2504	BARSCHECK 831			1.100,00-
			Ihr eingeräumter Dispositionskredit DM	Auszug vom	Neuer Saldo DM*)
			8.000,00	26.04.96	4.411,01

Für die Zinsberechnung auf einem Konto ist also in jedem Fall die Valuta entscheidend, nicht der Buchungstag.

In der Praxis der KI haben sich bestimmte Wertstellungsregeln herausgebildet, die als *Wertstellungsgrundsätze* Eingang in das Preisverzeichnis gefunden haben. Beispiele:

o Gutschriften
  - Überweisungen: Wert 1 Geschäftstag nach Buchungstag
  - Bareinzahlungen: Wert 1 Geschäftstag nach Einzahlung (überholt – siehe unten)
o Einzugsschecks (Sofortgutschriften Eingang vorbehalten)
  - Schecks auf KI am Platz: 1 Geschäftstag nach Buchungstag
  - Schecks auf auswärtige KI: 3 Geschäftstage nach Buchungstag
o Barauszahlungen: Geschäftstag der Auszahlung
o Lastschrifteinzüge: 2 Geschäftstage nach dem Einzugstag

Durch die Valutierungspraxis entstehen für KI u. U. *Wertstellungsgewinne* (sog. Float-Nutzen), wenn der Betrag später als am Wertstellungstag abfließt oder früher als am Wertstellungstag zufließt. Dadurch werden Aufwendungen für Habenzinsen geringer und Erträge für Sollzinsen höher. Außerdem entsteht ein *Bodensatz,* der sich für das Kreditgeschäft einsetzen läßt.

Vor diesem Hintergrund wird die Handhabung der Wertstellungen durch KI zunehmend kritisiert. Der BGH hat in einem Urteil vom 17.1.89 folgende Praxis wegen Verstoßes gegen § 9 AGB-Gesetz (unangemessene Benachteiligung) für unzulässig erklärt:

o Bareinzahlung zugunsten des eigenen Girokontos – Gutschrift Wert folgender Geschäftstag (= im konkreten Fall ein Montag)
o gleichzeitig Durchführung eines Überweisungsauftrages zu Lasten dieses Kontos – Belastung Wert gleicher Geschäftstag (= im konkreten Fall Freitag).

Sehr viele KI haben daraufhin für Bareinzahlungen zugunsten von Girokonten die Valutierung Buchungstag = Wert eingeführt. Das Urteil hat aber zu einer weiteren Belebung der Diskussion geführt, so daß mit grundlegenden Änderungen der Valutierungspraxis zu rechnen ist.

Da andererseits der Zahlungsverkehr den KI insgesamt mehr Kosten verursacht als Erträge einbringt, ist als Ausgleich für die entfallenden Wertstellungsgewinne mit höheren Gebühren zu rechnen.

b) Die Kreditinstitute intensivieren die Installation von *Selbstbedienungs-Kontoauszugsdruckern* in ihren Kundenräumen. Diese Geräte ermöglichen es dem Kunden, während der Geschäftszeit den aktuellen Kontoauszug mittels einer Codekarte selbst ausdrucken zu lassen. Dies bedeutet eine wesentliche Entlastung für den Servicebereich.

c) Die Behandlung des Kontos richtet sich nach der jeweiligen Kontoart. Grundsätzlich werden alle Konten mindestens *jährlich* abgeschlossen; für Zahlungsverkehrskonten (Giro-, Kontokorrentkonto) erfolgt der Abschluß i. d. R. vierteljährlich, z. T. halbjährlich.

Zweck des Abschlusses:

o Kontrollmöglichkeit für KI (Hausrevision) und Kunden
o Verbuchung von Zinsen, Gebühren, Auslagen.

Die *Konditionen* der KI sind unterschiedlich nach dem mit der Kontoführung verbundenen Arbeitsaufwand, werden für eine Kontoart jeweils jedoch einheitlich erhoben und durch Aushang im Schalterraum bekanntgemacht (Preisverzeichnis). Für gute Kunden gelten Sonderkonditionen.

Durch Konditionen werden geregelt:

o Zinsen = zeitabhängige Vergütungen für Kapitalüberlassung

o Provisionen = zeitunabhängige Vergütungen für bestimmte Leistungen (grds.; z. T. werden irreführende Begriffe verwendet oder Provisionen auch zeitabhängig gerechnet, z. B. Avalprovision)

o Gebühren dienen unmittelbar zur Deckung von Kosten des KI.

1.1.13 Kontoarten nach der Verwendung

1.1.130 Girokonto

a) *Wesen:*

o Verbuchung von Sichteinlagen

o Geld ist jederzeit fällig, d. h. verfügbar

o nur kreditorische Führung (d. h. auf Guthabenbasis)

o Verzinsung der Guthaben möglich (i. d. R. bis 1 1/2 %; meist jedoch zinslos geführt).

b) *Bedeutung:*

o Abwicklung des Zahlungsverkehrs

o Abwicklung sonstiger Geschäfte zwischen Kunde und KI, für die kein besonderes Konto erforderlich ist.

1.1.131 Kontokorrentkonto

a) *Wesen:*

o Verbuchung von Sichteinlagen

o Verbuchung kurzfristiger (sog. Kontokorrent-)Kredite

o Geld (Guthaben bzw. Kredit) ist jederzeit verfügbar

o debitorische oder kreditorische Führung

o Verzinsung der Guthaben möglich (siehe Girokonto)

o Sollzinsen für debitorische Führung (d. h. auf Kreditbasis).

b) *Rechtsgrundlage:* § 355 HGB; Inhalt:

o Kaufmannseigenschaft eines der Partner erforderlich (KI)

- o gegenseitige Verrechnung beiderseitiger Ansprüche und Leistungen
- o Berechnung von Zinseszinsen zulässig
- o maßgeblich für Forderung/Verbindlichkeit ist der *Saldo* = Differenz der beiden Kontoseiten
- o regelmäßige Feststellung des Saldos (mindestens jährlich)
- o jederzeit kündbares Verhältnis.

c) *Bedeutung:* Abwicklung des Zahlungsverkehrs und aller sonstigen Geschäfte zwischen Kunde und KI, für die kein besonderes Konto erforderlich ist.

Die KI unterscheiden meist nicht zwischen Giro- und Kontokorrentkonto: i. d. R. werden alle Konten als „Girokonten" (Sparkassen) oder als „Laufende Konten" (= Kontokorrentkonten; Geschäftsbanken) bezeichnet ohne Rücksicht darauf, ob sie überzogen werden dürfen oder nicht.

1.1.132 Depositenkonto

a) *Wesen:*

- o Verbuchung von Termineinlagen
- o nur kreditorische Führung möglich

b) *Bedeutung:* keine Zahlungsverkehrs-Umsätze, da die Gelder festgelegt (terminiert) sind: Fest- und Kündigungsgelder.

1.1.133 Sparkonto

a) *Wesen:*

- o Verbuchung von Spareinlagen (siehe dort)
- o nur kreditorische Führung
- o Verfügung nur mit Sparbuch (+ Ausweiskarte u. a.); keine Verfügung durch Überweisung oder Scheck.

b) *Bedeutung:*

- o Verbuchung von Geldern, die der Anlage oder Ansammlung von Vermögen dienen
- o nicht für den Zahlungsverkehr bestimmt.

1.1.134 Depotkonto

a) *Wesen:*

- o Verbuchung von in Verwahrung genommenen Wertpapieren
- o genaue Angaben zu diesen Papieren

b) *Bedeutung:* Sicherung des Herausgabeanspruchs des Kunden für die ihm gehörenden Papiere.

1.1.14 Allgemeine Geschäftsbedingungen (AGB) der Kreditinstitute

a) W*esen:* Die AGB sind von den Kreditinstituten aufgestellte Bestimmungen, die Grundlage für ihre Geschäftsbeziehungen zu ihren Kunden sein sollen.

Aufgrund des AGB-Gesetzes von 1976 werden AGB nicht mehr automatisch Bestandteil aller Rechtsgeschäfte zwischen KI und Kunde, sondern müssen durch ausdrücklichen Hinweis, deutlichen Aushang am Ort des Vertragsabschlusses, mit Kenntnisnahmemöglichkeit und Einverständnis des Kunden *einbezogen* werden (vgl. Abschnitt 0.1.411).

Dabei werden relativ strenge Anforderungen an den Inhalt der AGB gestellt.

b) Wesentlicher *Inhalt:*
o Kennzeichnung und Abgrenzung der einzelnen Tätigkeiten des KI
o Eingrenzung der Haftung gegenüber dem Kunden im gesetzlich zulässigen Umfang (aufgrund des AGB-Gesetzes wurden Überarbeitungen der bis dahin gültigen AGB vorgenommen)
o grundlegende Voraussetzungen für das Tätigwerden des KI
o für einzelne Arten von Bankgeschäften bzw. in ihrem Zusammenhang anfallende Rechtshandlungen (z. B. Abtretung von Forderungen, Sicherungsübereignung) gelten besondere Geschäftsbedingungen, deren Geltung jeweils durch Unterschrift des Kunden herbeigeführt wird (Formularverträge)
o die AGB stimmen bei den einzelnen Arten von KI wörtlich, bei allen KI inhaltlich überein.

c) *Bedeutung:*
o Als Bestandteil aller Bankverträge sind die AGB eine der Rechtsgrundlagen des Kreditwesens
o Vereinheitlichung der Geschäftsbeziehungen zu den Kunden, Typisierung der Geschäfte, rationelles, schnelleres Arbeiten
o eine Wirkung der AGB ist die weitgehend gleiche Behandlung der Kunden; nur bei wichtigen Kunden/größeren Geschäften werden Sonderbedingungen (z. B. Sonderkonditionen) unabhängig von den AGB ausgehandelt
o Überschaubarkeit der Risiken für das KI, Sicherungswirkung
o durch Übereinstimmung der AGB unter den KI Einschränkung des destruktiven (schädigenden), vor allem des risikoreichen Wettbewerbs innerhalb der Kreditwirtschaft.

d) *Wesentliche AGB-Klauseln* (Kurzfassung; bitte im Original nachlesen!):

I. 1: Vertretungs- oder Verfügungsbefugnisse gelten bis zum schriftlichen Widerruf.

I. 2: Über Guthaben auf Gemeinschaftskonto kann jeder Inhaber allein verfügen, sofern keine gegenteilige schriftliche Weisung besteht.

I. 4: Bei Aufträgen zur Gutschrift auf ein Konto unternimmt das KI zumutbare Maßnahmen, um Fehlleitungen infolge unvollständiger Angaben zu vermeiden. Das KI haftet nur für grobes Verschulden.

I. 7: Der Kunde muß das KI auf möglichen Schaden aus Verzögerungen/ Fehlleitungen von Aufträgen in jedem Einzelfall hinweisen.

I. 8: Den Schaden aus Übermittlungsfehlern, Mißverständnissen, Irrtümern trägt der Kunde (außer: Verschulden der Bank).

I. 9: Das KI darf mit der Ausübung aller Geschäfte Dritte beauftragen und haftet nur für sorgfältige Auswahl der von ihm beauftragten Dritten.

I. 10: Bankauskünfte erteilt das KI nur bei juristischen Personen oder im Handelsregister eingetragenen Kaufleuten ohne vorherige Zustimmung, sofern keine anderslautende Weisung des Kunden vorliegt.

I. 11: Ohne schriftliche Vereinbarung übernimmt das KI keine besonderen Verwaltungspflichten (z. B. Unterrichtung über drohende Kursverluste).

I. 14: Das KI erteilt mindestens einmal jährlich Rechungsabschlüsse.

I. 17: Kunde und KI dürfen grds. nach freiem Ermessen die Geschäftsverbindung einseitig aufheben; das KI kann dieses Recht insb. bei unrichtigen Angaben des Kunden über seine Vermögenslage und wesentlicher Vermögensverschlechterung und -gefährdung ausüben.

I. 19: Das KI hat jederzeit Anspruch auf Bestellung/Verstärkung bankmäßiger Sicherheiten. Die in den Besitz des KI gelangten Vermögenswerte dienen als Pfand für alle Forderungen des KI gegen den Kunden (AGB-Pfandrecht).

I. 20: Bei Nichterfüllung fälliger Verbindlichkeiten durch den Kunden kann das KI Sicherheiten ohne gerichtliches Verfahren beliebig hinsichtlich Ort/Zeit verwerten. Androhung und Fristsetzung sind nicht erforderlich.

I. 21: Pfänder mit Börsen-/Marktpreis dürfen börsen-/marktmäßig, andere Pfänder durch öffentliche Versteigerung verwertet werden.

II. : Bedingungen für den Handel in Wertpapieren, Devisen, Sorten

III. : Bedingungen für das Verwahrungsgeschäft

IV. : Bedingungen für Einzugs- und Diskontgeschäft, Wechsel- und Scheckverkehr.

COMMERZBANK

Allgemeine Geschäftsbedingungen

Die nachstehenden Allgemeinen Geschäftsbedingungen gelten für unseren Geschäftsverkehr mit unserer Kundschaft. Jeder Kunde kann diese Allgemeinen Geschäftsbedingungen während der Geschäftsstunden bei der kontoführenden Stelle einsehen, wo sie im Schalterraum aushängen oder ausgelegt sind; außerdem kann jeder Kunde die Aushändigung dieser Allgemeinen Geschäftsbedingungen an sich verlangen.

I. Allgemeines

Das Geschäftsverhältnis zwischen Kunden und Bank ist ein **gegenseitiges Vertrauensverhältnis**. Die Bank steht ihren Kunden mit ihren Geschäftseinrichtungen zur Erledigung verschiedenartigster Aufträge zur Verfügung. Der Kunde darf sich darauf verlassen, daß die Bank seine Aufträge mit der Sorgfalt eines ordentlichen Kaufmannes erledigt und dabei das Interesse des Kunden wahrt, soweit sie dazu im Einzelfall imstande ist. Die Mannigfaltigkeit der Geschäftsvorfälle, ihre große Zahl und die Schnelligkeit, mit der sie zumeist erledigt werden müssen, machen im Interesse der Rechtssicherheit die Aufstellung bestimmter allgemeiner Regeln erforderlich.

1. (1) Die der Bank bekanntgegebenen **Vertretungs- oder Verfügungsbefugnisse** gelten bis zum schriftlichen Widerruf, es sei denn, daß der Bank eine Änderung infolge groben Verschuldens unbekannt geblieben ist. Änderungen der Vertretungs- oder Verfügungsbefugnisse, die in ein Handels- oder Genossenschaftsregister einzutragen sind, gelten jedoch stets erst mit schriftlicher Bekanntgabe an die Bank. Der Kunde hat alle für die Geschäftsverbindung **wesentlichen Tatsachen**, insbesondere Änderungen seines Namens, seiner Verfügungsfähigkeit (z.B. Eintritt der Volljährigkeit) und seiner Anschrift, unverzüglich schriftlich anzuzeigen.

(2) Schriftliche Mitteilungen der Bank gelten nach dem gewöhnlichen Postlauf als zugegangen, wenn sie an die letzte der Bank bekanntgewordene **Anschrift** abgesandt worden sind. Dies gilt nicht, wenn es sich um eine Erklärung von besonderer Bedeutung handelt oder wenn eine schriftliche Mitteilung als unzustellbar an die Bank zurückgelangt und die Unzustellbarkeit vom Kunden nicht zu vertreten ist oder wenn die Bank erkennt, daß die Mitteilung aufgrund einer allgemeinen Störung des Postbetriebes ihm nicht zugegangen ist. Die Absendung wird vermutet, wenn sich ein abgezeichneter Durchschlag der Mitteilung im Besitz der Bank befindet oder wenn sich die Absendung aus einem abgezeichneten Versandvermerk oder aus einer abgezeichneten Versandliste ergibt.

(3) Der Bank zugehende Schriftstücke — insbesondere Wechsel und Schecks — sollen mit **urkundenechten Schreibstoffen** hergestellt und unterzeichnet sein. Die Bank ist nicht verpflichtet zu prüfen, ob urkundenechte Schreibstoffe verwendet worden sind. Für Schäden, die durch Verwendung nicht urkundenechter Schreibstoffe verursacht worden sind, haftet der Einreicher des Schriftstückes; bei einer etwaigen Mitverursachung haftet die Bank nur für grobes Verschulden.

2. (1) Der Kunde kann mit Forderungen gegen die Bank nur mit Verbindlichkeiten in derselben Währung und nur insoweit **aufrechnen**, als seine Forderungen unbestritten oder rechtskräftig festgestellt sind.

(2) Unterhält der Kunde **mehrere Konten**, so bildet jedes Kontokorrentkonto ein selbständiges Kontokorrent. Bevorrechtigte Forderungen kann die Bank trotz Einstellung in das Kontokorrent selbständig geltend machen.

(3) Über das Guthaben eines **Gemeinschaftskonto** und über ein **Gemeinschaftsdepot** kann jeder der Inhaber allein verfügen, es sei denn, daß die Kontoinhaber der Bank eine gegenteilige Weisung erteilt haben. Für die Verbindlichkeiten aus einem Gemeinschaftskonto haftet jeder Mitinhaber in voller Höhe als Gesamtschuldner.

3. (1) **Währungskredite** sind in der Währung zurückzuzahlen, in der die Bank sie gegeben hat. Zahlungen in anderer Währung gelten als Sicherheitsleistung. Die Bank ist jedoch berechtigt, den Währungskredit in deutsche Währung umzuwandeln, wenn dessen ordnungsgemäße Abwicklung aus Gründen, die von der Bank nicht zu vertreten sind, nicht gewährleistet erscheint.

(2) Die Inhaber von bei der Bank unterhaltenen **Währungsguthaben** tragen anteilig im Verhältnis und bis zur Höhe ihrer Guthaben alle wirtschaftlichen und rechtlichen Nachteile und Schäden, die das Gesamtguthaben der Bank in der entsprechenden Währung als Folge von höherer Gewalt, Krieg, Aufruhr oder ähnlichen Ereignissen oder durch von der Bank nicht verschuldete Zugriffe Dritter im Ausland oder im Zusammenhang mit Verfügungen von hoher Hand des In- oder Auslandes treffen sollten.

4. (1) Während der Geschäftsverbindung ist die Bank unwiderruflich befugt, **Geldbeträge** für den Kunden **entgegenzunehmen**. Den Auftrag, einem Kunden einen Geldbetrag zur Verfügung zu stellen, darf die Bank durch Gutschrift des Betrages auf dem Konto des Kunden ausführen, wenn ihr nicht außerhalb des Überweisungsträgers ausdrücklich eine andere Weisung erteilt worden ist. Gutschriften, die infolge eines Irrtums, eines Schreibfehlers oder aus anderen Gründen vorgenommen werden, ohne daß ein entsprechender Auftrag vorliegt, darf die Bank bis zum nächstfolgenden Rechnungsabschluß durch einfache Buchung rückgängig machen (**stornieren**).

(2) Geldbeträge in **ausländischer Währung** darf die Bank mangels ausdrücklicher gegenteiliger Weisung des Kunden in Deutscher Mark gutschreiben, sofern sie nicht für den Kunden ein Konto in der betreffenden Währung führt. Die Abrechnung erfolgt zum amtlichen Geldkurs — bei Fehlen eines solchen zum Marktkurs — des Tages, an dem der Geldbetrag in ausländischer Währung zur Verfügung der Buchung und der vornehmenden Stelle der Bank steht und an dem er von der Bank verwertet werden kann.

(3) Bei Aufträgen zur Auszahlung oder Überweisung von Geldbeträgen darf die Bank die **Art der Ausführung** mangels genauer Weisung nach bestem Ermessen bestimmen. Bei Aufträgen zur Gutschrift auf einem Konto (z.B. Überweisungsaufträge) hat der Auftraggeber für **Vollständigkeit** und **Richtigkeit** der angegebenen Kontonummer und der angegebenen Bankleitzahl einzustehen. Die Bank unternimmt zumutbare Maßnahmen, um Fehlleitungen infolge unrichtiger oder unvollständiger Angaben der Kontonummer, der Bankleitzahl oder der Kontobezeichnung zu vermeiden; kommt es gleichwohl zu einer **Fehlleitung**, so haftet die Bank gegenüber dem Auftraggeber und dem Empfänger nur für grobes Verschulden.

5. (1) Hat die Bank **Urkunden**, die sie im Auftrag des Kunden **entgegennimmt** oder **ausliefert**, auf Echtheit, Gültigkeit oder Vollständigkeit zu prüfen, so haftet sie nur für grobes Verschulden.

(2) Hat die Bank aufgrund eines Akkreditivs, Kreditbriefs oder sonstigen Ersuchens Zahlungen zu leisten, so darf sie an denjenigen zahlen, den sie nach sorgfältiger Prüfung seines Ausweises als **empfangsberechtigt** ansieht.

(3) Werden der Bank als Ausweis der Person oder zum Nachweis einer Berechtigung **ausländische Urkunden** vorgelegt, so wird sie zwar sorgfältig prüfen, ob diese zur Legitimation geeignet sind. Bei der Prüfung und einer etwaigen Übersetzung haftet sie nur für grobes Verschulden.

6. Aufträge jeder Art müssen den Gegenstand des Geschäfts zweifelsfrei erkennen lassen; Abänderungen, Bestätigungen oder Wiederholungen müssen als solche gekennzeichnet sein.

7. Der Kunde ist verpflichtet, die Bank in jedem Einzelfall, bei formularmäßig erteilten **Aufträgen** außerhalb des Formulars, darauf hinzuweisen, daß Zahlungen **fristgebunden** sind und daß aus **Verzögerungen** oder **Fehlleitungen** bei der Ausführung von Aufträgen oder von Mitteilungen hierüber ein über den Zinsnachteil hinausgehender Schaden entstehen kann. Fehlt ein solcher Hinweis, so haftet die Bank für einen über den Zinsnachteil hinausgehenden Schaden nur bei grobem Verschulden; die Haftung beschränkt sich jedoch auf den Zinsnachteil, wenn der Auftrag für den Kunden zum Betrieb eines Handelsgewerbes gehört.

– 1 –

22/00/2
HD1287   Fassung 1. Januar 1988

8. (1) Den Schaden, der aus **Übermittlungsfehlern, Mißverständnissen** und **Irrtümern** im telefonischen, telegrafischen, drahtlosen oder fernschriftlichen Verkehr mit dem Kunden oder mit Dritten entsteht, trägt der Kunde, sofern der Schaden nicht von der Bank verschuldet ist.

(2) Die Bank behält sich vor, aus Gründen der Sicherheit bei telefonisch, telegrafisch, drahtlos oder fernschriftlich eingehenden Aufträgen vor Ausführung auf Kosten des Kunden telefonisch, telegrafisch, drahtlos oder fernschriftlich eine **Bestätigung** einzuholen.

(3) Wenn die Bank telefonische, telegrafische, drahtlose oder fernschriftliche Mitteilungen schriftlich bestätigt, hat der Kunde **Abweichungen** zwischen derartigen Mitteilungen und der schriftlichen Bestätigung unverzüglich zu beanstanden.

9. Die Bank darf mit der **Ausführung aller** ihr übertragenen **Geschäfte** im eigenen Namen **Dritte** ganz oder teilweise **beauftragen**, wenn sie dies auch unter Abwägung der Interessen des Kunden für gerechtfertigt hält. Macht die Bank hiervon Gebrauch, so beschränkt sich ihre Verantwortlichkeit auf sorgfältige Auswahl und Unterweisung des von ihr beauftragten Dritten (Übertragung des Kundenauftrages nach § 664 Abs. 1 Satz 2 des Bürgerlichen Gesetzbuches). Folgt die Bank bei der Auswahl oder bei der Unterweisung des Dritten einer Weisung des Kunden, so trifft sie insoweit keine Haftung. Die Bank ist jedoch verpflichtet, ihrem Kunden auf Verlangen die etwa bestehenden Ansprüche gegen den Dritten abzutreten.

10. (1) Die Bank ist berechtigt, über juristische Personen und im Handelsregister eingetragene Kaufleute **Bankauskünfte** zu erteilen, sofern ihr keine anderslautende Weisung des Kunden vorliegt. Bankauskünfte über alle sonstigen Personen und Vereinigungen erteilt die Bank nur dann, wenn diese allgemein oder im Einzelfall ausdrücklich zugestimmt haben.

(2) Bankauskünfte sind **allgemein gehaltene** Feststellungen und Bemerkungen über die wirtschaftlichen Verhältnisse des Kunden, seine Kreditwürdigkeit und Zahlungsfähigkeit; betragsmäßige Angaben über Kontostände, Spargutguthaben, Depot- oder sonstige der Bank anvertraute Vermögenswerte sowie Kreditinanspruchnahmen werden nicht gemacht. Bankauskünfte erhalten nur eigene Kunden sowie andere Kreditinstitute für deren Zwecke und die ihrer Kunden. Sie werden nur erteilt, wenn der Anfragende ein berechtigtes Interesse an der gewünschten Auskunft glaubhaft darlegt. Die Bank haftet gegenüber dem Auskunftsempfänger bei der Erteilung von Bankauskünften und — soweit sie im Einzelfall eine Verpflichtung hierzu trifft — auch bei deren Unterlassung nur für grobes Verschulden.

(3) Bei **anderweitigen** Auskünften und Raterteilungen sowie bei sonstigen Hinweisen an den Kunden haftet die Bank ebenfalls nur für deren grobes Verschulden; sie haftet jedoch für leichte Fahrlässigkeit, wenn sie eine vertragswesentliche Pflicht zu Auskünften, Raterteilungen und Hinweisen zu erfüllen hat, der im Einzelfall besondere Bedeutung zukommt.

11. Mangels einer ausdrücklichen und schriftlichen Vereinbarung übernimmt die Bank keine anderen als die in diesen Geschäftsbedingungen erwähnten **Verwaltungspflichten**, insbesondere die Unterrichtung des Kunden über drohende Kursverluste, über den Wert oder die Wertlosigkeit anvertrauter Gegenstände oder über Umstände, die den Wert dieser Gegenstände beeinträchtigen oder gefährden könnten.

12. Die Bank versendet **Geld** und **sonstige Werte** nach bestem Ermessen versichert oder unversichert auf Gefahr des Kunden; mangels besonderer Vereinbarung wird sie die **Versendungsart** unter Berücksichtigung der Interessen des Kunden festlegen. Schecks, Lastschriften, Einzugsquittungen, Wechsel und nicht bezahlte Einzugspapiere jeglicher Art dürfen in einfachem Brief versandt werden.

13. Wird die Bank aus einer im Auftrage oder für Rechnung des Kunden übernommenen **Bürgschafts-** oder **sonstigen Gewährleistungsverpflichtung** in Anspruch genommen, so ist sie ohne gerichtliches Verfahren auf einseitiges Anfordern des Gläubigers zur Zahlung berechtigt.

14. (1) Die Bank erteilt mindestens einmal jährlich **Rechnungsabschlüsse**.

(2) Im Privatkundengeschäft ergibt sich die Höhe der **Zinsen** und **Entgelte** für die im Bankgeschäft typischen regelmäßig vorkommenden **Kreditgewährungen** und **Leistungen** aus dem „Preisaushang" — Regelsätze im standardisierten Privatkundengeschäft" und ergänzend aus dem „Preisverzeichnis"; maßgeblich sind die Angaben in der jeweils aushängenden bzw. ausliegenden Fassung. Für dort nicht aufgeführte Kreditgewährungen sowie für Leistungen, die im Auftrag des Kunden oder in dessen mutmaßlichen Interesse erbracht werden und die nach den Umständen nur gegen eine Vergütung zu erwarten sind, darf die Bank die Höhe der Zinsen und Entgelte, soweit keine anderweitige Vereinbarung getroffen wurde, nach billigem Ermessen (§ 315 des Bürgerlichen Gesetzbuches) bestimmen. Außerhalb des Privatkundengeschäfts bestimmt die Bank die Höhe von Zinsen und Entgelten, soweit keine anderweitige Vereinbarung getroffen wurde, nach billigem Ermessen (§ 315 des Bürgerlichen Gesetzbuches). Der Kunde kann Abrechnung verlangen.

(3) Bei der Inanspruchnahme von Krediten über den vereinbarten Betrag oder über den vereinbarten Termin hinaus oder ohne ausdrückliche Vereinbarung **(Kontoüberziehung)** hat der Privatkunde die im Preisaushang ausgewiesenen Zinsen und sonstigen Entgelte zu tragen. Außerhalb des Privatkundengeschäftes hat der Kunde die von der Bank im Rahmen des § 315 des Bürgerlichen Gesetzbuches für Überziehungen bestimmten **Zinsen** und sonstigen **Entgelte** zu tragen.

(4) Für **Leistungen und Maßnahmen**, die auf nicht vertragsgemäßer Kreditabwicklung durch den Kunden, auf vertragswidrigem Verhalten des Kunden, auf Zwangsmaßnahmen Dritter oder sonstigen Verfahren gegen den Kunden beruhen, kann die Bank ein angemessenes Entgelt im Rahmen des § 315 des Bürgerlichen Gesetzbuches in Rechnung stellen.

(5) Der Kunde trägt alle im Zusammenhang mit der Geschäftsverbindung mit ihm entstehenden **Auslagen und Nebenkosten**, wie z.B. Steuern, Aufwendungen für Versicherungen, Ferngespräche, Fernschreiben, Telegramme und Porti.

15. Der Kunde hat **Rechnungsabschlüsse** und **Wertpapieraufstellungen** sowie sonstige Abrechnungen und Anzeigen auf ihre Richtigkeit und Vollständigkeit zu überprüfen. **Einwendungen** gegen Rechnungsabschlüsse und Wertpapieraufstellungen sind innerhalb eines Monats seit Zugang abzusenden; sonstige Einwendungen sind unverzüglich zu erheben. Die Unterlassung rechtzeitiger Einwendungen gilt als **Genehmigung**; die Bank wird bei Rechnungsabschlüssen und Wertpapieraufstellungen sowie sonstigen Abrechnungen und Anzeigen auf die Folge der Unterlassung rechtzeitiger Einwendungen besonders hinweisen. Gesetzliche Ansprüche des Kunden bei begründeten Einwendungen nach Fristablauf bleiben jedoch unberührt.

16. Das **Ausbleiben** von **Anzeigen** über die Ausführung von Aufträgen jeder Art sowie über erwartete Zahlungen und Sendungen ist der Bank unverzüglich mitzuteilen.

17. Der Kunde und die Bank dürfen mangels anderweitiger Vereinbarung die **Geschäftsverbindung** im Ganzen oder einzelne auf Dauer angelegte Geschäftsbeziehungen einseitig **aufheben**. Auch bei einer anderweitigen Vereinbarung ist dieses Recht gegeben, wenn ein wichtiger Grund vorliegt; die Bank kann dieses Recht insbesondere dann ausüben, wenn der Kunde unrichtige Angaben über seine Vermögenslage gemacht hat, wenn eine wesentliche Verschlechterung seines Vermögens oder eine erhebliche Vermögensgefährdung eintritt oder wenn der Kunde seiner Verpflichtung zur Bestellung oder Verstärkung von Sicherheiten nach Anforderung durch die Bank nicht innerhalb angemessener Frist nachkommt.

18. (1) Mit der **Beendigung** der Geschäftsverbindung wird der **Saldo** jedes für den Kunden geführten Kontokorrents sofort **fällig**; von diesem Zeitpunkt ab gilt für Zinsen, Gebühren und Provisionen Nummer 14 Abs. 3. Der Kunde ist außerdem verpflichtet, die Bank von allen für ihn oder in seinem Auftrag übernommenen Verpflichtungen zu **befreien** und bis dahin bankmäßige Sicherheit zu leisten. Die Bank darf auch selbst Haftungsverpflichtungen kündigen und sonstige Verpflichtungen, insbesondere solche in fremder Währung, glattstellen sowie diskontierte Wechsel sofort zurückbelasten.

(2) Die Allgemeinen Geschäftsbedingungen gelten auch nach Beendigung der Geschäftsverbindung, im Ganzen oder einzelner, auf Dauer angelegter Geschäftsbeziehungen für deren Abwicklung bis zur vollständigen **Beendigung** weiter.

19. (1) Die Bank hat dem Kunden gegenüber jederzeit Anspruch auf die Bestellung oder Verstärkung **bankmäßiger Sicherheiten** für alle Verbindlichkeiten, auch soweit sie bedingt oder befristet sind.

(2) Die in den Besitz oder die Verfügungsgewalt irgendeiner Stelle der Bank gelangten oder noch gelangenden **Sachen** und **Rechte** dienen als **Pfand** für alle bestehenden oder künftigen — auch bedingten oder befristeten — Ansprüche der Bank gegen den Kunden; dies gilt auch für **Ansprüche des Kunden** gegen die Bank selbst. Das Pfandrecht besteht ebenso für Ansprüche gegen den Kunden, die von Dritten auf die Bank übergehen, und für Ansprüche der Bank gegen Firmen oder Gesellschaften, für Verbindlichkeiten des Kunden persönlich haftet. Es macht keinen Unterschied, ob die Bank den mittelbaren oder unmittelbaren Besitz, die tatsächliche oder rechtliche Verfügungsgewalt über die Gegenstände erlangt hat.

(3) Absatz 2 gilt nicht für Aktien, bei denen der Erwerb eines Pfandrechtes durch die Bank der Beschränkung des § 71e des Aktiengesetzes unterliegt, sowie für im Ausland ruhende in- und ausländische Wertpapiere.

(4) Die Bank kann ferner ihr obliegende **Leistungen** an den Kunden wegen eigener — auch bedingter oder befristeter — Ansprüche **zurückhalten**, auch wenn sie nicht aus demselben rechtlichen Verhältnis beruhen.

(5) Über die Erhaltung und Sicherung aller der Bank als **Sicherheit** dienenden Sachen und Rechte sowie über den Einzug der ihr haftenden Forderungen, Grund- und Rentenschulden hat der Kunde **selbst** zu wachen und die Bank entsprechend zu unterrichten.

(6) Die Bank ist verpflichtet, auf Verlangen des Kunden **Sicherungsgegenstände** nach ihrer Wahl **freizugeben**, soweit der Wert des Sicherungsgutes die vereinbarte Deckungsgrenze nicht nur vorübergehend überschreitet. Ist keine Deckungsgrenze vereinbart, so hat die Bank auf Verlangen des Kunden Sicherungsgegenstände nach billigem Ermessen freizugeben, soweit sie diese nicht nur vorübergehend nicht mehr benötigt.

20. (1) Kommt der Kunde seinen Verbindlichkeiten bei Fälligkeit nicht nach, so ist die Bank befugt, die **Sicherheiten** ohne gerichtliches Verfahren unter tunlichster Rücksichtnahme auf den Kunden zu beliebiger Zeit an einem ihr geeignet erscheinenden Ort auf einmal oder nach und nach zu **verwerten**. Unter mehreren Sicherheiten hat die Bank die Wahl. Sie darf zunächst aus dem sonstigen Vermögen des Kunden Befriedigung suchen. Über den Erlös wird die Bank dem Kunden eine **Gutschrift** erteilen, die als Rechnung für die Lieferung des Sicherungsgutes gilt und den Voraussetzungen des Umsatzsteuerrechtes entspricht.

- 2 -

(2) Einer Androhung der Verwertung, der Innehaltung einer Frist und der Ausbedingung sofortiger Barzahlung des Kaufpreises bedarf es nicht. Eine Abweichung von der regelmäßigen Art des Pfandverkaufs kann nicht verlangt werden. Die Bank wird nach Möglichkeit Art, Ort und Zeit der Verwertung mitteilen, sofern nicht die Benachrichtigung untunlich ist.

21. (1) **Pfänder,** die einen **Börsen-** oder **Marktpreis** haben, darf die Bank börsen- oder marktmäßig, **andere Pfänder** durch öffentliche Versteigerung verwerten. Der Verpfänder ist nicht berechtigt, die Herausgabe von Zins- und Gewinnanteilscheinen der als Pfand haftenden Wertpapiere zu verlangen. Die Bank darf diese Scheine auch vor Fälligkeit ihrer Forderung verwerten und den Erlös als Sicherheit behandeln.

(2) Die Bank darf die ihr **als Pfand haftenden Forderungen,** Grund- und Rentenschulden schon vor Fälligkeit ihrer Forderung kündigen und einziehen, wenn dies zur Erhaltung der Sicherheit erforderlich ist. Der Kunde ist verpflichtet, auf Verlangen der Bank die Zahlung an die Bank auf seine Kosten zu betreiben. Die Bank darf alle sonstigen Maßnahmen und Vereinbarungen mit den Drittschuldnern treffen, die sie zur Einziehung von Forderungen für zweckmäßig hält, insbesondere Stundungen oder Nachlässe gewähren und Vergleiche abschließen; sie wird sich bemühen, den Kunden vorher zu benachrichtigen, sofern nicht die Benachrichtigung untunlich ist. Eine Verpflichtung zum Einzug übernimmt die Bank nicht.

(3) **Zur Sicherung übertragene** Sachen und Rechte darf die Bank nach bestem Ermessen, auch freihändig, verwerten. Grund- und Rentenschulden wird die Bank freihändig mangels Zustimmung des Sicherheitsbestellers nur zusammen mit der gesicherten Forderung und nur in einer ihr Verhältnis zu ihr angemessenen Höhe verkaufen. Im übrigen gelten die Bestimmungen des Abs. 2 entsprechend.

22. (1) Die Bank ist berechtigt, sich auf Kosten des Kunden alle **Unterlagen** zu beschaffen, die sie zur Prüfung bei der Bestellung, Verwaltung, Freigabe und Verwertung von Sicherheiten für erforderlich hält; dazu zählen insbesondere beglaubigte Abschriften aus öffentlichen Registern, behördliche Bescheinigungen sowie Unterlagen für den Versicherungsschutz.

(2) Für alle sonstigen **Leistungen und Maßnahmen** bei der Bestellung, Verwaltung, Freigabe und Verwertung von Sicherheiten sowie bei der Inanspruchnahme von Mitverpflichteten kann die Bank ein angemessenes **Entgelt** im Rahmen des § 315 des Bürgerlichen Gesetzbuches in Rechnung stellen; im übrigen gilt Nr. 14 Abs. 2 AGB entsprechend. Außerdem trägt der Kunde – neben den in Nr. 14 Abs. 5 erwähnten – alle sonstigen in diesem Zusammenhang entstehenden **Auslagen und Nebenkosten,** insbesondere Lagergelder, Kosten der Beaufsichtigung, Vermittlerprovisionen und Prozeßkosten.

23. Der Kunde trägt den Schaden, der etwa daraus entstehen sollte, daß die Bank von einem eintretenden **Mangel in der Geschäftsfähigkeit** des Kunden oder seines Vertreters unverschuldet keine Kenntnis erlangt.

24. (1) Beim **Ableben des Kunden** ist die Bank berechtigt, die Vorlegung eines Erbscheins, eines Zeugnisses des Nachlaßgerichts über die Fortsetzung der Gütergemeinschaft oder eines Testamentsvollstreckerzeugnisses zu verlangen; sie darf auch denjenigen, der in einer Ausfertigung oder einer beglaubigten Abschrift einer Verfügung von Todes wegen nebst zugehöriger Eröffnungsniederschrift als Erbe oder Testamentsvollstrecker bezeichnet ist, verfügen lassen, auch wenn ihm Beauftragten mit befreiender Wirkung an ihn leisten. Werden der Bank ausländische Urkunden zum Nachweis des Erbrechtes oder der Verfügungsbefugnis über den Nachlaß vorgelegt, so wird sie diese insbesondere auf Echtheit, Gültigkeit und Vollständigkeit sorgfältig prüfen. Bei der Prüfung und einer etwaigen Übersetzung haftet sie nur für grobes Verschulden.

(2) Der Kunde trägt den Schaden, der etwa daraus entstehen sollte, daß die Bank von einem Mangel in der Wirksamkeit derartiger **Urkunden** unverschuldet keine Kenntnis erlangt. Die Bank wird bei Auftreten begründeter Zweifel die Urkunden auf ihre fortdauernde Wirksamkeit prüfen, haftet jedoch insoweit nur für grobes Verschulden.

(3) Entsprechendes gilt für **Bestellungen** von Vormündern, Pflegern, Konkursverwaltern usw. und ähnliche Ausweise.

25. (1) Im Rahmen des von ihr zu vertretenden Verschuldens haftet die Bank auch für ihre Mitarbeiter; hat die Bank im Einzelfall für sonstige Dritte einzustehen, so haftet sie insoweit stets nur für grobes Verschulden.

(2) Die Bank haftet nicht für Schäden, die durch **Störung ihres Betriebes** infolge von höherer Gewalt, Aufruhr, von Kriegs- und Naturereignissen oder infolge von ihr nicht zu vertretenden Vorkommnissen (z.B. Streik, Aussperrung, Verkehrsstörung) veranlaßt sind oder die durch Verfügungen von **hoher Hand** des In- oder Auslandes eintreten.

26. (1) Die Geschäftsräume der kontoführenden Stelle der Bank sind für beide Teile **Erfüllungsort,** wenn der Kunde Kaufmann ist, der nicht zu den in § 4 des Handelsgesetzbuches bezeichneten Gewerbetreibenden gehört, oder es sich bei ihm um eine juristische Person des öffentlichen Rechts oder ein öffentlich-rechtliches Sondervermögen handelt oder sich sein Wohnsitz außerhalb der Bundesrepublik Deutschland befindet. Das am Erfüllungsort geltende **Recht** ist maßgebend für alle Rechtsbeziehungen zwischen dem Kunden und der Bank und zwar auch dann, wenn der Rechtsstreit im Ausland geführt wird.

(2) Ist der Kunde Kaufmann, der nicht zu den in § 4 Handelsgesetzbuch bezeichneten Gewerbetreibenden gehört, oder handelt es sich bei ihm um eine juristische Person des öffentlichen Rechts oder ein öffentlich-rechtliches Sondervermögen, so kann die Bank nur am **Gerichtsstand** des Erfüllungsortes verklagt werden.

27. Die Bank ist dem **Einlagensicherungsfonds** des Bundesverbandes deutscher Banken e.V. (im folgenden Einlagensicherungsfonds genannt) angeschlossen. Soweit der Einlagensicherungsfonds oder ein von ihm Beauftragter Zahlungen an einen Kunden leistet, gehen dessen Forderungen gegen die Bank in entsprechender Höhe Zug um Zug auf den Einlagensicherungsfonds über. Entsprechendes gilt, wenn der Einlagensicherungsfonds die Zahlungen mangels Weisung eines Kunden auf ein Konto leistet, das zu seinen Gunsten bei einer anderen Bank eröffnet wird. Die Bank ist befugt, dem Einlagensicherungsfonds oder einem von ihm Beauftragten alle in diesem Zusammenhang erforderlichen Auskünfte zu erteilen und Unterlagen zur Verfügung zu stellen.

28. (1) Für besondere Geschäftsarten finden neben diesen Allgemeinen Geschäftsbedingungen **Sonderbedingungen,** z.B. für den Scheckverkehr, für Ander- und Sparkonten, für die Annahme von Verwahrstücken und die Vermietung von Schrankfächern sowie für Optionsgeschäfte und Auslandsgeschäfte in Wertpapieren Anwendung. Ferner sind von der Internationalen Handelskammer aufgestellten „Einheitlichen Richtlinien und Gebräuche für Dokumenten-Akkreditive" und die „Einheitlichen Richtlinien für Inkassi" maßgeblich.

(2) **Änderungen** dieser **Geschäftsbedingungen** einschließlich der **Sonderbedingungen** werden dem Kunden, wenn sie ihn nicht nur unwesentlich belasten, durch schriftliche Benachrichtigung oder, in allen anderen Fällen durch ausdrücklichen Hinweis, bekanntgegeben. Sie gelten als genehmigt, wenn der Kunde nicht schriftlich Widerspruch erhebt. Auf diese Folge wird die Bank bei der Bekanntgabe besonders hinweisen. Der Widerspruch des Kunden muß innerhalb eines Monats nach Bekanntgabe der Änderung bei der Bank eingegangen sein.

II. Handel in Wertpapieren, Devisen und Sorten

29. (1) Die Bank führt alle Aufträge zum Kauf und Verkauf von Wertpapieren, die an der Börse des Ausführungsplatzes **zum amtlichen Handel zugelassen sind,** als **Kommissionär** durch Selbsteintritt aus, ohne daß es einer ausdrücklichen Anzeige gemäß § 405 des Handelsgesetzbuches bedarf. Kundenaufträge in amtlichen Handel zugelassenen Aktien werden von der Bank über die Börse geleitet, es sei denn, daß eine andere ausdrückliche Weisung des Kunden vorliegt.

(2) Bei Geschäften in **Kuxen** und in **nicht zum amtlichen Handel** zugelassenen Werten tritt die Bank stets als **Eigenhändler** auf. Das gleiche gilt für zugelassene Wertpapiere, deren Notiz durch Bekanntmachung der Börsenorgane ausgesetzt ist. Geschäfte im Eigenhandel kann die Bank netto berechnen, soweit nicht der Kunde Bruttoberechnung verlangt.

(3) **Abweichungen in der Ausführungsart** müssen ausdrücklich vereinbart werden.

(4) Die vorbezeichneten Ausführungsarten gelten unabhängig von der Fassung der Abrechnung oder einer gesonderten Ausführungsanzeige.

30. (1) Sind Werte an mehreren Börsen zugelassen oder in den geregelten Freiverkehr einbezogen, so trifft die Bank mangels anderweitiger Weisung die Wahl des **Ausführungsplatzes.**

(2) Für Geschäfte in Wertpapieren, Devisen und Edelmetallen gelten die **Usancen** des jeweiligen **Ausführungsplatzes** sowie die Usancen der Ständigen Kommission für Angelegenheiten des Handels in amtlich nicht notierten Werten.

31. (1) Ohne zeitliche Beschränkung erteilte Kauf- und Verkaufsaufträge sind bis zum letzten Börsentag des laufenden Monats gültig; sie sind nicht vorher widerrufen werden; doch werden Aufträge, die am letzten Börsentag eines Monats eingehen und an diesem Tag nicht mehr erledigt werden können, für den nächsten Monat vorgemerkt. Für Aufträge zum Kauf und Verkauf von Bezugsrechten gelten die für den Bezugsrechtshandel im Einzelfall festgesetzten Fristen. Die Bank wird Börsenaufträge möglichst nach **am Tag des Eingangs** ausführen; bei nicht rechtzeitiger Ausführung haftet sie nur für grobes Verschulden.

(2) Die Bank darf Ausführungen von Kauf- oder Verkaufsaufträgen ganz oder teilweise unterlassen oder rückgängig machen, wenn das **Guthaben** oder **der Depotbestand** des Kunden **nicht ausreicht.** Aufträge zu Verkäufen sowie zur Ausübung von Bezugsrechten darf sie auch dann ausführen, wenn dem Kunden entsprechende Werte bei ihr nicht zur Verfügung stehen.

(3) Befindet sich die beauftragte Stelle der Bank nicht am **Ausführungsplatz,** so gibt sie die Aufträge mangels besonderer Weisung nach ihrem Ermessen telefonisch, fernschriftlich, telegrafisch oder brieflich weiter.

32. Einwendungen gegen Abrechnungen und Ausführungsanzeigen von Wertpapiergeschäften müssen unverzüglich nach Zugang telegrafisch, fernschriftlich oder in den Geschäftsräumen der Bank erhoben werden. Anderenfalls gelten die Abrechnungen, Anzeigen usw. als genehmigt; die Bank wird bei den Abrechnungen, Anzeigen usw. auf diese Folge der Unterlassung rechtzeitiger Einwendung besonders hinweisen. Einwendungen wegen Nichtausfüh-

- 3 -

rung von Wertpapieraufträgen sind unverzüglich telegrafisch, fernschriftlich oder in den Geschäftsräumen der Bank nach dem Zeitpunkt zu erheben, an dem die Abrechnung oder Ausführungsanzeige dem Kunden im gewöhnlichen Postlauf hätte zugehen müssen.

33. (1) Verkauft die Bank im Auftrage eines Kunden **nicht volleingezahlte Aktien**, so hat der Kunde, falls er von der Gesellschaft gemäß § 65 des Aktiengesetzes oder von seinem Vormann zur Nachzahlung in Anspruch genommen wird, bereits vom Abschluß des Geschäfts ab gegen die Bank lediglich Anspruch auf die Abtretung der ihr aus dem Kaufvertrag gegen den Nachmann zustehenden Rechte.

(2) Läßt ein abhängiges oder ein in Mehrheitsbesitz stehendes Unternehmen der Vorschrift des § 71 des Aktiengesetzes zuwider **Aktien der herrschen-** den oder mit Mehrheit beteiligten Gesellschaft durch die Bank anschaffen, so haftet es für alle der Bank daraus erwachsenden Schäden.

34. Die Bestimmungen der Nrn. 31, 32 und 33 gelten entsprechend für Kauf- und Verkaufsangebote im **Eigenhandel**. Diese Angebote darf die Bank auch teilweise annehmen, wenn sie es im Interesse des Kunden für tunlich hält.

35. Soweit zulässig, führt die Bank Aufträge zum Kauf oder Verkauf von **Devisen und Sorten** als Kommissionär durch Selbsteintritt aus, ohne daß es einer ausdrücklichen Anzeige gemäß § 405 des Handelsgesetzbuches bedarf; andernfalls tritt die Bank als Eigenhändler auf. Die Nummer 29 Absatz 2 Satz 3 und Absätze 3 und 4, Nummer 31 Absatz 1 Satz 3 und Absatz 2 sowie Nummer 32 finden sinngemäße Anwendung.

III. Verwahrungsgeschäft

36. (1) Die Bank haftet den gesetzlichen Bestimmungen entsprechend für sichere und getreue **Aufbewahrung** der ihr anvertrauten **Wertpapiere**. Sie darf Wertpapiere unter ihrem Namen an auswärtigen Plätzen und bei Dritten aufbewahren und verwalten lassen. Macht die Bank hiervon Gebrauch, so beschränkt sich ihre Verantwortlichkeit auf sorgfältige Auswahl und Unterweisung des von ihr beauftragten Dritten. Folgt die Bank bei der Auswahl oder der Unterweisung einer Weisung des Kunden, so trifft sie insoweit keine Haftung. Die Bank ist jedoch verpflichtet, ihrem Kunden auf Verlangen die etwa bestehenden Ansprüche gegen den Dritten abzutreten.

(2) Bei Sammelverwahrung oder Sammelverwaltung durch eine Wertpapiersammelbank steht die Bank dem Kunden auch für die Erfüllung der Verwahrer- und Verwalterpflichten der Wertpapiersammelbank ein.

(3) Die Bestimmungen der vorstehenden Absätze sind entsprechend auf den Jungscheingiroverkehr anzuwenden.

37. (1) Mangels besonderer Weisung des Kunden sorgt die Bank für **Trennung der fälligen Zins- und Gewinnanteilscheine** und zieht deren Gegenwert ein oder verwertet sie. Neue Zins- und Gewinnanteilscheinbogen erhebt die Bank ohne besonderen Auftrag für alle Wertpapiere, deren Zins- und Gewinnanteilscheine regelmäßig getrennt werden.

(2) **Verlosungen und Kündigungen** überwacht die Bank, soweit Bekanntmachungen hierüber in den „Wertpapier-Mitteilungen" erscheinen und die Bank die Papiere verwahrt. Pfandbriefe und Schuldverschreibungen werden ohne besondere Weisung des Kunden eingelöst; die Einlösung und Verwertung von Wertpapieren anderer Art darf die Bank mangels besonderer Weisung des Kunden nach ihrem Ermessen vornehmen.

(3) Zins- und Gewinnanteilscheine zu Wertpapieren, die auf ausländische Währung lauten, sowie verloste oder gekündigte Wertpapiere, die auf ausländische Währung lauten, und die Gegenwerte darf die Bank mangels anderer Weisung für Rechnung des Kunden bestens verwerten.

(4) Der Gegenwert von Zins- und Gewinnanteilscheinen sowie von fälligen Wertpapieren jeder Art wird — auch wenn die Bank Zahlstelle oder Hauptzahlstelle ist — **vorbehaltlich des Eingangs** gutgeschrieben.

38. Ob Wertpapiere von **Oppositionen, Aufgeboten**, Zahlungssperren u.dgl. betroffen sind, wird einmalig nach ihrer Einlieferung anhand der „Wertpapier-Mitteilungen" geprüft.

39. (1) Bei Konvertierungen, Ausübung oder Verwertung von Bezugsrechten, Aufforderungen zu Einzahlungen, bei Fusionen, Sanierungen, Zusammenlegungen und Umstellungen sowie bei Umtausch-, Abfindungs- und Übernahmeangeboten wird die Bank, wenn hierüber eine Bekanntmachung in den „Wertpapier-Mitteilungen" erschienen ist, den Kunden benachrichtigen. Die Bank erwartet die besondere Weisung des Kunden; sollte diese nicht rechtzeitig eintreffen, so wird die Bank nach ihrem besten Ermessen verfahren, sofern damit nicht eine **Anlageentscheidung** für den Kunden verbunden ist. Bezugsrechte wird sie bestens verkaufen, sofern sie bis zu der der letzten Notiz des Bezugsrechtes vorhergehenden Börsensitzung keine anderweitige Weisung des Kunden erhalten hat.

(2) Hat der Kunde in den Fällen des Absatzes 1 eine Weisung erteilt, so haftet die Bank für deren **sorgfältige Ausführung**. Bleibt jedoch eine Weisung aus, so haftet sie nur für grobes Verschulden. Dasselbe gilt bei etwaigen Unterlassungen.

IV. Einzugs- und Diskontgeschäft, Wechsel- und Scheckverkehr

40. (1) Der Kunde muß der Bank im Einzelfall und gesondert eine Weisung erteilen, wenn bei **Aufträgen zum Einzug** von Schecks und Wechseln der Einsatz von **Eilmitteln** erforderlich ist. In diesen Fällen haftet die Bank im Rahmen ihres Verschuldens; fehlt ein derartiger Hinweis, so haftet die Bank hinsichtlich des Einsatzes von Eilmitteln nur für grobes Verschulden.

(2) Soweit die Bank die wechsel- und scheckmäßige Behandlung von Wechseln und Schecks auf **Auslandsplätze** selbst durchführt, haftet sie nur für grobes Verschulden.

(3) Nicht oder nicht genügend versteuerte Wechsel darf die Bank zurückgehen lassen.

(4) Die Bank darf bei ruhende Wechsel, falls ihr keine andere Weisung erteilt ist, bei Verfall vorlegen und mangels Zahlung protestieren lassen sowie zu diesem Zweck Wechsel auf auswärtige Plätze rechtzeitig versenden.

41. (1) Schreibt die Bank den Gegenwert von **zum Einzug** eingereichten Einzugspapieren (z.B. Wechsel, Schecks, Lastschriften) schon vor Eingang gut, so geschieht dies unter dem **Vorbehalt des Eingangs**, und zwar auch dann, wenn das Einzugspapier bei der Bank zahlbar ist.

(2) **Lastschriften** und vom Kunden ausgestellte **Schecks** sind erst **eingelöst**, wenn die Belastung nicht spätestens am zweiten Buchungstag nach der Belastungsbuchung storniert wird.

42. (1) Die Bank darf bei ihr zum Einzug eingereichten oder von ihr diskontierten Wechsel bereits vor Verfall ohne Rücksicht auf das bestehende Rechnungsverhältnis, insbesondere auf eine vorausgegangene Saldierung, dem Konto **zurückbelasten**, wenn von der Bank eingeholte Auskünfte über eine Wechselverpflichtung nicht zu ihrer Zufriedenheit ausfallen oder wenn Akzepte eines Wechselverpflichteten protestiert werden oder wenn in den Verhältnissen eines Wechselverpflichteten eine wesentliche Verschlechterung eintritt. Entsprechendes gilt bei Schecks.

(2) Gibt die Deutsche Bundesbank der Bank rediskontierte Wechsel oder Schecks zurück, weil sie nachträglich als zum Rediskont nicht geeignet befindet, ist die Bank berechtigt, diese Wechsel oder Schecks dem Kunden zurückzubelasten. Der Rückbelastung wird der Nettobetrag der Diskontabrechnung zuzüglich der Zinsen vom Tag der Diskontierung durch die Bank bis zum Rückbelastungstag zu dem bei der Diskontierung angewendeten Diskontsatz zugrundelegt.

(3) Werden der Bank zum Einzug eingereichte oder von ihr diskontierte Wechsel oder Schecks bei Vorlegung nicht bezahlt oder ist die freie Verfügung über den Gegenwert durch Gesetz oder behördliche Maßnahmen beschränkt oder können die Papiere wegen Vorkommnissen, die von der Bank nicht zu vertreten sind, nicht oder nicht rechtzeitig vorgelegt werden oder ist in dem Land, in dem die Wechsel oder Schecks einzulösen sind, ein Moratorium ergangen, so darf die Bank zurückbelasten.

(4) Die Zurückbelastung ist auch dann zulässig, wenn Wechsel oder Schecks nicht eingelöst werden können. Unbeschadet hiervon haftet die Bank, wenn die Rückgabe infolge ihres groben Verschuldens unterbleibt. Die Bank wird versuchen, den Gegenwert zurückbelasteter oder nicht zurückgegebener Wechsel und Schecks hereinzuholen, oder dem Einreicher der ihr zustehenden Rechte übertragen.

(5) In allen Fällen der Zurückbelastung von Wechseln und Schecks **verbleiben der Bank die wechsel- oder scheckrechtlichen Ansprüche** auf Zahlung des vollen Betrages der Wechsel und Schecks mit Nebenforderungen gegen den Kunden und jeden aus dem Papier Verpflichteten bis zur Abdeckung eines etwa vorhandenen Schuldsaldos.

(6) Werden Wechsel- und Scheckbeträge nicht in der Währung angeschafft, über die die Papiere lauten, so wird die Bank dadurch die anfallende Kursdifferenzen dem Kunden belasten oder gutbringen.

43. Werden Wechsel oder Schecks aufgrund ausländischen Rechts oder aufgrund einer mit ausländischen Banken getroffenen Vereinbarung der Bank wegen Fälschung von Unterschriften oder wegen Veränderung anderer Bestandteile der Wechsel oder Schecks belastet, so darf die Bank sie dem Kunden weiterbelasten.

44. Erhält die Bank **Wechsel**, so gehen zugleich die dem Wechsel oder seinem Erwerb durch den Kunden **zugrundeliegenden Forderungen** sowie alle bestehenden und künftigen Rechte aus den betreffenden Geschäften auf die Bank über. Sie ist verpflichtet, der Bank auf Verlangen eine Übertragungsurkunde zu erteilen. Soweit die für die Forderungen und Rechte bestehenden **Sicherheiten** nicht nach Satz 1 auf die Bank übergehen, kann die Bank deren Übertragung auf sich verlangen. Entsprechendes gilt bei **anderen Einzugspapieren**, namentlich bei Schecks, Lastschriften, Anweisungen und Rechnungen.

45. Treffen die Bank bei der **Einholung** von **Wechselakzepten oder -avalen** Prüfungspflichten, insbesondere im Hinblick auf die Echtheit der Unterschrift und die Legitimation des Zeichnenden, so haftet sie nur für grobes Verschulden.

46. Die Deckung von der Bank **für Rechnung eines Kunden akzeptierten Wechsel** muß spätestens einen Bankarbeitstag vor Verfall in ihrem Besitz sein, anderenfalls berechnet die Bank eine besondere Provision im Rahmen des § 315 des Bürgerlichen Gesetzbuches; die Akzeptprovision deckt nur das Akzept selbst.

47. Die Bank braucht bei ihr **zahlbar gestellte Wechsel** nur einzulösen, wenn ein schriftlicher Auftrag mit allen erforderlichen Angaben rechtzeitig eingegangen und hinreichende Deckung vorhanden ist.

1.1.15 Das Bankgeheimnis

a) *Wesen:* Die Kreditinstitute erlangen durch die Geschäftsbeziehung zu ihren Kunden, insb. durch Kontoführung und Kreditgewährung, aber auch durch Vermögensverwahrung und -verwaltung Einblick in die wirtschaftlichen Verhältnisse, die Zahlungsmoral und die Vermögenslage ihrer Kunden.

Über diese Tatsachen dürfen grundsätzlich keine Auskünfte erteilt werden:

o *Pflicht* der KI zur Geheimhaltung
o *Recht* der KI zur Verweigerung von Auskünften.

b) *Rechtsgrundlagen:*

o Vertrauensverhältnis zwischen KI und Kunde (vertragliche Nebenpflicht)
o seitens des Kunden: allgemeines Persönlichkeitsrecht, Anspruch auf Schutz der Privatsphäre (Art. 1, 2 Abs. 1 GG)
o seitens des KI: Art. 12 GG (Freiheit der Wahl und Ausübung eines Berufes, hier der Kundenbetreuung, allerdings mit der Möglichkeit der gesetzlichen Einschränkung)
o Abgabenordnung (s. u.).

c) Eine besondere Rolle spielt der *Schutz der Bankkunden* im Verhältnis zu den *Finanzbehörden.* Diesen Aspekt des Bankgeheimnisses regelte seit 1949 der sog. *Bankenerlaß,* eine Verwaltungsanordnung der Finanzverwaltung (neugefaßt 1979) mit der Zielsetzung der Selbstbeschränkung der Finanzbehörden bei Auskunftsersuchen und Betriebsprüfungen in KI.

Im Zuge der Einführung der zehnprozentigen Kapitalertragsteuer (Quellensteuer) wurde der Bankenerlaß 1988 als § 30 a in die Abgabenordnung aufgenommen, hat heute also Gesetzesrang und blieb in dieser Form auch trotz Abschaffung der Quellensteuer erhalten:

o Bei der Ermittlung haben die Finanzbehörden auf das Vertrauensverhältnis zwischen KI und Kunde besondere Rücksicht zu nehmen
o die Finanzbehörden dürfen von KI keine einmalige oder periodische Mitteilung über Konten bestimmter Art/Höhe zur allgemeinen Überwachung verlangen
o anläßlich der Steuerprüfung bei einem KI dürfen Guthabenkonten oder Depots zwecks Nachprüfung der ordnungsmäßigen Versteuerung weder festgestellt noch abgeschrieben werden (vorausgesetzt, es wurde bei Errichtung eine Legitimationsprüfung nach § 154 II AO vorgenommen)
o in Vordrucken für Steuererklärungen soll die Angabe der Nummern von Konten oder Depots grds. nicht verlangt werden (Ausnahme, soweit steuermindernde Ausgaben oder Vergünstigungen geltend gemacht werden bzw. für Zahlungen ein Konto anzugeben ist)
o ein KI soll um Auskunft und Vorlage von Urkunden erst dann gebeten werden, wenn die Auskunft oder Vorlage vom Steuerpflichtigen nicht zu erlangen ist (vgl. §§ 93 ff. AO)

> **Schufa-Klausel**
> Ich/Wir willige(n) ein, daß die Hamburger Sparkasse der für meinen/unseren Wohnsitz zuständigen SCHUFA-Gesellschaft (Schutzgemeinschaft für allgemeine Kreditsicherung) Daten über die Beantragung, die Aufnahme und Beendigung dieser Kontoverbindung übermittelt.
> Unabhängig davon wird die Hamburger Sparkasse der SCHUFA auch Daten aufgrund nicht vertragsgemäßen Verhaltens (z.B. Scheckkartenmißbrauch durch den rechtmäßigen Karteninhaber, Scheckrückgabe mangels Deckung, Wechselprotest, beantragter Mahnbescheid bei unbestrittener Forderung sowie Zwangsvollstreckungsmaßnahmen) melden. Diese Meldungen dürfen nach dem Bundesdatenschutzgesetz nur erfolgen, soweit dies zur Wahrung berechtigter Interessen des Kreditinstituts, eines Vertragspartners der SCHUFA oder der Allgemeinheit erforderlich ist und dadurch meine/unsere schutzwürdigen Belange nicht beeinträchtigt werden.
> Soweit hiernach eine Übermittlung erfolgen kann, befreie(n) ich/wir die Hamburger Sparkasse zugleich vom Bankgeheimnis.
> Die SCHUFA speichert die Daten, um den ihr angeschlossenen Kreditinstituten, Leasinggesellschaften, Einzelhandels-, Versandhandels- und sonstigen Unternehmen, die gewerbsmäßig Geld- oder Warenkredite an Konsumenten geben, Informationen zur Beurteilung der Kreditwürdigkeit von Kunden geben zu können. Sie stellt diese Daten ihren Vertragspartnern nur zur Verfügung, wenn diese ein berechtigtes Interesse an der Datenübermittlung glaubhaft darlegen. Die SCHUFA übermittelt nur objektive Daten ohne Angabe des kontoführenden Instituts; subjektive Werturteile, persönliche Einkommens- und Vermögensverhältnisse sind in SCHUFA-Auskünften nicht enthalten.
> Ich kann/Wir können Auskunft bei der SCHUFA über die mich/uns betreffenden gespeicherten Daten erhalten. Die Adresse der SCHUFA lautet:
>
> **SCHUTZGEMEINSCHAFT FÜR ALLGEMEINE KREDITSICHERUNG GMBH
> ALTSTÄDTER STRASSE 6 · 2000 HAMBURG 1**
>
> Ich/Wir willige(n) ein, daß im Falle eines Wohnsitzwechsels die vorgenannte SCHUFA die Daten an die dann zuständige SCHUFA übermittelt.
> Weitere Informationen über das SCHUFA-Verfahren enthält ein Merkblatt, das auf Wunsch zur Verfügung gestellt wird.
>
> _____
> Unterschrift des/der Kontoinhaber/s

o Auskünfte können außerdem von KI verlangt werden
  - im Steuerfahndungsverfahren (§§ 208 ff. AO)
  - im Steuerstrafverfahren (§§ 369 ff. AO)
o bei Tod eines Kunden hat das KI unaufgefordert Guthaben ab 2 000 DM der Finanzbehörde zu melden, Schließfächer/Verwahrstücke sind in jedem Fall zu melden.

d) *Grenzen* des Bankgeheimnisses: Auskünfte dürfen bzw. müssen erteilt werden

o bei *Zustimmung* des Kunden (Beispiel: der Kunde gibt seine Bank als Referenz gegenüber Geschäftspartnern an)
o gegenüber *Aufsichtsbehörden* im Rahmen der gesetzlichen Bestimmungen (Bundesaufsichtsamt, Bundesbank, z. B. Meldung von Groß-, Millionen-, Organkrediten)
o im *Strafprozeß*, insb. im Rahmen von Steuerstrafverfahren:
  - gegenüber dem Strafrichter (das Bankgeheimnis ist hier kein Berufsgeheimnis; anders z. B. bei Ärzten, Rechtsanwälten)
  - gegenüber der Staatsanwaltschaft
  - *umstritten:* Auskunftspflicht gegenüber Hilfsbeamten der Staatsanwaltschaft, z. B. Kriminalpolizei (diese ist nicht, wie die Staatsanwaltschaft selbst, nach § 161 a StPO ermächtigt)
  - im Zivilprozeß: Zeugnisverweigerungsrecht und Verschwiegenheitspflicht der Angestellten eines KI nach § 383 I Nr. 6 ZPO (Amts-, Berufsgeheimis).

e) *Bankauskunftsverfahren:* Wenn ein berechtigtes Interesse besteht, sind Auskunftserteilungen

- an eigene Kunden
- an KI für deren eigene Zwecke sowie deren Kunden

möglich. Die Auskünfte sind *allgemein* zu halten, Betragsangaben über Konto- und Depotstände sowie Vermögenswerte sind nach den AGB ausgeschlossen.

Die Spitzenverbände haben sich auf „Grundsätze für die Durchführung des Bankauskunftsverfahrens zwischen Kreditinstituten" geeinigt, die folgende Regelungen beinhalten (Fassung vom 1.5.1987):

- Auskunftsanfragen sollen grds. schriftlich gestellt werden (nur ausnahmsweise fernschriftlich/fernmündlich)
- der Anfragegrund ist anzugeben, damit das „berechtigte Interesse" glaubhaft wird, außerdem, ob die Auskunft im eigenen oder im Kundeninteresse eingeholt wird
- der Name des Kunden, in dessen Interesse angefragt wird, wird nur dann genannt, wenn der Kunde, über den eine Auskunft erteilt wird, darauf Anspruch hat
- Bankauskünfte sollen allgemein gehalten sein und grds. schriftlich erteilt werden (mündliche Auskünfte: schriftlich bestätigen)
- Bankauskünfte werden nur aufgrund vorhandener Erkenntnisse gegeben (keine Recherchen)
- Auskunftsverweigerungen sollen allgemein gehalten sein und nicht als negative Auskunft verstanden werden können
- eine im Kundeninteresse eingeholte Auskunft wird inhaltlich unverändert an diesen weitergegeben; der Kunde ist ausdrücklich darauf hinzuweisen, daß er die Informationen nur für den angegebenen Zweck verwenden und nicht an Dritte weitergeben darf.

f) *SCHUFA-Meldungen:*

- Meldungen durch KI an die Schutzgemeinschaft für allgemeine Kreditsicherung (SCHUFA) = Gemeinschaftseinrichtung des Kreditgewerbes mit 13 regionalen SCHUFA-Gesellschaften
- Aufgabe der SCHUFA:
  - Sammlung und Speicherung von Informationen
  - Bereitstellung der Informationen für Vertragspartner, um diese vor Schaden und Verlusten im Konsumentenkreditgeschäft zu schützen
  - Gegenseitigkeitsprinzip, d. h. Auskünfte werden nur an Vertragspartner gegeben, die selbst Informationen an die SCHUFA geben
- Inhalt der Datensammlung:
  - Stammdaten (Vorname, Name, Geburtsdatum, Anschrift)
  - von Vertragspartnern übermittelte Daten
  - Daten aus öffentlichen Registern
  - keine Konten-/Depotbestände, keine weitergehenden persönlichen Daten oder Einkommens-, Vermögensverhältnisse

o Meldungen durch KI:
- Aufnahme und Abwicklung eines Girokontovertrages
- Konsumentenkreditgeschäft bis zu 50 000 DM (Kreditaufnahme, Bürgschaft)
- vertragswidriges Verhalten
- Zwangsvollstreckungsmaßnahmen

o *SCHUFA-Klausel:*
- Einwilligung des Kunden, daß das KI bestimmte Daten an die SCHUFA weiterleitet
- Hinweis, daß das KI die SCHUFA über vertragswidriges Verhalten und über die Einleitung von Zwangsvollstreckungsmaßnahmen informieren wird
- Einwilligung wird schriftlich im Rahmen der Girokontoeröffnung, der Kreditgewährung und der Bestellung von Bürgschaften eingeholt.

1.1.2 Der Barverkehr

1.1.20 Grundlagen

Der heutige Barverkehr der Kreditinstitute ist die Fortsetzung der früheren Geldwechsel- und Geldaufbewahrungsgeschäfte. Kreditinstitute müssen an Kunden, die Sichteinlagen bzw. fällige sonstige Gelder herausverlangen, *jederzeit* die erforderlichen Barbeträge *auszahlen* können.

Sie müssen also immer ausreichende *Bargeldbestände* halten. Andererseits wird in der Praxis grundsätzlich nicht alles fällige Geld herausverlangt, sondern nur ein bestimmter Prozentsatz. Die KI halten daher i. d. R. nur einen Mindestbetrag und verwenden den Rest (sog. Bodensatz) für Kreditgewährung gegen Zinsen.

Dementsprechend brauchen die KI auch keineswegs den Einlagen entsprechende Kassenbestände zu halten. Dies bringt es allerdings mit sich, daß ein Kreditinstitut, dessen Zahlungsfähigkeit zweifelhaft geworden ist (gleich, ob zu Recht oder nicht), eventuellen verstärkten Rückzahlungsforderungen der Kunden nicht gewachsen ist und bei einem sog. „Run" seine Schalter schließen muß.

Da die Kreditinstitute Bargeld *für die Kunden* verwahren, müssen sie für Sicherheit des Barverkehrs sorgen:

o Diebstahlsicherung
o Verhinderung von Verfügungen Nichtberechtigter.

Sicherungs*mittel* hierfür sind:

o bei Verfügungen Kontrolle des Kontostandes sowie der Unterschrift (problematisch bei Verfügungen in einer anderen als der kontoführenden Geschäftsstelle)
o keine Ein- oder Auszahlung ohne *Beleg*
o tägliche Aufnahme des Kassenbestandes, u. U. überwacht von Kontrollperson

- o regelmäßige Kontrollen (Hausrevision)
- o nicht zu hohe Kassenbestände
- o Tresoraufbewahrung des Geldes
- o kugelsicheres Glas, Alarmanlagen usw.

Sicherheitsfragen im Zusammenhang mit dem Barverkehr regeln die *Unfallverhütungsvorschriften „Kassen"* der Verwaltungsberufsgenossenschaften, in denen die Mitarbeiter von Kreditinstituten gegen Unfälle versichert sind. Unter anderem enthalten die 1988 neu aufgelegten UVV Kassen folgende Regelungen:

- o Betriebsstätten mit Bargeldverkehr müssen mit einer elektrisch überwachten Überfall-Meldeanlage ausgestattet sein
- o Arbeitsplätze, an denen Banknoten angenommen oder ausgegeben werden, sind mit amtsberechtigten Telefonanschlüssen auszustatten
- o Kassenhallen müssen eine optische Raumüberwachungsanlage haben (z. B. automatische Kamera)
- o Banknotenbestände müssen gesichert werden (z. B. durch Zeitverschluß, Tresor)
- o Fenster und Eingänge müssen gesichert werden, Gebäude und Geldautomaten beleuchtet sein.

1.1.21 Kassengeschäfte der KI

1.1.210 Ein- und Auszahlungen

a) *Einzahlungen* können erfolgen

- o auf fremdes Konto
- o auf eigenes Konto.

Grundlage ist der *Einzahlungsbeleg,* der über die Kassenregistriermaschine mit einem Registrieraufdruck versehen wird und als Beleg zur Buchhaltung geht.

Für den Kunden kann eine Quittung ausgestellt werden, die unterschrieben (selten) oder ebenfalls mit einem Registrieraufdruck versehen wird.

b) *Auszahlungen* erfolgen

- o an den Kontoinhaber durch *Auszahlungsquittung* (Kassenquittung oder *Barscheck)*
- o an Dritte durch *Barscheck.*

Vor Auszahlung sind zu *prüfen:*

- o Unterschrift auf Beleg und Kontoblatt
- o Deckung des Kontos.

Hamburger Sparkasse

Einzahlung auf **eigene** Girokonten

Kontonummer	für Kontoinhaber	.DM
1280 / 122473	Rolf Muster	=10.000,--

Betrag in Worten (unter 1000 DM entbehrlich. Freies Feld durchstreichen)

Zehntausend

Datum	
15.5.86	Empfangsbescheinigung

Hamburger Sparkasse

Für die Quittung ist bei maschineller Buchung der Maschinendruck ausreichend.

Prüfstempel

KASSENQUITTUNG

Kontonummer

1280/122473

Name / Kontobezeichnung	DM
Rolf Muster	=1.000,--

Betrag in Worten

Tausend

Ich/Wir bescheinige/n, den genannten Betrag von der Hamburger Sparkasse richtig empfangen zu haben.

HH 14.5.86
Ort/Datum

Unterschrift des Empfängers

Diese Quittung ist nur für Barauszahlungen in der kontoführenden Kassenstelle im Hause der Hamburger Sparkasse zu verwenden!

| × | Konto-Nr. | × | Betrag | × | Bankleitzahl | × | Text |

20050550J 01H

Bitte dieses Feld nicht beschreiben und nicht bestempeln

1.1.211 Tag-Nacht-Tresor

Da Geschäfte, Kaufhäuser usw. noch zu Tageszeiten geöffnet haben, an denen die Schalter der KI geschlossen sind, ergibt sich für sie das Problem der sicheren Verwahrung der Tageseinnahmen über Nacht.

Dieses Problem lösen die sog. Tag-Nacht-Tresore: sie geben den Kunden die Möglichkeit zur Einzahlung von Geld außerhalb der Kassenstunden der KI.

Ablauf:

o Vertrag zwischen KI und Kunde, Anerkennung der Bedingungen für die Benutzung von Tag-Nacht-Tresoren
o Einwurf von Kassetten in Einwurföffnungen an der Außenseite der KI
o Öffnung der Kassetten durch zwei Bankangestellte (um bankinterne Veruntreuung zu verhindern)
o Kontrolle des Inhalts (Bargeld, Einzahlungsbeleg)
o Verbuchung des Betrages auf dem angegebenen Konto.

Bedeutung: Möglichkeit für Geschäftsleute,

o außerhalb der Kassenstunden größere Geldbeträge sicher zu deponieren
o gleichzeitig Einzahlungen zu leisten.

1.1.212 Geldautomaten

a) W*esen:* computergesteuerter Automat zur Auszahlung von Bargeld in Form von Banknoten.

b) *Benutzung:*

o Einführung einer Karte in den hierfür vorgesehenen Schlitz; folgende Karten werden akzeptiert:
  – eurocheque-Karte (in Deutschland bei praktisch allen KI, darüber hinaus in einigen europäischen Staaten, insb. Dänemark, Frankreich, Großbritannien, Italien, Luxemburg, Portugal, Spanien)
  – instituts- oder organisationseigene Karten (z. B. S-Card)
  – zukünftig auch Kreditkarten (z. B. Eurocard)
o Prüfung der Echtheit der Karte
o Prüfung, ob die Karte gesperrt ist
o Eingabe einer Persönlichen Identifikations-Nummer (PIN) durch den Kunden; diese Nummer ist nur ihm bekannt und soll von ihm weder notiert noch Dritten weitergegeben werden; der Kunde darf bei der PIN-Eingabe lediglich zwei Fehlversuche haben

- o Prüfung der PIN durch den Rechner (die PIN ist weder im Magnetstreifen der Karte noch im Geldautomaten gespeichert, sondern wird aufgrund kartenspezifischer Daten geprüft)
- o Eingabe des gewünschten Geldbetrages durch den Kunden, ggf. mit Angabe der gewünschten Stückelung
- o Prüfung der Verfügungsberechtigung
    - anhand der im Magnetstreifen gespeicherten Angaben (im Rahmen des ec-Garantiebetrages von 400 DM bzw. eines institutsinternen Limits)
    - anhand des von einem zentralen Autorisierungssystem für tägliche Verfügungen festgelegten Limits (sog. Geldautomaten-Verbund)
    - direkt am Konto des Kunden (Voraussetzung: technische online-Verbindung, sehr aufwendig, in der Sparkassenorganisation geplant)
- o Rückgabe der Karte
- o Ausgabe des Geldes.

c) *Bedeutung:* Die Geldautomaten (GA) haben sich mittlerweile auch in der Bundesrepublik durchgesetzt. Kunden erwarten heute diesen Service. Daher wird das GA-Netz modernisiert und erweitert. Auch mit der zunehmenden internationalen Nutzbarkeit von Geldautomaten wird ihre Akzeptanz steigen.

Für die Kunden ist die Möglichkeit, rund um die Uhr Bargeld bekommen zu können, ein wesentlicher Aspekt. Die Tatsache, daß ein größerer Teil der Verfügungen während der Schalteröffnungszeiten der KI vorgenommen wird, zeigt außerdem, daß viele Kunden für die Barabhebung den Geldautomaten gegenüber der personenbedienten Kasse bevorzugen.

Für die KI können sich durch den Einsatz von GA Rationalisierungsvorteile ergeben, wenn weniger personenbediente Kassen erforderlich sind. Allerdings ist dies keineswegs durchgängig feststellbar. Im Zweifel rentiert sich ein Geldautomat nicht selbst, sondern stellt eine zusätzliche kostspielige Serviceleistung dar.

d) *Technische Entwicklung:* Neben den reinen Geld*ausgabe*automaten gibt es heute bereits eine Reihe weiterer Angebote im Rahmen der Kundenselbstbedienung, die allerdings nur allmählich Verbreitung finden:

- o Sortenwechsler: wechseln ausländisches Bargeld in inländische Währung
- o Geldautomaten mit sog. Sparbuchmodul, d. h. der Möglichkeit, Abhebungen vom Sparbuch vorzunehmen; das maschinenlesbare Sparbuch wird vom Automaten fortgeschrieben
- o Geldautomaten, die auch Einzahlungen annehmen
- o Kombinationen von Geldautomaten und Kontoauszugsdruckern
- o Selbstbedienungsterminals mit Funktionsvielfalt, ggf. auch Btx-Anschluß, so daß auch Überweisungen getätigt werden können.

1.1.3 Der Überweisungsverkehr

1.1.30 Grundlagen

a) *Wesen* der Überweisung:
= Auftrag an ein Kreditinstitut, einen Geldbetrag zu Lasten des Kontos des Ausstellers (Auftraggebers) und zugunsten des Kontos des Empfängers zu übertragen, evtl. unter Einschaltung anderer KI.

b) *Voraussetzungen:*
o Auftraggeber und Empfänger müssen Kontoinhaber sein
o System von Kontoverbindungen zwischen den KI (sog. *Gironetze*)

c) *Rechtsgrundlage: Geschäftsbesorgungsvertrag* zwischen Bank und Kunde (d. h. entgeltliche Besorgung eines übertragenen Geschäfts, § 675 BGB).

d) *Rechtliche Bedeutung:*
o Zahlungen durch Überweisung erfolgen nur an *Erfüllungs Statt,* d. h.
o das ursprüngliche Schuldverhältnis erlischt, stattdessen entsteht eine Forderung des Empfängers (Gläubigers) auf Gutschrift und Auszahlung gegen das KI (§ 364 I BGB)
o zur Schuldentilgung durch Überweisung ist die *Zustimmung des Gläubigers* erforderlich, da die Überweisung (und Buchgeld allgemein) kein gesetzliches Zahlungsmittel ist (Abdruck von Kontonummern auf Geschäftsbriefen gilt als stillschweigendes Einverständnis mit Überweisung).

e) *Formular:*
o grds. dreiteilig
  Original = Belastungsaufgabe für beauftragte Bank
  1. Durchschlag = Gutschriftsträger, geht bis zum Empfänger
  2. Durchschlag = Durchschrift für den Kontoinhaber
o *Fakultativklausel:* wurde bis 1986 auf Überweisungsvordrucken verwandt;
  – Text: „bei (Bank/Sparkasse)... oder ein anderes Konto des Empfängers"
  – Zweck: beauftragtes KI konnte den Betrag einem beliebigen Zahlungsverkehrskonto des Empfängers gutschreiben
  – damit konnte der Betrag ggf. im eigenen Hause oder Gironetz gehalten werden
  – durch BGH-Urteil vom 5.5.1986 wurde die Fakultativklausel für *unwirksam* erklärt

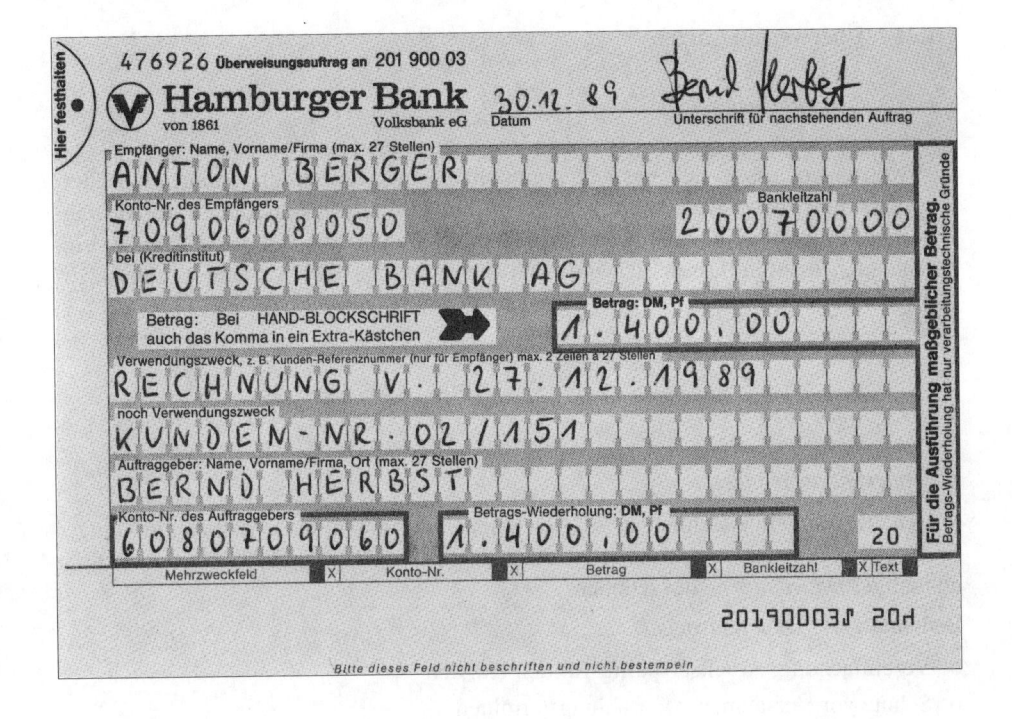

– Grund: Auftraggeber und Empfänger einer Überweisung können ein bestimmtes, dem KI nicht bekanntes Interesse daran haben, daß der Betrag nur einem bestimmten Konto gutgeschrieben wird

o *maschinenlesbarer* Überweisungsvordruck: geeignet für den Einsatz von Schriftenlesesystemen (SLS), die Klarschrift (Schreibmaschinen- und Handschrift) unter bestimmten Voraussetzungen lesen können und so die schnellere Übertragung sämtlicher Felder aus einem Überweisungsbeleg in einen Datensatz ermöglichen.

f) *Sicherungen* im Überweisungsverkehr:

o Prüfung von Unterschrift und Kontostand durch den Kontoführer

o Übereinstimmung des Betrages in Worten und Ziffern auf der Überweisung erforderlich

o Abzeichnung der Überweisung durch den Kontoführer

o Verwendung eines Sicherungsstempels, um unberechtigten Austausch zu verhindern, sowie als Nachweis der eigenen Bearbeitung

o Abzeichnung des Überweisungsträgers (Gutschriftsträgers) durch Kontrollperson.

1.1.31 Überweisungsarten

1.1.310 Grundformen

Überweisungen lassen sich nur selten innerhalb einer KI-Niederlassung (Hausübertrag) bzw. innerhalb eines Kreditinstituts (Institutsgiro) abwickeln, da i. d. R. Auftraggeber und Empfänger Konten bei verschiedenen KI unterhalten. Je nach Zahl der eingeschalteten Institute lassen sich ein- und mehrgliedrige Überweisungen unterscheiden.

1.1.311 Sonderformen

a) *Dauerüberweisungen*

Wesen: Regelmäßige Zahlungen in gleichbleibender Höhe an denselben Empfänger (z. B. Miete, Versicherungsprämie) werden durch das KI ausgeführt. Voraussetzung: einmaliger *Dauerauftrag* des Kunden.

Bedeutung des Dauerauftrags:

o Vereinfachung, Arbeitsersparnis für den Kunden

o Schutz vor Versäumen von Zahlungsterminen

o allerdings grds. gebührenpflichtig (2,– bis 5,– DM für Einrichtung oder Änderung).

b) *Rückläufige Überweisungen*

Wesen: Ermächtigung des Kontoinhabers (Schuldners) an sein KI, auf Abforderung des Empfänges (Gläubigers) Geldbeträge vom Konto abzubuchen und an diesen zu übertragen.

Bedeutung: in der Praxis keine, da hieraus das Lastschriftverfahren entwickelt wurde (siehe dort).

c) *Eilüberweisungen*

Wesen: Verkürzung des Überweisungsweges durch Zusenden des *Gutschriftsträgers* an das KI des Empfängers oder dessen Zentralstelle, durch telefonische/telegrafische/fernschriftliche Übermittlung des Überweisungsauftrages; *Verrechnung* erfolgt auf dem normalen Weg (siehe auch Spargiroverkehr).

Bedeutung:

o Zeitgewinn, damit u. U. Zinsgewinn

o rechtzeitige Erfüllung von Verbindlichkeiten.

d) *Sammelüberweisungen*

Wesen: mehrere Überweisungen an verschiedene Empfänger, zusammengefaßt in nur einer Belastungsaufgabe, die vom Auftraggeber unterschrieben wird.

Überweisungs-Grundformen:

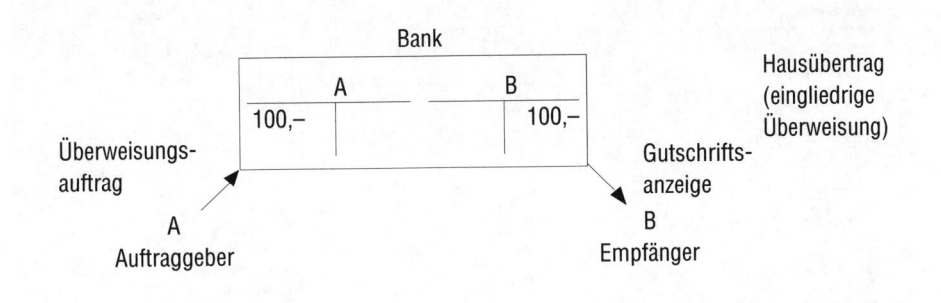

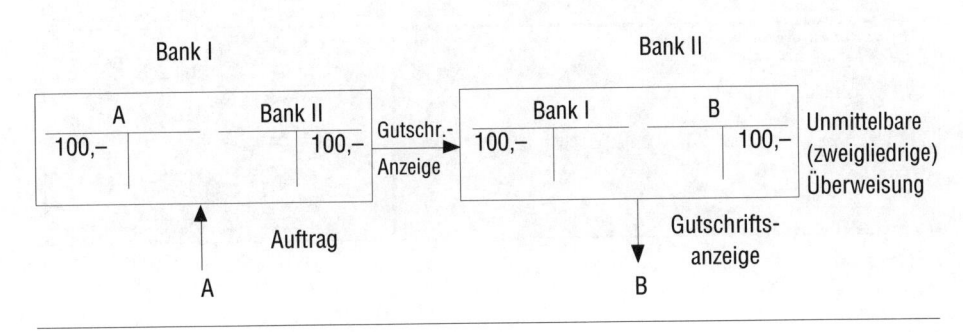

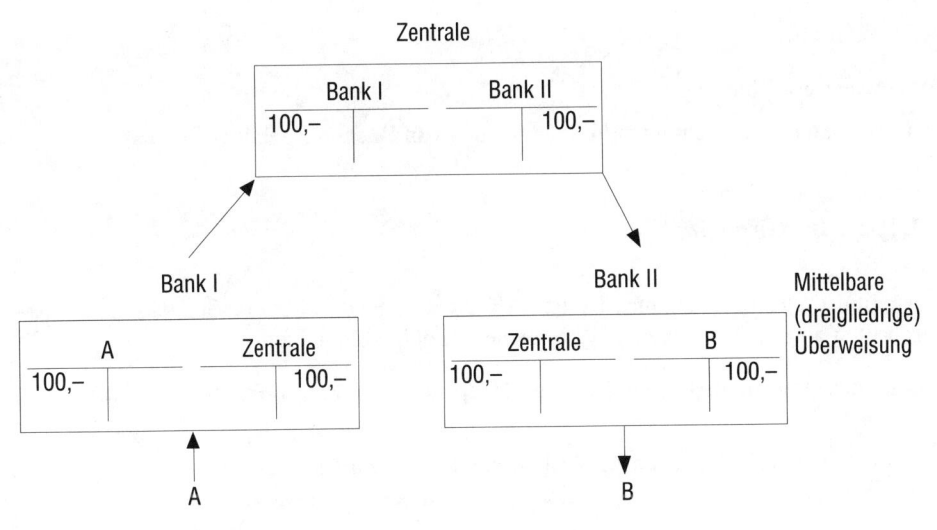

```
                    Bank
              ┌─────┬─────┐
              │  A  │  B  │           Hausübertrag
              │100,-│100,-│           (eingliedrige
              │     │     │           Überweisung)
              └─────┴─────┘
          ↗                  ↘
Überweisungs-              Gutschrifts-
auftrag                    anzeige
       A                          B
   Auftraggeber                Empfänger
```

```
      Bank I                        Bank II
  ┌─────┬──────┐                ┌──────┬─────┐
  │  A  │Bank II│               │Bank I│  B  │     Unmittelbare
  │100,-│100,- │ Gutschr.-      │100,- │100,-│     (zweigliedrige)
  │     │      │ Anzeige →      │      │     │     Überweisung
  └─────┴──────┘                └──────┴─────┘
     ↑                                ↓
   Auftrag                        Gutschrifts-
                                  anzeige
     A                                 B
```

```
                    Zentrale
              ┌───────┬────────┐
              │Bank I │Bank II │
              │100,-  │100,-   │
              └───────┴────────┘
             ↗                 ↘
      Bank I                        Bank II
  ┌─────┬────────┐              ┌────────┬─────┐     Mittelbare
  │  A  │Zentrale│              │Zentrale│  B  │     (dreigliedrige)
  │100,-│100,-   │              │100,-   │100,-│     Überweisung
  └─────┴────────┘              └────────┴─────┘
     ↑                                 ↓
     A                                 B
```

Desgleichen mit zwei Zentralstellen (viergliedrig) und zusätzlich einer weiteren Verrechnungsstelle, die zwischen den Zentralen steht (fünfgliedrig).

Bedeutung:

o Arbeitserleichterung

o Einsparen von Buchungen (d. h. evtl. auch von Buchungsgebühr).

1.1.32 Die Gironetze

Kreditinstitute, die Zahlungen durch Überweisung auszuführen, Schecks und Lastschriften einzuziehen haben usw., brauchen dazu Verbindungen

o in ihrem eigenen Bereich zwischen Hauptstelle (Zentrale), Filialen und Zweigstellen
o mit anderen KI derselben Art und ihren Niederlassungen
o mit KI, die einem anderen Bereich des Kreditwesens angehören.

Die dementsprechend bestehenden Systeme von *Kontoverbindungen zwischen KI* bezeichnet man als *Gironetze*. Sie ermöglichen den Austausch ausschließlich von *Buchgeld* und sind damit unabdingbare Voraussetzung für reibungslosen Ablauf des *bargeldlosen Zahlungsverkehrs*.

SOLL

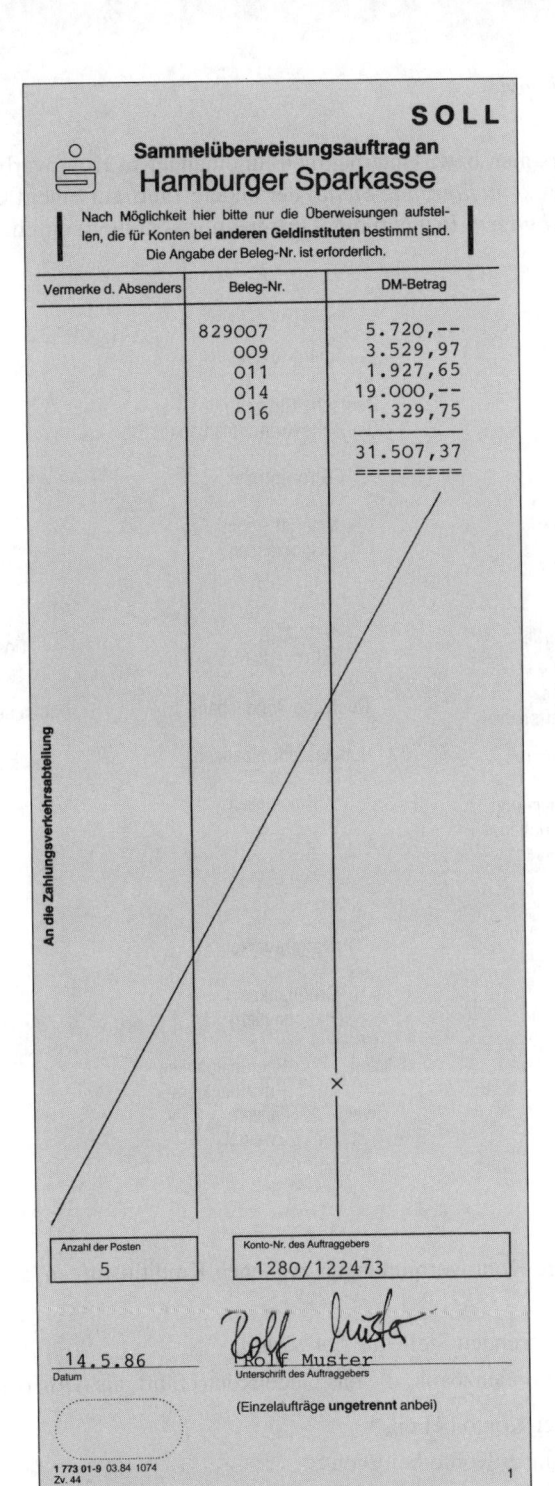

Sammelüberweisungsauftrag an Hamburger Sparkasse

Nach Möglichkeit hier bitte nur die Überweisungen aufstellen, die für Konten bei **anderen Geldinstituten** bestimmt sind.
Die Angabe der Beleg-Nr. ist erforderlich.

Vermerke d. Absenders	Beleg-Nr.	DM-Betrag
	829007	5.720,--
	009	3.529,97
	011	1.927,65
	014	19.000,--
	016	1.329,75
		31.507,37
		=========

An die Zahlungsverkehrsabteilung

Anzahl der Posten: 5

Konto-Nr. des Auftraggebers: 1280/122473

14.5.86
Datum

Rolf Muster
Unterschrift des Auftraggebers

(Einzelaufträge **ungetrennt** anbei)

1 773 01-9 03.84 1074
Zv. 44

1.1.320 Grundlagen

Stehen zwei Personen bzw. Unternehmen miteinander in Kontoverbindung, so ist *nur einer* von beiden *kontoführende Stelle*, der andere führt auf einem Gegenkonto lediglich *Kontrollbuchungen* (Erinnerungs-, Pro-memoria-Konten) durch.

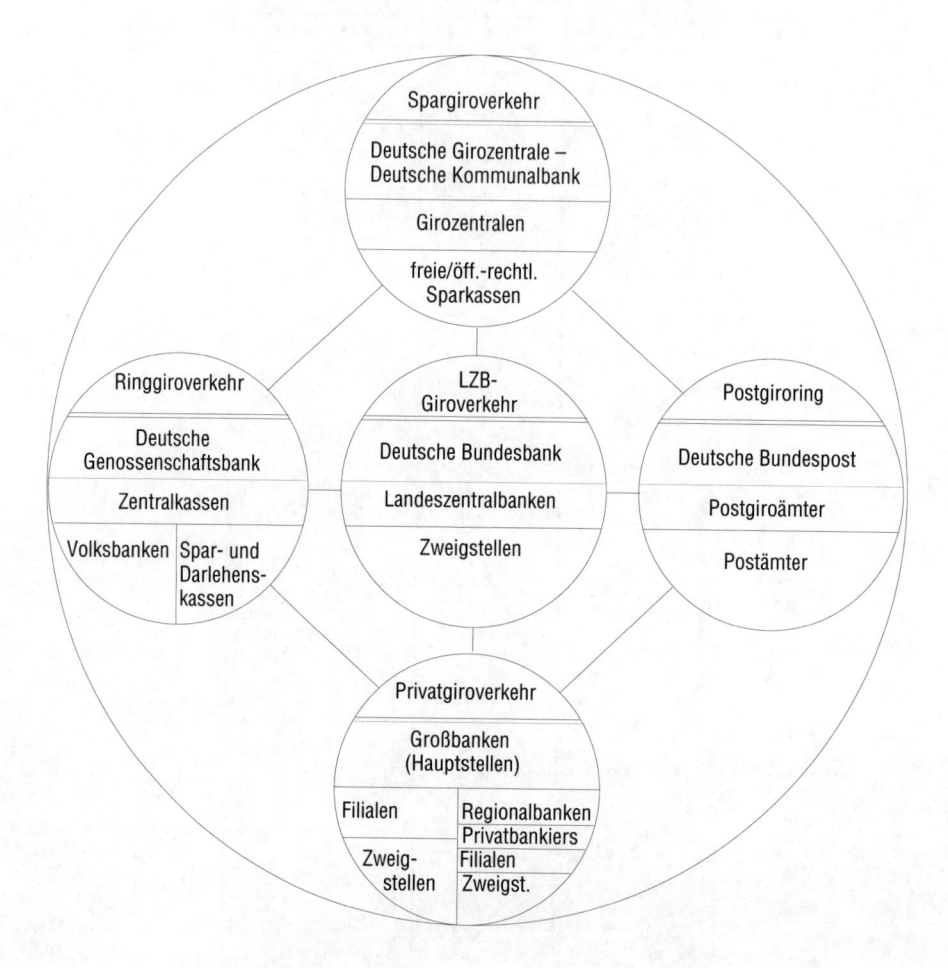

```
                    Spargiroverkehr
              Deutsche Girozentrale –
              Deutsche Kommunalbank
                    Girozentralen
                   freie/öff.-rechtl.
                      Sparkassen

   Ringgiroverkehr       LZB-            Postgiroring
                      Giroverkehr
      Deutsche        Deutsche          Deutsche Bundespost
  Genossenschaftsbank Bundesbank
      Zentralkassen   Landeszentralbanken  Postgiroämter
   Volksbanken | Spar- und    Zweigstellen      Postämter
               | Darlehens-
               | kassen

                    Privatgiroverkehr
                      Großbanken
                     (Hauptstellen)
                   Filialen | Regionalbanken
                            | Privatbankiers
                   Zweig-   | Filialen
                   stellen  | Zweigst.
```

Bestehen derartige Kontoverbindungen zwischen Kreditinstituten, bezeichnet man das Konto

o bei der kontoführenden Stelle als *Lorokonto,*
o bei der Korrespondenzbank, die das Gegenkonto führt, als *Nostrokonto.*

Lorokonto = „Euer Konto bei uns"

Nostrokonto = „Unser Konto bei Euch".

Nur auf dem *Lorokonto* wird *maßgeblich* gebucht, d. h. diese Buchung ist entscheidend

o für Rechtzeitigkeit einer Zahlung

o für Erfüllung, wenn diese durch Gutschrift erfolgen soll (Normalfall: Erfüllung mit Auftragserteilung und Abbuchung)

o für Zinsberechnung (Soll- oder Habenzinsen).

Welches von zwei KI für das andere kontoführende Stelle sein soll, muß vereinbart werden.

1.1.321 LZB-Giroverkehr

a) *Träger:*

o Deutsche Bundesbank, Frankfurt/Main (DBB)

o Landeszentralbanken, Hauptverwaltungen (LZB)

o Niederlassungen der LZB

b) *Wesen:*

o Konten für jedermann

o kosten- und gebührenfrei

o nur *Girokonten,* d. h. kreditorische Führung; Mindesteinlage 5,- DM

o keine Verzinsung; daher gibt es hier keine Wertstellung (Valutierung)

o Verfügungen: Verwendung von LZB-Vordrucken (Vordruckzwang); Ausnahme: KI können eigene Überweisungsträger verwenden

o Überweisungen:
   – Einzelüberweisungen (bis 5 Stück)
   – Sammelüberweisungen (ab 5 Stück bzw. bei Verwendung von Vordrucken der KI)
   – Platzüberweisungen (ausgeführt am LZB-Platz)
   – Fernüberweisungen

c) *Bedeutung:*

o besonders schnelle, kostengünstige Abwicklung

o Platzüberweisungen werden am selben Tag, Fernüberweisungen sofort nach Ankunft gutgeschrieben

o besonders geeignet für Privatbankiers und Niederlassungen ausländischer KI, die kein eigenes Gironetz haben und nicht an andere Gironetze, z. B. der Geschäftsbanken, angeschlossen sind.

```
GUTSCHRIFT (Zahlschein-) Überweisung durch

POSTGIROAMT HAMBURG    200 100 20
(Name und Sitz des beauftragten Kreditinstituts/Postgiroamts)    (Bankleitzahl)

Empfänger
UNGENANNT U.CO                                    Bankleitzahl
                                                  20010020
Konto-Nr. des Empfängers ──── beim Postgiroamt
5499 13-204        HAMBURG
Verwendungszweck (nur für Empfänger)
SONDERDRUCK MOEGLICH
                                                  DM
                                                  9.200,-
Konto-Nr. des Auftraggebers ── Auftraggeber/Einzahler
88 77 66-204   HARALD KLUGE, ELMSHORN
Bei Überweisung: Bitte auf Blatt "Überweisungsauftrag" unterschreiben!

Mehrzweckfeld   Konto-Nr.   Betrag   Bankleitzahl   Text

0549913204d                     20010020f 51d

Bitte dieses Feld nicht beschriften und nicht bestempeln
```

Überweisungs-Zahlschein
ersetzt die blaue Zahlkarte/Postüberweisung

1.1.322 Postgirodienst (früher: Postscheckring)

a) *Träger:*

o Deutsche Bundespost als Rechtspartner (öffentlich-rechtliches Benutzungsverhältnis, kein privatrechtlicher Vertrag); die Deutsche Bundespost ist ein Geldinstitut, kein Kreditinstitut

o Postgiroämter als Kontoführer

o Postämter als Zahlstellen

b) *Wesen:*

o Konten für jedermann

o grds. *Girokonten,* d. h. kreditorische Führung; es werden jedoch Überziehungen bis zu 1 000,– DM zugelassen (da die Postgiroämter Eurocheques und Scheckkarten ausgeben, bei deren Verwendung Überziehungen leicht möglich sind)

o keine Verzinsung

o Vordruckzwang (Ausnahme: KI).

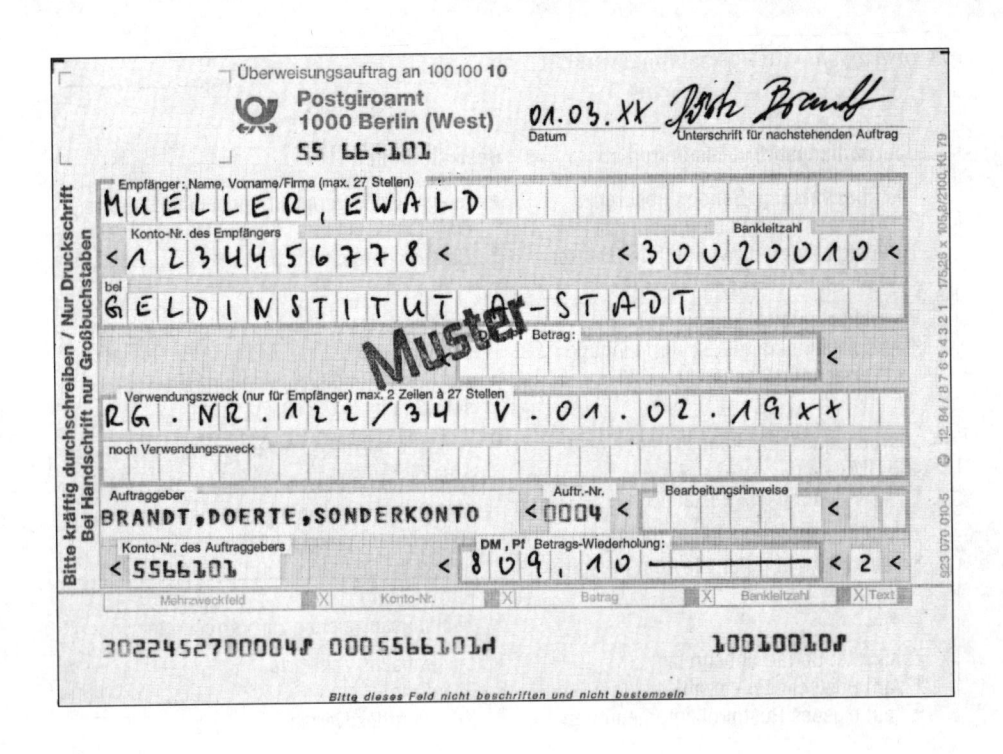

Überweisungsauftrag an 100 100 10

Postgiroamt
1000 Berlin (West)
55 66-101

Datum: 01.03.XX
Unterschrift für nachstehenden Auftrag: *Dörte Brandt*

Empfänger: Name, Vorname/Firma (max. 27 Stellen)
MUELLER, EWALD

Konto-Nr. des Empfängers: <12344 56778<
Bankleitzahl: <30020010<

bei: GELDINSTITUT A-STADT

Muster

DM, Pf Betrag: <

Verwendungszweck (nur für Empfänger) max. 2 Zeilen à 27 Stellen
RG. NR. 122/34 V. 01.02.19XX

noch Verwendungszweck

Auftraggeber: BRANDT, DOERTE, SONDERKONTO
Auftr.-Nr.: <0004<
Bearbeitungshinweise: <

Konto-Nr. des Auftraggebers: <5566101<
DM, Pf Betrags-Wiederholung: <809,10 <2<

3022452700004 000556610 1 100100 10

GUTSCHRIFT (Zahlschein) durch

(Annahmevermerk)

Empfänger (Name und Ort): TV Hans Müller & Co., Hamburg 76
Bankleitzahl: 200 100 20

Konto-Nr. des Empfängers — beim Postgiroamt usw.:
766191 - 203 Postgiroamt Hamburg

Verwendungszweck (nur für Empfänger):
FS - Reparatur
Rechnung v. 9.1. XX

DM = 156,20

Name und Anschrift des Einzahlers:
Heinz Klagen, Humboldtstr. 142, 2000 Hamburg 76

51H

c) *Instrumente* im Postzahlungsverkehr:

Übermittlungsart/Höchstbetrag	Besonderheiten
Postüberweisung: Betrag unbegrenzt • bargeldlos von Postgirokonto zu Postgirokonto bzw. Konto bei Banken und Sparkassen, gebührenfrei	• telegrafische, fernschriftliche und Eilaufträge • Dauer-, Lastschrift-, Sammelaufträge • Datenträgeraustausch
Postscheck: Betrag unbegrenzt • als Zahlungsmittel zur Verrechnung (Verrechnungsscheck)	• zur Auszahlung beim Postgiroamt (Kassenscheck) • zur Auszahlung beim Postamt (Postbarscheck, bis 20 000 DM)
„eurocheque": Deckungsgarantie bis 400 DM • Verwendung wie Postscheck	• Einlösen bei allen Postämtern, Banken und Sparkassen
Zahlungsanweisung: Betrag unbegrenzt • Zustellung von Bargeld vom Postgirokonto	• Dauer- und Sammelaufträge • telegrafische und Eilaufträge • Eilzustellung • Zahlungsanweisung zur Verrechnung
Zahlkarte: Betrag unbegrenzt • am Postschalter einzahlen • auf eigenes Postgirokonto gebührenfrei • auf ein anderes Postgirokonto gegen Gebühr • Gebührenstufen: bis 10 DM, über 10 DM	• telegrafische Zahlkarte • Eilauftrag • Klarschriftleseverfahren
Postanweisung: Höchstbetrag 1 000 DM • am Postschalter einzahlen • an Empfänger auszahlen • Gebührenstufen bis 100, 500, 1 000 DM	• Eilzustellung • telegrafische Postanweisung • Luftpost
Nachnahme: Höchstbetrag 3 000 DM • Gutschrift des beim Ausliefern der Sendung eingezogenen Betrags (abzüglich Zahlkartengebühr) auf Postgirokonto • Gebühr für Sendung und Nachnahmegebühr	
Postprotestauftrag: Höchstbetrag 3 000 DM • Übermitteln des beim Einlösen von Wechseln eingezogenen Betrags (abzüglich Postanweisungs- oder Zahlkartengebühr) • Einschreib- und Vorzeigegebühr	• Eilzustellung • Wechselgesetz beachten • bei Nichteinlösen Protest und Übersenden der Protesturkunde

Quelle: Informationsmappe der Deutschen Bundespost

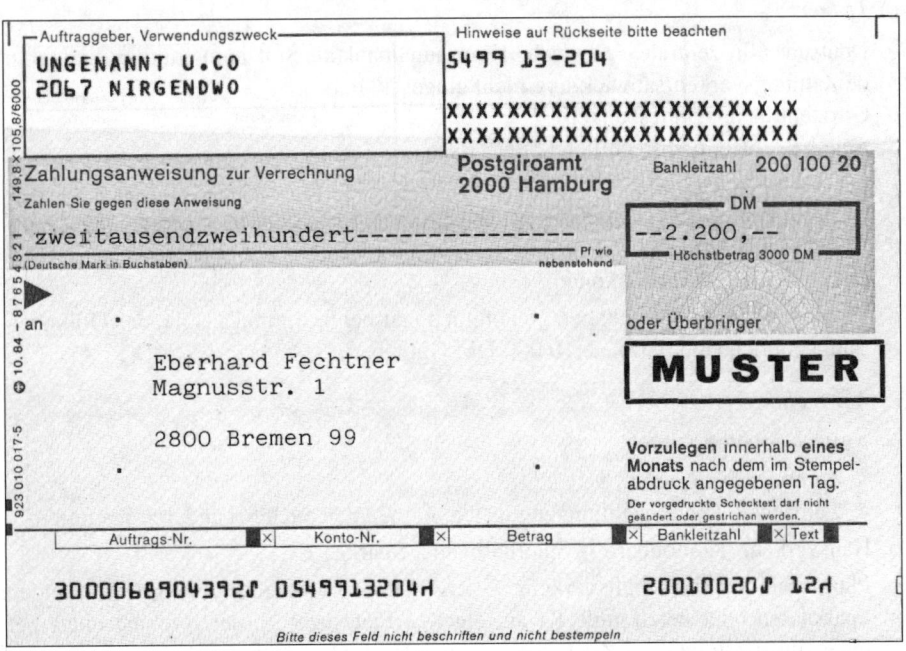

d) *Sonstiges:*

o Sammelüberweisungen (ab 5 Stück); einzureichen sind:
- Sammelüberweisung (Gesamtbetrag)
- Anlage (Einzelbeträge und Empfänger)

- Ersatzüberweisungen: bestehen nur aus Hauptabschnitt und Gutschriftzettel;
  A: innerhalb des Bereichs eines Postgiroamtes
  B: an fremde Postgiroämter
o Sammelschecks (ab 5 Stück); einzureichen sind:
  - Sammelscheck (Gesamtbetrag)
  - Anlage (Einzelbeträge und Empfänger)
  - Zahlungsanweisungen
o Einziehungsaufträge: Gläubiger läßt mit Zustimmung des Schuldners Beträge von dessen Konto abbuchen und seinem Konto gutschreiben
o Eilaufträge:
  - beschleunigte Ausführung von Ein- und Auszahlungen, Überweisungen
  - Vermerk „telegrafisch" auf dem Formular
  - beschleunigte Benachrichtigung des Empfängers möglich.

1.1.323 Spargiroverkehr

a) *Träger:*

o Deutsche Girozentrale – Deutsche Kommunalbank als Spitzeninstitut (in die laufende Zahlungsverkehrsabwicklung nicht eingeschaltet)
o Girozentralen (Landesbanken)
o freie bzw. öffentlich-rechtliche Sparkassen

b) *Wesen:*

o Konten für jedermann
o Giro- oder Kontokorrentkonten
o Verzinsung von Giroguthaben gewöhnlich erst bei bestimmter Höhe des Guthabensaldos; üblich sind 0,5 % ab 10 000 DM Guthaben.

c) *Abwicklung:*

o Auftragserteilung durch
  - normalen Vordruck
  - Zahlschein (Bareinzahlung zugunsten von Konten auch bei anderen Instituten)
o Hausverkehr: Kontoübertrag innerhalb einer Sparkasse
o Platz- und Nachbarschaftsverkehr: Überweisungen an eigene Zweigstellen, andere Sparkassen oder netzfremde KI am eigenen Platz bzw. in der Nachbarschaft ggf. unter Einschaltung des LZB-Giroverkehrs oder der LZB-Abrechnung
o Fernverkehr: Überweisungen an weiter entfernte Institute des eigenen oder eines fremden Gironetzes; Arten (Unterscheidungen nach Schnelligkeit der Weiterleitung):
  - normale Abwicklung über die zuständige Girozentrale, ggf. Einschaltung einer zweiten Girozentrale (beide stehen miteinander in Kontoverbindung):

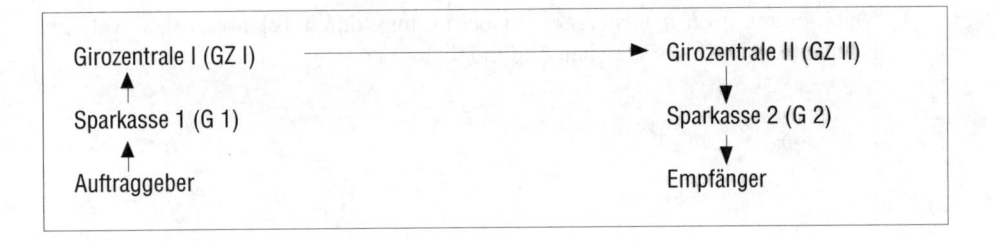

```
Girozentrale I (GZ I) ──────────────▶ Girozentrale II (GZ II)
        ▲                                     │
        │                                     ▼
Sparkasse 1 (G 1)                    Sparkasse 2 (G 2)
        ▲                                     │
        │                                     ▼
Auftraggeber                            Empfänger
```

- Weiterleitung im *Elektronischen Zahlungsverkehr für individuelle Überweisungen (EZÜ)* (vgl. Abschnitt 1.1.921):
  - gilt für alle Überweisungen ab 500 DM (Senkung der Betragsgrenze auf 300 DM ist geplant)
  - Gutschriftsträger verbleibt bei G 1
  - beleglose Weiterleitung der Daten aus dem Gutschriftsträger
  - Online-Verbuchung zwischen den beteiligten Girozentralen

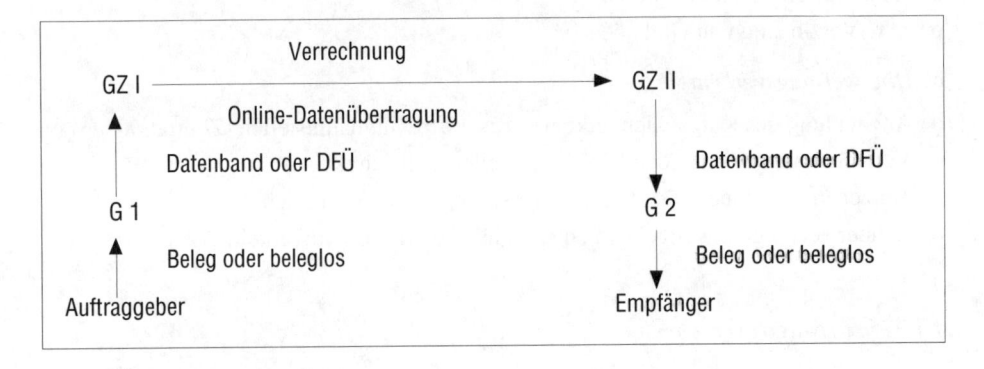

```
                    Verrechnung
    GZ I ──────────────────────────────▶ GZ II
     ▲        Online-Datenübertragung     │
     │                                    │
     │     Datenband oder DFÜ    Datenband oder DFÜ
    G 1                                  G 2
     ▲                                    │
     │        Beleg oder beleglos    Beleg oder beleglos
Auftraggeber                         Empfänger
```

- Weiterleitung im *Eilüberweisungsverkehr A:* direkte Versendung des Gutschriftsträgers von der G 1 an die GZ II

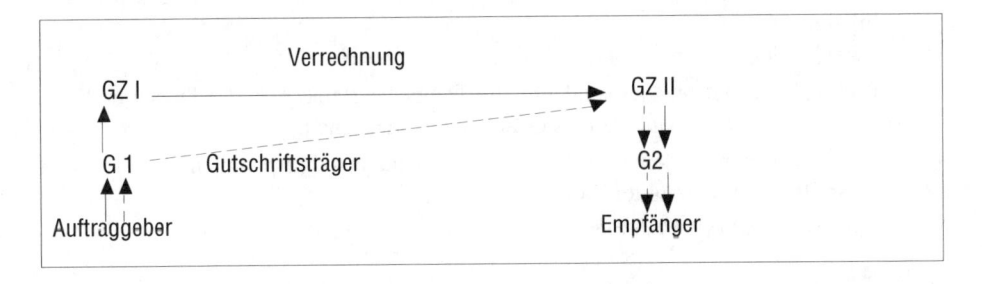

```
                    Verrechnung
    GZ I ──────────────────────────────▶ GZ II
     ▲                                  ▐▐
     │                                  ▼▼
    G 1 ---- Gutschriftsträger -------  G 2
     ▲▲                                 ▐▐
     │                                  ▼▼
Auftraggeber                         Empfänger
```

- Weiterleitung im *Eilüberweisungsverkehr B:* abgeschafft zum 1.10.1989; hierbei wurde der Gutschriftsträger von der G 1 direkt der G 2 zugeleitet, während die Verrechnung über die beiden beteiligten GZ lief

- Weiterleitung im *Blitzgiroverkehr:* Übermittlung durch Telefon, Telex, Teletex, dadurch Gutschrift am gleichen Tag möglich.

1.1.324 Ringgiroverkehr

a) *Träger:*

o Deutsche Genossenschaftsbank
o Zentralkassen der gewerblichen und ländlichen Kreditgenossenschaften (= Ringhauptstellen)
o gewerbliche Kreditgenossenschaften (Volksbanken), ländliche Kreditgenossenschaften (Raiffeisenbanken, Spar- und Darlehnskassen u. a.) (= Ringstellen)

b) *Wesen:*

o Konten für jedermann (früher: nur für Mitglieder)
o Kontokorrent- oder Girokonten
o z. T. Verzinsung von Guthaben

c) *Überweisungsverkehr:*

o Abwicklung des Ringstellenverkehrs grds. über Ringhauptstellen (Zentralkassen)
o Verrechnung zwischen den Ringhauptstellen grds. direkt
o Spitzenausgleich über Deutsche Genossenschaftsbank möglich
o Eilüberweisungen: weitgehend entsprechend dem Spargiroverkehr

1.1.325 Privatgiroverkehr

a) *Träger:*

o Großbanken mit eigenen Gironetzen, bestehend aus
  – Hauptstellen („Zentrale Frankfurt")
  – Filialen
  – Zweigstellen
  Hinsichtlich des Gironetzes sind nur die Deutsche Bank AG, die Dresdner Bank AG und die Commerzbank AG als Großbanken anzusehen.
o Regionalbanken mit kleineren Netzen, bestehend aus Hauptstellen, Filialen und Zweigstellen in beschränkter Zahl
o Lokalbanken und Privatbankiers.

b) *Wesen:*

o Konten für jedermann
o Kontokorrent- oder Girokonten
o z. T. Verzinsung

c) *Abwicklung:*
o Ausführung größerer Überweisungsaufträge nach Möglichkeit im eigenen Gironetz
o kleinere Aufträge werden meist über die Landeszentralbank abgewickelt, selbst wenn die Gutschrift im eigenen Netz erfolgen soll (aus Kostengründen)
o Gutschriftsträger gehen i. d. R. an das KI des Empfängers direkt (Eilverfahren); Verrechnung erfolgt auf normalem Weg (mittels des sog. Übertragungsschecks).

1.1.4 Der Scheckverkehr

1.1.40 Grundbegriffe

1.1.400 Wesen und Bedeutung

a) *Definition:* Der Scheck ist eine Anweisung an ein Kreditinstitut *(Bezogener)*, zu Lasten des Kontos des *Ausstellers* einen bestimmten Geldbetrag gegen *Vorlage* des Schecks zu zahlen.

b) *Rechtsgrundlage:* Scheckgesetz von 1933

c) *Rechtsnatur:*
= *Wertpapier*, d. h. eine Urkunde, die ein privates Vermögensrecht verbrieft, wobei zur Ausübung des Rechts der Besitz des Papiers erforderlich ist.
= *geborenes Orderpapier*, d. h. übertragbar durch Einigung, Indossament und Übergabe.

Durch die *Überbringerklausel* („Zahlen Sie... an... oder Überbringer") wird der Scheck zum *Inhaberpapier*, d. h. übertragbar durch Einigung und Übergabe. Dies gilt im Inland *grundsätzlich*, da alle Scheckvordrucke die Überbringerklausel tragen und eine Streichung der Klausel nach den „Bedingungen für den Scheckverkehr" als nicht erfolgt gilt.

Orderschecks kommen häufig im Auslandsgeschäft vor.

Durch die *negative* Orderklausel („nicht an Order") wird die Übertragung als Orderpapier ausgeschlossen; der Scheck wird zum *Rektapapier*, d. h. übertragbar durch Einigung, Abtretung (Zession) und Übergabe; Rektaschecks kommen im Inland praktisch nicht vor.

d) *Rechtliche Bedeutung:*
Wird der Scheck zur Tilgung von Schulden verwandt, so erfolgt die Hingabe des Schecks als Zahlungsmittel nur *erfüllungshalber* (§ 364 II BGB), d. h.
o das alte Schuldverhältnis bleibt bestehen
o es entsteht zusätzlich ein neues Schuldverhältnis auf Einlösung des Schecks gegen die bezogene Bank
o beide Schuldverhältnisse erlöschen mit Einlösung des Schecks.

e) *Wirtschaftliche Bedeutung:*

o Schecks als halbbares Zahlungsmittel
  – Schuldner zahlt mit Scheck, Gläubiger erhält den Gegenwert in bar von der bezogenen Bank
  – Aussteller verschafft sich mittels des Schecks Bargeld z. B. bei seinem oder anderen KI
o Scheck als bargeldloses Zahlungsmittel: Bezahlung von Schulden durch Verrechnungsschecks, deren Gegenwert dem Gläubiger gutgeschrieben wird
o keine umfangreiche Bargeldhaltung erforderlich
o Scheckeinlösung erfolgt i. d. R. erst einige Tage nach Ausstellung: Zinsgewinn für den Schuldner, da das Buchgeld auf seinem Konto länger verbleibt als z. B. bei Überweisung
o Scheck als Sicherungsmittel:
  – durch Scheckkarte (Einlösungsgarantie)
  – durch Scheckprozeß (s. u.).

1.1.401 Form und Inhalt

a) *Gesetzliche Bestandteile* sind Teile der Scheckurkunde, die vollständig vorhanden sein müssen, damit ein Scheck im Sinne des Scheckgesetzes vorliegt (Art. 1.2 ScheckG):

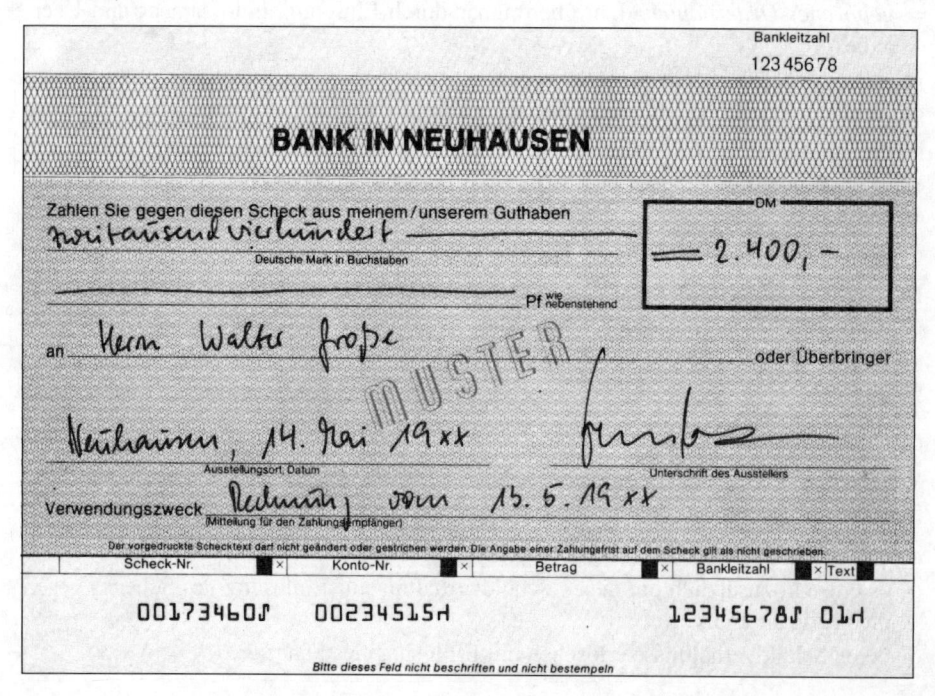

o Bezeichnung als Scheck im Text der Urkunde
o unbedingte Anweisung, eine bestimmte Geldsumme zu zahlen
o Name dessen, der zahlen soll (Bezogener)
o Zahlungsort (bei Fehlen ist dies der Ort des Bezogenen)
o Ort (bei Fehlen Ort des Ausstellers) und Tag der Ausstellung
o Unterschrift des Ausstellers.

b) *Kaufmännische Bestandteile* sollen die Bearbeitung, Einlösung, Abwicklung erleichtern:

o Schecknummer (wichtig bei Schecksperren)
o Kontonummer des Ausstellers (für die Einlösung)
o Bankleitzahl (s. u. Abschnitt 1.1.910)
o Kodierzeile (für automatisches Sortieren der Schecks)
o Guthabenklausel „aus meinem/unserem Guthaben" (Erinnerung für den Aussteller an notwendige Deckung)
o Zahlungsempfänger (Scheck bleibt dennoch Inhaberpapier)
o Überbringerklausel: ermächtigt das KI zur Auszahlung an jeden Vorleger (Überbringer, Inhaber); das KI ist zur Legitimationsprüfung berechtigt, aber nicht verpflichtet
o Wiederholung der Schecksumme in Ziffern (zur leichteren Bearbeitung; maßgeblich ist der *Betrag in Buchstaben*).

c) *Vordruckzwang:* Schecks müssen auf Formularen der bezogenen Kreditinstitute ausgestellt werden, wenn sie von diesen eingelöst werden sollen. Als Schecks im Sinne des Scheckgesetzes gelten jedoch alle Urkunden, die alle gesetzlichen Bestandteile enthalten.

1.1.402 Voraussetzungen für die Scheckausstellung

a) *Scheckfähigkeit:*
o *passive* Scheckfähigkeit = die Fähigkeit, Schecks auf sich ziehen zu lassen (d. h. Scheckformulare mit eingedrucktem bezogenem Institut zur Ausfüllung durch Kunden auszugeben); nach Art. 3,54 ScheckG sind passiv scheckfähig:
 – Banken, Kreditgenossenschaften, Deutsche Bundesbank
 – Sparkassen
 – Deutsche Bundespost

Bedingungen für den ec-Service

1. Service-Leistungen
Zur Nutzung des ec-Service gibt das Kreditinstitut ec-Karten aus.
Sie dienen
- als Garantiekarte für den eurocheque
- zur Abhebung von Geldbeträgen an ec-Geldautomaten
- zur bargeldlosen Bezahlung an automatisierten Kassen, die für den ec-Service zugelassen sind (nachfolgend „POS-Kassen").

Das Kreditinstitut teilt dem Karteninhaber bei Aushändigung der ec-Karte mit, welche Funktionen er hiermit nutzen kann.

2. Karteninhaber
Die ec-Karte gilt ausschließlich für das auf ihr angegebene Konto. Sie kann nur auf den Namen des Kontoinhabers oder eines Bevollmächtigten ausgestellt werden. Ein Widerruf der Vollmacht wird für den ec-Service erst mit Rückgabe der ec-Karte an das Kreditinstitut wirksam. Unabhängig hiervon wird das Kreditinstitut zumutbare Maßnahmen ergreifen, um Verfügungen mit der ec-Karte nach Widerruf der Vollmacht zu unterbinden.

3. Unterschrift
Das Kreditinstitut händigt die ec-Karte gegen besondere Empfangsbescheinigung aus; der Karteninhaber unterschreibt ec-Karte und Empfangsbescheinigung in Anwesenheit eines Mitarbeiters des Kreditinstituts. Die Unterschriften auf der Empfangsbescheinigung und der ec-Karte müssen übereinstimmen.

4. Persönliche Geheimzahl
Sofern der Karteninhaber eine persönliche Geheimzahl erhält, kann er die ec-Karte im In- und Ausland an ec-Geldautomaten und POS-Kassen nutzen; die persönliche Geheimzahl ist als weiteres Berechtigungsmerkmal neben der ec-Karte an ec-Geldautomaten und POS-Kassen einzugeben.

5. Sorgfaltspflichten und Obliegenheiten
5.1 Aufbewahrung von eurocheque-Vordrucken und ec-Karte
Zur Vermeidung von mißbräuchlichen Verfügungen bei Abhandenkommen sind die eurocheque-Vordrucke und die ec-Karte mit besonderer Sorgfalt und getrennt voneinander aufzubewahren. Auch sollten grundsätzlich nicht mehr als 15 eurocheque-Vordrucke vorrätig gehalten werden.

5.2 Geheimhaltung der persönlichen Geheimzahl
Der Karteninhaber hat dafür Sorge zu tragen, daß ein Dritter keine Kenntnis von der persönlichen Geheimzahl erlangt, insbesondere darf sie Dritten nicht mitgeteilt und nicht auf der ec-Karte vermerkt werden; denn jede Person, die im Besitz der ec-Karte ist und die persönliche Geheimzahl kennt, kann zu Lasten der auf der ec-Karte angegebenen Kontos Geld an ec-Geldautomaten abheben und an POS-Kassen bezahlen.

5.3 Unterrichtungs- und Anzeigepflicht
Bei Abhandenkommen der ec-Karte oder bei mißbräuchlichen Verfügungen an ec-Geldautomaten oder POS-Kassen ist die kontoführende Stelle oder der Zentrale Sperrannahmedienst unverzüglich zu benachrichtigen, um die ec-Karte für den Einsatz an ec-Geldautomaten und POS-Kassen zu sperren; dadurch lassen sich Schäden verhindern oder begrenzen. Der Zentrale Sperrannahmedienst ist Tag und Nacht telefonisch erreichbar (Tel.: 069/74 09 87).
Bei der Aufgabe einer Sperre über den Zentralen Sperrannahmedienst sind der Name des kartenausgebenden Kreditinstituts — möglichst mit Bankleitzahl — und die Kontonummer anzugeben. Sofern diese Daten nicht angegeben werden können, ist eine Sperre nicht möglich. Bei der Sperrmeldung über den Zentralen Sperrannahmedienst werden alle für ein Konto ausgegebenen ec-Karten gesperrt.
Bei mißbräuchlichem Einsatz der ec-Karte ist Anzeige bei der Polizei zu erstatten.

6. Garantie für den eurocheque
6.1 Zustandekommen der Garantie
Mit der ec-Karte garantiert das Kreditinstitut die Zahlung des Scheckbetrages eines auf seinen eurocheque-Vordrucken ausgestellten Schecks jedem Schecknehmer in Europa und in den an das Mittelmeer grenzenden Ländern bis zu einem Betrag von DM 400,- oder bis zur Höhe des in dem jeweiligen Land geltenden ec-Garantiehöchstbetrages, sofern der Name des Kreditinstituts, Konto- und Karten-Nummer sowie die Unterschrift auf eurocheque und ec-Karte übereinstimmen. In der Bundesrepublik Deutschland ausgestellte eurocheques sind für acht Tage, in anderen Staaten ausgestellte eurocheques für 20 Tage seit dem Ausstellungsdatum garantiert. Die Frist ist gewahrt, wenn der eurocheque innerhalb dieser Fristen dem bezogenen Institut vorgelegt, einem inländischen Kreditinstitut zum Inkasso eingereicht oder der deutschen eurocheque-Zentrale zugeleitet worden ist.
Das Kreditinstitut wird für Rechnung des Kontoinhabers auf jeden mit der Nummer der ec-Karte versehenen eurocheque Zahlung leisten, sofern die Voraussetzungen des Absatzes 1 eingehalten sind.
Die Verpflichtung des Kreditinstituts, die gemäß Absatz 1 garantierten Beträge zu bezahlen, wird durch Widerruf bzw. Sperre des Schecks nicht berührt.

6.2 Beweisregel
Trägt der eurocheque die Nummer der ec-Karte, so ist er nach dem Beweis des ersten Anscheins unter Verwendung der ec-Karte begeben worden.

6.3 Unterschriftenprüfung durch das Kreditinstitut
Erfüllt ein eurocheque die Garantiebedingungen gemäß Nummer 6.1 Absatz 1 und erweckt die Unterschrift auf dem eurocheque-Vordruck nach ihrem äußeren Gesamtbild den Eindruck der Echtheit, so besteht eine Einlösungsverpflichtung auch dann, wenn die Unterschrift gefälscht ist und/oder die eurocheque-Vordrucke bzw. ec-Karte verfälscht worden sind.

7. Verfügungen an ec-Geldautomaten und POS-Kassen
7.1 Verfügungsrahmen des Karteninhabers
Das Kreditinstitut stellt dem Karteninhaber für Abhebungen an ec-Geldautomaten und für Bezahlungen an POS-Kassen für einen bestimmten Zeitraum einen Verfügungsrahmen

bereit, den es ihm bekanntgibt. Der Kontoinhaber kann mit der kontoführenden Stelle eine Herabsetzung des Verfügungsrahmens für alle zu seinem Konto ausgegebenen ec-Karten vereinbaren; ein Bevollmächtigter, der eine ec-Karte erhalten hat, kann die Herabsetzung nur für diese ec-Karte vereinbaren. Die Begrenzung wird einen Bankarbeitstag nach Abschluß der Vereinbarung wirksam. An ec-Geldautomaten fremder Kreditinstitute kann der Karteninhaber von dem Verfügungsrahmen täglich einmal bis zu DM 400,- und im Ausland bis zur Höhe des in dem jeweiligen Land geltenden ec-Garantiehöchstbetrages abheben.

7.2 Nutzungsbeschränkungen

Die Kreditinstitute bzw. die Deutsche Bundespost übernehmen keine Verpflichtung zur Aufrechterhaltung der Funktionsfähigkeit von ec-Geldautomaten oder POS-Kassen.

Die ec-Karte kann an ec-Geldautomaten und an POS-Kassen nicht mehr eingesetzt werden, wenn die persönliche Geheimzahl dreimal hintereinander falsch eingegeben worden ist.

Das Kreditinstitut ist berechtigt, den Einzug der Karte zu veranlassen, wenn auf dem Konto das Guthaben nicht ausreicht oder der Kreditrahmen überschritten wird.

7.3 Zahlungsverpflichtung des Kreditinstituts

Das kartenausgebende Kreditinstitut ist gegenüber den Betreibern von ec-Geldautomaten sowie POS-Kassen verpflichtet, die Beträge, über die unter Verwendung der dem Karteninhaber ausgegebenen ec-Karte verfügt worden ist, an die Betreiber zu vergüten; die Zahlungspflicht beschränkt sich bei der Nutzung von ec-Geldautomaten auf den maßgeblichen Auszahlungshöchstbetrag und bei POS-Kassen auf autorisierte Verfügungen.

8. Kontobelastung

8.1 Aufwendungsersatzpflicht des Kontoinhabers

Der Kontoinhaber erstattet dem Kreditinstitut alle Aufwendungen, die durch die Verwendung der ec-Karte entstehen (vgl. Nummern 6 und 7).

Der Karteninhaber wird von der ec-Karte nur im Rahmen des Guthabens bzw. eines vorher eingeräumten Kredites Gebrauch machen. Das Kreditinstitut ist jedoch berechtigt, auf dem Konto Beträge, über die im Rahmen des ec-Service verfügt worden ist, sowie Entgelte, die hierfür bei dem Kreditinstitut oder bei dritter Stelle anfallen, auch bei mangelndem Guthaben zu belasten.

8.2 Einwendungen bei POS-Zahlungen

Einwendungen und sonstige Beanstandungen des Karteninhabers, die das Vertragsverhältnis mit dem die POS-Kassen betreibenden Unternehmen betreffen, sind unmittelbar gegenüber dem Unternehmen geltend zu machen.

8.3 Umrechnung von Fremdwährungen

Geldbeträge, über die in Fremdwährung verfügt worden ist, werden in Deutscher Mark eingezogen; die Umrechnung kann durch die erste inländische Inkassostelle erfolgen. Dabei wird der Devisen-Briefkurs der Umrechnung vorangegangenen Börsentages zugrunde gelegt.

9. Schadensregelung

9.1 Schäden aufgrund mißbräuchlicher Verwendung von ec-Karte und eurocheque-Vordrucken

Sofern die Garantievoraussetzungen gemäß Nummer 6.1 eingehalten sind, der Karteninhaber den Verlust der ec-Karte dem Kreditinstitut angezeigt und Anzeige bei der Polizei erstattet hat, übernimmt das Kreditinstitut die aus der mißbräuchlichen Verwendung der ec-Karte in Verbindung mit eurocheque-Vordrucken entstandenen Schäden bis DM 6.000,-.

Diese Höchstgrenze gilt nicht, wenn besondere Umstände einen Vorrat von mehr als 15 eurocheque-Vordrucken rechtfertigen oder wenn ec-Karte oder eurocheque-Vordrucke gefälscht oder verfälscht wurden.

9.2 Schäden durch mißbräuchliche Verwendung der ec-Karte an ec-Geldautomaten oder Bezahlung an POS-Kassen

Ist der kontoführenden Stelle des Kreditinstituts oder dem Zentralen Sperrannahmedienst der Verlust der ec-Karte angezeigt worden, so übernimmt das Kreditinstitut alle durch Verfügungen an ec-Geldautomaten bzw. durch Bezahlungen an POS-Kassen entstandenen Schäden, die durch eine mißbräuchliche Verwendung der ec-Karte nach Eingang der Verlustanzeige entstehen. Bis dahin trägt das Kreditinstitut den Schaden, wenn der Karteninhaber den Verlust der ec-Karte unverzüglich angezeigt hat und keine wesentlichen vertraglichen Obliegenheiten — insbesondere die aus Nummer 5 — grob fahrlässig verletzt hat.

Das kontoführende Institut übernimmt u. a. den Schaden dann nicht, wenn der Schaden dadurch verursacht wurde, daß

- der Originalbrief, in welchem dem Kunden die persönliche Geheimzahl mitgeteilt wurde, zusammen mit der ec-Karte abhanden gekommen ist,
- die persönliche Geheimzahl auf der ec-Karte vermerkt oder mit der Karte in sonstiger Weise unmittelbar verbunden wurde.

In diesen Fällen trägt der Kontoinhaber den Schaden, jedoch begrenzt auf DM 400,- pro Kalendertag bzw. bei Verfügungen an ec-Geldautomaten im Ausland bis zur Höhe des in dem jeweiligen Land geltenden ec-Garantiehöchstbetrages.

Einen Anspruch auf Schadenübernahme kann der Karteninhaber nur geltend machen, wenn er die Voraussetzungen der Haftungsentlastung glaubhaft darlegt und Anzeige bei der Polizei erstattet.

10. Gültigkeit der ec-Karte

Die ec-Karte gilt bis zum Ende des auf ihr vermerkten Kalenderjahres. Das Kreditinstitut ist berechtigt, die ec-Karte zurückzuverlangen.

Endet die Berechtigung zur Benutzung der ec-Karte vorher, so hat der Karteninhaber diese unverzüglich an das kontoführende Kreditinstitut zurückzugeben. Das Kreditinstitut ist berechtigt, die Karte einzuziehen.

Januar 1989   **Hamburger Sparkasse**

Bedingungen für den ec-Service

Die Bedingungen für den ec-Service stimmen im gesamten Kreditgewerbe im wesentlichen überein. Die Schadensregulierung gemäß Nr. 9 ist innerhalb der Sparkassenorganisation - wie bisher - abweichend vom übrigen Kreditgewerbe geregelt.

Sparkassenorganisation

9. Schadensregelung
9.1 Schäden aufgrund mißbräuchlicher Verwendung von ec-Karte und eurocheque-Vordrucken

Sofern die Garantievoraussetzungen gemäß Nummer 6.1 eingehalten sind, der Karteninhaber den Verlust der ec-Karte dem Kreditinstitut angezeigt und Anzeige bei der Polizei erstattet hat, übernimmt das Kreditinstitut die aus der mißbräuchlichen Verwendung der ec-Karte in Verbindung mit eurocheque-Vordrucken entstandenen Schäden bis DM 6.000,-.

Diese Höchstgrenze gilt nicht, wenn besondere Umstände einen Vorrat von mehr als 15 eurocheque-Vordrucken rechtfertigen oder wenn ec-Karte oder eurocheque-Vordrucke gefälscht oder verfälscht wurden.

9.2 Schäden durch mißbräuchliche Verwendung der ec-Karte an ec-Geldautomaten oder Bezahlung an POS-Kassen

Ist der kontoführenden Stelle des Kreditinstituts oder dem Zentralen Sperrannahmedienst der Verlust der ec-Karte angezeigt worden, so übernimmt das Kreditinstitut alle durch Verfügungen an ec-Geldautomaten bzw. durch Bezahlungen an POS-Kassen entstandenen Schäden, die durch eine mißbräuchliche Verwendung der ec-Karte nach Eingang der Verlustanzeige entstehen. Bis dahin trägt das Kreditinstitut den Schaden, wenn der Karteninhaber den Verlust der ec-Karte unverzüglich angezeigt hat und keine wesentlichen vertraglichen Obliegenheiten — insbesondere die aus Nummer 5 — grob fahrlässig verletzt hat.

Das kontoführende Institut übernimmt u. a. den Schaden dann nicht, wenn der Schaden dadurch verursacht wurde, daß

— der Originalbrief, in welchem dem Kunden die persönliche Geheimzahl mitgeteilt wurde, zusammen mit der ec-Karte abhanden gekommen ist,

— die persönliche Geheimzahl auf der ec-Karte vermerkt oder mit der Karte in sonstiger Weise unmittelbar verbunden wurde.

In diesen Fällen trägt der Kontoinhaber den Schaden, jedoch begrenzt auf DM 400,- pro Kalendertag bzw. bei Verfügungen an ec-Geldautomaten im Ausland bis zur Höhe des in dem jeweiligen Land geltenden ec-Garantiehöchstbetrages.

Einen Anspruch auf Schadenübernahme kann der Karteninhaber nur geltend machen, wenn er die Voraussetzungen der Haftungsentlastung glaubhaft darlegt und Anzeige bei der Polizei erstattet.

übriges Kreditgewerbe

9. Schadensregelung

(1) Schäden aufgrund mißbräuchlicher Verwendung von ec-Karte und eurocheque-Vordrucken

Sofern die Garantievoraussetzungen gemäß Nr. 6.(1) eingehalten sind, übernimmt das Kreditinstitut 90 Prozent aller aus der mißbräuchlichen Verwendung der ec-Karte in Verbindung mit eurocheque-Vordrucken entstandenen Schäden; der Kontoinhaber trägt 10 Prozent der Schäden, und zwar auch dann, wenn dem Kreditinstitut der Verlust der ec-Karte angezeigt worden ist.

(2) Schäden durch mißbräuchliche Verwendung der ec-Karte an ec-Geldautomaten oder Bezahlungen an POS-Kassen

Sobald der kontoführenden Stelle des Kreditinstituts oder dem Zentralen Sperrannahmedienst der Verlust der ec-Karte angezeigt worden ist, übernimmt das Kreditinstitut alle danach durch Verfügungen an ec-Geldautomaten bzw. Bezahlungen an POS-Kassen entstehenden Schäden. Bis dahin trägt das Kreditinstitut 90 % aller Schäden, die durch die mißbräuchliche Verwendung der dem Karteninhaber ausgegebenen ec-Karte entstehen; der Kontoinhaber haftet nur für 10 % aller Schäden, die im Rahmen der Verfügungsmöglichkeit gemäß Nr. 7 entstehen.

o *aktive* Scheckfähigkeit = die Fähigkeit, Schecks zu ziehen, d. h. auszustellen; Voraussetzungen: Rechts- und Geschäftsfähigkeit; aktiv scheckfähig sind somit

- natürliche Personen, soweit voll geschäftsfähig
- Handelsgesellschaften, insbes. OHG, KG
- juristische Personen.

b) Bestehen einer *Kontoverbindung* in Form eines Giro- oder Kontokorrentkontos (nicht: Sparkontos!); *Deckung* auf diesem Konto, d. h. Guthaben bzw. Kreditgewährung (aber auch ungedeckte Schecks sind gültig).

c) *Scheckvertrag* zwischen Kunde und KI = Geschäftsbesorgungsvertrag (§ 675 BGB); *Pflichten:*

o der Kunde muß die „Bedingungen für den Scheckverkehr" anerkennen und die Vordrucke des betreffenden KI benutzen
o das KI muß gedeckte Schecks des Kunden einlösen.

Die Bedingungen für den Scheckverkehr (z. T. im Scheckheft abgedruckt) sind damit Bestandteil des Kontovertrages. Einzelne *Bedingungen:*

o besonders sorgfältige Aufbewahrung der Schecks, Vernichtung unbrauchbar gewordener Vordrucke, sofortige Verlustanzeige
o Recht des KI zur Prüfung der Berechtigung des Scheckeinreichers
o Einlösung *vordatierter* Schecks (Vorlage erfolgt vor angegebenem Ausstellungsdatum) ohne Rückfrage
o Recht zur Meldung der Nichteinlösung ungedeckter Schecks an Kreditschutzorganisationen
o Streichung der Überbringerklausel gilt als nicht erfolgt
o Risiko trägt der Kunde (z. B. bei Abhandenkommen, Fälschung usw.), Haftung des KI ist weitgehend beschränkt.

1.1.41 Scheckarten

Grundsätzlich lassen sich – nach der *Übertragbarkeit* – unterscheiden:

o Inhaberscheck
o Orderscheck (Namensscheck)
o Rektascheck (s. o.).

Aufgrund der Überbringerklausel haben Schecks im Inland jedoch die Funktion von Inhaberpapieren.

1.1.410 Scheckarten nach der Einlösung

a) *Barscheck:* wird vom bezogenen KI in bar an den *Überbringer* eingelöst. Geeignet für Barabhebungen des Ausstellers vom eigenen Konto und zur Weitergabe als Zahlungsmittel. Riskant (insbes. bei Verlust), da an *jeden* Überbringer ausgezahlt werden darf und der Barscheck somit praktisch dem Bargeld gleichgestellt ist.

b) *Verrechnungsscheck:* Vermerk „nur zur Verrechnung": quer, gewöhnlich links oben, über die Vorderseite des Schecks; zwei *parallele Striche* reichen nach einem sehr zweifelhaften Gerichtsurteil von 1976 nicht aus.

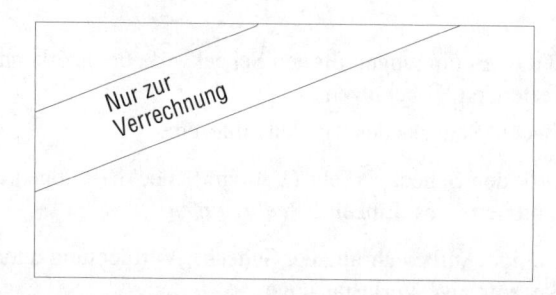

Der Betrag wird nicht bar ausgezahlt, sondern nur dem Konto des Empfängers gutgeschrieben *(Buchgeld)*. Der Verrechnungsscheck ist geeignet als Mittel für bargeldlose Zahlungen; er ist sicherer als der Barscheck (der Weg der Einlösung kann zurückverfolgt werden). Vgl. Art. 39 ScheckG.

c) *Gekreuzter Scheck:* im Scheckgesetz vorgesehen (Art. 37, 38), jedoch noch *nicht in Kraft*. Gekreuzte Schecks kommen dagegen im Ausland (insbesondere England) vor. In der Bundesrepublik Deutschland wurden sie bisher wie Verrechnungsschecks behandelt.

Arten:

o allgemeine Kreuzung: Der Scheck darf nur an einen Bankier oder einen Kunden des Bezogenen bezahlt werden (Art. 38 I ScheckG).

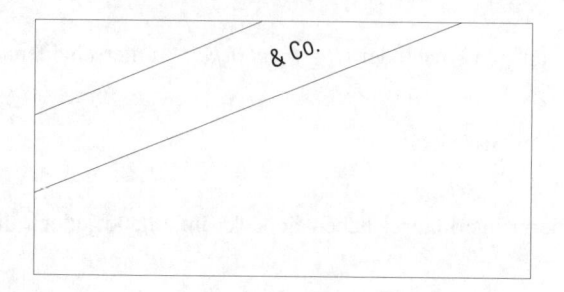

o besondere Kreuzung: Der Scheck darf vom Bezogenen nur an den bezeichneten Bankier oder, wenn dieser selbst der Bezogene ist, an dessen Kunden bezahlt werden (Art. 38 II ScheckG).

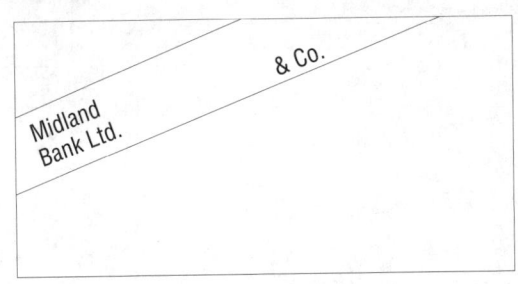

Die Kreuzung dient zur Sicherung bei Diebstahl des Schecks. Diesem Sinn entspricht es auch, daß ein Bankier einen gekreuzten Scheck nur von seinem Kunden oder von einem anderen Bankier erwerben darf.

1.1.411 Eurocheque (Scheckkartenscheck)

a) *Wesen:* Kreditinstitute geben zusammen mit einheitlichen Eurocheque-Vordrucken Scheckkarten an ihre Kunden aus, die Angaben über

o die Konto-Nummer des Kunden

o eine Nummer der Scheckkarte

o den Namen des Kunden und seine Unterschrift

o ein Gültigkeitsdatum (Ende eines Jahres)

o das ausgebende Kreditinstitut

enthalten.

Viele Scheckkarten enthalten bereits Magnetstreifen zur Benutzung von Geldausgabeautomaten.

Für aufgrund der Scheckkarte ausgestellte Schecks *garantieren* die bezogenen KI die Einlösung bis zu 400,– DM (oder bis zu dem in dem jeweiligen Land geltenden ec-Garantiehöchstbetrag) ohne Rücksicht auf das Vorhandensein ausreichender Deckung. Die Garantie gilt gegenüber jedem Schecknehmer in Europa und in den an das Mittelmeer grenzenden Staaten.

b) *Voraussetzungen:*

o Unterschrift des Kunden, Name des KI und Kontonummer auf Eurocheque und Scheckkarte müssen übereinstimmen.

o Die Scheckkarten-Nummer muß auf der Rückseite des Eurocheques vermerkt sein.

o Das Ausstellungsdatum des Schecks muß innerhalb der Gültigkeitsdauer der Scheckkarte liegen.

o Vorlage des Schecks innerhalb der Vorlegungsfrist (s. u.).

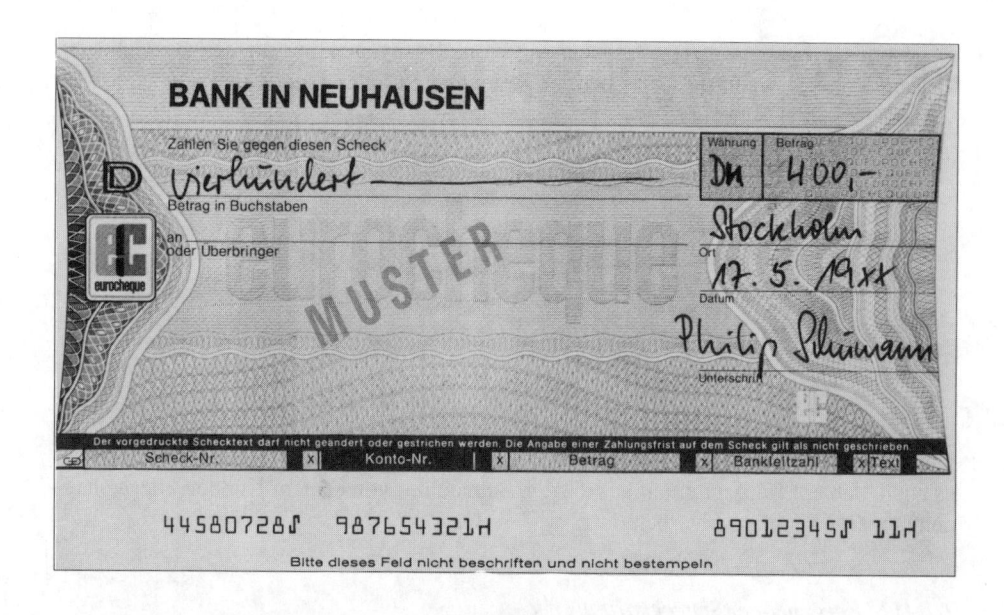

c) *Bedeutung:* Sicherung des Scheckverkehrs, insbesondere des Schecknehmers vor ungedeckten Schecks; damit Förderung der Verwendung dieses Zahlungsmittels, das in der Tat in Europa entscheidende Bedeutung erlangt hat.

Das *Verlustrisiko* für den Scheckkarteninhaber ist eingeschränkt: mit Erhalt der Scheckkarte ist der Aussteller *versichert* bei einer Selbstbeteiligung von 10 % pro Scheck, höchstens 400,– DM pro Scheckkarte.

Bei den *Sparkassen* erfolgt die Schadensregulierung durch den Haftungsfonds der Sparkassenorganisation ähnlich wie bei einer Versicherung. Einen gültigen Rechtsanspruch gegenüber dem Haftungsfonds hat jedoch nur die jeweilige Sparkasse und nicht der Scheckkarteninhaber. Der Schadensbetrag wird in voller Höhe ersetzt. Allerdings gilt bei Schäden mit Originalkarte grds. eine Betragsgrenze von 6 000 DM.

Bei *ec-Geldautomaten*-Schadensfällen werden entstandene Schäden im Interesse einer zügigen und reibungslosen Abwicklung und zum Schutz der Kunden großzügig erstattet, sofern auf Seiten des Kunden nicht Vorsatz oder grobe Fahrlässigkeit festzustellen sind (z. B. unsachgemäße Verwendung der PIN).

Widerrruf und Sperre von Eurocheques können aufgrund der Zahlungsgarantie innerhalb der Vorlegungsfrist vom bezogenen KI nicht beachtet werden.

d) Im westlichen *Europa* hat der Eurocheque ebenfalls große Bedeutung erlangt. In den meisten Ländern ist die Ausstellung von Eurocheques ausländischer KI in Landeswährung möglich; daher fehlt bei den Schecks der (früher übliche) Währungs-Eindruck, der nunmehr handschriftlich ergänzt werden muß. In anderen Ländern ist der Eurocheque zur Bargeldbeschaffung der KI verwendbar. Dabei liegen die Währungsbetragsgrenzen zum Teil über oder unter der in Deutschland gültigen Grenze von 400,– DM.

o Einkauf in Landeswährung und Bargeldbeschaffung möglich: z. B. in

Andorra	Belgien	BR Deutschland
Dänemark	Finnland	Frankreich
Griechenland	Großbritannien	Irland
Island	Israel	Italien
Jugoslawien	Liechtenstein	Luxemburg
Malta	Marokko	Monaco
Niederlande	Norwegen	Österreich
Portugal	San Marino	Schweden
Schweiz	Spanien	Tunesien
Ungarn	Zypern	

o Bargeldbeschaffung bei Kreditinstituten möglich: z. B. in

Ägypten	Albanien	Bulgarien
CSSR	DDR	Libanon
Polen	Rumänien	Türkei
UdSSR		

Eurocheques können also in allen Ländern Europas sowie Ägypten, Israel, Libanon, Marokko und Tunesien eingesetzt werden.

Mit der Erweiterung des Eurocheque-Service wurde eine veränderte Gebührenregelung eingeführt. Bei der Bareinlösung der auf ausländische Währung ausgestellten Eurocheques wird der Scheckbetrag ohne Abzug von Gebühren und Kursabschlägen ausgezahlt. Erst bei der Umrechnung und Einlösung der Eurocheques in Deutschland werden Kosten in Rechnung gestellt und zusammen mit dem Scheckgegenwert dem Konto des Ausstellers belastet; dies gilt auch für Eurocheques, die zur Bezahlung in Kaufhäusern, Hotels usw. verwendet werden.

1.1.412 Bestätigte Schecks

a) Die Bestätigung von Schecks, d. h. die Garantie ihrer Einlösung durch eine Bank auf dem Scheck, ist *verboten* (§ 23 BBankG); der Betrag von 400,- DM bei Eurocheques in Verbindung mit einer ec-Scheckkarte ist *außerhalb* des Schecks durch das ausgebende KI garantiert.

Grund des Verbots: Die Schaffung von Ersatzgeld soll verhindert werden (keine unkontrollierte Vermehrung der umlaufenden Geldmenge).

b) *Ausnahme:* Die *Deutsche Bundesbank* darf auf sie gezogene Schecks mit einem Bestätigungsvermerk versehen; sie haftet dann für die Einlösung, wenn der Scheck innerhalb von 8 Tagen zur Zahlung vorgelegt wird.

c) *Vorgang:*
o Bestätigung des von einem KI über sein LZB-Konto auf die Bundesbank gezogenen Schecks
o gleichzeit Belastung des Girokontos des Ausstellers mit dem Scheckbetrag
o Umbuchung des Betrages auf ein Deckungskonto (sog. Asservatenkonto)
o Auszahlung des Schecks nur bei der bestätigenden LZB, sonst nur Einreichung als Verrechnungsscheck möglich
o nach 8 Tagen Erlöschen der Einlösungsgarantie, sofern der Scheck noch nicht vorgelegt wurde; von nun an wird der Scheck bei Vorlage wie unbestätigter Scheck behandelt
o nach 15 Tagen Rückbuchung
o Bestätigungsprovision für die LZB zuzüglich der Gebühren des ausführenden KI.

d) *Bedeutung:* Verwendbar für größere Zahlungen (z. B. auf Auktionen, bei Messen), die zur Sicherheit des Schuldners nicht in bar (wegen Verlust-, Diebstahlrisiko), zur Sicherung des Gläubigers nicht durch einfachen (evtl. ungedeckten) Scheck ausgeführt werden sollen.

1.1.42 Abwicklung des Scheckverkehrs

1.1.420 Ausgabe von Schecks

Im Inlandszahlungsverkehr sind für Kunden heute Eurocheques von vorrangigem Interesse; daneben werden Standardschecks als Mittel der Beschaffung von Bargeld bei dem kontoführenden Kreditinstitut an Kunden ausgegeben.

Voraussetzung für die Ausgabe von Eurocheques an Kunden sind eine einwandfreie Kontoführung und Bonität. In Zweifelsfällen sollte geprüft werden, ob diesem Kunden auch ein Kredit in Höhe von 4 000,– DM gewährt werden würde (= bei 10 ec-Schecks garantierter Betrag).

Üblicherweise erfolgt die Ausgabe von Eurocheques erst nach halbjährlicher einwandfreier Kontoführung und nur bis zu 10 Vordrucken; gute Kunden erhalten bis zu 25 ec-Schecks.

Das KI erhebt i. d. R. eine Gebühr von ca. 0,10 DM pro Vordruck sowie 5,– DM jährlich für die Scheckkarte. Bei PIN-Ausgabe (siehe Abschnitt 1.1.212) erhöht sich die Gebühr gewöhnlich auf 10,– DM.

1.1.421 Verwendung des Schecks

Schecks lassen sich folgendermaßen verwenden:

a) durch den *Aussteller:*

o Barscheck:
 – Barabhebung
 – Weitergabe als Zahlungsmittel
o Verrechnungsscheck:
 – Weitergabe als Zahlungsmittel

b) durch den *Schecknehmer:*

o Barscheck:
 – Bareinlösung
 – Weitergabe als Zahlungsmittel
o Verrechnungsscheck:
 – Einreichung bei seinem KI zum Einzug
 – Weitergabe als Zahlungsmittel

1.1.422 Vorlegungsfristen

Schecks sollen nur Zahlungsmittel, nicht (wie der Wechsel) Kreditmittel sein; daher ist ihre Umlaufzeit begrenzt.

a) *Fristen* für die Vorlage von Schecks im Inland, die ausgestellt sind

o im Inland: 8 Tage

o in Europa einschließlich Mittelmeerländer: 20 Tage

o in sonstigen Ländern: 70 Tage.

Die Vorlegungsfrist beginnt mit Ausstellung laut Scheck und endet an einem Werktag (d. h. dem nächsten Werktag, falls letzter Tag ein Samstag, Sonntag oder Feiertag ist). Vgl. Art. 29 ScheckG.

b) Schecks sind bei *Sicht* zahlbar (Art. 28 ScheckG). Eine Zahlungsfrist auf einem Scheck gilt als nicht geschrieben, eine Vordatierung wird nicht beachtet. Die Einlieferung in eine Abrechnungsstelle (siehe dort) kommt der Vorlage des Schecks zur Zahlung gleich (Art. 31 ScheckG).

c) *Rechtliche Bedeutung* der Vorlegungsfristen:

o nach Ablauf der Vorlegungsfrist besteht keine Verpflichtung (aber ein Recht) des bezogenen KI zur Einlösung

o nach Art. 32 ScheckG ist *Widerruf* (Schecksperre) erst nach Ablauf der Vorlegungsfrist bindend (*kann* jedoch vorher beachtet werden)

o nach einem BGH-Urteil vom 13.06.88 *muß* die Schecksperre vom KI jedoch auch innerhalb der Vorlegungsfrist beachtet werden, da dies seit langem Praxis und die Praxis auch weitgehend bekannt sei, so daß sie Handelsbrauch geworden sei

o bei nicht rechtzeitiger Vorlage geht das scheckrechtliche Rückgriffsrecht (insb. gegen den Aussteller) verloren (Anspruch muß dann im normalen Verfahrensweg durchgesetzt werden).

1.1.423 Einlösung des Schecks

a) Das bezogene KI *muß einlösen,*

o wenn der Scheck innerhalb der Vorlegungsfrist vorgelegt wird

o nicht widerrufen ist

o und Deckung vorhanden ist.

b) Das bezogene KI *kann* die Einlösung *verweigern,*

o wenn keine ausreichende Deckung vorhanden ist

o nach Ablauf der Vorlegungsfrist

o wenn der Scheck Formfehler aufweist (z. B. gesetzlicher Bestandteil fehlt, soweit es sich nicht um entscheidende Fehler wie etwa das Fehlen der Unterschrift des Ausstellers handelt).

c) Das bezogene KI *muß* die Einlösung *verweigern*

o bei Widerruf des Schecks (auch wenn der Scheck innerhalb der Vorlegungsfrist vorgelegt wird, s. o. 1.1.422 c)

- o bei Zweifeln an der Berechtigung zur Vorlage (z. B. abweichende Unterschrift, Rasuren u. dgl., soweit erkennbar).

d) Bei Einlösung geht der Scheck als *Quittung* in den Besitz des bezogenen KI über; ohne Aushändigung der Urkunde braucht nicht geleistet zu werden.

1.1.424 Nichteinlösung und Rückgriff

a) *Grundbegriffe:*

Wird die Scheckeinlösung vom Bezogenen berechtigterweise abgelehnt (s. o.), kann der Inhaber *Rückgriff (Regreß)* nehmen; dieser richtet sich

- o gegen den Aussteller
- o gegen Indossanten (vgl. Wechsel): selten, da der Scheck im Inland als Inhaberpapier verwendet wird und daher bei Weitergabe als Zahlungsmittel nicht indossiert zu werden braucht (anders bei Verwendung als Orderpapier).

b) Voraussetzungen des Rückgriffs: Art. 40 ScheckG

- o Nichteinlösung trotz rechtzeitiger Vorlage
- o Beweis dieser Tatsachen durch
  - *Vorlegungsvermerk* (Nicht-bezahlt-Vermerk) einer Bank oder Abrechnungsstelle auf der Rückseite des Schecks: z. B.

> Vorgelegt am 26.11.89 und nicht bezahlt.
> Hamburg, den 26. November 1989
> HANDELSBANK AG, HAMBURG

  - Protesturkunde (unüblich; vgl. Wechsel)

c) *Regreßansprüche* des Inhabers („Protestanten"):

- o Scheckbetrag
- o 6 % Zinsen seit dem Vorlegungstag; bei im Inland ausgestellten und zahlbaren Schecks 2 % über dem Bundesbank-Diskontsatz, mindestens 6 %
- o Protestkosten und sonstige Auslagen
- o Rückscheckprovision: 1/3 % des Scheckbetrages.

d) Gegenüber dem Scheckinhaber haften alle Scheckverpflichteten als Gesamtschuldner.

Dresdner Bank Aktiengesellschaft

Retourenhülle (Lastschrift)
für nicht bezahlte Einzugspapiere

Wir haben Ihr Konto belastet
We debit your account
Nous debitons votre compte de

Bitte stets nur ein Original-Einzugspapier gefaltet und mit Faltkante nach unten einlegen.

Einreicher: Max Müller OHG

Bankleitzahl:

Konto-Nr. des Einreichers: 7 645 311 00 bei (Bank usw.) Dresdner Bank

Inliegende(r) Lastschrift/Scheck wird zurückbelastet wegen:
- [X] Nichtbezahlung
- [ ] Schecksperre
- [ ] fehlendem Abbuchungsauftrag
- [ ] Widerspruchs
- [ ] nicht vorhandenem Konto unter dieser Nummer

DM
Betrag 9.500,--
fremde Kosten und Spesen 10,--
Provision 31,35
+ Spesen 2,-- 33,35

Wert DM 9.543,35

28.3.83 Frankfurt

Datum

Dresdner Bank Aktiengesellschaft

Wert	Konto-Nr.	Betrag	Bankleitzahl	Text
XXXX				

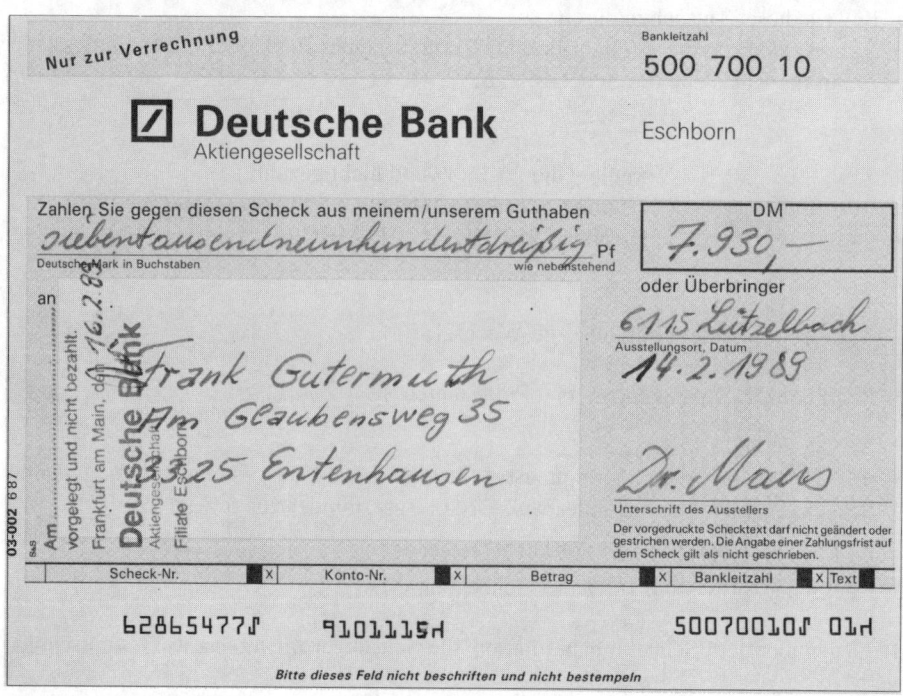

33H

Bitte dieses Feld nicht beschriften und nicht bestempeln

Nur zur Verrechnung

Bankleitzahl
500 700 10

Deutsche Bank Aktiengesellschaft — Eschborn

Zahlen Sie gegen diesen Scheck aus meinem/unserem Guthaben

siebentausendneunhundertdreißig Pf

Deutsche Mark in Buchstaben / wie nebenstehend

DM **7.930,--**

an

Frank Gutermuth
Am Glaubensweg 35
3325 Entenhausen

oder Überbringer

6115 Lützelbach
Ausstellungsort, Datum
14.2.1989

Dr. Maus
Unterschrift des Ausstellers

Am Frankfurt am Main, den 16.2.88 vorgelegt und nicht bezahlt.
Deutsche Bank Aktiengesellschaft Filiale Eschborn

Der vorgedruckte Schecktext darf nicht geändert oder gestrichen werden. Die Angabe einer Zahlungsfrist auf dem Scheck gilt als nicht geschrieben.

Scheck-Nr.	Konto-Nr.	Betrag	Bankleitzahl	Text
62865477	9101115		50070010	01H

Bitte dieses Feld nicht beschriften und nicht bestempeln

e) Durchsetzung der Ansprüche ist im *Scheckprozeß* möglich (Urkundenprozeß wie der Wechselprozeß, vgl. dort). Zur Beschleunigung des Verfahrens kann auch ein *Scheckmahnbescheid* eingesetzt werden (vgl. Abschnitt 1.1.533 f).

1.1.425 Scheckinkasso der Kreditinstitute

Kreditinstitute können mit Schecks auf vier Arten zu tun haben:

o eigene Scheckausstellung auf Filialen oder andere KI, meist zugunsten des Kunden (z. B. Bankschecks in fremder Währung zur Begleichung von Schulden)
o Einlösung von Schecks zu Lasten des Kontos des Kunden = Ausstellers
o Auszahlung des Scheckbetrages bei Vorlage von Scheck und Scheckkarte eines anderen KI durch den Aussteller (gewöhnlich kostenfrei, wenn KI dem eigenen Gironetz angehört, sonst Gebühr von bis zu 3,– DM); Einzug für eigene Rechnung
o *Einzug (Inkasso)* von Schecks im Auftrag und für Rechnung des Kunden.

Für das Scheckinkasso der KI gilt folgender Ablauf:

a) Vom Kunden eingereichte Verrechnungsschecks werden ihnen i. d. R. *sofort* gutgeschrieben „Eingang vorbehalten" = „*E. v.*" mit Wertstellung 1–4 Tage später (je nach vermutlicher Einlösungsdauer).

Bei Kunden von zweifelhafter Bonität erfolgt die Gutschrift erst „nach Eingang" des Gegenwertes = „*n. E.*", da die E. v.-Gutschrift für die Bank ein Risiko darstellt: sie hat zwar ein Recht zur *Rückbelastung* – dies nützt ihr jedoch nur, wenn noch Guthaben vorhanden ist. Dennoch ist E. v.-Gutschrift die *Regel*.

b) Auf das KI selbst gezogene Schecks werden an den Kontoführer weitergeleitet, dem Ausstellerkonto belastet, dem Konto des Einreichers meist Wert Einreichungstag gutgeschrieben.

Platzschecks (die am gleichen Platz zahlbar sind) werden über die Abrechnung weitergegeben; Gutschrift Wert nächster Werktag.

Fernschecks (an anderen Plätzen zahlbar): Weitergabe über das eigene Gironetz oder den Scheckeinzug der Bundesbank; Gutschrift Wert 2–4 Tage später.

c) Rechtzeitig vorgelegte, aber nicht eingelöste Schecks werden mit dem Vorlegungsvermerk versehen (s. o.) und nach dem Scheckrückgabeabkommen zurückgegeben.

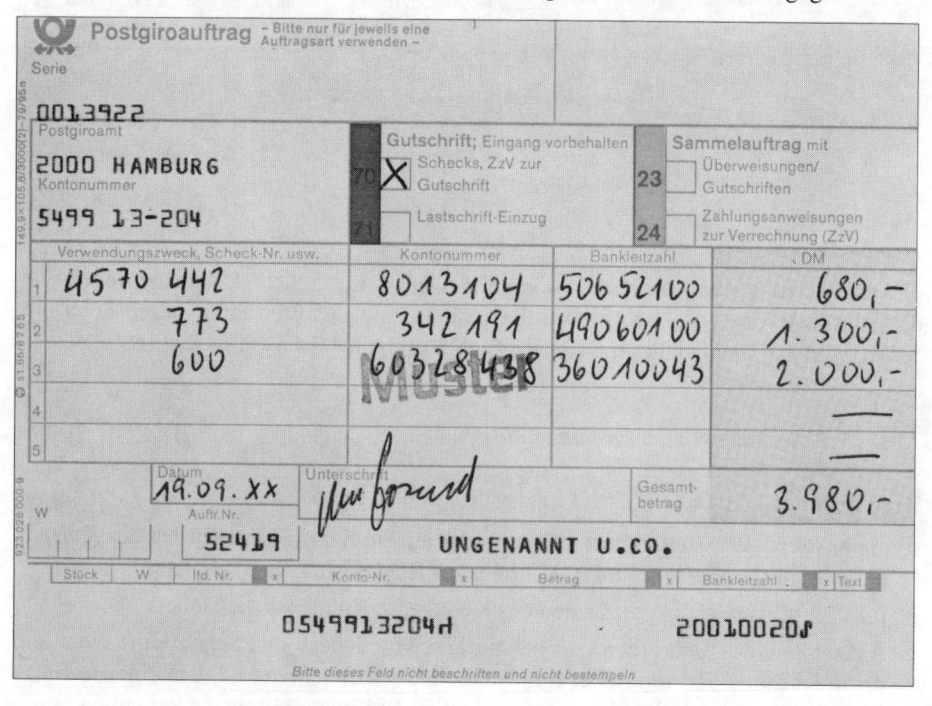

1.1.426 Scheckabkommen

a) *Wesen:* Vereinbarung der Spitzenverbände der Kreditwirtschaft zwecks einheitlicher Rückgabe nicht eingelöster Schecks im Scheckeinzugsverkehr. Dieses Abkommen begründet Rechte und Pflichten nur zwischen den beteiligten KI. Grundlage: Scheckabkommen von 1982.

b) *Rückgabe* nicht eingelöster Schecks nach dem Scheckabkommen:

o nicht eingelöste Schecks sind mit dem Vorlegungsvermerk zu versehen (vom bezogenen KI rechtsgültig zu unterschreiben)

o Rückgabe nicht eingelöster Schecks spätestens am auf den Tag der Vorlage folgenden Geschäftstag (bei Platzschecks: in der 1. Abrechnung bzw. zu dem in den Abrechnungsbestimmungen vorgesehenen Termin)

o Rückgabeweg ist den KI freigestellt (entweder direkt an die 1. Inkassostelle oder Rückgabe über den normalen Inkassoweg)

o Beifügung einer Scheck-Rückrechnung (Lastschrift, bei Schecks bis zu einer Höhe von 2 000,- DM eine Gebühr von 5,- DM, bei Schecks über einen höheren Betrag 10,- DM)

o Rückscheckgebühr (Provision) ist dem Einreicher nur von der 1. Inkassostelle zu berechnen

o bei Scheckbeträgen ab 2 000,- DM Verpflichtung des bezogenen KI, die 1. Inkassostelle über Telex, Telefax, Teletex, Telefon oder Telegramm von der Nichteinlösung zu benachrichtigen (spätestens am Geschäftstag nach Vorlage)

o zurückgenommene Schecks dürfen nicht erneut zum Einzug in den Verkehr gebracht werden.

c) Behandlung von *Ersatzschecks:*

o gehen Schecks verloren, so zieht die Verluststelle die entsprechenden Beträge von der 1. Inkassostelle durch Lastschrift im Einzugsermächtigungsverfahren ein (hierzu ermächtigen die KI sich gegenseitig)

o die 1. Inkassostelle benachrichtigt ihren Einreicher von dem Verlust des Originalschecks

o die 1. Inkassostelle, die vor Einzug die Scheckmerkmale festgehalten hat, kann ein Ersatzstück anfertigen und zum Einzug geben

o das bezogene KI sperrt den verlorengegangenen Scheck, benachrichtigt den Aussteller, behandelt das Ersatzstück wie einen Scheck und belastet gegebenenfalls das Konto des Ausstellers.

1.1.427 Scheckeinzug durch die Bundesbank

a) *Grundlagen:* Allgemeine Geschäftsbedingungen der Deutschen Bundesbank – Vereinfachter Scheck- und Lastschrifteinzug für die Kreditinstitute sowie BSE-Abkommen (s. u.).

b) *Vereinfachter Scheckeinzug:*

o kostenloser Einzug von DM-Schecks innerhalb der Bundesrepublik über das Gironetz der Bundesbank

o nur für KI, die Konto bei einer LZB unterhalten
o Verrechnungsschecks, versehen mit der Bankleitzahl des bezogenen KI
o Einreichung von Einlieferungsverzeichnissen
o Rückseite der Schecks: Stempelvermerk „An LZB" + Ort, Name des einreichenden KI und Bankleitzahl
o Gutschrift erfolgt E. v. am nächsten Werktag.

c) *Belegloser Scheckeinzug:* siehe Abschnitt 1.1.922
o Abkommen über das beleglose Scheckeinzugsverfahren (BSE-Abkommen) zwischen den Spitzenverbänden der Kreditwirtschaft, der Bundesbank und der Bundespost, 1985 in Kraft getreten
o gilt für in DM ausgestellte Inhaber- und Orderschecks sowie für Zahlungsanweisungen zur Verrechnung bis einschließlich 1 999,99 DM.

1.1.428 Eurocheque-Verrechnung über die GZS

a) *Wesen:* Zentrale Verrechnung von
o von deutschen Kunden im europäischen Ausland ausgestellten Eurocheques
o von Kunden dieser Länder in Deutschland ausgestellten Eurocheques
über die GZS (Gesellschaft für Zahlungssysteme mbH, vgl. Abschnitt 1.1.912).

b) *Ablauf:*
o in Deutschland ausgestellte Eurocheques ausländischer Aussteller werden über die Gironetze und deren Spitzeninstitute in Frankfurt der Gesellschaft für Zahlungssysteme zugeleitet und von dieser ins Ausland weitergeleitet und verrechnet
o im Ausland ausgestellte Eurocheques deutscher Bankkunden werden möglichst bei ausländischen Zentraleinrichtungen (soweit vorhanden) gesammelt und direkt mit der Gesellschaft für Zahlungssysteme ausgetauscht und verrechnet, von dieser dann an die inländischen bezogenen KI weitergeleitet
o Abrechnung und Verrechnung (siehe Eurocheque)
o anstelle der Original-Schecks werden Ersatzbelege (Lastschriften) ausgefertigt.

1.1.5 Der Wechselverkehr

1.1.50 Grundbegriffe

1.1.500 Wesen

a) *Definition:*
Der *gezogene Wechsel* ist eine unbedingte Anweisung des Ausstellers an den Bezogenen, eine bestimmte Geldsumme zu einem bestimmten Zeitpunkt an den Begünstigten (Remittenten, Wechselnehmer) zu zahlen.

b) *Rechtsgrundlage:* Wechselgesetz (WG) von 1933

c) *Rechtsnatur:*

= *Wertpapier,* d. h. Urkunde, die ein privates Vermögensrecht verbrieft, wobei zur Ausübung des Rechts der Besitz des Papiers erforderlich ist

= *geborenes Orderpapier,* d. h. übertragbar durch Einigung, Indossament, Übergabe.

Der Wechsel kann rechtlich *nicht* zum *Inhaberpapier* werden. In der Praxis ist dies jedoch durch Blankoindossament möglich: der Wechsel bleibt dann Orderpapier, kann aber wie ein Inhaberpapier weitergegeben werden.

Durch die Rektaklausel „nicht an Order" im Wechseltext wird der Wechsel zum *Rektapapier* (übertragbar nur durch Einigung, Abtretung, Übergabe).

d) Die Wechselforderung ist *abstrakt,* d. h. losgelöst vom eventuell zugrundeliegenden Schuldverhältnis (Beispiel: die Nichtigkeit des Kaufvertrages hat keinen Einfluß auf die Gültigkeit der Wechselforderung); vgl. auch Wechselprozeß.

e) Jeder, der einen Wechsel *unterschreibt* (als Aussteller, Bezogener = Akzeptant, Indossant, Bürge), *haftet* grundsätzlich für Annahme und Bezahlung des Wechsels.

1.1.501 Wechselarten

Der *gezogene* Wechsel enthält grds. Angaben über *drei* verschiedene Beteiligte:

o Aussteller = Trassant („der, der zieht")*

o Bezogener = Trassat („der, auf den gezogen wird")*; der Bezogene nimmt durch Unterschrift die Wechselschuld an (Akzept) und wird damit zum Akzeptanten

o Begünstigter = Remittent, Wechselnehmer.

Diese Dreiteilung kann durchbrochen werden, wenn *zwei* der drei Personen *identisch* sind: Aussteller = Begünstigter oder Aussteller = Bezogener.

Beim *Solawechsel* gibt es überhaupt nur zwei Beteiligte: Aussteller und Begünstigter – ein „Bezogener" fehlt, weil der Solawechsel kein „gezogener" Wechsel ist.

a) *Gezogener Wechsel (Tratte)* an fremde Order:* Aussteller, Bezogener und Begünstigter sind verschiedene Personen:

---

* Lat. „trahere" = ziehen

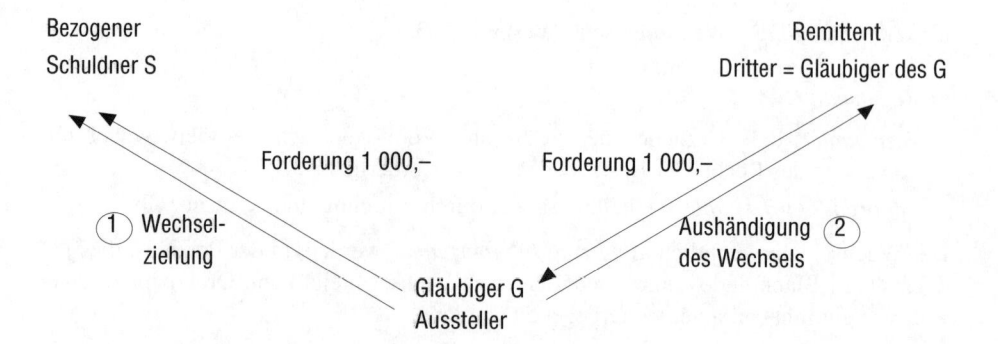

```
Bezogener                                    Remittent
Schuldner S                                  Dritter = Gläubiger des G

         ▲▲                                          ▲
          \  \                                      /
           \  \   Forderung 1 000,-   Forderung 1 000,-
            \  \                                  /
       ①  Wechsel-                         Aushändigung  ②
            ziehung                        des Wechsels
                   \                        /
                    Gläubiger G
                    Aussteller
```

Dieser Fall kommt verhältnismäßig selten vor, da

o die Forderung des Gläubigers (Aussteller) gegen den Schuldner (Bezogener)
o und die Forderung des Drittgläubigers (Remittent) gegen den Gläubiger (Aussteller)

identisch sein müßten; die Forderung des Drittgläubigers könnte auch höher sein, müßte dann jedoch teilweise mittels des Wechsels, zum Teil auf andere Weise beglichen werden. Praktischer ist daher der Wechsel an eigene Order (s. u.), bei dem sich außerdem – durch Indossament des Ausstellers an einen Dritten – derselbe Effekt wie bei einem gezogenen Wechsel an fremde Order erreichen läßt.

b) *Gezogener Wechsel an eigene Order:* Aussteller = Remittent

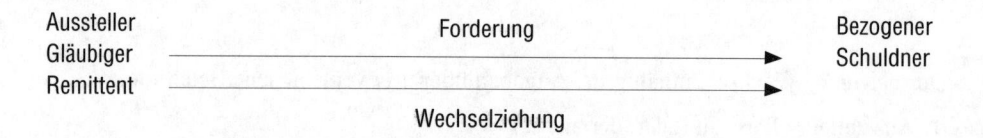

```
Aussteller                Forderung                Bezogener
Gläubiger    ───────────────────────────────▶     Schuldner
Remittent    ───────────────────────────────▶
                        Wechselziehung
```

Dies ist der Normalfall eines gezogenen Wechsels.

c) *Trassiert-eigener Wechsel:* Aussteller = Bezogener; heute vor allem verwendet bei Ziehungen von Hauptniederlassungen auf Filialen usw.

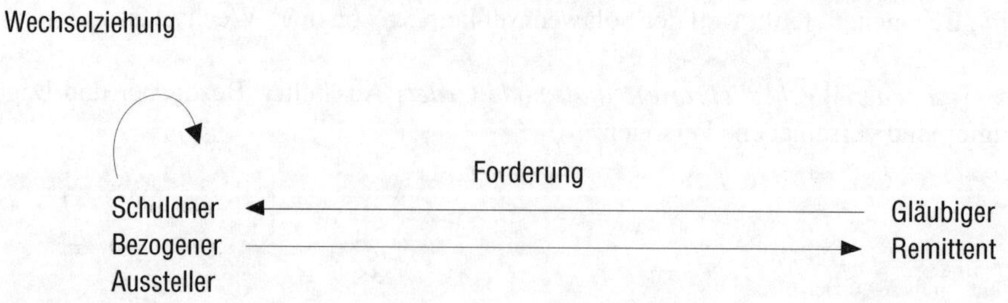

```
Wechselziehung

    ⤴
                         Forderung
   Schuldner    ◀───────────────────────────    Gläubiger
   Bezogener    ───────────────────────────▶    Remittent
   Aussteller
```

d) Besonderheit: *Solawechsel (eigener* Wechsel), Art. 75–78 WG

= unbedingtes Versprechen des Ausstellers gegenüber dem Begünstigten, eine bestimmte Geldsumme zu einem bestimmten Zeitpunkt zu zahlen.

Bedeutung:

= ein in Wechselform gekleidetes *Zahlungsversprechen* des Ausstellers, der wie ein Akzeptant haftet.

Entsprechend unterschiedlich zum gezogenen Wechsel ist der Text:

o Tratte: „Gegen diesen Wechsel zahlen *Sie…*"
o Solawechsel: „Gegen diesen Wechsel zahle *ich…*"

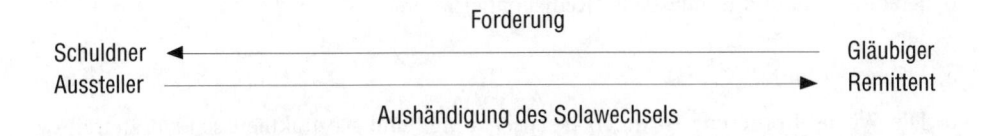

```
                              Forderung
Schuldner    ◄─────────────────────────────────────────    Gläubiger
Aussteller   ─────────────────────────────────────────►    Remittent
                     Aushändigung des Solawechsels
```

Der Solawechsel, der somit nur 7 gesetzliche Bestandteile hat, ist weniger sicher, da nur der Aussteller, nicht zusätzlich und in erster Linie der Bezogene haftet. Dennoch wird er regelmäßig, insb. zugunsten von KI, als *Sicherungsmittel* verwendet, da er praktisch ein besonderer *Schuldschein* ist, dem die *Wechselstrenge* (s. u.) zugute kommt. Als Finanzierungsmittel wird er verwendet, wenn der Aussteller als besonders sicher gelten kann: insb. Solawechsel *staatlicher* Stellen (z. B. Schatzwechsel, Vorratswechsel).

1.1.502 Bedeutung des Wechsels

Der Wechsel kann auf unterschiedliche Weise verwendet werden; dies kommt auch in verschiedenartiger Ausgestaltung des Wechsels zum Ausdruck. In erster Linie ist der Wechsel allerdings *Kredit- und Sicherungsmittel*.

a) *Zahlungsmittel:*

Der Wechsel als *Geldsurrogat* (Geldersatzmittel) ist ein Mittel, Zahlungen zu leisten bzw. Forderungen zu realisieren.

Die Zahlung mit Wechsel erfolgt nur *erfüllungshalber* (§ 364 II BGB; vgl. Scheck), d. h.

o das alte Schuldverhältnis bleibt bestehen
o es entsteht zusätzlich ein neues Schuldverhältnis auf Einlösung des Wechsels gegen den Bezogenen (der auch dritte, d. h. dem Begünstigten unbekannte Person sein kann, vgl. gezogener Wechsel an fremde Order)

o beide Schuldverhältnisse erlöschen mit Einlösung des Wechsels.

b) *Kreditmittel:*

Verwendung des Wechsels als Mittel zur Einräumung eines Kredites:

o durch Gewährung eines *Zahlungsziels* im Rahmen z. B. eines Kaufvertrages (Handelswechsel)

o durch Gewährung eines *Darlehens* (Finanzwechsel).

Als Kreditmittel kann der Wechsel verwandt werden zwischen

o Aussteller und Bezogenem

o Aussteller = Begünstigtem und Kreditinstitut (Diskontierung)

o Kreditinstitut und Bundesbank (Rediskontierung).

c) *Sicherungsmittel:*

o Die Wechselforderung ist durch *Wechselstrenge* und Abstraktheit schnell eintreibbar; das gilt für jeden Wechsel

o oft haften neben dem Bezogenen und dem Aussteller auch noch andere Personen wechselmäßig: Indossanten, Garanten

o z. T. werden Wechsel ausschließlich als Sicherungsmittel zur Sicherung bestehender Forderungen verwandt (z. B. im Außenhandel, oft durch Sichtwechsel; bei Kontokorrentkrediten = Kautionswechsel, Debitorenziehung)

o typisches Sicherungsmittel ist insb. der *Solawechsel.*

d) *Geldanlagemittel:*

o Wechsel sind besonders sicher

o Wechsel bringen günstige Zinserträge (sog. *Diskont)*

o daher zur kurzfristigen Geldanlage geeignet, insb. durch KI

o besonders gut als Anlagemittel verwendbar sind:
  – Privatdiskonten (Außenhandelsfinanzierung)
  – Schatzwechsel (kurzfr. Finanzierung öffentlicher Haushalte)
  – Vorratsstellenwechsel (Finanzierung der öff. Vorratshaltung)
  – AKA-Wechsel aus dem Plafond B (Exportfinanzierung).

e) *Kreditpolitisches Mittel:*

Über ihren Diskontsatz für *Rediskontierung,* d. h. Ankauf von Wechseln von Kreditinstituten, hat die Deutsche Bundesbank die Möglichkeit, die Liquidität und das Kreditvolumen der KI und der Gesamtwirtschaft zu lenken und zu beeinflussen. Demselben Zweck dienen die Rediskontkontingente = Kreditlimits (-grenzen) für Rediskont-Kredite.

f) *Beispiel* für die Verwendung eines Wechsels:

① G und S schließen einen Kaufvertrag; G (Gläubiger) gewährt dem S (Schuldner) ein Zahlungsziel

② G stellt einen Wechsel aus; S ist Bezogener; S akzeptiert den Wechsel
→ Wechsel = Zahlungs-, Sicherungs-, Kreditmittel

③ ein Dritter = D hat gegen G eine Forderung; G indossiert den Wechsel an D und händigt ihn D aus
→ Wechsel = Zahlungs-, Sicherungs-, Kreditmittel im Verhältnis von D zu G

④ D verkauft den Wechsel an ein KI und indossiert ihn an das KI, dieses diskontiert den Wechsel
→ Wechsel = Zahlungs- und Kreditmittel für D, Sicherungs- und Geldanlagemittel für das KI

⑤ das KI verkauft den Wechsel an die Bundesbank und indossiert ihn entsprechend, die Bundesbank rediskontiert den Wechsel
→ Wechsel als Kreditmittel für das KI, als Sicherungs-, Geldanlage- und kreditpolitisches Mittel für die Bundesbank

⑥ die Bundesbank als letzter Inhaber legt den Wechsel bei Fälligkeit dem Bezogenen zur Zahlung vor, dieser löst ein
→ Wechsel als Zahlungsmittel; mit Einlösung erlöschen sämtliche Verbindlichkeiten der Beteiligten aus dem Kaufvertrag und aus den gewährten Krediten.

1.1.503 Form und Inhalt der Wechselurkunde

Die Wechselurkunde ist ein genormtes Formular mit eingedruckten Bestandteilen, die verhindern sollen, daß Wechsel unübersichtlich oder unvollständig ausgefertigt werden.

a) *Gesetzliche Bestandteile:* müssen grds. vorhanden sein, wenn das Wechselgesetz Anwendung finden soll (Art. 1, 2 WG).

o Bezeichnung als *Wechsel* im Text der Urkunde in der Sprache, in der sie ausgestellt ist

o *unbedingte Anweisung, eine bestimmte Geldsumme* zu zahlen; Bedingung (z. B. „gegen Rechnung Nr. 34/76") macht den Wechsel ungültig; Zinssatz ist zulässig bei Sicht- und Nachsichtwechseln, gilt sonst als nicht geschrieben (Art. 5) o *Verfalltag* (Verfall*zeit*), Art. 33 ff.; Möglichkeiten:

- Tag- oder Präziswechsel (z. B. „am 26.9.90")
- Datowechsel (Frist nach Ausstellungsdatum, z. B. „90 Tage dato")
- Sichtwechsel (Sicht = Vorlage zur Akzeptierung; bei Vorlage fällig)
- Nachsichtwechsel (z. B. „180 Tage nach Sicht")

Fehlt diese Angabe, liegt ein Sichtwechsel vor.

o Name dessen, der zahlen soll = *Bezogener* (möglichst genaue Angabe)

o *Zahlungsort* (Wechselschulden sind Holschulden):

- Fehlen der Angabe: Ort des Bezogenen = Zahlungsort
- *Zahlstellenwechsel*: der Wechsel ist bei einem Dritten (insb. KI) am Wohnort des Bezogenen zahlbar
- *Domizilwechsel*: Zahlungsort und Wohnort des Bezogenen sind nicht identisch (Praxis: Bezogener wohnt an einem Nebenplatz = Nicht-LZB-Platz, Zahlungsort ist Bankplatz, d. h. Sitz einer LZB-Niederlassung: billigerer Einzug, günstigere Rediskontierung und Diskontierung)

o *Begünstigter* (= Remittent, Wechselnehmer)

o *Ort und Tag der Ausstellung* (Fehlen des Ortes: Ort des Ausstellers)

o *Unterschrift des Ausstellers*.

Monatsangaben bei Ausstellungsdatum und Verfallzeit sind auszuschreiben (oder üblich abzukürzen).

b) *Kaufmännische Bestandteile* dienen zur Erleichterung der Abwicklung:

o Wiederholung des Verfalltages, des Zahlungsortes, Angabe der Ortsnummer des Zahlungsortes (= erste drei Stellen der Bankleitzahl) in der rechten oberen Ecke

o Zusatz „erste Ausfertigung" u. a. (Duplikatklausel) bei mehreren Ausfertigungen des Wechsels

o Wiederholung der Wechselsumme in Ziffern (maßgeblich ist der Betrag in *Worten*)

o Domizil- oder Zahlstellenvermerk

o Anschrift des Ausstellers

o Wechselkopiernummer (zur Bearbeitung im Kreditinstitut).

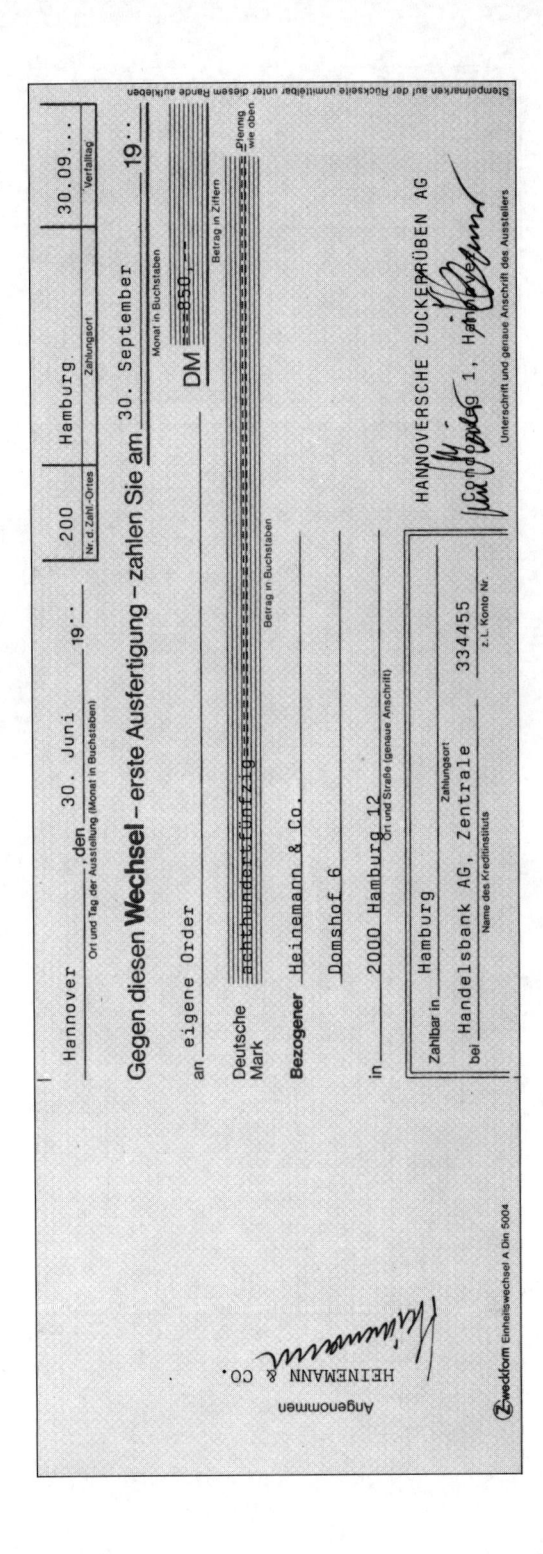

Hannover	den 30. Juni 19..	200	Hamburg	30.09...
Ort und Tag der Ausstellung (Monat in Buchstaben)		Nr. d. Zahl.-Ortes	Zahlungsort	Verfalltag

Gegen diesen Wechsel – erste Ausfertigung – zahlen Sie am 30. September 19..
Zahlungsort

an eigene Order

Deutsche
Mark   achthundertfünfzig==================================== DM ==850,--
                    Betrag in Buchstaben   Monat in Buchstaben
                                                                            Betrag in Ziffern
                                                                            Pfennig
                                                                            wie oben

Bezogener Heinemann & Co.

Domshof 6

in 2000 Hamburg 12
Ort und Straße (genaue Anschrift)

Zahlbar in Hamburg   334455
              Zahlungsort
bei Handelsbank AG, Zentrale   z.L. Konto Nr
Name des Kreditinstituts

HANNOVERSCHE ZUCKERRÜBEN AG

[Signatures]

Unterschrift und genaue Anschrift des Ausstellers

Stempelmarken auf der Rückseite unmittelbar unter diesem Rande aufkleben

Angenommen
[Signature]
HEINEMANN & CO.

Zweckform Einheitswechsel A DIN 5004

	Nr. d. Zahl-Ortes	Zahlungsort	Verfalltag
	200	Hamburg	15.11....

Hamburg , den 30. Juni 19...
Ort und Tag der Ausstellung (Monat in Buchstaben)

Gegen diesen Sola-Wechsel zahlen wir am 15. November 19...
Monat in Buchstaben

an Fa. Wilhelm Kefir & Sohn, Hamburg 17

DM =-10.000,--
Betrag in Ziffern

Deutsche zehntausend---
Mark
Betrag in Buchstaben
Pfennig wie oben

Zahlbar in Hamburg
bei Hamburger Sparkasse, Hauptstelle
Name des Kreditinstituts

ADAM & EVA Boutique
Mönckebergstr. 1029
2000 Hamburg 1
Inh. Adam *[Unterschrift]*
Unterschrift und genaue Anschrift des Ausstellers

SOLA-WECHSEL

1.1.504 Wechselarten im Überblick

Wechselarten (Mindmap):

- Datowechsel
- Sichtwechsel
- Tagwechsel
- Nachsichtwechsel
- Solawechsel
- Tratte
  - fremde Order
  - eigene Order
  - eigentrassiert
- Akzept
- Zahlungsmittel
- Sicherungsmittel
- Kreditmittel
- kreditpolitisches Mittel
- Privatdiskonten
- Geldanlagemittel
  - sonstige
  - AKA-Wechsel
  - Bankakzepte
  - Privatdiskonten
  - Schatzwechsel
  - Vorratsstellenwechsel
- Orderwechsel
- blankoindossierter Orderwechsel
- Rektawechsel
- Handelswechsel
- Finanzwechsel
  - Gefälligkeitswechsel
  - Kellerwechsel
- Kautionswechsel
- Domizilwechsel
- Zahlstellenwechsel
- Debitorenziehungen

Erläuterung:

o Handelswechsel: dient zur Finanzierung von Waren- und Dienstleistungsgeschäften

o Finanzwechsel: dient allein zur Geldbeschaffung (Grundgeschäft kann fehlen oder Darlehnsvertrag sein); besondere Formen:
  – Gefälligkeitswechsel: wird aus Gefälligkeit akzeptiert, um den Aussteller Geldbeschaffung (durch Diskontkredit) zu ermöglichen; Aussteller übernimmt auch die Einlösung
  – Bankakzepte = besondere Gefälligkeitswechsel, von Banken (gegen Provision) akzeptiert und meist auch diskontiert; Sonderform: Privatdiskonten
  – Kellerwechsel: gegenseitige Wechselziehungen zum Zweck der Geldbeschaffung (Wechselreiterei) bzw. Ziehungen auf fingierte Personen

o Debitorenziehungen: von KI auf Kreditnehmer gezogene Wechsel zur Sicherung des Kredites (Kautionswechsel).

1.1.51 Ausstellung, Annahme und Übertragung des Wechsels

1.1.510 Ausstellung

Voraussetzung: *Wechselfähigkeit,* d. h.

o Rechtsfähigkeit
o volle Geschäftsfähigkeit; beschränkt Geschäftsfähige benötigen zur Eingehung von Wechselverbindlichkeiten die Zustimmung der gesetzlichen Vertreter und des Vormundschaftsgerichtes.

Wechselunterschriften, die wegen fehlender Wechselfähigkeit oder aus anderen Gründen (Fälschung, erfundene Unterschriften u. a. m.) *ungültig* sind, haben auf die Gültigkeit der übrigen Unterschriften *keinen Einfluß* (Art. 7 WG).

1.1.511 Annahme (Akzeptierung)

a) *Einholen* des Akzepts:

o jeder Wechselinhaber ist berechtigt, das Akzept einzuholen (Art. 21)
o Nachsichtwechsel müssen innerhalb eines Jahres akzeptiert sein (Aussteller kann kürzere oder längere Frist bestimmen, Indossanten können Vorlegungsfrist abkürzen), Tag- und Datowechsel können bis zum Verfalltag vorgelegt werden; Sichtwechsel werden nicht akzeptiert, da bei Sicht (= Vorlage zur Annahme) der Wechsel bereits zahlbar ist
o Vorlage im Geschäftslokal oder in der Wohnung des Bezogenen; ein Tag *Bedenkzeit*; Rücknahme des Akzepts ist noch vor Rückgabe des Wechsels möglich.

b) Der *Aussteller* kann bestimmen, daß

o der Wechsel vorgelegt werden *muß* = Vorlagegebot (evtl. unter Einhaltung einer Frist)
o der Wechsel nicht vorgelegt werden *darf* = Vorlageverbot (s. u.)
o der Wechsel nicht vor einem bestimmten Tag vorgelegt werden darf.

Nichtbeachtung führt zum Verlust des Rückgriffsrechts. Vgl. Art.22.

c) *Aussteller* und *Indossanten haften für die Annahme* bis zur Akzeptierung. Der Aussteller kann diese Haftung durch Vorlageverbot ausschließen.

d) *Bedeutung* der Annahme:

o das Akzept ist die Erklärung des *Bezogenen,* für den Wechsel einzustehen
o damit tritt zur Zahlungsaufforderung des Ausstellers ein *Zahlungsversprechen* des Bezogenen hinzu, der sich dadurch wechselrechtlich verpflichtet
o auch ohne Akzept ist der Wechsel gültig: aus ihm haftet dann der Aussteller für die Einlösung

o Bedeutung des Begriffs *„Akzept"*:
- Annahmeerklärung des Bezogenen
- der akzeptierte Wechsel selbst.

e) *Akzeptarten:*

o *Voll*akzept: vollständiger Text, links auf die Vorderseite des Wechsels gesetzt („querschreiben"):

>" Angenommen für
>............... DM
>Ort, Datum
>Unterschrift"

Die Datumsangabe kann besonders wichtig sein z. B. bei Nachsichtwechseln.

o *Kurz*akzept: nur Unterschrift des Bezogenen (grds. ausreichend)

o *Blanko*akzept: Annahme eines unvollständig ausgefüllten Wechsels, insb. bei Fehlen der Wechselsumme; denkbar nur bei großem Vertrauen des Akzeptanten gegenüber dem Aussteller

o *Teil*akzept: Annahme des Wechsels nur für einen Teil der Wechselsumme

o Bürgschaftsakzept (*Aval*akzept): selbstschuldnerische Haftung eines Bürgen für den Aussteller (im Zweifel, Art. 31) oder den Bezogenen (bei ausdrücklichem Hinweis)

o *Gefälligkeits*akzept: Akzeptierung eines Gefälligkeitswechsels (s. o.)

o *Ehrenannahme* anstelle des Bezogenen, wenn dieser die Annahme ablehnt.

1.1.512 Übertragung

a) *Wesen:* Wird ein Wechsel nicht bis zum Ende der Laufzeit aufbewahrt und dann dem Bezogenen vorgelegt, kann er verwendet werden

o als Zahlungsmittel (Weitergabe an Gläubiger)

o als Kreditmittel (Diskontkredit einer Bank).

In diesen Fällen muß er auf der Rückseite (ital. „in dosso" = auf dem Rücken) mit einem *Indossament* versehen werden (vgl. Art. 11 WG).

Die Übertragung des Wechsels erfolgt also grundsätzlich durch

o Einigung, Indossament, Übergabe (Orderwechsel, Normalfall).

Ist auf dem Wechsel bereits ein Blankoindossament vorhanden (s. u.), ist ein neues Indossament nicht erforderlich, da jeder neue Inhaber seinen Namen in das Blankoindossament einsetzen kann; Übertragung erfolgt hier – wie bei Inhaberpapieren – durch

o Einigung und Übergabe (blankoindossierter Orderwechsel), Art. 14 Nr. 3.

Ist ein Wechsel mit einer Rektaklausel („nicht an Order") versehen, kann er nur übertragen werden durch

o Einigung, Abtretung (Zession), Übergabe (Rektawechsel).

b) *Funktionen des Indossaments:*

o *Transportfunktion:* das Indossament bewirkt die Übertragung der wechselmäßigen Rechte vom *Indossanten* auf den *Indossator* (Art. 14);
  - Indossant = derjenige, der indossiert, d. h. der bisherige Inhaber, der das Indossament auf den Wechsel setzt
  - Indossatar = derjenige, an den indossiert wird, d. h. der neue Inhaber

o *Legitimationsfunktion:* = Berechtigungsnachweis, d. h. eine ununterbrochene (lückenlose) Kette von Indossamenten legitimiert den Inhaber als Berechtigten (Art. 16); dies gilt auch bei Blankoindossamenten (selbst bei Erwerb eines gestohlenen Wechsels), wenn der Erwerber gutgläubig war

o *Garantiefunktion:* jeder Indossant *haftet* grundsätzlich für *Annahme* und *Bezahlung* des Wechsels (Art. 15, die Haftung kann beschränkt werden).

c) *Indossamentsarten:*

o *Voll*indossament: vollständiger Text, z. B.
   „Für mich an die Order
   von Paul Meier
   Ort, Datum
   Unterschrift"

o *Kurz-* oder *Blanko*indossament: nur Unterschrift des Indossanten

o *Inkasso*indossament (Prokura-, Vollmachtsindossament): Bevollmächtigung des Indossatars zum Einzug des Wechsels, Übertragung des Besitzes, nicht des Eigentums am Wechsel; gekennzeichnet z. B. durch „Wert zum Einzug", „zum Inkasso" (Art. 18)

o *Pfand*indossament: Übertragung des Besitzes und Einräumung eines Verwertungsrechtes gegenüber dem Indossatar als Sicherheit für dessen Forderung; z. B. „Wert zum Pfand", „Wert zur Sicherheit" (Art. 19)

o *Rekta*indossament „nicht an Order": der Wechsel kann zwar noch weiter indossiert werden, aber der Indossant beschränkt seine Haftung auf den Indossatar (Art. 15 II)

o *Angst*indossament: „ohne Obligo", „ohne Gewähr" = Haftungsausschluß des Indossanten gegenüber den nachfolgenden Wechselnehmern.

Rekta- und Angstindossament führen meist zum Ausschluß weiterer Übertragung, da der Wechsel offensichtlich unsicher ist und sich kaum ein Gläubiger zur Entgegennahme bereit erklären dürfte.

Für uns an die Order
    Fa. Heinrich Lange KG
Hannover, 4. April 19..
HANNOVERSCHE ZUCKERRÜBEN AG

HEINRICH LANGE KG

Für mich an die Order der Firma
    Karl-Friedrich C. Thomsen
    in Peine
Pricke Wolff

An die Order
    Johannes Scheer, Peine
Peine, 28. April 19..
KARL-FRIEDRICH C. THOMSEN

Für mich an Firma
Paulsen & Co., Hannover
ohne Obligo
    JOHANNES SCHEER

An
Deutsche Bank AG, Fil. Hannover
Wert zum Einzug
Hannover, 24. Juni 19..
PAULSEN & CO

Vollmacht gemäß
Wechseleinzugsabkommen
200 123 45
Handelsbank AG,
Hamburg

1.1.513 Versteuerung des Wechsels (Wechselsteuergesetz vom 24.7.1959)

a) Die Wechsel*steuerschuld* wird *fällig,* wenn der Wechsel im Inland in *Umlauf* gesetzt wird, d. h.

o bei Weitergabe durch Aussteller an Wechselnehmer vor Akzeptierung
o bei Rück- oder Weitergabe durch Bezogenen nach Akzeptierung
o bei inländischer Weitergabe eines vom Ausland auf das Inland gezogenen Wechsels.

b) Steuer*satz:* einmalig –,15 DM je angefangene 100,– DM des Wechselbetrages;

o volle Steuer: Wechsel vom Inland auf das Inland gezogen
o halbe Steuer (aufgerundet auf volle –,10 DM):
  – Wechsel vom Inland auf das Ausland gezogen und im Ausland zahlbar (Export-Wechsel)
  – Wechsel vom Ausland auf das Inland gezogen und im Inland in DM zahlbar (Import-Wechsel)
o steuerfrei:
  – Wechsel vom Ausland auf das Ausland gezogen und im Ausland zahlbar
  – Wechsel vom Inland auf das Ausland gezogen und im Ausland zahlbar, soweit bei Sicht oder binnen 10 Tagen nach Ausstellung fällig.

1.1.52 Wechseleinlösung

1.1.520 Vorlage zur Zahlung

Der Wechsel ist am *Zahlungstag* oder an einem der *zwei* auf den Zahlungstag folgenden Werktage *(= Vorlegungstage)* zur Zahlung vorzulegen, Art. 38 I.

Zahlungstag = der Tag, an dem die Zahlung erstmals verlangt werden kann; grundsätzlich sind Zahlungstag und Verfalltag identisch; Ausnahme: Verfalltag = Samstag oder gesetzlicher Feiertag: Zahlungstag = nächster Werktag.

Die Einlieferung in eine *Abrechnungsstelle* steht der Vorlage zur Zahlung gleich (Art. 38 II).

Mit *Versäumen* der Vorlegungsfrist *verliert* der Wechselinhaber die *Rückgriffsansprüche* gegen

o Aussteller
o Indossanten
o nicht aber gegen den Bezogenen

Vorlegungsort ist der genannte Zahlungsort, der sich befinden kann

o beim Bezogenen
o bei einer Domizilstelle
o bei einer Zahlstelle.

Vorlegungs*zeit:* Geschäftszeit.

Verfalltag	Zahlungstag	letzter Vorlegungstag*
Montag	Montag	Mittwoch
Dienstag	Dienstag	Donnerstag
Mittwoch	Mittwoch	Freitag
Donnerstag	Donnerstag	Montag
Freitag	Freitag	Montag (!)**
Samstag	Montag	Mittwoch
Sonntag	Montag	Mittwoch
Karfreitag	Dienstag	Donnerstag
Freitag, 1.5.	Montag, 4.5.	Mittwoch, 6.5.

1.1.521 Einlösung durch Bezogenen oder Beauftragte

a) Bei Vorlage sind vom Bezogenen bzw. von Domizil- oder Zahlstelle zu *prüfen:*

o formale Ordnungsmäßigkeit der Urkunde

o Echtheit des Akzepts

o Ordnungsmäßigkeit und Lückenlosigkeit der Indossamentenkette

o Legitimät des Wechselinhabers, d. h. Identität mit dem durch die Indossamente bezeichneten Gläubiger.

b) *Rechte* des Bezogenen: Art. 40

o Recht auf Teilzahlung mit entsprechendem Vermerk auf dem Wechsel und Quittierung

o Aushändigung des quittierten Wechsel gegen Zahlung

o Zahlung *vor* Verfall braucht der Inhaber des Wechsels nicht anzunehmen.

c) *Wirkung* der Zahlung: *Schuldbefreiung* für den, der zahlt.

o Bezogener zahlt: Wechselschuld *aller* Wechselschuldner erlischt

o Aussteller oder Indossant zahlt: Wechselschuld bleibt *bestehen* (wegen des Rückgriffs)

o Schuldbefreiung tritt überhaupt nur ein, wenn der Zahlende in *gutem Glauben* an die Berechtigung des Wechselinhabers ist (leichte Fahrlässigkeit schadet jedoch nicht, Art. 40 III).

---

* Aufgrund der Geschäftsordnung für die Abrechnungsstelle zu Hamburg können Wechsel seit dem 03.05.1982 grundsätzlich nur noch insgesamt zweimal dem Bezogenen zur Zahlung vorgelegt werden. Die Vorlegungsfrist verkürzt sich also hier um einen Werktag.

** Bei Wechseln, die am Freitag fällig sind, erfolgt in der Praxis bereits am Montag der folgenden Woche die letzte Vorlage, da einige Oberlandesgerichte in diesem Sinne entschieden und einen erst am Dienstag protestierten Wechsel nicht zum Wechsel-Prozeß zugelassen haben.

d) Ist der Wechsel *domiziliert,* d. h. bei einem KI zahlbar gestellt (gegen Domizilprovision), ist vor Einlösung das Vorliegen eines Einlösungsauftrages des Bezogenen zu prüfen.

1.1.522 Wechselinkasso der Kreditinstitute

Wechsel können vom letzten Inhaber selbst dem Bezogenen vorgelegt werden. Diese Aufgabe übernehmen jedoch auch die KI im Rahmen ihrer Inkassogeschäfte gegen eine sog. Inkassoprovision. Besonders geeignet – wegen der bequemen Verrechnung – sind bei einem anderen KI zahlbar gestellte Wechsel.

a) Eingezogen werden von KI

o *Diskontwechsel* (für das KI selbst)

o *Inkassowechsel* (für den Kunden).

b) *Verfahren:*

Wechsel sind bei einem *Kreditinstitut* zahlbar gestellt:

o am *Platz* des KI: Einzug durch
- Kontoverrechnung und Übersendung an das KI des Bezogenen
- Abrechnung

o an *fremdem* Platz: Einzug durch
- Kontoverrechnung und Übersendung
- eigenes Einzugs-(Giro-)Netz
- LZB (nur, wenn Wechsel an einem *Bankplatz* zahlbar ist; entgeltlich)
- Versand direkt an Domizil- oder Zahlstelle

Wechsel sind beim *Bezogenen* zahlbar gestellt:

Einzug durch

o Postprotestauftrag (Wechsel bis zu 3 000,– DM) mit Zahlkarte

o Versand an Filiale/Korrespondenzbank mit Bitte um Einzug (bei Wechseln über höhere Beträge); am Platz Vorlage durch Boten möglich.

c) *Gutschrift* des Gegenwertes:

o sofort bei Einreichung E. v. (Eingang vorbehalten), Wert einige Inkassotage später; selten angewandt (sog. valutierte Wechsel; in der Bilanz des KI als Bestand auszuweisen)

o nach Eingang des Gegenwertes *(n. E.)* = gewöhnliches Verfahren

o Abzug der Inkassoprovision.

1.1.523 Wechselabkommen

a) *Wesen:* Vereinbarung der Spitzenverbände des Kreditgewerbes von 1987 betreffend den Einzug von Wechseln und die Rückgabe nicht eingelöster und zurückgerufener Wechsel; ersetzt das Wechseleinzugsabkommen und das Wechselrückgabeabkommen. Anwendung auch auf terminierte Quittungen, nicht aber auf im Ausland zahlbare Wechsel.

b) *Wechseleinzug:*
- 1. Inkassostelle prüft
  - formelle Ordnungsmäßigkeit des Wechsels
  - Legitimation des Einreichers durch ordnungsmäßige Indossamentenkette
- 1. Inkassostelle versieht den Wechsel auf der Rückseite mit dem Vermerk „Vollmacht gemäß Wechselabkommen", Namen, BLZ, Ort der Ausfertigung (ohne Unterschrift); Wirkung wie Inkassoindossament
- Berechtigung der beteiligten KI zu folgenden Handlungen:
  - Inkasso des Wechsels
  - Quittierung und Aushändigung bei Einlösung
  - Protest bei Nichteinlösung
  - Erteilung einer Untervollmacht
  - Abtretung der Wechselrechte an einen Dritten (bei Bezahlung des Wechsels nicht für den Bezogenen)
  - Vornahme von Inkassoindossamenten
- letzte Inkassostelle hat Protest als Vertreterin der 1. Inkassostelle zu erheben.

c) *Rückgabe* nicht eingelöster oder zurückgerufener Wechsel:
- Rückgabe nach Nichtzahlung unmittelbar an 1. Inkassostelle:
  - protestierte Wechsel mit Protesturkunde spätestens am 1. Geschäftstag nach Erhalt vom Protestbeamten
  - Wechsel ohne Protest spätestens am 1. Geschäftstag nach Ablauf der Frist für die Vorlegung zur Zahlung
- Rückgabe zurückgerufener Wechsel unverzüglich nach Eingang des Rückrufs an 1. Inkassostelle
- Verpflichtung der 1. Inkassostelle zur Rücknahme nicht eingelöster Wechsel
- bei Einzug über Deutsche Bundesbank bzw. im LZB-Abrechnungsverfahren sind Wechsel im Falle der Nichtbezahlung auf demselben Weg zurückzugeben
- Rückgabegebühren:
  - unbezahlte Wechsel:
    - Protestkosten
    - Auslagenersatz
    - Provision i. H. v. 1/3 % der Wechselsumme
  - zurückgerufene Wechsel : Höchstgebühr von 25,– DM

o Zinsausgleich kann durch das KI, das den Wechsel zurückgibt, bei Wechseln ab 10 000 DM geltend gemacht werden, wenn der Wertstellungsverlust 30,– DM oder mehr beträgt; Zinssatz: Diskontsatz der Bundesbank am Tag der Rückgabe des Wechsels.

1.1.53 Nichteinlösung = Notleiden des Wechsels

1.1.530 Grundlagen

a) *Gründe* für das Notleiden: Art. 43 WG

- o Bezogener verweigert die Annahme (→ Protest *mangels Annahme*): dies hat wechselrechtliche Folgen nur für Aussteller und Indossanten, da der Bezogene keine Haftung übernommen hat (er hat nicht unterschrieben)
- o Bezogener verweigert die Zahlung (→ Protest mangels *Zahlung*)
- o Bezogener wird während der Laufzeit des Wechsels unsicher bzw. zahlungsunfähig (→ Protest mangels *Sicherheit*) – gleich, ob er akzeptiert hat oder nicht; Anzeichen:
  - Einstellung der Zahlungen durch Bezogenen
  - fruchtlose Zwangsvollstreckung in sein Vermögen
  - Eröffnung eines Konkursverfahrens über sein Vermögen
  - Eröffnung eines gerichtlichen Vergleichsverfahrens über sein Vermögen
  - Eröffnung eines Konkurs- oder gerichtlichen Vergleichsverfahrens über das Vermögen des Ausstellers eines Wechsels, der nicht zur Annahme vorgelegt werden darf.

b) Der Wechsel gilt als *Kredit- und Sicherungsmittel* deswegen, weil bei seinem Notleiden besondere gesetzliche *Sicherungen* eingreifen:

- o Haftung von in aller Regel mehreren Unterzeichnern (neben dem Bezogenen der Aussteller und die Indossanten)
- o *Wechselstrenge:* formelle und materielle (sachliche) Wirkungen:
  - strenge Formvorschriften bei Ausstellung
  - Vorlegungs- und Protestbestimmungen   } formelle Wechselstrenge
  - Wechselprozeß = Urkundenprozeß
  - für Inhalt der Wechselverpflichtung ist nur die Wechselurkunde maßgeblich (Abstraktheit)   } materielle Wechselstrenge
  - gesamtschuldnerische Haftung aller Wechselschuldner

1.1.531 Wechselprotest

a) *Definition:* = Urkunde, die beweist, daß der Wechsel ordnungsgemäß (rechtzeitig/ am richtigen Ort) zur Annahme oder Zahlung vorgelegt wurde und nicht akzeptiert oder bezahlt worden ist, vgl. Art. 44 WG.

b) *Bedeutung:* Der Protest ist (grds., sofern nicht darauf verzichtet wird) gesetzliche *Voraussetzung für den Rückgriff* (Regreß).

c) *Aufnahme* des Protestes erfolgt durch

o Notar (in der Regel)

o Gerichtsbeamten

o Postbeamten (bei Wechseln bis 3 000,– DM; sog. Postprotestauftrag).

d) *Fristen* für Protesterhebung:

o Protest mangels Zahlung muß
- bei einem Wechsel, der an einem bestimmten Tag oder bestimmte Zeit nach Ausstellung oder nach Sicht zahlbar ist, an einem der beiden auf den Zahlungstag folgenden Werktage erhoben werden
- bei einem Sichtwechsel innerhalb der Frist erhoben werden, die für die Vorlegung zur Annahme eines Nachsichtwechsels gilt.

o Protest mangels Annahme muß innerhalb der Frist erhoben werden, die für die Vorlegung zur Annahme gilt.

e) *Besonderheiten:*

o *Protesterlaß*klausel („ohne Kosten", „ohne Protest") auf dem Wechsel: letzter Inhaber = Vorleger braucht keinen Protest bei Nichtzahlung erheben zu lassen; Folgen:
- Protesterlaß des Ausstellers gilt für alle Wechselverpflichteten; sie sind befreit von der Pflicht zur Bezahlung der Protestkosten; bei Rückgriff muß ohne Vorlage der Protesturkunde gezahlt werden
- Protesterlaß eines Indossanten/Bürgen gilt nur für diesen, verpflichtet aber dennoch alle Wechselbeteiligten zur Bezahlung der Kosten eines trotzdem erhobenen Protestes

o *Wand*protest: Bezogener ist am angegebenen Ort (Wohnung/Geschäft) nicht anzutreffen

o *Wind*protest: angegebene Geschäfts-/Wohnräume sind nicht auffindbar.

f) *Benachrichtigungspflicht:* Nach Protesterhebung hat Benachrichtigung (Notifikation) der Beteiligten zu erfolgen: Art. 45

o der Wechselinhaber muß
- den Aussteller
- den unmittelbaren Vormann

binnen 4 Tagen benachrichtigen

o jeder Indossant hat seinen unmittelbaren Vormann binnen 2 Tagen zu benachrichtigen.

Bei *Versäumen* der Benachrichtigungspflicht:

o kein Verlust des Rückgriffsrechts

o aber Haftung für den entstandenen Schaden bis zu Höhe der Wechselsumme.

Protest

Auf Antrag de r Hamburgische Landes-
    bank -Girozentrale-

als Vertreterin de r Bremer Landesbank

habe ich heute den angehefteten Wechsel, der auf

gezogen ist, der auf dem Wechsel angegebenen Zahlstelle

Vereins- und Westbank
Aktiengesellschaft

hier, in ihrem Geschäftslokal

Alter Wall 20/32

zur Zahlung vorzuzeigen versucht.

Das Geschäftslokal war verschlossen. Einlaß war nicht zu erlangen.

D er Bezogene oder ein Vertreter de s Bezogenen war nicht anwesend. Ich habe deshalb mangels Zahlung Wechsel -Protest erhoben.

Hamburg, den 27. April 1983

Der Notar

Gebühren: KostO. v. 20. 8. 75
Protestgeb. § 51¹ DM 26,50
Wegegeb. § 51² „ 3,--
„
Umsatz-Steuer „ 3,84
DM 33,34

1.1.532 Rückgriff (Regreß)

a) Gegenüber dem Wechselinhaber *haften* als *Gesamtschuldner:*

o Aussteller

o Akzeptant

o Indossanten

o Bürgen.

b) Rückgriffs*möglichkeiten:*

o gegen *jeden einzeln,* gegen *mehrere* oder *alle zusammen*

o gegen den unmittelbaren Vormann *(Reihenregreß)*

o gegen irgendeinen anderen Wechselschuldner *(Sprungregreß)*

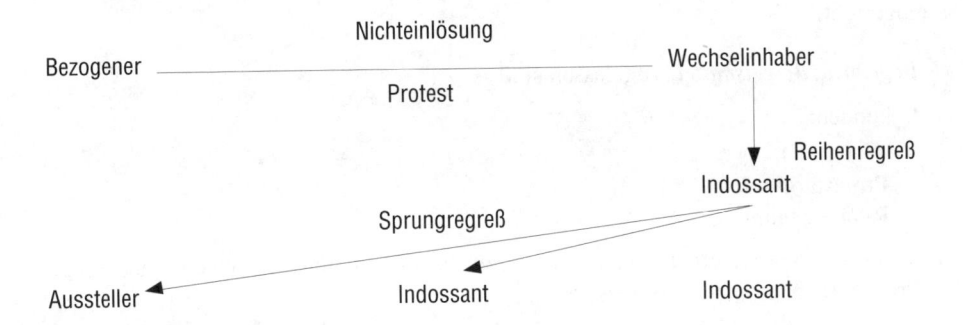

```
                       Nichteinlösung
Bezogener ─────────────────────────────── Wechselinhaber
                          Protest                │
                                                 │
                                                 ▼   Reihenregreß
                                             Indossant
              Sprungregreß
Aussteller ◄              Indossant          Indossant
```

c) Rückgriffs*ansprüche:* geltend gemacht durch *Rückrechnung*

o Wechselsumme (bzw. der Betrag, den der jeweilige Rückgriffsschuldner selbst zahlen mußte, als er im Regreß in Anspruch genommen wurde)

o Zinsen: 2 % über LZB-Diskontsatz, mindestens 6 %

o Protest-, Benachrichtigungs-, sonstige Kosten und Auslagen

o Provision: 1/3 % der Wechselsumme.

d) Die Rückgriffsanprüche sind *letztlich* vom *Aussteller* zu tragen, der sich dann erneut an den Bezogenen wenden kann. Am sinnvollsten und kostengünstigsten ist daher der Sprungregreß vom letzten Inhaber direkt zum Aussteller, vorausgesetzt, dieser ist zahlungsfähig und -willig.

1.1.533 Wechselprozeß

a) *Wesen:* = besondere Form des *Urkundenprozesses* (§§ 592 ff., insb. §§ 602–605 ZPO); diese Prozeßart geht davon aus, daß bei Vorliegen einwandfreier rechtsgültiger *Urkunden* (§§ 414, 416 ZPO) Ansprüche schnell durchgesetzt werden sollen.

Kennzeichen:

o verkürzte Einlassungsfristen
o begrenzte Beweismittel
o beschränkte Einreden des Beklagten
o sofortige Vollstreckbarkeit des Urteils.

b) *Verkürzte Einlassungsfristen* (= Frist zwischen Zustellung der Klage und mündlicher Verhandlung, für „Einlassung" = Erwiderung des Beklagten auf die Klage): *mindestens* (nicht etwa höchstens)

o 24 Stunden, wenn Wohn- oder Geschäftssitz des Schuldners = Ort des Gerichts
o 3 Tage, wenn der Ort des Bezogenen innerhalb des Gerichtsbezirks liegt
o 7 Tage, wenn Ort des Bezogenen anderer Ort im Inland ist.

Maßgeblich ist jeweils das zuständige Gericht (Amtsgericht, ab 5 000,- DM Streitwert Landgericht).

c) *Begrenzte Beweismittel:* zugelassen sind

o Urkunden:
– Wechsel
– Protesturkunde
– Rückrechnung
o auf Antrag: Parteivernehmung; zulässig, wenn für Erhaltung der Wechselansprüche Protesterhebung nicht erforderlich war.

d) *Beschränkte Einreden* des Beklagten:

o gegen die Urkunden (z. B. Fälschung, Formmangel, unterbrochene Indossamentenkette)
o gegen den Kläger, wenn es sich um eigene Rechtsbeziehungen zwischen Beklagtem und Kläger handelt (z. B. Fehlen oder Nichtigkeit des Grundgeschäftes, Stundung, Aufrechnung).

Die Beweisführung des Beklagten ist ebenfalls nur mit Urkunden und Parteivernehmung zulässig.

e) Das Urteil im Wechselprozeß ist *sofort vollstreckbar:* Durchführung einer Zwangsvollstreckung gegen den Schuldner unmittelbar anschließend möglich. Hat der Beklagte der Klage widersprochen, liegt jedoch nur *vorläufige* Vollstreckbarkeit vor: Überprüfung in ordentlichem Zivilprozeß möglich (sog. *Nachverfahren*).

f) *Wechselmahnbescheid:* Möglichkeit der Durchsetzung von Ansprüchen aus Wechseln durch *gerichtliches Mahnverfahren* (siehe dort).

Bei Widerspruch des Schuldners kommt es zum Prozeß, bei Nichtbeachtung erhält der Gläubiger ebenfalls einen vorläufig vollstreckbaren Titel für die Zwangsvollstreckung.

Bedeutung: kostengünstiger als Wechselprozeß; in der Praxis besonders häufig verwandt.

1.1.534 Sonstiges

a) *Abwendung von Protest und Rückgriff:*

o *Prolongation* = Gewährung eines Zahlungsaufschubs für den Bezogenen durch den Aussteller; Ausstellung eines neuen Wechsels
o *Ehreneintritt* eines Dritten vor oder nach Nichtzahlung, meist zugunsten des Bezogenen und vor Protesterhebung, und zwar (Art. 55 ff.)
  – durch Zahlung (sog. Ehrenzahlung)
  – durch Ehrenannahme
  – durch Bürgschaft auf dem Wechsel (Dritter übernimmt selbstschuldnerische Haftung).

In den ersten beiden Fällen wird eine sog. *Notadresse* = Name des Eintretenden neben den Namen des Bezogenen gesetzt.

MUSTER	Bitte Hinweise auf der Rückseite beachten!	
Postprotestauftrag	Protesttag	Eingangs-Nr.
Die Post wird beauftragt, den anliegenden Wechsel	zahlbar am 01. August 1989	über
DM 850 | Pf -- | (DM-Betrag in Buchstaben wiederholen) Achthundertfünfzig		Deutsche Mark
zur Zahlung vorzulegen oder, wenn der Auftrag postordnungswidrig ist, den Auftrag an einen anderen Protestbeamten (Art. 79 Wechselgesetz) weiterzuleiten.		
Zahlungspflichtiger (Vor- und Zuname, Straße und Hausnummer, Postleitzahl, Wohnort, Zustellpostamt) Hans Musterkunde Neue Allee 30 2000 Hamburg 1	**Zahlstelle** - nur bei Zahlstellenwechsel ausfüllen - (Name, Straße und Hausnummer, Postleitzahl, Ort, Zustellpostamt)	
Auftraggeber (Vor- und Zuname, Postfach oder Straße und Hausnummer, Postleitzahl, Wohnort, Zustellpostamt) Vereins -und Westbank AG 2000 Hamburg 11 Alter Wall 20 - 32		
Postscheckkonto Nr. 22 44-207	Postscheckamt	Hamburg

b) *Verjährung* der Wechselansprüche:

Gläubiger	Schuldner	Frist	Beginn
letzter Inhaber Aussteller	Akzeptant	3 Jahre	Verfalltag
letzter Inhaber	Aussteller Indossanten	1 Jahr	Protesterhebung
Indossanten	Vormänner Aussteller	6 Monate	Einlösungstag

1.1.54 Wechselgeschäfte der Kreditinstitute

Die Vielzahl der Wechselgeschäfte, die von KI übernommen werden, soll nachfolgend im Überblick dargestellt werden.

a) Wechsel-Inkasso:

- Verwahrung und Verwaltung bis zur Fälligkeit
- Einlösung als Domizilstelle
- Wechselvorlage auf dem Inkassoweg
- ggf. Protesterhebung

b) Wechseldiskont: vgl. Abschnitt 1.3.31

- Diskont = Wechselankauf
- Rediskont = Refinanzierung durch Diskontkredit der Deutschen Bundesbank

c) Ankauf von Schatzwechseln und Privatdiskonten (vgl. Abschnitte 1.3.342 und 1.4.10)

d) à-forfait-Wechsel (vgl. Abschnitt 1.1.360):

- Ankauf gut gesicherter Im-/Export-Wechselforderungen unter Ausschluß der Einreicherhaftung
- Laufzeit in der Praxis 2–5 Jahre

e) Akzeptkredite (vgl. Abschnitt 1.3.34)

- KI akzeptiert einen vom Kunden gezogenen Wechsel

f) Lombardwechsel:

- Wechsel zur Sicherung von Darlehen an Kunden eines KI (Bedeutung: gering).

1.1.55 Sonderform: Quittungen

a) *Wesen:*

- Einzugspapier
- kein Sichtpapier (wie Scheck oder Lastschrift), sondern mit Fälligkeitsdatum versehen
- *vorlagepflichtiges* Dokument: Quittung kann auch ohne Einlösungsauftrag/Einzugsermächtigung zum Einzug gegeben werden (anders: Lastschrift)
- steht dem *Wechsel* nahe (vgl. Kontenrahmen der KI).

b) *Abwicklung:*

- Einzug von Quittungen entspricht dem Wechselinkasso
- Gutschrift erfolgt i. d. R. erst nach Eingang des Gegenwertes *(n. E.)*
- Einlösung der Quittung durch das KI des Schuldners erfolgt erst, wenn er Einlösungsauftrag erteilt hat; wird dieser bis zur Fälligkeit der Quittung nicht erteilt, wird die Quittung dem Zahlungspflichtigen selbst vorgelegt.

c) *Bedeutung:* nur sehr gering; i. d. R. wird Lastschriften der Vorzug gegeben.

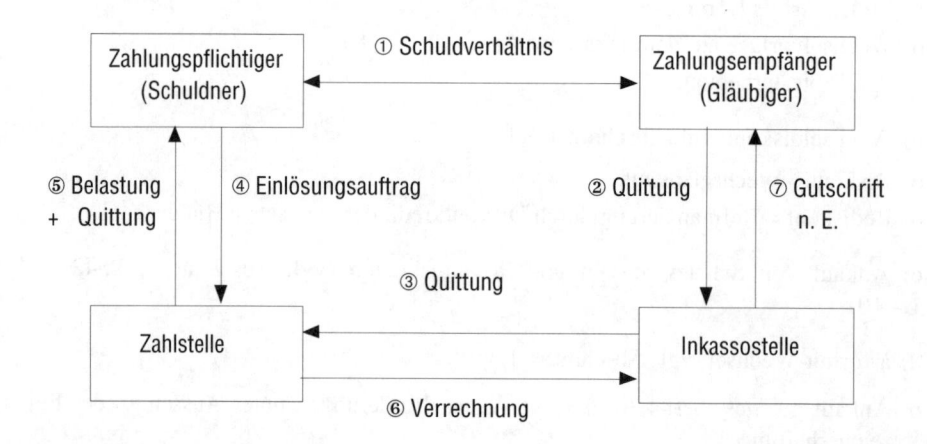

```
                    ① Schuldverhältnis
    ┌─────────────────┐                    ┌─────────────────┐
    │ Zahlungspflichtiger │ ◄──────────────► │ Zahlungsempfänger │
    │    (Schuldner)    │                    │    (Gläubiger)    │
    └─────────────────┘                    └─────────────────┘
       ▲         │                              ▲         │
  ⑤ Belastung  ④ Einlösungsauftrag   ② Quittung  ⑦ Gutschrift
    + Quittung                                          n. E.
       │         ▼                              │         ▼
                        ③ Quittung
    ┌─────────────┐   ◄──────────────    ┌─────────────┐
    │  Zahlstelle │                      │ Inkassostelle│
    └─────────────┘   ──────────────►    └─────────────┘
                        ⑥ Verrechnung
```

1.1.6 Der Lastschriftverkehr

1.1.60 Grundlagen

1.1.600 Wesen

a) Die Lastschrift ist eine *Sonderform* der *rückläufigen Überweisung;* wie diese geht sie vom Gläubiger aus, nimmt also praktisch denselben Weg wie ein Einzugsscheck und den umgekehrten Weg einer Überweisung. Sie ist jedoch – anders als der Scheck – keine Zahlungsanweisung des Schuldners an sein KI, sondern ein gegenüber seinem Institut erteilter Einzugsauftrag des Gläubigers ohne grundsätzliche Zahlungsverpflichtung der Schuldnerbank.

b) Im einzelnen ist die Lastschrift

o Einzugspapier

o Sichtpapier, d. h. bei Vorlage fällig,

o sie steht dem Scheck nahe (vgl. Kontenrahmen der KI)

o sie kann im Vereinfachten Scheckeinzug der Bundesbank eingezogen werden.

```
Lastschrift              201 900 03              Einzugsermächtigung
                                                 des Zahlungspflichtigen liegt
   Hamburger Bank                                dem Zahlungsempfänger vor.
        von 1861  Volksbank eG
 Zahlungspflichtiger                             Bankleitzahl
 Herbert Freischmann, Hamburg 65                 201 104 01

 Konto-Nr. des Zahlungspflichtigen  bei
 532 454 00          Nordhypo-Bank Hamburg
                                                                        DM
 Verwendungszweck (Mitteilung für den Zahlungspflichtigen)
 Miete Oktober-Dezember
                                                        ==1.950,--

 Kto.-Nr. des Zahlungsempfängers — Zahlungsempfänger
 1/4257              Peter Schmitz, Hamburg 65
        Fristen und Termine für Fälligkeit, Vorlage und Rückgabe dürfen auf der Lastschrift nicht angegeben werden.
   Mehrzweckfeld    X   Konto-Nr.   X   Betrag   X   Bankleitzahl   X  Text

                                                                   05H

        Bitte dieses Feld nicht beschriften und nicht bestempeln
```

1.1.601 Voraussetzungen

a) *Zustimmung* des Zahlungspflichtigen (Schuldners):

Da der Zahlungsempfänger (Gläubiger) mittels der Lastschrift über das Konto des Schuldners verfügt, muß dieser mit der Verfügung einverstanden sein. Er kann seine Zustimmung erklären

o gegenüber dem Gläubiger *(Einziehungsermächtigung)*

o gegenüber seinem (des Schuldners) Kreditinstitut *(Abbuchungsauftrag)*.

b) *Zulassung* des Zahlungsempfängers zum Lastschriftverkehr:

o zweifelsfreie Bonität erforderlich, da Mißbrauchsgefahr besteht

o Einhaltung einer Vereinbarung für den Einzug von Lastschriften:
  – Einzug ausschließlich fälliger Forderungen
  – Zustimmung des Schuldners
  – Rückbelastung bei Nichteinlösung.

c) Verwendung *einheitlicher Formulare;* hat ein Gläubiger eine Vielzahl von Forderungen durch Lastschriften einzuziehen, kann er selbst die Formulare durch EDV-Anlagen ausfüllen lassen (sog. Endlosband) oder dem KI die Daten auf Magnetband, Diskette oder Kassette liefern.

1.1.602 Bedeutung des Lastschriftverkehrs

a) *Für den Gläubiger:*

o schnellerer Zahlungseingang, da er den Zahlungszeitpunkt selbst bestimmt

o Erhöhung der Liquidität, geringere Außenstände

o keine Überwachung der Zahlungseingänge, da Nichtzahlung durch Rückgabe der Lastschrift sofort erkennbar ist

o Reduzierung und Vereinfachung des Mahnwesens

o aber: Übernahme der Kosten für die Zahlung.

b) *Für den Schuldner:*

o kein Ausfüllen von Überweisungen oder Schecks

o keine Terminüberwachung, kein Vergessen von Zahlungsterminen

o keine Gebühren wie beim Dauer(überweisungs)auftrag

o aber: Einschränkung der Liquidität und Dispositonsfreiheit.

c) Für die *KI:* rationelle Durchführung des Zahlungsverkehrs, insbesondere im beleglosen Lastschriftverkehr (vgl. Abschnitt 1.1.92).

1.1.61 Durchführung des Lastschriftverkehrs

1.1.610 Einzugsermächtigungsverfahren

a) *Wesen:* Einzugsermächtigung = schriftliche, widerrufliche Ermächtigung des Gläubigers durch den Schuldner, Lastschriften auszustellen (i. d. R. mit weiteren Angaben: Zeitabstände, Zweck, ungefähre Höhe).

b) Prüfung der *Rechtmäßigkeit* der Lastschriften könnte hier allenfalls durch Inkassostelle (= KI des Gläubigers) erfolgen; diese verpflichtet jedoch den Gläubiger durch Vereinbarung, nur rechtmäßige Lastschriften einziehen zu lassen.

Die Lastschriften erhalten den Vermerk

„Einzugsermächtigung des Zahlungspflichtigen
liegt dem Zahlungsempfänger vor"

Die Sparkasse in Bremen

Lastschrift-Einzugsverkehr
Vereinbarung über den Einzug von Forderungen mittels Lastschriften im Einzugsermächtigungsverfahren

Die Sparkasse in Bremen, Am Brill 1-3, 2800 Bremen 1,
nachfolgend „Sparkasse" genannt

und Firma
ALARTEX KG
Im Buntentore 42 A

2820 Bremen 70

Konto-Nr.
00.748.531

nachfolgend „Zahlungsempfänger" genannt treffen nachstehende Vereinbarung:

1. Der Zahlungsempfänger ist berechtigt, **sofort fällige Forderungen,** für deren Geltendmachung nicht die Vorlage einer Urkunde erforderlich ist, im Lastschrift-Einzugsverkehr der Deutschen Sparkassen- und Giroorganisation mittels Lastschriften einzuziehen.
2. Der Zahlungsempfänger verpflichtet sich, Lastschriften, die den Aufdruck „Einzugsermächtigung des Zahlungspflichtigen liegt dem Zahlungsempfänger vor" tragen, nur dann zum Einzug einzureichen, wenn ihm eine schriftliche Einzugsermächtigung des Zahlungspflichtigen vorliegt. Auf Verlangen der Sparkasse hat er die Einzugsermächtigung vorzulegen.
3. Für den Einzug belegloser Lastschriften gelten die „Bedingungen für die Beteiligung von Kunden am beleglosen Datenträgeraustausch". Beleglose Einzugsermächtigungs-Lastschriften sind durch den Textschlüssel „05" zu kennzeichnen.
4. Beleggebundene Lastschriften sind ausschließlich mit den von der Sparkasse zur Verfügung gestellten Vordrucken einzureichen, die den „Richtlinien für einheitliche Zahlungsverkehrsvordrucke" entsprechen.
5. Alle Folgen des Abhandenkommens, der mißbräuchlichen Verwendung, der Fälschung und Verfälschung von Lastschriftvordrucken trägt der Zahlungsempfänger. Die Sparkasse haftet im Rahmen des von ihr zu vertretenden Verschuldens nur in dem Maße, als sie im Verhältnis zu anderen Ursachen an der Entstehung des Schadens mitgewirkt hat.
6. Fälligkeiten, Fristen und Termine gelten als nicht geschrieben. Teilzahlungen sind ausgeschlossen.
7. Beleggebundene Lastschriften sind der Sparkasse mit einem unterschriebenen Einreichungsvordruck, beleglose Lastschriften mit dem jeweils vorgeschriebenen Begleitzettel einzureichen. Die Richtlinien für die Aufbereitung der beleggebundenen Lastschriften sind der Rückseite zu entnehmen.
8. Der Gesamtbetrag der einzuziehenden Forderungen wird dem Zahlungsempfänger auf seinem obengenannten Konto von der Sparkasse unter „Eingang vorbehalten" beleglos gutgeschrieben.
9. Der Zahlungsempfänger erklärt sich mit der Rückbelastung nichteingelöster Lastschriften einverstanden. Eine Rückbelastung ist auch bei denjenigen Lastschriften zulässig, denen der Zahlungspflichtige widersprochen hat. Die Sparkasse ist weder berechtigt noch verpflichtet, die Berechtigung eines Widerspruchs des Zahlungspflichtigen zu prüfen.
10. Für nichteingelöste Lastschriften wird eine Rücklastschriftprovision und Ersatz der durch die Rücklastschrift entstandenen eigenen und fremden Auslagen berechnet.
11. Der Zahlungsempfänger darf Lastschriften, die ihm zurückbelastet worden sind, nicht erneut zum Einzug einreichen.
12. Die Sparkasse und der Zahlungsempfänger sind berechtigt, die Vereinbarung über den Einzug von Forderungen mit dreimonatiger Frist zu kündigen. Die Sparkasse kann die Vereinbarung fristlos insbesondere kündigen, wenn die Vereinbarung vom Zahlungsempfänger nicht eingehalten worden ist oder sonst Umstände eintreten, die geeignet sind, die Sicherheit und ordnungsmäßige Abwicklung des Lastschrift-Einzugsverkehrs zu beeinträchtigen, oder der Zahlungsempfänger in Zahlungsschwierigkeiten geraten ist.
13. Die Allgemeinen Geschäftsbedingungen der Sparkasse sind Vertragsbestandteil und damit verbindlich. Die Bedingungen liegen in unseren Geschäftsräumen zur Einsichtnahme aus. Auf Wunsch erhält der Zahlungsempfänger ein Exemplar.
14. Die Sparkasse ist jederzeit berechtigt, von dem Zahlungsempfänger die Stellung ihr genehmer Sicherheiten zu verlangen, soweit über gutgeschriebene Beträge vor Ablauf der Widerspruchsfrist verfügt worden ist/werden soll.
15. Sondervereinbarungen: keine

Datum, Die Sparkasse in Bremen	Datum, Firmenstempel und Unterschrift
26.03.1986	26.03.1986 Firma ALARTEX KG Im Buntentore 42 A 2820 Bremen 70 ppa.

11 120 Einzugsermächtigungsverfahren 10.85 H

Richtlinien für die Aufbereitung des Belegmaterials

1. Lastschriften zu Lasten Konten bei der Sparkasse in Bremen (BLZ 290 501 01) sind getrennt von denen zu Lasten anderer Kreditinstitute einzureichen. Hierfür stehen unterschiedliche Vordrucke zur Verfügung (siehe Muster 1).

2. Bei mehr als 5 Lastschriften ist es ausreichend, wenn anstelle der einzeln aufgeführten Lastschriften, der Einreichung eine Aufstellung über die Einzelbeträge beigefügt ist. In die Einreichung ist lediglich die Anzahl der Lastschriften und der Gesamtbetrag einzusetzen (siehe Muster 2).

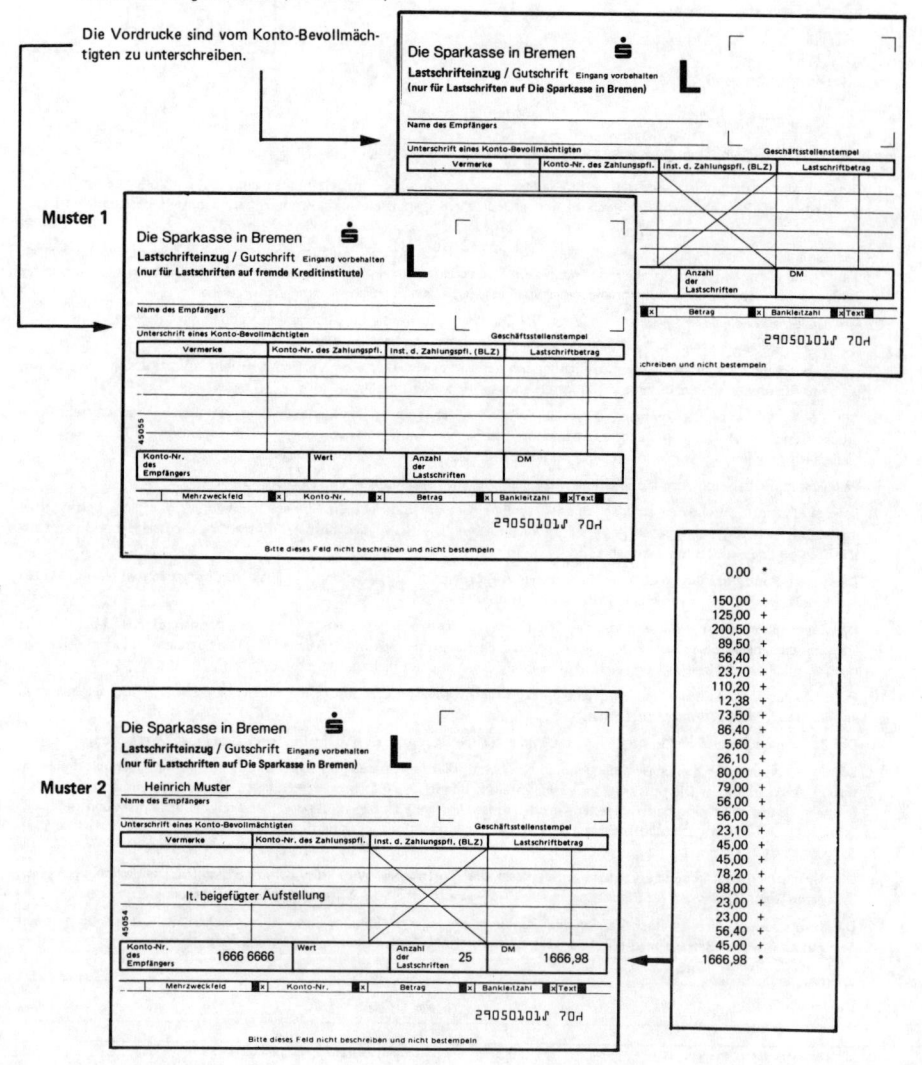

c) *Abwicklung:*

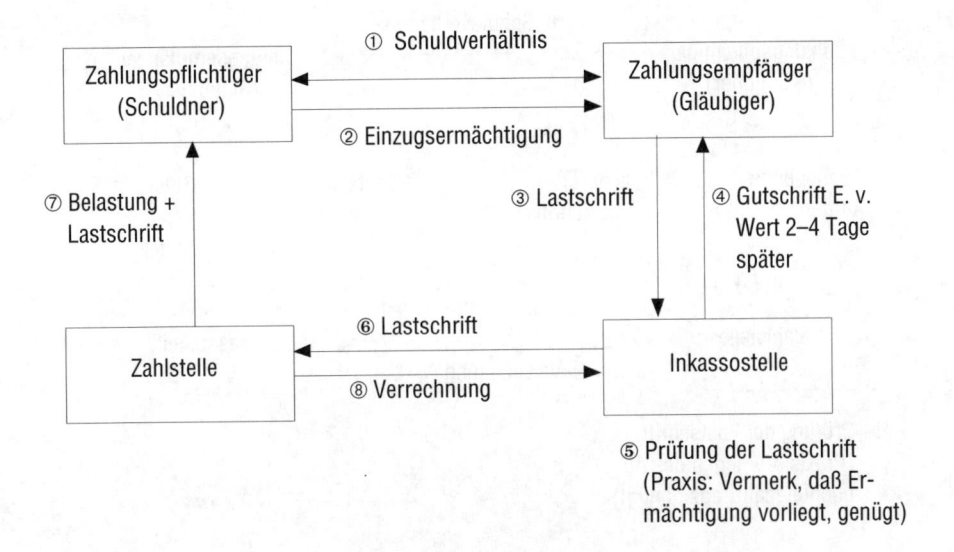

```
                    ① Schuldverhältnis
   ┌─────────────────┐ ◀──────────────── ┌─────────────────┐
   │ Zahlungspflichtiger │ ────────────────▶ │ Zahlungsempfänger │
   │   (Schuldner)    │   ② Einzugsermächtigung │   (Gläubiger)    │
   └─────────────────┘                   └─────────────────┘
        ▲                ③ Lastschrift      │  ④ Gutschrift E. v.
   ⑦ Belastung +                              │   Wert 2–4 Tage
      Lastschrift                             │   später
                                              ▼
   ┌─────────────────┐  ⑥ Lastschrift    ┌─────────────────┐
   │    Zahlstelle   │ ◀──────────────── │   Inkassostelle  │
   │                 │ ────────────────▶ │                  │
   └─────────────────┘  ⑧ Verrechnung    └─────────────────┘

                              ⑤ Prüfung der Lastschrift
                                (Praxis: Vermerk, daß Er-
                                mächtigung vorliegt, genügt)
```

d) Einer Lastschrift aufgrund Einzugsermächtigung kann, da ihre Berechtigung von sonst niemandem geprüft wird, binnen *6 Wochen widersprochen* werden.

e) Aufgrund der Struktur des Lastschriftverkehrs geht der Schuldner davon aus, daß mit der Erteilung einer Einzugsermächtigung sichergestellt ist, daß die von ihm geschuldete Leistung rechtzeitig dem Gläubiger zur Verfügung steht. Wenn eine Lastschrift mangels Deckung zurückgegeben wird, ist dies nicht der Fall.

In einem Urteil vom 28.2.1989 hat der Bundesgerichtshof (BGH) klargestellt, daß in diesem Fall der Schuldner von seinem KI von der Rückgabe der Lastschrift zu benachrichtigen ist, damit er Maßnahmen ergreifen kann. Die Benachrichtigung ist zumindest am Tag der Rückgabe der Lastschrift zur Post zu geben.

1.1.611 Abbuchungsauftrag

a) *Wesen:* = schriftliche, widerrufliche Beauftragung der Zahlstelle (= KI des Schuldners) durch den Zahlungspflichtigen, vom Zahlungsempfänger ausgestellte Lastschriften zu Lasten seines Kontos einzulösen (i. d. R. mit weiteren Angaben zwecks Überprüfbarkeit versehen).

b) Prüfung der *Rechtmäßigkeit* erfolgt aufgrund des Auftrages durch die Zahlstelle; da nur dem Abbuchungsauftrag entsprechende, insoweit also rechtmäßige Lastschriften eingelöst werden, ist *kein Widerspruch* des Zahlungspflichtigen möglich.

c) *Abwicklung:*

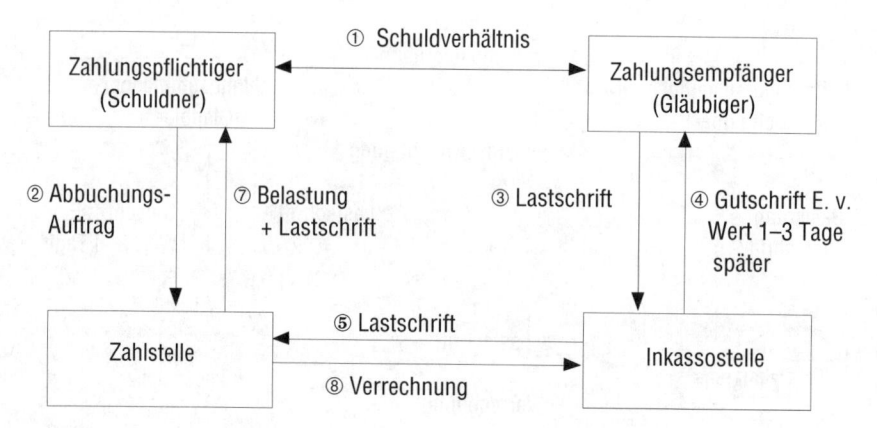

```
                    ① Schuldverhältnis
  ┌─────────────────┐ ◄──────────────► ┌─────────────────┐
  │ Zahlungspflichtiger │                │ Zahlungsempfänger │
  │    (Schuldner)     │                │    (Gläubiger)    │
  └─────────────────┘                   └─────────────────┘
      │    ▲                                 ▲    │
      │    │                                 │    │
  ② Abbuchungs-  ⑦ Belastung   ③ Lastschrift  ④ Gutschrift E. v.
     Auftrag     + Lastschrift                   Wert 1–3 Tage
                                                    später
      ▼    │                                 │    ▼
  ┌─────────────────┐   ⑤ Lastschrift        ┌─────────────────┐
  │    Zahlstelle    │ ◄────────────────     │   Inkassostelle  │
  │                 │   ⑧ Verrechnung        │                 │
  └─────────────────┘ ────────────────►      └─────────────────┘
```

⑥ Prüfung der Lastschrift
  (Praxis: Vorliegen des Abbuchungsauftrags genügt)

1.1.612 Vereinfachter Lastschrifteinzug

a) **Wesen:** Entsprechend dem vereinfachten Scheckeinzug (Abschnitt 1.1.427) führt die Deutsche Bundesbank auf der Grundlage ihrer AGB auch einen Vereinfachten Lastschrifteinzug für die KI durch.

b) *Abwicklung:*

o Einzug für KI, die LZB-Girokonto unterhalten (andere KI können über Korrespondenzbanken mit LZB-Girokonto teilnehmen)

o ausgenommen sind Lastschriften, bei denen Zahlungspflichtiger und Zahlungsempfänger KI sind

o Lastschriften müssen den Richtlinien für einheitliche Zahlungsverkehrsvordrucke entsprechen

o auf der Rückseite der Lastschrift: Einreichervermerk „An LZB" (ohne Angabe des Landes und der Stelle der LZB) mit Ort, Namen und BLZ des Einreichers

o auf Lastschriften angegebene Fälligkeitsdaten und Wertstellungen werden nicht beachtet, Lastschriften werden als bei Sicht zahlbare Papiere eingezogen.

1.1.613 Abkommen über den Lastschriftverkehr

a) **Wesen:** Vereinbarung der Spitzenverbände des Kreditgewerbes in der Fassung von 1982.

b) *Inhalt:*

o nicht eingelöste Lastschriften sind mit dem Vorlegungsvermerk zu versehen; Text: „Vorgelegt am... und nicht bezahlt"

o besonderer Vermerk bei Rückgabe wegen Widerspruchs; Text: „Belastet am... Zurück wegen Widerspruch"

o Lastschriften, die nicht eingelöst werden,
  - weil sie unanbringlich sind
  - weil auf dem Konto des Zahlungspflichtigen keine Deckung vorhanden ist
  - weil bei Lastschriften aufgrund Abbuchungsauftrags der Zahlstelle kein entsprechender Auftrag vorliegt,

sind von der Zahlstelle an dem auf den Tag des Eingangs folgenden Geschäftstag mit dem Vorlegungsvermerk versehen an die 1. Inkassostelle zurückzugeben. Bei Lastschriftbeträgen unter 2 000,- DM kann eine Rückgabe direkt an die 1. Inkassostelle erfolgen oder über den umgekehrten Inkassoweg. Bei Lastschriften ab 2 000,- DM hat die Zahlstelle die 1. Inkassostelle außerdem bis 14.30 Uhr des auf den Tag des Eingangs folgenden Geschäftstages unter Einsatz von Telex, Telefax, Teletex, Telefon oder Telegramm von der Nichteinlösung zu benachrichtigen (Eilnachricht)

o Belastung von Provision und Auslagen durch Zahlstelle

o Lastschriften, die von der Zahlstelle zurückgegeben worden sind, dürfen von der 1. Inkassostelle in keiner Form erneut zum Einzug gegeben werden.

1.1.7 Die Abrechnung

1.1.70 Grundlagen

a) *Wesen:* Abrechnung (Skontration, *Clearing*) ist

o die Verrechnung von Forderungen und Verbindlichkeiten (Aufrechnung, vgl. §§ 387 ff. BGB)

o zwischen den Kreditinstituten eines Platzes

o über die bei der LZB unterhaltenen Girokonten

o aufgrund des Austausches von Einzugspapieren und Überweisungen.

b) *Einzelheiten:* Abrechnungsverfahren werden seit 1775 (England) zur Vereinfachung der Abwicklung gegenseitiger Ansprüche angewandt; im internationalen Zahlungsverkehr erfolgt zwischen Zentralnotenbanken ein *bilateraler* (zweiseitiger) Ausgleich, während im Inlandszahlungsverkehr das *multilaterale* Clearing zwischen vielen Beteiligten kennzeichnend ist.

c) *Bedeutung:*

o Durch die gegenseitige Aufrechnung der Ansprüche unter den beteiligten Kreditinstituten kommt nicht nur ein relativer (verhältnismäßiger) Saldo zwischen zwei Beteiligten, sondern ein *absoluter* (umfassender) *Saldo* zustande, der die *Gesamtforderung* oder *Gesamtschuld* eines KI gegenüber allen anderen Beteiligten wiedergibt.

o Dadurch erfolgt wesentliche Vereinfachung der Verrechnung, Verringerung der Anzahl der erforderlichen Buchungen.
o Durch das Zusammentreffen von Bankvertretern (oder -boten) an einer Stelle gelingt schneller und rationeller Austausch der Papiere.

1.1.71 Abwicklung

1.1.710 Technik der Abrechnung

Beispiel: beteiligt sind die Kreditinstitute A – B – C – D.

Nach Austausch der Abrechnungspapiere ergibt sich folgendes Bild:

Gläubiger	Schuldner				Gesamt-forderung
	A	B	C	D	
A	–	270 000,–	480 000,–	210 000,–	960 000,–
B	440 000,–	–	260 000,–	170 000,–	870 000,–
C	290 000,–	160 000,–	–	320 000,–	770 000,–
D	190 000,–	240 000,–	420 000,–	–	850 000,–
Gesamt-schuld	920 000,–	670 000,–	1 160 000,–	700 000,–	3 450 000,–

Kredit-institut	A	B	C	D	Summe
Gesamt-forderung	960 000,–	870 000,–	770 000,–	850 000,–	3 450 000,–
Gesamt-schuld	920 000,–	670 000,–	1 160 000,–	700 000,–	./. 3 450 000,–
Saldo	+ 40 000,–	+ 200 000,–	./.390 000,–	+ 150 000,–	= –,–

Die sich hieraus ergebenden *Salden* werden über die LZB-Girokonten verbucht.

1.1.711 LZB-Abrechnung und Hamburger Abrechnung

Die Abrechnung im inländischen Zahlungsverkehr wird grundsätzlich über Abrechnungsstellen der Landeszentralbanken durchgeführt *(LZB-Einheitsabrechnung)*. Nur in Hamburg besteht eine selbständige Einrichtung der wichtigsten Hamburger Kreditinstitute in der Rechtsform eines *nicht eingetragenen Vereins* als Abrechnungsstelle *("Große"* oder *"Hamburger Abrechnung")*, die LZB Hamburg ist hier nur gleichberechtigtes Mitglied.

LZB-Abrechnung (in Hamburg: Kleine Abrechnung)	Hamburger Abrechnung (Große Abrechnung)
Einrichtung der LZB	Einrichtung der wichtigsten Hamburger KI
Führung: LZB	Organ: Vollversammlung
Einlieferung durch Boten der KI	Einlieferung durch Vertreter (Bevollmächtigte) der KI
Kein Austausch von Fernüberweisungen	Auch Austausch von Fernüberweisungen
Kein Widerruf von Überweisungen bis Abrechnungsschluß	Widerruf von Überweisungen möglich
Ermittlung der Salden durch LZB	Saldenermittlung durch die Mitglieder, LZB-Vertreter kontrolliert
Geschäftsbestimmungen der Bundesbank gelten	Satzung des Vereins gilt
Verbuchung der Salden durch LZB	
selbständig	auf Anweisung der Mitglieder
Abrechnungslokal: Räume der LZB	
Unterschiedliche Zeiten	
Abrechnungspapiere: Schecks, Wechsel, Lastschriften, Überweisungen, Anweisungen, Quittungen, Rechnungen, Zins- und Dividendenscheine, Rechnungen mit Wertpapieren	

1.1.8 Besondere Zahlungsmittel

1.1.80 Der Reisescheck

a) *Wesen:* Reiseschecks = scheckähnliche *Anweisungen (keine* Schecks im Sinne des Scheckgesetzes aufgrund von Formmängeln), die von vornherein *gedeckt* sind, da sie nur gegen Zahlung des aufgedruckten Betrages ausgegeben werden.

b) *Arten:*

o DM-Reiseschecks:
  – verkauft von deutschen KI als Kommissionären
  – bezogen sind ausländische Banken (insb. American Express Co., Thomas Cook)
  – feste Beträge, aufgedruckt, über 50,–, 100,–, 200,– und 500,– DM
  – unbeschränkte Gültigkeitsdauer
  – innerhalb der Bundesrepublik Deutschland gebührenfrei eingelöst

o Währungs-Reiseschecks:
  – verkauft von deutschen KI als Kommissionären
  – bezogen sind ausländische Korrespondenzbanken
  – von besonderer Bedeutung: Travellers Cheques = Reiseschecks der amerikanischen und englischen Banken (insb. Midland Bank Ltd., London, Barclays Bank Ltd., London, First National City Bank, New York, und – führend – American Express Co.)

o ECU-Reiseschecks:
  – lautet auf die Europäische Währungseinheit (European Currency Unit)
  – feste Beträge, aufgedruckt, über 50 oder 100 ECU
  – z. Zt. noch geringe Akzeptanz bei Hotels und im Einzelhandel
  – Vorteil der Stabilität der ECU gegenüber anderen Währungen.

c) *Abwicklung:*

o Kauf der Reiseschecks am Bankschalter
  – Leistung der 1. Unterschrift
  – Bezahlung des Gegenwertes

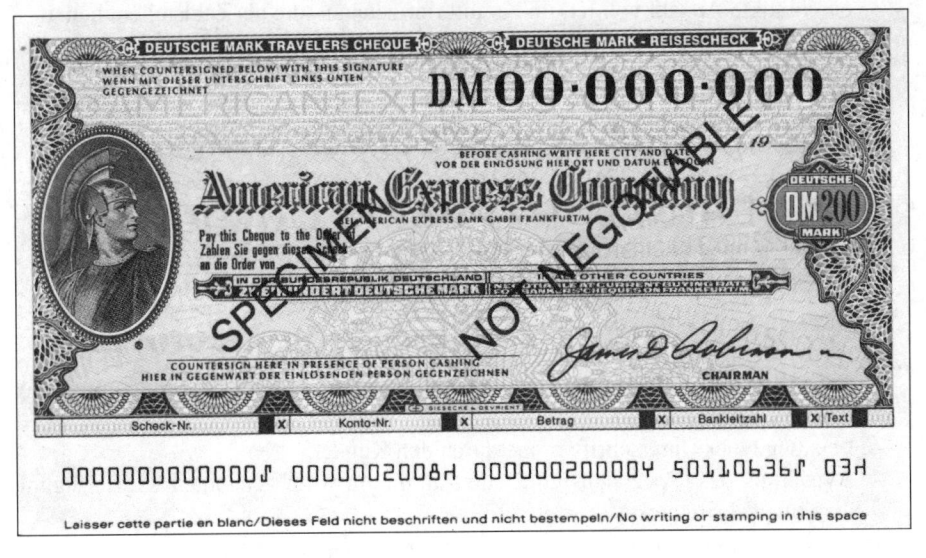

o Einlösung bei einer Bank, Hotels, Geschäften usw.
- Leistung der 2. Unterschrift in Gegenwart des Empfängers
- bei Zweifeln Legitimierung durch Lichtbildausweis möglich.

Beim *Verlust* von Reiseschecks wird meist bis zu 1 000,– DM sofortiger Ersatz geleistet (Vorlage der Verkaufsabrechnung, eines Ausweises sowie einer eidesstattlichen Erklärung über den Verlust). Es kommt hierbei jedoch auf den Einzelfall an (z. B. Verlust der Schecks und der Ausweispapiere).

d) *Bedeutung:*

o Größere Sicherheit als bei Verwendung von Bargeld auf Reisen
o vielfältige Einlösungsmöglichkeiten
o schnelle Abwicklung des Verrechnungsvorgangs
o innerhalb Europas jedoch z. T. verdrängt durch Eurocheques.

1.1.81 Der Kreditbrief

a) *Definition:* = Anweisung des ausstellenden KI an andere KI, an den in der Urkunde Genannten gegen Legitimierung Zahlungen bis zu einem bestimmten Höchstbetrag innerhalb der Gültigkeitsdauer zu leisten.

b) *Arten:*

o *Spezial*kreditbrief:
  – beschränkte Anzahl von KI, im Kreditbrief genannt, die als Zahlstellen dienen
  – Avisierung (schriftliche Ankündigung) des Briefes an diese KI
o *Zirkular*kreditbrief:
  – größere Anzahl von KI, in einer Korrespondentenliste genannt
  – keine Avisierung

c) *Abwicklung:*

o Antrag des Kunden auf Ausstellung eines Kreditbriefes
o bankmäßige Bearbeitung:
  – Ausstellung des Briefes
  – Aushändigung an den Kunden
  – Belastung des Auftraggebers mit dem Gesamt(höchst)betrag und Umbuchung auf ein Deckungskonto
  – Leistung einer Unterschriftsprobe durch den Kunden
  – Avisierung des (Spezial-)Kreditbriefes an die im Brief genannten KI, Beifügung der Unterschriftsprobe
o Vorlage des Kreditbriefes durch den Kunden bei einem der KI
o Legitimations- und Unterschriftsprüfung, Auszahlung gegen Doppelquittung, Absetzen des Betrages auf dem Kreditbrief (damit mehrfache Ausnutzung bis zum Höchstbetrag möglich ist)
o Verrechnung des auszahlenden mit dem ausstellenden KI.

d) *Bedeutung:* nur noch selten verwendet

o im Reisezahlungsverkehr
o bei Geschäftsreisen, z. B. Messebesuchen u. a.

1.1.82 Das Barakkreditiv

a) *Definition:* = vertragliche Verpflichtung eines Kreditinstitutes, für Rechnung des Auftraggebers innerhalb einer bestimmten Frist bis zu einem bestimmten Höchstbetrag gegen Legitimation an den genannten Begünstigten Zahlung zu leisten.

b) *Vorgang:*

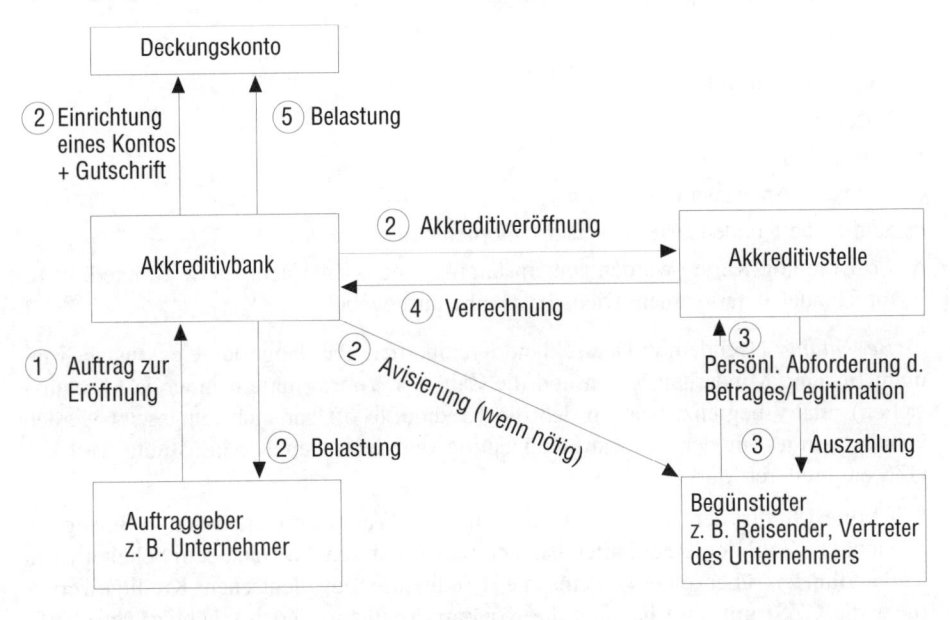

```
                    Deckungskonto
                    ▲         │
      ② Einrichtung │         │ ⑤ Belastung
      eines Kontos  │         ▼
      + Gutschrift
                                ② Akkreditiveröffnung
      Akkreditivbank ──────────────────────────────▶ Akkreditivstelle
                    ◀────────────────────────────
                         ④ Verrechnung                ▲  ③
      ▲                        ②                      │  Persönl. Abforderung d.
      │                          Avisierung (wenn nötig)  Betrages/Legitimation
      ① Auftrag zur
        Eröffnung                                     ③  Auszahlung
                    ② Belastung                       │  │
                                                      ▼  ▼
      Auftraggeber                                 Begünstigter
      z. B. Unternehmer                            z. B. Reisender, Vertreter
                                                   des Unternehmers
```

c) *Rechtsbeziehungen:*

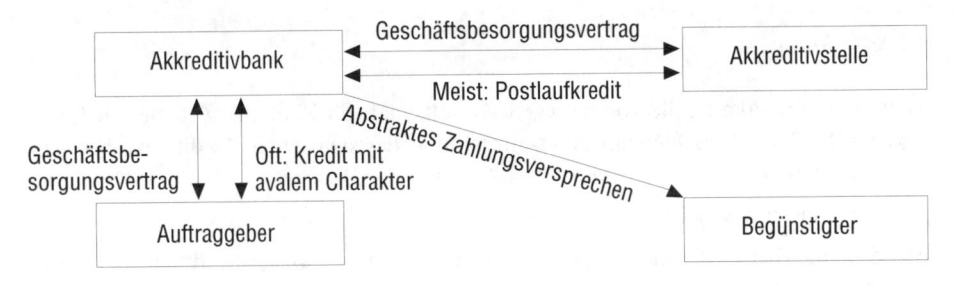

```
                         Geschäftsbesorgungsvertrag
      Akkreditivbank  ◀────────────────────────────▶  Akkreditivstelle
                           Meist: Postlaufkredit
         ▲  ▲                    Abstraktes Zahlungsversprechen
         │  │
   Geschäftsbe-   Oft: Kredit mit
   sorgungsvertrag  avalem Charakter
         ▼  ▼
      Auftraggeber                                     Begünstigter
```

d) *Bedeutung:* nur noch sehr gering; vgl. Kreditbrief.

Im Gegensatz dazu hat das *Dokumentenakkreditiv* im Auslandsgeschäft im Rahmen von Gütertransporten und internationalen Kaufverträgen *größte* Bedeutung (siehe dort).

1.1.83 Kreditkarten

1.1.830 Überblick

a) *Wesen* der Kreditkarte: bargeldlose Zahlungsform zum Erwerb von Waren oder zur Inanspruchnahme von Dienstleistungen mittels eigenhändig unterschriebener Ausweiskarte; spätere, nachträgliche Verrechnung.

b) *Arten:*

o Visa (weltweit führend)

o Eurocard

o Diners Club

o Amexco (American Express Co.)

o zahlreiche Kundenkarten diverser Unternehmen

o Co-Branding-Karten werden gemeinsam mit einem Unternehmen (z. B. Kreditinstitut, Handelsunternehmen, Dienstleister) herausgegeben.

c) *Bedeutung:* Nachdem in Deutschland Kreditkarten über lange Jahre exklusives Medium für eine Minderheit waren und die Zahl der Vertragsunternehmen (Akzeptanzstellen) relativ begrenzt war, so daß die Kreditkarte oft gar nicht eingesetzt werden konnte, wurde mit der Eurocard-Konzeption der deutschen Kreditinstitute über die GZS ein breiter Markt erschlossen.

Seit Mitte 1988 ist der Markt durch zunehmenden Wettbewerb erheblich in Bewegung geraten. Die Zahl der Kreditkarten hat sich wesentlich erhöht. Nach dem Scheitern von Verhandlungen über eine gemeinsame Kreditkarte des deutschen Kreditgewerbes (über die GZS) mit Visa hat sich die Konkurrenzsituation noch erheblich verschärft. Insgesamt wird mit einem Potential von 10 Millionen Kreditkarten in der Bundesrepublik gerechnet.

1.1.831 Eurocard

a) *Wesen:* Kreditkarte, die von der GZS (Gesellschaft für Zahlungssysteme mbH, vgl. Abschnitt 1.1.428) als Gemeinschaftseinrichtung des deutschen Kreditgewerbes herausgegeben wird.

Kooperationspartner der Eurocard sind

o USA: Interbank Master Charge (vgl. Kennzeichnung „MasterCard" auf der Eurocard)

o Großbritannien: Access.

b) *Arten:* (seit Anfang 1989)

o „normale" Eurocard

o Eurocard Gold

EUROCARD
5232 1600 0000 0000
TM
MasterCard
VALID THRU
1232
00-00
KURT SCHERFER
MC
MC

EUROCARD
5232 1600 0000 0000
MasterCard
VALID THRU
6232
00-00
KURT SCHERFER
MC
MC
TM

KARTENANTRAG

über

an: **EUROCARD DEUTSCHLAND**
Unternehmensbereich
der GZS Gesellschaft für Zahlungssysteme mbH
Postfach 11 07 11, 6000 Frankfurt
Tel. (0 69) 79 33-0, Telex 4 170 190, Telefax (0 69) 79 33-123

KA Karten-Nr. (wird automatisch ermittelt): 5 2 3 2

Den Antrag bitte entweder per Schreibmaschine oder mit Blockschrift in Großbuchstaben vollständig ausfüllen. Bei Rückgabe der EUROCARD innerhalb der dreimonatigen Probezeit wird der gesamte Jahresbeitrag erstattet; dies gilt nur, wenn erstmalig eine EUROCARD, unabhängig über welches Institut, ausgestellt wird.

Ich beantrage die Ausstellung einer EUROCARD GOLD
☒ als Hauptkarte für mich zum Jahresbeitrag von z.Zt. DM **130,--**
☐ als Zusatzkarte* gemeinsam mit nachstehend genanntem Familienmitglied auf dessen Namen zum Jahresbeitrag von z.Zt. _____ DM _____

Ich beantrage die Ausstellung einer EUROCARD
☐ als Hauptkarte für mich zum Jahresbeitrag von z.Zt. DM _____
☐ als Zusatzkarte gemeinsam mit nachstehend genanntem Familienmitglied auf dessen Namen zum Jahresbeitrag von z.Zt. _____ DM _____

*EUROCARD GOLD als Zusatzkarte nur, wenn es sich bei der zugehörigen Hauptkarte auch um EUROCARD GOLD handelt.

Persönliche Angaben dessen, für die die Karte beantragt wird (beim Ausfüllen keine Umlaute verwenden)

Anredeschl.
1 = Herr
2 = Frau
3 = Fräulein
0 = ohne Anrede

Name (ggf. Titel, Vorname, Nachname): **1 Dr. Ernst Hagemann**

Privatadresse, kein Postfach
Straße und Hausnummer: **Nickiweg 9**
wohnhaft seit (MM JJ): **04 68**
PLZ Ort: **2000 Hamburg**
Zustellbez.: **98**
Geburtsdatum (TT MM JJ): **21 10 39**
Telefon (für eventuelle Rückfragen): **040 / 90 90 99 0**
Staatsangehörigkeit: **deutsch**
Schlüssel: _____

Waren/sind Sie bereits EUROCARD-Inhaber? ☒ ja ☐ nein
Besitzen Sie auch andere Kreditkarten? ☒ ja ☐ nein

Wenn ja, Kartennummer: **5 2 3 2 1 2 3 4 5 6 7 8 9 0 1 2**
Verfalldatum (MM JJ): **11 89**
Wenn ja, welche?: **Mövenpick**

Korrespondenzadresse (wenn nicht identisch mit Privatadresse)

Anredeschl.
1 = Herr
2 = Frau
3 = Fräulein
0 = ohne Anrede

Name (ggf. Titel, Vorname, Nachname): _____
Name (Fortsetzung): _____
Straße und Hausnummer/Postfach: _____
PLZ Ort: _____
Zustellbez.: _____

Berufliche Angaben
beschäftigt bei: **Mexermann & Co.**
seit (Monat/Jahr): **01/79**
ausgeübter Beruf: **Prokurist**
Branche: **Maschinenbau**
selbständig seit: _____

Bei Beantragung einer Zusatzkarte
Name des Hauptkarteninhabers: _____
Karten-Nr. des Hauptkarteninhabers: **5 2 3 2**

Einzugsermächtigung
Ich bin widerruflich damit einverstanden, daß alle im Zusammenhang mit der EUROCARD von mir zu entrichtenden Beträge mittels Lastschrift
☐ von meinem nachstehenden Privatkonto eingezogen werden, ☐ von dem nachstehenden Konto des Hauptkarteninhabers eingezogen werden.

Kontonummer: **9 8 7 6 5 4 3 2 1 0**
Bankleitzahl: **2 0 0 5 0 5 5 0**

Ich/wir ermächtige(n) die GZS, die kontoführende Stelle über diesen Kartenantrag zwecks Bearbeitung sowie zur weiteren EUROCARD-Betreuung zu unterrichten. Zugleich ermächtige(n) ich/wir das Kreditinstitut, bei dem die Beträge abgebucht werden (kontoführende Stelle), gegenüber der GZS die im Zusammenhang mit der Ausstellung und Benutzung der EUROCARD erforderlichen Bankauskünfte zur Feststellung des Bonitätsrahmens zu erteilen.
Die GZS wird vor Ausstellung der EUROCARD bei der für meinen Wohnsitz zuständigen SCHUFA-Gesellschaft (Schutzgemeinschaft für allgemeine Kreditsicherung) eine Auskunft einholen und ihr Daten aufgrund nicht vertragsgemäßer Abwicklung (zum Beispiel beantragter Mahnbescheid bei unbestrittener Forderung, erlassener Vollstreckungsbescheid, Zwangsvollstreckung aufgrund eines gerichtlichen Titels) melden. Soweit nach Ausstellung der EUROCARD solche Daten aus anderen Vertragsverhältnissen b. d. SCHUFA anfallen, kann die GZS hierüber Bonitäts-Auskunft erhalten. Die Übermittlung an die SCHUFA dürfen nach Bundesdatenschutzgesetz nur erfolgen, soweit dies zur Wahrung berechtigter Interessen der GZS, eines Vertragspartners der SCHUFA oder der Allgemeinheit erforderlich ist und dadurch meine unsere schutzwürdigen Belange nicht beeinträchtigt werden.
Die auf Blatt 3 (Kopie für Karteninhaber) abgedruckten Geschäftsbedingungen werden anerkannt. Von der gesamtschuldnerischen Haftung nach Ziffer 10 wurde Kenntnis genommen.

Ort/Datum: **Hamburg, den xx. y. 199x**

Unterschrift des/der Antragstellers/in _____
Unterschrift des Hauptkarteninhabers bei Beantragung einer Zusatzkarte _____

Nur für das kontoführende Institut

Datum _____ Ktoverb. seit (MM JJ) _____ 10 20 30
Gebührenschl. _____ Abr.schl. _____ VIP-Schl. _____ Versandschl. _____ Sonderverh. _____ neutral
Bearbeitungsvermerk _____
Instituts-Nr. _____ Haftungserklärung ☐ ja ☐ nein
Zuständige/r Mitarbeiter/in _____ Telefon _____
Stempel und Unterschrift _____

Blatt 1 für EUROCARD

- o Firmenkarten (Ausstattung: Eurocard-Normalversion)

c) *Produktausstattung:*
- o Eurocard:
  - bargeldloses Bezahlen von Waren und Dienstleistungen im In- und Ausland (Akzeptanzstellen sind durch Eurocard-, MasterCard- oder Access-Zeichen gekennzeichnet)
  - Reiseunfallversicherung
  - Ersatzkartenservice
  - Bargeldservice: im Inland bis 4 000 DM in 7 Tagen, im Ausland bis 1 000 US $ in 7 Tagen
  - Mietwagen ohne Kaution
  - Reservierungsdienst bei bestimmten Hotelketten
- o Eurocard Gold: wie Eurocard; zusätzlich
  - touristische Beistandsleistungen
  - Kfz-Schutz außerhalb der BR Deutschland innerhalb Europas zzgl. Mittelmeerländer
  - Rechtsschutz für Mietwagen
  - Reisegepäckversicherung
  - Auslandsreise-Krankenversicherung
  - Reise-Haftpflichtversicherung
  - Haftpflicht für gemietete Kfz

d) *Preise:* beim Start der neuen Eurocard-Konzeption am 15.2.1989:
- o Eurocard: Hauptkarte 60,– DM, Zusatzkarte 40,– DM
- o Eurocard Gold: Hauptkarte 130,– DM, Zusatzkarte 90,– DM
- o Firmenkarte: 60,– DM.

1.1.9 Modernisierung des Zahlungsverkehrs der Kreditinstitute

1.1.90 Überblick

Kennzeichnend für die heutige Situation des Zahlungsverkehrs der KI sind folgende Elemente:
- o Vielzahl von Kreditinstituten unterschiedlichster rechtlicher und praktischer Ausgestaltung
- o sehr große Zahl von Kunden (fast jeder unterhält heute mindestens ein Konto bei einem KI) mit vielfältigen Wünschen und Interessen (unterschiedlich insb. nach Privatkunden und Unternehmen)
- o immer mehr zunehmender Umfang des bargeldlosen Zahlungsverkehrs
- o verschiedenartige Zahlungsmöglichkeiten und Zahlungsverkehrsinstrumente
- o immer noch die Notwendigkeit der Verwendung von Bargeld
- o umfangreiche Beziehungen wirtschaftlicher Art zum Ausland; Reisezahlungsverkehr

o rechtliche Anforderungen an die KI im Zahlungsverkehr, die mit der technischen und praktischen Entwicklung oft nicht schritthalten
o Fehlen international einheitlicher Rechtsnormen.

Die Aufgaben der KI im Zahlungsverkehr lassen sich aufgrund dieser vielfältigen Anforderungen nur noch bewältigen

o durch zunehmenden Einsatz der *Technik*, insbes. der Elektronischen Datenverarbeitung *(EDV)*
o durch Bemühen um *Vereinheitlichung:*
  – gemeinsame Verrechnungszentralen der innerdeutschen Gironetze
  – Vereinheitlichung des internationalen Zahlungsverkehrs
  – Verwendung einheitlicher Vordrucke und Formulare mit möglichst unmittelbarem Zugang zu Computern
  – Anschluß möglichst aller Kreditinstitute sowie aller in Frage kommenden Kunden an gemeinschaftliche technische Systeme
  – noch weitergehendes Zurückdrängen des baren und halbbaren Zahlungsverkehrs als bisher.

Diese Probleme sind bisher schon weitgehend erkannt worden; ihre Lösung kann allerdings nur schrittweise erfolgen. Diesen Bemühungen entsprechen zahlreiche *Neuerungen* der letzten 15 Jahre:

o Vervollkommnung des Überweisungsverkehrs durch Anbieten von Sammel- und Daueraufträgen
o einheitliche Belege im Überweisungs-, Scheck- und Lastschriftverkehr
o Scheck-, Wechsel- und Lastschriftabkommen
o Verstärkung des Lastschriftverkehrs (insbes. Einzugsermächtigungsverfahren)
o vermehrte Einführung von Lohn-/Gehaltskonten
o Einführung der ec-Scheckkarte (1967)
o straffe Durchgliederung der verschiedenen Girosysteme
o Unterhaltung von Bundesbank-Girokonten durch praktisch alle KI
o Einsatz eigener, Zugang zu fremden EDV-Anlagen
o Ausfertigung computergerechter Belege für oder durch den Kunden
o im Barverkehr und halbbaren Verkehr: Tag-Nacht-Tresore, Geldausgabeautomaten, Automatische Bankschalter
o Kontoauszugsdrucker in den Kassenstellen mit Selbstbedienung der Kunden
o Bildschirmtext („home banking": Erledigung von Bankgeschäften von zu Hause aus)
o belegloser Datenträgeraustausch (Magnetband-Clearing-Verfahren)
o Datenfernverarbeitung (im weitesten Sinne)
o Point-of-sale-Terminals (z. B. in Kaufhäusern).

Die *Organisation* eines Bankbetriebs, die den vielfältigen Anforderungen gerecht werden soll und ständig alle Neuentwicklungen schon aus Wettbewerbsgründen aufmerksam verfolgt und prüft, muß zudem noch den folgenden Prinzipien genügen: *Schnelligkeit – Sicherheit – Wirtschaftlichkeit.*

Besonders positiv ist es zu werten, daß es den Kreditinstituten gelungen ist, trotz ihrer Organisation in unterschiedlichen kreditwirtschaftlichen Verbänden und ihres Wettbewerbs miteinander eine Vielzahl von organisationsübergreifenden *Vereinheitlichungen* zu schaffen. Dadurch lassen sich die Zahlungsverkehrsvorgänge auch technisch einheitlich abwickeln, d. h. die technische Kommunikation wird ermöglicht.

Grundlage hierfür ist eine Vielzahl zwischen den Spitzenverbänden der Kreditinstitute und größtenteils auch der Deutschen Bundesbank sowie der Deutschen Bundespost geschlossener *Abkommen*. Hervorzuheben sind:

o Vereinbarung über Richtlinien für einheitliche und neutrale Zahlungsverkehrsvordrucke

o Richtlinien für eine einheitliche Codierung von zwischenbetrieblich weiterzuleitenden Zahlungsverkehrsbelegen (Codierrichtlinien)

o Abkommen für den zwischenbetrieblichen belegbegleitenden Datenträgeraustausch

o Vereinbarung über Richtlinien für den beleglosen Datenträgeraustausch (Magnetband-Clearing-Verfahren)

o Abkommen über die Umwandlung beleghaft erteilter Überweisungsaufträge in Datensätze und deren Bearbeitung (EZÜ-Abkommen)

o Vereinbarung über Sicherungsmaßnahmen im zwischenbetrieblichen Überweisungsverkehr

o Abkommen über den Lastschriftverkehr (Lastschriftabkommen)

o Abkommen über die Rückgabe nicht eingelöster Schecks und die Behandlung von Ersatzstücken verlorengegangener Schecks im Scheckeinzugsverkehr (Scheckabkommen)

o Vereinbarung über das eurocheque-System

o Abkommen über das beleglose Scheckeinzugsverfahren (BSE-Abkommen)

o Abkommen über die Rückgabe nicht eingelöster und zurückgerufener Wechsel (Wechselrückgabeabkommen)

o Abkommen zur Vereinfachung des Einzugs von Wechseln (Wechseleinzugsabkommen)

o Abkommen über Bildschirmtext.

1.1.91 Vereinheitlichung des Zahlungsverkehrs

1.1.910 Bankleitzahl (BLZ)

a) *Wesen:* Merkmal zur Identifizierung von Kreditinstituten anhand achtstelliger Zahl, verwendet auf Belegen, die den Bereich eines Instituts verlassen sollen; wichtig insbes. für (automatisiertes) Sortieren von Vorgängen im Zahlungsverkehr; eingeführt 1970.

b) *Inhalt:*

Stelle	Nr.	Bedeutung
1.		Clearinggebiet 1–7 der BRD, aufgegliedert nach Rechenzentren der Bundesbank
	1	Berlin
	2	Bremen/Hamburg/Niedersachsen/Schleswig-Holstein
	3	Rheinland
	4	Westfalen
	5	Hessen, Rheinland-Pfalz, Saarland
	6	Baden-Württemberg
	7	Bayern
1.+2.		Clearingbezirke, aus denen sich ein Clearinggebiet zusammensetzt (Abgrenzung der Bereiche der Hauptverwaltungen von LZB, Girozentralen, Zentralkassen)
3.		LZB-Bankplatz (-bezirk), an dem der Zahlungsverkehrsmittler seine Niederlassung hat
4.		Bezeichnung der Instituts-(Banken-)Gruppe
	0	Deutsche Bundesbank
	1	Postscheckämter, sonstige nicht erfaßte KI
	2,3	Regional-/Lokal-/Spezial-/Branche-/Haus-/Privatbank(ier)
	4	Commerzbank
	5	Girozentralen, Sparkassen
	6	Raiffeisenbank: Zentralkassen und Kreditgenossenschaften
	7	Deutsche Bank
	8	Dresdner Bank
	9	Gewerbliche Zentralkassen/Kreditgenossenschaften
5.+6.		Nummer des Nebenplatzes: KI hat LZB-Konto, ist aber nicht an Bankplatz ansässig
5.	0	Bankplatz
5.	9	Raiffeisenbank ohne eigenes LZB-Konto
7.+8.		frei für Verwendung durch KI zur internen Kennzeichnung ihrer Niederlassungen

Beispiel: 593 700 70 Saarländische Kreditbank AG, Saarlouis

59 = Clearingbezirk Saarland
3 = LZB-Bankplatz Saarlouis
7 = Deutsche Bank-Gruppe
0 = Bankplatz
700 = LZB-Konto-Nr.
70 = interne Kennzeichnung

1.1.911 Vordruckgestaltung

a) Grundlage für die im Kreditgewerbe einheitliche Vordruckgestaltung sind die *Richtlinien für einheitliche Zahlungsverkehrsvordrucke*. Die Normierung betrifft in erster Linie

o das Format (Maße, Raumaufteilung)
o die Eignung für optische Beleglesung (Codierzeile)
o Papierbeschaffenheit usw.

b) Durch die *Codierung* in einem speziell dafür vorgesehenen Bereich des Formulars (Codierzeile) wird die maschinelle Lesbarkeit der Belege über optische Belegleser gewährleistet. Einzelheiten sind in den Richtlinien für eine einheitliche Codierung von zwischenbetrieblich weiterzuleitenden Zahlungsverkehrsbelegen *(Codierrichtlinien)* niedergelegt:

o Verwendung der OCR-A-Schrift (Optical Character Recognition, optische Erkennung von Zeichen, Schriftgröße A 1) mit den Zahlen von 1 bis 9 und drei Hilfszeichen:
  – (Gabel) für den Betrag
  – (Stuhl) für Kontonummer und Textschlüssel
  – (Haken) für Bankleitzahl, Mehrzweckfeld und Schecknummer
o Die Codierzeile eines Beleges umfaßt fünf Felder (von rechts):
  – Feld 1: Textschlüssel zur Bezeichnung der Zahlungsverkehrsart, z. B.
    – 11 = eurocheque
    – 20 = Überweisungsauftrag
    – 51 = Überweisungsgutschrift
  – Feld 2: Bankleitzahl
    – Gutschriftsträger: BLZ des begünstigten KI
    – Scheck: BLZ des bezogenen KI
    – Lastschrift: BLZ der Zahlstelle
  – Feld 3: Betrag
  – Feld 4: Kontonummer
    – des Auftraggebers (Überweisungsauftrag)
    – des Empfängers (Gutschriftsträger)
    – des Ausstellers (Scheck)
    – des Zahlungspflichtigen (Lastschrift)
  – Feld 5: Mehrzweckfeld
    – für Schecknummer bei Schecks
    – für Ordnungsziffern des Kunden (z. B. Großkunde, der seinerseits die Belege codiert) bei Überweisungen, Lastschriften
o zu codieren sind (sog. *Codierpflicht)*:
  – bei Überweisungen: Bankleitzahl, Betrag (Textschlüssel ist eingedruckt)
  – bei Schecks: Betrag (Textschlüssel, Bankleitzahl sind eingedruckt)
  – bei Lastschriften: Bankleitzahl, Betrag (Textschlüssel ist eingedruckt)

o für Falschcodierungen haftet das KI, das diese verursacht hat; größere Zahlungen werden konventionell ausgeführt, d. h. ohne maschinelle Beleglesung

o von der Codierpflicht erfaßt werden
  - Einzel-Zahlungsträger (Überweisungen, Lastschriften, Schecks)
  - Summenbelege (Zusammenfassung für die Verbuchung von Einzelbelegen)
  - Korrekturhüllen (Ersatzbelege).

Beispiele für Codierzeilen:

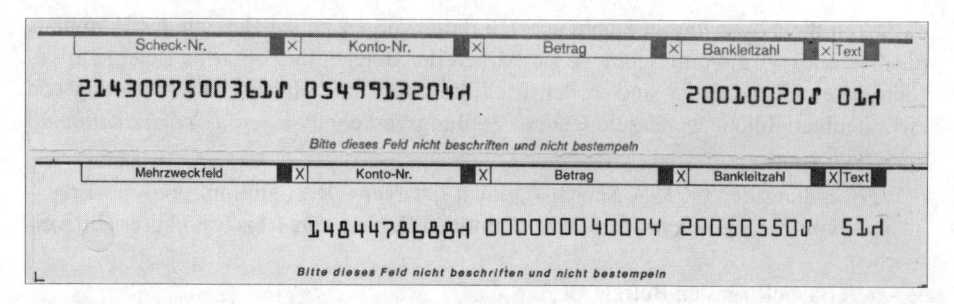

Scheck-Nr.	X	Konto-Nr.	X	Betrag	X	Bankleitzahl	X	Text
2143007500361		0549913204				200100020		01

Bitte dieses Feld nicht beschriften und nicht bestempeln

Mehrzweckfeld	X	Konto-Nr.	X	Betrag	X	Bankleitzahl	X	Text
		1484478688		000000040004		200505500		51

Bitte dieses Feld nicht beschriften und nicht bestempeln

c) Ein Problem in der Praxis sind die *netzneutralen* Überweisungsvordrucke, die bisher von der Vereinheitlichung nicht erfaßt sind. Sie werden z. B. von Versandhäusern, Versorgungsunternehmen (Elektrizitäts-, Gaswerke) und vielen anderen Betrieben eingesetzt und sind nicht normiert. Da sie einen erheblichen Anteil am Überweisungsverkehr einnehmen (nach Schätzungen bis zu 50 %), stellen sie ein Hindernis auf dem Weg zu optimierter Abwicklung des Zahlungsverkehrs dar.

1.1.912 *Gesellschaft für Zahlungssysteme mbH (GZS)*

a) *Wesen:*

= Einrichtung der Spitzenverbände des deutschen Kreditgewerbes zur Pflege, Sicherung und Weiterentwicklung bestehender und zukünftiger Zahlungssysteme in der deutschen Kreditwirtschaft; Sitz: Frankfurt/Main

o in der GZS sind die Eurocard Deutschland GmbH und die Deutsche Eurocheque-Zentrale GmbH aufgegangen.

b) *Aufgaben:*

o Unterstützung des Eurocheque-Systems: zentrale Verrechnung (vgl. Abschnitt 1.1.428), Zusammenarbeit mit eurocheque international in Brüssel, Steigerung der ausländischen Akzeptanz des eurocheques

o Förderung des Geldautomatensystems auf der Basis von ec-Karten, Weiterentwicklung der Technik

o Ausgabe der Eurocard (vgl. Abschnitt 1.1.831), Akquisition und Betreuung von Vertragsunternehmen, Erweiterung der Leistungspalette, Betreuung der Karteninhaber, Autorisierung von Verfügungen

o Entwicklung, Verbreitung und Unterstützung des POS-Systems (vgl. Abschnitt 1.1.93), insb. Mitwirkung beim Aufbau des erforderlichen Datenkommunikationsnetzes, Betreiben, Kontrolle und Verwaltung der Netzknoten

o Weiterentwicklung der vorhandenen und Entwicklung neuer Zahlungssysteme.

1.1.92 Elektronischer Zahlungsverkehr

1.1.920 Grundlagen

a) Die Weiterentwicklung des bargeldlosen Zahlungsverkehrs hat in Form des *beleglosen* Zahlungsverkehrs durch Einsatz elektronischer Medien zur Datenübermittlung stattgefunden. Voraussetzung hierfür war die Durchdringung zunächst der Kreditinstitute und in der Folge der gesamten Wirtschaft mit elektronischer Datenverarbeitung, die mit dem Einsatz der Personal Computer (PC) bzw. Mikrocomputer einen neuen Höhepunkt erreicht hat.

b) Es gibt drei grundlegende Ansätze für den Elektronischen Zahlungsverkehr:

o die beleghafte Erteilung von Aufträgen durch den Kunden und ihre Umwandlung in elektronische Daten beim Kreditinstitut

o die beleglose Auftragserteilung durch Erstellung entsprechender elektronischer Datenträger, die körperlich weitergeleitet werden (z. B. Disketten)

o die beleglose Auftragserteilung und Weiterleitung der Daten im Wege der Datenfernübertragung (DFÜ).

c) Als elektronische *Datenträger* kommen besonders in Betracht

o Disketten (verbreitet sind 3 1/4 "sowie 5 1/2")

o Kassetten

o Magnetbänder für große Datenmengen

o Magnetplatten (selten).

Da die Datenträger nicht genormt sind, bedeutet deren Entgegennahme für das KI das Problem, sie in Formate umzuwandeln, die innerhalb des Institutes weiterverarbeitet werden können. Diese Arbeit leisten Konvertierungsanlagen.

d) Die *Datenfernübertragung* (DFÜ) zwischen Kunden und Kreditinstituten befindet sich erst im Aufbau. Sie setzt neben einer elektronischen Leitungsverbindung, die durch die Post hergestellt wird, Datenverarbeitungsanlagen auf beiden Seiten voraus, die miteinander *kommunizieren* können. Hierfür werden i. d. R. Personal Computer eingesetzt. Programme, die den Vorgang der Datenübertragung steuern, werden von den Kreditinstituten vertrieben.

e) Der elektronische Zahlungsverkehr bedeutet sowohl für den Kunden als auch für das Kreditinstitut Rationalisierungseffekte und trägt damit in erheblichem Maße zur Begrenzung der Kosten für Zahlungsverkehrs-Transaktionen bei. Er ist damit heute bereits zu einem Wettbewerbsfaktor geworden. Das Institut, dem es gelingt, den Zahlungsverkehr mit dem Kunden elektronisch abzuwickeln, gewinnt bzw. vertieft dadurch meist die Kundenbeziehung und hat Ansatzpunkte für weitere gewinnbringende Geschäfte.

1.1.921 EZÜ-Abkommen

a) *Wesen:* Die Abkürzung EZÜ bedeutet *Elektronischer Zahlungsverkehr für individuelle Überweisungen*. Grundlage ist das Abkommen über die Umwandlung beleghaft erteilter Überweisungsaufträge in Datensätze und deren Bearbeitung (EZÜ-Abkommen der Spitzenverbände der Kreditwirtschaft sowie der Deutschen Bundesbank und der Deutschen Bundespost).

Durch dieses Abkommen wurde die Grundlage geschaffen, beleghaft erteilte Überweisungsaufträge so in Datensätze umzuwandeln, daß die beleglose Weiterleitung möglich wird.

b) Folgende *Daten* sind für den EZÜ zu erfassen:
o Bankleitzahl des endbegünstigten KI
o Kontonummer des Empfängers
o Name des Empfängers
o Betrag
o Verwendungszweck
o Kontonummer des Auftraggebers
o Name des Auftraggebers
o Bankleitzahl des erstbeauftragten KI
o Textschlüssel.

c) Für das EZÜ-Verfahren kommen *nicht* in Betracht:
o Überweisungen mit vorcodierten Verwendungszweckdaten
o Lotteriebelege, die als Lose dienen
o Aufträge mit mehr als 27stelligen Angaben zum Empfänger und/oder Auftraggeber
o Aufträge mit mehr als 54stelligen Angaben zum Verwendungszweck.

d) Das KI, das den Auftrag in den EZÜ einführt, hat die richtige Erfassung sicherzustellen und die Daten durch eine max. 11stellige Referenznummer zu ergänzen. Die Daten sind nach den Richtlinien für den beleglosen Datenträgeraustausch zu formatieren.

e) Das Abkommen enthält Haftungsregelungen für den Fall, daß durch unrichtige Erfassung/Weiterleitung der Daten Schäden entstehen.

f) Die Erfassung der Überweisungsdaten im Rahmen der Bildschirmerfassung ist gegenüber der optischen Beleglesung der codierten Daten ein aufwendiger Vorgang. Zur Vereinfachung setzen heute viele KI *Schriftenlesesysteme (SLS)* ein. Voraussetzung hierfür sind Vordrucke, in denen die Daten in bestimmten Feldern in Maschinenschrift oder innerhalb genau vorgegebener Kästchen in Handschrift (Großbuchstaben) eingetragen sind (sog. EZÜ-Vordrucke, siehe Muster). Die Maschinenlesung von Handschriften bringt allerdings eine relativ hohe Fehlerquote mit sich.

g) Der *netzüberschreitende* EZÜ ist bislang in der Kreditwirtschaft noch nicht fest vereinbart, d. h., noch ist es den Instituten freigestellt, ob sie Überweisungsaufträge beleghaft oder beleglos weiterleiten. Innerhalb der Sparkassenorganisation beispielsweise gilt aber bereits die Verpflichtung, Überweisungen ab 500 DM beleglos im EZÜ weiterzuleiten.

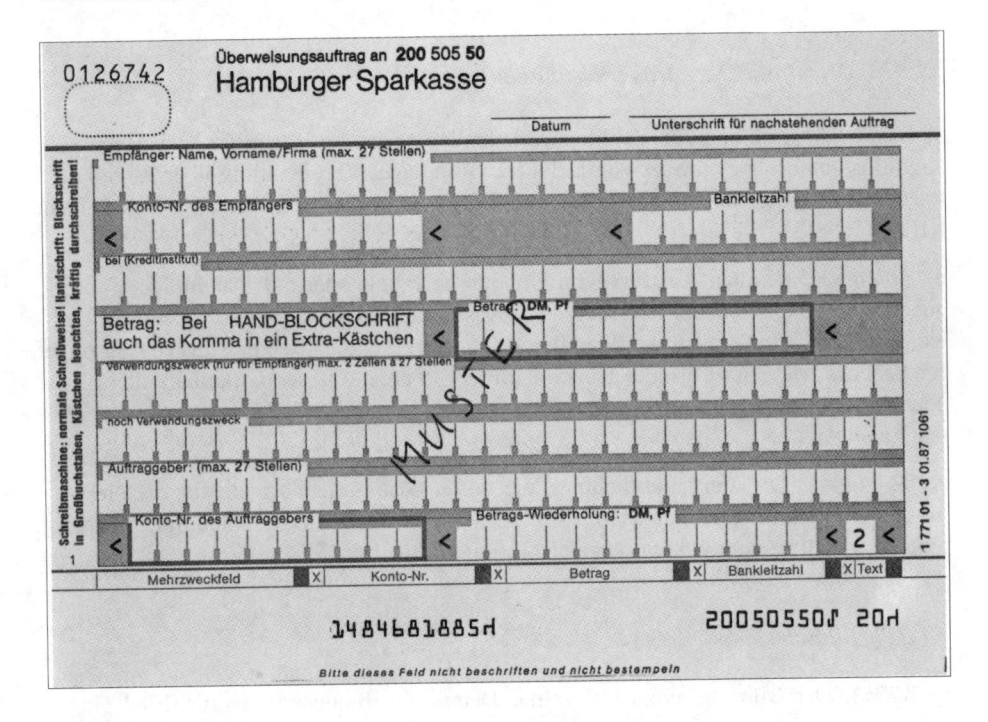

1.1.922 Belegloser Scheckeinzug

a) *Wesen:* Beleglose Weiterleitung von zum Einzug gegebenen Schecks, wenn diese

o auf inländische KI gezogen sind und

o auf Beträge bis 1 999,99 DM lauten.

b) *Inhalt:*

o Schecks werden von der ersten Inkassostelle oder durch das Clearingzentrum umgewandelt

o zu erfassende Daten: Scheck-Nr., Konto-Nr., Betrag, BLZ, Textschlüssel

o erste Inkassostelle prüft formale Ordnungsmäßigkeit des Schecks und verwahrt die Originalschecks (bei Mikroverfilmung: Verwahrung der Originalschecks für 2 Monate)

o Deutsche Bundesbank wickelt die BSE-Vorgänge im Rahmen des beleglosen Datenträgeraustausches über ihr Gironetz ab; Gutschrift des Gegenwertes bereits Wert Einreichungstag
o Scheckrückrechnungen sind vom bezogenen KI spätestens an dem auf den Tag des Eingangs der Scheckdaten folgenden Geschäftstag an die 1. Inkassostelle zu leiten
o bei scheckkartengarantierten eurocheques sollen keine Rückrechnungen vorgenommen werden, wenn der Scheckbetrag innerhalb der Einlösungsgarantie liegt.

1.1.923 Belegloser Datenträgeraustausch (DTA)

a) *Wesen:* Abwicklung von Zahlungsverkehrsvorgängen im Verrechnungsverkehr von Kreditinstituten ohne Einsatz von Belegen. Grundlage: Vereinbarung über Richtlinien für den beleglosen Datenträgeraustausch *(Magnetband-Clearing-Verfahren)* zwischen KI.

b) *Ablauf:* KI nehmen Aufträge von Kunden beleghaft oder auf Datenträgern entgegen. Neben Magnetbändern werden auch Kassetten und Disketten sowie Magnetplatten akzeptiert. Einbezogen werden Überweisungen, Lastschriften und Einzugsaufträge für Schecks. Beleghaft erteilte Kundenaufträge können auf der Grundlage des EZÜ- oder des BSE-Abkommens in Datensätze verwandelt und auf Datenträgern weitergeleitet werden.

c) *Bedeutung:* Die Vereinheitlichung, die durch bestimmte Formate für die elektronisch weiterzuleitenden Datensätze erreicht wurde, macht die beschleunigte Bearbeitung der Zahlungsverkehrsvorgänge erst möglich.

1.1.924 Bildschirmtext (Btx)

a) *Wesen:* Der Bildschirmtext-Dienst der Deutschen Bundespost wurde 1984 eingeführt. Zielsetzung war eine Revolution des Kommunikationswesens. Jedem Inhaber eines Fernsehers und eines Telefons sollte es möglich sein, Zugang zu Datenbanken zu erhalten, um auf diese Weise Informationen abzurufen und Aufträge zu erteilen.

Die Erwartungen haben sich jedoch nicht annähernd erfüllt. Während die Post bis 1990 eine Million Teilnehmer prognostiziert hatte, waren es Ende 1988 erst ca. 100 000. Als Gründe sind zu vermuten:

o zu hohe Grundkosten und Gebühren
o private Nutzer haben (noch) nicht das Bedürfnis nach elektronischer Kommunikation
o Nutzungsmöglichkeiten sind nicht allgemein bekannt.

Bei Unternehmen, insb. mittelständischen Betrieben, hat Btx dagegen durchaus Resonanz gefunden. Hier wird besonders der Bereich der elektronischen Kontoführung genutzt.

b) *Voraussetzungen:* Der Teilnehmer benötigt, um am Btx-Verfahren teilnehmen zu können,

o Fernsehapparat mit eingebautem Bildschirmtext-Decoder und Fernbedienung

o Eingabetastatur mit Buchstaben und Zeichen

o Telefon und MODEM (Modulator-Demodulator = Signalumsetzer).

Um sich gegenüber dem Btx-Rechner zu identifizieren und seine Berechtigung nachzuweisen (z. B. für den Abruf von Kontoinformationen), benötigt der Teilnehmer eine Persönliche Identifikations-Nummer (PIN), die zu Beginn der Abfrage einzugeben ist. Um Aufträge wie z. B. Überweisungen auszuführen zu lassen, ist zusätzlich die Eingabe bestimmter Transaktions-Nummern (TAN) erforderlich. Diese Nummern erhält der Kunde in Form einer TAN-Liste.

c) *Leistungen:*

o Abruf allgemeiner Informationen: bei KI z. B.
  - Wertpapierkurse, Devisenkurse
  - Konditionen (Kontoführung, Kredite, Guthabenzinsen usw.)
  - Leistungsübersicht
  - Produktinformationen (z. B. was sind Privatdarlehen?)
  - Informationen über das KI (z. B. Bilanz, Geschäftsentwicklung)
  - Marktinformationen (z. B. Börsenentwicklung)
  - regionale Informationen (z. B. Standort von Zweigstellen, von Geldautomaten)
  - Simulationsrechnungen (z. B. für Privatdarlehen)

  Nutzung: z. B. für Konkurrenzüberblick (Preisvergleich)

o Anforderung von Beratungen

o Bestellung von Unterlagen:
  - Überweisungs- und Scheckvordrucke
  - Reisezahlungsmittel
  - Informationsmaterial, Broschüren

o Abruf von Kontoinformationen:
  - Stand der laufenden Konten (Salden) } in bestimmtem Umfang auch
  - Umsatzinformationen } für zurückliegende Tage

o Erteilung von Zahlungsverkehrsaufträgen:
  - Baranweisungen
  - Überweisungsaufträge (Einzel- und Sammelüberweisungen)
  - Daueraufträge
  - Aufträge im Lastschriftverfahren
  - Auslandszahlungsaufträge.

1.1.93 POS-System des deutschen Kreditgewerbes

1.1.930 Überblick

a) *Definition:* „POS" = Point of Sale = „Ort des Kaufs", d. h., über ein besonderes Terminal besteht für den Kunden die Möglichkeit, an der Ladenkasse ohne Bargeld oder Scheck zu bezahlen, wobei der Zahlungsvorgang = *Transaktion* elektronisch verarbeitet und weitergeleitet wird.

b) Das deutsche Kreditgewerbe hatte sich 1988 bereits auf eine *gemeinsame* Vorgehensweise geeinigt, bei der die Gesellschaft für Zahlungssysteme (GZS) eine zentrale Rolle spielte. Die Dynamik, die das Kreditkartengeschäft binnen weniger Monate gewann, drängte jedoch die Aktivitäten für das POS-System in den Hintergrund, so daß der für 1989 vorgesehene bundesweite Start nicht zustande kam.

1.1.931 Zahlungsvorgang bei POS-Zahlung

Der nachfolgend dargestellte Vorgang war so zwischen den kreditwirtschaftlichen Verbänden abgestimmt. Es sind jedoch auch vereinfachte Lösungen denkbar, die weniger technischen Aufwand erfordern.

(1) Der Kunden benötigt eine *Magnetstreifenkarte* (später: *Chipkarte),* die zum System zugelassen ist:
- ec-Karte sowie Kundenkarten der Institute/Institutsgruppen (z. B. S-Card)
- Kreditkarten.

(2) Der Händler benötigt ein *POS-Terminal.* Arten:
- Stand-alone-System („alleinstehendes" Terminal, das alle Funktionen beinhaltet)
- Terminal mit Kassenanbindung (Zusatzgerät, das an bestimmte vorhandene elektronische Kassen angeschlossen werden kann)
- Terminal zu einem Warenwirtschaftssystem (d. h. mit zentraler Steuerung insb. der Lagerhaltung).

(3) Der Kunde führt die Karte in einen Kartenleser ein und identifiziert sich durch Eingabe einer Persönlichen Identifikations-Nummer (PIN). Die einzelnen Schritte werden dem Kunden auf einem Display (elektronische Anzeige) vorgegeben.

(4) Der Kassierer macht die weiteren vom System verlangten Eingaben, insb. die Höhe des Betrages.

(5) Der Zahlungsvorgang wird *autorisiert,* d. h. es wird bestätigt, daß der Kunde zu einer Verfügung generell und auch in dieser Höhe berechtigt ist. Die Autorisierung erfolgt
- in einem regionalen Rechner der Sparkassenorganisation, des Bundesverbands Deutscher Banken oder der Kreditgenossenschaften sowie der Post
- oder direkt am Konto (Zielsetzung der Sparkassenorganisation, technisch sehr aufwendig).

Bei regionaler Autorisierung wird dem Kunden ein Limit im Rahmen seines Guthabens oder Kredits eingeräumt.

Innerhalb eines Tages werden die Transaktionen des Kunden im regionalen Rechner gespeichert, so daß Mehrfachverfügungen bis zur Höhe des Limits addiert werden können.

(6) Nach erfolgreicher Autorisierung erhält der Kunde eine Quittung.
(7) Die Zahlungsverkehrsabwicklung ist von der Autorisierung *getrennt*. Die Umsätze eines Tages werden im POS-System des Händlers gespeichert. Sie gelangen zum KI des Händlers
- per Datenfernübertragung (DFÜ)
- per Datenträger (z. B. Diskette, Kassette, Magnetband, Magnetplatte)

und werden dort im Rahmen des beleglosen Zahlungsverkehrs im Lastschriftverfahren weiterbearbeitet, d. h. vom Konto des Kunden eingezogen.

1.1.932 Rahmenbedingungen

a) Der Händler benötigt folgende *POS-Hardware:*

o Kartenleser (zunächst für Magnetstreifen, später auch für Chipkarte = Hybridleser)
o PIN-Eingabetastatur
o Kassierertastatur
o Display (Anzeige) für Kunden und Kassierer
o Drucker für Quittung und Journal
o Zahlungssystem-Modul (ZSM) zur Steuerung der Funktionen des Terminals
o Umsatzspeicher
o Datenfernübertragungseinrichtung zur Autorisierung, ggf. auch zur Zahlungsabwicklung
o Notstromversorgung, damit die ständige Verfügbarkeit des POS-Systems gewährleistet ist und Umsatzdaten nicht verlorengehen können.

b) Der Händler schließt mit seinem KI einen POS-Vertrag und darüber hinaus, soweit nicht schon vorhanden, einen Vertrag über die Teilnahme am Datenträgeraustauschverfahren (DTA) oder am DFÜ-Verfahren für den Zahlungsverkehr. Offen ist gegenwärtig noch, ob auch Kreditinstitute sog. „Betreibernetze" für die elektronische Verbindung zum POS-Terminal des Händlers anbieten werden oder ob dies den Herstellern dieser Terminals oder sonstigen Anbietern überlassen bleiben wird.

c) *Kosten:*

o Terminalkosten: bei Stand-alone-Terminal mind. 5 000 DM
o Transaktionskosten gemäß Vereinbarung (einheitlich für alle KI oder auch differenziert)
o DFÜ-Kosten je nach Leitungsart und Postdienst.

1.1.933 Beurteilung

Das für Deutschland neue POS-System, das in Pilotversuchen in Berlin und München getestet wurde, hat sich in anderen Ländern (z. B. USA) bereits bewährt. Das deutsche Kreditgewerbe tut sich mit dem Aufbau des Systems immer noch schwer, wobei technische Hemmnisse eine wesentliche Rolle spielen (insb. die Zusammenführung der dezentralen Rechenzentren innerhalb der Institutsgruppen und über diese hinaus bei der GZS). Andere Wirtschaftsgruppen, z. B. die Mineralölfirmen mit ihren Tankstellenketten, haben bereis 1988 begonnen, eigene Wege zu gehen. Dazu gehört die Akzeptanz der Eurocard und weiterer Kreditkarten.

Für den Kunden ergibt sich eine neuartige, einfache, schnelle und insgesamt – nach Eingewöhnung – wohl auch bequeme Zahlungsform. Insb. das umständliche Ausfüllen von Scheckformularen entfällt. Erst nach Realisierung der Autorisierung am Konto, d. h. des direkten Abgleichs der beabsichtigten Zahlung mit dem vorhandenen Guthaben/Kredit, wird der Komfort für den Kunden komplett sein.

Für den Händler ergeben sich nicht unerhebliche Start-Investitionen und die Notwendigkeit, sich mit elektronischen Zahlungsverkehrsmedien vertraut zu machen. Dies grenzt den Kreis der potentiellen POS-Händler ein. Andererseits bringt der im Vergleich zum ec-System wesentlich höhere Dispositionsspielraum des Kunden auch für den Händler zusätzlichen Anreiz. Ein wesentlicher Vorteil für den Händler ist die rationellere Abwicklung des Zahlungsverkehrs. Kostenvorteile sind ebenfalls möglich.

1.1.94 EDV-Kundenservice

1.1.940 Überblick

a) Die zunehmende Verbreitung der Datenverarbeitung hat dazu geführt, daß Geschäftskunden, zunehmend aber auch Privatkunden von ihren Instituten elektronische Kommunikationsmöglichkeiten erwarten. Aus Kundensicht sollen diese dazu führen,

o schneller umfassende Informationen zu erhalten (z. B. Kontoabfragen; Datenbankdienste)
o den Zahlungsverkehr elektronisch abwickeln zu können (vgl. Abschnitt 1.1.92)
o EDV-gestützte Beratungsleistungen in Anspruch zu nehmen (z. B. Finanzplanung).

b) Die KI haben sich auf diesen Bedarf durch erhebliche Investitionen und einen entsprechenden Angebotskatalog eingestellt. Sie präsentieren ihre Leistungspalette unter griffigen Kurzbezeichnungen (S-DatenService der Sparkassen, db-Electronic Banking-Service der Deutschen Bank usw.) auf der Hannover-Messe (CeBIT), in Zeitungsanzeigen und durch aufwendige Kundenpräsentationen (z. B. das Electronic Banking Center der Dresdner Bank in Frankfurt).

Die KI sehen auf diesem Gebiet eine Möglichkeit, in dem eigentlich weitgehend verteilten Markt neues Terrain für sich zu gewinnen und durch umfassende Beratung des Kunden (Abwicklung, Software, Hardware) diesen langfristig an sich binden zu können.

1.1.941 Leistungspalette

Die Angebote der KI bzw. der einzelnen Institutsgruppen sind heute bereits weitgehend einheitlich und miteinander vergleichbar. Unabhängig von der individuellen Bezeichnung lassen sich folgende Leistungen unterscheiden:

a) *Bildschirmtext* (vgl. Abschnitt 1.1.924):
o Abfrage von Informationen (z. B. Wertpapier-, Devisenkurse, Börsenberichte)
o Bestellung von Unterlagen (z. B. Informationsbroschüren, Vordrucke)
o Kontoabfrage (Kontostand, Umsätze)
o Ausführung von Zahlungsaufträgen
o Verwaltung von Zahlungsvorgängen
o Kontendisposition (Cash Management).

b) *Datenträgeraustausch* (vgl. Abschnitt 1.1.923):
o Einreichung von Datenträgern (Magnetband, Kassette, Diskette), die
  – auf einer EDV-Anlage
  – auf einem PC
  erzeugt wurden
o Weiterverarbeitung der darauf vorhandenen Zahlungsverkehrsvorgänge durch das KI (Überweisungen, Lastschriften).

c) Datenträgeraustausch für *Auslandszahlungen*

d) Zusammenfassung dieser Leistungen in einem Produkt, das folgende Leistungen bietet:
o Datenfernübertragung (DATA-Dateien, Auslandszahlungen, beliebige Dateien)
o Erstellung von DATA-Dateien (Überweisungen, Lastschriften)
o Erstellung von Auslandszahlungen
o Eilüberweisungen
o Tagesauszüge (Kontostände, Salden, valutarische Salden)
o Einstellung von Vormerkposten und Planungsdaten des Kunden
o Kontodisposition und automatischer Liquiditätstransfer.

e) *Datenbank-Dienste:* Kommunikation mit internationalen Datenbanken (heute stehen mehr als 4 000 Datenbanken zur Verfügung), um für den Kunden

- o Informationen abzurufen:
  - Produkt- und Marktentwicklungen
  - Konkurrenzvergleich
  - Kooperationswünsche
  - Produktinformationen (z. B. Patente)
  - Unternehmensinformationen (z. B. Registereintragungen)
- o Recherchen (Untersuchungen) durchzuführen (Voraussetzung ist eine möglichst konkrete Frage, z. B. nach Herstellern eines bestimmten Produktes in einem bestimmten Land)
- o eigene Inserate in internationale Datenbanken einzustellen
- o Kontakte herzustellen.

f) *Weitere Leistungen:* variieren nach den einzelnen KI bzw. Institutsgruppen; z. B.
- o Bilanzanalyse der Bilanzen des Kunden
- o Lohn- und Gehaltsabrechnung für den Kunden
- o Finanzplanung, d. h. EDV-gestützte betriebswirtschaftliche Beratung.

1.2 Passivgeschäft

1.2.0 Überblick

Das Gebiet der Dienstleistungsgeschäfte der Kreditinstitute (Zahlungsverkehr, Wertpapiergeschäft) nimmt nach seinem Umfang den größten Raum der Bankentätigkeit ein. Von größerer Bedeutung für die Kreditinstitute, insbesondere im Hinblick auf die angestrebte Erzielung von Gewinnen, sind das *Aktivgeschäft* und das *Passivgeschäft*.

Die für die Gesamtwirtschaft äußerst wichtige Funktion der KI, Kredite zu gewähren, vollzieht sich im Rahmen des Aktivgeschäfts. Voraussetzung ist eine ausreichende Ausstattung mit Mitteln (*„Geld"* = kurzfristig *„Kapital"* = mittel- bis langfristig), die zur Kreditvergabe herangezogen werden können.

Zur Erfüllung der Kreditwünsche der Kundschaft (Unternehmen und Haushalte) würden die *eigenen* Mittel des jeweiligen KI bei weitem nicht ausreichen (sie erreichen meist weniger als 5 % der Bilanzsumme). Daher müssen *fremde* Mittel beschafft werden; hierzu dient das *Passivgeschäft* der KI („passiv" deshalb, weil das KI Verbindlichkeiten eingeht, die auf der Passivseite der Bilanz als Fremdkapital auszuweisen sind).

Das Passivgeschäft der KI umfaßt folgende *Bereiche:*

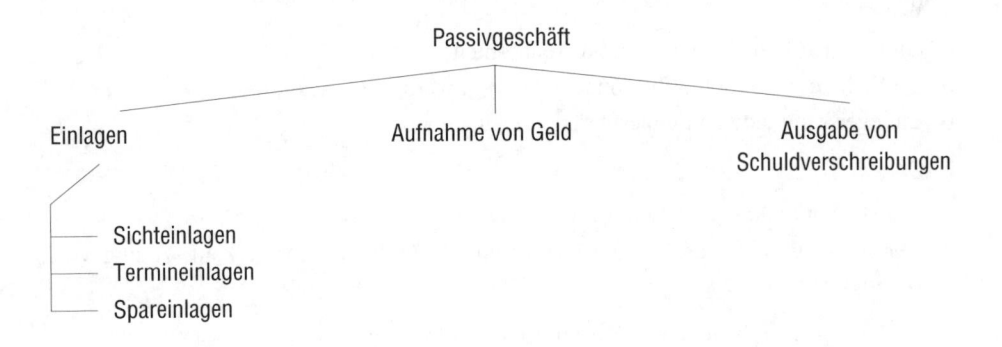

```
                          Passivgeschäft
                    ┌──────────┼──────────┐
              Einlagen    Aufnahme von Geld    Ausgabe von
                                              Schuldverschreibungen
              │
              ├── Sichteinlagen
              ├── Termineinlagen
              └── Spareinlagen
```

1.2.1 Einlagengeschäft

1.2.10 Rechtsgrundlagen

a) *Rechtsnatur* der Einlagen: Darlehen (§ 607 BGB) oder unregelmäßige Verwahrung (§ 700 BGB).

o *Darlehen* = entgeltliche oder unentgeltliche Überlassung von Geld (oder anderen vertretbaren Sachen) zum Verbrauch mit Verpflichtung zur Rückgabe von Sachen gleicher Art, Menge, Güte; in wirtschaftlicher Sicht steht das Interesse des Darlehnsnehmers im Vordergrund, gewöhnlich ergreift er die Initiative.

o *Unregelmäßige Verwahrung* = Hinterlegung vertretbarer Sachen gegen Vergütung mit Verpflichtung des Verwahrers zur Herausgabe von Sachen gleicher Art, Menge und Güte. Der Verwahrer wird Eigentümer der Sache und darf sie verbrauchen. Wirtschaftlich ist das Interesse des Hinterlegers (Geldgebers) vorrangig; er erstrebt
  – sichere Verwahrung der Sachen
  – Zinsen als Vergütung für die Verbrauchsberechtigung des Verwahrers; daher liegt die Initiative hier meist beim Hinterleger.

Die rechtlichen Unterschiede zwischen Darlehen und unregelmäßiger Verwahrung sind gering, da auch bei letzterer die Darlehnsvorschriften weitgehend anzuwenden sind. Aus dem wirtschaftlichen Unterschied erklären sich jedoch

o der Zinsunterschied zwischen Krediten von KI und Einlagen bei KI

o die Nichtgewährung von Zinsen für Sichteinlagen (grundsätzlich).

b) *Gesetzliche Grundlagen* des Einlagengeschäfts: vor allem

o Bürgerliches Gesetzbuch (s. o.)

o Handelsgesetzbuch (insbes. Vorschriften über Kontokorrent)

o Kreditwesengesetz (z. B. §§ 21, 22 für Spareinlagen).

1.2.11 Sichteinlagen

a) *Wesen:*

o Guthaben auf Giro- oder Kontokorrentkonten

o bei Sicht, d. h. täglich fällig (ohne gekündigt werden zu müssen)

o Einleger kann jederzeit unbeschränkt verfügen.

b) *Zweck:*

o in erster Linie Abwicklung des Zahlungsverkehrs

o Verrechnung sonstiger Geschäfte mit dem KI (z. B. Wertpapierkauf, Abzug von Depotgebühren).

c) *Verfügungen:* in beliebiger Weise mit KI-Vordrucken:

o Auszahlungsquittung

o Scheck

o Überweisung, Lastschrift u. a. m.

d) *Bedeutung* für den *Kunden:*

o Teilnahme am bargeldlosen Zahlungsverkehr (Kostenersparnis)

o Minderung des Risikos durch geringere Bargeldhaltung

o z. T. Verzinsung der Guthaben (i. d. R. dann nur 1/2 % p. a., oft erst ab 10 000,– DM Guthaben; bei einigen KI bis 2 % p. a.); aufgrund des geringen Ertrages ist es für Kunden jedoch ratsam, nur soviel Sichteinlagen zu halten, wie für die laufende Zahlungsabwicklung notwendig

o auch andere *KI* können „Kunden" sein (sog. Bankenkundschaft): Kontoverbindung von Korrespondenzbanken (insbes. auch mit ausländischen KI, z. T. in fremder Währung), von kleineren KI bei größeren Instituten; die Einlagen von KI werden mit bis zu 3 % verzinst.

e) *Bedeutung* für das *Kreditinstitut:*

o Verfügungsmöglichkeit über den *Bodensatz* (= Durchschnittsbetrag, über den die Kunden gewöhnlich nicht verfügen) durch Kreditvergabe; die dabei entstehende große Zinsspanne zwischen Soll- und Habenzinsen soll zur Kostendeckung für Kontoführung und Zahlungsverkehrs-Dienstleistungen dienen
o Ausnutzung von Wertstellungsdifferenzen bei Gutschriften/Belastungen (z. B. Hausübertrag: Belastung sofort, Gutschrift erst Wert nächster Tag; das Geld steht für einen Tag ausschließlich dem KI zur Verfügung, das den Gesamtbetrag aus derartigen Vorgängen als „Tagesgeld" auf dem Geldmarkt ausleihen kann)
o Nachteil: hohe Kosten für Zahlungsverkehrsabwicklung, nicht immer durch Gebühren + Zinsen für Ausleihung des Bodensatzes zu decken
o die zunehmende Sensibilität der Kunden führt dazu, daß Wertstellungsgewinne erheblich reduziert werden (vgl. Abschnitt 1.1.12).

1.2.12 Termineinlagen

a) *Wesen:*

o Guthaben auf Termingeldkonten (Depositenkonten)
o befristete Einlagen.

b) *Arten:*

o *Festgeld:* Vereinbarung einer festen Laufzeit
o *Kündigungsgelder:* Vereinbarung einer bestimmten Kündigungsfrist.

c) *Zweck:*

o vorübergehende Festlegung von Geldern, die für den laufenden Zahlungsverkehr nicht benötigt werden
o Erzielung einer höheren Verzinsung gegenüber Sichteinlagen
o besonders geeignet, wenn der Termin von vornherein feststeht oder frühzeitig erkennbar ist, zu dem das Geld benötigt wird.

d) *Zinsen:*

o abhängig von der Laufzeit, der Höhe des hinterlegten Betrages
o Gutschrift: am Ende der Laufzeit (Festgelder) bzw. bei Fälligkeit (Kündigungsgelder), bei längeren Laufzeiten vierteljährlich oder halbjährlich bzw. nach Vereinbarung.

e) *Rückzahlung:* Fällige Termineinlagen werden nach AGB als Sichteinlagen behandelt. Im Zweifel sollte die Weiterführung des Guthabens bei Fälligkeit, sofern es nicht abgehoben wird, von vornherein vereinbart werden.

1.2.13 Spareinlagen (Grundbegriffe)

1.2.130 Grundlagen

a) *Wesen* der Spareinlagen: § 21 KWG
o Guthaben auf Sparkonten
o durch Ausstellung einer *Urkunde* gekennzeichnet:
  – Spar-/Sparkassenbuch
  – Sparurkunde z. B. über vermögenswirksame Leistungen
o bestimmt zur *Ansammlung oder Anlage von Vermögen.*

b) *Nicht* als Spareinlagen gelten:
o Gelder zur Verwendung im Geschäftsbetrieb des Spareres oder für Zahlungsverkehrszwecke
o von vornherein befristet entgegengenommene Gelder.

c) *Sparer* können sein:
o Privatpersonen: für sie gilt grundsätzlich die Vermutung, daß sie sparen wollen
o Unternehmen (juristische Personen, Personenhandelsgesellschaften) müssen ihre Sparabsicht grundsätzlich „dartun" (d. h. erklären, erläutern; aus Beweisgründen in der Praxis Schriftform); Ausnahmen gelten für Geldbeträge gemeinnütziger, mildtätiger oder kirchlicher Einrichtungen.

1.2.131 Sparbuch (Sparkassenbuch, vgl. § 40 KWG)

a) *Wesen:*
= Urkunde, aber kein Wertpapier (da die Leistung unter besonderen Umständen auch ohne das Buch erlangt werden kann)
= Beweispapier für die Leistung von Einlagen
o entspricht einem Rektapapier, es verkörpert jedoch nicht die Forderung: *Übertragung* des Sparguthabens ist daher nur durch *Abtretung* der *Forderung* möglich (diese ist in der Übergabe des Sparbuches allerdings meist bereits zu sehen).

b) *Rechtsnatur:*
= Schuldurkunde: es enthält das Versprechen des KI, die geleistete Einlage auszuzahlen, und den Herausgabeanspruch des Gläubigers

= *qualifiziertes Legitimationspapier:* das Sparbuch enthält zwar den Namen des Gläubigers der Forderung, die Leistung kann aber im Rahmen der versprochenen Leistung (z. B. fällige Einlagen) an *jeden Inhaber* mit schuldbefreiender Wirkung erfolgen
= *hinkendes Inhaberpapier:* jeder Inhaber ist berechtigt, die versprochene Leistung zu fordern (Inhaberpapier), das KI ist jedoch nicht verpflichtet, ohne Prüfung der Legitimation auszuzahlen (hinkend).

c) *Ausstellung* des Sparbuches: Voraussetzungen sind:
o Abschluß eines Sparvertrages
o Mindesteinlage (i. d. R. 1,– DM)
o Anlage einer Kontokarte.

Gewöhnlich wird mit dem Kunden eine zusätzliche Legitimierungsmöglichkeit vereinbart bzw. vom Kreditinstitut automatisch eingeführt (Ausweiskarte, Buchhülle, Stichwort, Beschränkung der Auszahlung: nur an Kontoinhaber persönlich → wird im Sparbuch eingetragen, Auszahlung ist dann nur gegen Legitimation zulässig).

d) *Verlust* eines Sparbuches (Sparkasssenbuches): der Kunde muß bestimmte Maßnahmen ergreifen, um sich vor Verlust seines Guthabens zu schützen:
o unverzügliche Anzeige des Verlustes beim KI
o Antrag auf *Sperrung* des Kontos
o Bei *Sparkassenbüchern* (ausgegeben von Sparkassen, laut § 1807 BGB mündelsicher):
– Kraftloserklärung des Sparkassenbuches durch Geschäftsleitung (Vorstand) der Sparkasse oder
– Ausstellung eines neuen Buches ohne Kraftloserklärung (bei Nachweis der Vernichtung oder geringeren Beträgen) oder
– gerichtliches Aufgebotsverfahren (§§ 1003 ff. ZPO):
  (1) Erlaß eines Aufgebots durch zuständiges Gericht (=gerichtliche Aufforderung zur Anmeldung von Ansprüchen)
  (2) Veröffentlichung des Aufgebots
  (3) Aufgebotsfrist (i. d. R. 6 Monate)
  (4) Kraftloserklärung des Sparbuches durch Urteil
  (5) Veröffentlichung des Urteils
  Wegen der Langwierigkeit und des Aufwands ist die Bedeutung dieses Verfahrens geringer geworden.
o bei *Sparbüchern:*
– Kraftloserklärung durch Vorstand (meist nach 3 Monaten)
– gerichtliches Aufgebot
o Voraussetzung für Kraftloserklärung: Verlust der Urkunde und Anspruch müssen glaubhaft gemacht werden.

Wird von einem Unberechtigten über eine Spareinlage mit gesetzlicher Kündigungsfrist mit dem (gefundenen/gestohlenen) Buch verfügt und zahlt das KI mehr als 2 000,– DM innerhalb von 30 Tagen aus (s. u.), so wird es nur in Höhe von 2 000,– DM frei (versprochene Leistung), alle darüber hinausgehenden Beträge kann der wirklich Berechtigte verlangen: eine Abrede über vorzeitige Auszahlung des Guthabens kann nur mit dem Berechtigten getroffen werden (Urteil des BGH vom 24.4.1975)! Entgegenstehende Bestimmungen der KI sind nichtig (§§ 21 I KWG, 134 BGB; vgl. § 22 III KWG).

1.2.132 Verfügungen über Spareinlagen

a) *Grundsätzliches:*

o keine Verfügung durch Überweisung oder Scheck (§ 21 IV KWG), da Spareinlagen nicht Zahlungsverkehrszwecken dienen sollen; Einschränkung: Das Bundesaufsichtsamt läßt Überweisungen zu Lasten von Sparkonten in bestimmten Ausnahmefällen zu (z. B. wenn durch die Überweisung die Abhebung und sofortige Einzahlung auf ein anderes Konto vermieden werden), vgl. BAK-Mitteilung 1/64. Verfügungen dürfen grundsätzlich nur mit dem Sparbuch erfolgen (§ 21 IV KWG).

Verfügungen *ohne* Sparbuch werden in folgenden Fällen zugelassen:

o Belastung fälliger Forderungen des KI (z. B. Hypothekenzinsen, -tilgungsraten, Depotgebühren, Miete für Schrankfach, Wertpapierkaufpreis)

o Dauerauftrag vom Sparkonto auf anderes Sparkonto bei demselben KI

o Überweisung auf laufendes Konto des Sparers (s. o.)

o Überweisung durch die Post und Auszahlung an den Sparer wegen persönlicher Verhinderung, z. B. Krankheit

o Auszahlung bei nachgewiesenem Verlust des Sparbuches.

b) *Vorschüsse:* = Abhebungen des Kunden über die fälligen Einlagen hinaus

o ohne vorherige Kündigung

o bzw. nach Kündigung vor Ablauf der Kündigungsfrist.

Berechnung von Vorschußzinsen: vgl. § 22 III KWG

o Vergütung von Habenzinsen bis zum Ablauf der Kündigungsfrist (z. B. 4 %)

o Belastung von Sollzinsen mind. 1/4 über dem Habenzinssatz bis zum Ablauf der Kündigungsfrist (z. B. 5 %)

o Differenz (hier 1 %) = Vorschußzins

o das Kapital des Sparers soll nicht angegriffen werden.

Verzicht auf Vorschußzinsen: möglich bei

o wirtschaftlicher Notlage des Sparers (§ 21 III KWG)

o Übertragung des Guthabens auf andere Sparkonten oder Bausparkonto bei demselben KI mit mindestens gleicher Kündigungsfrist

- o Wohnsitzwechsel des Sparers und dadurch bedingte Übertragung des Kontos
- o Belastung des Kaufpreises für Wertpapiere mit mindestens gleichlanger Laufzeit
- o Verfügungen zum Zwecke der Erbauseinandersetzung.

c) Besonderheit: *Freizügiger Sparverkehr*

- o *Wesen:* Verfügungsmöglichkeit über Sparguthaben bei anderen Instituten außer dem kontoführenden KI derselben Institutsgruppe, i. d. R. bis zu 2 000,- DM innerhalb von 30 Tagen.
- o *Voraussetzungen:*
  - Vorlage des Buches
  - Vorleger muß Kontoinhaber oder Verfügungsberechtigter sein
  - Spareinlage mit gesetzlicher oder vereinbarter Kündigungsfrist ohne Sperrvermerk
  - Vorlage des zusätzlichen Ausweises (Karte, Hülle)
  - Vorlage eines amtlichen Lichtbildausweises zur Legitimierung
  - Sparkassensektor: Mindestalter des Vorlegers 16 Jahre
  - Kreditgenossenschaften: Volljährigkeit des Vorlegers erforderlich.
- o *Anwendungsbereich:*
  - Sparkassen der Bundesrepublik Deutschland
  - Kreditgenossenschaften der Bundesrepublik Deutschland und Österreichs
  - Deutsche Bundespost, andere Postverwaltungen in Europa.

d) *Postsparverkehr:* Entgegennahme von Spareinlagen durch 2 Postsparkassenämter (über jede Postdienststelle); Ausstellung von

- o gewöhnlichen Postsparbüchern (vgl. Spar-/Sparkassenbüchern)
- o Postsparbüchern gegen Berechtigungsausweis (Vorlage von Personalausweis oder Reisepaß für Verfügungen erforderlich).

Verfügungen über Postspareinlagen:

- o im Inland an den Sparer bis zu 2 000,- DM in 30 Tagen, desgleichen an Beauftragte des Sparers (jedoch nur bis 500,- DM pro Tag) bei *jeder* Poststelle
- o in anderen Ländern, mit denen entsprechende Abkommen bestehen (z. B. Österreich, Schweiz, Italien, Liechtenstein, Spanien, Jugoslawien), nur an den Sparer, bei jedem Postamt, unter Einhaltung bestimmter Höchstgrenzen zwischen 1 000,- und 2 000, - DM.

1.2.14 Sparformen

1.2.140 Kontensparen

a) *Wesen:* Anlage von Spargeld auf Konten bei KI (und der Post); Rückzahlung des Geldes grds. erst nach Kündigung und Ablauf der Kündigungsfrist, die vertraglich vereinbart werden kann, ansonsten gesetzlich festgelegt ist.

b) Spareinlagen *mit gesetzlicher Kündigungsfrist:*

- o Frist beträgt *3 Monate*
- o 2 000,– DM sind innerhalb von 30 Zinstagen frei ohne Kündigung (§ 22 I KWG)
- o gutgeschriebene Zinsen können binnen 2 Monaten ohne Kündigung und ohne Anrechnung auf den Freibetrag abgehoben werden
- o Zinssatz: sog. *Spareckzins,* von der Lage am Kapitalmarkt und indirekt auch vom LZB-Diskontsatz abhängig
= Hauptform des Sparens

c) Spareinlagen *mit vereinbarter Kündigungsfrist:*

- o Fristen: mindestens 6 Monate; i. d. R. werden außerdem angeboten 12, 24 und 48 Monate
- o Kündigung *frühestens 6 Monate* nach Festlegung (Mindestlaufzeit daher 12 Monate), § 22 II KWG
- o kein Freibetrag
- o gutgeschriebene Zinsen können binnen 2 Monaten ohne Kündigung abgehoben werden
- o höhere Zinsen, vom Spareckzins und der Laufzeit abhängig; höchste Zinssätze bei vierjähriger Kündigungsfrist, insbes. da diese Spareinlagen nicht der Mindestreserve unterliegen.

d) Die jeweils geltenden Zinssätze werden durch *Aushang* in den Schalterräumen der KI bekanntgemacht.

1.2.141 Bausparen

a) *Wesen:* Erbringung von Sparleistungen an eine *Bausparkasse* mit dem Ziel, zu einem späteren Zeitpunkt ein *Bauspardarlehen* zu bekommen. Sparziel ist also die sich aus Sparsumme, Darlehen und Zinsen ergebende Gesamtsumme.

b) *Vertragspartner* sind öffentlich-rechtliche oder privatrechtliche Bausparkassen. Diese arbeiten gewöhnlich mit anderen KI oder Institutsgruppen zusammen und sind wirtschaftlich mit diesen verbunden.

c) *Verwendung* der Bausparmittel (Sparguthaben, Zinsen, Darlehen): zur Finanzierung von

- o Neubau oder Kauf eines Wohnhauses
- o Um- oder Anbau
- o Erwerb eines Grundstücks zwecks späterer Bebauung
- o Erwerb einer Eigentumswohnung
- o Ablösung von Hypotheken oder Grundschulden

o Durchführung von Energiesparmaßnahmen, Modernisierungen, Reparaturen
o anderen wohnwirtschaftlichen Zwecken.

d) *Ablauf:*

o Abschluß eines Bausparvertrages
o Erbringung der vertraglich vereinbarten Mindestsparleistung (i. d. R. 40 % der Vertragssumme)
o Ablauf der vertraglich vereinbarten Mindestvertragsdauer (Wartezeit), i. d. R. 18 Monate
o Zuteilung des Bausparvertrages aufgrund einer Bewertungskennziffer (abhängig von der bisherigen Vertragslaufzeit und der Sparsumme); Wirkung:
  – Fälligkeit des Sparguthabens
  – Gewährung eines Bauspardarlehens in Höhe der restlichen Vertragssumme
o Besicherung des Bauspardarlehens gewöhnlich durch Grundschuld an zweiter Rangstelle
o gleichbleibende Tilgungsraten für das Bauspardarlehen.

e) *Konditionen:*

o Zinsspanne zwischen Verzinsung des Bausparguthabens und Zinssatz für das Bauspardarlehen liegt gewöhnlich bei 2 %
o Tilgungssatz für das Bauspardarlehen i. d. R. 7 %
o Rückzahlung des Darlehens spätestens nach 12 Jahren.

f) *Zwischenfinanzierung* der Bausparsumme wird von der Bausparkasse oder anderen KI vorgenommen.

g) *Staatliche Förderung:* durch Wohnungsbau-Prämie oder Sonderausgabenabzug, siehe Abschnitt 1.2.152.

1.2.142 Sparbriefe, Sparkassenbriefe, Sparschuldverschreibungen

a) *Wesen:* Verbriefung einer erbrachten Geldleistung in einer Form, die zwischen Wertpapieren einerseits, Spareinlagen andererseits angesiedelt ist; aber *keine* Spareinlagen im Sinne von § 21 KWG; Ausgabe der Papiere durch KI.

o Sparbriefe (Sparkassenbriefe):
  – Namensschuldverschreibungen (Rektapapiere)
  – qualifizierte Legitimationspapiere nach § 808 BGB
  – Inhaberschuldverschreibungen
o Sparschuldverschreibungen(-obligationen):
  – Inhaberschuldverschreibungen
  – Orderschuldverschreibungen.

b) *Laufzeit:* mind. 1 Jahr, meist

o 4–6 Jahre (Sparbriefe)

o 4–10 Jahre (Sparschuldverschreibungen).

c) *Verzinsung:* Festzins; Ausgestaltung:

o Normalform:
- Ausgabe zum Nennwert
- Rückzahlung zum Nennwert
- halbjährliche oder jährliche Zinszahlung

o Aufzinsung:
- Ausgabe zum Nennwert
- Rückzahlung zum Nennwert zuzüglich Zinsen und Zinseszinsen, d. h. keine zwischenzeitlichen Zinszahlungen

o Abzinsung:
- Ausgabe zum Nennwert abzüglich Zinsen und Zinseszinsen
- Rückzahlung zum Nennwert
- keine zwischenzeitlichen Zinszahlungen

   Beispiel: bei fünfjähriger Laufzeit und 7,25 % Zinsen wird ein Sparbrief mit einem Nennwert von 1 000,– DM für 704,71 DM erworben.

d) Bei Sparbriefen ist Rückgabe vor Fälligkeit i. d. R. ausgeschlossen, bei Sparschuldverschreibungen möglich.

e) *Bedeutung:* heute wichtige, von Kunden gern in Anspruch genommene Alternative zum Kontensparen, wenn ein Betrag mittelfristig angelegt werden soll.

1.2.143 Weitere Sparformen

Nachfolgend eine Auswahl der wichtigsten aktuellen Sparformen. Es ist damit zu rechnen, daß der zunehmende Wettbewerb auch beim Sparen weitere neue Produkte hervorbringen wird.

a) *Prämiensparen:* Sparform, die von KI verstärkt als Ersatz für das entfallene Prämienbegünstigte Sparen (siehe Abschnitt 1.2.150) angeboten wurde. Merkmale:

o Sparvertrag mit fester Laufzeit, meist 4 oder 7 Jahre

o monatliche Sparraten

o Verfügbarkeit nach vorheriger Kündigung (gesetzliche Kündigungsfrist), frühestens 3 Monate vor Vertragsablauf

o einmaliger Bonus (daher auch die Bezeichnung „Bonussparen") des KI auf den eingezahlten Betrag zum Ende der Vertragsdauer (z. B. 14 % bei 7 jähriger Laufzeit).

b) *Gewinn- oder Lotteriesparen:*

o feste Sparraten

o lotteriemäßige Ausspielung eines Teils der Einlage und der Zinsen

o kommt vor bei Sparkassen und Kreditgenossenschaften.

c) *Sparpläne:*

o Kombination mehrerer Sparformen, z. B. Konten- und Wertpapiersparen

o Anlage der Spargelder nach einem Sparplan, der auf die individuellen Wünsche des Kunden zugeschnitten ist und seinen Möglichkeiten entspricht

o festgelegte Sparraten und Fristen

o meist Wiederanlage der Zinsen

o Erreichen eines bestimmten Sparziels wird angestrebt.

d) *Wachstumssparen* (Zuwachssparen):

o Konten-Sparvertrag mit festgelegter Laufzeit

o einmalige Einzahlung oder Sparraten

o Grundlage der Verzinsung: meist Spareckzins

o jährliche Gewährung eines steigenden Bonus

o gesetzliche oder vereinbarte Kündigungsfrist.

e) *Plus-Sparen* (Ultimosparen):

o monatliche Überweisung zu Lasten Girokonto, zugunsten Sparkonto

o überwiesen wird fester Betrag (Dauerauftrag) oder Restguthaben.

f) *Existenzgründungssparen:*

o Sparvertrag mit dem Ziel, die Sparsumme für Existenzgründung einzusetzen

o Sparprämie von 20 % (max. 10 000 DM)

o Auszahlung frühestens nach 3 Jahren

o Förderung erfolgt durch die Deutsche Ausgleichsbank.

g) *Junghandwerkersparen:*

o Sparvertrag mit dem Ziel, die Sparsumme für den Aufbau einer handwerklichen Existenz durch Betriebsgründung oder -übernahme einzusetzen

o nach 3 Jahren hat der Sparer Anspruch auf ein Darlehen in Höhe des Fünffachen der Sparsumme (max. 100 000 DM) zu günstigem Zinssatz.

Sparbrief A

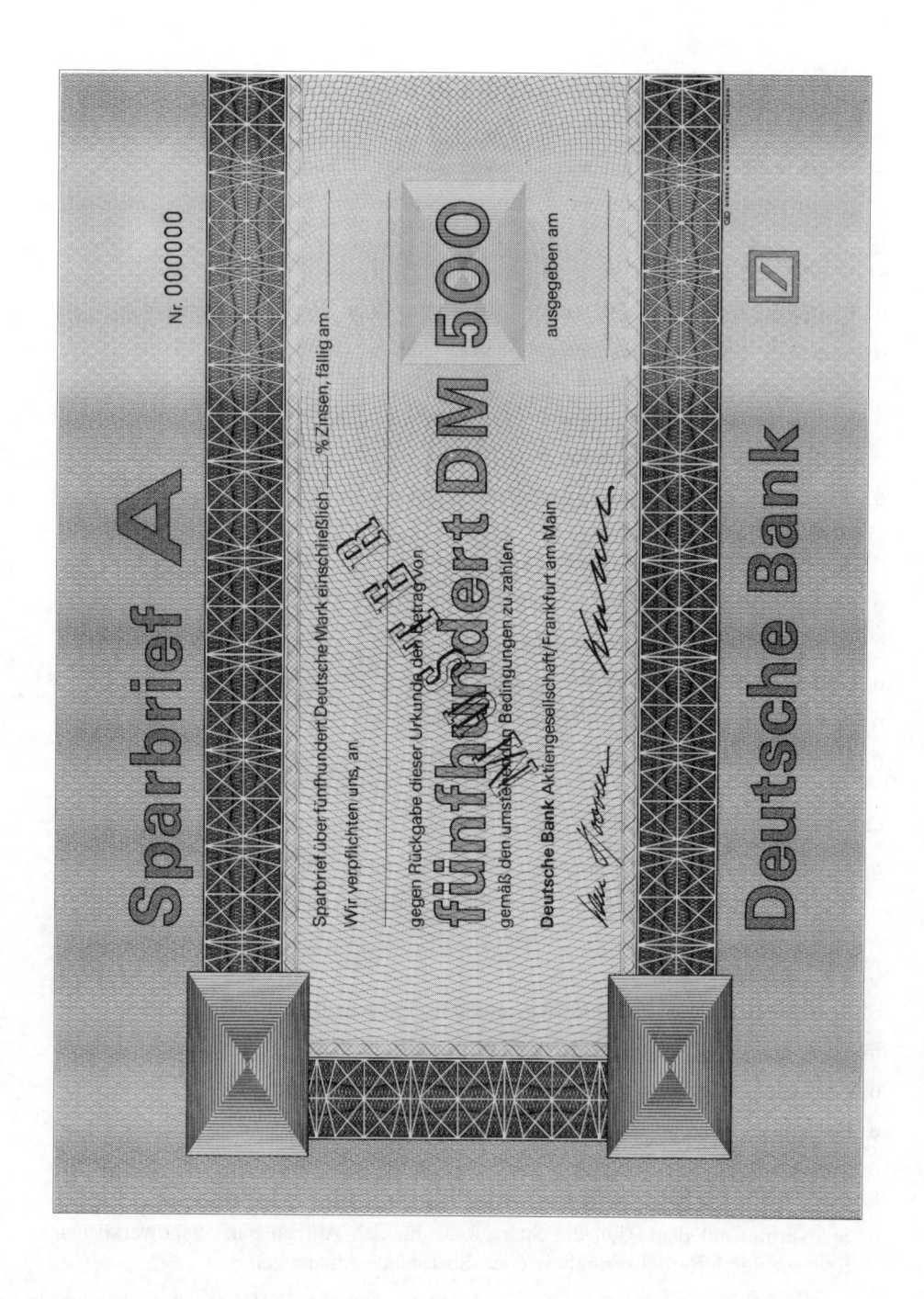

Nr. 000000

Sparbrief über fünfhundert Deutsche Mark einschließlich ___ % Zinsen, fällig am ___
Wir verpflichten uns, an ___
gegen Rückgabe dieser Urkunde den Betrag von
fünfhundert DM 500
gemäß den umstehenden Bedingungen zu zahlen.
Deutsche Bank Aktiengesellschaft/Frankfurt am Main

ausgegeben am ___

Deutsche Bank

DIE SPARKASSE IN BREMEN
SPARKASSENBRIEF

MUSTER

DIE SPARKASSE IN BREMEN

100 DM
Serie 13
Nr. 000000

BfG
Bank für Gemeinwirtschaft
Aktiengesellschaft
Frankfurt am Main

Sparschuldverschreibung
über
100
Einhundert Deutsche Mark

Die Bank für Gemeinwirtschaft Aktiengesellschaft verpflichtet sich hiermit, nach Ablauf von sieben Jahren, vom Tag der Ausgabe an gerechnet, gegen Rückgabe dieser Urkunde an ihren Bankschaltern Einhundert Deutsche Mark zu zahlen.
Eine vorzeitige Einlösung ist jederzeit möglich. Der jährliche Einlösungsbetrag bei vorzeitiger Einlösung ist aus der (umseitig) wiedergegebenen Tabelle ersichtlich.
Bei Einlösung an einem Zwischentermin werden die angefallenen Zinsen für das laufende Jahr zeitanteilig mit dem Zinssatz des jeweiligen laufenden Jahres berechnet.

Bank für Gemeinwirtschaft
Aktiengesellschaft

Ausgegeben am: _____ Kontrolle: _____

h) *Vermögenssparen:* (nicht zu verwechseln mit Vermögenswirksamem Sparen):
o Sparkonto mit vereinbarter Kündigungsfrist
o Zinssatz und dessen vierteljährliche Anpassung orientieren sich an der Umlaufrendite öffentlicher Anleihen mit bestimmter Laufzeit
o Vereinbarung über Ersteinlage und spätere Zinszahlungen zwischen Kunde und KI.

i) *Sparvertrag mit Versicherungsschutz:*
o Ratensparvertrag über monatliche oder vierteljährliche Sparraten oder Einmalzahlung
o Absicherung des Sparziels durch Risikolebensversicherung auf den Todesfall
o Vertragsdauer wählbar zwischen 8 und 25 Jahren
o Verzinsung meist angelehnt an Spareinlagen mit vierjähriger Kündigungsfrist
o Prämie (Bonus) in Höhe von bis zu 30 % (abhängig von der Vertragsdauer).

j) *Vermögenswirksames Sparen:* siehe Abschnitt 1.2.151

k) *Wohnungsbau-Prämiensparen:* siehe Abschnitt 1.2.152.

1.2.15 Staatliche Sparförderung

Aufgrund der besonderen Bedeutung des Sparens für die Gesamtwirtschaft (siehe Abschnitt 1.2.16) hat sich der Staat grundsätzlich entschlossen, Sparförderung zu betreiben. Die Intensität dieser Förderung hat in den vergangenen Jahren abgenommen und schließlich unter anderem in der Abschaffung des Prämienbegünstigten Sparens ihren Ausdruck gefunden.

Die grundlegenden Ziele der staatlichen Sparförderung gelten aber prinzipiell auch noch heute: den Beziehern kleiner Einkommen die Bildung von *Vermögen* zu ermöglichen bzw. zu erleichtern; dies entspricht der sozialstaatlichen Zielsetzung des Grundgesetzes der Bundesrepublik Deutschland.

Im Mittelpunkt der Unterstützung stehen heute die Möglichkeit von Arbeitnehmern, Teile ihres Lohns/Gehalts als *vermögenswirksame Leistung* anzulegen, sowie die Förderung des Wohnungsbaus.

Da andererseits die staatlichen Leistungen zu Lasten der Haushalte gehen, sind sie nicht starr festgelegt, sondern variabel und können der jeweiligen Wirtschafts- und Haushaltslage angepaßt werden.

Grundlage der staatlichen Sparförderung sind (Stand: Juni 1989) in erster Linie

o das Fünfte Vermögensbildungsgesetz (VermBG)
o das Wohnungsbau-Prämiengesetz (WoPG)
o das Einkommensteuergesetz
o das Haushaltsbegleitgesetz 1989
o das Steuerreformgesetz 1990.

1.2.150 Prämienbegünstigtes Sparen

a) *Wesen:* Gewährung von Sparprämien für bestimmte Anlageformen des Konten- und Wertpapiersparens. Die Förderung galt letztmalig für Verträge, die vor dem 13.11.1980 abgeschlossen wurden.

b) Die letzten Prämienbegünstigten Sparverträge sind am 1.7.1987 ausgezahlt worden.

1.2.151 Vermögensbildung

a) *Wesen:* Staatliche Förderung für Arbeitnehmer mit relativ niedrigem Einkommen, wenn *der Arbeitgeber für den Arbeitnehmer* Geldleistungen anlegt. Die Anlageformen sind vorgeschrieben. Der Arbeitnehmer muß die Anlageform frei wählen können. Die Förderung erfolgt durch Gewährung einer *Arbeitnehmer-Sparzulage*.

b) *Rechtsgrundlage:* Fünftes Vermögensbildungsgesetz in der ab 1990 geltenden Fassung.

c) Begünstigter *Höchstbetrag* pro Jahr:

o generell 936,– DM (seit 1990 einheitlich, vorher z. T. 624,– DM)
o vermögenswirksame Leistungen sind
   – steuerrechtlich: Einnahmen
   – sozialversicherungsrechtlich: Arbeitsentgelt

d) *Arbeitnehmer-Sparzulage:*

o Auszahlung jährlich nachträglich auf Antrag durch das Finanzamt; z. B. im Rahmen des Lohnsteuerjahresausgleichs
o für den Arbeit*nehmer* ist die Zulage kein steuerpflichtiges Einkommen und sozialversicherungsrechtlich kein Arbeitsentgelt
o Höhe der Zulage bis Ende 1989 16, 23 oder 33% (abhängig von Anlageform und Kinderzahl), seit 1.1.1990 0, 10 oder 20 %.

e) *Einkommensgrenzen:*

   – bis 1989:   24 000 / 48 000 DM   (Alleinstehende/Zusammenveranlagte)
   – seit 1990: 27 000 / 54 000 DM.

f) *Anlageformen:*

o Konten- und Versicherungssparen (seit 1990 ohne Zulage, sog. „Null-Förderung")
o Bausparen (Zulage seit 1990: 10 %):
   – Anlage nach dem Wohnungsbau-Prämiengesetz (s. u. Abschnitt 1.2.152)
   – Aufwendungen des Arbeitnehmers
      – zum Bau, Erwerb, Ausbau, zur Erweiterung eines Wohngebäudes/einer Eigentumswohnung

- zum Erwerb eines Dauerwohnrechts
- zum Erwerb eines Grundstücks für Wohnungsbauzwecke
- zur Erfüllung für derartige Zwecke eingegangener Verpflichtungen (die Objekte müssen im Inland liegen)

o Beteiligungssparen (Zulage seit 1990: 20 %), d. h.
   - Aktien
   - Kuxe
   - Wandelschuldverschreibungen
   - Gewinnschuldverschreibungen von Nicht-Kreditinstituten
   - Namensschuldverschreibungen des Arbeitgebers und Darlehensforderugen gegen den Arbeitgeber unter bestimmten Voraussetzungen
   - Anteilscheine an Wertpapier- oder Beteiligungs-Sondervermögen (Investmentzertifikate)
   - Genußscheine von Nicht-Kreditinstituten
   - Gewinnschuldverschreibungen und Genußscheine von KI für eigene Mitarbeiter
   - GmbH- oder Genossenschaftsanteile
   - stille Beteiligungen oder Genußrechte am Unternehmen des Arbeitgebers (sofern der Arbeitnehmer nicht Mitunternehmer wird).

g) *Begünstigter:* Die Anlage kann erfolgen

o für den Arbeitnehmer

o für Ehegatten, Kinder (unter 17), Eltern (Ausnahme: Wertpapierkaufverträge, Beteiligungs-Verträge/-Kaufverträge).

h) *Übergangsregelungen:*

o Für vermögenswirksame Leistungen, die vor dem 1.1.1989 angelegt wurden: Geltung des 3. VermBG, des 4. VermBG oder des 5. VermBG in der Fassung von 1987, d. h.
   - bis 31.12.1989
      - Prämie 16/26 % (Konten-, Versicherungssparen)
         23/33 % (Beteiligungssparen und Bausparen)
         (höherer Satz ab 3 steuerlich geltend zu machenden Kindern)
      - Höchstbetrag 624 DM (Konten-, Versicherungs-, Bausparen)
         936 DM (Beteiligungssparen)
   - ab 1.1.1990
      - Prämie 10 % (Konten-, Versicherungs-, Bausparen)
         20 % (Beteiligungssparen)
      - Höchstbetrag 624 DM (Konten-, Versicherungssparen)
         936 DM (Bau , Beteiligungssparen)

o Für vermögenswirksame Leistungen, die zwischen dem 1.1.1989 und dem 31.12.1989 angelegt wurden:
   - bis 31.12.1989
      - Prämie 16/26 % (Konten-, Versicherungssparen)
         23/33 % (Bau-, Beteiligungssparen)

- Höchstbetrag 624 DM (Konten-, Versicherungs-, Bausparen)
        936 DM (Beteiligungssparen)
- ab 1.1.1990
    - Prämie 0 % (Konten-, Versicherungssparen)
      10 % (Bausparen)
      20 % (Beteiligungssparen)
    - Höchstbetrag einheitlich 936 DM.

i) Vielfach sind vermögenswirksame Leistungen Bestandteil von Tarifverträgen oder Betriebsvereinbarungen. Sie können dann auch von Arbeitnehmern in Anspruch genommen werden, deren Einkommen die Grenzen des 5. VermBG übersteigt. Dann entfällt die Gewährung der Arbeitnehmer-Sparzulage.

1.2.152 Wohnungsbau-Sparförderung

a) *Wesen:* Begünstigung von Aufwendungen zur Förderung des Wohnungsbaus durch Zahlung einer Wohnungsbauprämie oder Steuervergünstigung.

b) *Rechtsgrundlage:* Wohnungsbau-Prämiengesetz (WoPG) von 1989.

c) Begünstigte *Aufwendungen:*
o Beiträge an Bausparkassen mit dem Ziel, später ein Baudarlehen zu erhalten
o Ersterwerb von Anteilen an Bau- und Wohnungsgenossenschaften
o Sparverträge mit 3- bis 6jähriger Dauer zum Bau/Erwerb von Kleinsiedlungen, Eigenheim, Eigentumswohnung, Dauerwohnrecht, Wohnbesitz; Partner: Kreditinstitut, Wohnungs-/Siedlungsunternehmen, Organ der staatlichen Wohnungspolitik.

d) *Form der Begünstigung:* nach Wahl des Arbeitnehmers
o Prämie
    - einheitlich 10 % (ab 1.1.1989)
    - für vor dem 1.1.1989 geschlossene Verträge 14 % zzgl. 2 % für jedes Kind unter 17 Jahren
o Steuervergünstigung: Sonderausgabenabzug vom steuerpflichtigen Einkommen (§ 10 EStG)
o Arbeitnehmer-Sparzulage nach dem VermBG
o *Kumulierungsverbot:* keine „Aufhäufung" mehrerer Förderformen, sondern der Sparer hat ein *Wahlrecht* zwischen Sonderausgabenabzug und Wohnungsbau-Prämie.

e) *Höchstbeträge* für die Aufwendungen:
o 800/1 600 DM (Alleinstehende/Verheiratete)
o die Höchstbeträge stehen den Prämienberechtigten und ihren Kindern unter 17 Jahren gemeinsam zu (Höchstbetragsgemeinschaft).

f) *Einkommensgrenzen:* 27 000/54 000 DM (Alleinstehende/Verheiratete), maßgebend ist das Sparjahr.

g) *Sperrfrist:*

o bei Inanspruchnahme der Wohnungsbauprämie: 7 Jahre, d. h. keine Auszahlung/ Rückzahlung/Abtretung/Beleihung der Beiträge/Ansprüche; unschädliche Verfügungen:
  – bei Übertragung auf Angehörige unter bestimmten Voraussetzungen
  – bei Einsatz der Mittel für wohnwirtschaftliche Zwecke
  – bei Tod oder Erwerbsunfähigkeit des Sparers oder des Ehegatten
  – bei andauernder Arbeitslosigkeit des Sparers (mind. ein Jahr ununterbrochen)
  – in anderen begrenzten Sonderfällen
o bei Sonderausgabenabzug: 10 Jahre.

1.2.153 Versicherungssparen

a) *Wesen:* Abschluß einer *Lebensversicherung* auf den Erlebens- oder Todesfall in Form eines Ratenvertrages; nach Ablauf der Vertragszeit oder bei Tod wird die *volle* Versicherungssumme ausgezahlt. Die staatliche Vergünstigung besteht nicht in Prämien, sondern nur als *Steuervorteil* durch Sonderausgabenabzug. Hinzu kommen i. d. R. Gewinnausschüttungen der Lebensversicherungsgesellschaften.

b) *Einzelheiten:*

o Mindestvertragsdauer 12 Jahre = zugleich Sperrfrist (Ausnahmen bei Tod oder völliger Erwerbsunfähigkeit des Versicherungsnehmers/Ehegatten, bei Eheschließung eines Kindes, wenn Aussteuerversicherung abgeschlossen wurde)
o versicherungstechnische *Vertragstypen:*
  – gemischte Lebensversicherung (auf Todes- oder Erlebensfall)
  – gemischte Lebensversicherung für zwei verbundene Leben (Ehegattenversicherung, fällig bei Tod des zuerst Sterbenden oder Ende des Vertrags)
  – gemischte Lebensversicherung mit Teilauszahlung
  – Termefixe-Versicherung (unabhängig von Tod oder Erleben zu festem Termin auszahlbar)
  – Aussteuerversicherung
  – Ausbildungsversicherung
o Gewinnanteile der Versicherungsgesellschaften müssen zur Erhöhung der Versicherungsleistung verwendet werden.

1.2.16 Bedeutung des Sparens

a) Für die *Sparer:*

o Ansammlung von Geld für die Finanzierung von
  - Anschaffungen
  - Reisen
  - sonstigen Vorhaben (z. B. Aussteuer der Kinder)
o *Vorsorge* für
  - Alter
  - Krankheit
  - besondere (ungeplante) Aufwendungen (z. B. Arbeitslosigkeit)
o Bildung von *Vermögen,* sichere Geldanlage, Erzielung von Erträgen (Zinsen, Prämien usw.)
o *Unabhängigkeit* von sozialen, gesellschaftlichen, wirtschaftlichen Zwängen.

b) Für die *Kreditinstitute:*

o Erlangung mittel- und langfristigen *Fremdkapitals* in großem Umfang (Jan. 1986 ca. 800 Mrd. DM einschließlich ca. 170 Mrd. DM Sparbriefe)
o *Ausleihung* der Mittel im Kreditgeschäft, insb. in langfristiger Form
o Erzielung von *Erträgen* (Sollzinsen für Kredite ./. Habenzinsen für Einlagen) bei relativ niedrigem Arbeitsaufwand (da Spareinlagen nur beschränkt für Zahlungsverkehr verfügbar sind) und geringer Mindestreserve.

c) Für den *Sozialstaat:*

o Sparen kann – bei entsprechender Förderung – zur *Vermögensbildung* insb. bei sozial Schwächeren führen
o es dient damit der Verwirklichung sozialer *Gerechtigkeit*
o die *gesellschaftspolitischen* Probleme, die sich aus ungerechter Vermögensverteilung ergeben und zu sozialen Spannungen führen, werden gemindert
o die Bedeutung des Sparens verlangt dem Staat jedoch erhöhte *Wachsamkeit* im Bereich der Einlagensicherung und der Erhaltung des Wertes der Währung (der Kaufkraft) ab
o das Sparen bekommt dadurch *politische* (auch parteipolitische) *Dimensionen.*

d) für die *Gesamtwirtschaft:*

Sparkreislauf:

o Die Haushalte (Verbraucher) verwenden ihr Einkommen gewöhnlich weitgehend für den Konsum und bestimmen dadurch die Nachfrage nach Konsumgütern auf dem Markt.
o Sparen bedeutet daher für sie einen *Aufschub* des Verbrauchs oder sogar einen *Konsumverzicht.* Damit veringert sich entsprechend die Nachfrage auf dem Markt: die Preise gehen zurück.

o Kreditinstitue *sammeln* die (sonst brachliegenden) Spargelder und verwenden sie zur Vergabe von *Krediten*
  - an die Haushalte zur Erhöhung des Konsums; Wirkung: entsprechende Erhöhung der Nachfrage und damit der Preise
  - an die Unternehmen (in vergleichsweise größerem Umfang) zur Erhöhung ihrer Güterproduktion durch Investitionen, Rationalisierungen usw.; Wirkung: größeres Güterangebot, dadurch Sinken der Preise; andererseits: größere Nachfrage der Unternehmen auf dem Investitionsgütermarkt, die hieraus sich ergebenden Preiserhöhungen werden auf Konsumgüterpreise abgewälzt.

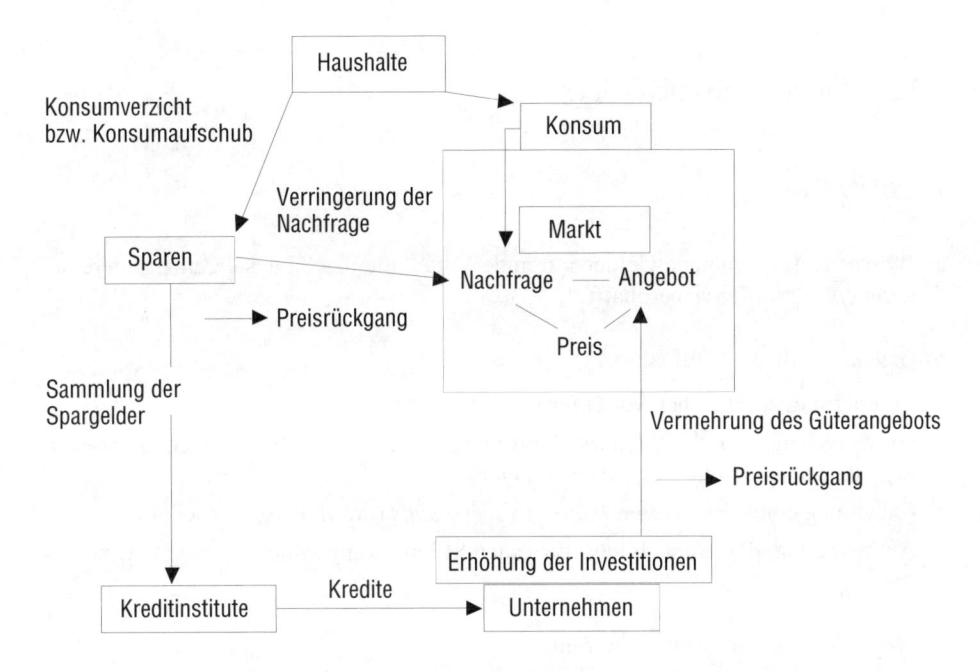

Trotz der teilweise gegensätzlichen Wirkung des Sparens auf das Preisniveau überwiegen die preisverringernden Faktoren, so daß das Sparen volkswirtschaftlich als *Preisstabilisator* und *Inflationshemmer* anzusehen ist.

Daher kann es für den Staat auch in gesamtwirtschaftlicher Hinsicht nützlich sein, das Sparen zu *fördern* (durch Prämien, Zulagen, Steuervergünstigungen usw.), wie es auch in der Bundesrepublik Deutschland geschieht; zu Zeiten einer gemäßigten Inflationsrate und wirtschaftlicher Rezession muß dagegen die staatliche Sparförderung u. U. beschränkt werden (so z. B. 1975 und 1982).

Es kann sogar notwendig werden, die Haushalte zum Sparen zu zwingen. Formen des *Zwangssparens:*

o überhöhte Sozialversicherungspflicht
o hohe Steuerbelastung (d. h. evtl. Haushaltsüberschüsse des Staates)

o Zwangsanleihen (mit Kaufzwang)
o überhöhte Preisfestsetzung durch den Staat (zur Verringerung der Nachfrage)
o Rationierung von Konsumgütern u. a. m.

Für Unternehmen hat das Sparen doppelte Bedeutung:

o das Sparen der Haushalte ermöglicht *Fremdfinanzierung* durch Kredite der Banken
o das eigene Sparen der Betriebe (Einbehaltung von Gewinnen) ermöglicht *Eigenfinanzierung*.

1.2.2 Aufgenommene Gelder

1.2.20 Wesen

a) *Wesen:* Aufgenommene Gelder = fremde Mittel, die das KI aus eigenem Interesse, d. h. *auf eigene Initiative* beschafft.

b) *Gründe* für die Geldaufnahme:

o Beschaffung zusätzlicher Mittel für Kreditvergabe
o vorübergehende starke *Liquiditätsanspannung* (meist zu bestimmten Terminen, z. B. für Steuer-, Lohn-, Gehaltszahlungen)
o Einhaltung eines bestimmten *Mindestreserve-Solls* (im Monatsdurchschnitt)
o Aufbesserung des Bilanzbildes für einen Bilanzierungs-Stichtag (sog. „window-dressing").

c) *Möglichkeiten* der Geldbeschaffung:

o Kreditaufnahme bei KI des eigenen Netzes, insb.
  – der Sparkassen bei ihren Girozentralen
  – der Genossenschaftsbanken bei ihren Zentralkassen
o Darlehensgewährung unter großen KI als Korrespondenzbanken (sog. „erste Adressen")
o Refinanzierung der KI bei der Deutschen Bundesbank (siehe dort):
  – Rediskontierung bestimmter Handelswechsel
  – Lombardierung (Verpfändung) von Effekten, Wechseln, Ausgleichsforderungen
  – Verkauf von Offenmarkttiteln und Ausgleichsforderungen
o Finanzierung über den Geldmarkt (s. u.)
o längerfristige Finanzierung über den Kapitalmarkt (s. u.) durch Ausgabe von Schuldverschreibungen (s. u.)

1.2.21 Der Geldmarkt

1.2.210 Grundlagen

a) *Wesen:* Auf dem Geldmarkt vollzieht sich ein *Handel* mit kurzfristigen Krediten („Geld") zwischen Kreditinstituten untereinander und mit der Deutschen Bundesbank zur Beschaffung liquider Mittel (Kreditnehmer) bzw. zur gewinnbringenden Anlage überschüssiger Liquidität (Kreditgeber) für begrenzte Zeit.

b) *Geldgeber* (Träger):
o Kreditinstitute
o Kapitalsammelstellen (z. B. Versicherungen, Bausparkassen)
o öffentliche Verwaltungen
o Großunternehmen
o Deutsche Bundesbank.

c) *Teilnehmer:* nur
o Kreditinstitute (für eigene Rechnung oder als Mittler im Kundenauftrag)
o Deutsche Bundesbank.

d) *Voraussetzungen* für die Teilnahme am Geldmarkt:
o zweifelsfreie Bonität aller Beteiligten
o Verzicht auf reale Sicherheiten: daher kommt der Bonität entscheidende Bedeutung zu (vgl. Personalkredit)
o genaue Einhaltung der Vereinbarungen über Betrag, Verzinsung und insb. Laufzeit
o Angebot und Nachfrage ist nur nach großen Beträgen möglich (beginnend i. d. R. bei 500 000,– DM).

1.2.211 Abwicklung

a) *Gegenstände* des Geldmarktes:
o Geld: Guthaben bei KI oder (vor allem) bei den Landeszentralbanken;
  – *Tagesgeld:* Kreditgewährung für einen Tag, rückzahlbar bis spätestens 12 Uhr des nächsten Tages, ohne Kündigung fällig
  – *täglich Geld:* Kredit ohne festen Rückzahlungstermin, der 24 Stunden vor Ablauf zu kündigen ist (d. h. täglich, nicht aber bei Sicht fällig); in der Praxis selten
  – *Ultimogeld:* Tages- oder täglich Geld, das über einen Ultimo (eines Monats, Quartals, halben Jahres, Jahres) aufgenommen wird zur Bilanzaufbesserung und zum Ausgleich von Liquiditätsanspannungen (da besonders viele Zahlungen – insb. für Kunden – zu diesen Terminen zu leisten sind)
  – *Termingeld:* Fest- oder Kündigungsgeld mit Laufzeit/Kündigungsfrist von meist 1, 3, 6, 12, höchstens 24 Monaten.

o *Geldmarktpapiere:* Gläubigerpapiere (Schuldverschreibungen, Wechsel), die von der Bundesbank oder anderen Instituten (z. B. Privatdiskont AG) zu festgesetzten Rücknahmesätzen oder gegen Zinsabschlag angekauft werden:
  - Schatzwechsel
  - unverzinsliche Schatzanweisungen („U-Schätze")
  - Privatdiskonten
  - Solawechsel der Einfuhr- und Vorratsstellen
  - AKA-Wechsel (Plafond B).

b) *Durchführung* des Geldhandels:

o der Geldmarkt existiert nicht räumlich-gegenständlich wie der Kapitalmarkt (Effektenbörse), sondern nur durch telefonische oder fernschriftliche Verbindung zwischen den Beteiligten
o wichtig ist der ständige *Kontakt* zum Markt, d. h. die Kenntnis der jeweils geltenden Konditionen; diese lassen sich durch gegenseitige Nennung von An- und Verkaufskursen (= Zinssätze für die Annahme oder Abgabe von Geld) erfragen
o *Abschlüsse* werden telefonisch/fernschriftlich getätigt, sofort ausgeführt vom Kreditgeber durch Anweisung an das kontoführende Institut (meist LZB) und anschließend schriftlich bestätigt; „das gesprochene Wort gilt"
o die *Zinssätze* = Preise bestimmen sich frei nach Angebot und Nachfrage, sofern nicht durch besonderes Verhalten der Bundesbank beeinflußt (Kreditpolitik über Diskont- und Lombardsatz, Rediskont-Kontingente, Offenmarktpolitik)
o wichtigster Geldhandelsplatz in der Bundesrepublik Deutschland ist Frankfurt
o vergleichbar, jedoch in wesentlich größerem Umfang und mit z. T. spekulativer Natur spielt sich der *Devisenhandel* ab (siehe dort)
o Besonderheit: Wechsel- und Wertpapier-Pensionsgeschäfte, d. h. Ankauf mit Rückkaufvereinbarung

1.2.22 Ausgabe von Schuldverschreibungen

a) *Wesen:* Beschaffung mittel- bis *langfristiger* fremder Mittel („Kapital") durch Ausgabe von Gläubigerpapieren auf dem *Kapitalmarkt* (Effektenbörse).

b) *Arten* von Wertpapieren zur Finanzierung der KI:

o Kassenobligationen ⎫
o Bankschuldverschreibungen ⎬ siehe Effektengeschäft

o Sparbriefe ⎫
o Sparschuldverschreibungen ⎬ siehe Spargeschäft

1.3 Aktivgeschäft (Kreditgeschäft)

1.3.0 Überblick

1.3.00 Wesen und Bedeutung des Kredits

1.3.000 Wesen

Das Wort „Kredit" hat in der deutschen Sprache verschiedenen Inhalt:

a) Kredit = befristete Überlassung von *Kaufkraft,* meist gegen Zinsen (oder sonstiges Entgelt), im Vertrauen auf spätere *Rückzahlung* in voller Höhe zum vereinbarten Zeitpunkt.

b) Kredit = die Anerkennung einer Person als *kreditwürdig,* d. h. bereit und fähig zur Erfüllung finanzieller Verpflichtungen („er hat Kredit").

c) Kredit = das anvertraute *Kapital* selbst.

Wesensmerkmal des Kredites ist seine Eigenschaft als *Finanzierungsmittel:* für den Kreditnehmer stellt er Fremdkapital dar, er ist also Mittel der Fremdfinanzierung. (Vgl. 0.4.4 Finanzierung der Unternehmung)

1.3.001 Bedeutung in volkswirtschaftlicher Sicht

Kredite dienen der Finanzierung

o des Konsums (Verbrauchs)
o der Produktion
o der Güterverteilung
o sonstiger wirtschaftlicher Tätigkeiten und Aufgaben
o des Staates (der öffentlichen Haushalte).

a) Die Finanzierung des *Konsums,* d. h. der Verbraucher, ermöglicht den privaten Haushalten

o einen umfangreichen Güterverbrauch, der durch Erhöhung der Nachfrage zu Preissteigerungen führt, andererseits die Wirtschaftstätigkeit der Unternehmen anregt und einer Rezession (gekennzeichnet durch Rückgang der Produktion, Arbeitslosigkeit) entgegenwirkt
o die Anschaffung teurer Anlagegüter (Grundstücke, Haus, Auto usw.) ohne die Notwendigkeit, das Kapital sofort selbst aufbringen oder vorher ansparen zu müssen
o die Bildung von Privateigentum

o die Ausnutzung inflationärer Tendenzen (das zurückzuzahlende Geld hat einen niedrigeren Wert als das erhaltene Geld; bei Einkommenssteigerung entsprechend der Inflationsrate läßt sich der Kredit daher leichter zurückzahlen)

o die Verwirklichung eines hohen Lebensstandards (dies birgt allerdings die Gefahr der Überschätzung der eigenen finanziellen Leistungskraft in sich).

b) Die Fremdfinanzierung ermöglicht den *öffentlichen Haushalten*

o die Durchführung wichtiger gemeinwirtschaftlicher Aufgaben ohne sofortige Einnahmenerhöhung (z. B. durch Steuererhöhungen) (Risiko der zu hohen Staatsverschuldung, die im schlimmsten Fall sogar zu einem Staatsbankrott führen könnte)

o die Vermehrung des Geldumlaufs

o die gezielte Ankurbelung einzelner Wirtschaftszweige oder der Gesamtwirtschaft durch die staatliche Ausgabenpolitik.

c) Besonders bedeutsam ist die Finanzierung der *Güterbeschaffung* (Produktion, Bereitstellung von Gütern); eine *ausreichende Kreditversorgung* ermöglicht

o durch gezielte Investitionen eine Erhöhung des Güterangebots und damit Verringerung der Konsumgüterpreise (oft allerdings bei gleichzeitiger Erhöhung der Preise für Investitionsgüter durch verstärkte Nachfrage der Unternehmen)

o durch Rationalisierungen Verbilligung, u. U. auch Verbesserung der Produkte

o die Anwendung und Ausnutzung fördernder technischer Entwicklungen, neuer Produktionsmethoden usw.

o die Gewährleistung weitgehender, u. U. optimaler Bedarfsdeckung

o Erhöhung des Bruttosozialproduktes und des gesamten Lebensstandards, des Wohlstands der Bevölkerung

o allgemein: stetiges Wirtschaftswachstum.

d) Eine *unzureichende Kreditversorgung* umgekehrt bewirkt

o geringere Investitionsmöglichkeiten der Unternehmen

o dadurch Gefahr der Stagnation der Wirtschaft, u. U. sogar einer Rezession

o Versuch der Unternehmen, Ausgleich über Verteuerung der Güter zur Beibehaltung oder Erhöhung bisheriger Gewinne zu schaffen

o inflationäre Tendenz durch zu geringes oder zu teures Güterangebot

o geringere Sparmöglichkeiten der privaten Haushalte, die die Kreditversorgung der Wirtschaft weiter beschneiden, da den KI zur Ausleihung weniger Einlagen zur Verfügung stehen

o Notwendigkeit scharfer staatlicher Eingriffe (z. B. Preisstop, Zwangssparen usw.).

e) Bedeutung der *Kreditinstitute:* Die KI sammeln brachliegende finanzielle Mittel insb. bei den Haushalten und leihen diese als Kredite wiederum an die Wirtschaft aus.

f) Bedeutung des *Kreditgeschäfts* für die *KI:* Es stellt die Haupteinnahmequelle dar und dient daher zur Deckung der gesamten Habenzinsen sowie eines Teiles der sonstigen Kosten (insb. aus dem sehr kostenintensiven Zahlungsverkehr und sonstigen Dienstleistungsgeschäften). (Vgl. Bankkostenrechnung, Abschnitt 3.3)

1.3.01 Rechtsgrundlagen

a) Vorschriften über das *Darlehen*, §§ 607 ff. BGB:

o entgeltliche oder unentgeltliche Überlassung von Geld (oder anderen vertretbaren Sachen)

o Verpflichtung zur Rückerstattung von Geld (Sachen) gleicher Art, Güte, Menge

o Fälligkeit von Zinsen grds. jährlich nachträglich (bei kürzerer Laufzeit: bei Darlehensrückzahlung), sofern nichts anderes vereinbart ist (§ 608)

o bei Darlehen ohne Terminierung (Fristbestimmung) der Rückzahlung: Kündigung erforderlich; Fristen (grds.):

- bis 300,– DM: 1 Monat } § 609 BGB
- über 300,– DM: 3 Monate

o Darlehnsversprechen (Vorvertrag, Kreditzusage) kann widerrufen werden, wenn wesentliche Verschlechterung der Vermögensverhältnisse des (zukünftigen) Kreditnehmers eintritt (§ 610).

b) Gesetzliches *Kündigungsrecht* für Darlehen: Die lange Zeit umstrittene Vorschrift des § 247 BGB wurde 1986 abgeschafft und durch § 609a BGB ersetzt, gilt aber für vor dem 1.1.1987 geschlossene Verträge fort. Zu unterscheiden sind also:

o § 247 BGB:
- für vor dem 1.1.1987 geschlossene Verträge
- grds. unabdingbar, d. h. nicht durch AGB abänderbar
- Kündigungsrecht des Kreditnehmers nach Ablauf von 6 Monaten mit Kündigungsfrist von weiteren 6 Monaten
- Vorauss.: mehr als 6 % p. a. Zinsen sind vereinbart
- keine Geltung für Inhaber- und Orderschuldverschreibungen
- Ausschluß des Kündigungsrechts möglich bei Darlehen für die Zeit, in der sie zur Deckungsmasse von Schuldverschreibungen gehören (z. B. Hypothekendarlehen für Hypothekenpfandbriefe; nicht anerkannt bei Realkrediten als Deckung für Sparkassenbriefe)

o § 609a BGB:
- für nach dem 31.12.1986 geschlossene Verträge
- unabdingbar
  Darlehen mit variablem Zinssatz: Schuldner kann jederzeit mit einer Frist von drei Monaten kündigen
- Darlehen mit Festzinssatz:
  (1) Privatdarlehen
  = Darlehen an natürliche Personen, die nicht durch Grundpfandrechte gesichert sind und nicht gewerblichen oder beruflichen Zwecken dienen

- Kündigung durch Schuldner frühestens nach Ablauf von sechs Monaten nach Empfang des vollständigen Darlehens
- Einhaltung einer Kündigungsfrist von drei Monaten

(2) Hypotheken-, Investitionsdarlehen und Darlehen für gewerbliche Zwecke:
  - Kündigung frühestens zum Zeitpunkt des Ablaufs der Zinsbindung
  - Einhaltung einer Kündigungsfrist von einem Monat
  - nach Ablauf von 10 Jahren kann in jedem Falle unter Einhaltung einer Frist von 6 Monaten gekündigt werden
  - bei neuer Vereinbarung nach Empfang des Darlehens tritt der Zeitpunkt dieser Vereinbarung an die Stelle des Zeitpunktes der Auszahlung

o Darlehen an die öffentliche Hand: Kündigungsrecht des Schuldners kann durch Vertrag eingeschränkt oder ausgeschlossen werden.

c) Vorschriften aus dem Bereich der *Einlagensicherung* (siehe dort):

o Mindestreservevorschriften (§ 16 BBankG)
o Normativbestimmungen des Kreditwesengesetzes (insb. §§ 10–18 KWG)
o Grundsätze des Bundesaufsichtsamtes über Eigenkapital und Liquidität der KI.

Nach diesen Vorschriften sind die Kreditinstitute bestimmten Einschränkungen in ihrem Aktivgeschäft unterworfen, da sie *nicht eigene Mittel,* sondern *ihnen anvertraute Kundengelder,* also fremde Mittel, zur Kreditgewährung verwenden. Die Anlage dieser Gelder im Rahmen des Kreditgeschäftes hat daher nach folgenden *Gesichtspunkten* zu erfolgen:

o *sicher:* Anlage der Gelder so, daß Verluste weitgehend vermieden werden
o *liquide:* Anlage der Gelder so, daß das KI jederzeit seinen Zahlungsverpflichtungen, insbesondere gegenüber den Kunden, nachkommen kann
o *rentabel* (gewinnbringend): Anlage der Gelder so, daß ein angemessener Ertrag für das eingesetzte Kapital gewährleistet ist (d. h. Deckung der Habenzinsen + Überschuß).

Sicherheit und Liquidität einerseits, Rentabilität andererseits stehen zueinander im *Gegensatz:* langfristige (d. h. illiquide) und riskante (also unsichere) Anlagen erbringen die größten Erträge. Die erwähnten staatlichen Vorschriften dienen dazu, bei Einräumung eines relativ weiten Handlungsspielraums Sicherheit und Liquidität der KI zu gewährleisten.

d) *Mustersatzungen der Sparkassen:* Für die Sparkassen gelten hinsichtlich der Sicherheit und der Liquidität besondere Vorschriften, die in jedem Bundesland in – weitgehend einheitlichen – Mustersatzungen niedergelegt sind. Grund: da in den Sparkassen das Schwergewicht der Geschäftstätigkeit auf dem *Sparbereich* liegt und das Kreditgeschäft daneben – aus geschäftspolitischer Sicht – in erster Linie nur der Kostendeckung dient (vgl. die Begriffe „Sparkasse" – „Kreditinstitut"), muß risikolosen Anlagen der Vorzug gegeben werden:

Anlage der Sparkassenmittel ist nur zulässig

- o in grds. erstrangig gesicherten (Sollvorschrift) Realkrediten (bis 50 % der Spareinlagen)
- o in Personalkrediten
- o in Krediten an Gemeinden und sonstige juristische Personen des öffentlichen Rechts (bis 25 % der Gesamteinlagen, langfristig: bis 17,5 %)
- o in festverzinslichen Wertpapieren (auf Inhaber lautend), Schatzwechseln, Privatdiskonten
- o in Guthaben bei anderen KI, Grundstücken, Beteiligungen.

Im Rahmen der Einlagensicherung haben die Mustersatzungen geringere Bedeutung aufgrund der daneben als Sicherheit bestehenden Gewährträgerhaftung (siehe dort).

e) Stillschweigend oder durch ausdrückliche Einbeziehung werden zu Rechtsgrundlagen des Kreditgeschäftes außerdem auch

- o die *Allgemeinen Geschäftsbedingungen* der KI
- o die *Formularverträge* der KI im Kreditgeschäft
- o Allgemeine Bedingungen für Einzelbereiche des Aktivgeschäfts, z. B. für die Abtretung von Forderungen usw.

1.3.02 Kreditarten

Unterscheidung ist möglich nach folgenden Gesichtspunkten:

a) nach der *Befristung* (Laufzeit):

- o kurzfristig (i. d. R. bis 12 Monate)
- o mittelfristig (i. d. R. bis 4 Jahre)
- o langfristig

b) nach der *Höhe:* im normalen Kreditgeschäft kein wesentliches Unterscheidungskriterium; nach dem KWG bzw. den Grundsätzen des Bundesaufsichtsamtes (vgl. Abschnitt 1.0.12) sind aber folgende Kreditarten wichtig:

- o Großkredite
- o Millionenkredite
- o Kredite ab 100 000 DM (Offenlegung der wirtschaftlichen Verhältnisse des Kreditnehmers).

c) nach der *Besicherung:*

- o reiner *Personalkredit* (Blankokredit): als Sicherheit dient die Person des Kreditnehmers, seine persönliche Kreditwürdigkeit

- o *verstärkter* Personalkredit: als Sicherheit dienen neben der Person des Kreditnehmers noch andere *Personen*, z. B.
  - alle Wechselschuldner (beim Diskontkredit)
  - Mithaftung von Bürgen/Garanten (Avalkredite)
  - Mithaftung der Drittschuldner aufgrund der abgetretenen Forderungen (Zessionskredite)
- o *Realkredit* = dinglich gesicherter Kredit: als Sicherheiten dienen z. B.
  - Pfandrecht
  - Sicherungsübereignung
  - Grundpfandrechte (Hypotheken, Grundschulden)

d) nach der Art der Gewährung *(Bereitstellung):*

- o Barkredite, Geldkredite *(Geldleihe):* Bereitstellung von Geld (z. B. Kontokorrent-, Diskont-, Lombardkredite)
- o Aval- oder Akzeptkredite *(Kreditleihe):* Kreditgeber stellt seinen guten Namen zur Verfügung (durch Wechselunterschrift, Bürgschaft, Garantie)
- o Warenkredite: Bereitstellung von Waren ohne sofortige vollständige Bezahlung (z. B. Ratenkauf, Lieferantenziel, Teilzahlungskredite)

e) nach dem *Verwendungszweck:*

- o Produktionskredite (Investitionskredite)*:* Finanzierung der Produktion, Verteilung, Bereitstellung von Gütern
- o Konsumkredite: Finanzierung des Verbrauchs von Konsumgütern

f) nach dem *Kreditnehmer:*

- o privater Kredit (an private Haushalte)
- o gewerblicher Kredit (an Unternehmen und selbständige Gewerbetreibende)
- o öffentlicher Kredit (an öffentliche Körperschaften und Anstalten, z. B. Kommunalkredit)

g) nach der *Form* der Gewährung:

- o Buchschulden (Verbuchung auf Konten, in Büchern; typischer Bankkredit)
- o Briefschulden (Verbriefung von Ansprüchen in Urkunden, z. B. Hypothekenbrief, Schuldverschreibung)
- o Wechselschulden (Verbriefung von Ansprüchen in einer Wechselurkunde; besondere Form der Briefschuld)

h) nach der *Tätigkeit der Banken:*

- o von KI *gewährte* Kredite (KI = Kreditgeber)
- o von KI *vermittelte* Kredite (KI = Kreditvermittler), z. B. bei Außenhandelsfinanzierung, Realkrediten, Effektenemission, Schuldscheindarlehen, Treuhandkrediten.

1.3.1 Kreditsicherheiten

Da Kreditinstitute im Rahmen ihres Kreditgeschäfts über *fremde Gelder* verfügen, die zwar in ihr Eigentum übergegangen sind (vgl. Darlehnsvertrag, unregelmäßige Verwahrung), bei Anforderung jedoch an die Gläubiger (insb. Einleger) zurückzuzahlen sind, muß besonderer Wert auf die Sicherheiten für vergebene Kredite gelegt werden.

Kreditsicherheiten sollen es ermöglichen, bei Ausfall des Kreditnehmers *in kurzer Zeit* durch Verwertung bzw. Realisierung der Sicherheit den Kreditbetrag zurückzuerhalten – möglichst *ohne* Notwendigkeit einer *Klage* oder eines sonstigen Gerichtsverfahrens, das zu Zeitverlusten führen könnte.

1.3.10 Bürgschaft

1.3.100 Wesen

a) *Definition:* Die Bürgschaft ist ein Vertrag, durch den sich der Bürge gegenüber dem Gläubiger eines Dritten (Schuldner, Kreditnehmer) verpflichtet, für dessen Verbindlichkeiten und ihre Erfüllung einzustehen (§ 765 BGB).

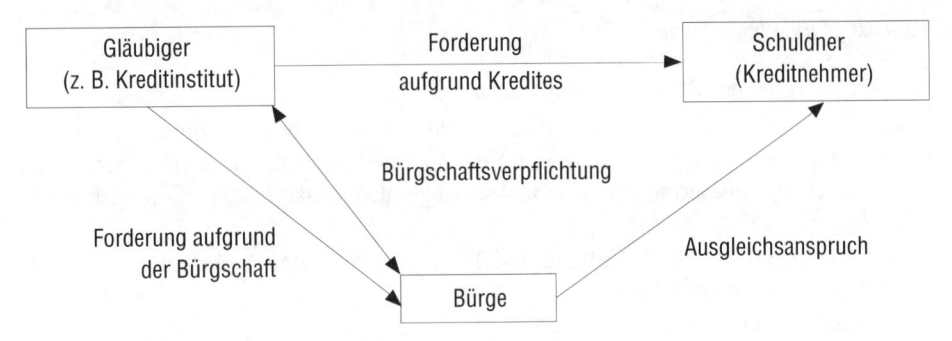

```
Gläubiger          Forderung           Schuldner
(z. B. Kreditinstitut) ──aufgrund Kredites──→ (Kreditnehmer)
        │                                           ↑
        │         Bürgschaftsverpflichtung          │
Forderung aufgrund                          Ausgleichsanspruch
 der Bürgschaft                                     │
        ↓                                           │
                        Bürge
```

Der Bürgschaftsvertrag ist *einseitig* (nur für den Bürgen) *verpflichtend*.

b) *Akzessorietät* der Bürgschaft: sie ist immer an das Bestehen einer *zugrundeliegenden Schuld* gebunden und von dieser *abhängig* (akzessorisch), d. h.: (§ 767 BGB)

o die Bürgschaftsverpflichtung *entsteht* erst mit Bestehen/Entstehen der Hauptschuld

o ihre *Höhe* hängt von der Hauptschuld ab, die Bürgschaft paßt sich Erhöhungen und Verminderungen der Hauptschuld an (z. B. bei Kontokorrentkredit) und erfaßt auch alle gesetzlichen Erweiterungen (z. B. gesetzliche Verzugszinsen)

o die Bürgschaft *erlischt* gleichzeitig mit der Hauptschuld

o der Bürge kann gegenüber dem Gläubiger die gleichen *Einreden* geltend machen wie der Hauptschuldner (z. B. Stundung/Verjährung/Aufrechnung, § 768 BGB).

c) mit der *Leistung* des Bürgen an den Gläubiger geht dessen Forderung gegen den Hauptschuldner auf den Bürgen über *(gesetzlicher Forderungsübergang,* § 774 BGB,

d. h. ohne besondere vertragliche Übertragung), und zwar einschließlich aller sonstigen *Sicherheiten* (z. B. Pfandrechte usw.).

d) *Erlöschen* der Bürgschaft:

o mit Erlöschen der Hauptschuld

o mit Geltendmachung eines vertraglich vereinbarten Kündigungsrechts durch den Bürgen

o bei Aufgabe einer sonstigen Kreditsicherheit durch den Gläubiger ohne Zustimmung des Bürgen (§ 776 BGB).

o mit Zeitablauf, wenn der Gläubiger nicht anzeigt, daß er bereits gegen den Schuldner vorgeht und den Bürgen noch in Anspruch nehmen wird (§ 777 BGB)

o bei befreiender Schuldübernahme durch einen Dritten (§ 418 BGB).

e) *Form* der Bürgschaft:

o grundsätzlich (nach BGB) Schriftform erforderlich (§ 766 BGB)

o eigenhändige Unterschrift erforderlich (§ 126 BGB)

o Ausnahme: Bürgschaften von Vollkaufleuten im Rahmen ihres Handelsgewerbes sind auch mündlich gültig (§ 350 HGB).

1.3.101 Bürgschaftsarten

a) Nach der Höhe der Bürgschaftsverpflichtung:

o *unlimitierte* Bürgschaft: Bürge haftet für *alle* Ansprüche des Gläubigers gegen den Schuldner, z. T. (bei entsprechender Vereinbarung) auch für *zukünftige* Forderungen (z. B. alle Forderungen einer Bank aus Kredit, Wertpapierkauf, Depotgebühren usw.)

o *Höchstbetrags*bürgschaft: Haftung des Bürgen bis zu einem Höchstbetrag, der sich zusammensetzen kann aus
  – Hauptschuld
  – Zinsen
  – Kosten (Provisionen, Spesen).

b) Nach der *Stellung* des Bürgen zum Hauptschuldner:

o *„Gewöhnliche" Bürgschaft* nach BGB (§ 765):
  – dem Bürgen stehen auch die Einreden des Schuldners zu (z. B. Anfechtung, Aufrechnung usw.)
  – der Bürge hat die *Einrede der Vorausklage,* d. h. er kann verlangen, daß der Gläubiger die erfolglose Zwangsvollstreckung in das bewegliche Vermögen des Schuldners nachweist.

o *Ausfallbürgschaft:* der Bürge haftet nach dem Schuldner (§§ 771–773 BGB):
  – der Bürge hat die Einrede der Vorausklage (s. o.)
  – er haftet nur für den vom Hauptschuldner nachweislich nicht geleisteten Teil = Ausfall

- der Gläubiger ist gegenüber dem Bürgen verpflichtet, die erfolglose Zwangsvollstreckung in das Vermögen des Schuldners nachzuweisen.
o *Modifizierte Ausfallbürgschaft:*
- der Bürge verpflichtet sich, für den Ausfall einzutreten, d. h.
- es wird zwischen Gläubiger und Bürge vereinbart, wann der Ausfall als eingetreten bzw. nachgewiesen gilt (z. B. nach drei erfolglosen Mahnungen).
o *Selbstschuldnerische Bürgschaft:* der Bürge haftet neben dem Schuldner, d. h. wie der Hauptschuldner selbst (§ 773 BGB):
- der Bürge hat auf die Einrede der Vorausklage verzichtet, d. h.
- er hat auf Anforderung des Gläubigers zu leisten, ohne daß dieser sich vorher an den Hauptschuldner wenden müßte.

Anwendung:
- Bürge verzichtet auf die Einrede der Vorausklage (§ 773 I Nr. 1 BGB)
- Bürge ist *Vollkaufmann,* die Bürgschaft ist für ihn ein Handelsgeschäft: kraft Gesetzes selbstschuldnerische Bürgschaft (z. B. Bürgschaften von KI), § 349 HGB.

c) Bei *Mehrheit* von Bürgen:

o *Mitbürgschaft* (§ 769 BGB):
- mehrere Personen bürgen für dieselbe Verbindlichkeit
- sie haften als Gesamtschuldner
- der Gläubiger kann nach seiner Wahl einen Bürgen für die Gesamtforderung in Anspruch nehmen
- der in Anspruch genommene Bürge hat einen Ausgleichsanspruch gegenüber den anderen Mitbürgen

o *Nachbürgschaft:*
- Verbürgung gegenüber dem Gläubiger, daß der Hauptbürge seine Verpflichtung erfüllt
- Verpflichtung des Nachbürgen ist von der Hauptbürgschaft abhängig und dieser gegenüber subsidiär (nachrangig)

o *Rückbürgschaft:*
- Verbürgung gegenüber dem Hauptbürgen, daß der Hauptschuldner eventuelle Rückgriffsansprüche des Bürgen erfüllt
- Rückbürge kann erst dann in Anspruch genommen werden, wenn der Hauptbürge bereits gezahlt hat und vom Hauptschuldner kein Ersatz zu erlangen ist.

d) *Scheck- und Wechselbürgschaft* (sog. Aval): keine Bürgschaft im Sinne des BGB, da keine Akzessorietät besteht und der Bürge nicht subsidiär (nachrangig), sondern selbständig gesamtschuldnerisch haftet. Die Rechtsfolgen richten sich ausschließlich nach Scheck- bzw. Wechselrecht.

e) *Kreditauftrag:* z. B. ein Kreditinstitut gewährt einem Dritten im Auftrag eines anderen (Kunden) einen Kredit; der Auftraggeber haftet wie ein Bürge (§ 778 BGB; § 349, 2 HGB).

1.3.102 Die Bürgschaft in der Praxis

a) *Kreditinstitute* verlangen die Abgabe von Bürgschaftserklärungen zu ihren Gunsten auf *Vordrucken*, in denen viele gesetzliche Regelungen vertraglich ausgeschlossen oder umgestaltet werden (Vertragsfreiheit!):

o KI verlangen stets *selbstschuldnerische* Bürgschaften
o KI bevorzugen *unlimitierte* Bürgschaften
o die Bürgschaften sind grds. *unbefristet*
o der Bürge haftet auch für *künftige* Forderungen des KI
o die Bürgschaft bleibt bestehen, wenn das KI sonstige Sicherungen aufgibt
o die Ansprüche des KI gegen den Hauptschuldner gehen erst nach vollständiger Zahlung durch den Bürgen auf diesen über
o der Bürge verzichtet auf die Einreden der Anfechtbarkeit und der Aufrechenbarkeit
o u. U. Unterschrift des Bürgen zur Anerkennung der Schufa-Klausel = Einwilligung des Bürgen, daß das KI die Daten über die Bürgschaft und die vertragsgemäße Abwicklung der Geschäftsbeziehung an die Schufa weitergeben darf (Privatkundengeschäft).

b) In der Praxis ergeben sich Probleme oft bei einer *Mehrheit von Sicherungsgebern*.

Für die *Mitbürgschaft* erleichtern die gesetzlichen Regelungen die Entscheidung. Beispiel:

Der Schuldner hat zur Sicherung der Gläubigerforderung ein Pfand bestellt sowie drei Bürgschaften gegenüber dem Gläubiger bewirkt.

Nimmt der Gläubiger nun – bei Ausfall des Schuldners – Bürge C in Anspruch, geht auf diesen die Gläubigerforderung über (§ 774 BGB), so daß er gegen den Schuldner einen Erstattungsanspruch hat. Da auch die Sicherheiten mit auf ihn übergehen (§§ 412, 401 BGB), erhält er ein Verwertungsrecht am Pfand sowie – aufgrund der gesamtschuldnerischen Haftung – einen Ausgleichsanspruch in Höhe von je 1/3 gegen die Mitbürgen (§ 426 BGB):

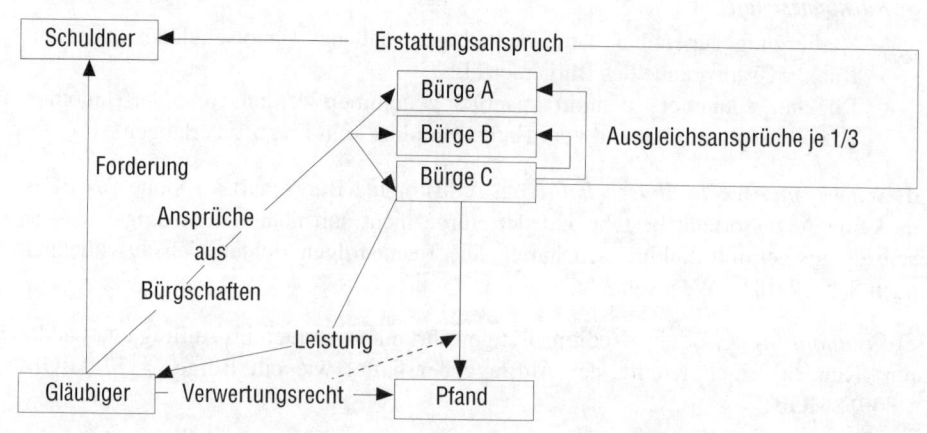

Haben verschiedene Personen zugunsten des Schuldners gegenüber dem Gläubiger *persönliche* (Bürgschaft) und *dingliche Sicherheiten* gestellt, so geht der *Bürge* vor, da er das größere Risiko eingeht (er haftet unbeschränkt – persönlich): er kann gegen die anderen Sicherungsgeber vorgehen. Diese sind letztlich auf ihren Ausgleichsanspruch gegen den – jetzt evtl. mittellosen – Hauptschuldner angewiesen (sehr umstritten).

1.3.11 Garantie

a) *Wesen:* Die Garantie ist ein einseitig verpflichtender Vertrag des Garanten mit dem Gläubiger eines Dritten, in dem der Garant ein *abstraktes Leistungsversprechen* abgibt.

b) Die versprochene *Leistung* ist unter bestimmten Voraussetzungen und in genau festgelegten *Situationen* zu erbringen, z. B.

o Gewährleistung für mangelfreie Ware durch Hauptschuldner – Garantieleistung des Garanten, wenn die Ware nicht mangelfrei ist.

o Gewährleistung für Einhaltung eines Angebots durch einen Vertragspartner – Garantieleistung des Garanten bei Nichteinhaltung.

Die Leistung kann also auch auf ein bestimmtes Schuldverhältnis gerichtet und zu dessen Absicherung bestimmt sein, ist von diesem jedoch rechtlich völlig unabhängig *(abstrakt),* sowohl im Entstehen als auch hinsichtlich Höhe, Laufzeit, Erlöschen usw.

Der Garant kann die dem Hauptschuldner gegenüber dem Gläubiger zustehenden Einreden und Einwendungen *nicht* geltend machen.

c) *Anwendung:* in Fällen, in denen bei Geschäften unter Kaufleuten für Nichteinhaltung bestimmter Verpflichtungen eine *Vertragsstrafe* (Konventionalstrafe) vorgesehen ist (unabhängig von einem evtl. eingetretenen Schaden, seiner Höhe und der Möglichkeit der Geltendmachung von Schadensersatzansprüchen), um den Schuldner zur Erfüllung seiner Pflichten anzuhalten.

In der Praxis werden seltener Garantien zugunsten von Kreditinstituten abgegeben, sondern *KI* treten zugunsten ihrer Kunden *als Garanten* auf (sog. Avalkredit, siehe dort).

d) Die Garantie ist gesetzlich *nicht geregelt,* unterliegt also auch keiner Formvorschrift. Sie ist der Bürgschaft vergleichbar, unterscheidet sich von dieser jedoch durch ihre Abstraktheit, d. h. das Fehlen der *Akzessorietät.*

1.3.12 Abtretung (Zession) von Forderungen

1.3.120 Wesen

a) *Definition:* Die Zession ist ein Vertrag, durch den der Gläubiger (Zedent) einer Forderung diese auf einen anderen (Zessionar) überträgt; mit Vertragsschluß tritt der neue Gläubiger an die Stelle des bisherigen Gläubigers (§ 398 BGB).

Durch die Abtretung erwirbt ein Kreditinstitut als Zessionar von seinem Kreditgeber, dem Zedenten, eine Forderung gegen einen sog. Drittschuldner als *Sicherheit* für einen gewährten (oder zu gewährenden) Kredit.

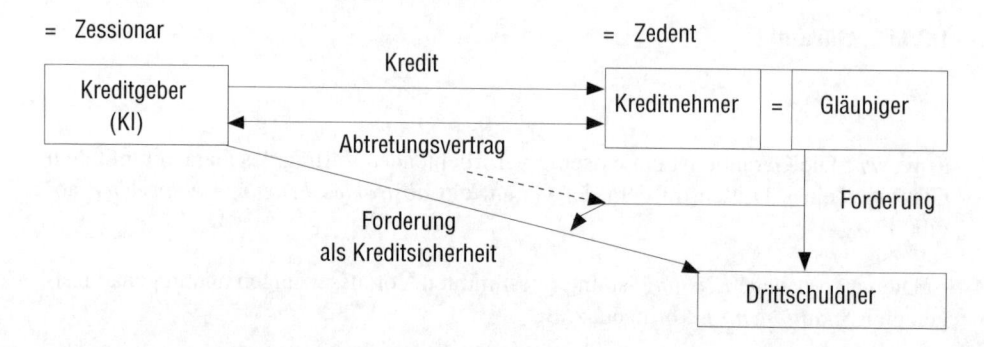

```
= Zessionar                              = Zedent
                    Kredit
┌───────────┐ ──────────────────► ┌────────────┐   ┌──────────┐
│ Kreditgeber│                    │ Kreditnehmer│ = │ Gläubiger│
│    (KI)    │ ◄──────────────────│             │   │          │
└───────────┘   Abtretungsvertrag └────────────┘   └──────────┘
          \                                              │
           \         Forderung                           │ Forderung
            \      als Kreditsicherheit                  │
             \                                           ▼
              ────────────────────────────────► ┌──────────────┐
                                                │ Drittschuldner│
                                                └──────────────┘
```

b) *Form* der Zession:

o grds. ist der Abtretungsvertrag *formfrei* gültig

o Bankpraxis: Vertrag kommt zustande durch
- schriftliche Abtretungserklärung des Kreditnehmers (= WE I)
- Entgegennahme durch die Bank (= WE II).

c) Die Zession ist *abstrakt*. Zu ihrer Wirksamkeit ist die Zustimmung des Drittschuldners nicht erforderlich.

Folgende Forderungen sind *nicht abtretbar:*

o Forderungen, deren Abtretung durch Vertrag zwischen Gläubiger und Drittschuldner ausgeschlossen wurde (§ 399 BGB)

o unpfändbare Forderungen (§ 400; vgl. z. B. Pfändungsgrenzen des BGB für Lohn/Gehalt/Renten innerhalb des Existenzminimums)

o höchstpersönliche Ansprüche, zweckgebundene Forderungen (z. B. Subventionen).

d) Folgende mit der Forderung *verbundene Sicherungsrechte* werden automatisch *mitübertragen* (§ 401 BGB):

o Hypotheken

o Pfandrechte

o Bürgschaften.

Deutsche Bank
Aktiengesellschaft

Allgemeine Bedingungen für die Abtretung von Forderungen (ABAF)

Für den am _____ zwischen _____

– nachstehend ›Sicherungsgeber‹[1] genannt –

und der _____

Deutschen Bank Aktiengesellschaft, Filiale _____

– nachstehend ›Bank‹ genannt –

abgeschlossenen Sicherungsvertrag gelten die folgenden Allgemeinen Bedingungen für die Abtretung von Forderungen (ABAF):

1.
(1) Die Abtretung erfolgt zur Sicherung aller bestehenden und künftigen – auch bedingten oder befristeten – Ansprüche, die irgendeiner Stelle der Deutschen Bank Aktiengesellschaft aus der Geschäftsverbindung (insbesondere aus laufender Rechnung und aus der Gewährung von Krediten jeder Art), aus Bürgschaften oder sonstigen Gewährleistungen und aus abgetretenen oder kraft Gesetzes übergegangenen Forderungen sowie aus Wechseln (auch soweit diese von Dritten hereingegeben worden sind) gegen den Sicherungsgeber und/oder gegen[2] (Kreditnehmer)

zustehen.

(2) Diese Vereinbarung bleibt bei einem Inhaberwechsel oder bei einer Änderung der Rechtsform auf seiten des Kreditnehmers auch für die Ansprüche aus der künftigen Geschäftsverbindung unverändert bestehen.

2.
Der Wert der abgetretenen Forderungen hat stets den jeweils vereinbarten Betrag zu erreichen, in dessen Höhe der Kredit gedeckt sein muß (Deckungsgrenze). Soweit eine besondere Vereinbarung nicht getroffen worden ist, muß der Wert der abgetretenen Forderungen zumindest dem Gesamtbetrag der gesicherten Ansprüche entsprechen. Unterschreitet der Wert der abgetretenen Forderungen die Deckungsgrenze oder, mangels einer solchen Vereinbarung, den Gesamtbetrag der gesicherten Ansprüche, ist der Sicherungsgeber zur Abtretung entsprechender neuer Forderungen verpflichtet.

3.
Besteht zwischen dem Sicherungsgeber und den Drittschuldnern ein echtes oder unechtes Kontokorrentverhältnis, so tritt er hiermit der Bank zusätzlich die Ansprüche auf Kündigung des Kontokorrentverhältnisses, auf Feststellung des gegenwärtigen Saldos sowie die Forderungen aus gezogenen oder in Zukunft zu ziehenden Salden ab.

4.
(1) Der Sicherungsgeber haftet für den Bestand der abgetretenen Forderungen.

(2) Der Sicherungsgeber versichert, daß er über die von der Abtretung erfaßten Forderungen uneingeschränkt verfügungsberechtigt ist, insbesondere,
– daß die Drittschuldner die Abtretbarkeit nicht ausgeschlossen oder eingeschränkt haben oder – wenn dies der Fall ist – daß sie der Abtretung zugestimmt haben, was der Bank nachzuweisen ist,
– daß die an die Bank abgetretenen Forderungen nicht bereits an Dritte abgetreten sind (Vorausabtretungen auf Grund von Lieferungsbedingungen fallen nicht unter diese Erklärung) sowie
– daß Rechte Dritter an den Forderungen nicht bestehen.

Der Sicherungsgeber wird an die Bank auch in Zukunft nur solche Forderungen abtreten, auf die die obigen Voraussetzungen zutreffen.

5.
(1) Mit den abgetretenen Forderungen gehen alle für diese haftenden Sicherheiten sowie die Rechte aus den zugrunde liegenden Rechtsgeschäften auf die Bank über. Liegen den abgetretenen Forderungen Lieferungen unter Eigentumsvorbehalt zugrunde oder sind dem Sicherungsgeber bewegliche Sachen zur Besicherung dieser Forderungen übereignet, so besteht Übereinstimmung, daß Vorbehaltseigentum und Sicherungseigentum auf die Bank übergehen; die Herausgabeansprüche des Sicherungsgebers gegen den unmittelbaren Besitzer sind zugleich an die Bank abgetreten. Hat der Sicherungsgeber das Sicherungsgut in unmittelbarem Besitz, so wird die Übergabe dadurch ersetzt, daß er das Sicherungsgut für die Bank unentgeltlich in Verwahrung nimmt.

(2) Sind für die Übertragung solcher Sicherheiten besondere Erklärungen und Handlungen erforderlich, wird der Sicherungsgeber diese auf Verlangen der Bank abgeben bzw. vornehmen.

6.
Soweit auf die an die Bank abgetretenen Forderungen Zahlungen beim Sicherungsgeber eingehen, ist dieser verpflichtet, der Bank unverzüglich diese Eingänge spezifiziert anzuzeigen und abzuliefern. Bei Zahlungen durch Schecks geht das Eigentum an diesen Papieren auf die Bank über, sobald der Sicherungsgeber es erwirbt. Erfolgt Zahlung durch Wechsel, so tritt der Sicherungsgeber die ihm daraus zustehenden Rechte schon jetzt im voraus sicherungshalber an die Bank ab. Die Übergabe der Schecks und Wechsel wird dadurch ersetzt, daß der Sicherungsgeber sie zunächst für die Bank in Verwahrung nimmt oder, falls er nicht deren unmittelbaren Besitz erlangt, den ihm zustehenden Herausgabeanspruch gegen Dritte bereits jetzt im voraus an die Bank abtritt; er wird die Papiere mit seinem Indossament versehen und unverzüglich an die Bank abliefern.

7.
Verändern sich die an die Bank abgetretenen Forderungen infolge von Beanstandungen, Preisnachlässen, Zahlungseinstellungen der Drittschuldner, Aufrechnungen oder aus anderen Gründen nachträglich in ihrem Wert, so ist der Sicherungsgeber verpflichtet, der

---

[1] Das Formular ist unabhängig davon verwendbar, ob der Sicherungsgeber und der Kreditnehmer identisch sind oder nicht.
[2] Nur ausfüllen, wenn Sicherungsgeber und Kreditnehmer nicht übereinstimmen; Nichtzutreffendes bitte streichen.

Bank hiervon, soweit und sobald sie ihm bekannt werden, unverzüglich Kenntnis zu geben und nach ihren Weisungen zu verfahren. Das gleiche gilt, wenn sich der Fälligkeitstag verändert oder dem Sicherungsgeber Umstände zur Kenntnis kommen, welche die Zahlungsfähigkeit von Drittschuldnern beeinträchtigen. Werden die Rechte der Bank an den ihr abgetretenen Forderungen durch Pfändung oder sonstige Maßnahmen beeinträchtigt oder gefährdet, hat der Sicherungsgeber der Bank ebenfalls unverzüglich Mitteilung zu machen. Bei einer Pfändung hat der Sicherungsgeber der Bank Abschrift des Pfändungs- und Überweisungsbeschlusses sowie aller sonstigen zu einem Widerspruch gegen die Pfändung erforderlichen Schriftstücke zu übersenden und den Pfändungsgläubiger unverzüglich schriftlich von dem Sicherungsrecht der Bank zu unterrichten.

8.
(1) Falls an die Bank eine Forderung abgetreten ist, die von einem Lieferanten des Sicherungsgebers auf Grund eines verlängerten Eigentumsvorbehaltes gegenwärtig oder zukünftig berechtigterweise in Anspruch genommen werden kann, soll die Abtretung erst mit Erlöschen des verlängerten Eigentumsvorbehaltes wirksam werden. Soweit die Forderung einem Lieferanten nur teilweise zusteht, ist die Abtretung an die Bank zunächst auf den Forderungsteil beschränkt, der dem Sicherungsgeber zusteht; der Restteil wird auf die Bank erst übergehen, wenn er durch den verlängerten Eigentumsvorbehalt nicht mehr erfaßt wird.

(2) Soweit der Sicherungsgeber gegenwärtig oder zukünftig von einem Lieferanten die Rückabtretung der ihm auf Grund des verlängerten Eigentumsvorbehaltes abgetretenen Forderung oder die Abführung des ihm zugeflossenen Erlöses verlangen kann, tritt der Sicherungsgeber diese Rechte mit allen Nebenrechten bereits hiermit an die Bank ab; Entsprechendes gilt für ein etwaiges Anwartschaftsrecht auf Rückerwerb einer auflösend bedingt abgetretenen Forderung. Die Bank ist berechtigt, den verlängerten Eigentumsvorbehalt durch Befriedigung des Lieferanten abzulösen.

9.
(1) Der Sicherungsgeber verpflichtet sich, der Bank auf Verlangen Auskünfte, Nachweise und Urkunden zu geben, die zur Prüfung und zur Geltendmachung der abgetretenen Forderungen erforderlich sind.

(2) Die Bank ist berechtigt, zur Prüfung und zur Geltendmachung der abgetretenen Forderungen die Unterlagen des Sicherungsgebers einzusehen oder durch einen Bevollmächtigten einsehen zu lassen.

(3) Erlischt die Einziehungsbefugnis des Sicherungsgebers, so kann die Bank die Aushändigung aller Unterlagen über die abgetretenen Forderungen verlangen.

10.
Die Bank ist nach billigem Ermessen berechtigt, die Drittschuldner von der Abtretung zu unterrichten. Der Sicherungsgeber ist verpflichtet, der Bank Blanko-Benachrichtigungsschreiben zur Unterrichtung der Drittschuldner über die Abtretung zu übergeben.

11.
(1) Soweit die Bank Forderungen selbst einzieht, darf sie alle Maßnahmen und Vereinbarungen mit Drittschuldnern treffen, die sie für zweckmäßig hält, insbesondere Stundungen oder Nachlässe gewähren und Vergleiche abschließen. Die Bank wird bei der Einziehung von Forderungen die gleiche Sorgfalt anwenden, die sie in eigenen Angelegenheiten anzuwenden pflegt.

(2) Eine Verpflichtung zum Einzug übernimmt die Bank nicht. Der Sicherungsgeber ist verpflichtet, auf Verlangen der Bank die Zahlung an die Bank auf seine Kosten zu betreiben.

12.
(1) Die Bank wird die von ihr vereinnahmten Beträge zur Abdeckung ihrer durch die Abtretung gesicherten Ansprüche verwenden und einen etwaigen Überschuß an den Sicherungsgeber herausgeben.

(2) Soweit die Sicherheit nicht vom Kreditnehmer gestellt wird, ist die Bank bis zur Befriedigung aller ihrer gesicherten Forderungen befugt, den Verwertungserlös als Sicherheit zu behandeln, ungeachtet ihres Rechtes, sich jederzeit daraus zu befriedigen.

13.
(1) Nach Abdeckung ihrer durch die Abtretung gesicherten Ansprüche hat die Bank die ihr abgetretenen Forderungen, soweit sie von ihr nicht in Anspruch genommen worden sind, an den Sicherungsgeber zurückzuübertragen.

(2) Die Bank ist jederzeit verpflichtet, auf Verlangen des Sicherungsgebers die ihr zur Sicherung eines Kredits bestellten Sicherheiten nach ihrer Wahl insoweit freizugeben, als deren Gesamtwert die Deckungsgrenze nicht nur vorübergehend übersteigt und die Sicherheiten nicht nach Nr. 1 dieser Bedingungen für weitere Kredite haften.

14.
Sollte eine Bestimmung der Allgemeinen Bedingungen für die Abtretung von Forderungen oder des durch sie ergänzten Abtretungsvertrages nicht rechtswirksam sein oder nicht durchgeführt werden, so wird dadurch die Gültigkeit des übrigen Vertragsinhalts nicht berührt; das gilt insbesondere, wenn die Unwirksamkeit sich nur auf einzelne Forderungen oder Forderungsteile erstreckt. Eine unwirksame Bestimmung ist so umzudeuten oder zu ergänzen, daß der mit ihr beabsichtigte wirtschaftliche Zweck erreicht wird.

Ergänzend gelten die Allgemeinen Geschäftsbedingungen der Bank, die in jeder Geschäftsstelle eingesehen werden können und die auf Wunsch zugesandt werden.

Ort, Datum

Ort, Datum

Unterschrift des Sicherungsgebers:

Deutsche Bank
Aktiengesellschaft

Vertretungsbefugnis und Unterschrift geprüft:

Datum   Unterschrift

Folgende Sicherheiten gehen *nicht* automatisch auf den neuen Gläubiger über:

o Eigentumsvorbehalt
o Sicherungsübereignung
o anderweitige Forderungsabtretung
o Garantie.

e) Da die Zession nur zur Sicherheit und daher *treuhänderisch* (fiduziarisch) erfolgt, tritt die abgetretene Forderung grds. nicht an die Stelle, sondern *neben* die zu sichernde Forderung des Zessionars gegen den Zedenten (Unterschied zu Forfaitierung und Factoring).

Daraus folgt, daß der Zessionar

o bei Inanspruchnahme des Drittschuldners einen *Mehrbetrag* an den *Zedenten* geben muß
o bei Nichtinanspruchnahme (der Zedent zahlt seinen Kredit selbst zurück) die Forderung auf den Zedenten *rückübertragen* muß.

Möglich ist die Abtretung einer Forderung *erfüllungshalber* (§ 364 II BGB; Gläubiger muß sich dann zuerst an Drittschuldner wenden) oder *an Erfüllungs Statt* (§ 364 I BGB; die ursprüngliche Forderung des Schuldners erlischt).

f) Zession als *Sicherheit für Bankkredite:* KI akzeptieren Abtretung von Forderungen aus

o Waren- und Dienstleistungsgeschäften
o Sparverträgen, Sparbriefen
o Lebensversicherungsverträgen
o Arbeitsverträgen (Lohn- und Gehaltsansprüche; insb. bei Kleinkrediten)
o Miet- und Pachtverträgen.

1.3.121 Stille und offene Zession

a) *Stille Zession:* Drittschuldner wird von der Forderungsabtretung nicht unterrichtet; *Wirkung:*

o Drittschuldner zahlt mit *schuldbefreiender Wirkung* an den *Zedenten*
o der Zedent muß die erhaltene Zahlung an den Zessionar abführen
o Forderungsabtretung und damit Kreditaufnahme des Zedenten werden nicht bekannt
o da dies dem Kreditnehmer in aller Regel lieber ist: stille Zession = übliche Form der Forderungsabtretung an KI.

Hierbei treten jedoch z. T. erhebliche *Gefahren* für das Kreditinstitut auf:

o Forderung besteht überhaupt nicht

o Forderung ist bereits abgetreten (Prioritätsprinzip, d. h. Vorrang des zuerst eingeräumten Sicherungsrechts)

o Abtretung ist durch Vertrag zwischen Zedent und Drittschuldner ausgeschlossen oder von der Zustimmung des Drittschuldners abhängig

o Drittschuldner zahlt schuldbefreiend an Zedenten (§ 407 BGB), die Kreditsicherheit ist also wertlos, wenn der Zedent das Geld einbehält und verbraucht.

Sicherungsmöglichkeiten für das KI:

o Prüfung der Bonität des Zedenten

o *Zessionsprüfung*, d. h. Prüfung des Drittschuldners, des Wertes und Risikos dieser Forderung

o *Überdeckung* des Kreditbetrages durch abgetretene Forderungen, um gegen Ausfälle geschützt zu sein (z. B. Kreditbetrag 100 000,– DM; Zessionsbetrag 120 000,– DM); dieses Ergebnis läßt sich erreichen, indem der Gesamtbetrag der abgetretenen Forderungen zu einem unter 100 % liegenden Satz bevorschußt wird

o *Risikostreuung* durch Auswahl möglichst kleiner Forderungen in entsprechend größerer Zahl gegen möglichst viele verschiedene Drittschuldner

o *Offenlegungsvorbehalt:* KI behalten sich das Recht vor, die stille Zession durch Benachrichtigung des Drittschuldners jederzeit in offene Abtretung umwandeln zu können; hierzu läßt sich das KI von vornherein Blanko-Abtretungsanzeigen durch den Kunden unterschreiben.

b) *Offene Zession:*

o Benachrichtigung des Drittschuldners von der Abtretung

o dieser kann *schuldbefreiend* nur an den Zessionar zahlen

o Nachteil für Zedenten: Abtretung und Kreditaufnahme werden bekannt

o Vorteil für das KI: Zessions-Risiken werden weitgehend ausgeschaltet, da das KI sich die Korrektheit und Wirksamkeit der Forderung vom Drittschuldner bestätigen läßt.

1.3.122 *Technik der Abtretung*

a) Die Abtretung von Forderungen ist in folgenden *Formen* möglich:

o *Einzelabtretungen:* Forderungen werden als Kreditsicherheiten durch Einzelverträge an den Kreditgeber abgetreten; verwendbar, wenn eine oder wenige Forderungen, die als gesichert gelten können, zur Deckung des Kreditbetrages ausreichen: insb. bei *Kleinkrediten* an Privatkundschaft der KI (z. B. Abtretung von Lohn-/Gehaltsansprüchen, Forderungen gegen Lebensversicherungsgesellschaften)

o *Pauschalabtretungen:* Abtretung einer Vielzahl von Forderungen für umfangreichere Kredite insb. auch über längere Laufzeit an Unternehmen; fällig werdende Forderungen werden zur Kreditrückzahlung verwandt oder durch neue Forderungsabtretungen ergänzt. *Arten:*

- Mantelzession
- Globalzession.

b) *Mantelzession:*

o *ein* Abtretungsvertrag

o Kreditnehmer reicht beim Kreditinstitut Rechnungskopien oder Debitorenlisten ein, aus denen hervorgeht:
  - Höhe der Forderung
  - Fälligkeit
  - Name des Drittschuldners
  - Gegenstand des Geschäfts

o Abtretung wird *wirksam* mit *Einreichung* dieser Unterlagen (diese hat also konstitutive = rechtsbegründende Wirkung)

o Kunde verpflichtet sich i. d. R., durch Einreichung neuer Unterlagen stets für Einhaltung eines bestimmten Gesamtbetrages an abgetretenen Forderungen zu sorgen.

c) *Globalzession:*

o *ein* Abtretungsvertrag

o Abtretung aller gegenwärtigen und *zukünftigen* Forderungen gegen bestimmten Kundenkreis

o da für Abtretung insb. zukünftiger Ansprüche die Forderungen hinreichend bestimmt sein müssen: pauschale Fixierung des *Kundenkreises,* der von der Zession erfaßt sein soll, z. B. Kunden von A bis K (Anfangsbuchstaben), Kunden im Raum Niedersachsen usw.

o nähere Bestimmung der Forderungen und ihres Gesamtbetrages durch regelmäßige Bestandsverzeichnisse, die vom Zedenten einzureichen sind

o Forderungsabtretung ist *wirksam* mit *Entstehung* der Forderung (Einreichung der Forderungsverzeichnisse hat also nur deklaratorische = rechtsbekundende Wirkung)

o daher i. d. R. besondere Eignung als Kreditsicherheit.

Globalzessionen sind allerdings rechtlich *problematisch:* sie können gesetzes- oder sittenwidrig sein (§§ 134, 138 BGB) wegen

o *Übersicherung,* d. h. zu hoher Überdeckung des Kreditbetrages durch die Zession

o *Knebelung* des Schuldners, d. h. unzumutbarer Beschränkung in seiner wirtschaftlichen Freiheit

o *Verleitung zum Vertragsbruch:* wenn der Kreditgeber weiß, daß der Kreditnehmer Waren üblicherweise nur unter verlängertem Eigentumsvorbehalt beziehen kann (d. h. die Forderungen gegen Drittschuldner stehen dem Lieferanten zu), ihn aber dennoch zur Forderungsabtretung auffordert.

d) Wird über eine Forderung mehrfach verfügt oder treffen verschiedene Kreditsicherheiten mehrerer Gläubiger aufeinander (z. B. Globalzession und verlängerter Eigentumsvorbehalt), so gilt das *Prioritätsprinzip,* d. h. das jeweils zuerst eingeräumte Si-

Globalabtretung

Vertrag zwischen der
Hamburger Sparkasse, Ecke Adolphsplatz/Gr. Burstah, 2000 Hamburg 11
(im folgenden „Sparkasse" genannt)

und

(im folgenden „Kunde" genannt).

1. Die Sparkasse steht mit dem Kunden in Geschäftsverbindung. **Zur Sicherung aller gegenwärtigen und künftigen,** auch bedingten und befristeten **Ansprüche** der Sparkasse aus der Geschäftsverbindung, insbesondere aus laufender Rechnung und aus der Gewährung von Krediten jeder Art, aus Bürgschaften, Abtretungen oder gesetzlichem Forderungsübergang sowie aus Wechseln (auch soweit sie von Dritten hereingegeben worden sind) tritt der Kunde hiermit seine gegenwärtigen und künftigen Forderungen einschließlich eventueller Nebenforderungen (insbesondere auch etwaige Verzugszinsen) gegen seine Kunden (im folgenden Drittschuldner genannt) mit den Anfangsbuchstaben

aus
Warenlieferungen und Leistungen
an die Sparkasse ab.

Für die Bestimmungen des Anfangsbuchstabens ist bei Einzelpersonen oder Firmen, die einen oder mehrere Familiennamen enthalten, der erste Buchstabe des ersten Familiennamens maßgebend, im übrigen der erste Buchstabe der Firmenbezeichnung.

Sollte eine abgetretene Forderung im Verhältnis zwischen dem Kunden und dem Drittschuldner in eine laufende Rechnung (sei es ein echtes oder ein sogenanntes uneigentliches Kontokorrent) einzustellen sein, so werden auch die Ansprüche auf Kündigung des Kontokorrentverhältnisses und auf Feststellung des Saldos sowie die Saldoforderung abgetreten, die sich bei sämtlichen Rechnungsabschlüssen und insbesondere bei Beendigung des Kontokorrentverhältnisses ergeben. Kontokorrentforderungen sind in den Bestandsverzeichnissen ausdrücklich zu kennzeichnen. Beabsichtigt der Kunde, künftig mit einem Drittschuldner ein Kontokorrentverhältnis zu begründen, wird er vorher die Zustimmung der Sparkasse einholen.

2. Die gegenwärtigen Forderungen gehen mit dem Abschluß dieses Vertrages, die künftigen mit ihrer Entstehung auf die Sparkasse über; Forderungen, die dem verlängerten Eigentumsvorbehalt eines Lieferanten des Kunden unterliegen oder in Zukunft unterliegen werden, gehen erst in dem Zeitpunkt auf die Sparkasse über, in dem sie nicht mehr durch den verlängerten Eigentumsvorbehalt erfaßt werden. Soweit bei diesen Forderungen oder bei einzelnen Teilen von ihnen nur ein Teil des Betrages durch den verlängerten Eigentumsvorbehalt abgetreten ist, erstreckt sich die Abtretung an die Sparkasse auf den dem Kunden zustehenden Forderungsteil; für den anderen Teil der Forderung gilt Ziffer 2 Satz 1 entsprechend.

Sollte die Abtretung aus irgendwelchen Gründen zu dem im Satz 1 genannten Zeitpunkt nicht wirksam werden, so erfolgt sie spätestens mit der Erfassung der Forderung in einem Bestandsverzeichnis. Soweit Forderungen gegen die in Ziffer 1 genannten Drittschuldner einem Lieferanten aufgrund verlängerten Eigentumsvorbehalts zustehen oder zustehen werden, tritt der Kunde hiermit seine gegen den Lieferanten gerichteten gegenwärtigen und künftigen Ansprüche auf Übertragung (Freigabe) dieser Forderungen an die Sparkasse ab.

3. Wenn die jeweils abgetretenen Forderungen insgesamt den im Kreditvertrag vereinbarten Mindestbetrag unterschreiten, verpflichtet sich der Kunde, weitere Sicherheiten zu stellen, bis der Mindestbetrag wieder erreicht ist. Für diese Sicherheiten und die Ermittlung des Gesamtbetrages der abgetretenen Forderungen ist die nach billigem Ermessen vorzunehmende Bewertung der Sparkasse maßgebend.

Für die neu gestellten Sicherheiten gelten die Bestimmungen dieses Vertrages entsprechend.

Der Kunde verpflichtet sich, der Sparkasse durch ein jeweils am   einzureichendes Bestandsverzeichnis, aus dem Name und Anschrift der Drittschuldner sowie Rechnungs- und Fälligkeitstag ersichtlich sind, die Forderungen nachzuweisen. Ein erstes Bestandsverzeichnis per   wird diesem Vertrag als Anlage beigefügt. Die Sparkasse hat das Recht, jederzeit Rechnungskopien zu verlangen.

Im Falle des Vorliegens eines berechtigten Interesses kann die Sparkasse verlangen, daß auch außerhalb der vorstehenden Termine Bestandsverzeichnisse eingereicht werden.

Die Nichtberücksichtigung einer der Abtretung unterliegenden Forderung in einem Bestandsverzeichnis sowie sonstige Mängel desselben wie auch ein Verstoß gegen diese schuldrechtliche Verpflichtung beeinträchtigen die Rechtswirksamkeit der Forderungsabtretung nicht.

Sollte der Bestand der jeweils abgetretenen Forderungen den im Kreditvertrag bzw. von der Sparkasse bestimmten Betrag während einer Dauer von mindestens 3 Monaten ununterbrochen übersteigen, so ist die Sparkasse auf Verlangen bereit, die von ihr nach billigem Ermessen nicht benötigten Sicherheiten zurückzuübertragen.

4. Der Kunde versichert für alle in die Bestandsverzeichnisse gemäß Ziffer 3 aufgenommenen Forderungen, daß sie zu Recht bestehen, weder gepfändet, verpfändet noch vor dieser Abtretung anderweitig abgetreten sind (auch nicht an Lieferanten des Kunden in Form eines verlängerten Eigentumsvorbehalts), daß die Abtretung nicht durch Vereinbarung mit den Drittschuldnern ausgeschlossen oder an deren ausdrückliche Zustimmung gebunden ist und die Drittschuldner keine zur Aufrechnung geeigneten Gegenforderungen gegen den Kunden haben. Forderungen, deren sofortiger Geltendmachung Hindernisse rechtlicher oder tatsächlicher Art entgegenstehen, sind mit Angabe des Grundes in den Bestandsverzeichnissen kenntlich zu machen.

5. Für die abgetretenen gegenwärtigen oder künftigen Forderungen gilt folgendes:

a) Neben den Forderungen werden alle für sie haftenden Sicherheiten sowie die Rechte aus den zugrundeliegenden Rechtsgeschäften, soweit sich dies nicht bereits aus dem Gesetz ergibt (§ 401 BGB), auf die Sparkasse übertragen. Darunter fallen auch Sicherungseigentum und vorbehaltenes Eigentum. Die Übergabe wird dabei durch die Abtretung der Ansprüche auf Herausgabe der Gegenstände ersetzt. Die Gegenstände, an denen sich der Kunde das Eigentum vorbehalten hat oder die ihm zur Sicherheit übereignet sind sowie die sonstigen Sicherungsrechte werden in den Bestandsverzeichnissen gemäß Ziffer 3 besonders angeführt, soweit sie sich nicht schon aus anderen der Sparkasse eingereichten Urkunden ergeben. Der Kunde verpflichtet sich, der Sparkasse auf deren Verlangen schriftliche Anzeigen über den Übergang dieser Rechte auf sie zu erteilen, die die Sparkasse den Drittschuldnern (entsprechend Ziffer 5 c) bekanntzugeben berechtigt ist.

Für den Fall, daß eine durch Ziffer 1 erfaßte Forderung nicht oder nicht voll realisiert werden kann, sind auch die etwaigen gegenwärtigen und künftigen Gewährleistungsansprüche des Kunden gegenüber seinen Lieferanten hiermit abgetreten.

b) Die abgetretenen Forderungen wird der Kunde stets für die Sparkasse einziehen, falls diese dies nicht selbst unternimmt.

In jedem Fall, in dem der Gegenwert einer abgetretenen Forderung — in voller Höhe oder in Teilbeträgen, in bar oder in anderer Form, z. B. in Schecks oder Wechseln — unmittelbar bei dem Kunden eingeht, nimmt er ihn treuhänderisch für die Sparkasse entgegen und verpflichtet sich, die Sparkasse von dem Eingang unverzüglich unter genauer Bekanntgabe der Forderung, auf die der Gegenwert entfällt, zu benachrichtigen und die eingegangenen Beträge oder sonstigen Gegenwerte, z. B. Schecks oder Wechsel, ordnungsgemäß giriert an die Sparkasse weiterzuleiten. Es steht im billigen Ermessen der Sparkasse, die eingegangenen Gegenwerte dem Kunden wieder zur Verfügung zu stellen.

Soweit Gegenwerte abgetretener Forderungen auf ein laufendes Konto des Kunden bei der Sparkasse eingehen, ist der Kunde bis auf jederzeitigen Widerruf der Sparkasse berechtigt, die Gegenwerte im Rahmen seines laufenden ordentlichen Geschäftsbetriebs unter Beachtung der mit der Sparkasse auch sonst getroffenen Vereinbarungen zu verwenden.

c) Die Sparkasse ist berechtigt, jederzeit nach ihrem billigen Ermessen die Forderungsabtretung offenzulegen, die abgetretenen Forderungen selbst einzuziehen, sie und die Sicherungsrechte zu veräußern oder in anderer Weise darüber zu verfügen. Dies gilt insbesondere dann, wenn der Kunde gegen die ihm obliegenden Pflichten aus der Geschäftsverbindung oder diesem Vertrag in einer solchen Weise verstößt, daß dieses Verhalten zu einer fristlosen Kreditkündigung berechtigt, oder sonst ein Tatbestand vorliegt, der die Sparkasse hierzu berechtigen würde.

Für den Fall, daß die Sparkasse die Forderungen selbst einzieht, verpflichtet sich der Kunde, auch seinerseits die Drittschuldner zur Zahlung an die Sparkasse anzuhalten.

d) Unter mehreren Sicherheiten hat die Sparkasse die Wahl. Einen etwa gegenüber der Schuld erzielten Mehrerlös hat sie dem Kunden zu vergüten.

e) Soweit die Sparkasse die Forderungen selbst einzieht, ist es ihrem billigen Ermessen überlassen, alle Maßnahmen und Vereinbarungen mit den Drittschuldnern zu treffen, die sie für zweckmäßig hält, um den Gegenwert der Forderungen zu erhalten. Die Sparkasse wird bei der Einziehung dieselbe Sorgfalt anwenden, die sie in eigenen Angelegenheiten anzuwenden pflegt.

Der Kunde verpflichtet sich, alle Unterlagen über die abgetretenen Forderungen auszuhändigen und der Sparkasse schriftliche Anzeigen über den Übergang der Forderung und ihrer Nebenrechte zur Unterrichtung der Drittschuldner zu übergeben. Auf Verlangen der Sparkasse sind derartige Anzeigen blanko bereits im Vorwege und in ausreichender Anzahl auszuhändigen.

f) Der Kunde verpflichtet sich, jede Maßnahme zu vermeiden, durch die Dritten, die an den Forderungen rechtlich oder wirtschaftlich interessiert sind, die Gläubigerstellung der Sparkasse verborgen bleibt, und in seinen Geschäftsbüchern und Bestandsverzeichnissen die Forderungen als an die Sparkasse abgetreten und die Sicherungsrechte als auf die Sparkasse übergegangen zu kennzeichnen.

g) Der Kunde gestattet der Sparkasse, zwecks Prüfung der abgetretenen Forderungen jederzeit seine Bücher und Schriftstücke einzusehen oder durch einen Bevollmächtigten einsehen zu lassen.

Soweit der Kunde seine Buchhaltungsarbeiten durch einen Dritten vornehmen läßt, tritt der Kunde alle Ansprüche, die ihm gegen den Dritten gegenwärtig oder künftig zustehen, insbesondere auf Erteilung von Auskünften jeder Art, auf Aushändigung sämtlicher Unterlagen und auf Leistung entsprechender Buchhaltungsarbeiten in Ansehung der zedierten Forderungen an die Sparkasse ab. Auf Verlangen der Sparkasse wird der Kunde ihr Name und Adresse des Dritten mitteilen, den er mit seinen Buchhaltungsarbeiten betraut hat.

h) Der Kunde verpflichtet sich, die Sparkasse umgehend zu benachrichtigen, wenn die abgetretenen Forderungen oder die gemäß a) übergegangenen Sicherungsrechte von einem Dritten gepfändet werden, und dem pfändenden Dritten die Abtretung bzw. den Übergang der Rechte mitzuteilen. Er verpflichtet sich weiter, der Sparkasse von allen sonstigen Beeinträchtigungen der Forderungen, z. B. durch eine Verminderung der Zahlungsfähigkeit der Drittschuldner, durch eine Mängelrüge der Drittschuldner oder durch die Begründung einer Aufrechnungsmöglichkeit zugunsten der Drittschuldner, Kenntnis zu geben.

i) Sobald die Sparkasse wegen aller ihrer Ansprüche gegen den Kunden befriedigt ist, ist sie verpflichtet, ihre Rechte aus der Forderungsabtretung auf den Kunden zurückzuübertragen. Dies gilt nicht, wenn ein Bürge oder sonstiger Dritter die Sparkasse befriedigt hat; in diesem Fall ist die Sparkasse zwar nicht verpflichtet, aber berechtigt, ihre Rechte auf den Bürgen oder sonstigen Dritten zu übertragen.

6. Alle Kosten dieses Vertrages und seiner Durchführung hat der Kunde zu tragen.

7. Alle Vereinbarungen bleiben auch bei einem etwaigen Wechsel in der Inhaberschaft der Firma des Kunden sowie bei einer Änderung der Rechtsform dieser Firma unverändert bestehen.

8. Sollte eine der vorstehenden Vereinbarungen unwirksam sein, so wird dadurch die Gültigkeit des übrigen Vertragsinhalts nicht berührt. Die Vertragsparteien verpflichten sich, die unwirksame Bestimmung durch eine neue zu ersetzen, die dem erklärten, aber unwirksamen Willen im wirtschaftlichen Ergebnis möglichst nahe kommt.

9. Für das hiermit begründete Rechtsverhältnis sind ergänzend die Satzung, die Allgemeinen Geschäftsbedingungen (AGB), die Kreditbedingungen und die Gebührentabelle der Sparkasse vereinbart. Diese Unterlagen können in allen Geschäftsräumen der Sparkasse eingesehen werden.

10. Ergänzende und von den vorstehenden Bestimmungen abweichende Vereinbarungen bedürfen der Schriftform.

11. Wenn die Vertragsparteien Kaufleute, die nicht zu den im § 4 des Handelsgesetzbuches bezeichneten Gewerbetreibenden gehören, juristische Personen des öffentlichen Rechts oder öffentlich-rechtliche Sondervermögen sind, kann die Sparkasse an ihrem allgemeinen Gerichtsstand klagen und nur an diesem Gerichtsstand verklagt werden.

12. Sonstige Vereinbarungen:

Anlage: Bestandsverzeichnis

Hamburg, den
Hamburger Sparkasse

Unterschrift/en des/der Kunden

cherungsrecht wird zuerst befriedigt (sehr umstritten; in neueren Entscheidungen hat der BGH z. B. den im Rahmen von Factoring-Verträgen abgetretenen Forderungen den Vorrang vor dem verlängerten Eigentumsvorbehalt eingeräumt).

1.3.13 Pfandrecht

1.3.130 Wesen und Entstehung

a) *Definition:* Das Pfandrecht ist ein *dingliches* Recht an fremden *beweglichen Sachen* oder *Rechten*

o zur Sicherung einer Forderung, d. h. *akzessorisch*
o mit Berechtigung des Gläubigers, sich aus dem belasteten Rechtsgegenstand durch *Verwertung* zu befriedigen

(§§ 1204 ff. BGB).

b) Das Pfandrecht kann auch für *künftige* oder bedingte Forderungen bestellt werden, wird aber erst mit ihrer Entstehung wirksam (Akzessorietät).

c) *Entstehung:*

o aufgrund gesetzlicher Vorschrift = *gesetzliches Pfandrecht:* Verwertungsrecht des Besitzers beweglicher Sachen für Ansprüche aus
   – Werkvertrag (Vergütungsanspruch des Werkunternehmers, § 647 BGB)
   – Kommissionsvertrag (Kommissionsanspruch des Kommissionärs, § 397 HGB)
   – Speditionsvertrag (Provisionsanspruch des Spediteurs, § 410 HGB)
   – Lagervertrag (Anspruch des Lagerhalters auf Lagergeld, § 421 HGB)
   – Frachtvertrag (Vergütungsanspruch des Frachtführers, § 440 HGB);

Herausgabeanspruch und Verwertungsrecht des Gläubigers für Ansprüche aus
   – Mietvertrag (Mietanspruch des Vermieters, § 559 BGB)
   – Pachtvertrag (Anspruch des Verpächters auf Pacht, §§ 581, 559 BGB)
   – Beherbergungsvertrag (Anspruch des Gastwirts auf Vergütung, § 704 BGB);

das gesetzliche Pfandrecht soll Sicherung der Ansprüche dieser Gläubiger ermöglichen;
Beispiel:

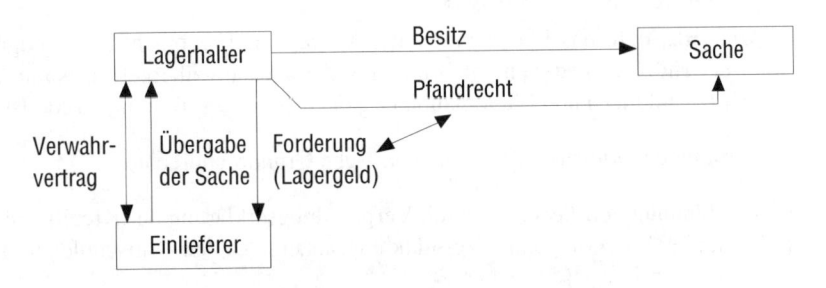

- o durch Pfändung im Rahmen der Zwangsvollstreckung aufgrund durch Gericht erteilter Befugnis = *Pfändungspfandrecht*
- o durch Vertrag zwischen *Verpfänder* und *Pfandgläubiger* = *vertragliches Pfandrecht*: als Kreditsicherheit im Rahmen des Kreditgeschäfts ist nur dieses Pfandrecht für die KI interessant, die folgenden Ausführungen sollen darauf beschränkt bleiben.

1.3.131 Das vertragliche Pfandrecht

a) Verpfändung *beweglicher Sachen* (sog. Mobiliarpfandrecht):

Bestellung durch *Einigung und Übergabe* (vgl. Eigentumsübertragung), § 1205 BGB;

- o der Pfandgläubiger muß *Besitzer* werden: *Faustpfandprinzip*
- o der Verpfänder bleibt *Eigentümer*.

```
┌─────────────────┐   Forderung      ┌─────────────────┐
│ Kreditgeber (KI)│─────────────────▶│  Kreditnehmer   │
│ = Pfandgläubiger│◀─────────────────│  = Verpfänder   │
└─────────────────┘   Pfandvertrag   └─────────────────┘
         │          Besitzverschaffung        │
         │          ┌──────────────┐          │
         │Verwertungsrecht          │ Eigentum│
         └─────────▶│  Gegenstand  │◀─────────┘
                    │   = Pfand    │ (bleibt)
                    └──────────────┘
```

Besitzverschaffung:

- o *unmittelbarer* Besitz, d. h. effektive Übergabe an den Pfandgläubiger (nicht erforderlich, wenn das Pfand schon in Händen des Gläubigers ist, z. B. Wertpapiere bei einer Bank)
- o *mittelbarer* Besitz, d. h. Übergabe des Pfandes an einen Dritten mit alleinigem *Herausgabeanspruch* des Pfandgläubigers; befindet die Sache sich bereits bei einem Dritten (z. B. Lagerhalter), muß der mittelbare Besitz auf den Gläubiger übertragen (durch Abtretung des Herausgabeanspruches) und dem Dritten die Verpfändung *angezeigt* werden (§ 1205 II BGB)
- o *Mitbesitz,* d. h. das Pfand wird unter Mitverschluß gebracht (z. B. Lagerraum mit zwei Schlössern) oder einem Dritten mit der Weisung übergeben, es nur an Eigentümer (Schuldner) und Pfandgläubiger *gemeinsam* auszuliefern (§ 1206 BGB).

b) Verpfändung *unbeweglicher Sachen*: siehe Grundpfandrechte.

c) Verpfändung von *Rechten*: durch Verpfändungserklärung des Kreditnehmers = Verpfänders; bei Forderungen ist Verpfändungsanzeige an den Drittschuldner erforderlich.

Nicht verpfändbar sind

o unübertragbare Forderungen
o unpfändbare Forderungen } vgl. Forderungsabtretung.

Vgl. §§ 1273 ff. BGB.

Verpfändbar sind insb. auch *Wertpapiere:* Bestellung des Pfandes durch

o Einigung über die Verpfändung des Papiers
o + Übergabe (bei Inhaberpapieren)
o + Übergabe + Indossierung (bei Orderpapieren)
o + Übergabe + gesonderte Einigung über die Verpfändung des Rechts (bei Rektapapieren)
o evtl. Anzeige an den Emittenten und dessen Zustimmung erforderlich (z. B. bei Sparkassenbriefen).

Einer Bank als Pfand haftende *Forderungen* dürfen von ihr schon vor Fälligkeit gekündigt und eingezogen werden, wenn dies zur Erhaltung der Sicherheit erforderlich ist (Nr. 21 AGB).

1.3.132 Das Pfandrecht in der Bankpraxis

a) Kreditinstitute gewähren auf der Grundlage von Pfändern sog. *Lombardkredite.* Als Pfänder kommen in Betracht:

o *Waren:*
  – Übergabe einer schriftlichen Verpfändungserklärung
  – Übergabe eines indossierten Orderlagerscheins bzw. Abtretung des Herausgabeanspruches unter Anzeige an den Lagerhalter;
  die Sicherungsübereignung von Waren wird i. d. R. vorgezogen, da das KI damit eine bessere Rechtsstellung erlangt (Eigentum) und der Kreditnehmer über die Waren verfügen kann (Weiterverkauf).
o *Wertpapiere:*
  – Übergabe einer schriftlichen Verpfändungserklärung
  – Übergabe von blanko- oder pfandindossierten Orderpapieren
  – Sperrung des Depots des Kunden beim KI
  – laufende Überwachung der Kurse der betreffenden Papiere;
  Wertpapiere eignen sich als Sicherheit besonders, wenn sie vom KI für den Kunden bei einem Dritten verwahrt werden (sog. Drittverwahrung, siehe dort) und vom KI zur Refinanzierung benutzt werden dürfen (sog. Drittverpfändung).
o *Sparguthaben:*
  – Übergabe einer schriftlichen Verpfändungserklärung
  – Übergabe des Sparbuches (ohne rechtliche Bedeutung, aber zur Geltendmachung der Rechte wichtig)

- Benachrichtigung der kontoführenden Stelle, diese hat zu bestätigen bzw. muß ggf. zustimmen;

führt das kreditgewährende KI das Sparkonto, so ist die Verpfändung überflüssig, da das Sparguthaben bereits nach den AGB als Sicherheit haftet. In der Praxis werden aber auch hier gesonderte Verträge geschlossen. Verpfändung vermögenswirksamer Leistungen oder Bausparguthaben während der Sperrfrist ist prämien- bzw. steuervergünstigungsschädlich oder führt zum Verlust der Arbeitnehmersparzulage.

o Ansprüche aus *Lebensversicherungen:*
  - Übergabe einer schriftlichen Verpfändungserklärung
  - Übergabe des Versicherungsscheines
  - Anzeige an die Lebensversicherungsgesellschaft (evtl. ist deren Zustimmung erforderlich)
  - Beleihung zum sog. Rückkaufswert.

1.3.133 Die Haftung des Pfandes

a) *Vergleich* der grundsätzlichen Gesetzesregelung (§§ 1204 ff. BGB) und der Bankpraxis aufgrund der AGB:

Grundsätzlich:	Bankpraxis:
A. Form der Verpfändung (Einigung)	
formlos	schriftliche Verpfändungserklärung (WE I), Entgegennahme durch das KI (WE II)
B. Haftung des Pfandes	
für die Forderung, für die es bestellt wurde	für alle Forderungen des KI gegen den Kunden (Allgemeine Pfandklausel in den AGB)
C. Verwertung des Pfandes (Vorgang)	
1. Nichtzahlung des Kunden	
2. Androhung des Pfandverkaufs	-------- (AGB)
3. Wartefrist	-------- (AGB)
Verwertung: – durch öffentliche Versteigerung (grundsätzlich) – freihändig durch Makler (Pfänder mit Markt-/Börsenpreis)	

b) *Erlöschen* der Pfandhaftung mit Erlöschen des Pfandrechts:

o mit Erlöschen der zugrundeliegenden Forderung (§ 1252 BGB; Akzessorietät!)
o mit Verwertung des Pfandes
o mit Rückgabe des Pfandes durch den Pfandgläubiger (§ 1253 BGB)
o mit Verzicht des Gläubigers auf das Pfandrecht (§ 1255 BGB).

c) Der *Erlös* der Pfandverwertung gebührt in Höhe der Forderung dem Gläubiger und führt zur Erfüllung, ein Mehrerlös steht dem Pfandeigentümer zu (§ 1247 BGB).

1.3.14 Grundpfandrechte

Vgl. hierzu Abschnitt 0.3.3!

Eignung und Verwendung der Grundpfandrechte als *Kreditsicherheiten:*

a) *Verkehrshypothek:*

Verwendung für langfristige Kredite (Hypothekarkredite), gewöhnlich mit Eintragung einer Zwangsvollstreckungsklausel in das Grundbuch.

b) *Sicherungshypothek:*

Wird selten verwandt, da der öffentliche Glaube des Grundbuches nicht für die Grundforderung gilt (Beweislast trägt der Gläubiger).

Verkehrs- und Sicherungshypothek sind für kurzfristige Kredite, insbes. Kontokorrentkredite, *ungeeignet,* da sie sich einem Wiederaufleben der Grundforderung nicht anpassen.

c) *Höchstbetragshypothek:*

Für langfristige Kredite kaum verwandt, da Sonderform der Sicherungshypothek (s. o.).

Für Kontokorrentkredite *geeignet,* da sie sich einem Wiederaufleben der Grundforderung anpaßt (strenge Akzessorietät).

Nachteil: Eintragung einer Zwangsvollstreckungsklausel ist nicht möglich.

d) *Grundschuld:*

Für *alle Kredite geeignet,* da abstrakt, d. h. von einer (in aller Regel bestehenden) Grundforderung weitgehend unabhängig, und da Eintragung einer Zwangsvollstreckungsklausel möglich ist.

Am besten geeignet als Eigentümergrundschuld in Briefform, die durch Übergabe des Briefes und Abtretung ohne Grundbuchumschreibung übertragen werden kann.

1.3.15 Sicherungsübereignung

1.3.150 Wesen und Bedeutung

a) *Definition:* Sicherungsübereignung = Übertragung eines Sicherungsgutes vom Schuldner (Kreditnehmer) auf den Gläubiger (Kreditgeber) in der Weise, daß o der *Gläubiger Eigentümer* (und damit mittelbarer Besitzer) wird,

o der *Schuldner* unmittelbarer *Besitzer* des Gutes bleibt.

Die zur Eigentumsübertragung grundsätzlich erforderliche Übergabe der Sache wird ersetzt durch ein sog. *Besitzkonstitut* (Besitzmittlungsverhältnis) in Form eines Vertrages, bei dem typischerweise nur der unmittelbare Besitz zu übertragen ist:

o Leihvertrag

o Mietvertrag

o Verwahrvertrag

o Kommissionsvertrag

(vgl. § 930 BGB).

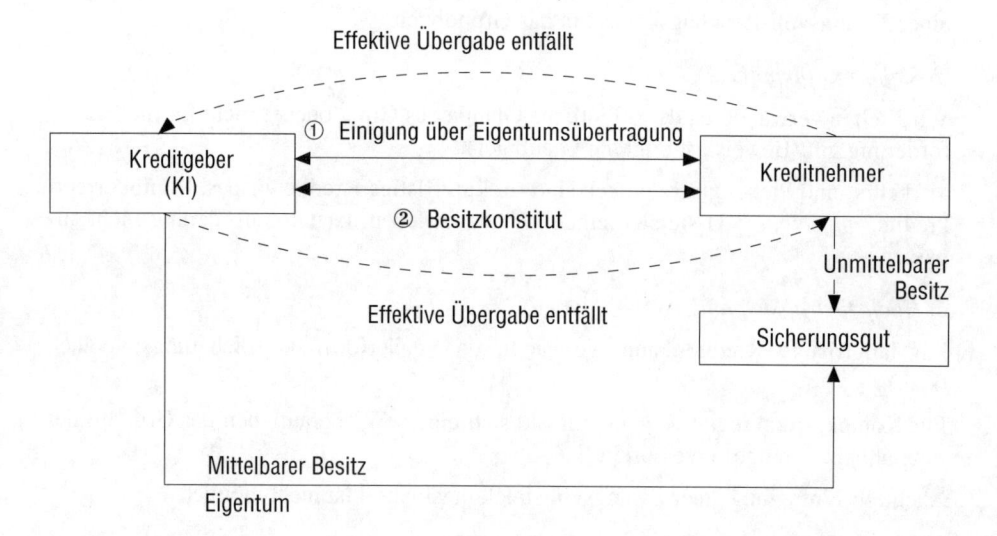

b) *Bedeutung:*

o Die Sicherungsübereignung ist *gesetzlich nicht geregelt,* sie wurde aus der Praxis heraus entwickelt und ist weit bedeutender als die Verpfändung beweglicher Sachen, da der Sicherungsgeber den sicherungsübereigneten Gegenstand weiter nutzen kann; im Gegensatz zur Verpfändung beweglicher Sachen ist die Sicherungsübereignung *abstrakt*

o die Sicherungsübereignung ist *formfrei* gültig; aus Beweisgründen und wegen der übrigen Absprachen wird der Vertrag generell schriftlich geschlossen

o das Kreditinstitut wird *treuhänderischer Eigentümer,* d. h., es hat ein Verwertungsrecht nur bei Ausfallen der Forderung; das Sicherungsgut geht nicht in das Vermögen des Sicherungsnehmers über, sondern muß durch Veräußerung verwertet werden, der Erlös dient zur Deckung der Forderung; wird die Forderung vom Kreditnehmer beglichen, hat das KI die Pflicht zur *Rückübereignung* (sofern kein Anwartschaftsrecht des Kreditnehmers besteht, d. h. das Eigentum automatisch an ihn zu-

rückfällt); im Konkurs ist der Sicherungseigentümer absonderungsberechtigt (siehe Abschnitt 0.4.341)
- der *Kunde* (Kreditnehmer) behält die unmittelbare *Verfügungsmöglichkeit* über das Sicherungsgut und kann es, soweit möglich, im Betrieb weiter verwenden (z. B. Maschinen, Kraftfahrzeuge) oder – mit Genehmigung des KI – verkaufen (dann ist der erzielte Erlös an das KI abzuführen oder für Ersatz zu sorgen)
- das KI braucht das Sicherungsgut nicht einlagern zu lassen oder sonst aufzubewahren; es profitiert von dessen Weiterverwendung ebenso wie der Kreditnehmer, da dadurch die Kreditrückzahlung eher möglich ist
- die Sicherungsübereignung, die rechtlich dem Pfandrecht nahesteht, bringt also in wirtschaftlicher Hinsicht einige Vorteile mit sich; sie kann sich auch auf als Pfänder ungeeignete Güter erstrecken.

1.3.151 Risiken und Schutzmöglichkeiten

a) Aufgrund der Tatsache, daß der Kreditnehmer unmittelbar Besitzer des Sicherungsgutes bleibt, bringt die Sicherungsübereignung für den Kreditgeber besondere *Gefahren* mit sich:

- Eigentumsvorbehalt auf dem Sicherungsgut, der dem Sicherungseigentum grds. vorgeht (gutgläubiger Erwerb durch das KI erfolgt bei Besitzkonstitut erst, wenn die Sache dem KI übergeben wird, § 933 BGB – hierauf aber wird ja grds. verzichtet)
- Sicherungsgut ist bereits übereignet
- Sicherungsgut verliert an Wert (Verderb/Rückgang des Marktpreises/Absatzschwierigkeiten usw.)
- Sicherungsgut wird verkauft und nicht ersetzt
- Sicherungsgut ist nicht bestimmbar, da nicht gekennzeichnet
- Sicherungsgut unterliegt gesetzlichem Pfandrecht
- Sicherungsgut ist wesentlicher Bestandteil oder Zubehör eines Grundstücks und haftet daher für ein Grundpfandrecht (sog. Zubehörhaftung)
- Sicherungseigentum geht unter durch Verbindung/Vermischung des Sicherungsgutes mit anderen Sachen.

b) *Sicherungsmöglichkeiten* für das KI:
- genaue Bestimmung/Kennzeichnung des Sicherungsgutes
- Versicherung des Gutes (z. B. Kaskoversicherung bei Kfz)
- laufende Kontrolle des Sicherungsbestandes
- bei Eigentumsvorbehalt: Sicherung eines Anwartschaftsrechtes für das KI (es wird dann automatisch Eigentümer, wenn der Kreditnehmer die Forderung des Lieferanten begleicht)
- Überprüfung der Bonität des Kunden.

ⓥ Volksbank

Sicherungsübereignungsvertrag
Kraftfahrzeug

Nr. 23456/90

Zwischen __Firma Otto Neuhaus & Co., Eiffestr. 998, 2000 Hamburg 55__

in dieser Urkunde — auch bei mehreren Personen — „Sicherungsgeber" genannt

und der __Volksbank West-Süd eG, Hamburg,__

in dieser Urkunde „Bank" genannt

wird folgender Sicherungsvertrag geschlossen:

1. Zur Sicherung **aller bestehenden und künftigen** — auch bedingten oder befristeten — **Ansprüche** der Bank oder eines die Geschäftsverbindung fortsetzenden Rechtsnachfolgers der Bank
   — **aus der Geschäftsverbindung** (insbesondere aus laufender Rechnung und aus der Gewährung von Krediten jeder Art, Wechseln, Schecks, Lieferungen oder Leistungen),
   — **aus** Bürgschaften, Garantien oder sonstigen **Gewährleistungen**,
   — **aus** im Rahmen der üblichen Bankgeschäfte **von Dritten erworbenen** Forderungen, Wechseln und Schecks,
   auch wenn die Sicherheit anläßlich einer bestimmten Kreditgewährung bestellt wird,

gegen __Firma Otto Neuhaus & Co., Hamburg__

in dieser Urkunde — auch bei mehreren Personen — „Schuldner" genannt*)

oder dessen Gesamtrechtsnachfolger und — bei einer Firma oder Gesellschaft — gegen deren Gesamtrechtsnachfolger sowie auch gegen deren Inhaber, soweit diese(r) für die Verbindlichkeiten der Firma oder Gesellschaft persönlich haften/haftet, übereignet der Sicherungsgeber der Bank hiermit das nachstehend bezeichnete Kraftfahrzeug mit Bestandteilen und Zubehör:

Fabrikat	Typ	Art	Erstzulassung
Hanomag	**CL 600**	**LKW**	**1989**
Fahrgestell-Nr.	Amtliches Kennzeichen	Kraftfahrzeug-/Anhänger-Brief Nr.	
9998887776	**HH-TL 194**	**878787**	

2. Der Sicherungsgeber erklärt,
   — daß er Eigentümer des Kraftfahrzeugs ist und
   — daß er frei über das Kraftfahrzeug verfügen kann.

   Der Sicherungsgeber ist zur Abgabe dieser Erklärung nicht berechtigt, wenn das Kraftfahrzeug ihm unter Eigentumsvorbehalt geliefert und bei Abgabe der Erklärung noch nicht restlos bezahlt oder bereits anderweitig sicherungsübereignet ist.

3. Sicherungsgeber und Bank sind sich darüber einig, daß das Eigentum an dem Kraftfahrzeug mit Bestandteilen und Zubehör auf die Bank übergeht.

   Die Übergabe des Kraftfahrzeugs wird durch folgende Vereinbarung ersetzt:

   a) Die Bank beläßt dem Sicherungsgeber das als Sicherheit dienende Kraftfahrzeug zur unentgeltlichen Verwahrung in seinem unmittelbaren Besitz und gestattet ihm, vorbehaltlich eines Widerrufs, seine weitere Benutzung.

      Der Sicherungsgeber verpflichtet sich, das Kraftfahrzeug pfleglich zu behandeln und instand zu halten.

   b) Befindet sich das Kraftfahrzeug im Besitz Dritter, so tritt der Sicherungsgeber hiermit die Herausgabeansprüche gegen die Dritten an die Bank ab.

   Der Kfz-Brief wird gleichzeitig der Bank übergeben.

---

*) Handelt es sich um mehrere Schuldner und soll die Sicherheit auch zur Sicherung der Ansprüche gegen einzelne Schuldner dienen, so ist dies gesondert auszuhandeln und durch einen Zusatz, wie z. B. „und gegen jeden einzelnen von ihnen", zum Ausdruck zu bringen.

242 004 DG VERLAG 6.87

4. Sollte der Sicherungsgeber entgegen der in Nr. 2 abgegebenen Erklärung nicht Eigentümer des Kraftfahrzeugs sein, überträgt er hiermit sein Anwartschaftsrecht bzw. seinen Anspruch auf Rückübertragung des Eigentums auf die Bank. Erwirbt der Sicherungsgeber gleichwohl später das Eigentum an dem Kraftfahrzeug, so geht im Augenblick des Eigentumserwerbs das Eigentum auf die Bank über. Im Fall der Übertragung des Anwartschaftsrechts und des späteren Eigentumserwerbs wird die Übergabe durch die Vereinbarung gemäß Nr. 3 Abs. 2 dieses Vertrags ersetzt.

Der Sicherungsgeber tritt hiermit seine übrigen Ansprüche gegen den Vorbehalts- oder Sicherungseigentümer im voraus an die Bank ab, insbesondere etwaige Ansprüche aus Gewährleistung, auf Rückgewähr des Geleisteten, Schadensersatz oder Mehrerlös bei Verwertung des Sicherungsguts.

Die Bank ist befugt, eine Restschuld für Rechnung des Sicherungsgebers zu bezahlen.

5. Werden Gegenstände als Zubehörstücke oder Bestandteile neu eingefügt, so einigen sich Sicherungsgeber und Bank schon jetzt, daß das Eigentum bzw. das Anwartschaftsrecht an den neu eingefügten Gegenständen im Zeitpunkt der Einfügung unmittelbar auf die Bank übergeht; die Übergabe wird durch die Vereinbarung gemäß Nr. 3 Abs. 2 dieses Vertrags ersetzt.

6. Der Sicherungsgeber verpflichtet sich:

   a) das Kraftfahrzeug nur mit vorheriger Zustimmung der Bank entgeltlich Dritten zu überlassen. Alle Ansprüche aus Gebrauchsüberlassung tritt er hiermit im voraus an die Bank ab;
   b) der Bank jederzeit die Überprüfung des Kraftfahrzeugs zu ermöglichen, alle ihr erforderlich erscheinenden Auskünfte zu erteilen und ggf. Schriftstücke zur Einsichtnahme vorzulegen;
   c) die Sicherungsübereignung jedem Dritten bekanntzugeben, der das Sicherungseigentum der Bank beeinträchtigen könnte;
   d) die Bank unverzüglich von drohenden bzw. eintretenden Beeinträchtigungen des Sicherungseigentums (z. B. Beschädigung, Pfändung) zu benachrichtigen;
   e) bei einer Beschädigung oder Zerstörung des übereigneten Kraftfahrzeugs Schadenersatzansprüche gegen den Schädiger oder dessen Haftpflichtversicherer geltend zu machen. Der Sicherungsgeber tritt diese Ansprüche schon jetzt im voraus an die Bank ab. Die Bank ist berechtigt, den Schädiger oder dessen Haftpflichtversicherer von dieser Abtretung zu benachrichtigen.

7. Der Sicherungsgeber verpflichtet sich, das der Bank übereignete Kraftfahrzeug für die Dauer der Übereignung gegen diejenigen Gefahren, für die der Bank ein Versicherungsschutz erforderlich erscheint, in ausreichender Höhe zu versichern und dies der Bank auf Verlangen jederzeit, insbesondere durch Vorlegen der Versicherungsscheine, nachzuweisen.

Der Sicherungsgeber wird bei dem Versicherer beantragen, der Bank einen Sicherungsschein zu erteilen[*]).

Wenn der Sicherungsgeber für keinen ausreichenden Versicherungsschutz sorgt oder die Prämie nicht pünktlich zahlt, ist die Bank berechtigt, dies auf Gefahr und Kosten des Sicherungsgebers zu tun.

8. Die Bank ist berechtigt, die Sicherungsübereignung des Kraftfahrzeugs der Zulassungsstelle mitzuteilen. Erfolgt diese Mitteilung, so ist die Bank verpflichtet, die Zulassungsstelle auch von der Rückübereignung des Kraftfahrzeugs an den Sicherungsgeber in Kenntnis zu setzen.

9. Die Bank ist befugt, bei Vorliegen eines wichtigen Grundes, insbesondere wenn Sicherungsgeber oder Schuldner ihren Verpflichtungen der Bank gegenüber nicht nachkommen, das Kraftfahrzeug in ihren unmittelbaren Besitz zu nehmen. In diesem Fall ist es der Bank auch gestattet, das Kraftfahrzeug auf Kosten des Sicherungsgebers an anderer Stelle einzustellen. Macht die Bank hiervon Gebrauch, so beschränkt sich ihre Verantwortlichkeit auf sorgfältige Auswahl des Verwahrers (Hinterlegung bei einem Dritten nach § 691 Satz 2 des Bürgerlichen Gesetzbuchs).

Kommt der Sicherungsgeber seinen Verpflichtungen bei Fälligkeit nicht nach, so ist die Bank befugt, das Kraftfahrzeug ohne gerichtliches Verfahren unter tunlichster Rücksichtnahme auf den Sicherungsgeber zu beliebiger Zeit an einem ihr geeignet erscheinenden Ort zu verwerten.

Weiter ist die Bank berechtigt, das Kraftfahrzeug zu einem angemessenen Preis selbst zu übernehmen.

Der Sicherungsgeber ist verpflichtet, auf Verlangen der Bank das Sicherungsgut zu verwerten oder bei der Verwertung mitzuwirken. Der Sicherungsgeber hat alles, was er bei der Verwertung des Sicherungsgutes erlangt (einschließlich Umsatzsteuer), unverzüglich an die Bank herauszugeben.

Einen etwa verbleibenden Überschuß hat die Bank dem Sicherungsgeber unverzüglich auszuzahlen, soweit er nicht Dritten zusteht.

Für den Fall, daß die Bank das Recht zur Benutzung des Kraftfahrzeugs widerruft, ist der Sicherungsgeber trotzdem verpflichtet, die für die Unterstellung des Kraftfahrzeugs bis dahin benutzten Räume bis auf weiteres, mindestens bis zur Verwertung des Kraftfahrzeugs oder bis zur Befriedigung der Bank wegen aller Ansprüche, zur Verfügung zu stellen.

) Antrag auf Erteilung eines Sicherungsscheins nach Vordruck 242 04

10. Die Bank hat auf Verlangen des Sicherungsgebers ihre Rechte aus diesem Vertrag nach billigem Ermessen freizugeben, soweit sie diese nicht nur vorübergehend nicht mehr benötigt.

11. Zahlt ein Bürge oder ein anderer Dritter an die Bank, so ist diese berechtigt, aber nicht verpflichtet, die Sicherungsrechte auf den Dritten zu übertragen.

12. Ist der Sicherungsgeber nicht zugleich Schuldner der persönlichen Forderung der Bank, so dienen seine Zahlungen oder Erlöse aus der Verwertung der Sicherungsgegenstände bis zur vollständigen Befriedigung der Bank als Sicherheitsleistung.

13. Alle im Zusammenhang mit diesem Vertrag entstehenden Auslagen und Nebenkosten — auch aus der Beauftragung der zuständigen genossenschaftlichen Treuhandstelle — tragen Sicherungsgeber und Schuldner als Gesamtschuldner.

14. Jede Änderung oder Ergänzung dieses Vertrags oder eine Vereinbarung über dessen Aufhebung bedarf, um Gültigkeit zu erlangen, der Schriftform. Auf dieses Formerfordernis kann nur durch schriftliche Erklärung verzichtet werden.

15. Sollten einzelne Bestimmungen dieses Vertrags nicht Vertragsbestandteil geworden oder unwirksam sein bzw. nicht durchgeführt werden, so bleibt der Vertrag im übrigen wirksam. Soweit Bestimmungen nicht Vertragsbestandteil geworden oder unwirksam sind, richtet sich der Inhalt des Vertrags nach den gesetzlichen Bestimmungen.

    Die Vereinbarungen dieses Vertrags treten an die Stelle früherer Vereinbarungen, soweit sie von diesen abweichen.

16. Ergänzend gelten die **Allgemeinen Geschäftsbedingungen** der Bank (AGB). Die AGB können in den Geschäftsräumen der Bank eingesehen werden; auf Verlangen werden sie ausgehändigt.

Hamburg, 17.09.19XX
Ort, Datum
Otto Neuhaus
Otto Neuhaus & Co.
Sicherungsgeber

Hamburg, 18.09.19XX
Ort, Datum
[Unterschriften]
Volksbank West-Süd eG
Bank

Falls im Hinblick auf den Güterstand der Ehegatten eine Mitwirkung des anderen Ehegatten erforderlich ist, erteilt dieser hiermit seine **Zustimmung**.

Ort, Datum

Der/Die Sicherungsgeber hat/haben vor mir diesen Vertrag unterschrieben. Er/Sie

☒ ist/sind mir persönlich bekannt;

☐ hat/haben sich ausgewiesen durch _____

(z. B. Art der Urkunde, ausstellende Behörde, Nr. der Legitimationsurkunde usw.)

Hamburg, 18.09.19XX
Ort, Datum
[Unterschrift]
Mitarbeiter der Bank

Hiermit verzichte ich auf das mir an den in dieser Urkunde bezeichneten Gegenständen jetzt und in Zukunft zustehende Vermieter- oder Verpächterpfandrecht.

Ort, Datum
Vermieter/Verpächter

c) Zu beachten ist, daß die Sicherungsübereignung sittenwidrig und damit *nichtig* sein kann (§ 138 BGB; vgl. Forderungsabtretung):

o bei Übersicherung oder Knebelung

o bei Kredittäuschung, wenn aufgrund der Sicherungsübereignung andere Gläubiger über die Kreditwürdigkeit des Kreditnehmers getäuscht werden

o werden sämtliche Gegenstände eines Kreditnehmers sicherungsweise übereignet, kann eine Vermögensübernahme (§ 419 BGB) vorliegen.

1.3.152 Einzelne Sicherungsgüter in der Bankpraxis

a) *Waren:*

o gesonderte Aufbewahrung; Abschluß eines *Raumsicherungsvertrages,* durch den das KI Eigentümer aller in einem bestimmten Raum befindlichen Güter wird, oder eines *Mantelvertrages,* durch den das KI Eigentum an allen in vom Schuldner einzureichenden Listen angegebenen Gütern erwirbt

o Markierung, soweit möglich

o Führung eines gesonderten Bestandsbuches, regelmäßige Bestandsmeldungen an das KI

o Durchführung von Lagerbesichtigungen

o bei Genehmigung zu Verkauf/Verarbeitung:
  – Pflicht des Kunden zur Ergänzung im Rahmen eines Mindestbestandes an Sicherungseigentum des KI
  – oder Abführung der Erlöse bzw. Abtretung der entstandenen Forderungen bzw. Übertragung des Eigentums an der neuen (durch Verarbeitung entstandenen) Sache auf das KI.

b) *Kraftfahrzeuge:*

o Kennzeichnung des Wagens (selten)

o Übergabe des Kraftfahrzeug-Briefes an die Bank: dieser ist zwar kein Traditionspapier, d. h. er verbrieft weder das Eigentum am Kfz, noch ist er zur Übereignung erforderlich – aber gutgläubiger Eigentumserwerb am Kfz durch einen Dritten ist ohne den Brief nicht möglich, so daß auch bei Weiterverkauf dem KI das Sicherungseigentum erhalten bleibt

o Abtretung der Versicherungsansprüche an das KI, evtl. Abschluß einer Kaskoversicherung und Ausstellung eines Versicherungsscheins für das KI

o u. U. Benachrichtigung der Kfz-Zulassungsstelle von der Sicherungsübereignung mit der Aufforderung, keinen neuen Brief auszustellen (falls der Kunde den Kfz-Brief als „verloren" melden sollte).

1.3.16 Patronatserklärung

a) *Wesen:* Erklärung des „Patronatsherrn" (i. d. R. *Konzern-Muttergesellschaft*) gegenüber einem Kreditinstitut, daß dessen Kreditnehmer *(Konzern-Tochtergesellschaft)* von der Muttergesellschaft wirtschaftlich unterstützt wird und die Absicherung eines gegebenen/zu vergebenden Kredites in diese Unterstützung u. U. einbezogen wird.

b) *Bedeutung:* zunehmende Verwendung der Patronatserklärung an Stelle insbes. von

o Bürgschaft

o Garantie

o Kreditauftrag,

vorwiegend im Rahmen von Konzernunternehmungen.

c) *Rechtsnatur:* umstritten und nur anhand des praktischen Einzelfalls zu beurteilen; die Patronatserklärung kann von völlig unverbindlicher Darstellung der Verbindung zur Tochtergesellschaft bis zu einer der Bürgschaft oder Garantie vergleichbaren Haftung der Muttergesellschaft reichen.

d) *Praxis:* Kreditinstitute akzeptieren i. d. R. nur noch Erklärungen, die einen gewissen Grad an *Rechtsbindungswillen* erkennen lassen und eine *Haftung* der Muttergesellschaft ermöglichen; verlangt werden dann *Standardformulierungen,* deren Auslegung weitgehend als gesichert gelten kann.

e) *Inhalt* üblicher Patronatserklärungen:

o Darstellung der Verbindung zwischen Patronatsherrn und Kreditnehmer (Kenntnis des Krediⴅes und seiner Einzelheiten; Billigung)

o Erklärung der Absicht, wirtschaftliche Verbindung zum Kreditnehmer aufrechtzuerhalten (z. B. Kapitalausstattung mit liquiden Mitteln) oder andernfalls in einem Gespräch mit dem KI eine Lösung zu finden; Verpflichtung, Anteile der Tochtergesellschaft nicht einseitig zu veräußern

o Verpflichtung, für Rückzahlung des Kredites durch Tochtergesellschaft zu sorgen (ohne Anspruch der Tochtergesellschaft: sog. unechter Vertrag zugunsten Dritter, vgl. § 328 II BGB); Leistung nur an Tochtergesellschaft und nur zur Sicherung der Bank (nicht anderer Gläubiger)

o keine Einrede der Vorausklage

o Verpflichtung des Patronatsherrn hat Schadensersatzcharakter

o wichtig: Vereinbarung *deutschen Rechts,* falls Patronatsherr ausländischer Konzern ist.

1.3.2 Technik der kurzfristigen Kreditgewährung

1.3.20 Voraussetzungen

Kreditinstitute leihen im Rahmen ihres Aktivgeschäftes fremde Gelder aus. Zu ihrer Sicherung ist nicht nur besonderer Wert auf die Kreditsicherheiten zu legen, sondern durch *Auswahl des Kreditnehmers* soll sichergestellt werden, daß vorhandene Absicherungen vergebener Kredite nicht erst in Anspruch genommen werden müssen.

1.3.200 Kreditfähigkeit

a) *Wesen:* Kreditfähig ist, wer *rechtlich* zum Abschluß wirksamer Kreditverträge imstande ist.

b) Kreditfähig sind
o natürliche Personen, wenn voll geschäftsfähig
o beschränkt Geschäftsfähige (insbes. Minderjährige) mit Zustimmung der gesetzlichen Vertreter *und* Genehmigung des Vormundschaftsgerichtes
o Personenhandelsgesellschaften (unter ihrer Firma)
o juristische Personen des privaten und des öffentlichen Rechts
o nicht rechtsfähige Personenvereinigungen (z. B. BGB-Gesellschaft, nicht eingetragener Verein) unter gemeinsamer gesamtschuldnerischer Verpflichtung ihrer Mitglieder.

1.3.201 Kreditwürdigkeit

a) *Wesen:* Kreditwürdig ist, wer in *wirtschaftlicher* Hinsicht die Gewähr bietet bzw. die Erwartung rechtfertigt, daß er zur vertragsgemäßen Erfüllung imstande sein wird (hinsichtlich Kreditrückzahlung, Zinszahlung, Einhalten von Terminen usw.). Zu unterscheiden sind

o *persönliche* Kreditwürdigkeit nach Wesen, Charakter, Eigenschaften des Kreditnehmers
o *materielle* Kreditwürdigkeit nach wirtschaftlicher Stellung, Entwicklung und Zukunftsaussichten.

b) *Einzelheiten:* Siehe *Übersicht; Erklärung:*
o Einholung von Auskünften insbes. über Auskunfteien; z. B. SCHUFA = Schutzgemeinschaft für allgemeine Kreditsicherung (Gemeinschaftseinrichtung der deutschen Kreditwirtschaft), Schimmelpfeng, Creditreform u. a.; diese Institute erhalten von den ihnen angeschlossenen Unternehmen Informationen über Kunden (gewährte Kredite, Besicherung, Konkurs u. a. m.) und geben diese wiederum gesammelt heraus

o Einsicht in *Geschäftsbücher* und andere Unterlagen des Kreditnehmers ist erforderlich zur Ergänzung der Angaben, die sich der Bilanz und der GuV (Gewinn- und Verlustrechnung) entnehmen lassen; von besonderem Interesse sind die *kalkulatorischen Kennziffern* (vgl. Abschnitt 0.4.41) und ihre Übereinstimmung mit den tatsächlichen Gegebenheiten der Unternehmung. Ziel ist auch hier – wie bei der Bilanzprüfung – der *Zeit-* und der *Betriebsvergleich*.

1.3.202 insbesondere: Bilanzprüfung

a) Durch *Bilanzanalyse* werden die vorliegenden Bilanzen des Kreditnehmers aufbereitet: Zusammenfassung der wichtigsten Positionen insbes. nach dem Grad ihrer *Flüssigkeit,* Errechnung von *Bilanzrelationen* (Verhältniszahlen, vgl. 0.4.41).

b) Die *Bilanzkritik* besteht in der Auswertung der ermittelten Angaben im Zeit- und Betriebsvergleich. Von besonderer Bedeutung sind dabei

o *Eigenkapitalausstattung:* Verhältnis des Eigenkapitals zum Fremdkapital, zur Bilanzsumme; insbes. unter Berücksichtigung stiller Reserven, soweit bekannt; Bewertung ist branchenbedingt

o *Vermögensaufbau:*
  – Verhältnis von Anlage- und Umlaufvermögen zueinander (Auflösung stiller Reserven, soweit möglich); hohes Anlagevermögen bedeutet starke Kapitalbindung, Kostenbelastung – hohes Umlaufvermögen macht die Unternehmung beweglicher, anpassungsfähiger
  – Verhältnis von Umsatz und Warenbeständen zueinander (branchenbedingt)
  – Verhältnis zwischen Umsatz und Forderungsbeständen (Forderungsumschlag, durchschnittliches Debitorenziel); abhängig insbes. von den gewährten Zahlungszielen

o *Liquidität:* Verhältnis der liquiden Mittel nach dem Grad ihrer Flüssigkeit zu kurzfristigen Verbindlichkeiten; dabei soll die Liquidisierbarkeit des Umlaufvermögens grds. der Laufzeit des Fremdkapitals entsprechen (vgl. Goldene Bankregel); ein Vergleich mit durchschnittlichem Monatsumsatz ergibt, ob eine eventuelle Unterdeckung als bedenklich anzusehen ist

o *Struktur des Fremdkapitals* nach Fristigkeit, Art der Verschuldung, Besicherung usw.

o *Investierung* = Verhältnis des Anlagevermögens zum Eigenkapital (grds. ist volle Deckung erwünscht) (vgl. 0.4.42)

o *Rentabilität:* Verzinsung des Kapitaleinsatzes.

Zur Beurteilung werden außerdem Werte herangezogen, die zugleich wesentliche Grundlagen zur Bewertung des Ertragswertes und der Ertragsfähigkeit von *Aktien* im Rahmen der Vermögensanlage in Wertpapieren sind: Cash Flow, Ertrags- und Substanzwert, Dividendenrendite, Kurs-Gewinn-Verhältnis u. a. (siehe Effektengeschäft).

Kreditwürdigkeitsprüfung

Kreditnehmer
- Privatperson
- Unternehmen

Persönliche Kreditwürdigkeit
- Berufl. Tüchtigkeit
- Fleiß, Zuverlässigkeit
- Ausbildung, Erfahrung
- Gesamteindruck

Materielle Kreditwürdigkeit
- Wirtschaftl. und finanzielle Verhältnisse
- Vermögensverhältnisse
- Zweck und Sinn des Kredites
- Unternehmensorganisation, Aussichten

Prüfung

Auskünfte
- Selbstauskunft (eigene Angaben des Kreditnehmers)
- Fremdauskunft
  - KI
  - Auskunfteien
  - Referenzen

Öffentl. Register
- Handelsregister
- Grundbuch
- Schiffsregister
- Güterrechtsregister
- Vereinsregister
- Genossenschaftsregister

Bilanzprüfung (+ Prüfung der G + V)

Bilanzanalyse
- Gliederung
- Verhältniszahlen
- Finanzierung
- Investierung
- Liquidität
- Vermögensaufbau
- Struktur des Fremdkapitals

Bilanzkritik
- Zeitvergleich (mehrere Bilanzen desselben Unternehmens)
- Betriebsvergleich (mit anderen Unternehmen derselben Branche)

Geschäftsbücher, Unterlagen
- Rentabilität
- Verzinsung des Eigenkapitals
- Stille Reserven
- Lagerdauer
- Debitoren- und Kreditorenziel
- Auftragsbestand
- Beschäftigungssituation
- usw.

Betriebsbesichtigung

Kontoführung
- Zahlungsmoral
- Zahlungsbereitschaft
- Abwicklung früherer Kredite
- Wertpapierdepot

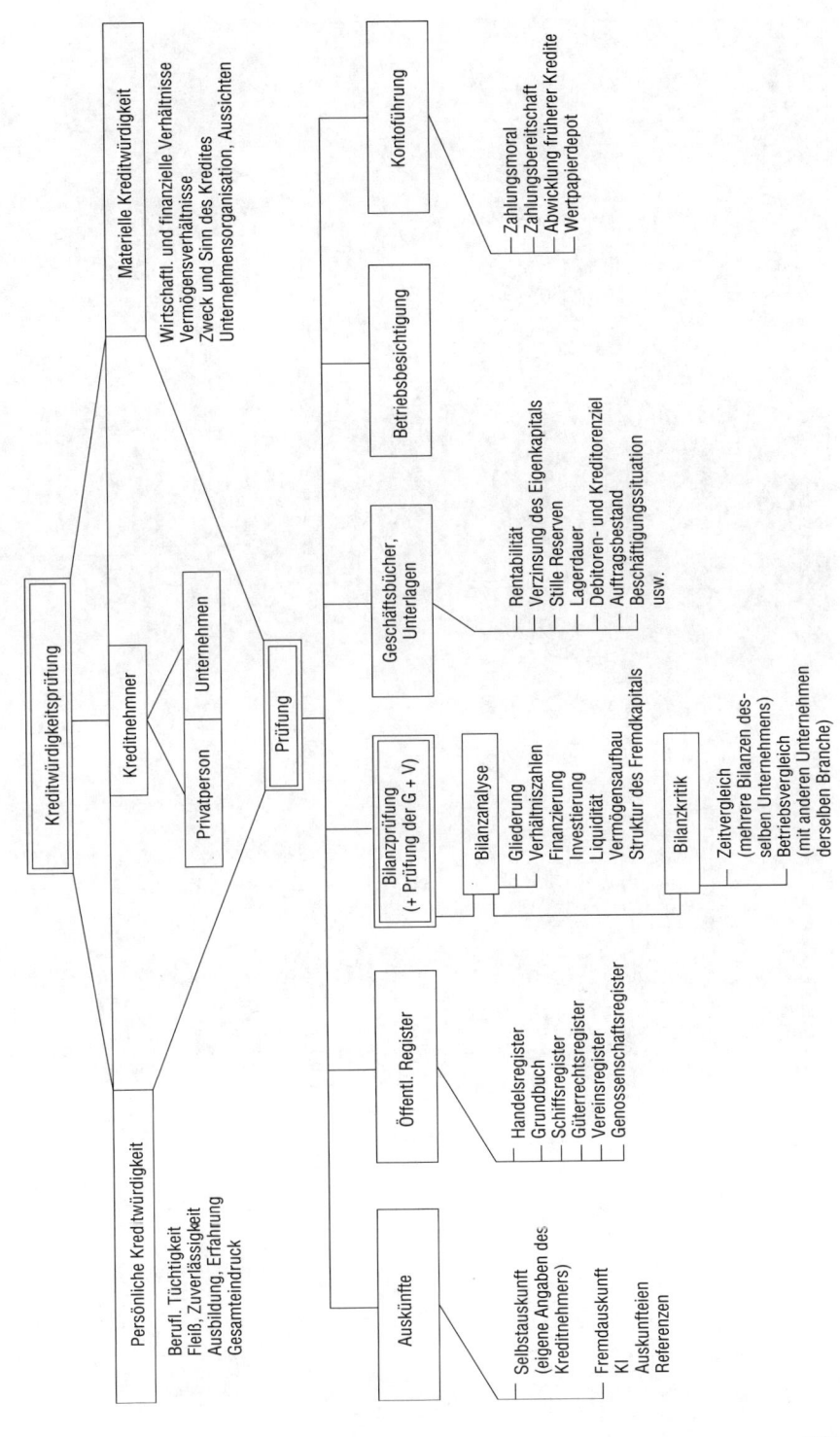

Hamburger Sparkasse

Bilanz-Analyse
für Firma

TISCHLEREI GMBH & CO. KG

Datum: 16.02.90
Kontonummer/Gruppe: 538001/10
Branche: 32   Anzahl d. Vergleichsbilanzen: 44
Bilanz für: 12 Monate
Verteiler:
Empfänger: 531 KREDITSEKRETARIAT

Blatt: 2

Gewinn- u. Verlustrechnung

	Bilanz per 31.12.89	% der Branche	% der Branche	Abw. geg.Vorj.	Bilanz per 31.12.88
59 Umsatzerlöse	4.043.000	122,5	99,7	30,3+	3.120.000
60 davon Ausland					
Bestandsveränd.	743.000-				830.000
Gesamtleistung	3.300.000	100,0	100,0		3.750.000
63 Wareneinsatz	1.321.000	40,0	42,0	5,0-	1.688.000
64 Erhaltene Skonti	1.000		0,3		1.000
Rohertrag:	1.980.000	60,0	58,2	5,0+	2.063.000
66 Sonst.betr.Ertrage	13.000	0,4	0,8		15.000
67 Pers. Aufw.	1.205.000	36,5	34,7	3,3+	1.235.000
68 Sonst. Aufw.	488.000	14,8	13,2	2,0+	576.000
69 Zinsaufwendungen	135.000	4,5	3,9	1,0+	135.000
70 Abschr. Sachanl.	95.000	2,9	2,2	0,2-	115.000
71					
72					
Betriebsergebnis	46.000	1,5	5,3	1,6-	115.000
74 Ertr. Finanzanlagen					
75 Aufw. Finanzanlagen					
76		0,1			
77					
Finanz-/Bet.-Ergebnis			0,1		
79 Auß. Rücksl./Rückl.	31.000	0,9	0,2+		28.000
80 Zuw. Rücksl./Rückl.	42.000	1,3	0,3-		37.000
81 Sonst. a.o. Erträge	8.000	0,2	1,4	0,4-	25.000
82 Abschr. Fin.-Anl.					
83 Sonderabschr.					3.000
84 Abschr. UV	38.000	1,2	0,2	1,1+	
85 EE-Steuern		0,2	0,1	0,1+	
86 Sonst. a. o. Aufw.	1.000				2.000
87					
88 Gesellsch. Bez.	130.000	3,9	1,8	0,4+	130.000
Neutrales Ergebnis	172.000-	5,2	1,0-	2,0+	121.000-
Jahresgew./-verl.:	124.000-	3,8	4,4	3,6-	6.000
91 Gewinnvortrag					
92 Verlustvortrag		0,6			
93 Entn. Rücklage		0,7			
94 Einst. Rücklage					
95					
96			0,1		
97 Ausschüttungen					
Bilanzgew./-verl.:	124.000-	3,8	4,6	3,6-	6.000
Eigenkapital-Verand.	160.000-				
Gesell.darl.-Verand.					
Bilanzgewinn-Verand.					

Kennzahlen

Bilanzstruktur:

	Jahr %	Vorjahr	Vorjahr Branche
Umlaufvermögen	30,9 %	(65,3 %)	(65,1 %)
Anlagevermögen	40,3 %	(34,7 %)	(34,7 %)
Minuskapital	8,8 %	(0,0 %)	(0,2 %)
Eigenkapital-Pos.			

Zusätzliche Kennzahlen:

	Jahr %	Vorjahr	Vorjahr Branche
kurzfr.Fremdkapital	60,5 %		
langfr.Fremdkapital	39,5 %		
Eigenkapital	0,0 %		
Anlagendeckung I		1 %	92 %
Anlagendeckung II	61 %	100 %	
Liquidität I	70 %	83 %	46 %
Liquidität II	80 %	98 %	87 %
Debitorenumschlagsdauer in Tagen	55	63	36 *
Kreditorenumschlagsdauer in Tagen	61	47	77 *
Lagerumschlagsdauer in Tagen	141	187	133 *
Entwicklung der Gesamtleistung	12,0-%	3,1 %	0,6 %
Umsatzrentabilität	1,5 %	1,6 %	1,8 %
Gesamtkap. Umsch.-Häufigkeit	1,9	3,5	15,5 %
Gesamtkapitalverzinsung	10,4 %		
Cash-flow-Rate	4,3 %	6,1 %	9,9 %
Entschuldungsdauer in Jahren	11,7	6,3	4,3
Cash-flow in TDM	143 *	230	

Bewegungsbilanz:

	Mittelverwendung	Mittelherkunft
Kurzfristiger Bereich:		
Flüssige Mittel I		124.000
Flüssige Mittel II	7.000	
Weiteres Umlaufvermögen	415.000	718.000
Kurzfristige Verbindlichkeiten		
Saldo		
Langfristiger Bereich:		
Anlagevermögen		172.000
Minuskapital	15.000	
Langfristige Verbindlichkeiten	156.000	
Langfristige Rückstellungen	95.000	
Gesellschafter-Darlehen		3.000
Eigenkapital-Positionen	4.000	
Afa		95.000

Hamburger Sparkasse

Bilanz-Analyse
für Firma

TISCHLEREI GMBH & CO. KG

Datum: 16.02.90
Kontonummer/Gruppe: 538C01/10
Branche: 32   Anzahl d. Vergleichsbilanzen: 44
Bilanz für: 12 Monate
Verteiler:
Empfänger: 531 KREDITSEKRETARIAT

Blatt: 1

Aktiva

	Bilanz per 31.12.89	% der Branche	Abw. geg.Vorj.	Bilanz per 31.12.88
00 Guldmittel/Schecks	6.000	0,3	2,4	26.000
01 Wertpapiere UV	12.000	0,7	0,7	
02 Ford.a.L.u.L.b.1J.	679.000	38,4	17,1	14,3+
03		0,1		547.000
Flüssige Mittel I	**697.000**	**39,5**	**19,7**	**14,3+**	**573.000**
04 Waren	157.000	8,9	22,0	29,5−	875.000
05 Unf. Erzeugn./Anz.			1,4		
06 Ford.a.L.u.L.b.1J.					
07					
Flüssige Mittel II	**157.000**	**8,9**	**30,1**	**29,5−**	**875.000**
08 Kurzfr. Ford. verb. U			1,1		
09 Kurzfr. Konz.-Ford.	45.000	2,5	3,9	0,8+	36.000
10 Sonstiges UV					
Umlaufvermögen	**899.000**	**50,9**	**54,8**	**14,6−**	**1.486.000**
11 Konzernbeteilig.			0,3		
12 Sonst. Beteilig.	1.000	0,1		0,1+	1.000
13 Langfr. Konz.-Ford.			0,9		
14 Langfr. Ausl.	78.000			(| 36.000)
15 Ford an Gesellsch.					
16					
Finanzanlagen	**1.000**	**0,1**	**1,2**	**0,1+**	**1.000**
17 Grdst./Gebäude	545.000	30,9	21,1	6,1+	565.000
18 Anlagen in Bau					
19 Sonst. Sacheinl.	165.000	9,3	5,4	0,6−	225.000
20 Immat. Vermögen					
21	10.000				24.000
Sachanlagen	**710.000**	**40,2**	**29,5**	**5,5+**	**790.000**
Anlagevermögen	**711.000**	**40,3**	**30,7**	**5,6+**	**791.000**
22 Konsolid. Ausgl.					
23 Minuskapital	(	196.000	8,8	14,5	9,0+)
51 Bilanzsumme	**1.766.000**	**100,0**	**100,0**		**2.277.000**

Passiva

	Bilanz per 31.12.89	% der Branche	Abw. geg.Vorj.	Bilanz per 31.12.88
24 Verb.a.L.u.L.b.1J.	190.000	10,2	16,6	0,5+	220.000
25 Wechselverbindl.	50.000	2,8	1,2	2,3+	
26 Bankverbindl.	463.000	26,2	11,6	9,4+	383.000
27 DARIN HASPA	376.000	21,3	8,4	21,3+	
28 S. Kurzfr. Verbindl.	250.000	14,2	10,5	12,5+	43.000
29 Kurzfr. Konz.-Verb.			1,4		
30 Kurzfr. Verb. verb. U.					
31 Kurzfr. Rückst.	55.000	3,1	3,2	1,0+	47.000
32 Bilanzgewinn			1,0		
33					
Zwischensumme	**998.000**	**56,5**	**44,9**	**26,1+**	**693.000**
34 Kundenanz.					
35 Verb.a.L.u.L.b.1J.	70.000	4,0	10,1	30,7−	790.000
Kurzfr. Verbindl.	**1.068.000**	**60,5**	**56,0**	**4,6−**	**1.483.000**
36 Mittelfr. Verbindl.			4,4		
37 Langfr. Verbindl.	510.000	28,9	28,4	2,5+	605.000
38 Langfr. Konz.-Verb.			0,2		
39 Langfr. Verb. verb. U.					
40 Langfr. Rückst.	18.000	1,0	0,3	0,3+	15.000
41 Pens. Rückst.			1,8		
42 Gesell. Darlehen	170.000	9,6	2,3	2,1+	170.000
43			0,2		
Langfr. Verbindl.	**698.000**	**39,5**	**37,7**	**4,8+**	**790.000**
44 DARIN BANK	490.000	27,7	23,3	1,1+	605.000
45 DARIN HASPA	455.000	25,8	12,4	35,8+	
46 Eigenkapital			6,3	0,2−	4.000
47 Rücklagen					
48 S. Postern m. R					
49 Konsolid. Ausgl.					
50					
Eigenkap.-Pos.: (			6,3	9,0−)	
51 Bilanzsumme	**1.766.000**	**100,0**	**100,0**		**2.277.000**
52 Event. Verbindl.			2,8		
53 Nicht passivierte Pensionsrückst.					
54 Leasing-Verbindl.					

1.3.21 Der Kreditvertrag

1.3.210 Vorverhandlungen

a) *Wesen:* i. d. R. mündliche Erörterungen zwischen Kunde und Vertreter des Kreditinstituts (Sachbearbeiter) über

o Kredithöhe
o Laufzeit
o geeignete Sicherheiten usw.

b) *Zweck:* Beratung des Kunden; Feststellung, ob die persönlichen und wirtschaftlichen Voraussetzungen für eine Kreditgewährung gegeben sind, ob die weitere Bearbeitung des Ersuchens des Kunden sinnvoll ist, welche Art von Kredit in Frage kommt.

1.3.211 Kreditantrag des Kunden

a) *Wesen:* in rechtlicher Hinsicht lediglich *Anfrage,* die zur Abgabe eines Angebotes durch das KI führen soll.

b) *Inhalt:*

o Angaben über die Person des Kreditnehmers
o Höhe und Laufzeit des beantragten Kredites, Form der Bereitstellung, Rückzahlungsmodalitäten
o Kreditsicherheiten, die der Kunde anbieten kann
o Angaben über bereits bestehende Kredite und deren Besicherung
o Angaben über sonstige Konten bei dem KI, deren Umsätze, bestehende Wertpapierdepots, Sparverträge u. a. m.
o Informationen zu miteingereichten Bilanzen, Gewinn-und-Verlust-Rechnungen, soweit vorhanden.

c) *Zweck:* schnelle Überschaubarkeit der für die Kreditgewährung bedeutsamen Daten. Der Kreditantrag wird gewöhnlich vom Sachbearbeiter des KI und dem Kunden gemeinsam ausgefüllt.

1.3.212 Abschluß des Kreditvertrages

a) *Prüfung* des Antrags des Kunden; Untersuchung insbes. im Hinblick auf

o Kreditfähigkeit
o Kreditwürdigkeit

o Wert und Bedeutung der angebotenen Sicherheiten (z. B. Bonität von Drittschuldnern bei Forderungsabtretung, des Bürgen oder Garanten, Wert von Gegenständen bei Verpfändung oder Sicherungsübereignung usw.).

b) Kredit*bewilligung* = Entscheidung über Kreditvergabe: je nach Höhe bzw. Besicherung des Kredits

o durch Sachbearbeiter bzw. Leiter der Kreditabteilung (bei kleineren Krediten)

o durch Kreditausschuß bei Sparkassen (Kredite mittlerer Höhe)

o durch gesamten Vorstand/alle Geschäftsführer mit einstimmigem Beschluß (bei *Großkrediten* = Kredite, die 15 % des haftenden Eigenkapitals des KI übersteigen, § 13 KWG).

c) *Kreditbewilligungsschreiben* = Kreditzusage an den Kunden: befristetes Angebot, 1. Willenserklärung; *Inhalt:*

o Kreditbetrag

o Laufzeit (Befristung)

o Konditionen (Zinsen, oft mit *Gleitklausel* zugunsten des KI in Abhängigkeit z. B. vom LZB-Diskontsatz oder dem jeweiligen Kapitalmarktzins; Kosten; Disagio bei Auszahlung des Kredites zu weniger als 100 %)

o erforderliche Sicherheiten (auf der Grundlage der Prüfung der Bank)

o Art der Bereitstellung

o u. U. Angabe des Verwendungszwecks (z. T., z. B. bei Privatdarlehen, ist Zweckbindung möglich)

o Hinweis auf Geltung der AGB und sonstiger Allgemeiner Bedingungen

o Kündigungsmöglichkeiten, insbes. zugunsten der Bank; außerordentliches Kündigungsrecht

o Rückzahlung (in Raten oder in einer Summe zu vereinbarten Zeitpunkten).

d) *Annahmeerklärung* des Kunden (2. Willenserklärung) durch Unterschrift. Oft verlangt das KI zusätzlich vom Kunden

o *Ausschließlichkeitserklärung:* Kunde verpflichtet sich, nur bei dem kreditgewährenden KI Konten zu unterhalten/Kredite aufzunehmen

o *Negativerklärung* (-klausel): Kunde verpflichtet sich, während der Kreditlaufzeit anderen KI keine Kreditsicherheiten zu überlassen (hierzu gehört auch die Unterlassung der Veräußerung oder Belastung von Grundstücken). Dennoch getroffene Verfügungen sind *wirksam*, die Negativerklärung ist also *keine Kredisicherheit*

o Anerkennung der Schufa-Klausel bei Krediten an Privatkunden.

e) Die Stellung von Sicherheiten durch den Kunden kann in den Kreditvertrag einbezogen werden; oft wird jedoch zusätzlich ein *Kreditsicherungsvertrag* geschlossen (i. d. R. Formularverträge).

1.3.213 Kreditabwicklung

a) *Bereitstellung* des Kredites:

o *in laufender Rechnung:* Verfügungen über den Kredit werden dem laufenden Konto belastet, wobei der Kunde ein Limit (Kreditlinie) einzuhalten hat; über zurückgezahlte Beträge kann wieder verfügt werden (Überziehungskredit)

o als *Darlehen* (Vorschuß): der zugesagte Kredit wird dem laufenden Konto gutgeschrieben und einem Sparkonto belastet; zurückgezahlte Beträge sind nicht wieder verfügbar.

o als Aval- oder Akzeptkredit durch Abgabe einer Haftungserklärung des KI *(Kreditleihe)*.

b) *Kreditüberwachung:* beginnt mit der Auszahlung (oder sonstigen Bereitstellung) des Kreditbetrages an den Kunden; Ziel: Vorbeugung gegen Ausfall von Kreditnehmern. Überwacht werden

o Rückzahlung
o Zinszahlungen
o Einhaltung von Kreditlimits / Zusagen (z. B. Kontokorrent-, Diskontkredit)
o Wert der gestellten Sicherheiten, Veränderungen des Sicherungsbestandes z. B. durch Verkauf (bei Sicherungsübereignung), Begleichung abgetretener Forderungen durch Zahlung an Zedenten usw.
o wirtschaftliche und finanzielle Lage des Kreditnehmers (ständige Prüfung der Kreditwürdigkeit, insbes. bei längerfristigen Krediten anhand der Bilanzen usw.)
o gesamte Kreditverpflichtung des Kreditnehmers (sog. Engagement)
o Kontoführung, Kontoumsätze
o Entwicklung der Branche des Kreditnehmers
o Wirtschafts- und Zinsentwicklung im In- und Ausland.

```
┌──────────────┐   1. Vorverhandlungen    ┌──────────────┐
│              │◄────────────────────────►│              │
│              │   2. Kreditantrag        │              │
│              │◄─────────────────────────│              │
│              │   3. Prüfung             │              │
│              │─────────────────────────►│              │
│              │   4. Kreditbewilligungsschreiben        │
│ Kreditinstitut│─────────────────────────│ Kreditnehmer │
│              │   5. Annahme    >  Kreditvertrag        │
│              │◄─────────────────────────│              │
│              │   6. Bereitstellung      │              │
│              │─────────────────────────►│              │
│              │   7. Überwachung         │              │
│              │─────────────────────────►│              │
│              │   8. Rückzahlung         │              │
│              │◄─────────────────────────│              │
└──────────────┘                          └──────────────┘
```

1.3.3 Einzelne kurz- und mittelfristige Kreditarten

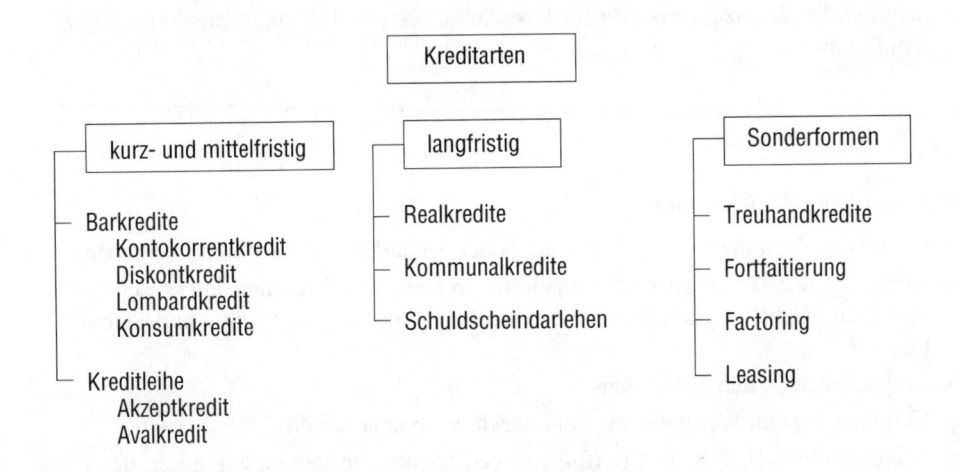

```
                              Kreditarten
                                   |
        ┌──────────────────────────┼──────────────────────────┐
   kurz- und mittelfristig     langfristig                Sonderformen

   — Barkredite                — Realkredite              — Treuhandkredite
       Kontokorrentkredit
       Diskontkredit           — Kommunalkredite          — Fortfaitierung
       Lombardkredit
       Konsumkredite           — Schuldscheindarlehen     — Factoring

   — Kreditleihe                                          — Leasing
       Akzeptkredit
       Avalkredit
```

1.3.30 Kontokorrentkredit (KKK)

1.3.300 Wesen und Bedeutung

a) *Wesen:*

o Einräumung eines Kreditlimits auf laufendem Konto
o wechselnde Inanspruchnahme
o formal kurzfristig; üblich sind Laufzeitverlängerungen *(Prolongationen)* bei entsprechend guter Bonität
o Abrechnung über das laufende (Kontokorrent-)Konto

b) *Rechtsgrundlagen:*

o Kontovertrag
o Kreditvertrag einschließlich der AGB
o BGB-Bestimmungen über das Darlehen (§§ 607 ff.)
o Definition des Kontokorrents nach § 355 HGB (vgl. Abschnitt 1.1.131)

c) *Bedeutung:* der Kontokorrentkredit wird verwendet als

o Betriebsmittel-, Produktions-, Umsatz-, Umlauf-, Umschlagskredit zur Finanzierung der *Produktion* und des *Warenumschlags*
o *Überziehungskredit* zur Überbrückung vorübergehender Liquiditätsanspannungen
o *Saisonkredit* zur Deckung eines regelmäßig wiederkehrenden saisonal anfallenden Kreditbedarfs (Überbrückung der Zeit zwischen Einkauf und Absatz der Waren)

- *Zwischenkredit* zur Vorfinanzierung eines Bauprojekts vor Auszahlung der eigentlichen Darlehnsvaluta
- *persönlicher Dispositionskredit* für Überziehungen von Privatkunden in festgesetztem Rahmen.

1.3.301 Einzelheiten

a) *Besicherung* des KKK durch

- Person des Kreditnehmers (oft als reiner oder verstärkter Personalkredit vergeben)
- Abtretung (Zession) von Forderungen aus Waren- und Dienstleistungsgeschäften, von Lohn-/Gehaltsforderungen, von Ansprüchen aus Versicherungs- und Sparverträgen
- Bürgschaften (selten: Garantien)
- Verpfändung von Wertpapieren (sog. unechter Lombardkredit)
- Grundschulden (i. d. R. in Briefform wegen leichter Bestellung zugunsten des KI, wenn zunächst als Eigentümer-Grundschuldbrief ausgestellt)
- Sicherungsübereignung.

b) *Konditionen:*

- Sollzinsen: i. d. R. D* + 4 1/2 % *(Netto-Zinssatz)* auf den in Anspruch genommenen Kredit *oder*
  Sollzinsen von i. d. R. D + 1 1/2 % + *Kreditprovision* von 3 % p. a. (die Kreditprovision kann anrechenbar sein, d. h. berechnet auf nicht in Anspruch genommene Teile des Kredites, oder nicht anrechenbar, d. h. berechnet auf die gesamte Kreditzusage)
- Überziehungsprovision von meist 1 1/2 % p. a. bei Überziehungen, d. h. Inanspruchnahmen
  - über die Kreditlaufzeit hinaus
  - ohne Kreditzusage
  - über das Kreditlimit hinaus
- Umsatzprovision (vom Umsatz der größeren Kontoseite oder vom beanspruchten Kreditbetrag, z. T. als Gebühr pro Buchungsposten)
- Porti und sonstige Auslagen
- nach der Preisangabenverordnung (PAngV) hat das KI den anfänglich effektiven Jahreszins anzugeben, sofern der Kredit privaten Kreditnehmern zur Verfügung gestellt wird, die den KKK nicht für selbständige berufliche oder gewerbliche Zwecke verwenden.

D = Diskontsatz der Deutschen Bundesbank

1.3.31 Diskontkredit

1.3.310 Wesen und Bedeutung

a) *Wesen:* = Gewährung eines Kredites durch *Ankauf* von Wechseln vor Fälligkeit und Bereitstellung des Gegenwertes auf laufendem Konto.

b) *Rechtsnatur:* Kaufvertrag (§§ 433 ff. BGB) mit Modifizierung (Abwandlung) der Gewährleistungsvorschriften durch die AGB der KI; daher liegt *wirtschaftlich* ein *Kredit* vor, der dem gewährenden Kreditinstitut bei Nichteinlösung durch den Bezogenen eine *Rückbelastungsmöglichkeit* gegen den Kreditnehmer (= der z. Z. des Ankaufs Berechtigte) eröffnet.

c) *Rechtsgrundlagen:*
o Kreditvertrag einschließlich der AGB der KI
o BGB-Bestimmungen über den Kaufvertrag
o Wechselgesetz

d) *Bedeutung:*
o für den *Kreditnehmer:*
  – Erhöhung der Liquidität
  – niedrigere Kosten als beim KKK
  – Verringerung der Außenstände, Mobilisierung von Forderungen
  – da mit eventuellem Rückgriff gerechnet werden muß: in der Bilanz des Kreditnehmers als *Eventualverbindlichkeit* unter dem Strich auszuweisen
o für das *Kreditinstitut:*
  – große Sicherheit durch
    Haftung aller Wechselverpflichteten für Annahme und Einlösung
    Wechselstrenge, Wechselprozeß (schnelle Durchsetzbarkeit von Ansprüchen)
    bereits erfolgte Bonitätsprüfung des Bezogenen durch den Kreditnehmer (der ja mit dem Wechsel als Zahlungsmittel einverstanden gewesen sein muß)
    zugrundeliegendes Warengeschäft (Nr. 44 AGB/Sparkassen: Nr. 47 AGB: die dem Wechsel zugrundeliegenden Forderungen einschließlich der Sicherheiten gelten als *auf die Bank übertragen*)
  – evtl. Refinanzierungsmöglichkeit durch Rediskontierung bei der Deutschen Bundesbank (s. u.).

1.3.311 Abwicklung des Diskontkredites

a) Abschluß eines *Kreditvertrages* mit Einräumung einer sog. *Diskontlinie* (= Kreditlimit für die Einreichung von Wechseln zur Diskontierung).

b) *Einreichung* von Wechseln durch den Kunden zum Diskont; *Prüfung* durch das KI:

- o formale Ordnungsmäßigkeit des Wechsels
- o Höhe der bisherigen und jetzigen Ausnutzung der Diskontlinie
- o Bonität der Wechselverpflichteten
- o Prüfung des Wechsels selbst im Hinblick auf das Grundgeschäft (Handels- oder Finanzwechsel?)
- o Wechsellaufzeit
- o Rediskontfähigkeit des Wechsels (s. u.).

c) *Ankauf* der Wechsel, u. U. nach Auswahl und Zurückweisung einiger Wechsel, die den Anforderungen nicht genügen; Durchführung folgender *Arbeiten:*

- o *Kopieren* der Wechsel: wichtige Wechselangaben werden in Karteien bzw. Dateien festgehalten, insb. um Überwachung des Krediters und des Wechselmaterials zu ermöglichen:
  - Wechselkopierbuch (Eintragung der Wechsel in der Reihenfolge des Ankaufs nach der ihnen vom KI gegebenen laufenden Nummer; Übernahme aller wichtigen Daten des Wechsels und des Kredites)
  - Verfallkartei (zeitliche Einordnung zur Überwachung der Verfalltermine)
  - Bezogenenobligo (Liste aller vom KI diskontierten Wechsel eines Bezogenen, wichtig für Bonitätsprüfung, bei Protestierung anderer Wechsel dieses Bezogenen usw.)
  - Einreicherobligo (Liste aller von einem Kreditnehmer zum Diskont eingereichten Wechsel, wichtig für Überprüfung der Einhaltung der Diskontlinie)
- o Wechsel*abrechnung,* Bereitstellung des Erlöses auf laufendem Konto des Kunden
- o Einsortierung der Wechsel in das *Portefeuille* (Depot) des KI nach den Gesichtspunkten

  rediskontfähig – nicht rediskontfähig; Verfalltag.

d) *Verwendung* der Wechsel durch das KI:

- o Aufbewahrung bis zum Verfall, einige Tage vorher Aussendung zum Einzug
- o während der Laufzeit Rediskontierung bei der Bundesbank.

e) *Konditionen:*

- o *Diskon*t = Zinsen für die Zeit vom Ankaufstag bis zum Verfalltag: i. d. R.
  - D + 3 % p. a. für rediskontfähige Wechsel
  - D + 4 1/2 % p. a. für nicht rediskontfähige Wechsel;

  der Diskont ist außerdem gewöhnlich gestaffelt nach der Höhe der Wechselbeträge (z. B. bis 5 000,– DM, ab 5 000,– DM)
- o Inkassoprovision für Wechsel, die nicht bei einer Bank zahlbar gestellt sind
- o evtl. Auslagen.

1.3.312 Rediskontierung

a) *Wesen:* Refinanzierung der Kreditinstitute bei der jeweils zuständigen Landeszentralbank (LZB) durch Verkauf von Diskontwechseln zum *Diskontsatz* der Deutschen Bundesbank (§§ 15, 19 I Nr. 1 BBankG).

b) *Bedingungen* für den Rediskont:
o formale Ordnungsmäßigkeit: u. a.
- DIN-Vordrucke (Nr. 5004) (Ausnahmen sind möglich)
- keine Änderung gesetzlicher Bestandteile
- keine zerrissenen Wechsel
- Wechselsumme in Ziffern und Buchstaben
- Vollindossament des Kunden an das KI, des KI an die LZB („An LZB" ohne Orts-/Landesbezeichnung)
- Versteuerung
- lückenlose Indossamentenkette

o materielle Voraussetzungen:
- gute Handelswechsel (Grundlage: Warengeschäft oder Dienstleistung)
- drei „gute" Unterschriften, d. h. von als zahlungsfähig bekannten Verpflichteten; zwei Unterschriften reichen, wenn anderweitige Sicherheit gewährleistet ist (z. B. bei Bankakzepten: vgl. Akzeptkredit)
- Restlaufzeit höchstens 3 Monate, Mindestlaufzeit 7 Tage
- Zahlbarkeit bei einem KI an einem Bankplatz (= LZB-Platz)
- Tratten müssen akzeptiert sein

o Einreichung mit ausgefüllten Vordrucken der LZB (sog. Ankaufsrechnungen)

c) *Konditionen:*
o Diskont für die Restlaufzeit entsprechend dem Diskontsatz der Bundesbank
o Berechnung des Diskonts für mindestens 5 Tage
o Gebühr von z. Z. 2,– DM, wenn Restlaufzeit 10 Tage oder weniger beträgt.

d) *Sonstiges:*
o z. Z. keine Ankauf von
- Sichtwechseln
- nicht akzeptierten Nachsichtwechseln

o angekauft werden z. Z. auch
- Bankakzepte
- Debitorenziehungen } sofern Handelsgeschäft zugrunde liegt

o Bedingungen an das Wechselmaterial können im Rahmen der administrativen Kreditpolitik der Bundesbank geändert werden (vgl. § 15 BBankG; siehe Abschnitt 5.1.01)

o Ankauf von Wechseln erfolgt nur im Rahmen der *Rediskont-Kontingente* = Kreditlimits (Diskontlinien) der Bundesbank für jedes einreichende KI o das Rediskontgeschäft ist über Diskontsatz, Rediskont-Bedingungen und Rediskont-Kontingente Ansatz für die *Kreditpolitik* der Deutschen Bundesbank zur Beeinflussung und Steuerung der *Liquidität* und des *Kreditvolumens* der Kreditinstitute.

1.3.32 Lombardkredit

1.3.320 Wesen und Bedeutung

a) *Wesen:* = kurzfristiges Darlehen über einen festen Betrag gegen *Verpfändung* marktgängiger beweglicher Sachen und Rechte.

b) *Rechtsgrundlagen:*
o Kreditvertrag einschließlich der AGB
o BGB-Bestimmungen über Darlehen (§§ 607 ff.) und Pfandrecht (§§ 1204 ff.)
o verschiedene Vorschriften des HGB, des Depotgesetzes u. a. m.

c) *Bedeutung:*
o die Laufzeit des Darlehens kann vom Schuldner je nach Bedarf bestimmt werden (Rückzahlung ist jederzeit in einer Summe oder in Teilbeträgen möglich)
o Lombardkredit dient zur vorübergehenden kurzfristigen Geldbeschaffung bei Liquiditätsanspannungen
o der Kreditbedarf muß betragsmäßig im wesentlichen feststehen (sonst ist u. U. ein Kontokorrentkredit angebracht), Inanspruchnahme in einer Summe oder in Teilbeträgen
o der Kreditnehmer behält das Eigentum an den Pfändern; das KI kann dennoch sofort bei Verzug in der Rückzahlung die Pfänder verwerten und sich aus dem Erlös befriedigen, ohne ein besonderes förmliches Gerichtsverfahren durchführen zu müssen (vgl. Nr. 20–22 der AGB).

1.3.321 Abwicklung

a) Geeignete *Pfänder* (mit Angabe der gewöhnlichen bzw. bei Sparkassen vorgeschriebenen *Beleihungs-Höchstgrenzen):*
o Pfandbriefe, Kommunalobligationen, öffentlich-rechtliche Schuldverschreibungen (bis 90 %, Sparkassen bis 80 % des Kurswertes)
o Aktien (bis 70 %, Sparkassen bis 60 % des Kurswertes)
o Industrieobligationen (bis 80 %, Sparkassen bis 60 % des Kurswertes)
o Investment-Zertifikate (bis 70/80 %, Sparkassen bis 50/80 % des Rücknahmepreises, abhängig u. a. von den Anlagebedingungen der Investmentgesellschaft)

o lombardfähige, d. h. für Lombardkredit der Bundesbank geeignete Wechsel und Schatzwechsel (bis 90 % des Nennwertes)
o Waren (wenn marktgängig, bis 75 %, sonst bis 50 % des Handelswertes)
o Spar- und Bausparkassenguthaben (bis 100 %)
o Forderungen aus Lebensversicherungen (bis 90 % des Rückkaufwertes)
o Sparkassenbriefe, Sparbriefe, Sparschuldverschreibungen (bis zum Nominal- oder von der Laufzeit abhängigen Wert)
o sonstige Forderungen (bis 75 %, bei öffentlichen Schuldnern bis 90 %).

b) In der Praxis gewähren KI den Kunden meist keinen *echten,* d. h. in einer Summe auszahlbaren Lombardkredit, sondern einen durch Pfänder besicherten *Kontokorrentkredit* (sog. *unechter Lombardkredit).*

c) *Konditionen:*

Zinsen + Kreditprovision, zusammen i. d. R. in gleicher Höhe wie die Kosten eines Kontokorrentkredites; Maßstab, auch für Konditions-Änderungen, ist zumindest der Lombardsatz der Deutschen Bundesbank.

1.3.322 Lombardkredit der Deutschen Bundesbank

a) *Wesen:* Refinanzierungsmöglichkeit für KI durch Aufnahme eines kurzfristigen Krediteses bei der Bundesbank gegen *Verpfändung,* Maximallaufzeit 3 Monate. Aus kreditpolitischen Gründen kann die Gewährung von Lombardkrediten begrenzt oder ausgesetzt werden (vgl. Abschnitt 4.1.011).

b) *Bedeutung:* Lombardkredite werden von KI in Anspruch genommen
o bei Ausschöpfung der Rediskont-Kontingente (dann insb. durch Verpfändung der rediskontfähigen, aber nicht mehr diskontierbaren Wechsel), wenn zusätzlicher Liquiditätsbedarf besteht
o bei Liquiditätsbedarf nur für wenige Tage (da bei Rediskontierung die Kreditlaufzeit von der Restlaufzeit des Wechselmaterials abhängt).

c) Geeignete *Pfänder* (unter Angabe der *Beleihungsgrenze;* § 19 I Nr. 3 BBankG):
o rediskontfähige Wechsel und Schatzwechsel, AKA-Wechsel aus Plafond A (bis 90 % des Nennwertes)
o unverzinsliche Schatzanweisungen mit höchstens 1 Jahr Restlaufzeit (bis 75 % des Nennwertes)
o festverzinsliche sog. lombardfähige Wertpapiere und Schuldbuchforderungen des Bundes, der Länder oder von Sondervermögen des Bundes (Bahn, Post) sowie nach einem „Verzeichnis der bei der Deutschen Bundesbank beleihbaren Wertpapiere" (bis 75 % des Kurswertes)
o Ausgleichsforderungen (s. u.) (bis 75 % des Nennwertes), soweit und solange das

Darlehen der Bundesbank zur Aufrechterhaltung der Zahlungsbereitschaft des Verpfänders erforderlich ist (§ 24 I BBankG); als Verpfänder kommen neben Kreditinstituten auch Versicherungen und Bausparkassen in Betracht.

d) *Technik* der Kreditgewährung:

o Darlehen:
  – Belastung eines sog. LZB-Lombardkontos
  – Gutschrift auf LZB-Girokonto

o Verpfändung: bei Wertpapieren
  – durch Vertrag (Pfanderklärung), wenn die Papiere bei der Bundesbank hinterlegt sind (Einrichtung von sog. Pfanddepotkonten für KI); Übergabesurrogate reichen aus
  – durch grünen Wertpapier-Pfandscheck, wenn die Papiere bei Drittverwahrern (Wertpapier-Sammelbanken) hinterlegt sind.

e) Besondere Form der Kreditgewährung: *Giroüberziehungslombard:*

o Bundesbank bzw. LZB räumt dem KI nach vorheriger Ermächtigung automatisch einen (ständig latent bestehenden, d. h. vorhandenen) Lombardkredit ein, sofern das LZB-Girokonto überzogen wird: Schuldsaldo zu Lasten des KI wird von der LZB abgedeckt

o hierzu sind Pfänder (s. o) zu hinterlegen, für die ein Pfandschein ausgestellt wird, der als Legitimationspapier für die Wiederaushändigung der Pfänder erforderlich ist

o der Pfandschein wird beim Kontoführer des LZB-Girokontos hinterlegt

o der Kredit soll bei wechselnder Inanspruchnahme innerhalb von 30 Tagen jeweils einmal vollständig abgedeckt werden.

f) *Konditionen:* Abrechnung zum Lombardsatz der Deutschen Bundesbank (= Diskontsatz + 1/2 bis 2 %), sofern bestimmte Grenzen von den KI nicht überschritten werden.

g) Exkurs: *Ausgleichsforderungen:*

o Wesen: Schuldbuchforderungen gegen die öffentliche Hand, und zwar
  – der Bank deutscher Länder gegen den Bund aufgrund der Auszahlung der ersten Beträge in Deutscher Mark nach der Währungsreform von 1948
  – der Kreditinstitute, Versicherungen und Bausparkassen gegen das Bundesland, in dem das jeweilige Unternehmen seinen Sitz hat, aufgrund der Umstellung von Bilanzpositionen durch die Währungsreform zu unterschiedlichen Sätzen (grds. 1 : 10) und des Ausfalls von Forderungen insb. der KI gegen das Deutsche Reich und die NSDAP; die Differenz auf der Aktivseite wurde durch die Position „Ausgleichsforderungen" gedeckt

o Bedeutung: die Ausgleichsforderungen werden (gering, z. T. unterschiedlich) verzinst und aus einem Fonds der Bundesbank zurückgezahlt. Gesamtbetrag an Ausgleichsforderungen (Ende 1988): 14,3 Mrd. DM (Bundesbank 8,7 Mrd., KI 3,3 Mrd., Versicherungen 2,3 Mrd., Bausparkassen 11 Mill. DM).

1.3.33 Konsumkredite

1.3.330 Überblick

a) *Wesen:*

- o kurz-, mittel- und langfristige Kredite
- o Gewährung an *private Kreditnehmer* (Verbraucher)
- o Zweck: Finanzierung *langlebiger Gebrauchsgüter* (z. B. Fernseher, Möbel, Autos)
- o Besicherung: insb. durch die *Person* des Kreditnehmers und seine wirtschaftliche Stellung.

b) *Technik* der Kreditgewährung:

- o als Darlehen
- o Rückzahlung in festen Raten (Tilgung + Zinsen) oder in einer Summe
- o Zinsen werden grds. vom *ursprünglichen* Kreditbetrag berechnet, die effektive Zinsbelastung steigt daher mit zunehmender Rückzahlung des Kredites; deshalb muß unterschieden werden zwischen *nominellem* und *effektivem Jahreszins*.

c) *Rechtsgrundlagen:*

- o Darlehnsvorschriften des BGB (§§ 607 ff.)
- o Kreditvertrag (mit Anerkennung der AGB und der SCHUFA-Klausel)
- o bei *finanziertem Abzahlungskauf:* Anwendung des Abzahlungsgesetzes; ein solcher Kauf liegt vor, wenn ein Kauf- und ein Darlehnsvertrag (auch mit verschiedenen Partnern) vom Kunden geschlossen wurde, beide Verträge als wirtschaftliche Einheit anzusehen sind, das Darlehen in mindestens 2 Raten rückzahlbar ist und der Kaufgegenstand dem finanzierenden KI zur Sicherheit übereignet wurde (typisch für Teilzahlungskredit).

1.3.331 Privatdarlehen

a) *Wesen:*

- o Barkredit
- o zur Finanzierung des Konsums
- o verstärkter Personalkredit

b) *Besicherung:*

- o grds. Abtretung von Lohn-/Gehaltsansprüchen in stiller Form
- o Mitverpflichtung des Ehegatten, damit gesamtschuldnerische Verpflichtung (alternativ Bürgschaft)
- o alle weiteren im Kreditgeschäft gebräuchlichen Sicherheiten kommen vor.

Privatdarlehensvertrag
(mit Festzinssatz)

Darlehen-Nr. 7

Bei Schriftwechsel stets angeben

ggf. Bez.

1. Namenszeile: Liebenow
2. Namenszeile: Heike
3. Namenszeile:

Postalische Ergänzung:

Straße / Hausnummer: Arnikastr. 99

Postleitzahl / Ort (für Hamburg nur Zustellpostamt mit vorgezogenen Nullen eintragen): 2000 Norderstedt 2

Geburtsdatum 1: 140555
Kundenschlüssel 1: 1002 3444
Geburtsdatum 2:

Geb.Name: _____ Geb.Name: _____

abweichende Anschrift des Mitantragstellers
☒ nein
☐ ja (dann Blatt 5 + 6 des Darlehensvertrages ergänzen u. Vordruck 1372 14-3 ausfüllen)

Sicherung – auch für künftige Kredite – (neben bereits gestellten Sicherheiten):
Zur Sicherung aller Ansprüche, die die Hamburger Sparkasse gegen mich/uns aus der Gewährung von Krediten jeder Art hat oder haben wird,
a) trete(n) ich/wir hiermit meine/unsere gegenwärtigen und künftigen pfändbaren Lohn-/Gehalts-/Renten-/Pensions- und Provisionsforderungen sowie Ansprüche auf laufende Geldleistungen im Sinne des § 53 des Sozialgesetzbuches (SGB) gegen meinen/unseren jetzigen und künftigen Arbeitgeber/Unternehmer/Versicherungs- bzw. Leistungsträger (Drittschuldner) an die Sparkasse ab. Bei der Ermittlung des pfändbaren Teiles sollen mehrere Einkünfte desselben Abtretenden im Rahmen der gesetzlichen Möglichkeiten zusammengerechnet werden. Der Drittschuldner wird von mir/uns hierdurch ermächtigt, der Sparkasse jederzeit Auskünfte über die abgetretene Forderung, Gegenansprüche und Ansprüche Dritter zu erteilen.
Diese Erklärung gilt als Bestätigung eventueller früherer Abtretungen.
b)

Für dieses Rechtsverhältnis sind ergänzend Satzung, Allgemeine Geschäftsbedingungen (AGB), Preisverzeichnis und die umseitigen Bedingungen für Privatdarlehen der Sparkasse vereinbart. Diese Unterlagen können bei der Sparkasse eingesehen werden.
Jeder von uns darf den anderen in allen das Darlehen betreffenden Angelegenheiten **unbeschränkt** – auch zu eigenen Gunsten und zu Gunsten Dritter – vertreten, insbesondere kann er allein den Darlehensbetrag und evtl. freizugebende Sicherheiten entgegennehmen.

Interne Bearbeitungsvermerke der Sparkasse

Sicherh.	VWZ	60 Kfz/Wohnw. neu	64 Allgemein	68 Umsch./Fremd
4	6 0	61 Kfz/Wohnw. gebr.	65 Umsch. + Kfz/Wohnw.	69 Sonstiges
		62 Möbel etc.	66 Umsch. + Sonst.	
		63 Url./Hobby	67 Umsch./Haspa	

Einzugskonto: 0987654321

Darlehensbetrag DM	20000,00	Zinssatz p. a. für vereinbarte Laufzeit	0925	Effektiver Jahreszins*	10,87 %
+ Einmalige Kosten DM	400,00	Monatsrate DM Rate gerundet - Ausgleich mit Schlußrate	520,00	ab	310890
= Summe DM	20400,00	Ratenanzahl	47	Gesamtbetrag der Zinsen*	3987,00

* siehe Ziffer 3a der Bedingungen für Privatdarlehen

Das Darlehen _____ wurde mit DM _____ abgelöst.

Kundenberater(in) / Telefon

Hamburger Sparkasse

12.01.91   *Heike Liebenow*
[Datum]   [Unterschrift(en)]

Ausfertigung für die Hamburger Sparkasse

516

Bedingungen für Privatdarlehen
Fassung vom September 1988

1. Zustandekommen des Vertrages und Haftung mehrerer Darlehensnehmer
Ein Darlehensverhältnis kommt durch Annahme des Antrages oder dadurch zustande, daß das Darlehen ganz oder teilweise in Anspruch genommen wird. Mehrere Darlehensnehmer haften als Gesamtschuldner.

2. Informationspflichten des Darlehensnehmers
Der Darlehensnehmer ist verpflichtet, der Sparkasse unverzüglich anzuzeigen:
a) jeden Wechsel seines Wohnortes und/oder des Arbeitsplatzes.
b) jede in gestellte Sicherheiten erfolgte Pfändung.

3. Zinsen/Darlehenslaufzeit
a) Privatdarlehen mit Festzinssatz (PDF):
Die Zinsen werden jeweils zur Fälligkeit der vereinbarten Monatsraten berechnet, auf dem Darlehenskonto gebucht und mit den Zahlungen verrechnet. Bei der Berechnung des angegebenen effektiven Jahreszinssatzes wurde unterstellt, daß die Zahlung der ersten vereinbarten Monatsrate exakt 30 Zinstage nach der Auszahlung erfolgt. Ein früherer oder späterer Rückzahlungsbeginn und/oder verzögerte Zahlungen der weiteren vereinbarten Monatsraten bewirken eine Veränderung des effektiven Jahreszinssatzes, des Gesamtbetrages der Zinsen und u. U. der Darlehenslaufzeit.
b) Privatdarlehen mit variablem Zinssatz (PDV):
Bei einer allgemeinen Änderung des Zinsniveaus für gleichartige Darlehen, insbesondere bei einer Veränderung des Geld- und Kapitalmarktzinssatzes, ist die Sparkasse berechtigt, den vereinbarten Zinssatz mit sofortiger Wirkung zu senken oder zu erhöhen, ohne daß es einer Änderungskündigung bedarf. Die Benachrichtigung über eine Zinssatzänderung erfolgt schriftlich oder durch Übersendung einer nicht unterschriebenen maschinellen Zinsaufgabe. In diesem Zusammenhang darf die Sparkasse auch die Leistungsrate entsprechend ändern.

4. Kündigung/Rückzahlungsverlangen
Das Darlehen kann beiderseits jederzeit mit Frist von 3 Monaten gekündigt werden. Die Sparkasse ist berechtigt, die sofortige Rückzahlung aus wichtigem Grund jederzeit zu verlangen. Sie wird von diesem Recht in den Nr. 13 Absatz 2 der Allgemeinen Geschäftsbedingungen aufgeführten Fällen und ferner z. B. dann Gebrauch machen, wenn der Darlehensnehmer mit der Zahlung fälliger Leistungen nach Mahnung ganz oder teilweise länger als 2 Wochen im Rückstand ist.

5. Zinsen nach Fälligkeit
Fällige Kapitalbeträge sind in jedem Fall — also auch nach einer erfolgten Kündigung — wie folgt zu verzinsen:
Bis zum Ende der vereinbarten Darlehenslaufzeit ist entsprechend der ursprünglichen Vereinbarung der feste oder der nach Ziffer 3 b jeweils anzupassende variable Zinssatz anzuwenden. Danach wird in beiden Fällen der Zinssatz zugrunde gelegt und nach Ziffer 3 b laufend angepaßt, der für gleichartige Darlehen mit variablem Zins (PDV) von der Sparkasse jeweils unter Berücksichtigung der Lage am Geld- und Kapitalmarkt vereinbart wird.

6. Verzugsschaden
Soweit der Sparkasse durch Verzug des Darlehensnehmers ein Schaden über den in Ziffer 5 vereinbarten Zins hinaus entsteht, ist der Darlehensnehmer zum Ersatz entsprechend den gesetzlichen Verzugsschadensregelungen verpflichtet. Berechnet die Sparkasse diesen Schaden abstrakt, so wie sie hierfür unter Berücksichtigung des nach dem gewöhnlichen Lauf der Dinge zu erwartenden Sonderaufwands Pauschalbeträge erheben. In diesem Fall ist dem Darlehensnehmer der Nachweis vorbehalten, ein Schaden sei überhaupt nicht entstanden oder wesentlich niedriger als der geltend gemachte.

7. Einmalige Kosten für den Vertragsabschluß
Die einmaligen Kosten für den Vertragsabschluß werden als verzinsliches Agio erhoben. Bei einer vorzeitigen Beendigung des Vertragsverhältnisses werden diese Kosten nicht erstattet.

8. Zahlung und Verrechnung auf die Forderung
Zahlungen des Darlehensnehmers werden auf die persönlichen Verbindlichkeiten und nicht auf dingliche Sicherheiten verrechnet. Wenn ein Bürge oder ein sonstiger Dritter die Sparkasse befriedigt, kann die Sparkasse Sicherheiten auf den Bürgen oder sonstige Dritte übertragen.

9. Berechtigung zur Kontobelastung
Die Sparkasse ist berechtigt, fällige Zahlungen einem bei der Sparkasse unterhaltenen Konto des Zahlungspflichtigen zu entnehmen. Sofern auf dem belasteten Konto keine ausreichende Deckung vorhanden ist, gilt der Zahlung in bezug auf die Ansprüche der Sparkasse bei alsbaldiger Stornierung als nicht erfolgt.

10. Bestellung vereinbarter Sicherheiten
Für die Bestellung von Sicherheiten und die hierbei zu treffenden Nebenabreden sind die von der Sparkasse zur Verfügung gestellten Entwürfe/Vordrucke — wie von dieser vorbereitet — zu verwenden.

11. Abtretung des Auszahlungsanspruches
Der Anspruch auf Auszahlung eines Darlehens kann nur mit schriftlicher Zustimmung der Sparkasse abgetreten oder verpfändet werden.

12. Unwirksamkeit von Bedingungen
Sollte eine der vorstehenden Bedingungen oder eine sonstige Vertragsbestimmung ganz oder teilweise unwirksam sein, so wird dadurch die Gültigkeit des übrigen Vertragsinhaltes nicht berührt. Die Vertragsparteien verpflichten sich, die unwirksame Bestimmung durch eine solche Vereinbarung zu ersetzen, die dem erklärten, aber unwirksamen Willen im wirtschaftlichen Ergebnis möglichst nahe kommt.

Hamburger Sparkasse

Datenübermittlung

Ich/wir willige/n ein, daß die Hamburger Sparkasse der für meinen/unseren Wohnsitz zuständigen SCHUFA-Gesellschaft (Schutzgemeinschaft für allgemeine Kreditsicherung) Daten über die Beantragung, die Aufnahme (Kreditnehmer, Mitschuldner, Kreditbetrag, Laufzeit, Ratenbeginn) und vereinbarungsgemäße Abwicklung (z. B. vorzeitige Rückzahlung, Laufzeitverlängerung) dieses Kredits übermittelt.

Unabhängig davon wird die Hamburger Sparkasse der SCHUFA auch Daten aufgrund nicht vertragsgemäßer Abwicklung (z. B. Kündigung des Kredits, Inanspruchnahme einer vertraglich vereinbarten Lohnabtretung, beantragter Mahnbescheid bei unbestrittener Forderung, Einleitung von Zwangsvollstreckungsmaßnahmen) melden. Diese Meldungen dürfen nach dem Bundesdatenschutzgesetz nur erfolgen, soweit dies zur Wahrung berechtigter Interessen des Kreditinstituts, eines Vertragspartners der SCHUFA oder der Allgemeinheit erforderlich ist und dadurch meine/unsere schutzwürdigen Belange nicht beeinträchtigt werden.

Soweit hiernach eine Übermittlung erfolgen kann, befreie(n) ich/wir das Kreditinstitut zugleich vom Bankgeheimnis.

Die SCHUFA speichert die Daten, um den ihr angeschlossenen Kreditinstituten, Leasinggesellschaften, Einzelhandels-, Versandhandels- und sonstigen Unternehmen, die gewerbsmäßig Geld- oder Warenkredite an Konsumenten geben, Informationen zur Beurteilung der Kreditwürdigkeit von Kunden geben zu können. Sie stellt diese Daten ihren Vertragspartnern nur zur Verfügung, wenn diese ein berechtigtes Interesse an der Datenübermittlung glaubhaft darlegen. Die SCHUFA übermittelt nur objektive Daten ohne Angabe des Kreditgebers; subjektive Werturteile, persönliche Einkommens- und Vermögensverhältnisse sind in SCHUFA-Auskünften nicht enthalten.

Ich kann/Wir können Auskunft bei der SCHUFA über die mich/uns betreffenden gespeicherten Daten erhalten. Die Adresse der SCHUFA lautet:

SCHUFA Schutzgemeinschaft für allgemeine Kreditsicherung GmbH
Altstädter Straße 6, 2000 Hamburg 1

Ich/Wir willige(n) ein, daß im Falle eines Wohnsitzwechsels die vorgenannte SCHUFA die Daten an die dann zuständige SCHUFA übermittelt. Weitere Informationen über das SCHUFA-Verfahren enthält ein Merkblatt, das auf Wunsch zur Verfügung gestellt wird.

_____   _____
Datum   Unterschrift(en)

c) *Höhe:* bis ca. 30 000,– DM

d) *Laufzeit:* 6–72 Monate

e) *Bereitstellung:* durch Kontogutschrift (Ausnahme: Barauszahlung)

f) *Rückzahlung:* durch Monatsraten (Tilgung und Zinsen) oder in einer Summe (Zinsbelastung monatlich oder vierteljährlich, Tilgung des Darlehensbetrages zu einem festen Rückzahlungszeitpunkt)

g) *Kosten:*
- o Zinssatz vom allgemeinen Zinsniveau abhängig
- o Festzinssatz oder variabler Zinssatz
- o Laufzeit-Zinssatz (monatlich oder jährlich berechnet) vom ursprünglichen Kreditbetrag oder von der jeweiligen Restschuld
- o 2 % Bearbeitungsgebühr
- o nach Preisangabenverordnung (PAngV) müssen KI bei Festzinsdarlehen den Effektivzinssatz und bei Darlehen mit variablem Zinssatz den anfänglich effektiven Jahreszins angeben.

h) *Beispiel:*
- o Kreditbetrag 20 000,– DM
- o Zinssatz 0,39 % p. m.
- o Laufzeit 72 Monate
- o Gesamtkosten 6 016,– DM (effektiver Zins 9,50 % p. a.)
- o Gesamtzinsen (in den Gesamtkosten enthalten) 5 616,– DM
- o Bearbeitungsgebühr insgesamt 400,– DM
- o 1. Rate 314,– DM, folgende Raten 71 x 362,– DM.

1.3.332 Dispositionskredit

a) *Wesen:*
- o Kontokorrentkredit
- o Zulassung von Überziehungen für Privatpersonen als Kontinhaber
- o Finanzierung des Konsums, Erfüllung vorübergehender Zahlungsverpflichtungen

b) *Einräumung:*
- o i. d. R. durch einfache Mitteilung des KI an den Kunden und durch Verfügung des Kunden bei Bedarf
- o oft auch stillschweigend durch Zulassung der Kontoüberziehung
- o Laufzeit: bis auf weiteres

c) *Höhe:* unterschiedlich;
- o bis 20 000,– DM

- o oder entsprechend dem einfachen oder mehrfachen monatlichen Nettoeinkommen des Kunden
- o abhängig insb. bei stillschweigender Gewährung von
  - Bonität des Kunden
  - bisheriger Kontoführung
  - Höhe der Umsätze, insb. der regelmäßigen Eingänge

d) *Bedeutung:*

- o Erleichterung der persönlichen Dispositionen für Privatkunden
- o Förderung der Bereitschaft der Kunden zu Ausgaben über die augenblickliche finanzielle Leistungsfähigkeit hinaus (insb. durch Gewährung des Dispos im Zusammenhang mit der Ausgabe von Eurocheques und Scheckkarten)
- o gute Verdienstmöglichkeit für die KI
- o allerdings mit relativ hohem Risiko für das KI verbunden, da meist reiner *Personalkredit,* als Sicherheit dient die persönliche Kreditwürdigkeit des Kunden.

1.3.333 *Abrufdarlehen*

a) *Wesen:*

- o Barkredit, Einräumung eines Kredit*rahmens*
- o zur Finanzierung des Konsums
- o verstärkter Personalkredit
- o Vorratskredit für späteren Bedarf, wird dem Kunden auf *Abruf* zur Verfügung gestellt.

b) *Besicherung:*

- o grds. Abtretung von Lohn-/Gehaltsansprüchen in stiller Form
- o Mitverpflichtung des Ehegatten
- o alle weiteren im Kreditgeschäft gebräuchlichen Sicherheiten.

c) *Höhe:* unterschiedlich, ca. 20 000 bis 50 000 DM; die Höhe des Kreditrahmens wird abgestellt auf die Bonität des Kunden.

d) *Laufzeit:* unbefristet.

e) *Bereitstellung:*

- o Verfügung des Kunden durch Kontogutschrift in einer Summe oder in Teilbeträgen
- o Mindestabrufbetrag wird vom KI festgelegt
- o bereits zurückgeführte Darlehensbeträge können vom Kreditnehmer wieder abgerufen werden.

Bedingungen für S-Abrufdarlehen

Fassung vom September 1988

1. **Zustandekommen des Vertrages und Haftung mehrerer Darlehensnehmer**
   Ein Darlehensverhältnis kommt durch Annahme des Antrages oder dadurch zustande, daß das Darlehen ganz oder teilweise in Anspruch genommen wird. Mehrere Darlehensnehmer haften als Gesamtschuldner.

2. **Informationspflichten des Darlehensnehmers**
   Der Darlehensnehmer ist verpflichtet, der Sparkasse unverzüglich anzuzeigen:
   a) jeden Wechsel seines Wohnortes und/oder des Arbeitsplatzes.
   b) jede in gestellte Sicherheiten erfolgte Pfändung.

3. **Inanspruchnahme des Darlehens (Abruf)**
   Der Darlehensnehmer ist berechtigt, den Darlehensrahmen ganz oder in Teilbeträgen von mindestens DM 5.000,-- bei entsprechender Rückführung auch wiederholt, in Anspruch zu nehmen.

4. **Zinsen**
   Der jeweils in Anspruch genommene Darlehensbetrag ist vom Tag der Inanspruchnahme mit dem vereinbarten Zinssatz zu verzinsen. Die Zinsen werden jeweils zur Fälligkeit der vereinbarten Monatsraten berechnet, auf dem Darlehenskonto gebucht und mit den Zahlungen verrechnet.
   Der anfängliche effektive Jahreszins ergibt sich aus dem Zinssatz p. a., der durch die Mindestrate gemäß umseitigem Darlehensvertrag bestimmten Laufzeit und aus den auf letztere bezogenen Bearbeitungskosten.
   Bei einer allgemeinen Änderung des Zinsniveaus für gleichartige Darlehen, insbesondere bei einer Veränderung des Geld- und Kapitalmarktzinssatzes, ist die Sparkasse berechtigt, den vereinbarten Zinssatz mit sofortiger Wirkung zu senken oder zu erhöhen, ohne daß es einer Änderungskündigung bedarf. Die Benachrichtigung über eine Zinssatzänderung erfolgt schriftlich oder durch Übersendung einer nicht unterschriebenen maschinellen Zinsaufgabe. In diesem Zusammenhang darf die Sparkasse auch die Mindestrate entsprechend ändern.

5. **Bearbeitungskosten**
   Die Bearbeitungskosten werden auf den jeweiligen Abrufbetrag berechnet, auf dem Darlehenskonto gebucht und mit den Zahlungen verrechnet. Eine Erstattung bei vorzeitiger Rückzahlung wird nicht vorgenommen.

6. **Rückzahlung**
   Bis zur vollständigen Rückzahlung des Darlehens sind monatliche Raten zu entrichten, die mindestens DM 20,-- je angefangene DM 1.000,-- des zum Zeitpunkt des letzten Abrufs in Anspruch genommenen Darlehens betragen (Mindestrate). Die Mindestrate wird bei jedem Abruf neu berechnet, es sei denn, die bisher entrichtete Rate ist höher. Der Darlehensnehmer ist auch berechtigt, das Darlehen durch außerplanmäßige Tilgungen ganz oder teilweise vorzeitig zurückzuzahlen.

7. **Kündigung/Rückzahlungen**
   Der Darlehensrahmen und/oder der in Anspruch genommene Darlehensbetrag kann beiderseits jederzeit mit einer Frist von 3 Monaten gekündigt werden.
   Die Sparkasse ist aus wichtigem Grund berechtigt, den Darlehensrahmen zu widerrufen und die sofortige Rückzahlung zu verlangen. Sie wird von diesem Recht in den in Nr. 13 Absatz 2 der Allgemeinen Geschäftsbedingungen aufgeführten Fällen und ferner z. B. dann Gebrauch machen, wenn der Darlehensnehmer mit der Zahlung fälliger Leistungen nach Mahnung ganz oder teilweise länger als 2 Wochen im Rückstand ist.

8. **Zinsen nach Fälligkeit**
   Fällige Kapitalbeträge sind in jedem Fall - also auch nach einer erfolgten Kündigung - gemäß Ziffer 4 mit entsprechender laufender Anpassung zu verzinsen.

9. **Verzugsschaden**
   Soweit der Sparkasse durch Verzug des Darlehensnehmers ein Schaden über den in Ziffer 8 vereinbarten Zins hinaus entsteht, ist der Darlehensnehmer zum Ersatz entsprechend den gesetzlichen Verzugsschadensregelungen verpflichtet. Berechnet die Sparkasse diesen Schaden abstrakt, so wird sie hierfür unter Berücksichtigung des nach dem gewöhnlichen Lauf der Dinge zu erwartenden Sonderaufwands Pauschalbeträge erheben. In diesem Fall ist dem Darlehensnehmer der Nachweis vorbehalten, ein Schaden sei überhaupt nicht entstanden oder wesentlich niedriger als der geltend gemachte.

10. **Zahlung und Verrechnung auf die Forderung**
    Zahlungen des Darlehensnehmers werden auf die persönlichen Verbindlichkeiten und nicht auf dingliche Sicherheiten verrechnet. Wenn ein Bürge oder ein sonstiger Dritter die Sparkasse befriedigt, kann die Sparkasse Sicherheiten auf den Bürgen oder sonstige Dritte übertragen.

11. **Berechtigung zur Kontobelastung**
    Die Sparkasse ist berechtigt, fällige Zahlungen einem bei der Sparkasse unterhaltenen Konto des Zahlungspflichtigen zu entnehmen. Sofern auf dem belasteten Konto keine ausreichende Deckung vorhanden ist, gilt die Zahlung in bezug auf die Ansprüche der Sparkasse bei alsbaldiger Stornierung als nicht erfolgt.

12. **Bestellung vereinbarter Sicherheiten**
    Für die Bestellung von Sicherheiten und die hierbei zu treffenden Nebenabreden sind die von der Sparkasse zur Verfügung gestellten Entwürfe/Vordrucke - wie von dieser vorbereitet - zu verwenden.

13. **Abtretung des Auszahlungsanspruches**
    Die Auszahlungsansprüche können nur mit schriftlicher Zustimmung der Sparkasse abgetreten oder verpfändet werden.

14. **Unwirksamkeit von Bedingungen**
    Sollte eine der vorstehenden Bedingungen oder eine sonstige Vertragsbestimmung ganz oder teilweise unwirksam sein, so wird dadurch die Gültigkeit des übrigen Vertragsinhaltes nicht berührt. Die Vertragsparteien verpflichten sich, die unwirksame Bestimmung durch eine solche Vereinbarung zu ersetzen, die dem erklärten, aber unwirksamen Willen im wirtschaftlichen Ergebnis möglichst nahe kommt.

                                                          Hamburger Sparkasse

f) *Rückzahlung:*

o monatliche Rückzahlungsrate, z. B. 20,– DM je angefangene 1 000,– DM des abgerufenen Darlehensbetrages

o Erhöhung der monatlichen Rückzahlungsrate oder Sondertilgungen des Kreditnehmers jederzeit möglich.

g) *Kosten:* vom allgemeinen Zinsniveau abhängig

o variabler Zinssatz (jährlich berechnet)

o 1 % Bearbeitungsgebühr auf den Abrufbetrag, also erst bei Inanspruchnahme des Abrufdarlehens.

h) *Rechtsgrundlagen:*

o Kreditvertrag einschl. der AGB

o Anerkennung der SCHUFA-Klausel im Kreditvertrag

o Angabe des anfänglich effektiven Jahreszinses durch das KI im Kreditvertrag.

i) *Bedeutung:*

o individuelle Nutzungsmöglichkeiten für Privatkunden

o auf die persönlichen Verhältnisse des Kunden zugeschnitten

o Intensivierung der Geschäftsverbindung

o für KI sichere Ertragsquelle, da Abrufdarlehen nur für bonitätsmäßig einwandfreie Kunden mit einer langjährigen, ausschließlich positiven Geschäftsverbindung zur Verfügung gestellt wird.

1.3.334 Teilzahlungskredite

a) *Wesen:*

o Ratenkredit

o Finanzierung des Konsums, insb. von langlebigen Gebrauchsgütern

o verstärkter Personal- und dinglich gesicherter Kredit

o Kreditgeber: insb. Teilzahlungs-Kreditinstitute (diese gehören wirtschaftlich meist zu anderen KI, z. B. zu Großbanken).

b) *Arten:*

① *A-Geschäft* (direkte Kundenfinanzierung):

o Käufer und KI schließen einen Kreditvertrag; Käufer unterzeichnet Schuldurkunde

o Käufer erhält Heft mit Zahlungsanweisungen (Kauf-, Kreditschecks, Warengutscheine) mit vorgedruckten Beträgen für den Einkauf bei den Vertragsfirmen des KI *oder* Barauszahlung des Krediles (heute üblicherweise direkt an den Käufer)

② *B-Geschäft* (indirekte Kundenfinanzierung), heute am weitesten verbreitet:
- o Globalkreditvertrag zwischen KI und Verkäufer
- o Käufer und Verkäufer schließen Kaufvertrag, Käufer unterschreibt zugleich Antragsformular für Kredit des KI an ihn, vom Verkäufer an das KI weitergeleitet
- o Käufer erhält die Ware i. d. R. nur dann sofort ausgehändigt, wenn er selbst Anzahlung leistet
- o KI zahlt nach Prüfung des Antrags auf Anweisung des Käufers den Kreditbetrag an den Verkäufer aus
- o i. d. R. wird dem Käufer die Sache unter Eigentumsvorbehalt übertragen; da der Käufer dem KI das Eigentum an der Sache (das er noch nicht besitzt) zur Sicherheit übertragen muß, wird das KI Anwartschaftsberechtigter auf das Eigentum; mit Auszahlung des Kredites an den Verkäufer erwirbt das KI dann automatisch das Eigentum (analog §§ 929, 930 in Verbindung mit §§ 133, 157 BGB)

③ *C-Geschäft* (indirekte Kundenfinanzierung): wie B-Geschäft, aber:
- o Verkäufer zieht auf den Käufer Wechsel zugunsten des KI
- o Käufer akzeptiert die Wechsel
- o KI diskontiert die Wechsel und zahlt den Erlös an den Verkäufer aus.

c) *Sicherheiten:*
- o Abtretung von Lohn-/Gehaltsansprüchen
- o selbstschuldnernische Bürgschaften
- o Sicherungsübereignung der finanzierten Gegenstände durch Käufer an das KI
- o beim B-Geschäft: Verkäufer als Bürge oder Mitschuldner gegenüber dem KI
- o beim C-Geschäft: Haftung der Wechselverpflichteten (Verkäufer als Aussteller, Käufer als Bezogener und Akzeptant).

d) *Rückzahlung:* in Raten, direkt an das KI

e) *Laufzeit:* i. d. R. bis 24 Monate

f) *Kosten:* sehr unterschiedlich zwischen den einzelnen KI.

1.3.34 Akzeptkredit

1.3.340 Wesen und Bedeutung

a) *Wesen:*
- o Kreditgewährung eines KI durch Akzeptierung eines vom Kunden gezogenen Wechsels

- zunächst keine Bereitstellung von Geld, sondern des guten Namens des Kreditinstitutes als Wechsel-Hauptschuldner *(Kreditleihe)*
- in der Praxis werden Akzeptkredite in aller Regel mit einem *Diskontkredit* (Selbstdiskontierung, d. h. Ankauf des vom KI akzeptierten Wechsels durch das KI selbst) verbunden (Geldleihe)
- Kunde verpflichtet sich, den Wechselbetrag rechtzeitig (spätestens 1 Tag vor Wechselverfall) beim KI anzuschaffen.

b) *Rechtsgrundlagen:*

- Kreditvertrag einschließlich der AGB
- Wechselgesetz, Wechselsteuergesetz
- BGB-Bestimmungen über Geschäftsbesorgungsvertrag (§ 675) und Darlehen (§§ 607 ff.)

c) *Rechtsnatur* des Akzeptkredites: zu unterscheiden ist zwischen

- *Außenverhältnis,* d. h. Verhältnis der Beteiligten gegenüber Dritten (wichtig bei Weitergabe des Wechsels durch das KI): das KI wird durch Akzept Wechselhauptschuldner und muß den Wechsel einlösen – unabhängig von der Zahlungsfähigkeit und -bereitschaft des Kreditnehmers = Kunden, dieser kann als Aussteller im Rückgriff in Anspruch genommen werden, falls (was kaum vorkommt) das KI als Akzeptant ausfällt
- *Innenverhältnis:* aufgrund des Kreditvertrages ist der Kunde Kreditnehmer der Akzeptbank und daher zur Zahlung an sie verpflichtet; aufgrund des im Kreditvertrag liegenden Geschäftsbesorgungsvertrages muß der Kunde den Wechselbetrag rechtzeitig vor Fälligkeit dem KI zur Verfügung stellen
- für das KI ist der reine Akzeptkredit lediglich eine *Eventualverbindlichkeit*. Bilanziert werden nur Akzepte im Umlauf (vgl. Abschnitt 3.1.221).

d) *Bedeutung* des Akzeptkredites:

- für den *Kunden:*
  - Schaffung eines Zahlungs- und Kreditmittels (wichtig insb. im Zusammenhang mit Warengeschäften, aus denen der Kunde als Lieferant keine Wechsel erhalten konnte, sondern seinen Abnehmern offene Zahlungsziele ohne direkte Refinanzierungsmöglichkeit gewähren mußte)
  - Inanspruchnahme eines Diskontkredits ohne das Erfordernis der Einreichung von Handelswechseln
  - billiger als Kontokorrent- und Lombardkredit
  - besonders kostengünstig, wenn die Bankakzepte *privatdiskontfähig* sind (s. u.)
  - i. d. R. keine weitere Sicherheitenstellung erforderlich
- für das *KI:*
  - gute Refinanzierungsmöglichkeit, insbesondere wenn Akzept privatdiskontfähig ist

- beim reinen Akzeptkredit (ohne Selbstdiskontierung) Verdienst durch Akzeptprovision ohne Einsatz eigener Mittel
- allerdings u. U. risikoreiches Geschäft für das KI, da es auf die rechtzeitige Anschaffung des Wechselbetrages durch den Kunden angewiesen ist, wenn es selbst nicht finanzielle Mittel einsetzen will; hat es den Ausfall des Kunden nicht vorausgesehen, d. h. die nun an den Wechselinhaber zu zahlenden Mittel nicht bereitgehalten, kann es selbst in wirtschaftliche Schwierigkeiten geraten (vgl. Bankenkrise von 1931)
- daher Gewährung von Akzeptkrediten nur an Kunden mit zweifelsfreier *Bonität;* die Landes-Sparkassengesetze sehen für Akzeptkredite bestimmte Grenzen vor (z. B. 3 % der Einlagensumme).

1.3.341 Abwicklung

a) Kreditvertrag zwischen KI und Kunde *(Akzeptkreditzusage)*

b) Kunde reicht auf das KI gezogene *Tratten* ein; diese werden vom KI *akzeptiert* und eingebucht („Kundentrattenkonto an Eigene Akzepte").

c) *Möglichkeiten* der Verwendung der Akzepte:

o Aushändigung an den Kunden; dieser kann die Tratten
- als Zahlungsmittel weitergeben
- bei einem anderen (evtl. besonders zinsgünstigen) KI diskontieren lassen (vgl. Rembourskredit)

o üblicherweise: *Selbstdiskontierung* durch das akzeptierende KI, Abrechnung des Erlöses an den Kunden (von diesem Regelfall soll hier ausgegangen werden)

d) *Kosten:*

o Wechselsteuer

o Akzeptprovision: 1/4 % p. m., bei privatdiskontfähigen Akzepten meist 1/8 % p. m.

o Diskont: D + 1/2 % p. a. (Bruttosatz) *oder* D + 2–3 % (Nettosatz, schließt dann die Akzeptprovision ein) *oder* Anwendung des jeweils gültigen Privatdiskontsatzes (sofern Akzept privatdiskontfähig ist) mit Aufschlag.

e) *Refinanzierungsmöglichkeit* des KI

o bei der Bundesbank (sofern dem Wechsel ein Warengeschäft zugrunde liegt)

o u. U. bei der Privatdiskont AG

f) 1–2 Tage vor Verfall Anschaffung des Wechselbetrages durch den Kunden, bei Vorlage des Wechsels durch den Inhaber *Einlösung* durch die Akzeptbank (Buchung: „Eigene Akzepte an Einreicherkonto", z. B. LZB-Girokonto, und „Kundenkonto an Kundentrattenkonto").

g) *Beispiel*

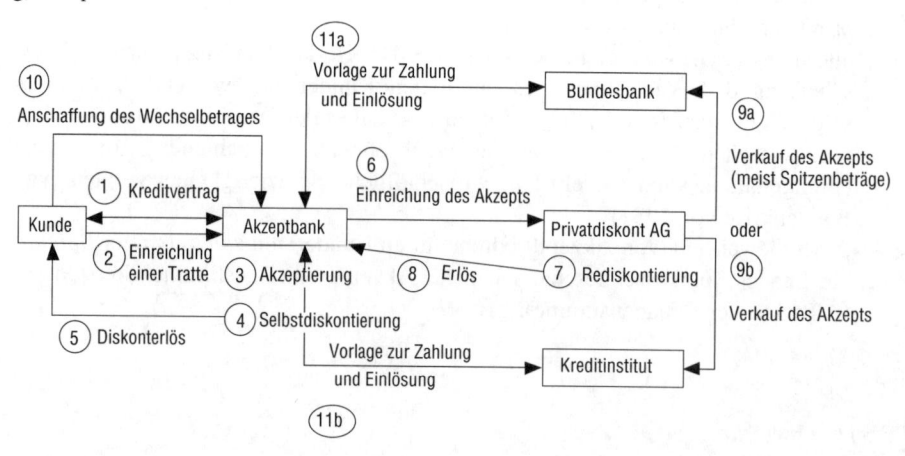

```
(10) Anschaffung des Wechselbetrages
(11a) Vorlage zur Zahlung und Einlösung
(1) Kreditvertrag
(2) Einreichung einer Tratte
(3) Akzeptierung
(4) Selbstdiskontierung
(5) Diskonterlös
(6) Einreichung des Akzepts
(7) Rediskontierung
(8) Erlös
(9a) Verkauf des Akzepts (meist Spitzenbeträge)
(9b) Verkauf des Akzepts
(11b) Vorlage zur Zahlung und Einlösung
```

Kunde — Akzeptbank — Privatdiskont AG — Bundesbank / Kreditinstitut

1.3.342 Exkurs: Die Privatdiskont AG

a) *Wesen:* = Spezialkreditinstitut, Gemeinschaftsgründung deutscher Kreditinstitute zur Pflege und Erhaltung eines Privatdiskontmarktes, d. h. eines Marktes in *Bankakzepten,* die bestimmte Voraussetzungen erfüllen. Die Privatdiskont AG arbeitet seit 1959; Aktionäre sind neben KI aller Bankengruppen auch Unternehmen, für die *Kapitalanlage* in Privatdiskonten in Betracht kommt, z. B. Versicherungen.

Die Privatdiskont AG, die AKA Ausfuhr-Kreditgesellschaft mbH, die Gesellschaft zur Finanzierung von Industrieanlagen mbH und die Liquiditäts-Konsortialbank GmbH stehen unter *einheitlicher Leitung.*

b) *Voraussetzungen* für die *Privatdiskontfähigkeit* von Bankakzepten:

o Finanzierung von Import-, Export-, Transithandelsgeschäften sowie von aktiven grenzüberschreitenden Lohnveredelungsgeschäften (vgl. Auslandsgeschäft)

o die Wechsel müssen vorn oben Angaben über das finanzierte Geschäft tragen (z. B. Nummer der Importlizenz, des Ausfuhrscheines usw.)

o die Wechsel müssen über mindestens 100 000,– DM, sollen auf höchstens 5 000 000,– DM und müssen auf volle 5 000,– DM lauten

o Laufzeit mind. 10, höchstens 90 Tage

o Aussteller: Firmen von zweifelsfreier Bonität mit einem haftenden Eigenkapital von mindestens 1 Mill. DM; der Privatdiskont AG sind testierte, d. h. von zugelassenen Abschlußprüfern geprüfte Bilanzen sowie laufend weitere Unterlagen einzureichen (z. B. Auftragseingang, -bestand, Umsatz, -erwartung, Ertragserwartungen)

o Akzeptant: Kreditinstitute mit haftendem Eigenkapital von mindestens 20 Mill. DM; weitere Vorschriften/Voraussetzungen:

– im Umlauf befindliche privatdiskontfähige Akzepte eines KI dürfen nicht mehr als das 1,5fache seines haftenden Eigenkapitals ausmachen

- keinem Aussteller dürfen mehr als 30 % des haftenden Eigenkapitals an Akzeptkrediten gewährt werden (50 % bei Indossament einer anderen privatdiskontfähigen Bank auf den Tratten, d. h. Mithaftung).

Beispiel:

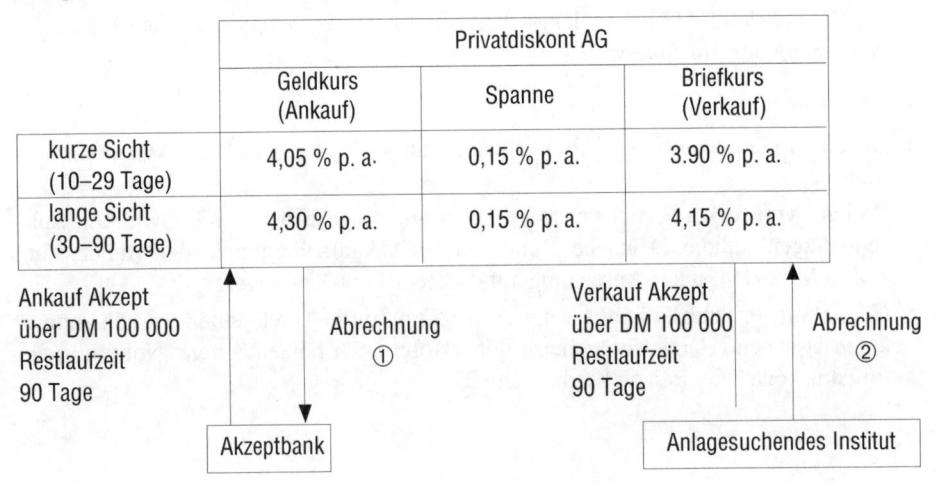

	Privatdiskont AG		
	Geldkurs (Ankauf)	Spanne	Briefkurs (Verkauf)
kurze Sicht (10–29 Tage)	4,05 % p. a.	0,15 % p. a.	3.90 % p. a.
lange Sicht (30–90 Tage)	4,30 % p. a.	0,15 % p. a.	4,15 % p. a.

Ankauf Akzept über DM 100 000 Restlaufzeit 90 Tage → Abrechnung ① → Akzeptbank

Verkauf Akzept über DM 100 000 Restlaufzeit 90 Tage → Abrechnung ② → Anlagesuchendes Institut

Abrechnung ①:		Abrechnung ②:
100 000,– DM Wechselbetrag		100 000,– DM Wechselbetrag
./. 1 075,– DM Diskont 4,30 % p. a.		./. 1 037,50 DM Diskont 4,15 % p. a.
= 98 925,– DM Erlös		= 98 962,50 DM Erlös
= Auszahlung der Privatdiskont AG an die Akzeptbank		= Zahlung des anlagesuchenden Institutes an die Privatdiskont AG
98 962,50 DM ./. 98 925,– DM = 37,50 DM	= Ertrag der Privatdiskont AG (Bearbeitungsgebühr von 0,15 % p. a.)	1 075,– DM ./. 1 037,50 DM = 37,50 DM

Die Differenz zwischen dem an die Akzeptbank ausgezahlten Diskonterlös und dem von dem geldanlegenden Institut gezahlten Betrag ist der Verdienst der Privatdiskont AG. Er besteht also in der Spanne zwischen Geld- und Briefkurs, z. Z. 0,15 % p. a.

Zu beachten ist, daß der *Geldkurs* – im Gegensatz zu sonstigen Geldkursen, z. B. bei Devisen- oder Wertpapiergeschäften – *höher als der Briefkurs* notiert wird; nur so ergibt sich eine Differenz zugunsten der Privatdiskont AG.

c) *Bedeutung:*

o kostengünstige Refinanzierungsmöglichkeit für die diskontierenden Akzeptbanken (Ankaufskurs der Privatdiskont AG liegt gewöhnlich unter dem LZB-Diskontsatz)
o sichere, liquide und rentable Geldanlagemöglichkeit für KI und andere Interessenten
o Weitergabe der niedrigen Kosten an den Kunden ist möglich (und wird den KI von der Privatdiskont AG nahegelegt); damit besonders *kostengünstige* kurzfristige *Finanzierung des Außenhandels.*

d) *Abwicklung:*

o Ankauf privatdiskontfähiger Bankakzepte durch die Privatdiskont AG, Frankfurt/Main
o Verkauf von diskontierten Privatdiskonten an anlagesuchende KI sowie von Spitzenbeträgen an die Deutsche Bundesbank (Ankaufsobergrenze der Bundesbank z. Z. 3 Mrd. DM) unter Anrechung auf die Rediskont-Kontingente
o *Handel* mit Privatdiskonten erfolgt an der Frankfurter Effektenbörse zu börsenmäßigen Usancen (Handelsbräuchen); dort erfolgt auch börsentägliche Notierung der Privatdiskontsätze. Beispiel siehe Seite 527.

1.3.35 Avalkredit

1.3.350 Wesen und Bedeutung

a) *Wesen:* = Kreditgewährung nicht durch Bereitstellung von Geld, sondern durch Übernahme einer *Bürgschaft* oder *Garantie* für den Kunden *(Kreditleihe).*

b) *Inhalt* der Verpflichtung des Kreditinstituts:

o Verpflichtung gegenüber einem Dritten, für die Erfüllung der Verbindlichkeiten des Kreditnehmers gegenüber dem Dritten einzustehen (*Bürgschaft;* akzessorisch)
o Verpflichtung gegenüber einem Dritten durch Übernahme der Gewährleistung für einen vom Kreditnehmer gegenüber dem Dritten herbeizuführenden Erfolg oder für einen vom Kreditnehmer eventuell verursachten Schaden, d. h. Pflicht zur Erbringung einer bestimmten Geldleistung (jedoch unabhängig von dem zugrundeliegenden Rechtsgeschäft oder der Höhe des verursachten Schadens: *Garantie,* abstrakt)
o das KI geht damit eine *Eventualverbindlichkeit* ein (d. h. es wird nur eventuell in Anspruch genommen), die in der Bilanz unter dem Strich auszuweisen ist.

c) *Rechtsgrundlagen:*

o Kreditvertrag einschließlich der AGB
o Geschäftsbesorgungsvertrag (§ 675 BGB) zwischen KI und Avalkreditnehmer

- o Bestimmungen des BGB und des HGB über Bürgschaft (Garantie ist gesetzlich nicht geregelt)
- o u. U. Wechselgesetz (bei Wechselaval, Art. 30 ff. WG).

d) *Bedeutung:*

- o Geschäfte werden nicht immer Zug um Zug abgewickelt, sondern oft ist von einem Partner eine Vorleistung zu erbringen; die Gegenleistung kann für den Vorleistenden durch Aval einer Bank sichergestellt werden.
- o Der Kunde braucht daher keine liquiden Mittel in Anspruch zu nehmen bzw. einen Kredit aufzunehmen, um die Gegenleistung sofort zu erfüllen; er spart Kosten.
- o Besonders groß ist das Sicherungsbedürfnis im *Auslandsgeschäft* (wegen schwieriger Feststellung der Bonität des Partners, großer Entfernungen, unterschiedlicher Rechtsordnungen) und bei Geschäften über *Investitionsgüter* (wegen hoher Vertragssummen, Notwendigkeit fester Termine, Feststellung von Mängeln des Gutes erst bei längerer Verwendung).
- o Das avalierende KI erzielt einen *Ertrag* (Avalprovision) *ohne Einsatz* von flüssigen Mitteln (da es in den meisten Fällen nicht in Anspruch genommen wird).

1.3.351 Abwicklung

a) Abschluß eines Kreditvertrages (in üblicher Form nach vorheriger Prüfung der Kreditwürdigkeit).

b) Stellung von *Sicherheiten* zugunsten des avalierenden KI (hierauf wird in vielen Fällen verzichtet).

c) Ausstellung und Aushändigung einer Bürgschafts- und Garantie*urkunde* (Formulare des KI oder des Kunden), bei Wechselaval Abgabe einer entsprechenden Erklärung auf der Wechselurkunde.

d) Bürgschaften von KI sind grundsätzlich *selbstschuldnerisch,* da sie für das KI als Vollkaufmann ein Handelsgeschäft darstellen (§ 349 HGB).

e) *Einbuchung* der Kreditgewährung durch das KI:
„Avalforderungen an Avalverbindlichkeiten" (Ausbuchung entsprechend umgekehrt) auf sogenannten *Pro-Memoria-Konten* (Erinnerungskonten), da es sich um Eventualverpflichtungen handelt.

f) *Kosten: Avalprovision* in unterschiedlicher Höhe je nach Laufzeit, Zweck des Avals, gestellten Sicherheiten (für eventuellen Rückgriff des KI nach eigener Inanspruchnahme) und der Art und dem Risiko des Grundgeschäftes.

g) *Laufzeit* von Avalkrediten: i. d. R. kurzfristig (bei möglicher ausdrücklicher oder automatischer Verlängerung = revolvierend); auch unbefristet möglich.

1.3.352 Arten von Bankbürgschaften

a) *Zollaval:*

o Stundung von Zollgebühren (insb. von Importzöllen) durch die Binnenzollämter bis zu 3 Monaten
o Voraussetzung: Bürgschaft einer Bank für fristgemäße Zahlung der Zollschuld
o Bedeutung: Importeur braucht nicht sofort liquide Mittel, sondern kann die Zollschuld durch den im Inland erzielten Weiterverkaufserlös begleichen; wichtig insb. beim Lohnveredelungsverkehr.

b) *Frachtaval:*

o Stundung von Frachtgeldern durch die Deutsche Bundesbahn bis zu 15 Tagen
o d. h. als Zahlungstermine werden der 1. und 16. jedes Monats zugelassen
o Voraussetzung: Bürgschaft einer Bank für fristgemäße Frachtzahlung gegenüber der Deutschen Verkehrs-Kreditbank AG (Hausbank der Bundesbahn)
o Bedeutung: Kreditnehmer benötigt nicht sofort liquide Mittel, sondern kann das Frachtgeld durch die Weiterverkaufserlöse begleichen.

c) Bürgschaften für die *Stundung von Kaufgeldern:*

o Stundung von Kaufgeldern für Holz durch staatliche Forstverwaltungen, für Branntwein durch die Bundesmonopolverwaltung für Branntwein
o Voraussetzung: Bürgschaft einer Bank in Urkundenfom (Branntwein) bzw. auf vom Kunden akzeptierten Wechseln (Holz)
o Bedeutung: s. o.

d) Bürgschaften für die *Erfüllung von Zahlungsverpflichtungen:*

o für die Zahlung des Restbetrages bei nicht voll eingezahlten Aktien
o für die Erfüllung von Zahlungspflichten aus Waren- oder Dienstleistungsgeschäften.

e) *Prozeßbürgschaften:*

o Bürgschaften für den Beklagten nach erfolgtem Urteil, um die Zwangsvollstreckung zunächst abzuwenden und seine Rechtsmittel (Berufung, Revision) auszuschöpfen; d. h.
  - Bürgschaften für die Zahlung der Schuld (laut Urteil)
  - Bürgschaften für die Zahlung der Anwaltskosten
o Bürgschaften für den Kläger nach ergangenem Urteil, um ihm die Durchsetzung eines vorläufig vollstreckbaren Titels zu ermöglichen, aber sicherzugehen, daß er den eingetriebenen Betrag zurückzahlt, wenn der Beklagte (und Unterlegene) in der nächsten Instanz gewinnt.

1.3.353 Arten von Bankgarantien (insbesondere im Auslandsgeschäft)

a) *Anzahlungsgarantie:*

- o Käufer (Importeur) einer Ware leistet Anzahlung gegen Garantie der Bank des Verkäufers (Exporteurs)
- o Zweck: Sicherstellung der Rückzahlung des angezahlten Betrages, falls der Verkäufer seinen Verpflichtungen nicht nachkommt.

b) *Bietungsgarantie:*

- o öffentliche Ausschreibung eines Projekts (= Aufforderung des Staates an Privatunternehmen, für die Durchführung öffentlicher Vorhaben, z. B. Straßen-, Schul- oder Krankenhausbau, innerhalb einer bestimmten Frist Angebote abzugeben)
- o Einreichung von Angeboten durch Unternehmer mit der Verpflichtung zur Zahlung einer *Vertragsstrafe* bis zu 10 % des Auftragswertes, falls der Anbieter bei Erteilung des Zuschlags (= Annahme des Angebots) zu seinem Angebot nicht mehr steht/stehen kann
- o Garantie einer Bank für die Zahlung der Vertragsstrafe (Konventionalstrafe).

c) *Lieferungs- und Leistungsgarantie:*

- o Verkäufer verpflichtet sich, eine nach Form, Menge, Qualität und Zeitpunkt vertragsmäßige Lieferung zu erbringen; andernfalls ist Vertragsstrafe bis zu 20 % des Warenwertes zu zahlen
- o Bank garantiert die Vertragsstrafe.

d) *Gewährleistungsgarantie:*

- o Verkäufer verpflichtet sich, insbesondere technisch einwandfreie Ware zu liefern (vor allem bei Investitionsgütern üblich) und dafür eine bestimmte Zeit lang (bei Investitionsgütern meist 6 Monate ab Betriebsbereitschaft des Anlagegutes) mit Zahlung einer Vertragsstrafe einzustehen
- o Bank garantiert die Vertragsstrafe.

e) *Konnossementsgarantie:*

- o der Importeur einer Ware, die per Seeschiff zu versenden war, erhält entgegen dem Vertrag (oft im Rahmen eines Akkreditivs) nicht alle Konnossementsoriginale, sondern nur einen Teil oder kein Original (da verlorengegangen oder sonst abhandengekommen)
- o die Bank des Exporteurs garantiert gegenüber dem Importeur, daß ihm aus fehlenden Originalen kein Schaden entstehen wird, *und/oder*
- o die Bank garantiert gegenüber der Reederei, daß sie für berechtigte Ansprüche Dritter einstehen wird, wenn der Importeur ohne Vorlage von Konnossementsoriginalen die Ware ausgeliefert bekommt
- o vgl. hierzu Konnossement und Auslandsgeschäft!

1.3.36 Besondere Finanzierungsformen

1.3.360 Forfaitierung

a) *Wesen:*

o Ankauf von Buch- oder Wechselforderungen durch einen Forfaiteur (Forderungskäufer), i. d. R. durch Vermittlung von KI
o *Verzicht auf Rückgriff* gegen den Forderungsverkäufer (Fortfaitist) bei Ausfall der Forderung (dabei sind auch wirtschaftliche und politische Risiken eingeschlossen)
o Anwendungsbereich: insb. Forderungen aus Exportgeschäften
o Grun‚dlage: Kaufvertrag zwischen Forfaitist und Forfaiteur.

b) *Bedeutung:*

o Erhöhung der Liquidität des verkaufenden Unternehmens (Zahlungsziel braucht nicht abgewartet zu werden)
o Abgabe des Risikos von Forderungsausfällen (anders: Diskontkredit)
o Verkürzen der Bilanz
o als besonderes Finanzierungsmittel mögliche Wirkung: Förderung des Exports.

c) *Abwicklung:*

o bei *Buch*forderungen: Vertrag zwischen Käufer und Verkäufer mit einer besonderen Haftungsausschlußklausel
o bei *Wechsel*forderungen bzw. mobilisierten (d. h. durch Wechselziehung „beweglichen", refinanzierungs-geeigneten) Buchforderungen:
  – Schuldversprechen des Schuldners in Form eines Solawechsels
  – Indossament des Gläubigers: „ohne Rückgriff" (sog. *à-forfait-Wechsel*)
  – Beibringung eines Bankavals auf dem Wechsel
  – zu beachten: gezogene Wechsel sind für Fortaitierung ungeeignet, da sich die Ausstellerhaftung nach deutschem Wechselrecht nicht einschränken läßt (möglicher Ausweg: schrifliche Nebenabrede zwischen Gläubiger und Forfaiteur)
o als besondere Sicherheit kann eine Bürgschaft des Bundes mit voller Risikoabdeckung beigebracht werden (sog. Deckblattbürgschaft)
o bei erstklassigen Schuldnern u. U. Verzicht auf diese Sicherheiten.

d) *Konditionen:*

o abhängig von der Bonität der Beteiligten, der Währung, der Laufzeit; i. d. R. Zinsabschlag von 8 bis 13 %
o Laufzeit: bis 5 Jahre.

1.3.361 Factoring

a) *Wesen:*

- Grundlage: Kaufvertrag
- Ankauf von meist kurzfristigen Forderungen durch eine Factoring-Gesellschaft (= selbständige Unternehmen, die von Kreditinstituten und Industrie- sowie anderen Unternehmen gegründet und getragen werden – Refinanzierungsmöglichkeit – und z. T. Kreditinstitute im Sinne des KWG sind)
- grundsätzlich Übernahme des *vollen Risikos* für Forderungsausfall durch den Käufer
- Übernahme nicht einzelner, sondern jeweils *aller* Forderungen aus Waren- und Dienstleistungsgeschäften eines Unternehmens
- Übernahme der zugehörigen *Dienstleistungs*aufgaben
    - Rechnungsausfertigung
    - Buchhaltung
    - Einzug der Forderungen
    - Mahn- und Klagewesen.

b) *Bedeutung* für den Verkäufer:

- Erhöhung der Liquidität bei Abgabe des Risikos
- Erhöhung der Umlaufgeschwindigkeit des Kapitals, höhere Rentabilität, Ermöglichung besserer Finanzplanung
- Einsparung von Verwaltungsaufgaben und -aufwendungen wie Buchhaltung, Mahnwesen usw.
- Nachteil: immer mehr Unternehmen schließen die Abtretung der gegen sie gerichteten Forderungen in ihren Geschäfts- bzw. Auftragsbedingungen aus.

c) *Arten:*

- offenes Factoring: Verkauf und Forderungsabtretung werden dem Schuldner mitgeteilt, dieser kann schuldbefreiend nur an Factoring-Gesellschaft zahlen
- stilles Factoring: keine Mitteilung (vgl. stille Zession)
- echtes Factoring: volle Risikoübernahme durch den Käufer (daneben gibt es das unechte Factoring mit Rückgriffsmöglichkeit gegen den Verkäufer, das praktisch jedoch lediglich die Durchführung der Verwaltungsarbeit für Forderungen durch einen Dritten unter Bevorschussung der Forderungsbeträge darstellt).

d) *Konditionen:*

- Zahlung auf die Forderungen bis 90 %, der Rest dient als Sicherheit für Mängelrügen, Skonti usw.
- Zinsen: ca. 4–5 % über LZB-Diskontsatz
- Dienstleistungsgebühr auf den Umsatz (bis 2,5 %)
- Delcrederegebühr für Forderungsausfälle (um 1 %).

1.3.362 Leasing

a) *Wesen:*

o Vermietung und Verpachtung von Wirtschaftsgütern, insbesondere Industrieanlagen und Produktionsgütern

o Träger: Hersteller dieser Güter oder zwischengeschaltete Leasing-Gesellschaften (diese refinanzieren sich bei KI).

b) *Rechtsnatur:* Leasingverträge liegen zwischen *Miete* und *Kauf*; i. d. R. wird die Frage der Gefahrentragung und der Instandhaltung zu Lasten des Leasingnehmers, also wie beim Kauf geregelt, was für einen Kaufvertrag spricht (sehr umstritten; andere Möglichkeiten: Miete, Geschäftsbesorgungsvertrag oder – was nach dem Grundsatz der Vertragsfreiheit möglich ist – gemischter Vertrag).

c) *Bedeutung:*

o besondere Finanzierung im Rahmen der Anschaffung bzw. Nutzung von Investitionsgütern

o Leasingnehmer spart liquide Mittel (hat aber zunächst Mietkosten aufzuwenden)

o das eingesparte Kapital ist, soweit vorhanden, frei für andere Investitionen

o Schutz vor Überalterung der Industrieanlagen (wichtig z. B. bei Computern), Möglichkeit, stets auf dem neuesten Stand der technischen Entwicklung zu sein

o Steuervorteile:

  – Leasingkosten sind voll abzugsfähig
  – die Wirtschaftsgüter werden beim Leasinggeber bilanziert, sind daher beim Leasingnehmer nicht Bestandteil des Gewerbekapitals: keine Gewerbesteuer

o vorteilhaft ist die feste und kapitalmarktunabhängige Kalkulierbarkeit

o i. d. R. keine Sicherheitenstellung des Leasingnehmers erforderlich

o Nachteile:

  – volle Bezahlung des Objektes während der Grundmietzeit (während Abschreibungsbeträge über Nutzungsdauer verteilt werden)
  – Leasing ist nicht für jedes Unternehmen und jedes Investitionsgut geeignet
  – keine Verfügungsmöglichkeit des Leasingunternehmers über das Objekt
  – relativ hohe Fixkosten, Risiken bei Absatz- und Gewinnrückgang im Unternehmen des Leasingnehmers.

d) *Arten:*

o Mobilien-Leasing (Equipment-Leasing): Vertrag über bewegliche Sachen, und zwar

  – Investitionsgüter (z. B. Lkw)
  – Konsumgüter (z. B. Farbfernseher)

o Immobilien-Leasing: unbewegliche Sachen (z. B. Fabrikgebäude, fest zu installierende Computeranlagen)

o Maintenance-(Operating-)Leasing: Hersteller/Leasingunternehmen überläßt die Objekte auf unbestimmte Zeit mit jederzeitiger Kündigungsmöglichkeit und übernimmt die Wartung technischer Güter

o Finance-Leasing: Leasingnehmer erhält Option = Recht zur beliebigen Ausdehnung des Vertrages oder zum Kauf des Objektes unter Verrechnung der bisherigen Raten; Wartung wird vom Leasinggeber nicht übernommen; i. d. R. wird unkündbare Grundmietzeit vereinbart.

e) *Konditionen:* unterschiedlich je nach Art des Objektes, Laufzeit – bei beweglichen Sachen bis 5, bei Immobilien bis 20 Jahre –, Umfang des Tätigwerdens des Leasinggebers (Wartung) u. a.

f) *Exkurs:* Leasingerlaß des Bundesfinanzministeriums mit folgenden Voraussetzungen für steuerliche Absetzbarkeit von Leasingraten:

o feste Grundmietzeit (40–90 % der AfA-Nutzungsdauer*)

o innerhalb der Grundmietzeit müssen die Anschaffungskosten (Grundmietpreis + Kosten) bezahlt werden

o der Mietvertrag muß während der Mietzeit für beide Parteien unkündbar sein

o nach Ablauf der Grundmietzeit:
  – Kaufoption (Kaufpreis = Rest-AfA-Wert oder niedrigerer Gemeinwert)
  – Verlängerungsoption (Mietwert = Rest-AfA-Wert, auf die weitere Mietzeit verteilt)
  – Rückgabe (Leasinggeber verkauft das Objekt dann über „Secondhand-Markt")

o Mietobjekte dürfen nicht speziell auf die Bedürfnisse des Leasingnehmers zugeschnitten sein (in der Rechtsprechung umstritten)

o Risiken müssen zu Lasten des Mieters gehen (Ansprüche aus Garantien auf Wartung und Service tritt der Leasinggeber – falls dieser nicht der Hersteller ist – an den Leasingnehmer ab).

Werden Betriebe zu mehr als 250 000,– DM „verleast", besteht Gewerbesteuerpflicht im Rahmen des Gewerbeertrages mit 50 %. Beträgt der Wert der Objekte mehr als 2,5 Mill. DM, wird eine Teilwertberechnung zum Einheitswert vorgenommen.

1.3.363 Öffentliche Förderprogramme

a) *Wesen:* Förderungsmaßnahmen durch Bereitstellung von Finanzierungshilfen

o des Bundes, der Länder, der Europäischen Gemeinschaft

o durch Zuschüsse und zinsgünstige Darlehen

o insb. für den Mittelstand und für Existenzgründungen

o Träger: insb. Kreditanstalt für Wiederaufbau (KfW), Deutsche Ausgleichsbank.

---

* AfA = Absetzung für Abnutzung

b) *Bedeutung:* Im Rahmen des Kreditgeschäfts gehört die Kenntnis der öffentlichen Förderprogramme zu den Voraussetzungen für eine qualifizierte Firmenkundenberatung. Die Vielzahl der angebotenen Programme macht einen aktuellen Überblick schwierig.

c) *Arten:* (Auswahl)

o Standortprogramm: Erwerb, Errichtung und Erweiterung von Betriebs- und Geschäftsgebäuden in neuen/neugeordneten Ortsteilen, Investitionen zur Verminderung/Beseitigung von Lärm und anderen Emissionen

o Ausbildungsplatzprogramm: Schaffung zusätzlicher betrieblicher Ausbildungsplätze

o Existenzgründungsprogramm: Investitionen zur Errichtung und zum Erwerb von Betrieben, Beschaffung der Erstausstattung für Warenlager, Büro usw.

o Mittelstandsprogramm: langfristige Finanzierung von Investitionen im In- und Ausland für mittelständische Unternehmen

o Bürgschaften/Garantien von Bürgschaftsgemeinschaften, wenn kleine und mittlere Unternehmen keine banküblichen Sicherheiten beibringen können

o Bürgschaften der Deutschen Ausgleichsbank für Kredite an Freiberufler

1.3.4 Das langfristige Kreditgeschäft

Langfristige Kredite werden zu folgenden *Zwecken* vergeben:

o Durchführung von Investitionen (Erstellung, Erweiterung, Modernisierung von Produktionsanlagen)
o Finanzierung des privaten und gewerblichen Wohnungsbaus
o Finanzierung des Schiffsbaus (Herstellung, Umbau, Reparaturen)
o Durchführung von Investitionsmaßnahmen der öffentlichen Hand (Bau von Krankenhäusern, Vorsorgeeinrichtungen, Verkehrswegen usw.)
o langfristige Exportfinanzierung

Die *Besicherung* langfristiger Finanzierungen erfolgt in erster Linie durch Grundpfandrechte. Die Technik der Kreditgewährung soll nachfolgend am Beispiel des Realkredites erläutert werden; sie entspricht im wesentlichen der Abwicklung aller durch Grundpfandrechte abgesicherten langfristigen Kredite.

1.3.40 Realkredite

1.3.400 Grundbegriffe

a) *Wesen:* Realkredite sind
o langfristige Kredite
o besichert durch Hypotheken oder Grundschulden

- o verwendet i. d. R. zur Finanzierung von
  - Neu- und Umbauten sowie Modernisierungen im privaten Wohnungsbau (sog. „Hypothekendarlehen")
  - Erstellung oder Erweiterung von Produktionsanlagen sowie Neu- und Umbauten in der gewerblichen Wirtschaft (Investitionskredite, gewerbliche Finanzierungen)
  - Schiffsbau
- o insoweit zweckgebunden
- o gebunden an ein bestimmtes Objekt, das zugleich Gegenstand der Finanzierung und Kreditsicherheit ist
- o gelegentlich auch als „Allzweckhypothek", also ohne besondere Zweckbindung, eingesetzt.

b) *Rechtsgrundlagen:*

- o gesetzliche Bestimmungen über Darlehen, Rechte an Grundstücken, Grundpfandrechte im BGB; Grundbuchordnung
- o Hypothekenbankgesetz
- o Gesetz über die Pfandbriefe und verwandten Schuldverschreibungen öffentlich-rechtlicher Kreditanstalten (Pfandbriefgesetz)
- o Kreditwesengesetz
- o Sparkassengesetze der Länder
- o sonstige Rechtsquellen.

c) *Träger* der Finanzierung:

- o Sparkassen und Landesbanken/Girozentralen
- o Bausparkassen
- o Realkreditinstitute
  - private Hypothekenbanken
  - öffentlich-rechtliche Grundkreditanstalten
- o Schiffspfandbriefbanken
- o weitere private KI, vor allem Großbanken, Kreditgenossenschaften
- o Versicherungsgesellschaften als Kapitalgeber.

d) *Beliehen* werden:

- o Grundstücke (privat/gewerblich/land- und forstwirtschaftlich genutzt)
- o Erbbaurechte
- o Wohnungs- und Teileigentum
- o Dauerwohnrechte (in der Praxis ohne Bedeutung).

1.3.401 Bedeutung des Realkredits

a) *Entwicklung:* Kernbereich des Einsatzes von Realkrediten ist die Finanzierung des *Wohnungsbaus*. Nach dem Krieg hatte zunächst der Wiederaufbau, dann der Bau von Eigenheimen neben dem gewerblich-industriellen Bau die Bauwirtschaft zu hoher Kapazität gebracht und für kontinuierliche Auslastung gesorgt.

Ein Bruch in dieser Entwicklung war erstmals in den Jahren 1973–75 erkennbar (zahlreiche Zusammenbrüche von Baufirmen). 1976 setzte eine erneute Belebung ein, die zwischen 1977 und 1979 zu einem weiteren Bau-Boom führte. Aufgrund starken Anstiegs der Zinsen im Jahre 1981 wurde die Bauwirtschaft in eine erneute Rezession geführt. Eine deutliche Belebung ergab sich in den folgenden sechs Jahren nicht. Der Anteil der Bauinvestitionen am Bruttosozialprodukt ging von 15,5 % Mitte der Siebziger Jahre auf 11,5 % im Jahre 1984 zurück.

Das Jahr 1988 brachte eine Trendwende. Die Bauwirtschaft expandierte so stark wie seit Ende des voraufgegangenen Jahrzehnts nicht mehr. Die stärksten Impulse gingen vom Wohnungsneubau aus (220 000 Neubauwohnungen). Aufgrund von höheren Realeinkommen der Bevölkerung hat sich der Bau von Eigenheimen belebt. Wegen der steigenden Mieten ist auch der Bau von mehrgeschossigen Häusern wieder rentabel geworden. In der gleichen Größenordnung haben sich die gewerblichen Bauinvestitionen ausgeweitet. Zudem wurde die Bautätigkeit im öffentlichen Bereich verstärkt. In der Zukunft dürfte außerdem das Wohnungsbauprogramm für Aussiedler der Branche Auftrieb geben.

Offenbar haben auch die Kapitalanleger nach Jahren der Zurückhaltung den Wohnungsmarkt wieder entdeckt, denn Spitzenreiter in der Nachfrage sind Eigentumswohnungen. Weiterhin wird erwartet, daß auch Modernisierungen, Um- und Ausbauten der Baubranche Wachstumsimpulse geben.

b) *Förderung:* Die Entwicklung des Wohnungsbaus wurde und wird durch den Staat intensiv gefördert (Bausparen, § 10 e EStG – Absetzungen, „Baukindergeld", Förderungsprogramme z. B. für Modernisierungen und energiesparende Baumaßnahmen, Übernahme von Gewährleistungen – 1b-Hypotheken –, Gewährung von Zuschüssen).

Steuervorteile für Bauherren: siehe Übersichten auf S. 539.

c) *Kreditwirtschaft:* Bauwirtschaft und Realkreditgeschäft der KI stehen in einem engen Zusammenhang. Die Verteuerung von Bauleistungen kann zu einem Nachlassen der Bauneigung und zu einer geringeren Inanspruchnahme von Realkrediten führen. Umgekehrt hat das Zinsniveau, das sich ein Kunde im Realkreditgeschäft auch langfristig sichern kann, Auswirkungen auf die Verschuldensbereitschaft der Bauwilligen.

d) *Arten:*

o Hypotheken- und Grundschulddarlehen (im folgenden behandelt)
o Schiffshypothekarkredite (vergeben insbesondere von Schiffspfandbriefbanken, aber auch von Landesbanken/Girozentralen und Sparkassen)

Steuervorteile für Bauherren

Die Übersicht verdeutlicht in einer Gegenüberstellung die früheren Möglichkeiten und die Vergünstigungen ab 01.01.1987 (Erwerb oder Fertigstellung) Selbstgenutzte Objekte

	Einfamilienhaus bzw. Eigentumswohnung		Zweifamilienhaus	
	bis 31.12.1986	ab 01.01.1987	bis 31.12.1986	ab 01.01.1987
Mietwertversteuerung	1,4 % des Einheitswertes ab 01.01.1987 entfällt Mietwertversteuerung	entfällt	ortsüblicher Mittelpreis	kein Mietwert für eigengenutzte Wohnung, tatsächl. Mieteinnahmen ./. Werbungskosten für Mietwohnungen
	Ein steuerpflichtiger „Mietwert der eigengenutzten Wohnung" wird heute nicht mehr angesetzt. Somit ist lediglich noch für tatsächlich vermietete Wohnungen eine Mieteinnahme zu versteuern.			
Sonder-AfA Absetzungshöchstbetrag (§ 7b EStG und Nachfolgeregelung = § 10e EStG)	DM 200 000,-	DM 300 000,- ~~330 000,-~~	DM 250 000,-	DM 300 000,-
Absetzungssatz (§ 7b EStG und Nachfolgeregelung = § 10e EStG)	5 %	5 %	über DM 250 000,- hinausgehend 2 %	5 % für eigengenutzte Wohnung
Absetzungsdauer	8 Jahre	8 Jahre	8 Jahre	8 Jahre
	Die Obergrenze für die Anschaffungs- bzw. Herstellungskosten liegt heute bei DM 300 000,-. In diese Summe dürfen entgegen dem alten Recht auch 50 % der Grundstückskosten einbezogen werden. Die gesetzliche Regelung erfolgt jetzt über § 10e EStG (Sonderausgaben), wie früher können Alleinstehende ein Objekt, Verheiratete zwei Objekte steuerlich geltend machen. Wer die Vergünstigung des bisherigen § 7b EStG bereits voll ausgeschöpft hat, kann nicht in die neue Förderung einbezogen werden.			
Normal-AfA	keine	keine	linear oder degressiv möglich	linear oder degressiv nur für Mietwohnung
zusätzlicher Förderungsbetrag für Kinder (Baukindergeld)	DM 600,- ab 2. Kind	DM 600,- ab 1. Kind ab 01.01.1990 DM 750,-	DM 600,- ab 2. Kind bei Eigennutzung einer Wohnung	DM 600,- ab 1. Kind für selbstgenutzte Wohnung ab 01.01.1990 DM 750,-
zusätzlicher Schuldzinsenabzug	3 Jahre DM 10 000,- für bestimmte Gebäude bei Fertigstellung vor 01.01.1987	keiner	voller Schuldzinsenabzug	voller Schuldzinsenabzug nur für Mietwohnung
Werbungskostenabzug	Zinsen bis 1,4 % des Einheitswertes	entfällt	voller Abzug	Abzug nur für Mietwohnung
bestimmte Aufwendungen vor Bezug	voller Abzug	voller Abzug	voller Abzug	voller Abzug

Vermietung

	Einfamilienhaus oder Eigentumswohnung		Zweifamilienhaus		Mehrfamilienhaus	
	Fertigstellung/Erwerb bis 31.12.1986	Fertigstellung/Erwerb ab 01.01.1987	Fertigstellung/Erwerb bis 31.12.1986	Fertigstellung/Erwerb ab 01.01.1987	Fertigstellung/Erwerb bis 31.12.1986	Fertigstellung/Erwerb ab 01.01.1987
Sonderabschreibung § 7b EStG bzw. Nachfolgeregelung	8 Jahre 5 % von DM 200 000,-, darüber hinaus 2 %	entfällt	8 Jahre 5 % von DM 250 000,-, darüber hinaus 2 %	entfällt	keine	keine
Normalabschreibung (linear, degressiv)	unbegrenzt möglich	unbegrenzt möglich	unbegrenzt möglich	unbegrenzt möglich	unbegrenzt möglich	unbegrenzt möglich
Werbungskostenabzug	unbegrenzt möglich	unbegrenzt möglich	unbegrenzt möglich	unbegrenzt möglich	unbegrenzt möglich	unbegrenzt möglich
Werbungskosten vor Bezug	voller Abzug	voller Abzug	voller Abzug	voller Abzug	voller Abzug	voller Abzug
Einnahmeversteuerung	tatsächliche Mieteinnahme	tatsächliche Mieteinnahme	tatsächliche Mieteinnahme	tatsächliche Mieteinnahme	tatsächliche Mieteinnahme	tatsächliche Mieteinnahme

o Persönliche Hypothekendarlehen (Allzweckhypothek):
- langfristige Darlehen (meist bis 15 Jahre)
- durch Hypotheken oder Grundschulden besichert
- Darlehensgeber: besonders Sparkassen, Kreditgenossenschaften, Großbanken
- nicht objektgebunden
- nicht zweckgebunden, d. h. beliebig durch den Darlehensnehmer verwendbar
- auch zweit- oder drittstellige Eintragung der Belastung kann ausreichen.

1.3.402 Beleihungsobjekte

Die Objekte einer langfristigen Beleihung werden nach der Art ihrer *Nutzung* unterschieden, wobei die jeweilige Hauptquelle des jährlichen Rohertrages maßgeblich ist.

a) *Grundstücke:*

o unbebaute Grundstücke: beleihungsfähig sind grds. nur Baugrundstücke, für die also die für eine Bebauung erforderlichen öffentlich-rechtlichen Voraussetzungen geschaffen sind
o Haus- und Wohngrundstücke: ab 80 % des Jahresrohertrages aus Nutzung zu Wohnzwecken
o überwiegend gewerblich genutzte Grundstücke: ab 80 % des Jahresrohertrages aus gewerblicher Nutzung
o gemischt genutzte Grundstücke: Nutzung zu Wohn- und gewerblichen Zwecken
o land- und forstwirtschaftlich genutzte Grundstücke.

b) *Erbbaurecht:* veräußerliches und vererbbares grundstücksgleiches Recht (vgl. Abschnitt 0.3.111); den Haus- und Wohngrundstücken zu Wohnzwecken bei der Beleihung gleichgestellt mit der Besonderheit, daß zur Bewertung nur Bau- und Ertragswert, nicht aber der Bodenwert herangezogen werden können.

c) *Wohnungs- und Teileigentum:*

o Wohnungseigentum ist Sondereigentum an einer Wohnung, verbunden mit einem Miteigentumsanteil an dem zugehörigen Gemeinschaftseigentum; vgl. Wohnungseigentumsgesetz
o Teileigentum ist Sondereigentum an gewerblich genutzten Räumen, verbunden mit entsprechendem Miteigentum.

Beleihung: Wohnungseigentum wird Haus- und Wohngrundstücken, Teileigentum den ausschließlich gewerblich genutzten Grundstücken gleichgestellt.

d) *Dauerwohnrecht:* vgl. Abschnitt 0.3.111 und Wohnungseigentumsgesetz.

1.3.403 Ermittlung des Beleihungswertes

a) *Wesen:* Beleihungswert ist der Wert, der unter wirtschaftlich vorsichtiger Berücksichtigung aller den Wert eines Beleihungsobjektes bildenden und beeinträchtigenden Faktoren der Beleihung durch das KI zugrundegelegt wird – d. h. der Wert, der sich bei einer notfalls erforderlichen Zwangsvollstreckung in das Objekt aller Voraussicht nach erzielen läßt.

Grundlage der Beleihungswertermittlung sind der Bodenwert, der Bauwert und der Ertragswert. Hinzu kommt die Schätzung des Objektes.

b) *Bodenwert* = der Wert der reinen Grundstücksfläche unabhängig von der Bebauung. Anhaltspunkte für die Bewertung:

- früher: Einheitswert = Grundlage für die Grundbesteuerung, festgesetzt durch Bewertungsgesetz (heute ohne Bedeutung)
- Verkehrswert = der Preis, der sich bei Verkauf unter gewöhnlichen Umständen erzielen läßt; Richtwerte sind von bei kreisfreien Städten und Landkreisen gebildeten Gutachterausschüssen zu erfahren
- Vergleichswerte (besondere Berücksichtigung der örtlichen Verhältnisse; Preise zugrunde legen, die für Grundstücke gleicher Art und Lage auf Dauer als angemessen anzusehen sind)
- Erschließungskosten bzw. die vom Grundeigentümer zu erbringenden Beiträge (vgl. §§ 127 ff. BBauG) (Erschließung = Anlage von Straßen und Bürgersteigen, Kanalisation, Strom- und Versorgungsanschluß, Straßenbeleuchtung usw.)
- Lage, Nutzungsmöglichkeiten des Grundstücks.

c) *Bauwert* = der Wert der auf dem Grundstück vorhandenen und noch zu errichtenden Gebäude. Maßgeblich sind die „angemessenen Herstellungskosten"; vorhandene Bebauung: Berücksichtigung von Wertminderungen durch Abnutzung und Alter. Berechnungsmethoden:

- *Abschlagsverfahren* (überwiegend bei Neubauten angewandt): Abschlag in Höhe von 10 bis zu 33 % von den tatsächlichen Herstellungskosten (Erfassung insb. der Kosten, die die Verwertbarkeit nicht erhöhen)
- *Indexverfahren:* Anwendung eines Baukosten-Index auf der Basis 1913 = 100 % (Bundesaufsichtsamt: 1914 = 100 %) unter Berücksichtigung der zwischenzeitlichen Baupreiserhöhungen; festgesetzt durch die jeweiligen Aufsichtsbehörden (amtlicher Index des Statistischen Bundesamtes;) zugrundegelegt wird der Kubikmeter umbauten Raumes.

Realistischer und daher in der Praxis bevorzugt angewandt ist das Abschlagverfahren.

d) Aus der Addition von Bauwert und Bodenwert ergibt sich der *Bau- und Bodenwert* = *Sachwert.*

e) *Ertragswert* = der Wert, der sich bei Kapitalisierung des Reinertrages aus Vermietung des Objektes ergibt.

o Ermittlung des Reinertrages:
- maßgeblich sind die nachhaltig erzielbaren Erträge (nicht unbedingt die tatsächlichen Mieteinnahmen)
- Ermittlung des Jahresrohertrages bei Vermietung des Objektes (fiktiv zu ermitteln, wenn Eigennutzung vorliegt)
- Abzug der Betriebsausgaben (Verwaltungs-, Betriebskosten, Instandhaltung, Abschreibungen usw.), oft anhand von Erfahrungswerten pauschaliert (25–35 %)
o Kapitalisierung des Reinertrages zum landesüblichen Zinsfuß, d. h. welches Kapital ergibt zu einem festen Zinssatz diesen Ertrag? Der „landesübliche" Zinsfuß ergibt sich aus dem Zinsniveau am Kapitalmarkt, d. h. bei Refinanzierung langfristiger Finanzierungen. In der Regel rechnen die Kreditinstitute mit einem Zinssatz von 5 % p. a.

f) *Schätzung* = unter Berücksichtigung der konkreten Umstände des einzelnen Objektes vorgenommene, meist durch spezielle Unterlagen (Bauzeichnung und -beschreibung) und Besichtigung ergänzte Wertermittlung durch Sachverständige, d. h.

o sachkundige Mitarbeiter der KI
o amtlich bestellte Sachverständige
o Schätzungsbehörden.

g) *Festsetzung des Beleihungswertes* durch den zuständigen Mitarbeiter bzw. das entsprechende Gremium des KI (z. B. Sparkassen: Kreditausschuß). Vorgehen:

o rechnerische Ermittlung:

$$\text{Beleihungswert} = \frac{\text{Bau- und Bodenwert} + \text{Ertragswert}}{2}$$

o Überprüfung und Korrektur des rechnerischen Ergebnisses im Hinblick darauf, ob nach Art und Nutzung des Objektes mehr Gewicht auf Bau- und Bodenwert oder auf den Ertragswert zu legen ist. In aller Regel wird der *nachhaltige Ertragswert bevorzugt* (insb. bei gewerblichen Objekten), so daß der Beleihungswert sich sogar allein am Ertragswert ausrichten kann.

1.3.404 Beleihungsgrenze und Besicherung

a) Eine Beleihung des Objektes in voller Höhe des Beleihungswertes durch Hypothekendarlehen im Rahmen des Realkredites ist nicht möglich. Dies wird bei den verschiedenen KI durch gesetzliche und satzungsrechtliche Vorschriften ausgeschlossen.

b) Statt dessen wird eine *Beleihungsgrenze* festgesetzt = der prozentuale Anteil vom Beleihungswert, der maximal im Rahmen des eigentlichen Realkredites ausgezahlt werden darf:

o grds. 60 % des Beleihungswertes (bei Realkreditinstituten gesetzlich, bei Sparkassen satzungsrechtlich vorgeschrieben)

o Ausdehnung auf bis zu 80 % ist möglich, wenn volle Gewährleistung einer Körperschaft/Anstalt des öffentlichen Rechts vorliegt
o bei Bausparkassen bis zu 80 %.

Die genannten Grenzen werden grds. nur bei Wohnungsbaufinanzierungen ausgeschöpft. Gewerbliche Finanzierungen werden besonders im Hinblick auf das erhöhte Risiko aus der gewerblichen Betätigung des Darlehensnehmers und die oftmals eingeschränkte Verwertbarkeit des Objektes vorsichtiger gehandhabt (Beleihungsgrenze oft bei 40–50 %).

c) *Besicherung:* Realkredite werden durch Hypotheken und Grundschulden in Buch- und Briefform besichert, wobei die Grundschuld überwiegt (ungeachtet der Bezeichnung „Hypothekendarlehen", die daher sachlich meist falsch ist). Die meisten Grundpfandrechte werden heute unter Briefausschluß in das Grundbuch eingetragen.

Rangstelle:

o Sparkassen, Realkreditinstitute: grds. 1. Rang; in Mustersatzung und Hypothekenbank- bzw. Pfandbriefgesetz ist dies eine *Soll*vorschrift, von der abgewichen werden kann, soweit die Beleihungsgrenze eingehalten wird. Bezeichnung: *Ia-Hypothekendarlehen* (Ia-Grundschulddarlehen).
o Bausparkassen: 2. Rang.

Wird durch eine Körperschaft/Anstalt des öffentlichen Rechts (meist Land oder öffentlich-rechtliches KI) eine Bürgschaft oder Garantie gewährt („volle Gewährleistung"), so wird das zusätzliche Darlehen in 2. Rangstelle als *„Ib-Hypothek/Grundschuld"* gewährt.

Ia- und Ib-Finanzierung gelten zusammen als einheitlicher Realkredit.

d) *Zusätzlicher Kreditbedarf:* Oft gelingt es dem Darlehensnehmer nicht, die erforderlichen 40 % bzw. (bei öffentlicher Gewährung) 20 % Eigenmittel aufzubringen. In diesem Fall kann das KI, wenn es das wirtschaftliche Risiko für vertretbar hält, außerhalb des Realkredites zusätzliche Mittel in Form eines gedeckten Personal- oder Blankokredites bereitstellen. Diese Kredite werden meistens kurz- oder mittelfristig und grds. zu einem variablen Zinssatz gewährt.

Viele KI gewähren Gesamtdarlehen zu Realkreditkonditionen bis zu maximal 80 % des Beleihungswertes, einige KI sogar bis zu maximal 80 % der angemessenen Herstellungs- bzw. Erwerbskosten. Möglich sind sogar 100-Prozent-Finanzierungen (Vollfinanzierungen), die die gesamten Kosten des Baus/Erwerbs eines Eigenheims decken. Die hohe monatliche Belastung begrenzt solche Finanzierungen auf bestimmte Einkommensgruppen. Dabei werden hinsichtlich der Ausgestaltung der Finanzierung insbesondere erwartete Einkommenssteigerungen einbezogen. Für KI sind diese Finanzierungen problematisch und bedenklich und haben allenfalls Ausnahmecharakter.

1.3.405 Konditionen

a) *Zinsen:* Bei einem Realkredit hat der Darlehensnehmer i. d. R. die Wahl zwischen folgenden Zinstypen:

o *Festzins:* der Zinssatz wird für einen bestimmten Zeitraum fest vereinbart und kann in dieser Zeit nicht einseitig verändert werden (beachte allerdings § 247 BGB für vor 1987 geschlossene Verträge sowie § 609a BGB, siehe Abschnitt 1.3.01); nach Ablauf der Festschreibungsfrist
   – tritt ein variabler Zinssatz ein ⎫
   – wird ein neuer Festzinssatz vereinbart ⎬ Zinsanpassung
   – werden vielfach die Konditionen insgesamt neu vereinbart (Konditionenanpassung), so daß auch ein neues Damnum anfallen kann (s. u.).

   Festzinssätze von 5 bis meist 15 Jahren, u. U. sogar für die gesamte Darlehenslaufzeit können besonders von Realkreditinstituten (einschließlich der Landesbanken/Girozentralen) angeboten werden, da diese sich auf dem Kapitalmarkt entsprechend langfristig und zinskonstant refinanzieren können („kongruente" Refinanzierung), außerdem von Bausparkassen aufgrund ihrer besonderen Refinanzierungssituation und von Versicherungen. Problematisch ist dies für andere KI, die meist Festzinssätze nur für 5 Jahre offerieren, da ihnen entsprechende Refinanzierungsmittel nicht länger zur Verfügung stehen (z. B. Spar- und Sparkassenbriefe).

   Die Höhe der Festzinssätze hängt von den Refinanzierungsmöglichkeiten am Kapitalmarkt ab.

o *Variabler Zinssatz*: wird vornehmlich von Nicht-Realkreditinstituten, also Sparkassen und Geschäfts- sowie Genossenschaftsbanken angeboten. Dem KI sind Anpassungen des Zinssatzes an die Marktverhältnisse möglich; Grundlage sind die Sparzinsen. Gelegentlich werden Höchstzinssätze vereinbart, die der variable Zinssatz innerhalb einer bestimmten Laufzeit nicht übersteigen wird.

b) *Damnum:* Der Darlehensnehmer erhält das Darlehen meist nicht zu 100 %, sondern mit einem Abschlag von bis zu 10 % ausgezahlt, der „Hypothekendamnum" heißt, oft aber unrichtig als „Disagio" bezeichnet wird.

Gründe für den Abschlag:

o Ausgleich des Disagios bei der Ausgabe von Pfandbriefen und anderen Schuldverschreibungen, das kapitalmarktabhängig ist; das Disagio wird mit einem Zuschlag („Einmalmarge") an den Darlehensnehmer als Damnum weitergegeben.

o Deckung von Bearbeitungs- und Geldbeschaffungskosten über die eigentlichen Provisionen hinaus

o steuerliche Gründe beim Darlehensnehmer (Absetzbarkeit des Damnums).

Meist hat der Darlehensnehmer die Möglichkeit, zwischen verschiedenen Zins- und Auszahlungsvarianten zu wählen, z. B.

6,5 % Zinsen – 98,5 % Auszahlung
6,0 % Zinsen – 96,5 % Auszahlung
5,5 % Zinsen – 94,0 % Auszahlung.

Nach der Preisangabenverordnung ist der anfängliche effektive Jahreszins dem Kreditnehmer anzugeben.

Um den benötigten Finanzierungsbetrag zu erhalten, muß bei Vereinbarung eines

Damnums der Darlehens-Nominalbetrag also entsprechend höher angesetzt werden. Ist dies im Hinblick auf die Beleihungsgrenze nicht möglich, kann ein *Tilgungsstreckungsdarlehen* vereinbart werden:

o neben dem Hauptdarlehen erhält der Darlehensnehmer ein zusätzliches Darlehen in Höhe des Damnums (Tilgungsstreckungsdarlehen)

o die für das Hauptdarlehen vereinbarten Tilgungsbeträge werden zunächst für die Tilgung des Zusatzdarlehens eingesetzt

o bis das Tilgungsstreckungsdarlehen getilgt ist, wird die Tilgung des Hauptdarlehens ausgesetzt.

Beispiel: Hauptdarlehen 100 000,– DM, Auszahlungskurs 96 %, Tilgung 1 %:

ausgezahlter Darlehensbetrag	96 000,– DM
Tilgungsstreckungsdarlehen	4 000,– DM
jährliche Tilgung	1 000,– DM

Ohne Berücksichtigung der ersparten Zinsen (siehe Abschnitt 1.3.406) ist das Tilgungsstreckungsdarlehen nach 4 Jahren getilgt.

c) *Bereitstellungszinsen:* Die Vereinbarung eines Realkredites erfolgt i. d. R. rechtzeitig vor Baubeginn/Kauf, so daß zwischen Darlehenszusage und Auszahlung ein längerer Zeitraum liegt. Außerdem erfolgen bei Bauvorhaben die Zahlungen des Bauherren an die Bauhandwerker meist nach Baufortschritt, so daß auch die Darlehensauszahlung dem Baufortschritt angepaßt werden kann; das ist wichtig für die Risikolage des KI, da das zu errichtende Objekt bei Ermittlung des Beleihungswertes wie ein fertiges Objekt behandelt wird; i. d. R. darf daher die Auszahlung nur so erfolgen, daß die ausgezahlten Beträge durch die vorhandene Bausubstanz hinreichend gedeckt sind.

Üblicher Auszahlungsrhythmus: z. B.

25 % bei Fertigstellung der Kellerdecke
25 % bei Rohbaufertigstellung
25 % bei Fertigstellung des Innenausbaus
25 % bei endgültiger Fertigstellung (Gebrauchsabnahmeschein).

Da das KI bei Darlehenszusage über die Refinanzierungsmittel grds. bereits verfügen muß (z. B. Realkreditinstitut: entsprechend Verkauf von Pfandbriefen) und diese Mittel bis zur Darlehensauszahlung in aller Regel nur niedriger verzinslich vorübergehend anlegen kann, wird ein die Differenz ungefähr abdeckender Zins erhoben: Für die Zeit von Darlehenszusage bis Auszahlung berechnet das KI auf den nicht ausgezahlten Darlehensteil Bereitstellungszinsen von gewöhnlich ca. 2 % p. a.

d) *Zinsen* für einen *Zwischenkredit:* Benötigt der Darlehensnehmer die Finanzierungsmittel bereits vor den genannten Baufortschrittsterminen, z. B. für übliche Voraus- und Anzahlungen, wird eine Zwischenfinanzierung erforderlich, die i. d. R. auf Kontokorrentkreditbasis erfolgt, in aller Regel aber höchstens 80–90 % des Darlehensbetrages ausmacht. Unter Umständen – insbesondere bei Finanzierungen von Realkreditinstituten – tritt hierfür ein anderes KI ein.

e) Bearbeitungsgebühr (meist 1 ‰), Schätzungskosten (meist 1–2 ‰), Notar- und Gerichtskosten (Eintragung des Grundpfandrechts; sofern das Grundstück erst erworben wird: Beurkundung des Kaufvertrags und der Auflassung; Beglaubigung der Bewilligung zur Eintragung des Grundpfandrechts; Auszahlung des Darlehens vor Eintragung gegen Notarbestätigung usw.) treten als weitere Kosten auf.

1.3.406 Rückzahlung

a) Grundsätzlich werden Realkredite nicht in einer Summe am Ende der Laufzeit, sondern in Teilbeträgen gleichzeitig mit der Zinszahlung getilgt. Die Laufzeit des Darlehens hängt dabei ab

o von der Höhe des Tilgungssatzes
  – Wohnungsbaufinanzierung: i. d. R. 1 % p. a.
  – gewerbliche Finanzierung: i. d. R. mindestens 2 % p. a.
o von der Frage, ob ersparte Zinsen zur Tilgung verwendet werden (Amortisations- oder Abzahlungsdarlehen). Bei Amortisationsdarlehen ist die Laufzeit auch von der Höhe des Zinssatzes abhängig (siehe b).

In der Regel beträgt die Laufzeit bei Wohnungsbaufinanzierungen 30 bis 35 Jahre.

b) *Amortisationsdarlehen* (Tilgungsdarlehen) = Regelfall: der Schuldner erbringt gleichbleibende Tilgungsbeiträge = *feste Annuitäten,* die sich aus Zinsen und Tilgung zusammensetzen; da die Zinsen (gerechnet auf die Restschuld) mit fortschreitender Tilgung geringer werden, nimmt bei gleichbleibender Rückzahlungsrate der Tilgungsanteil ständig zu (vgl. Beispiel, Abschnitt 1.3.408): „Tilgung zuzüglich ersparter Zinsen". Je höher der Zinssatz ist, desto geringer ist die Darlehenslaufzeit.

c) *Abzahlungsdarlehen* (selten vereinbart): der Schuldner erbringt geringer werdende Tilgungsbeträge = *fallende Annuitäten,* die sich aus festen Tilgungsraten und aus entsprechend der Rückzahlung abnehmenden Zinsraten zusammensetzen.

d) *Tilgungsverrechnung:* die KI nehmen zu unterschiedlichen Zeitpunkten die Verrechnung der Tilgungsleistung mit dem Schuldsaldo vor. Da von der Höhe der Restschuld die Höhe der zu zahlenden Zinsen abhängt, hat der Rhythmus der Tilgungsverrechnung Bedeutung für die Effektivverzinsung bei Realkrediten. Üblich ist jährlich, halb- oder vierteljährlich nachträgliche Tilgungsverrechnung.

e) Zur Frage der *Zulässigkeit* der nachträglichen Tilgungsverrechnung hat der Bundesgerichtshof am 24.11.1988 ein Grundsatzurteil von außerordentlich weitreichender Bedeutung (und entsprechenden finanziellen Konsequenzen für zahlreiche KI) gefällt:

o Bei einem Hypothekendarlehen, bei dem nach AGB die in der gleichbleibenden Jahresleistung enthaltenen Zinsen jeweils nach dem Kapitalstand am Schluß des abgelaufenen Tilgungsjahres berechnet werden, ist die entsprechende AGB-Klausel *unwirksam,* wenn erst in einer gesonderten Klausel vierteljährliche Raten vorgesehen sind und der effektive Jahreszins oder die Gesamtbelastung im Vertrag nicht angegeben werden

o die Unwirksamkeit gründet sich auf einen Verstoß gegen das *Transparenzgebot* des AGB-Gesetzes

o unwirksam sind jedoch nur Darlehensverträge, die *nach* dem Inkrafttreten des AGB-Gesetzes (01.04.1977) abgeschlossen wurden

o nachdem durch die neue Preisangaben-Verordnung seit dem 01.10.1985 die Verpflichtung besteht, dem Kreditnehmer den Effektivzins zu benennen, entfällt in Neuverträgen von diesem Datum an die Unwirksamkeit der nachträglichen Tilgungsverrechnung.

Allerdings haben viele Kreditinstitute bereits vorher bei Neuverträgen mit abgeänderten Bedingungen gearbeitet, da die Fragwürdigkeit der herkömmlichen Tilgungsverrechnung bereits seit Jahren diskutiert wird.

1.3.407 Darlehensabwicklung

a) Die *Vorverhandlungen* nehmen bei Realkrediten breiten Raum ein, da die erforderliche Darlehenshöhe bestimmt, die Möglichkeit der Inanspruchnahme öffentlicher Förderung geprüft, die Sicherheiten bestellt, das Objekt beurteilt und bewertet und die komplexen Einzelheiten des Darlehensvertrages abgestimmt werden müssen.

b) *Darlehensantrag* des Kunden: enthält u. a.

o Angaben zur Person des Darlehensnehmers

o Gesamtkosten des Projekts und Finanzierungsvorschlag

o Ermächtigung des KI zur Grundbucheinsicht.

c) Vom Darlehensnehmer einzureichende *Unterlagen:*

o Grundbuchauszug

o Katasterauszug (Abzeichnung der Flurkarte)

o Liegenschaftsauszug (Liegenschaften = alle Grundstücksrechte, bebauten Grundstücke usw. des Darlehensnehmers; bei Katasteramt geführt)

o Einheitswertbescheid des Finanzamtes

o Nachweise über Aufwendungen und Erträge des Grundstücks

o Baupläne, Baubeschreibungen, Bauzeichnungen, Baukosten-Voranschläge

o Berechnung des umbauten Raumes

o Finanzierungsplan

o Bescheinigung über Erschließungsbeiträge

o Bescheinigung über eine gleitende (d. h. dem Baufortschritt entsprechende) Neuwertversicherung der zuständigen Brandkasse/Feuerversicherung (sog. Realrechtsbestätigung).

NORD-HYPO NORDDEUTSCHE
HYPOTHEKEN- UND
WECHSELBANK
Aktiengesellschaft

Domstraße 9, Postf. 10 48 28
2000 Hamburg 1
Telefon: (040) 3086-1

Herrn
Egon Mustermann
und Frau
Schlegelstr.7 a

2507 Adorf

Sachbearbeiter(in):
Herr Braun
Durchwahl: (040) 3086-18

Unser Zeichen:
HY br-604
111110101

Hamburg, den 07.03.1986

Sehr geehrte Frau Mustermann, sehr geehrter Herr Mustermann,

wir bieten Ihnen unter Bezugnahme auf unsere **als Anlage beigefügten Allgemeinen Darlehensbedingungen**, die Bestandteil des Vertrages werden, ein

Ia - Hypothekendarlehen in Höhe von **DM 250.000,--**

zu folgenden weiteren Bedingungen an:

1.
a) Zinsen: **7,000** v.H. jährlich vom Tage der Auszahlung an,
b) Tilgung: **1,000** v.H. jährlich zuzüglich ersparter Zinsen vom **01.10.1986** an,
c) Geldbeschaffungskosten: **2,750** v.H.
   Auszahlungskurs also **97,250** v.H.,
d) Festschreibung der Konditionen bis zum **31.03.1996**,
e) anfänglicher effektiver Jahreszins für den Festschreibungszeitraum: **7,700** v.H.,
f) Rückzahlungssperrfrist wie d), längstens jedoch 10 Jahre nach Vollauszahlung des Darlehens.

2. Verwendungszweck: **teilweise Baufinanzierung**

3. Bei Darlehensauszahlung werden wir eine Schätzgebühr von **DM 750,--** abziehen.

4. Vom **15.05.1986** an berechnen wir Bereitstellungszinsen in Höhe von **3,000** v.H. jährlich auf den noch nicht ausgezahlten Darlehensbetrag.

5. Nach 1c etwa geschuldete Geldbeschaffungskosten wurden von uns ausschließlich für die Ermittlung des anfänglichen effektiven Jahreszinses nach der Verordnung zur Regelung von Preisangaben auf den unter 1d genannten Festschreibungszeitraum verrechnet.

NORD-HYPO NORDDEUTSCHE
HYPOTHEKEN- UND
WECHSELBANK
Aktiengesellschaft

2. Seite
zum Schreiben vom
07.03.1986

Darlehensnummer: 111110101

6. Uns ist gemäß B VIII unserer Allgemeinen Darlehensbedingungen an dem Beleihungsobjekt 2705 Xdorf, Prachtstr. 25, eingetragen im Grundbuch des Amtsgerichts Großheim von Xdorf
Band 147 Blatt 25 Flur 7 Flurstück 34 Größe 510 qm
gemäß unserem Entwurf eine Buchgrundschuld in Höhe von
DM **250.000,--** mit **18** v.H. Jahreszinsen zu bestellen.
Ihr dürfen nur folgende Grundbucheintragungen im Range vorgehen oder gleichstehen:
in Abteilung II : keine
in Abteilung III: keine

7. Das Darlehen wird ausgezahlt, wenn wir die unter Nr. 6 genannte Grundschuld zu den vorgesehenen Bedingungen erworben haben und uns die im **beigefügten Unterlagenverzeichnis** angekreuzten Unterlagen beanstandungsfrei vorliegen. Wir behalten uns vor, die Auszahlung von der Einreichung weiterer Unterlagen abhängig zu machen, wenn wir dies für erforderlich halten. Die Beschaffung aller Unterlagen ist Auszahlungsvoraussetzung, nicht Bedingung für das Zustandekommen des Darlehensvertrages.

8. Wird das Darlehen in mehr als drei Raten ausgezahlt, so erheben wir einen einmaligen Teilvalutierungszuschlag von 0,5 v.H. des Darlehensnominalbetrages.

9. Wird die Darlehensvaluta auf Ihren Wunsch - die Entscheidung darüber steht in unserem Ermessen - vor Erfüllung der Auszahlungsvoraussetzungen gegen Notarbestätigung oder einem Notar im Wege eines Treuhandauftrages zur Verfügung gestellt, so behalten wir einen einmaligen Vorvalutierungszuschlag von 0,375 v.H. auf den abgerechneten Nominalbetrag des Darlehens ein.

Eine Treuhandzahlung bedeutet rechtlich noch keine Valutierung des Darlehens. Dennoch sind von Ihnen in diesem Falle vom Zeitpunkt der Überweisung an Darlehenszinsen zu zahlen. Erst mit der bestimmungsgemäßen Verwendung des Betrages durch den Treuhänder wird das Darlehen valutiert und der Betrag scheidet aus unserem Vermögen aus.

10. Die Zins- und Tilgungsleistungen sind von Ihnen vierteljährlich zu erbringen.

-3-

NORD-HYPO NORDDEUTSCHE
HYPOTHEKEN- UND
WECHSELBANK
Aktiengesellschaft

3. Seite
zum Schreiben vom
07.03.1986

Darlehensnummer: 111110101

11. Mehrere Darlehensnehmer **bevollmächtigen** sich gegenseitig,
    Erklärungen unsererseits entgegenzunehmen, Zahlungsanweisungen
    uns gegenüber abzugeben und Darlehensbeträge von uns in Empfang
    zu nehmen.

An dieses Darlehensangebot halten wir uns gebunden, wenn das
Original der beigefügten Annahmeerklärung, von allen Adressaten
dieses Angebots unterschrieben, bis zum **14.03.1986** wieder bei
uns eingeht. Das 2. Exemplar der Annahmeerklärung verbleibt
bei Ihnen.

Mit freundlichen Grüßen

Norddeutsche Hypotheken- und Wechselbank AG

Anlagen

Kontonummer der
NORDHYPO–BANK: 7654321

Urkundenrolle Nr. 12345 für das Jahr 19 86

Verhandelt in Hamburg am 31.05.1986

Grundschuldbestellung

Vor dem unterzeichnenden Notar Dr. Herrmann Deecken
in Hamburg
erschien(en) heute

Frau Marie-Luise Berger
Kastanienweg 9, 2000 Hamburg 51

Der/Die Erschienene(n)
erklärte(n):

I.

1. Ich/Wir bestelle(n) hiermit der

Norddeutschen Hypotheken- und Wechselbank Aktiengesellschaft
Domstraße 9, 2000 Hamburg 1

(nachstehend Bank genannt)

an dem Grundstück/Erbbaurecht/Wohnungseigentum, belegen in 2000 Hamburg 51, Kastanienweg 9 a,

eingetragen im Wohnungs-Erbbau-Grundbuch des Amtsgerichts Hamburg-Altona
von _____ Band 27 Blatt 311
Flur _____ Flurstück 3322 Größe 653 m²

eine Grundschuld in Höhe von
DM =150.000,--
(in Worten: Deutsche Mark einhundertfünfzigtausend---------------------).

2. Die Grundschuld ist fällig. Sie ist von heute an mit __12__ v.H. jährlich zu verzinsen. Die Zinsen sind jeweils am 31. Dezember für das ablaufende Kalenderjahr zu entrichten.

3. Die Erteilung eines Grundschuldbriefes ist ausgeschlossen.*)

4. Die Grundschuld soll die erste Rangstelle erhalten. / den~~ Rang nach folgenden Eintragungen erhalten~~:

Steht diese Rangstelle noch nicht zur Verfügung, so ist die Grundschuld vorerst an bereitester Stelle einzutragen.

5. Wegen der Ansprüche aus der Grundschuld unterwirft sich der Eigentümer der sofortigen Zwangsvollstreckung aus dieser Urkunde in das belastete Grundstück mit der Maßgabe, daß die Zwangsvollstreckung gegen den jeweiligen Eigentümer zulässig ist.

6. Es wird **bewilligt und beantragt,**

   a) die Grundschuld mit Zinsen und die dingliche Vollstreckungsunterwerfung gemäß den vorstehenden Bestimmungen in das Grundbuch **einzutragen,**

   b) alle künftigen Eintragungsbenachrichtigungen sowie nach Eintragung dieser Grundschuld einen beglaubigten **Grundbuchauszug** an die Hauptniederlassung/~~Filiale~~ der Bank in __Hamburg__ zu übersenden.

   c) im Falle der Bestellung einer Briefgrundschuld den **Grundschuldbrief** der Bank durch Übersendung an die vorstehende Anschrift auszuhändigen, wie es mit ihr vereinbart wurde.

II.

7. Für die Zahlung eines jederzeit fälligen Geldbetrages in Höhe des Grundschuldkapitals und der Zinsen übernehme(n) ich/wir/~~übernimmt~~ _____

   – mehrere Personen als Gesamtschuldner – die persönliche Haftung und unterwirft/unterwerfe(n) mich/uns/sich insoweit der sofortigen Zwangsvollstreckung aus dieser Urkunde in mein/unser/sein/ihr gesamtes Vermögen. Die Bank kann die persönliche Haftung unabhängig von der Entstehung und dem Fortbestand der Grundschuld und ohne vorherige Zwangsvollstreckung in das Grundstück geltend machen.

III.

8. Mehrere Eigentümer erteilen sich gegenseitig Zustellungsvollmacht.

9. Wird mit der Urkunde eine Gesamtgrundschuld bestellt, deren Eintragung in das Grundbuch jedoch nicht bei allen Grundstücken gleichzeitig vorgenommen, so soll die Grundschuld unabhängig von dem weiteren Vollzug dieser Urkunde bereits an den Grundstücken entstehen, bei denen die Eintragung erfolgt ist.

10. Der Eigentümer tritt seine gegenwärtigen und künftigen, gegen alle Gläubiger jetzt oder später vor- oder gleichrangiger Grundschulden gerichteten Rückgewähransprüche an die Bank ab, und zwar die Ansprüche auf

    a) Rückübertragung, Aufhebung oder Löschung der Grundschulden im ganzen oder in Teilbeträgen mit Zinsen von heute an,

    b) Herausgabe der Grundschuldbriefe bzw. deren Vorlegung beim Grundbuchamt zur Bildung von Teilgrundschuldbriefen,

    c) Auszahlung der die gesicherten Forderungen der Grundschuldgläubiger übersteigenden Erlösbeträge bei einer Veräußerung oder Zwangsversteigerung des Grundstückes sowie der Verwertung der Grundschulden.

Stehen diese Rückgewähransprüche einem Dritten zu, so tritt der Eigentümer seine gegen ihn gerichteten gegenwärtigen und künftigen Ansprüche auf ihre Rückabtretung an die Bank ab.

---

*) Nr. 3 bei Briefgrundschuld streichen.

11. Die Grundschuld mit Zinsen, die gernäß Nr. 10 abgetretenen Ansprüche und die Rechte aus dem Schuldversprechen der Nr. 7 dienen der Sicherung bzw. Verstärkung aller bestehenden und künftigen, auch bedingten oder befristeten Ansprüche, die der Bank und allen anderen Geschäftsstellen des Gesamtinstituts aus der Geschäftsverbindung (insbesondere aus laufender Rechnung und aus der Gewährung von Krediten jeder Art), aus Bürgschaften und aus abgetretenen oder kraft Gesetzes übergegangenen Forderungen sowie aus Wechseln (auch soweit diese von Dritten hereingegeben worden sind), gegen

    Frau Marie-Luise Berger
    zustehen (bei mehreren Personen: auch wenn die Ansprüche sich nur gegen eine oder einige von ihnen richten).

12. Der Eigentümer verzichtet auf seine gegenwärtigen und künftigen Rückgewähransprüche gegen die Bank bezüglich der mit dieser Urkunde bestellten Grundschuld mit Ausnahme der Ansprüche auf ihre Gesamtlöschung im Grundbuch und auf Auszahlung des Versteigerungs- oder Verwertungserlöses, soweit er die durch die Grundschuld gesicherten Forderungen übersteigt. Diese Ansprüche können nur mit ausdrücklicher schriftlicher Zustimmung der Bank abgetreten oder verpfändet werden.

    Die Bank ist stets berechtigt, dem eingetragenen Eigentümer Löschungsbewilligung zu erteilen.

13. Alle Zahlungen werden nur auf die durch die Grundschuld gesicherten Forderungen verrechnet, soweit nicht mit dem Zahlenden ausdrücklich schriftlich etwas anderes vereinbart wird.

14. Die Bank darf nach eigenem Ermessen Teile des Grundstückes sowie Zubehör aus der Haftung für die Grundschuld entlassen, Rangänderungen bewilligen und ähnliche im Rahmen der bei ihr üblichen Sicherheitenverwaltung liegende Maßnahmen treffen, auch wenn die Rückgewähransprüche der Nr. 12 abgetreten oder verpfändet sind bzw. werden.

15. Bei Fälligkeit der nach Nr. 11 gesicherten Forderungen ist die Bank jederzeit zur Verwertung der Grundschuld berechtigt.

16. In Zwangsvollstreckungsverfahren ist die Bank nicht verpflichtet, aus der Grundschuld einen Betrag geltend zu machen, der über ihre durch die Grundschuld gesicherten Forderungen hinausgeht. Sie ist berechtigt, auf den diese Forderungen übersteigenden Grundschuldteil zu verzichten und den Verzicht in das Grundbuch eintragen zu lassen.

17. Alle jetzigen und künftigen Kosten, die mit dieser Urkunde, ihrer Durchführung und der bestellten Grundschuld zusammenhängen, trage(n) ich/wir/trägt _____

    _____

18. Bei der Belastung eines Erbbau- oder Wohnungseigentumsrechtes tritt in dieser Urkunde jeweils sinngemäß an die Stelle des Wortes Eigentümer das Wort Erbbauberechtigter oder Wohnungseigentümer, an die Stelle des Wortes Grundstück das Wort Erbbaurecht oder Wohnungseigentum.

19. Die Bank ist berechtigt, sich jederzeit ohne weitere Nachweise eine oder mehrere vollstreckbare Ausfertigungen dieser Urkunde erteilen zu lassen.

20. Der Notar wird beauftragt, dem Grundbuchamt eine Ausfertigung dieser Verhandlung zum Vollzug einzureichen und sich den gestellten Anträgen im Namen der Bank nur dann anzuschließen, wenn sie ihn dazu besonders ermächtigt. Der Bank sind sofort, das heißt bereits vor Eintragung der Grundschuld, eine vollstreckbare und eine einfache Ausfertigung dieser Urkunde zu erteilen und an die unter Nr. 6 Buchst. b genannte Anschrift zu übersenden, dem Eigentümer eine einfache Abschrift.

21. Ehegatten stimmen ihren Erklärungen wechselseitig zu.

d) *Prüfung von Kreditfähigkeit und Kreditwürdigkeit* des Darlehensnehmers.

e) *Beleihungswertermittlung* und Festsetzung des Darlehensbetrages.

f) *Interne Kreditentscheidung* des KI in den dafür zuständigen Gremien.

g) *Bewilligungsschreiben* = verbindliche Darlehenszusage des KI mit Angabe der Darlehensbedingungen.

h) *Annahmeerklärung* des Darlehensnehmers (Abgabe eines schriftlichen Schuldanerkenntnisses nach § 781 BGB); damit verbunden:
o Erteilung der Eintragungsbewilligung für das Grundpfandrecht
o Antrag auf Eintragung der Belastung im Grundbuch
o Hypotheken- oder Grundschuldbestellung.

i) *Darlehensausszahlung* (Valutierung): Ggf. wird zunächst der Zwischenkredit bereitgestellt. Voraussetzung ist grundsätzlich, daß die *Eintragung* des Grundpfandrechts zugunsten des KI im Grundbuch erfolgt ist.

Wegen der langen Bearbeitungszeiten der Grundbuchämter kann die Auszahlung auch auf *Notaranderkonto* erfolgen. Voraussetzung ist das Bestehen eines Notar-Treuhandauftrages (Anweisung an den Notar, die Zahlung an den Begünstigten erst dann weiterzuleiten, wenn die Eintragung des Grundpfandrechtes und ggf. des Eigentümerwechsels wie vereinbart gewährleistet ist).

Möglich ist auch die Auszahlung gegen *Notarbestätigung* = die Erklärung eines Notars, daß er die Eintragung des Grundpfandrechts als gewährleistet ansieht.

Gelegentlich zahlen KI das Darlehen bereits an den Kreditnehmer aus, wenn der Rechtspfleger beim Grundbuchamt die Eintragung verfügt hat. Bis zur Eintragung des Grundpfandrechts kann dann noch einige Zeit vergehen.

1.3.408 Beispiele

1. *Beispiel für die Berechnung des Darlehensbetrages* (Darlehensvaluta):

a) Bau- und Bodenwert:

240 000,– DM Bodenwert (1 000 m^2 à 240,– DM)
180 000,– DM Bauwert

420 000,– DM Bau- und Bodenwert

b) Ertragswert:

16 400,– DM Erträge p. a.
 6 200,– DM Aufwendungen p. a.
10 200,– DM Reinertrag

$$Z = \frac{K \cdot i \cdot p}{100} \qquad K = \frac{Z \cdot 100}{i \cdot p}$$

$$K \text{ (Kapital)} = \frac{10\,200 \text{ (Zinsen) DM} \times 100}{1 \text{ (Jahr)} \times 5 \text{ (\% Zinsfuß)}} = \underline{\underline{204\,000,-\text{ DM}}} \text{ Ertragswert}$$

c) Beleihungswert:

    420 000,– DM   Bau- und Bodenwert
    204 000,– DM   Ertragswert
    624 000,– DM   / : 2
= 312 000,– DM   Beleihungswert

(Der endgültige Beleihungswert ist aber letztlich von Art und Nutzung des Objektes abhängig, vgl. Abschnitt 1.3.402 f.)
Hier wird der Beleihungswert beispielsweise festgelegt mit 300 000,– DM.

d) Beleihungsgrenze: 60 % des Beleihungswertes = 180 000,– DM

e) Zwischenkredit: 85 % der Beleihungsgrenze = 153 000,– DM

f) Darlehensbetrag:
    180 000,– DM   Beleihungsgrenze
./. 14 400,– DM   8 % Disagio
    165 600,– DM

2. *Beispiel für die Rückzahlung eines Hypothekendarlehens:*

Darlehnsbetrag 120 000,– DM
Zinssatz 5 % – jährliche Tilgungsverrechnung (siehe Abschnitt 1.3.406 e)
Tilgungsrate pro Jahr 1 %

a) *Amortisationsdarlehen*

Zinsen	Tilgung	Annuität	Darlehensverringerung	Jahr
			120 000,– DM	0
6 000,–	1 200,–	7 200,–	1 200,– DM	1
			118 800,– DM	
5 940,–	1 260,–	7 200,–	1 260,– DM	2
			117 540,– DM	
5 877,–	1 323,–	7 200,–	1 323,– DM	3
			116 217,– DM	

b) *Abzahlungsdarlehen*

Zinsen	Tilgung	Annuität	Darlehensverringerung	Jahr
			120 000,– DM	0
6 000,–	1 200,–	7 200,–	1 200,– DM	1
			118 800,– DM	
5 940,–	1 200,–	7 140,–	1 200,– DM	2
			117 600,– DM	
5 880,–	1 200,–	7 080,–	1 200,– DM	3
			116 400,– DM	

1.3.41 Kommunalkredit

a) *Wesen:*

o Vergabe i. d. R. langfristiger Kredite an Körperschaften und Anstalten des öffentlichen Rechts, insb. an Gemeinden und Gemeindeverbände (sog. „reine" Kommunaldarlehen)

o Vergabe von i. d. R. grundpfandrechtlich gesicherten Krediten an andere Kreditnehmer unter voller Gewährleistung einer Körperschaft/Anstalt des öffentlichen Rechts (sog. „kommunalverbürgte Darlehen", vgl. „Ib-Hypothekendarlehen", Abschnitt 1.3.403).

Vgl. § 1 Nr. 2 Hypothekenbankgesetz. Im folgenden werden nur *reine* Kommunaldarlehen behandelt.

o Zweck: Finanzierung öffentlicher Aufgaben im Rahmen außerordentlicher Haushalte

o Gemeinden benötigen die Genehmigung ihrer Aufsichtsbehörde (Gesamtgenehmigung des Etats und der Haushaltssatzung genügt).

b) *Kreditgeber:*

o Sparkassen

o Landesbanken/Girozentralen

o Realkreditinstitute

o Groß- und Regionalbanken.

c) *Besicherung:*

o Haftung des Schuldners mit seinem gesamten Vermögen

o Sicherungswirkung hat besonders die *Steuerkraft* des Schuldners

o keine spezielle Kreditsicherung, insb. keine Absicherung durch Grundpfandrechte.

d) *Refinanzierung:*

o bei Sparkassen aus dem Einlagengeschäft (Begrenzung des Kommunalkreditge-

schäftes durch Regionalprinzip, d. h. Beschränkung auf den von der Sparkasse betreuten Bereich, und Kontingentierung, d. h. Beschränkung auf Teile der Einlagen, i. d. R. auf 17,5 % der langfristigen und 25 % der Gesamteinlagen)
- bei Realkreditinstituten und Landesbanken/Girozentralen durch Ausgabe von Kommunalobligationen (vgl. Abschnitt 1.4.112).

1.3.42 Schuldscheindarlehen, Treuhandkredite und durchgeleitete Kredite

1.3.420 Schuldscheindarlehen

a) *Wesen:*

- Kreditaufnahme von privaten Unternehmen, öffentlich-rechtlichen Körperschaften und Kreditinstituten mit Sonderaufgaben (z. B. Deutsche Ausgleichsbank, Landwirtschaftliche Rentenbank, Kreditanstalt für Wiederaufbau)
- gewöhnlich mittel- bis langfristige Kreditgewährung, große Beträge (i. d. R. über eine Million DM)
- Gestaltung:
  - entweder Ausstellung eines Schuldscheins (= Beweisurkunde, kein Wertpapier, einseitige Erklärung) durch den Kreditnehmer
  - oder schuldscheinlos, stattdessen Abschluß von Darlehensverträgen
- Kreditgeber: Kapitalsammelstellen (Versicherungen; Sparkassen, Landesbanken/ Girozentralen, Großbanken)
- KI sind grundsätzlich lediglich als *Vermittler* tätig, treten rechtlich jedoch als primärer Kreditgeber auf
- teilweise auch Vergabe durch die KI, ohne daß sich diese bei anderen Kapitalsammelstellen refinanzieren.

b) *Abwicklung:*

- Darlehensvertrag zwischen Kreditnehmer und KI und/oder Ausstellung eines Schuldscheins durch den Kreditnehmer (selten)
- Plazierung des Kredites an Kapitalsammelstellen durch
  - Darlehensverträge zwischen KI und Kapitalsammelstelle(n)
  - Teilabtretung der Forderung gegen den Kreditnehmer an den/die sekundären Kreditgeber
- Tilgung erfolgt über das KI.

c) *Besicherung:* durch Grundschulden oder Bürgschaften öffentlich-rechtlicher Körperschaften; auf diese Weise wird diese Form der Kapitalanlage für Versicherungsgesellschaften möglich, da *deckungsstockfähig* (vgl. 1.4.103 d). Darüber hinaus gibt es auch die Darlehensgewährung ohne Besicherung (blanko).

d) *Bedeutung:*
o für den Kapitalgeber:
- sichere und verhältnismäßig liquide Kapitalanlage (auch für KI, wenn keine sekundären Kreditgeber eingeschaltet werden)
- u. U. höhere Rendite als bei Anlage z. B. in Industrieobligationen

o für den Vermittler (KI):
- entweder reine Vermittlungsfunktion ohne Obligo, d. h. Erzielung eines Ertrages (Vermittlungsprovision) ohne Risiko und ohne Einsatz eigener Mittel (heute selten)
- oder: der Vermittler tritt auf sein Obligo als Kreditgeber auf, d. h. Erzielung eines Ertrages (Vermittlungsprovision) unter Eingehung eines Risikos, aber ohne Einsatz eigener Mittel
- oder: das KI tritt als Kapitalgeber auf, sekundäre Kreditgeber werden nicht eingeschaltet, d. h. Einsatz eigener Mittel des KI mit vollem Risiko
- Bilanzausweis: Forderungen an Kunden

o für den Kreditnehmer:
- geringere Kosten als bei Finanzierung durch Ausgabe von Schuldverschreibungen (Emissionskosten)
- Unabhängigkeit von der jeweiligen Kapitalmarktlage.

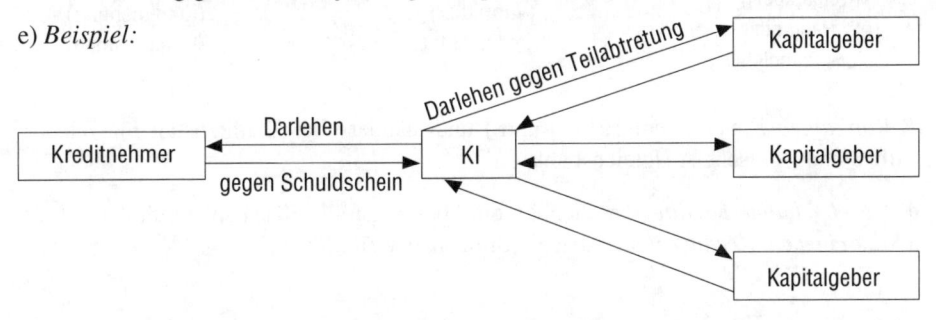

e) *Beispiel:*

```
                    Darlehen gegen Teilabtretung ──► Kapitalgeber
Kreditnehmer ◄── Darlehen ──── KI ◄──────────── Kapitalgeber
             gegen Schuldschein
                                 ◄──────────── Kapitalgeber
```

Kann das vermittelnde KI nicht den gesamten Betrag placieren, d. h. auf Kapitalgeber verteilen, so gibt es Teile „in Pension" d. h. es überträgt Anteile an dem Schuldschein (bzw. der Forderung) auf andere mit der Maßgabe, die Anteile zu einem vorher bestimmten Zeitpunkt und einem vereinbarten Preis zurückerwerben zu können; ein dabei auftretender Differenzbetrag stellt praktisch die Verzinsung für diese Anlage dar. Partner der Anlage sind insbes. andere KI.

1.3.421 Treuhandkredite (Durchlaufende Kredite)

a) *Wesen:*
o gezielte Förderung bestimmter Wirtschaftszweige durch den Staat aus Kreditprogrammen; gefördert werden z. B.
- Unternehmen von Flüchtlingen, Vertriebenen, Kriegsgeschädigten

- Unternehmen des Mittelstandes
- Unternehmen bestimmter grundsätzlich oder je nach Wirtschaftslage förderungsbedürftiger und (aus gesamtwirtschaftlicher Sicht) förderungswürdiger Branchen (z. B. Handwerk, Schiffbau, Bauwirtschaft)

o gezielte Anlage von Mitteln durch Kapitalsammelstellen

o *Kreditinstitute* treten ausschließlich als *Vermittler* ohne jede Haftung auf, erhalten eine geringe Bearbeitungsgebühr

o Bilanzierung: auf Aktiv- und Passivseite der Bankbilanz in gleicher Höhe als „Durchlaufende Kredite".

b) *Arten:*

o nach dem Zweck:
- Treuhandkredite zur wirtschaftlichen Förderung
- Treuhandkredite zur Kapitalanlage

o nach der Art der Gewährung:
- in eigenem Namen (des vermittelnden KI) gewährte Treuhandkredite
- in fremdem Namen (des Treugebers) gewährte Treuhandkredite

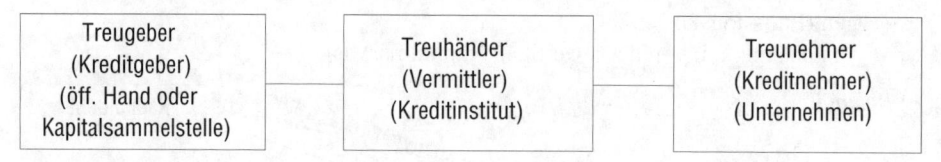

Treugeber (Kreditgeber) (öff. Hand oder Kapitalsammelstelle)	Treuhänder (Vermittler) (Kreditinstitut)	Treunehmer (Kreditnehmer) (Unternehmen)

c) *Kapitalgeber:* vorwiegend Bund und Bundesländer über Kreditanstalt für Wiederaufbau und Deutsche Ausgleichsbank.

d) *Durchgeleitete Kredite:* Treuhandkredite, bei denen die Hausbanken die Kreditmittel mit *eigenem Kreditrisiko* an den Kreditnehmer weiterleiten.

1.4 Wertpapiergeschäft

1.4.0 Grundlagen

1.4.00 Das Wertpapier

1.4.000 Wesen des Wertpapiers

a) *Definition:*
Ein Wertpapier ist eine Urkunde, die ein privates Vermögensrecht verbrieft, wobei zur Ausübung dieses Rechtes der Besitz des Papiers erforderlich ist. „Das Recht aus dem Papier folgt dem Recht am Papier."

b) *Abgrenzung:*
- *Beweisurkunden* und Beweiszeichen dienen dazu, dem Inhaber die Beweisbarkeit eines ihm zustehenden Rechts zu erleichtern, eine Wirkung, die alle Urkunden haben. Das Recht kann auch ohne Vorlage der Urkunde geltend gemacht werden (vgl. § 371 S. 2 BGB), „das Recht am Papier folgt dem Recht aus dem Papier" (§ 952 BGB). Beispiele: Schuldschein (§ 371 BGB), Frachtbrief (§ 426 HGB), notarieller Kaufvertrag (§ 313 BGB)
- *Legitimationspapiere* berechtigen bei Vorlage den Schuldner, an jeden Inhaber mit schuldbefreiender Wirkung ohne notwendige Nachprüfung der Berechtigung leisten zu dürfen (sog. Liberationswirkung); nur der wirklich Berechtigte darf die Leistung verlangen (i. ü. vgl. Beweisurkunden). Beispiele: Gepäckschein (§ 29 EVO), Quittung (§ 370 BGB), Garderobenmarke.
- *Wertpapiere* hingegen müssen stets vorgelegt werden *(Vorlegungspapiere);* der Schuldner hat Anspruch auf Aushändigung der Urkunde gegen seine Leistung *(Einlösungspapier).*

c) *Entstehung* von Wertpapierverbindlichkeiten: nach der sog. Rechtsscheinstheorie sind erforderlich
- Ausstellung des Papiers (einseitiges nicht empfangsbedürftiges Schuldversprechen)
- Abschluß eines sog. Begebungsvertrages, durch den der Erwerber Eigentümer des Papiers wird
- fehlt ein Begebungsvertrag, ist aber durch Wertpapierausfertigung für gutgläubige Dritte der Anschein gegeben, als läge dieser Vertrag vor, so wird er fingiert, d. h. als bestehend angenommen.

Wirkung: wird ein Wertpapier rechtswirksam ausgefertigt, vom ersten Erwerber jedoch unrechtmäßig erlangt (z. B. bei Täuschung, Drohung, Wucher, fehlender Geschäftsfähigkeit usw.), so betrifft dies zwar ihn, nicht jedoch einen Dritten, der vom Ersterwerber gutgläubig das Papier erworben hat, und alle weiteren Erwerber (Ausnahme: wenn bereits bei Ausstellung des Papiers Geschäftsunfähigkeit, Zwang, Fälschung o. ä. vorlag).

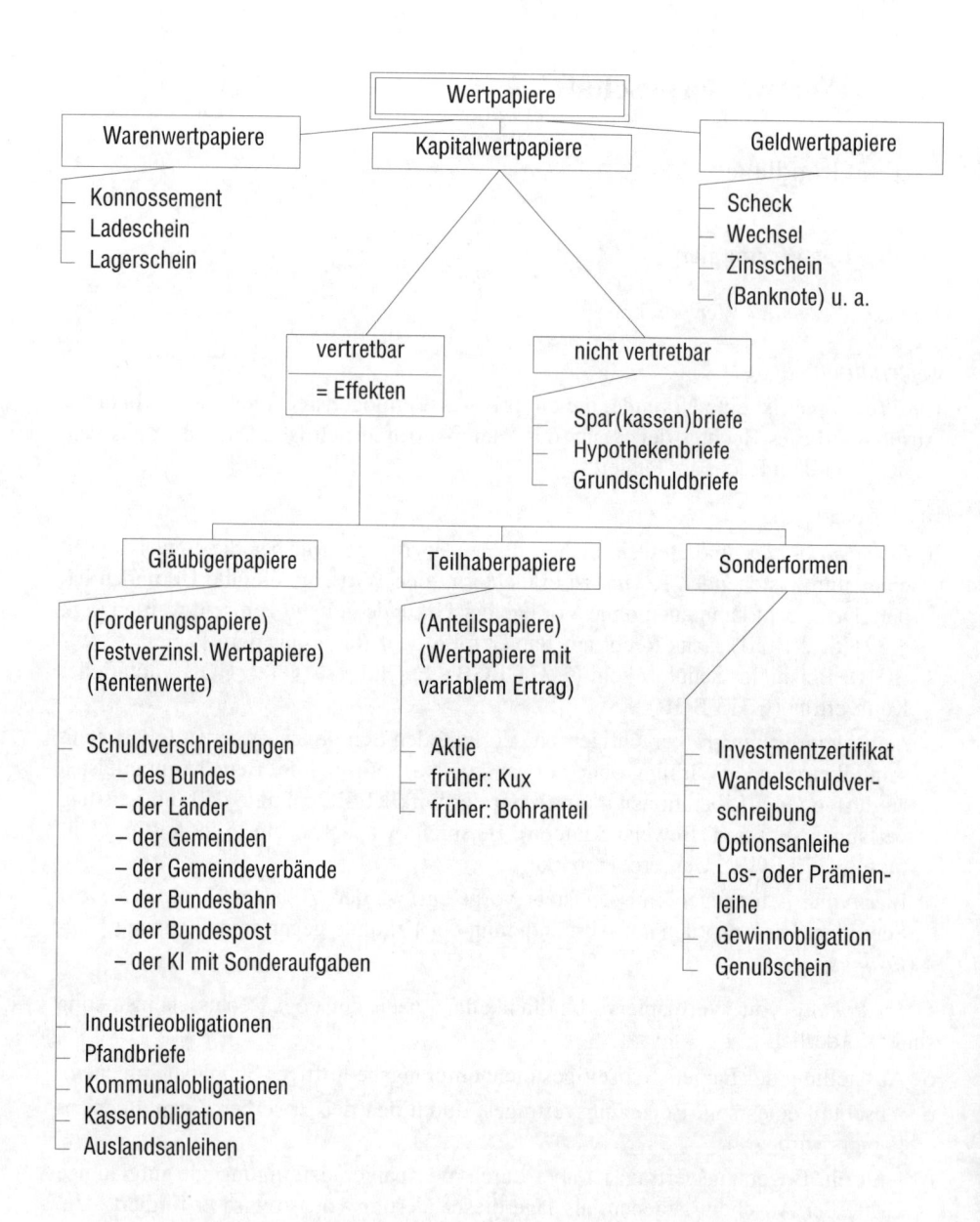

```
                          Wertpapiere
   Warenwertpapiere      Kapitalwertpapiere        Geldwertpapiere
   – Konnossement                                  – Scheck
   – Ladeschein                                    – Wechsel
   – Lagerschein                                   – Zinsschein
                                                   – (Banknote) u. a.

              vertretbar            nicht vertretbar
              = Effekten
                                    – Spar(kassen)briefe
                                    – Hypothekenbriefe
                                    – Grundschuldbriefe

   Gläubigerpapiere    Teilhaberpapiere       Sonderformen

   (Forderungspapiere)      (Anteilspapiere)
   (Festverzinsl. Wertpapiere) (Wertpapiere mit
   (Rentenwerte)            variablem Ertrag)

   – Schuldverschreibungen  – Aktie              – Investmentzertifikat
      – des Bundes          – früher: Kux        – Wandelschuldver-
      – der Länder          – früher: Bohranteil   schreibung
      – der Gemeinden                            – Optionsanleihe
      – der Gemeindeverbände                     – Los- oder Prämien-
      – der Bundesbahn                             leihe
      – der Bundespost                           – Gewinnobligation
      – der KI mit Sonderaufgaben                – Genußschein

   – Industrieobligationen
   – Pfandbriefe
   – Kommunalobligationen
   – Kassenobligationen
   – Auslandsanleihen
```

1.4.001 Wertpapierarten nach verbrieftem Recht

Wertpapiere können verbriefen

o Forderungsrechte (Schuldrechte)

o Mitgliedschaftsrechte (Anteilsrechte)

o Sachenrechte (dingliche Rechte).

a) *Forderungspapiere* verbriefen Geld- oder Warenforderungen: z. B. Scheck, Wechsel, Schuldverschreibung, Lagerschein, Konnossement.

b) *Sachenrechtliche* Wertpapiere verbriefen

o Ansprüche auf Herausgabe einer Sache, wobei mit dem Papier über die Sache selbst verfügt werden kann *(Traditionspapiere:* Ladeschein, Konnossement, Orderlagerschein)

o dingliche Rechte (z. B. Hypotheken-, Grundschuldbriefe).

c) *Mitgliedspapiere* verbriefen die Mitgliedschaft an juristischen Personen und die damit verbundenen Rechte (z. B. Aktie).

d) Hieraus ergibt sich die mögliche Unterscheidung in *Waren-, Geld- und Kapitalwertpapiere.* Waren- und Geldwertpapiere verbriefen im Gegensatz zu Kapitalwertpapieren keinen Ertrag.

1.4.002 Wertpapierarten nach der Übertragbarkeit

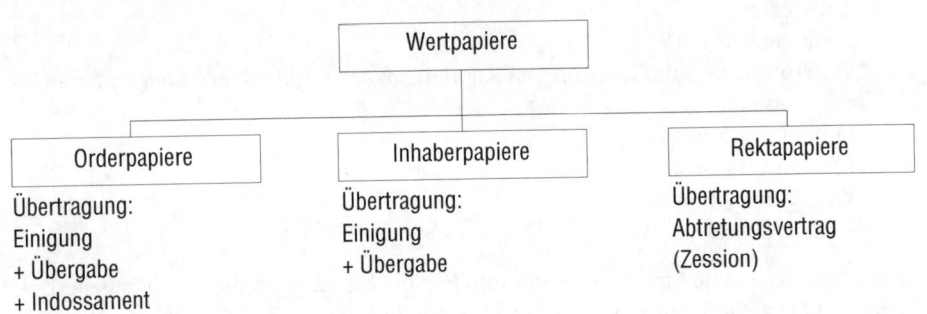

```
                        Wertpapiere
            ┌───────────────┼───────────────┐
      Orderpapiere     Inhaberpapiere    Rektapapiere
```

Orderpapiere	Inhaberpapiere	Rektapapiere
Übertragung: Einigung + Übergabe + Indossament	Übertragung: Einigung + Übergabe	Übertragung: Abtretungsvertrag (Zession)

a) *Inhaberpapiere* lauten auf den jeweiligen Inhaber (Überbringer) bzw. auf überhaupt keinen bestimmten Berechtigten:

o der bloße *Besitz* des Papiers reicht zur Legitimation aus

o die Umlauffähigkeit ist daher bei Inhaberpapieren in höchstem Maße gegeben

o das Recht wird mit dem Papier übertragen; dieses wird wie eine bewegliche Sache behandelt und entsprechend übereignet (§§ 929 ff. BGB)

o die Gutglaubensvorschriften des BGB gelten (§§ 932 ff.).

Inhaberpapiere sind u. a.

o Überbringerscheck

o Inhaberaktie

o Inhaberschuldverschreibung

b) *Orderpapiere* lauten auf eine bestimmte Person oder deren „Order": d. h. diese Person ist berechtigt, die im Papier versprochene Leistung an einen anderen zu „ordern" durch Übertragungsvermerk auf der Rückseite („in dosso") = *Indossament;* daraus folgt:

o die Legitimation erfolgt durch lückenlose Indossamentenkette
o das Recht wird mit dem Papier übertragen; dieses ist zu indossieren
o gutgläubiger Erwerb ist möglich z. B. nach Art 16 II, 17 WG.

Man unterscheidet:

o *geborene Orderpapiere:* Orderklausel ist nicht erforderlich, das Papier ist von Entstehung an Orderpapier
  - Scheck
  - Wechsel
  - Namensaktie
  - Namensinvestmentzertifikat

o *gekorene Orderpapiere:* grundsätzlich Rektapapiere, die erst durch Orderklausel „an Order" o. ä. zu Orderpapieren gemacht („gekürt") werden (vgl. z. B. § 363 HGB):
  - Konnossement
  - Ladeschein
  - Orderlagerschein
  - Orderschuldverschreibungen von Kaufleuten, des Bundes, der Länder oder anderen Emittenten
  - Ordertransportversicherungspolice
  - kfm. Anweisungen
  - kfm. Verpflichtungsscheine
  - Bodmereibriefe.

c) *Rektapapiere* lauten auf eine bestimmte Person: an diese ist die versprochene Leistung „rekta" = direkt zu erbringen. Das verbriefte Recht steht im Vordergrund: „Das Recht am Papier folgt dem Recht aus dem Papier", d. h. die Übertragung des Rechts erfolgt nicht sachenrechtlich durch Übereignung des Papiers, sondern schuldrechtlich durch *Abtretung* (Zession) der Forderung; damit hat der neue Berechtigte automatisch einen Anspruch auf Aushändigung der Urkunde. Gutgläubigen Forderungserwerb über die Urkunde gibt es hier nicht. Daher wird das Rektapapier zu den Wertpapieren im weiteren Sinn gerechnet oder sogar als „unechtes" Wertpapier bezeichnet.

Rektapapiere sind

o *geborene* Rektapapiere (Rektaklausel nicht notwendig):
  - Namenslagerschein
  - Kux
  - Hypotheken- oder Grundschuldbrief (letzterer kann auch auf den Inhaber lautend ausgestellt werden)
  - Konnossement, Ladeschein, Orderlagerschein ohne Orderklausel
  - qualifizierte Legitimationspapiere, d. h. Spar(kassen)buch, Pfandschein, Depotschein und Versicherungspolice (Besonderheit: Liberationswirkung, d. h. schuldbefreiende Leistung durch Schuldner an Inhaber möglich)

- Spar(kassen)brief

o *gekorene* Rektapapiere:
- geborene Orderpapiere, die mit der negativen Orderklausel (Rektaklausel) „nicht an Order" versehen werden
- Inhaberpapiere, die nachträglich auf bestimmten Namen umgeschrieben werden.

1.4.01 Begriff und Bedeutung der Effekten

a) *Wesen:* Effekten sind *vertretbare Kapitalwertpapiere,* d. h. sie werden behandelt als bewegliche Sachen, die im Verkehr nach Zahl (oder Maß, Gewicht) bestimmt zu werden pflegen (§ 91 BGB).

Effekten können demnach untereinander ausgetauscht werden, wenn sie zu derselben *Art* (z. B. Aktie) und *Gattung* (z. B. Aktie des Volkswagenwerks) gehören und den gleichen Nennwert bzw. die gleiche Stückelung haben.

Die Vertretbarkeit von Effekten kann durchbrochen werden z. B. bei Schuldverschreibungen, die durch eine bestimmte Nummer gekennzeichnet sind, um bei teilweiser Rückzahlung des Emittenten durch Auslosung genau bestimmt werden zu können.

b) *Bedeutung:*

o Effekten verbriefen Vermögenswerte
o die verbrieften Werte können leicht bewertet werden (insbes. durch Ermittlung von Kursen = Preisen)
o die in den Papieren verbrieften Rechte können leicht übertragen werden, insbesondere, wenn es sich um Inhaberpapiere handelt.

c) *Besonderheit:* zu den Effekten (= „effektive", d. h. tatsächlich vorhandene, verbriefte Werte) gehören auch die *Wertrechte* = Rechte, die zwar üblicherweise in *Wertpapieren* verbrieft werden, in diesem Fall jedoch *buchmäßig,* d. h. ohne Ausgabe effektiver Urkunden erfaßt sind; dabei handelt es sich also um *brieflose Wertpapiere* = Buchforderungen, insbes. Schuldbuchforderungen (siehe dort). Merkmale:

o Stückelosigkeit
o Börsenfähigkeit, d. h. Behandlung wie Wertpapiere
o vereinfachte Verwaltung und Ausgabe
o keine Druckkosten, keine Verwahrung erforderlich.

d) *Form* von Effekten:

o *Mantel:* verbrieft das eigentliche Vermögensrecht
o *Bogen:* enthält
- Zinsscheine (bei Gläubigereffekten)
- Dividendenscheine (bei Anteilspapieren)
- Ertragsscheine (bei Investment-Anteilen)

- Talon = Erneuerungsschein zum Bezug neuer Bogen, wenn die bisherigen Bogen verbraucht sind; = Legitimationspapier.

Zins- und Dividendenscheine sowie Ertragsscheine gehören selbst zu den Geldwertpapieren.

Format von Effekten: DIN-A 4,

o bei Gläubigerpapieren und Vorzugsaktien Hochformat

o bei Stammaktien und Investmentzertifikaten Querformat.

Dividendenscheine können bei Ausgabe neuer Aktien zu *Bezugsscheinen* erklärt werden, die dann das Recht des „Altaktionärs" auf Bezug junger Aktien verbriefen.

Ohne Bogen werden ausgegeben:

o Schatzwechsel

o unverzinsliche Schatzanweisungen.

e) *Bankpraxis:* die in Kreditinstituten oft verwandten Ausdrücke „Wertpapier" und „Wertpapiergeschäft" beziehen sich auf Effekten und das Geschäft mit ihnen, also mit vertretbaren Kapitalwertpapieren.

1.4.1 Gläubigerpapiere

1.4.10 Grundbegriffe

1.4.100 Wesen

a) *Definition:* Gläubigerpapiere = vertretbare Kapitalwertpapiere, die Forderungsrechte gegen in der Regel feste *Zins*zahlungen verbriefen. Folgende Begriffe werden verwendet:

o Forderungspapiere

o Festverzinsliche Wertpapiere

o Wertpapiere mit festem Ertrag

o Obligationen

o Schuldverschreibungen

o Anleihen

o Rentenwerte.

Diese Begriffe beinhalten zum Teil gewisse Unterschiede, ohne daß diese im Sprachgebrauch klar zum Ausdruck kommen: alle Begriffe werden gleichwertig zueinander gebraucht.

Gläubigerpapiere werden ausgegeben zur Beschaffung *kurz-, mittel- und langfristiger Finanzierungsmittel.*

b) *Inhalt* des Papiers:

o Anspruch auf Rückzahlung mindestens zum Nennwert
o Anspruch auf Zinszahlung.

c) *Aussteller:*

o öffentlich-rechtliche Institutionen (Gebiets- und andere Körperschaften, Anstalten): „öffentliche Anleihen"
o Hypothekenbanken und Realkreditinstitute: Pfandbriefe und Kommunalobligationen
o private Emittenten (Aussteller): Industrieobligationen, Bankschuldverschreibungen.

d) *Ausgabe:* Aufteilung der Gesamtanleihe in *einzelne Stücke,* die als Teilschuldverschreibungen über unterschiedliche, vor allem niedrige Nennwerte lauten. Grund: Ansprechen breiter Anlegerkreise.

Die Ausgabe erfolgt zu den jeweiligen Kapitalmarktbedingungen

o hinsichtlich des Zinssatzes
o hinsichtlich des Ausgabekurses, der gewöhnlich *unter pari,* d. h. unter dem Nennwert liegt (z. B. 98 %).

Der Kurs wird in Prozent des Nennwertes ausgedrückt.

e) *Genehmigungspflicht:* nach §§ 795 und 808 a BGB darf die Ausgabe von Inhaber- und Orderschuldverschreibungen, in denen die Zahlung einer bestimmten Geldsumme versprochen wird, nur mit staatlicher Genehmigung erfolgen, soweit nicht Ausnahmen zugelassen sind. Ursprüngliche Zielsetzung: Schutz der deutschen Währung vor zu vielen geldähnlichen Papieren.

Vorgesehen ist die Abschaffung dieser Genehmigungspflicht; Ziel: durch größere Emissionsfreiheit und mehr Marktwirtschaft höhere Attraktivität des Finanzplatzes Deutschland und mehr Wettbewerb.

1.4.101 Verzinsung und Besicherung

a) Die *Verzinsung* von Gläubigerpapieren erfolgt

o über einen festen, auf dem Mantel aufgedruckten Jahreszinssatz
o durch halbjährliche oder jährliche Zinszahlungen.

Diese Art der Zinszahlung hat den Gläubigerpapieren den Namen „Festverzinsliche" eingebracht. Man muß jedoch berücksichtigen, daß es heute auch Gläubigerpapiere folgender Art gibt:

o mit *variablem* (veränderlichem) Zinssatz, der in bestimmten Zeitabständen dem gültigen Zinsniveau angepaßt wird
o mit *Abzinsung,* d. h. Verkauf der Anleihe zu einem Ausgabekurs unter dem Nenn-

wert (abhängig von der Laufzeit) und Tilgung am Ende der Laufzeit zum Nennwert (sog. Zerobonds, vgl. Abschnitt 1.4.116)

o mit *Aufzinsung,* d. h. der Jahreszinsertrag wird nicht sofort ausgeschüttet, sondern dem Kapital zugeschlagen und weiter verzinst (Zinseszinseffekt); am Ende der Laufzeit Auszahlung von Kapital und Gesamt-Zinsertrag (z. B. Bundesschatzbrief Typ B).

Zinstermine bei halbjährlicher Zinszahlung:

J/J = 2. Januar + 1. Juli
F/A = 1. Februar + 1. August
M/S = 1. März + 1. September
A/O = 1. April + 1. Oktober
M/N = 2. Mai + 1. November
J/D = 1. Juni + 1. Dezember.

Auszahlung erfolgt gegen Einreichung des betreffenden Zinsscheins für das vergangene Halbjahr.

Bei Wechsel des Wertpapier-Eigentümers weden anteilige *Stückzinsen* für die Zeit berechnet, die seit dem letzten Zinstermin vergangen ist, und dem Verkäufer vergütet. Der Zinsschein wird mit dem Wertpapier dem Käufer überlassen, so daß dieser die vollen Zinsen für den letzten Zinszeitraum erhält; davon ist der Verkäuferanteil abzuziehen.

15 Tage (ca.) vor dem nächsten Zinstermin wird der betreffende Zinsschein getrennt. Erfolgt jetzt der Verkauf des Papiers, erhält der Verkäufer über den Zinsschein den vollen Zins; vom Kaufpreis wird ein entsprechender Anteil des Käufers zu dessen Gunsten abgezogen (Minuszinsen).

b) *Konversion* ist die Änderung der *Ausstattung* einer Anleihe, insbes. Änderung des Zinssatzes (selten: Änderung der Laufzeit oder der Rückzahlungsbedingungen). Durchführung:

o Einzug der Wertpapiere, Überstempelung des alten Zinssatzes mit dem neuen Satz (selten)

o Kündigung der alten Anleihe und Neuemission (i. d. R.).

Grund: Änderung der Verhältnisse auf dem Kapitalmarkt für vergleichbare Papiere. Der Gläubiger hat bei Konversionsangeboten die Wahl zwischen der veränderten Ausstattung und der Rückzahlung.

*Zwangs*konversion, d. h. Zwangstausch alter gegen neue Stücke, kann dem Anleger bei öffentlichen Anleihen auferlegt werden.

Eine besondere Form der Konversion ist die *Arrosion:* Heraufsetzung des Zinssatzes bei öffentlicher Anleihe gegen

o Verzicht des Gläubigers auf einen Teil seines Anspruches oder

o Zuzahlung des Gläubigers und

o Hinausschieben des/der Rückzahlungstermine.

September | 10% Schuldverschreibung von 1974 | Serie 7 | DM 1000,-

DEUTSCHE BANK
AKTIENGESELLSCHAFT

DM 1000,-   Nr.

10% Inhaber-Teilschuldverschreibung

über Eintausend Deutsche Mark

DM 1000

der 10% Deutsche Mark-Schuldverschreibung
von 1974 Serie 7 im Gesamtnennbetrag
von fünfzig Millionen Deutsche Mark.

Wir verpflichten uns, dem Inhaber dieser
Teilschuldverschreibung gemäß den umstehenden
Bedingungen den Betrag von
eintausend Deutsche Mark mit 10% jährlich
zu verzinsen und die Teilschuldverschreibung
bei Fälligkeit bedingungsgemäß einzulösen.

Frankfurt am Main, im September 1974

DEUTSCHE BANK
AKTIENGESELLSCHAFT

Kontrollunterschrift

c) *Besicherung* von Gläubigerpapieren: durch

- Eintragung einer *Gesamtsicherungshypothek* oder -grundschuld zu Lasten des Schuldners, meist zugunsten der Emissionsbank
- Haftung des Gesamtvermögens des Schuldners für die Anleihe (bei öffentlichen Anleihen tritt die Steuerkraft des Emittenten hinzu)
- *Negativklausel* (Negativerklärung): = Verpflichtung des Schuldners, während der Laufzeit der Anleihe keine weitere Anleihe aufzunehmen bzw. künftige Anleihen nicht auf Kosten dieser Emission oder günstiger zu besichern
- *Garantie* oder *Bürgschaft* eines Dritten (meist Bund oder Land) für Kapital zuzüglich Zinsen und Kosten, gewöhnlich gegenüber der Emissionsbank
- Hypothekenbanken: Bildung einer besonderen Hypotheken-Deckungsmasse für ausgegebene Pfandbriefe (siehe dort)
- andere KI: Emittenten haften mit ihrem gesamten Vermögen.

1.4.102 Rückzahlung von Anleihen

Die Rückzahlung von Gläubigerpapieren erfolgt zu den in den Ausgabebedingungen festgelegten Konditionen (mindestens zu *pari,* d. h. zum Nennwert, oder über pari) und Terminen.

Arten:

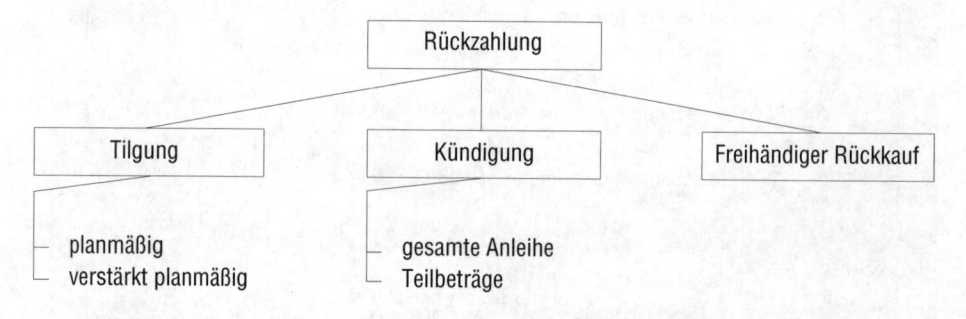

```
                          Rückzahlung
                               |
        ┌──────────────────────┼──────────────────────┐
     Tilgung                Kündigung         Freihändiger Rückkauf
        |                      |
   planmäßig            gesamte Anleihe
   verstärkt planmäßig   Teilbeträge
```

a) *Planmäßige Tilgung:*

- Einhaltung einer tilgungsfreien Zeit
- danach Tilgung in einer Summe oder Auslosung von Jahresraten zur Rückzahlung (heute selten):
  - gleichbleibende Raten
  - steigende Raten (ein bestimmter jährlich gleichbleibender Kapitalbetrag wird für Zinszahlung und Tilgung verwandt; da die Gesamtzinsen sinken, steigt die Tilgungsrate)
  - fallende Raten (selten)

b) *verstärkt planmäßige Tilgung:*

o Erweiterung der planmäßigen Tilgung durch Auslosung weiterer Raten

o möglich: Anrechnung der zusätzlichen Raten auf künftige (planmäßige) Rückzahlungsbeträge

o Bedeutung: damit ist weitgehende Anpassung der jährlichen Tilgungsbelastung an die jeweilige Liquiditätslage möglich:
  - bei ausreichender Liquidität: zusätzliche Rückzahlungen
  - bei Liquiditätsknappheit: Anrechnung dieser Beträge

c) *Kündigung* (heute ist die Kündigung durch den Schuldner oft ausgeschlossen):

o der gesamten Anleihe nach Ablauf einer kündigungsfreien Zeit (meist 5 Jahre)

o von Teilbeträgen (ebenfalls nach kündigungsfreier Zeit) unter Beachtung einer meist sechsmonatigen Kündigungsfrist zu den jeweiligen Zinsterminen.

d) *Freihändiger Rückkauf* der Papiere an der Börse (soweit der Schuldner sich diese Möglichkeit in den Ausgabebedingungen vorbehalten hat): wenn der Kurswert zuzüglich der Ankaufsspesen niedriger ist als der Rückzahlungspreis, ist für den Schuldner z. T. erhebliche Kostenersparnis möglich.

Allerdings führen umfangreichere Rückkäufe an der Börse schnell zu Kurssteigerungen (durch Erhöhung der Nachfrage) und machen diese Möglichkeit für den Schuldner erneut hinfällig.

e) Wenn die Rückzahlung in Teilbeträgen erfolgt, werden die hiervon betroffenen Papiere durch *Auslosung* bestimmt. Zu diesem Zweck ist jedes Papier mit Kennziffern und Buchstaben (Serien, Gruppen usw.) versehen.

1.4.103 Mündelsicherheit, Lombardfähigkeit, Deckungsstockfähigkeit

a) *Wesen:* = besondere Eigenschaften festverzinslicher Wertpapiere, die sie für spezielle Anlagen bzw. Verwendungsmöglichkeiten geeignet machen; diese Eigenschaften sind Kennzeichen besonderer *Liquidität* der Anlage, *Bonität* des Schuldners und *Sicherheit* der Wertpapiere, verbunden oft mit (zum Teil nur wenig) geringerer Rentabilität.

b) *Mündelsicherheit:*

= Eignung zu Anlage von Mündelgeld (d. h. vom Vormundschaftsgericht treuhänderisch für Mündel verwahrtes Geld)

o geeignet sind Schuldverschreibungen, bei denen
  - der Schuldner besonders zahlungsfähig ist (d. h. Anleihen des Bundes, der Länder)
  - von zahlungsfähigen Dritten (Bund, Land) Bürgschaft oder Garantie übernommen wurde

- die Bundesregierung mit Zustimmung des Bundesrats die Mündelsicherheit erklärt hat (Pfandbriefe sowie Wertpapiere kommunaler Körperschaften und deren Kreditinstituten).

Sonstige mündelsichere Anlagemöglichkeiten (gemäß § 1807 BGB):

o durch sichere Grundpfandrechte im Inland besicherte Forderungen
o Bundes- oder Landesschuldbuchforderungen
o Spareinlagen bei inländischen öffentlichen Sparkassen, die zur Mündelgeldanlage für geeignet erklärt sind
o hilfsweise bei Bundesbank, Deutscher Genossenschaftsbank, Deutscher Girozentrale – Deutsche Kommunalbank, Girozentralen und anderen KI (§ 1808 BGB).

c) *Lombardfähigkeit*

= Eignung von Wertpapieren zur Besicherung eines Lombardkredites der Deutschen Bundesbank

o geeignet sind die im Lombardverzeichnis („Verzeichnis der bei der Deutschen Bundesbank beleihbaren Wertpapiere") enthaltenen festverzinslichen Papiere
o die Lombardfähigkeit kann insbes. neuen Papieren auf Antrag verliehen werden.

d) *Deckungsstockfähigkeit*

= Eignung von Wertpapieren zur Anschaffung durch Lebensversicherungsgesellschaften aus Mitteln des sog. Deckungsstocks

o Deckungsstock (Prämienreservefonds) = Summe aller letztlich aus Prämienzahlungen der Versicherungsnehmer entstandenen Kapitalien, die bei Lebensversicherungsgesellschaften zur Deckung von Versicherungsansprüchen bestimmt sind
o geeignet sind
  – alle mündelsicheren Papiere
  – weitere festverzinsliche Wertpapiere, die vom Bundesaufsichtsamt für das Versicherungs- und Bausparwesen für deckungsstockfähig erklärt wurden
  – Investment- und Immobilienzertifikate
  – Aktien, sofern sie voll eingezahlt und an einer inländischen Börse in den amtlichen Handel oder den geregelten Markt eingeführt sind.

1.4.11 Einzelne Gläubigerpapiere

1.4.110 Öffentliche Schuldformen

a) *Emittenten:*

Bund – Länder – Gemeinden/Städte – Gemeindeverbände – öffentlich-rechtliche Kreditinstitute mit Sonderaufgaben – Sondervermögen des Bundes (Bundesbahn/Bundespost).

b) *Bedeutung:* Beschaffung von kurz-, mittel- und langfristigem Kapital

o   zur Finanzierung öffentlicher Aufgaben im Rahmen außerordentlicher Haushalte

o   zur Finanzierung von Investitionen der Sondervermögen des Bundes

o   zur Finanzierung der besonderen Aufgaben von öffentlich-rechtlichen Spezialkreditinstituten, z. B. Kreditanstalt für Wiederaufbau (KfW), Deutsche Ausgleichsbank, Deutsche Bau- und Bodenbank AG, Deutsche Verkehrs-Kreditbank AG (DVK-Bank) u. a. m.

c) *Besicherung:*

o   meist keine besonderen Sicherheiten: es haftet vor allem die Steuerkraft des Schuldners sowie sein sonstiges Vermögen

o   u. U. Bürgschaft/Garantie des Bundes oder der Länder.

d) *Schuldformen:* Die öffentliche Hand verschuldet sich in Form der

o   Verbriefung des Gläubigerrechtes (Wertpapiere, öffentliche Gläubigerpapiere im eigentlichen Sinne)

o   Verbuchung des Gläubigeranspruches in einem Bundes- oder Landesschuldbuch (Schuldbuchforderungen, s. u. 1.4.111).

Folgende *Arten* lassen sich unterscheiden: (vgl. Übersicht)

o   *Schatzwechsel, Unverzinsliche Schatzanweisungen* (Finanzierungs-„U-Schätze") und *Finanzierungsschätze* sind Geldmarktpapiere zur Finanzierung der kurzfristigen Kassenhaltung öffentlicher Haushalte. Als Emissionen des Bundes sind sie bei der Deutschen Bundesbank zahlbar. Die Veränderung der Abgabe- und Rücknahmesätze bei Schatzwechseln und U-Schätzen ermöglicht es der Bundesbank, die Attraktivität dieser Papiere für Anleger (insbes. KI) zu erhöhen oder zu verringern und damit auf die bei KI vorhandenen liquiden Mittel einzuwirken (sog. *Offenmarktpolitik).* Die Bundesbank ist zur Rücknahme der Papiere verpflichtet, allerdings nur zu ihren jeweils geltenden Sätzen (in den Ausgabe-Bedingungen kann die vorzeitige Rücknahme ausgeschlossen sein; dies ist bei Finanzierungsschätzen generell der Fall).

o   *Kassenobligationen* sind mittelfristige verzinsliche Schatzanweisungen, die entsprechend ihrer Laufzeit zwischen Geld- und Kapitalmarkt angesiedelt und vornehmlich von KI erworben werden.

Typ	Markt	Stückelung	Laufzeit	Verzinsung	Aussteller	Bemerkungen
Unverzinsliche Schatzanweisungen (U-Schätze)	Geldmarkt; nicht börsenfähig; Offenmarktpapiere	100 000 DM oder Vielfaches	6 – 12 – 18 – 24 Monate	Abgabe- und Rücknahmesätze (Diskontabzug im voraus)	Bund/Bahn/Post	Inhaberpapiere für Großanleger; Emittent: Bundesbank; lombardfähig
Finanzierungsschätze	Geldmarkt; nicht börsenfähig	1 000–500 000 DM, auf volle 1 000 DM	12 und 24 Monate	wie U-Schätze	Bund/Bahn/Post	Inhaberpapiere für Kleinanleger; Daueremission der Bundesbank; lombardfähig
Schatzwechsel	Geldmarkt; nicht börsenfähig; Offenmarktpapiere	10 000 DM oder Vielfaches (Praxis: ab 10 Mill. DM)	30–59/60–90 Tage	wie U-Schätze	Bund/Länder/Bahn/Post	Sola-, Finanzwechsel; Emittent: Bbk., Landesbanken, rediskont- u. lombardfähig
Kassenobligationen	Geld- und Kapitalmarkt; börsenfähig (geregelter Markt)	5 000 DM oder Vielfaches	3–4 Jahre	feste Sätze mittlerer Höhe	Bund/Länder/Bahn/Post	Emittent: Bundesbank/DVK-Bank/Landesbanken; lombardfähig; Wertrechte
Bundesobligationen	Kapitalmarkt; börsenfähig (amtlicher Handel)	100 DM oder Vielfaches	5 Jahre	feste Sätze	Bund	Daueremission der Bundesbank; nach Zweiterwerb durch KI lombardfähig (soweit börsennotiert)
Anleihen	Kapitalmarkt; börsenfähig (amtlicher Handel)	100 DM oder Vielfaches	5–25 Jahre/meist 8–12 Jahre	feste Sätze, Höhe laufzeitabhängig	Bund/Länder/Bahn/Post/öff. KI u. a.	lombardfähig
Bundesschatzbriefe	Kapitalmarkt; nicht börsenfähig	Typ A: 100 DM Typ B: 50 DM	Typ A: 6 J. Typ B: 7 J.	fester, jährlich steigender Zinssatz; Typ B: Aufzinsung	Bund	Daueremission der Bundesbank; kein Erwerb durch KI

o *Bundesobligationen* wurden Ende 1979 zur Förderung der Eigentums- und Vermögensbildung in allen Bevölkerungsschichten und zur Öffnung einer weiteren Finanzierungsquelle für den Bund eingeführt. Merkmale:
  – vor Börseneinführung Erwerb nur durch natürliche Personen/gemeinnützige, mildtätige und kirchliche Einrichtungen, danach durch jedermann
  – Erwerb gebühren- und spesenfrei, keine BUSt
  – Laufzeit 5 Jahre, Rückzahlung zum Nennwert, vorher von Gläubiger und Schuldner unkündbar
  – nur Buchrechte (Schuldbuchforderungen)
  – KI erhalten für aus der Emission verkaufte Bundesobligationen eine Bonifikation von 0,5 bis 0,875 %.
o *Bundesschatzbriefe* sind (entgegen der Bezeichnung) Schuldbuchforderungen. Merkmale:
  – keine Börseneinführung
  – kein Handel am Geldmarkt
  – Erwerb nur durch Privatpersonen sowie gemeinnützige, mildtätige und kirchliche Einrichtungen, kein Erwerb durch KI oder durch Gebietsfremde
  – jederzeit Rückgabe zu 100 % zuzüglich Zinsen, jedoch frühestens nach einem Jahr Laufzeit und nur bis zu 10 000 DM je Gläubiger innerhalb von 30 Zinstagen
  – keine Kursermittlung, d. h. kein Kursrisiko
  – Anlage in Bundesschatzbriefen ist im Rahmen des Vermögensbildungsgesetzes möglich; Förderung läuft aus (Steuerreformgesetz 1990)

  Arten:
  – Typ A: jährliche Zinszahlung, 6 Jahre Laufzeit, Mindestanlage 100,– DM
  – Typ B: Zinsansammlung; Zinseszinsen; 7 Jahre Laufzeit, Mindestanlage 50,– DM
  – i. d. R. jährlich steigende Zinsen.
o öffentliche *Anleihen* unterscheiden sich von den oben dargestellten Schuldformen vor allem in folgendem:
  – längere, meist über 5 Jahre hinausgehende Laufzeit
  – keine Erwerbsbeschränkungen, d. h. Verkauf an jedermann
  – typische Kapitalmarktform des amtlichen Börsenhandels
  – heute nur noch Wertrechte.

1.4.111 Besonderheit: Schuldbuchforderungen

a) *Wesen:*

o Anleihen des Bundes, der Sondervermögen und der Länder können in Briefform oder in Buchform (als *Wertrechte,* s. o.) herausgegeben werden
o bei Buchrechten verbrieft die *Eintragung* im Bundesschuldbuch bzw. den Länderschuldbüchern das Forderungsrecht des Gläubigers.

o das Bundesschuldbuch wird von der Bundesschuldenverwaltung, Bad Homburg vdH, geführt
o für die Gläubiger werden einzelne Konten eingerichtet.

b) *Arten:*

o *Einzel*schuldbuchforderungen: Abwicklung des Geschäfts mit jedem Anleger einzeln
o *Sammel*schuldbuchforderungen: Eintragung eines großen Betrages auf den Namen einer Wertpapiersammelbank, die die Abwicklung mit einzelnen Gläubigern (Anlegern) übernimmt (Schuldbuchgiroverkehr, siehe dort).

c) *Bedeutung:*

o für den Schuldner:
  – Verminderung des Umlaufs effektiver Stücke
  – Einsparung von Druck- und Emissionskosten
  – Erleichterung der Kursbeeinflussung (sog. Kurspflege, siehe dort)
  – seltener Wechsel der Gläubiger, da Umlauffähigkeit insbes. bei Einzelschuldbuchforderungen eingeschränkt
o für den Gläubiger:
  – Einsparung von Depotgebühren für Verwahrung und Verwaltung effektiver Stücke
  – kein Verlustrisiko (heute sowieso bedeutungslos).

1.4.112 Pfandbriefe und Kommunalobligationen

a) *Wesen:*

= mündelsichere Wertpapiere
o festverzinslich
o ausgegeben von Realkreditinstituten und Girozentralen (s. u.).

b) *Zweck* der Ausgabe:

o Pfandbriefe: langfristige Finanzierung von hypotheken- und grundschuldbesicherten Krediten
o Kommunalobligationen: langfristige Finanzierung von Kommunalkrediten (beachte: Schuldner = Emittent der Kommunalobligationen ist nicht die betr. Gemeinde, die finanziert wird, sondern das Realkreditinstitut!)
o die jeweiligen *Kreditsicherheiten* dienen zugleich zur *Besicherung der Wertpapiere*

c) *Emittenten:*

o privatrechtliche KI:
  – Hypothekenbanken
  – Schiffspfandbriefbanken

```
                    Realkreditinstitut
                  ┌──────────────────────┐
                  │        Bilanz        │
         Realkredit │Ausgegebene│Ausgegebene│  Kapital
Kreditnehmer ◄────►│Realkredite│Pfandbriefe│◄────► Anleger
         Grundbuchsicherheit            Pfandbrief

         Kommunalkredit│Ausgegebene│Ausgegebene│  Kapital
Kreditnehmer ◄────────►│Kommunal- │Kommunal-  │◄────► Anleger
(Kommune)              │kredite   │obligationen│ Kommunalobligation
         Steuerkraft als
         Sicherheit
```

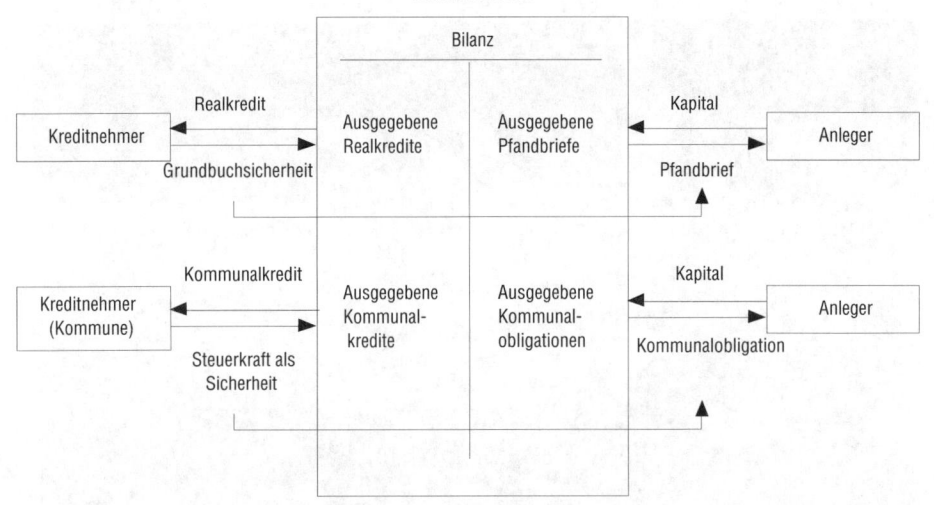

- öffentlich-rechtliche KI:
  - Girozentralen (Staats-, Landesbanken)
  - Grundkreditanstalten
  - Deutsche Pfandbriefanstalt
  - Landeskreditbank
  - Landschaften und Stadtschaften = auf genossenschaftlicher Basis gegründete öffentlich-rechtliche Agrar- bzw. gewerbliche Realkreditinstitute.

d) *Rechtsgrundlagen:*

- Hypothekenbankgesetz von 1963 i. d. F. von 1988
- Gesetz über Schiffspfandbriefbanken von 1963 i. d. F. von 1986
- Gesetz über Pfandbriefe und verwandte Schuldverschreibungen öffentlich-rechtlicher Kreditanstalten von 1963 i. d. F. von 1986
- BGB-Bestimmungen über Grundpfandrechte

e) *Sicherungsbestimmungen:*

- Errichtung einer *Hypothekenbank* nur mit staatlicher Genehmigung in der Rechtsform einer AG oder KGaA, Mindestgrundkapital 8 Mill. DM
- Beschränkung der *Geschäftstätigkeit* dieser Hypothekenbanken auf
  - Vergabe von Hypothekar- und Grundschuldkrediten, Ausgabe von Pfandbriefen
  - Vergabe von Kommunalkrediten, Ausgabe von Kommunalobligationen
  - Aufnahme von Globaldarlehen (z. B. Schuldscheindarlehen)
  - Effektenkommissionsgeschäft, Verwahrung und Verwaltung von Wertpapieren
  - Inkassogeschäfte
  - Erwerb, Veräußerung, Beleihung, Verpfändung von Hypothekar-, Grundschuld- und Kommunalkrediten
  - Entgegennahme von Einlagen

APRIL/OKTOBER 7½% EM. 55 LIT. C NR. 1000 DM

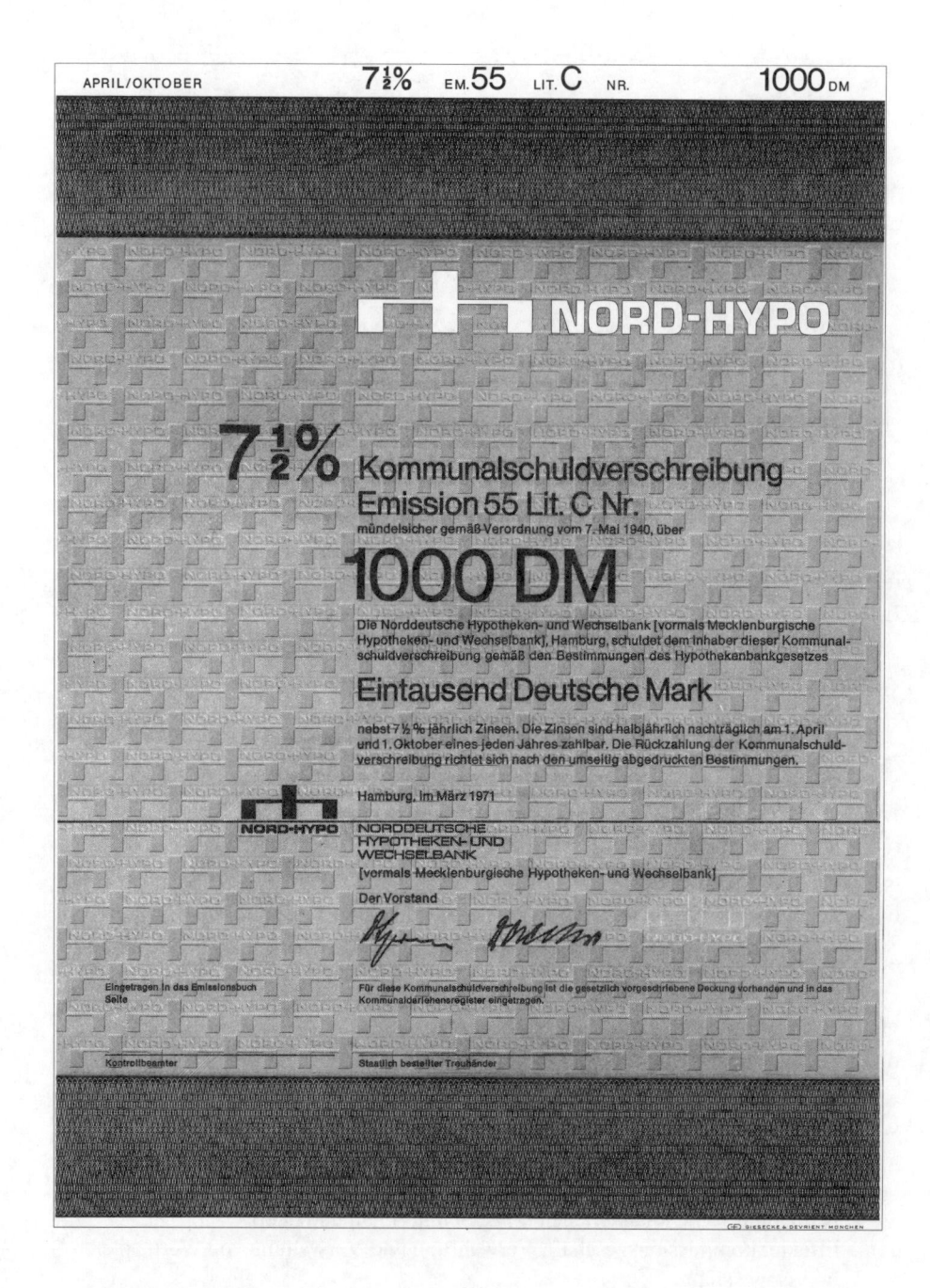

NORD-HYPO

7½% Kommunalschuldverschreibung
Emission 55 Lit. C Nr.

mündelsicher gemäß Verordnung vom 7. Mai 1940, über

1000 DM

Die Norddeutsche Hypotheken- und Wechselbank [vormals Mecklenburgische Hypotheken- und Wechselbank], Hamburg, schuldet dem Inhaber dieser Kommunalschuldverschreibung gemäß den Bestimmungen des Hypothekenbankgesetzes

Eintausend Deutsche Mark

nebst 7 ½ % jährlich Zinsen. Die Zinsen sind halbjährlich nachträglich am 1. April und 1. Oktober eines jeden Jahres zahlbar. Die Rückzahlung der Kommunalschuldverschreibung richtet sich nach den umseitig abgedruckten Bestimmungen.

Hamburg, im März 1971

NORD-HYPO

NORDDEUTSCHE
HYPOTHEKEN- UND
WECHSELBANK
[vormals Mecklenburgische Hypotheken- und Wechselbank]

Der Vorstand

Eingetragen in das Emissionsbuch
Seite

Für diese Kommunalschuldverschreibung ist die gesetzlich vorgeschriebene Deckung vorhanden und in das Kommunaldarlehensregister eingetragen.

Kontrollbeamter   Staatlich bestellter Treuhänder

NORD-HYPO
4. Zinsschein zur 7½% Kommunalschuldverschreibung Em. 55 Lit. C
über 1000 Deutsche Mark, fällig am 1. April 1973 mit 37,50 DM.
Norddeutsche Hypotheken- und Wechselbank
[vormals Mecklenburgische Hypotheken- und Wechselbank]
Hamburg, im März 1971
4 Em.55
37,50 DM
1. April 1973
NORD-HYPO
3. Zinsschein zur 7½% Kommunalschuldverschreibung Em. 55 Lit. C
über 1000 Deutsche Mark, fällig am 1. Okt. 1972 mit 37,50 DM.
Norddeutsche Hypotheken- und Wechselbank
[vormals Mecklenburgische Hypotheken- und Wechselbank]
Hamburg, im März 1971
3 Em.55
37,50 DM
1. Oktober 1972
NORD-HYPO
6. Zinsschein zur 7½% Kommunalschuldverschreibung Em. 55 Lit. C
über 1000 Deutsche Mark, fällig am 1. April 1974 mit 37,50 DM.
Norddeutsche Hypotheken- und Wechselbank
[vormals Mecklenburgische Hypotheken- und Wechselbank]
Hamburg, im März 1971
6 Em.55
37,50 DM
1. April 1974
NORD-HYPO
5. Zinsschein zur 7½% Kommunalschuldverschreibung Em. 55 Lit. C
über 1000 Deutsche Mark, fällig am 1. Okt. 1973 mit 37,50 DM.
Norddeutsche Hypotheken- und Wechselbank
[vormals Mecklenburgische Hypotheken- und Wechselbank]
Hamburg, im März 1971
5 Em.55
37,50 DM
1. Oktober 1973
NORD-HYPO
8. Zinsschein zur 7½% Kommunalschuldverschreibung Em. 55 Lit. C
über 1000 Deutsche Mark, fällig am 1. April 1975 mit 37,50 DM.
Norddeutsche Hypotheken- und Wechselbank
[vormals Mecklenburgische Hypotheken- und Wechselbank]
Hamburg, im März 1971
8 Em.55
37,50 DM
1. April 1975
NORD-HYPO
7. Zinsschein zur 7½% Kommunalschuldverschreibung Em. 55 Lit. C
über 1000 Deutsche Mark, fällig am 1. Okt. 1974 mit 37,50 DM.
Norddeutsche Hypotheken- und Wechselbank
[vormals Mecklenburgische Hypotheken- und Wechselbank]
Hamburg, im März 1971
7 Em.55
37,50 DM
1. Oktober 1974
NORD-HYPO
10. Zinsschein zur 7½% Kommunalschuldverschreibung Em. 55 Lit. C
über 1000 Deutsche Mark, fällig am 1. April 1976 mit 37,50 DM.
Norddeutsche Hypotheken- und Wechselbank
[vormals Mecklenburgische Hypotheken- und Wechselbank]
Hamburg, im März 1971
10 Em.55
37,50 DM
1. April 1976
NORD-HYPO
9. Zinsschein zur 7½% Kommunalschuldverschreibung Em. 55 Lit. C
über 1000 Deutsche Mark, fällig am 1. Okt. 1975 mit 37,50 DM.
Norddeutsche Hypotheken- und Wechselbank
[vormals Mecklenburgische Hypotheken- und Wechselbank]
Hamburg, im März 1971
9 Em.55
37,50 DM
1. Oktober 1975
NORD-HYPO
12. Zinsschein zur 7½% Kommunalschuldverschreibung Em. 55 Lit. C
über 1000 Deutsche Mark, fällig am 1. April 1977 mit 37,50 DM.
Norddeutsche Hypotheken- und Wechselbank
[vormals Mecklenburgische Hypotheken- und Wechselbank]
Hamburg, im März 1971
12 Em.55
37,50 DM
1. April 1977
NORD-HYPO
11. Zinsschein zur 7½% Kommunalschuldverschreibung Em. 55 Lit. C
über 1000 Deutsche Mark, fällig am 1. Okt. 1976 mit 37,50 DM.
Norddeutsche Hypotheken- und Wechselbank
[vormals Mecklenburgische Hypotheken- und Wechselbank]
Hamburg, im März 1971
11 Em.55
37,50 DM
1. Oktober 1976
NORD-HYPO
14. Zinsschein zur 7½% Kommunalschuldverschreibung Em. 55 Lit. C
über 1000 Deutsche Mark, fällig am 1. April 1978 mit 37,50 DM.
Norddeutsche Hypotheken- und Wechselbank
[vormals Mecklenburgische Hypotheken- und Wechselbank]
Hamburg, im März 1971
14 Em.55
37,50 DM
1. April 1978
NORD-HYPO
13. Zinsschein zur 7½% Kommunalschuldverschreibung Em. 55 Lit. C
über 1000 Deutsche Mark, fällig am 1. Okt. 1977 mit 37,50 DM.
Norddeutsche Hypotheken- und Wechselbank
[vormals Mecklenburgische Hypotheken- und Wechselbank]
Hamburg, im März 1971
13 Em.55
37,50 DM
1. Oktober 1977
NORD-HYPO
16. Zinsschein zur 7½% Kommunalschuldverschreibung Em. 55 Lit. C
über 1000 Deutsche Mark, fällig am 1. April 1979 mit 37,50 DM.
Norddeutsche Hypotheken- und Wechselbank
[vormals Mecklenburgische Hypotheken- und Wechselbank]
Hamburg, im März 1971
16 Em.55
37,50 DM
1. April 1979
NORD-HYPO
15. Zinsschein zur 7½% Kommunalschuldverschreibung Em. 55 Lit. C
über 1000 Deutsche Mark, fällig am 1. Okt. 1978 mit 37,50 DM.
Norddeutsche Hypotheken- und Wechselbank
[vormals Mecklenburgische Hypotheken- und Wechselbank]
Hamburg, im März 1971
15 Em.55
37,50 DM
1. Oktober 1978
NORD-HYPO
18. Zinsschein zur 7½% Kommunalschuldverschreibung Em. 55 Lit. C
über 1000 Deutsche Mark, fällig am 1. April 1980 mit 37,50 DM.
Norddeutsche Hypotheken- und Wechselbank
[vormals Mecklenburgische Hypotheken- und Wechselbank]
Hamburg, im März 1971
18 Em.55
37,50 DM
1. April 1980
NORD-HYPO
17. Zinsschein zur 7½% Kommunalschuldverschreibung Em. 55 Lit. C
über 1000 Deutsche Mark, fällig am 1. Okt. 1979 mit 37,50 DM.
Norddeutsche Hypotheken- und Wechselbank
[vormals Mecklenburgische Hypotheken- und Wechselbank]
Hamburg, im März 1971
17 Em.55
37,50 DM
1. Oktober 1979
NORD-HYPO
20. Zinsschein zur 7½% Kommunalschuldverschreibung Em. 55 Lit. C
über 1000 Deutsche Mark, fällig am 1. April 1981 mit 37,50 DM.
Norddeutsche Hypotheken- und Wechselbank
[vormals Mecklenburgische Hypotheken- und Wechselbank]
Hamburg, im März 1971
20 Em.55
37,50 DM
1. April 1981
NORD-HYPO
19. Zinsschein zur 7½% Kommunalschuldverschreibung Em. 55 Lit. C
über 1000 Deutsche Mark, fällig am 1. Okt. 1980 mit 37,50 DM.
Norddeutsche Hypotheken- und Wechselbank
[vormals Mecklenburgische Hypotheken- und Wechselbank]
Hamburg, im März 1971
19 Em.55
37,50 DM
1. Oktober 1980
NORD-HYPO
Erneuerungsschein
zum Zinsscheinbogen der 7½% Kommunalschuldverschreibung Em. 55 Lit. C über 1000 Deutsche Mark der Norddeutsche Hypotheken- und Wechselbank
[vormals Mecklenburgische Hypotheken- und Wechselbank]
Gegen Rückgabe dieses Erneuerungsscheines erhält der Inhaber spätestens ab 1. April 1981 einen neuen Zinsscheinbogen, enthaltend die Zinsen für die Zeit vom 1. April 1981 bis 31. März 1986. Der erste Zinsschein des neuen Bogens wird am 1. Oktober 1981 fällig.
NORD-HYPO NORDDEUTSCHE HYPOTHEKEN- UND WECHSELBANK
Hamburg, im März 1971
[vormals Mecklenburgische Hypotheken- und Wechselbank]
7½% Kommunalschuldverschreibung
Em. 55 Lit. C
1000 DM
GIESECKE & DEVRIENT MÜNCHEN

MÄRZ/SEPTEMBER 8% EM. 71 LIT. C NR. 1000 DM

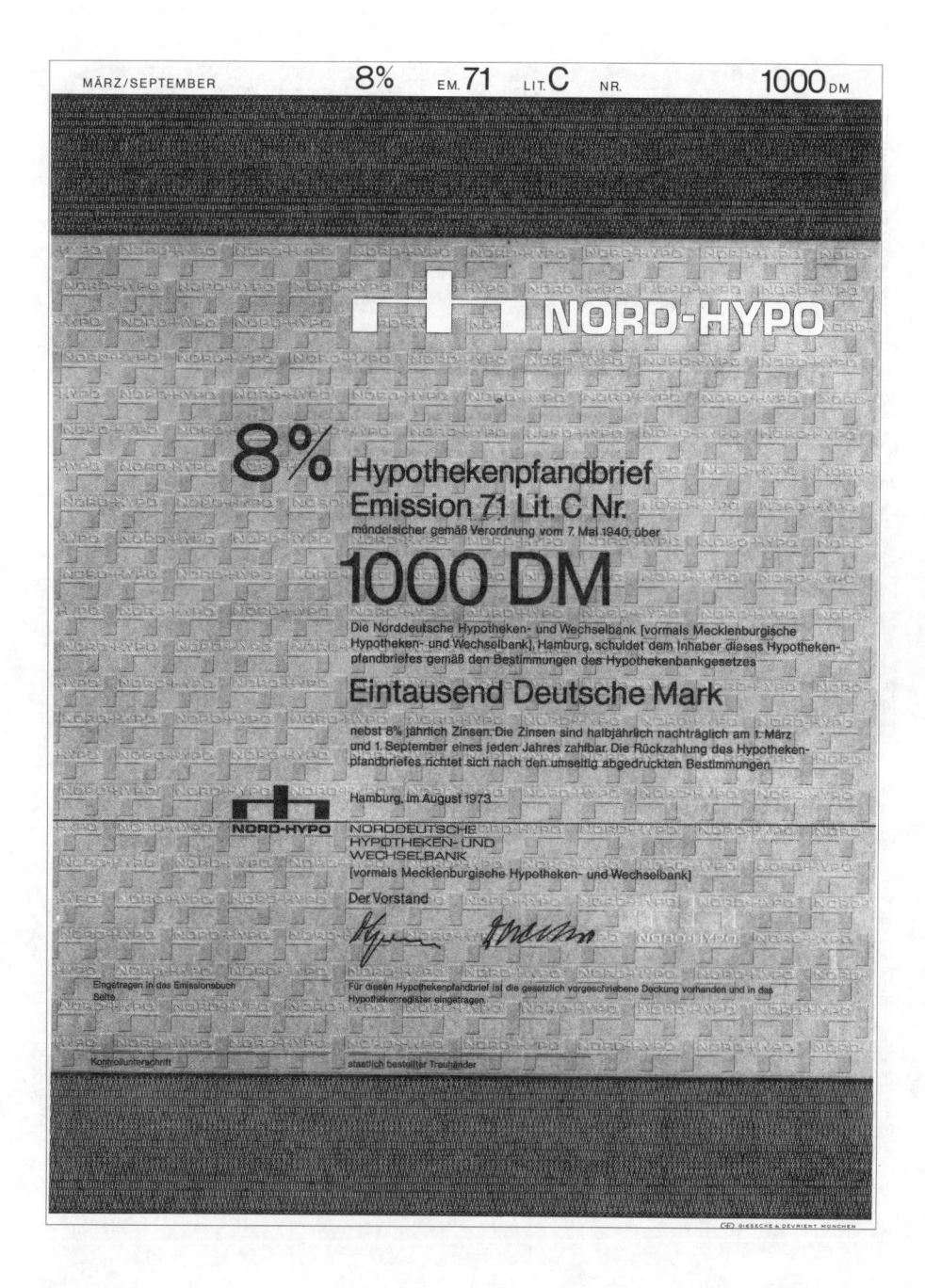

NORD-HYPO

8% Hypothekenpfandbrief
Emission 71 Lit. C Nr.
mündelsicher gemäß Verordnung vom 7. Mai 1940, über

1000 DM

Die Norddeutsche Hypotheken- und Wechselbank (vormals Mecklenburgische Hypotheken- und Wechselbank), Hamburg, schuldet dem Inhaber dieses Hypothekenpfandbriefes gemäß den Bestimmungen des Hypothekenbankgesetzes

Eintausend Deutsche Mark

nebst 8% jährlich Zinsen. Die Zinsen sind halbjährlich nachträglich am 1. März und 1. September eines jeden Jahres zahlbar. Die Rückzahlung des Hypothekenpfandbriefes richtet sich nach den umseitig abgedruckten Bestimmungen.

Hamburg, im August 1973

NORD-HYPO
NORDDEUTSCHE
HYPOTHEKEN- UND
WECHSELBANK
(vormals Mecklenburgische Hypotheken- und Wechselbank)
Der Vorstand

Eingetragen in das Emissionsbuch
Seite

Für diesen Hypothekenpfandbrief ist die gesetzlich vorgeschriebene Deckung vorhanden und in das Hypothekenregister eingetragen.

Kontrollunterschrift

staatlich bestellter Treuhänder

NORD-HYPO
2. Zinsschein zum 8% Hypothekenpfandbrief Em. 71 Lit. C über 1000 Deutsche Mark, fällig am 1. Sept. 1974 mit 40,- DM.
Norddeutsche Hypotheken- und Wechselbank [vormals Mecklenburgische Hypotheken- und Wechselbank]
Hamburg, im Aug. 1973
2 Em. 71
40,- DM
1. Sept. 1974
GIESECKE & DEVRIENT

NORD-HYPO
4. Zinsschein zum 8% Hypothekenpfandbrief Em. 71 Lit. C über 1000 Deutsche Mark, fällig am 1. Sept. 1975 mit 40,- DM.
Norddeutsche Hypotheken- und Wechselbank [vormals Mecklenburgische Hypotheken- und Wechselbank]
Hamburg, im Aug. 1973
4 Em. 71
40,- DM
1. Sept. 1975
GIESECKE & DEVRIENT

NORD-HYPO
3. Zinsschein zum 8% Hypothekenpfandbrief Em. 71 Lit. C über 1000 Deutsche Mark, fällig am 1. März 1975 mit 40,- DM.
Norddeutsche Hypotheken- und Wechselbank [vormals Mecklenburgische Hypotheken- und Wechselbank]
Hamburg, im Aug. 1973
3 Em. 71
40,- DM
1. März 1975
GIESECKE & DEVRIENT

NORD-HYPO
6. Zinsschein zum 8% Hypothekenpfandbrief Em. 71 Lit. C über 1000 Deutsche Mark, fällig am 1. Sept. 1976 mit 40,- DM.
Norddeutsche Hypotheken- und Wechselbank [vormals Mecklenburgische Hypotheken- und Wechselbank]
Hamburg, im Aug. 1973
6 Em. 71
40,- DM
1. Sept. 1976
GIESECKE & DEVRIENT

NORD-HYPO
5. Zinsschein zum 8% Hypothekenpfandbrief Em. 71 Lit. C über 1000 Deutsche Mark, fällig am 1. März 1976 mit 40,- DM.
Norddeutsche Hypotheken- und Wechselbank [vormals Mecklenburgische Hypotheken- und Wechselbank]
Hamburg, im Aug. 1973
5 Em. 71
40,- DM
1. März 1976
GIESECKE & DEVRIENT

NORD-HYPO
8. Zinsschein zum 8% Hypothekenpfandbrief Em. 71 Lit. C über 1000 Deutsche Mark, fällig am 1. Sept. 1977 mit 40,- DM.
Norddeutsche Hypotheken- und Wechselbank [vormals Mecklenburgische Hypotheken- und Wechselbank]
Hamburg, im Aug. 1973
8 Em. 71
40,- DM
1. Sept. 1977
GIESECKE & DEVRIENT

NORD-HYPO
7. Zinsschein zum 8% Hypothekenpfandbrief Em. 71 Lit. C über 1000 Deutsche Mark, fällig am 1. März 1977 mit 40,- DM.
Norddeutsche Hypotheken- und Wechselbank [vormals Mecklenburgische Hypotheken- und Wechselbank]
Hamburg, im Aug. 1973
7 Em. 71
40,- DM
1. März 1977
GIESECKE & DEVRIENT

NORD-HYPO
10. Zinsschein zum 8% Hypothekenpfandbrief Em. 71 Lit. C über 1000 Deutsche Mark, fällig am 1. Sept. 1978 mit 40,- DM.
Norddeutsche Hypotheken- und Wechselbank [vormals Mecklenburgische Hypotheken- und Wechselbank]
Hamburg, im Aug. 1973
10 Em. 71
40,- DM
1. Sept. 1978
GIESECKE & DEVRIENT

NORD-HYPO
9. Zinsschein zum 8% Hypothekenpfandbrief Em. 71 Lit. C über 1000 Deutsche Mark, fällig am 1. März 1978 mit 40,- DM.
Norddeutsche Hypotheken- und Wechselbank [vormals Mecklenburgische Hypotheken- und Wechselbank]
Hamburg, im Aug. 1973
9 Em. 71
40,- DM
1. März 1978
GIESECKE & DEVRIENT

NORD-HYPO
12. Zinsschein zum 8% Hypothekenpfandbrief Em. 71 Lit. C über 1000 Deutsche Mark, fällig am 1. Sept. 1979 mit 40,- DM.
Norddeutsche Hypotheken- und Wechselbank [vormals Mecklenburgische Hypotheken- und Wechselbank]
Hamburg, im Aug. 1973
12 Em. 71
40,- DM
1. Sept. 1979
GIESECKE & DEVRIENT

NORD-HYPO
11. Zinsschein zum 8% Hypothekenpfandbrief Em. 71 Lit. C über 1000 Deutsche Mark, fällig am 1. März 1979 mit 40,- DM.
Norddeutsche Hypotheken- und Wechselbank [vormals Mecklenburgische Hypotheken- und Wechselbank]
Hamburg, im Aug. 1973
11 Em. 71
40,- DM
1. März 1979
GIESECKE & DEVRIENT

NORD-HYPO
14. Zinsschein zum 8% Hypothekenpfandbrief Em. 71 Lit. C über 1000 Deutsche Mark, fällig am 1. Sept. 1980 mit 40,- DM.
Norddeutsche Hypotheken- und Wechselbank [vormals Mecklenburgische Hypotheken- und Wechselbank]
Hamburg, im Aug. 1973
14 Em. 71
40,- DM
1. Sept. 1980
GIESECKE & DEVRIENT

NORD-HYPO
13. Zinsschein zum 8% Hypothekenpfandbrief Em. 71 Lit. C über 1000 Deutsche Mark, fällig am 1. März 1980 mit 40,- DM.
Norddeutsche Hypotheken- und Wechselbank [vormals Mecklenburgische Hypotheken- und Wechselbank]
Hamburg, im Aug. 1973
13 Em. 71
40,- DM
1. März 1980
GIESECKE & DEVRIENT

NORD-HYPO
16. Zinsschein zum 8% Hypothekenpfandbrief Em. 71 Lit. C über 1000 Deutsche Mark, fällig am 1. Sept. 1981 mit 40,- DM.
Norddeutsche Hypotheken- und Wechselbank [vormals Mecklenburgische Hypotheken- und Wechselbank]
Hamburg, im Aug. 1973
16 Em. 71
40,- DM
1. Sept. 1981
GIESECKE & DEVRIENT

NORD-HYPO
15. Zinsschein zum 8% Hypothekenpfandbrief Em. 71 Lit. C über 1000 Deutsche Mark, fällig am 1. März 1981 mit 40,- DM.
Norddeutsche Hypotheken- und Wechselbank [vormals Mecklenburgische Hypotheken- und Wechselbank]
Hamburg, im Aug. 1973
15 Em. 71
40,- DM
1. März 1981
GIESECKE & DEVRIENT

NORD-HYPO
18. Zinsschein zum 8% Hypothekenpfandbrief Em. 71 Lit. C über 1000 Deutsche Mark, fällig am 1. Sept. 1982 mit 40,- DM.
Norddeutsche Hypotheken- und Wechselbank [vormals Mecklenburgische Hypotheken- und Wechselbank]
Hamburg, im Aug. 1973
18 Em. 71
40,- DM
1. Sept. 1982
GIESECKE & DEVRIENT

NORD-HYPO
17. Zinsschein zum 8% Hypothekenpfandbrief Em. 71 Lit. C über 1000 Deutsche Mark, fällig am 1. März 1982 mit 40,- DM.
Norddeutsche Hypotheken- und Wechselbank [vormals Mecklenburgische Hypotheken- und Wechselbank]
Hamburg, im Aug. 1973
17 Em. 71
40,- DM
1. März 1982
GIESECKE & DEVRIENT

NORD-HYPO
20. Zinsschein zum 8% Hypothekenpfandbrief Em. 71 Lit. C über 1000 Deutsche Mark, fällig am 1. Sept. 1983 mit 40,- DM.
Norddeutsche Hypotheken- und Wechselbank [vormals Mecklenburgische Hypotheken- und Wechselbank]
Hamburg, im Aug. 1973
20 Em. 71
40,- DM
1. Sept. 1983
GIESECKE & DEVRIENT

NORD-HYPO
19. Zinsschein zum 8% Hypothekenpfandbrief Em. 71 Lit. C über 1000 Deutsche Mark, fällig am 1. März 1983 mit 40,- DM.
Norddeutsche Hypotheken- und Wechselbank [vormals Mecklenburgische Hypotheken- und Wechselbank]
Hamburg, im Aug. 1973
19 Em. 71
40,- DM
1. März 1983
GIESECKE & DEVRIENT

o *Deckungsprinzip:* umlaufende Pfandbriefe müssen durch grds. erststellige Hypotheken mit mindestens gleichem Zinssatz, umlaufende Kommunalobligationen durch Kommunalkredite mit gleicher Verzinsung zu mindestens 90 % gedeckt sein (in Höhe von bis zu 10 % ist *Ersatzdeckung* durch andere liquide Anlagen möglich, z. B. Schuldverschreibungen des Bundes, Bundesbankguthaben).

Schuldverschreibungen und Kredite müssen außerdem annähernd gleiche Laufzeiten haben (sog. *Laufzeitkongruenz*).

o Alle Sicherheiten für vergebene Kredite, insbes. Hypotheken, müssen zu einer *Deckungsmasse* zusammengefaßt, in ein

- Hypothekenregister (für Pfandbriefdeckung)
- Deckungsregister (für Kommunalobligationsdeckung)

eingetragen und bei privaten Hypothekenbanken unter die Aufsicht eines staatlich bestellten Treuhänders gestellt sein.

o *Umlaufgrenzen:*

- bei (privaten) Hypothekenbanken: für beide Typen von Schuldverschreibungen Gesamtumlaufgrenze i. H. des *60*fachen des haftenden Eigenkapitals
- bei gemischten Hypothekenbanken (die auch andere Bankgeschäfte betreiben dürfen: Bayerische Hypotheken- und Wechselbank, Bayerische Vereinsbank, Norddeutsche Hypotheken- und Wechselbank): Gesamtumlaufgrenze (Pfandbriefe und Kommunalobligationen) = das *48*fache des haftenden Eigenkapitals
- bei Schiffspfandbriefbanken Pfandbriefumlaufgrenze = das *30*fache des haftenden Eigenkapitals (keine Ausgabe von Kommunalobligationen)
- bei öffentlich-rechtlichen Kreditanstalten allgemeine Umlaufgrenze für alle Realkredite und öffentlich verbürgte Kredite auf das *36*fache des haftenden Eigenkapitals begrenzt (Eigenkapitalgrundsatz I des Bundesaufsichtsamtes für das Kreditwesen).

In die Gesamtumlaufgrenzen einzubeziehen sind Globaldarlehen. Für sie und für Einlagen, außerdem für sog. ungedeckte Schuldverschreibungen (zur Finanzierung insbes. von Zwischen- und Grundstücksankaufskrediten) gilt eine zusätzliche Umlaufgrenze i. H. des *5*fachen des haftenden Eigenkapitals.

o Regelungen für das *Kreditgeschäft:*

- Hypothekarkredite von Pfandbriefinstituten dürfen 60 % des Beleihungswertes nicht übersteigen
- Hypothekenbanken dürfen Hypothekarkredite, die durch öffentlich verbürgte 1b-Hypotheken besichert sind, sowie unverbürgte Hypothekarkredite aus anderen als Pfandbriefmitteln mit Überschreitung der Beleihungsgrenze von 60 % vergeben
- Hypotheken brauchen nicht in 1. Rangstelle eingetragen zu sein, soweit die Kredite sich in der Beleihungsgrenze von 60 % halten
- Aktiv-Nebengeschäfte (d. h. weder Hypothekar- noch Kommunalkredite) dürfen bis zu 15 % aller hypothekarischen Beleihungen ausmachen; einbezogen sind Beteiligungen an bestimmten Unternehmen.

- o Den Gläubigern von Pfandbriefen und Kommunalobligationen *haftet* neben der Deckungsmasse das gesamte Vermögen der Hypothekenbank; im Konkurs sind sie *bevorrechtigte Gläubiger*.
- o *Laufzeit* der Schuldverschreibungen: i. d. R. heute 5–15 Jahre.

f) *Sonderformen:* Spezialschuldverschreibungen

- o *Landwirtschaftsbriefe:*
  - Ausgabe durch Landwirtschaftliche Rentenbank
  - Zweck: Finanzierung landwirtschaftlicher Vorhaben (Investitionen in land- und ernährungswirtschaftlichen Betrieben)
  - keine direkte Darlehnsvergabe an Darlehnsnehmer, sondern über andere Kreditinstitute
  - Besicherung der Landwirtschaftsbriefe entsprechend den Pfandbriefen
  - Ausgabe von Inhaberschuldverschreibungen bis zum 6fachen des haftenden Eigenkapitals
  - Laufzeit i. d. R. 8–10 Jahre , unkündbar, zu festem Termin rückzahlbar.
- o *Landesbodenbriefe:*
  - Ausgabe durch Bayerische Landesbank (bis 1972 durch Bayerische Landesbodenkreditanstalt)
  - Zweck: Finanzierung von wohnungs-, land- und forstwirtschaftlichen Aufgaben sowie Infrastrukturmaßnahmen
  - Besicherung durch Hypotheken und Kommunalkredite
  - Laufzeit 5–10 Jahre
  - nur Altbestände im Umlauf.

1.4.113 Schuldverschreibungen der Kreditinstitute

a) *Wesen:*

= Kassenobligationen und Schuldverschreibungen von Banken und Sparkassen

o zur Finanzierung des kurz-, mittel- und langfristigen Kreditgeschäfts.

b) *Arten:*

- o Schuldverschreibungen mit festem Zinssatz für die gesamte Laufzeit
- o Schuldverschreibungen mit variablem Zinssatz = sog. Floating-Rate-Notes; der Zinssatz wird in bestimmten Zeitabständen (i. d. R. 3 oder 6 Monate) an die Sätze des Termingeldmarktes angepaßt; derzeit im Inland noch selten (siehe Abschnitt 1.4.117)
- o Null-Kupon-Anleihen = Zerobonds (siehe Abschnitt 1.4.116)
- o Wertzuwachsanleihen, die zu 100 % emittiert und zu einem höheren Kurs zurückgezahlt werden (Aufzinsung).

c) *Besicherung:*

o die emittierenden KI haften mit ihrem gesamten Vermögen, z. B. auch mit den Darlehensforderungen an Kunden und Wertpapieren des eigenen Bestands.

d) *Bedeutung:*

o Für das Kreditinstitut: durch Ausgabe eigener Schuldverschreibungen wird das KI dem Trend zu höherverzinslichen Anlageformen gerecht, erfüllt also Kundenansprüche; durch die im Vergleich zu Spareinlagen deutlich höhere Verzinsung verteuert sich jedoch die Passivseite

o für den Kunden: durch die Auswahlmöglichkeit zwischen verschiedenen Anleihetypen kann die Anlageentscheidung individuell gestaltet werden, z. B.
  - Teilnahme an Zinsänderungen nach einer Niedrigzinsphase
  - Sicherung eines bestimmten Zinsniveaus unter Berücksichtigung des Zinseszinseffektes über eine lange Laufzeit (Zerobonds)
  - steuerliche Gesichtspunkte.

1.4.114 Industrieobligationen

a) *Wesen:*

= Schuldverschreibungen großer Industrieunternehmen

o zur langfristigen Finanzierung insbes. von Investitionsvorhaben.

b) *Besicherung:*

o Bonität des Schuldners, seine wirtschaftliche Lage, Zukunftsaussichten

o Eintragung einer Gesamtsicherungshypothek oder -grundschuld zugunsten der Emissionsbank(en) als Treuhänderin

o Negativerklärung

o u. U. sogenannte *Gesamthaftungsverpflichtung:* das Unternehmen verpflichtet sich zur Haftung mit seinem Gesamtvermögen.

c) *Bedeutung:*

o meist höhere Verzinsung als bei öffentlichen Anleihen, um Anleger anzureizen (da nicht mündelsicher und risikoreicher)

o wegen der geringeren Begleitkosten werden Schuldscheindarlehen i. d. R. bevorzugt.

1.4.115 Auslandsanleihen (Auslandsbonds)

a) *Wesen:*

o Anleihen deutscher Emittenten im Ausland

o Anleihen ausländischer Emittenten in Deutschland

o Anleihen ausländischer Emittenten im Ausland

o als Emittenten treten auf:
- Staaten
- Städte
- deutsche, ausländische und internationale Kreditinstitute (z. B. Weltbank)
- große Industrieunternehmen (insb. multinationale Konzerne).

b) *Arten:*

o DM-Auslandsanleihen

o Währungsanleihen

o auf mehrere Währungen lautende Anleihen (Wahlrecht des Anlegers für Währung der Zins- und Tilgungszahlungen)

o auf ECU lautende Anleihen (vgl. Abschnitt 5.1.032); erstmals 1981 emittiert

o Doppelwährungsanleihen: Kaufpreis und Zinszahlungen in einer Währung, Rückzahlung in einer anderen Währung.

c) *Bedeutung:*

o besondere politische Risiken

o u. U. Währungsrisiken (geringer bei Anleihen mit Währungsoptionsrecht)

o Emittenten haben die Möglichkeit, an andere Kapitalmärkte heranzutreten (z. B. wegen eines günstigeren Zinsniveaus).

d) *Entwicklung:* Nachdem die Deutsche Bundesbank den Finanzplatz Bundesrepublik Deutschland seit 01.05.1985 durch die Zulassung neuer Gestaltungsmöglichkeiten attraktiver gemacht hat (sog. Restliberalisierung, z. B. über Zerobonds, Floating-Rate-Notes, Doppelwährungsanleihen), treten ausländische Emittenten im Bereich der DM-Auslandsanleihen verstärkt an den deutschen Kapitalmarkt heran.

Die Einführung der Kleinen Kapitalertragsteuer (Quellensteuer) ab 01.01.1989 und die im Ausland gebotenen höheren Zinsen haben ab Ende 1988 zu einer erheblichen Umleitung der Kapitalströme geführt. Die nicht der Quellensteuer unterliegenden DM-Auslandsanleihen konnten neue Absatzrekorde erzielen. Noch deutlich stärker wandten sich die deutschen Anleger den Fremdwährungsanleihen zu, da diese wesentlich höhere Zinsen als DM-Papiere bieten, allerdings verbunden mit einem Kursrisiko.

Die Abschaffung der Quellensteuer per 01.07.1989 hat zu einer Normalisierung des Anlageverhaltens beigetragen.

Mit der im Juni 1989 beschlossenen Novellierung des Börsengesetzes soll ein wesentlicher Beitrag zur Stärkung des Finanzplatzes Bundesrepublik Deutschland geleistet werden. Dabei soll der Kreis der Anleger, die Börsentermingeschäfte abschließen dürfen, erweitert werden. Die gegenseitige Anerkennung von Börsenzulassungsprospekten innerhalb der EG soll auch im deutschen Recht verankert werden. In Zukunft sollen Wertpapiere auch in ausländischer Währung und in der europäischen Rechnungseinheit ECU an deutschen Börsen notiert werden können. Siehe hierzu Abschnitt 1.4.501.

1.4.116 Zerobonds

a) *Wesen:*

o Zerobonds sind sind Nullkupon-Anleihen: Der Anleger erhält während der gesamten Laufzeit keine Zinsausschüttung
o Zinsen werden in Form höherer Rückzahlung am Ende der Laufzeit gezahlt
o Verzinsung = Unterschied zwischen Kaufpreis und Einlösungsbetrag, vgl. abgezinster Spar(kassen)brief
o eingesetztes Kapital wächst durch Zinseszinseffekt von Jahr zu Jahr schneller.

b) *Bedeutung:*

o neue Anleiheform, die in den letzten Jahren größeres Interesse gefunden hat und auch von deutschen Daueremittenten eingesetzt wird
o da Erträge erst bei Einlösung am Ende der Laufzeit zu versteuern sind, ergibt sich ein besonders interessanter Effekt, wenn der Anleger dann nicht mehr berufstätig ist und eine niedrigere Progressionsstufe in der Einkommensteuer hat
o bei Veräußerung von Zerobonds vor Fälligkeit wird nicht der tatsächliche Kurs(gewinn), sondern ein rechnerischer Wertzuwachs für die Besteuerung zugrundegelegt; Berechnungsgrundlage dafür ist die Emissionsrendite
o da Zerobonds mit einem deutlich unter dem Nennwert liegenden Kurs gehandelt werden, macht sich eine Veränderung des Kapitalmarktzinsniveaus überproportional bemerkbar: Steigt der Kapitalmarktzins, sinkt der Kurs der Zerobonds deutlich stärker als bei anderen Papieren; sinkt der Kapitalmarktzins, steigt der Kurs entsprechend stärker.

1.4.117 Neue Finanzierungsinstrumente

a) *Entstehung und Bedeutung:* Seit dem Ende der Siebziger Jahre entstanden an den internationalen Finanzmärkten neue Formen von Wertpapieren und ähnliche Formen der Finanzierung. Die Deutsche Bundesbank hat mit der sog. Restliberalisierung des deutschen Kapitalmarktes (vgl. Abschnitt 1.4.115 d) ab Mai 1985 auch deutschen Schuldnern und Gläubigern die Möglichkeit eröffnet, sich an diesen Finanzinnovationen zu beteiligen. Seither ist eine große Anzahl von Emissionen neuartiger Kapitalmarktpapiere erfolgt.

b) *Arten:*

o Doppelwährungsanleihen (siehe Abschnitt 1.4.115 b)
o Zerobonds (siehe Abschnitt 1.4.116)
o Floating-Rate-Notes („Floater")-Anleihen mit variabler Verzinsung:
  – Zinssatz der Anleihe wird in regelmäßigen Abständen (drei bzw. sechs Monate gemäß Vereinbarung) an die aktuellen Geldmarktsätze angepaßt

- als Basiszins dient i. d. R. ein Zins für Termineinlagen unter Kreditinstituten, z. B.
  - FIBOR (Frankfurt Interbank Offered Rate)
  - LIBOR (London Interbank Offered Rate)
- Floater zeichnen sich für den Anleger durch ein geringes Kursrisiko aus, denn durch die regelmäßige Neufestsetzung des Zinses pendelt sich der Kurs immer wieder in der Nähe des Nennwertes ein
- für den Schuldner bietet die Ausgabe von Floatern die Möglichkeit, sich langfristige Mittel zu Geldmarktkonditionen zu beschaffen

o Euronotes:
- Mischform zwischen Wertpapier- und Kreditgeschäft
- erstklassige Unternehmen erhalten Kreditzusagen durch KI, für die die Banken von den Schuldnern nicht börsennotierte Schuldtitel (sog. Euronotes) erhalten
- diese Titel werden dann bei Anlegern plaziert
- i. d. R. gehen die KI die Verpflichtung ein, bei den Anlegern nicht unterzubringende Titel selbst zu übernehmen
- neben vielen weiteren Spielarten haben insb.
  - RUF's = Revolving Underwriting Facilities
  - NIF's = Notes Issuance Facilities
  Bedeutung erlangt

o DM-Einlagen-Zertifikate (Certificate of Deposits, CD's):
- CD's sind Geldmarktpapiere mit Laufzeiten von unter einem Jahr, die Termineinlagen mit Festzinssatz verbriefen
- Ausgabe in größeren Stückelungen von Banken und banknahen Unternehmen
- CD's sind mindestreservepflichtig

o Anleihen mit Zinsoptionsscheinen:
- der Anleger ist berechtigt, innerhalb einer bestimmten Zeitspanne zu bereits festgelegten Bedingungen einen festen Nennbetrag einer bestimmten Anleihe zu erwerben
- in der letzten Zeit wurden am deutschen Kapitalmarkt vor allem börsennotierte selbständige Optionsscheine (Zins-Warrants) emittiert

o Anleihen in Verbindung mit Swaps:
- diesen Anleihen liegen Tauschbeziehungen hinsichtlich der Zinszahlungs- und/oder der Währungsverbindlichkeiten zugrunde
- diese Swaps ergeben sich aus der Tatsache, daß Schuldner auf unterschiedlichen Kapitalmärkten hinsichtlich ihrer Bonität und ihres Standings unterschiedlich beurteilt werden
- Ziel dieses Finanzierungsinstruments ist es, relative Vorteile, die ein Swap-Partner gegenüber dem anderen an einem bestimmten Kapitalmarkt hat, zum beiderseitigen Vorteil auszugleichen
- die beteiligten Schuldner tauschen dann im Innenverhältnis ihre Verpflichtungen aus beiden Anleihen aus
- die Beziehungen zwischem dem Emittenten der Anleihe und dem Anleger ändern sich nicht.

1.4.2 Anteilspapiere

1.4.20 Gemeinsames

a) *Wesen:*

o Anteilspapiere verbriefen Teilhaberrechte (Mitgliedschaftsrechte) an einem Unternehmen
o die Anteilseigner sind Gesellschafter = Mitinhaber
o kennzeichnend ist das grundsätzliche Mitbestimmungsrecht der Anteilseigner.

b) *Ertrag:* Anteilspapiere garantieren gewöhnlich keine regelmäßige Verzinsung in bestimmter Höhe, sondern verbriefen variable (veränderliche) Erträge, die allerdings von der Erwirtschaftung eines *Gewinns* und dessen Höhe abhängig sind (Dividendenpapiere).

c) *Arten:*

o Aktie = Beteiligung an einer Aktiengesellschaft
o früher: Kux = Beteiligung an einer bergrechtlichen Gewerkschaft
o früher: Bohranteil = Beteiligung an einer Bohrgesellschaft.

1.4.21 Die einzelnen Anteilspapiere

1.4.210 Aktie

a) *Wesen:* = vertretbares Kapitalwertpapier, das ein Teilhaberrecht an einer Aktiengesellschaft verbrieft (vgl. Abschnitt 0.4.16).

b) Verbriefte *Rechte:*
o *Stammaktie:*
   – Anteil am Grundkapital der AG
   – Teilnahme an der Hauptversammlung
   – Stimmrecht in der HV
   – Anspruch auf Dividende
   – Anspruch auf Anteil am Liquidationserlös
   – Recht auf Auskunft in der HV
   – Bezugsrecht bei Ausgabe junger Aktien
o *Vorzugsaktie:* Vorzüge hinsichtlich
   – der Dividende
   – des Stimmrechts (Aktien mit Mehrfachstimmrecht sind in der Bundesrepublik grds. nicht mehr zulässig, § 12 AktG)
   – des Anteils am Liquidationserlös.

Den Vorteilen der Vorzugsaktien steht als Nachteil vielfach die Stimmrechtslosigkeit gegenüber.

c) *Besondere Aktienarten:*

o *Globalaktien* = Sammelurkunden über mehrere Anteilsrechte aus Aktien, ausgestellt zur Vereinfachung der Abwicklung und Verwaltung, jederzeit umtauschbar in einzelne Aktien

o *Belegschaftsaktien* = Aktien, die an Belegschaftsmitglieder der Aktiengesellschaft vergeben werden, gewöhnlich zu einem Vorzugskurs, veräußerbar dann erst nach Ablauf einer Sperrfrist; Anlageform für Arbeitnehmer nach dem 936-DM-Gesetz.

o *Volksaktien* = Aktien, die im Rahmen der Privatisierung von Bundesvermögen zu günstigen Kursen an Privatpersonen ausgegeben werden, meist in begrenzter Anzahl, um breite Bevölkerungskreise und insbes. die Bezieher geringerer Einkommen zur Anlage und Vermögensbildung zu veranlassen (z. B. Aktien des Volkswagenwerkes, der Preussag oder der VEBA = Vereinigte Elektrizitäts- und Bergwerks-AG); frei von Börsenumsatzsteuer, da bei Ausgabe Ersterwerb vorliegt.

o *Interimsscheine* (Zwischenscheine) = Urkunden, die nach Gründung oder Kapitalerhöhung einer AG ausgegeben werden können, allerdings erst nach Eintragung bzw. Umschreibung im Handelsregister, wenn sich die Ausgabe der eigentlichen Aktien verzögert; = auf den Namen des Aktionärs lautende Orderpapiere.

o *Berichtigungsaktien* = normale Aktien, die bei Umwandlung offener Rücklagen in Grundkapital an die bisherigen Aktionäre ausgegeben werden (Kapitalerhöhung aus Gesellschaftsmitteln); da die Rücklagen dem Aktionär als Inhaber der AG auch vorher zustanden, ändert sich an der Höhe seiner Kapitalbeteiligung nichts, sie wird zwar nominell höher, doch wird der Kurswert i. d. R. entsprechend geringer werden, da das gleichgebliebene Vermögen der AG sich nun auf eine größere Zahl von Aktien verteilt.

Beispiel: Grundkapital 10 000 000,– DM
Kurswert der alten Aktien 250,– DM pro 50-DM-Aktie
Kapitalerhöhung 2 500 000,– DM aus Gesellschaftsmitteln
Kurswert 200,– DM pro 50-DM-Aktie

Ein Aktionär, dessen 4 Aktien bisher insgesamt 1 000,– DM wert waren, hat nun 5 Aktien à 50,– DM Nennwert, die insgesamt denselben Kurswert haben dürften.

Der für Berichtigungsaktien gelegentlich verwandte Begriff „Gratisaktien" trifft also nicht zu, denn der Aktionär erhält nichts „gratis".

Auch hinsichtlich der Dividende ändert sich nichts, da der anfallende Gewinn nunmehr auf eine größere Zahl von Aktien entfällt. Ausnahme: wenn die Gesellschaft aus optischen Gründen darauf verzichtet, den Dividendensatz (in % des Nennwertes) entsprechend zu verringern.

Beispiel: Betrug die Dividende bisher 8 %, so erhielt ein Aktionär mit vier 50-DM-Aktien 16,– DM Dividende. Nun wäre der Dividendensatz auf 6,4 % zu senken. Bleibt er dennoch bei 8 %, erhält dieser Aktionär nun 20,– DM Dividende.

DEUTSCHE BANK
AKTIENGESELLSCHAFT
AKTIE
50 DM
AKTIE ÜBER FÜNFZIG DEUTSCHE MARK
Der Inhaber dieser Aktie ist bei der Deutsche Bank Aktiengesellschaft nach Maßgabe ihrer Satzung als Aktionär beteiligt.
Frankfurt am Main, im Mai 1966
DEUTSCHE BANK
AKTIENGESELLSCHAFT
AUFSICHTSRAT
VORSITZENDER
VORSTAND
KONTROLLBEAMTER

DEUTSCHE BANK AKTIENGESELLSCHAFT
14. GEWINNANTEILSCHEIN zur Aktie Nr. über Fünfzig Deutsche Mark
Frankfurt am Main, im Mai 1966 DEUTSCHE BANK AKTIENGESELLSCHAFT
14 GEWINN-ANTEIL-SCHEIN

DEUTSCHE BANK AKTIENGESELLSCHAFT
13. GEWINNANTEILSCHEIN zur Aktie Nr. über Fünfzig Deutsche Mark
Frankfurt am Main, im Mai 1966 DEUTSCHE BANK AKTIENGESELLSCHAFT
13 GEWINN-ANTEIL-SCHEIN

DEUTSCHE BANK AKTIENGESELLSCHAFT
16. GEWINNANTEILSCHEIN zur Aktie Nr. über Fünfzig Deutsche Mark
Frankfurt am Main, im Mai 1966 DEUTSCHE BANK AKTIENGESELLSCHAFT
16 GEWINN-ANTEIL-SCHEIN

DEUTSCHE BANK AKTIENGESELLSCHAFT
15. GEWINNANTEILSCHEIN zur Aktie Nr. über Fünfzig Deutsche Mark
Frankfurt am Main, im Mai 1966 DEUTSCHE BANK AKTIENGESELLSCHAFT
15 GEWINN-ANTEIL-SCHEIN

DEUTSCHE BANK AKTIENGESELLSCHAFT
18. GEWINNANTEILSCHEIN zur Aktie Nr. über Fünfzig Deutsche Mark
Frankfurt am Main, im Mai 1966 DEUTSCHE BANK AKTIENGESELLSCHAFT
18 GEWINN-ANTEIL-SCHEIN

DEUTSCHE BANK AKTIENGESELLSCHAFT
17. GEWINNANTEILSCHEIN zur Aktie Nr. über Fünfzig Deutsche Mark
Frankfurt am Main, im Mai 1966 DEUTSCHE BANK AKTIENGESELLSCHAFT
17 GEWINN-ANTEIL-SCHEIN

DEUTSCHE BANK AKTIENGESELLSCHAFT
20. GEWINNANTEILSCHEIN zur Aktie Nr. über Fünfzig Deutsche Mark
Frankfurt am Main, im Mai 1966 DEUTSCHE BANK AKTIENGESELLSCHAFT
20 GEWINN-ANTEIL-SCHEIN

DEUTSCHE BANK AKTIENGESELLSCHAFT
19. GEWINNANTEILSCHEIN zur Aktie Nr. über Fünfzig Deutsche Mark
Frankfurt am Main, im Mai 1966 DEUTSCHE BANK AKTIENGESELLSCHAFT
19 GEWINN-ANTEIL-SCHEIN

DEUTSCHE BANK AKTIENGESELLSCHAFT
22. GEWINNANTEILSCHEIN zur Aktie Nr. über Fünfzig Deutsche Mark
Frankfurt am Main, im Mai 1966 DEUTSCHE BANK AKTIENGESELLSCHAFT
22 GEWINN-ANTEIL-SCHEIN

DEUTSCHE BANK AKTIENGESELLSCHAFT
21. GEWINNANTEILSCHEIN zur Aktie Nr. über Fünfzig Deutsche Mark
Frankfurt am Main, im Mai 1966 DEUTSCHE BANK AKTIENGESELLSCHAFT
21 GEWINN-ANTEIL-SCHEIN

DEUTSCHE BANK AKTIENGESELLSCHAFT
24. GEWINNANTEILSCHEIN zur Aktie Nr. über Fünfzig Deutsche Mark
Frankfurt am Main, im Mai 1966 DEUTSCHE BANK AKTIENGESELLSCHAFT
24 GEWINN-ANTEIL-SCHEIN

DEUTSCHE BANK AKTIENGESELLSCHAFT
23. GEWINNANTEILSCHEIN zur Aktie Nr. über Fünfzig Deutsche Mark
Frankfurt am Main, im Mai 1966 DEUTSCHE BANK AKTIENGESELLSCHAFT
23 GEWINN-ANTEIL-SCHEIN

DEUTSCHE BANK AKTIENGESELLSCHAFT
26. GEWINNANTEILSCHEIN zur Aktie Nr. über Fünfzig Deutsche Mark
Frankfurt am Main, im Mai 1966 DEUTSCHE BANK AKTIENGESELLSCHAFT
26 GEWINN-ANTEIL-SCHEIN

DEUTSCHE BANK AKTIENGESELLSCHAFT
25. GEWINNANTEILSCHEIN zur Aktie Nr. über Fünfzig Deutsche Mark
Frankfurt am Main, im Mai 1966 DEUTSCHE BANK AKTIENGESELLSCHAFT
25 GEWINN-ANTEIL-SCHEIN

DEUTSCHE BANK AKTIENGESELLSCHAFT
28. GEWINNANTEILSCHEIN zur Aktie Nr. über Fünfzig Deutsche Mark
Frankfurt am Main, im Mai 1966 DEUTSCHE BANK AKTIENGESELLSCHAFT
28 GEWINN-ANTEIL-SCHEIN

DEUTSCHE BANK AKTIENGESELLSCHAFT
27. GEWINNANTEILSCHEIN zur Aktie Nr. über Fünfzig Deutsche Mark
Frankfurt am Main, im Mai 1966 DEUTSCHE BANK AKTIENGESELLSCHAFT
27 GEWINN-ANTEIL-SCHEIN

DEUTSCHE BANK AKTIENGESELLSCHAFT
30. GEWINNANTEILSCHEIN zur Aktie Nr. über Fünfzig Deutsche Mark
Frankfurt am Main, im Mai 1966 DEUTSCHE BANK AKTIENGESELLSCHAFT
30 GEWINN-ANTEIL-SCHEIN

DEUTSCHE BANK AKTIENGESELLSCHAFT
29. GEWINNANTEILSCHEIN zur Aktie Nr. über Fünfzig Deutsche Mark
Frankfurt am Main, im Mai 1966 DEUTSCHE BANK AKTIENGESELLSCHAFT
29 GEWINN-ANTEIL-SCHEIN

DEUTSCHE BANK AKTIENGESELLSCHAFT
ERNEUERUNGSSCHEIN ZUR AKTIE ÜBER FÜNFZIG DEUTSCHE MARK Nr.
Gegen Rückgabe dieses Erneuerungsscheines werden neue Gewinnanteilscheine, deren erster auf Nummer 31 lautet, nebst Erneuerungsschein ausgehändigt.
Nr. Frankfurt am Main, im Mai 1966
DEUTSCHE BANK AKTIENGESELLSCHAFT
Aufsichtsrat Vorstand
Vorsitzender
ERNEUERUNGS-SCHEIN
DM 50.-

1.4.211   Weitere Anteilspapiere

a) *Kux:*

= Anteilspapier, das früher die Mitgliedschaft an sog. bergrechlichen Gewerkschaften verbriefte, Rektapapier
o nur noch historisch bedeutsam; der amtliche Handel in Kuxen wurde bereits 1970 eingestellt; noch bestehende bergrechtliche Gewerkschaften wurden bis 1985 aufgelöst oder umgewandelt.

b) *Bohranteil:*

= früher: Anteil an einer Bohrgesellschaft, Rektapapier
o Bohrgesellschaften wurden zur Finanzierung der Mineralienschürfung gegründet; heute bedeutungslos.

1.4.3   Wertpapiersonderformen

1.4.30   Investmentzertifikat

1.4.300 Wesen und Bedeutung

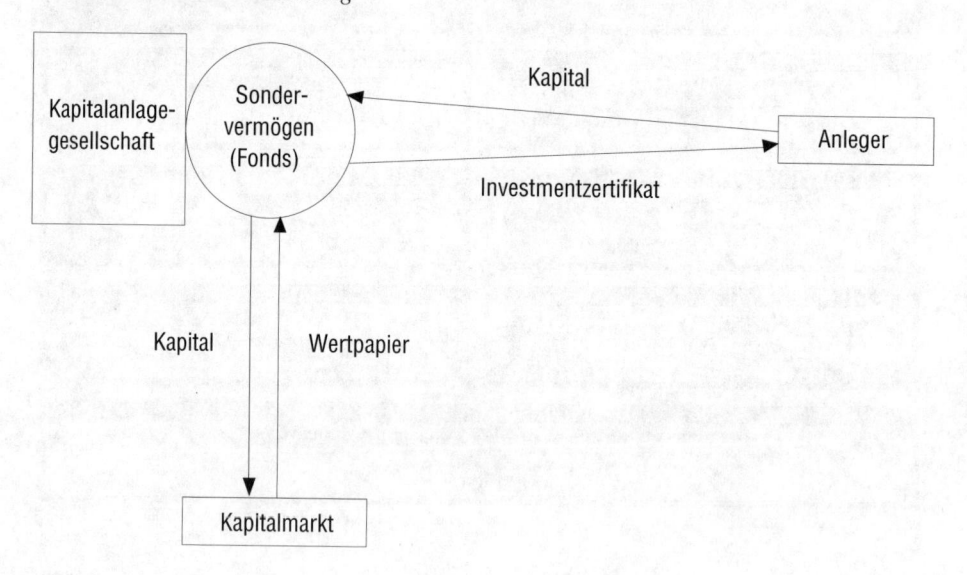

```
┌──────────────┐         Sonder-          Kapital
│Kapitalanlage-│────▶  vermögen  ◀──────────────────┐
│gesellschaft  │        (Fonds)   ──────────────▶ Anleger
└──────────────┘                  Investmentzertifikat
                          ▲
                          │
                   Kapital│  Wertpapier
                          │
                     ┌────┴──────┐
                     │Kapitalmarkt│
                     └───────────┘
```

a) *Wesen:*

= Anteilspapier besonderer Art, das einen Anteil am *Sondervermögen* (Fonds) einer Kapitalanlagegesellschaft verbrieft (keinen Anteil an der Gesellschaft selbst!)
= Inhaber- oder Namensanteilschein.

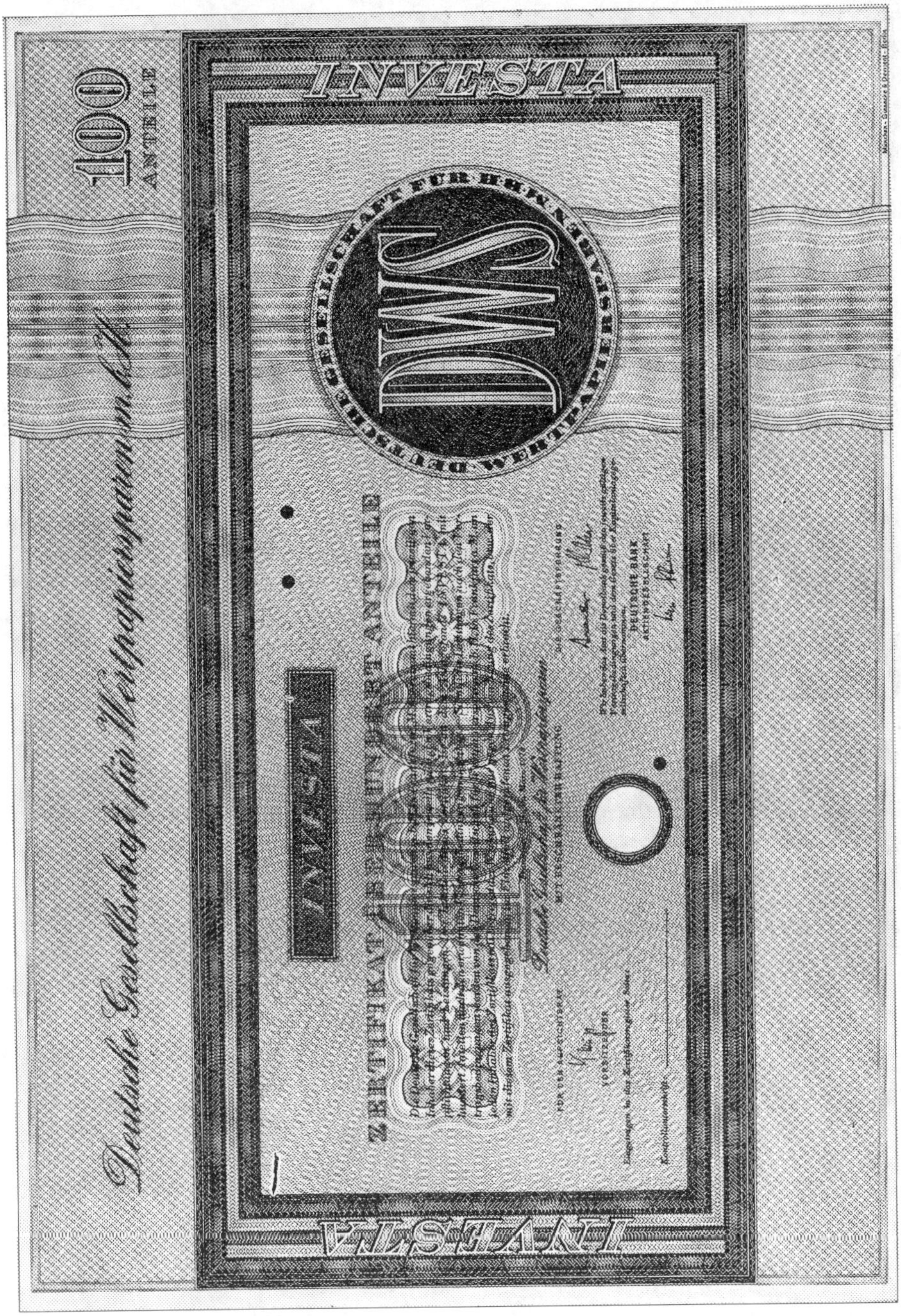
INVESTA
100
ANTEILE
Deutsche Gesellschaft für Wertpapiersparen mbH
DEUTSCHE GESELLSCHAFT FÜR WERTPAPIERSPAREN
DWS
INVESTA
ZERTIFIKAT ÜBER HUNDERT ANTEILE
INVESTA

594

b) *Verbrieft* werden
- Miteigentum des Anlegers am Sondervermögen nach Bruchteilen
- *oder* Gläubigerstellung des Anlegers, d. h. das Fondsvermögen steht im treuhänderischen Eigentum der Investmentgesellschaft
- Anspruch auf Ausschüttung der Erträge (Ausnahme: sog. Wachstumsfonds, bei dem die Erträge in das Fondsvermögen fließen und zur erneuten Anlage dienen)
- Anspruch auf jederzeitige Rücknahme des Zertifikats gegen Auszahlung seines Wertes (bei sog. offenen Fonds).

c) *Bedeutung:*
- für den *Anleger:*
  - er wird Miteigentümer oder Gläubiger eines gut gemischten, nach dem Gesichtspunkt der Risikostreuung angelegten Depots
  - diese Anlageform kann er bereits mit wenig Geld wählen
  - Verwahrung und Verwaltung der Papiere des Fondsvermögens erfolgen durch die Investmentgesellschaft
  - Rückgabe des Anteils ist jederzeit möglich
- für die *Gesamtwirtschaft:*
  - Gewinnung neuer Sparerkreise für das Wertpapiersparen
  - Förderung der Vermögensbildung in privater Hand, insbesondere auch in unteren Einkommensschichten.

d) *Arten von Investmentfonds:*
- *Wertpapier*fonds:
  - Aktienfonds
  - Rentenfonds
  - gemischte Fonds

  Diese Gesellschaften befinden sich zum größten Teil in Händen der wichtigen deutschen KI (Deutsche Gesellschaft für Wertpapiersparen GmbH – Deutsche Bank, Deutscher Investment Trust – Dresdner Bank; Allgemeine Deutsche Investment-GmbH – Commerzbank, BfG u. a. m.; Deutsche Kapitalanlagegesellschaft mbH – Sparkassen, Girozentralen; Unions-Investment-Gesellschaft mbH – Kreditgenossenschaften).
- *Immobilien*fonds: Beteiligung von Anlegern mit kleineren Beträgen an Grundstücks-, Haus-, Wohnungseigentum; Arten:
  - offene Fonds: fortlaufende Neuausgabe von Zertifikaten und entsprechende Kapitalanlage in Immobilien möglich
  - geschlossene Fonds: bestimmte Anzahl von Objekten wird durch feste Zahl von Zertifikaten finanziert.
- *Waren*fonds (z. B. Goldfonds, Whiskyfonds)
- *Leasing*fonds.

1.4.301 Kapitalanlagegesellschaften (Investmentgesellschaften)

a) *Rechtsgrundlage:* Gesetz über Kapitalanlagegesellschaften (KAGG) i. d. F. von 1970.

b) *Wesen*: = Unternehmen, die folgende Aufgaben erfüllen:
o Sammlung von Kapital in einem Fonds
o Anlage der Mittel im eigenen Namen für fremde, d. h. gemeinsame Rechnung der Anteilseigner in Wertpapieren oder Immobilien nach dem Grundsatz der Risikomischung
o strenge Trennung des Sondervermögens (Fonds) vom eigenen Vermögen der Gesellschaft
o Ausgabe von Investment-Zertifikaten gegen Einzahlung durch die Anleger
o die Aktionärsrechte für erworbene Aktien werden durch die Investmentgesellschaft ausgeübt (insb. Stimmrecht; nicht: Einbehalten der von der AG ausgeschütteten Gewinne)
o treuhänderische Verwahrung der erworbenen Effekten durch eine Depotbank.

c) Grundlegende *Rechtsvorschriften:*
o Gründung einer Kapitalanlagegesellschaft nur in der Rechtsform einer AG oder GmbH
o Mindestgrundkapital 500 000,– DM
o Investmentgesellschaften sind *Kreditinstitute* (vgl. § 1 KWG) und unterliegen damit der Bankenaufsicht
o Beschränkung der Geschäftstätigkeit auf Aufbau und Verwaltung des Fondsvermögens (Ausnahme: eigenes Vermögen der Gesellschaft).

d) *Anlagevorschriften* für Wertpapierfonds:
o Anlage hat entsprechend den Vorschriften der Satzung der Gesellschaft zu erfolgen
o Kauf von in- und ausländischen Effekten, die an der Börse im amtlichen Handel oder im geregelten Markt gehandelt werden, sowie entsprechenden Bezugsrechten
o Kauf von Papieren *eines* Emittenten:
  – nur bis zu 5 % des Fondsvermögens
  – darüber hinaus bis zu 10 % des Fondsvermögens, wenn dies in den Vertragsbedingungen vorgesehen ist und der Gesamtwert der Wertpapiere dieses Ausstellers 40 % vom Wert des Sondervermögens nicht übersteigt
  – Schuldverschreibungen des Bundes, eines Bundeslandes, der EG, eines Mitgliedsstaates der EG oder von OECD-Staaten (unter bestimmten Bedingungen) werden bei der Berechnung der Grenzen nur mit der Hälfte ihres Wertes angesetzt
  – für alle von der Investmentgesellschaft verwalteten Fonds dürfen Aktien im Nennwert von maximal 10 % des Grundkapitals eines Emittenten erworben werden.

e) *Sicherungsvorschriften:*
o Einschaltung einer Depotbank für Verwahrung der Papiere; Aufgaben der Depotbank:
  – Verwahrung der Fondspapiere
  – Kauf und Verkauf von Fondswerten nach Weisung der Investmentgesellschaft
  – Verwaltung der Fondswerte (z. B. Abtrennen von Zins- und Dividendenscheinen)
  – Mitwirkung bei Ausgabe und Rücknahme der Investmentzertifikate
o das Fondsvermögen haftet nicht für die Schulden der Investmentgesellschaft.

f) *Erträge:*
o gewöhnliche Erträge (Zinsen, Dividenden) müssen an die Anleger ausgeschüttet werden (Ausnahme: Wachstumsfonds)
o außergewöhnliche Erträge (insb. Kursgewinne) können ausgeschüttet werden
o 5 % der Erträge (oder vereinbarte Prozentsätze vom Fondsvermögen) gehen als Verwaltungsgebühr an die Investmentgesellschaft.

g) *Vorschriften des KAGG für offene Immobilienfonds:*
o das Sondervermögen muß aus mindestens 10 Grundstücken bestehen
o kein Grundstück darf bei Erwerb 15 % des Wertes des Sondervermögens überschreiten
o die Fondsliegenschaften werden von einem neutralen Sachverständigenausschuß bewertet.

1.4.302 Ausgabe- und Rücknahmepreise von Investmentzertifikaten

a) Berechnung des *Ausgabepreises* (Beispiel):

	DM
Wertpapiervermögen (Umrechnung zu Tageskursen)	42 000 000,–
+ Barvermögen	6 800 000,–
+ Sonstiges Vermögen (z. B. Steuererstattungsansprüche)	1 200 000,–
= *Inventarwert netto*	50 000 000,–
+ Spesen für Wertpapierkäufe (ø 0,47 %)	235 000,–
: Zahl der umlaufenden Anteile	: 1 000 000
= Tageswert je Anteil	50,235
+ Zuschlag für Ausgabekosten, hier 3 % (für Ausgabe der Zertifikate, 3–5 %)	1,507
= *Ausgabepreis*	51,74

b) Berechnung des *Rücknahmepreises* (Beispiel):

	DM
Inventarwert netto	50 000 000,–
– Spesen für Wertpapierkäufe (ø 0,47 %)*	235 000,–
	49 765 000,–
: Zahl der umlaufenden Anteile	: 1 000 000
= Tageswert je Anteil	49,765
– Abschlag für Rücknahmekosten, hier 0,5 %*	0,249
= *Rücknahmepreis*	49,52

1.4.303 Ausländische Investmentzertifikate

a) *Rechtsgrundlagen:*

o Gesetz über den Vertrieb ausländischer Investmentanteile von 1969
o Gesetz über Kapitalanlagegesellschaften

b) Einzelne *Vorschriften:*

o die ausländische Gesellschaft muß einen inländischen zuverlässigen, geeigneten Repräsentanten haben (insb. KI)
o die Verwahrung muß durch eine Depotbank erfolgen
o in der Bundesrepublik Deutschland muß mindestens eine Zahlstelle bestehen
o der Erwerber eines Zertifikats muß dessen Eigentümer werden
o die Anteile müssen jederzeit zurückgegeben werden können
o das Fondsvermögen darf nicht aus Investmentzertifikaten anderer Gesellschaften bestehen
o Wertpapiere dürfen erst verkauft werden, wenn sie bereits erworben wurden (keine sog. Hedge Fonds mit Effekten-Arbitrage zulässig)
o Publizitätsvorschriften
o bei unrichtigen oder unvollständigen wesentlichen Prospektangaben hat der Käufer ab Bekanntwerden ein Rücktrittsrecht für 6 Monate
o ein außerhalb der Geschäftsräume der Gesellschaft/des Repräsentanten geschlossener Vertrag kann binnen 2 Wochen widerrufen werden (gilt insb. für Abschlüsse bei Vertreterbesuchen).

---

* Diese Abzüge werden nicht durchgängig vorgenommen

1.4.31 Weitere Wertpapier-Sonderformen

1.4.310 Wandelschuldverschreibung

a) *Wesen:*

= Industrieobligation mit normaler Ausstattung

o zusätzlich besteht Recht des Anlegers auf *Umtausch* der Schuldverschreibung in Aktien des Emittenten

o der Anleger hat also die *Wahl,*
  – Gläubiger zu bleiben
  – Mitinhaber der AG zu werden.

b) *Voraussetzungen* für die Ausgabe:

o Beschluß der Hauptversammlung der AG mit 3/4-Mehrheit, Wandelschuldverschreibungen auszugeben, d. h. eine *bedingte Kapitalerhöhung* durchzuführen („bedingt", weil der tatsächliche Umfang der Kapitalerhöhung davon abhängt, ob und inwieweit umgetauscht wird; vgl. § 192 AktG)

o Einräumung eines Bezugsrechts für die bisherigen (Alt-)Aktionäre.

c) *Umtausch:*

o innerhalb eines genau bestimmten Zeitraums

o zu einem festgesetzen Preis, meist unter *Zuzahlung* (wenn von Emission der Wandelanleihe bis zum Umtausch wesentliche Steigerung des Kurswertes der Aktien zu erwarten ist)

o ob und wann umgetauscht wird, hängt ab von
  – Kurs und Tendenz der Aktien
  – Höhe der Zuzahlung
  – Verhältnis Zinsen – Dividenden
  – Geldwertschwankungen (bei inflationärer Tendenz sind Aktien vorteilhafter, da sie sich der Geschwindigkeit und dem Ausmaß der Geldentwertung weitgehend anpassen, während Forderungen entwertet werden)

o nach Umtausch *erlischt das Forderungsrecht* aufgrund der Schuldverschreibung, der bisherige Gläubiger wird Anteilseigner (Aktionär)

o bei Nichtumtausch bleibt das Forderungsrecht bestehen, die Anleihe wird entsprechend den Anleihebedingungen getilgt (meist am Ende der Laufzeit).

d) *Bedeutung:*

o für den *Emittenten:*
  – Ankaufsreiz für die Anleger durch Umtauschrecht, daher ist meist gute Unterbringung der Anleihe möglich
  – Verbindung von Rückzahlung der Schulden und Erhöhung des Grundkapitals,

für Tilgung der Anleihe ist (bei unvollständigem Umtausch) keine Liquidität erforderlich (in der Bilanz: *Passivtausch,* aus Fremdkapital wird Eigenkapital)
- Zinsen mindern den zu versteuernden Gewinn

o für den *Anleger:*

- Kombination von festem Ertrag (vor Umtausch) und Erhaltung des Wertes des eingesetzten Kapitals (nach Umtausch) bei – dann – variablem Ertrag
- möglicher Umtauschgewinn (durch entsprechend hohen Kurswert der Aktien zum Umtauschzeitpunkt).

Nachteile:

o für den *Emittenten:* Unsicherheit über das Ausmaß der realen Kapitalerhöhung; Ausgabe der Aktien unter Wert bei unerwarteter Kursentwicklung
o für den *Anleger:* niedrigere Zinsen als bei normalen Industrieobligationen.

1.4.311 Optionsanleihe

a) *Wesen:*

= Industrieobligation mit normaler Ausstatttung

o zusätzlich besteht Recht des Anlegers auf *Bezug* (nicht Umtausch!) von Aktien des Emittenten
o nach § 221 AktG werden Optionsanleihen weitgehend den Wandelschuldverschreibungen gleichgestellt; es liegt ebenfalls eine *bedingte Kapitalerhöhung* vor.

b) *Bedeutung:*

o Forderungsrecht aufgrund der Schuldverschreibung bleibt nach Bezug *bestehen,* entsprechend den Anleihebedingungen erfolgt Rückzahlung
o durch günstige Kursentwicklung der Aktien sind besondere Bezugsgewinne möglich
o obwohl es sich um eine bedingte Kapitalerhöhung handelt, steht der Umfang der tatsächlichen Erhöhung des Grundkapitals von vornherein fest, da praktisch jede Option ausgeübt wird (denn sie bringt dem Berechtigten nur Vorteile).

1.4.312 Los- oder Prämienanleihen

Wesen: = öffentliche Anleihen (dürfen nur vom Staat ausgegeben werden), bei denen die Zinsen nicht ausgezahlt werden (verbriefen also keinen Zins*auszahlungs*anspruch), sondern nach Festsetzung von Gewinnen lotteriemäßig ausgespielt werden. Nur geringe praktische Bedeutung.

1.4.313 Gewinnschuldverschreibungen

Wesen: = Industrieobligationen, die eine (geringe) festliegende Grundverzinsung und darüber hinaus einen von der jeweiligen Dividendenhöhe abhängigen Aufzins (also eine Gewinnbeteiligung) verbriefen.

1.4.314 Genußscheine

a) *Wesen:*

= börsenfähige Wertpapiere, die sowohl Gläubiger- als auch Vermögensrechte verbriefen; sie nehmen damit eine Zwischenstellung zwischen Anleihen und Aktien ein

o *Anleihecharakter:*
  - i. d. R. feste (Basis-)Verzinsung, die abhängig vom Gewinn des Unternehmens dynamisiert werden kann
  - vielfach begrenzte Laufzeit
  - Höhe des Nennwertes ist rechtlich nicht bestimmt (auch Unter-pari-Emission möglich)

o *aktienähnlicher Charakter:*
  - Genußscheine nehmen gewöhnlich an den Geschäftsverlusten des Emittenten teil, haben also Eigenkapitalcharakter
  - gewinnabhängige Verzinsung
  - z. T. Umtauschrecht in Aktien des emittierenden Unternehmens

o Genußscheine können unabhängig von der Rechtsform des Unternehmens ausgegeben werden. Das Emissionsvolumen ist nicht der Höhe nach begrenzt (z. B. bei Vorzugsaktien: max. 50 % des Aktienkapitals).

b) *Bedeutung:*

o für den Emittenten:
  - die Gestaltung der Konditionen ist äußerst variabel und kann genau auf die Kapitalbedürfnisse des Unternehmens ausgerichtet werden
  - kein Stimmrecht, d. h. die ursprünglichen Besitz- und Führungsrechte des Unternehmens bleiben gewahrt
  - Zinsen sind steuerlich absetzbar (Betriebsausgaben), wenn die Beteiligung am Liquidationserlös ausgeschlossen und nur Gewinnbeteiligung vereinbart wird
  - durch die Neufassung des KWG besteht für KI die Möglichkeit der Anrechenbarkeit von Genußscheinkapital für bis zu 25 % des haftenden Eigenkapitals als zusätzliche haftende Eigenmittel (vgl. Abschnitt 1.0.122)
  - Genußscheine sind eine Möglichkeit, die Arbeitnehmer im Rahmen des 936-DM-Gesetzes am Vermögen des Unternehmens zu beteiligen

o für den *Erwerber:*
  - Konditionen und Ausgestaltung können deutlich voneinander abweichen, d. h. erschwerte Vergleichbarkeit

- der Anleger hat die Möglichkeit, sich an anderen Unternehmen als nur Aktiengesellschaften zu beteiligen
- i. d. R. liegt die Verzinsung über dem jeweiligen Kapitalmarktzinsniveau
- das Genußscheinkapital wird i. d. R. gegenüber den Ausschüttungen an die Aktionäre vorrangig bedient
- gewöhnlich Verlustteilnahme bis zur Höhe des Nennwertes
- kein Stimmrecht
- kein Anspruch auf das bei Dividendenzahlungen übliche Körperschaftsteuerguthaben, aber Abführung der Kapitalertragsteuer (25 %) an der Quelle.

1.4.4 Emissionsgeschäft

1.4.40 Überblick

a) *Wesen:* Emission ist die Ausgabe von Effekten und ihre Unterbringung auf dem Kapitalmarkt durch den Emittenten selbst *(Selbstemission)* oder durch Kreditinstitute *(Fremdemission)*.

b) *Rechtsvorschriften:*

o BGB- und HGB-Vorschriften (Kauf, Auftrag, Verwahrung, Kommission usw.)
o Vorschriften über die Zulassung von Effekten zum Börsenhandel
o Börsengesetz
o Aktiengesetz
o Depotgesetz
o Gesetz betreffend die gemeinsamen Rechte der Besitzer von Schuldverschreibungen
o Gesetz über die staatliche Genehmigung für die Ausgabe von Inhaber- und Orderschuldverschreibungen.

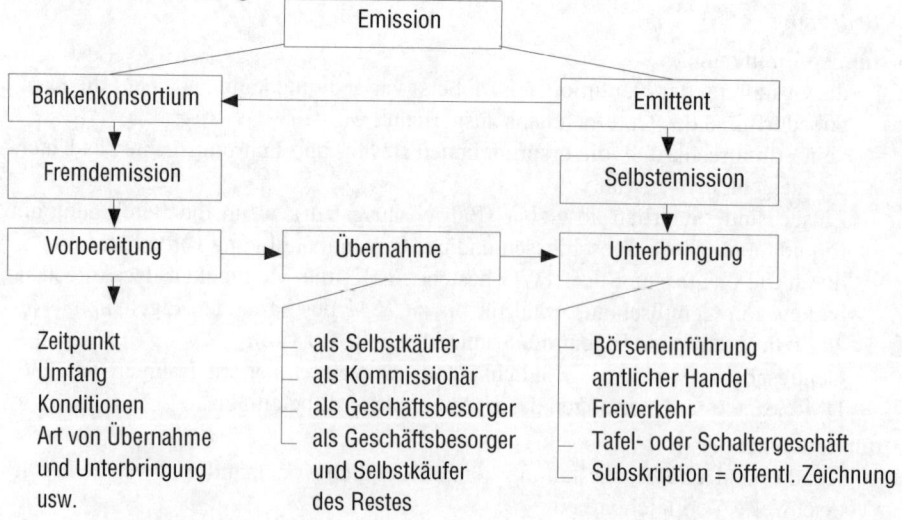

```
                        Emission
                       /        \
         Bankenkonsortium ◄──── Emittent
                ▼                    ▼
         Fremdemission          Selbstemission
                ▼                    
         Vorbereitung ──► Übernahme ──► Unterbringung
                ▼              │              │
         Zeitpunkt        als Selbstkäufer   Börseneinführung
         Umfang           als Kommissionär   amtlicher Handel
         Konditionen      als Geschäftsbesorger  Freiverkehr
         Art von Übernahme als Geschäftsbesorger Tafel- oder Schaltergeschäft
         und Unterbringung und Selbstkäufer   Subskription = öffentl. Zeichnung
         usw.             des Restes
```

c) *Arten:*

o Bei der *Selbstemission* übernimmt der Emittent selbst die Ausgabe der Effekten. Gewöhnlich sind hierzu nur Kreditinstitute in der Lage, da sie
  − direkte Verbindung zu einer Vielzahl von Kunden haben
  − an der Effektenbörse vertreten sind
  − Wertpapiere auch verwahren und verwalten;

  Ausnahme: die Papiere bleiben von vornherein in Händen weniger Erwerber.

o Die *Fremdemission* wird von Kreditinstituten für den Emittenten vorgenommen, und zwar (selten) von einem einzelnen KI oder von einem sogenannten Emissionskonsortium (in der Regel), bestehend aus mehreren KI.

o *Emissionskonsortium:*
  = Gesellschaft des Bürgerlichen Rechts
  − Zustandekommen durch Konsortialvertrag
  − die Konsorten (KI) wählen eine Konsortialführerin für Geschäftsführung und Vertretung (vgl. § 710 BGB)
  − die gesamtschuldnerische Haftung wird ausgeschlossen (entgegen § 427 BGB)
  − das Gesellschaftseigentum ist Alleineigentum des jeweiligen Konsorten, der den betreffenden Vermögensteil eingebracht hat (nicht Gesamthandseigentum, entgegen § 719 BGB)
  − das Konsortium erhält eine Emissionsvergütung
  − im übrigen vgl. BGB-Gesellschaft (§§ 705 ff. BGB).

d) *Bedeutung der Fremdemission:*

o der Emittent erhält schnell oder sogar sofort Geld (= Gegenwert der Effekten)

o der Emittent bedient sich der Organisation, des Vertriebssystems, der Kundenkontakte und der Erfahrung der Konsortialkreditinstitute

o der Emittent erhält über die KI unmittelbaren Kontakt zu den Anlegern; über ein KI als Börsenbank erlangt er den Zugang seiner Papiere zum Börsenhandel, soweit alle Voraussetzungen (s. u.) gegeben sind; damit ist bestmöglicher Absatz der Emission gewährleistet

o die Bonität der Konsortialbanken überträgt sich auf den Emittenten selbst

o der Emittent wird von den KI beraten; diese übernehmen für ihn Verwaltungsaufgaben (Prospekt, Börsenzulassung usw.)

o der Emittent spart durch Fremdemission Zeit, Kosten und Risiken.

1.4.41 Abwicklung des Emissionsgeschäftes anhand der Fremdemission

1.4.410 Vorbereitung der Emission = 1. Stufe

a) Emittent nimmt Kontakt mit Kreditinstituten auf, gewöhnlich über seine Hausbank. Die in Frage kommenden KI schließen sich zu einem *Emissionskonsortium* zusammen.

b) *Ablauf* der Vorbereitung:

o Verhandlungen zwischen Emittent und Konsortium über
  - Zeitpunkt ⎫
  - Umfang   ⎬ der Emission
  - Konditionen ⎭
  (Ausgabekurse, Höhe eventueller Verzinsung usw.)
  - Art der Übernahme (s. u.)
  - Art der Unterbringung (s. u.)
  - eventuell Wahl einer Wertpapier-Sonderform (z. B. Wandelschuldverschreibung oder Optionsanleihe; Vorzugsaktien) u. a. m.

o Abschluß des Übernahmevertrages zwischen Emittent und Konsortium

o Beantragung eventuell erforderlicher Genehmigungen (vgl. § 795 BGB)

o Vorbereitung der Unterbringung (Ausfertigung eines Prospektes, öffentliche Ankündigung, Werbung in Zeitungen usw.)

1.4.411 Übernahme = 2. Stufe

Die Art der Emission bestimmt das *Rechtsverhältnis* zwischen Emittent und Konsortium (Vertrag), das die Rechte und Pflichten der Beteiligten regelt.

Die Übernahmeart hat *Bedeutung* für

o Verteilung des *Absatzrisikos,* d. h. des Risikos für die nicht vollständige Unterbringung der Emission

o die Frage, ob der Kunde die Papiere *börsenumsatzsteuerpflichtig* oder -frei erwerben kann:

Börsenumsatzsteuer (BUSt) ist grundsätzlich bei Erwerb von Wertpapieren durch Privatkunden bei Kreditinstituten zu zahlen; Ausnahme: *Ersterwerb,* d. h. bei unmittelbarem Eigentumsübergang der Papiere vom Emittenten auf den Anleger.

Arten der Übernahme:

a) KI als *Selbstkäufer* (Übernahmekonsortium):

o KI werden Eigentümer der Effekten

o KI tragen volles Absatzrisiko

o Emittent erhält sofort den Gegenwert für den übernommenen Betrag

o KI verdienen die Spanne zwischen Übernahme- und Verkaufskurs

o KI sind Ersterwerber, der Kunde muß daher BUSt zahlen.

Zu unterscheiden sind:

o *feste* Übernahme: KI übernehmen die gesamte Emission

o teilweise feste Übernahme mit *Optionsrecht:*
  - KI übernehmen einen Teil fest

- sie haben das Recht (Option), einen weiteren Teil oder den Rest der Emission später zu denselben Bedingungen zu übernehmen.

b) KI als *Kommissionäre* (Verkaufskonsortium):
o KI übernehmen die Emission zum Verkauf im eigenen Namen für fremde Rechnung
o Emittent trägt das volle Absatzrisiko
o Emittent erhält Abrechnung (und Geld) nur für die jeweils verkauften Papiere
o KI verdienen eine Provision (Bonifikation, relativ gering, da nur Aufwandsentschädigung, denn die KI übernehmen kein Risiko)
o KI gelten, da sie im eigenen Namen auftreten, als Ersterwerber, die Kunden müssen daher BUSt zahlen.

c) KI als *Geschäftsbesorger* (Verkaufskonsortium):
o KI übernehmen die Emission zum Verkauf im fremden Namen für fremde Rechnung (des Emittenten)
o Emittent trägt das volle Absatzrisiko
o Emittent erhält Abrechnung nur für die jeweils verkauften Papiere
o Kunde ist Ersterwerber, das Geschäft ist für ihn BUSt-frei.

d) KI als *Geschäftsbesorger und Selbstkäufer des Restes* (Garantiekonsortium):
= Sonderform, wird oft gewählt, um den Emittenten hinsichtlich des Absatzrisikos, den Kunden hinsichtlich der BUSt möglichst günstig zu stellen
o KI übernehmen die Emission zunächst als Geschäftsbesorger
o Kunde ist damit Ersterwerber und braucht keine BUSt zu zahlen
o KI verpflichten sich, nicht untergebrachte Teile der Emission als Selbstkäufer zu übernehmen (bei späterer Weiterveräußerung ist der Kunde aber BUSt-pflichtig)
o damit tragen die KI das volle Absatzrisiko, der Emittent ist davon befreit
o Emittent erhält sofort den vollen Gegenwert der Emission.

1.4.412 Unterbringung = 3. Stufe

Folgende *Arten* der Unterbringung lassen sich unterscheiden:

a) Auflegung zur *öffentlichen Zeichnung = Subskription* mit folgendem Vorgang:
o Veröffentlichung des sog. Zeichnungsprospektes, der alle notwendigen und werbewirksamen Angaben zum Emittenten und zur Emission enthält; rechtlich = Aufforderung zur Abgabe eines Angebots
o Zeichnung durch den Kunden (= 1. Willenserklärung, d. h. Verpflichtung des Kunden, die gezeichneten Stücke anzunehmen); Zeichnung der Kunden werden von dem KI innerhalb einer bestimmten Zeichnungsfrist angenommen.

- o Zuteilung nach Ablauf der Zeichnungsfrist; wenn die vorhandenen Stücke zur Erfüllung der Zeichnungsanträge nicht ausreichen, muß *repartiert* (d. h. die Zuteilung beschränkt) werden; ein Rechtsanspruch auf Erhalt aller gezeichneten Stücke besteht nicht (da bisher lediglich eine Willenserklärung vorliegt); Zuteilung = 2. Willenserklärung
- o *Konzertzeichnung:* wenn eine Überzeichnung der Emission erwartet wird (d. h. es wird mit Zuteilung gerechnet), wird von Konzertzeichnern mehr gezeichnet, als diese tatsächlich erwerben wollen, damit sie bei Repartierung zumindest den gewünschten Anteil erhalten.

b) *Tafelgeschäft* (Schaltergeschäft):
- o Veröffentlichung eines Verkaufsprospektes
- o Verkauf der Emission direkt am Schalter der Konsortialbanken.

c) *Börseneinführung:*
- o Verkauf der Emission nach vorheriger Zulassung direkt und unmittelbar über die Börse
- o gebräuchlich nur für Reste einer freihändig oder durch Subskription veräußerten Emission.

d) In der Praxis findet heute in erster Linie der *freihändige Verkauf* Anwendung:
- o der aufwendige Einsatz der Werbung zum „Anheizen" der Nachfrage für eine relativ kurz zu bemessende Zeichnungsfrist entfällt
- o der Verkauf kann der tatsächlich vorhandenen – durch Zeitungsartikel und Kundenberater der Konsortialbanken angeregten – Nachfrage angepaßt werden
- o die ohnehin erst nach einem Zulassungsverfahren mögliche Börseneinführung bleibt für nicht untergebrachte Teile der Emission offen
- o der Emittent benötigt oft nicht sofort den vollen Betrag an Eigen- und Fremdkapital, der Verkauf kann daher dem tatsächlichen Kapitalbedarf angepaßt werden; insbesondere bei Anleihen spart der Emittent insofern zunächst die entsprechenden Zinsaufwendungen.

e) Besonderheit: *Tenderverfahren* = Absatz von Wertpapieren durch öffentliche Ausschreibung zu einem Mindestkurs (Wertpapier-Zuteilung gegen Höchstgebot), angewandt meist nur bei Kassenobligationen der öffentlichen Hand unter Einschaltung der Deutschen Bundesbank.

1.4.413 Besonderheit: Emission junger Aktien

a) *Wesen:*
- o Beschluß der Hauptversammlung einer AG mit 3/4-Mehrheit, das Grundkapital durch Ausgabe junger (neuer) Aktien zu erhöhen, d. h. eine genehmigte Kapitaler-

höhung durchzuführen (vgl. Abschnitt 0.4.166); durch eine solche *Kapitalerhöhung gegen Einlagen* fließen dem Unternehmen neue Mittel zu

o die Aktionäre haben ein gesetzliches *Bezugsrecht*, d. h. Anspruch auf einen Teil der Emission entsprechend ihrem Anteil am Grundkapital der AG; Ausübung innerhalb einer bestimmten Frist von mindestens zwei Wochen (§ 186 I AktG)

o dieses Bezugsrecht kann in der Hauptversammlung durch 3/4-Mehrheits-Beschluß ausgeschlossen werden (§ 186 III AktG).

b) Das Bezugsrecht hat einen *Wert,* der sich daraus ergibt, daß der Bezugspreis der jungen Aktien in der Regel niedriger ist als der Kurswert der alten Aktien. Dieser Wert soll die Altaktionäre *entschädigen,* da der Kurs der alten Aktien durch die Kapitalerhöhung sinken muß (denn das gleichbleibende Vermögen verteilt sich nunmehr auf eine größere Anzahl von Anteilen).

c) Der (rechnerische) *Wert des Bezugsrechts* errechnet sich nach folgender *Formel:*

$$B = \frac{K_a - K_n}{\frac{m}{n} + 1}$$

B = Bezugsrechtswert
K_a = Kurs der alten Aktien
K_n = Kurs der neuen (jungen) Aktien
$\frac{m}{n}$ = Bezugsverhältnis alte Aktien : neue (junge) Aktien

Wenn die jungen Aktien nicht voll dividendenberechtigt sind, muß ein Dividendennachteil durch Addition, ein Dividendenvorteil durch Subtraktion berücksichtigt werden.

Die Formel lautet dann:

$$B = \frac{K_a - \left[K_n \begin{array}{l} + \text{Dividendennachteil} \\ - \text{Dividendenvorteil} \end{array} \right]}{\frac{m}{n} + 1}$$

d) Will ein Altaktionär keine jungen Aktien beziehen, so kann er seine Bezugsrechte *verkaufen.* Die Bezugsrechte werden an der Börse gehandelt, wobei (insb. durch große Nachfrage) der Kurswert den rechnerischen Wert übersteigen kann, so daß ein Verkauf Gewinn und nicht nur Entschädigung bringt. Bezugsrechte werden an der Börse in den geregelten Freiverkehr aufgenommen.

e) Über junge Aktien kann auch schon vor Ausgabe effektiver Stücke im *Jungscheingiroverkehr* verfügt werden (siehe Effektengiroverkehr).

1.4.5 Effektenhandel und Effektenbörsen

1.4.50 Die Börse

1.4.500 Wesen und Bedeutung

a) *Wesen:*

o Eine Börse ist ein *Markt* für *vertretbare Güter* (Waren, Wertpapiere) und Dienstleistungen.
o An Börsen werden nur *Verpflichtungsgeschäfte* (z. B. Kaufverträge) getätigt, die Erfüllungsgeschäfte folgen später.
o Daher sind die gehandelten Güter an der Börse selbst *nicht* effektiv *vorhanden*.
o An Börsen erfolgt regelmäßiges, direktes und konzentriertes Aufeinandertreffen von Angebot und Nachfrage.
o *Arten* von Börsen:
   – Effektenbörsen
   – Devisenbörsen
   – Warenbörsen
   – Versicherungsbörsen
   – Frachtenbörsen.
o Die *Effektenbörse* ist ein Markt für vertretbare Kapitalwertpapiere. Effektenbörsen befinden sich in der Bundesrepublik Deutschland in Berlin – Bremen – Düsseldorf – Frankfurt – Hamburg – Hannover – München – Stuttgart.

b) *Bedeutung der Effektenbörse:*

= *Kapitalbeschaffungsstelle:* Durch Emissionen von Aktien und festverzinslichen Wertpapieren und Börseneinführung können Emittenten der unterschiedlichsten (wirtschaftlichen) Herkunft, soweit sie über einwandfreie Bonität verfügen, Kapital beschaffen, d. h. Eigenkapital (durch neue Aktionäre) oder Fremdkapital (durch neue Gläubiger) aufnehmen.

= *Kapitalumschlagsstelle:* Anleger an der Börse können jederzeit
   – Geld in Kapitalanlagen umwandeln
   – Wertpapiere in liquide Mittel umwandeln
   – langfristige Anlagen in kurzfristige konvertieren (umwandeln) und umgekehrt
   – die Anlageart wechseln (z. B. von der Gläubigerstellung zur Mitinhaberschaft).

= *Kapitalbewertungsstelle:* Die Börse bewertet die Kapitalanlagen (Aktien/Anleihen) durch *Kurse* = Preise für jedes Wertpapier, die sich aus Angebot und Nachfrage ergeben. Insbesondere bei Aktien werden die Kurse durch Informationen über Geschäftsentwicklung und Vermögensverhältnisse der Gesellschaft beeinflußt und dienen damit als Grundlage für Kauf- bzw. Verkaufsentscheidungen.

o Die Börse erfüllt eine ähnliche Funktion wie die Kreditinstitute nach dem Modell des Wirtschaftskreislaufs: zum Konsum nicht benötigte Finanzmittel der Anleger werden hier gesammelt und dienen der Finanzierung der Emittenten durch Kredit-

aufnahme (Ausgabe von Schuldverschreibungen) bzw. Erweiterung des Grundkapitals (Ausgabe von Aktien).
o Die Kursentwicklung an der Börse gibt oft unmittelbaren Aufschluß über die gesamtwirtschaftliche Situation und Entwicklung; für Eingeweihte lassen die Kurse zuweilen Monate im voraus eine Änderung der gesamtwirtschaftlichen Lage erkennen, z. B. einen neuen wirtschaftlichen Aufschwung. Deshalb wird die Börse als „Wirtschaftsbarometer" bezeichnet. Im einzelnen lassen die Kurse erkennen:
  – wirtschaftlichen Fortschritt
  – Stagnation
  – wirtschaftliche Rückentwicklung
  – Geldwertveränderungen
  – allgemeine Liquiditätslage der Wirtschaft usw.

1.4.501 Organisation der Effektenbörse

a) *Rechtsgrundlagen:*
o Börsengesetz von 1896/1908 i. d. F. von 1989; Inhalt: Regelungen über
  – Börsenaufsicht
  – Börsenorgane
  – zum Börsenbesuch zugelassene Personen
  – Feststellung von Preisen/Kursen
  – Zulassung von Wertpapieren zum Börsenhandel
  – Börsenterminhandel;
  eine Reform des Börsengesetzes ist mit Wirkung zum 01.08.1989 beschlossen worden; wesentliche Neuerungen:
  – Schaffung der Voraussetzungen für die Deutsche Terminbörse (DTB, siehe Abschnitt 1.4.516 h)
  – Umsetzung der EG-Richtlinie über die gegenseitige Anerkennung der Börsenzulassungsprospekte in deutsches Recht
  – Zulassung der Notierung von Wertpapieren in ausländischer Währung oder in Rechnungseinheiten (ECU, Sonderziehungsrechte) an deutschen Börsen
  – verbesserte Aufsicht über amtliche und freie Kursmakler
  – Unterwerfung von Computerbörsen unter das Börsengesetz
o Börsenordnung (an jeder deutschen Börse vom Börsenvorstand auf der Grundlage des Börsengesetzes erlassen): detaillierte Regelungen über
  – Geschäftszweig und Organisation der Börse
  – Veröffentlichung der Preise und Kurse
  – Zusammensetzung und Wahl der Mitglieder der Zulassungsstelle
  – Berechtigung des Börsenvorstands, die Umsätze zu veröffentlichen
  – Bedeutung der Kurszusätze und -hinweise
o Börsenzulassungs-Verordnung
o Börsentermingeschäfts-Zulassungsverordnung
o Verordnung über die Feststellung des Börsenpreises von Wertpapieren.

b) *Träger* der Börsen:
o eingetragene Vereine oder
o Industrie- und Handelskammern.

c) *Börsenaufsicht:*
o als öffentliche Einrichtung (auch bei privatrechtlicher Rechtsform des Vereins) unterliegen die Effektenbörsen *staatlicher Aufsicht* durch Wirtschafts- oder Finanzministerium der jeweiligen Landesregierung (mittelbare Aufsicht)
o unmittelbare Aufsicht wird ausgeübt durch Industrie- und Handelskammer (wenn die Börse eingetragener Verein ist) oder durch von Landesregierung eingesetzten Staatskommissar.

d) *Arbeitsgemeinschaft deutscher Wertpapierbörsen:* Um den Börsen- und Finanzplatz Bundesrepublik Deutschland im internationalen Wettbewerb attraktiver zu gestalten bzw. das Abwandern zu anderen internationalen Börsenplätzen (z. B. London) zu verhindern, haben sich die acht deutschen Börsenplätze 1986 zu einer Arbeitsgemeinschaft mit Sitz in Frankfurt zusammengeschlossen. Unter Beibehaltung der regionalen Effektenbörsen behandelt die Arbeitsgemeinschaft aktuelle Fragen zentral, um sich einheitlich darzustellen (z. B. Entwicklung eines gemeinsamen Börsenabrechnungsverfahrens, einheitlich neue, internationalen Maßstäben angepaßte Öffnungszeiten).

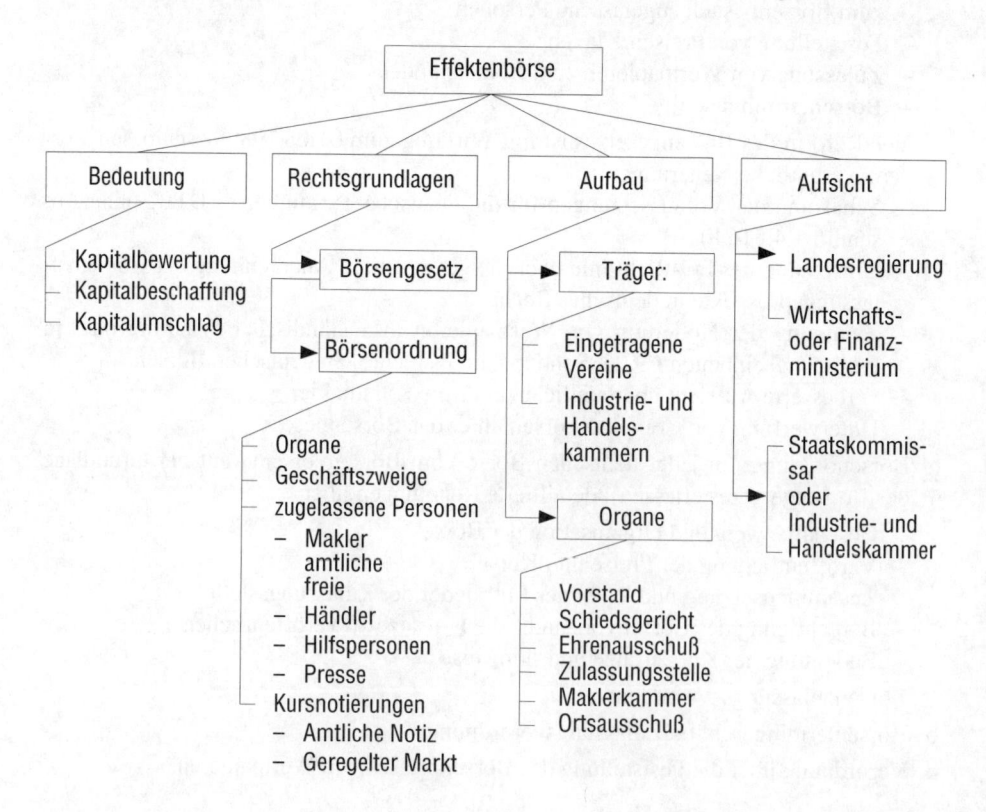

```
                            Effektenbörse
        ┌──────────┬───────────┴──────────┬──────────┐
     Bedeutung  Rechtsgrundlagen       Aufbau      Aufsicht
```

Bedeutung:
- Kapitalbewertung
- Kapitalbeschaffung
- Kapitalumschlag

Rechtsgrundlagen:
- Börsengesetz
- Börsenordnung
  - Organe
  - Geschäftszweige
  - zugelassene Personen
    - Makler
      amtliche
      freie
    - Händler
    - Hilfspersonen
    - Presse
  - Kursnotierungen
    - Amtliche Notiz
    - Geregelter Markt

Aufbau:
- Träger:
  - Eingetragene Vereine
  - Industrie- und Handelskammern
- Organe
  - Vorstand
  - Schiedsgericht
  - Ehrenausschuß
  - Zulassungsstelle
  - Maklerkammer
  - Ortsausschuß

Aufsicht:
- Landesregierung
- Wirtschafts- oder Finanzministerium
- Staatskommissar oder Industrie- und Handelskammer

1.4.502 Börsenorgane

a) *Vorstand:*

o an jeder Börse zu bilden (§ 4 BörsG)
o Leitungskompetenz, d. h. Geschäftsführung und Vertretung für die Börse
o Überwachung der Einhaltung der gesetzlichen Vorschriften sowie der vom Vorstand erlassenen Börsenordnung (§ 4 BörsG) und der Gebührenordnung (§ 5 BörsG) für jede Börse
o Ausübung der Ordnungs- und Disziplinargewalt
o Zulassung von Personen zum Börsenbesuch bzw. Ausschluß
o Mitwirkung bei der Kursfeststellung
o Mitwirkung im Zulassungsverfahren für Wertpapiere sowie bei Entscheidung von Streitigkeiten unter Börsenbesuchern
o Zusammensetzung des Vorstands: soll der Zusammensetzung der Börsenbesucher angepaßt sein; d. h. mindestens 1 Vertreter der als Angestellte Tätigen, 2 Vertreter der amtlichen, 1 Vertreter der freien Makler
o Wahl des Vorstandes durch die Börsenteilnehmer für höchstens 3 Jahre.

b) *Schiedsgericht:*

o vom Vorstand ausgewählte Börsenbesucher
o Entscheidung bei Streitigkeiten aus Börsengeschäften, Auslegung der gesetzlichen Bestimmungen, von Handelsbräuchen usw.

c) *Ehrenausschuß* (früher: Ehrengericht): § 9 BörsG

o Einrichtung und Verfahren nach Rechtsverordnung der zuständigen Landesregierung
o Bestrafung von Personen, die bei ihrer Börsentätigkeit ehrenrührige Handlungen vorgenommen/gegen kaufmännisches Vertrauen verstoßen haben usw.
o keine Strafen im eigentlichen Sinne, sondern
   – Verweise an alle Börsenbesucher (außer Kursmakler)
   – Ausschluß von der Börse für höchstens 10 Sitzungstage
   – Festsetzung von Ordnungsgeldern bis 2 000,– DM.

d) *Zulassungsstelle:*

o zur Hälfte mit Börsenbesuchern, zur Hälfte mit anderen Personen besetzt
o Entscheidung über die Zulassung von Wertpapieren zum amtlichen Handel (siehe Zulassungsverfahren).

e) *Zulassungsausschuß:* = vom Vorstand oft eingesetzter Ausschuß, der über die Zulassung von Personen zum Börsenbesuch entsprechend den gesetzlichen Vorschriften entscheidet.

f) *Maklerkammer*

= Berufsvertretung der Makler an einigen Börsen (Berlin, Düsseldorf, Frankfurt, München)

o Überwachung der Kursfeststellung

o Beaufsichtigung der Makler

o Verteilung der Geschäftsbereiche unter den Maklern

o Wahrung der Maklerinteressen gegenüber anderen Börsenbesuchern.

g) *Ortsausschuß*

o zuständig für den geregelten Freiverkehr

o Aufstellung von Handelsusancen für diesen Geschäftsbereich

o Zulassung von Papieren

o Überwachung des Handels, der Kursfeststellung usw.

1.4.503 Börsenbesucher

a) *Grundlagen:* vgl. § 7 BörsG

o nach dem Börsengesetz sind zum Börsenbesuch zugelassen
  - Makler
  - Händler
  - Hilfspersonen

o am *Handel* teilnehmen dürfen nur *Vollkaufleute;* Voraussetzungen:
  - persönliche Zuverlässigkeit
  - fachliche Eignung
  - entsprechende Berufsausbildung (Bankkaufmann/entspr. Studium, praktische Erfahrungen, spezielle Ausbildung, hinreichende Eigenmittel)

o Angestellte von zugelassenen Unternehmen (insb. Kreditinstitute) müssen geringere Anforderungen erfüllen.

b) *Börsenmakler* (Kursmakler) sind amtliche und freie Makler = Handelsmakler (§§ 93 ff. HGB), Kaufleute kraft Grundhandelsgewerbes (§ 1 II HGB).

o *Amtliche Makler:* Vollkaufleute, im Handelsregister eingetragen;
  - Bestellung und Entlassung durch die Landesregierung auf Vorschlag des Börsenvorstandes unter Anhörung der Maklerkammer (soweit vorhanden)
  - Leistung eines Eides mit der Verpflichtung zur getreuen Erfüllung ihrer Aufgaben (in Hamburg und Bremen: Bestellung durch Börsenvorstand, Vereidigung durch Handschlag)
  - Voraussetzungen: keine sonstige kaufmännische Tätigkeit/Gesellschaftereigenschaft/Abhängigkeit von einem Unternehmen; fachliche und finanzielle Qualifikation

- Aufgaben: Vermittlung von Geschäften zwischen Börsenhändlern; Feststellung der amtlichen Kurse (zusammen mit dem Börsenvorstand)
- keine Geschäfte für eigene Rechnung in den dem Makler zugeteilten Wertpapieren; Ausnahme: Spitzenausgleich.

o *Freie Makler:* ebenfalls Vollkaufleute:
- Zulassung durch den Vorstand ohne Vereidigung
- Vermittlung von Geschäften zwischen Händlern in Freiverkehrswerten
- möglich: Auftreten als Händler, und zwar auch in amtlich gehandelten Werten (diese Geschäfte brauchen bei der amtlichen Notierung aber nicht berücksichtigt zu werden; Ausnahme: Hamburg).

c) *Händler:*

= die Deutsche Bundesbank und alle KI nach dem KWG, vertreten durch befugte Mitarbeiter („Börsenhändler")

o Kauf und Verkauf von Effekten direkt mit anderen Händlern oder – in der Regel – über Makler.

d) *Personen ohne Handelsbefugnis* = Hilfspersonen: Boten, Bedienung von Fernschreibern und Telefonen, Pressevertreter.

e) Amtliche Makler sind kraft ihres Amtes zum Börsenbesuch zugelassen, alle anderen Börsenbesucher müssen zur Börse ausdrücklich zugelassen werden.

1.4.504 Zulassungsverfahren

a) *Wesen:* förmliches Verfahren zur Zulassung von Effekten zum amtlichen Börsenhandel.

b) *Bedeutung:* Zielsetzung des Verfahrens sind

o die Gewährleistung, daß nur Emittenten mit zweifelsfreier Bonität an der Börse vertreten sind

o der Schutz der Anleger vor Verlust ihres Kapitals, vor Übervorteilung und ihrer (teilweise bestehenden) wirtschaftlichen Unkenntnis

o die Information der Öffentlichkeit über die Börseneinführung von Wertpapieren.

c) *Rechtsgrundlage:* Börsengesetz; Verordnung über die Zulassung von Wertpapieren zur amtlichen Notierung an einer Wertpapierbörse (Börsenzulassungs-Verordnung) von 1987.

d) *Zulassungsvoraussetzungen:*

o Aktien: voraussichtlicher Kurswert der zuzulassenden Aktien von mind. 2,5 Mill. DM

o andere Wertpapiere: Gesamtnennbetrag von mind. 500 000 DM

- geringere Beträge können von der Zulassungsstelle zugelassen werden
- der Emittent zuzulassender Aktien muß grds. mind. drei Jahre als Unternehmen bestanden und seine Jahresabschlüsse offengelegt haben
- die Wertpapiere müssen frei handelbar sein; Ausnahmen: nicht voll eingezahlte Wertpapiere oder Aktien, deren Erwerb der Zustimmung bedarf, können zugelassen werden, sofern der Börsenhandel nicht beeinträchtigt wird
- die Stückelung der Wertpapiere muß den Bedürfnissen des Börsenhandels und des Publikums Rechnung tragen
- zuzulassende Aktien müssen in einem oder mehreren EG-Mitgliedstaaten ausreichend gestreut sein.

e) *Prospekt:*

= schriftliche Information, die über die tatsächlichen und rechtlichen Verhältnisse Auskunft gibt, die für die Beurteilung der zuzulassenden Wertpapiere wesentlich sind

- muß in deutscher Sprache abgefaßt sein und richtig sowie vollständig sein
- wichtigste Angaben:
  – Personen/Gesellschaften, die für den Inhalt des Prospekts die Verantwortung übernehmen
  – zuzulassende Wertpapiere
  – Emittent der Papiere
  – Prüfung der Jahresabschlüsse des Emittenten
- *Prospekthaftung:* Emittent und Antragsteller haften für die Richtigkeit der Prospektangaben und für eventuelle durch falsche Angaben entstehende Schäden, sofern Vorsatz oder grobe Fahrlässigkeit vorliegt (§ 45 BörsG).

f) *Ablauf des Zulassungsverfahrens:*

(1) *Antrag* des Emittenten zusammen mit einem an der Börse zugelassenen KI auf Zulassung des Wertpapiers; beizufügen sind insb.:
  – beglaubigter Handelsregisterauszug
  – Satzung/Gesellschaftsvertrag
  – Jahresabschlüsse und Lageberichte für die drei dem Antrag vorausgegangenen Geschäftsjahre
  – Nachweis über die Rechtsgrundlage der Emission (Aktien: Beschluß der Hauptversammlung; Schuldverschreibungen: staatliche Genehmigung, vgl. §§ 795, 808 a BGB)
  – Musterstück jeden Nennwertes (soweit es ausgedruckte Einzelurkunden gibt)

(2) *Prüfung* der eingereichten Unterlagen durch die Zulassungsstelle

(3) *Veröffentlichung* des Zulassungsantrags durch die Zulassungsstelle auf Kosten der Antragsteller
  – im Bundesanzeiger
  – in einem Börsenpflichtblatt (= Tageszeitung am Börsenplatz)
  – durch Börsenbekanntmachung

(4) *Zulassung* des Wertpapiers frühestens drei Tage nach Veröffentlichung des Antrags

(5) *Veröffentlichung* der Zulassung als Bestandteil der Veröffentlichung des Prospekts

(6) *Einführung* in den amtlichen Börsenhandel frühestens am dritten Werktag nach erster Prospektveröffentlichung.

g) *Befreiung* von der Prospektpflicht:

o für bestimmte Wertpapiere, z. B.
- bereits an einer anderen Börse zum amtlichen Handel zugelassene Papiere
- Schuldverschreibungen von Gesellschaften oder juristischen Personen mit Sitz in einem Mitgliedstaat der Europäischen Wirtschaftsgemeinschaft, sofern diese unter Staatsmonopol stehen, gesetzlich geschaffen/geregelt sind oder staatliche Gewährleistung genießen (öffentliche Anleihen)

o im Hinblick auf bestimmte professionelle Anleger

o im Hinblick auf einzelne Prospektangaben.

h) *Informationspflicht* des Emittenten für alle neuen Tatsachen, die Einfluß auf die Kursentwicklung bzw. die Fähigkeit des Emittenten, seinen Verpflichtungen nachzukommen, haben. Verpflichtung zur Vorlage von *Zwischenberichten* für Emittenten zugelassener Aktien.

i) Zulassung zum *geregelten Markt:*

o möglich, wenn das Papier an dieser Börse nicht zum amtlichen Handel zugelassen ist

o Antrag durch Emittenten zusammen mit KI

o Zulassung durch an der Börse eingerichteten Zulassungsausschuß

o anstelle eines Zulassungsprospekts ist ein Unternehmensbericht zu veröffentlichen, der Angaben enthält, die für Anlageentscheidungen von wesentlicher Bedeutung sind (Unternehmensentwicklung, Geschäftslage, Aussichten, Jahresabschluß)

o die Vorschriften über Prospekthaftung gelten entsprechend.

k) Zulassung zum *geregelten Freiverkehr:* nur teilweise an den Börsen durch die Börsenordnungen geregelt; Zulassung erfolgt durch Freiverkehrsausschüsse. Meist ist nur Aushang des genehmigten Antrags im Börsensaal vorzunehmen.

1.4.51 Börsenhandel

1.4.510 Überblick

a) *Börsenkurse* werden notiert als

o Stückkurse

o Prozentkurse.

b) Wertpapiere werden an der Börse gehandelt

o im amtlichen Handel
o im geregelten Freiverkehr.

Unter den KI findet außerdem ein sog. ungeregelter Freiverkehr/Telefonverkehr statt.

c) *Effektengeschäfte* können

o sofort zu erfüllen sein = Kassamarkt
o zu einem späteren Zeitpunkt zu erfüllen sein = Terminmarkt

d) *Notierungsarten* im amtlichen Kassa-Handel:

o Anfangs- und Schlußkurse
o variable Notierungen
o Einheitskurs.

e) Aufgaben der *Kursmakler* sind

o die Vermittlung von Geschäften (Kauf-, Verkaufsaufträge)
o die Mitwirkung bei der amtlichen Feststellung der Kurse.

1.4.511 Angebot und Nachfrage

a) *Grundlage* des Börsenhandels sind Angebot und Nachfrage in bezug auf bestimmte an der Börse gehandelte Effekten. Beide Seiten werden vertreten durch die *Börsenhändler*. Diese sind in aller Regel tätig für *Kreditinstitute*.

b) Kreditinstitute vertreten durch ihre Händler an der Börse

o *eigene* Interessen
o die Interessen ihrer *Kunden*.

c) Die eigenen Interessen der Kreditinstitute sind verbunden mit konkreten *Kursvorstellungen* hinsichtlich der Frage, zu welchen Kursen bestimmte Papiere gekauft oder verkauft werden sollen. Dagegen sind *Arbitrage*-Geschäfte der jeweiligen Marktlage an verschiedenen Börsenplätzen überlassen.

d) Grundlage für die Kauf- und Verkaufsentscheidungen der Kunden ist die Beratung bei ihren Kreditinstituten, sofern sie aufgrund ihrer Marktkenntnis nicht eigene Vorstellungen haben. Entscheidend für das Auftreten der Händler an der Börse im Auftrag der Kunden sind die *Kundenaufträge*.

e) Die Kundenaufträge müssen daher Angaben zu den *Kursen* enthalten, zu denen Wertpapiere erworben oder veräußert werden sollen; diese Angaben können konkret oder allgemein sein. Enthalten sie Hinweise auf bestimmte Kurse, spricht man von *Limitierung* (Begrenzung) der Order (des Auftrags).

f) Folgende *Limitierungsarten* sind zu beachten:

o *feste* Limitierung: z. B. „248", d. h.
  - Kauf: das Papier darf höchstens 248 (DM) kosten
  - Verkauf: das Papier muß mindestens 248 bringen
o *unlimitierter* Auftrag:
  - *bestens:* Verkaufsauftrag
  - *billigst:* Kaufauftrag;

  der Auftrag soll jedoch in jedem Fall ausgeführt werden (d. h. Ausführung zum Tageskurs)
o *„interessewahrend":* Zusatz bei größeren unlimitierten Aufträgen; das KI soll die Effekten so kaufen oder verkaufen, daß der Kurs möglichst nicht negativ beeinflußt wird (Teilausführungen; denn bei größeren Aufträgen machen sich Auswirkungen über Angebot bzw. Nachfrage auf die Preise = Kurse bemerkbar)
o *„circa":* limitierte Aufträge, bei denen das KI vom Limit abweichen darf:
  - bei Aktien um 1/4–1/2 % des Kurses
  - bei Festverzinslichen um 1/8–1/4 % des Kurses.

g) *Stop-Orders:* neue Limitierungsmöglichkeit (seit Anfang 1989); Arten:

o Stop-loss-Auftrag: limitierter Verkaufsauftrag, der erst dann berücksichtigt wird, wenn der aktuelle Aktienkurs bei einer Abwärtsbewegung einen bestimmten Stand (Stop-loss-Limit) erreicht hat; Beispiel: zum Kurs von 250,– DM gekaufte Aktien; Kurs steigt auf 285,– DM; bei nunmehr fallender Tendenz gibt Inhaber den Auftrag, die Aktien mit 275,– DM stop-loss zu verkaufen: Auftrag darf nicht ausgeführt werden, solange der Kurs über 275,– DM liegt; bei Erreichen des Limits wird der Auftrag zur Bestens-Order, auszuführen zum nächsten Bezahlt-Kurs
o Stop-Buy-Auftrag: limitierter Kaufauftrag mit Stop-buy-Limit oberhalb des Tageskurses; bei Erreichen des Limits wird der Auftrag automatisch zur Billigst-Order.

1.4.512 Amtlicher Handel

= Handel in verzinslichen Werten und Aktien, die von der Zulassungsstelle einer Börse nach Prüfung zugelassen werden.

a) Im amtlichen Handel sind folgende *Effekten* vertreten:

o Aktien bekannter inländischer Aktiengesellschaften, z. B. VW, BASF, Deutsche Bank
o Aktien von Gesellschaften mit regionaler Bedeutung an der in ihrem Geschäftsbereich liegenden Börse, z. B. HEW (in Hamburg)
o Aktien internationaler (ausländischer) Großunternehmen
o Schuldverschreibungen deutscher und ausländischer Emittenten.

b) *Börsenkurse* im amtlichen Handel (werden von vereidigten amtlichen Kursmaklern ermittelt):

o *Stückkurse:*
  - Angabe des Kurses (Marktpreises) pro Stück eines Wertpapiers in DM
  - bei unterschiedlichen Nennbeträgen der effektiven Stücke einer Emission gilt der Kurs für das jeweils kleinste Stück (d. h. den niedrigsten Nennwert, gewöhnlich 50,– DM, zuweilen 100,– DM)
  - Stückkurse werden für Aktien notiert
o *Prozentkurse:*
  - Angabe des Preises in Prozent ohne Rücksicht auf die Stückelung der jeweiligen Emission (oder für jeweils 100,– DM Nennwert)
  - Prozentkurse werden für festverzinsliche Wertpapiere notiert.

c) *Geschäftsarten:*
o *Kassamarkt:* Erfüllung sofort (in Deutschland 2 Börsentage nach Vertragsschluß)
o *Terminmarkt:* Erfüllung zu einem späteren Termin
  - Fixgeschäfte (Festgeschäfte): Termingeschäfte, die unbedingt erfüllt werden müssen
  - bedingte Termingeschäfte: von ihnen kann gegen Entgelt zurückgetreten werden, sog. Optionsgeschäfte
    - Kaufoption
    - Verkaufsoption
    - kombinierte Option
o der Abschluß eines Kassageschäftes verpflichtet zur sofortigen Erfüllung (am 2. Börsentag nach Abschluß)
o das Termingeschäft sieht Erfüllung zu einem späteren Zeitpunkt vor.

d) Arten der *Kursfeststellung* im amtlichen Handel (Kassamarkt):

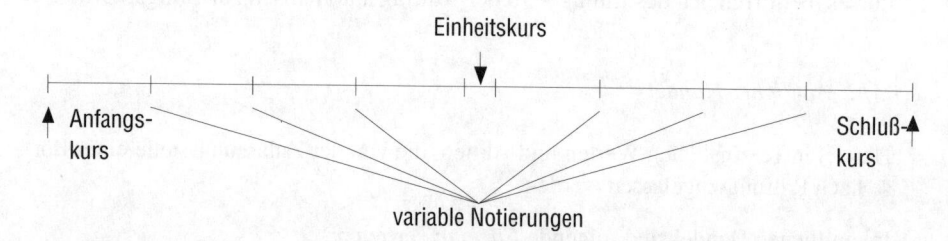

o Anfangs- und Schlußkurse werden zu Beginn bzw. am Ende der täglichen Börsenzeit ermittelt; die Berechnung entspricht i. d. R. der Einheitskursfeststellung
o *variable* (fortlaufende) Notierungen werden geführt für jedes einzelne Geschäft, das über das betreffende Papier geschlossen wurde
o der *Einheitskurs* betrifft eine Vielzahl kleinerer Umsätze, die zusammen nach einem einheitlichen Kurs abgerechnet wurden, dessen Ermittlung sich nach der Erzielbarkeit des größtmöglichen Umsatzes richtet (s. u.)
o der Einheitskurs wird oft als „Kassakurs" bezeichnet, obwohl auch variable Notierungen Geschäfte des Kassamarktes betreffen.

1.4.513 Einheitskursfeststellung

a) *Wesen:*

o die Kursberechnung ergibt sich aus Angebot und Nachfrage anhand einer Vielzahl von Aufträgen, die dem jeweiligen amtlichen Kursmakler von den Händlern genannt werden

o der Einheitskurs wird börsentäglich einmal (etwa zur „Halbzeit") durch die amtlichen Makler (zusammen mit dem Börsenvorstand) ermittelt und amtlich festgestellt

o zum Einheitskurs abgerechnet werden *kleinere Umsätze* (die nicht in der variablen Notierung untergebracht werden können):
  - Aufträge, die unter einem „Schluß" der variablen Notierung liegen
  - Spitzenbeträge, die einen oder mehrere Schlüsse der variablen Notierung übersteigen.

b) *Berechnung:* der Makler muß folgende Bedingungen beachten:

o zum Einheitskurs muß der *größtmögliche* Umsatz zustandekommen
o alle Bestens- und Billigstaufträge müssen ausgeführt werden
o alle über dem Einheitskurs limitierten Kaufaufträge müssen ausgeführt werden
o alle unter dem Einheitskurs limitierten Verkaufsaufträge müssen ausgeführt werden
o zum Einheitskurs limitierte Aufträge müssen zumindest teilweise ausgeführt werden können.

c) *Arten von Kursnotierungen:* (anhand von Beispielen)

o *123 bz (bezahlt):*
  - es haben Umsätze stattgefunden
  - alle Kauf- und Verkaufsaufträge wurden ausgeführt
  - zum Kurs von 123 bestehen weder Angebot noch Nachfrage

o *241 G (Geld):*
  - es haben keine Umsätze stattgefunden
  - zum Kurs von 241 besteht nur Nachfrage („Geld")

o *169 B (Brief):*
  - es haben keine Umsätze stattgefunden
  - zum Kurs von 169 besteht nur Angebot („Brief")

o *328 bz G (bezahlt und Geld):*
  - es haben Umsätze stattgefunden
  - alle Verkaufsaufträge wurden ausgeführt
  - von den Kaufaufträgen wurden
    alle Billigst-Aufträge,
    alle über dem Einheitskurs limitierten Aufträge,
    die zu 328 limitierten Aufträge nur zum Teil ausgeführt
  - zu 328 liegen noch Kaufaufträge (Nachfrage) vor

Beispiel für Einheitskursberechnung

Kaufaufträge		Verkaufsaufträge	
Stück	Limit	Stück	Limit
600	105	200	104
250	106	280	105
280	107	320	106
320	108	440	107
300	billigst	250	bestens

Zum Kurs von:	Wollen kaufen: (St.)	Wollen verkauf.: (St.)	Umsatz (St.)
104	600 250 280 320 300	200 250	
	1 750	450	450
105	600 250 280 320 300	200 280 250	
	1 750	730	730
106	250 280 320 300	200 280 320 250	
	1 150	1 050	1 050
107	280 320 300	200 280 320 440 250	
	900	1 490	900
108	320 300	200 280 320 440 250	
	620	1 490	620

Einheitskurs: 106, da größter Umsatz (1 050 Stück)

	Käufe	Verkäufe
1. Alle Bestens- und Billigstaufträge ausgeführt	300	250
2. Alle Kaufaufträge über Einheitskurs ausgeführt	280 320	
3. Alle Verkaufserträge unter Einheitskurs ausgeführt		280 200
4. Alle Verkaufsaufträge zum Einheitskurs ausgeführt		320
5. Kaufaufträge zum Einheitskurs nur teilweise ausgeführt	150 (von 250)	
	1 050	1 050

6. Rest: 100 St. Kaufaufträge

Es haben Umsätze stattgefunden (Notierung: „bz")
Es besteht noch Nachfrage zum Kurs von 106 (Notierung: „G")
Der Einheitskurs lautet **„106 bzG"**

- *277 bz B (bezahlt und Brief):*
  - es haben Umsätze stattgefunden
  - alle Kaufaufträge wurden ausgeführt
  - von den Verkaufsaufträgen wurden
    alle Bestens-Aufträge,
    alle unter dem Einheitskurs limitierten Aufträge,
    die zu 277 limitierten Aufträge nur zum Teil ausgeführt
  - zu 277 liegen noch Verkaufsaufträge (Angebot) vor
- *89 etw bz G* oder *etw bz B (etwas bezahlt Geld/Brief):*
  - wie oben (bz B/bz G)
  - die zum Einheitskurs limitierten Kauf- bzw. Verkaufsaufträge konnten jedoch nur zu einem sehr geringen Teil ausgeführt werden
- *314 bz G rep* oder *bz B rep (repartiert):*
  - alle Kaufaufträge (G) oder alle Verkaufsaufträge (B) wurden nur teilweise ausgeführt
  - es wurde prozentual repartiert = zugeteilt
  - der Prozentsatz der Repartierung wird meist mit angegeben
- *– G* oder *– B (gestrichen Geld/Brief):*
  - es lagen nur unlimitierte Kauf- bzw. Verkaufsaufträge vor
  - es haben keine Umsätze stattgefunden
- *293 T (Taxe):*
  - es haben keine Umsätze stattgefunden
  - der Kurs wurde geschätzt.

Sonstige Kurszusätze:
- *ex D (ausschließlich Dividende):* Notierung am 1. Börsentag nach der Hauptversammlung der betreffenden AG, wenn die zu zahlende Dividende im Kurs nicht mehr enthalten ist (sie wird auf dem Markt vor Ausschüttung in den Kurswert voll einbezogen, da der Aktieninhaber, der das Papier am Tag der HV in Händen hält, die volle Dividende erhält; „Stückdividende" entsprechend den Stückzinsen bei Gläubigerpapieren gibt es nicht)
- *ex B (ausschließlich Bezugsrecht):* Notierung am 1. Tage des Bezugsrechtshandels, wenn der Wert des Bezugsrechts im Kurs nicht mehr enthalten, sondern als Wertpapier verselbständigt ist.

Berliner Börse:

G = bezahlt und Geld
B = bezahlt und Brief
G = Geld
B = Brief

Münchner Börse:

g = Geld
p = Brief

V = Verlosung (statt Repartierung), findet statt, wenn Zuteilung mit ganzen Stücken nicht möglich ist

Weiterhin kommen vor:

e = etwas (z. B. ebzG = etwas bezahlt Geld)
b = bezahlt
bez = bezahlt
rat = rationiert (repartiert)
Kl = Kleinigkeiten bezahlt
KS = kleine Stücke bezahlt u. v. a. m.

d) *Vorankündigungen:*

= Angaben des Maklers an der Maklertafel, wenn er sieht, daß die vorliegenden Aufträge zu erheblichen Kursänderungen gegenüber dem Vortag bzw. dem zuletzt notierten Kurs führen werden:

+) oder –) = Änderung um mehr als 5 % (Aktien) bzw. 1 % (Festverzinsliche).
++) oder – –) = Änderungen um mehr als 10 % (Aktien) bzw. 2 % (Festverzinsliche).

Die Feststellung dieser Kurse erfolgt nur mit Zustimmung des Börsenvorstands; bei doppelter Vorankündigung wird in der Regel entweder repartiert, oder der Kurs wird gestrichen.

Zweck der Vorankündigungen:

o Händler sollen Nachdispositionen treffen können (zur Vermeidung großer Kursschwankungen)
o Erleichterung der Kursbildung.

1.4.514 Variable (fortlaufende) Notierung

a) *Wesen:*

o fortlaufende Kursbildung während der gesamten Börsenzeit
o Notierung eines Kurses für jedes abgeschlossene Geschäft
o Mindestumsätze für variable Notiz: Geschäfte über
  – 50 Stück (Aktien)
  – 5 000,– DM (Festverzinsliche) } sogenannte „*Schlüsse*"

Es können immer nur ganze Schlüsse oder ein Vielfaches davon gehandelt werden (z. B. 50, 100, 350, 900 Stück usw.; maßgeblich ist das kleinste Stück).

o Kleinere Umsätze bzw. „Spitzen" werden zum Einheitskurs abgerechnet; Beispiel: Auftrag über 235 Stück
  – 200 Stück = vier Schlüsse: variable Notierung
  – 35 Stück = Spitze: Einheitskurs.

b) Gehandelte *Papiere:*

o grundsätzlich nur Papiere von Gesellschaften mit größerer Bedeutung (gewöhnlich Mindestgrundkapital 10 Mill. DM)
o Papiere, bei denen generell größere Umsätze zu erwarten sind
o in Hamburg und Bremen: alle amtlich gehandelten Werte.

1.4.515 Bedeutung der Notierungsarten

a) *Einheitskurs:*

o Zusammenfassung vieler unterschiedlicher Kursvorstellungen zu einem Kurs
o dadurch Übersichtlichkeit des Marktes
o der Einheitskurs läßt jedoch während der Börsenzeit keine Tendenz erkennen
o allenfalls im Vergleich der Einheitskurse mehrerer Börsentage sind Entwicklungen ablesbar.

b) *Variable Notierung:*

o die Kurse passen sich ständig und schnell der jeweiligen Marktlage an
o während der Börsenzeit sind Tendenzen erkennbar
o zwischenzeitliche wirtschaftliche und politische Einflüsse wirken sich sofort auf die Kurse aus
o allerdings kommen Abweichungen zum Einheitskurs vor
o einzelne Kurse insb. für größere Geschäfte sind nicht unbedingt auch für kleinere Umsätze aussagefähig, da in ihnen nur die Spezialinteressen der jeweiligen Vertragspartner zum Ausdruck kommen.

1.4.516 Terminmarkt

= Markt für Geschäfte, die erst zu einem späteren *Zeitpunkt,* der genau vereinbart wird, bzw. innerhalb einer von vornherein vereinbarten *Laufzeit* auf Abruf zu erfüllen sind

o Effektentermingeschäfte waren an deutschen Börsen bis 1970 verboten; nach der Wiederzulassung ab Juli 1970 bestanden weiterhin Restriktionen, die erst mit der Novellierung des Börsengesetzes mit Wirkung vom 1.8.1989 aufgehoben wurden
o Zielsetzung der Börsengesetznovelle: Erweiterung des Terminmarktes und dadurch Erhöhung der Konkurrenzfähigkeit und Attraktivität der deutschen Börsen gegenüber dem Ausland. Terminbörsen haben im Ausland bereits erhebliche Bedeutung, z. B. die „Liffe" = London International Financial Futures Exchange = Londoner Termin- und Optionsbörse, „Soffex" in der Schweiz, „Matif" in Frankreich

Hamburger Sparkasse

Name	Geburtsdatum	alle Depotnummern

☐ mehrere Depots vorhanden, jedoch weitere Depotnummern unbekannt

Hamburg, den 01. August 1989

Wichtige Information über die Verlustrisiken bei Börsentermingeschäften und Optionsscheinen

Bei Börsentermingeschäften stehen den Gewinnchancen hohe Verlustrisiken gegenüber. Deshalb können Sie solche Geschäfte nur verbindlich abschließen, wenn wir Sie vor Abschluß des Geschäftes gemäß § 53 Abs. 2 Börsengesetz schriftlich darüber informieren, daß

– die aus Börsentermingeschäften erworbenen befristeten Rechte verfallen oder eine Wertminderung erleiden können;

– das Verlustrisiko nicht bestimmbar sein und auch über etwaige geleistete Sicherheiten hinausgehen kann;

– Geschäfte, mit denen die Risiken aus eingegangenen Börsentermingeschäften ausgeschlossen oder eingeschränkt werden sollen, möglicherweise nicht oder nur zu einem verlustbringenden Marktpreis getätigt werden können;

– sich das Verlustrisiko erhöht, wenn

zur Erfüllung von Verpflichtungen aus Börsentermingeschäften Kredit in Anspruch genommen wird oder
die Verpflichtung aus Börsentermingeschäften oder die hieraus zu beanspruchende Gegenleistung auf ausländische Währung oder eine Rechnungseinheit lautet.

Die Risiken sind bei Börsentermingeschäften je nach der von Ihnen übernommenen Position unterschiedlich groß. Dementsprechend können Ihre Verluste

– sich auf den für ein Optionsrecht gezahlten Preis beschränken oder

– weit über die gestellten Sicherheiten, zu denen auch Einschüsse gehören, hinausgehen und zusätzliche Sicherheiten erfordern; leisten Sie diese nicht, müssen Sie mit einer sofortigen Abwicklung Ihrer offenen Börsentermingeschäfte und mit der umgehenden Verwertung der bereits gestellten Sicherheiten rechnen;

– zu einer zusätzlichen Verschuldung führen und damit auch Ihr übriges Vermögen erfassen, ohne daß Ihr Verlustrisiko stets im voraus bestimmbar ist.

1. Kauf von Optionsrechten

Wenn Sie Optionsrechte auf Wertpapiere, Devisen oder Edelmetalle kaufen, erwerben Sie, auch wenn das Optionsrecht in einem Wertpapier (**Optionsschein**) verbrieft ist, den Anspruch auf Lieferung bzw. Abnahme von Wertpapieren, Devisen oder Edelmetallen zu einem von vornherein festgelegten Preis. Beim Kauf von Optionsrechten, bei denen die Lieferung des Vertragsgegenstandes ausgeschlossen ist, wie z. B. bei Optionsrechten auf Indizes, erwerben Sie – wenn sich Ihre Erwartungen erfüllen – einen Anspruch auf Zahlung eines Geldbetrages, der sich aus der Differenz zwischen dem beim Erwerb des Optionsrechts zugrunde gelegten Kurs und dem Marktkurs bei Ausübung errechnet.

Bitte beachten Sie, daß eine Kursänderung des dem Optionsrecht zugrundeliegenden Vertragsgegenstandes (z. B. der Aktie) den Wert Ihres Optionsrechts überproportional bis hin zur Wertlosigkeit mindern kann und Sie angesichts der **begrenzten Laufzeit** nicht darauf vertrauen können, daß sich der Preis der Optionsrechte rechtzeitig wieder erholen wird. Bei Ihren Gewinnerwartungen müssen Sie die mit dem Erwerb sowie der Ausübung oder dem Verkauf der Option bzw. dem Abschluß eines Gegengeschäfts (Glattstellung) verbundenen Kosten berücksichtigen. Erfüllen sich Ihre Erwartungen nicht und verzichten Sie deshalb auf die Ausübung, so verfällt Ihr Optionsrecht mit Ablauf seiner Laufzeit. Ihr Verlust liegt sodann in dem für das Optionsrecht gezahlten Preis.

Beim Kauf eines Optionsrechts auf einen Finanzterminkontrakt erwerben Sie das Recht, zu den in vorhinein festgelegten Bedingungen einen Vertrag abzuschließen, durch den Sie sich zum Kauf oder Verkauf per Termin von z. B. Wertpapieren, Devisen, Edelmetallen oder Termineinlagen verpflichten. Auch dieses Optionsrecht unterliegt zunächst den im vorhergehenden Absatz erwähnten Risiken. Nach Ausübung des Optionsrechts gehen Sie neue Risiken ein, die sich nach dem dann zustande kommenden Finanzterminkontrakt richten und weit über den ursprünglichen Einsatz in Gestalt des für das Optionsrecht gezahlten Preises liegen können. Sie können dann z. B. Liefer- oder Abnahmeverpflichteter in Wertpapieren, Devisen, Edelmetallen oder Termineinlagen werden.

2. Verkauf von Optionsrechten und Börsentermingeschäfte mit Erfüllung per Termin

2.1 Verkäufer per Termin und Verkäufer einer Kaufoption

Sofern Sie als Verkäufer per Termin oder als Verkäufer einer Kaufoption Wertpapiere, Devisen, Edelmetalle oder Termineinlagen zu liefern haben, müssen Sie bei steigenden Kursen zu dem vereinbarten Kaufpreis liefern, der dann erheblich unter dem Marktpreis liegen kann. In der Differenz liegt Ihr Risiko.

Ihr Verlustrisiko ist im vorhinein nicht bestimmbar und kann über etwaige von Ihnen geleistete Sicherheiten hinausgehen, wenn Sie den zu liefernden Kaufgegenstand nicht besitzen, sondern erst bei Fälligkeit erwerben wollen (Eindeckungsgeschäft). Bedenken Sie, daß Sie möglicherweise je nach Marktsituation nur mit erheblichen, der Höhe nach nicht vorhersehbaren Preisaufschlägen kaufen können oder entsprechende Ausgleichszahlungen zu leisten haben, wenn Ihnen die Eindeckung nicht möglich ist.

Befindet sich der geschuldete Kaufgegenstand in Ihrem Besitz, so sind Sie zwar vor Eindeckungsverlusten geschützt. Werden aber die zu liefernden Wertpapiere für die Laufzeit Ihres Börsentermingeschäfts ganz oder teilweise gesperrt gehalten, so können Sie während dieser Zeit hierüber nicht verfügen und sich folglich auch nicht durch Verkauf gegen fallende Kurse schützen.

2.2 Käufer per Termin und Verkäufer einer Verkaufsoption

Sofern Sie als Käufer per Termin oder als Verkäufer einer Verkaufsoption zur Abnahme von Wertpapieren, Devisen, Edelmetallen oder Termineinlagen verpflichtet sind, müssen Sie diese auch bei sinkenden Kursen zu dem vereinbarten Preis abnehmen, der dann erheblich über dem Marktpreis liegen kann. In der Differenz liegt Ihr Risiko. Ihr Verlustrisiko ist im vorhinein nicht bestimmbar und kann über etwaige von Ihnen geleistete Sicherheiten hinausgehen. Wenn Sie die von Ihnen zu übernehmenden Werte sofort wieder veräußern wollen, müssen Sie bedenken, daß Sie unter Umständen nur schwer einen Käufer finden können; je nach der Marktentwicklung kann ein Verkauf nur mit erheblichen Preisabschlägen möglich sein.

3. Börsentermingeschäfte mit Differenzausgleich

Sofern bei einem Börsentermingeschäft die Lieferung der Vertragsgegenstände ausgeschlossen ist (wie häufig bei Börsentermingeschäften auf Indizes und Termineinlagen), haben Sie, wenn Ihre Erwartungen nicht eintreten, die Differenz zwischen dem bei Abschluß zugrunde gelegten Kurs und dem Marktkurs im Zeitpunkt der Fälligkeit des Börsentermingeschäfts zu zahlen. Hierin liegt Ihr Verlust. Ihr Verlustrisiko ist im vorhinein nicht bestimmbar und kann über etwaige von Ihnen geleistete Sicherheiten hinausgehen.

4. Risikoausschließende oder –einschränkende Geschäfte

Vertrauen Sie nicht darauf, daß Sie während der Laufzeit jederzeit Geschäfte abschließen können, durch die Sie Ihre Risiken aus Börsentermingeschäften ausschließen oder einschränken können; dies hängt von den Marktverhältnissen und den dem jeweiligen Börsentermingeschäft zugrundeliegenden Vertragsbedingungen ab. Unter Umständen können solche Geschäfte nur zu einem ungünstigen Marktpreis getätigt werden, so daß für Sie ein entsprechender Verlust entsteht.

5. Inanspruchnahme von Kredit

Wenn Sie den Erwerb des Optionsrechts oder die Erfüllung Ihrer Liefer- oder Zahlungsverpflichtungen aus sonstigen Börsentermingeschäften mit Kredit finanzieren, müssen Sie beim Nichteintritt Ihrer Erwartungen nicht nur den eingetretenen Verlust hinnehmen, sondern auch den Kredit verzinsen und zurückzahlen. Dadurch erhöht sich Ihr Verlustrisiko aus Börsentermingeschäften erheblich. Setzen Sie nie darauf, den Kredit aus den Gewinnen eines Börsentermingeschäftes verzinsen und zurückzahlen zu können. Vielmehr müssen Sie vorher Ihre wirtschaftlichen Verhältnisse daraufhin prüfen, ob Sie zur Verzinsung und ggf. kurzfristigen Tilgung des Kredits auch dann in der Lage sind, wenn statt der erwarteten Gewinne Verluste eintreten.

6. Börsentermingeschäfte mit Währungsrisiko

Sofern die Verpflichtung aus Börsentermingeschäften oder die hieraus zu beanspruchende Gegenleistung auf ausländische Währung oder eine Rechnungseinheit (z. B. ECU) lautet, oder sich der Wert des Vertragsgegenstandes hiernach bestimmt (z. B. bei Gold), ist Ihr Verlustrisiko nicht nur an die Wertentwicklung des dem Börsentermingeschäft zugrundeliegenden Vertragsgegenstandes gekoppelt. Ungünstige Entwicklungen am Devisenmarkt können Ihr Verlustrisiko dadurch erhöhen, daß

- sich der Wert der erworbenen Optionsrechte verringert,
- Sie den zur Erfüllung des Börsentermingeschäfts zu liefernden Vertragsgegenstand in ausländischer Währung oder in einer Rechnungseinheit bezahlen oder Sie eine Zahlungsverpflichtung aus dem Börsentermingeschäft in ausländischer Währung oder in einer Rechnungseinheit erfüllen müssen,
- sich der Wert oder der Verkaufserlös des aus dem Börsentermingeschäft abzunehmenden Vertragsgegenstandes oder der Wert der erhaltenen Zahlung vermindert.

Hamburger Sparkasse

Nach § 53 Abs. 2 Satz 2 Börsengesetz ist diese Unterrichtungsschrift von Ihnen zu unterzeichnen, wenn Sie Börsentermingeschäfte abschließen wollen:

_____   _____
Ort, Datum   Unterschrift des Kunden

- o *Merkmale* der Novellierung:
  - Beseitigung von Nachteilen des deutschen Optionsmarktes
  - neben Optionen Zulassung weiterer Terminprodukte
- o die Novellierung war Voraussetzung für die Schaffung der *Deutschen Termin-Börse* (DTB, siehe h)
- o Arten zugelassener *Optionsgeschäfte:*
  - in Wertpapieren (Aktien oder Renten)
  - in Devisen
  - in Edelmetallen (Gold, Silber u. a.)
  - in Indizes, d. h. Kennzahlen aufgrund der Kurssituation und -entwicklung ausgewählter Papiere (z. B. DAX = Deutscher Aktienindex)
  - in Finanzterminkontrakten, d. h. Kauf oder Verkauf per Termin von Wertpapieren, Devisen, Edelmetallen, Termineinlagen u. a. m.
- o zugelassene Vertragspartner: Voraussetzung ist *Termingeschäftsfähigkeit* (§ 53 II BörsG):
  - kraft Kaufmannseigenschaft
  - kraft Information: Der Kaufmann (z. B. Kreditinstitut), der einer gesetzlichen Bank- oder Börsenaufsicht untersteht, muß den anderen Partner vor Geschäftsabschluß schriftlich über die Risiken des Termingeschäftes informieren (siehe Informationsmerkblatt).

a) *Kaufoption:*
- o Der Erwerber einer Kaufoption erwirbt das *Recht,*
  - innerhalb der Optionslaufzeit
  - zu einem von vornherein vereinbarten Kurs *(= Basispreis)*
  - eine bestimmte Menge
  - eines bestimmten Wertpapiers

  vom Vertragspartner (Stillhalter) abzurufen
- o er zahlt hierfür sofort eine Prämie *(= Optionspreis)*
- o der Kaufpreis ist erst bei Abruf der Papiere fällig
- o der Erwerber wird *abrufen,* wenn der Börsenkurs der Papiere den Vertragskurs zuzüglich der Prämie übersteigt
- o er rechnet also mit *steigenden Kursen,* während der Stillhalter mit gleichbleibenden oder sinkenden Kursen rechnet.

b) *Verkaufsoption:*
- o Der Erwerber einer Verkaufsoption erwirbt das *Recht,*
  - innerhalb der Optionslaufzeit
  - zu einem von vornherein vereinbarten Basispreis
  - eine bestimmte Menge
  - eines bestimmten Wertpapiers
  - gegen Zahlung des Optionspreises

  an den Stillhalter zu verkaufen.
- o er rechnet also mit *sinkenden Kursen.*

c) *Kauf-Verkaufs-Option:*
o der Erwerber erwirbt das Recht zum *Kauf oder Verkauf* von Wertpapieren unter den obigen Bedingungen
o er rechnet also mit *Kursschwankungen* in einer der beiden Richtungen, während der Stillhalter auf in etwa gleichbleibende Kurse vertraut.

d) *Optionshandel in Aktienwerten:*
o Zum Optionshandel ist in Deutschland eine Reihe in- und ausländischer Aktien zugelassen. Das Grundkapital der AG muß mindestens 10 Mill. DM betragen.
o Optionsgeschäfte werden über mindestens 50 Stück (= ein Schluß) oder ein Vielfaches davon abgeschlossen (Ausnahme: ausländische Aktien)
o Fälligkeiten für Optionsgeschäfte:

   Die Laufzeit endet für alle Optionen, die
   – im ersten Quartal begründet wurden, am 15. der Monate April, Juli oder Oktober desselben Jahres,
   – im zweiten Quartal begründet wurden, am 15. der Monate Juli oder Oktober desselben Jahres oder am 15. Januar des folgenden Jahres,
   – im dritten Quartal begründet wurden, am 15. Oktober desselben Jahres oder am 15. der Monate Januar oder April des folgenden Jahres,
   – im vierten Quartal begründet wurden, am 15. der Monate Januar, April oder Juli des folgenden Jahres.

   Aus den vorgegebenen Terminen können die Parteien die Endfälligkeiten aussuchen und auf diese Weise die Laufzeit bestimmen. Außerdem kann der Käufer seine Option bis 3 Börsentage vor Fälligkeit des Optionsvertrages weiterverkaufen.
o Bei Abschluß des Optionsgeschäfts ist vom Kunden ein fester Basispreis anzugeben, wobei Optionen nur zu standardisierten Basispreisen abgeschlossen werden können (2,50 DM oder Vielfaches bis zu 30,– DM; 35,– bis 100,– DM: durch 5 teilbar; 110,– bis 200,– DM: durch 10 teilbar usw.).

e) Beispiel für eine Kaufoption:

① 10.07.89: K (Käufer) erwirbt von V (Verkäufer) eine Kaufoption; Bedingungen:
  – X-Aktien
  – 100 Stück
  – Basispreis 250,– DM pro Stück = 25 000,– DM
  – Prämie (Optionspreis) 20,– DM pro Stück = 2 000,– DM
  – Fälligkeit 15.10.1989

② 23.09.89: Kurs steigt auf 285.
  K übt die Option aus;
  Ergebnis:
  – K erhält 100 X-Aktien gegen Zahlung von 25 000,– DM und verkauft diese sofort an der Börse gegen Zahlung von 28 500,– DM

Ertrag	28 500,– DM
Aufwendungen	
Prämie	./. 2 000,– DM
Basispreis	./. 25 000,– DM
Reinertrag	1 500,– DM

(Effektiver Kapitaleinsatz: 2 000,– DM)

③ 23.09.89: Kurs steigt nicht, sondern fällt auf 210
  K übt die Option nicht aus, da er bei Weiterverkauf der Papiere einen Kursverlust machen würde; sein Verlust: 2 000,– DM (Prämie)

④ 23.09.89: Kurs steigt nur auf 255
  K übt die Option aus:

Aufwendungen	
Prämie	2 000,– DM
Basispreis	25 000,– DM
Ertrag aus Weiterverkauf	25 500,– DM
Verlust	1 500,– DM

  Gegenüber der Möglichkeit 3 (Nichtausüben der Option) hat K seinen Verlust gemildert.

f) *Optionshandel in Rentenwerten:*

o Seit dem 01.04.1986 ist in der Bundesrepublik der Optionshandel auch in Rentenwerten möglich.

o Abschluß über mindestens 100 000,– DM oder ein Vielfaches davon

o Um eine Abgrenzung zu den Aktienoptionen zu erreichen, werden die Fälligkeitstermine auf den 25. Kalendertag der Monate Januar, April, Juli oder Oktober festgelegt; es gibt nur zwei Laufzeittypen.

Beispiel:

Abschluß	Fälligkeit
1. Quartal 1989	25.07.89 oder 25.01.90
2. Quartal 1989	25.10.89 oder 25.04.90
3. Quartal 1989	25.01.90 oder 25.07.90
4. Quartal 1989	25.04.90 oder 25.10.90

o Standardisierte Basispreise sind auf eine Bezugsgröße von 2,– DM oder einem Vielfachen davon festgelegt. Neuabschlüsse sind nur auf die drei dem aktuellen Kurs der Anleihe nach oben oder unten nächstgelegenen Basispreise möglich.

Beispiel:
Kurs der Anleihe 104,50 %
mögliche Basispreise: 100, 102, 104, 106, 108 und 110

g) Die *Überwachung* des Optionsmarktes erfolgt durch eine an jedem Börsenplatz bestehende Lombard- bzw. Liquidationskasse in der Rechtsform einer Aktiengesellschaft; diese läßt nur bestimmte Teilnehmer zum Optionshandel zu, verlangt von diesen einen generellen Sicherungsbetrag für zukünftige Geschäfte und setzt fest, in welcher Höhe der Verkäufer einer Kaufoption die Optionspapiere nach Vertragsabschluß zur Erfüllung zu Verfügung halten muß; z. Zt. besteht eine Deckungspflicht von 50 %.

h) *Deutsche Termin-Börse (DTB):* Erweiterung des Terminmarktes ab 1.1.1990; wesentliche Merkmale:

o Schaffung eines Handels auf *Computerbasis,* d. h. Erreichbarkeit der Börse direkt durch jeden Marktteilnehmer aufgrund einer Online-Datenverbindung
o also *keine „Präsenzbörse"* mit körperlicher Anwesenheit der Händler
o Erweiterung der Handelszeit (vorgesehen: 8–16 Uhr)
o Konzentration auf eine geringe Zahl besonders umsatzstarker Aktien
o vorgesehene Finanzterminkontrakte (Financial Futures): zunächst
  – Kontrakte auf Bundesanleihen (Bund-Futures)
  – Kontrakte auf den deutschen Aktien-Index (DAX-Future)
o straffes Clearing-System.

i) Strategien für den Terminhandel: aufgrund der anglo-amerikanischen Herkunft dieser Handelsformen werden englische Begriffe verwandt:

o „call" = handelbare Kaufoptionen
  „put" = handelbare Verkaufsoptionen
  „short"= Bezeichnung für Verkäufer eines calls/puts
  „long" = Bezeichnung für Käufer eines calls/puts

Strategien:

o „long put": Ziel ist das Halten der Aktien; durch Erwerb einer Verkaufsoption: Sicherung gegen Kursrückgänge
o „short call": erwartet werden keine größeren Kursänderungen; durch Verkauf einer Kaufoption kann eine Optionsprämie verdient werden
o „long call": Erwartung größerer Kurssteigerungen; durch Erwerb einer Kaufoption sind große Gewinnchancen möglich, allerdings kann dabei das gesamte eingesetzte Kapital riskiert werden; vergleichbar bei Erwartung fallender Kurse.

1.4.517 Freiverkehr

a) *Wesen:* Handel in Wertpapieren außerhalb des amtlichen Handels. Folgende Arten sind zu unterscheiden:

- o geregelter Markt (§§ 71 ff. BörsG, seit 01.04.86)
- o geregelter Freiverkehr (§ 78 BörsG)
- o ungeregelter Freiverkehr.

b) *Handel* im Geregelten Markt und im geregelten Freiverkehr:
- o gehandelte Effekten:
  - Aktien von Gesellschaften mit (nur) regionaler und lokaler Bedeutung
  - Aktien, die bereits an anderen Börsen zum amtlichen Handel zugelassen sind
  - Papiere, die für die Börse keine größere Bedeutung haben (wegen zu geringer Umsätze, da größtenteils in Händen von Großaktionären usw.)
  - Aktien von Familienunternehmen
  - junge Aktien
  - Aktien neugegründeter Gesellschaften
- o Preisbildung:
  - vollzieht sich durch die freien Makler
  - festgesetzt werden *Spannungskurse* (Geld- und Briefkurse), auch wenn keine Geschäfte zustandegekommen sind; diese Kurse stellen dann Angebote der Makler zu Geschäftsabschlüssen dar (die dann im wesentlichen Eigengeschäfte sind)
  - der Begriff „Preis" wird für alle Bewertungen verwendet, die nicht durch amtliche Makler zustandekommen
- o freie Makler:
  - Handelsmakler nach § 93 HGB
  - werden wie amtliche Makler zugelassen
  - sind nicht „kraft ihres Amtes" zugelassen und erfüllen keine amtlichen Aufgaben
  - können Geschäfte auch für eigene Rechnung abschließen.

c) *Ungeregelter Freiverkehr/Telefonverkehr:*
= Handel im amtlich notierten und unnotierten Werten zwischen Kreditinstituten untereinander und mit Großanlegern, z. T. als Schaltergeschäfte
- o unnotierte Werte:
  - Papiere kleinerer Unternehmen
  - noch nicht an der Börse gehandelte Anleihen
  - junge Aktien, soweit nicht im geregelten Freiverkehr gehandelt
- o der ungeregelte Freiverkehr findet zum größten Teil im Telefon- und Fernschreibverkehr der KI statt.

1.4.518 Sonstiges

a) *Amtlicher Bezugsrechtshandel:*
- o Bezugsrechte werden während der Bezugsfrist (2 oder 3 Wochen) neben den alten Aktien gehandelt
- o es werden nur Einheitskurse festgestellt

o die alten Aktien werden vom 1. Tag der Bezugsfrist an „ex B" = ausschließlich Bezugsrecht(swert) gehandelt.

b) Die Kurse, die börsentäglich im amtlichen Handel festgestellt wurden, werden im *„Amtlichen Kursblatt"* veröffentlicht. In einer Beilage werden die Freiverkehrskurse für den geregelten, zum Teil auch für den ungeregelten Freiverkehr angegeben.

Sonstige Publikationsmittel sind Zeitungen, Rundfunk und Fernsehen. Hier erscheinen auch Umsatzangaben und weitere Informationen einschließlich der Tendenzen, die die weitere Kursentwicklung andeuten sollen.

c) Folgende *Tendenzbezeichnungen* sind gebräuchlich:

- o erholt
- o freundlich
- o fest
- o verbessert u. a.

  } Kurse haben im wesentlichen steigende Tendenz

- o nachgebend
- o schwach
- o abbröckelnd
- o abnehmend u. a.

  } Kurse haben im wesentlichen fallende Tendenz

- o ruhig
- o gehalten
- o unverändert
- o behauptet
- o abwartend u. a.

  } Kurse haben sich nur gering verändert; meist gleichzeitig nur geringe Umsätze

- o etwas
- o wenig
- o stark
- o kräftig
- o leicht u. a.

  } Zusätze zur Tendenzbezeichnung, die eine Entwicklung andeuten oder die Aussage präziser machen sollen

- o uneinheitlich
- o schwankend
- o lebhaft

  } Tendenzen nicht erkennbar; meist zugleich größere Umsätze; u. U. werden Hinweise auf Unsicherheit angefügt.

1.4.52 Kursbestimmende und kursbeeinflussende Faktoren

1.4.520 Allgemeine Einflüsse

a) *Gesamtwirtschaftliche Lage* (Konjunktureinflüsse):
- o allgemeine wirtschaftliche Situation (Konjunktur, Depression, Boom usw.): die Kursentwicklung auf dem Aktienmarkt entspricht i. d. R. der jeweiligen Lage

○ zukünftige wirtschaftliche Entwicklung: Aktienkurse nehmen erwartete Entwicklungen i. d. R. vorweg, oft mit einer Zeitverschiebung von bis zu einem halben Jahr; Grund: Entscheidungen der Anleger werden bestimmt von wirtschaftspolitischen Entscheidungen der Regierung; während letztere sich erst nach längerer Anlaufphase bemerkbar machen, wirken die Dispositionen der Anleger sich sofort aus.

b) *Geldwertschwankungen:*

○ zu Beginn einer inflationären Wirtschaftsentwicklung passen die Aktienkurse sich den Preissteigerungsraten an, da Sachwerte entsprechend höher zu bewerten sind, je geringer der Geldwert wird; Festverzinsliche folgen dieser Entwicklung nicht, da sie keine Sachwerte, sondern nur (an Wert verlierendes) Geld repräsentieren

○ später setzt diese Anpassung aus: wenn staatliche Stabilitätspolitik sich auswirkt und Löhne den Inflationsraten zunächst folgen, sie dann übersteigen, verschlechtert die Ertragslage der Unternehmungen sich zusehends; sind die Kapitalmarktzinsen inzwischen über die Preissteigerungsrate hinaus angestiegen, werden Festverzinsliche z. T. interessanter als Aktien; die Investitionsneigung der Unternehmen läßt nach und drückt ebenfalls auf die Gewinne.

c) *Liquiditätslage der Wirtschaft:*

○ eine befriedigende Liquiditätslage der Wirtschaft führt zu einer verstärkten Kapitalanlage in Wertpapieren, damit die Geldmittel nicht brachliegen, sondern gewinnbringend verwandt werden

○ eine angespannte Liquiditätslage führt umgekehrt zur Abnahme der Anlageneigung und Veräußerung von Papieren zur Liquiditätsbeschaffung

○ geld-, kredit- und zinspolitische Maßnahmen der Bundesbank, deren Ziel insb. in inflationären Phasen Stabilisierung der Wirtschaft ist, wirken sich auch auf Produktions- und Ertragslage der Unternehmungen aus und bedingen entsprechende Abwertungen dieser Gesellschaften

○ die Maßnahmen der Bundesbank deuten ihre Auswirkungen für die Zukunft an; die Aktienkurse können diese Einflüsse sofort anzeigen.

d) *Politische Einflüsse:*

○ wirtschaftspolitische Entscheidungen haben unmittelbare Auswirkung auf die Aktienkurse der von ihnen betroffenen Unternehmungen

○ dasselbe gilt für politische Entscheidungen im Unternehmensbereich (z. B. Veränderung der Steuerbelastungen; Einführung der paritätischen Mitbestimmung)

○ mittelbar wirkt sich die staatliche Finanzpolitik aus; insbesondere kann überhöhte staatliche Verschuldung zu einer Überlastung des Kapitalmarktes führen, das reale Zinsniveau verzerren, die Aufnahme von Fremdkapital durch Emissionen von Industrieunternehmen erschweren.

e) *Wirtschaftliche und politische Auslandseinflüsse*

○ die Wirtschaft einer exportabhängigen Industrienation ist unmittelbar mit internationalem Geschehen verknüpft

- dies gilt insb. für die Umtauschverhältnisse zu fremden Währungen und ihre Änderungen (z. B. Aufwertung): durch solche Maßnahmen können export- und importorientierte Unternehmen benachteiligt werden, außerdem können ausländische Anleger zum Abzug ihrer Anlagen oder zu neuer Kapitalanlage im Inland veranlaßt werden
- schädlich wirken sich in diesem Zusammenhang ausländische Spekulationen aus, die die tatsächlich angemessenen Kurse erheblich verändern und verzerren können
- auf den Kapitalverkehr wirken sich insb. die in- und ausländischen Zinsverhältnisse aus.

f) *Psychologische Faktoren:*
- das gesamte Börsengeschehen ist stark abhängig von irrationalen Einflüssen; Gerüchte, Stimmungen führen sofort zu Kursausschlägen (z. B. vermutete Fusion zweier Unternehmen)
- diese Tendenz wird noch verstärkt dadurch, daß auch eine Inflation im wesentlichen psychologisch geprägt sein kann („Flucht in die Sachwerte" usw.)
- sich an der Börse andeutende Entwicklungen werden insb. von Laien oft falsch verstanden und von entsprechenden Reaktionen begleitet; so kann der Abzug ausländischer Spekulationsgelder, der die Kurse fallen läßt, eine gesamte Abwärtsentwicklung einleiten, ohne daß dafür reale Gründe bestehen
- *Hausse* (= starke Aufwärtsentwicklung der gesamten Börsenkurse) und *Baisse* (= starke Abwärtsentwicklung) sind sehr oft geprägt von psychologischen Einflüssen ohne realen Hintergrund, zumal eine einmal in dieser Richtung eingeleitete Entwicklung tatsächlich größere Kursgewinne in kurzer Zeit verspricht und uninformierte Anleger diese Situation auszunutzen versuchen („Dienstmädchen-Hausse").

1.4.521 Ertrag und Wirtschaftlichkeit der Kapitalanlage

Ertrag und wirtschaftlicher Hintergrund lassen sich bei *festverzinslichen Papieren* leicht bestimmen. Die jährliche Gesamt*rendite* oder *Effektivverzinsung* läßt sich nach folgender Formel berechnen:

$$\text{Rendite} = \frac{\text{Nominalzins} + \frac{\text{Rückzahlungsgewinn}}{\text{Restlaufzeit}}}{\text{eingesetztes Kapital}} \times 100$$

Bei *Aktien* müssen verschiedene Berechnungsmethoden angewandt werden, um den wirtschaftlichen Wert der Kapitalanlage bestimmen zu können.

a) *Ertragswert:*
- Kapitalisierung des jährlichen Ertrages zum landesüblichen Zinssatz
- Berücksichtigung dividendenloser Jahre durch Aufschlag
- Berücksichtigung von Geldwertschwankungen durch Abschlag.

b) *Dividendenrendite:*

Berücksichtigung insb. der zu erwartenden, zukünftigen Dividende; i. d. R. bemühen die Gesellschaften sich um gleichbleibende Dividendenausschüttung. Formel:

$$\text{Dividendenrendite} = \frac{\text{Dividendensatz} \times 100}{\text{Anschaffungskurs}}$$

c) *Substanzwert:*

Ermittlung des Bilanzwertes einer Unternehmung zuzüglich stiller Reserven und sonstiger immaterieller Werte (z. B. Marktstellung, Patente und Lizenzen, Kundenstamm usw.; aus Zeitvergleich über mehrere Jahre zu ermitteln); ausgedrückt als Eigenkapital in Prozent des Nomalkapitals:

$$\text{Substanzwert} = \frac{\text{Wert der Aktien} - \text{Schulden} + \text{stille Reserven}}{\text{Nennwert des Grundkapitals}} \times 100$$

d) *Kurs-Gewinn-Verhältnis* (Price-Earnings-Ratio, PER):

Die Ertragskraft einer Unternehmung vermag die wichtigsten Aussagen über die bisherige und zukünftige Kursentwicklung zu liefern.

$$\text{PER} = \frac{\text{Börsenkurs der Aktie}}{\text{Gewinn pro Aktie}}$$

e) *Cash flow:*

= Überschuß der Erträge über die Aufwendungen (soweit mit Barveränderungen verbunden); Berechnung:

  Reingewinn (nach Versteuerung)
  + Abschreibungen auf Sach- und Finanzwerte
  + langfristige Rückstellungen
  + außerordentliche u. periodenfremde Aufwendungen
  – außerordentliche u. periodenfremde Erträge
  = Cash flow

Cash-flow-Ratio = Beziehung des Cash flow zur Aktienanlage:

$$\text{CFR} = \frac{\text{Anschaffungskurs}}{\text{Cash flow pro Aktie}}$$

1.4.522 Sonstige Faktoren

a) Bevorstehende Kapitalerhöhung und Handel mit *Bezugsrechten.*

b) *Kurspflege* = planmäßige Börsenkäufe von Interessenten (meist Konsorten), um stärkere Kursrückgänge und zufällige Schwankungen zu verhindern; Auftraggeber

i. d. R. der Emittent (z. B. Bundesregierung bei festverzinslichen Wertpapieren). *Kursregulierung* liegt vor, wenn unabhängig von der Marktlage Stützungskäufe zur Einhaltung eines bestimmten Mindestkurses vorgenommen werden.

c) Bei festverzinslichen Wertpapieren: Änderungen des allgemeinen *Zinsniveaus* im In- und Ausland, Differenzen zu den Zinssätzen der anderen auf dem Markt befindlichen Rentenwerte.

d) *Markttechnische Einflüsse:* Kursveränderungen, die auf das typische, weitgehend voraussehbare Verhalten der Marktteilnehmer zurückzuführen sind, z. B. geringer Kursrückgang nach längeren Kurssteigerungen durch Realisierung von Kursgewinnen, wenn keine wesentlichen Kurssteigerungen mehr erwartet werden, oder durch Abzug spekulativer Gelder, wenn das Spekulationsmotiv entfallen ist.

e) Da die Börse ein Markt in weitgehend ursprünglicher Form ist, treten alle kursbestimmenden und -beeinflussenden Faktoren auf in den Beziehungen von *Angebot und Nachfrage* zueinander.

1.4.53 Besteuerung von Effektenerträgen

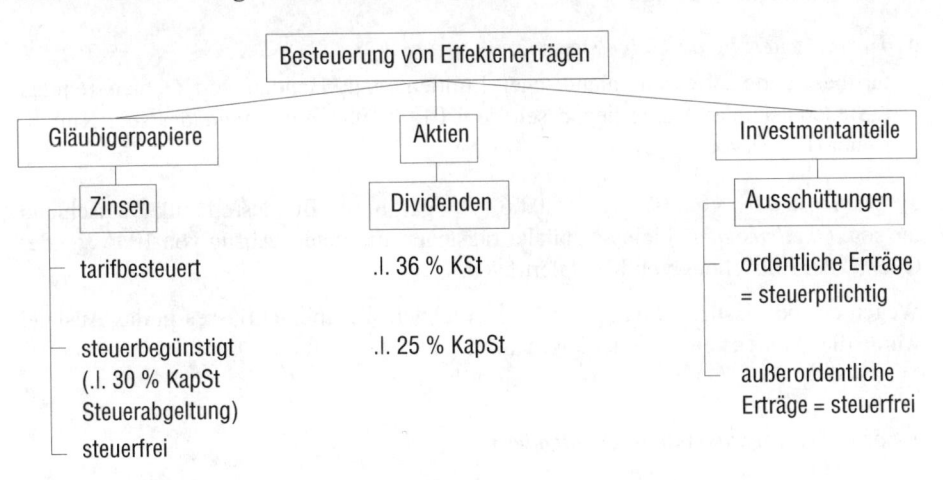

```
                    Besteuerung von Effektenerträgen
                    /               |               \
          Gläubigerpapiere        Aktien         Investmentanteile
                |                    |                    |
             Zinsen              Dividenden         Ausschüttungen
         ├─ tarifbesteuert        .l. 36 % KSt      ├─ ordentliche Erträge
         │                                          │   = steuerpflichtig
         │                        .l. 25 % KapSt
         ├─ steuerbegünstigt
         │  (.l. 30 % KapSt                         └─ außerordentliche
         │  Steuerabgeltung)                            Erträge = steuerfrei
         └─ steuerfrei
```

1.4.530 Erträge aus Gläubigerpapieren (Zinsen)

a) *Tarifbesteuerung:*
o Zinsen werden ohne Abzug ausgeschüttet
o Veranlagung erfolgt beim Empfänger (Einkommensteuer; Einkünfte aus Kapitalvermögen)
o Ertrag kann steuerfrei sein, wenn Freigrenze für Nebeneinkünfte nicht überschritten wird
o die meisten umlaufenden Gläubigerpapiere sind tarifbesteuert

o durch Festlegung der Endfälligkeit bzw. des Zeitpunktes des Verkaufs kann der Käufer abgezinster Wertpapiere (z. B. Zerobonds) den Zeitpunkt des Zinszuflusses selbst steuern und damit in Zeiten mit niedrigem persönlichem Steuersatz verlegen (z. B. Rentenalter).

b) *Steuerbegünstigung:*

o Einbehaltung von 30 % Kapitalertragsteuer (KapSt) durch Emittenten, direkte Abführung
o durch diesen Abzug sind alle Einkommensteuern abgegolten
o nur für bestimmte Wertpapiere, die vor 1955 emittiert wurden
o diese Papiere sind heute weitgehend getilgt.

c) *Steuerbefreiung:*

o vor dem 01.01.1955 ausgegebene Wertpapiere mit Höchstzinssatz von 5 1/2 %
o außerdem bestimmte Wertpapiere des Staates zur Entschädigung
o aufgrund besonderer gesetzlicher Bestimmungen sind die Zinsen von allen Steuern freigestellt
o heute weitgehend getilgt.

d) *Tarifbesteuerung für Gebietsfremde:*

o tarifbesteuerte Effekten inländischer Emittenten in Händen von Gebietsfremden („Steuerausländer") unterliegen seit dem 01.08.1984 *nicht* mehr der sog. Kuponsteuer (KapSt von 25 %).

e) *Quellensteuer:* Vom 01.01. bis 30.06.1989 galt in der Bundesrepublik Deutschland die sog. *Quellensteuer* (kleine Kapitalertragsteuer) mit einem Abzug von 10 % „an der Quelle" der Entstehung von Kapitalerträgen.

Wegen der politischen Situation und des erheblichen Kapitalabflusses in das Ausland wurde die Quellensteuer wieder abgeschafft (vgl. Abschnitt 0.6.11).

1.4.531 Erträge aus Aktien (Dividenden)

a) *Grundsätzliches:* Erträge aus inländischen Aktien

o sind Einkünfte aus Kapitalvermögen und unterliegen der Einkommensteuer
o dabei setzt sich der Gesamtertrag einer Aktie nach der Neuregelung durch das Körperschaftsteuerreformgesetz aus zwei Teilen zusammen:
– der von der Gesellschaft ausgeschütteten Dividende *(Bruttodividende)*, die wie bisher von vornherein um 25 % *Kapitalertragsteuer* gekürzt und danach als Nettodividende gutgeschrieben wird
– dem sog. *Steuerguthaben* (= anrechenbare Körperschaftsteuer), das stets 9/16 oder 56,25 % der Bruttodividende ausmacht und den Ausgleich für die von der Gesellschaft bereits entrichtete Körperschaftsteuer von 36 % darstellt.

o Von diesem Gesamtertrag werden sowohl die bereits in Abzug gebrachten 25 % KapSt als auch das Steuerguthaben bei der Veranlagung zur Einkommensteuer auf die persönliche Steuerschuld des Aktionärs angerechnet.

b) *Ausnahmen:* Durch die Neuregelung der Körperschaftsteuer von 1977 erzielt der Aktionär i. d. R. eine Aufbesserung seiner Dividendeneinnahmen. Folgende Aktionärsgruppen sind davon ausgeschlossen:

o die öffentliche Hand

o steuerbegünstigte oder steuerbefreite Institutionen

o gebietsfremde Inhaber deutscher Aktien (hier: bisherige Regelung mit 25 %-Abzug der KapSt).

c) *Nichtveranlagungsbescheinigung* (NV-Bescheinigung): vgl. Abschnitt 0.6.110 e;

o für Aktieninhaber, die nicht der Einkommensteuer unterliegen (z. B. noch nicht im Erwerbsleben stehende Kinder, Arbeitnehmer mit niedrigem Einkommen und geringen Nebeneinkünften)

o auf Antrag wird vom Finanzamt eine NV-Bescheinigung für maximal drei Jahre ausgestellt, die aber nur dann Berücksichtigung findet, wenn die Wertpapiere im Depot bei einem KI verwahrt werden; die NV-Bescheinigung hat im Schalterverkehr *keine* Gültigkeit

o das KI des Steuerpflichtigen schreibt bei Aktien die Brutto-Dividende zuzüglich der anzurechnenden Körperschaftsteuer gut und fordert den vom Emittenten einbehaltenen KapSt-Betrag vom Bundesamt für Finanzen ab.

1.4.532 Erträge aus Investment-Zertifikaten

a) Die Ertragsausschüttung inländischer Kapitalanlagegesellschaften ist bei Zugehörigkeit der Anteile zum Privatvermögen des Steuerschuldners nur *zum Teil* steuerpflichtig.

b) *Wertpapierfonds:*

o Nicht zu versteuern sind Gewinne aus der Veräußerung von Wertpapieren und Erlöse aus der Veräußerung von Bezugsrechten durch die Investmentgesellschaft, soweit diese ausgeschüttet werden

o soweit die Erträge der mit Mitteln des Sondervermögens angeschafften Wertpapiere aus Zinsen/Dividenden stammen, werden diese dem Inhaber voll ausgezahlt und sind beim Emfpänger mit dem persönlichen Steuersatz selbst zu versteuern

o die mit der Gewinnausschüttung inländischer Kapitalgesellschaften verbundene anzurechnende Körperschaftsteuer wird dagegen nicht mit der Ertragsausschüttung in bar ausgezahlt, sondern den steuerpflichtigen Erträgen des Empfängers zugerechnet und als gezahlte Steuer von seiner Steuerschuld wieder abgesetzt.

c) *Offene Immobilienfonds:*

o Die Ausschüttungen gehören zu den Einkünften aus Kapitalvermögen
o nicht zu versteuern sind Gewinne aus der Veräußerung von Immobilien und die Erhöhung des Anteilswertes durch eine Werterhöhung (Neueinschätzung) der Immobilien
o soweit die Erträge der mit Mitteln des Sondervermögens angeschafften Immobilien aus Miet-/Pachtzahlungen stammen, werden diese dem Inhaber voll ausgezahlt und sind beim Empfänger mit dem persönlichen Steuersatz selbst zu versteuern.

1.4.533 Besteuerung von Veräußerungsgewinnen

a) Entstehen aus der Veräußerung von Wertpapieren, die zum Betriebsvermögen einer Unternehmung gehören, Gewinne, so sind diese voll zu versteuern; Veräußerungsverluste sind entsprechend steuerlich voll absetzbar.

b) Gehören die veräußerten Effekten zu einem Privatvermögen, so können sich u. U. Einkünfte aus *Spekulationsgeschäften* ergeben:

o nur für Aktien, Wandel- und Gewinnschuldverschreibungen
o Veräußerungsgewinne müssen 1 000,– DM p. a. oder mehr betragen
o zwischen An- und Verkauf liegen höchstens 6 Monate
o Einkünfte aus Spekulationsgeschäften unterliegen der Einkommensteuer (sonstige Einkünfte)
o Spekulationsverluste können nur gegen Spekulationsgewinne desselben Kalenderjahres, nicht gegen andere Einkünfte aufgerechnet werden.

1.4.534 Besteuerung von Wertpapiereigentum

Wertpapiere unterliegen, soweit sie im Eigentum einer Person stehen, der Vermögensteuer:

o üblicher Abzug von Freibeträgen
o Ansetzung der Effekten mit sog. Steuerkursen (per 31.12. eines jeden Jahres vom Bundesfinanzminister festgesetzt und im Bundesanzeiger veröffentlicht)
o Veranlagung erfolgt für 3 Jahre
o im übrigen vgl. Abschnitt 0.6.13.

1.4.54 Effektenhandel der Kreditinstitute

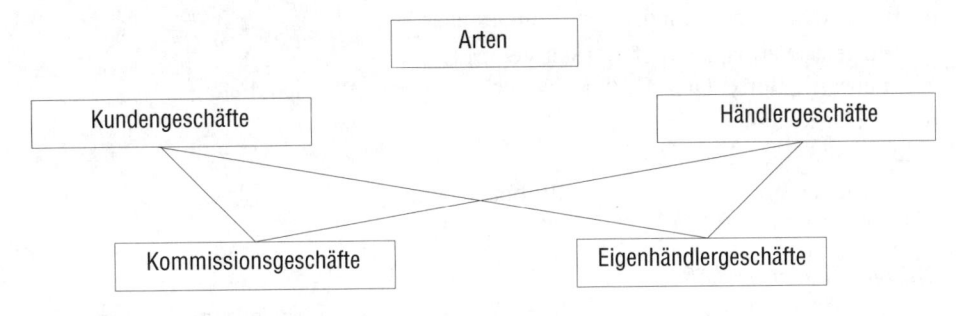

```
                          Arten
   ┌──────────────────┐         ┌──────────────────┐
   │  Kundengeschäfte │         │ Händlergeschäfte │
   └──────────────────┘         └──────────────────┘
         ╲        ╲           ╱         ╱
          ╲        ╲         ╱         ╱
   ┌──────────────────────┐   ┌──────────────────────┐
   │ Kommissionsgeschäfte │   │ Eigenhändlergeschäfte│
   └──────────────────────┘   └──────────────────────┘
```

1.4.540 Kundengeschäfte

a) *Hauptkommissionsgeschäft:* Abwicklung von Kauf- und Verkaufsaufträgen der Kunden in amtlich notierten Werten.

Rechtsstellung des beauftragen KI:

= *Kommissionär* mit Selbsteintrittsrecht (vgl. Art. 29 ff. AGB); Besonderheiten:

o die ausdrückliche Erklärung des jeweiligen Selbsteintritts ist nach AGB nicht erforderlich

o beschränkte Rechenschaftspflicht des KI:
   – der Kontrahent braucht nicht genannt zu werden
   – das KI muß nachweisen, daß der Abrechnungskurs amtlich notiert worden ist
   – das KI muß nicht nachweisen, daß das Deckungsgeschäft tatsächlich zum Abrechnungskurs ausgeführt worden ist

o das KI darf auch bei Selbsteintritt die üblichen Spesen berechnen (einschließlich der Maklercourtage).

b) *Zwischenkommissionsgeschäft:*

o Auftrag des Kunden an ein KI, das nicht an einer Börse zugelassen ist (Hauptkommissionär)

o dieses KI wendet sich an eine Börsenbank (Zwischenkommissionär)

o Abrechnungen:

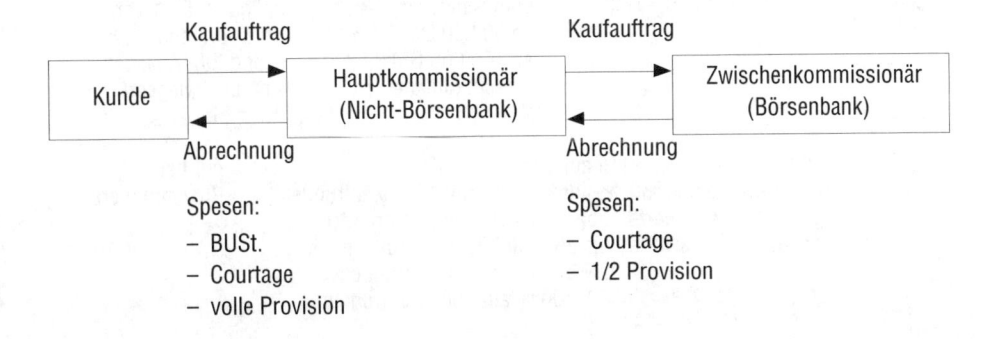

```
              Kaufauftrag                    Kaufauftrag
  ┌───────┐ ──────────▶ ┌──────────────────┐ ──────────▶ ┌──────────────────────┐
  │ Kunde │              │ Hauptkommissionär│              │ Zwischenkommissionär │
  │       │ ◀──────────  │(Nicht-Börsenbank)│ ◀──────────  │    (Börsenbank)      │
  └───────┘              └──────────────────┘              └──────────────────────┘
              Abrechnung                    Abrechnung

              Spesen:                       Spesen:
              – BUSt.                       – Courtage
              – Courtage                    – 1/2 Provision
              – volle Provision
```

c) *Ausführungen* von Aufträgen:
- o das KI kann an den Kunden als Kommissionär
  - eigene Wertpapiere liefern (Selbsteintritt)
  - über die Börse durch Deckungsgeschäft erworbene Papiere liefern
- o berechnet werden
  - Provision   ⎫
  - Courtage   ⎬ Bruttoabrechnung
  - Börsenumsatzsteuer ⎭

d) *Eigenhändlergeschäfte:*
- = Abwicklung von Kauf- und Verkaufsaufträgen der Kunden in Telefon- und Freiverkehrswerten
- o KI und Kunde schließen keinen Kommissions-, sondern einen Kaufvertrag
- o Abrechnung an den Kunden: sog. *Netto*abrechnung, d. h.
  - der Kurswert, zu dem abgerechnet wird, enthält bereits Maklercourtage, Provision und sonstige Auslagen (Nettokurs)
  - nur die BUSt wird gesondert berechnet.

Bei Geschäften in Kuxen und in nicht zum amtlichen Handel zugelassenen Werten tritt das KI stets als Eigenhändler auf.

e) *Effektenkonditionen* (zur Zeit gültige Standardsätze; bei den einzelnen KI sind Abweichungen bei der Provision möglich):

Wertpapierart	Provision	Courtage	Börsenumsatzsteuer
Aktien	1 % vom Kurswert* Minimum 10,– DM	0,8 ‰ vom Kurswert Minimum 0,50 DM	2,5 ‰ vom Kurswert
Bezugs- rechte	1 % vom Kurswert** Minimum 10,– DM	1 ‰ vom Kurswert Minimum 0,50 DM	2,5 ‰ vom Kurswert
Bezug junger Aktien	1 % vom Kurswert Minimum 10,– DM	–	2,5 ‰ (außer bei Ersterwerb)
Festverzins- liche Papiere	5 ‰ vom Kurswert*** Minimum 10,– DM	bis 50 000 DM 0,75 ‰ vom Nennwert; ab 50 000 DM 0,4 ‰ ab 100 000 DM 0,28 ‰, versch. Minima	Industrie- und Wandelobligat. 2,5 ‰ vom Kurswert, sonst 1 ‰ inländ. öff. Anleihen sind überwiegend BUSt-frei

```
  *  Aktien: Kurswerte unter 50 % auf 50 % aufrunden       ⎫  nur bei
            Kurswerte über 50 %, unter 100 % auf 100 % aufrunden ⎬  Prozentnotierung
 **  Bezugsrechte:   Kurswerte über 5 % auf volle % aufrunden ⎭
***  Festverzinsl.:  Kurswerte bis 25 % auf 25 % aufrunden
                              25–50 % auf 50 % aufrunden
                              50–100 % auf 100 % aufrunden
```

```
┌─────────────────────────────────────────────────────────────────────────────┐
│  ┌Herrn/Frau/Fräulein/Firma / Mr./Mrs./Miss/Messrs.┐    ▣│ VEREINS- UND WESTBANK │
│                                                          │ Aktiengesellschaft    │
│     Hans Musterkunde                          Betreuung:  ABC                   │
│     Neue Allee 30                             Servicing-                        │
│                                               Branch:                           │
│                                                     Hamburg   16.06.1989        │
│     2000 Hamburg 1                                                              │
│  L                                          ┘     Wertpapier-  Kauf in Hamburg  │
│                                                   Securities-                   │
│                                                                                 │
│     Nr.   12345     Depot-Nr.: 1234567  Konto-Nr.:  1234567890                  │
│     No.:           Custody a/c No.     Account-No.:                             │
│     in Ausführung Ihres Auftrages erteilen wir Ihnen nachstehende Abrechnung/   │
│     in settlement of your order we give you the following statement:            │
│  ┌──────────────┬─────────────────┬──────────────────────────────────────────┐ │
│  │Nennbetrag/Stück│Wertpapier-Kenn-Nr│    Wertpapier-Bezeichnung / Securities description │
│  │Par value/number│   Code No.      │                                          │ │
│  │  DM 10.000,-- │     114084      │  6 3/4 % Bundesobligationen 89/94 S.84  20.04│
│  ├──────────────┼─────────────────┼─────────────┬─────────────┬──────────────┤ │
│  │ Kurs / Price │Kurswert/Market value│fr.Spesen/Corr.chgs│Währ.-Betrag/Currency amount│Währ.-Kurs/Cy.price│DM-Gegenwert/Equivalent in DM│
│  │    99,6 %    │    9.960,--     │             │             │              │ │
│  ├──────────────┬─────────────────┼─────────────┬─────────────┬──────────────┤ │
│  │Stückzinsen/Accrued interest │Kapitalertragst./Withholding tax│Maklergebühr/Brokerage│Provision/Commission│Börsenumsatzsteuer│
│  │Tage/Days│Betrag/amount│ %  │Betrag/amount│                                  │Stock exch. turnover tax│
│  │   60   │   112,50   │    │             │                                  │ │
│  │        │            │    │             │        Wert/Value   *)  DM-Betrag/Amount in DM│
│  │                                                  20.06.1989   S    10.072,50│
│  │  Emissionsgeschäft      steuerfreier Ersterwerb                              │
│  │  Die Wertpapiere nehmen wir in Schuldbuchgiro    *) S = Soll/Debit, H = Haben/Credit│
│  │                                                  Hochachtungsvoll / Yours faithfully,│
│  │  Einwendungen gegen diese Aufgabe sind unverzüglich nach  Objections to this statement must be made imme-  VEREINS- UND WESTBANK│
│  │  Zugang telegraphisch, fernschriftlich oder in unseren    diately upon its receipt by telegram, telex or in our  Diese Mitteilung wird nicht unterschrieben.│
│  │  Geschäftsräumen zu erheben. Andernfalls gilt die Aufgabe als genehmigt.  offices, otherwise the statement is considered approved.  This statement will not be signed.│
└─────────────────────────────────────────────────────────────────────────────┘
```

Börsenumsatzsteuerpflichtig sind grds. alle Anschaffungen von Wertpapieren. Ausnahmen:

o Ersterwerb

o Händlergeschäfte unter KI.

Ab 1.1.1991 entfällt die Börsenumsatzsteuer.

f) *Kundenaufträge:*

o *Inhalt* des Auftrages:
  - Name und Anschrift des Auftraggebers
  - genaue Angaben zum Wertpapier (Bezeichnung, d. h. Art und Gattung; Wertpapier-Kennummer, evtl. Reihe und Serie; Zinssatz u. a. m.)
  - Nennbetrag oder Stückzahl; Stückelung
  - evtl. Limitierung
  - evtl. Gültigkeitsdauer der Order
  - Lieferungsart

o *Limitierung* (Begrenzung) der Order: siehe Abschnitt 1.4.511

o *Gültigkeit* der Order:
  für einen Tag (Tagesorder):
  - bei ausdrücklicher Begrenzung
  - außerdem alle telefonisch, telegrafisch, fernschriftlich erteilten Orders

bis zum Monatsende (Ultimo-Order):
- bei ausdrücklicher Begrenzung
- bei auf Widerruf erteilten Aufträgen
- bei brieflichen Aufträgen, wenn kein Widerruf erfolgt bzw. Angabe der Gültigkeitsdauer fehlt

bis auf Widerruf:
- bei ausdrücklicher Bezeichnung als bis auf Widerruf gültig
- bei brieflichen Aufträgen ohne nähere Angaben (jedoch längstens bis Monatsende)

unbegrenzt: nur bei ausdrücklicher Angabe des Kunden und Bestätigung durch das KI.

1.4.541 Händlergeschäfte

a) *Wesen:* = *Eigengeschäfte* der KI
o zur Deckung von Kundenaufträgen
o auf eigene Rechnung.

b) *Partner* sind andere KI mit oder ohne Einschaltung von Maklern.

c) *Gründe* für Eigengeschäfte, soweit sie nicht zur Deckung von Kundenaufträgen erfolgen:
o Ausnutzung von Kursschwankungen (Spekulation) in der Hoffnung auf steigende oder fallende Kurse
o *Effektenarbitrage,* d. h. Ausnutzung von Kursunterschieden zur gleichen Zeit an verschiedenen Börsenplätzen, oft von Korrespondenzbanken gemeinsam durchgeführt (sog. Meta-Geschäft);
  - gute Kenntnis der Marktlage, der Kursentwicklung erforderlich, daher direkte Verbindung (telefonisch/fernschriftlich) zu anderen Börsen notwendig
  - KI kauft an einem Börsenplatz Papiere und verkauft sie an anderer Börse
  - dadurch Angleichung der Kurse an verschiedenen Börsen als Folge.
o Kursregulierungen, Kurspflege (insb. bei Gläubigerpapieren), u. U. durch mehrere KI (Kurspflege-Konsortium) für den Emittenten
o Anlage von Kapitalmitteln des KI bei günstiger Liquiditätslage bzw. wegen erwarteter hoher Verzinsung
o Erwerb bzw. Veräußerung einer *Beteiligung;* Abwicklung erfolgt selten über die Börse, da sonst der Kurs erheblich beeinflußt werden würde (Ausnahme: „stiller" freihändiger Kauf von Papieren zur Erlangung einer Beteiligung);
  - eine Beteiligung liegt vor, wenn sich mindestens 25 % des Grundkapitals einer Unternehmung in einer Hand befinden
  - über ihre zahlreichen Beteiligungen haben die KI einen großen Einfluß auf Wirtschaftszweige.

1.4.55 Erfüllung der Effektengeschäfte

1.4.550 Überblick

a) *Erfüllungsgeschäfte* im Zusammenhang mit Effektengeschäften sind
o Zahlung des Kaufpreises
o Übertragung des Eigentums an den Effekten.
Die Lieferung und Übereignung der Effekten kann auf verschiedene Weise erfolgen.

b) Zu unterscheiden ist auch hier in Erfüllung von
o Kundengeschäften
o Händlergeschäften.

c) Die Form der *Eigentumsübertragung* richtet sich nach der *Verwahrungsart* für die Papiere (Einzelheiten siehe Depotgeschäft). Zu unterscheiden sind
o Streifbandverwahrung: der Wertpapierinhaber bleibt Eigentümer der speziellen von ihm erworbenen Papiere
o Girosammelverwahrung (GS): der Wertpapierinhaber verliert das Einzeleigentum an bestimmten Stücken, wird stattdessen Bruchteilseigentümer an allen (untereinander austauschbaren, d. h. vertretbaren) Papieren einer Art und Gattung, die gemeinsam verwahrt werden
o Wertpapierrechnung (Aberdepot): nicht der Erwerber, sondern der Verwahrer wird Eigentümer eingelieferter Papiere
o Schuldbuchforderungen und andere Wertrechte: der Erwerber wird Forderungsinhaber und Verfügungsberechtigter.

1.4.551 Kundengeschäfte

Formen der Erfüllung durch KI bei Kaufaufträgen eines Kunden:

a) Verschaffung des Eigentums an *effektiven Stücken:*
o effektive Auslieferung der Papiere, d. h. Übergabe an den Kunden (heute sehr selten)
o Zusendung eines Stückeverzeichnisses bei Verwahrung der Papiere im Streifbanddepot; das Eigentum geht auf den Kunden über
  – mit Umbänderung der Papiere, d. h. Anbringung des Streifbandes
  – spätestens mit Absendung des Stückeverzeichnisses an den Kunden.

b) Verschaffung des *Miteigentums* an einem *Sammelbestand*, wenn die Papiere in einem Girosammeldepot verwahrt werden: die (Mit-)Eigentumsverschaffung erfolgt durch Gutschrift auf dem Depotkonto des Kunden.

c) Verschaffung des *Verfügungsrechts* über Wertrechte:

o Schuldbuchforderungen

o Jungscheinansprüche.

d) Verschaffung des *Herausgabeanspruches* gegen den Verwahrer bei *Wertpapierrechnung* (Aberdepot).

1.4.552 Händlergeschäfte

Formen der Erfüllung bei Geschäften von KI untereinander:

a) *Effektive Lieferung*

o durch Boten (KI befinden sich an demselben Platz)

o über LZB-Abrechnung (an allen LZB-Plätzen)

o durch die Post (bei KI an verschiedenen Plätzen).

Nachteile: teure, risikoreiche, oft zeitraubende Erfüllungsart, die in der Praxis immer mehr an Bedeutung verliert.

b) *Stückelose Lieferung = Effektengiroverkehr* (s. u.).

c) *Schuldbuch- und Jungscheingiroverkehr* (s. u.).

d) Verschaffung des *Herausgabeanspruchs* gegen den Verwahrer bei Wertpapierrechnung.

1.4.553 Effektengiroverkehr

a) *Wesen:*

o auf effektive Lieferung wird verzichtet

o die Wertpapiere liegen bei einem Verwahrer und bleiben dort, ohne durch das Geschäft bewegt zu werden

o die Eigentumsübertragung erfolgt durch *Buchung auf Konten,* die vom Verwahrer für die Geschäftspartner (Hinterleger) geführt werden.

b) *Voraussetzungen:*

o es muß sich um vertretbare Wertpapiere handeln (beachte: festverzinsliche Papiere, die nach Ablauf der tilgungs-bzw. kündigungsfreien Zeit der Auslosung zur Rückzahlung unterliegen, sind nicht mehr vertretbar)

- es müssen zentrale Verwahrungseinrichtungen bestehen
- die Papiere müssen dort in *Girosammeldepots* verwahrt werden, an denen die Einlieferer Miteigentümer nach Bruchteilen werden und einen Herausgabeanspruch gegen den Verwahrer erwerben
- Übertragung des Miteigentumsanteils kann dann durch Einigung und Abtretung des Herausgabeanspruches erfolgen.

c) *Träger* des Effektengiroverkehrs: die *Deutsche Kassenverein AG*, vertreten an allen Börsenplätzen (Ausnahme: Bremen – Abwicklung über Hamburg);

- *Wesen:*
  - hervorgegangen aus regionalen *Kassenvereinen* (verschmolzen 1990)
  - KI sind Aktionäre
- *Aufgaben:*
  - Durchführung des Effektengiroverkehrs
  - Verwahrung und Verwaltung von Wertpapieren in Girosammeldepots
  - Durchführung des Geldausgleichs = Abrechnung.

d) *Abwicklung des Effektengiroverkehrs:*

- KI hinterlegen beim Kassenverein *(Wertpapier-Sammelbank)* Effekten; dieser richtet für die KI Konten ein, auf denen die Wertpapierbestände eingebucht werden, und lagert die Effekten in nach Art und Gattung getrennten Girosammeldepots zusammen ein.
- Verfügungen über Wertpapierbestände erfolgen durch die sog. *Wertpapierschecks* (keine Schecks im Sinne des Scheckgesetzes, sondern Anweisungen zur Übertragung, Auslieferung u. ä. an den Kassenverein)
- *Arten* von Wertpapierschecks:
  - *weißer* Effektenscheck:
    Auslieferung effektiver Stücke
    Lieferung erfolgt mit schuldbefreiender Wirkung an den Inhaber (Überbringer) des Effektenschecks
    Legitimation des Überbringers darf jedoch überprüft werden (sog. hinkendes Inhaberpapier)
  - *roter* Effektenscheck:
    Übertragung von Depotanteilen auf ein Konto bei derselben Sammelbank
    Begünstigter erhält blaue Gutschriftsanzeige
  - *rosa* Effektenscheck (Effektenfernscheck):
    Übertragung von Depotanteilen auf ein Konto bei einer anderen Sammelbank
    Begünstigter erhält blaue Gutschriftsanzeige

- *grüner* Effektenscheck (Pfandscheck):

  Verpfändung von Sammeldepotanteilen

  Gutschrift erfolgt auf einem Pfandkonto (s. u. Drittverpfändung)

  Pfandgläubiger erhält grüne Gutschriftsanzeige.

  Bis auf den weißen Effektenscheck sind alle Schecks nicht übertragbar.

o Die jeweilige Verfügung wird von der Sammelbank durch *Buchung* auf den angesprochenen Konten realisiert. Die effektiven Stücke werden, außer bei Auslieferung, nicht bewegt.

1.4.554 Besonderheiten des Effektengiroverkehrs

a) *Schuldbuchgiroverkehr:*

o im Schuldbuch wird eine Schuldbuchforderung als *Sammelforderung* auf den Namen der Wertpapier-Sammelbank eingetragen

o die Sammelbank kann Teile der von ihr (ganz oder teilweise) übernommenen Anleihe an Kreditinstitute abtreten und auf deren Depotkonten gutschreiben

o die KI können dann im Wege des Effektengiroverkehrs über ihre Anteile verfügen (Ausnahme: weiße Effektenschecks) und diese Anteile auch an ihre Kunden übertragen.

b) *Jungscheingiroverkehr:*

o erfolgt vor Ausgabe effektiver Stücke bei Neuemission

o die Emissionsbank (Konsortialführerin) reicht bei der Wertpapiersammelbank ein Schreiben = *Jungschein* ein, in dem sie sich unwiderruflich verpflichtet, sofort nach Erscheinen der effektiven Stücke eine entsprechende Anzahl an die Sammelbank zu liefern

o die Sammelbank richtet ein Jungscheinkonto für die Emissionsbank ein

o Verfügungen sind wie im Effektengiroverkehr möglich (Ausn.: weißer Effektenscheck), Effektenschecks müssen den Vermerk „Jungscheinkonto" tragen

o die Emission kann so schon vor Erscheinen der effektiven Stücke untergebracht werden

o heutige Praxis: statt des Jungscheins Einreichung einer *Globalurkunde* für die gesamte Emission: = Wertpapier, das die effektiven Stücke überflüssig macht, da es alle Rechte der effektiven Stücke verbrieft; die Sammelbank richtet hierfür Girosammeldepotkonten ein.

G 018354

MUSTER

Hamburg, den 01.08.1989

Die Frankfurter Kassenverein AG wird beauftragt, folgende Übertragung vorzunehmen:

ZU LASTEN	Sammeldepot-Konto-Nr.	ZU GUNSTEN Pfandkonto von	Pfanddepot-Konto-Nr.
Vereins- und Westbank AG	7777	Landeszentralbank Hamburg	5555

Nennwert	Wertpapiergattung	WKN
DM 1.000.000,--	6,75% Bundesobl. 89/94 S.84	114084

Kto.-Nr.   belasten

Kto.-Nr.   erkennen

VEREINS- UND WESTBANK
Aktiengesellschaft

Firmenstempel und Unterschrift   1

Grüner Wertpapierscheck

MUSTER

Auftraggeber: **VEREINS- UND WESTBANK** Aktiengesellschaft

Wertpapierscheck Nr. 618105   Datum: 01.08.89

Begünstigter:

XYZ - Bank

Hamburg

Die Norddeutscher Kassenverein A.G., Hamburg, wird beauftragt, folgende Übertragungen vorzunehmen:

Sammeldepot-Konto-Nr. des Auftraggebers	3029
Sammeldepot-Konto-Nr. des Begünstigten	3028

WKN	Nennbetrag bzw. Stück	Wertpapiergattung	gegen Zahlung von DM
723600	ST -10-	Siemens Aktien	
748500	ST -15-	Thyssen Aktien	
761440	ST -33-	Veba Aktien	

Text (70 Stellen max.):

lt. Avis   223311

VEREINS- UND WESTBANK
Aktiengesellschaft

Stempel und Unterschrift des Kontoinhabers   1

Nr. 107

```
                    MUSTER                    Hamburg                          | Sorgfältig aufbewahren!
              W    Nr.  675176          den  01.08.1989                        |
              Die Norddeutscher Kassenverein AG., Hamburg, wird beauftragt,    | W   Nr. 675176
              aus unserem Sammelbestand auszuliefern
                                                            Konto-Nr.:         |
              VEREINS- UND WESTBANK AG Hamburg                3029             |
                                                                               |      MUSTER
                  an    selbst                     oder Überbringer            |   KONTROLL-
                                                                               |   ABSCHNITT
              | Nennwert | Wertpapiergattung u. Ertragsschein | WKN   |        |
              | St. -150-| Bayer Aktien                       | 575200|        |
                                                                               |    AUSLIEFERUNG
              Gewünschte Stückelung                                            | erfolgt nur gegen Rückgabe
                                      VEREINS- UND WESTBANK                    | dieses Kontrollabschnitts
                                                                               | Norddeutscher Kassenverein
                                                                               |   Aktiengesellschaft
              101                           Unterschrift              1
```

```
                M U S T E R                     E    689196         Datum 01.08.1989

                     Die Norddeutscher Kassenverein Aktiengesellschaft, Hamburg, empfängt anbei

              | von                    | zu Gunsten              | Sammeldepot-Konto-Nr. |
              | VEREINS- UND WESTBANK AG| VEREINS- UND WESTBANK AG|        3029          |

              | Nennwert | Wertpapiergattung | Ertragsschein | WKN    |
              | St. -50- | Siemens Aktien    | Nr.12 uff     | 723600 |

              laut beiliegendem Nummernverzeichnis zur Gutschrift auf Sammelbestandskonto.

                                                            VEREINS- UND WESTBANK AG

                                                                  Firmenstempel      1
```

1.4.6 Depotgeschäft

1.4.60 Geschlossenes Depot

a) *Wesen:*

= Verwahrung von Wertgegenständen in den Tresoren von Kreditinstituten (auch bezeichnet als *Tresorgeschäft*)

o KI erhält vom Gegenstand der Verwahrung keine Kenntnis

o Bedeutung: Schutz der Gegenstände vor Verlust, Diebstahl, Vernichtung und Beschädigung o *Arten:*

- Schrankfachverwahrung
- Entgegennahme von Verwahrstücken.

b) *Schrankfach* (Schließfach):

o Vertrag zwischen Kunde und KI über die *Miete* eines Schrankfachs
o Anerkennung der „Bedingungen für die Vermietung von Schrankfächern" durch den Kunden
o Zuweisung eines Schrankfaches, das unter Verschluß des Mieters und Mitverschluß des KI steht, so daß beide den Safe nur gemeinsam öffnen können; u. U. wird vom Kunden zur Öffnung besondere Legitimierung verlangt (Stichwort, Ausweiskarte)
o Haftung des Mieters für Schäden bei mißbräuchlicher Verwendung
o Haftung des KI:

- nur bei Vorsatz oder Fahrlässigkeit, also Verschulden
- bis zum 500fachen der Jahresmiete/maximal 20 000,– DM

o das KI hat gesetzliches Pfandrecht am Schrankfachinhalt, jedoch nur für Ansprüche aus *diesem* (Miet-)Vertrag, nicht etwa für Ansprüche aus Kreditverträgen usw.

c) Entgegennahme von *Verwahrstücken:*

o *Verwahr*vertrag zwischen Kunde und KI
o Anerkennung der „Bedingungen für die Annahme von Verwahrstücken" durch den Kunden
o Entgegennahme von Verwahrstücken durch das KI: Pakete, Koffer, Kisten usw., die versiegelt und mit dem Namen des Hinterlegers versehen sein müssen
o Haftung des KI bis 5 000,– DM (bei einigen KI bis 10 000,– DM) pro Verwahrstück für verschuldete Schäden
o kein gesetzliches Pfandrecht, aber ein Zurückbehaltungsrecht (vgl. § 273 BGB) des KI.

1.4.61 Offenes Depot

1.4.610 Grundlagen

a) *Wesen:*

o Verwahrung und Verwaltung von *Effekten* für Kunden
o im Unterschied zum geschlossenen Depot hat das KI Zugang zu den Verwahrungsgegenständen und Kenntnis über ihre Beschaffenheit

	A	B	C	D	E	F	G	H	I	J	K	L	M	N	O	P	Q	R	S	Sch	St	T/U	V	W	X	Y	Z

Depotinhaber: Herbert S c h w e i m e r

Rodigallee 229

2000 Hamburg 70

Pers. Depot-Nr. **454465/01**
Mitglieds-Nr. **1099**
Konto-Korrent-Nr. **454465/00**
~~XXXXXX~~

1. Ich/Wir bevollmächtige(n) nach Maßgabe Ihrer Allgemeinen Geschäftsbedingungen in der jeweils gültigen Fassung die nachstehend bezeichneten Personen, über meine/unsere jeweiligen Depots in beliebiger Weise zu verfügen.
2. Diese Vollmacht gilt für meine/unsere sämtlichen Depots, soweit Ihnen nicht für einzelne Depots eine andere schriftliche Weisung von mir/uns zugeht*).
3. Die Vollmacht erstreckt sich auf die Erteilung von Aufträgen zu An- und Verkäufen von Devisen, Sorten und Wertpapieren und zu anderen börsenmäßigen Geschäften*).
4. Die Vollmacht berechtigt dazu, Depotaufstellungen, Abrechnungen und sonstige Schriftstücke für mich/uns entgegenzunehmen und anzuerkennen.
5. Die Vollmacht gilt Ihnen gegenüber solange, bis Ihnen ein schriftlicher Widerruf zugeht.
6. Der/Die Bevollmächtigte(n) darf/dürfen sich im eigenen Namen oder als Vertreter eines Dritten Rechtsgeschäfte vornehmen*).
7. Der/Die Bevollmächtigte(n) kann/können die Vollmacht weiter übertragen, ohne daß die ihm/ihr/ihnen selbst erteilte Vollmacht erlischt*).
8. Sollte(n) der/die Bevollmächtigte(n) schon vor dieser Vollmachtserteilung Verfügungen im Sinne dieser Vollmacht getroffen haben und/oder Verfügungen der beschriebenen Art eingegangen sein, so werden diese hiermit genehmigt*).
9. Diese Vollmacht erlischt nicht mit meinem/unserem Tode, sie bleibt vielmehr für meine/unsere Erben in Kraft. Der Widerruf eines von mehreren Erben bringt die Vollmacht nur für meine/unsere Person zum Erlöschen und zwar mit der Folge, daß der Bevollmächtigte Verfügungen nur gemeinsam mit dem Widerrufenden treffen kann. Die Bank kann verlangen, daß der Widerrufende sich als Erbe ausweist*).

Es wird/werden zeichnen: (Nichtbenutzte Felder bitte streichen)

Nr.	Name des Zeichnungsberechtigten (in Blockschrift oder Schreibmaschinenschrift)	E A**) B	Unterschriftsprobe	Widerruf***)
1	Ella Schweimer geb. Lump	E	*Ella T. Schweimer*	
2	Peter Schweimer	A	*Peter Schweimer*	
3				
4				

Für Rechtsstreitigkeiten, insbesondere auch wenn Ansprüche im Mahnverfahren (§§ 688 f. ZPO) geltend gemacht werden, ist das Gericht des Erfüllungsortes oder des Sitzes der Hauptniederlassung der Bank zuständig. Das gleiche gilt, wenn der Vertragspartner nach Vertragsschluß seinen Wohnsitz oder gewöhnlichen Aufenthaltsort aus dem Geltungsbereich der ZPO verlegt oder sein Wohnsitz oder gewöhnlicher Aufenthalt im Zeitpunkt der Klageerhebung nicht bekannt ist.

Hamburg, 26. November 1979
(Ort und Datum)

Die Vollziehung der vorstehenden Unterschrift bescheinigt

(signature)
(Angestellter der Bank)

(signature)
(Anschrift und Unterschrift des Vollmachtgebers)

*) Zeichenerklärung:
 E = einzeln
 A = gemeinsam mit einem anderen Bevollmächtigten (allgemein)
 B = gemeinsam mit einem Bevollmächtigten der Gruppe A (beschränkt)
**) Der Vollmachtgeber kann diese Absätze ganz, aber nicht teilweise streichen.
***) Die Art der Zeichnungsberechtigung (E, A oder B) bitte in der vorgesehenen Spalte angeben.
****) Hier ist z. B. ein Widerrufsschreiben im Sinne von Ziff 5 zu vermerken oder Unterschrift des Vollmachtgebers.

Leitkarte für das persönliche Depot — Nicht als Antrag zu verwenden

- o gesetzlich geregelt durch das *Depotgesetz* von 1937 (das keine Regelungen für das geschlossene Depot enthält)
- o *Verwahrer* im Sinne des Depotgesetzes sind
  - Kreditinstitute
  - Wertpapiersammelbanken.

b) *Einlieferung* von Effekten:

- o *Prüfung* der Effekten:
  - Echtheit
  - formale Ordnungsmäßigkeit (Vollständigkeit, Übereinstimmung der Nummern auf Mantel und Bogen, keine Beschädigungen u. a.)
  - rechtliche Ordnungsmäßigkeit:
    - Korrektheit von Indossamenten und Zessionen
    - Rechtmäßigkeit des *Eigentums* des Einlieferes, nachprüfbar durch die „Sammellisten mit Opposition belegter Wertpapiere", in denen Diebstahl/ Verlust angegeben sind
- o *Einbringung* in ein Depot des KI bei getrennter Aufbewahrung von Mänteln und Bogen (aus Sicherheitsgründen)
- o *Einbuchung* auf dem Depotkonto des Kunden.

1.4.611 Depotarten

a) *Streifbanddepot (Sonderverwahrung):*

- o die Wertpapiere werden gesondert für jeden einzelnen Kunden aufbewahrt
- o Umbänderung der Effekten mit sog. Streifband, auf dem alle notwendigen Einzelheiten, insbes. Name des Hinterlegers, angegeben sind
- o Bedeutung: der Hinterleger bleibt Eigentümer der einzelnen Stücke, die er eingeliefert hat, und erhält bei Auslieferung *dieselben* Papiere zurück
- o Verfügungen über das Eigentum sind ohne das KI möglich
- o bei Konkurs des KI hat der Kunde ein Aussonderungsrecht
- o *Anwendung:*
  - für festverzinsliche Wertpapiere, bei denen es bei Auslosungen/Kündigungen auf die einzelnen, durch Buchstaben und Zahlen gekennzeichneten Stücke ankommt (also nach Ablauf kündigungs-/tilgungsfreier Zeit)
  - für sonstige Papiere, die der Kunde nicht zur Sammelverwahrung freigegeben hat

o Besonderheit: *Tauschverwahrung* = Einverständnis des Kunden, daß seine Papiere in Effekten derselben Art und Gattung eingetauscht werden (z. B. Tausch von kleinen Stücken in entsprechend weniger, aber größere Stücke).

b) *Girosammeldepot (Sammelverwahrung):*

o Verwahrung von Wertpapieren derselben Art und Gattung *verschiedener Hinterleger* zusammen in einem Depot

o Voraussetzung: ausdrückliche schriftliche Genehmigung des Kunden

o Bedeutung: Hinterleger *verliert das Eigentum* an den von ihm eingelieferten Stücken

o er wird *Miteigentümer nach Bruchteilen* am Sammelbestand der bei diesem Verwahrer verwahrten Wertpapiere derselben Art und Gattung

o dadurch werden Kosten gespart und leichtere Abwicklung der Übertragung, insb. in Form des Effektengiroverkehrs, möglich

o Träger:

– Haussammelverwahrung bei dem KI, das die Effekten vom Kunden entgegengenommen hat (in der Praxis heute unüblich, da für jedes Verwahrgeschäft gesonderte Ermächtigung des Kunden erforderlich)

– Girosammelverwahrung durch Wertpapiersammelbanken

o zur Verwahrung eignen sich folgende *Papiere:*

– alle vertretbaren Wertpapiere

– insb. Aktien/Investmentzertifikate

– Festverzinsliche nur während tilgungs-/kündigungsfreier Zeit

– Wertrechte

– alle Inhaberpapiere

– Orderpapiere, soweit blankoindossiert

– vinkulierte Namensaktien, sofern die AG darauf verzichtet, die Unterschrift des kaufenden Depotkunden auf dem Umschreibungsantrag und des verkaufenden Depotkunden auf der Abtretungserklärung einholen zu lassen; einige AG's haben bereits mit ihren Hausbanken entsprechende Vereinbarungen getroffen, die von allen KI angewandt werden: Statt die Kundenunterschriften einzuholen, unterzeichnet das depotführende KI im eigenen Namen beim Kauf der Aktien den Umschreibungsantrag und beim Verkauf die Abtretungserklärung; Ziel ist es, den Anleger bei Geschäften in vinkulierten Namensaktien weitestgehend wie bei Geschäften in Inhaberaktien zu behandeln.

1.4.612 Wertpapierrechnung

a) *Wesen:*

o im Ausland für Kunden angeschaffte Wertpapiere werden grundsätzlich im Ausland verwahrt

o möglich ist auch die spätere Verlagerung von im Inland erworbenen Wertpapieren ausländischer Emittenten zur Aufbewahrung ins Ausland (entsprechende Kundenermächtigung muß vorliegen).

b) *Rechtsfolgen:*

o das inländische KI verschafft sich das Eigentum oder das Miteigentum oder eine andere am Lagerort der Wertpapiere übliche gleichwertige Rechtsstellung

o der Kunde erwirbt keine Eigentumsansprüche

o der Kunde hat schuldrechtliche Ansprüche auf Herausgabe und Ertrag

o aufgrund des bestehenden Treuhandverhältnisses zwischen inländischen KI und Kunden ist dieser gegen Zwangsvollstreckungsmaßnahmen weitgehend geschützt.

c) *Praxis:*

o das inländische KI läßt sich vom ausländischen Verwahrer eine sog. Drei-Punkte-Erklärung unterschreiben:

– Kenntnisnahme, daß die Werte den Kunden des KI zustehen

– Pfand-, Zurückbehaltungsrechte o. ä. werden nur wegen Forderungen aus Anschaffung, Verwahrung und Verwaltung geltend gemacht

– Werte werden an bestimmtem Ort in bestimmtem Land von dem Verwahrer selbst verwahrt (keine Weitergabe an Dritte ohne Zustimmung des KI)

o heute hält der Deutsche Auslandskassenverein AG (AKV) anstelle der einzelnen KI die Depotbestände im Ausland

o der AKV erteilt den inländischen KI für die im Ausland verwahrten Wertpapiere Gutschrift

o diese Gutschrift wird von den KI an die Kunden weitererteilt.

1.4.613 Eigentumsverschaffung beim Wertpapiererwerb

a) *Streifbanddepot:*

o der Kommissionär (KI), der aufgrund seines Auftretens im eigenen Namen zunächst Eigentum am von ihm zu beschaffenden Wertpapier erworben hat, ist verpflichtet, es *schnellstens* auf seinen Auftraggeber zu übertragen

o der Eigentumsübergang an den Kunden erfolgt
- mit Bänderung der Effekten oder
- mit Absendung eines Stückeverzeichnisses (aus dem die genauen einzelnen Stücke anhand ihrer Nummern hervorgehen)
- maßgeblich ist, was zuerst geschieht.

b) *Girosammeldepot:*

o der Kommissionär (KI) lagert die Papiere im Girosammeldepot ein

o der Eigentumsübergang (hier: Erwerb des *Mit*eigentums am Sammelbestand durch den Kunden) erfolgt durch Gutschrift des erworbenen Effektenbetrages auf einem Depotkonto, das vom KI für den Kunden geführt wird

o der Kunde ist von dieser Buchung unverzüglich zu unterrichten.

1.4.614 Drittverwahrung

a) *Wesen:*

= Verwahrung der Effekten des Kunden nicht bei seinem KI (dem Zwischenverwahrer), sondern bei einer dritten Verwahrstelle

o zu dieser Verwahrung ist jedes KI laut Depotgesetz und AGB berechtigt, es muß die Papiere also nicht bei sich behalten und braucht für Weitergabe an den Drittverwahrer keine Ermächtigung des Kunden

o Hinterlegung in Streifband- oder Girosammeldepot möglich

o der Zwischenverwahrer haftet gegenüber dem Kunden nur für sorgfältige Auswahl des Drittverwahrers.

b) *Anwendung:*

Zwischen-verwahrer	Filiale/Zweigstelle Sparkasse Kreditgenossenschaft Provinzbank Privatbank Kreditinstitut	— — — — — —	Zentrale Girozentrale Zentralkasse Börsenbank Korrespondenzbank Wertpapiersammelbank	Drittverwahrer

c) *Bedeutung:*

o Zwischenverwahrer benötigt keine eigenen Tresoranlagen
o Zwischenverwahrer geht kein Risiko durch unsachgemäße Verwahrung ein
o Wertpapiere können unmittelbar an einem Börsenplatz lagern
o effektiver Umtausch (soweit überhaupt vorgenommen) wird erleichtert
o größte Bedeutung hat die Einlagerung der Effekten bei den *Wertpapiersammelbanken,* wodurch der stückelose Effektengiroverkehr ermöglicht wird.

d) *Praxis:*

o wenn der Zwischenverwahrer beim Drittverwahrer eigene Papiere (sog. Nostroeffekten) hinterlegen will, muß er sie durch sog. *Eigenanzeige* kenntlich machen (= Erklärung, daß Hinterleger der Eigentümer ist)
o alle ohne Eigenanzeige des einliefernden KI versehenen Effekten werden vom Drittverwahrer als *Kunden*papiere angesehen und entsprechend verwahrt (Depot B) = Grundsatz der *Fremdvermutung.*

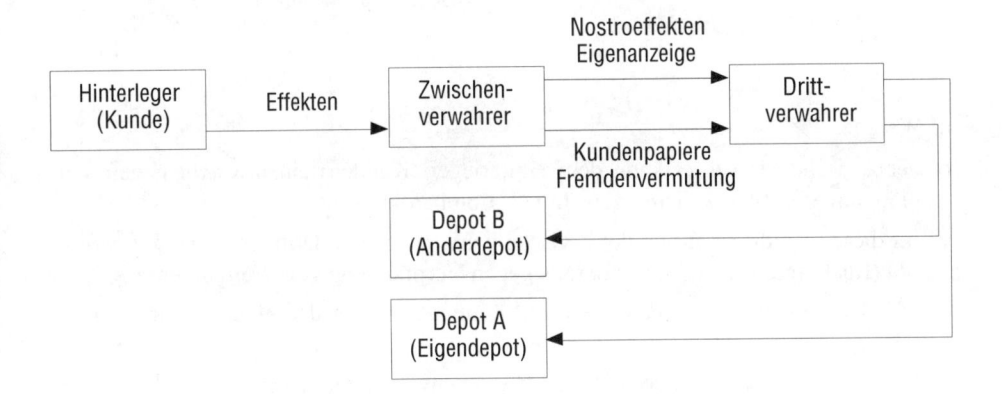

```
                                    Nostroeffekten
                                    Eigenanzeige
┌───────────┐            ┌──────────┐ ─────────────► ┌──────────┐
│ Hinterleger│  Effekten │ Zwischen-│                │  Dritt-  │
│  (Kunde)  │ ────────► │ verwahrer│                │ verwahrer│
└───────────┘            └──────────┘                └──────────┘
                                    Kundenpapiere
                                    Fremdenvermutung
                         ┌──────────┐                      │
                         │ Depot B  │ ◄────────────────────┤
                         │(Anderdepot)│                    │
                         └──────────┘                      │
                         ┌──────────┐                      │
                         │ Depot A  │ ◄────────────────────┘
                         │(Eigendepot)│
                         └──────────┘
```

e) *Haftung:*

o die Kundenpapiere werden grundsätzlich in Depot *B* eingelagert; sie haften dem Drittverwahrer nur für evtl. ausstehende Depotgebühren
o alle im Depot *A* (Eigendepot des KI) eingelagerten Papiere haften für alle Verbindlichkeiten des Zwischenverwahrers gegenüber dem Drittverwahrer.

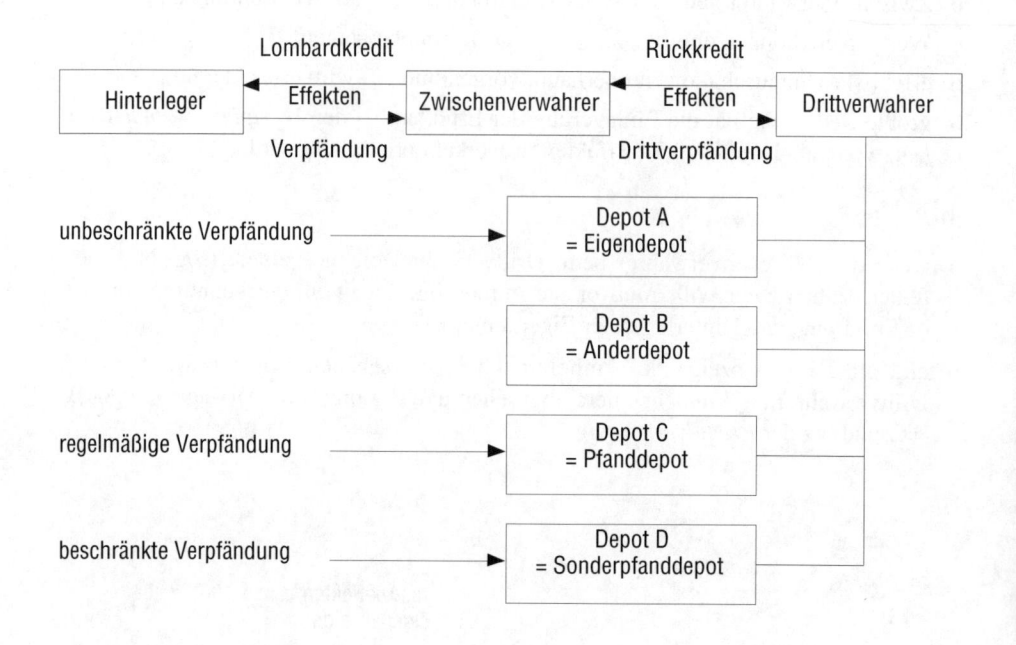

1.4.615 Drittverpfändung

```
                  Lombardkredit              Rückkredit
  ┌───────────┐   Effekten    ┌──────────────┐   Effekten   ┌──────────────┐
  │Hinterleger│◄─────────────►│Zwischenverwahrer│◄──────────►│Drittverwahrer│
  └───────────┘   Verpfändung └──────────────┘ Drittverpfändung └──────────────┘
```

unbeschränkte Verpfändung	──►	Depot A = Eigendepot
		Depot B = Anderdepot
regelmäßige Verpfändung	──►	Depot C = Pfanddepot
beschränkte Verpfändung	──►	Depot D = Sonderpfanddepot

a) *Wesen:*

o der Zwischenverwahrer kann dem Hinterleger (Kunden) einen *Kredit* gegen Verpfändung von Wertpapieren gewähren = Lombardkredit

o für diesen Kredit kann sich der Zwischenverwahrer beim Drittverwahrer *refinanzieren* (Rückkredit), und zwar ebenfalls gegen Verpfändung von Wertpapieren

o Pfänder sind in diesem Fall die *Kundenpapiere* (neben den eigenen Papieren des KI)

o Voraussetzung: der Kunde muß den Zwischenverwahrer schriftlich zur Weiterverpfändung ermächtigt haben

o der Kunde kann hierbei Weisungen über die Art der Drittverpfändung geben

o die Drittverpfändung darf nur an einen Drittverwahrer erfolgen.

b) *Arten* der Drittverpfändung:

① *Regelmäßige Verpfändung:*

– Einlagerung der Kundenpapiere im Depot C = *Pfanddepot*
– Haftung der Papiere bis zur Höhe des dem *Zwischenverwahrer* gewährten Kredites (= Rückkredit)

Beispiel:

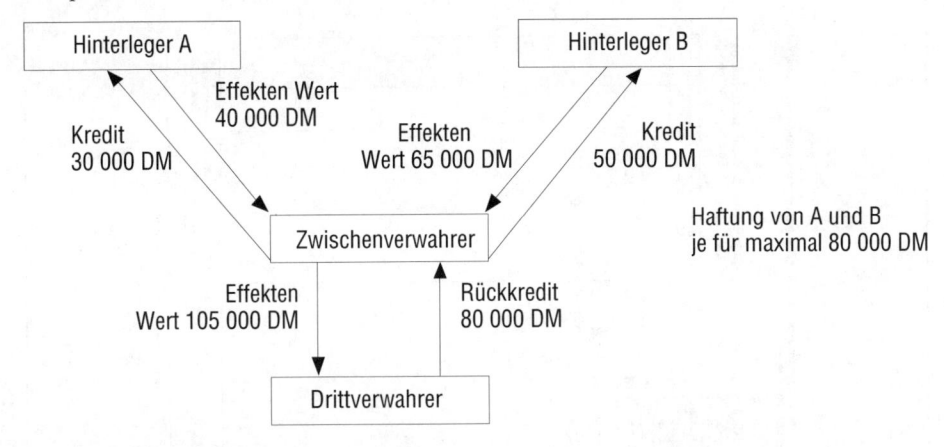

```
Hinterleger A                          Hinterleger B
        ↑                                    ↑
        │   Effekten Wert                    │
        │   40 000 DM                        │
   Kredit         Effekten              Kredit
   30 000 DM      Wert 65 000 DM        50 000 DM
        ↓              ↓                     ↓
              Zwischenverwahrer        Haftung von A und B
                                       je für maximal 80 000 DM
         Effekten         Rückkredit
         Wert 105 000 DM  80 000 DM
              ↓              ↑
              Drittverwahrer
```

② *beschränkte Verpfändung:*

– Einlagerung der Kundenpapiere im Depot *D = Sonderpfanddepot*
– Haftung der Papiere bis zur Höhe des dem einzelnen *Hinterleger* gewährten Kredites (im Beispiel haften die Papiere des Kunden A also nur für 30 000,– DM, die Papiere des Kunden B für 50 000,– DM gegenüber dem Drittverwahrer für dessen Kredit an den Zwischenverwahrer)

③ *unbeschränkte Verpfändung:*

– Einlagerung der Kundenpapiere im Depot *A = Eigendepot* des Zwischenverwahrers, zusammen mit den Nostroeffekten des Zwischenverwahrers
– Haftung der Kundenpapiere ebenso wie der Nostroeffekten für *alle Ansprüche* des Drittverwahrers gegen den *Zwischenverwahrer,* auch aus anderen Rückkrediten und ohne Rücksicht auf die Höhe des dem Hinterleger gewährten Kredites.

1.4.616 Effektenverwaltung im offenen Depot

a) *Übliche Arbeiten* (ohne besonderen Auftrag des Kunden):

o Abtrennung der Zins- und Dividendenscheine
o Einzug und Einlösung dieser Wertpapiere
o Besorgung neuer Bogen gegen Einreichung des Talons
o Überwachung von Kündigungen und Auslosungen bei festverzinslichen Wertpapieren
o Überwachung von Kapitalerhöhungen bei Aktien
o Abzug von Kapitalertragsteuer

VEREINS-UND WESTBANK
Aktiengesellschaft

Depot-Auszug
Statement of securities

Laufende Nr. **56092**
Reference No.

Vertraulich / Confidential
Herrn/Frau/Fräulein/Firma / Mr/Mrs/Miss/Messrs.

Elfriede Mustermüller
Breite Straße 12

2000 Hamburg 20

Die Depotgebühren für das laufende Kalenderjahr belasten wir mit
For safekeeping charges for the current calendar year we shall debit you with

DM **264,00**

auf dem Konto Nr. **2223445677**   am **27.01.89**
Account No.   Date

Mit freundlichen Grüßen / Yours faithfully,

VEREINS-UND WESTBANK

Diese Mitteilung wird nicht unterzeichnet.
This statement will not be signed.

Wir erlauben uns, Ihnen hiermit ein Verzeichnis der bei uns für Sie verbuchten Wertpapiere zu übersenden und bitten Sie um Beachtung der Rückseite.

We take pleasure in forwarding to you herewith a statement of your securities with us and ask you to take notice of the reverse.

Auszug per 31.12.1988
Statement as of

Depot-Nr. 3214567
Custody a/c No.

Blatt 1
Sheet

2000 Hamburg 11, Datum des Poststempels
Alter Wall 22   Date as per postmark
Postfach 11 02 73

Nennbetrag/Stück Par value/number		Wertpapier-Bezeichnung Securities description	Kenn-Nr. Code No.	Stücke Art	Kurs Price		Kurswert in DM Market value
DM	40.000,00	8 % Bundesobligationen 84/89 S.45 Gek. 01	114045	2	DM	100,00	40.000,00
DM	500,00	3 % BASF Anl.85/95 mit Optionssch. 2.01	352406	1	DM	193,50	967,50
ST	44	BASF AG.Aktien	515100	1	DM	280,50	12.342,00
ST	11	Standard Elektrik Lorenz Aktien	661900	1	DM	250,00	2.750,00
ST	55	Vereins- und Westbank Aktien	811700	1	DM	406,00	22.330,00
ST	240	Nordrenta International Anteile	848480	1	DM	48,58	11.659,20

Depot gehören	Gesamt				Festverzinsliche Werte			Deutsche Aktien								Ausländ. Aktien	Gesamt Kurswert in DM Total market value	Gesamt-Posten Total items
	Aktien	Festverzinsl. Werte	Investment Anteile	Ausland	Inland	Ausland (Wandel)	Dld-Anleih. Währ.-Anl	Fahrzeug/ Masch.bau	Banken/ Versich.	Bau/ Baustoffe	Chemie	Elektro/ Elektronik	Energie/ Kohle	Kaufhäuser	Montanw./ NE-Metalle	Konsum/ Brauerei	Textilien/ Papier	Verlage	Versorgung	Sonstige			
%	42	45	13		98	2				60	33	7										90.048,70	6

-Irrtum vorbehalten - Errors excepted -

Bitte Rückseite beachten! / Please turn over!

b) *Depotstimmrecht* (vgl. Aktiengesellschaft, Abschnitt 0.4.165):

o Ausübung des Stimmrechts aus Aktien für Depotkunden auf Hauptversammlungen der betreffenden Gesellschaften

o Voraussetzung: *Vollmacht* des Kunden an das KI
  - Einzelvollmacht: für eine HV
  - Generalvollmacht (maximal für 15 Monate): für alle in Frage kommenden Hauptversammlungen

o Unterrichtung des Kunden über die Tagesordnung der HV, über Vorschläge des Vorstandes, Zusendung des Geschäftsberichtes der Gesellschaft

o Unterbreitung eigener Vorschläge für die Abstimmung, Einholen von Weisungen für die Stimmrechtsausübung, die in jedem Fall (auch bei Generalvollmacht) erbeten und beachtet werden müssen (werden keine Weisungen erteilt, stimmt das KI im Sinne seiner eigenen Vorschläge)

o die Stimmrechtsausübung erfolgt
  - namentlich, d. h. im Namen des Aktionärs, oder
  - anonym, d. h. „im Namen dessen, den es angeht" (üblich).

c) Ausübung und Verwertung von *Bezugsrechten* für den Kunden, Überwachung von Fusionen, Sanierungen, Zusammenlegungen, Umstellungen, Konversionen u. a. m.:

o Benachrichtigung des Kunden

o Einholen von Weisungen

o Handlung nach den Weisungen des Kunden und/oder in seinem Interesse.

d) In der Depotbuchhaltung *geführte Depotbücher:*

o Personendepot (Gliederung nach Kunden)

o Sachdepot(Gliederung nach Wertpapieren)

o Nummernverzeichnis (Zusammenstellung aus den Durchschriften der Stückeverzeichnisse, Streifbanddepot)

o Lagerstellenkartei (Ordnung nach Lagerstellen = Drittverwahrern)

e) Einmal jährlich erhält der Kunde einen *Depotauszug*. Meist werden zugleich Hinweisblätter für die Versteuerung von Effekteneigentum und Effektenerträgen beigefügt.

1.4.7 Anlageberatung durch Kreditinstitute

1.4.70 Grundbegriffe

a) Die Kreditinstitute bieten eine Vielzahl von möglichen *Anlageformen* an. Die große Auswahl macht es für den Kunden außerordentlich schwer, unter dem Angebot diejenige Form herauszufinden, die seinen persönlichen Verhältnissen am ehesten gerecht wird.

b) Daher gehört es heute zum Service-Angebot der Kreditinstitute,

o den Kunden über Inhalt, Wesen und Bedeutung der einzelnen Anlageformen *aufzuklären*,

o ihn auf die Besonderheiten seiner *persönlich-wirtschaftlichen Situation* hinzuweisen (z. B. Einkommen, persönlicher Steuersatz).

o ihn bei der Wahl einer Anlageform zu *beraten* und *Empfehlungen* zu geben.

c) Die Zahl der privaten Anleger, deren Einkommens- und Vermögensverhältnisse eine längerfristige Kapitalanlage ermöglichen, ist in den letzten Jahren erheblich gestiegen. Bei einem verfügbaren Einkommen 1988 von 1 339 Mrd. DM (1980: 978 Mrd. DM) ergab sich eine private Erparnis in Höhe von 181,5 Mrd. DM (1980: 137 Mrd. DM). Die Sparquote (private Ersparnis in % des verfügbaren Einkommens) lag somit 1988 bei 13,6 % (1980: 14 %).

In den nächsten Jahren werden erhebliche weitere Anlagebeträge auf dem Markt zur Verfügung stehen. Hierzu gehören insbesondere

o fällige Lebensversicherungen (bis 1995: 350 Mrd. DM)

o Erbschaften.

d) Das Interesse der Kunden hinsichtlich der *Kapitalverwendung* wird beeinflußt von der jeweiligen Geldentwertungsrate:

o einerseits werden Kapitalanlagen gesucht, die weitgehend inflationsunabhängig sind oder zumindest eine über der Geldentwertungsrate liegende Rendite bieten

o andererseits wird erkannt, daß ein unmittelbarer Erwerb von Sachwerten statt einer bankmäßigen Kapitalanlage das Geldentwertungsrisiko weitgehend ausschalten kann

o wirtschaftliche Rezessionen und in ihrer Folge der Zusammenbruch zahlreicher Unternehmen in verschiedenen, auch in sonst als „sicher" geltenden Branchen haben dazu geführt, daß für den Verbraucher neben der Rentabilität auch die Sicherheit einer Kapitalanlage zunehmend an Interesse gewinnt.

e) Zu beachten ist weiterhin, daß insb. bei den Beziehern geringerer Einkommen die Neigung, Kapital langfristig festzulegen, relativ gering ist, da ihre privaten Verhältnisse noch zu sehr risikobehaftet sind. Für viele Anleger spielt daher die *Liquidität* einer Anlageform eine erhebliche Rolle.

f) Die Persönlichkeit des Anlegers bedingt ein unterschiedlich großes, vielfach jedoch vorhandenes Interesse an *spekulativen Anlagen* mit der ständigen unterschwelligen Hoffnung, auf diese Weise an „das große Geld" heranzukommen. Hier ist es Aufgabe der Anlageberatung, auf die Risiken ganz besonders hinzuweisen und den Kunden davon in Kenntnis zu setzen, daß auch der bestinformierte Anlageberater im Bereich der Spekulation meist nur gefühlsmäßig die richtige Form und den rechten Zeitpunkt erkennen kann (vgl. die Goldspekulation 1980/81).

g) Im Bereich der Anlageberatung durch Kreditinstitute hat sich mittlerweile die Erkenntnis durchgesetzt, daß die *„klassischen"* statischen Anlageempfehlungen nur in den seltensten Fällen zu befriedigenden Ergebnissen führen. Solche klassischen Regeln sind z. B.

o 1/3 Aktien, 1/3 Rentenwerte, 1/3 Gold

o 1/3 Aktien, 1/3 Rentenwerte, 1/3 Immobilien u. a. m.

Für die heutige Anlageberatung sind vielmehr entscheidend

o die persönlichen Vorstellungen ⎫ *Anlegerdaten*
o die persönlichen und wirtschaftlichen Verhältnisse des Kunden ⎭

o die Besonderheiten der jeweiligen Anlageform *(Anlagedaten)*

o die jeweilige (gesamtwirtschaftliche) Situation, d. h. die *optimale Wahl des Anlagezeitpunktes*

und ihre Zuordnung zueinander.

h) Das bedeutet aber auch, daß eine statische, d. h. einmalig nach den oben genannten Kriterien getroffene Festlegung eines Anlageplanes unbrauchbar ist. Dieser muß vielmehr dynamisch sein und sich ständig der jeweiligen gesamtwirtschaftlichen Situation anpassen.

Hierbei ist die Anlageberatung durch Kreditinstitute besonders gefordert, da diese u. U. mehrmals eine Umschichtung, Umwandlung oder auch eine vollständige Neuorientierung im Zusammenwirken mit dem Kunden vornehmen müssen. Unter Einsatz neuer Medien (Datensichtgeräte des Kundenberaters mit allen aktuellen Wirtschafts- und Börseninformationen) wird eine schnellere und umfassendere Kundenberatung möglich sein.

i) Für die Kreditinstitute als Anlageberater sind drei Punkte von besonderer Bedeutung:

o § 676 BGB und Nr. 10 der AGB schließen die *Haftung* für Auskünfte und Raterteilungen weitestgehend aus; eine Haftung für schuldhaftes Verhalten verfassungsmäßig berufener Vertreter (Vorstand, Geschäftsführer, Gesellschafter u. a.) kann jedoch nicht ausgeschlossen werden.

o Für ein Kreditinstitut könnte die Versuchung auftreten, dem Kunden Anlageformen anzuraten, die dem KI selbst Vorteile (z. B. durch Kurssteigerungen) bringen oder eigene Nachteile (z. B. bei eigener Fehlinvestition in ein bedrohtes Unternehmen, das nun mit Kundeneinlagen saniert werden soll) kompensieren könnten; solche Empfehlungen können nicht nur eine Haftung des KI auslösen (s. o.), sondern sind auf jeden Fall geeignet, das Vertrauen des Kunden zu untergraben und das KI unglaubwürdig zu machen, und verbieten sich daher von selbst. Derartige Praktiken sind in der Kreditwirtschaft außerordentlich selten. Dies zeigt, daß die KI mit Recht als seriöse Berater ihrer Kunden in Vermögensangelegenheiten gelten.

o In zunehmendem Maße werden Anlageentscheidungen der Kunden unter steuerlichen Gesichtspunkten getroffen. Der Anlageberater ist daher ständig neu gefordert, sich in steuerlichen Fragen auf dem laufenden zu halten. In der Beratung des Kunden ist jedoch nur in unmittelbarem Zusammenhang mit bankmäßigen Dienstleistungen auf steuerliche Tatbestände einzugehen. Eine umfassende Steuerberatung bleibt den steuerberatenden Berufen vorbehalten (zu Steuern vgl. auch Abschnitt 0.6).

1.4.71 Einzelne Anlageformen und ihre Bewertung

Während das Geldvermögen der privaten Haushalte in den vergangenen Jahrzehnten ständig gestiegen ist (allein von 1980 bis 1988 von 1 416 auf 2 510 Mrd. DM um 77 %), hat sich die Bedeutung der einzelnen Anlageformen wesentlich verändert, wie die nachfolgende Statistik zeigt:*⁾

Geldvermögensbildung in Mrd. DM	1980	1986	1988
längerfristig			
Geldanlage bei Banken	15,6	26,2	-3,7
Geldanlage bei Bausparkassen	6,3	-1,7	1,0
Geldanlage bei Versicherungen	22,0	36,5	40,0
Erwerb festverzinsl. Wertpapiere	24,8	8,0	48,1
Erwerb von Aktien	-0,9	3,6	2,6
Ansprüche auf betriebl. Pensionen	13,3	11,6	10,3
Summe	81,0	84,3	98,3
kurzfristig			
Geldanlage bei Banken	35,8	47,0	46,7
Sonstige Forderungen	3,2	5,2	5,5
Summe	39,0	52,2	52,2
Geldvermögensbildung insgesamt	120,0	136,5	150,5

Während die Entwicklung auf dem Markt für Aktien und festverzinsliche Wertpapiere – bei ständig zunehmendem Interesse privater Anleger für Wertpapieranlagen insgesamt – von der jeweiligen konjunkturellen, Zins- und Marktsituation abhängt, ist besonders der Anstieg der Geldanlagen bei Versicherungen bemerkenswert.

Im einzelnen sind die nachfolgenden Anlageformen zu unterscheiden und in bezug auf die individuelle Situation des Kunden zu bewerten:

---

*⁾ Quelle: Monatsbericht Deutsche Bundesbank Mai 1989

a) *Sparkonten, Spar(kassen)briefe, Sparschuldverschreibungen:*
- o weitgehend fester Ertrag, bei längerfristiger Anlage über der Geldentwertungsrate
- o Rückzahlung ist gesichert
- o das Sparkapital unterliegt der Geldentwertung, die von Zinsen z. T. nicht ausgeglichen wird
- o eingeschränkte Liquidität (jederzeitige Verfügbarkeit gegen Vorschußzinsen oder geringere Gesamtverzinsung)
- o besondere Vertragsausgestaltung möglich (z. B. Bonussparen, Goldenes Sparbuch).

b) *Staatliche Sparförderung:*
- o Ertrag ist durch Zinsen, Prämie, Arbeitnehmersparzulage oder Steuervorteil höher als bei fast allen anderen Anlageformen
- o beim Bausparen wird zinsgünstiges Darlehen, beim Versicherungssparen die Lebensversicherung, bei vermögenswirksamer Anlage die Sparzulage als zusätzliche Leistung geboten
- o geeignet meist nur für Bezieher kleinerer Einkommen (wegen der Einkommensgrenzen)
- o keine Möglichkeit der Anlage größerer Kapitalien
- o sehr eingeschränkte Liquidität, wenn die Vorteile erhalten bleiben sollen (insbes. Prämien, Arbeitnehmersparzulage, Steuervorteil)
- o je nach Sparaufkommen und Haushaltslage des Staates ist auch Einschränkung der staatlichen Sparförderung möglich, wovon allerdings grds. nur neugeschlossene Verträge betroffen werden.

c) *Termineinlagen:*
- o zeitweilig außerordentlich hohe Verzinsung
- o geeignet nur bei größeren Anlagebeträgen
- o beschränkte Liquidität (Vorschußzinsen/Zinsabzug)
- o empfehlenswert, wenn Geld vorübergehend für vorhersehbaren Zeitraum verfügbar ist.

d) *Edelmetalle:*
- o weitgehend inflationsunabhängig
- o günstig wegen zunehmender Knappheit der Vorkommen
- o erhebliche Preissteigerungen sind möglich
- o bei Verkauf relativ hoher Abschlag
- o Mehrwertsteuer bei Erwerb
- o keine feste Verzinsung
- o u. U. spekulativ-riskant, vgl. die stürmische Goldpreisentwicklung 1979–81

e) *Münzen, Briefmarken und andere Sammelobjekte:*
- z. T. krisenabhängig (in ernsten Wirtschaftskrisen werden solche Objekte meist weit unter Wert abgestoßen)
- mehrwertsteuerpflichtig (Ausn. vgl. Abschnitt 0.6.20)
- sehr hoher Abschlag (oft bis 80 % der Katalogpreise) bei Verkauf
- kein fester Ertrag
- sehr hohe Wertsteigerungen sind möglich

f) *Immobilien* (und Immobilien-Zertifikate):
- inflationsunabhängig
- z. T. erhebliche Wertsteigerungen (Knappheit von Grundstücken; Planungsvorteile, aber auch Planungsnachteile sind denkbar, z. B. Straßenbau) oder – z. B. nach vorangegangenem Preisboom – drastische Wertverluste
- geringe laufende Erträge (z. B. aus Mieten)
- z. T. hoher Verwaltungs- und Instandhaltungsaufwand
- Steuervorteile bei Erwerb (zukünftige Steuernachteile sind zu befürchten)
- sehr schlechte Liquidität

g) *Effekten* (allgemein):
- große Liquidität (Börse!)
- generell Kursrisiken

h) *Aktien:*
- Aussicht auf Kursgewinne
  - bei Wirtschaftswachstum der Unternehmung und der Gesamtwirtschaft
  - bei spekulativen Anlagen
- zunächst inflationsunabhängig (Geldentwertung wirkt sich allerdings bald auf Erträge, dann auch auf Kurswert aus, s. o.)
- weitgehend regelmäßige Erträge durch Dividenden (allerdings meist geringere Dividendenrendite)
- Gefahr von Kursverlusten (kann durch Optionsgeschäft eingeschränkt werden)
- Rechte auf Mitentscheidung (gering), Risiko des Einlagenverlustes

i) *Festverzinsliche Wertpapiere:*
- Ertrag ist regelmäßig, oft hoch (meist über Geldentwertungsrate)
- sichere Anlage
- eingesetztes Kapital unterliegt der Geldentwertung
- Kursverluste möglich (ausgeschlossen nur bei langfristiger Anlage, da Rückzahlung mindestens zum Nennwert erfolgt)
- u. U. steuerliche Vorteile bei abgezinsten Formen

k) *Investment-Zertifikate:*
o meist höherer Ertrag als bei Aktien
o Risikostreuung bereits bei geringem Kapitaleinsatz
o Kursverluste sind möglich
o keine Mitentscheidungsrechte
o Risiko bei unreellem Verhalten der Kapitalanlagegesellschaft trotz strenger gesetzlicher Vorschriften (vgl. IOS).

l) Steuerbegünstigte Darlehen *("Berlin-Darlehen"):*
o direkte Steuerersparnis
o interessant für Anleger mit hohem zu versteuerndem Einkommen
o regelmäßige Rückführung in gleichmäßigen Jahresraten
o langfristige Anlage (bis zu 25 Jahren)
o Reduzierung der Steuer nur in dem Jahr, in dem das Darlehen abgeschlossen wurde

m) *Warentermingeschäfte* erscheinen vielen Anlegern aufgrund der angeblich oder tatsächlich erzielbaren erheblichen Gewinne besonders interessant, sind aber laut Bundesaufsichtsamt den KI nicht gestattet.

n) *Venture Capital:*
o Beteiligungskapital, zeitlich begrenzt, für neue oder bereits existierende kleine bis mittlere, innovative Unternehmen mit überdurchschnittlichem Wachstumspotential
o auch bezeichnet als Risiko-, Wagnis-, Chancen-, Spekulationskapital (es gibt keine einheitliche Definition)
o Kapitalbeteiligung wird meist mit Unterstützung des Managements verbunden
o hohes Risiko des Investors
o evtl. hoher Wertzuwachs bei Verkauf der Beteiligung
o Ziel: sowohl Finanzierungslücken als auch Lücken in den Fähigkeiten des Managements sollen geschlossen werden
o Investor verzichtet für das von ihm gestellte voll haftende Eigenkapital während des Engagements auf Gewinnausschüttung
o Praxis: selbständige Gesellschaften, die Beteiligungen anbieten (z. B. Techno-Venture München, Siegerlandfonds der Sparkasse Siegen), z. T. staatlich gefördert
o verbreitet vor allem in USA, England, Japan.

1.4.72 Aktienanalyse und Kursprognose

a) Die Anlage in Aktien richtet sich neben der Dividendenerwartung, die meist sekundär ist, auf die Kursentwicklung, die Werterhaltung und – möglichst – Wertzuwachs erbringen soll. Demnach ist für erfolgreiche Aktienanlage die realistische *Einschätzung der zukünftigen Kursentwicklung* entscheidende Voraussetzung.

b) Die *Aktienanalyse* ist die Betrachtung der Vergangenheit, sofern sie für eine Aktie (Gattung, Branche) von Bedeutung ist, und die Schlußfolgerung daraus für die Zukunft. Zu unterscheiden sind

o Fundamentalanalyse: Ermittlung des eigentlichen Wertes einer Aktie durch Analyse
 – der Aktiengesellschaft (Entwicklung von Kapital, Vermögen, Ertrag, Marktstellung usw.)
 – des wirtschaftlichen Umfelds (Branche, Gesamtwirtschaft)
o technische Analyse: Untersuchung der Börsenentwicklung ausschließlich auf der Basis der Kursbewegungen (markt-, branchen- und unternehmensbezogen).

c) Eine *charakteristische Kursentwicklung* kann Rückschlüsse auf die jeweilige Verfassung der Börse und die gegenwärtige und erwartete Wirtschaftsentwicklung ermöglichen. Zur Fixierung des über ein Papier hinausgehenden Kursverlaufs und zur Ermittlung von *Trends* werden verschiedene *Indizes* benutzt, d. h. Zusammenfassungen der Kurse einer Auswahl besonders wichtiger Papiere in einer einheitlichen Meßzahl (z. B. DAX = Deutscher Aktienindex, Dow-Jones-Index*, Indizes von Tageszeitungen: F. A. Z.**-Index, Financial Times-Index).

d) *Börsen-Charts* sind Grafiken, die Kurse und Indizes in übersichtlicher Form darstellen. Unterschieden werden insbesondere

o *Linien-Charts*, d. h. Grafiken mit linierter Verbindung von Punkten = Kursen
o *Balken-Charts*, d. h. Grafiken mit laufender Aufzeichnung von Höchst- und Tiefstkursen in Form senkrechter Balken.

Die Chart-Analyse begnügt sich nicht mit der Beschreibung des bisherigen Geschehens, sondern sie will daraus auch Schlußfolgerungen für die Zukunft ableiten. Die Chart-Theorie basiert auf der Erkenntnis, daß sich die Aktienkurse in *Trends* bewegen. Erst wenn bestimmte überwiegende Gründe das Angebot-Nachfrage-Verhältnis verändern, werden diese Trends durchbrochen. Gewöhnlich ist dies ablesbar am Kurs und auch am Umsatzverhalten der Aktie. Durch diese Situationen zeichnen sich im Chart gewisse *Muster* oder *Formationen, Zonen* oder *Niveaus* ab. Sie lassen an bestimmten Schnittpunkten *Prognosen* der weiteren Kursentwicklung zu. Die Chart-Analyse ist also in der Lage, zu bestimmten Zeitpunkten zu sagen, ob ein *Kaufsignal* bzw. ein *Verkaufssignal* gegeben ist.

---

*   nach dem Dow-Jones-Verlag seines Gründers, Charles Dow
** F. A. Z. = Frankfurter Allgemeine Zeitung

Der Chart erlaubt nicht zu jedem Zeitpunkt eine Aussage über die zukünftige Entwicklung. Er ermöglicht aber immer eine Auskunft darüber, in welchem (Ist-)Zustand, d. h. in welcher Phase sich die jeweilige Aktie oder die entsprechende Branche (Branchenindex) bzw. der Aktienmarkt (Börsenindex) befinden: in einer Aufwärts-, einer Abwärts- oder einer Seitwärtsbewegung. Es bedarf jedoch ausreichender Erfahrung, um aus sich andeutenden Figuren die richtigen Schlüsse zu ziehen.

Um eine Kauf- bzw. eine Verkaufsentscheidung zu treffen, sollte allerdings nicht nur die Chart-Analyse herangezogen werden, sondern auch die Ergebnisse aus der Fundamental-Analyse.

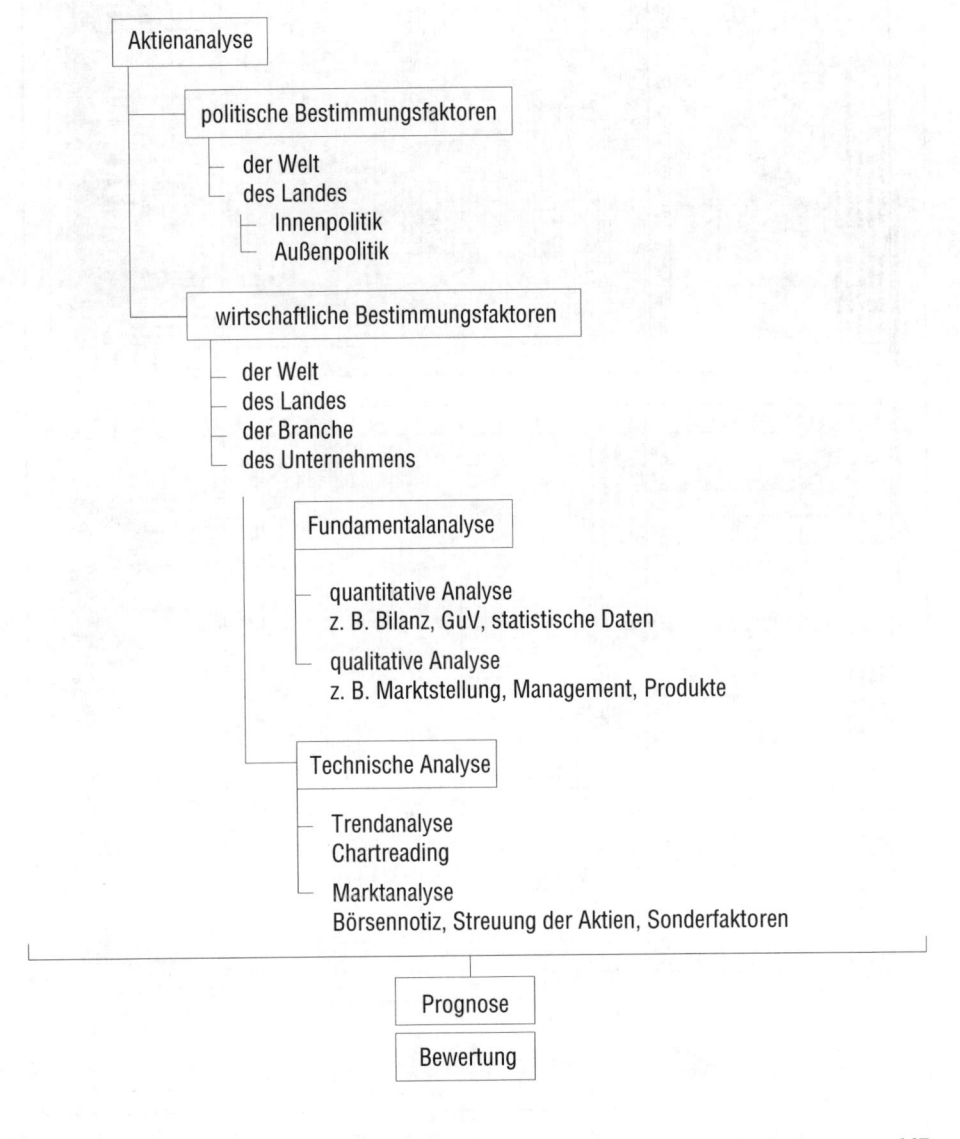

```
Aktienanalyse
├── politische Bestimmungsfaktoren
│       ├── der Welt
│       └── des Landes
│             ├── Innenpolitik
│             └── Außenpolitik
├── wirtschaftliche Bestimmungsfaktoren
│       ├── der Welt
│       ├── des Landes
│       ├── der Branche
│       └── des Unternehmens
├── Fundamentalanalyse
│       ├── quantitative Analyse
│       │     z. B. Bilanz, GuV, statistische Daten
│       └── qualitative Analyse
│             z. B. Marktstellung, Management, Produkte
└── Technische Analyse
        ├── Trendanalyse
        │   Chartreading
        └── Marktanalyse
            Börsennotiz, Streuung der Aktien, Sonderfaktoren
                    │
                Prognose
                Bewertung
```

668

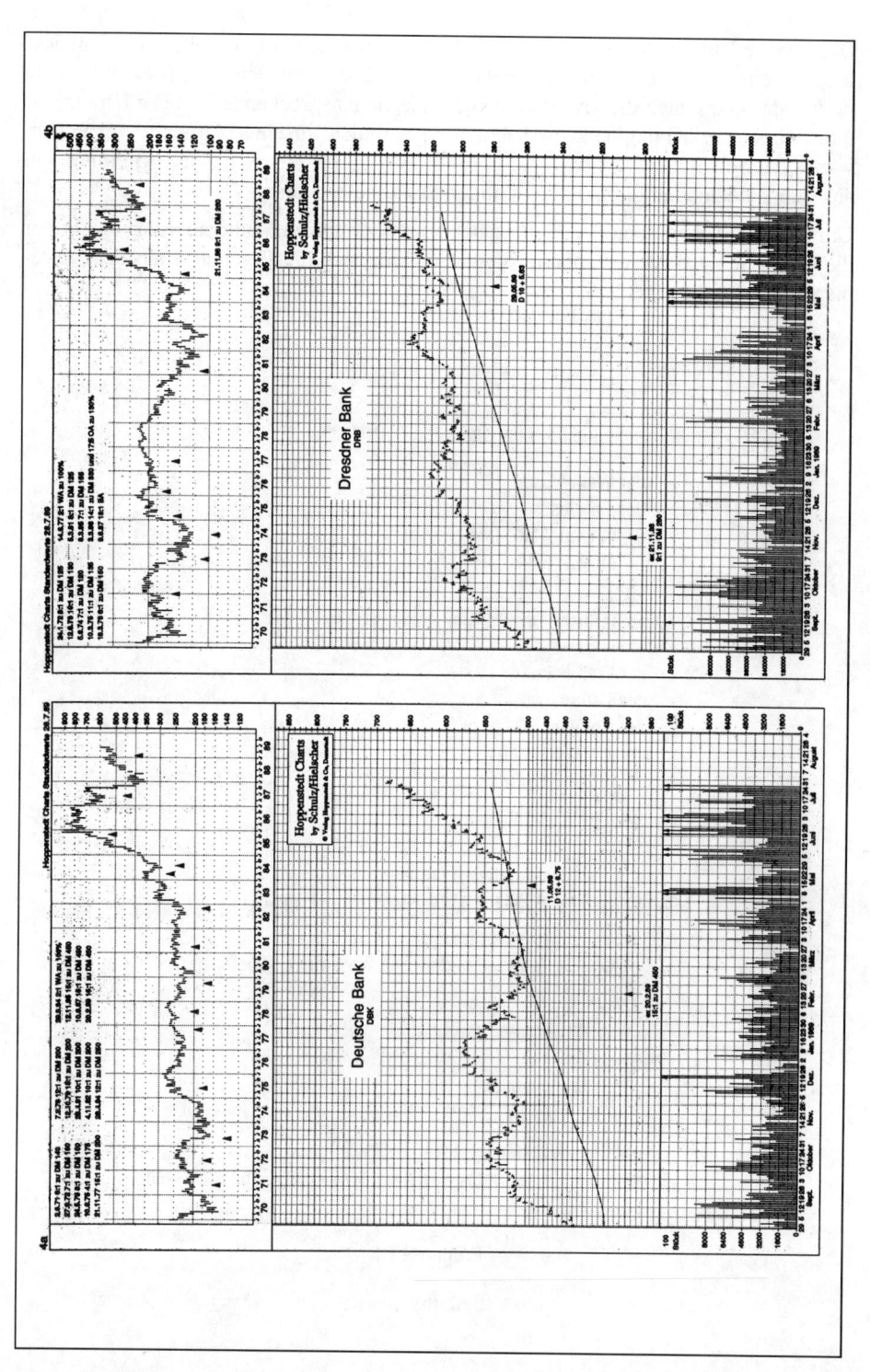

669

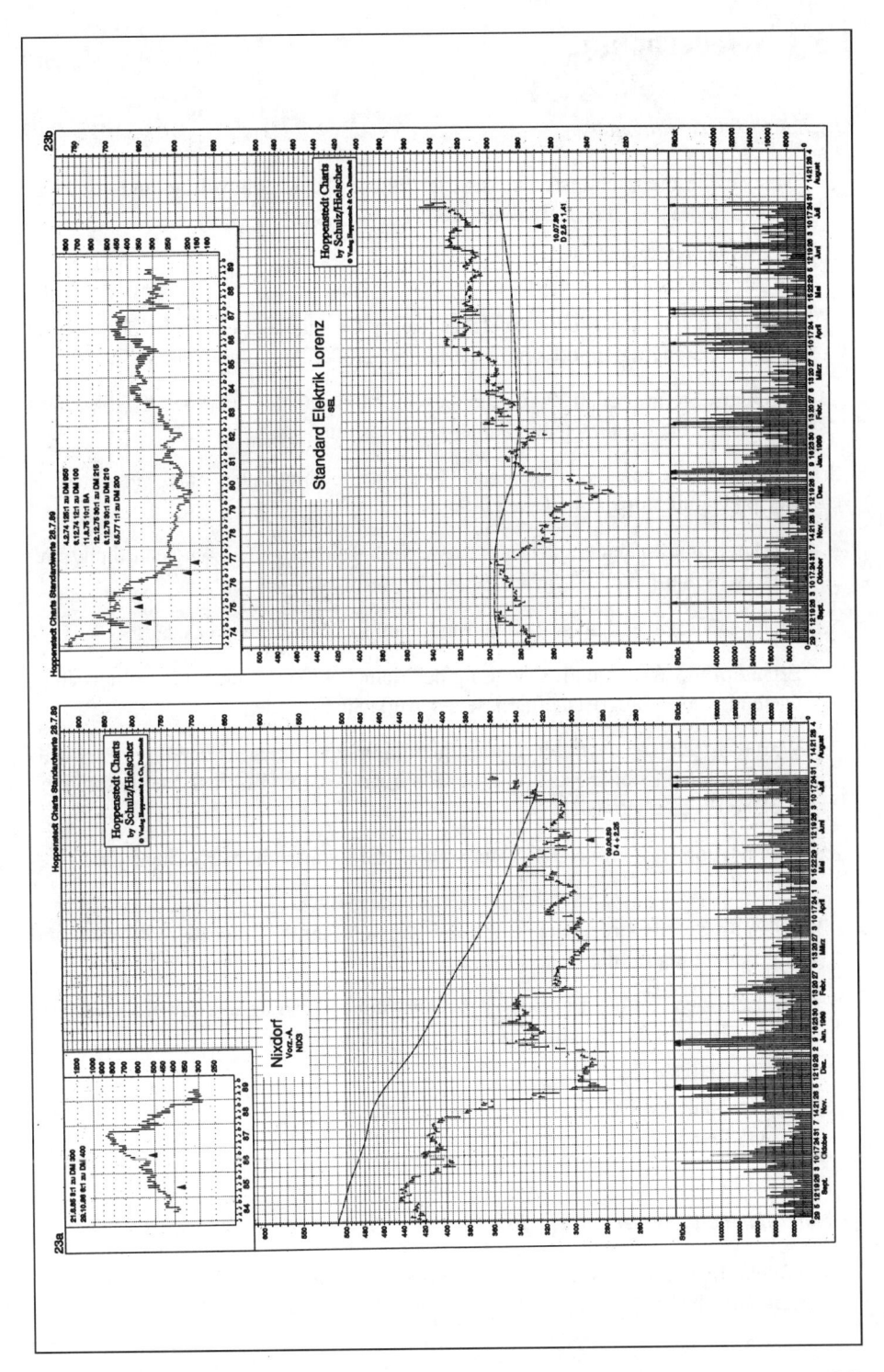

1.5 Wiederholung

Abschnitt 1.0 Grundlagen

1. Nennen Sie die wichtigsten Geschäftsbereiche der Kreditinstitute und schildern Sie die Bedeutung dieser Bankgeschäfte
   a) für das Kreditinstitut
   b) für die Gesamtwirtschaft.

   Versuchen Sie darzustellen, welches dieser Geschäfte speziell für das KI, bei dem Sie beschäftigt sind/Konto unterhalten, größte Bedeutung hat.

2. Schildern Sie in großen Zügen die Geschichte des Geldes und des Kreditwesens und zeigen Sie Parallelen und Abhängigkeiten auf.

3. Welche Arten von KI kennen Sie? Nennen Sie mindestens zehn verschiedene Beispiele und ordnen Sie diese ein!

4. Wodurch unterscheiden sich erwerbswirtschaftliche, gemeinwirtschaftliche und genossenschaftliche KI? Geben Sie auch hierfür Beispiele an!

5. Welche Gesetze enthalten Rechtsgrundlagen für KI und Bankgeschäfte?

6. Erläutern Sie Wesen und Bedeutung der Bankenaufsicht anhand einzelner Überwachungs- und Eingriffsbefugnisse der Aufsichtsbehörden.

7. Warum ist die Mindestreserve kein Instrument der Einlagensicherung? Aus welchen Gründen ist eine Sicherung der Einlagen gesamtwirtschaftlich unerläßlich? Welche Formen gibt es?

8. Welche Vorschriften des KWG müssen KI im Rahmen ihres Kreditgeschäfts beachten?

9. Erläutern Sie die Grundsätze des Bundesaufsichtsamtes für das Kreditwesen und ihre Bedeutung für die Geschäftspolitik!

10. Wie schätzen Sie die Bedeutung der nachstehenden Begriffe für ein modernes KI ein? Beschreiben Sie Ihre Ansicht in wenigen Worten!
    o Geschäftspolitik
    o Personalentwicklung
    o Marketing

Abschnitt 1.1 Zahlungsverkehr (im Inland)

1. Welche Bedeutung hat der bargeldlose Zahlungsverkehr für Kunden, KI und Gesamtwirtschaft?

2. Warum ist bei Einrichtung eines Bankkontos Prüfung der Legitimation des Kunden erforderlich?

3. Wie und unter welchen Voraussetzungen können Minderjährige Kontoinhaber werden?

4. Welche Möglichkeiten der Verfügungsberechtigung bestehen bei nachstehenden Kontoinhabern?
   - Mündel
   - Minderkaufmann
   - Kommanditgesellschaft
   - Aktiengesellschaft

5. Ein Kontoführer eines KI erfährt vom Tod eines Kontoinhabers. Womit muß er nun in nächster Zeit rechnen, worauf ist zu achten, was ist zu tun?

6. Was versteht man unter der Wertstellung (Valutierung) von Belastungen und Gutschriften? Schildern Sie die heutige Wertstellungspraxis und die Problematik der Valutierung im Verhältnis zum Kunden!

7. Wodurch unterscheiden sich Depositen- und Depotkonten?

8. Wie werden AGB Inhalt von Konto- und sonstigen Verträgen zwischen KI und Kunden? Lesen Sie die allgemeinen Bestimmungen der AGB Ihres Instituts einmal durch. Was fällt Ihnen auf? Welchen Zweck verfolgt ein KI mit seinen AGB?

9. Ein Bankkunde fragt bei seinem Institut an,
   a) ob er verhindern kann, daß Dritte (wer?) Informationen über seine Geschäftsbeziehungen zur Bank erhalten;
   b) ob er eine detaillierte Auskunft über einen Geschäftspartner erhalten kann.
   Wie ist zu antworten?

10. Erläutern Sie die praktische Benutzung von Geldautomaten und ihre Bedeutung für KI und Kunde!

11. Welche verschiedenen Gironetze gibt es in Deutschland, und wie sind sie gegliedert?

12. Wann verwendet man die Begriffe Loro- und Nostrokonto? Wodurch unterscheiden sie sich?

13. Erklären Sie den Unterschied zwischen Postanweisung, Zahlkarte und Post(bar)scheck!

14. Welche Besonderheiten kennzeichnen den Elektronischen Zahlungsverkehr für individuelle Überweisungen (EZÜ)?

15. Ist der Scheck aus der Sicht der Theorie und der Praxis in der Regel Inhaber-, Order- oder Rektapapier?

16. Eine Schuld soll durch Hingabe eines Schecks getilgt werden. Wie geht dies rechtlich vor sich?

17. Wodurch unterscheiden sich aktive und passive Scheckfähigkeit? Wer besitzt diese Fähigkeiten?

18. Was muß ein Gläubiger beachten, der einen Eurocheque entgegennimmt?

19. Stellen Sie kurz die derzeitige Verbreitung des Eurocheques als Zahlungsmittel in Europa dar.

20. Welche rechtliche Bedeutung hat der Ablauf der Vorlegungsfrist beim Scheck?

21. Beschreiben Sie kurz die Abwicklung des Scheckinkassos durch KI unter Berücksichtigung des Scheckabkommens sowie des Vereinfachten Scheckeinzugs der Bundesbank!

22. Erläutern Sie die Rechtsstellung der beteiligten Personen bei folgenden Wechselarten:

    a) gezogener Wechsel an fremde Order
    b) gezogener Wechsel an eigene Order
    c) trassiert-eigener Wechsel
    d) Solawechsel

23. Wie kann ein Wechsel in wirtschaftlicher Hinsicht verwendet werden? Erläutern Sie seine Bedeutung insbesondere im Rahmen eines Kaufvertrages sowie bei Diskontierung und Rediskontierung.

24. Welche Bedeutung haben die Begriffe

    o Transportfunktion
    o Legitimationsfunktion
    o Garantiefunktion

    im Zusammenhang mit dem Indossament beim Wechsel?

25. Ein Wechsel ist am Freitag, 01.05., fällig. Wann muß er spätestens zur Zahlung vorgelegt werden?

26. Welche Unterschiede sind beim Inkasso von Wechseln im Vergleich zum Scheckinkasso der KI zu beachten?

27. Aus welchen Gründen kann ein Wechsel „notleidend" werden?

28. Warum stimmt der Satz „Die Wechselstrenge kommt vor allem bei Nichteinlösung eines Wechsels zum Ausdruck"?

29. Wie muß der Wechselinhaber sich verhalten, wenn der Bezogene bei Vorlage des Wechsels am Verfalltag die Einlösung verweigert? Von wem – und unter welchen Voraussetzungen – kann er nun Zahlung verlangen?
30. Welche Besonderheiten kennzeichnen den Urkundenprozeß im Unterschied zu einem gewöhnlichen Zivilprozeß?
31. Warum kann der Schuldner einer im Einzugsermächtigungsverfahren eingelösten Lastschrift binnen 6 Wochen widersprechen, warum steht ihm dieses Recht beim Abbuchungsauftragsverfahren nicht zu?
32. Unter welchen praktischen Voraussetzungen eignet sich der Lastschriftverkehr für ein Unternehmen zum Einzug seiner Forderungen?
33. Beschreiben Sie das Wesen und die besondere Bedeutung des Abrechnungsverkehrs! Worin besteht die Vereinfachung, die sich mit diesem Verfahren erzielen läßt?
34. Welche Zahlungsmittel finden im Reiseverkehr Verwendung? Welche dieser Mittel würden Sie für eine Urlaubsreise in das europäische Ausland verwenden, und warum?
35. Warum ist die Bankleitzahl eingeführt worden? Worüber gibt sie Auskunft?
36. Beschreiben Sie die Handhabung einer Eurocard und ihre Bedeutung für den Zahlungsverkehr!
37. Was versteht man unter POS?

Abschnitt 1.2 Passivgeschäft

1. Was versteht man unter dem Passivgeschäft der Kreditinstitute? Nennen Sie seine Bedeutung, die möglichen Formen und die Rechtsgrundlagen des Passivgeschäfts!
2. Vergleichen Sie die derzeitigen Zinssätze für Sichteinlagen, Termingelder und Sparguthaben. Wie sind die Unterschiede zu erklären? Warum werden Sichteinlagen grundsätzlich nicht verzinst, und wie ist es andererseits erklärbar, daß einige KI einen geringen Zins zahlen?
3. Erläutern Sie anhand praktischer Beispiele die Unterschiede zwischen Fest- und Kündigungsgeldern!
4. Warum wird das Sparbuch als „qualifiziertes Legitimationspapier" bezeichnet?
5. In welchen Fällen kann ein KI eine Verfügung über Spareinlagen ohne Vorlage des Sparbuches zulassen? Sind Verfügungen durch Überweisung oder Scheck möglich bzw. erlaubt?

6. Welche Möglichkeiten bietet das Sparbuch (Sparkassenbuch, Postsparbuch), wenn der Sparer bei einem anderen als dem kontoführenden KI im Inland oder im europäischen Ausland über sein Guthaben verfügen will?

7. Ein Kunde spricht seinen Anlageberater auf Möglichkeiten der Anlage eines Betrages von 20 000,– DM als Spareinlage an. Welche Anlageformen sind zu nennen? Unter welchen Voraussetzungen empfehlen Sie welche Form des Sparens?

8. Wie hat sich die Reduzierung der staatlichen Sparförderung ausgewirkt? Welche gesamtwirtschaftliche Bedeutung hat das Sparen allgemein?

9. Beschreiben Sie die Wesensmerkmale eines abgezinsten Spar(kassen)briefes!

10. Beschreiben Sie kurz die Abwicklung des Geldhandels unter KI auf dem Geldmarkt. Was ist „Geld" in diesem Sinne? Haben die Beteiligten für die getätigten Geschäfte irgendwelche Sicherheiten zu stellen?

11. Erklären Sie den Unterschied zwischen Geld- und Kapitalmarkt!

Abschnitt 1.3 Aktivgeschäft (Kreditgeschäft)

1. Wie würde sich eine unzureichende Kreditversorgung der Volkswirtschaft auf Unternehmen, Haushalte und Gesamtwirtschaft auswirken?

2. In welchem Verhältnis zueinander stehen Sicherheit, Liquidität und Rentabilität als Gesichtspunkte bei der Vergabe von Krediten?

3. Wodurch unterscheiden sich Geld- und Kreditleihe? Welche einzelnen Kreditformen des KI sind ihnen zuzurechnen?

4. Welche Wirkungen hat es, wenn eine Kreditsicherheit „akzessorisch" ist?

5. Warum verlangen KI von ihren Kreditnehmern grundsätzlich selbstschuldnerische, unlimitierte und unbefristete Bürgschaften?

6. Welche rechtlichen Unterschiede bestehen zwischen offener und stiller Zession?

7. Welche praktischen Probleme bringen

    a) eine stille Zession

    b) eine Pauschalabtretung mehrerer bzw. vieler Forderungen

    c) die Abtretung von Lohn- oder Gehaltsforderungen

    für eine Bank mit sich?

8. Pfandrecht und Sicherungsübereignung sind rechtlich und praktisch genau entgegengesetzte Kreditsicherheiten. Warum? Welche Vor- und Nachteile bringen diese beiden Konstruktionen für die Bank mit sich?

9. Ein Privatkunde bittet seine Bank um Gewährung eines Privatdarlehens in Höhe von 12 000,– DM. Welche Fragen muß der Kundenberater ihm stellen? Welche Sicherheiten wird der Kunde vermutlich bieten? Wie wird die Kreditgewährung technisch ablaufen?

10. Was ist unter einem Abrufdarlehen zu verstehen? Welchen Kundengruppen sollte diese Kreditform angeboten werden?

11. Welche Bilanzpositionen werden einander im Rahmen der Bilanzanalyse gegenübergestellt? Welche Informationen können daraus in der Bilanzkritik über das Unternehmen entnommen werden?

12. Erläutern Sie die nachstehenden Begriffe im Zusammenhang mit der Gewährung langfristiger Kredite:

    a) Bodenwert
    b) Bauwert
    c) Ertragswert
    d) Zwischenkredit
    e) Disagio
    f) Annuität

13. Stellen Sie dar, wann, unter welchen Voraussetzungen und wozu sich die Aufnahme eines Kontokorrentkredites für ein Großhandelsunternehmen eignen könnte.

14. Warum ist der Diskontkredit meist relativ zinsgünstig?

15. Welche Anforderungen stellt die Deutsche Bundesbank an das bei ihr rediskontfähige Wechselmaterial?

16. Welche Gegenstände (Sachen, Rechte) würden Sie als geeignete Pfänder für einen Lombardkredit ansehen, und wie hoch sollten die Beleihungsgrenzen maximal angesetzt werden?

17. Wann empfiehlt sich für KI und Kunde der Abschluß eines Akzeptkredites? Gehen Sie bei Ihrer Antwort vor allem auf den Begriff „Privatdiskontfähigkeit" ein!

18. Welche Arten von Bankbürgschaften und -garantien kennen Sie im Rahmen von Avalkrediten?

19. Welche Aufgaben übernehmen KI bei der Gewährung von Schuldscheindarlehen?

20. Was haben Forfaitierung und Factoring gemeinsam, wodurch unterscheiden sie sich?

21. Leasingverträge sind rechtlich Mischverträge aus Miete und Kauf. Inwiefern stellen sie zugleich eine besondere Form der Finanzierung (Kreditgewährung) dar?

22. Geben Sie einen abschließenden Überblick über die einzelnen Kreditsicherheiten und ihre Zuordnung zu den verschiedenen von KI angebotenen Kreditformen!

23. Bemühen Sie sich um eine allgemeine Darstellung der Anforderungen, die die Vergabe eines Kredites in praktischer Hinsicht an die Kreditsachbearbeiter einer Bank/Sparkasse stellt. Schildern Sie, mit welchen anderen Abteilungen die Kreditabteilung zusammenarbeiten muß.

Abschnitt 1.4 Wertpapiergeschäft

1. Die Begriffe Urkunde – Wertpapier – Effekt stellen eine „Steigerung" dar. Inwiefern?

2. Ordnen Sie alle Ihnen bekannten Wertpapiere den Oberbegriffen Waren-, Geld- und Kapitalwertpapiere zu!

3. Wodurch unterscheiden sich geborene und gekorene Orderpapiere? Nennen Sie Beispiele!

4. Mit welchen anderen Begriffen werden Gläubigerpapiere in der Praxis bezeichnet?

5. Im Zusammenhang mit Gläubigereffekten werden die Begriffe Konversion und Arrosion verwendet. Was bedeuten sie?

6. Die Ausgabe von Schuldverschreibungen ist für den Emittenten eine Kreditaufnahme. Wie kann er diesen Kredit zurückzahlen?

7. Was versteht man unter
   a) Mündelsicherheit
   b) Lombardfähigkeit
   c) Deckungsstockfähigkeit

   festverzinslicher Wertpapiere?

8. Für welche Anlegerkreise sind U-Schätze, Schatzwechsel, Kassenobligationen, langfristige Schatzanweisungen und Bundesschatzbriefe geeignet?

9. Wodurch unterscheiden sich Schuldbuchforderungen nach Wesen und Bedeutung von in Briefform ausgegebenen öffentlichen Anleihen?

10. Welche Sicherheiten haften dem Erwerber von Pfandbriefen bzw. Kommunalobligationen für die Rückzahlung seines Forderungsbetrages? Welchen besonderen Sicherungsvorschriften unterliegen in diesem Zusammenhang die Emittenten, d. h. Realkreditinstitute?

11. Erläutern Sie kurz das Besondere der folgenden Anteilspapiere:
    a) Globalaktie

b) Belegschaftsaktie
c) Volksaktie
d) Berichtigungsaktie
e) Kux

12. Warum ist der Satz „Investmentzertifikate verbriefen einen Anteil an einer Kapitalgesellschaft" falsch? Begründen Sie ihre Ansicht anhand der Funktion und gesamtwirtschaftlichen Aufgabe von Investment-Gesellschaften!

13. Zeigen Sie anhand eines Beispiels die Berechnung des Ausgabe- und des Rücknahmepreises von Investmentzertifikaten auf!

14. Wodurch unterscheiden sich Wandelschuldverschreibung und Optionsanleihe? Haben sie Gemeinsamkeiten?

15. Beschreiben Sie mit eigenen Worten die Durchführung der Fremdemission einer Anleihe unter besonderer Berücksichtigung der verschiedenen Möglichkeiten der Übernahme und der Unterbringung! Welche rechtliche Gestaltung des Übernahmevertrages zwischen Emittenten und Konsortium würden Sie empfehlen, wenn der Emittent das Absatzrisiko abwälzen will und der Anleger das Papier börsenumsatzsteuerfrei erwerben soll?

16. Welche wirtschaftlichen Funktionen erfüllt die Effektenbörse (der Kapitalmarkt)? Schildern Sie die Bedeutung des Kapitalmarktes für die öffentlichen Haushalte, wenn diese gezwungen sind, ihr Einnahmen-Defizit durch Kreditaufnahme auszugleichen.

17. Nennen Sie die wichtigsten Börsenorgane und ihre Aufgaben!

18. Was ist unter dem Begriff „Prospekthaftung" im Hinblick auf die Zulassung z. B. einer Aktienemission zum amtlichen Börsenhandel zu verstehen?

19. Vergleichen Sie Einheitskursnotierung und variable Notierung an der Effektenbörse hinsichtlich ihrer Anwendung, der Kursermittlung und der Bedeutung.

20. Welche Informationen beinhalten die nachstehenden Kursnotierungen?

    a) 289 bz B
    b) 320 G
    c) 122 bz
    d) – B
    e) 89 T
    f) 212 ex D

21. Beschreiben Sie die wesentlichen Produkte und den Handel an der Deutschen Terminbörse!

22. Wodurch unterscheidet sich der geregelte Markt vom amtlichen Wertpapierhandel?

23. Wie würden Sie die folgenden Tendenzbezeichnungen für das Tagesgeschehen an der Effektenbörse interpretieren?

    a) freundlich
    b) lustlos
    c) behauptet
    d) uneinheitlich

24. Welche allgemeinen Faktoren bestimmen und beeinflussen die Kursentwicklung an der Börse? Was sagen Ihnen die speziellen Bewertungsbegriffe Ertragswert, Substanzwert, Kurs-Gewinn-Verhältnis, Cash-Flow-Ratio?

25. Erläutern Sie die Besteuerung von Effektenerträgen anhand folgender Beispiele:

    a) Zinsen (tarifbesteuerte Effekten)
    b) Dividenden (Aktieninhaber verfügt über Nichtveranlagungsbescheinigung)
    c) Erträge aus Investment-Zertifikaten

26. Was versteht man unter einem Zwischenkommissionsgeschäft? Was enthalten die Effektenabrechnungen der Beteiligten?

27. Wie lange sind Effektenaufträge der Kunden gültig, wenn sie in folgender Form erteilt werden:

    a) schriftlich ohne nähere Angabe
    b) telefonisch
    c) fernschriftlich
    d) schriftlich (brieflich) „auf Widerruf"?

28. Ein Kunde hat seine Bank beauftragt, für ihn Effekten zu kaufen. Wann geht bei folgenden Verwahrungsarten das Eigentum auf ihn über?

    a) Girosammeldepot
    b) Streifbanddepot
    c) Aberdepot

29. Beschreiben Sie kurz die Abwicklung des Effektengiroverkehrs unter Erläuterung der dabei zur Anwendung kommenden Wertpapierschecks!

30. Welche Effekten eignen sich zur Verwahrung in einem Girosammeldepot?

31. Was versteht man unter „Eigenanzeige" und „Fremdvermutung" im Zusammenhang mit der Drittverwahrung von Effekten? In welche Depots können drittverwahrte Papiere eingelagert werden?

32. Erklären Sie den Unterschied zwischen regelmäßiger, beschränkter und unbeschränkter Drittverpfändung!

33. Welche Arbeiten fallen bei der Effektenverwaltung im offenen Depot an?

34. Nennen Sie ein Beispiel für eine „klassische" Anlageempfehlung!

35. Vergleichen Sie die verschiedenen Spar- und Wertpapieranlageformen im Hinblick auf ihre Verwendbarkeit für kleine, mittlere oder große Kapitalbeträge! Welche Informationen muß ein Anlageberater über den Kunden haben, bevor er diesem eine konkrete Anlageempfehlung geben kann?

2. Außenhandel und Auslandsgeschäfte der Kreditinstitute

2.0 Der Außenhandel

2.0.0 Grundbegriffe

2.0.00 Wesen und Bedeutung

a) *Definition:*

Außenhandel ist der *grenzüberschreitende Austausch* von Gütern (Waren und Dienstleistungen) zwischen verschiedenen Volkswirtschaften.

b) Der Außenhandel ermöglicht einen *Ausgleich* zwischen Volkswirtschaften, in denen ein Gut

- o in großer Menge
- o zu günstigen Preisen
- o in besonderer Qualität

produziert wird, und Volkswirtschaften, in denen dieses Gut benötigt, aber nur

- o in geringer Anzahl
- o zu hohen Preisen
- o in schlechterer Qualität

hergestellt wird bzw. hergestellt werden kann.

c) *Gründe* für dieses Ungleichgewicht zwischen verschiedenen Staaten:

- o unterschiedliche Verteilung der Rohstoffe
- o unterschiedliche klimatische Bedingungen
- o verschiedenartige, unterschiedlich weit entwickelte Technik
- o verschiedene wirtschaftliche und soziale Verhältnisse, die einen unterschiedlichen Bedarf an Konsumgütern, Investitionsgütern, Arbeitskräften usw. bedingen bzw. hervorrufen, durch billige Arbeitskräfte niedrigere Produktionskosten ermöglichen usw.
- o unterschiedliche Wirtschaftssysteme.

d) Durch Außenhandel wird eine *internationale Arbeitsteilung* ermöglicht, d. h. die gezielte Förderung und Ausnutzung der wirtschaftlichen Unterschiede und Ungleichgewichte in Richtung auf eine Spezialisierung in den verschiedensten Bereichen.

e) Der durch den Außenhandel bewirkte Ausgleich von Mangel und Überschuß an bestimmten Gütern in verschiedenen Ländern führt i. d. R. zu einem höheren Lebensstandard der Bevölkerung.

f) Der Außenhandel bewirkt nicht nur einen Ausgleich, sondern er ermöglicht eine *Verflechtung* der verschiedenen Volkswirtschaften, er ruft *Abhängigkeiten* hervor; Beispiel: Kann ein Produkt im Ausland ständig und auf lange Sicht günstiger erworben als im Inland produziert werden, kann die inländische Produktion eingestellt, die betreffenden Betriebe aufgelöst werden, so daß dieses Land auf den Bezug dieser Güter aus dem Ausland nunmehr angewiesen ist.

Unter diesem Aspekt bedeutet der Außenhandel, insbesondere wenn er weitgehend ohne staatliche Einflußnahme betrieben wird, eine *Gefahr,* da er die Autarkie (= wirtschaftliche Unabhängigkeit, Selbstversorgung) gefährdet und schließlich unmöglich macht. Andererseits kann ein solches Risiko eingeschränkt werden durch zunehmende *politische Verständigung,* Zusammenarbeit und Verflechtung (vgl. Europäische Gemeinschaft).

g) Auf diese Weise kann ein entnationalisierter, internationaler Welthandel politische Spannungen abbauen und zum *Garanten des Friedens* werden. Dieses Ziel liegt heute allerdings noch in weiter Ferne.

2.0.01   Formen des Außenhandels

a) In *räumlicher* Sicht:

o *Einfuhr* (Import): Verbringung der Güter vom Ausland in das Inland

o *Ausfuhr* (Export): Verbringung der Güter vom Inland in das Ausland

o *Transithandel* (Durchhandel): Abwicklung des Geschäfts erfolgt nicht direkt zwischen Exporteur im Ursprungsland der Ware und Importeur im Einfuhrland, sondern über einen Transithändler in einem Drittland; dieser hat Vermittlerfunktion zwischen Importeur und Exporteur: Er kauft die Ware im Ausland ein und verkauft sie in ein drittes Land weiter (Beispiel: deutscher Transithändler kauft Holz in Nigeria und verkauft es weiter in die Niederlande); dabei spielt es keine Rolle, ob die Ware vom Exporteur zum Importeur durch das Land des Transithändlers transportiert wird oder nicht

o *Transitverkehr* (Durchverkehr): reine Warendurchfuhr durch das Transitland, ohne daß ein Zwischenhändler an dem Warengeschäft beteiligt ist; es werden lediglich die Transportwege des Landes genutzt (Straßen, Wasserwege, Eisenbahnnetz)

o *grenzüberschreitender Lohnveredelungsverkehr:* die Güter werden vom Inland in das Ausland gebracht, dort verarbeitet (durch lohnabhängige Tätigkeit veredelt) und wieder zurück in das Inland gebracht oder umgekehrt:
Inland – Ausland – Inland = aktiver Lohnveredelungsverkehr
Ausland – Inland – Ausland = passiver Lohnveredelungsverkehr.

Gründe für den grenzüberschreitenden Lohnveredelungsverkehr sind i. d. R. niedrigere Lohnkosten oder bessere Produktionsverfahren im Ausland.

b) In *wirtschaftspolitischer* Sicht:

o EG-Handel mit Mitgliedern der Europäischen Gemeinschaft

o Handel von EG-Ländern mit EFTA-Ländern (EFTA = Europäische Freihandelszone)

o Handel mit anderen Staaten der freien Welt

o Handel mit Staaten des Ostblocks.

Hier lassen sich weiterhin unterscheiden:

o *liberalisierter* Handel: Handel mit Staaten der westlichen Welt ohne tiefgreifende nationale Beschränkungen auf der Grundlage bilateraler (zweiseitiger) oder multilateraler (vielseitiger) Handelsabkommen langfristiger Natur und in weitgehend freiem Wettbewerb

o *kontingentierter* Handel: Handel mit Ostblockstaaten auf der Grundlage meist kurzfristiger bilateraler Verträge mit mengen- und wertmäßigen Beschränkungen.

c) Nach den *Außenhandelsgütern:*

o Handel mit Waren (Außenhandel im engeren Sinn)

o Handel mit Dienstleistungen

o Geld- und Kapitalverkehr.

2.0.1 Rechtsgrundlagen des Außenhandels

2.0.10 Außenwirtschaftsgesetz von 1961 (AWG)

2.0.100 Wesen und Grundbegriffe

a) *Wesen:*

o Das AWG regelt den gesamten Außenwirtschaftsverkehr der Bundesrepublik Deutschland

o *nicht* geregelt ist der innerdeutsche Handel = Handel mit der DDR: diese gilt nicht als fremdes Wirtschaftsgebiet, die innerdeutsche Grenze gilt nicht als Zollgrenze; Regelung erfolgt hier durch besondere Handelsabkommen.

b) Das AWG beruht auf dem *Grundsatz der Freiheit des Außenwirtschaftsverkehrs.* Daraus ergibt sich auch die Systematik des Gesetzes:

o *grundsätzlich* ist jeder Außenwirtschaftsverkehr frei

o aus besonderen Gründen sind jedoch *Ausnahmen* zulässig, die sich aus dem AWG selbst, aufgrund des Gesetzes ergangenen Rechtsverordnungen (vgl. AWV!) sowie sonstigen Vorschriften (z. B. EG-Verträge) ergeben (§ 1 AWG). Damit fügt dieses

Gesetz sich nahtlos in die Wirtschafts- und Rechtsordnung der Bundesrepublik Deutschland ein, die vom Grundsatz der Freiheit ausgeht (*Markt*wirtschaft), aus sozialen Gründen jedoch Einschränkungen zuläßt (*soziale* Marktwirtschaft).

Das AWG ist im wesentlichen ein *Rahmengesetz,* das verschiedene Beschränkungsgründe und *-möglichkeiten* regelt, ihre Ausfüllung aber der Bundesregierung überläßt. Derartige Rechtsverordnungen der Bundesregierung sind zusammengefaßt in der *Außenwirtschaftsverordnung* (AWV). Sie unterliegen nach Erlaß einer auf vier Monate befristeten Nachkontrolle durch den Deutschen Bundestag.

c) *Begriffsbestimmung:* §§ 1, 4 AWG

o Der *Außenwirtschaftsverkehr* umfaßt
  – Geschäfte mit fremden Wirtschaftsgebieten:
    Warenverkehr
    Dienstleistungsverkehr
    Kapitalverkehr
    Zahlungsverkehr
    sonstiger Wirtschaftsverkehr
  – Geschäfte unter Gebietsansässigen:
    Verkehr mit Auslandswerten
    Verkehr mit Gold
  – Auslandswerte sind:
    Immobilien im Ausland
    DM-Forderungen an das Ausland
    Geld, Forderungen, Wertpapiere in ausländischer Währung.

o Als *Wirtschaftsgebiet* der Bundesrepublik Deutschland gilt
  – der Geltungsbereich des AWG
  – einschließlich sog. Zollanschlüsse;
  als fremde Wirtschaftsgebiete sind demnach alle anderen Wirtschaftsgebiete anzusehen, jedoch unter Auschluß der DDR und Ostberlins.

o *Gebietsansässige* (Deviseninländer) sind
  – natürliche Personen mit Wohnsitz oder gewöhnlichem Aufenthalt im Wirtschaftsgebiet
  – juristische Personen / Personenhandelsgesellschaften mit Sitz oder Ort der Leistung im Wirtschaftsgebiet (einschließlich Zweigniederlassungen/Betriebsstätten, soweit eigene Leitung und Buchführung);
  die Nationalität ist also ohne Bedeutung. Wer nicht Gebietsansässiger ist, ist *Gebietsfremder* (Devisenausländer).

o *Zollfreigebiete* sind Hoheitsgebiete, die nicht zum eigenen Zollgebiet gehören, aber auch keinem fremden Zollgebiet angeschlossen sind (z. B. Helgoland, Freihäfen, Dreimeilenzone; Schiffe und Flugzeuge außerhalb des Zollgebietes);

Zollanschlüsse sind fremde Hoheitsgebiete, die aufgrund geografischer Lage und bilateraler Abkommen zum eigenen Wirtschaftsgebiet gerechnet werden (z. B. Kl. Walsertal);

Zollausschlüsse sind Teile des eigenen Hoheitsgebietes, die zu fremden Wirtschaftsgebieten gerechnet werden (z. B. Teil der deutsch-schweizerischen Grenze).

o *Waren* sind alle beweglichen Sachen, die Gegenstand des Handelsverkehrs sein können, einschließlich Elektrizität, ausschließlich Wertpapiere und Zahlungsmittel.

2.0.101 Einzelvorschriften des AWG

a) Das AWG ermöglicht *Beschränkungen* des (grds. freien) Außenwirtschaftsverkehrs in folgenden Formen:

o *Genehmigungspflicht:*
- Genehmigungen dürfen nur erteilt werden, wenn der Zweck der betreffenden Vorschrift nicht gefährdet wird oder das volkswirtschaftliche Interesse den Zweck überwiegt (§ 3; z. B. grds. verbotener Rauschgiftimport – Ausnahme aus medizinischen Gründen; Gefährung politischer Interessen aus wirtschaftlichen Gründen)
- Rechtsgeschäfte, die ohne die erforderliche Genehmigung vorgenommen werden, sind unwirksam, können aber durch nachträgliche Genehmigung geheilt werden, d. h. wirksam sein (§ 31)
- wo Verbote ausgesprochen werden sollen, heißt es grundsätzlich: „Genehmigungen werden nicht erteilt".

o *Auskunftspflicht:*
- Auskünfte betreffen die Darlegung der Geschäfte auf Ersuchen der zuständigen Behörde
- Adressaten der Auskünfte sind Zollämter, Deutsche Bundesbank, Bundesamt für gewerbliche Wirtschaft u. a. m.

o *Anmeldepflicht* = freiwillige Darlegung der Geschäfte gegenüber den Aufsichtsbehörden ohne Aufforderung.

b) *Allgemeine Gründe* für Beschränkungen des Außenwirtschaftsverkehrs:

o Erfüllung zwischenstaatlicher Vereinbarungen (§ 5; z. B. EG-Verträge)
o Abwehr schädigender Einwirkungen aus fremden Wirtschaftsgebieten (§ 6; Beispiel: *Dumpingpreise* ausländischer Unternehmen, d. h. der Auslandspreis liegt unter dem Inlandspreis einer Ware; Abwehrmaßnahmen zum Schutz der Binnenwirtschaft: Antidumpingzoll)
o Abwehr schädigender Geld- und Kapitalzuflüsse aus fremden Wirtschaftsgebieten, die das gesamtwirtschaftliche Gleichgewicht gefährden (§ 6 a; diese Vorschrift wurde als Beschränkungs*möglichkeit* 1971 eingeführt und durch Rechtsverordnung als tatsächliche Beschränkung realisiert, sog. *Bardepot* = Verpflichtung von Gebietsansässigen, einen bestimmten Prozentsatz ihrer im Ausland aufgenommenen Kredite für einen bestimmten Zeitraum zinslos auf einem Sonderkonto bei der Bundesbank zu unterhalten; = eine Art Mindesreserve für Nichtbanken, wobei aller-

dings auch Kreditinstitute einbezogen waren; diese Vorschrift ist inzwischen außer Kraft und nur noch als Beschränkungsmöglichkeit im AWG vorhanden)

o Verhinderung der Auswirkung von Verhältnissen im Ausland, die mit der freiheitlichen Ordnung der Bundesrepublik Deutschland nicht übereinstimmen (§ 6 II; z. B. Enteignungen, Verstaatlichungen; Gefahr der Abhängigkeit der Binnenwirtschaft über Importe von einem Land, das seinen „Exporthahn zudrehen" könnte)

o Schutz der Sicherheit und der auswärtigen Interessen der Bundesrepublik Deutschland (§ 7; betrifft insbesondere Waffen, Munition, Kriegsmaterial, aber auch gewerbliche Schutzrechte, Erfindungen usw. in bezug auf solche Waren; z. B. grundsätzliche Nichtgenehmigung von Waffenexporten in Krisengebiete).

c) *Spezielle Beschränkungsmöglichkeiten und -gründe:*

o § 8: Beschränkung der Warenausfuhr, um die Deckung des Inlandsbedarfs zu erhalten

o § 9: Beschränkung von Ausfuhrverträgen mit Lieferungs- und Zahlungsbedingungen, die unüblich sind und die übrige Ausfuhr stören können, insbesondere für den Abnehmer günstiger als üblich sind (u. a. um Abwehrmaßnahmen des Importlandes, z. B. Antidumpingzoll, zu verhindern)

o § 10: Beschränkung der Wareneinfuhr, wenn ein Schutzbedürfnis der Binnenwirtschaft oder einzelner Wirtschaftszweige besteht, d. h. ein erheblicher Schaden droht, der im Allgemeininteresse abgewendet werden muß

o § 14: Sicherung der Einfuhr lebenswichtiger Waren

o §§ 15–21: Beschränkungsmöglichkeiten für den Dienstleistungsverkehr mit dem Ausland zum Schutz der Binnenwirtschaft

o § 22: Beschränkung der Kapitalausfuhr zur Sicherstellung des Gleichgewichts der Zahlungsbilanz; *Kapitalausfuhr* =
- Erwerb von ausländischen Grundstücken, Wertpapieren, Wechseln
- Guthaben bei ausländischen Kreditinstituten
- Kredite und Zahlungsfristen zugunsten des Auslandes

o § 23: Beschränkung von Kapital- und Geldanlagen Gebietsfremder, um einer Beeinträchtigung der Kaufkraft der DM entgegenzuwirken oder das Gleichgewicht der Zahlungsbilanz sicherzustellen.

Außerdem enthält das AWG eine Reihe von Verfahrens-, Straf-, Bußgeld- und Überwachungsvorschriften.

2.0.11 Außenwirtschaftsverordnung (AWV)

2.0.110 Wesen

a) Die AWV ist eine Sammlung einzelner Rechtsverordnungen der Bundesregierung, erlassen auf der Grundlage des Außenwirtschaftsgesetzes.

b) Die AWV enthält die *effektiven,* jeweils gültigen Beschränkungen des Außenwirtschaftsverkehrs.

c) Neben *Verfahrens*vorschriften für die Ein- und Ausfuhr enthält die AWV insbesondere *Melde-* und *Kontroll*bestimmungen. Diese Vorschriften sollen das für die Wirtschafts- und Währungspolitik wichtige statistische Material über die Außenwirtschaftsbeziehungen der Bundesrepublik sichern.

2.0.111 Ausfuhrverfahren

a) *Genehmigungsfreie Ausfuhr* (§§ 9–16 AWV):
o Der Abschluß von Ausfuhrverträgen unterliegt keinen Beschränkungen (Ausnahme: Waren auf der Vorbehaltsliste)
o im Rahmen der Ausfuhr*abfertigung* hat der Exporteur (an seiner Stelle der Versender) die Ausfuhrsendung der Versandzollstelle unter Vorlage eines Ausfuhrscheins vorzuführen
o die Ausfuhrüberwachung wird vorgenommen von den Binnenzollämtern (*Warenkontrolle,* Zulässigkeit der Ausfuhr) und von der Deutschen Bundesbank (*Erlöskontrolle* hinsichtlich der Einhaltung von Devisenbestimmungen und für die Zahlungsbilanz).

b) *Genehmigungsbedürftige Ausfuhr* (§§ 17–18):
o Antrag auf Erteilung einer Ausfuhrgenehmigung bei Bundesamt für gewerbliche Wirtschaft bzw. der Außenhandelsstelle für Erzeugnisse der Ernährung und Landwirtschaft; zur Ermittlung des Käufer- bzw. Verbrauchslandes ist eine Internationale Einfuhrbescheinigung beizufügen; antragsberechtigt ist nur der Ausführer
o weitere Behandlung: wie oben, d. h.
 – Ausfuhrabfertigung
 – Ausfuhrüberwachung
o *Anwendungsbereich:*
 – Kriegsgerät
 – lebensnotwendige Güter
 – Verträge mit Ostblockstaaten auf Kreditbasis u. a. m.

c) *Vereinfachte Ausfuhr* (Sonderregelung, Befreiungen, § 19):
o das oben beschriebene Verfahren findet keine Anwendung
o *Anwendungsbereich:* gültig für einen umfangreichen Katalog von Waren im Wert bis zu 500,– DM/gewerbliche Wirtschaft bzw. 100,– DM/Ernährung und Landwirtschaft, außerdem für sonstige Güter wie Akten, Drucksachen, Umkehrfilme, gebrauchte Kleidungsstücke usw.; wichtig besonders im grenzüberschreitenden Reiseverkehr.

2.0.112 Einfuhrverfahren

a) *Genehmigungsfreie Einfuhr* (§§ 27–29):

o Der Importeur hat bei einer Zollstelle die *Einfuhrabfertigung* zu beantragen, in Ausnahmefällen (§ 28 a) eine Einfuhr*erklärung* einzureichen

o bei Eintreffen der Ware nehmen die Zollämter die *Abfertigung* durch Kontrolle vor (teilweise ist eine Einfuhrkontrollmeldung vorgesehen); die Einfuhrabfertigung entfällt bei der Einfuhr von Wasser, elektrischem Strom und Stadt- sowie Ferngas und ähnlichen Gasen.

b) *Genehmigungsbedürftige Einfuhr* (§§ 30–31):

o Es ist eine Einfuhr*genehmigung* vorzulegen

o weitere Behandlung: wie oben dargestellt, d. h. Einfuhrabfertigung (evtl. zusammen mit Ursprungszeugnis bzw. -erklärung)

o *Anwendungsbereich:*
 – insb. bestimmte landwirtschaftliche Erzeugnisse sowie Produkte aus bestimmten Ländern, z. B. Ostblock
 – außerdem bei Vereinbarung oder Inanspruchnahme einer Lieferfrist, wenn die im Import übliche, in der Einfuhrliste vorgesehene oder eine 24monatige Lieferfrist überschritten wird: Antrag auf Genehmigung speziell dieser Lieferfrist (§ 22).

c) *Vereinfachte Einfuhr* (erleichtertes Verfahren, § 32):

o das oben dargestellte Verfahren findet keine Anwendung

o jedoch kann *Zollanmeldung* verlangt werden (im Grenzverkehr: Erklärung, daß der Reisende nichts zu verzollen hat)

o Anwendung: gültig für einen Katalog von Gütern (vgl. vereinfachte Ausfuhr), insb. im grenzüberschreitenden Reiseverkehr.

2.0.12 Waren- und Länderlisten gemäß AWG und AWV

a) *Wesen:* Aus den Vorschriften über Ein- und Ausfuhrverfahren geht hervor, welche Maßnahmen von dem betroffenen Exporteur oder Importeur verlangt werden, *sofern* ein Fall der genehmigungspflichtigen, genehmigungsfreien oder vereinfachten Ein- oder Ausfuhr vorliegt. *Wann* das jeweilige Verfahren anzuwenden ist, ergibt sich

o aus dem Land, in das zu exportieren/aus dem zu importieren ist

o aus dem Objekt, also der jeweiligen Ware als Geschäftsgegenstand.

Die Waren- und Länderlisten sind Anlagen zum AWG bzw. zur AWV, aus denen hervorgeht,

o welche Waren in welche Länder nur mit Genehmigung exportiert o welche Waren aus welchen Ländern nur mit Genehmigung importiert werden dürfen.

b) *Arten:*

o *Ausfuhrliste:*

Teil I

Abschnitt A – internationale Rüstungsmaterialliste
Abschnitt B – internationale Kernenergieliste
Abschnitt C – internationale Kontrolliste für Embargowaren u. ä.
Abschnitt D – Kontrolliste sonstiger Waren

Teil II: Aufgliederung dieser Waren nach den Gesichtspunkten
– Sicherung der inländischen Bedarfsdeckung
– Einhaltung der EG-Verträge
– Einhaltung bestimmter EG-Qualitätsnormen.

o *Einfuhrliste:*

Abschnitt 1:
Warendispositionen, die für eine Genehmigungspflicht in Betracht kommen

Abschnitt 2:
Länderlisten
Liste A: alle OECD-Länder[*]
Liste C: alle Ostblockländer
Liste B: alle sonstigen Länder.

2.0.13 EG-Verordnungen, EG-Verträge, Handelsabkommen usw.

a) *Wesen:* = internationale Verträge, Übereinkünfte oder (im Fall der EG-Verordnungen) Gesetze, die nach deutschem Verfassungsrecht automatisch (vgl. Art. 24, 25 GG) oder nach Übernahme durch Bundestag und Bundesrat (vgl. Art. 59 GG) Geltung besitzen.

b) Die *EG-Verträge* verpflichten die Bundesrepublik Deutschland auf die Einhaltung und Förderung der wirtschaftlichen und politischen Zielsetzungen der Europäischen Gemeinschaften. Sie wirken sich auf den Außenhandel aus

o durch schrittweisen Abbau der Zölle, mengenmäßigen und sonstigen Handelsbeschränkungen zwischen den EG-Staaten (bis 1992 soll ein *Europäischer Binnenmarkt* geschaffen werden, vgl. Abschnitt 5.1.111)

o durch gemeinschaftlichen Zolltarif und gemeinsames, abgestimmtes Verhalten gegenüber Drittländern in wirtschaftlicher Hinsicht

o durch Niederlassungsfreiheit für Unternehmer im EG-Gebiet

---

[*] OECD = Organization for Economic Cooperation and Development = Organisation für wirtschaftliche Zusammenarbeit und Entwicklung.

o durch weitgehend freizügigen Kapitalverkehr, der allerdings noch nicht uneingeschränkt verwirklicht ist, zumal es noch keine allgemein anerkannte europäische Gemeinschaftswährung gibt; ein wichtiger Schritt wurde allerdings mit der Einführung der Rechnungseinheit *ECU (European Currency Unit)* des Europäischen Währungssystems (EWS) getan (vgl. Abschnitt 5.1.032)

o durch weitgehend einheitliche Wettbewerbsvorschriften (Europäisches Kartellrecht) u. a. m.

c) Die *EG-Verordnungen* haben die Rechtsnatur von Gesetzen. Nach Art. 24 I GG gelten sie in der Bundesrepublik Deutschland unmittelbar und im Rang über innerdeutschen Gesetzen, jedoch – nach deutscher Auffassung – unterhalb der Verfassung. Sie regeln die einzelnen Probleme, die sich aus der Zielsetzung der EG ergeben, und sind von deutschen Kaufleuten unmittelbar zu beachten.

d) Bilaterale *Handelsabkommen* der Bundesrepublik Deutschland mit anderen Staaten und der DDR (s. u.) regeln mengen- und wertmäßige Einschränkungen und Verpflichtungen in wirtschaftlicher Sicht gegenüber einem anderen Staat. Sie erlangen rechtliche Geltung in der Bundesrepublik Deutschland durch Bundesgesetz der Legislative und werden im Bereich des Außenwirtschaftsrechts durch flankierende Vorschriften nach § 5 AWG ergänzt.

e) Weitere Verpflichtungen für die Bundesrepublik Deutschland und für deutsche Kaufleute ergeben sich aus dem Beitritt der Bundesrepublik Deutschland zu anderen *internationalen Organisationen* (z. B. OECD; Vereinte Nationen; GATT = General Agreement on Tariffs and Trade = Internationales Zoll- und Handelsabkommen u. a. m.).

2.0.14 Innerdeutscher Handel (Handel mit der DDR)

Achtung: Der nachfolgende Text kann durch neue Vereinbarungen im Zuge der deutsch-deutschen Annäherung seit Nov. 1989 kurzfristig überholt sein.

a) *Rechtsgrundlage* des innerdeutschen Handels ist nicht das Außenwirtschaftsgesetz, sondern

o alliierte Devisenbewirtschaftungsgesetze (u. a. Militärregierungsgesetz Nr. 53, Verordnungen Nr. 235 und 550 der Kommandanten der Westsektoren)

o Berliner Abkommen (Interzonenhandelsabkommen) von 1951, ergänzt durch Verordnungen, Allgemeine Genehmigungen der Deutschen Bundesbank u. a. m.

b) *Abwicklung:*

o grundsätzlich bedarf jedes Rechtsgeschäft einer ausdrücklichen *Genehmigung:* Antrag auf Erteilung

– eines Warenbegleitscheins (für Ausfuhr)
– einer Bezugsgenehmigung (für Einfuhr)

o für eine erhebliche Anzahl von Waren und Dienstleistungen gelten *Allgemeine Genehmigungen;* hier ist ein Vertragsschluß lediglich zu melden; Beispiele:
  - Geschenksendungen an DDR-Bürger über den Genex-Geschenkdienst GmbH
  - Unterhaltung von DM-Konten für DDR-Bürger bei KI in der Bundesrepublik (sog. DDR-Sperrkonten)
  - Transfer von Sperrguthaben usw.

c) Die *Zahlungsabwicklung* im innerdeutschen Handel erfolgt grundsätzlich in *Verrechnungseinheiten* (VE) über von der Deutschen Bundesbank bzw. der Staatsbank der DDR geführte Verrechnungskonten. Diese Konten können im Rahmen eines vereinbarten *Swing* = Überziehungsrahmens überzogen werden.

Für BRD-Lieferanten/Abnehmer gilt: 1 VE = 1 DM-West
Für DDR-Lieferanten/Abnehmer gilt: 1 VE = 1 DM-Ost.
In jedem Fall muß auf VE-Basis kontrahiert werden.

Für besondere, zusätzliche Lieferungsvereinbarungen außerhalb des Interzonenhandelsabkommens führt die Bundesbank für die DDR-Staatsbank ein zusätzliches Sonderkonto S in D-Mark (West).

2.0.2 Der Kaufvertrag im Außenhandel (Kontrakt)

2.0.20 Überblick

a) Kaufverträge zwischen in verschiedenen Ländern ansässigen Partnern unterliegen besonderen Risiken. Solche *Risiken* sind:

o fehlendes *Vertrauen,* da die Partner sich oft nicht kennen und Auskünfte schwer zu erlangen sind

o Unkenntnis der *gesetzlichen Bestimmungen* und *Handelsbräuche* in den verschiedenen Ländern

o unterschiedliche *Rechtsordnungen,* fast völliges Fehlen einheitlicher Rechtsgrundlagen

o *Transportrisiken* aufgrund großer Entfernungen

o *Abnehmerrisiko,* da die Gegebenheiten es dem Verkäufer erschweren, den Käufer zur Annahme der Ware zu zwingen bzw. sich bei Nichtannahme um die Ware zu kümmern

o *Zahlungsrisiko,* da die Umstände es dem Verkäufer erschweren, den Käufer zur Zahlung zu zwingen

o *Lieferrisiko,* da es für den Käufer sehr schwierig ist, den Verkäufer zur Lieferung zu zwingen bzw. bei Lieferungsverzug oder mangelhafter Lieferung Ansprüche durchzusetzen

o *Währungsrisiko* (Kursrisiko), d. h. Beeinflussung des vereinbarten Preises durch

Wechselkursänderungen; das Währungsrisiko trifft den Vertragspartner, der den vereinbarten Preis in Fremdwährung zahlen muß bzw. zu erhalten hat

o Risiken, die von den beteiligten *Staaten* ausgehen und insbes. politischer Natur sind, wie Beschlagnahme der Ware, Zahlungs- oder Transferverbot, keine Devisenzuteilung

o besondere Risiken wie Krieg, Revolution, Streiks.

b) Die Vertragspartner müssen daher versuchen, ihre Positionen so weitgehend wie irgend möglich *abzusichern*. Dies geschieht durch Versicherungen und, soweit die Risiken speziell Käufer und Verkäufer betreffen, durch Festlegung besonderer Lieferungs- und Zahlungsbedingungen als Vertragsinhalt.

c) Diese Bedingungen haben eine unterschiedliche Gestalt, je nachdem, welcher der beiden Partner an dem abzuschließenden Geschäft mehr interessiert ist, den Vertragsschluß nötiger braucht, d. h. auf das Geschäft angewiesen ist und daher zu Konzessionen bereit sein muß, wodurch er in die schwächere Position gerät. Entscheidend ist also die *Marktstellung* von Käufer und Verkäufer.

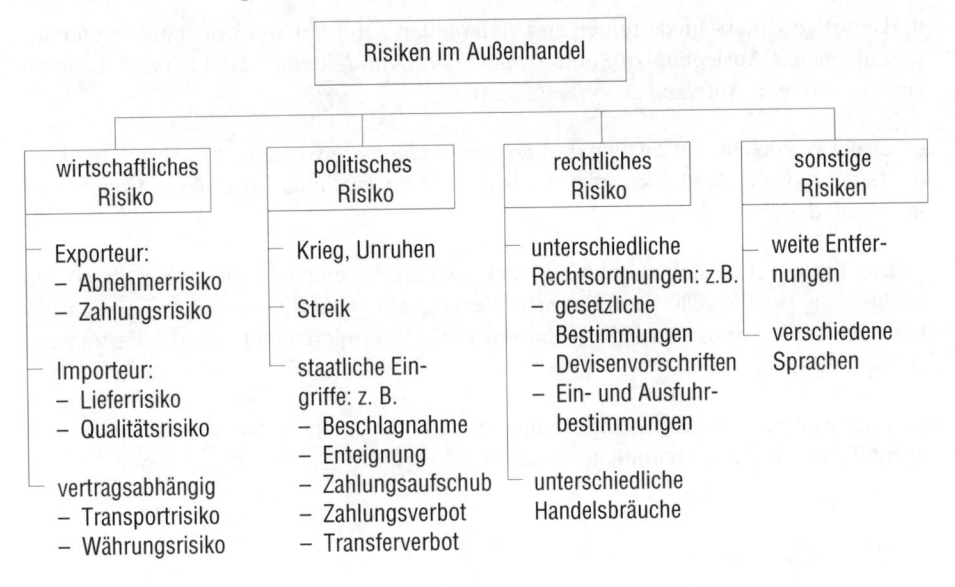

```
                        Risiken im Außenhandel
    ┌──────────────┬──────────────┬──────────────┬──────────────┐
wirtschaftliches   politisches    rechtliches    sonstige
    Risiko            Risiko         Risiko       Risiken

Exporteur:        Krieg, Unruhen  unterschiedliche  weite Entfer-
 – Abnehmerrisiko                 Rechtsordnungen:  nungen
 – Zahlungsrisiko Streik          z.B.
                                   – gesetzliche    verschiedene
Importeur:        staatliche Ein-    Bestimmungen   Sprachen
 – Lieferrisiko   griffe: z. B.    – Devisenvorschriften
 – Qualitätsrisiko – Beschlagnahme – Ein- und Ausfuhr-
                   – Enteignung      bestimmungen
vertragsabhängig  – Zahlungsaufschub
 – Transportrisiko – Zahlungsverbot unterschiedliche
 – Währungsrisiko – Transferverbot  Handelsbräuche
```

2.0.21 Lieferungsbedingungen

2.0.210 Entwicklung

a) Kaufverträge unterliegen den unterschiedlichen *Rechtsnormen* und *Handelsbräuchen* der Vertragsländer.

b) An jedem Ausfuhrplatz haben sich mit der Zeit bestimmte *Klauseln* für Lieferungsbedingungen entwickelt, die in kürzester Form über die wesentlichen Fragen der Lieferung eine Aussage treffen und dabei einen unterschiedlichen Inhalt haben und verschieden ausgelegt werden, auch wenn sie dem Begriff nach übereinstimmen.

Solche unterschiedlichen Auffassungen sind vor allem bei denjenigen Klauseln – wie F. A. S., F. O. B., C. & F., C. I. F. – festzustellen, die sich mit dem Versand der Ausfuhrware befassen (Kosten und Gefahren des Transportes, Versicherung, Beschaffung von Transportraum und Versanddokumenten).

c) *Beispiele* für unterschiedliche *Auslegung:*

o bei Lieferung auf F. O. B.-Basis gehen in Hamburg die Verladekosten – als Bestandteil der Fracht – zu Lasten des Käufers; in schwedischen Häfen sind sie – bei gleichlautender Klausel „Free on Board" – zur Hälfte von Käufer und Verkäufer zu tragen

o im Gegensatz zu Hamburg ist es in Dänemark, Italien und Norwegen üblich, daß bei F. O. B.-Kontrakten nicht der Käufer, sondern der Verkäufer die Kosten für die Konnossementsbeschaffung übernimmt.

d) Derartige Unterschiede führen zu Unklarheiten aufgrund von Unkennntnis und unterschiedlicher Auslegung zu Streitigkeiten, dem Anrufen von Gerichten und damit zu einem unnötigen Aufwand an *Zeit und Kosten.*

e) Daher wurde eine internationale *Vereinheitlichung* notwendig. Diese erfolgte durch die Internationale Handelskammer, Paris (ICC = International Chamber of Commerce) in Gestalt der *Trade Terms.*

f) Die Trade Terms stellen ein *Nachlagewerk* dar, das eine Übersicht über die an den wichtigsten Handelsplätzen üblichen Lieferklauseln gibt. Kaufleute können sich anhand der Trade Terms von 1928 (Revision 1953) informieren und über die Vertragsgestaltung einigen.

g) Eine weitere Vereinheitlichung wurde erreicht durch die Aufstellung der *Incoterms* ebenfalls durch die Internationale Handelskammer.

2.0.211 Die Incoterms

a) *Wesen:* Die International Commercial Terms (Incoterms) sind Regeln zur einheitlichen Auslegung der wichtigsten Lieferklauseln. Sie wurden erstmals 1936 von der Internationalen Handelskammer, Paris, veröffentlicht und in der Zwischenzeit mehrfach revidiert (überarbeitet), um sie an neue Transportmittel und -formen anzupassen. Heute finden die Incoterms in der Form der Revision von 1980 Anwendung. Eine neue Revision ist in Vorbereitung.

b) *Rechtsnatur:* Die Incoterms sind kein internationales Recht, sondern Klauseln, die freiwillig von Käufer und Verkäufer zum Vertragsinhalt gemacht werden können.

Wenn dies durch ausdrückliche Bezugnahme auf die „Incoterms 1980" geschieht, sind sie in ihrer vollen Bedeutung Vertragsinhalt und können entsprechend durchgesetzt werden.

Abweichende ausdrückliche Sondervereinbarungen im Kontrakt gehen den Incoterms vor.

c) *Inhalt* der Incoterms: Regelungen über

o Risikoverteilung (Zeitpunkt des *Gefahrenübergangs* vom Exporteur auf den Importeur)

o Kostenverteilung (Zeitpunkt des *Kostenübergangs* vom Exporteur auf den Importeur)

o Übergang der kaufmännischen Dispositionspflicht *(Sorgepflicht):* Wer muß was zur Abwicklung des Geschäfts tun?

Die Incoterms regeln *nicht* die Zahlungsbedingungen, den Eigentumsübergang und ähnliche Fragen.

d) *Einzelne Klauseln:*

o ex works = ab Werk

o F. O. R./F. O. T. = free on rail/free on truck = frei Eisenbahnwaggon (Abgangsort)

o F. A. S. = free alongside ship = frei Längsseite Schiff (Verschiffungshafen)

o F. O. B. = free on board = frei Bord Schiff (Verschiffungshafen)

o C. & F. = cost and freight = Kosten und Fracht (Bestimmungshafen)

o C. I. F. = cost, insurance, freight = Kosten, Versicherung, Fracht (Bestimmungshafen)

o freight or carriage paid = Fracht bezahlt, frachtfrei (Bestimmungsort) – 1980 erweitert

o ex ship = ab Schiff (Bestimmungshafen)

o ex quay = ab Kai (Bestimmungshafen)
 – verzollt
 – unverzollt

Folgende Klauseln wurden seit 1953 neu eingeführt:

o 1967: geliefert ... Grenze (benannter Lieferort an der Grenze)

o 1967: geliefert ... verzollt (benannter Ort im Einfuhrland)

o 1976: F. O. B. airport = free on board airport = frei Bord benannter Abgangsflughafen

o 1980: free carrier = frei Frachtführer (benannter Ort)

o 1980: freight/carriage and insurance paid to = frachtfrei versichert (benannter Bestimmungsort)

Klausel	(6) Lieferung	(7) Kostenübergang	(8) Gefahrenübergang	(9) Ausfuhrabgaben	(10) Sonstiges
ex works	Verkäufer: Ware zur Verladung bereitstellen Käufer: Beförderungsmittel bereitstellen	Ab Werk (nach Konkretisierung = Aussonderung bzw. Kenntlichmachung)	Ab Werk (nach Konkretisierung)	Käufer	
F. O. R./ F. O. T	V: Waggon stellen/ Verladung K. Anweisungen	Beladener Waggon bzw. Übergabe an die Bahn	Beladener Waggon bzw. Übergabe an die Bahn	Käufer	
F. A. S.	V: Reines Längsseits-Ablade-Dokument beschaffen K: Ladeplatz u. Zeit aufgeben	Längsseite Schiff im Verschiffungshafen	Längsseite Schiff im Verschiffungshafen	K: Ausfuhrpapiere V: Zoll	
F. O. B.	V: Reines An-Bord-Dokument beschaffen K: Schiffsraum beschaffen, Anweisungen geben	Reling Schiff/Verschiffungshafen	Reling Schiff/Verschiffungshafen	Verkäufer	
F. O. B. Flughafen	V: alle erforderlichen Dokumente beschaffen K: Luftfrachtführer bestimmen	Übergabe an Frachtführer/Abgangsflughafen	Übergabe an Frachtführer/Abgangsflughafen	Verkäufer	
Free Carrier	V: alle erforderlichen Dokumente beschaffen K: Frachtführer bestimmen	Übergabe an Frachtführer des benannten Ortes	Übergabe an Frachtführer des benannten Ortes	Verkäufer	Gilt für alle Transportarten incl. Container
C. & F.	V: Schiffsraum u. reinen Satz Bord-Konnossemente beschaffen K: Löschen der Ware veranlassen	Bestimmungshafen	Reling Schiff/Verschiffungshafen	Verkäufer	
C. & F. Landed	wie C. & F.	wie C. & F. V: trägt Löschkosten	wie C. & F.	wie C. & F.	
C. I. F.	V: Schiffsraum u. reinen Satz Bord-Konnossemente u. Versicherungsdokumente beschaffen K: Löschen der Ware veranlassen	Bestimmungshafen (incl. Versicherung über mind. 110 % des Warenwertes)	Reling Schiff/Verschiffungshafen	Verkäufer	
C. I. F. Landed	wie C. I. F.	wie C. I. F. V: trägt Löschkosten	wie C. I. F	wie C. I. F.	
Freight or Carriage Paid to	V: Beförderungsmittel u. Versanddokument beschaffen	Bestimmungsort	Übergabe an 1. Frachtführer	Verkäufer Einfuhrabgaben: Käufer	Gilt für alleTransportarten incl. Container
Freight or Carriage and Insurance paid to	V: Beförderungsmittel, Versanddokumente u. Versicherungsdokumente beschaffen	Bestimmungsort	Übergabe an 1. Frachtführer	Verkäufer Einfuhrabgaben: Käufer	
Ex Ship	V: Schiffsraum u. Konnossement oder Delivery-Order beschaffen	Ab Zur-Verfügungstellg. an Bord des Schiffes im Bestimmungshafen	Ab Zur-Verfügungstellg. an Bord des Schiffes im Bestimmungshafen	Verkäufer	
Ex Quay	V: Auslieferungs- und Einfuhrpapiere beschaffen	Ab Zur-Verfügungstellung am Kai im Bestimmungshafen	Ab Zur-Verfügungstellung am Kai im Bestimmungshafen	Verkäufer Einfuhrabgaben (außer Zoll): Verkäufer	Arten: 1. Verzollt: V trägt Zoll 2. Unverzollt: K trägt Zoll
Geliefert ...Grenze (Grenzort)	V: Ware am Lieferort z. Verfügung stellen. Transportpapiere und sämtl. zur Annahme erforderl. Papiere beschaffen, Ausfuhrabfertigung (Zoll)	Ab Zur-Verfügungstellung	Ab Zur-Verfügungstellung	Verkäufer	Käufer: Einfuhrpapiere, Einfuhrabgaben incl. Zoll
Geliefert ...verzollt (Ort im Einfuhrland)	V: Ware am Bestimmungsort z. Verfügung stellen, Transport- und Einfuhrpapiere beschaffen, Zollabfertigung	Ab Zur-Verfügungstellung	Ab Zur-Verfügungstellung	Verkäufer	Verkäufer Einfuhrzoll usw.

e) *Inhalt* der Klauseln:

o *generell* für alle Incoterms gilt:
  (1) Verkäufer: vertragsmäßige Lieferung, Erbringung aller vertraglich vorgesehenen Belege
  (2) Verkäufer: übliche Verpackung auf eigene Kosten
  (3) Verkäufer: Prüfkosten für Bereitstellung/Verladung/Aushändigung/Lieferung
  (4) Verkäufer: Hilfe bei der Beschaffung aller für die Einfuhr erforderlichen Dokumente – auf Verlangen, Gefahr und Kosten des Käufers
  (5) Käufer: Kosten und Gefahrtragung bei nicht fristgemäßer Abnahme.

o *Speziell* für die einzelnen Incoterms sind zu untersuchen (vgl. Übersicht):
  (6) Lieferung (Dispositionspflicht)
  (7) Kostenübergang
  (8) Gefahrenübergang
  (9) Tragen der Ausfuhrabgaben
  (10) Sonstiges.

2.0.22 Zahlungsbedingungen

2.0.220 Wesen

a) *Definition:* Zahlungsbedingungen sind Vertragsbedingungen über

o Zeitpunkt der Zahlung
o Art des Zahlungsvorgangs (insb. Absicherung)
o eventuelle An-, Voraus-, Teilzahlungen.

b) *Interessen* der Parteien:

o Der *Exporteur* legt Wert auf
  – möglichst schnellen Erhalt des vollen Kaufpreises, so daß das eingesetzte Kapital nicht lange gebunden ist und Finanzierung nicht oder nur kurzfristig notwendig wird
  – Vermeidung des Risikos, daß der Importeur trotz Erhalt der Ware nicht zahlt oder die Zahlung verzögert
  – Vermeidung des Risikos, daß der Importeur die Annahme der Ware ablehnt.

o Der *Importeur* ist daran interessiert,
  – den Kaufpreis möglichst spät zu zahlen, am besten als „self-liquidating-Geschäft": Zahlung des Kaufpreises aus dem Erlös des Weiterverkaufs
  – möglichst keinen Kredit aufnehmen zu müssen
  – das Risiko zu vermeiden, daß der Exporteur trotz Erhalt des Geldes nicht oder schlecht liefert.

2.0.221 Arten von Zahlungsbedingungen

a) *Clean Payment:*

o Merkmale:
- Lieferung und Zahlung sind voneinander unabhängig, nicht aneinander gekoppelt
- einer der beiden Partner erbringt eine Vorleistung
- also kein Zug-um-Zug-Geschäft
- zwischen Exporteur und Importeur muß ein Vertrauensverhältnis bestehen (insb. bei längerer Geschäftsverbindung)
- die Banken haben nur mit der Zahlungsabwicklung zu tun.

o Formen:
- Vorauszahlung oder Anzahlung vor Lieferung
- Zahlung nach Erhalt der Ware
- offenes (d. h. ungesichertes) Zahlungsziel.

o Risiken:
- trotz Vorleistung eines Partners erfolgt die Gegenleistung nicht
- große Entfernungen, unterschiedliche Rechtsordnungen, Fehlen wirksamer Absicherung.

b) *C. o. d. = cash on delivery* = Zahlung gegen (bei) Lieferung:

= Nachnahme (im Inlandsverkehr)

o die Ware wird dem Importeur nur gegen Zahlung ausgehändigt
o im Außenhandel schwierig zu bewerkstelligen, da ein Mittler vorhanden sein muß, der die Ware überbringt und das Geld entgegennimmt
o Praxis: Transport kleinerer Sendungen per Post.

c) *Dokumenteninkasso:* (siehe 2.1.01)

o D/P = Documents against Payment = Dokumente gegen Zahlung
o D/A = Documents against Acceptance = Dokumente gegen (Wechsel-)Akzept

d) *Dokumentenakkreditiv:* (siehe 2.1.02)

e) *Gemeinsames* von Dokumenteninkasso und -akkreditiv:

o Bei diesen Zahlungsformen besteht eine starke Verknüpfung von Zahlungs- und Lieferungsvorgang
o die Ware wird repräsentiert durch *Dokumente,* von diesen verkörpert (Traditionspapiere) oder durch die Dokumente verfügbar gemacht
o durch diese Dokumente kann der Exporteur erreichen, daß der Importeur die Ware – an die er nur mittels der Dokumente herankann – nur gegen Zahlung erhält (Zug-um-Zug-Geschäft)
o die Aufgaben der Vorlegung der Dokumente beim Importeur und der Entgegennah-

me und Weiterleitung der Zahlung an den Exporteur werden von Kreditinstituten übernommen
o erscheint dem Exporteur dennoch das Risiko zu hoch, daß der Importeur die Ware nicht aufnimmt, kann er über ein Dokumentenakkreditiv die Zahlungsverpflichtung eines Kreditinstituts erlangen; ob dieses zahlt, hängt dann allein von ihm ab, denn das KI muß zahlen, wenn der Exporteur einwandfreie, akkreditivgemäße Dokumente beibringt
o Dokumenteninkasso und -akkreditiv bieten dem Exporteur daher vorzügliche Sicherungsmöglichkeiten
o sie sind aber auch als Sicherungsmittel für den Importeur geeignet: ihm steht es frei, die Art und Beschaffenheit der Dokumente vorzuschreiben, gegen die er zahlen will; auf diese Weise kann der Importeur weitgehend sichergehen, daß die Ware überhaupt und in mangelfreiem Zustand an ihn abgesandt wird
o hinzu kommt, daß diese Sicherung durch Dokumteninkasso und -akkreditiv bereits gegen relativ geringe Kosten möglich ist.

2.0.23 Weitere Risiken und ihre Absicherung (aus der Sicht des Exporteurs)

a) *Preisbestimmung:*

o *Löhne und Materialkosten* können sich bei einem langfristigen Geschäft ungünstig verändern und müssen daher berücksichtigt werden durch
  - Festpreis oder
  - Preisgleitklausel.

Die Preisgleitklausel ist für den Exporteur günstiger. Sie ist nicht nach § 3 WährungsG genehmigungspflichtig, da sie nicht den Schutz gegen Inflationsrisiko, sondern gegen andere Preisrisiken bezweckt. Eine Preisgleitklausel enthält i. d. R.
  - einen Fixteil
  - einen lohnabhängigen Teil
  - einen materialabhängigen Teil.

o *Zölle und Steuern* belasten den Exporteur ebenfalls. Diese kann er berücksichtigen durch
  - Einkalkulation in den Preis (ungünstig, wenn dadurch die Konkurrenzfähigkeit auf Listenpreisbasis beeinträchtigt wird) oder
  - unmittelbare Abwälzung auf den Käufer, sofern dieser dazu bereit ist (was oft der Fall ist).

In der Praxis werden auch Einkommen- bzw. Körperschaftsteuer an Kunden weitergegeben.

o Oft ist der Exporteur *Währungsrisiken* ausgesetzt. Er kann sich schützen
  - durch Wahl der Währung: am günstigsten ist D-Mark; der Importeur, der Schwierigkeiten bei DM-Beschaffung oder DM-Aufwertung befürchtet, wird dies allerdings oft ablehnen

- durch *Wechselkursversicherung*: = Versicherung des Bundes, die zwei Jahre nach Abschluß eines Ausfuhrvertrages einsetzt, Selbstbeteiligung des Exporteurs in Höhe von 3 %, Kosten: 0,6–0,7 % der Vertragssumme (abhängig vom Bestehen einer Hermes-Ausfuhrdeckung, s. u.)
- durch Abschluß eines Devisentermingeschäftes.

o Sämtliche *Begleitkosten* von Ausfuhrverträgen müssen vom Exporteur mitkalkuliert werden. Sie betragen i. d. R. ca. 15 % und setzen sich zusammen aus
- Wechselkursversicherung
- Hermes-Kreditversicherung
- Refinanzierung.

b) Besondere Vereinbarungen über *Zahlungssicherung:*

o *Spätesttermine:* Die Zahlung wird terminmäßig von einem bestimmten Ereignis abhängig gemacht, ist aber spätestens zu einem bestimmten Zeitpunkt zu leisten; Beispiel:

„15 % des Rechnungspreises sind bei Betriebsbereitschaft der Anlage, spätestens aber 24 Monate nach Vertragsabschluß zu entrichten."

Als Ereignisse kommen in Betracht
- Lieferung
- Vertragswirksamkeit
- Bereitschaft zum Versand u. a. m.

o *Vertragsstrafe* für bestimmte Nichtleistungen (häufiger als Schutz des Importeurs gegen Nicht- und Schlechtlieferung des Exporteurs).

o *Aufrechnungs- und Zurückbehaltungsverbot:* der Käufer soll keine Möglichkeit haben, seine Zahlung wegen bestehender oder behaupteter Gegenforderungen zurückzuhalten.

o *Parteiunabhängige Wirksamkeitsvoraussetzungen* für den bereits abgeschlossenen Vertrag, z. B.
- Stellung eines Akkreditivs durch Importbank
- Zahlungs- und Transfergarantie durch Regierung des Importlandes
- Eingang akzeptierter Wechsel beim Exporteur
- Vorliegen der Deckungszusage der Hermes-Kreditversicherung u. a. m.

o *Dingliche Sicherheiten:* Der im Inland fast selbstverständliche Eigentumsvorbehalt ist im Außenhandel selten, da er Besonderheiten des deutschen Rechts (z. B. Abstraktionsprinzip) voraussetzt, die im Ausland nicht ohne weiteres gelten, der Exporteur muß sich daher um andere, insbes. für das Importland spezifische Sicherungen bemühen.

c) *Kreditgewährung* im Rahmen des Ausfuhrvertrages:

o Beim *Bestellerkredit* braucht der Exporteur dem Importeur keinen Kredit zu gewähren, sondern erhält i. d. R. Barzahlung; der Importeur beschafft sich den erforderlichen Kreditbetrag bei seinem KI, ein deutsches KI tritt als Kreditgeber auf (sog. gebundener Finanzkredit), oder das Importland nimmt bei internationalen Organisatio

nen (z. B. Weltbank) oder der Kreditanstalt für Wiederaufbau Kredite auf, von denen es Teile dem Importeur zur Verfügung stellt.
o Beim *Liefervertragskredit* übernimmt der Lieferant selbst die Kreditierung des Importeurs; typische Aufteilung der Zahlung:
  – 10 % Anzahlung
  – 10 % Zahlung bei Lieferung
  – 80 % in 10 gleichen Halbjahresraten, beginnend 6 Monate nach vollständiger Lieferung/Betriebsbereitschaft einer erstellten Anlage usw.

Diese Zahlungsaufteilung wird innerhalb der *Berner Union* am häufigsten angewandt (= Zusammenschluß der Kreditversicherer der meisten westlichen Industrienationen).

2.0.3 Dokumente im Außenhandel

2.0.30 Wesen und Bedeutung

a) *Wesen:* Dokumente sind alle Papiere im Zusammenhang mit Außenhandelsgeschäften, die

o den Transport
o Versicherungen
o die Lieferung
o die Einlagerung
o die Qualität, die Herkunft usw.

von Gütern bescheinigen sowie besondere Einzelheiten der Lieferung aufgrund vertraglicher Vereinbarung oder gesetzlicher Vorschrift bestätigen.

b) *Bedeutung:*
o Dokumente werden verwendet, um auch im Außenhandel ein *Zug-um-Zug-Geschäft* zu ermöglichen: sie vermitteln die Verfügungsgewalt über die Ware gegen Auslösung des Zahlungsvorgangs.
o Dokumente geben damit dem Exporteur die Möglichkeit, vom Importeur Zahlung zu erhalten, und dem Importeur, die Verfügungsmacht über die Ware zu erlangen.
o Dokumente ermöglichen außerdem die Einschaltung von *Kreditinstituten* nicht nur in den Zahlungsvorgang, sondern auch in die Lieferung als Erfüllungs-Mittler zwischen Verkäufer und Käufer.

2.0.31 Transportdokumente (vgl. Abschnitt 0.2.0)

= Dokumente, mit denen der Exporteur den Versand der Ware an den Importeur nachweisen kann und die zum Teil als Traditionspapiere die Ware verkörpern.

Je nach Transportmittel werden unterschieden:

a) *Konnossement* = Bill of Lading (Seefrachtverkehr); Bedeutung:

o Präsentationspapier
o Traditionspapier
o Inkasso- und Akkreditivdokument
o Kreditsicherheit.

b) *Ladeschein* (Binnenschiffahrt); Bedeutung: wie Konnossement.

c) *Frachtbriefdoppel* des Internationalen Eisenbahnfrachtbriefes; Bedeutung:

o Mittel für nachträgliche Verfügungen
o Inkasso- und Akkreditivdokument
o Kreditsicherheit.

d) *FCR* = Forwarding Agents Certificate of Receipt = Internationale Spediteur-Übernahmebescheinigung; Bedeutung:

o Mittel für nachträgliche Verfügungen
o Inkasso- und Akkreditivdokument.

e) *FCT* = Forwarding Agents Certificate of Transport = Internationales Spediteur-Durchkonnossement; Bedeutung:

o Präsentationspapier
o Mittel für nachträgliche Verfügungen
o Inkasso- und Akkreditivdokument.

f) *Lkw-Frachtbrief;* Bedeutung:

o Beweispapier für den Abschluß des Frachtvertrages
o selten als Inkasso- und Akkreditivdokument verwendet.

g) *Luftfrachtbrief* (Air Waybill); Bedeutung:

o Mittel für nachträgliche Verfügungen
o Inkasso- und Akkreditivdokument.

h) *Posteinlieferungsschein* = Parcel Post Receipt; Bedeutung:

o Beweis für die Postaufgabe
o sehr selten als Inkasso- und Akkreditivdokument verwendet.

2.0.32 Warenbegleitpapiere

= Dokumente, die vom Importeur selbst benötigt werden und darüber Auskunft geben, was zu welchem Preis geliefert wurde, ob die Lieferung einwandfrei ist usw.;

= Dokumente, die der Importeur für die Einfuhr aufgrund staatlicher Vorschriften benötigt.

Es handelt sich um sog. *Handels- und Zolldokumente.*

2.0.320 *Handelsrechnung* (Faktura, Commercial Invoice)

a) *Inhalt:* Detaillierte Angaben über
o Ware, Warenbezeichnung
o Gewicht, Menge, Verpackung
o Preis pro Stück bzw. Gewichtseinheit sowie Gesamtpreis
o Wiederholung von Vertragsbestandteilen (Lieferungs- und Zahlungsbedingungen)
o Angabe der auf Ware/Verpackung befindlichen Markierungen.

b) *Bedeutung:*
o Unterlage für die Prüfung des Importeurs, ob in Übereinstimmung mit dem Kaufvertrag geliefert worden ist, und für seine Zahlung
o Unterlage für Einfuhrabfertigung und Verzollung.

2.0.321 *Legalisierte Handelsrechnung*

a) *Wesen:* Beglaubigung = Legalisierung der Faktura durch Vermerk einer Industrie- und Handelskammer oder des Konsulats des Importlandes.

b) *Bedeutung:* Bestätigung der Angemessenheit der Preise im Vergleich zu der Marktlage im Exportland.

c) *Grund* für die Ausstellung:
o in Ländern mit Devisenbewirtschaftung werden Importeuren für die Zahlung von Kaufpreisen Devisen in Höhe des jeweiligen Vertragswertes zur Verfügung gestellt
o wenn ein Importeur sich mit dem Exporteur daraufhin einigt, nur den realen Warenwert zu zahlen, aber einen höheren Betrag als Vertragswert in den Kaufvertrag einzusetzen, ist ihm Umgehung der Devisenbestimmungen möglich: er erhält mehr Devisen zugeteilt, als ihm tatsächlich zustehen
o die Beglaubigung des Vertrags- und Rechnungspreises als marktgerecht verhindert diese Umgehungsmöglichkeit
o außerdem wird bei der Berechnung des Einfuhrzolls des Importlandes häufig der Warenpreis der Handelsrechnung zugrundegelegt; durch Legalisierung der Handelsrechnung soll vermieden werden, daß der Exporteur eine Rechnung über einen niedrigeren Betrag als den Kaufpreis ausstellt, um so Einfuhrzoll zu sparen.

2.0.322 Konsulatsfaktura (Consular Invoice)

a) *Wesen:*

o vom Konsulat des Importlandes im Exportland auf eigenen Formularen ausgestellt
o beinhaltet Warenbeschreibung, Preisangabe und Ursprungsland.

b) *Bedeutung:*

o Bestätigung der Angemessenheit des Preises (vgl. legaliserte Handelsrechnung)
o Unterlage für die Verzollung im Importland, da sich die Höhe des Einfuhrzolls nach dem fakturierten Warenwert richtet
o Angabe des Ursprungslandes ersetzt u. U. Ursprungszeugnis (siehe dort).

2.0.323 Zollfaktura (Customs Invoice)

a) *Wesen:*

o ausgestellt auf Formularen der Zollämter des Importlandes
o vom Exporteur und einem beliebigen Zeugen unterschrieben.

b) *Bedeutung:*

o Unterlage für Verzollung der Ware im Importland (Bestätigung der Angemessenheit des Preises)
o Angabe des Ursprungslandes ersetzt u. U. Ursprungszeugnis (siehe dort), „Combined Certificate of Value and Origin" = Kombiniertes Wert- und Ursprungszeugnis
o erforderlich für Einfuhr in einige anglo-amerikanische Staaten.

2.0.324 Ursprungszeugnis (Certificate of Origin)

a) *Wesen:*

o Urkunde, in der das Ursprungsland der Ware durch eine hierzu berechtigte Stelle bescheinigt oder beglaubigt wird (in Deutschland i. d. R. durch die Industrie- und Handelskammern)
o innerhalb der Europäischen Gemeinschaften werden einheitliche Formulare verwendet.

b) *Bedeutung:*

o gefordert von Ländern, die bilaterale Handelsabkommen geschlossen haben, zur Überprüfung der Einhaltung dieser Verträge

- o erforderlich für den Importeur zur Wahrnehmung von Einfuhrerleichterungen/ -vergünstigungen für Waren aus bestimmten Ländern (aufgrund einer sog. *Meistbegünstigungsklausel* in Handelsverträgen = Verpflichtung eines Staates, einem anderen Staat alle handelspolitischen Vorteile zu gewähren, die er irgendeinem dritten Staat eingeräumt hat)
- o gefordert aus politischen Gründen, wenn mit bestimmten Ländern keine – auch nur mittelbaren – wirtschaftlichen Beziehungen unterhalten werden sollen (z. B. Israel – Syrien)
- o der Importeur verlangt auch dann ein Ursprungszeugnis, wenn die Herkunft auf eine bestimmte Qualität oder den Wert der Ware schließen läßt (z. B. französischer Cognac, chinesische Seide, „Made in Germany" als Qualitätsmerkmal).

2.0.325 Warenverkehrsbescheinigung (Versandbescheinigung)

a) *Wesen:* = Bescheinigung des Exporteurs, daß die Ware

- o in einem EG-Staat hergestellt oder
- o in einem EG-Staat als Einfuhrware verzollt

worden ist.

b) *Bedeutung:*
- o erforderlich im Handel zwischen EG-Ländern aufgrund der EG-Verträge
- o führt gleichzeitig zur Anwendung günstigerer Einfuhrabgaben.

2.0.326 Sonstige Warenbegleitpapiere

a) *Sachverständigen-Zeugnisse:*

- o Gesundheitszertifikat (Health Certificate)
- o Analysenzertifikat (Certificate of Analysis)
- o Inspektionszertifikat (Certificate of Inspection)
- o Qualitätszeugnis (Certificate of Quality) u. a. m.

Bedeutung: Diese Bescheinigungen dienen dem Importeur als Nachweis für einwandfreie Lieferung frei von Mängeln und den Einfuhr-Behörden als Bestätigung für die Einhaltung aller gesetzlichen Vorschriften (z. B. Lebensmittelgesetze usw.).

1 Absender - Consignor - Expéditeur - Expedidor	Y 844212	ORIGINAL
Bergedorfer Maschinen-Vertriebs-ges. mbH Am Markt 1 2o5o Hamburg 8o	**EUROPÄISCHE GEMEINSCHAFT** EUROPEAN COMMUNITY - COMMUNAUTE EUROPEENNE - COMUNIDAD EUROPEA	
2 Empfänger - Consignee - Destinataire - Destinatario	**URSPRUNGSZEUGNIS** CERTIFICATE OF ORIGIN - CERTIFICAT D'ORIGINE - CERTIFICADO DE ORIGEN	
Firma J. Gonzales Quito Ecuador		

3 Ursprungsland - Country of origin - Pays d'origine - Pais de origen
Bundesrepublik Deutschland (Europäische Gemeinschaften)

4 Angaben über die Beförderung - means of transport - expédition - expedición	5 Bemerkungen - remarks - observations - observaciones
MS "Alexander Humboldt"	gemäß Proforma-Rechnung 1189 vom 12.1o.1988. L/C-Nr. 458/88 fob-Wert DM 16.8oo,--.

6 Laufende Nummer; Zeichen, Nummern, Anzahl und Art der Packstücke; Warenbezeichnung		7 Menge
1. Gonzales 1499 Quito 1 - 5	5 Kisten Unterwasser-Pumpen Typ PU 18-1	total 4oo kg netto 55o kg brutto
2. Gonzales 15oo Quito 1 - 3	3 Karton Rohrmuffen (Kupfer)	total 25 kg netto 34 kg brutto

8 DIE UNTERZEICHNENDE STELLE BESCHEINIGT, DASS DIE OBEN BEZEICHNETEN WAREN IHREN URSPRUNG IN DEM IN FELD 3 GENANNTEN LAND HABEN

The undersigned authority certifies that the goods described above originate in the country shown in box 3
L'autorité soussignée certifie que les marchandises désignées ci-dessus sont originaires du pays figurant dans la case No. 3
La autoridad infrascrita certifica que las mercancías arriba mencionadas son originarías del país que figura en la casilla no. 3

Handelskammer Hamburg
Hamburg Chamber of Commerce
Chambre de Commerce de Hambourg
Câmara de Comercio de Hamburgo
i. A.:

Wertmarke hier aufkleben

Hamburg, den 11. August 1989

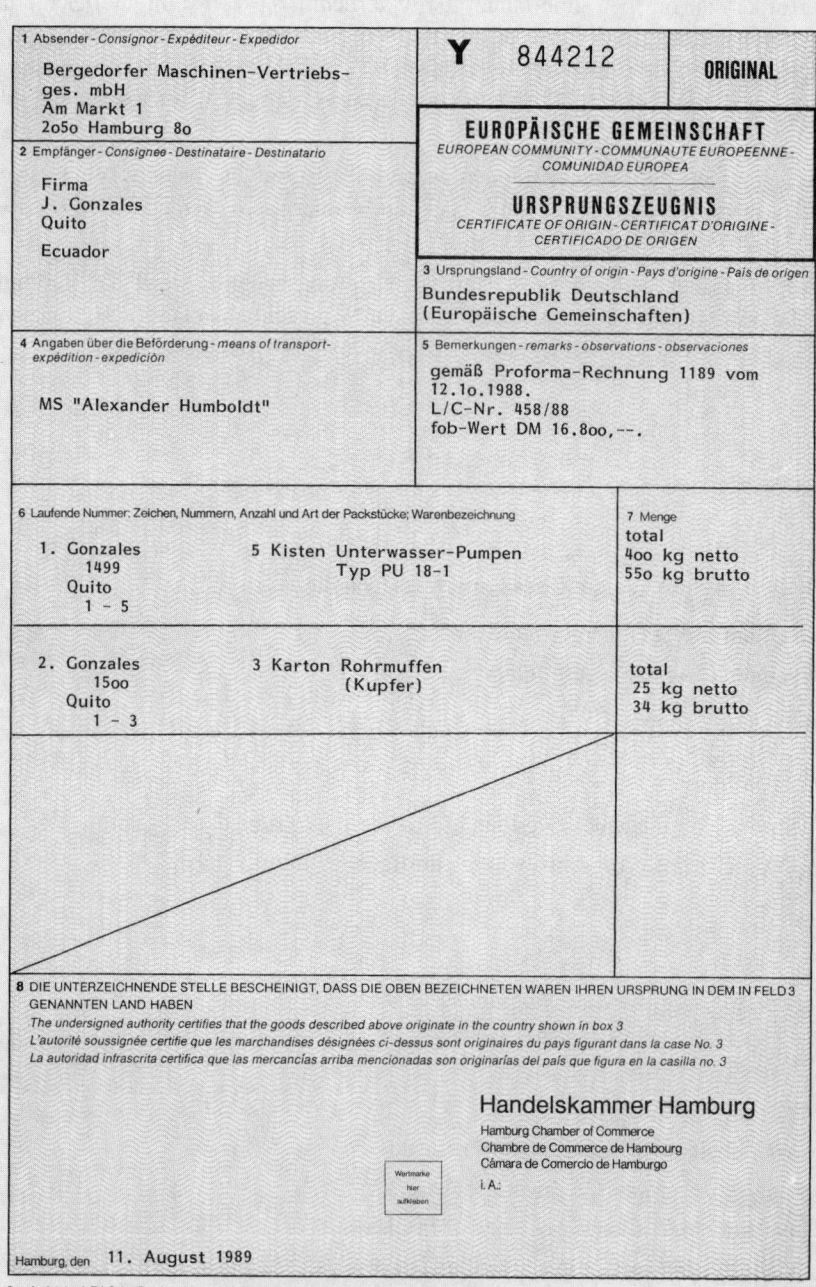

Genehmigt durch Erlaß des Bundesministers der Finanzen vom 22. 5. 1969 III B/8 – Z 1351 – 23/69
Bestell-Nr. 1 (ECE-Rahmenvordruck). Zu beziehen durch die Handelskammer Hamburg (5. 87) C. Mahnkopp - Hamburg

Ladeliste Pos.: 08/290/1102-1104 MSE

Bei mehreren Listen lfd. Nr.

SCHENKER & CO GMBH
Zweigniederlassung Hamburg
Bei den Mühren 5, 2000 HAMBURG 11
Telefon: 36 1350 — Telex: 21700 4 0

Diese Ladeliste gehört zum Versandschein T

Versandschein Nr.

Abgangszollstelle

Sammelwaggon No. ....

Empfänger: WITAG WELTIFURRER AG ....

in ....ZÜRICH.......................................
                Bestimmungsort

Stempel   Unterschrift

Lfd. Nr.	30 Anzahl, Art, Zeichen u. Nummern der Packstücke	31 Warenbezeichnung	35 Versendungsland	36 Rohgewicht (kg)	Raum für zollamtliche Eintragungen
1	30 Ballen 30 Kartons H-D Hamburg No. 2081-2110 2111-2140 H-D Hamburg	Seide	Hongkong	2.857,-	
2	40 Ballen H-D Hamburg No. 2141-2180	Seide	Hongkong	2.498,-	
3	70 Karton EPA Zürich Order No. 0292 EPA Atr. No. 85972-4 Dept. No. GRR Crt No. 1-70	Hosen, gewebt	Hongkong	1.050,-	
	170 Packstücke			6.405,-	

MUSTER

Hamburg, den 02.08.89

SCHENKER & CO GMBH
Zweigniederlassung Hamburg

b) *Exporteur-Bescheinigungen:*
o Verpackungsliste (Packing List)
o Gewichtsliste (Certificate of Weight)
o Aufmaßliste (List of Measurement)
o Gebührenliste u. a. m.

Bedeutung: Bescheinigungen des Exporteurs für den Importeur zur Kontrolle der Lieferung und als Bearbeitungsgrundlage.

2.0.33 Versicherungsdokumente

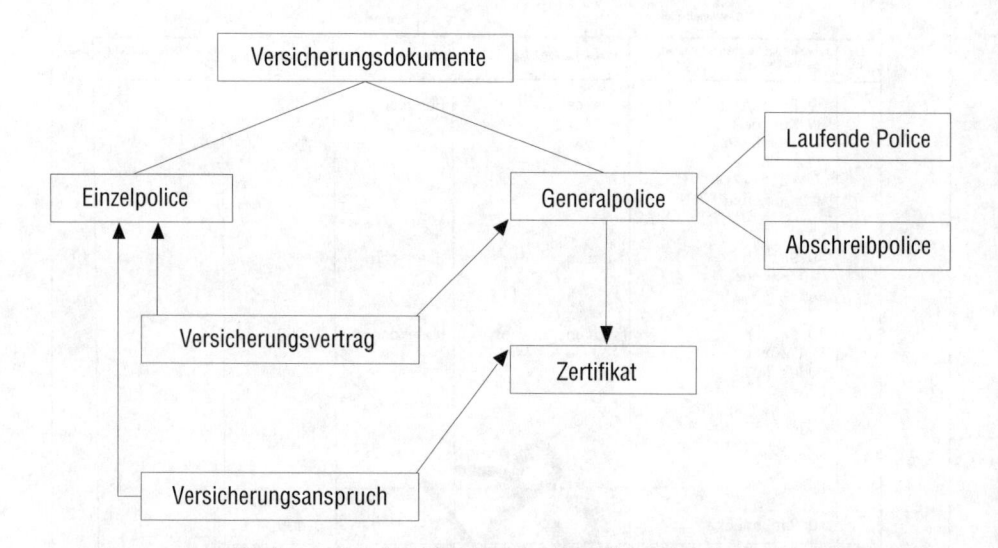

```
                    Versicherungsdokumente
                   /                    \
                                              Laufende Police
          Einzelpolice            Generalpolice
                                              Abschreibpolice
          Versicherungsvertrag
                                   Zertifikat

          Versicherungsanspruch
```

a) *Wesen:* Transportversicherungspolicen versichern die Ware gegen auf dem *Transport* eintretende Risiken, die gemäß ausdrücklicher Haftungsbefreiung vom Frachtführer (Verfrachter) nicht getragen werden, z. B. Havarie, Streiks, Krieg usw.

b) *Rechtsnatur:* Die Transportversicherungspolice ist
o in der Praxis häufig Inhaberpapier (ausgestellt „to the holder")
o auch als gekorenes Orderpapier oder ohne Orderklausel als Rektapapier möglich.

c) *Arten:*
o *Einzel*police: Versicherung eines einzelnen Gütertransports
o *General*police: Versicherung mehrerer gleichartiger Transporte;
  – laufende Police: versichert sind alle Transporte einer bestimmten Art (hinsichtlich Ware und Route) innerhalb eines bestimmten Zeitraums

ORIGINAL

Certificate (Policy) of Marine Insurance

Sum Insured	Place and Date of Issue	Copies	Open Cover No.	Certificate No.
US-$ 10.000,-	Hamburg, 20.02.86	2	1004	365

This is to certify that insurance has been granted under the above Open Cover to:

Holder

for account of whom it may concern, on the following goods

```
E & F
23456
Nos. 1 - 5    -    5 cases Motor Car Spare Parts

gross 750 kos.
net   650 kos.
```

for the following voyage (conveyance, route):

Hamburg to New York
per MV " Rosa"

from warehouse to warehouse, in accordance with Clause 5 of the German General Rules of Marine Insurance, Special Conditions for Cargo (ADS Cargo 1973 - Edition 1984), as printed overleaf.

Claims payable to the holder of this certificate. Settlement under one copy shall render all others null and void.

Conditions:
1. German General Rules of Marine Insurance (ADS), Special Conditions for Cargo (ADS Cargo 1973 - Edition 1984).
2. Terms and conditions of the above Open Cover.
3. Form of cover (see overleaf): Full Cover
4. Clauses (see overleaf): DTV War Clauses 1984
   DTV Strikes Riots and Civil Commotion Clauses 1984
   DTV Nuclear Energy Clauses 1984

See overleaf for Instructions to be followed in case of loss or damage.

Claims Survey Agent:

Ewig International
Marine Corp.
11, Broadway, Suite 1412
New York, N.Y. 10004

For and on behalf of all insurance companies participating:

NEPTUN Land- und See-
Versicherungs-AG

Premium Paid
Tr. 411/84

- Abschreibpolice: versichert sind gleichartige Transporte bis zu einem bestimmten Höchstbetrag; jeder Einzeltransport wird auf der Police abgesetzt („abgeschrieben").

d) Die *Police* enthält den Versicherungsvertrag und den Versicherungsanspruch. Bei einer Einzelpolice kann der Versicherungsanspruch unmittelbar aus der Police geltend gemacht werden; bei einer Generalpolice wird der Versicherungsanspruch auf ein *Versicherungszertifikat* übertragen, das für jeden Einzeltransport ausgestellt wird und mit den übrigen Dokumenten zur Vorlage beim Importeur gelangt.

e) Erläuterung einiger versicherungstechnischer *Begriffe:*
o *Imaginärer* (gedachter) *Gewinn:*
  - i. d. R. wird eine Ware nicht zum Vertragswert, sondern zu einem höheren Betrag (meist 110 %) versichert
  - der übersteigende Betrag dient zur Deckung des Gewinns, der dem Importeur bei Untergang der Ware verlorengeht.
o *Franchise* = Selbstbeteiligung des Versicherungsnehmers bei Eintreten des Versicherungsfalles; Beispiel: 15 % Franchise bedeuten, daß der Versicherungsnehmer jeden Schäden trägt, der sich auf bis zu 15 % des Warenwertes beläuft; auch bei 15 % übersteigenden Schäden trägt der Versicherungsnehmer 15 % selbst.
o *Havarie:* Schiff oder Ladung erleiden einen Seeschaden;
  - große Havarie: Aufwendungen und Kosten für alle Schäden, die aufgrund gemeinsamer Gefahr dem Schiff oder der Ladung vom Kapitän zugefügt bzw. veranlaßt worden sind, um Schiff oder Ladung zu retten; von Schiff, Fracht und Ladung gemeinsam zu tragen (vgl. §§ 700 ff. HGB)
  - kleine Havarie: Kosten der Schiffahrt (Hafen-, Lotsengeld usw.), vom Verfrachter zu tragen (vgl. § 621 HGB)
  - besondere Havarie: sonstige Kosten und Schäden, grds. vom Geschädigten zu tragen.

2.0.34 Sonstige Dokumente

2.0.340 Teilkonnossement

a) *Wesen:*

= Konnossements-Sonderform, bei der nur ein Teil der Ware als empfangen bescheinigt wird

o die Rechte des Originalkonnossements (= Übernahmekonnossement) werden anteilig verbrieft.

b) *Bedeutung:* Teilkonnossements werden ausgestellt, wenn

o die Ware auf mehrere Schiffe verladen werden muß, da auf einem Schiff nicht (nicht mehr) genügend Frachtraum vorhanden ist, die Sendung aber immer noch eine einzige Lieferung unter einem Gesamt-Beförderungsvertrag darstellen soll o die Ware in mehreren Teilpartien verkauft worden ist und der jeweilige Käufer seinen Anteil unmittelbar vom Schiff abholen können soll.

2.0.341 Konnossements-Teilscheine

a) *Wesen:*
o keine Transportpapiere, sondern schriftliche Anweisungen zur Auslieferung der Ware
o ausgestellt auf der Grundlage des Originalkonnossements
o keine Traditionspapiere.

b) *Arten:*
o *Delivery-Order:*
  = Verpflichtung eines Treuhänders des Originalkonnossements, die angegebene Ware an den Inhaber bzw. namentlich Genannten auszuliefern
  − mit der Delivery-Order kann kein Eigentum an der Ware übertragen werden.
o *Reederei-Lieferschein:*
  = Anweisung der Reederei (gegen Einlieferung des Originalkonnossements) an das Schiff bzw. den Kai, die angegebene Ware an den Inhaber bzw. namentlich Genannten auszuliefern
  − Übergabe des Lieferscheins = Abtretung des Herausgabeanspruches, damit ist Eigentumsübertragung durch Einigung und Abtretung möglich.
o *Kai-Teilschein:*
  = Anweisung des Importeurs an die Kaiverwaltung, die bezeichnete Ware an den Inhaber bzw. namentlich Genannten auszuliefern
  − erforderlich ist Abstempelung des Kai-Teilscheins durch die Reederei zum Nachweis der Einlieferung des Originalkonnossements bei ihr
  − auch hier kann durch Einigung und Abtretung des Herausgabeanspruches Eigentum übertragen werden.

c) *Bedeutung:*
o Der Importeur kann die Ware verkaufen, obwohl sie einer Bank zur Sicherung eines Krediles übereignet wurde und das Originalkonnossement bei der Reederei für die Bank treuhänderisch verwahrt wird; erforderlich ist dann die Zustimmung der Bank zur Ausstellung des Teilscheins (Delivery-Order).
o Der Importeur kann die Ware in einem oder in mehreren Teilen weiterverkaufen, ohne sie vorher vom Schiff/Kai abholen und einlagern zu müssen; das Abholen wird mittels des Teilscheins vom Käufer selbst übernommen (Reederei-Lieferschein und Kai-Teilschein).

2.0.4 Handelsmittler im Außenhandel

2.0.40 Überblick

	Exportseitig, d. h. Sitz im Exportland	Importseitig, d. h. Sitz im Importland	
Exporteur	Auslandsvertreter (des Importeurs) = Einkaufsagent		Importeur
Exporteur	Exportvertreter (des Exporteurs) = Verkaufsagent		Importeur
Exporteur	Einkaufskommissionär (des Imp.)		Importeur
Exporteur	Exporthändler		Importeur
Exporteur		Auslandsvertreter (des Exp.) = Verkaufsagent	Importeur
Exporteur		CIF-Agent = Form des Auslandsvertreters	Importeur
Exporteur		Importvertreter (des Importeurs) = Einkaufsagent	Importeur
Exporteur		Verkaufskommissionär (des Imp.)	Importeur
Exporteur		Importhändler	Importeur
Das Geschäft kann abgewickelt werden zwischen Exporteur, Importeur und einem oder mehreren Handelsmittlern.			

2.0.41 Einzelne Arten

a) *Auslandsvertreter:*

= Handelsvertreter des Exporteurs oder des Importeurs, der seinen Sitz im Ausland hat (gesehen vom Auftraggeber aus), um dort Geschäftsverbindungen anzuknüpfen

o Mittler zwischen Exporteur und Importeur.

b) *CIF-Agent:*

= Sonderform des für den Exporteur tätigen Auslandsvertreters o mit Verantwortung und besonderen Vollmachten für Vertragsabschlüsse auf CIF-Basis ausgestattet.

c) *Export- bzw. Importvertreter:*

= Vertreter des Auftraggebers in dessen Land

o wird meist eingesetzt, wenn Exporteur oder Importeur ihren Sitz im Binnenland, nicht an einem Hafenplatz haben

o tritt am Hafenplatz oft in Verbindung mit einem Auslandsvertreter des Kontrahenten.

d) *Einkaufs- bzw. Verkaufskommissionär:*

o übliche Kommissionärsstellung

o Verkaufskommissionär: = sog. *Konsignatar* (beauftragt vom Exporteur = Konsignanten), unterhält am Importplatz ein Konsignationslager mit Waren, die im Eigentum des Konsignanten bleiben.

e) *Export- bzw. Importhändler:*

o selbständiger Kaufmann, der Handel für eigene Rechnung betreibt

o Sitz: Exporthändler am Exportplatz, Importhändler am Importplatz; unterhält meist Niederlassungen bzw. Vertretungen im Ausland

o Funktion: Mittler zwischen dem eigentlichen Exporteur und Importeur; verfügt meist über eine eigene Spedition.

2.0.5 Die Zahlungsbilanz

2.0.50 Grundbegriffe

a) *Wesen:* Die Zahlungsbilanz ist eine Zusammenstellung aller während eines Jahres erbrachten *Zahlungen* vom Inland an das Ausland und umgekehrt, berechnet für die gesamte Volkswirtschaft und unter Berücksichtigung der *Grundlagen* für die einzelnen Zahlungsvorgänge:

o Handelsgeschäfte (Warenverkehr)

o Dienstleistungen

o unentgeltliche Leistungen

o Kapitalverkehr

o Devisenverkehr.

Die Zahlungsbilanz der Bundesrepublik Deutschland wird durch die Deutsche Bundesbank erstellt.

Struktur der Zahlungsbilanz

halbjährlich

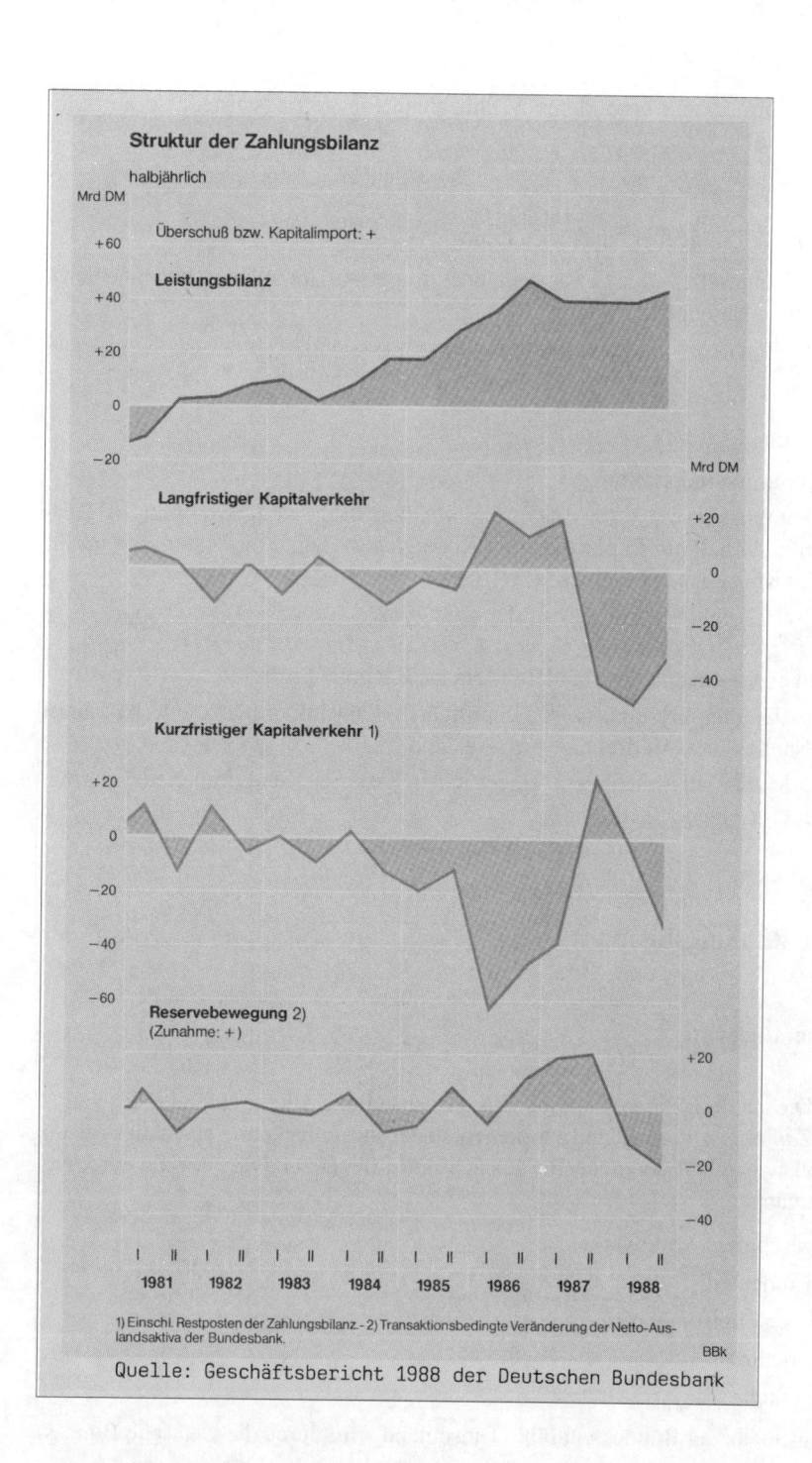

Überschuß bzw. Kapitalimport: +

Leistungsbilanz

Langfristiger Kapitalverkehr

Kurzfristiger Kapitalverkehr 1)

Reservebewegung 2)
(Zunahme: +)

1981 1982 1983 1984 1985 1986 1987 1988

1) Einschl. Restposten der Zahlungsbilanz. – 2) Transaktionsbedingte Veränderung der Netto-Auslandsaktiva der Bundesbank.

BBk

Quelle: Geschäftsbericht 1988 der Deutschen Bundesbank

b) *Arten:*

o *ausgeglichene* Zahlungsbilanz: Einnahmen und Ausgaben decken sich
o *aktive* Zahlungsbilanz: die Einnahmen (Aktivseite) überwiegen die Ausgaben
o *passive* Zahlungsbilanz: die Ausgaben (Passivseite) überwiegen die Einnahmen.

c) *Aufbau:* nach Aufgliederung der Deutschen Bundesbank

A. Leistungsbilanz

1. Handelsbilanz

= wertmäßige Gegenüberstellung der Einfuhr und der Ausfuhr; aktive H.: Ausfuhrüberschuß; passive H.: Einfuhrüberschuß

2. Dienstleistungsbilanz

= wertmäßige Gegenüberstellung der vom Ausland an das Inland erbrachten Dienstleistungen und umgekehrt (z. B. Einnahmen und Ausgaben für Tourismus, Transportwesen, Versicherungen)

3. Übertragungsbilanz

Aufführung der grenzüberschreitenden unentgeltlichen Leistungen (z. B. Wiedergutmachung, Erbschaften, Spenden, Leistungen an internat. Organisationen, Transfer von Löhnen durch Gastarbeiter)

B. Kapitalbilanz

Gegenüberstellung von Kapitalexport und -import (z. B. Investitionen vom oder im Ausland, Erwerb von Anlagen in Wertpapieren oder Immobilien, Entwicklungshilfekredite)

C. Devisenbilanz

Gegenüberstellung der Zu- und Abgänge, d. h. Veränderungen des Gold- und Devisenbestandes der Bundesbank

D. Restposten

= nicht erfaßbare Posten, statistische Ermittlungsfehler

Zu beachten ist, daß die monatlich und jährlich veröffentlichte Aufstellung der Deutschen Bundesbank nicht die tatsächlichen Gesamtbeträge (Summen) der ein- und ausgehenden Zahlungen erfaßt, sondern nur ihre *Salden*.

2.0.51 Ausgleich der Zahlungsbilanz

a) Da jeder vom Ausland oder an das Ausland erbrachten *Leistung* eine entsprechende *Zahlung* oder Forderung gegenübersteht, ist der *formale* Ausgleich der Zahlungsbilanz stets gegeben.

Real kann dennoch ein Ungleichgewicht der Zahlungsbilanz bestehen, das sich in einem ständigen gleichgerichteten Saldo der Devisenbilanz oder aller anderen Bilanzen (ohne Berücksichtigung der Devisenbilanz) zeigt, d. h. in einer *Differenz* zwischen Zahlungseingängen und Zahlungsausgängen.

Ein solcher Saldo kann beruhen auf einem Ungleichgewicht jeder einzelnen Teilbilanz im Rahmen der Zahlungsbilanz; kaum erreichbar ist das Ziel, daß jede Bilanz für sich ausgeglichen ist. Oft ist es jedoch möglich, über verschiedenartige, nicht gleichgerichtete Salden einen Ausgleich der gesamten Zahlungsbilanz herbeizuführen.

Zahlungsbilanz der Bundesrepublik 1985 – 1988 in Mrd. DM, stark vereinfacht				
	1985	1986	1987	1988
A. **Leistungsbilanz**[1]				
1. Handelsbilanz	+ 72,0	+ 111,2	+ 116,1	+ 127,7
2. Dienstleistungsbilanz	+ 5,4	+ 1,2	– 5,8	– 10,5
3. Übertragungsbilanz	– 29,1	– 27,3	– 29,1	– 32,0
Saldo	+ 48,3	+ 85,1	+ 81,2	+ 85,2
B. **Kapitalbilanz**[2]				
1. langfristig	– 12,9	+ 33,8	– 23,3	– 84,9
2. kurzfristig	– 41,7	– 113,7	– 18,1	– 36,0
Saldo	– 54,6	– 79,9	– 41,4	– 120,9
Saldo von A und B	– 6,3	+ 5,2	+ 39,8	– 35,7
C. **Devisenbilanz**	– 1,3	+ 2,7	+ 31,9	– 32,5
D. **Restposten**	+ 8,1	+ 0,7	+ 1,4	+ 1,0
E. **Auslgeichsposten** zur Auslandsposition der Bundesbank[3]	– 3,1	– 3,2	– 9,3	+ 2,2

$$A + B + D + E - C = 0$$

1 + bedeutet: Überschuß der Forderungen
 – bedeutet: Überschuß der Verbindlichkeiten
2 + bedeutet: Überschuß der ausländischen Kapitalleistungen an die BRD
 – bedeutet: Überschuß der deutschen Kapitalleistungen an das Ausland
3 Zuteilung von IWF-Sonderziehungsrechten und Änderungen des DM-Wertes der Auslandsposition der Bundesbank

Quelle: Monatsbericht der Deutschen Bundesbank Mai 1989

Aufgrund der unterschiedlichen Fristigkeit von Forderungen und Verbindlichkeiten können auch vorübergehende Ungleichgewichte auftreten; von einem tatsächlichen Ausgleich der Zahlungsbilanz kann daher oft erst beim Vergleich der Bilanzen mehrerer Jahre gesprochen werden.

b) *Gründe* für ein *Ungleichgewicht* der Zahlungsbilanz:

o Strukturunterschiede zwischen dem eigenen Land (z. B. Industrienation) und den Wirtschaftspartnern (z. B. Entwicklungsländer)

o zu hohe oder zu niedrige Einschätzung der eigenen Währung, der die Parität der Währung zu anderen Währungen nicht entspricht (sofern feste Austauschverhältnisse bestehen).

c) *Eingriff* in die Zahlungsbilanz und Beseitigung bestehender Ungleichgewichte: siehe Wirtschaftspolitik!

2.1 Die Auslandsgeschäfte der Kreditinstitute

2.1.0 Zahlungsabwicklung

2.1.00 Reiner Zahlungsverkehr

2.1.000 Überblick

Zahlungsmittel im engeren Sinne zur Durchführung reiner Zahlungsvorgänge *("Clean Payment")* ohne Verbindung mit der Lieferung von Waren sind im Bereich des Auslandsgeschäftes

o Überweisungen (sog. Zahlungsaufträge)

o Schecks

o Wechsel.

Zahlungen werden dabei in D-Mark oder in *Devisen* geleistet (vgl. hierzu Devisengeschäft).

Da die meisten Kreditinstitute kein eigenes Filialnetz im Ausland unterhalten, werden zur Abwicklung des Auslandszahlungsverkehrs befreundete Banken (sog. Korrespondenzbanken) eingeschaltet. Je nach Ausgestaltung der Geschäftsverbindung wird zwischen A- und B-Korrespondenten unterschieden. Bei einer A-Korrespondenz stehen die Banken miteinander in direkter Kontoverbindung, d. h. sie unterhalten beim Partner ein Konto in der jeweiligen Landeswährung. Bei B-Korrespondenten gibt es keine direkte Kontoverbindung. Zwischen den KI bestehen aber Absprachen darüber, in welcher Form der Geschäftsverkehr abgewickelt werden soll (sog. agency arrangements). So wird z. B. vereinbart, über welches dritte KI Zahlungen zwischen den Korrespondenten erfolgen sollen. Dieses dritte KI muß dann mit beiden B-Korrespondenten in Kontoverbindung stehen.

2.1.001 Überweisungen

a) *Form:* Überweisungen werden vom Kunden an die Bank durch den *Zahlungsauftrag im Außenwirtschaftsverkehr* eingeleitet, vom Kreditinstitut durch *Payment Order* (Zahlungsauftrag) ausgeführt.

o Zahlungsauftrag im Außenwirtschaftsverkehr des Kunden an die Bank: dreiteiliges Formular,
   - Original für das beauftragte KI
   - Durchschlag für die Bundesbank (zu statistischen Zwecken)
   - Durchschlag für den Auftraggeber.
o Weiterleitung des Kundenauftrages durch seine Bank: internationales mehrteiliges Formular,

- Original und Kopien gehen an beauftragte Auslandsbanken
- Durchschlag für die Bundesbank (zu statistischen Zwecken, siehe Abschnitt 2.1.004)
- Durchschlag als Buchungsunterlage

o heute werden Auslandszahlungen überwiegend beleglos über das S. W. I. F. T.– System abgewickelt (siehe Abschnitt 2.1.005).

b) *Abwicklung:* erfolgt über Korrespondenzbanken der beauftragten Bank zu Lasten der gewöhnlich dort für die Inlandsbank geführten Konten.

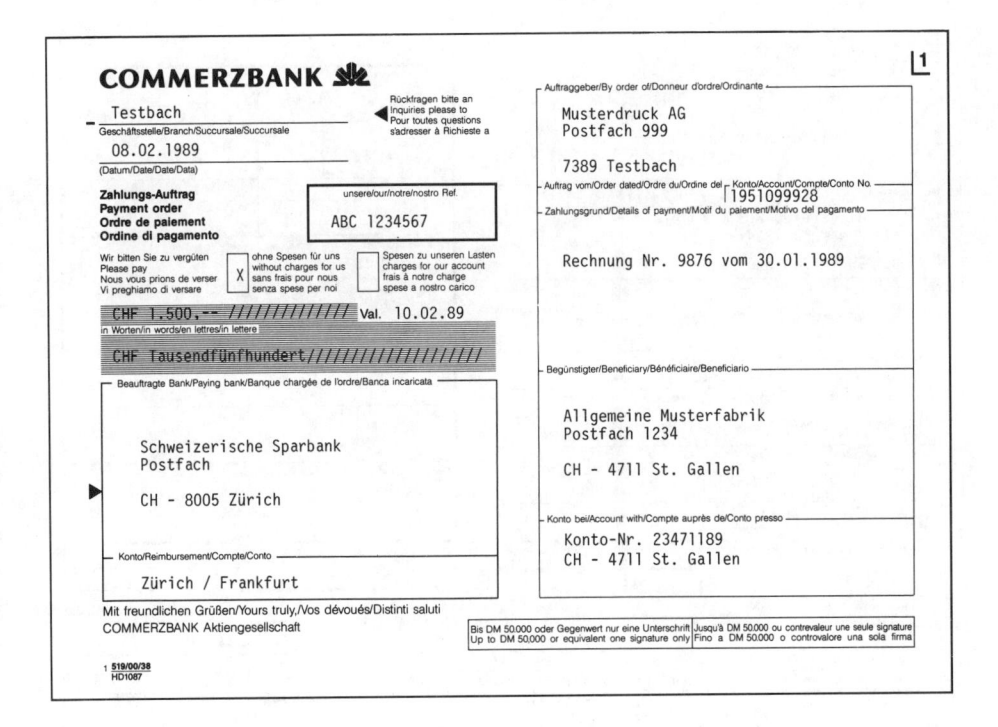

```
COMMERZBANK                                                                    |1
                                    Rückfragen bitte an    Auftraggeber/By order of/Donneur d'ordre/Ordinante
  Testbach                          Inquiries please to
  Geschäftsstelle/Branch/Succursale/Succursale   Pour toutes questions     Musterdruck AG
                                    s'adresser à Richieste a               Postfach 999
  08.02.1989
  (Datum/Date/Data/Data)                                                   7389 Testbach
  Zahlungs-Auftrag                  unsere/our/notre/nostro Ref.           Auftrag vom/Order dated/Ordre du/Ordine del  Konto/Account/Compte/Conto No.
  Payment order                                                                                          1951099928
  Ordre de paiement                 ABC 1234567                            Zahlungsgrund/Details of payment/Motif du paiement/Motivo del pagamento
  Ordine di pagamento

  Wir bitten Sie zu vergüten    ohne Spesen für uns    Spesen zu unseren Lasten   Rechnung Nr. 9876 vom 30.01.1989
  Please pay                  X without charges for us  charges for our account
  Nous vous prions de verser    sans frais pour nous   frais à notre charge
  Vi preghiamo di versare       senza spese per noi    spese a nostro carico

  CHF 1.500,-- /////////////// Val. 10.02.89
  in Worten/in words/en lettres/in lettere
  CHF Tausendfünfhundert//////////////////
                                                                           Begünstigter/Beneficiary/Bénéficiaire/Beneficiario
  Beauftragte Bank/Paying bank/Banque chargée de l'ordre/Banca incaricata
                                                                           Allgemeine Musterfabrik
                                                                           Postfach 1234
     Schweizerische Sparbank
     Postfach                                                              CH - 4711 St. Gallen
  ▶  CH - 8005 Zürich
                                                                           Konto bei/Account with/Compte auprès de/Conto presso

                                                                           Konto-Nr. 23471189
  Konto/Reimbursement/Compte/Conto                                         CH - 4711 St. Gallen

     Zürich / Frankfurt

  Mit freundlichen Grüßen/Yours truly,/Vos dévoués/Distinti saluti
  COMMERZBANK Aktiengesellschaft       Bis DM 50.000 oder Gegenwert nur eine Unterschrift   Jusqu'à DM 50.000 ou contrevaleur une seule signature
                                       Up to DM 50.000 or equivalent one signature only     Fino a DM 50.000 o controvalore una sola firma

  1 519/00/38
    HD1087
```

c) *Arten:*

o Zahlungsauftrag in D-Mark
o Zahlungsauftrag in Fremdwährung
   - zu Lasten Kundenkonto in D-Mark (der Kunde muß den erforderlichen Devisenbetrag kaufen)
   - zu Lasten Kundenkonto in Fremdwährung (sog. Loro-Valuta-Konten)

Anlage Z 1 zur AWV

ZAHLUNGSAUFTRAG IM AUSSENWIRTSCHAFTSVERKEHR
Meldung nach § 59 der Außenwirtschaftsverordnung

Dem Geldinstitut mit Blatt 2 einzureichen

52: An (beauftragtes Geldinstitut) BLZ **500 400 00** TX-Code T01010 Devisendisposition erfolgt am:

COMMERZBANK
AKTIENGESELLSCHAFT
Auslands-Abteilung

PRS

F: 04 — Referenz-Nr.

[X] Zahlung [X] DM-Kontos
[ ] Akkreditiv zu Lasten des [ ] Währungskontos
[ ] Inkasso Einlösung [ ] Währungs-Termin-Kontos
Ihre Nr.

Bei Zahlungen zu Lasten Währungs-Konto:
[ ] Spesen zu Lasten DM-Konto-Nr.
[ ] Spesen zu Lasten Währungs-Konto:

Ohne zusätzliche Weisung, sind Sie berechtigt, den Auftrag als Zahlung zu Lasten des DM-Kontos zu behandeln.

32: Währung //////CHF////// **Betrag in Ziffern** ////////////1.500/////////////////////
Betrag in Worten ////////////////////Tausendfünfhundert/////////

Dispositions-Vermerke Kontoführung / Sicherungsstempel

50: Auftraggeber (Meldepflichtiger) Konto-Nr. **1951099928**
Name: Musterdruck AG
Straße: Postfach 999
Ort: 7389 Testbach

F: 05 — Konto-Nr. | F: 07 — Wert | F: 08 — Wert

57: Bank des Begünstigten
Schweizerische Sparbank
CH - 4711 St. Gallen

F: 09 — S | F: 10 — A | F: 11 — B | F: 12 — ausl. Ref.-Nr.

59: Begünstigter Konto-Nr. **23471189**
Name: Allgemeine Musterfabrik
Straße: Postfach 1234
Ort: CH - 4711 St. Gallen

F: 14 — Kurs | F: 15 — Porto / Sp. | F: 16 — Tel. /FS
F: 17 — Bearb. Geb. | F: 18 — Courtage | F: 19 — Bew. Kurs

70: Verwendungszweck
Rechnung Nr. 9876 vom 30.01.1989

F: 20 — Beauftragte Bank (11stell. Code)

71: Ihre Kosten / Spesen zu Lasten des [X] Auftraggebers [ ] Begünstigten
Fremde Kosten zu Lasten des [ ] Auftraggebers [X] Begünstigten

F: 21 — Porto / Sp. | F: 22 — Telegr. / FS | F: 23 — Ink.-Prov. | F: 24 — T

Zahlung ist — sofern sie nicht über S.W.I.F.T. erfolgt — auszuführen
[X] brieflich [ ] drahtlich bis [ ] Korrespondenzbank [ ] Bank des Begünstigten [ ] Begünstigten

F: 25 — R | F: 26 — U | F: 27 — C

Zusätzliche Weisungen für das Geldinstitut

(Text-BBI) Bank-Bank -Info — Codes verwenden —

Angaben zur Meldung nach §§ 59 ff der Außenwirtschaftsverordnung
Falls Platz nicht ausreicht, Anlage verwenden

Die vorstehende Zahlung betrifft (Zutreffendes am linken Rand ankreuzen [X] und entsprechende Zeilen ausfüllen)

Bei Akkreditiven, letzten Tag der Gültigkeitsdauer angeben B | | | | C | | | |

[ ] **I Wareneinfuhr** a) Einkaufsland | | | | b) Betrag in DM ohne Pfennig

[ ] **II Transithandel (§ 40 Abs. 2 AWV)** c) Warenbezeichnung | d) Nr. des Warenverzeichnisses für die Außenhandelsstatistik | e) Einkaufsland | | | | f) Betrag in DM ohne Pfennig

A | | | | D | | | |

Sofern die Ware bereits an Gebietsfremde veräußert ist (durchgehandelte Transithandelsgeschäfte) ¹)
g) Warenbezeichnung (nur ausfüllen, wenn die eingekaufte Ware durch Bearbeitung ihre Beschaffenheit verändert hat) | h) Eingang des Verkaufserlöses a) Monat und Jahr | i) Nr. des Warenverzeichnisses für die Außenhandelsstatistik | k) Käuferland | | | | l) Verkaufspreis Betrag in DM ohne Pfennig

¹) Sofern die Ware noch nicht veräußert ist, ist der Verkaufserlös im Zeitpunkt des Eingangs auf Anlage Z 4 zur AWV zu melden. — 2) Sofern der Verkaufserlös noch nicht eingegangen ist, voraussichtlichen Zeitpunkt des Eingangs angeben.

[ ] **III Dienstleistungs- und Kapitalverkehr, sonstige Ausgaben**
m) Kennzahl laut Leistungsverzeichnis | n) Gläubigerland | | | | o) Anlageland (bei Vermögensanlagen außerhalb des Wirtschaftsgebietes) | | | | p) Betrag in DM ohne Pfennig

q) Nähere Angaben über den Zahlungszweck (Wichtigste Einzelheiten des Grundgeschäfts — bei Krediten und Darlehen auch ursprünglich vereinbarte Laufzeit oder Kündigungsfrist — angeben, z. B. Erwerb eines Grundstückes in ..., Darlehensgewährung an ein Unternehmen in ..., Rückzahlung eines in ..., aufgenommenen Kredits, Lizenzgebühr für ein ausländisches Patent)

08.02.1989
Datum | Telefon

Musterdruck AG, 7389 Testbach
(Firma, Unterschrift und Gewerbe)

¹ 3424/00/2 HD0487

Stark umrandete Felder sind vom Meldepflichtigen (Auftraggeber) **nicht** auszufüllen.

o brieflicher Zahlungsauftrag (Dauer: Postlaufzeit)
o telegrafische bzw. fernschriftliche Ausführung des Zahlungsauftrages zur Beschleunigung des Vorgangs, anschließend schriftliche Bestätigung (Cable Confirmation)
o Ausführung über das S. W. I. F. T.-System.

2.1.002 Scheckverkehr

a) *Eurocheques* (mit Scheckkarte): bis zu einem Betrag von 400,- DM (oder im Ausland geltender Garantiebetrag) nahezu im gesamten europäischen Ausland verwendbar – geeignet jedoch nur für den Reiseverkehr.

b) *Travellers Cheques* – geeignet ebenfalls nur für den Reiseverkehr.

c) *Banken-Orderscheck:*
o Ausstellung eines Orderschecks durch das inländische KI zu Lasten eines bei einer Korrespondenzbank im Ausland oder bei einer eigenen Filiale unterhaltenen Kontos
o die Inlandsbank übersendet den Scheck i. d. R. direkt dem Begünstigten
o Avisierung des Schecks an die bezogene Bank (aus Sicherheitsgründen)
o wenn die Bankverbindung des Begünstigten dem ausstellenden KI bekannt ist, wird der Scheck i. d. R. an die Order der Hausbank des Zahlungsempfängers ausgestellt und dieser direkt mit der Bitte zugesandt, den Gegenwert dem Konto des Zahlungsempfängers gutzuschreiben; der Banken-Orderscheck kann dem Begünstigten aber auch direkt zugeschickt oder dem Auftraggeber der Zahlung ausgehändigt werden (z. B. wenn Kontoverbindung des Zahlungsempfängers nicht bekannt ist)
o Anwendung: insb. bei Geschäften mit anglo-amerikanischen Staaten
o Grundlage und Einleitung: Zahlungsauftrag im Außenwirtschaftsverkehr des Kunden.

d) Zu beachten ist:
o grundsätzlich sind alle im Ausland verwandten Schecks *Orderschecks,* d. h. zu übertragen durch Einigung, Indossament und Übergabe
o im Ausland, insb. in Großbritannien, werden neben den gewöhnlichen Verrechnungsschecks auch *gekreuzte Schecks* verwendet (vgl. Scheckverkehr), die eine erhöhte Sicherheit vor allem gegen Diebstahl mit sich bringen.

e) Zahlungs*eingänge* für inländische Kunden durch Orderschecks in Fremdwährung:
o Gutschrift auf dem Fremdwährungskonto des Kunden, soweit vorhanden, je nach Bonität des Einreichers E. v. = Eingang vorbehalten oder n. E. = nach Eingang des Gegenwertes

o auf DM-Konten werden die Gegenwerte von zum Inkasso eingereichten Fremdwährungsschecks je nach Bonität des Einreichers sofort E. v. = Eingang vorbehalten oder n. E. = nach Eingang des Gegenwertes gutgeschrieben. Bei der Sofortgutschrift E. v. rechnet das KI den Scheck zum sog. *Sichtkurs* (Scheckankaufskurs) um. Dieser Kurs liegt i. d. R. um die Spanne zwischen Geld- und Mittelkurs der Fremdwährung unter dem Geldkurs. Mit dem Abschlag soll der Zinsverlust des KI für die Dauer des Scheckeinzugs ausgeglichen werden. Wird der Scheck zur Gutschrift n. E. hereingenommen, erfolgt die Umrechnung nach Erhalt des Gegenwertes zum Geldkurs.

2.1.003 Wechselverkehr

a) *Vorkommen* von Wechseln als Zahlungsmittel

o im anglo-amerikanischen Bereich (insb. als Sichtwechsel)
o bei Finanzierungsgeschäften.

b) *Diskontierung* von Fremdwährungswechseln in der Bundesrepublik Deutschland:
o Ankauf erfolgt zum sog. *Wechselankaufskurs* (besonderer Kurs für Diskontierung von Fremdwährungswechseln, täglich von der Bundesbank bekanntgegeben)
o u. U. folgt zusätzlicher Abschlag gegenüber dem Devisen-Geldkurs entsprechend dem Scheckankaufskurs.

2.1.004 Meldevorschriften für Auslandszahlungen

Nach § 59 AWV haben Gebietsansässige der Deutschen Bundesbank grundsätzlich *jeden* Zahlungsverkehr mit dem Ausland zu melden. Dazu gehören:

o eingehende Zahlungen, die Gebietsansässige von Gebietsfremden oder für deren Rechnung von Gebietsansässigen entgegennehmen

o ausgehende Zahlungen, die Gebietsansässige an Gebietsfremde oder für deren Rechnung an Gebietsansässige leisten.

Die Deutsche Bundesbank benötigt die Meldungen ausschließlich für statistische Zwecke (u. a. zur Erstellung der Zahlungsbilanz). Ansonsten werden die Angaben vertraulich behandelt, d. h. nicht an andere Institutionen oder Behörden weitergegeben. Die KI müssen ihre Kunden ausdrücklich auf die Meldepflichten hinweisen. Ein Verstoß gegen Meldevorschriften kann als Ordnungswidrigkeit mit Geldbuße geahndet werden.

Für die Meldungen halten die KI einheitliche Vordrucke bereit, deren Aufbau in einer Anlage zur AWV vorgeschrieben ist (z. B. Anlage Z1 „Zahlungsauftrag im Außenwirtschaftsverkehr", Muster bei Abschnitt 2.1.002).

Ausgenommen von den Meldevorschriften sind

o Zahlungen bis zu 2 000,– DM oder Gegenwert in Fremdwährung
o Kreditaufnahme oder -gewährung bis 12 Monate Laufzeit sowie Rückzahlung kurzfristiger Kredite
o Überweisungen auf Konten Gebietsansässiger bei gebietsfremden KI
o Zahlungen natürlicher Personen für Bezug von Waren zum persönlichen Verbrauch oder für Inanspruchnahme von Dienstleistungen für persönliche Zwecke
o Ausfuhrerlöse.

2.1.005 S. W. I. F. T.

a) *Wesen:* 1973 wurde die „Society for Worldwide Interbank Financial Telecommunication" (S. W. I. F. T., zu deutsch: Gesellschaft für weltweite Finanz-Fernkommunikation unter Banken) in Brüssel gegründet. Ziel war die Errichtung eines Datenverbundsystems für die schnellere und rationellere Abwicklung des internationalen Zahlungsverkehrs und der Nachrichtenübermittlung zwischen KI. Dieses System arbeitet seit 1974 mit derzeit über 2 300 Mitglieds-Kreditinstituten in 60 Ländern.

Heute werden täglich bis zu 1 Million Nachrichten über S. W. I. F. T. ausgetauscht, was ca. 90 % des internationalen Zahlungsverkehrs entspricht.

b) *Verfahren:* Das derzeitige S. W. I. F. T.-Leitungsnetz (S. W. I. F. T.-Network) besteht aus zwei miteinander verbundenen Schaltzentralen (Operating Centres) in Leiden/Niederlande und Culpeper/USA. Außerdem befindet sich in jedem Land ein nationaler sog. Konzentrator (Regional Processor), der mit einer der beiden Schaltzentralen in Leiden oder Culpeper verbunden ist. Über eine Stand- oder Wählleitung stehen wiederum die einzelnen KI mit ihrem nationalen Konzentrator in Verbindung und haben damit Anschluß an das weltweite S. W. I. F. T.-Netz.

Die deutschen KI sind an den nationalen Konzentrator in Frankfurt/Main angeschlossen, der mit der Schaltzentrale in Leiden verbunden ist.

Jedes beteiligte KI wird über eine achtstellige S. W. I. F. T.-Adresse identifiziert, die von der Funktion her mit einer internationalen Bankleitzahl vergleichbar ist.

Das S. W. I. F. T.-System besitzt keine Clearing-Funktion, d. h. die Gegenwerte der Zahlungsaufträge werden auf dem herkömmlichen Weg über bestehende Kontoverbindungen zwischen den beteiligten KI verrechnet.

Neben dem erheblichen Vorteil der beleglosen Übermittlung wird auch eine Beschleunigung gegenüber den herkömmlichen Systemen zur Nachrichtenübermittlung erzielt. Gewöhnliche Nachrichten brauchen 20, Eilnachrichten eine bis max. 5 Minuten.

c) Im S. W. I. F. T.-Verkehr gibt es verschiedene Nachrichtentypen. Die wichtigsten sind:

- 100 Kundenüberweisungen
- 200 Banküberweisungen
- 300 Fremdwährungseinlagen/-anleihen und Bestätigungen derartiger Transaktionen/Devisenhandel
- 400 Dokumenteninkassi
- 500 Wertpapierabwicklung
- 700 Akkreditive (Kredite auf Dokumentenbasis)

Außerdem bringt S. W. I. F. T. regelmäßig Systemnachrichten, d. h. Informationen über das S. W. I. F. T.-System selbst.

Eine standardisierte S. W. I. F. T.-Nachricht setzt sich aus einem Adreßteil und dem eigentlichen Nachrichtentext zusammen. Zur Sicherung wird die Nachricht vor dem Senden auf Basis bilateraler Vereinbarungen zwischen den einzelnen Korrespondenzbanken verschlüsselt (S. W. I. F. T.-Authenticator Key).

Beispiel: Weg einer S. W. I. F. T.-Nachricht (Akkreditiveröffnung) von Hamburg nach Tokio

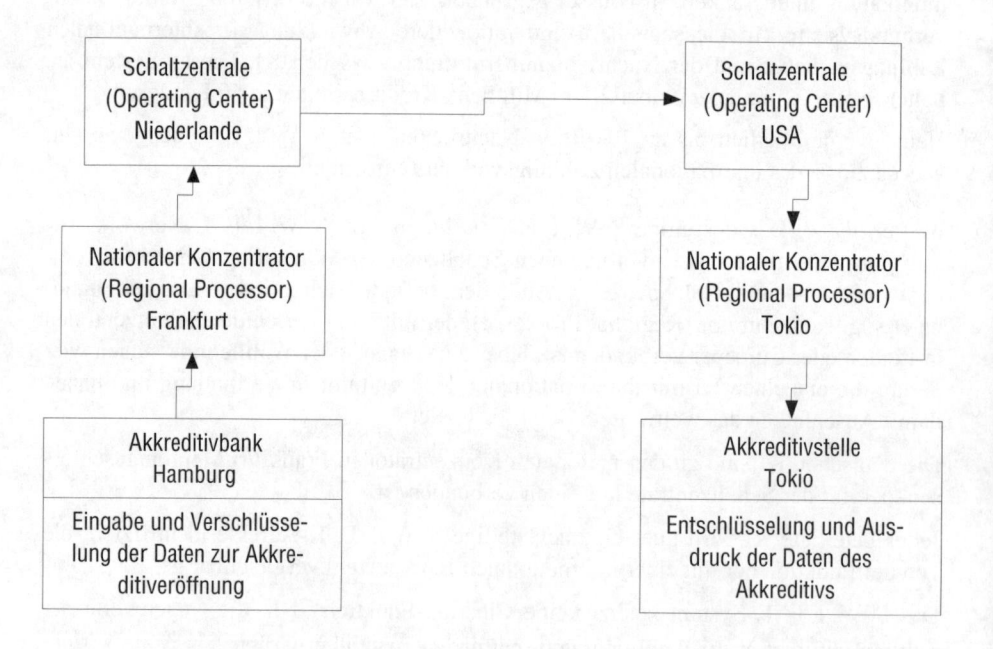

```
┌─────────────────────┐         ┌─────────────────────┐
│   Schaltzentrale    │────────▶│   Schaltzentrale    │
│  (Operating Center) │         │  (Operating Center) │
│    Niederlande      │         │        USA          │
└─────────────────────┘         └─────────────────────┘
           ▲                               │
           │                               ▼
┌─────────────────────┐         ┌─────────────────────┐
│ Nationaler Konzentrator │     │ Nationaler Konzentrator │
│ (Regional Processor)│         │ (Regional Processor)│
│     Frankfurt       │         │       Tokio         │
└─────────────────────┘         └─────────────────────┘
           ▲                               │
           │                               ▼
┌─────────────────────┐         ┌─────────────────────┐
│   Akkreditivbank    │         │   Akkreditivstelle  │
│      Hamburg        │         │       Tokio         │
├─────────────────────┤         ├─────────────────────┤
│ Eingabe und Verschlüsse- │    │ Entschlüsselung und Aus- │
│ lung der Daten zur Akkre- │   │ druck der Daten des │
│   ditiveröffnung    │         │    Akkreditivs      │
└─────────────────────┘         └─────────────────────┘
```

d) Zur Zeit werden die technischen Voraussetzungen für einen weiteren Ausbau dieses Nachrichtenübermittlungssystems – S. W. I. F. T. II – geschaffen. Dabei sollen vor allem die Kapazität, die Sicherheit und die Schnelligkeit des Systems verbessert werden.

Übertragung eines Zahlungsauftrages in eine SWIFT-Nachricht	
SWIFT-Nachricht	Erläuterungen
Envelope B R L A D E 22 xxx Ø1234 1ØØ Ø2 C H E M U S 33	Beauftragte Bank (= Bremer Landesbank, Deutschland, Bremen = 22), Code, ISN-Eingabennummer Nachrichtentyp 1ØØ = Kundenüberweisung brieflich (Ø1 = drahtlich) Empfangende Bank/Korrespondenzbank (Chemical Bank New York Ltd., USA), New York = 33

Nachrichtentext
 	
: 2Ø : 12345678
: 32 A : 7911 3Ø USD 69ØØ
 	
: 5Ø : Herbert Widmayer KG
      Contrescarpe 239
      28ØØ Bremen
: 59: Merril W. Lynch
     P. O. Box 349
     New York NY 1ØØ15
: 7Ø : Invoice No. 7ØØ2
: 71 A: BEN
	Durchführungsnummer
	Valuta: 30.11.1979, Währung: US-$, Betrag 6 900,– (hinter dem Komma weniger als 1,–)
	Auftraggeber
	
	Begünstigter
	
	Verwendungszweck
	Fremde Kosten trägt Begünstigter (beneficiary)

2.1.01 Dokumenten-Inkasso

2.1.010 Wesen und Bedeutung

a) *Wesen:*

= Erfüllungsform bei Außenhandelsgeschäften zur *Sicherung* der Zahlung und der Lieferung durch *Zug-um-Zug-Geschäft*

o der Importeur erhält die Dokumente, die die Ware vertreten, nur gegen Zahlung (bzw. Akzeptleistung, soweit Finanzierung durch Wechsel vorgenommen werden soll)

o der Exporteur erhält die Zahlung nur gegen Aushändigung von Dokumenten an den Importeur, die mit dessen in den Vertragsbedingungen festgehaltenen Vorstellungen und Wünschen übereinstimmen o die Vorlage der Dokumente beim Importeur zur Zahlung (durch Erteilung eines Zahlungsauftrages) bzw. zur Akzeptierung eines beigefügten Wechsels wird von *Kreditinstituten* vorgenommen.

b) *Arten:*

o D/P = Documents against Payment = Dokumente gegen Zahlung

o D/A = Documents against Acceptance = Dokumente gegen Akzeptierung eines vom Exporteur auf den Importeur gezogenen Wechsels.

c) *Rechtsgrundlagen:* Das Dokumenten-Inkasso ist gesetzlich nicht geregelt. Wesentlichste Rechtsgrundlage – neben den allgemeinen Vorschriften des in- und ausländischen Handelsrechts – sind daher die *Vertragsbedingungen*. Bestandteil des Vertrages können durch ausdrückliche Vereinbarung die „*ERI*" werden = Einheitliche Richtlinien für Inkassi der Internationalen Handelskammer, Paris, von 1956. Zur Zeit finden die ERI in Form der Revision von 1978 Anwendung. Sie enthalten klare Regeln und Begriffsbestimmungen zum Dokumenteninkasso und sollen dadurch eine reibungslose, schnelle und international einheitliche Abwicklung des Inkassoverkehrs ermöglichen.

d) *Bedeutung:*

o für den *Exporteur:*

– Vorteile: Der Exporteur kann sicher sein, daß der Importeur die Dokumente durch sein KI erst nach Zahlung (D/P) bzw. Akzeptleistung (D/A) erhält; weigert sich der Importeur, seinen Teil zu erbringen, verbleibt dem Exporteur zumindest die Ware, da der Importeur über sie nur mittels der Dokumente verfügen kann; außerdem ermöglicht das Dokumtenen-Inkasso die Inanspruchnahme eines Vorschußkredites

– Nachteile: Der Importeur könnte die Dokumentenaufnahme verweigern; mögliche Folgen: Verderb der Ware/Verkauf oder Versteigerung im Importland unter Wert/Lagerkosten/hohe Rückverschiffungskosten. Selbst wenn der Importeur die Dokumente aufgenommen hat, ist es bei einem D/A-Inkasso möglich, daß er das Akzept bei Verfall nicht einlöst.

o für den *Importeur:*

– Vorteile: die Dokumente lassen die Ordnungsmäßigkeit der Lieferung weitgehend erkennen; der Exporteur erhält Zahlung/Akzept nur gegen Aushändigung der Dokumente, die den Erhalt und die Verfügung über die Ware ermöglichen; die Dokumente erleichtern die Weiterveräußerung der Ware (z. B. durch Übertragung des Konnossements oder durch Konnossements-Teilscheine)

– Nachteil: der Importeur leistet vor, ohne die wahre Beschaffenheit der Ware prüfen zu können

o für *beide:* wenn es zu Schwierigkeiten oder zu unkorrektem Verhalten einer Seite kommt, erschweren große Entfernungen und unterschiedliche Rechtsordnungen das Eintreiben von Forderungen und das Klagen.

2.1.011 Abwicklung des Dokumenten-Inkassos

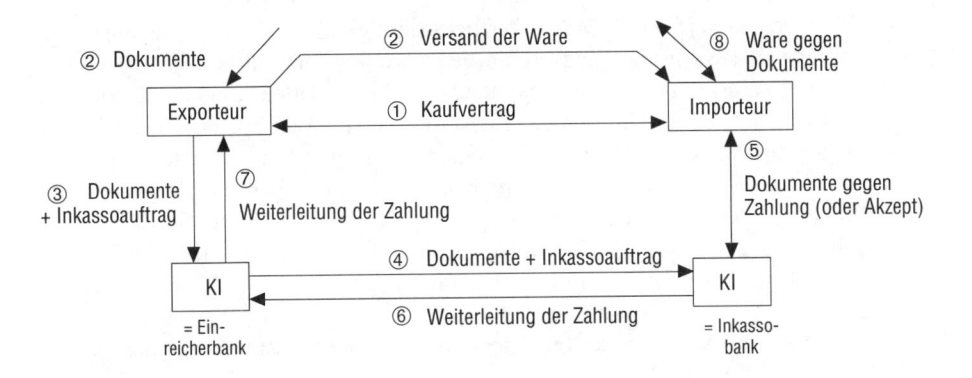

```
                        ② Versand der Ware           ⑧ Ware gegen
  ② Dokumente  ────────────────────────────────────►    Dokumente
              ┌──────────┐                       ┌──────────┐
              │ Exporteur│  ① Kaufvertrag        │ Importeur│
              └──────────┘◄──────────────────────└──────────┘
                   ▲                                   ▲
  ③ Dokumente      │   ⑦                              │ ⑤
  + Inkassoauftrag │  Weiterleitung der Zahlung       │ Dokumente gegen
                   │                                   │ Zahlung (oder Akzept)
              ┌──────┐   ④ Dokumente + Inkassoauftrag ┌──────┐
              │  KI  │◄──────────────────────────────│  KI  │
              └──────┘   ⑥ Weiterleitung der Zahlung └──────┘
              = Ein-                                  = Inkasso-
              reicherbank                             bank
```

a) Zu 3:

o der Inkassoauftrag muß genaue *Weisungen* des Kunden enthalten,
  – wann die Dokumente dem Importeur vorgelegt werden sollen:
    bei Eintreffen bei der Importbank („Zahlung bei erster Präsentation");
    bei Ankunft des Schiffes;
    eine bestimmte Frist nach erster Vorlage oder Dampferankunft
  – was bei Nichtaufnahme der Dokumente durch den Importeur geschehen soll (z. B. Einlagerung der Ware, Benachrichtigung eines Auslandsvertreters des Exporteurs usw.)
  – was (bei D/A) mit dem akzeptierten Wechsel geschehen soll (Aufbewahrung bei der Importbank, Rücksendung, Diskontierung bei Export- oder Importbank usw.)
  – wie der Dokumentengegenwert gutzuschreiben ist (auf DM- oder Fremdwährungskonto, Überweisung an Kunden des Exporteurs u. a. m.) und wer die Inkassogebühren zu tragen hat (normalerweise der Exporteur als Inkasso-Auftraggeber)

o die Bank des Exporteurs braucht die ihr eingereichten Dokumente *nicht zu prüfen,* da sie nur Geschäftsbesorger ist, übernimmt diese Aufgabe aber meist dennoch für den Kunden; dadurch kann der Exporteur auf Mängel in den Dokumenten hingewiesen werden, die die Nichtaufnahme durch den Importeur zur Folge haben können und sich evtl. am Exportplatz noch beseitigen lassen.

b) Zu 5:

o der Exporteur kann verlangen, daß der Importeur Zahlung leistet, ohne vorher die Ware geprüft oder besichtigt zu haben

o an einigen Hafenplätzen (insb. Hamburg) gilt es als *Gewohnheitsrecht* des Importeurs, die *Dokumente* einsehen zu können, bevor diese bezahlt werden, und sie zu diesem Zweck zu getreuen Händen *ausgehändigt* zu erhalten (Hamburger Usance); Voraussetzung hierfür ist einwandfreie Bonität des Importeurs

- o dementsprechend unterscheidet man folgende Arten der *Andienung* (d. h. Vorlage bzw. Aushändigung und Anbietung gegen Zahlung/Akzept) der Dokumente:
  - Andienung *zu getreuen Händen:* der Importeur erhält die Dokumente ausgehändigt, er darf sie einsehen und prüfen, jedoch keinesfalls mittels der Dokumente die Ware selbst einsehen/abholen/veräußern; der Importeur muß die Dokumente am selben Tag bis 16 Uhr (in der Praxis: meist erst 2 Tage später) seinem Kreditinstitut zurückreichen oder aber einen Zahlungsauftrag zugunsten des Exporteurs erteilen; er verpflichtet sich schriftlich zur Einhaltung dieser Bedingungen; das Risiko aus dieser Praxis trägt das KI des Importeurs, es haftet für Schäden
  - Andienung durch *Boten:* ein Bote des KI legt die Dokumente dem Importeur in dessen Unternehmen zur Einsicht vor, nimmt sie jedoch wieder mit, wenn der Importeur keinen Einlösungsauftrag erteilt
  - Andienung am *Schalter:* der Importeur kann die Dokumente am Schalter der Importbank einsehen.

c) *Sonstiges:*

- o D/P-Dokumente sind oft von Sichttratten begleitet, die jedoch lediglich die Zahlungsaufforderung unterstreichen und als Quittung dienen sollen, aber keine besondere rechtliche Bedeutung haben (Anwendung insb. im anglo-amerikanischen Bereich)
- o D/P-Dokumente können von *Nachsichttratten* begleitet sein: z. B. „Dokumente gegen Zahlung 30 Tage nach Sicht"; Bedeutung:
  - der Importeur erhält die Dokumente erst bei Verfall der entsprechende Zeit vorher akzeptierten Tratte gegen Einlösung (so daß es sich in der Tat um ein D/P-Inkasso handelt)
  - besonders gute Sicherungsmöglichkeit für den Exporteur, der das Risiko der Nichtzahlung und Nichtaufnahme der Dokumente weitgehend vermeiden kann
  - geeignet jedoch meist nur für die Dauer des Warentransportes, da der Importeur nach Ankunft der Ware am Bestimmungsort möglichst sofort über die Ware verfügen können muß, damit hohe Lagerkosten u. dgl. vermieden werden.
- o Der Versand der Dokumente erfolgt i. d. R. aus Sicherheitsgründen (Verlust, Diebstahl) mit *getrennter Post* (zwei Sendungen, Aufteilung der Dokumenten-Originale) (Ausn. USA).
- o *D/A*-Inkasso:
  - eingereicht werden können Tagwechsel, Datowechsel sowie Nachsichtwechsel
  - der Exporteur muß besondere Weisungen geben, wie mit dem Wechsel bei Nichtakzeptierung oder Nichteinlösung zu verfahren ist (Protesterhebung, Klage?).
- o *Rechtsbeziehungen* zwischen den Beteiligten an einem Inkassogeschäft:
  - Kaufvertrag zwischen Exporteur und Importeur
  - Geschäftsbesorgungsverträge zwischen Exporteur und seiner Bank (Inkassoauftrag), zwischen Exporteur- und Importeurbank (weitergeleiteter Inkassoauftrag), zwischen Importeurbank und Importeur (Einlösungsauftrag).

2.1.02 Dokumenten-Akkreditiv

2.1.020 Grundbegriffe

a) *Definition:*

Das Dokumenten-Akkreditiv ist das abstrakte Versprechen des eröffnenden Kreditinstituts gegenüber dem Exporteur,
- im Auftrag und für Rechnung des Importeurs
- innerhalb einer bestimmten Frist
- gegen Einreichung vorgeschriebener akkreditivgemäßer Dokumente
- an einen genannten Begünstigten (den Exporteur)
- Zahlungen bis zu einem bestimmten Betrag in vorgeschriebener Währung zu leisten,
- Wechsel zu akzeptieren oder
- die Dokumente zu negoziieren (anzukaufen).

b) *Beteiligte* an einem Akkreditiv:
- Importeur = Auftraggeber
- Exporteur = Begünstigter
- Akkreditivbank = Importeurbank = eröffnende Bank
- Akkreditivstelle = Exporteurbank = avisierende Bank.

c) *Rechtsbeziehungen* zwischen den Beteiligten:

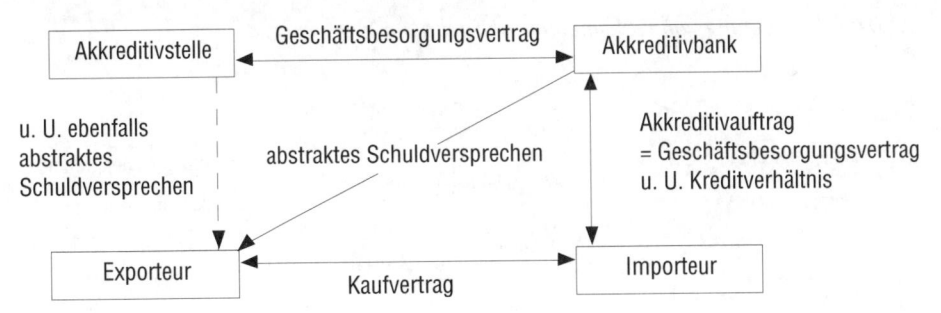

```
┌──────────────────┐  Geschäftsbesorgungsvertrag  ┌──────────────────┐
│ Akkreditivstelle │◄────────────────────────────►│  Akkreditivbank  │
└──────────────────┘                              └──────────────────┘
u. U. ebenfalls        │                              Akkreditivauftrag
abstraktes             │ abstraktes Schuldversprechen = Geschäftsbesorgungsvertrag
Schuldversprechen      │                              u. U. Kreditverhältnis
┌──────────────────┐       Kaufvertrag             ┌──────────────────┐
│    Exporteur     │◄────────────────────────────►│    Importeur     │
└──────────────────┘                              └──────────────────┘
```

- Grundsätzlich besteht zwischen Akkreditivstelle und Exporteur nur ein Kontovertrag; im Rahmen des Akkreditivs kann die Akkreditivstelle jedoch zugunsten des Exporteurs ein weiteres abstraktes Schuldversprechen abgeben: dies geschieht durch *Bestätigung* des Akkreditivs.
- Die Akkreditivbank verpflichtet sich im Auftrag des Importeurs zugunsten des Exporteurs zur Zahlung (Akzeptierung, Negoziierung); grundsätzlich wird sie dies nur tun, wenn der Importeur bei Abgabe dieses Schuldversprechens durch die Bank bereits für die nötige *Deckung* gesorgt hat. Verzichtet die Akkreditivbank auf diese Deckung, braucht also der Importeur den Dokumentenwert erst dann an die Bank

zu zahlen, wenn diese im Rahmen des Akkreditivs an den Exporteur geleistet hat, liegt zwischen ihr und dem Importeur ein *Kreditverhältnis* vor, das zur Kreditleihe gehört und etwa zwischen Akzept- und Avalkredit steht.

o Akkreditivversprechen sind *abstrakt,* d. h. losgelöst von den ihnen zugrundeliegenden Kauf- und sonstigen Verträgen; die Banken haben mit diesen Verträgen nichts zu tun, sind durch sie nicht gebunden.

d) *Rechtsgrundlagen* für Dokumenten-Akkreditive:

Dokumenten-Akkreditive sind gesetzlich nicht geregelt; sie entsprechen allerdings in ihrem Wesen dem Schuldversprechen des § 780 BGB und des § 350 HGB; diese Vorschriften gelten jedoch nicht ohne weiteres für Verträge mit dem Ausland.

Entscheidend sind daher zunächst die *Vertragsbedingungen,* die die Eröffnung eines Akkreditivs durch eine Bank im Auftrag des Importeurs vorsehen.

Durch ausdrückliche Bezugnahme in grundsätzlich jedem Akkreditiv-Eröffnungsschreiben werden außerdem die *„Einheitlichen Richtlinien und Gebräuche für Dokumenten-Akkreditive"* (ERA) zum Bestandteil des jeweiligen Akkreditivs gemacht und damit von den Beteiligten als verbindlich anerkannt. Die ERA (engl.: Uniform Customs and Practice for Documentary Credits) sind von der Internationalen Handelskammer, Paris, erstmals 1933 herausgegeben worden. Sie sollen eine internationale Vereinheitlichung des Akkreditivverkehrs ermöglichen. Durch klare Regeln und Begriffsbestimmungen sollen Meinungsverschiedenheiten verhindert werden. Derzeit wird die 4. Revision von 1983 angewandt.

2.1.021 Abwicklung von Dokumenten-Akkreditiven

① Exporteur und Importeur schließen einen Kaufvertrag (auch: Werk- oder Werklieferungsvertrag) ab, der Lieferung mittels Transportdokumenten und Zahlung auf Akkreditivbasis vorsieht.

② Der Importeur erteilt seiner Bank den *Auftrag* zur Eröffnung eins Akkreditivs zugunsten des Exporteurs. Er macht hierbei genaue Angaben über Höhe, Laufzeit, Währung und über die vom Exporteur einzureichenden Dokumente in allen Einzelheiten. Der Beschreibung der vom Importeur verlangten *Dokumente* kommt dabei besondere Bedeutung zu, da sie ihm die Gewähr bieten sollen, daß er richtige und einwandfreie Ware erhält.

Beispiel (vgl. auch Muster):

„Handelsrechnung dreifach unter Angabe der Warenbeschreibung laut Akkreditiv, der Markierungen und des FOB- und CIF-Wertes der Ware

Packliste dreifach

Versicherungszertifikat über 110 % des CIF-Wertes, blankoindossiert, einschließlich der Institute Cargo Clauses „All Risks" und der Institute Strikes, Riots and Civil Commotions Clauses

voller Satz reiner Bordkonnossemente, an Order gestellt und blankoindossiert, mit dem Vermerk „Fracht bezahlt"

Ursprungszeugnis

über ... (Warenbeschreibung)"

Zusammen mit dem Auftrag zur Akkreditiveröffnung reicht der Importeur seinem KI einen Zahlungsauftrag im Außenwirtschaftsverkehr ein, um seine Meldepflicht nach § 59 AWV zu erfüllen.

③ Die Akkreditivbank *eröffnet* das Akkreditiv auf eigenen Formularen nach den Weisungen des Importeurs. Sie richtet es an die Akkreditivstelle und gibt den Exporteur als Begünstigten an. Ihm gegenüber gibt sie ein abstraktes, bedingtes Schuldversprechen ab. Dieses beinhaltet

o i. d. R. die *Zahlung* eines bestimmten Betrages

o ausnahmsweise die *Akzeptierung* eines auf die Akkreditivbank oder eine dritte Bank gezogenen Wechsels (vgl. Rembourskredit)

o ausnahmsweise die *Negoziierung,* d. h. den Ankauf der eingereichten Dokumente (bei hinausgeschobener Zahlung, d. h. Zahlungsziel zugunsten des Importeurs).

Neben der brieflichen Eröffnung werden Akkreditive heute zunehmend telegrafisch oder über S. W. I. F. T. (vgl. Abschnitt 2.1.005) an die Akkreditivstelle übermittelt.

Die Akkreditivbank kann nun vom Importeur die Anschaffung des Akkreditivbetrages zur *Deckung* ihres Schuldversprechens verlangen. Dieser Betrag wird auf einem *Akkreditiv-Deckungskonto* eingebucht, oder auf dem Girokonto des Importeurs wird ein entsprechender Betrag vom vorhandenen Guthaben oder im Rahmen einer freien Kreditlinie gesperrt; Zahlungen werden dann von der Akkreditivbank zu Lasten dieses Kontos geleistet. Verzichtet die Akkreditivbank auf diese Deckung, so gewährt sie dem Importeur einen Kredit *(Kreditleihe)*, da sie aufgrund ihres Versprechens leisten muß, selbst wenn der Importeur die Dokumentenaufnahme ablehnt.

④ Die Akkreditiveröffnung wird von der Akkreditivstelle dem Exporteur im vollen Wortlaut *avisiert* (mitgeteilt). Die Avisierung erfolgt ohne Verbindlichkeit für die Akkreditivstelle.

Zu dem Schuldversprechen der Akkreditivbank kann nun auf Wunsch des Begünstigten zu dessen Gunsten noch ein zweites abstraktes Schuldversprechen hinzutreten, das von der Akkreditivstelle durch *Bestätigung* des Akkreditivs (gegen Bestätigungsprovision) abgeben wird.

⑤ Der Exporteur *verschifft* (z. B.) die Ware an den Importeur und läßt Konnossemente ausstellen, nach Form und Inhalt entsprechend den Weisungen des Importeurs. Die Konnossemente müssen grds.

- o clean = rein sein, d. h. sie dürfen keinerlei Hinweise auf äußerlich erkennbare Mängel oder Schäden an der Ware oder Verpackung enthalten
- o Bordkonnossemente sein, d. h. die Verladung an Bord eines bestimmten Seeschiffes ausweisen
- o in mehreren Originalen ausgestellt werden, wobei der volle Satz einzureichen ist
- o an Order gestellt und blankoindossiert sein

(engl.: „full set clean on board ocean Bills of Lading made out to order and blank endorsed").

Im Verhältnis kommen Konnossemente als Transportdokumente im Rahmen von Akkreditiven am häufigsten vor; jedoch können auch andere Dokumente, insbes. Traditions- und Verfügungspapiere, als die Ware repräsentierende Akkreditivdokumente anerkannt werden.

Der Exporteur sorgt auch für die Beschaffung aller weiteren vom Importeur verlangten Dokumente (Handelsrechnung, Versicherungsdokument, Ursprungszeugnis usw.).

⑥ Der Exporteur reicht die geforderten Dokumente bei der Akkreditivstelle ein. Dies muß grds. innerhalb der Gültigkeitsdauer des Akkreditivs und einer im Akkreditiv genannten, ab Konnossementsausstellung gerechneten Frist geschehen, sonst gelten die Dokumente als „stale" = verspätet (Grund: die Dokumente sollen so rechtzeitig am Importplatz eintreffen, daß der Importeur bei Schiffsankunft über die Ware verfügen kann).

⑦ Die Akkreditivstelle unterzieht die Dokumente einer genauen *Prüfung*. Hierzu ist sie aus dem Geschäftsbesorgungsvertrag verpflichtet. Sie handelt jedoch auch aus eigenem Interesse, insbesondere dann, wenn sie selbst Zahlstelle ist, d. h. jetzt, bei Vorlage der Dokumente, auszahlen soll, oder wenn sie das Akkreditiv bestätigt, d. h. ein eigenes abstraktes, bedingtes Zahlungsversprechen hinzugefügt hat.

Auftrag zur Eröffnung eines Dokumenten-Akkreditivs

Beleg für die Sparkasse | 7

An
Die Sparkasse in Bremen
Auslandsabteilung
Postfach 10 78 80
2800 Bremen 1

Auftraggeber (genaue Anschrift)
ALARTEX KG
Im Buntentore 42 A, 2820 Bremen 70

Datum	Telefon	Referenz	Konto-Nr.
26.3.1986	98500		

Ich/Wir bitte(n) Sie, in meinem/unserem Auftrag und für meine/unsere Rechnung ein unwiderrufliches Dokumenten-Akkreditiv zu nachstehenden Bedingungen zu eröffnen:

☐ übertragbar ☐ luftpostlich ☒ mit kurzem, telegrafischem Voravis ☐ telegrafisch in vollem Wortlaut, d. h. das Akkreditiv soll aufgrund des Telegramms benutzbar sein

Begünstigter (genaue Anschrift)
India Textiles Im- + Export, New Dehli Branch
1040 Chicken Road, New Dehli, India

Bankverbindung: Grindlays Bank Ltd., New Dehli

Betrag
USD 59.725,--   ☒ höchstens   ☐ circa

benutzbar / Gültigkeit
☒ bei Sicht ☐ durch Tratte per
bis 01.06.86 (einschl.) in New Dehli und auszahlbar ☐ im Ausland (als Postlaufkredit) ☒ in Bremen
Die Dokumente sind innerhalb von ___ Tagen nach Datum des Verladedokuments vorzulegen.
(Wird eine Vorlagefrist nicht angegeben, gilt gem. Artikel 41 ER (Revision 1974; Publikation Nr. 290) eine Frist von 21 Tagen.)

Dokumente (bitte Angaben vervollständigen) (Das Akkreditiv soll gegen Einreichung folgender Dokumente benutzbar sein)
☒ unterschriebene Handelsfaktura 5 -fach*
☒ voller Satz reingezeichneter an Bord See-Konnossemente an Order ~~ausgestellt und blanko indossiert~~, mit dem Vermerk: ☒ Fracht vorausbezahlt ☐ Fracht zahlbar im Bestimmungshafen
☒ Notify: Spedition Müller GmbH, Bremen
☒ Ursprungszeugnis* beglaubigt und ausgestellt von New Dehli Foreign Tade Bureau, Export Lizenz, UZ + Export Lizenz should show as consignee:
☐ Versicherungspolice oder Versicherungszertifikat*   ALARTEX KG

☐ zusätzliche Dokumente (bitte genau bezeichnen)

über nachstehende Waren
Order: 7921, Art. Nr. 457733, 15.000 bust-bodices, Preis USD 0,75 per piece c+f
Order: 7922, Art. Nr. 421144, 10.500 bathing-suites, Preis USD 1,25 per piece c+f
Order: 7183, Art. Nr. 402200, 10.100 ladies blouses, Preis USD 3,50 per piece c+f

Verschiffung, Versendung, Teilladung, Umladung
von Madras nach Bremen per Schiff spätestens am 25.4.86
Teilladungen ☒ sind erlaubt ☐ sind nicht erlaubt; Umladungen ☒ sind erlaubt ☐ sind nicht erlaubt.

Avisierung, Bestätigung, fremde Kosten, Versicherung
Das Akkreditiv ist dem Begünstigten durch Ihren Korrespondenten ☒ zu avisieren ☐ zu bestätigen
Die Spesen der Auslandsbank gehen ☒ zu meinen/unseren Lasten ☐ zu Lasten des Begünstigten
Versicherung wird durch uns gedeckt ☒   Versicherung ist vom Verkäufer zu decken ☐

Besondere Weisungen
from New Dehli to Madras via train
shipment via Madras by conference steamer

Kopie Ihrer Akkreditiveröffnung erbitte(n) ich/wir in 2 -facher Ausfertigung.
Den nach der Außenwirtschaftsverordnung erforderlichen „Zahlungsauftrag im Außenwirtschaftsverkehr" (Anlage Z1 zur AWV) füge(n) ich/wir bei.
Ich/wir bitte(n) vorstehenden Auftrag zu Lasten meines/unseres obengenannten Kontos auszuführen.

Falls Ihnen außer den im Akkreditiv geforderten Dokumenten zusätzliche Dokumente oder Unterlagen zugehen, sind Sie ermächtigt, uns diese ohne Prüfung und ohne von Ihrem Inhalt Kenntnis zu nehmen, an uns weiterzuleiten, ohne daß dadurch eine Verantwortung für Sie begründet wird.

Stempel und rechtsverbindliche Unterschrift des Auftraggebers
ALARTEX KG
Im Buntentore 42 A, 2820 Bremen 70

Die Sparkasse in Bremen
International Division
Postanschrift / Postal address: P.O. Box 10 78 80 · D-2800 Bremen 1
Cables: Sparkasse · Telex 17 421 2010 brms · S.W.I.F.T.: SBRE DE 22

IRREVOCABLE DOCUMENTARY CREDIT UNWIDERRUFLICHES DOKUMENTEN-AKKREDITIV	**Number – Nummer** 97.334

Place and date of issue – Ort und Datum der Eröffnung
Bremen, 26.03.1986

Date and place of expiry – Datum und Ort des Verfalls
1st of June in New Dehli

Applicant – Auftraggeber
ALARTEX KG
Im Buntentore 42 A
2820 Bremen 70

Beneficiary – Begünstigter
India Textiles Im- + Export
New Dehli Branch
1040 Chicken Road
New Dehli   India

Advising Bank – Avisierende Bank   Ref. No. – Ref. Nr.
Grindlays Bank Ltd.
New Dehli
India

Amount – Betrag   USD 59.725,--

Credit available with – Akkreditiv benutzbar bei
by / durch [X] SIGHT PAYMENT / SICHTZAHLUNG   [ ] ACCEPTANCE / AKZEPTIERUNG   [ ] NEGOTIATION / NEGOZIIERUNG
[ ] DEFERRED PAYMENT at / hinausgeschobener Zahlung per

against the documents detailed herein
gegen die nachstehend genannten Dokumente
and beneficiary's draft(s) at
und Tratte(n) des Begünstigten per

Partial shipments – Teilverladungen: [X] allowed / gestattet [ ] not allowed / nicht gestattet
Transhipment – Umladung: [X] allowed / gestattet [ ] not allowed / nicht gestattet

Shipment/dispatch/taking in charge from/at
Verschiffung/Versendung/Übernahme von/in   Madras, India
latest 25th April, 1986

for transportation to / zur Beförderung nach   by vessel
on / auf

covering: Order 7921, Art. No. 457733
         15.000 bust-bodices, Price USD 0,75 per piece

         Order 7922, Art. No. 421144
         10.500 bathing-suites, Price USD 1,25 per piece

         Order 7183, Art. No. 402200
         10.100 Ladies blouses, Price USD 3,50 per piece

- Dipatch from New Dehli to Madras by train
- shipment via Madras by conference steamer

Certificate of Origin and Export-Licence should show as consignee:
ALARTEX KG, Im Buntentore 42 A, 2820 Bremen 70

All bank commissions, charges and interest – if any – outside Germany are for account of the beneficiary.
Alle Bankgebühren, Spesen und gegebenenfalls Zinsen außerhalb Deutschlands gehen zu Lasten des Begünstigten.

Documents to be presented within / Die Dokumente sind innerhalb von **10** days after the date of issuance of the shipping document(s) but within the validity of the credit.
Tagen nach dem Ausstellungsdatum des/der Verladedokumente(s) vorzulegen, jedoch innerhalb der Gültigkeitsdauer des Akkreditivs.

We hereby issue this Documentary Credit in your favour. It is subject to the Uniform Customs and Practice for Documentary Credits (1983 Revision, International Chamber of Commerce, Paris, France, Publication No. 400) and engages us in accordance with the therms thereof.
The number and the date of the credit and the name of our bank must be quoted on all drafts required. If the credit is available by negotiation, each presentation must be noted on the reserve of this advice by the bank where the credit is available.

Wir eröffnen hiermit dieses Dokumenten-Akkreditiv zu Ihren Gunsten. Es unterliegt den Einheitlichen Richtlinien und Gebräuchen für Dokumentenakkreditive (Revision 1983, Internationale Handelskammer, Paris, Frankreich, Publikation Nr. 400) und verpflichtet uns gemäß deren Bestimmungen.
Nummer und Eröffnungsdatum des Akkreditivs sowie der Name unserer Bank sind auf allen geforderten Tratten anzugeben. Falls das Akkreditiv durch Negoziierung benutzbar ist, muß jede Inanspruchnahme von der Bank, bei der das Akkreditiv benutzbar ist, auf der Rückseite dieser Ausfertigung vermerkt sein.

Yours faithfully / Hochachtungsvoll
Die Sparkasse in Bremen

This document consists of **2** signed page(s).
Dieses Dokument besteht aus   unterschriebenen Seite(n).

Die Sparkasse in Bremen
International Division
Postanschrift / Postal address: P.O.Box 10 78 80 · D-2800 Bremen 1
Cables: Sparkasse · Telex 17 421 2010 brms · S.W.I.F.T.: SBRE DE 22

CONTINUATION OF IRREVOCABLE DOCUMENTARY CREDIT / FORTSETZUNG DES UNWIDERRUFLICHEN DOKUMENTEN-AKKREDITIVS	Number – Nummer
	97.334

Place and date of issue – Ort und Datum der Eröffnung

Bremen, 26.03.1986

Date and place of expiry – Datum und Ort des Verfalls

1st of June in New Dehli, 1986

Applicant – Auftraggeber	Beneficiary – Begünstigter
as per page 1	as per page 1

List of documents to be presented: to be forwarded to us in two consecutive airmails

[X] Signed commercial invoice 5 fold

[X] Full set of clean on board marine Bills of Lading

  [ ] issued to order of

  [X] issued to order and endorsed in blank

  [X] marked "Freight prepaid"   [ ] marked "Freight payable at destination"

  [X] notify: Spedition Müller GmbH, Bremen

[X] Certificate of Origin in 2-fold GSP Form A
    issued by competent authorities
    New Dehli Foreign Trade Bureau   which should show as consignee:
                                       ALARTEX KG

[ ] Packing list in

[ ] Air Waybill

[ ] Insurance Policy/Certificate evidencing "premium paid"
    covering all risks as per Institute Cargo Clauses   including
    War Risks and S.R.C.C. for 110% of invoice-value, claims
    payable in West-Germany, in duplicate

[X] other documents
    Export-Licence, which should show as consignee: ALARTEX KG

Yours faithfully / Hochachtungsvoll
Die Sparkasse in Bremen

Geprüft wird anhand der Weisungen des Importeurs sowie anhand der „Einheitlichen Richtlinien und Gebräuche für Dokumenten-Akkreditive" *(ERA)*. Besonders wichtige Punkte der Prüfung sind

- o rechtzeitige Einreichung der Dokumente (s. o.)
- o Konnossemente müssen „rein" (s. o.) und vollständig eingereicht werden
- o Übereinstimmung der Warenangaben lt. Akkreditiv mit den Dokumenten
- o Einreichung der erforderlichen Dokumentenzahl
- o Versicherungsdokumente dürfen nicht nach Versanddaten ausgestellt sein (denn der Versicherungsschutz beginnt erst mit Ausstellungsdatum) und sollen 110 % des CIF-Wertes decken; Währung in Akkreditiv und Versicherung muß übereinstimmen.

Sollte der Exporteur die Akkreditivbedingungen nicht exakt eingehalten haben, weist die Akkreditivstelle ihn auf diesen Mangel hin. Er hat dann bis zum Ablauf der Gültigkeitsfrist des Akkreditivs die Möglichkeit zur Nachbesserung.

⑧ Die Akkreditivstelle sendet die Dokumente an die Akkreditivbank, und zwar gewöhnlich mit zwei Postsendungen unter Trennung der Originale (aus Sicherheitsgründen).

⑨ Die Akkreditivbank unterzieht die Dokumente einer zweiten *Prüfung*. Da sie ein abstraktes, bedingtes Schuldversprechen abgegeben hat, *muß* sie an den Exporteur zahlen, wenn die Dokumente fehlerfrei sind und alle anderen Bedingungen des Akkreditivs erfüllt wurden, unabhängig davon, ob der Importeur die Dokumente aufnimmt oder nicht. Sie wird daher besonders gründlich vorgehen.

Dies muß der Exporteur von vornherein berücksichtigen. Denn der Importeurbank kann durchaus daran gelegen sein, in den Dokumenten Fehler zu finden und damit ihrer Zahlungsverpflichtung enthoben zu werden, sei es, daß der Importeur die Dokumente und damit die Ware nicht mehr will (z. B. weil er anderswo günstiger kaufen kann), oder daß die Importeurbank weiß, daß der Importeur den Deckungsbetrag nicht anschaffen kann/wird. Nur durch völlig einwandfreie Dokumente kann der Exporteur diese Risiken ausschalten.

⑩ Fällt diese Prüfung positiv aus, zahlt die Akkreditivbank an die Akkreditivstelle, ⑬ diese leitet das Geld an den Exporteur weiter.

Wenn die Dokumente nicht akkreditivgemäß sind, ist die Akkreditivbank nicht zur Zahlung verpflichtet. Sie wird aber auch in diesem Fall die Zahlung nicht grundsätzlich verweigern, sondern zunächst mit dem Importeur klären, ob dieser die Dokumente trotz der Mängel aufnimmt.

⑪ Dann werden die Dokumente dem Importeur übergeben, und zwar ⑫ gegen Zahlung bzw. Belastung des Akkreditiv-Deckungskontos.

In aller Regel hat der Importeur vorher die Möglichkeit einer sorgfältigen Dokumentenprüfung. Stellt er hierbei erhebliche Mängel in den Dokumenten fest, kann er die Zahlung ablehnen.

⑭ Mit Hilfe der Dokumente kann der Importeur die Ware bei Ankunft am Bestimmungsort vom Schiff/Kai (Bahnhof, Flugplatz usw.) abholen.

2.1.022 Grundformen des Akkreditivs

a) *Widerrufliches unbestätigtes Akkreditiv:*
o es liegt ein abstraktes Schuldversprechen der Akkreditivbank vor
o dieses Versprechen (also das Akkreditiv insgesamt) sowie alle Bestimmungen des Akkreditivs sind jederzeit ohne vorherige Nachricht an den Begünstigten widerruflich, d. h. können durch die Akkreditivbank geändert oder anulliert werden
o es bestehen also noch keine rechtlich bindenden Verpflichtungen zwischen Exporteur und Akkreditivbank
o die Akkreditivbank ist jedoch verpflichtet, jeder Bank, die berechtigt (also als Zahlstelle) unter Einhaltung der Akkreditivbedingungen gezahlt, akzeptiert oder negoziiert hat, Ersatz zu leisten, sofern diese Bank von Änderung oder Annullierung nichts wußte
o kommt heute in der Praxis kaum noch vor, da die Exporteure i. d. R. unwiderrufliche Akkreditive verlangen.

b) *Unwiderrufliches unbestätigtes Akkreditiv:*
o es muß ausdrücklich als unwiderruflich bezeichnet sein (sonst gilt es als widerruflich)
o es liegt ein abstraktes, bedingtes Schuldversprechen der Akkreditivbank vor, das unwiderruflich, d. h. rechtlich bindend ist
o Widerruf, Änderungen usw. sind nur mit Einverständnis aller Beteiligten möglich (Exporteur, Importeur, Akkreditivbank)
o zu Änderungen kommt es dabei in der Praxis meistens auf Wunsch des Exporteurs, wenn er bestimmte Bedingungen nicht erfüllen kann (z. B. Fristen).

c) *Unwiderrufliches bestätigtes Akkreditiv:*
o es muß ausdrücklich als unwiderruflich bezeichnet sein
o zu dem Versprechen der Akkreditivbank tritt durch Bestätigung ein zweites abstraktes, bedingtes Schuldversprechen der Akkreditivstelle oder eines dritten KI hinzu
o dieses kann ebenfalls auf Zahlung, Akzeptierung von Wechseln oder Negoziierung gerichtet sein
o die bestätigende Bank muß ihr Versprechen erfüllen, wenn sie die Dokumente als ordnungsmäßig aufnimmt, ohne Rücksicht auf die weitere Einlösung durch Akkreditivbank bzw. Importeur
o der Exporteur kann sich auf diese Weise absichern
  – gegen eine mögliche Zahlungsunfähigkeit der ihm meist unbekannten Auslandsbank

- gegen Transfer- und Währungsrisiken aufgrund politischer und wirtschaftlicher Verhältnisse im Importland
  o ein unwiderrufliches und von einer inländischen Bank bestätigtes Akkreditiv stellt für den Exporteur nach der Vorauszahlung die sicherste Zahlungsbedingung dar.

d) *Widerrufliches bestätigtes Akkreditiv:* theoretisch denkbar, praktisch ausgeschlossen, da sich keine Akkreditivstelle durch Bestätigung eines Akkreditivs verpflichten wird, dessen Bedingungen noch nicht verbindlich fixiert sind.

e) *Übertragbare und nicht übertragbare Akkreditive:*
  o ein übertragbares Akkreditiv gestattet es dem Begünstigten, die darin verbrieften Ansprüche ganz oder teilweise auf einen oder mehrere Dritte zu übertragen
  o damit ist es dem Exporteur möglich, seinen Zulieferern für ihre Forderungen aufgrund eventueller Zahlungsziele eine Sicherheit anzubieten
  o das Akkreditiv muß jedoch ausdrücklich als „übertragbar" (transferable) bezeichnet sein
  o die Übertragung kann nur *einmal* erfolgen; Teilübertragungen bis zur Gesamthöhe des Akkreditivbetrages gelten als eine Übertragung, sind jedoch nur erlaubt, wenn im Akkreditiv Teilverladungen nicht untersagt sind
  o Veränderungen der Akkreditivbedingungen bei der Übertragung sind nur in bestimmten Punkten zulässig, z. B. Verringerung des Akkreditivbetrages, der Gültigkeitsdauer, der Verladefrist
  o das Akkreditiv kann an Zweitbegünstigte im Land des Erstbegünstigten oder in einem anderen Land übertragen werden
  o *Zahlungsansprüche* aus einem *nicht* übertragbaren Akkreditiv können vom Begünstigten dennoch abgetreten werden (sofern das geltende Recht dies zuläßt: vgl. in der Bundesrepublik Deutschland §§ 398 ff. BGB).

f) *Revolvierende und nicht revolvierende Akkreditive:*
  o nicht revolvierende Akkreditive können nur innerhalb einer bestimmten Frist bis zu einem bestimmten Höchstbetrag ausgenutzt werden und erlöschen dann
  o revolvierende Akkreditive füllen sich automatisch wieder auf, und zwar
    – nach jeder Ausnutzung bis zu einem bestimmten Höchstbetrag
    – in bestimmten Zeitabständen bis zu einem bestimmten Höchstbetrag
    – nach jeder Ausnutzung um einen bestimmten Betrag
    – in bestimmten Zeitabständen um einen bestimmten Betrag.
  o die Eröffnung eines revolvierenden Akkreditivs bietet sich besonders dann an, wenn der Importeur regelmäßig gleichartige Waren von demselben Exporteur bezieht (z. B. im Rohstoffhandel); dann braucht nicht für jede einzelne Warenlieferung ein eigenständiges Akkreditiv eröffnet zu werden.

g) *Sichtakkreditive und Nachsichtakkreditive:*
  o Akkreditive sind grundsätzlich bei Sicht zahlbar, d. h. bei (rechtzeitiger) Einreichung akkreditivgemäßer Dokumente

- o Nachsichtakkreditive sind erst nach Ablauf einer bestimmten Frist nach Dokumentenvorlage zahlbar, d. h. der Exporteur räumt dem Importeur ein Zahlungsziel ein; Arten:
  - *Deferred-Payment-Akkreditiv:* = Akkreditiv mit hinausgeschobener Zahlung; das Zahlungsziel ist durch das abstrakte Versprechen der Akkreditivbank gesichert, eine bestimmte Frist nach Einreichung der Dokumente an den Exporteur zu zahlen
  - *Akzeptakkreditiv:* der Exporteur erhält als Sicherheit für das dem Importeur gewährte Zahlungsziel ein Bankakzept in Höhe des Akkreditivbetrages; durch Diskontierung des Wechsels kann der Exporteur sofort über den Gegenwert verfügen.

2.1.023 Einzelvorschriften der ERA

a) Akkreditive werden gewöhnlich auf besonderen Formularen der Akkreditivbank eröffnet. Aber auch Telegramme, Fernschreiben oder SWIFT-Nachrichten können das Akkreditiv darstellen (Art. 12).

b) Nach den ERA 1983 sind alle Akkreditive *befristet,* d. h. sie müssen ein Verfalldatum für die letztmögliche Vorlage der Dokumente zwecks Zahlung, Akzeptleistung oder Negoziierung enthalten (Art. 46).

c) Wenn die Akkreditivbank die Dokumente beanstandet, darf sie diese nicht dem Importeur aushändigen, sondern muß sie zur Verfügung der Akkreditivstelle halten oder dieser übersenden (Art. 16 d).

d) Macht die Akkreditivstelle die Akkreditivbank auf Unstimmigkeiten in den Dokumenten aufmerksam, so hat das auf die Verpflichtung der Akkreditivbank keinen Einfluß (Art. 16 f; es ist i. ü. unzweckmäßig, die eröffnende Bank auf Fehler hinzuweisen: diese muß Mängel selbst feststellen, sonst gelten die Dokumente als aufgenommen).

e) *Verladedokumente:* Die Banken akzeptieren grds. nur Bordkonnossemente; Klauseln wie „said to contain" („soll angeblich enthalten") im Verladedokument sind zulässig, so daß auch Container-Fracht akkreditivgemäß ist; die Verladedokumente müssen rein (clean) sein. Spediteur- und Charter-Party-Konnossemente werden grds. zurückgewiesen (es sei denn, sie sind im Akkreditiv ausdrücklich gestattet). Die Ware darf nicht an Deck des Schiffs verladen sein (Ausnahme: Container).

Als weitere Verladedokumente werden anerkannt, sofern mit Empfangsstempel oder Unterschrift des Frachtführers versehen:

- o Eisenbahnfrachtbriefe
- o Ladescheine
- o Frachtbriefdoppel
- o Luftfrachtbriefe

o LKW-Frachtbriefe
o Posteinlieferungsscheine u. a. m.

f) *Versicherungsdokumente* müssen spätestens am Verschiffungs-/Versendungstag ausgestellt sein, über mindestens den CIF-Wert zuzüglich 10 % in der Akkreditiv-Währung lauten und dürfen eine Franchise (Selbstbeteiligung) beeinhalten (Art. 36, 37, 40).

g) Die Warenbeschreibung in der Handelsrechnung muß mit dem Akkreditiv übereinstimmen, in den anderen Dokumenten sinngemäß korrekt sein (Art. 41 c).

h) Alle anderen Dokumente werden grundsätzlich so angenommen, wie sie vorgelegt werden, es sei denn, sie sind im Akkreditiv näher beschrieben (häufig bei Ursprungszeugnis, Qualitätszertifikat usw.).

i) Von Mengenangaben im Akkreditiv darf grds. bis zu 5 % nach oben oder nach unten abgewichen werden (es sei denn, die Ware ist in Stück, Behältern, Verpackungseinheiten usw. angegeben), Art 43 b. Enthält das Akkreditiv bei Preis oder Warenmenge den Zusatz „*circa*" o. ä., so sind Abweichungen bis zu 10 % zulässig (Art. 43 a).

k) Teilverladungen sind grds. zulässig (Art. 44).

l) Alle Akkreditive müssen eine genaue *Frist* ab Ausstellung der Verladedokumente bis zu ihrer Vorlage zur Zahlung/Akzeptierung/Negoziierung festsetzen. Fehlt eine solche Frist, gelten die Dokumente nach mehr als 21 Tagen als „*stale*" = verspätet und können zurückgewiesen werden, Art. 47.

m) *Zeitbestimmung* bei Akkreditivdaten (Art. 52, 53):

„erste Hälfte" eines Monats = 1. – 15.
„zweite Hälfte" eines Monats = 16. – Ultimo
„Anfang" eines Monats = 1. – 10.
„Mitte" eines Monats = 11. – 20.
„Ende" eines Monats = 21. – Ultimo.

2.1.024 Erfüllung der Akkreditivansprüche

a) *Grundsatz:* Wenn die Dokumente den Vorschriften des Akkreditivs sowie den Bedingungen der ERA entsprechen, ist das Schuldversprechen von der eröffnenden Bank, bei Vorliegen einer Bestätigung von der bestätigenden und der eröffnenden Bank zu erfüllen. Dabei bedeutet

o *Zahlung* durch die eröffnende Bank, daß das Akkreditiv erfüllt und damit hinfällig ist; der Geschäftsbesorgungsvertrag zwischen Akkreditivbank und Importeur verpflichtet letzteren jedoch zum Ersatz der Auslagen der Akkreditivbank
o *Zahlung* durch die bestätigende Bank, daß ihre Verpflichtung gegenüber dem Ex-

porteur erfüllt ist; der Anspruch des Exporteurs gegen die Akkreditivbank ist mit Zahlung auf die Akkreditivstelle übergegangen

o *Akzeptierung* eines Wechsels durch die eröffnende oder bestätigende Bank, daß ihr Schuldversprechen aus dem Akkreditiv erfüllt und an seine Stelle eine wechselmäßige Verpflichtung getreten ist

o *Negoziierung,* daß Tratten, die von akkreditivgemäßen Dokumenten begleitet sind und auf den Akkreditiv-Auftraggeber (= Importeur) oder einen anderen gezogen werden, von einer Bank angekauft werden, so daß auf diese Weise der Dokumentenwert dem Exporteur vorzeitig zur Verfügung steht.

b) Wenn aus dem Akkreditiv *gezahlt* werden soll, so erhält der Exporteur den Dokumentengegenwert

o beim *unbestätigten* Akkreditiv grds. erst bei Dokumentenaufnahme durch die *Akkreditivbank,* es sei denn, die *Akkreditivstelle* ist im Akkreditiv als *Zahlstelle* angegeben

o beim *bestätigten* Akkreditiv bereits bei Dokumentenaufnahme durch die Akkreditivstelle, die hier aus eigener Verpflichtung zahlt (und zusätzlich von der Akkreditivbank als Zahlstelle genannt sein kann).

c) Ist die *Akkreditivbank Zahlstelle,* so muß der Exporteur so lange auf den Dokumentengegenwert verzichten, bis die Dokumente von der Akkreditivbank als einwandfrei akzeptiert werden und der Erlös auf das Konto des Exporteurs transferiert (überwiesen) ist.

Er kann dennoch vorher Zahlung durch die *Akkreditivstelle* erhalten:

o durch Negoziierung (Ankauf) der Dokumente durch die Akkreditivstelle

o berechnet werden hierfür Negoziierungsprovision und (bei Umrechnungen in D-Mark) der Sichtkurs

o die Zahlung erfolgt E. v. = Eingang vorbehalten.

d) Ist die *Akkreditivstelle Zahlstelle,* kann der Exporteur bei Einreichung akkreditivgemäßer Dokumente sofortige Zahlung des Dokumentengegenwertes verlangen.

Wenn die Dokumente jedoch *Mängel* aufweisen,

o kann (bei guten Kunden) die Zahlung „*unter Vorbehalt*" erfolgen, d. h. vorbehaltlich der Aufnahme durch die Akkreditivbank; die Akkreditivstelle bewahrt sich also eine Rückgriffsmöglichkeit, die erforderlich wird, wenn die Akkreditivbank die Dokumente zurückweist, da die Vorbehaltszahlung auf Gefahr der Akkreditivstelle geschieht

o kann die Sofortzahlung abgelehnt werden, Zahlung erfolgt dann erst n. E. = nach Eingang des Gegenwertes bzw. nach Erhalt einer Mitteilung, daß die Dokumente von der Akkreditivbank aufgenommen wurden o können die Dokumente (bei schwerwiegenden Mängeln, die die einwandfreie Lieferung für den Importeur fraglich erscheinen lassen) auf *Inkassobasis* ausgesandt werden, d. h. außerhalb des Akkreditivs, womit für die Akkreditivbank deutlich wird, daß eine Inanspruchnahme aus ihrem Schuldversprechen von vornherein ausscheidet.

Erfolgt die Zahlung unter *Vorbehalt,* teilt die Akkreditivstelle der Akkreditivbank gewöhnlich die Dokumentenmängel mit und erhält von dieser eine Nachricht, falls der Importeur die Dokumente trotz der Mängel aufnimmt *(Vorbehaltsaufhebung).* Ob dieses Verhalten der Akkreditivstelle angebracht ist, hängt von ihren Geschäftsbeziehungen zum Exporteur einerseits, zur Akkreditivbank andererseits ab und davon, wessen Interessen sie in erster Linie wahren will.

Die Angabe der *Akkreditivstelle als Zahlstelle* im Akkreditiv erfolgt i. d. R. auf Wunsch des Exporteurs und Auftrag des Importeurs durch die eröffnende Bank. Diese setzt ein *Kreditverhältnis* zwischen Akkreditivstelle und Akkreditivbank voraus, an dem der Exporteur partizipiert (teilnimmt), da die Akkreditivstelle nicht aus eigener, sondern aus fremder Verpflichtung der Akkreditivbank und für diese auszahlt: sog.

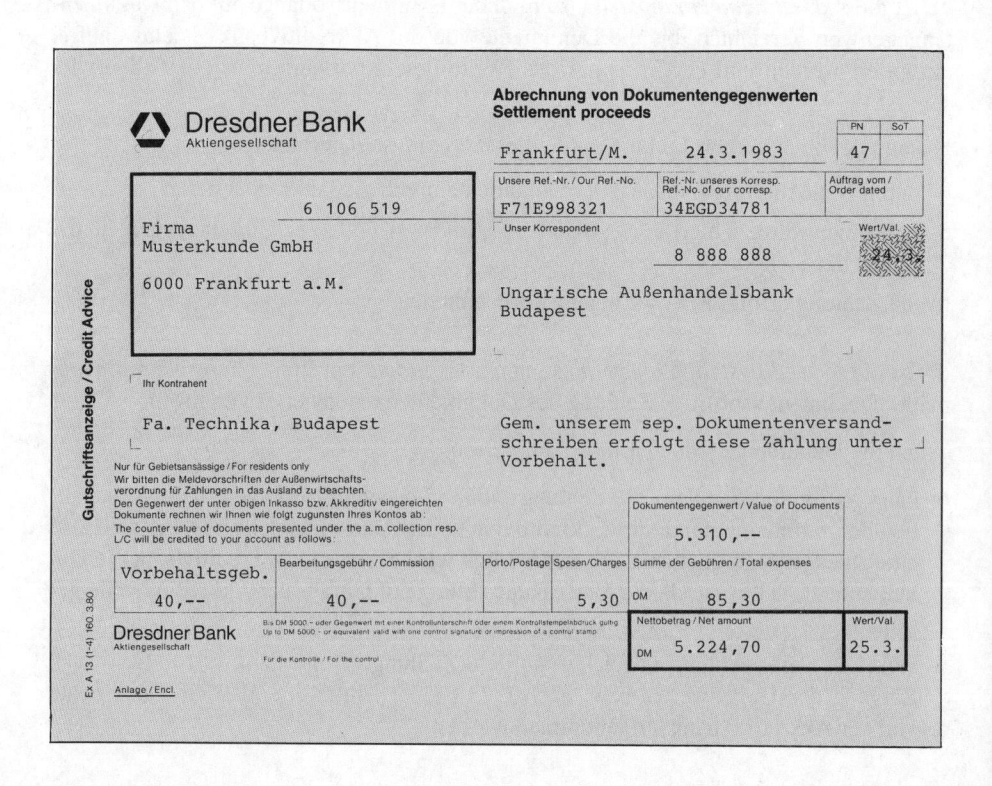

Postlaufkredit, da die Kreditlaufzeit von der postalischen Dauer der Dokumentenübersendung und der Anschaffung des Gegenwertes auf einem Konto der Akkreditivstelle abhängt. Die beteiligten KI berechnen sich hierfür Postlaufzinsen, die z. T. dem Kunden – unter Aufschlag – weiterbelastet werden.

Ein Postlaufkredit kann auch auf andere Weise in Anspruch genommen werden: gelegentlich fungiert die Bank des Importeurs nicht als eröffnende Bank, sondern beauftragt eine Auslandsbank mit der Eröffnung des Akkreditivs zugunsten des Exporteurs. Hier wird die Kreditlaufzeit ergänzt um die Zeit von der Bereitstellung (= Eröffnung) bis zur Inanspruchnahme des Akkreditivs.

Derartige Kreditlinien zwischen Inlands- und Auslandsbanken werden als *Fazilitäten* bezeichnet.

2.1.025 Bedeutung des Dokumenten-Akkreditivs

a) Das Akkreditiv ermöglicht ein *Zug-um-Zug-Geschäft:* ungesicherte Vorleistungen einer Partei sind nicht erforderlich. Die *Dokumente,* die die Ware repräsentieren und zum Teil verkörpern (als Traditionspapiere), ermöglichen praktisch ein Geschäft „Ware gegen Geld", wie es sonst allenfalls im Inlandsverkehr möglich ist.

b) Der *Exporteur* ist durch das abstrakte Schuldversprechen einer oder zweier Banken (durch Bestätigung) gesichert. Ob er sein Geld erhält, liegt zunächst allein bei ihm: er muß für einwandfreie, ordnungsgemäße, insb. dem Akkreditiv entsprechende Dokumente sorgen. Dabei helfen ihm die oft sehr deutlichen Akkreditivbedingungen, die Einheitlichen Richtlinien sowie die Erfahrung der Akkreditivstelle, nach deren Dokumentenprüfung sich viele Fehler noch beseitigen lassen.

c) Der *Importeur* kann durch genaue Bestimmung von Art und Inhalt der Dokumente weitgehend sicherstellen, *daß* geliefert wird und daß die Lieferung *mangelfrei* erfolgt; besonders wichtige Dokumente sind für ihn

o das Transportdokument (insbes. Traditionspapiere zur Erlangung des Eigentums an der Ware)

o das Versicherungsdokument, das alle in Betracht kommenden, von der Ware, der Transportart und wirtschaftlichen sowie politischen Einflüssen abhängenden Risiken erfassen sollte

o ein Qualitätszertifikat zum Nachweis der tatsächlichen Mangelfreiheit der Ware.

Da Qualitäts- oder vergleichbare Zertifikate (aufgrund hoher Sachverständigen-Kosten) nur selten verlangt werden und im Konnossement oder den sonstigen Verladedokumenten nur äußere Schäden der Ware (z. B. an der Verpackung) festgehalten werden, die Ware selbst aber keiner Prüfung unterzogen wird, geht der Importeur immer noch ein gewisses Risiko ein. Der Exporteur erscheint daher im Rahmen eines Dokumenten-Akkreditivs als vergleichsweise besser gesichert.

d) Das Dokumenten-Akkreditiv ermöglicht bei gleicher Sicherheit kurz- und langfristige *Finanzierungen.*

Praktisch jedes Akkreditiv ist von vornherein kurzfristiges Finanzierungsinstrument:

o durch Verzicht der Akkreditivbank auf Deckungsanschaffung durch den Importeur schon bei Eröffnung

o durch Ankauf (Negoziierung) der Dokumente seitens der Akkreditivstelle, wenn sie nicht Zahlstelle ist oder bestätigt hat

o durch sofortige Auszahlung des Dokumentengegenwertes seitens der Akkreditivstelle = Postlaufkredit.

Darüber hinaus ergeben sich Ansatzpunkte für zahlreiche weitere, insb. längerfristige Finanzierungen des Exporteurs oder des Importeurs.

2.1.03 Akkreditiv-Sonderformen mit Finanzierungscharakter

2.1.030 Gegenakkreditiv (Back-to-Back-Credit)

a) *Wesen:*

= ein Dokumenten-Akkreditiv, das vom Exporteur bzw. seinem KI zugunsten seines Zulieferers (z. B. des Herstellers) eröffnet wird

o das Gegenakkreditiv beruht auf einem Dokumenten-Akkreditiv des Importeurs bzw. seiner Bank zugunsten des Exporteurs (= Hauptakkreditiv).

b) *Bedeutung*: Das Gegenakkreditiv wird angewandt,

o wenn das Hauptakkreditiv nicht übertragbar ist

o wenn der Zulieferer des Exporteurs die Übertragung ablehnt (Gründe: Risiko, daß der Exporteur nicht akkreditivgemäße Dokumente ausstellt, da davon die Zahlung der Auslandsbank abhängt; unbekannte, möglicherweise zahlungsunfähige oder -unwillige Auslandsbank, Hauptakkreditiv in fremder Währung u. a. m.).

Auf diese Weise kann der Exporteur, dem der Zulieferer ein *Zahlungsziel* gewährt hat, diesem eine gute *Sicherheit* für seine Forderungen anbieten.

c) *Abwicklung:*

o Die Ware wird häufig an eine *Deckadresse* versandt ⑨, damit der Hersteller den Namen des Importeurs nicht erfährt (sonst bestünde das Risiko, daß er selbst mit dem Importeur Geschäfte tätigt und den Exporteur somit ausschaltet; nur wenn dieses Risiko nicht besteht, wird der Exporteur den Namen des Importeurs in die Dokumente einsetzen)

o die Faktura des Herstellers über 80 000,- DM wird gegen eine Handelsrechnung des Exporteurs über 100 000,- DM ausgetauscht ⑫, die übrigen Dokumente bleiben unverändert

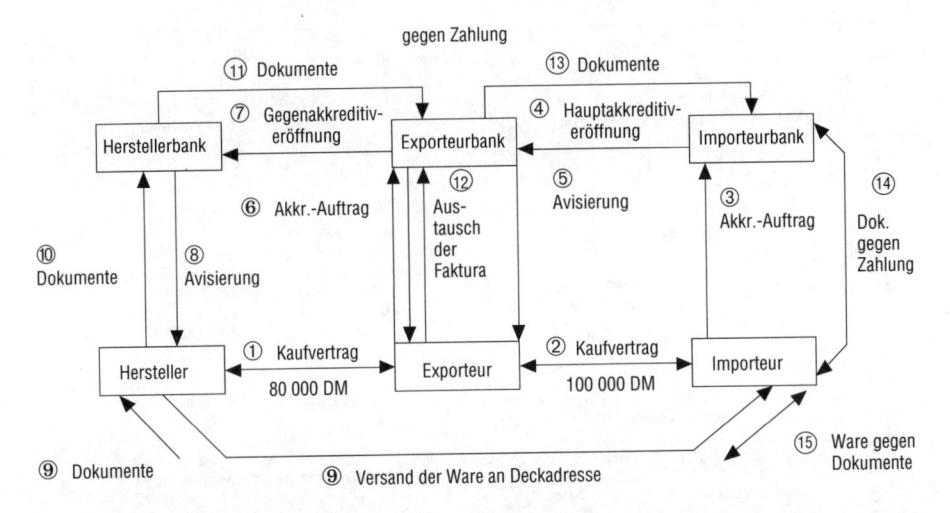

```
                              gegen Zahlung
              ⑪ Dokumente              ⑬ Dokumente
           ⑦ Gegenakkreditiv-      ④ Hauptakkreditiv-
              eröffnung                eröffnung
  ┌─────────────┐         ┌─────────────┐         ┌─────────────┐
  │Herstellerbank│◄───────│ Exporteurbank│◄───────│ Importeurbank│
  └─────────────┘         └─────────────┘         └─────────────┘
         ▲                    ▲ ▲ ⑫                    ▲
         │ ⑥ Akkr.-Auftrag    │ │ Aus-  ⑤ Avisierung   │ ③ Akkr.-Auftrag  ⑭ Dok.
  ⑩      │ ⑧                  │ │ tausch                │                    gegen
  Dokumente│ Avisierung         │ │ der                   │                    Zahlung
         │                    │ │ Faktura                │
         ▼                    ▼ ▼                        ▼
  ┌─────────────┐  ① Kaufvertrag  ┌─────────┐ ② Kaufvertrag ┌─────────┐
  │ Hersteller  │────────────────►│Exporteur│◄──────────────│Importeur│
  └─────────────┘    80 000 DM    └─────────┘   100 000 DM  └─────────┘
                                                              ⑮ Ware gegen
  ⑨ Dokumente    ⑨ Versand der Ware an Deckadresse              Dokumente
```

- o das Gegenakkreditiv, das nur Unterakkreditiv zum Hauptakkreditiv ist, entspricht diesem in den wesentlichen Bedingungen
- o die Zahlungsabwicklung erfolgt in der üblichen Weise.

2.1.031 Commercial Letter of Credit = CLC (Handelskreditbrief)

a) *Wesen:*

- o der CLC enthält die Ermächtigung der ausstellenden Bank (Importbank) an den Begünstigten (Exporteur), Tratten auf sie zu ziehen, die von bestimmten, im CLC vorgeschriebenen Dokumenten begleitet sein müssen
- o der CLC enthält die Verpflichtung der ausstellenden Bank, diese Tratten jedem gutgläubigen Erwerber gegenüber zu honorieren *(Bona-fide-Klausel)*
- o im Unterschied zum Akkreditiv wird der CLC dem Begünstigten ausgehändigt
- o der Begünstigte hat die Möglichkeit, den CLC bei einer *Bank seiner Wahl* vorzulegen, dort die Dokumente und die Tratten einzureichen und sie *negoziieren* zu lassen
- o aufgrund der Bona-fide-Klausel sind die Exportbanken i. d. R. zum Ankauf bereit
- o der CLC kann in mehreren Teilen ausgenutzt werden; jede Teilausnutzung wird auf der Rückseite abgeschrieben
- o nach den *ERA* wird der CLC *als Akkreditiv* angesehen und so behandelt; weitestgehend gleicht er diesem als sog. *„Restricted CLC"*, eine Sonderform, bei der die freie Negoziierbarkeit ausgeschlossen ist
- o der CLC kann durch eine Bank im Exportland bestätigt werden (sog. *„Confirmed CLC"*); damit verpflichtet sich diese Bank, bei Vorlage einwandfreier Dokumente den Gegenwert sofort auszuzahlen und aufgrund der zu ihren Gunsten ausgestellten Tratten bei Nichtzahlung durch die Importbank keinen Rückgriff auf den Exporteur zu nehmen.

Deutsche Bank

Frankfurt, March 9, 1986   < Place, date

Irrevocable Commercial Letter of Credit
No.   100/123.456

Messrs.
Food Export Corp.
1201-2 Man Yee Building

Tokyo/Japan

via airmail through
The Bank of Tokyo Ltd.
Head Office
International Department
P.O.Box 8
Tokyo-Central 103-91/Japan

Dear Sirs,
By order of   Norbert Fleischmann KG, Hanauer Straße 76,
               6000 Frankfurt 1

we hereby establish in your favour an Irrevocable Letter of Credit for   DM 12.600,-- (Deutsche Marks
                                                                         twelvethousandsixhundred---)
available by your drafts at   ------- sight on   us

for 100 % of the invoice value accompanied by the following documents:

- Signed commercial invoice in triplicate
- Certificate of origin
- Insurance policy/certificate for at least 110 % of invoice value, covering all risks including marine and war risks
- Full set shipping company on board marine bills of lading, issued to order, blank endorsed, marked "freight prepaid" and notify: Norbert Fleischmann KG, Hanauer Straße 76,
      6000 Frankfurt 1
- Packing- and weight list

evidencing shipment from any Japanese port to CIF Hamburg or Bremen of:

   5 cases hardware as per order no. 98.674 dated Febr. 12, 1986

Transhipment prohibited.
Commercial invoice amount not to exceed amount of drawing under this credit.

Part shipments permitted./XXXXXXXX Latest date of shipment: May 12, 1986
Drafts are to be drawn and negotiated not later than   May 22, 1986
Drafts are to be presented for negotiation within   10   days after the date of issuance of   bills of lading.

Each draft must state that it is "Drawn under **Deutsche Bank AG**,   Filiale Frankfurt
Letter of Credit No.   100/123.456   dated   March 9, 1986
and the amount thereof must be endorsed on the back of this Letter of Credit by the negotiating bank.

We hereby engage with drawers and/or bona fide holders that drafts drawn and negotiated in conformity with the terms of this credit will be duly honoured on presentation and that drafts accepted within the terms of this credit will be duly honoured at maturity.

Yours faithfully,

Deutsche Bank
Aktiengesellschaft
Filiale Frankfurt   Für die Richtigkeit

Documents to be forwarded to us
by two subsequent airmails quoting
our Credit Number.

00-804 10 84 1

b) *Abwicklung:*

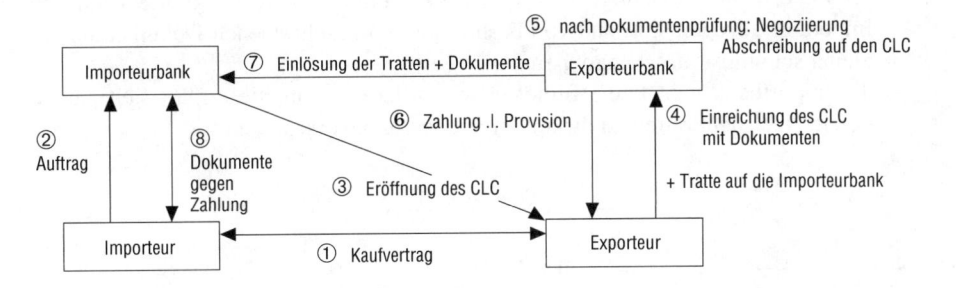

```
                              ⑤ nach Dokumentenprüfung: Negoziierung
                                                    Abschreibung auf den CLC
  ┌─────────────┐  ⑦ Einlösung der Tratten + Dokumente  ┌─────────────┐
  │ Importeurbank │◄────────────────────────────────────│ Exporteurbank │
  └─────────────┘                                       └─────────────┘
     ▲    ▲         ⑥  Zahlung ./. Provision      ▲    ④ Einreichung des CLC
     │    │                                       │       mit Dokumenten
  ②  │    │ ⑧                                     │
 Auftrag │   Dokumente    ③ Eröffnung des CLC     │     + Tratte auf die Importeurbank
         │   gegen
         │   Zahlung
  ┌─────────────┐                                 ┌─────────────┐
  │  Importeur  │◄──────── ① Kaufvertrag ────────►│  Exporteur  │
  └─────────────┘                                 └─────────────┘
```

2.1.032 Negoziierungskredite

= Drawing Authorisations (Ziehungsermächtigungen)

a) *Wesen:*

o Ermächtigung der Importbank an den Exporteur zur Ziehung von Wechseln

o keine vertragliche Zahlungs- und Haftungsverpflichtung der Importbank gegenüber dem Exporteur (im Unterschied zum Akkreditiv)

o Akkreditivsonderform, die den Parteien dennoch ein Zug-um-Zug-Geschäft ermöglicht

o Finanzierungsmöglichkeit insb. für den Exporteur, da dieser sofort und nicht erst nach Dokumentenaufnahme durch die Importbank sein Geld erhält, wenn seine Bank Dokumente und Wechsel ankauft

o besondere Finanzierungsmöglichkeit durch Einreichung von Nachsichttratten.

b) *Arten:*

o *Order to Negotiat*e = OtN:
  – die Importbank beauftragt die Exportbank, Tratten, die vom Exporteur auf die Importbank gezogen sind und von bestimmten vorgeschriebenen Dokumenten begleitet sein müssen, zu negoziieren
  – die Importbank verpflichtet sich zur Einlösung dieser Tratten

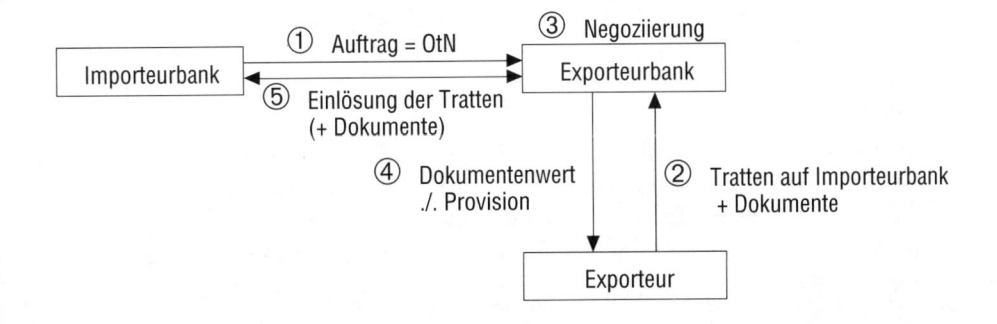

```
                     ① Auftrag = OtN        ③ Negoziierung
  ┌─────────────┐ ─────────────────────►  ┌─────────────┐
  │ Importeurbank │                        │ Exporteurbank │
  └─────────────┘ ◄───────────────────── └─────────────┘
                  ⑤ Einlösung der Tratten        ▲
                     (+ Dokumente)               │
                                                 │
                  ④ Dokumentenwert       ② Tratten auf Importeurbank
                     ./. Provision          + Dokumente
                                    ┌─────────────┐
                                    │  Exporteur  │
                                    └─────────────┘
```

o *Authority to Purchase* = AtP:
- die Importbank ermächtigt die Exportbank, Tratten, die vom Exporteur auf den Importeur gezogen sind und von bestimmten vorgeschriebenen Dokumenten begleitet sein müssen, zu negoziieren
- die Importbank geht keine Einlösungsverpflichtung ein, sie erklärt sich jedoch bereit, Nachsichttratten zu diskontieren oder zu bevorschussen

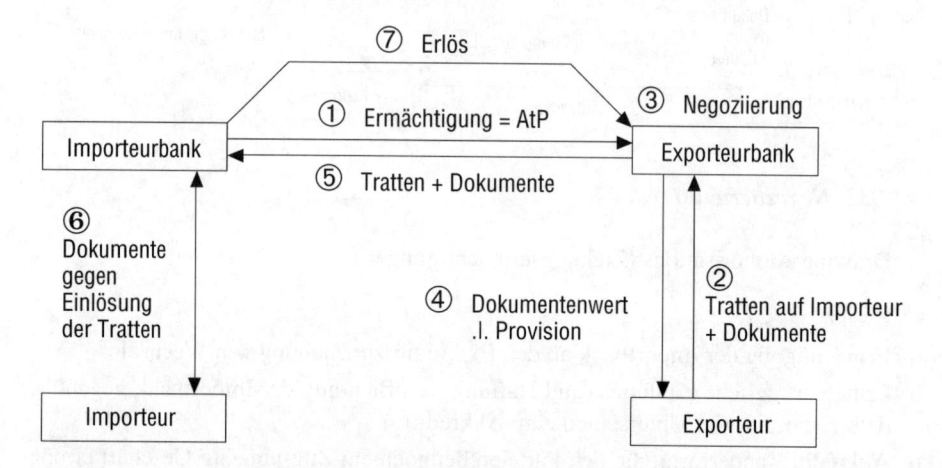

```
                         ⑦ Erlös
         ┌──────────────────────────────────────┐
         │      ① Ermächtigung = AtP      ③ Negoziierung
    Importeurbank ◄──────────────────────► Exporteurbank
                  ⑤ Tratten + Dokumente
    ⑥
    Dokumente
    gegen            ④ Dokumentenwert         ②
    Einlösung          ./. Provision        Tratten auf Importeur
    der Tratten                              + Dokumente

     Importeur                                Exporteur
```

c) Aufgrund der Einlösungsverpflichtung der Importbank wird die Exportbank bei OtN eher zur Negoziierung bereit sein als bei AtP, wo sie das Risiko der Nichtzahlung eines ihr meist unbekannten Importeurs eingeht.

Desgleichen wird die Exportbank bei Einreichung von Nachsichttratten die Finanzierung des Exporteurs eher bei OtN übernehmen.

Negoziierungskredite werden von KI gewöhnlich wie Commercial Letters of Credit behandelt, sind jedoch kostengünstiger als diese.

d) *Bedeutung:* Order to Negotiate und Authority to Purchase kommen in der Praxis *nicht* mehr vor. Die Darstellung soll lediglich die theoretischen Möglichkeiten dokumentärer Zahlungsweisen im Auslandsgeschäft erläutern.

2.1.033 Packing Credits

a) *Wesen:*

o Akkreditivsonderformen mit (in roter oder grüner Schrift eingetragenen) Klauseln, die die Akkreditivstelle zur Gewährung eines *Barvorschusses* an den Exporteur noch vor Dokumenten-Einreichung ermächtigen
o der Vorschuß kann vom Exporteur zur Finanzierung der Ware verwendet werden, und zwar für

- Wareneinkauf
- Verpackung (daher die Bezeichnung)
- Transport

o gegenüber der Akkreditivstelle übernimmt die Importbank die Haftung, gegenüber dieser der Importeur

o der Exporteur verpflichtet sich zur rechtzeitigen Einreichung der Akkreditivdokumente.

b) *Arten:* Modalitäten und Absicherung von Packing Credits werden in Klauseln formuliert, die traditionell in roter oder grüner Schrift geschrieben werden. Dementsprechend wird von Akkreditiven mit

o red clause (roter Klausel)

o green clause (grüner Klausel)

gesprochen. Diese Klauseln legen insbesondere fest, ob der Exporteur für den Vorschuß Sicherheiten stellen muß oder nicht.

Da es keine international verbindlichen Vereinbarungen gibt, in welchem Fall die „red clause" oder die „green clause" zu verwenden ist und was genau sie ausdrückt, muß der Inhalt der Klausel in jedem Einzelfall exakt geprüft werden. Die Farbe allein läßt keine Rückschlüsse auf die Modalitäten des Packing Credit zu.

c) *Anwendung:*

o hauptsächlich Wollhandel mit Australien, Neuseeeland und Südafrika

o daneben bei Fellhandel mit Südostasien und Kaffeehandel mit Südamerika.

d) *Abwicklung:*

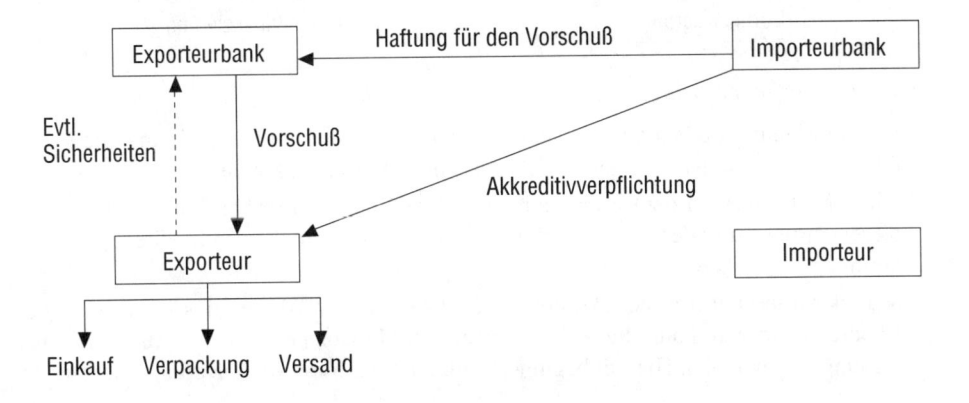

2.1.1 Finanzierung des Außenhandels

2.1.10 Überblick

Zur Außenhandelsfinanzierung gehören

o Finanzierung von Exporteuren
o Finanzierung von Importeuren
o Auslandsgarantiegeschäft.

Träger der Finanzierung sind

o Kreditinstitute (Geschäftsbanken)
o privatrechliche oder öffentlich-rechtliche Kreditinstitute mit Sonderaufgaben, insbesondere
  - Privatdiskont AG
  - AKA Ausfuhr-Kreditgesellschaft mbH
  - GEFI Gesellschaft zur Finanzierung von Industrieanlagen mbH
  - Kreditanstalt für Wiederaufbau
o über diese Kreditinstitute die Deutsche Bundesbank
o mittelbar der Bund über die HERMES Kreditversicherungs-AG durch Ausfuhrbürgschaften und -garantien des Bundes, die die Außenhandelsfinanzierung oft ergänzen oder überhaupt erst ermöglichen.

① Die *Importfinanzierung* umfaßt folgenden Bereich:

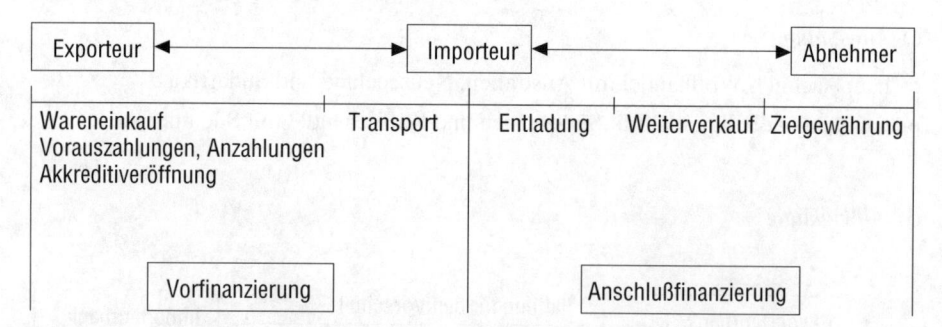

```
Exporteur ◄──────────── Importeur ◄──────────── Abnehmer

Wareneinkauf          Transport   Entladung   Weiterverkauf   Zielgewährung
Vorauszahlungen, Anzahlungen
Akkreditiveröffnung

         [ Vorfinanzierung ]              [ Anschlußfinanzierung ]
```

a) *Import-Vorfinanzierung:*

o Der Importeur muß Ware im Ausland einkaufen. Er benötigt hierzu finanzielle Mittel, um insb. Vorauszahlungen und Anzahlungen leisten zu können.
o Diese Mittel werden dem Importeur von seiner Bank in üblichen Formen der Kreditgewährung zur Verfügung gestellt, wobei insb. Kontokorrentkredite in Frage kommen.
o Muß der Importeur für die Eröffnung eines Dokumenten-Akkreditivs zugunsten des Exporteurs sorgen, kann die Akkreditivbank die Finanzierung dieser Akkreditiveröffnung übernehmen. Hierbei beginnt die eigentliche Importfinanzierung.

b) *Import-Anschlußfinanzierung:*

o Der Importeur muß die Ware nach Erhalt entladen, evtl. umladen lassen, er muß die Ware weiterveräußern, für den Weitertransport sorgen und unter Umständen seinen Abnehmern Zahlungsziele gewähren.

o Eine Finanzierung wird für den Importeur dann notwendig, wenn er seine Verbindlichkeiten gegenüber dem Exporteur nicht aus seinen liquiden Mitteln begleichen kann, sondern dies aus dem Erlös des Weiterverkaufs tun will (Self-liquidating-Geschäft). Hat der Exporteur ihm kein entsprechend langes Zahlungsziel eingeräumt, muß der Zeitraum bis zum Eingang des Weiterverkaufserlöses durch eine Bank überbrückt werden.

② Die *Exportfinanzierung* umfaßt folgenden Bereich:

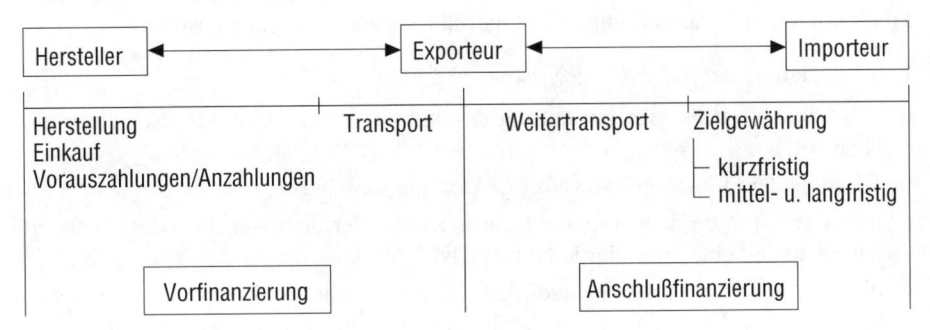

Hersteller		Exporteur		Importeur
Herstellung Einkauf Vorauszahlungen/Anzahlungen	Transport	Weitertransport	Zielgewährung – kurzfristig – mittel- u. langfristig	
	Vorfinanzierung		Anschlußfinanzierung	

a) *Export-Vorfinanzierung:*

o Der Exporteur muß die Ware selbst herstellen oder herstellen lassen, sofern er sie nicht fertig einkaufen kann. Er muß hierzu u. U. Voraus- oder Anzahlungen leisten und den Transport zum Exportplatz finanzieren.

o Sofern der Exporteur selbst nicht über die erforderlichen Mittel verfügt, gewährt eine Bank ihm Kredit. Da dies alles sich im Inland abspielt, gehört die Export-Vorfinanzierung eigentlich nicht zur Außenhandelsfinanzierung im engeren Sinne. Allenfalls ist sie Importfinanzierung, falls der Exporteur Transithändler ist, d. h. die Ware vor der Weiterveräußerung selbst im Ausland erwerben muß.

b) *Export-Anschlußfinanzierung:*

o Der Exporteur hat die Ware in Händen und veräußert sie nun an einen ausländischen Importeur. Er muß u. U. den Transport bezahlen und dem Importeur ein Zahlungsziel gewähren.

o Beim Export von hochwertigen Gegenständen und Investitionsgütern kann eine mittel- bis langfristige Zielgewährung erforderlich werden und eine entsprechend lange Finanzierung notwendig machen, da der Importeur diese Waren oft erst bezahlen kann, wenn sie installiert sind und Erträge abwerfen bzw. zu einer Verbesserung der bisherigen Ertragslage beitragen.

o Die Anschlußfinanzierung stellt die eigentliche Exportfinanzierung dar.

③ Das *Auslandsgarantiegeschäft* beinhaltet die Bereitstellung von Garantien durch Kreditinstitute für ihre Kunden zugunsten ausländischer Geschäftspartner. Sie dienen dazu, die Erfüllung der Verpflichtungen eines Partners gegenüber dem anderen abzusichern.

2.1.11 Importfinanzierung

2.1.110 Import-Vorfinanzierung

a) Finanzierung des *Wareneinkaufs:* Die hierzu erforderlichen finanziellen Mittel werden dem Importeur in verschiedenen Kreditformen, insbesondere durch Kontokorrentkredit, im Rahmen der normalen Kreditgewährung zur Verfügung gestellt.

b) Finanzierung der *Akkreditiveröffnung:*

o die Akkreditivbank gibt im Auftrag des Importeurs ein abstraktes Schuldversprechen ab

o sie erläßt dem Importeur die sofortige Deckungsanschaffung

o damit gewährt sie dem Importeur einen Kredit, der dem Akzept- oder Avalkredit nahesteht und eine Form der Kreditleihe ist

o die Kreditlaufzeit und das Kreditrisiko der Akkreditivbank ergeben sich aus der Zeit zwischen Eröffnung des Akkreditivs und Zahlung durch den Importeur gegen Aushändigung der Dokumente.

2.1.111 Import-Anschlußfinanzierung

= Finanzierung des Weiterverkaufs der Ware einschließlich einer Zielgewährung zugunsten des Abnehmers im Land des Importeurs

o der Importeur verfügt nicht über die erforderlichen Mittel, um seine Verbindlichkeiten gegenüber dem Exporteur zu erfüllen

o die Kreditlaufzeit ergibt sich aus der Zeit zwischen Fälligkeit der Schuld des Importeurs gegenüber dem Exporteur und Eingang des Weiterverkaufserlöses.

a) *Bevorschussung von Akkreditiv- und Inkassodokumenten (Importvorschuß):*

o *Wesen:* Aufgrund der vorliegenden Dokumente wird dem Importeur auf laufendem Konto ein Vorschuß in DM oder Fremdwährung zur Verfügung gestellt.

o *Höhe* des Vorschusses:
  – i. d. R. 100 % des Dokumentenwertes (Sicherheit des KI: der höhere Verkaufswert der Ware im Inland, da der Dokumentenwert ja dem Einkaufspreis des Importeurs entspricht und dieser ohnehin noch Handlungskosten und Gewinn aufgeschlagen hätte)

- die Höhe des Vorschusses wird von der Bonität des Importeurs und der Art der Ware (Marktpreis, Marktgängigkeit, Verderblichkeit, Gefahr von Preisschwankungen usw.) beeinflußt.

o *Voraussetzungen:*
- Sicherungsübereignung der Ware
- Vorliegen von Kaufverträgen für den Weiterverkauf im Importland (bei Transithandel in andere Länder).

o *Abwicklung:* Die Dokumente werden dem Importeur für den Weiterverkauf der Ware ausgehändigt. Er hat jedoch folgende Vorschriften zu beachten:
- bei Einlagerung der Ware ist der Bank der Lagerschein zu übergeben und der Herausgabeanspruch abzutreten
- bei Weitertransport sind der Bank die Versanddokumente einzureichen
- bei Lieferung der Ware an den Abnehmer sind entstandene Forderungen an die Bank abzutreten, evtl. vom Importeur erhaltene Kaufpreise sind abzuführen; eine schriftliche Abtretungserklärung für künftig entstehende Forderungen wird gewöhnlich schon vorher vom Importeur eingereicht.

o *Rückzahlung:* aus dem Erlös des Weiterverkaufs.

b) *Akzeptkredit* (vgl. auch Kreditgeschäft):

o *Wesen:* Die Importbank stellt dem Importeur die notwendigen finanziellen Mittel durch Akzeptierung eines auf sie gezogenen Wechsels und Diskontierung zur Verfügung. Die Laufzeit des Akzepts entspricht i. d. R. dem vom Importeur seinen Abnehmern gewährten Zahlungsziel.

o *Bedeutung:* Durch Privatdiskontfähigkeit der Bankakzepte ist besonders günstige Finanzierung aufgrund niedriger Zinsen möglich.

c) *Remborskredit:* (frz.: rembourser = zurückzahlen, erstatten)

o *Wesen:*
- Akzeptierung eines Wechsels durch die Bank des Exporteurs oder ein drittes Kreditinstitut in einem anderen als dem Importland (sog. Remboursbank)
- Diskontierung dieses Bankakzepts durch die Remboursbank
- der Diskonterlös dient zur Deckung der Schuld des Importeurs und wird an den Exporteur überwiesen
- Grundlage ist grundsätzlich ein Dokumenten-Akkreditiv
- der Wechselbetrag muß so errechnet werden, daß sich nach Diskontierung der Dokumentenwert ergibt (der Exporteur muß den vollen Erlös erhalten, da nicht er, sondern der Importeur finanziert wird).

o *Voraussetzungen:* Bestehen einer Kreditlinie zwischen Import- und Remboursbank, die vom Importeur in Anspruch genommen werden darf.

Abwicklung des Rembourskredits:

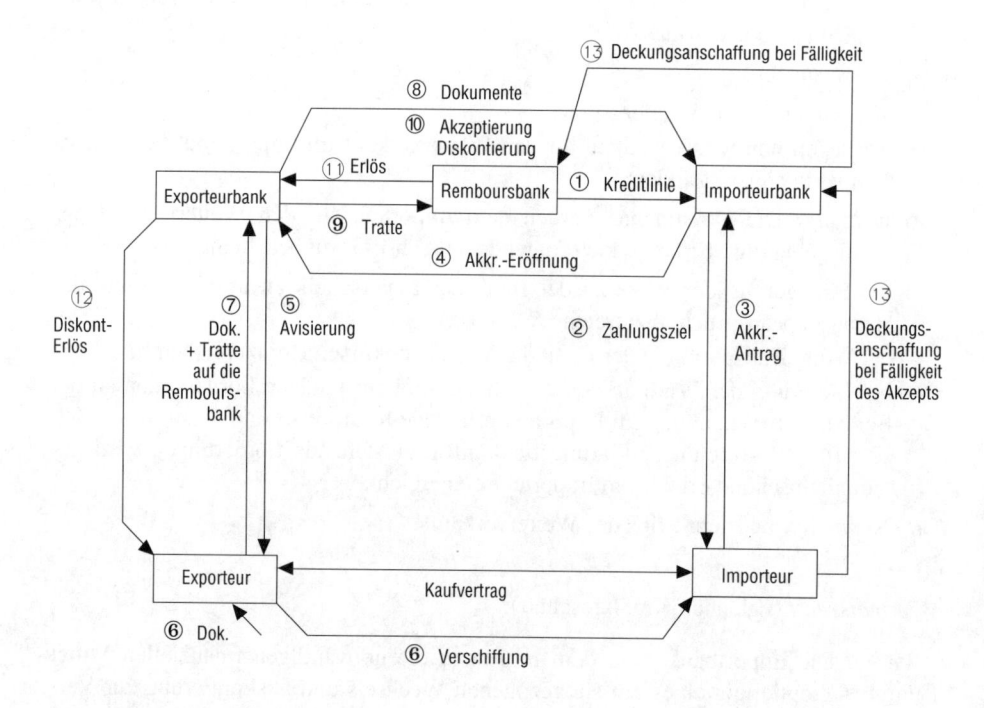

```
                           ⑬ Deckungsanschaffung bei Fälligkeit
              ⑧ Dokumente
              ⑩ Akzeptierung
                 Diskontierung
        ⑪ Erlös
  ┌───────────┐◄──────┌───────────┐ ① Kreditlinie ┌───────────┐
  │Exporteurbank│      │Remboursbank│──────────────►│Importeurbank│
  └───────────┘       └───────────┘               └───────────┘
              ⑨ Tratte
              ④ Akkr.-Eröffnung

  ⑫         ⑦        ⑤                    ②              ③          ⑬
Diskont-   Dok.    Avisierung          Zahlungsziel      Akkr.-    Deckungs-
Erlös    + Tratte                                        Antrag    anschaffung
         auf die                                                   bei Fälligkeit
         Rembours-                                                 des Akzepts
         bank


  ┌───────────┐◄──────── Kaufvertrag ─────────┌───────────┐
  │ Exporteur │                               │ Importeur │
  └───────────┘                               └───────────┘
      ⑥ Dok.
                    ⑥ Verschiffung
```

o *Bedeutung:* Rembourskredite eignen sich für den Importeur – anstelle des normalen Akzeptkredites – dann, wenn der Diskontsatz im Ausland (Land des Exporteurs, drittes Land) niedriger ist als im Importland und die Remboursbank dementsprechend zinsgünstiger diskontiert.

o *Praxis:*

- Rembourskredite werden nur bei Schuldnern zweifelsfreier Bonität verwandt, da sichergestellt sein muß, daß der Importeur den Wechselbetrag (Dokumentenwert + Kosten) bei Fälligkeit anschafft
- die Laufzeit beträgt i. d. R. nicht mehr als 90 Tage (kurzfristige Finanzierung des Transports und des Weiterverkaufs); z. T. wird die Wechsellaufzeit an die Transportdauer gebunden (englische KI dürfen nur unter dieser Voraussetzung akzeptieren und diskontieren)
- meist sind Exportbank und Remboursbank identisch; in diesen Fällen kann auf tatsächliche Akzeptierung und sogar auf die Tratte selbst verzichtet werden
- Remboursbanken verzichten allgemein auf die Ausstellung von Tratten, wenn zwischen ihnen und der Importbank eine *Global-Akzeptlinie* besteht, die praktisch eine Barkreditlinie darstellt. Auf diese Weise kann die Abwicklung erheblich vereinfacht werden.

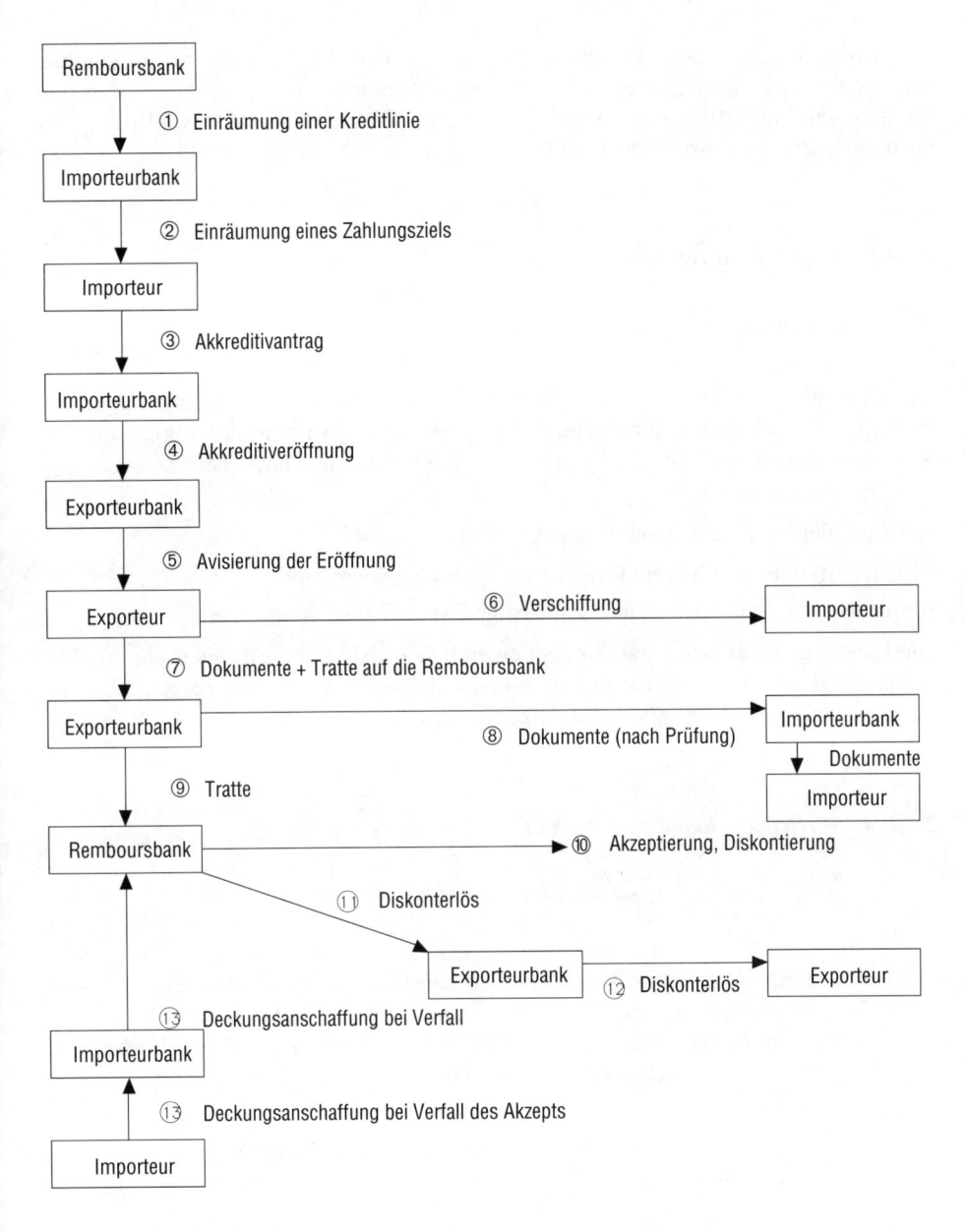

```
┌──────────────┐
│ Remboursbank │
└──────┬───────┘
       │  ① Einräumung einer Kreditlinie
       ▼
┌──────────────┐
│ Importeurbank│
└──────┬───────┘
       │  ② Einräumung eines Zahlungsziels
       ▼
┌──────────────┐
│  Importeur   │
└──────┬───────┘
       │  ③ Akkreditivantrag
       ▼
┌──────────────┐
│ Importeurbank│
└──────┬───────┘
       │  ④ Akkreditiveröffnung
       ▼
┌──────────────┐
│ Exporteurbank│
└──────┬───────┘
       │  ⑤ Avisierung der Eröffnung
       ▼
┌──────────────┐        ⑥ Verschiffung         ┌──────────────┐
│  Exporteur   │ ────────────────────────────▶ │  Importeur   │
└──────┬───────┘                                └──────────────┘
       │  ⑦ Dokumente + Tratte auf die Remboursbank
       ▼
┌──────────────┐                                ┌──────────────┐
│ Exporteurbank│ ─── ⑧ Dokumente (nach Prüfung)▶│ Importeurbank│
└──────┬───────┘                                └──────┬───────┘
       │  ⑨ Tratte                                     │ Dokumente
       ▼                                               ▼
┌──────────────┐                                ┌──────────────┐
│ Remboursbank │ ──────▶ ⑩ Akzeptierung, Diskontierung │ Importeur │
└──────┬───────┘                                └──────────────┘
       │  ⑪ Diskonterlös
       ▼
       ┌──────────────┐   ⑫ Diskonterlös   ┌──────────────┐
       │ Exporteurbank│ ─────────────────▶ │  Exporteur   │
       └──────────────┘                    └──────────────┘
       ▲
       │  ⑬ Deckungsanschaffung bei Verfall
┌──────────────┐
│ Importeurbank│
└──────┬───────┘
       ▲  ⑬ Deckungsanschaffung bei Verfall des Akzepts
┌──────────────┐
│  Importeur   │
└──────────────┘
```

d) *Negoziierungskredite* (Drawing Authorizations) dienen gewöhnlich – soweit überhaupt noch verwendet – zur Finanzierung des Exporteurs; für Importeur-Finanzierung kommt praktisch nur Order to Negotiate in Betracht, wobei die Importbank durch ihre Einlösungsverpflichtung die Haftung übernimmt. Es muß dann eine Vereinbarung darüber bestehen, wie die Negoziierungsprovision, die der Exporteur seiner Bank zu zahlen hat, zwischen Exporteur und Importeur verrechnet wird.

e) *Eurokredite* sind Finanzierungen in gängigen Euro-Währungen, die im Auftrag von Importeuren über inländische KI im Ausland aufgenommen werden. Sie dienen der kurzfristigen Importfinanzierung und sind für das KI nicht mindestreservepflichtig, da sie durchlaufen (vgl. Abschnitt 1.3.421).

2.1.12 Exportfinanzierung

2.1.120 Überblick

Die Exportfinanzierung im eigentlichen Sinn umfaßt nur die Export-*Anschlußfinanzierung*, zu deren Anwendungsbereich der Verkauf der Ware an den Importeur, der Warentransport sowie die Gewährung eines Zahlungszieles durch den Exporteur an den Importeur gehören.

Die Anschlußfinanzierung läßt sich unterteilen in

o kurzfristige Export(anschluß)finanzierung: bis zu einem Jahr
o mittelfristige (bis 5 Jahre) und langfristige Exportfinanzierung.

Die Exportvorfinanzierung hat mit dem eigentlichen Exportgeschäft nichts zu tun. Sie entspricht der normalen Finanzierung eines Kaufmanns durch eine Bank in seinem Land und soll daher hier unberücksichtigt bleiben.

2.1.121 Kurzfristige Exportfinanzierung

a) *Negoziierung (Ankauf) von Akkreditiv- und Inkassodokumenten:*

o *Wesen:*
  – die Exportbank kauft die vom Exporteur eingereichten Dokumente an
  – sie berechnet hierfür eine Negoziierungsprovision
  – oft sind die Dokumente von einer Sichttratte begleitet, die, falls auf Fremdwährung lautend, zum Sichtkurs angekauft wird.
o *Voraussetzung:*
  – einwandfreie Dokumente (insb. im Rahmen eines Akkreditivs)
  – zweifelsfreie Bonität des Exporteurs.

b) *Bevorschussung von Akkreditiv- und Inkassodokumenten:*

o *Wesen:* Die Exportbank bevorschußt die vom Exporteur eingereichten Dokumente bis zu 80 %, ausnahmsweise 85 % ihres Wertes (Vorschuß zu 100 % scheidet aus, da man davon ausgehen kann, daß der Verkaufspreis des Exporteurs dem im Inland erzielbaren Preis entspricht und sich bei Notwendigkeit des Warenverkaufs durch die Bank zur Kreditabdeckung keine 100 % erzielen lassen werden).

o *Praxis* der Bevorschussung von *Inkasso*dokumenten:
- Einzelvorschuß für die Einreichung verschiedener einzelner Inkassi; der Gegenwert wird dem Exporteur auf laufendem Konto zur Verfügung gestellt
- Pauschalvorschuß in Form einer Überziehungslinie auf dem laufenden Konto, die durch einen – regelmäßig zu ergänzenden – Inkassobestand mit bestimmter Mindesthöhe abgedeckt ist.

c) *Diskontierung* von Wechseln bei D/A-Inkassi, nachdem diese vom Importeur akzeptiert worden sind.

d) *Gemeinsamkeiten* der Kreditgewährung aufgrund von Akkreditiv- und Inkassodokumenten:

o *Sicherheiten* für die Bank:
- Bonität des Einreichers
- bei Akkreditiv-Dokumenten: Zahlungsversprechen der Importbank im Akkreditiv
- Sicherungsübereignung der Ware
- offene Abtretung der Ansprüche gegen die HERMES-Kreditversicherung (siehe Abschnitt 2.1.122).

o Die *Dokumente,* die der Auslandsbank bzw. dem Importeur zur Zahlung vorgelegt werden sollen, müssen für die Exportbank bei Nichtzahlung wegen Nichtaufnahme verwertbar sein, d. h. ein Blankoindossament tragen.

e) *Akzeptkredit:* Der Exporteur erhält die erforderlichen Mittel in Form des Erlöses für die Diskontierung einer Tratte, die er auf die Exportbank gezogen und bei dieser eingereicht hat und die von ihr akzeptiert worden ist.

Besonders kostengünstig ist diese Finanzierung, wenn die Bankakzepte *privatdiskontfähig* sind.

f) *Rembourskredit* (vgl. auch Importfinanzierung):

o *Wesen:* Rembourskredite können dem Exporteur von der Exportbank oder einer dritten Bank gewährt werden. Tritt die Exportbank als Remboursbank auf, so unterscheidet sich dieser Rembourskredit von Akzeptkredit nur darin, daß er auf der Grundlage eines Dokumenten-Akkreditivs gewährt wird (sog. *Akzept-Akkreditiv*).

o *Unterschied* zum Import-Rembourskredit:
- bei dem Export-Rembourskredit besteht eine Kreditlinie zwischen Exportbank und dritter Bank (soweit überhaupt eingeschaltet)
- der Importeur erhält eine Zahlungsfrist nicht aufgrund einer Kreditierung der Importbank über die Remboursbank, sondern aufgrund vertraglicher Vereinbarung mit dem Exporteur (Zielgewährung)
- der Wechsel muß auf den Dokumentenwert lauten (da dies der Betrag ist, den der Importeur zu zahlen hat; der Exporteur erhält also den um den Diskont und Spesen verminderten Dokumentenwert ausgezahlt).

o *Abwicklung* des Export-Rembourskredites:

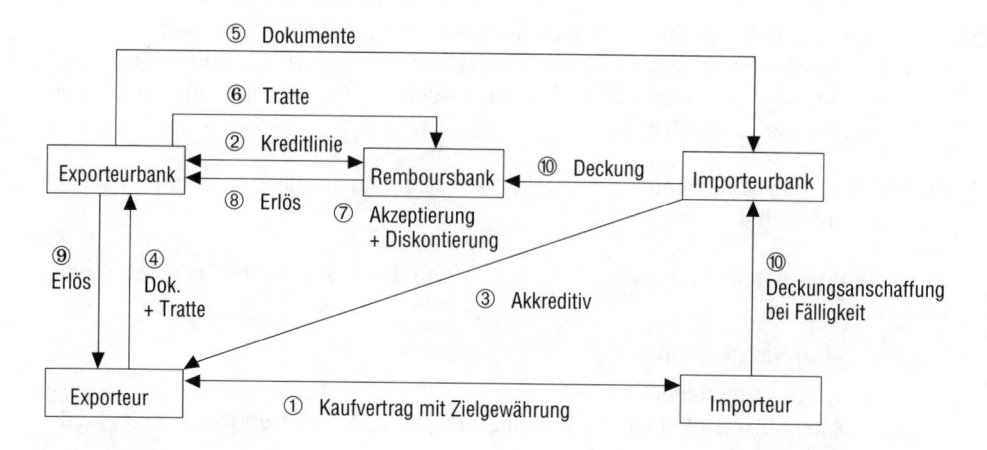

```
                    ⑤ Dokumente
                    ⑥ Tratte
                    ② Kreditlinie
  ┌───────────┐                    ┌────────────┐  ⑩ Deckung  ┌────────────┐
  │Exporteurbank│ ←──────────────── │Remboursbank│ ←────────── │Importeurbank│
  └───────────┘    ⑧ Erlös         └────────────┘              └────────────┘
                        ⑦ Akzeptierung
                          + Diskontierung
   ⑨        ④                                                      ⑩
  Erlös    Dok.                    ③ Akkreditiv                Deckungsanschaffung
          + Tratte                                              bei Fälligkeit
  ┌───────────┐                                                ┌────────────┐
  │ Exporteur │ ←────── ① Kaufvertrag mit Zielgewährung ────── │ Importeur  │
  └───────────┘                                                └────────────┘
```

g) *Negoziierungskredite* (Drawing Authorizations): Finanzierung des Exporteurs durch Negoziierung von Tratten (insb. Nachsichtwechsel) und Dokumenten durch die Exportbank (vgl. Abschnitt 2.1.032).

2.1.122 *Kreditversicherung im Außenhandel*

a) *Wesen:*

o Leistung von Ausfuhrgarantien und -bürgschaften für die Risiken bei Exportgeschäften

o Risikoübernahme durch den Bund zum Zweck der Exportförderung

b) *Träger:*

o HERMES Kreditversicherungs-Aktiengesellschaft, Hamburg (federführend)
o TREUARBEIT Aktiengesellschaft, Frankfurt

c) *Formen:*

o „Garantien" bei Geschäften deutscher Exporteure mit privaten ausländischen Abnehmern
o „Bürgschaften" bei Geschäften deutscher Exporteure mit ausländischen Regierungen und sonstigen *öffentlich-rechtlichen* Körperschaften.

Die Begriffe „Garantie" und „Bürgschaft" sind hier nicht in ihrer rechtstechnischen Bedeutung angewandt. Rechtlich handelt es sich vielmehr um Konstruktionen, die zwischen der Bürgschaft als akzessorischer und der Garantie als abstrakter Gewährleistung stehen.

Antrag auf eine Fabrikationsrisiko- und Ausfuhr-Garantie *) | FG+G |
Antrag auf eine Fabrikationsrisiko-Garantie *) | FG |

Senden Sie diesen Antrag bitte dreifach an:

Zur Weiterleitung an:
Hermes
Kreditversicherungs-AG
Postfach 50 07 40

2000 Hamburg 50

1. Wir beantragen für das in besonderer Anlage richtig und vollständig dargestellte Ausfuhrgeschäft aufgrund der uns bekannten Bedingungen für die Übernahme von Garantien zur Deckung von Fabrikationsrisiken (FG) bzw. der Allgemeinen Bedingungen für die Übernahme von Ausfuhr-Garantien (G) (Fassung März 1981)
   eine Garantie zur Deckung der Fabrikationsrisiken und der Ausfuhrrisiken *).
   Uns ist bekannt, daß die Garantie ausschließlich aufgrund der Angaben im Antrag selbst übernommen wird, daß Unvollständigkeit oder Unrichtigkeit dieser Angaben die Unwirksamkeit der Garantie zur Folge haben kann und daß etwa eingereichte Unterlagen ungeprüft zurückgesandt oder zu den Akten genommen und in beiden Fällen erst in einem etwaigen Schadensfall geprüft werden.

2. Wir erklären,
   a) daß uns keine Umstände bekannt sind, die das beabsichtigte Ausfuhrgeschäft als gefährdet erscheinen lassen.
   Das gesamte uns über Besteller und Sicherheitsgeber vorliegende Auskunftsmaterial haben wir eingereicht bzw. fügen es diesem Antrag bei und werden uns noch zugehende Auskünfte nachreichen.
   Sollten wir nach Antragstellung Ungünstiges über Zahlungsfähigkeit oder Zahlungswilligkeit des Bestellers oder Sicherheitsgebers erfahren, so werden wir dies unverzüglich mitteilen. Dies gilt insbesondere für Zahlungsverzögerungen oder Prolongationsersuchen.
   b) daß die im Antrag genannten Zahlungsbedingungen der tatsächlich vorgesehenen Zahlungsabwicklung und einer etwa erforderlichen Importlizenz entsprechen.
   Wir verpflichten uns, spätere Änderungen unverzüglich mitzuteilen;
   c) daß die Aufbringung der Mittel für alle Zahlungen auch nicht teilweise unter unserer Mithaftung erfolgt und uns nicht bekannt ist, daß für dieses Geschäft eine Unterstützung der öffentlichen Hand in einer anderen Weise als durch eine etwaige Ausfuhrgarantie oder -bürgschaft oder sonstige Förderungsmaßnahmen des Bundes vorgesehen ist.
   d) daß für die ordnungsgemäße Durchführung des Geschäftes keine*) Lieferungen / Leistungen aus Drittländern erforderlich sind, die im Falle ihres Ausbleibens nicht anderweitig ersetzt werden können oder dürfen.

3. Wir verpflichten uns zur Zahlung von Bearbeitungsgebühren, die in Form der Antragsgebühr und – bei Auftragswerten über DM 5 Mio – zusätzlich in Form der Ausfertigungsgebühr wie folgt erhoben werden:
   Die Antragsgebühr beträgt bei Auftragswerten (bei einer isolierten Fabrikationsrisiko-Garantie aus den beantragten Selbstkosten) bis zu DM 3.000,– = DM 30,–; bis zu DM 10.000,– = DM 50,–; bis zu DM 50.000,– = DM 100,–; bis zu DM 250.000,– = DM 200,–; bis zu DM 500.000,– = DM 300,–; bis zu DM 1 Mio = DM 400,–; über 1 Mio DM 500,–. Sie ist unabhängig von der Übernahme der beantragten Fabrikationsrisiko-/Ausfuhr-Garantie zu entrichten.
   Die Ausfertigungsgebühr beträgt 1/10 ‰ des Auftragswertes, höchstens DM 10.000,–. Sie ist bei der Ausfertigung des Garantiedokumentes zu entrichten.
   Die Bearbeitungsgebühren werden gesondert in Rechnung gestellt. Sie werden nicht auf das Entgelt angerechnet.

4. Wir erklären, daß wir mit der Fabrikation noch nicht begonnen haben. Sofern wir auch einen Antrag auf eine Ausfuhr-Garantie stellen, erklären wir, daß Waren aus diesem Ausfuhrgeschäft noch nicht versandt wurden bzw. mit den Leistungen noch nicht begonnen wurde. Uns ist bekannt, daß anderenfalls eine etwa aufgrund dieses Antrages übernommene Garantie unwirksam ist.

5. Durch Annahme der Garantie-Erklärung stimmen wir hinsichtlich der garantierten Forderung Vereinbarungen zu, die während der Laufzeit der Garantie zwischen der Bundesregierung und der Regierung des Schuldnerlandes zur Regelung der Handelsschulden des Schuldnerlandes notwendig werden sollten. Die Zustimmung bezieht sich auf die garantierte Forderung, insbesondere auch insoweit als der Garantienehmer am Ausfall selbst beteiligt ist. Die Zustimmung ist nur dann wirksam, wenn der Bund bei Abschluß einer Vereinbarung gemäß Satz 1 verbindlich erklärt, welcher der in § 6 Abs. 2 B genannten politischen Garantiefälle auf die einbezogenen Forderungen entsprechende Anwendung findet.

6. Bei Errechnung der Höhe der Selbstkosten ist zu berücksichtigen, daß als Selbstkosten im Sinne der Garantie nur die direkten und indirekten Aufwendungen gelten, die nach den Grundsätzen ordnungsgemäßer Kostenrechnung auf die in Fertigung begriffenen Waren zu verrechnen sind.

7. Mit den Verhandlungen im Ausland beauftragte Vertretung (Name und Anschrift):

8. Wir finanzieren das Geschäft durch unsere Bankverbindung (Name und Sitz der Bank):

   Einen schriftlichen Antrag auf Zustimmung des Bundesministers für Wirtschaft zur Abtretung unserer Ansprüche aus der Garantie gemäß § 10 bzw. § 16 der „Bedingungen" an diese Bank   behalten wir uns vor / stellen wir hiermit.*)

   Wir nehmen zur Kenntnis, daß die Zustimmung erst nach Entrichtung des fälligen Entgeltes erteilt wird.

9. Angaben über Umfang und Hersteller von Zulieferungen, die in die Fabrikationsrisiko-Deckung einbezogen werden sollen:

10. Besonderheiten der Fabrikation, die die Gewährung einer Fabrikationsrisiko-Garantie rechtfertigen:

11. Auftrags- oder Projekt-Nr. (s. Ziffer 31 der Anlage):
    Von den Hinweisen auf der Rückseite haben wir Kenntnis genommen.

_____, den _____   _____
(Ort)   (Antragsdatum)   (Firma und Unterschrift)

*) Nichtzutreffendes bitte streichen.

09 1001 / 881

Als *„Geschäfte"* kommen insbesondere in Betracht:
o Lieferung von Waren
o Erbringung von Dienstleistungen (z. B. Bauleistungen)
o Gewährung gebundener Finanzkredite.

d) *Abwicklung:*

o Gewährung von
- *Einzel*bürgschaften und -garantien für einzelne Forderungen gegen ausländische Abnehmer
- *revolvierenden* Garantien für eine Mehrzahl von Forderungen gegen *einen* ausländischen Privatunternehmer
- *Pauschal*garantien für eine Vielzahl von Forderungen gegen *mehrere* ausländische Privatunternehmen (sog. Ausfuhr-Pauschal-Gewährleistung)

o Einreichung eines Antrages bei der HERMES, Bearbeitung durch HERMES und TREUARBEIT

o Entscheidung über den Kreditantrag durch einen *Interministeriellen Ausschuß* (Bundesministerien für Wirtschaft, der Finanzen, für wirtschaftliche Zusammenarbeit sowie Auswärtiges Amt).

e) Gegen folgende *Risiken* ist ein Versicherungsschutz möglich:

(1)*Fabrikationsrisiko* = Risiko *vor* Versendung der Ware:

o gedeckt sind die Selbstkosten der Lieferung abzüglich des Erlöses aus anderweitiger Verwertung der Ware

o Anwendung:
- Fertigstellung oder Versand der Ware ist unmöglich wegen politischer Maßnahmen des Importlandes
- Fertigstellung oder Versand der Ware ist unzumutbar wegen Vermögensverfalls des Importeurs

(2)*Ausfuhrrisiko* = Risiko *ab* Versendung der Ware:

o gedeckt ist der vertraglich vereinbarte Kaufpreis (bei gebundenen Finanzkrediten: die Kreditforderung)

o Anwendung:
(a) wirtschaftliches Risiko: Uneinbringlichkeit der Forderung wegen
- Zahlungsunfähigkeit (Vermögensverfall) des Schuldners (bei Garantien und Bürgschaften)
- Zahlungsunwilligkeit des Schuldners (nur bei Bürgschaften); diese wird nach 6 Monaten vermutet

(b) politisches Risiko: Uneinbringlichkeit der Forderung wegen
- allgemeiner staatlicher Maßnahmen, insb. sog. KTZM-Risiken:
K = Konvertierungsverbot (Verbot des Währungsumtausches)
T = Transferverbot (Verbot der Überweisung ins Ausland)

Z = Zahlungsverbot
M = Moratorium (Zahlungsaufschub)
- Stockungen bei Durchführung von Zahlungs-/Verrechnungsabkommen (z. B. Einfrieren im Schuldnerland eingezahlter Währungsbeträge)
- politischer Ereignisse im Ausland, die nicht auf dem deutschen Versicherungsmarkt abgedeckt werden können (z. B. Beschlagnahme)

(3) *Wechselkursrisiko* = Risiko bei Geldforderungen in fremder Währung:
  o gedeckt ist der in Frankfurt am Tag vor Haftungsbeginn amtlich notierte Mittelkurs
  o Anwendung: wenn der Mittelkurs am Tag des Zahlungseingangs um mehr als 3 % gefallen ist
  o Kursgewinne um mehr als 3 % sind an den Bund abzuführen

f) Die *Uneinbringlichkeit* wegen wirtschaftlichen Risikos gilt als festgestellt
  o bei Eröffnung eines Konkursverfahrens oder Ablehnung mangels Masse gegen den ausländischen Schuldner
  o bei Eröffnung eines gerichtlichen Vergleichsverfahrens
  o bei Abschluß eines außergerichtlichen Vergleichs
  o wenn Zwangsvollstreckung zum Teil oder völlig fruchtlos verlaufen ist
  o wenn infolge nachgewiesener Umstände selbst eine teilweise Zahlung aussichtslos erscheint
  o wenn der Schuldner die Forderung 6 Monate nach Fälligkeit nicht erfüllt hat.

g) Grundsätzlich sollen politisches und wirtschaftliches Risiko *gemeinsam* gedeckt werden.

h) *Konditionen:*
  o Selbstbeteiligung des Exporteurs in Höhe von 5 bis 15 % (abhängig vom Risiko)
  o Provision in Höhe von 0,5 bis 1,5 % des Kaufpreises (der Kreditforderung).

2.1.123 Mittel- und langfristige Exportfinanzierung

a) *Überblick:* Die Exportfinanzierung mit mittel- und langfristigen Kreditlaufzeiten findet Anwendung insbesondere beim Export von *Investitionsgütern,* bei denen deutsche Exporteure ihren ausländischen Abnehmern i. d. R. sehr lange Zahlungsziele einräumen müssen.

Investitionsgüter werden vor allem in Entwicklungsländer exportiert. Diese verfügen meist nicht über die erforderlichen Finanzierungsmittel und Devisen, um ihre Verbindlichkeiten sofort bzw. kurzfristig begleichen zu können. Ihre Möglichkeit, Kredite durch Anleihen auf internationalen Kapitalmärkten aufzunehmen, ist begrenzt.

Außerdem findet unter den Industrienationen ein scharfer Wettbewerb um die Käufer statt, wobei die Zahlungsbedingungen – neben politischen Einflüssen – zum wichtigsten Gegenstand der Konkurrenz geworden sind.

Daher konnte es auch in der Bundesrepublik Deutschland dem beschränkten Kapitalaufkommen der Exporteure nicht mehr überlassen bleiben, die langen Zahlungsziele zu finanzieren; diese Finanzierung wird vielmehr vom Staat übernommen oder zumindest gefördert und beeinflußt. Die deutschen Kreditinstitute tragen hierzu einen wichtigen Teil bei.

b) *Träger:*

o AKA Ausfuhrkreditgesellschaft mbH, Frankfurt (1951 als AG gegründet, 1966 in eine GmbH umgegründet; Mitglieder sind die wichtigsten deutschen KI)

o Gesellschaft zur Finanzierung von Industrieanlagen mbH (GEFI, gegründet 1967, in Personalunion mit der AKA geführt)

o Kreditanstalt für Wiederaufbau (KfW), Frankfurt (juristische Person des öffentlichen Rechts, gegründet 1948 nach der Währungsreform).

c) *Aufgaben der AKA:*

o Gewährung von Lieferantenkrediten an deutsche Exporteure zur Finanzierung der Produktionsaufwendungen und der kreditierten Exportforderungen

o Gewährung von Bestellerkrediten an ausländische Abnehmer oder deren Banken zur Ablösung von Exportforderungen deutscher Exporteure

o Verwaltung von Forderungen aus Bestellerkrediten, die an Zessionare abgetreten wurden

o Ankauf von Exportforderungen deutscher Exporteure

o Finanzierung aus drei Plafonds (A, B, C) mit revolvierend einsetzbaren Refinanzierungslinien.

d) *Plafond A:*

= eigene Kreditlinie der Konsortialbanken (Gesellschafter) von 2 Mrd. DM (1989), der AKA in Form eines Refinanzierungsrahmens zur Verfügung gestellt

o *Gewährung von Krediten* (direkt an den Exporteur):
  – für die Produktion: i. d. R. 12–36 Monate Laufzeit
  – für Zahlungsziele: i. d. R. 12–60 Monate Laufzeit
  – Maximallaufzeit demnach grundsätzlich 8 Jahre, oft jedoch wesentlich länger; maßgeblich ist in erster Linie die durch die Kreditversicherung gezogene Grenze
  – die Laufzeit beginnt mit der ersten Inanspruchnahme des Kredites

o *Inanspruchnahme* des Kredites durch DM-Solawechsel
  – vom Kreditnehmer ausgestellt
  – an die Order der AKA
  – können ohne Verfalldatum ausgestellt und eingereicht werden (sind in der Praxis jedoch meist terminiert) und werden für jeweils 3 Monate im voraus abgerechnet

o *Selbstfinanzierungsquote* (Selbstbeteiligung) des Exporteurs ist i. d. R. identisch mit dem höchsten Selbstbehalt der Ausfuhrdeckung (HERMES) und beträgt gewöhnlich
   – 15 % bei Geschäften deutscher Exporteure mit ausländischen privaten Abnehmern
   – 10 % bei Geschäften deutscher Exporteure mit ausländischen Körperschaften des öffentlichen Rechts
   In besonderen Fällen ist 100 %-Finanzierung möglich.
o Kredithöhe mindestens 100 000,– DM
o *Refinanzierungsmöglichkeiten:*
   – durch die AKA bei den Konsortialbanken (Rediskontierung); 60 % (bei Laufzeit unter 2 Jahren 75 %) müssen die Konsorten entsprechend ihrer Konsortialquote übernehmen, 40 % (bzw. 25 %) übernimmt die Hausbank des Exporteurs
   – durch die Konsortialbanken bei der Deutschen Bundesbank (Lombardierung)
o *Abwicklung* der Finanzierung aus Plafond A:

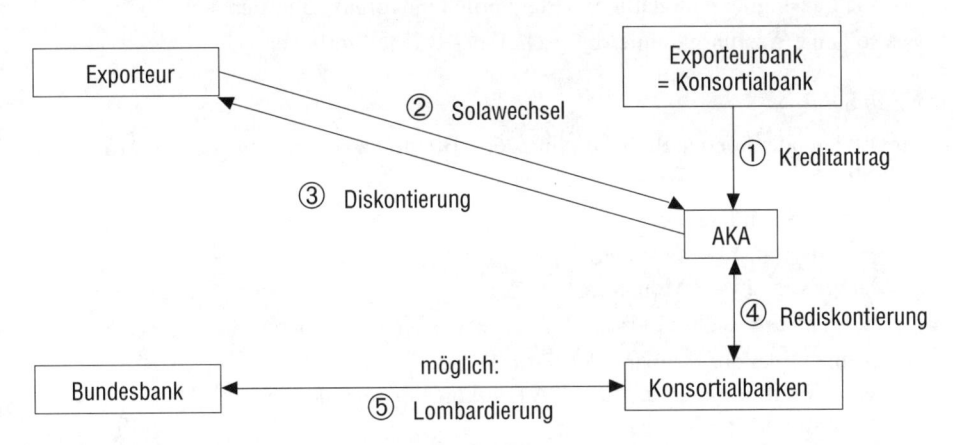

```
    Exporteur                          Exporteurbank
                                     = Konsortialbank
              ② Solawechsel
                                          ① Kreditantrag
        ③ Diskontierung
                                            AKA

                                          ④ Rediskontierung
                    möglich:
    Bundesbank ◄──────────────► Konsortialbanken
                  ⑤ Lombardierung
```

o *Berechnung* des Kreditbetrages: finanziert wird
       Vertragswert
   ./. Anzahlungen   } des Importeurs
   ./. Zwischenzahlungen
   = der auf Ziel gewährte Betrag
   ./. Selbstbeteiligung des Exporteurs
   = AKA-Kreditbetrag (entspricht dem durch Kreditversicherung gedeckten Betrag)
o Besonderheit: *Globalkredite*
   = Finanzierung diverser Export-Einzelgeschäfte eines Exporteurs aus Plafond A
   – in einer Summe in Anspruch genommen, über die Laufzeit in konstanter Höhe
   – Gewährung für jeweils 24 Monate, in denen das Auftragsvolumen des Exporteurs gleichbleiben soll

- keine Verlängerung möglich (nach Ablauf von 24 Monaten kann allerdings neuer Kredit eingeräumt werden)
- zu jedem Quartalsbeginn sind die zu finanzierenden Geschäfte zu melden; hier muß mindestens 30 %ige Eigenfinanzierung gewährleistet sein
- Besicherung grds. durch Globalzession, bei wenigen Forderungen durch Mantelzession
- Bedeutung: auf diese Weise ist Finanzierung für Exporteure möglich, deren Vielzahl kleinerer Exportgeschäfte nicht oder nur unwirtschaftlich finanziert werden könnte

o Besonderheit: Finanzierung von *Leasinggeschäften* ist möglich, wenn
- die Summe der Leasingraten mindestens den Selbstkosten des Leasinggutes entspricht
- kein Eigentumserwerb des Leasingnehmers während der Laufzeit möglich ist (außer bei Sofortfälligkeit der Restraten)
- für den Fall des Zahlungsverzuges Rücknahme des Leasinggutes vereinbart wird
- die Leasingraten monatlich/vierteljährlich im voraus zu leisten sind;

es soll eine Ausfuhrgarantie/-bürgschaft des Bundes vorliegen.

e) *Plafond B:*

= revolvierende Sonder-Rediskontlinie der Bundesbank von zur Zeit 4 Mrd. DM (1989)

o Gewährung von Krediten
- mittelfristig: 12–24 Monate
- langfristig: 25–48 Monate

o *Inanspruchnahme* durch DM-Solawechsel des Kreditnehmers
- an die Order der Hausbank des Exporteurs
- von dieser indossiert an die AKA (Haftungsübernahme)
- Höchstlaufzeit 3 Monate

o Vertragspartner ist die Bank des Exporteurs (= Primärhaftung); antragsberechtigt sind alle im Bundesgebiet zugelassenen KI

o *Voraussetzungen:*
- Haftungs- und Giroübernahmeerklärung der Hausbank
- Unbedenklichkeitserklärung der zuständigen LZB für den Exporteur
- vornehmlich für Exporte in Entwicklungsländer

o die *Laufzeit* beginnt grds. mit Inkrafttreten des Liefervertrages; Dauer der inländischen Produktion und Lagerung wird nicht angerechnet

o *Berechnung* des Kreditbetrages: vgl. Plafond A

o *Selbstfinanzierungsquote* des Exporteurs in Höhe von grds. 30 % (bei Festzinsvereinbarung: 20 %)

o *Refinanzierungsmöglichkeit* der AKA bei der Deutschen Bundesbank durch Rediskontierung

o *Abwicklung* der Finanzierung aus Plafond B:

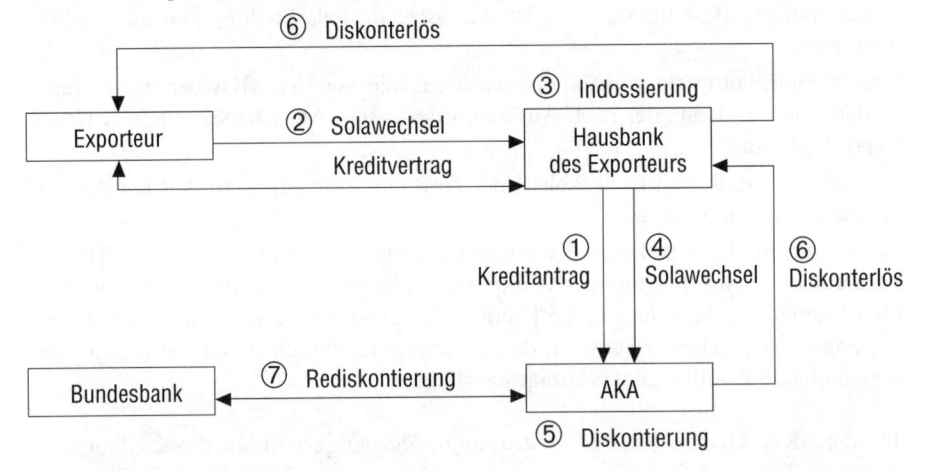

```
                    ⑥ Diskonterlös
    ┌─────────────────────────────────────────────┐
    ▼                                             │
┌──────────┐    ② Solawechsel      ┌──────────────┐
│Exporteur │ ──────────────────▶   │  Hausbank    │
│          │      Kreditvertrag    │des Exporteurs│
└──────────┘ ◀──────────────────── └──────────────┘
                                     │  ▲       ▲
                                   ① │  │④      │⑥
                                Kreditantrag Solawechsel Diskonterlös
                                     ▼  ▼       │
┌──────────┐   ⑦ Rediskontierung   ┌──────┐
│Bundesbank│ ────────────────────▶ │ AKA  │
└──────────┘                       └──────┘
                                    ⑤ Diskontierung
```

f) *Gemeinsames für Plafond A und B:*
o Finanzierung nur von fest abgeschlossenen Liefer- und Dienstleistungsverträgen mit handelsüblichen Zahlungsbedingungen
o Kredite sind hinsichtlich Höhe und Verwendung *zweckgebunden*
o Kredite ab 24 Monaten Laufzeit sollen grundsätzlich gegen politische und wirtschaftliche Risiken kreditversichert sein (außer wenn Erlöseingang gesichert erscheint)
o *Besicherung* der Kredite: Abtretung
 – der Forderungen des Exporteurs aus dem Vertrag mit dem Importeur einschließlich der dafür bestellten Sicherheiten
 – der Ansprüche gegen Kreditversicherungen
 – bei Plafond B der Forderungen der Hausbank gegen den Exporteur aus dem Kreditvertrag
o *Tilgung* der Kredite:
 – grds. aus den Zahlungen des Abnehmers
 – reichen die Exporterlöse nicht aus, ist Ablösungszusage eines KI erforderlich
o der Exporteur hat der AKA seine Bilanzen einzureichen und die AKA über alle Änderungen und Gefährdungen des abgeschlossenen Geschäfts zu unterrichten
o *Finanzierungszusagen* können für noch nicht abgeschlossene Verträge verbindlich für den zugesagten Betrag gegeben werden
o *Besonderheit:* Mischfinanzierung aus Plafond A und Plafond B, um die Vorteile beider Plafonds zu kombinieren (A: geringere Selbstfinanzierungsquote, B: geringere Zinsen). Basis bildet der B-Kredit, der durch den A-Kredit hinsichtlich Laufzeit und Höhe ergänzt wird.

g) *Plafond C:*
= Refinanzierungsrahmen der Konsortialbanken von 12 Mrd. DM (1989)

- o *Zweck:* Gewährung von an deutsche Exportgeschäfte gebundenen Finanzkrediten an ausländische Besteller oder ihre Banken (sog. Bestellerkredite); Ankauf von Forderungen
- o Finanzierung vorrangig von Exportgeschäften, die von der AKA bereits vorfinanziert wurden, in Höhe der nach Auslaufen des ersten AKA-Kredites noch offenen Exportforderung
- o *Auszahlung* i. d. R. erst nach Ablauf der Gewährleistungsfrist im Auftrag des Importeurs an den Exporteur
- o *Voraussetzung:* Bestehen einer Kreditversicherung; für den nicht gedeckten Teil der Forderung (= Selbstbeteiligung des Exporteurs) haftet der Exporteur, u. U. mit hierfür zu stellenden Sicherheiten; die Kreditlaufzeit soll der Deckung durch Kreditversicherung entsprechen; Nachweis, daß alle devisenrechtlichen Genehmigungen für Abschluß und Erfüllung des Vertrages vorliegen.

h) Für die AKA-Kredite werden *Finanzierungspläne* aufgestellt, die die Kreditgewährung und die Tilgung erfassen.

i) *Konditionen* für AKA-Finanzierungen:

- o Zinsen:
  - – Plafond A: variabler Satz, Festzins bis zu 4 Jahren möglich
  - – Plafond B: variabler Satz, 3/4 % über Bundesbank-Diskontsatz
  - – Plafond C: variabler Satz; Festzinssatz mit Laufzeiten von 5 oder 10 Jahren möglich, über Einzelbeschluß noch länger.
- o Provisionen:
  - – Plafond A: 1/4 % p. a. Zusageprovision ab Genehmigung durch Kreditausschuß bis Inanspruchnahme
  - – Plafond B: 1 ‰ p. a. Zusageprovision
  - – Plafond C: 1/4 % p. a. Zusageprovision

k) *Gesellschaft zur Finanzierung von Industrieanlagen mbH (GEFI):*
= Gemeinschaftsgründung eines deutschen Bankenkonsortiums aus dem Jahre 1967
- o *Aufgabe:* Gewährung von Krediten zur Finanzierung von Lieferungen und Leistungen in die DDR
- o Zusammenarbeit mit der AKA, mit der Personalunion besteht (gemeinsame Führung und Leitung)
- o Kreditgewährung aus drei Plafonds:
  - – Plafond I: eigene Kreditlinie der Konsortialbanken für die Refinanzierung von Lieferantenkrediten, deren Laufzeiten die Zahlungsfristen der Lieferverträge abdecken (vgl. Plafond A der AKA)
  - – Plafond II: Rediskontlinie der Deutschen Bundesbank für die Refinanzierung von Lieferantenkrediten mit GEFI-Kreditlaufzeiten zwischen 12 und 48 Monaten (vgl. Plafond B der AKA)

AKA
Ausfuhrkredit-Gesellschaft mbH
Postfach 10 01 63
6000 Frankfurt am Main 1

– wird in der Regel von der
Hausbank ausgefüllt –

Kreditantrag/Antrag auf Reservierung

Hausbank:

Exporteur/Kreditnehmer:

Finanzkreditnehmer:

Land:

Zur Finanzierung des nachstehend vollständig dargestellten Exportgeschäftes beantragen wir folgende(n) Kredit(e):

	Plafond A	Plafond B	Plafond C
Kreditbetrag	DM	DM	DM
Zinssatz/Zinssätze			außen: innen:
Selbstfinanz.-Quote	%	%	
Kreditlaufzeit	von bis = Monate	von bis = Monate	von bis = Monate
Kreditüberhang Ablösung durch Termin	DM	DM	

– Finanzierungsplan anbei –

Abdruck erfolgt mit freundlicher Genehmigung der AKA.

ANGABEN ZUM EXPORTGESCHÄFT
Ausl. Besteller:
Vertragsgegenstand:
Exportvertrag: abgeschlossen am:
in Kraft getreten am:
Wir fügen – mit Übersetzung –
a) eine Fotokopie des Gesamtvertrages oder
– bei umfangreichen Vertragswerken –
b) Fotokopie der Seiten, die Angaben über Vertragspartner, Projektbeschreibung, kaufmännische Bestimmungen sowie Garantievereinbarungen enthalten (nicht beigefügte Seiten enthalten keine Bestimmungen, die einer Finanzierung durch Sie entgegenstehen)
als Anlage bei.
Vertragliche Besonderheiten (z. B. Abtretungsverbot, Kompensationsvereinbarungen u. ä.):

Gesamtauftragswert:
  davon Finanzierungsbasis:
Liefer- und Leistungstermine:
Zahlungsbedingungen: (mit Angabe der ausl. Sicherheiten)
Negativerklärung: Der Exporteur hat erklärt, daß das beschriebene Exportgeschäft weder ganz noch teilweise, mittelbar oder unmittelbar von anderer Seite als der AKA und/oder uns finanziert wird.

Erforderliche in- und ausl.
Genehmigungen für die Durchführung
des Exportgeschäftes: (Art und Daten)

Deckung Fabrikationsrisiko/
Ausfuhrrisiko*: ☐ ist nicht vorgesehen;

☐ ist/wird beantragt bei:

☐ wurde zugesagt; Kopie der grundsätzlichen Stellungnahme/endgültigen Zusage vom   ist beigefügt

☐ Urkunde vom   liegt vor; Kopie ist beigefügt

Abtretungsgenehmigung wird als Anlage beigefügt/wird nachgereicht*

* nicht Zutreffendes streichen

ANGABEN ZU DEM/DEN LIEFERANTENKREDIT(EN)

Sicherungsmäßig ist ein Zusatzkredit der Hausbank im Betrag von DM
Laufzeit: zu berücksichtigen.

Die für den B-Kredit auszustellenden Solawechsel werden mit dem Giro der Hausbank versehen.

**Unbedenklichkeitserklärung
der LZB** (nur bei Plafond B): – Fotokopie anbei –

Bemerkungen/Erläuterungen:

ANGABEN ZUM FINANZKREDIT

Auszahlung:

Rückzahlung:

**Hermes-Deckung
für Finanzkredit:**

☐ ist nicht vorgesehen

☐ FKB-/FKG-Deckung ist beantragt; Kopie des Antrages vom ist beigefügt

☐ FKB-/FKG-Deckung wurde zugesagt; Kopie der grundsätzlichen Stellungnahme/Zusage vom ist beigefügt

☐ FKB-/FKG-Deckung soll mit
   ☐ abwälzbarer
   ☐ nicht abwälzbarer
   Selbstbeteiligung beantragt werden

**Besonderheiten/Sicherheiten
für die Verpflichtungen aus der
Exporteurgarantie:**

Bemerkungen zum Finanzkredit:

Bearbeitungsgebühr soll in Höhe von % im Kreditvertrag vorgesehen werden.
Der Exporteur trägt der Bearbeitungsgebühr.

Risikoprämie in Höhe von % des Selbstbehaltes vorgesehen.

BILANZEN/AUSKÜNFTE

Bilanz Exporteur

Bilanz vom _____

☐ mit banküblichen Gliederungsbogen, Umsatzangaben, Beschäftigtenzahl und Erläuterungen anbei

☐ liegt Ihnen vor

Bilanz Finanzkreditnehmer

Bilanz vom _____

☐ mit banküblichem Gliederungsbogen anbei

☐ liegt Ihnen vor

Bilanz Garant für Finanzkreditnehmer

Bilanz vom _____

☐ mit banküblichem Gliederungsbogen anbei

☐ liegt Ihnen vor

Auskünfte

über den Exporteur
☐ anbei

☐ liegen Ihnen vor

über den Finanzkreditnehmer
☐ anbei

☐ liegen Ihnen vor

über den Garanten für den Finanzkreditnehmer
☐ anbei

☐ liegen Ihnen vor

Bemerkungen zur Bonität des

_____, den _____ 19__   _____
                                    (rechtsverbindliche Unterschrift)

Muster Finanzierungspläne

Muster eines Finanzierungsplanes für einen Kredit aus Plafond A

(gilt analog auch für Plafond-B-Kredite mit Festzinssatz, Selbstfinanzierungsquote jedoch 20 % und Begrenzung auf 48 Monate ab Inkrafttreten des Exportvertrages/erster Inanspruchnahme)
in TDM

Monate ab Genehmigung/ Kreditvertragsabschluß	1	2	6	9	12	18	24	30	36	42	48	54	60	66	72
Aufwendungen	300	200	300	100	100										
-/- Zahlungseingänge	50			100	100	85	85	85	85	85	85	85	85	85	85
	250	200	300	100	–										
-/- 10 % Selbstfinanzierungsquote	25	20	30	10	–										
Kredit	225	180	270	90	–										
Tilgung mit 90 % der Exporterlöse						76	77	76	77	76	77	76	77	76	77
kumulativer Kreditbetrag	225	405	675	765	765	689	612	536	459	383	306	230	153	77	–

Gesamtauftragswert: DM 1 000 000,–
Zahlungsbedingungen:
5 % Anzahlung bei Vertragsabschluß
10 % gegen Verschiffungsdokumente
85 % in 10 gleichen Halbjahresraten, deren erste 6 Monate nach Lieferung fällig wird

Sola-Wechsel

Düsseldorf, den 5. Januar 19 88
Ort und Tag der Ausstellung (Monat in Buchstaben)

Nr. d. Zahl-Ortes	Frankfurt am Main	5.4.1988
500	Zahlungsort	Verfalltag

Gegen diesen **Wechsel** - zahlen ich / wir am 5. April
Monat in Buchstaben 19 88

an Order der jeweiligen Hausbank

Deutsche Mark **Fünfhunderttausend**
Betrag in Buchstaben

DM 500.000,-
Betrag in Ziffern

Pfennige wie oben

Nr.

Zahlbar in Frankfurt am Main, Große Gallusstraße 1–7

bei AKA Ausfuhrkredit-Gesellschaft mbH
Name des Kreditinstituts

Unterschrift und genaue Anschrift des Ausstellers

Die Wechsel müssen ordnungsgemäß versteuert eingereicht werden.

Stempelmarken auf der Rückseite unmittelbar unter diesem Rande aufkleben.

Muster Solawechsel für Plafond-B-Kredite

- Plafond III: eigene Kreditlinie der Konsortialbanken für gebundene Finanzkredite an Besteller in der DDR (Teilmasse von Plafond I)
o Voraussetzung für Kreditgewährung: „Garantie des Bundes für langfristige Geschäfte im innerdeutschen Handel"
o möglich ist die Kombination von Krediten aus Plafond I und II (sog. Parallelkredite).

l) *Kreditanstalt für Wiederaufbau (KfW):*
= öffentlich-rechtliches Kreditinstitut in Händen von Bund und Ländern, 1948 gegründet
o *Aufgaben:*
- Übernahme der *Anschlußfinanzierung* für Zahlungsziele, die von der AKA vorfinanziert wurden, aber über die Laufzeit der AKA-Kredite hinausgehen
- Übernahme der Finanzierung von Geschäften, deren Umfang die finanziellen Mittel anderer KI übersteigt
- Gewährung von Darlehen an inländische Unternehmen im Zusammenhang mit Ausfuhrgeschäften
- Gewährung von Finanzkrediten zur Förderung von Entwicklungsvorhaben im Ausland oder Umschuldung der Verpflichtungen ausländischer Schuldner oder bei besonderem staatlichem Interesse *(Entwicklungshilfe)*
o *Kreditnehmer:*
- inländische Exporteure (Exportkredite, Gewährung grds. über Hausbanken der Exporteure)
- ausländische Regierungen und Banken (Finanzkredite)
- ausländische Importeure (Abnehmerfinanzierung)
o *Voraussetzungen:*
- deutsches KI übernimmt die Primärhaftung
- Vorliegen einer HERMES-Deckung
- (grds.) Geschäfte mit Entwicklungsländern
o Beschaffung der für die Kreditgewährung erforderlichen *Mittel:*
- Mittel des Bundes (Entwicklungshilfe)
- Kreditaufnahme am Geld- und insb. am Kapitalmarkt
- ERP-Gelder („European Recovery Programme" = Europäisches Wiederaufbauprogramm, Marshallplan) = ca. 6,5 Mrd. DM, die bis 1952 als Wirtschaftshilfe der USA in die Bundesrepublik Deutschland flossen und seitdem ständig wiederverwendet werden.

m) *Besondere Formen* der Exportfinanzierung sind weiterhin
o *Forfaitierung*
o *Factoring*
Einzelheiten hierzu siehe Kreditgeschäft.

2.1.13 Auslandsgarantiegeschäft

a) *Wesen:* = Bereitstellung von Garantien durch Kreditinstitute für inländische Importeure und Exporteure zur Absicherung ihrer Verpflichtungen gegenüber ausländischen Vertragspartnern.

b) *Arten* von Garantien:
o Anzahlungsgarantie
o Bietungsgarantie
o Lieferungs- und Leistungsgarantie   für Exportgeschäfte
o Gewährleistungsgarantie
o Konnossementsgarantien   für Import- und Exportgeschäfte

c) *Praxis:* grds. wird die Erfüllung der Garantie schon „auf erstes Anfordern" versprochen, d. h., die Behauptung des Gläubigers, der Garantiefall liege vor, reicht aus.
Im übrigen vgl. Avalkreditgeschäft!

2.1.2 Devisen und Devisenhandel

2.1.20 Grundbegriffe

a) *Devisen* = Zahlungsmittel in ausländischer Währung; *Arten:*
o Geld in ausländischer Währung:
   – Bargeld = *Sorten* (Banknoten und Münzen)
   – Buchgeld
o Geldersatzmittel in ausländischer Währung, die im Ausland zahlbar sind:
   – Schecks
   – Wechsel.
In der Praxis bezeichnet man nur die unbaren ausländischen Zahlungsmittel als Devisen.

b) *Währung* = die Ordnung des Geldwesens innerhalb eines Landes und seine Beziehungen hinsichtlich des Geldwertes und des Zahlungsverkehrs zu anderen Ländern.
o Der inländische Wert des Geldes bestimmt sich nach seiner Kaufkraft.
o Der *ausländische* Wert des Geldes bestimmt sich nach seinem *Austauschverhältnis* zu anderen Währungen.

c) Die Austausch*verhältnisse* einer Währung zu anderen Währungen können
o fest sein = *Paritäten*

o variabel, d. h. der jeweiligen Marktlage überlassen sein = *Floating*.

d) Eine *Parität* ist die feste (staatlich festgesetzte) Währungsrelation der Währung eines Landes gegenüber anderen Ländern. *Arten:*

o *Goldparität* = die Festlegung des Austauschverhältnisses zweier Währungen durch Angabe eines festen Tauschpreises für Gold in Einheiten beider Währungen (wobei die Basis grds. 1 Feinunze Gold = ca. 31,1 g ist). *Beispiel:*

    1 Feinunze Gold = 42,22 US Dollar
    1 Feinunze Gold = 122,45 DM
    d. h. 1 US-Dollar = 2,9003 DM

o *Fremdwährungsparität* = die Angabe des Paritätswertes einer Währung in Einheiten einer anderen Währung. *Beispiel:*

    1 US-Dollar = 3,66 DM

o *Parität* aufgrund der Leitkursbindung im Rahmen eines *Währungskorbs,* z. B. in ihrem Verhältnis zu den Sonderziehungsrechten des IWF (siehe dort). *Beispiel:*

    1 DM = 0,374858 SZR

o *Parität* zur ECU im Rahmen des Europäischen Währungssystems (vgl. Abschnitt 5.1.032). *Beispiel:*

    1 ECU = 2,16316 DM

e) Die Festlegung einer bestimmten Parität, d. h. eines festen Austauschverhältnisses wird der Tatsache nicht gerecht, daß zwischen den Währungen zweier Länder *Wertschwankungen* auftreten können, die von den Handelsbeziehungen zwischen diesen Ländern (Export- oder Importüberschuß), der jeweiligen Zinssituation und vielen anderen Faktoren, letztlich aber von Angebot und Nachfrage abhängen. Daraus folgt, daß auch bei festen Wechselkursen Schwankungen innerhalb bestimmter *Bandbreiten* möglich sein müssen.

o Bei der *Goldparität* ergaben diese Bandbreiten sich aus der Frage, ob ein Schuldner seine Verpflichtungen in Devisen beglich oder für ihn – bei entsprechenden Kursschwankungen – die Bezahlung in Gold günstiger war, so daß er statt Devisen Gold erwarb oder veräußerte; dabei waren die Transport- und Versicherungskosten für das Gold zu berücksichtigen. *Beispiel:*

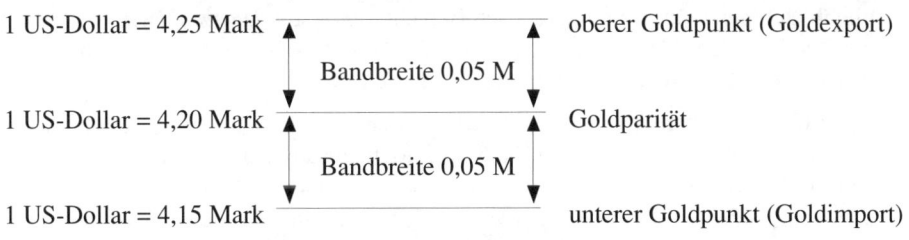

1 US-Dollar = 4,25 Mark   oberer Goldpunkt (Goldexport)
    Bandbreite 0,05 M
1 US-Dollar = 4,20 Mark   Goldparität
    Bandbreite 0,05 M
1 US-Dollar = 4,15 Mark   unterer Goldpunkt (Goldimport)

o Bei der *Fremdwährungsparität* sind die Bandbreiten den erwarteten oder gewünschten Kursschwankungen entsprechend festgelegt in Höhe eines bestimmten Prozentsatzes der jeweiligen Parität (z. B. 2,25 % nach oben und unten). Erreicht der Kurs die obere oder untere Grenze dieser Bandbreiten, muß die Zentralbank des betreffenden Landes in den Markt eingreifen (intervenieren), um den Kurs innerhalb der Bandbreite zu halten. Die Grenzen werden daher als Interventionspunkte bezeichnet. *Beispiel:*

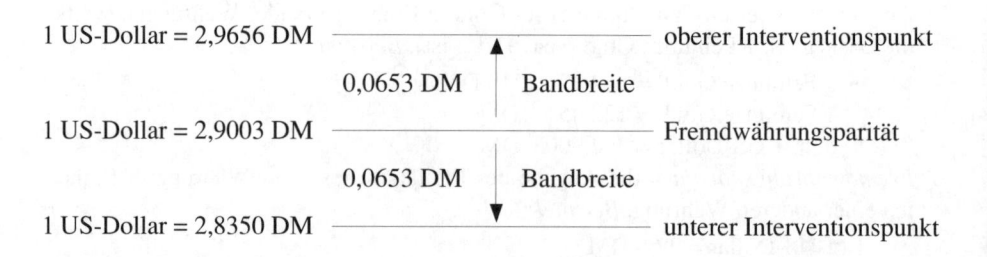

```
1 US-Dollar = 2,9656 DM  ─────────▲─────────  oberer Interventionspunkt
                         0,0653 DM │ Bandbreite
1 US-Dollar = 2,9003 DM  ──────────────────  Fremdwährungsparität
                         0,0653 DM │ Bandbreite
1 US-Dollar = 2,8350 DM  ─────────▼─────────  unterer Interventionspunkt
```

o Die *Parität zu Sonderziehungsrechten* kann entsprechend ausgestaltet sein, wobei es denkbar ist,
  – eine Währung als sog. Leitwährung in feste Beziehung zu Sonderziehungsrechten zu setzen und alle anderen Währungen nach dem Prinzip der Fremdwährungsparität von dieser Währung abhängig zu machen, oder
  – sämtliche Währungen in ein festes Austauschverhältnis zu SZR zu bringen.

f) *Konvertibilität* (Konvertierbarkeit) = die Austauschbarkeit von Währungen untereinander, d. h. die Möglichkeit, gegen die eigene Währung unbeschränkt Devisen zu erhalten. Hierbei sind zu unterscheiden:

o *freie* Konvertibilität = unbeschränkte Austauschbarkeit einer Währung in andere Währungen (sog. *Hartwährung*); längere Zeit waren die wichtigsten Währungen der westlichen Welt frei konvertierbar, heute trifft dies nur noch für wenige Währungen zu, zu denen auch die D-Mark gehört

o *beschränkte* Konvertibilität = mengenmäßig oder auf bestimmte Währungen beschränkte Austauschbarkeit einer Währung (sog. *Weichwährung*); Devisen werden für Zahlungen grds. zugeteilt, stehen allenfalls Ausländern und ausländischen Regierungen frei zur Verfügung (Unterscheidung in Inländer- und Ausländerkonvertibilität nach dem zum freien Austausch Berechtigten), sog. *Devisenbewirtschaftung;* die Zuteilung erfolgt nach unterschiedlichen Gesichtspunkten und ermöglicht zugleich eine Steuerung insb. von Importgeschäften

o *Nicht*-Konvertierbarkeit = *Devisenzwangswirtschaft* (Anwendung: Ostblock-Staaten), d. h. alle mit ausländischen Zahlungsmitteln zusammenhängenden Transaktionen werden über staatliche Stellen (Staatliche Außenhandelsbanken usw.) abgewickelt, dem einzelnen sind Devisenerwerb, -besitz und -transfer grds. untersagt.

g) *Paritätsänderungen* sind Änderungen des Austauschverhältnisses einer Währung gegenüber dem Wechselkurs-Maßstab, d. h. gegenüber der Leitwährung (z. B. US-Dollar), speziellen anderen Währungen, dem Gold oder den Sonderziehungsrechten.

Arten:

o *Aufwertung* = Heraufsetzung des Außenwertes einer Währung durch Herabsetzung ihres Austauschverhältnisses zu dem jeweiligen Wechselkursmaßstab; Beispiel (DM im Verhältnis zum US-Dollar):
  – alte Parität: 1 US-Dollar = 3,2225 DM
  – neue Parität: 1 US-Dollar = 2,9003 DM

  Wirkung:
  – 1 US-Dollar kostet weniger und ist weniger wert (= gleichzeitige Abwertung des US-Dollar gegenüber der D-Mark)
  – für 1 DM erhält man mehr US-Dollar (0,345 statt 0,310 US-Dollar)
  – der Aufwertungseffekt betrifft über den Wechselkurs-Maßstab das Austauschverhältnis der aufgewerteten Währung zu allen an diesem Maßstab orientierten Währungen.

  Bedeutung einer Aufwertung der D-Mark:
  – deutsche Exporte werden im Ausland teurer (Exportbeschränkung)
  – deutsche Importe aus dem Ausland werden billiger (Importförderung)
  – damit Veränderung der internationalen Wettbewerbsverhältnisse
  – Zahlungsbilanzüberschüsse durch Unterbewertung der eigenen Währung können abgebaut werden
  – importierte Inflation (siehe dort) kann weitgehend abgewehrt werden
  – durch bewußte und gezielte Aufwertung (möglich bei festen Austauschverhältnissen) können diese Wirkungen herbeigeführt werden.

o *Abwertung* = Herabsetzung des Außenwertes einer Währung durch Heraufsetzung ihres Austauschverhältnisses zu dem jeweiligen Wechselkurs-Maßstab; Wirkungen: umgekehrt wie bei einer Aufwertung.

h) *Floating:*

o *Wesen:* Die Wechselkurse einer Währung werden freigegeben, d. h., die Zentralbank des betreffenden Landes greift bei Erreichen der Interventionspunkte nicht mehr ein, so daß sich die Kurse frei nach Angebot und Nachfrage bilden können.

o *Bedeutung:* Anstelle drastischer Schritte von einer bisherigen unrealistischen zu einer geschätzten neuen Parität kann eine allmähliche Anpassung des Austauschverhältnisses einer Währung an ihren wirklichen Wert gegenüber anderen Währungen und damit eine markt- und wertgerechte Auf- oder Abwertung erfolgen; spekulative Gelder werden weitgehend abgewehrt.

o Andererseits können die Auswirkungen derartiger Wertänderungen (z. B. Exportbeschränkung) das gewünschte, vertretbare oder angemessene Maß bei weitem übersteigen und ein neuerliches Eingreifen der Zentralbank notwendig machen (sog. *Stützung* der Währung) oder aber entsprechende Hilfsmaßnahmen für die davon besonders betroffenen inländischen Wirtschaftsbereiche erfordern.

o Floating bedeutet Erschwerung der Disposition und Kalkulation im Außenhandel, da das Kursrisiko nicht absehbar ist.

- o *Block-Floating* ist das gemeinsame Floaten mehrerer Währungen nach außen; im Innern bleiben feste Paritäten und Bandbreiten erhalten. Die angeschlossenen Währungen werden auch als „*Währungsschlange*" bezeichnet. Zweck: Schutz der eigenen Währung vor spekulativen Geldbewegungen.

i) *Sonderziehungsrechte* = besondere Zahlungsmittel im Rahmen des Internationalen Währungsfonds (IWF), die in Form von Buchgeldkrediten durch die Zentralbanken (Notenbanken) sowie obersten Währungsbehörden der Mitgliedsländer in Anspruch genommen werden können.

- o *Entstehung:*
  - SZR entstehen durch Gutschrift des IWF zugunsten des Mitgliedslandes auf einem SZR-Konto
  - SZR geben dem betreffenden Mitglied einen Anspruch gegenüber den anderen Teilnehmern auf Überlassung konvertierbarer Währungen, ermöglichen also den Zugang zu fremden Währungsbeständen
  - damit sind die SZR selbst als Währungsreserve geeignet
  - SZR werden verzinst mit dem Durchschnitt der kurzfristigen Marktzinssätze in den 5 Ländern mit den höchsten IWF-Quoten (USA, Deutschland, Großbritannien, Frankreich, Japan).
- o *Verwendung:*
  - Verrechnungseinheit auf internationalen Finanzmärkten, in der Entwicklungshilfe, bei internationalen Organisationen und multilateralen Verträgen; Zahlungsmittel zwischen Zentralbanken
  - SZR dienen den Mitgliedsstaaten zum Ausgleich von Zahlungsbilanzdefiziten (zu diesem Zweck werden andere Staaten vom IWF designiert, d. h. verpflichtet, dem währungsschwachen Mitglied gegen SZR konvertierbare Währungen abzutreten)
  - die SZR dürfen jedoch nicht benutzt werden, um die Zusammensetzung der internationalen Liquidität und der Währungsreserven eines Landes zu ändern; SZR dürfen nicht zu unmittelbaren Interventionen auf dem Devisenmarkt eingesetzt werden
- o für Länder mit hoher internationaler Liquidität (z. B. Bundesrepublik Deutschland) bedeuten die SZR eine Ergänzung der eigenen Reserven
- o mit SZR können Schulden beglichen, sie können unter den Mitgliedern des IWF gehandelt werden
- o mit SZR darf ein Land aus den Währungsreserven ausländischer Zentralbanken die eigene Währung zurückkaufen
- o kein IWF-Mitglied darf im gleitenden Fünfjahresdurchschnitt über mehr als 70 % der ihm zugeteilten SZR verfügen
- o nach der IWF-Satzungsänderung von 1978 sind alle bisher in Gold zu leistenden Zahlungen der Mitglieder grds. in SZR zu erbringen
- o *Bewertung* der Sonderziehungsrechte:

- ursprünglich entsprach 1 SZR einer Menge von 0,888671 g Feingold
- seit 1974 werden SZR nach dem Prinzip des sog. „*Standardkorbs*" bewertet
- dazu gehörten zunächst 16 am internationalen Handel und Devisenverkehr am häufigsten beteiligte Währungen, für die in ihrem Verhältnis zueinander ein bestimmtes Gewicht festgelegt wurde (z. B. US-Dollar 33,0 %, D-Mark 12,5 %)
- 1981 wurde dieser Korb durch die Währungen der fünf wichtigsten Handelsländer, USA, Bundesrepublik Deutschland, Großbritannien, Frankreich und Japan, ersetzt
- die Gewichtung erfolgt nach dem Anteil am Weltexport (Überprüfung alle 5 Jahre)
- das Gewicht dieser fünf Währungen stellt sich wie folgt dar:

US-Dollar	42 %
D-Mark	19 %
Pfund Sterling	13 %
Französ. Franc	13 %
Japanischer Yen	13 %

- täglich werden die Kurse der Korbwährungen entsprechend ihrer Gewichtung zueinander neu zusammengestellt und die Währungen in SZR ausgedrückt (z. B. 1 SZR = 1,06535 US-Dollar)
- über das Verhältnis der nationalen Währung zum US-Dollar und den US-Dollar/SZR-Kurs läßt sich der SZR-Kurs der jeweiligen Währung berechnen; Beispiel:

1 SZR	= 0,938659 US-Dollar, d. h.
1 US-Dollar	= 1,06535 SZR
wenn 1 US-Dollar	= 2,5730 DM:
1 D-Mark	= 0,364810 SZR, d. h.
1 SZR	= 2,74115 DM

- dieses Berechnungssystem hat einen wichtigen Ausgleichseffekt: wenn z. B. der DM-Kurs gegenüber dem US-Dollar um 10 % steigt, wird der US-Dollar gegenüber dem SZR nur um 1,9 % abgewertet, da die D-Mark ja nur mit 19 % am Korb beteiligt ist; damit hat die Aufwertung der D-Mark in diesem Bereich nur eine ihrer internationalen Bedeutung entsprechende Wirkung
- der IWF zahlt Zinsen auf SZR-Bestände und erhebt Gebühren zum gleichen Zinssatz auf Zuteilungen; der Zinssatz für SZR liegt bei 80 % des durchschnittlichen kurzfristigen Marktzinses in den Ländern der 5 Korbwährungen.

k) Weitere Grundbegriffe siehe Abschnitt 5.1.03!

2.1.21 Devisengeschäfte der Kreditinstitute

2.1.210 Überblick

a) Devisengeschäfte der Kreditinstitute lassen sich unterscheiden in

o *Kassageschäfte*, die sofort zu erfüllen sind

o *Termingeschäfte*, deren Erfüllung zu einem späteren Zeitpunkt zu erfolgen hat.

b) Im Rahmen von Devisen*kassa*geschäften werden *Kurse* festgestellt für

o Devisen:
  - amtliche Kursfeststellung an den Devisenbörsen
  - freie Kursermittlung im Handel zwischen KI

o Sorten: Kursfeststellung nach Angebot und Nachfrage unter Berücksichtigung der Kosten, die die Beschaffung und Verwendung ausländischen Bargelds bereitet.

c) KI führen Devisengeschäfte aus

o für *Kunden* in der Rechtsstellung von Kommissionären (sog. Kundengeschäfte)
o für *eigene Rechnung* (Eigengeschäfte).

Dabei kann es sich um Kassa- und um Termingeschäfte handeln. Eine besondere Form der Eigengeschäfte bildet die *Devisenarbitrage,* bei der die KI sich um Ausnutzung von zu verschiedenen Zeiten oder an verschiedenen Plätzen bestehenden Kursunterschieden bemühen.

d) Eine Sonderform durch Verbindung von Kassa- und Termingeschäften stellt das sog. *Swapgeschäft* dar.

e) Auf internationaler Ebene gibt es einen dem nationalen Geldhandel entsprechenden Handel mit Devisen auf der Basis der wichtigsten internationalen Währungen, insb. des US-Dollars (*Eurodollarmarkt*, Asiendollarmarkt usw.).

2.1.211 Devisenkassageschäfte der KI

a) *Wesen:* Kassageschäfte sind Devisengeschäfte, die sofort, d. h. am zweiten Werktag nach Vertragsschluß, erfüllt werden müssen. Hierbei treten KI im eigenen Namen für *eigene* (als Eigenhändler) oder *fremde Rechnung* (als Kommissionäre im Kundenauftrag) auf dem amtlichen oder dem freien Devisenmarkt auf, um Devisenbestände zu veräußern oder Devisenbeträge zu erwerben.

Partner der KI auf dem Devisenmarkt sind

o andere KI
o die Deutsche Bundesbank
o Makler.

Handelsarten:

o bilateral: Fremdwährung gegen Landeswährung
o multilateral: Fremdwährung gegen Fremdwährung.

b) *Amtliche Kursfeststellung:*

o erfolgt an den Devisenbörsen in Frankfurt, Berlin, Düsseldorf, Hamburg und München unter Führung der Frankfurter Börse

- zwischen den einzelnen Börsen bestehen telefonische Verbindungen
- nach Bekanntgabe eines geschätzten Kurses für jede Währung durch den Frankfurter Börsenmakler geben die Devisenhändler der KI ihre Kauf- und Verkaufsaufträge unter Angabe von Kursvorstellungen (Limitierungen) ab
- soweit möglich, werden die Aufträge an jeder Börse für sich ausgeglichen (kompensiert), verbleibende Aufträge werden nach Frankfurt telefonisch weitergegeben
- an der Frankfurter Börse wird hieraus der Devisen-*Mittelkurs* für jede Währung errechnet (sog. *Fixing;* Prinzip der *Einheitskursfeststellung,* vgl. Effektengeschäft), *verbindlich für jede Devisenbörse* in Deutschland
- die *Notierung* der Währungen kann nach zwei Prinzipien erfolgen:
  - als *Preisnotierung:* Angabe des Preises in inländischer Währung für 1 oder 100 Einheiten der ausländischen Währung;
    Beispiel: Kurs „120,66" bedeutet, daß für 100 Schweizer Franken 120,66 DM zu zahlen sind (Anwendung in Deutschland)
  - als *Mengennotierung:* Angabe der Menge an ausländischer Währung, die man für 1 oder 100 Einheiten der eigenen Währung erhält; Beispiel: Kurs „3,939" bedeutet, daß man für 1 Pfund Sterling 3,939 DM erhält (Anwendung z. B. in England)
- *veröffentlicht* werden *Geld- und Briefkurse,* die um eine Spanne von ca. 2 ‰ vom Mittelkurs abweichen (beim US-Dollar: 0,004 DM)
- die amtlichen Kurse sind maßgeblich für Geschäfte der KI mit Kunden und z. T. mit anderen KI, sie bilden die Grundlage für die Verrechnung von Devisengeschäften des betreffenden Tages (z. B. Überweisungen, Zahlungsaufträge, Konten-Gutschriften, Akkreditivzahlungen usw.)

c) *Freie Kursermitttlung:*

- zum amtlichen Kurs werden i. d. R. nur relativ geringe Einzelumsätze getätigt
- größere Geschäfte für eigene oder Kundenrechnung werden im *freien Devisenhandel* zwischen Kreditinstituten oder über die Deutsche Bundesbank ausgeführt
- die Deutsche Bundesbank rechnet den KI auch größere Umsätze zum jeweiligen amtlichen Mittelkurs ab
- im freien Handel unter KI ergeben sich die Kurse nach *Angebot und Nachfrage* und können daher (eventuell allerdings nur im staatlich festgesetzten Rahmen) erheblichen Schwankungen ausgesetzt sein, die sich z. T. innerhalb weniger Minuten ergeben
- Angebot und Nachfrage bei Devisen werden insb. von folgenden Faktoren beeinflußt:
  - Bedarf oder Überschuß bei Banken und/oder Kunden an ausländischen Währungen
  - Einschätzung der eigenen und fremder Währungen nach ihrem Wert, ihrer Kaufkraft, ihrer Entwertung (Inflationsrate)

- Erwartung von Auf- oder Abwertungen (Spekulation)
- unterschiedliche Zinsen im In- und Ausland, die über den Terminmarkt auch auf den Devisen-Kassamarkt einwirken
- gesamtwirtschaftliche und politische Einflüsse

o im freien Devisenhandel finden Geschäfte grds. nur über größere Beträge statt (beginnend i. d. R. bei 500 000,– US-Dollar oder ihrem Gegenwert)

2.1.212 Devisentermingeschäfte der KI

a) *Wesen:* Termingeschäfte müssen erst zu einem späteren, vertraglich vereinbarten Termin erfüllt werden, wobei der Abrechnungskurs von vornherein feststeht. KI schließen diese Geschäfte ab

o mit Kunden (insb. Außenhandelsunternehmen)
o mit anderen KI
o mit der Deutschen Bundesbank.

b) *Bedeutung: Devisentermingeschäfte dienen*

o der Absicherung von Kursrisiken, die sich daraus ergeben, daß
  - Zahlungen in fremder Währung zu leisten oder zu empfangen sind
  - alle Währungen ständigen und z. T. erheblichen Kursschwankungen unterworfen sind
  - jederzeit mögliche Auf- und Abwertungen zu sehr starken Veränderungen der Austauschverhältnisse führen können
o der spekulativen Erzielung von Gewinnen aus zeitlich bedingten Kursunterschieden
o der Erzielung von Zinsgewinnen durch vorübergehende Anlage (Termineinlagen!)
  - freier Geldbeträge der eigenen Währung nach Umtausch in fremde Währung
  - freier Devisenbeträge nach Umtausch in die eigene Währung;
  durch ein Kassageschäft wird der Umtausch vollzogen, durch ein Termingeschäft sichergestellt, daß der Zinsgewinn nicht durch Kursverluste beeinträchtigt wird (s. u. Swapgeschäft).

c) *Kursbildung:*

o geschieht zunächst nach Angebot und Nachfrage, also frei; keine amtliche Feststellung von Terminkursen
o Terminkurse werden beeinflußt durch die Einschätzung der beteiligten Währungen, d. h. die erwartete Kursentwicklung, sowie durch den mit dem Termingeschäft verfolgten Zweck
o maßgeblich für die Kurse sind auch die *Laufzeiten,* die i. d. R. 1, 2, 3, 6 oder 12 Monate betragen; am gebräuchlichsten sind 3 und 6 Monate
o auch für Termingeschäfte werden *Geld- oder Briefkurse* genannt;

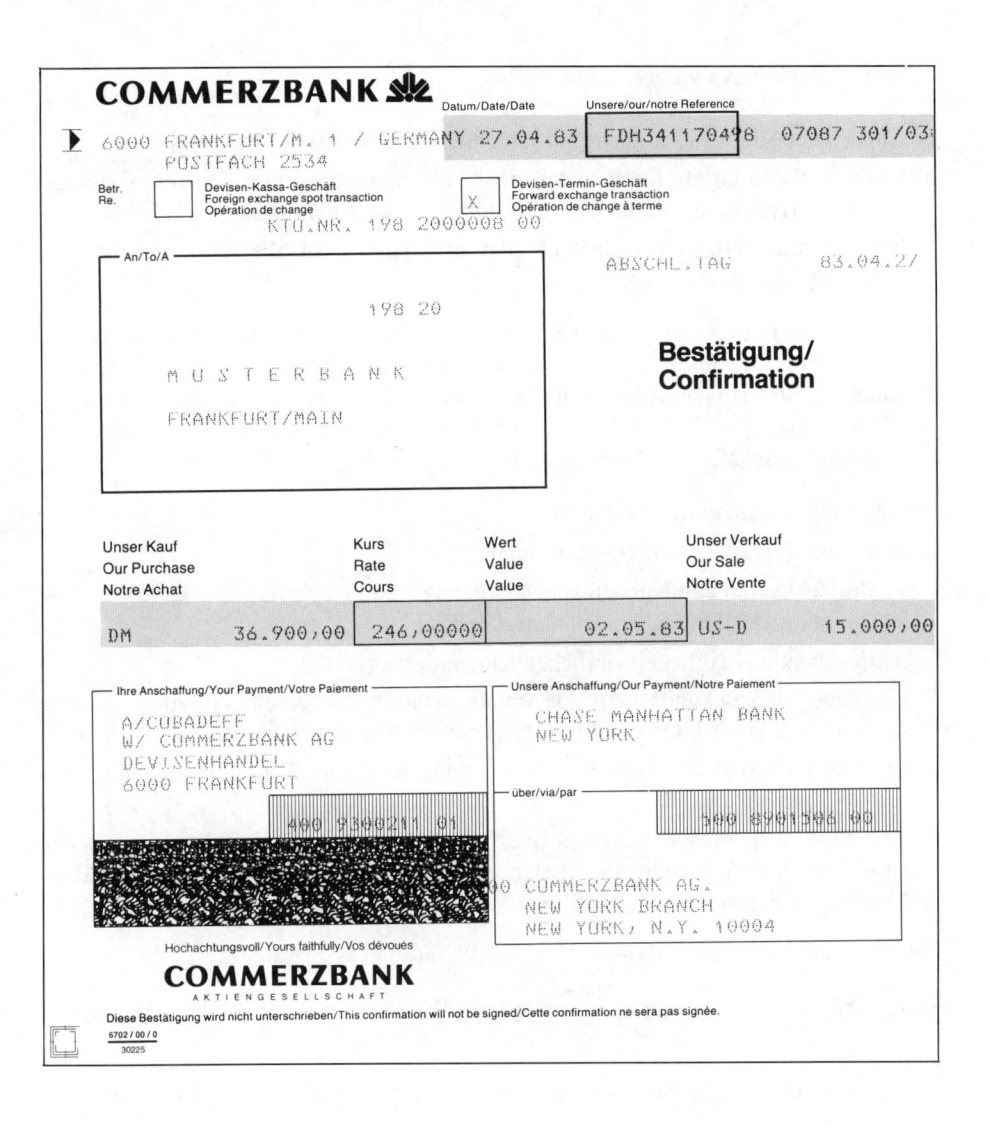

Beispiel: 1 US-Dollar
Kassakurse Geld 2,3945–2,4025 Brief
Terminkurse Geld 2,3742–2,3827 Brief 3 Monate
Geld 2,3546–2,3636 Brief 6 Monate

Die Kurse zeigen, daß eine Aufwertung der D-Mark erwartet wird (für einen US-Dollar ist weniger DM aufzuwenden).

2.1.213 Devisen-Kundengeschäfte

a) *Kunden* der KI im Zusammenhang mit Devisengeschäften können sein

o Privatkundschaft, d. h. insbesondere Ex- und Importeure sowie sonstige Unternehmen und Privatpersonen, die Devisenzahlungen zu leisten haben oder erhalten

o Bankenkundschaft, d. h. andere in- und ausländische KI, die für eigene oder für Kundenrechnung tätig werden.

b) Im Verhältnis zu Kunden treten KI als *Kommissionäre* auf, und zwar grundsätzlich unter Ausübung des *Selbsteintrittsrechts,* d. h. Devisen werden aus eigenen Beständen an Kunden geliefert oder von diesen übernommen; dabei gelten nach den AGB ähnliche Einschränkungen der HGB-Vorschriften über Kommissionäre wie im Effekten-Kommissionsgeschäft (vgl. AGB Nr. 35).

c) Kundengeschäfte in *Kassadevisen:*

o gegenüber Privatkundschaft: Abrechnung von

   – Devisenkäufen von Kunden zum *Geldkurs,*
   – Devisenverkäufen an Kunden zum *Briefkurs*

   entsprechend der täglichen amtlichen Kursnotierung

o gegenüber Bankenkundschaft: Abrechnung von Devisengeschäften zu *gespannten Kursen,* die zwischen Geld- und Mittelkurs bzw. Mittelkurs und Briefkurs liegen

o gegenüber Filialen, Zweigstellen: Abrechnung zum Mittelkurs oder zu gespannten Kursen.

Eng verbundene Korrespondenzbanken sowie Filialen und Zweigstellen können Abrechnung zu *doppelt gespannten* Kursen erhalten, die zwischen gespannt Geld/Brief und Mittelkurs liegen.

Beispiel am DM-Kurs des US-Dollars

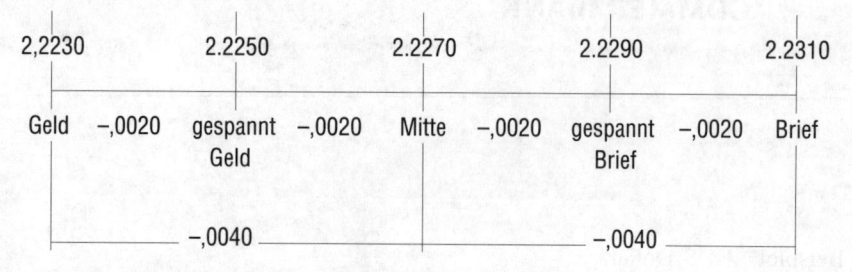

2,2230	2.2250	2.2270	2.2290	2.2310
Geld	–,0020 gespannt Geld	–,0020 Mitte	–,0020 gespannt Brief	–,0020 Brief

              –,0040   –,0040

d) Kundengeschäfte in *Termindevisen:*

o Hauptziel von Privatkunden, d. h. insbesondere Import- und Exporteuren, die mit ihren Kreditinstituten Devisentermingeschäfte abschließen, ist die Vermeidung von *Kursrisiken:*

   – erwartet ein Kunde zu einem bestimmten späteren Termin eine Zahlung in ausländischer Währung, kann er durch ein Termingeschäft erreichen, daß er bei Ein-

gang des Währungsbetrages einen DM-Betrag zu einem angemessenen Umtauschkurs, der von vornherein feststeht, erhält
- will ein Kunde zu einem bestimmten Termin eine Zahlung in ausländischer Währung leisten, so kann er mit seiner Bank einen angemessenen und von vornherein feststehenden Kurs vereinbaren, aus dem sich ein fester DM-Betrag ergibt, der zum Zahlungszeitpunkt aufzuwenden ist
- auf diese Weise können Kursschwankungen für das jeweilige Geschäft vermieden werden
- der Kunde muß zwar gewisse *Kurssicherungskosten* aufwenden, die sich aus der Differenz zwischen Termin- und Kassakurs ergeben, erhält andererseits aber eine *feste Kalkulationsgrundlage* für das abzuwickelnde Geschäft.

o *Abwicklung* (Beispiel):
- ein Exporteur, der am 01.06. einen Kaufvertrag schließt, wonach er am 01.12. desselben Jahres einen Zahlungseingang in Höhe von 20 000,- US-Dollar zu erwarten hat, rechnet mit einer Wertsteigerung der D-Mark
- daher verkauft er den Währungsbetrag per 01.12. an seine Bank zum Kurs von 2,2240
- am 01.12. erhält er den Dollarbetrag und schafft ihn bei seiner Bank an, diese zahlt dafür 44 480,- DM; der derzeitige Dollarkurs liegt bei 2,2010 (die D-Mark hat an Wert gegenüber dem Dollar tatsächlich gewonnen): hätte der Exporteur den Währungsbetrag zu diesem Kurs verkaufen müssen, hätte er dafür nur 44 020,- DM erhalten
- doch auch wenn der Exporteur bei dem Devisentermingeschäft praktisch einen Verlust erleidet (z. B. der Kurs ist gegenüber dem Terminkurs gestiegen), hat er den Vorteil, eine sichere kalkulatorische Basis für seine Geschäfte zu besitzen, die es ihm ermöglicht, seine Verkaufspreise von vornherein entsprechend anzusetzen, so daß der rechnerische Verlust sich für den Exporteur nicht realisiert und das Geschäft sich so abwickelt, als sei es in eigener Währung getätigt worden.

2.1.214 Eigene Devisengeschäfte der KI

a) *Überblick:* KI betreiben eigene Geschäfte (Interbankgeschäfte) in Form von

o Kassageschäften, um
- ihre Fremdwährungsbestände in einem angemessenen Umfang zu halten
- Kursunterschiede an verschiedenen Handelsplätzen auszunutzen

o Termingeschäften, um
- Kursrisiken abzusichern
- eine Termineinlage in eigener oder fremder Währung unterzubringen
- zeitbedingte Kursunterschiede auszunutzen.

b) KI unterhalten bei der Deutschen Bundesbank und bei ausländischen Banken *Fremdwährungskonten* (in der Bank als *Nostrokonten* geführt). Die hierauf gehaltenen Fremdwährungsbestände bilden die sog. *Bankenposition* (Devisenposition); diese setzt sich zusammen aus

o der *Kundenposition* = für Kunden unterhaltene Guthaben bzw. bestehende Verbindlichkeiten (= Einlagen/Verbindlichkeiten der Kunden des KI auf Fremdwährungs-Kundenkonten)

o der *Händlerposition* = für eigene Rechnung unterhaltene Guthaben bzw. bestehende Verbindlichkeiten.

Durch tägliche Geschäfte für Kunden oder für eigene Rechnung verändern sich diese Bestände. *Beispiele:*

o ein Kunde erteilt einen Zahlungsauftrag über 100 000 £: er wird auf seinem Fremdwährungs-KKK (Kontokorrentkonto) mit diesem Betrag belastet; das KI weist eine ausländische Korrespondenzbank, z. B. Midland Bank, London, an, diesen Betrag dem eigenen £-Konto zu belasten und der Bank des Empfängers anzuschaffen

o das KI verkauft per Kasse 100 000 US-Dollar an ein anderes (z. B. deutsches) KI; es weist daher seine ausländische Korrespondenzbank oder die Deutsche Bundesbank zur Anschaffung dieses Betrages beim Empfänger-KI zu Lasten des Dollarkontos des auftraggebenden KI an.

Zur Vermeidung unnötiger Verluste oder des Entgehens von Gewinnen bemüht jede Bank sich, ihre Fremdwährungsbestände möglichst ausgeglichen zu halten, d. h.

o kein Fremdwährungskonto zu überziehen, damit die z. T. sehr hohen Sollzinsen vermieden werden

o keine zu großen Guthaben zu unterhalten, die auf laufenden Konten nur gering oder gar nicht verzinst werden.

Daher müssen überschüssige Beträge verkauft oder zinsbringend angelegt werden (als Termingeld, meist sehr kurzfristig), fehlende Devisen gekauft werden, und zwar über den amtlichen Handel (kleine Beträge) und den freien Bankenhandel (Großbeträge).

c) Der *freie Handel* der KI in Devisen spielt sich (wie der innerdeutsche Geldmarkt) im Telefon- und Fernschreibverkehr zwischen einer relativ geringen Zahl von KI an den wichtigsten deutschen und internationalen Devisenhandelsplätzen ab. Auf Sicherheiten wird dabei in beiden Geschäftsbereichen (Kassa- und Termindevisen) verzichtet; erforderlich ist daher eine völlig zweifelsfreie Bonität der Beteiligten.

Da es im freien Devisenhandel um große Währungsbeträge geht und die Kurse sich – nach Angebot und Nachfrage – äußerst schnell ändern können, ist für die Teilnahme am Handel ein eingespieltes Team erfahrener *Devisenhändler* erforderlich, die über modernste Nachrichtengeräte verfügen. Sie sind nach den Handelsusancen verpflichtet, insb. im Kassahandel jedem anfragenden KI einen Kurs für Ankauf und für Verkauf jeder üblichen Währung zu „stellen" und hier ein Geschäft in angemessenem Umfang zu tätigen (das Stellen des Kurses ist also ein verbindliches Angebot, das vom Fragenden unter Angabe des Vertragswertes angenommen werden kann). Um hieraus keinen Nachteil zu erleiden, d. h. Devisen zu ungünstigen Kursen nehmen oder abgeben zu müssen, ist eine genaue Kenntnis des Marktes und der Kursentwicklung erforderlich, die erreicht wird durch ständiges eigenes Anfragen nach Kursen bei anderen KI.

d) Eine besondere Form der Eigengeschäfte von KI in *Kassadevisen* stellt die *Devisenarbitrage* dar.

o *Wesen:* an verschiedenen Devisenhandelsplätzen (in der Bundesrepublik Deutschland: die Orte der Devisenbörse) entstehen aufgrund von Angebot und Nachfrage zur gleichen Zeit unterschiedliche Kurse. Diese Kursunterschiede versucht das KI auszunutzen.

o *Arten:*
- *Ausgleichsarbitrage:* ein KI versucht, einen fehlenden Devisenbetrag möglichst günstig zu erwerben oder einen überschüssigen Bestand möglichst teuer zu veräußern, um seine Bankenposition ausgeglichen zu halten
- *Differenzarbitrage (Zinsarbitrage):* ein KI versucht, durch Kauf und Verkauf hoher Devisenbeträge innerhalb eines Tages die Kursunterschiede auszunutzen (bei sog. Zeitdifferenzarbitrage versucht das KI, die Position bis zum Eintreten eines günstigen Kursniveaus einige Tage offenzuhalten). Aufgrund der Markttransparenz ist die Bedeutung der Differenzarbitrage zurückgegangen.

  Beispiel: ein Kreditinstitut bemüht sich um Arbitragegewinn:
  1. Kauf US-Dollar 1 Mill. in Frankfurt zu 2,5284
  2. Verkauf US-Dollar 2 Mill. in Hamburg zu 2,5294
  3. Verkauf US-Dollar 1 Mill. in München zu 2,5282
  4. Verkauf US-Dollar 2 Mill. in Düsseldorf zu 2,5270
  5. Kauf US-Dollar 1 Mill. in Hamburg zu 2,5265
  6. Kauf US-Dollar 3 Mill. in Frankfurt zu 2,5260

  Gekauft: US-Dollar 5 Mill. – Verkauft: US-Dollar 5 Mill.

Erfüllung:

Kurs	zu zahlen (DM)	zu bekommen (DM)
1. 2,5284	2 528 400,–	
2. 2,5294		5 058 800,–
3. 2,5282		2 528 200,–
4. 2,5270		5 054 000,–
5. 2,5265	2 526 500,–	
6. 2,5260	7 578 000,–	
	12 632 900,–	12 641 000,–
Differenz = 8 100,– DM = Gewinn		

e) Eigene *Devisentermingeschäfte* der KI können ihren Ursprung in einem Termingeschäft mit Kunden oder in dem Bemühen einer Bank haben, durch Kursdifferenzen Gewinne zu erzielen oder freie Geldbeträge zu dem höchstmöglichen Zinssatz anzulegen, wobei die Zinsen je nach Währung und Ort der Anlage als Termingeld schwanken können.

Derartige *Zinsschwankungen* beruhen auf

o unterschiedlichen Diskontsätzen der Währungsländer

o verschiedenem Geldbedarf in- und ausländischer Banken und Privatkunden (Unternehmen), d. h. unterschiedlichen Kreditgewährungsmöglichkeiten.

Schließen KI Devisentermingeschäfte ohne ein Kassa-Gegengeschäft ab, so spricht man von *Outright-* oder *Sologeschäften.*

Bei Optionsgeschäften in Devisen hat der Erwerber der Option das Recht, gegen Zahlung eines Optionspreises innerhalb eines bestimmten Zeitraums Devisen zu einem festen Kurs zu kaufen oder zu verkaufen.

Wenn ein bestehendes Kursrisiko abgesichert werden soll, werden grundsätzlich *Swapgeschäfte* vereinbart = Koppelung eines Termingeschäftes mit einem Kassa(gegen)geschäft zwischen denselben Kontrahenten über gleiche Devisenbeträge.

Beispiel für ein Swapgeschäft: (Geschäfte werden getätigt *am* 01.03.)

Kunde	A-Bank	B-Bank	C-Bank
Terminverkauf per 01.06. US $ 100 000 zu 2,5420 **= 254 200,– DM**	Terminkauf per 01.06. US $ 100 000 zu 2,5420 **= 254 200,– DM**		
	Terminverkauf —— Terminkauf per 01.06. per 01.06. US $ 100 000 US $ 100 000 zu 2,5510 zu 2,5510 **= 255 100,– DM** **= 255 100,– DM** Kassakauf ———— Kassaverkauf per 01.03. per 01.03. US $ 100 000 US $ 100 000 zu 2,5340 zu 2,5340 **= 253 400,– DM** **= 253 400,– DM**		

S W A P (links)   S W A P (rechts)

möglich:

Kassaverkauf	Kassakauf
per 01.03.	per 01.03.
US $ 100 000	US $ 100 000
zu 2,5360	zu 2,5360
= 253 600,– DM	= 253 600,– DM

Daraus ergibt sich: („+" = zu bekommen, „–" = zu zahlen)

Kunde	A-Bank	B-Bank	C-Bank
+ 254 200 DM falls Tageskurs am 01.06. = 2,5150 Verlust von DM 2 700 vermieden	– 254 200 DM + 255 100 DM – 253 400 DM + 253 600 DM Gewinn 1 100 DM statt Kassaverkauf wäre US $-Anlage möglich	– 255 100 DM + 253 400 DM Verlust 1 700 DM kann z. B. durch DM-Anlage 3 Mon. zu 8 % p. a. Zinsen = 5 068 DM gerechtfertigt sein	– 253 600 DM z. B. zur Eindeckung offener $-Position oder $-Terminanlage

Die Differenz zwischen Terminkurs (hier 2,5510) und Kassakurs (hier 2,5340) ist der sog. Swapsatz (hier 0,017 DM);

o ist Terminkurs *höher* als Kassakurs: *Report*
o ist Terminkurs *niedriger* als Kassakurs: *Deport*

(im Beispiel liegt ein Report vor).

Die Swapsätze stellen zugleich die *Kurssicherungskosten* dar: hat z. B. die B-Bank das Swapgeschäft geschlossen, um ein Kursrisiko abzusichern, sind ihr hierfür 1 700,– DM an Kosten erwachsen.

Ein Deport liegt i. d. R. vor, wenn das Währungsland eine passive Zahlungsbilanz aufweist und/oder für diese Währung hohe Zinsen gezahlt werden, da diese Währung dann vorwiegend per Termin verkauft wird, um Währungsverluste zu vermeiden oder das hohe Zinsniveau auszunutzen.

Reporte werden umgekehrt für Währungen mit niedrigem Zinsniveau oder von Ländern mit aktiver Zahlungsbilanz notiert.

Bedeutung von Swapgeschäften:

o Absicherung bestehender Devisenpositionen gegen Kursrisiken (im Beispiel: Kunde überträgt sein Risiko auf die A-Bank, diese gibt es weiter an die B-Bank)
o Abbau überschüssiger Positionen (im Beispiel z. B. durch B-Bank) bzw. Ausgleich von Fehlbeträgen (im Beispiel z. B. durch A-Bank, sofern die Kassadevisen nicht an die C-Bank veräußert werden, sonst z. B. durch diese)
o Ausnutzung von Kursdifferenzen (im Beispiel durch A-Bank über die beiden Kassageschäfte)

o Ausnutzung günstiger Zinssätze, die bei verschiedenen Währungen differieren können (im Beispiel: Dollar-Terminanlage der A-Bank statt des Kassaverkaufs, D-Mark-Terminanlage der B-Bank).

Will ein KI einen Währungsbetrag zinsgünstig im Ausland anlegen, zugleich aber das Kursrisiko ausschalten, schließt es mit einem anderen KI ebenfalls ein Swapgeschäft ab: Kassakauf und Terminverkauf der erforderlichen Devisen. In diesem Fall wird nur der Swap gezahlt, d. h. die Differenz zwischen Termin- und Kassakurs; in ihm kommt dann zugleich der erzielbare Zins zum Ausdruck.

Bei Absicherung des vom Kunden nach Abschluß eines Termingeschäftes übernommenen Kursrisikos muß das KI beachten, daß der Terminkurs des Kundengeschäftes günstiger als der des Swapgeschäftes ist und die Kurse der Kassageschäfte möglichst wenig differieren.

Besondere Bedeutung hat das Swapgeschäft bei Abschluß mit der *Deutschen Bundesbank:* diese kann die Kurssicherungskosten durch niedrigen Deport verringern oder durch Report sogar eine *Swap-Prämie* zahlen; damit wird nicht nur der Kapitalwert gefördert, sondern – bei Weitergabe des Vorteils an die Kunden der KI – allgemein das Exportgeschäft.

Die *Berechnung des Swapsatzes* der Bundesbank erfolgt nach folgender Formel (für einen 3-Monats-Swap):

$$\text{Swapsatz} = \frac{\text{Terminkurs} - \text{Kassakurs}}{\text{Kassakurs}} \times 4 \times 100$$

(im obigen Beispiel ergibt sich demnach ein Report von 2,68 %).

2.1.215 Internationaler Devisenhandel, insb.: der Euromarkt

a) *Wesen:* = Handel mit Devisen und Vergabe von Krediten in verschiedenen Währungen; in Europa spricht man insofern vom *Euromarkt* (ursprünglich: Euro-Dollar-Markt), der im folgenden behandelt sein soll; im asiatischen Bereich ist der Asien-Dollar-Markt von Bedeutung, dessen Haupthandelsplätze Hongkong, Tokio, Bahrain und insb. Singapur sind.

b) *Teilnehmer* am Euromarkt:

o insb. Kreditinstitute Europas und der USA, soweit in Europa vertreten, insgesamt mehrere hundert KI

o große, vor allem multinationale Unternehmen

o Regierungen europäischer Staaten (z. B. Bulgarien, Frankreich, Italien, Polen).

c) *Entstehung:* Der Euromarkt entstand als *Eurodollarmarkt* nach 1960 aufgrund des erheblichen und anhaltenden Zahlungsbilanzdefizits der USA, das zu erheblichen Beträgen freier US-Dollar führte, sowie durch die Möglichkeit der Erzielung hoher Zinsen durch Dollaranlagen (während für Habenzinsen in den USA Höchstgrenzen vorgeschrieben sind, Regulation Q). Hinzu kamen Ostblock-Dollarguthaben aus Goldverkäufen und die sog. *Petro-Dollars,* d. h. die erheblichen Erträge arabischer Staaten aus Ölverkäufen. Volumen: mehr als 1 Billion US-Dollars.

d) *Beteiligte Währungen:*
- in erster Linie (und ursprünglich) US-Dollars
- wichtig außerdem D-Mark und Schweizer Franken
- außerdem französische Francs und holländische Gulden.

e) *Handelsplätze:*
- vor allem (und ursprünglich) London, insb. bei kurz- und mittelfristigen Geschäften
- Luxemburg (langfristiger Kapitalmarkt), Paris, Zürich.

f) *Geschäfte:*
- *Geldmarkt:* Geld- und Devisenhandel als Kassa- und Termingeschäfte, wobei Ausgleichs-, Differenz- und Zinsarbitrage betrieben werden; z. T. Spekulation. Beteiligt sind grds. nur Banken.
- *Eurogeldmarktpapier:* Certificate of Deposit (CD), ein Inhaberschuldschein, der eine Forderung auf ein Bankguthaben für bestimmten Zeitraum und Zinssatz verbrieft. Damit werden Eurotermineinlagen handelbar.
- *Mittelfristiger Markt:* Vergabe mittelfristiger Kredite durch die Beteiligten, wobei insb. die Roll-over-Kredite bedeutsam sind = Kredite, die an Regierungen, Unternehmen und andere Kreditnehmer vergeben werden und bei denen insb. die Eurobank (Banque Commercial pour l'Europe du Nord, Paris) für einen festen Zeitraum eine Kreditlinie einräumt, die in festen Beträgen oder einem Vielfachen davon in Anspruch genommen werden kann.
- *Kapitalmarkt:* Ausgabe und Handel in europäischen Emissionen und Aufnahme von Schuldscheindarlehen durch private Emittenten; in geringerem Umfang über börslichen Handel in Luxemburg.

g) *Besicherung:* Der Euro-Geldmarkt verläuft teilweise ohne Sicherheiten, vergleichbar dem inländischen Geldmarkt; im übrigen sind folgende Sicherungen gebräuchlich:
- Bankgarantien
- Solawechsel des Endkreditnehmers unter Avalierung durch eine Bank von zweifelsfreier Bonität
- Negativerklärungen
- Patronatserklärungen.

h) *Risiken:* neben den Währungsrisiken, die beim Handel und der Kreditvergabe auf Devisenbasis naturgemäß sind und z. T. durch Termingeschäfte ausgeschlossen werden können, bestehen vor allem politische Risiken bezüglich der über ihre Währungen oder direkt beteiligten Länder und Gefahren hinsichtlich der Zahlungsfähigkeit der beteiligten Kreditinstitute (vgl. Fall Herstatt), da überstaatliche Vorschriften zur Regelung dieser Geschäfte bisher fehlen. Da es weder zentrale Lenkung noch direkt wirkende währungspolitische Einflußnahme gibt, sind Beeinträchtigungen der wirtschaftspolitischen Ziele einzelner Staaten möglich.

i) *Abwicklung* (Beispiel):

Erläuterungen: Die Ziffern 1 bis 3 kennzeichnen die Möglichkeiten, die das deutsche Kreditinstitut zur Verwendung des vom Kunden durch Kassakauf der US-Dollars erhaltenen Währungsbetrages besitzt:

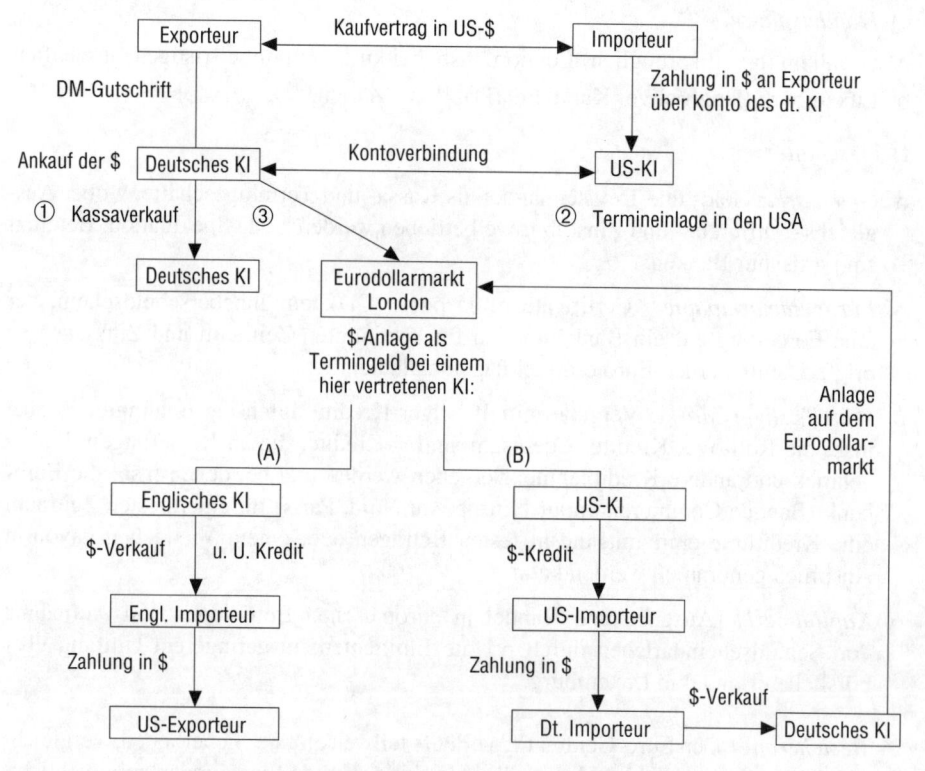

```
                    Kaufvertrag in US-$
       Exporteur ◄─────────────────────► Importeur
          │                                  │
  DM-Gutschrift                        Zahlung in $ an Exporteur
          │                            über Konto des dt. KI
          ▼                                  ▼
Ankauf der $   Deutsches KI ◄─ Kontoverbindung ─► US-KI
          ①  Kassaverkauf  ③            ②  Termineinlage in den USA
          │              │
          ▼              ▼
   Deutsches KI    Eurodollarmarkt ◄──────────────┐
                   London                         │
                   $-Anlage als                   │
                   Termingeld bei einem           │
                   hier vertretenen KI:           │
                                                  │
                                                  Anlage
                                                  auf dem
                                                  Eurodollar-
                                                  markt
            (A)            (B)
    Englisches KI       US-KI
      │                   │
$-Verkauf  u. U. Kredit   $-Kredit
      ▼                   ▼
 Engl. Importeur      US-Importeur
      │                   │
 Zahlung in $        Zahlung in $
      ▼                   ▼                 $-Verkauf
 US-Exporteur         Dt. Importeur ─────────────► Deutsches KI
```

① Kassaverkauf an ein deutsches KI zu möglichst günstigem Kurs

② Termineinlage in den USA bei der Korrespondenzbank, bei der der Währungsbetrag vom Importeur anzuschaffen war

③ Anlage auf dem Euro(dollar)markt z. B. in London als Termingeld:

  (A) bei einem englischen KI, das den Betrag für einen englischen Importeur benötigt

(B) bei einem dort vertretenen amerikanischen KI, das einem Importeur einen Dollarkredit einräumen will. Über den deutschen Exporteur und dessen KI kann der Betrag erneut auf den Euromarkt zurückkehren.

2.1.216 *Rechtsvorschriften für Devisengeschäfte der KI*

a) Der Zusammenbruch des Bankhauses I. D. Herstatt KGaA, Köln, im Sommer 1974 hat gezeigt, daß Kreditinstitute in kurzer Zeit im Devisenhandel so große Verluste erleiden können, daß ihre Existenz gefährdet ist.

Besonders *risikobehaftet* sind dabei *Termingeschäfte,* da bei ihnen eine Festlegung auf einen Vertragspreis (Kurs) erfolgt, die sich zwar nach der Einschätzung und der erwarteten Kursentwicklung der betreffenden Währung richtet, aber dennoch zu ganz erheblichen Verlusten führen kann, wenn durch verschiedene meist nicht vorhersehbare Faktoren der Kurs eine ganz andere Entwicklung nimmt.

Dieses Risiko realisiert sich jedoch nur dann, wenn das KI in einer Währung eine *offene Position* unterhält, d. h. zum Beispiel einen Währungsbetrag per Termin kauft und bei Fälligkeit per Kasse verkauft: es erwartet hieraus einen Kursgewinn, kann jedoch auch einen Verlust erleiden.

Offene Positionen können sich auch aus *Kassageschäften* ergeben, wenn ein KI z. B. Fremdwährungsbeträge per Kasse erworben, jedoch nicht wieder veräußert hat, da es auf höhere Kurse an den nächsten Tagen hofft und/oder da es am Kauftag die Kursentwicklung „verpaßt" hat, d. h. die überschüssigen Beträge aufgrund rasch sinkender Kurse nicht mehr ohne Verlust veräußern konnte und nun auf ein erneutes Ansteigen der Kurse wartet – nicht selten vergeblich.

b) Zur Begrenzung der sich hieraus ergebenden Risiken wurden zunächst neue *Meldevorschriften* für Devisentermingeschäfte der KI im Rahmen der monatlichen Bilanz-Statistik erlassen, die das Terminengagement der KI erkennbar und durchsichtig werden lassen sollen.

c) Außerdem wurden die Grundsätze des Bundesaufsichtsamtes über das Eigenkapital und die Liquidität der KI per 01.01.1974 um den *Grundsatz Ia* ergänzt. Dieser bestimmt,

o daß die offenen Devisenpositionen eines KI täglich bei Geschäftsschluß 30 % des haftenden Eigenkapitals nicht übersteigen sollen

o daß die Unterschiedsbeträge zwischen den Aktiv- und Passiv-Terminpositionen eines KI aus Devisentermingeschäften, die innerhalb eines Kalendermonats und innerhalb eines Kalenderjahres fällig werden, täglich bei Geschäftsschluß 40 % des haftenden Eigenkapitals nicht übersteigen sollen; neben Devisengeschäften werden allerdings auch noch andere Positionen wie Wechsel, Schuldverschreibungen und Forderungen/Verbindlichkeiten gegenüber anderen KI einbezogen.

d) Zur besseren Überwachung der Devisengeschäfte der KI stellt das Bundesaufsichtsamt für das Kreditwesen außerdem folgende *Mindestanforderungen* für die formelle Handhabung dieser Geschäfte:
- für jedes abgeschlossene Devisengeschäft muß ein vornumerierter Händlerzettel mit Namen des Kontrahenten, Betrag, Valuta, Kurs, Abschlußtag und Fälligkeit ausgefüllt werden
- zur Fortschreibung der Devisenbestände muß jedes Devisengeschäft in eine Dispositionsliste eingetragen werden; die Händlerzettel sind in der Devisendisposition zu erfassen.

2.1.217 Sortenhandel

a) *Wesen:* Zu Devisen im weiteren Sinne gehören auch Sorten, d. h. ausländische Banknoten und Münzen. Zum Sortenhandel wird auch der Handel mit Gold (Barren und Münzen) gerechnet. Erwerb, Besitz und Veräußerung von Sorten und Gold sind nach AWG und AWV genehmigungsfrei, aber Meldevorschriften unterworfen.

b) Der *Handel mit Sorten* betrifft Geschäfte von Kreditinstituten
- mit anderen KI
- mit Kunden insb. im Rahmen des Reiseverkehrs.

Zu berücksichtigen ist hierbei, daß die Erfüllung von Sortengeschäften nicht durch buchmäßige Verrechnung wie im Devisenhandel erfolgen kann, sondern in effektiver Lieferung erfolgen muß.

Für die *Kursfeststellung für Sorten* ergeben sich daher folgende Besonderheiten gegenüber den Devisenkursen:
- Geschäfte sind *sofort,* also gleichtägig, zu erfüllen (Devisengeschäfte erst zwei Werktage später); die Differenz zum Devisenhandel wird durch einen Zinsaufschlag ausgeglichen
- die Erfüllung im Sortenhandel unter KI sowie die über diesen Handel erfolgende Glattstellung der Bestände führt zu besonderen Versand- und Versicherungskosten
- Angebot und Nachfrage entsprechen nicht unbedingt dem Devisenhandel in den betreffenden Währungen, da sie z. T. von anderen Faktoren abhängen (insb. Reisesaison)
- besondere Situationen können sich bei nicht konvertierbaren Währungen ergeben, deren Herkunftsländer Einfuhrbeschränkungen oder -verbote erlassen haben
- die Höhe des Wertes der einzelnen Noten spielt für ihre Absetzbarkeit eine entscheidende Rolle, desgleichen für die Begleitkosten; Münzen sind für den Sortenhandel praktisch ungeeignet.

Daraus ergibt sich, daß die Sortenkurse sich zwar vielfach an den Devisenkursen orientierten, aber zumindest eine wesentlich größere Spanne zwischen Geld- und Briefkurs aufweisen. Beispiel:

	Devisen-Mittelkurs	Noten-Ankauf	Noten-Verkauf
1 US-Dollar	2,190	2,14	2,24
1 brit. £	3,369	3,29	3,44
100 holl. fl	88,575	87,75	89,50
100 franz. Fr	31,34	30,50	32,25
100 schweiz. Fr	119,65	118,25	121,00
1 000 ital. Lire	1,458	1,40	1,50

Kunden erhalten Abrechnung zu sog. *Schalterkursen;* diese sind spesenfrei, der Ertrag des KI ergibt sich aus der Spanne zwischen An- und Verkaufskursen.

Zwischen KI wird zu besonderen *Bankenkursen* abgerechnet.

Für den Ankauf von *Münzen* nehmen KI einen Abschlag von 10 bis 30 % vor.

c) Der *Edelmetallhandel* der KI betrifft insb. den Handel mit *Gold* in Form von Münzen und Barren. Umsätze sind mehrwertsteuerpflichtig (grds. voller Satz; Ermäßigung für Sammlermünzen, vgl. Abschnitt 0.6.20).

Für *Barren* ist Grundlage die Notierung der *Feinunze* (31,1035 g) in US-Dollar. Zu beachten ist die Reinheit des Goldes (990 bis 999,9 ‰). Haupthandelsplätze sind London und Zürich.

Für *Münzen* sind Angebot und Nachfrage, also (auch bei gesetzlichen Zahlungsmitteln wie dem Krüger-Rand, Südafrika) das Sammlerinteresse, besonders bedeutsam. Auf den Goldwert wird daher ein *Agio* (= Aufgeld) erhoben, das bei geringen Auflagen mehrere 1 000 Prozent betragen kann.

2.2 Wiederholung

Abschnitt 2.0 Der Außenhandel

1. Warum gibt es Außenhandel? Wie wirkt sich eine zunehmende Ausdehnung des Welthandels in politischer und wirtschaftlicher Hinsicht global und für eine einzelne beteiligte Volkswirtschaft aus?
2. Was versteht man unter liberalisiertem und kontingentiertem Außenhandel?
3. Warum ist der Außenhandel der Bundesrepublik Deutschland grundsätzlich frei, jedoch bestimmten Einschränkungen unterworfen? Stellen Sie den Zusammenhang zum System der Sozialen Marktwirtschaft dar!
4. Welche allgemeinen Gründe für Beschränkungen des Außenwirtschaftsverkehrs gibt es, und welche technischen Beschränkungsmöglichkeiten sieht das AWG vor?
5. Schildern Sie das Verfahren, das ein deutscher Importeur im Rahmen der genehmigungspflichtigen Einfuhr zu beachten hat!
6. Wie kann ein deutscher Exporteur feststellen, ob sein Ausfuhrgut einer Genehmigungspflicht unterliegt?
7. Beschreiben Sie die Besonderheiten der Lieferungs- und Zahlungsabwicklung im Rahmen des Interzonenhandels!
8. Mit welchen Risiken und Gefahren müssen Importeur und Exporteur im Rahmen eines Außenhandelskaufvertrages rechnen?
9. Welche einzelnen Fragen werden durch die Incoterms geregelt? Erläutern Sie die wichtigsten Punkte anhand der folgenden Klauseln:
    a) F. O. B.
    b) C. I. F.
    c) ex ship
10. Beschreiben Sie die Merkmale des Clean Payment und zählen Sie die möglichen Formeln auf!
11. Erklären Sie die folgenden Begriffe:
    a) Preisgleitklausel
    b) Wechselkursversicherung
    c) Spätesttermin
    d) Liefervertragskredit
12. Worin besteht die Bedeutung der Dokumente für die Abwicklung von Außenhandelsgeschäften?

13. Kennzeichnen Sie kurz Wesen und Bedeutung der folgenden Dokumente:
    a) Handelsrechnung
    b) Konsulatsfaktura
    c) Ursprungszeugnis

14. Wann wird im Rahmen eines Auslandstransportes ein Versicherungszertifikat ausgefertigt? Erklären Sie den Begriff „imaginärer Gewinn" im Zusammenhang mit Versicherungsdokumenten!

15. Welche Arten von Konnossements-Teilscheinen kennen Sie? Erklären Sie kurz den Sinn ihrer Verwendung anstelle des Originalkonnossements!

16. Grenzen Sie die Funktionen der folgenden Handelsmittler voneinander ab:
    a) Exportvertreter
    b) Auslandsvertreter
    c) CIF-Agent

17. Was ist eine Zahlungsbilanz? Aus welchen Einzelpositionen setzt sie sich zusammen? Wann spricht man von einer aktiven Zahlungsbilanz?

Abschnitt 2.1. Die Auslandsgeschäfte der Kreditinstitute

1. Nennen und beschreiben Sie mindestens zwei banktechnische Möglichkeiten, Zahlungen ins Ausland zu leisten!

2. Welche Nachteile bzw. Risiken bringt das Dokumenten-Inkasso als Zahlungsform im Außenhandel für Exporteur und Importeur mit sich?

3. Auf welche Weise kann eine Bank im Rahmen des Dokumenten-Inkassos dem Importeur die Dokumente „andienen"?

4. Welche Rechtsbeziehungen bestehen zwischen den an einem Dokumenten-Akkreditiv Beteiligten?

5. Erläutern Sie anhand einer skizzierten Übersicht die Abwicklung eines Dokumenten-Akkreditivs! Warum bringt es sowohl dem Exporteur als auch dem Importeur eine weitgehende Sicherung gegen die sonst üblichen Risiken bei Außenhandelskontrakten?

6. Das Dokumenten-Akkreditiv beinhaltet ein „abstraktes" Schuldversprechen. Was bedeutet das? Von wem allein hängt es letztlich ab, ob die Akkreditivbank – sofern sie grundsätzlich dazu bereit ist – zahlt?

7. Aus welchen Gründen werden Akkreditive bestätigt?

8. Was versteht man unter einem Gegen-Akkreditiv? Wann kann seine Ausfertigung erforderlich werden?

9. Wodurch unterscheiden sich der Commercial Letter of Credit (CLC) und das Dokumenten-Akkreditiv?

10. Erläutern Sie kurz Zweck und Bedeutung der Import- und der Exportfinanzierung unter Angabe ihrer Anwendungsbereiche!

11. Beschreiben Sie die Technik der Imortfinanzierung durch Bevorschussung von Akkreditiv- und Inkassodokumenten!

12. Aus welchen Gründen kann sich zur Finanzierung des Importeurs statt eines (normalen) Akzeptkredites der Rembourskredit empfehlen?

13. Welche Unterschiede bestehen in der Abwicklung von Rembourskrediten zur Finanzierung
    a) des Importeurs
    b) des Exporteurs?

14. Welche Aufgaben übernimmt die HERMES-Kreditversicherung im Zusammenhang mit Exportgeschäften? Welche Arten von Risiken sind versicherbar?

15. Schildern Sie mit eigenen Worten die Gründe für die Existenz der AKA Ausfuhrkreditgesellschaft mbH und die Bedeutung dieses Instituts!

16. Erläutern Sie anhand eines praktischen Beispiels die Abwicklung eines AKA-Kredites aus dem Plafond A; stellen Sie hierzu einen Finanzierungs- und Tilgungsplan auf!

17. Was sind Devisen, und welche Arten lassen sich unterscheiden?

18. Beschreiben Sie das Wesen einer Fremdwährungsparität und erklären Sie in diesem Zusammenhang den Begriff der Bandbreiten!

19. Ist die D-Mark frei konvertierbar? Was heißt das?

20. Was versteht man unter einer Aufwertung (ausgehend von dem Begriff der Parität), wie wirkt sie sich unmittelbar (auf die beteiligten Währungen) und mittelbar (auf die Gesamtwirtschaft) aus?

21. Versuchen Sie, für die nachstehenden Begriffe kurze Definitionen zu finden:
    a) Floating
    b) Sonderziehungsrechte

22. Erläutern Sie an Beispielen den Unterschied zwischen Preis- und Mengennotierung für Devisen!

23. Welchen Zweck verfolgt ein deutscher Exporteur mit dem Abschluß eines Devisentermingeschäftes?

24. Was versteht man unter der Differenzarbitrage durch Devisenkassageschäfte der KI?

25. Welche Gründe können zum Abschluß von Swapgeschäften führen? Erklären Sie hierbei die Begriffe Report und Deport sowie die Rolle der Bundesbank bei diesen Devisengeschäften!

26. Wie kam es zur Entstehung des Europäischen Währungssystems (EWS)? Beschreiben Sie seine Funktionsweise!

27. Welchen Inhalt haben die derzeit gültigen Rechtsvorschriften für Devisengeschäfte der KI? Warum wurden sie erlassen?

28. Wie werden Sortenkurse ermittelt? Wie verhalten sich diese Kurse zu den Devisenkursen der betreffenden Währungen?

3. Rechnungswesen in Kreditinstituten

3.0 Grundlagen

3.0.0 Überblick

Kreditinstitute sind Vollkaufleute nach § 1 II HGB und demnach zur Führung von Handelsbüchern verpflichtet. Einzelheiten sind in den §§ 238 ff. HGB niedergelegt (vgl. Abschnitt 0.4.04). Nach den Änderungen durch das Bilanzrichtliniengesetz enthält das HGB auch die wesentlichen Vorschriften über die Rechnungslegung in speziellen Unternehmensformen wie der Aktiengesellschaft, der GmbH oder der Genossenschaft, während die entsprechenden Spezialgesetze nur noch Detailregelungen und die weiterführenden Vorschriften beinhalten.

Auch unter steuerlichen Aspekten (vgl. § 140 AO) ist eine ordnungsmäßige Buchführung erforderlich. Weitere Rahmen- sowie Prüfungsvorschriften enthält das Kreditwesengesetz.

Darüber hinaus ist ein geordnetes Rechnungswesen für Kreditinstitute unerläßlich, um die meist bargeldlos, also durch Belastung und Gutschrift auf Konten ablaufenden Vorgänge innerhalb des Institutes und zwischen KI einwandfrei abwickeln zu können.

Zum *Rechnungswesen* gehören

o Buchführung

o Kosten- und Erlösrechnung

o Statistik und Planung.

Kosten- und Erlösrechnung sowie Statistik und Planung bedienen sich der Buchhaltung, um zu bestimmten Aussagen über die Ertrags- und Vermögenslage eines Betriebes in der Vergangenheit und Gegenwart zu kommen und hinreichend zuverlässige Prognosen der zukünftigen Entwicklung zuzulassen.

3.0.1 Buchführungssysteme

a) Überwiegend von *Minderkaufleuten* wird die *„Einfache Buchführung"* angewandt, bei der nur die Veränderungen bei Vermögenswerten und Schulden zeitlich festgehalten werden.

b) In *öffentlichen Haushalten* (Bund, Länder, Gemeinden, Gemeindeverbände) wird die *„Kameralistische Buchführung"* eingesetzt: den in den Haushaltsplänen vorgesehen Ausgaben und Einnahmen werden die Ist-Werte gegenübergestellt.

c) *Vollkaufleute* müssen, um ordnungsmäßige Buchführung zu betreiben, die *„Doppelte Buchführung"* (Doppik) verwenden. Dies bedeutet, daß

- jeder Geschäftsvorfall zu (mindestens) einer Soll- und (mindestens) einer Habenbuchung führt
- beide Teile des Buchungssatzes wertgleich sind
- (mindestens) zwei Konten angesprochen werden.

Dieses System setzt sich fort

- in der Gestaltung der Konten (zwei Seiten: Soll und Haben)
- im Aufbau der Bilanz (zwei Seiten: Aktiva und Passiva)
- in der Ermittlung des Unternehmenserfolges (zwei Seiten: Gewinn und Verlust).

3.0.2 Die Bilanz

3.0.20 Grundbegriffe

a) Die *Bilanz* ist eine Gegenüberstellung der *Vermögenswerte* und der *Schulden* eines Betriebes in Kontoform (zweiseitige Rechnung). Vgl. hierzu §§ 266 ff. HGB und Abschnitt 0.4.042.

Die *rechte* Seite der Bilanz

- heißt Passivseite
- enthält die Schulden und das Reinvermögen (Eigenkapital)
- gibt Auskunft über die Vermögens*herkunft* (Finanzierung).

Die *linke* Seite der Bilanz

- heißt Aktivseite
- enthält die Vermögenswerte
- gibt Auskunft über die Vermögens*verwendung* (Investierung).

b) Grundlage der Bilanz ist eine *Inventur*, d. h. die körperliche Bestandsaufnahme der Vermögenswerte und der Schulden einer Unternehmung. Sie wird zu einem bestimmten Zeitpunkt vorgenommen und im *Inventar* (Bestandsverzeichnis) schriftlich festgehalten.

Vermögenswerte eines KI, die gemessen, geschätzt, gezählt, gewogen usw. werden müssen, sind z. B. Kassenbestand, Wertpapiere, Gold, Forderungen (auch Zweifelhafte Forderungen). *Schulden* sind die Verbindlichkeiten des Unternehmens; bei KI bestehen sie gegenüber Kreditinstituten und gegenüber anderen Gläubigern.

Aus der Differenz zwischen Vermögen und Schulden ergibt sich das *Reinvermögen* = *Eigenkapital*. Nicht jedes KI verfügt über Eigenkapital im eigentlichen Sinne; maßgeblich ist die Rechtsform. Bei Sparkassen wird eine Sicherheitsrücklage gebildet.

c) *Rechtsgrundlagen:*

- nach § 242 HGB muß eine Bilanz für jedes Geschäftsjahr, d. h. mindestens alle 12 Monate aufgestellt werden

o die Bilanz muß nicht *an*, sondern *zu* einem bestimmten Stichtag aufgestellt werden
o Inventar und Bilanz müssen von dem/den Geschäftsinhaber(n) unterschrieben werden, bei juristischen Personen von den gesetzlichen bzw. verfassungsmäßig berufenen Vertretern; ein Prokurist ist dazu nicht befugt (§ 245 HGB).

3.0.21 Die Aktivseite (Aktiva)

a) Die *Gliederung* der Aktivseite erfolgt nach der Liquidität. Unterschieden werden
o Anlagevermögen
o Umlaufvermögen.

Bei Kreditinstituten richtet sich der Bilanzaufbau nach *abnehmender* Liquidität: je flüssiger ein Vermögenswert ist, desto weiter oben steht er auf der Aktivseite.

b) Das *Umlaufvermögen* besteht aus Vermögenswerten, die ihrer Bestimmung nach dem Betrieb nicht dauernd zur Verfügung stehen sollen; bei KI vor allem
o Kasse, Bundesbank-Guthaben, Postgiroguthaben
o Schecks, Wechsel, Forderungen an KI und an Kunden, börsengängige Wertpapiere.

c) Das *Anlagevermögen* besteht aus dauernd dem Betrieb dienenden, andererseits aber schwer liquidisierbaren Werten, z. B.
o Grundstücke und Gebäude
o Betriebs- und Geschäftsausstattung
o Beteiligungen.

3.0.22 Die Passivseite (Passiva)

a) Die Passivseite wird unterteilt in Eigen- und Fremdkapital; das Fremdkapital unterteilt man nach seiner Fälligkeit: je kürzer es zur Verfügung steht, umso weiter oben ist es auf der Passivseite vermerkt.

b) *Fremdkapital* erhalten die KI als
o Verbindlichkeiten gegenüber Kreditinstituten
o Verbindlichkeiten gegenüber anderen Gläubigern
o sowie insb. aus eigenen Schuldverschreibungen (Sparkassenobligationen, Bankschuldverschreibungen usw.).

c) Zum *Eigenkapital* gehören
o Eigen- oder Grundkapital im eigentlichen Sinne, d. h. von Eigentümern/Gesellschaftern/Aktionären usw. aufgebrachte Mittel
o Rücklagen, d. h. vom Unternehmen aus Gewinnen gebildete eigenkapitalähnliche Positionen

o bei Kreditgenossenschaften: Geschäftsguthaben der Genossen; zu 75 % auch die Haftsummen (sog. Haftsummenzuschlag).

3.0.23 Jahresabschluß der Kreditinstitute

3.0.230 Grundlagen

Kreditinstitute sind Vollkaufleute nach § 1 II HGB. Daher gelten für sie in bezug auf Rechnungslegung und Jahresabschluß

o die generellen Vorschriften des HGB (§§ 238–263)
o soweit sie als AG, KGaA oder GmbH betrieben werden, die §§ 264–335 HGB sowie die Sonderregelungen des Aktiengesetzes und des GmbH-Gesetzes
o soweit sie als Genossenschaft betrieben werden, die §§ 336–339 HGB sowie das Genossenschaftsgesetz.

Siehe hierzu Abschnitt 0.4.04.

3.0.231 KWG-Vorschriften

Das KWG trifft in den §§ 25 a bis 26 b folgende wesentliche Sonderregelungen für KI:

a) Aufstellung und Veröffentlichung von Jahresabschluß und Lagebericht (§§ 25 a und b):

o Publizitätspflicht für KI, die weder AG, KGaA, GmbH, Genossenschaft noch öffentlich-rechtliche Sparkasse sind: nach dem Publizitätsgesetz; diese Regelung gilt z. B. für KI als
  – Privatbankiers (Einzelkaufleute, Personenhandelsgesellschaften)
  – wirtschaftliche Vereine
  – Anstalten öffentlichen Rechts
  – Stiftungen
o die erleichterten HGB-Vorschriften (verkürzte Bilanz und GuV) für kleine und mittelgroße Kapitalgesellschaften (§ 267 I, II HGB) sind nicht anwendbar
o für KI gelten vom HGB abweichende Formblätter für den Jahresabschluß (gilt auch für Konzernabschluß und Konzernlagebericht, § 25 b)
o alle KI haben den Jahresabschluß zu veröffentlichen.

b) Vorlage von Jahresabschluß, Lagebericht und Prüfungsbericht (§ 26):

o Aufstellung des Jahresabschlusses für das vergangene Geschäftsjahr in den ersten drei Monaten des laufenden Geschäftsjahres
o unverzügliche Einreichung von Jahresabschluß und Lagebericht bei Bundesaufsichtsamt und Bundesbank; desgleichen Konzernabschluß und Konzernlagebericht, sofern diese aufgestellt werden

o der Jahresabschluß muß mit dem Bestätigungsvermerk des Abschlußprüfers oder dem Vermerk, daß die Bestätigung versagt wird, versehen sein

o Einreichung des Prüfungsberichtes (vgl. §§ 27 ff. KWG) ebenfalls unverzüglich.

c) Spezielle *Bewertungsvorschriften* (§ 26 a):

o Bildung stiller Reserven: Das HGB sieht u. a. in § 253 I bestimmte Wertansätze für Vermögensgegenstände, Verbindlichkeiten, Rentenverpflichtungen und Rückstellungen sowie in § 253 III für Vermögensgegenstände des Umlaufvermögens vor. KI in der Rechtsform von Kapitalgesellschaften dürfen

– Forderungen
– Wertpapiere

des Umlaufvermögens mit einem niedrigeren Wert ansetzen, soweit dies nach vernünftiger kaufmännischer Beurteilung zur Risikoabsicherung notwendig ist

o außerdem gelten Befreiungsvorschriften für bestimmte Angaben über Bewertungen.

d) Sonderregelungen für Verstöße gegen Bewertungsvorschriften und Sonderprüfungen.

3.0.232 EG-Bankbilanzrichtlinie

a) *Wesen:* Am 08.12.1986 wurde die Richtlinie über den Jahresabschluß und den konsolidierten Abschluß von Banken und anderen Finanzinstituten verabschiedet (Bankbilanzrichtlinie, BBRL). Hierdurch werden die durch die EG-Bilanzrichtlinie, die in der Bundesrepublik mit dem Bilanzrichtliniengesetz umgesetzt wurde, geschaffenen Neuregelungen ergänzt und für KI spezifiziert. Die BBRL muß bis 31.12.1990 in nationales Recht umgewandelt werden. Die neuen Vorschriften sind auf die Jahresabschlüsse von KI anzuwenden, die Geschäftsjahre nach dem 31.12.1992 betreffen.

b) *Konsequenzen:*

o die BBRL führt zu wesentlichen Änderungen in der Gliederung der Bilanz und der Gewinn- und Verlustrechnung der KI sowohl insgesamt als auch in bezug auf Einzelpositionen

o der Fortbestand von § 26 a KWG (s. o.) war lange Zeit umstritten, es wurde jedoch ein den deutschen Interessen insgesamt entsprechender Kompromiß gefunden (Zulässigkeit globaler Abschreibungen von Forderungen und bestimmten Wertpapieren)

o Differenzierung des Wertpapierbestandes nach drei Arten:
– „trading portfolio" = Handelsbestand (Bewertung nach § 253 III HGB)
– Finanzanlagevermögen (Bewertung nach § 253 II HGB)
– alle übrigen Wertpapiere: Möglichkeit für den Gesetzgeber, niedrigere Bewertung zuzulassen

o weitergehende Angaben, als sie durch die Ausnahmevorschriften der §§ 25 a,

26 a KWG heute gefordert werden; Aufgliederungen von Forderungen und Verbindlichkeiten, die der heutigen Praxis nicht entsprechen

o erweiterte Publizitätsvorschriften (betrifft Privatbankiers).

3.0.3 Das Konto

3.0.30 Grundbegriffe

a) *Definition:* Ein Konto ist eine zweiseitige, zur wertmäßigen Erfassung von Geschäftsvorfällen bestimmte Rechnung, deren

o linke Seite = *Sollseite* belastet wird (Lastschrift)
o rechte Seite = *Habenseite* erkannt wird (Gutschrift).

b) Unterschieden werden

o Bestandskonten
o Erfolgskonten
o gemischte Konten.

c) Die Konten eines Betriebes sind in einem *Kontenplan* gegliedert, der sich nach den speziellen Anforderungen dieses Unternehmens richtet. Für bestimmte Unternehmensarten (z. B. Industrie, Großhandel, Kreditinstitute) gibt es zur Übernahme empfohlene *Kontenrahmen,* die weiter nach Institutsgruppen (z. B. Geschäftsbanken, Sparkassen, Kreditgenossenschaften) differenziert sein können.

3.0.31 Bestandskonten

3.0.310 Wesen

Bestandskonten sind die unmittelbar aus der Bilanz abgeleiteten Konten für einzelne Vermögens- und Schuldenbestände. Dementsprechend gibt es

o *aktive* Bestandskonten:
  – Anfangsbestand und Zunahmen auf der Sollseite (also links, wie in der Bilanz)
  – Abnahmen und Endbestand (Ausbuchung in die Bilanz) auf der Habenseite
o *passive* Bestandskonten:
  – Anfangsbestand und Zunahmen auf der Habenseite (also rechts, wie in der Bilanz)
  – Abnahmen und Endbestand (Ausbuchung in die Bilanz) auf der Sollseite.

3.0.311 Buchung auf Bestandskonten

a) Buchungen auf Bestandskonten erfolgen in der Weise, daß
o mindestens eine Buchung im Soll
o mindestens eine Buchung im Haben vorgenommen wird,

wobei die Buchungen auf beiden Seiten insgesamt *wertgleich* sein müssen.

b) Die Buchungen werden in einem *Buchungssatz* zusammengefaßt.

o Einfacher Buchungssatz: eine Soll-, eine Habenbuchung
o zusammengesetzter Buchungssatz:
  – eine Soll-, mehrere Habenbuchungen
  – mehrere Soll-, eine Habenbuchung
  – mehrere Soll-, mehrere Habenbuchungen.

Die Sollbuchung wird angedeutet durch den Begriff *„per"* (wird in der Praxis weggelassen), die Habenbuchung durch das Wort *„an"*.

c) Buchungen auf Bestandskonten können folgende *Wirkungen* haben:

o *Aktivtausch*, d. h.
  – Vermehrung (mindestens) eines Aktivkontos
  – gleichzeitig Verminderung (mindestens) eines Aktivkontos
  – Beispiel: Barverkauf einer Schreibmaschine
    → Kasse an Betriebs- und Geschäftsausstattung

o *Passivtausch*, d. h.
  – Verminderung (mindestens) eines Passivkontos
  – gleichzeitig Vermehrung (mindestens) eines Passivkontos
  – Beispiel: Darlehen eines Gläubigers wird in Eigenkapital umgewandelt
    → Kunden-Kontokorrent an Eigenkapital

o *Bilanzverkürzung*, d. h. Verminderung (mindestens) eines Passivkontos und (mindestens) eines Aktivkontos

  Beispiel: Rückzahlung eines Krediteş an ein KI über LZB-Girokonto
  → Banken-Kontokorrent an LZB-Giro

o *Bilanzvermehrung*, d. h. Vermehrung (mindestens) eines Aktivkontos und (mindestens) eines Passivkontos

  Beispiel: Kunde zahlt auf sein Sparkonto ein
  → Kasse an Spareinlagen

3.0.312 Beleg, Grundbuch, Hauptbuch

a) Grundlage jeder Buchung ist ein *Beleg*. Keine Buchung darf ohne Beleg ausgeführt werden. Die Belege entstehen aus Geschäftsvorfällen, bei deren Abwicklung sie ausgefertigt werden (z. B. Auszahlungsbeleg). Oft enthält ein Beleg nur die Soll- oder die Habenbuchung; organisatorisch bieten sich hierbei Durchschriften an.

b) Nach ihrer chronologischen (zeitlichen) Reihenfolge werden die Geschäftsvorfälle im *Grundbuch* (Journal, Primanota, Memorial) erfaßt.

c) Die sachlich-systematische Ordnung der Geschäftsvorfälle erfolgt durch Buchung auf Konten (sog. Hauptbuchkonten), die im *Hauptbuch* zusammengefaßt sind.

3.0.313 Kontoeröffnung und Kontoabschluß

a) Das System der doppelten Buchführung verlangt, daß Anfangsbestände nicht einfach aus der Bilanz in das Konto übertragen, sondern eingebucht werden. Gegenkonto einer solchen Buchung ist ein *Eröffnungsbilanzkonto* (EBK).

Beispiel:

→ Kasse an EBK

→ EBK an Kreditoren

Das EBK gibt die Bilanz spiegelbildlich wieder.

b) Ebenso wird bei Kontoabschluß verfahren: Der Schlußbestand wird durch Buchung in ein *Schlußbilanzkonto* (SBK) übernommen, das zugleich die Schlußbilanz, in Konten aufgelöst, wiedergibt.

Beispiel:

→ SBK an Kasse

→ Kreditoren an SBK

Die Schlußbestände der Konten ergeben sich

o rechnerisch aus dem Saldo von Soll- und Habenseite

o durch Inventur.

Beide Werte müssen übereinstimmen.

3.0.32   Erfolgskonten

3.0.320 Grundlagen

a) Bestimmte Geschäftsvorfälle führen zu Vermehrungen oder Verminderungen des Eigenkapitals der Unternehmung:

o Vermehrungen des Eigenkapitals sind *Erträge*

o Verminderungen des Eigenkapitals sind *Aufwendungen*.

b) Diese Vorfälle werden nicht direkt auf dem Kapitalkonto, sondern getrennt nach Aufwendungen und Erträgen auf unterschiedlichen, sachlich gegliederten *Erfolgskon-*

ten verbucht. (Der Begriff „Erfolg" wird also hier *wertneutral* verwandt: auch Aufwendungen sind Erfolge!)

c) Beispiele:

o Debitor (Kreditnehmer) zahlt Zinsen:
→ Kasse an Zinserträge

o Kreditor (Einleger, Gläubiger) erhält Zinsgutschrift: z. B.
→ Zinsaufwendungen an Spareinlagen

o Miete für das Geschäftsgebäude wird überwiesen:
→ Raumkosten an LZB-Giro

d) Regel:

o *Aufwendungen* werden im *Soll* gebucht (da sich als „Gegenleistung" z. B. ein Aktiv-Bestand vermindert, z. B. der Kassenbestand)

o *Erträge* werden im *Haben* gebucht (denn z. B. ein Aktiv-Bestand vergrößert sich).

3.0.321 Abschluß

a) Am Jahresende werden Erfolgskonten über das *Gewinn- und Verlustkonto* (GuV) abgeschlossen. Die Umbuchung erfolgt wie beim Bestandskonto durch Übertragung des Saldos.

Beispiel:

→ GuV-Konto an Aufwandskonto

→ Ertragskonto an GuV-Konto

b) Der sich anschließend auf dem GuV-Konto ergebende Saldo zeigt auf, mit welchem *Erfolg* das Unternehmen das Jahr beendet. Dieses Ergebnis wird durch Buchung auf das Kapitalkonto übertragen:

o Erträge übersteigen die Aufwendungen: *Gewinn*
→ GuV-Konto an Eigenkapital

o Aufwendungen übersteigen die Erträge: *Verlust*
→ Kapitalkonto an GuV-Konto

c) Bei KI in der Rechtsform einer Kapitalgesellschaft oder Genossenschaft und bei Sparkassen entfällt der Abschluß über das Kapitalkonto; Gewinn oder Verlust werden in der Bilanz gesondert ausgewiesen.

d) Bei KI in der Rechtsform einer Einzelunternehmung oder Personengesellschaft besteht ein *Privatkonto,* über das Einlagen oder Privatentnahmen des/der Inhaber verbucht werden. Das Privatkonto ist ein Unterkonto des Kapitalkontos, das während des Jahres *ruhen* soll, und wird über dieses abgeschlossen.

3.0.322 Gemischte Bestandskonten

a) *Wesen:* Gemischte Bestandskonten sind Konten, deren Bestände zwischen den Bilanzstichtagen nicht nur *mengen*mäßig, sondern auch *wert*mäßig schwanken, da durch Verkäufe und Käufe sowie Bestandsbewertungen Gewinne und/oder Verluste eingetreten sind.

b) *Arten:* insbesondere
- Eigene Wertpapiere
- Devisen
- Sorten und Edelmetalle.

c) *Behandlung:*
- Zur Ermittlung des Schlußbestandes ist *Inventur* erforderlich
- der so ermittelte Schlußbestand wird über das Schlußbilanzkonto abgeschlossen; Beispiel:
  → SBK an Eigene Wertpapiere
- der sich nunmehr auf dem Konto ergebende Saldo zeigt, ob ein Gewinn oder ein Verlust eingetreten ist; der Erfolg wird über das entsprechende Erfolgskonto abgeschlossen: z. B.
  → Sorten an Kursgewinne
  → Kursverluste an DM-Kassa-Devisen.

3.0.4 Die Betriebsübersicht

3.0.40 Begriff

a) *Wesen:* Die Betriebsübersicht (Hauptabschlußübersicht) gibt in tabellarischer Form die Entwicklung der Konten und das Inventurergebnis wieder und ermöglicht
- die Errechnung der Salden
- die Abstimmung der Konten auf rechnerische Richtigkeit
- die Ermittlung des Reingewinns

vor dem eigentlichen Abschluß der Hauptbuchkonten und der Bilanzaufstellung.

b) *Zusammensetzung:* Bestandteile der Betriebsübersicht sind
- die Summenbilanz
- die Saldenbilanz
- die Abschlußbilanz (Inventarbilanz)
- die Erfolgsübersicht.

3.0.41 Aufbau

a) Die *Summenbilanz* enthält die Summen der Hauptbuchkonten einschließlich der Anfangsbestände, getrennt nach Soll und Haben. Nach dem System der Doppik müssen die Endsummen der Soll- und der Habenseite der Summenbilanz übereinstimmen, da der Buchung auf einer Seite immer eine Buchung auf der anderen Seite gegenübersteht.

b) In die *Saldenbilanz I* werden die sich auf den einzelnen Hauptbuchkonten ergebenden Salden übernommen. Insgesamt müssen die Salden der Soll- und der Habenseite einander ausgleichen.

Zur Vorbereitung des Jahresabschlusses müssen sog. *vorbereitende Abschlußbuchungen* vorgenommen werden, z. B. die Umbuchung des Privatkontos auf das Kapitalkonto oder die Buchung von Abschreibungen und Wertberichtigungen. Diese Buchungen werden in einer gesonderten Spalte festgehalten.

Aufgrund dieser Buchungen ergibt sich eine berichtigte *Saldenbilanz II*.

c) Die durch Inventur ermittelten Bestände werden in der *Abschlußbilanz* (Inventarbilanz) zusammengefaßt. Sie müssen mit den Buchbeständen (d. h. mit den buchhalterisch ermittelten Beständen) der Saldenbilanz II grundsätzlich übereinstimmen. Bei gemischten Konten ergeben sich Abweichungen, die auf die in ihnen enthaltenen Gewinne und Verluste zurückzuführen sind. Die Kontokorrentkonten müssen den Kreditoren- und den Debitorenbestand getrennt ausweisen.

Der Saldo zwischen Soll- und Habenseite der Abschlußbilanz gibt den Erfolg der Unternehmung wieder, also Gewinn oder Verlust.

d) In der *Erfolgsübersicht* werden die Salden der Aufwands- und der Ertragskonten erfaßt. Außerdem sind Gewinne und Verluste auf gemischten Konten einzubeziehen. Damit ist die Erfolgsübersicht eine erste Gewinn- und Verlustrechnung. An ihrem Ende steht die Errechnung des Reingewinns, der mit dem Ergebnis der Abschlußbilanz übereinstimmen muß.

3.1 Buchungen im Geschäftsverkehr

3.1.0 Zahlungsverkehr

3.1.00 Barverkehr

3.1.000 Kassengeschäfte

a) Durch *Einzahlungen* vermehrt sich der Kassenbestand. Daher ist der Betrag auf dem Konto Kasse im *Soll* zu buchen. Das Gegenkonto ergibt sich aus dem Geschäftsvorfall.

Beispiel: Kunde zahlt auf sein Sparkonto ein

→ Kasse an Spareinlagen

Zugleich erhöhen sich die Verbindlichkeiten des KI aus Spareinlagen.

Auszahlungen sind entsprechend auf dem Konto Kasse im *Haben* zu buchen.

b) Durch die tägliche Inventur des Kassenbestandes lassen sich *Kassendifferenzen* ermitteln. Auch diese müssen gebucht werden, da der *Buch*bestand dem tatsächlichen Bestand angepaßt werden muß. Gegenkonto ist ein neutrales Erfolgskonto:

o Erfolgskonto, da die Kassendifferenz ein Gewinn oder Verlust ist

o „neutral" als Gegensatz zu „betrieblich-ordentlich", da die Differenz einen außerordentlichen Vorgang darstellt.

Dementsprechend lauten die Buchungen:

→ Kasse an Kassenüberschüsse

(Der Überschuß ist wie ein Eingang zu buchen.)

→ Kassenfehlbeträge an Kasse

Da die Kassendifferenzen Erfolge darstellen, sind die Differenzkonten über das GuV-Konto abzuschließen:

→ Kassenüberschüsse an GuV-Konto

→ GuV-Konto an Kassenfehlbeträge

c) Die Konten „*Portokasse*" und „*Wechselsteuermarken*" werden angesprochen,

o wenn Porto bzw. Wechselsteuermarken erworben werden sollen (i. d. R. zu Lasten des Kontos Kasse), z. B.

→ Portokasse an Kasse

o wenn die Bestände an Porto/Wechselsteuermarken verbraucht werden:

→ Allgemeine Verwaltungskosten an Portokasse

bei Verkauf von Wechselsteuermarken an Kunden:

→ Kunden-Kontokorrent an Wechselsteuermarken

o bei Eröffnung/Abschluß der Konten, die über das Konto Kasse erfolgen.

d) In der *Bilanz* werden unter der Position „Kassenbestand" ausgewiesen:
o gesetzliche Zahlungsmittel in D-Mark (Bargeld)
o Postwertzeichen
o Wechselsteuermarken
o Sorten (siehe Abschnitt 3.1.001)

Nicht im Kassenbestand werden ausgewiesen
o Goldmünzen (gesetzliche Zahlungsmittel): „Sonstige Vermögensgegenstände"
o Kassendifferenzen (s. o).

3.1.001 Sortenhandel

a) Die *Buchung* von Geschäften über ausländische Banknoten und Münzen (Sorten) erfolgt über das Konto „Sorten", das in *D-Mark* geführt wird. Bestände und Ein- und Ausgänge werden außerdem im *Sortenskontro* (Hilfsbuch) festgehalten.

Buchungen: z. B.
o Kunde kauft Lit. 100 000 am Schalter zum Kurs von 1,75:
  → Kasse an Sorten 1 750,– DM
o Kunde verkauft dem KI US-$ 100 zum Kurs von 2,52 zur Gutschrift auf seinem DM-Girokonto:
  → Sorten an Kunden-Kontokorrent 252,– DM

b) *Abschluß*:
o Ermittlung des Schlußbestandes durch Inventur
o *Bewertung* des Bestandes
  – zum Tageskurs am Bilanzstichtag (= Geldkurs, d. h. Ankaufskurs) *oder*
  – nach dem Niederstwertprinzip: maßgeblich ist der niedrigere Kurs (Ankaufskurs
    – Kurs am letzten Bilanzstichtag – Kurs am jetzigen Bilanzstichtag)
o Buchung des Erfolgs (erforderlich, da gemischtes Konto):
  → Sorten an Kursgewinne
  → Kursverluste an Sorten

c) *Bilanzausweis* des Sortenbestandes: in der Position „Kassenbestand".

3.1.002 Edelmetallhandel

a) Der Edelmetallhandel führt grds. zu *Mehrwertsteuerpflicht*. Ausnahme: bei Gold- und Silbermünzen, deren Netto-Verkaufspreis nicht über dem Nennwert liegt.

Wesen der Mehrwertsteuer ist, daß lediglich der bei einer Vertriebsstelle erzeugte *Mehrwert* der Besteuerung unterliegt. Daher ist

- o die einem Händler in Rechnung gestellte Mehrwertsteuer *(Vorsteuer)*
- o von der auf den von ihm erhobenen Preis gerechneten Mehrwertsteuer

abzuziehen, so daß nur die bei dem Händler vollzogene Wertschöpfung besteuert wird.

Beispiel:

(1)	KI erwirbt Gold zum Preis von	10 000,– DM
	zzgl. 14 % Mehrwertsteuer	1 400,– DM
	Gesamtpreis	11 400,– DM
(2)	KI verkauft das Gold zum Preis von	11 000,– DM
	zzgl. 14 % Mehrwertsteuer	1 540,– DM
	Gesamtpreis	12 540,– DM
(3)	Von der vom KI einbehaltenen Mehrwertsteuer von	1 540,– DM
	können	1 400,– DM
	als Vorsteuer abgezogen werden, so daß	
	lediglich	140,– DM

als *Zahllast* an das Finanzamt zu überweisen sind. Dies entspricht einer Steuer von 14 % auf den von dem KI erhobenen Aufschlag von 1 000,– DM, also auf den *Mehrwert.*

b) *Buchungen:*

- o KI erwirbt 100 Goldbarren à 1 kg zu 34 000,– DM pro Stück zzgl. 14 % MwSt. = 4 760,– DM:

  → Edelmetalle 340 000,–
     Vorsteuer 47 600,–
                        an LZB-Giro 387 600,– DM

- o KI verkauft einen 1-kg-Goldbarren zu 35 000,– DM zzgl. 14 % MwSt. = 4 900,– DM an einen Kunden:

  → Kunden-KK 39 900,–
                    an Edelmetalle 35 000,– DM
                    an Mehrwertsteuer 4 900,– DM

- o Verrechnung von Vor- und Mehrwertsteuer für 10 gleichartige Geschäfte:

  → Mehrwertsteuer an Vorsteuer 49 000,–

- o Überweisung der Differenz = Zahllast an das Finanzamt:

  → Mehrwertsteuer an LZB-Giro 1 400,–

  (Dieser Betrag entspricht 14 % auf den von dem KI erhobenen Aufschlag von insgesamt 10 000,– DM.)

- o auf dem Konto „Vorsteuer" wird im Soll gebucht, weil das KI insoweit eine Forderung gegen das Finanzamt hat; die Mehrwertsteuer stellt dagegen eine Verbindlichkeit gegenüber dem Finanzamt dar und ist daher im Haben zu buchen.

c) *Abschluß:*

o Ermittlung der Bestände durch Inventur

o Bewertung nach dem *Niederstwertprinzip*

o Buchung des sich nach Übertragung des Bestandes ($\rightarrow$ SBK an Edelmetalle) ergebenden Saldos als Kursgewinn oder -verlust.

d) *Bilanzierung* der Edelmetall-Bestände: in der Position „Sonstige Vermögensgegenstände".

3.1.01 Bargeldloser Zahlungsverkehr

3.1.010 Das Kunden-Kontokorrent

a) *Wesen:* Ein Kontokorrent ist die Gegenüberstellung von Leistung und Gegenleistung aus einer Geschäftsverbindung mit gegenseitiger Verrechnung der Ansprüche und Leistungen und Maßgeblichkeit des Saldos (siehe Abschnitt 1.1.131).

b) Im *Rechnungswesen* treffen beim Kontokorrent Sach- und Personenkonten zusammen:

o für den laufenden Geschäftsverkehr mit den Kunden werden Personenkonten geführt

o Personenkonten sind *Skontren,* d. h. Neben- oder Hilfsbücher, die in der organisatorisch notwendigen Aufgliederung (Zuordnung zu Personen) die täglichen Ein- und Ausgänge und die damit verbundenen Bestandsveränderungen erfassen

o das Kunden-Kontokorrent ist ein einheitliches Hauptbuchkonto
  – für Girokonten, d. h. nur kreditorisch geführte Konten
  – für kreditorisch geführte Kontokorrentkonten
  – für debitorisch geführte Kontokorrentkonten

o die oft verwandten Begriffe „Kreditoren" und „Debitoren" betreffen also nicht das Kunden-Kontokorrent im ganzen, sondern die Endsummen der nach Soll- oder Habensaldo sortierten Kundenskontren; diese Endsummen sind von erheblicher Bedeutung, da nicht der Saldo zwischen Debitoren und Kreditoren, sondern
  – das Volumen der Ausleihungen (Kreditvolumen) einerseits,
  – das Volumen der Sichteinlagen andererseits

geschäftspolitisch und auch unter rechtlich-kreditwirtschaftlichen Aspekten (z. B. Mindestreserve) bedeutsam sind.

c) Aus diesen Grundlagen folgt, daß das Hauptbuchkonto „Kunden-Kontokorrent"

o zwei Anfangsbestände und

o zwei Schlußbestände

ausweisen muß, nämlich einerseits den Kontokorrent-Debitoren-Bestand und zum anderen die Kontokorrent-Kreditoren. Der Saldo des Kontokorrents, also der Saldo zwischen Kreditoren- und Debitorenbestand, ist dabei ohne besondere Aussagefähigkeit, da er weder einen echten Bestand (wie ein Bestandskonto) noch einen echten Erfolg (wie ein gemischtes Konto) wiedergibt.

Damit treffen im Kunden-Kontokorrent ein aktives und ein passives Bestandskonto aufeinander.

d) Bilanzierung der Schlußbestände:

o Debitoren-Schlußbestand unter der Position „Forderungen an Kunden mit vereinbarter Laufzeit oder Kündigungsfrist von weniger als vier Jahren"

o Kreditoren-Schlußbestand unter der Position „Verbindlichkeiten aus dem Bankgeschäft gegenüber anderen Gläubigern – täglich fällig".

e) Sonderkonto: *C. p. D. = Konto pro Diverse:*

= nicht bestimmten Personen zugewiesenes Konto

o Verwendung insb. für
  – Geschäfte mit Nichtkunden
  – nicht unterzubringende Buchungen
  – Vorgänge, bei denen die direkte Ansprache des Kundenkontos unterbleiben muß, z. B. Überweisung zu Lasten Sparguthaben.

3.1.011 Das Banken-Kontokorrent

a) *Wesen:* Das Banken-Kontokorrent dient der buchhalterischen Erfassung der laufenden Zahlungsverkehrsvorgänge mit anderen Kreditinstituten; Ausnahmen: Geschäftsverkehr mit

o der Bundesbank („LZB-Giro")

o der Bundespost/Postgiroamt („Postgiro")

o der eigenen Zentrale („Zentrale").

b) Die *Kontoverbindung* zwischen Kreditinstituten besteht in der Weise, daß die eine *oder* die andere Bank die Kontoführung übernimmt. (Das ist grds. in der Buchführung der Fall: vgl. das Bankkonto eines Großhändlers, das vom KI als Kunden-Kontokorrentkonto geführt wird und für das der Händler das Gegenkonto „Bank" einrichtet; „geführt" wird das Konto jedoch nur vom KI.)

o Die kontoführende Bank führt ein *Loro*konto; dieses Konto ist maßgeblich für die gegenseitigen Ansprüche.

o Die Korrespondenzbank unterhält ein Gegenkonto (sog. *Nostro*konto), das der Kontrolle dient.

c) Das Banken-Kontokorrent wird in der Buchführung ebenso behandelt wie das Kunden-Kontokorrent. *Bilanzierung* der Schlußbestände:

o Debitoren-Schlußbestand unter der Position „Forderungen an Kreditinstitute – täglich fällig"

o Kreditoren-Schlußbestand unter der Position „Verbindlichkeiten gegenüber Kreditinstituten – täglich fällig".

3.1.012 Überweisungsverkehr

a) Bei Ausführung eines Überweisungs*auftrags* wird das Konto des auftragerteilenden Kunden belastet:

→ (per) Kunden-Kontokorrent ...

Bei Überweisungs*eingängen* zugunsten von Kunden wird das Kunden-Konto erkannt:

→ ... an Kunden-Kontokorrent.

b) Die jeweilige *Gegenbuchung* hängt davon ab, ob der Betrag von einem Kunden

o derselben Niederlassung
o desselben Instituts
o derselben Institutsgruppe
o eines außenstehenden KI

zu zahlen bzw. zu erhalten ist und welcher *Weg* für die Überweisung benutzt wird.

Beispiele:

(1) Kunde A der Zentrale überweist an Kunden B der Zentrale:

→ Kunden-Kontokorrent w/A an Kunden-Kontokorrent w/B

(2) Kunde A der Filiale überweist an Kunden B der Zentrale:

→ Kunden-KK w/A an Zentrale-Verrechnung (Buchung der Filiale)

→ Filiale-Verrechnung an Kunden-KK w/B (Buchung der Zentrale)

(3) Kunde A der Sparkasse 1 überweist an Kunden B der Sparkasse 2:

→ Kunden-KK w/A an Girozentrale – lfd. Kto. (Buchung der Sparkasse 1)

→ Sparkasse 1 – lfd. Kto. – an Sparkasse 2 – lfd. Kto. – (Buchung der Girozentrale)

→ Girozentrale – lfd. Kto. – an Kunden-KK w/B (Buchung der Sparkasse 2)

(4) Kunde A der Handelsbank X überweist an Kunde B der Privatbank Y (am gleichen Platz):

→ Kunden-KK w/A an LZB-Abrechnung (Buchung der Handelsbank X)

→ LZB-Abrechnung an Kunden-KK w/B (Buchung der Privatbank Y)

(5) Kunde A der Großbank 1 überweist an Kunde B der Kreditgenossenschaft 2 (verschiedene Plätze):

→ Kunden-KK w/A an LZB-Giro (Buchung der Großbank 1)

→ LZB-Giro an Kunden-KK w/B (Buchung der Kreditgenossensch. 2)

(6) Kunde A des Postgiroamts 1 überweist an Kunde B der Sparkasse 2:
→ Kunden-KK w/A an Banken-Kontokorrent (Buchung des Postgiroamtes)
→ Postgiro an Kunden-KK w/B (Buchung der Sparkasse 2)

Welchen Verrechnungsweg das auftragsführende KI beschreitet,
o hängt vom Vorgang ab (z. B. Filiale – Zentrale)
o bestimmt sich nach den vorhandenen Kontoverbindungen (Direktverbindung = Banken-Kontokorrent? Gemeinsames Konto bei zentraler Stelle, z. B. Postgiroamt? Verbleib in demselben Giro-Netz, z. B Sparkasse – Girozentrale – Sparkasse?)
o richtet sich nach der Austauschmöglichkeit in der LZB-Abrechnung.

c) Die *LZB-Abrechnung* ermöglicht den zeitsparenden Austausch von Überweisungen und Einzugspapieren und die vereinfachte Verrechnung der gegenseitigen Ansprüche der beteiligten KI durch Belastung/Gutschrift des sich aus dem gesamten Abrechnungsverkehr ergebenden Saldos des teilnehmenden KI über sein LZB-Girokonto.

Das am Abrechnungsverkehr teilnehmende KI bucht
o sämtliche entstehenden Forderungen aus
 – eingehenden Überweisungen
 – ausgehenden Einzugspapieren und
o sämtliche entstehenden Verbindlichkeiten aus
 – ausgehenden Überweisungsaufträgen
 – eingehenden Einzugspapieren

im Soll bzw. Haben des Kontos „LZB-Abrechnung". Dieses Konto wird täglich mit seinem Saldo über das Konto „LZB-Giro" abgeschlossen. Damit vollzieht das KI auf seinem *Nostrokonto LZB-Giro* die Buchung nach, die die Landeszentralbank als kontoführende Stelle am Ende der Abrechnung auf dem bei ihr geführten *Loro*konto des KI vorgenommen hat.

d) *Eilüberweisungsverkehr:* Einschaltung des Zwischenkontos „Eilüberweisungsgegenwerte". Dieses Konto wird angesprochen bei Ausgang der Überweisung und ausgeglichen bei Eintreffen des Lastschrifteinzugs, mit dem das KI des Empfängers den diesem gutgeschriebenen Betrag einzieht:
→ Kunden-KK an Eilüberweisungsgegenwerte
→ Eilüberweisungsgegenwerte an Zentrale (Girozentrale, Zentralkasse).

3.1.013 Scheckverkehr

a) Vorlage eines *Barschecks* bei dem bezogenen KI:
→ Kunden-KK an Kasse

b) Einreichung eines *Verrechnungsschecks* bei dem bezogenen KI:
o durch einen Kunden dieses KI:
 → Kunden-KK an Kunden-KK

- o durch eine Korrespondenzbank:
  → Kunden-KK an Banken-KK
- o über LZB-Abrechnung:
  → Kunden-KK an LZB-Abrechnung
- o über den Vereinfachten Scheckeinzug der Deutschen Bundesbank:
  → Kunden-KK an LZB-Giro

c) Einreichung eines Verrechnungsschecks zum *Einzug:* Einschaltung des Kontos „Schecks".

- o Wenn angesichts der Bonität der Beteiligten Gutschrift E. v. = Eingang vorbehalten vorgenommen wird: direkte Gutschrift auf dem Kundenkonto
  → Schecks an Kunden-KK
- o wenn das KI den Eingang des Gegenwertes abwarten will (Gutschrift n. E.):
  → Schecks an Scheckeinreicher
- o Das Zwischenkonto „Scheckeinreicher" wird ausgeglichen, wenn der Gegenwert eingetroffen ist:
  → Scheckeinreicher an Kunden-KK

d) Der Ausgleich des Bestandskontos „Schecks", das zwar bilanziert wird, zahlungstechnisch aber ein Zwischenkonto ist, erfolgt je nach Art des Verrechnungsweges mit der bezogenen Bank:

- o es besteht direkte Kontoverbindung:
  → Banken-KK an Schecks
  (Zentrale usw.)
- o der Scheck wird in die LZB-Abrechnung gegeben:
  → LZB-Abrechnung an Schecks
- o der Scheck wird im „Vereinfachten Scheckeinzug der Deutschen Bundesbank" eingezogen:
  → LZB-Giro an Schecks
- o der Scheck wird der bezogenen Bank direkt übersandt (Eilscheck): Einschaltung des Zwischenkontos „Scheckversand"
  → Scheckversand an Schecks
  bei Eintreffen des Gegenwertes z. B. über LZB-Giro:
  → LZB-Giro an Scheckversand

e) *Rückschecks:* Einschaltung des Kontos „Rückschecks"; Verrechnung auf dem umgekehrten Inkassoweg; Berechnung einer Provision zu Lasten des Einreichers.

Beispiel: KI erhält Rückscheck über LZB-Abrechnung zurück:

→ Rückschecks an LZB-Abrechnung
→ Kunden-KK
      an Rückschecks
      an Provisionserträge

Unter Umständen müssen dabei zuvor angesprochene Zwischenkonten ausgeglichen werden.

Beispiel: Der Scheck war zur Gutschrift n. E. hereingenommen und direkt versandt worden.

→ Rückschecks an Scheckversand
→ Scheckeinreicher an Rückschecks
→ Kunden-KK an Provisionserträge

f) *Bilanzierung:* in der Position „Schecks, fällige Schuldverschreibungen, Zins- und Dividendenscheine sowie zum Einzug erhaltene Papiere"; Voraussetzungen:

o es muß sich um Schecks handeln, die bereits E. v. gutgeschrieben worden sind, deren Gegenwerte aber noch ausstehen

o keine Bilanzierung von Schecks, die n. E. gutgeschrieben werden sollen.

Rückschecks werden als Forderungen (gegen KI oder Kunden, je nach Schuldner) ausgewiesen.

3.1.014 Lastschriftverkehr

a) Lastschriften werden buchungsmäßig *wie Schecks* behandelt. Unter Umständen wird sogar auf ein separates Konto „Lastschriften" verzichtet.

b) Das Konto „Lastschriften" entspricht dem Konto „Schecks". Es wird demnach angesprochen, wenn Lastschriften von Kunden zum Einzug und zur Gutschrift der Gegenwerte auf ihren Konten eingereicht werden:

→ Lastschriften an Kunden-KK

Einreichungen von Lastschriften durch KI werden dem Konto des Verpflichteten sofort belastet, der Gegenwert wird je nach Einzugsweg gutgeschrieben: z. B.

→ Kunden-KK an Banken-KK (an LZB-Giro, LZB-Abrechnung usw.)

c) Für zurückgegebene, nicht bezahlte Lastschriften wird meist das Konto „Rücklastschriften" eingeschaltet.

d) Lastschriften, die E. v. gutgeschrieben worden sind, deren Gegenwerte aber noch ausstehen, werden unter der Position „Schecks, fällige Schuldverschreibungen, Zins- und Dividendenscheine sowie zum Einzug erhaltene Papiere" *bilanziert.*

3.1.015 Wechselverkehr

a) *Überblick:* Wechsel können die Buchhaltung eines KI berühren als

o Inkassowechsel (Kunde = Remittent beauftragt das KI mit dem Einzug)

o Domizilwechsel (Kunde = Bezogener beauftragt das KI mit der Einlösung von auf ihn gezogenen Wechseln) o Diskontwechsel (KI kauft Wechsel von Kunden = Remittenten an, vgl. Kreditgeschäft).

b) Bei zum *Einzug* eingereichten Wechseln schaltet das KI das Konto „Inkassowechsel" ein (Bestandskonto mit dem Charakter eines Zwischenkontos), das dem Konto „Schecks" entspricht. Da Inkassowechsel grds. erst *n. E.* gutgeschrieben werden, ist ein Zwischenkonto „Wechseleinreicher" erforderlich (vgl. „Scheckeinreicher"). Bei Einzug per Post (wenn der Wechsel nicht bei einem KI zahlbar ist) wird das Konto „Wechselversand" angesprochen. Beispiele:

(1) Kunde reicht Wechsel zum Einzug ein:
→ Inkassowechsel an Wechseleinreicher

(2) (a) Das KI gibt den Wechsel über die Abrechnung weiter:
→ LZB-Abrechnung an Inkassowechsel

(b) Es besteht direkte Kontoverbindung zur Zahlstelle:
→ Banken-KK an Inkassowechsel

(c) Der Wechsel wird per Post eingezogen:
→ Wechselversand an Inkassowechsel

Der Gegenwert wird abzüglich Gebühr für Zahlkarte auf Postgiro gutgeschrieben:
→ Postgiro
Allgemeine Verwaltungskosten
an Wechselversand

(d) Der Wechsel wird über die LZB eingezogen (möglich, wenn an einem Bankplatz zahlbar):
→ LZB-Giro an Inkassowechsel

(3) Der Gegenwert wird dem Kunden abzüglich Inkassoprovision gutgeschrieben:
→ Wechseleinreicher
an Kunden-KK
an Provisionserträge

c) *Rückwechsel* sind Inkassowechsel, die nicht eingelöst wurden, i. d. R. mit Protestvermerk versehen sind und von einer *Rückrechnung* begleitet werden. Beispiel:

(1) Rückerhalt eines Wechsel mit folgender Rückrechnung:

Wechselbetrag	10 000,– DM
Protestkosten und Auslagen	51,50 DM
1/3 % Provision	33,33 DM
	10 084,83 DM

→ Rückwechsel an LZB-Giro   10 084,83 DM
(an Banken-KK, LZB-Abrechnung usw.)

(2) Das KI stellt eine eigene Rückrechnung auf:

Wechselbetrag	10 000,– DM	
Protestkosten/fremde Spesen	84,83 DM	
1/3 % Provision	33,33 DM	
Eigene Spesen	4,– DM	
	10 122,16 DM	
→ Wechseleinreicher	10 000,– DM	
Kunden-KK	122,16 DM	
an Rückwechsel		10 084,83 DM
an Provisionserträge		33,33 DM
an Spesen- und Gebührenersatz		4,– DM

d) *Domizilwechsel:* Kunde des KI ist Bezogener, das KI löst einen von einem anderen KI vorgelegten Wechsel zu Lasten des Kundenkontos ein (unter Berechnung einer Domizilprovision). Das Gegenkonto zu dem bei Eintreffen des Wechsels angesprochenen Konto „Domizilwechsel" ergibt sich aus der Art des Verrechnungsweges.

→ Domizilwechsel an Banken-KK (an LZB-Giro usw.)

→ Kunden-KK
    an Domizilwechsel
    an Provisionserträge

e) *Bilanzierung:*

o Inkassowechsel:

  – keine Bilanzierung, soweit noch nicht gutgeschrieben (d. h. n. E.-Wechsel vor Eingang des Gegenwertes)

  – E. v. gutgeschriebene Wechsel: Bilanzierung unter „Schecks, fällige Schuldverschreibungen, Zins- und Dividendenscheine sowie zum Einzug erhaltene Papiere"

o Rückwechsel: „Forderungen an Kunden" (oder an KI, je nach Schuldner), soweit noch keine Rückbelastung beim Kunden erfolgt ist

o Domizilwechsel: Bilanzierung (unter „Schecks, ...") nur, soweit der Wechselbetrag dem Einreicher (Vorleger) bereits gutgeschrieben wurde, dem Bezogenen aber noch nicht belastet worden ist (z. B. da noch nicht fällig).

3.1.1 Passivgeschäft

3.1.10 Einlagengeschäft

3.1.100 Sichteinlagen

a) Sichteinlagen sind Guthaben auf Giro- und Kontokorrentkonten, die „bei Sicht", d. h. täglich fällig sind und in aller Regel dem Zahlungsverkehr dienen. Daraus ergibt sich ihre Erfassung in der Buchhaltung: Konto *Kunden-Kontokorrent*.

b) *Bilanzierung:* Position „Verbindlichkeiten aus dem Bankgeschäft gegenüber anderen Gläubigern – täglich fällig".

3.1.101 Termineinlagen

a) *Wesen:* Termineinlagen sind Kapitaleinlagen von Kunden mit vereinbarter Festlegungs- bzw. Kündigungsfrist. Erfassung: Sachkonto „Termineinlagen" mit Skontro für die einzelnen Kunden.

b) *Bilanzierung:* unter „Verbindlichkeiten aus dem Bankgeschäft gegenüber anderen Gläubigern – mit vereinbarter Laufzeit oder Kündigungsfrist von weniger als drei Monaten/mindestens drei Monaten, aber weniger als vier Jahren/vier Jahren oder länger – darunter: vor Ablauf von vier Jahren fällig".

3.1.102 Spareinlagen (mit gesetzlicher oder vereinbarter Kündigungsfrist)

a) *Wesen:* Einlagen zur Ansammlung oder Anlage von Vermögen (§ 21 KWG), gekennzeichnet durch Ausfertigung einer Urkunde. In der Buchhaltung werden i. d. R. verschiedene Hauptbuchkonten geführt, je nachdem, ob es sich um Spareinlagen mit gesetzlicher oder vereinbarter Kündigungsfrist oder um prämienbegünstigte Spareinlagen handelt.

b) *Geschäftsvorfälle:*

(1) Einzahlung in bar auf Sparkonto:

→ Kasse an Spareinlagen (mit ... Kündigungsfrist)

(2) Zinsgutschrift:

→ Zinsaufwendungen an Spareinlagen

(3) Belastung von Vorschußzinsen:

→ Spareinlagen an Zinserträge

(4) Kunde hat im Freizügigen Sparverkehr bei einer Sparkasse abgehoben. Verrechnung über Zentrale:

→ Spareinlagen an Zentrale (Buchung der kontoführenden Sparkasse)

c) *Bilanzierung:* als „Verbindlichkeiten aus dem Bankgeschäft gegenüber anderen Gläubigern – Spareinlagen: mit gesetzlicher Kündigungsfrist/sonstige".

3.1.103 Sparbriefe, Sparkassenbriefe

a) *Wesen:* Wertpapiere für Kapitalanlagen von Kunden mit mittlerer Laufzeit, *keine* Spareinlagen.

b) *Geschäftsvorfälle:* Zu unterscheiden sind
- o Sparbriefe (Sparkassenbriefe), die zum Nominalzins ausgegeben werden: z. B.
  → Kunden-KK an Sparbriefe 10 000,– DM
  Zinszahlung:
  → Zinsaufwendungen an Kunden-KK 300,– DM
- o Sparbriefe (Sparkassenbriefe), die abgezinst werden, d. h. bei denen die Gesamtzinsen für die Laufzeit bereits beim Kauf vom Nennwert abgezogen werden: z. B.
  – Kauf:
  → Kunden-KK   704,71 DM
      Zinsaufwendungen   295,29 DM
      an Sparbriefe   1 000,– DM
  – Fälligkeit:
  → Sparbriefe an Kunden-KK 1 000,– DM

c) *Bilanzierung:* unter „Verbindlichkeiten aus dem Bankgeschäft gegenüber anderen Gläubigern – mit vereinbarter Laufzeit oder Kündigungsfrist von vier Jahren oder länger".

3.1.11 Aufgenommene Gelder

a) *Wesen:* Entgegennahme von Einlagen anderer KI im Rahmen von Geldmarktgeschäften oder aus anderen Gründen (z. B. Unterhaltung von Guthaben durch Kreditgenossenschaften bei Zentralkassen, durch Sparkassen bei Girozentralen).

b) Erfassung in der Buchhaltung: über *Banken-Kontokorrent.*

c) *Bilanzierung* beim *aufnehmenden* KI: als „Verbindlichkeiten gegenüber Kreditinstituten", gestaffelt nach Laufzeiten.

d) *Bilanzierung* beim *anlegenden* KI: als „Forderungen an Kreditinstitute", gestaffelt nach Laufzeit. Anlage auf dem *Geldmarkt* kommt darüber hinaus in Papieren vor, die in der Kontengruppe „Geldmarktpapiere" und in entsprechenden Bilanzpositionen erfaßt werden.

3.1.2 Aktivgeschäft

3.1.20 Kurz- und mittelfristige Kredite

3.1.200 Kontokorrentkredit

a) *Wesen:* Kurzfristige Kreditgewährung auf laufendem Konto durch Einräumung einer Überziehungslinie. Buchhalterische Erfassung auf dem Hauptbuchkonto „Kunden-Kontokorrent".

b) *Geschäftsvorfälle:*

(1) Einräumung des Kredites:
→ keine Buchung

(2) Inanspruchnahme durch Einreichung einer Überweisung (Gegenbuchung hängt vom Überweisungsweg ab): z. B.
→ Kunden-KK an LZB-Abrechnung

(3) Belastung der Kreditkosten:
→ Kunden-KK

    an Zinserträge (Sollzinsen)

    an zinsähnliche Erträge (Unterkonten: Kredit-/ Überziehungsprovision)

    an Provisionserträge (Kontoführungsgebühr, Umsatzprovision)

    am Spesen- und Gebührenersatz (insb. Porto)

c) *Bilanzierung:*

o Kreditgewährung: „Forderungen an Kunden mit vereinbarter Laufzeit von weniger als vier Jahren"

o Zinserträge: „Zinsen und zinsähnliche Erträge aus Kredit- und Geldmarktgeschäften"

3.1.201 Diskontkredit

a) *Wesen:* Ankauf von Wechseln durch KI vor Fälligkeit mit Rückgriffsrecht gegen den Kunden; damit wird diesem ein Kredit eingeräumt. Dem Kunden wird neben Zinsen auch Provision berechnet, sofern der Wechsel nicht bei einer Bank zahlbar ist.

b) *Geschäftsvorfälle:*

(1) Ankauf eines Wechsels:
→ Diskontwechsel

    an Kunden-KK

    an Diskonterträge

    an Provisionserträge (gegebenenfalls)

(2) Ein bei Verfall vorgelegter Wechsel ist nicht eingelöst worden:
→ Kunden-KK
   an Rückwechsel
   an Provisionserträge
   an Zinserträge
   an Spesen- und Gebührenersatz

c) *Rediskontierung:* Wenn ein KI Wechsel der Deutschen Bundesbank zur Rediskontierung einreicht, bemüht es sich um Refinanzierung durch eigene Aufnahme eines Diskontkredites. Buchung:

→ LZB-Giro
 Diskontaufwendungen
   an Diskontwechsel

d) *Bilanzierung:* unter der Position „Wechsel". Der Bestand an Wechseln kann auf zwei Arten bewertet werden:

o zum *Barwert* (Nettowert, Zeitwert) = der Wert des Wechsels am Bilanzstichtag nach Abzug des Teils der Diskonterträge, der auf das neue Jahr entfällt; Vorabschlußbuchung:

→ Diskonterträge an Diskontwechsel

o zum *Nennwert,* d. h. dem Wert, den der Wechsel am Fälligkeitstag (im neuen Jahr) hat; der auf das neue Jahr entfallende Diskontertrag muß dennoch buchhalterisch berücksichtigt werden: das geschieht durch *Rechnungsabgrenzung* (siehe Abschnitt 3.2.11).

→ Diskonterträge an Passive Rechnungsabgrenzung

Rediskontierte Wechsel sind, solange ein Regreß noch möglich ist, als *Eventual*verbindlichkeiten „unter dem Strich" auszuweisen: Position „Indossamentsverbindlichkeiten aus weitergegebenen Wechseln".

3.1.202 Lombardkredit

a) *Wesen:* Lombardkredite sind durch Pfänder gesicherte Darlehen. Sie werden separat oder als „Sonstige Darlehen" erfaßt.

b) *Buchung* der Darlehensaufnahme:

→ Sonstige Darlehen an Kunden-KK

Damit ist der Darlehensbetrag auf laufendem Konto zur Verfügung gestellt. Belastung der Kreditkosten:

→ Kunden-KK
   an Zinserträge
   an zinsähnliche Erträge   (Kreditprovision)

c) *Bilanzierung:* als „Forderungen an Kunden mit vereinbarter Laufzeit oder Kündigungsfrist von weniger als vier Jahren".

d) *Refinanzierung* des KI: durch Aufnahme eines Lombardkredites bei der Deutschen Bundesbank gegen Verpfändung bestimmter, in einem Lombardverzeichnis geführter Beleihungsobjekte.

Buchungen:

→ LZB-Giro an LZB-Lombard

→ Zinsaufwendungen an LZB-Giro

Bilanzierung: als „Verbindlichkeiten gegenüber Kreditinstituten – täglich fällig".

3.1.203 Privatdarlehen

a) *Wesen:* Privatdarlehen sind Kleinkredite und Anschaffungsdarlehen, die in einer Summe zur Verfügung gestellt werden und ratenweise zurückzuzahlen sind. Neben dem Zins wird eine Bearbeitungsgebühr erhoben.

b) *Buchung* bei Einräumung des Darlehens:

→ Privatdarlehen

        an Kunden-KK

        an Zinserträge   (die ersten Monats-Zinsen werden bereits abgebucht)

        an Provisionserträge

Zahlung einer Rate:

→ Kunden-KK an Privatdarlehen

c) *Bilanzierung:* als „Forderungen an Kunden mit vereinbarter Laufzeit oder Kündigungsfrist von weniger als vier Jahren/vier Jahren oder länger".

3.1.21 Langfristige Kredite

3.1.210 Hypothekendarlehen

a) *Wesen:* Hypothekendarlehen sind durch Grundpfandrechte (also auch: Grundschulden!) besicherte langfristige Darlehen, die den Darlehensnehmer neben Zinsen und Provisionen ein bei Auszahlung erhobenes Damnum (Abschlag von Nominalbetrag; oft als Disagio bezeichnet) kosten.

b) *Geschäftsvorfälle:*

    (1)   Gewährung eines Hypothekendarlehens über 200 000,– DM zu folgenden

Konditionen: Zinsen 8 % p. a., Auszahlungskurs 98 %, Tilgung 1 % p. a., 60,– DM Provision; Zinsverrechnung jährlich nachträglich:

→ Hypothekendarlehen 200 000,– DM
    an Kunden-KK 195 940,– DM
    an Zinserträge 4 000,– DM
    (Damnum)
    an Provisionserträge 60,– DM

(2) Vierteljährliche Zins- und Tilgungsleistung des Kunden:

→ Kunden-KK 4 500,– DM
    an Hypothekendarlehen 500,– DM
    an Zinserträge 4 000,– DM

(3) Vierteljährliche Zins- und Tilgungsleistung im darauffolgenden Jahr: Berechnung der Zinsen auf das um 1 % getilgte Restdarlehen, d. h. auf 198 000,– DM; Erhöhung der Tilgung um die ersparten Zinsen:

→ Kunden-KK 4 500,– DM
    an Hypothekendarlehen 540,– DM
    an Zinserträge 3 960,– DM

c) Das *Damnum*, das im obigen Beispiel als Zinsertrag angesehen wurde, kann auch in einen zins- und einen kostendeckenden Teil, der dementsprechend als Provisionsertrag zu buchen ist, aufgespalten werden. Darüber hinaus wird der Zins oft auf mehrere Jahre verteilt. In diesem Fall ist (passive) Rechnungsabgrenzung vorzunehmen (s. u.).

Das obige Beispiel geht von jährlich nachträglicher Zinsverrechnung aus. Üblich sind auch andere Verrechnungsmethoden.

d) *Bilanzierung:* als „Forderungen an Kunden mit vereinbarter Laufzeit oder Kündigungsfrist von vier Jahren oder länger – darunter: durch Grundpfandrechte gesichert".

3.1.211 Kommunaldarlehen

a) *Wesen:* Kommunaldarlehen sind Darlehen an Körperschaften und Anstalten des öffentlichen Rechts oder gegen deren volle Gewährleistung.

b) *Buchung:* als „Hypothekendarlehen", sofern die Körperschaft/Anstalt lediglich die Gewährleistung für ein Hypothekendarlehen übernimmt; als „Sonstiges Darlehen" oder auf einem separaten Konto „Kommunaldarlehen", wenn die Körperschaft/Anstalt selbst Darlehensnehmer ist.

c) *Bilanzierung:* als „Forderungen an Kunden mit vereinbarter Laufzeit oder Kündigungsfrist von vier Jahren oder länger – darunter: Kommunaldarlehen". Zu beachten ist, daß Kommunaldarlehen auch weniger als vier Jahre Laufzeit haben können.

3.1.212 Durchlaufende Kredite

a) *Wesen:* Treuhandkredite im Rahmen staatlicher Förderungsprogramme ohne Haftung des als Vermittler auftretenden KI.

b) *Buchung:*

   (1) Die Deutsche Ausgleichsbank gewährt über das KI ein zinsloses Aufbaudarlehen:

      → LZB-Giro an Durchlaufende Kredite (Passiva)

   (2) Das KI leitet den Darlehensbetrag weiter:

      → Durchlaufende Kredite (Aktiva) an Kunden-KK

Bei Tilgungsleistungen wird entsprechend entgegengesetzt gebucht.

c) *Bilanzierung:* als „Durchlaufende Kredite (nur Treuhandgeschäfte)" auf beiden Seiten der Bilanz.

3.1.22 Kreditleihe

3.1.220 Avalkredit

a) *Wesen:* Bei einem Avalkredit geht ein KI durch Übernahme einer Bürgschaft/Garantie im Kundenauftrag zugunsten eines Dritten eine *Eventualverbindlichkeit* ein, indem es seinen Namen und seine Kreditwürdigkeit dem Kunden zur Verfügung stellt. Da dieser im Falle der Inanspruchnahme des KI selbst eintreten muß, besteht ihm gegenüber eine *Eventualforderung*. Das KI erhält Avalprovision.

b) *Buchungen:*

   (1) Einräumung des Avalkredites durch Abgabe der Bürgschaft/Garantie gegen Provision:

      → Avalforderungen an Avalverbindlichkeiten

      → Kunden-KK an Zinsähnliche Erträge   (Avalprovision)

   (2) Inanspruchnahme des KI aus dem Aval:

      → Kunden-KK an LZB-Giro (direkte Weiterbelastung des Kunden)

      → Avalverbindlichkeiten an Avalforderungen

   (3) Falls keine Inanspruchnahme erfolgt ist: Ausbuchung des Avals bei Ablauf

      → Avalverbindlichkeiten an Avalforderungen

c) *Bilanzierung:* „unter dem Strich" auf der Passivseite als „Verbindlichkeiten aus Bürgschaften, Wechsel- und Scheckbürgschaften sowie aus Gewährleistungsverträgen"; die Avalforderungen werden nicht ausgewiesen (nicht erforderlich: es gilt als bekannt, daß sie in gleicher Höhe bestehen).

3.1.221 Akzeptkredit

a) *Wesen:* Kreditleihe eines KI durch Akzeptierung eines vom Kunden gezogenen Wechsels; in der Praxis meist verbunden mit einem Diskontkredit. Durch die Akzeptierung selbst geht das KI nur eine Eventualverbindlichkeit ein.

b) *Geschäftsvorfälle:*

- (1) Einräumung eines Akzeptkredites durch Kreditzusage:
  → keine Buchung
- (2) Unterzeichnung eines auf das KI gezogenen Wechsels:
  → Kunden-Tratten an Eigene Akzepte
- (3) Belastung der Akzeptprovision:
  → Kunden-KK an Zinsähnliche Erträge
- (4) Diskontierung des Wechsels durch das KI selbst:
  → Diskontwechsel
      an Kunden-KK
      an Diskonterträge
- (5) Rediskontierung z. B. bei der Privatdiskont AG:
  → LZB-Giro
      Diskontaufwendungen
      an Diskontwechsel
- (6) Deckungsanschaffung des Kunden vor Verfall: z. B.
  → LZB-Abrechnung an Kunden-KK
- (7) Vorlage des Akzepts zur Zahlung bei dem KI über LZB-Abrechnung:
  → Eigene Akzepte an LZB-Abrechnung
  → Kunden-KK an Kunden-Tratten

c) *Bilanzierung:*

o Eigene Akzepte, die diskontiert wurden und sich noch im *Bestand* des KI befinden: keine Bilanzierung, sondern Vorabschlußbuchung:

→ Eigene Akzepte an Diskontwechsel

Da der Wechsel damit aus dem Bestand ausgebucht wurde, muß der das nächste Jahr betreffende Zinsertrag (passiv) abgegrenzt werden (s. u.).

o Eigene Akzepte, die sich nicht im Bestand des KI befinden, weil sie
  - nicht diskontiert, sondern dem Kunden ausgehändigt wurden (selten)
  - diskontiert und dann rediskontiert wurden,

die sich also *im Umlauf* befinden: bilanziert als „Eigene Akzepte im Umlauf". Die Ansprüche gegen den Kunden werden bilanziert als „Forderungen an Kunden mit vereinbarter Laufzeit oder Kündigungsfrist von weniger als vier Jahren".

3.1.3 Wertpapiergeschäft

3.1.30 Kommissionsgeschäft

3.1.300 Kundenkommission in Aktien

a) *Wesen:* Das im Kundenauftrag handelnde Kreditinstitut hat grds. die Rechtsstellung eines Kommissionärs, d. h. es handelt im eigenen Namen für fremde Rechnung. Die von dem KI zu erstellende Abrechnung beinhaltet

o den Kurswert
o Maklergebühr (Courtage)
o Provision des KI
o Börsenumsatzsteuer

(vgl. Übersicht bei Abschnitt 1.4.540 e).

b) *Buchungen:*

(1) Kunde erteilt Kaufauftrag über 100 X-Aktien. Abrechnung erfolgt zum Kurs von 210:

→ Kunden-KK 21 283,50 DM
  an Wertpapierumsätze 21 000,– DM
  an Provisionserträge 210,– DM
  an Maklergebühren 21,– DM
  an Börsenumsatzsteuer 52,50 DM

(2) Kunde erteilt Verkaufsauftrag über 50 Y-Aktien. Abrechnung erfolgt zum Kurs von 160:

→ Wertpapierumsätze 8 000,– DM
  an Kunden-KK 7 892,– DM
  an Provisionserträge 80,– DM
  an Maklergebühren 8,– DM
  an Börsenumsatzsteuer 20,– DM

c) Das Konto „*Wertpapierumsätze*" ist ein *Zwischenkonto,* das durch das jeweilige grds. vorher an der Börse getätigte Deckungsgeschäft ausgeglichen wird, z. B. im Fall

(1) → Wertpapierumsätze an LZB-Giro 21 000,– DM
(2) → Banken-KK an Wertpapierumsätze 8 000,– DM

Dabei hängt das Gegenkonto vom Verrechnungsweg ab.

d) Möglich ist, daß das dem Kunden gegenüber als Kommissionär auftretende KI lediglich *Zwischenkommissionär* ist, d. h. nicht selbst an der Börse tätig wird, sondern dies einem Hauptkommissionär überläßt (Zentrale, Zentralkasse/Girozentrale, Korrespondenzbank), mit dem es die Provision teilt, Beispiel (Zahlen aus dem obigen Fall 1):

(a) Buchung des Hauptkommissionärs:

→ Banken-KK   21 126,– DM
           an Wertpapierumsätze   21 000,– DM
           an Provisionserträge   105,– DM
           (1/2 Provision)
           an Maklergebühren   21,– DM

(b) Buchung des Zwischenkommissionärs:

→ Wertpapierumsätze   21 000,– DM
Provisionserträge   105,– DM (möglich: Prov.-Aufwendungen)
Maklergebühren   21,– DM
           an Banken-KK   21 126,– DM

→ Kunden-KK   21 283,50 DM
           an Wertpapierumsätze   21 000,– DM
           an Provisionserträge   210,– DM
           an Maklergebühren   21,– DM
           an Börsenumsatzsteuer   52,50 DM

3.1.301 Kundenkommission in Schuldverschreibungen

a) *Wesen:* Beim Handel mit Schuldverschreibungen wird der *Tageswert* eines Papiers nicht nur vom Tageskurs, sondern auch von den mit dem Papier verbundenen Zinsen (d. h. seit dem letzten Zinstermin) bestimmt. Diese sog. *Stückzinsen* sind bei Kauf/Verkauf zu berücksichtigen.

b) *Buchungen:*

(1) Kauf 10 000,– DM 8 % Anleihe, 1.9. gzj., Kurs 95 %, am 15.10.

→ Kunden-KK   9 667,50 DM
           an Wertpapierumsätze   9 600,– DM
           (Kurswert + Stückzinsen f. 45 Tage)
           an Provisionserträge   50,– DM
           an Maklergebühren   7,50 DM
           an Börsenumsatzsteuer   10,– DM

(2) Verkauf 5 000,– DM 10 % Anleihe, J/J, Kurs 110 %, am 20.06.

→ Wertpapierumsätze   5 486,11 DM
    (Kurswert ./. Stückzinsen f. 10 Tage)
           an Kunden-KK   5 448,98 DM
           an Provisionserträge   27,50 DM
           an Maklergebühren   4,13 DM
           an Börsenumsatzsteuer   5,50 DM

Die Stückzinsen sind abzuziehen, wenn der Zinsschein bereits getrennt wurde und für den Verkäufer eingezogen wird, der also Zinsen erhält, die ihm nicht zustehen (im Beispiel für 10 Tage).

3.1.302 Bilanzierung

a) Das Konto „Wertpapierumsätze" ist durch Kundengeschäft und Deckungsgeschäft ausgeglichen (Ausnahme: Kundengeschäft im alten, Deckungsgeschäft im neuen Jahr: Bilanzierung als Forderungen oder Verbindlichkeiten gegenüber Kreditinstituten, täglich fällig).

b) *Maklergebühren* werden gesammelt ein- bis zweimal monatlich an die Makler überwiesen; bis dahin sind sie Sonstige Verbindlichkeiten und bei zwischenzeitlichem Bilanzstichtag unter dieser Position zu bilanzieren; gleiches gilt für die an das Finanzamt abzuführende Börsenumsatzsteuer.

Falls das KI von dem ihm als Kommissionär zustehenden *Selbsteintrittsrecht* Gebrauch macht, d. h. bei Kundenkauf die Papiere aus dem eigenen Bestand liefert, bei Kundenverkauf die Papiere in den eigenen Bestand übernimmt, wird zwar Maklergebühr wie üblich berechnet, diese aber anschließend als Provisionsertrag vereinnahmt.

3.1.31   Eigenhändlergeschäfte

a) *Wesen:* Bei Kundenaufträgen in amtlich nicht notierten Werten treten KI nicht als Kommissionäre, sondern als Eigenhändler auf, d. h. als Partner eines Kaufvertrages. Dem Kunden wird *Nettoabrechnung* erteilt, d. h. weder Provision noch Courtage, sondern nur Börsenumsatzsteuer wird gesondert berechnet.

b) *Buchung:* Beispiel: Kunde erteilt Kaufauftrag über 100 Stück X-Aktien (Freiverkehrswert); Kurs: 193

→ Kunden-KK   19 348,25 DM
               an Wertpapierumsätze   19 300,– DM
               an Börsenumsatzsteuer   48,25 DM

c) Bei der *Bilanzierung* ergeben sich keine Besonderheiten.

3.1.32   Eigengeschäfte

3.1.320 Handel mit eigenen Effekten

a) *Wesen:* Treten KI im Effektenhandel für eigene Rechnung auf, ist das Konto „Eigene Wertpapiere" anzusprechen. Courtage wird jetzt zu einem Aufwandsposten.

b) *Buchungen:*

(1) KI kauft 10 000 Stück X-Aktien zu 210 für den eigenen Bestand:

    → Eigene Wertpapiere an Wertpapierumsätze   2 100 000,– DM
    → Courtageaufwendungen an Maklergebühren   2 100,– DM
    → Wertpapierumsätze an Banken-KK   2 100 000,– DM

Wenn das KI nicht selbst an der Börse aufgetreten ist:

    → Eigene Wertpapiere   2 100 000,– DM
        Courtageaufwendungen   2 100,– DM
        Spesen   50,– DM
                       an Banken-KK   2 102 150,– DM

(2) KI verkauft aus eigenem Bestand 100 000,– DM 6 % Kommunalobligationen, 1.7. gzj., zu 102 % am 20.07.:

    → Wertpapierumsätze   102 333,33 DM
                      an Eigene Wertpapiere   102 000,– DM
                      an Wertpapiererträge   333,33 DM
    → Courtageaufwendungen an Maklergebühren   37,50 DM
    → LZB-Giro an Wertpapierumsätze   102 333,33 DM

3.1.321 Bewertung eigener Wertpapiere

a) Bei eigenen Wertpapieren ergibt sich die Frage der Bewertung für die Bilanz. Vgl. hierzu auch Abschnitt 3.0.231 c sowie Abschnitt 0.4.04. Anzuwenden sind Vorschriften des HGB und des KWG.

Zunächst ist nach Zugehörigkeit der Wertpapiere

o zum Anlagevermögen (wenn die Papiere *dauernd* dem Geschäftsbetrieb dienen sollen, § 247 II HGB)
o zum Umlaufvermögen

zu differenzieren.

b) Bewertung von Wertpapieren des *Anlagevermögens:*

o Bewertung grds. mit den Anschaffungskosten (§ 253 I HGB)
o Bewertung mit dem Börsenkurs am Bilanzstichtag möglich, sofern dieser niedriger ist (durch Vornahme von Abschreibungen, § 253 II e HGB): „gemildertes Niederstwertprinzip", d. h. *Bewertungswahlrecht* des KI.

c) Bewertung von Wertpapieren des *Umlaufvermögens:*

o Bewertung mit dem niedrigeren Wert (§ 253 III HGB): „strenges Niederstwertprinzip", d. h. kein Bewertungswahlrecht
o nach § 26 a KWG können KI Wertpapiere des Umlaufvermögens mit einem noch

niedrigeren Wert ansetzen, soweit dies nach vernünftiger kaufmännischer Beurteilung zur Risikoabsicherung notwendig ist.

d) *Buchungen:*

o wenn Buchwert und Bilanzwert gleich sind:

→ keine Buchung

o wenn der Buchwert den Bilanzwert übersteigt, muß der Buchwert durch Abschreibung verringert werden:

→ Abschreibungen auf Wertpapiere an Eigene Wertpapiere

Folgerung:

o durch Anwendung des Niederstwertprinzips kann ein Kursverlust entstehen, der jedoch – da er sich bislang nur als Buchverlust darstellt – nicht realisiert ist

o durch Anwendung des Niederstwertprinzips wird auf den Ausweis eines – noch nicht realisierten – Gewinns verzichtet, wenn der Börsenkurs am Bilanzstichtag höher als der Anschaffungskurs ist: Prinzip der Vorsicht

o *nach* dem Bilanzstichtag sind – bei gestiegenden Börsenkurs – *Zuschreibungen* möglich (Umkehrschluß aus § 253 V HGB):
  – Zuschreibung ist nur möglich, wenn vorher abgeschrieben wurde
  – die Anschaffungskosten dürfen nicht überschritten werden
  – Bewertungswahlrecht

Buchung:

→ Eigene Wertpapiere an Kursgewinne

e) *Ermittlung* des Niederstwertes bzw. der Anschaffungskosten: problematisch, wenn Papiere derselben Gattung zu unterschiedlichen Terminen und Preisen erworben wurden und Girosammelverwahrung vorliegt, d. h. die Identität der einzelnen Papiere in der Gattung aufgegangen ist:

o Einzelbewertung ist in diesem Fall nicht möglich (anders: Streifbanddepot)

o üblich ist die Durchschnittsbewertung, d. h. Errechnung eines Durchschnittspreises aus Anfangsbestand, Zu- und Abgängen

o § 256 HGB läßt als weitere Möglichkeit zu, daß unterstellt wird, daß
  – die zuerst gekauften Papiere zuerst verkauft werden („first in – first out")
  – die zuletzt gekauften Papiere zuerst verkauft werden („last in – first out")
  – die zu den höchsten Kursen gekauften Papiere zuerst verkauft werden („highest in – first out")
  – die zu den niedrigsten Kursen gekauften Papiere zuerst verkauft werden („lowest in – first out").

3.1.322 Abschluß und Bilanzierung

a) *Vorbereitung:* Abgrenzung des auf das alte Jahr entfallenden Zinsanteils bei Schuldverschreibungen, die nicht die Fälligkeit J/J bzw. 2.1. gzj. haben. Andernfalls ist der betreffende Zinsschein bereits fällig: Verbuchung des Zinsertrages und der daraus folgenden Forderung:

→ Sonstige Forderungen an Wertpapiererträge

b) *Bilanzierung:* Differenzierung nach Restlaufzeit und Wertpapierart bzw. Emittent als

o „Anleihen und Schuldverschreibungen mit einer Laufzeit bis zu vier Jahren – von mehr als vier Jahren – des Bundes und der Länder – von Kreditinstituten – sonstige"

o „Wertpapiere, soweit sie nicht unter anderen Posten auszuweisen sind – börsengängige Anteile und Investmentanteile – sonstige Wertpapiere".

3.1.33 Wertpapieremission

a) *Wesen:* Emission ist die Ausgabe von Effekten und ihre Unterbringung auf dem Kapitalmarkt. Nachfolgend wird die *Fremd*emission behandelt. Als Zwischenkonten werden für den Emissionserlös angesprochen:

o das Wertpapieremissionskonto bei Alleinemission bzw. Stellung als Konsortialführerin

o das Wertpapierkonsortialkonto bei Emission im Konsortium mit anderen KI.

b) *Geschäftsvorfälle:* (Buchungen der Konsortialführerin)

(1) Emission einer Anleihe; das Konsortium tritt als Geschäftsbesorger und Selbstkäufer des nicht unterzubringenden Restes auf.
Verkäufe an Kunden:
→ Kunden-KK
        an Wertpapierumsätze
        an Provisionserträge
(Courtage und Börsenumsatzsteuer fallen nicht an)
Verkäufe an andere KI unter Einräumung einer Provision:
→ Banken-KK
    Provisionsaufwendungen
        an Wertpapierumsätze
In beiden Fällen schließt sich folgende Buchung an:
› Wertpapierumsätze an Wertpapieremissionskonto

(2) Belastung der Konsortialbanken mit der von ihnen übernommenen Quote:
→ Banken-KK an Wertpapieremissionskonto
Übernahme des nicht verkauften Restes:
→ Eigene Wertpapiere an Wertpapieremissionskonto

(3) Gutschrift des Emissionsgegenwertes beim Emittenten abzüglich der Emissionsvergütung:

→ Wertpapieremissionskonto

an Kunden-KK

an Provisionserträge

Weitergabe der anteiligen Emissionsvergütung an die Konsortialbanken:

→ Provisionserträge an Banken-KK

3.1.34 Verwahrung und Verwaltung von Wertpapieren

a) *Depotgeschäft:* Die Buchhaltung des Bankbetriebs erfaßt Geschäfte für Kunden auf dem Zwischenkonto „Wertpapierumsätze". Die buchhalterische Erfassung der Verwahrung von Wertpapieren für Kunden erfolgt nicht im Rahmen der eigenen Buchführung des KI, sondern in einer getrennten *Depotbuchhaltung.* Dabei werden folgende Bücher geführt:

o Personendepot (mit Angaben aller für einen Hinterleger verwahrten Wertpapiere mit Lagerort; getrennt nach Depotart)

o Sachdepot (mit Untergliederung nach den Gattungen der verwahrten Wertpapiere)

o Nummernverzeichnis (im Rahmen des Streifbanddepots mit Angabe der Stückenummern für jeden Hinterleger, getrennt nach Wertpapiergattungen)

o Lagerstellenkartei (mit Angaben über die Verwahrorte, z. B. Eigen- oder Drittverwahrung bei Kassenvereinen, Zentralinstituten usw.).

b) *Einzug von Zins- und Dividendenscheinen:* Trennung der Kupons erfolgt i. d. R. 15 Tage vor dem Termin, Gutschrift i. d. R. erst am Termin; für die Zwischenzeit wird ein „Kuponzwischenkonto" eingeschaltet. Zu berücksichtigen ist eventuelle Kapitalertragsteuer, die Bedeutung erlangt,

o wenn es sich um Effekten im eigenen Bestand handelt

o wenn es sich um Papiere von Kunden handelt, die eine Nichtveranlagungsbescheinigung (NV-Bescheinigung) vorgelegt haben.

Außerdem ist bei Aktien die Körperschaftsteuer zu berücksichtigen.

Buchungen:

(1) Für Kunden werden Zinsscheine über 20 000,– DM getrennt und eingezogen:

→ Zins- und Dividendenscheine an Kuponzwischenkonto   20 000,– DM

→ Kuponzwischenkonto an Kunden-KK   20 000,– DM

(am Fälligkeitstag)

→ LZB-Giro an Zins- und Dividendenscheine   20 000,– DM

(bei Gutschrift)

Das KI trennt Zinsscheine über 100 000,– DM bei eigenen Wertpapieren:

→ Zins- und Dividendenscheine an Kuponzwischenkonto   100 000,– DM
→ Kuponzwischenkonto an Wertpapiererträge   100 000,– DM
→ LZB-Giro an Zins- und Dividendenscheine   100 000,– DM

(2) Gutschrift einer Dividende von 12 000,– DM für Kunden, die keine NV-Bescheinigung vorgelegt haben (25 % KESt sind vom Emittenten einbehalten worden):
→ Kuponzwischenkonto an Kunden-KK   12 000,– DM

(3) Das KI trennt Dividendenscheine für Aktien im eigenen Bestand über 10 000,– DM (brutto); davon Kapitalertragsteuer 2 500,– DM, Körperschaftsteuergutschrift 9/16 von 10 000,– DM = 5 625,– DM; KI ist Zahlstelle und löst zu Lasten eines sog. Dotationskontos des Emittenten ein:

→ Zins- und Dividendenscheine an Kuponzwischenkonto   7 500,– DM
→ Kuponzwischenkonto   7 500,– DM
   Ertragsteuer (KESt)   2 500,– DM
   Ertragsteuern (KöSt)   5 625,– DM
      an Wertpapiererträge   15 625,– DM
→ Kunden-KK (Dotationskonto) an Zins- und
   Dividendenscheine   7 500,– DM

(4) Das KI trennt Dividendenscheine über 18 000,– DM (brutto) für Kunden, die NV-Bescheinigung vorgelegt haben. Das KI ist Zahlstelle.

→ Zins- und Dividendenscheine an Kuponzwischenkonto   13 500,– DM
→ Kuponzwischenkonto   13 500,– DM
   Sonstige Ford. (w/KESt)   4 500,– DM
   Sonstige Ford. (w/KöSt)   10 125,– DM
      an Kunden-KK   28 125,– DM
→ Kunden-KK (Dotationskonto) an Zins- und Dividenden-   13 500,– DM
   scheine

Im Beispiel 4 fordert das KI die KESt und KöSt vom Finanzamt zurück.

Bilanzierung fälliger Zins- und Dividendenscheine: als „Schecks, fällige Schuldverschreibungen, Zins- und Dividendenscheine sowie zum Einzug erhaltene Papiere".

3.1.4 Auslandsgeschäft

3.1.40 Währungsbuchführung

a) *Devisen,* also auf eine fremde Währung lautende Zahlungsmittel (hier: ohne Sorten), werden in *D-Mark* über das Hauptbuchkonto *„Devisen"* gebucht, und zwar

o als DM-Kassa-Devisen für die Abwicklung aller sofort zu leistenden Zahlungen
o als DM-Termin-Devisen für zu einem bestimmten Termin zu erfüllende Devisenverkäufe und -käufe.

Nachfolgend wird auf diese Unterscheidung verzichtet.

b) Für die einzelnen unterschiedlichen Währungen werden *Devisenskontren* geführt, die die jeweiligen Bestände/Bestandsveränderungen wiedergeben.

c) Neben der DM-Buchführung gibt es, soweit erforderlich, eine *Fremdwährungsbuchführung,* die vor allem folgende Konten enthält:

o FW-Kunden-KK, FW-Banken-KK

o FW-Schecks, FW-Auslandswechsel, FW-Inkassowechsel

o FW-Inkassodokumente

o FW-Akkreditivforderungen Kunden, FW-Akkreditivdeckungskonto Kunden

o FW-Zinserträge, FW-Zinsaufwendungen usw.

Besonders wichtig ist das Konto „*Fremdwährungs-Verrechnung*", das eingerichtet wird, um dem Grundsatz der Doppik entsprechen zu können, da für eine Fremdwährungs-Gutschrift oder -Lastschrift eine Gegenbuchung erforderlich ist; z. B. Gutschrift in US-$ auf Banken-KK:

→ FW-Verrechnung US-$ an FW-Banken-KK US-$

Gemischte Buchungen in D-Mark und Fremdwährung sind *nicht* zulässig. Für jede Währung wird ein besonderes Konto FW-Verrechnung geführt.

Das Konto DM-Devisen muß demnach angesprochen werden, wenn *Umrechnung* erforderlich wird, z. B. Eingang einer FW-Gutschrift bei einer Korrespondenzbank (die ein FW-Konto des KI unterhält) zugunsten des DM-Kontos eines Kunden:

→ FW-Banken-KK an FW-Verrechnung

→ DM-Devisen an Kunden-KK

Das *DM-Devisen-Konto* erfaßt also alle in D-Mark umgerechneten Devisenein- und ausgänge. Es ist ein *gemischtes Bestandskonto* mit der Folge, daß sich Kursgewinne oder -verluste ergeben können.

Die Buchungen auf dem DM-Devisen-Konto und dem Konto FW-Verrechnung lauten stets entgegengesetzt: wird das eine Konto im Soll angesprochen, so ist auf dem anderen im Haben zu buchen und umgekehrt.

d) *Abschluß/Bilanzierung:* Der Jahresabschluß ist in D-Mark vorzunehmen. Daher müssen alle Fremdwährungskonten in D-Mark umgerechnet und in die DM-Buchführung übernommen werden. Vorgang:

o Abschluß aller FW-Konten über FW-Verrechnung: z. B.

→ FW-Kunden-KK an FW-Verrechnung

o Umrechnung der Devisenbestände (s. u.)

o Buchung der in D-Mark umgerechneten Währungsbestände auf die entsprechenden DM-Konten unter Verwendung des Kontos DM-Devisen als Gegenkonto: z. B.

→ DM-Devisen an Kunden-KK

Für die *Umrechnung* der FW-Bestände werden herangezogen

o bei Verbindlichkeiten: die sich bei Anwendung des *Höchst*wertprinzips ergebenden Briefkurse; alternativ der Briefkurs am Bilanzstichtag
o bei Forderungen, Schecks, Wechseln: die sich bei Anwendung des *Niederst*wertprinzips ergebenden Geldkurse; alternativ der Geldkurs am Bilanzstichtag
o alternativ für alle FW-Bestände: die Mittelkurse am Bilanzstichtag (übliches Verfahren).

Der sich auf dem DM-Devisen-Konto ergebende Saldo ist als Kursgewinn/-verlust zu verbuchen.

3.1.41 Auslandszahlungen

a) *Überweisungen:*

(1) Abwicklung eines Kunden-Zahlungsauftrags über US-$ 10 000,–, Kurs 2,0200, Courtage 1/4 ‰, Provision 1/8 %, Porto 2,– DM

→ Kunden-KK   20 232,30 DM
          an DM-Devisen   20 200,– DM
          an Maklergebühren   5,05 DM
          an Provisionserträge   25,25 DM
          an Spesen- u. Gebührenersatz 2,– DM

→ FW-Verrechnung US-$ an FW-Banken-KK US-$ 10 000,– US-$

(2) Eingang von Lit. 3 000 000 zugunsten eines Kunden; Gutschrift in D-Mark, Kurs 1,40, Courtage 1/4 ‰, Provision 1/8 %:

→ FW-Banken-KK Lit. an FW-Verrechnung Lit.   3 000 000,– Lit.

→ DM-Devisen   4 200,– DM
          an Kunden-KK   4 193,70 DM
          an Maklergebühren   1,05 DM
          an Provisionserträge   5,25 DM

(3) Abwicklung eines Kunden-Zahlungsauftrages über £ 5 000,– zu Lasten des FW-Kunden-Kontos £. Provision 1/8 % = 19,38 DM, Spesen 2,– DM:

→ FW-Banken-KK £ an FW-Kunden-KK £   5 000,– £
→ Kunden-KK   21,38 DM
          an Provisionserträge   19,38 DM
          an Spesen- u. Gebührenersatz 2,– DM

Natürlich kann auch die Provisions- und Gebührenberechnung in FW erfolgen.

b) *Akkreditive:* Akkreditivverbindlichkeiten des KI sind *Eventual*verbindlichkeiten. Ihnen entsprechen die Akkreditivforderungen gegen die Kunden, die Aufträge zur Eröffnung von Akkreditiven gegeben haben. Die Einlösung erfolgt bei Inanspruchnahme aus dem Akkreditiv

o zu Lasten des Akkreditiv-Deckungskontos, wenn der Kunde Deckung angeschafft hat (in FW oder in D-Mark)

o zu Lasten des Kunden-KK (Regelfall; in FW, soweit ein solches Konto besteht, oder in D-Mark), wenn das KI auf Deckungsanschaffung verzichtet hat.

Wird der Akkreditivbetrag nicht voll in Anspruch genommen und erlischt das Akkreditiv (i. d. R. durch Zeitablauf), ist es auszubuchen. Das betrifft

o die Eventualforderungen und -verbindlichkeiten

o das Akkreditiv-Deckungskonto (soweit eingerichtet).

Geschäftsvorfälle:

(1) Eröffnung eines Akkreditivs über US-$ 10 000,– im Kundenauftrag. Der Kunde stellt die Deckung zu Lasten seines DM-Kontos zur Verfügung: Kurs 2,0200.

→ Kunden-KK an DM-Devisen   20 200,– DM

→ FW-Verrechnung US-$
   an FW-Akkreditiv-Deckungskonto US-$ 10 000,– US-$

→ FW-Akkreditivford. US-$ an FW-Akkreditivverb. US-$ 10 000,– US-$

(2) Ausnutzung des Akkreditivs in Höhe von US-$ 9 800,–. Kurs 2,0300, Provision 3‰, Courtage 1/4‰, Spesen 8,– DM. Die Ausnutzung erfolgt über eine Korrespondenzbank.

→ FW-Akkreditiv-Deckungskonto US-$
   an FW-Banken-KK US-$ 9 800,– US-$

→ FW-Akkreditivverbindl. US-$
   an FW-Akkreditivford. US-$ 9 800,– US-$

→ FW-Akkreditivverbindl. US-$
   an FW-Akkreditivford. US-$ 200,– US-$

→ FW-Akkreditiv-Deckungskonto US-$
   an FW-Verrechnung US-$ 200,– US-$

→ DM-Devisen   406,– DM

   an Kunden-KK   333,35 DM
   an Provisionserträge   59,68 DM
   an Maklergebühren   4,97 DM
   an Spesen- u. Gebührenersatz   8,– DM

(Provision und Courtage werden auf US-$ 9 800,– zum Kurs von 2,03 gerechnet.)

c) *Inkasso* von *Schecks, Wechseln:* Durchführung über FW-Zwischenkonten (FW-Scheck- und Wechseleinreicher, FW-Scheck- und Wechselversand), Abrechnung über das Kunden-Konto (in D-Mark oder FW).

d) *Dokumenteninkasso:*

o Die Bank des Auftraggebers (Exporteurbank) bucht erst bei Eintreffen des Gegenwertes, den sie dem Kunden abzüglich Provision, Spesen und evtl. Courtage gutschreibt.

o Die Importeurbank hat die Dokumente bei Eintreffen und Aufnahme durch den Importeur zu dessen Lasten einzulösen (abzüglich Provision, Spesen und evtl. Courtage) und der Exporteurbank gutzuschreiben bzw. zu überweisen.

e) Für die Abwicklung von *Remboursk rediten* sind spezielle Konten für Remboursforderungen und -verbindlichkeiten einzurichten, ggf. in Fremdwährung.

f) *Avalkredite:* keine wesentlichen Abweichungen zwischen DM- und FW-Avalkrediten.

3.2 Spezielle Buchungen

3.2.0 Spezielle Aufwandsbuchungen

3.2.00 Lohn- und Gehaltszahlungen

a) Lohn- und Gehaltszahlungen werden als *„Personalkosten"* gebucht. Die damit verbundenen Sozialleistungen werden auf dem Konto *„Soziale Aufwendungen"* erfaßt und mit den Arbeitnehmeranteilen zur Sozialversicherung bis zur Abführung an die Sozialversicherungsträger dem Konto „Sonstige Verbindlichkeiten" zugewiesen. Dieses Konto erfaßt auch die einbehaltenen Steuern. Besonders zu berücksichtigen ist die Abwicklung bei vermögenswirksamen Leistungen: hierbei wird das Konto „Arbeitnehmersparzulage" als Sonstige Forderung angesprochen (möglich ist auch die Buchung im Soll des Kontos „Sonstige Verbindlichkeiten w/Finanzamt").

b) *Geschäftsvorfälle:*

(1) Gehaltsabrechnung:

Bruttogehalt		1 600,– DM
vermögenswirksame Leistung (Arbeitgeber)	+	52,– DM
steuerpflichtiges Einkommen		1 652,– DM
Lohn- und Kirchensteuer	./.	180,– DM
Sozialversicherungsanteil (Arbeitnehmer)	./.	250,– DM
vermögenswirksame Leistung (Arbeitnehmer)	./.	52,– DM
(Lebensversicherungsbeitrag, überwiesen ü/LZB-Abrechng.)		
		1 170,– DM
30 % Arbeitnehmer-Sparzulage	+	15,60 DM
Nettogehalt		1 185,60 DM
Arbeitgeberanteil zur Sozialversicherung		245,– DM

Buchungen:

→ Personalkosten 1 600,– DM
   Soziale Aufwendungen 52,– DM
   Arbeitnehmersparzulage 15,60 DM
      an Kunden-KK 1 185,60 DM
      an Sonst. Verbindl. w./SozialVS 250,– DM
      an Sonst. Verbindl. w/Finanzamt 180,– DM
      an LZB-Abrechnung 52,– DM
→ Soziale Aufwendungen an Sonstige Verbindl. w/SozialVS 245,– DM

(2) Zahlung eines Vorschusses:

→ Sonstige Forderungen an Kunden-KK
(Verrechnung bei Gehaltszahlung: an Sonstige Forderungen)

3.2.01 Abschreibungen

3.2.010 Abschreibungen auf Sachanlagen

a) *Wesen:* Abschreibungen ermöglichen die buchhalterische Berücksichtigung der Wertminderungen bei Sachanlagen infolge

o Abnutzung
o Veraltung.

Die Erfassung der Abschreibungen als *Kosten* ermöglicht ihre betriebliche Umsetzung und Einbeziehung in die Kalkulation/Kosten- und Erlösrechnung und führt dazu, daß ein Wirtschaftsgut nicht am Ende seiner Nutzungsdauer zu Lasten des Kapitals ersetzt werden muß, sondern sein Ersatz in vertretbarem, über die Nutzungsdauer verteiltem Umfang „verdient" worden ist.

b) *Methoden* (Berechnungsarten):
o *lineare* Abschreibung gleichbleibender Beträge in Prozent des Anschaffungswertes:

$$\text{Abschreibungsbetrag p. a.} = \frac{\text{Anschaffungswert ./. Restwert}}{\text{Nutzungsdauer}}$$

Der Restwert (Schrottwert) wird meist nur als Erinnerungsposten von 1,– DM angesetzt.

o *degressive* Abschreibung in Prozent vom jeweiligen (Rest-)Buchwert, d. h. in jährlich fallenden Beträgen
o *digitale* Abschreibung um einen sich jährlich gleichmäßig vermindernden Betrag:

$$\text{Abschreibungssatz} = \frac{\text{Zahl der verbleibenden Jahre}}{\text{Summe der Jahre der Gesamtnutzungsdauer}}$$

c) *Buchungsarten:*

o *direkte* Abschreibung: unmittelbare Buchung der Wertminderung auf dem Anlagekonto, d. h.

→ Abschreibungen   an Anlagekonto
   (auf Gebäude,   (Grundstücke und Gebäude,
   Geschäftsausstattung) Betriebs- und Geschäftsausstattung)

o *indirekte* Abschreibung: das Bestandskonto bleibt zunächst unberührt, die Wertminderung wird auf einem separaten Konto „Wertberichtigungen" erfaßt (Vorteil: Anschaffungswert und Abschreibungsbetrag sind klar ersichtlich). Buchung:

→ Abschreibungen an Wertberichtigungen

Auflösung der Wertberichtigung erfolgt bei

– Veräußerung des Wirtschaftsgutes

- Erreichen des Endes der Nutzungsdauer
- Vernichtung.

Buchung:

→ Wertberichtigungen an Anlagekonto

Entspricht bei Verkauf der Erlös nicht dem Buchwert des abgeschriebenen bzw. wertberichtigten Anlagegutes, so wird ein Mehr- oder Minderlös erzielt, der als neutraler Erfolg zu buchen ist.

d) *Geringwertige Wirtschaftsgüter* können im Jahr der Anschaffung *voll* abgeschrieben werden. Voraussetzung: Anschaffungswert (ohne Mehrwertsteuer) übersteigt nicht 800,– DM.

3.2.011 Abschreibungen auf Forderungen

a) *Wesen:* Wie Sachanlagen können auch Forderungen einem Wertverlust unterliegen, der allerdings nicht auf Abnutzung/Veraltung, sondern auf

o einen Bonitätsverlust des Kunden (bis hin zum Konkurs)

o externe Faktoren (Nichtigkeit des Anspruchs, keine Realisierbarkeit der Forderung z. B. wegen Eintritts von Risiken bei Auslandskrediten)

zurückzuführen ist.

b) *Rechtsgrundlagen:*

o Forderungen gehören zum Umlaufvermögen von KI, da sie nicht dazu bestimmt sind, dauernd dem Geschäftsbetrieb zu dienen (§ 247 II HGB)

o daher gelten die Bewertungsvorschriften des HGB für Umlaufvermögen (§ 253 HGB) und § 26 a KWG, vgl. Abschnitte 0.4.04, 3.0.231 c, 3.1.321

o dies bedeutet
- grundsätzlich die Bewertung mit den „Anschaffungskosten", also dem ursprünglichen Nennbetrag der Forderung (§ 253 I HGB)
- die zwingende Anwendung des Niederstwertprinzips, d. h. Bewertung mit dem niedrigeren Wert am Bilanzstichtag (§ 253 III HGB)
- die Möglichkeit, nach § 26 KWG zusätzliche Wertberichtigungen zu bilden (s. u.).

c) *Konsequenzen:*

o *Uneinbringliche* Forderungen sind abzuschreiben

o *zweifelhafte* (dubiose) Forderungen sind mit ihrem wahrscheinlichen Wert anzusetzen.

Buchungen:

o Forderung ist uneinbringlich: direkte Abschreibung

→ Abschreibungen auf Forderungen an Kunden-KK, Darlehen o. ä.

o Forderung wird zweifelhaft:
  → Abschreibungen auf Forderungen an Einzelwertberichtigungen

d) *Einzelwertberichtigungen* sind Wertkorrekturen für eine einzelne Forderung. Sie erfolgen, wenn die Ausfallgefahr erkennbar wird. Wann das der Fall ist, muß das Institut intern festlegen.

o Wenn bei wertberichtigter Forderung der Ausfall eintritt:
  → Einzelwertberichtigungen an Kunden-KK
o Eingang der Zahlung auf eine voll abgeschriebene Forderung:
  → LZB-Giro an Sonstige neutrale Erträge

e) *Bilanzierung:* Einzelwertberichtigungen auf Forderungen dürfen *nicht* ausgewiesen werden. Sie werden vom Forderungsbestand abgesetzt (Kompensation) und bilden demnach stille Reserven.

f) *Pauschalwertberichtigungen:*

o Das Bundesaufsichtsamt hat in einer Anordnung von 1974 den KI die Bildung von *Sammelwertberichtigungen* in bestimmtem Umfang vorgeschrieben. Ziel der Bildung von Sammelwertberichtigungen ist die Berücksichtigung von Risiken, die im Einzelfall nicht vorhersehbar sind, durch pauschale, prozentuale Korrektur des Forderungsbestandes am Ende des Geschäftsjahres.
o Diese Anordnung ist 1988 mit der Maßgabe *aufgehoben* worden, daß die Sammelwertberichtigungen letztmalig für Geschäftsjahre anzuwenden waren, die *vor* dem 31.12.1988 endeten. Daher waren die bislang in den Jahresabschlüssen enthaltenen Sammelwertberichtigungen im Jahresabschluß zum 31.12.1988 erfolgswirksam aufzulösen und der Ertragsbesteuerung zuzuführen. Der Buchgewinn durfte auf die Geschäftsjahre 1988, 1989 und 1990 verteilt werden.
o Seitdem sind die latenten Risiken von Forderungsausfällen durch die Bildung von *Pauschalwertberichtigungen* nach handelsrechtlichen Grundsätzen und auf der Basis von § 26 a KWG zu berücksichtigen.

3.2.1 Abgrenzungsbuchungen

3.2.10 Sachliche Abgrenzung

a) Wesen: Sachliche Abgrenzung ist die Trennung der Aufwendungen und Erträge nach den Gesichtspunkten

- o betrieblich
- o betriebsfremd
- o ordentlich (gewöhnlich)
- o außerordentlich.

Die Trennung des ordentlichen betrieblichen Erfolges vom neutralen Ergebnis ist erforderlich für eine sachlich einwandfreie, die betriebliche Leistungsfähigkeit wiedergebende Statistik als Betriebsvergleich in Form

o des Zeitvergleichs

o des Branchenvergleichs

o des Planvergleichs,

die ihrerseits Voraussetzung für eine korrekte Kosten- und Erlösrechnung und Kalkulation sind. Denn nur betrieblich-ordentliche Erträge können so verstetigt werden, daß es auf Dauer gelingt, die Kosten zu decken und einen Überschuß zu erwirtschaften. Die sachliche Abgrenzung dient also der betrieblichen *Kontinuität*.

b) *Kosten* sind nur die betrieblichen *und* ordentlichen (gewöhnlichen) Aufwendungen. Sie sind i. d. R. in einer Kontoklasse zusammengefaßt.

c) *Einzelfälle:*

o *außergewöhnlicher Erfolg:* Kassenfehlbetrag oder -überschuß, Mehr- oder Mindererlös gegenüber dem Buchwert bei Verkauf von Betriebs- und Geschäftsausstattung, Schaden/Verlust von Anlagegütern durch höhere Gewalt, Versicherungsmehr- oder -mindererlös bei Schadensersatz, Diebstahl/Einbruch/Überfall usw., Steuernachzahlungen oder -rückvergütungen für abgeschlossene Rechnungsperioden, Erträge bei Auflösung zu hoher Wertberichtigungen oder Rückstellungen

o *betriebsfremder Erfolg:* Mehr- oder Mindererlös aus dem Verkauf eigener Anlagegüter (wobei die Abgrenzung zu betrieblichen Erfolgen fließend ist, z. B. Kursgewinne bei eigenen Wertpapieren); sonstige Erfolge aus Betätigungen, die nicht Bankgeschäfte sind (selten; z. B. Lottogewinn; meist wird die Grenze dessen überschritten werden, was das Bundesaufsichtsamt aufgrund des KWG dem KI an kreditwesenfremder Tätigkeit zugestehen kann).

3.2.11 Zeitliche Abgrenzung

a) *Wesen:* Zeitliche Abgrenzung ist die Trennung der Aufwendungen und Erträge nach den Gesichtspunkten

o periodengerecht

o periodenfremd.

Periode ist dabei das jeweilige Geschäftsjahr. Ziel der zeitlichen Abgrenzung ist die Durchführung einer zeitlich genauen Erfolgsrechnung, die wie die sachliche Abgrenzung Voraussetzung für einen korrekten Betriebs- und Zeitvergleich und für richtige Kalkulation ist.

Die zeitliche Abgrenzung wird notwendig, da Erfolge nicht immer in dem Jahr, dem sie zuzurechnen sind, aufgrund eines Geschäftsvorfalles gebucht werden können. Oft betreffen sie außerdem teilweise das vorausgehende oder folgende Geschäftsjahr.

b) *Arten:*
o Werden im alten Jahr Aufwendungen/Erträge gebucht, die ganz/teilweise wirtschaftlich zum alten Jahr gehören, aber erst im neuen Jahr durch Zahlung (Ausgaben bzw. Einnahmen) anfallen, spricht man von *antizipativen* Posten: die Buchungen des neuen Jahres werden in das alte Jahr *vorgezogen,* d. h.
   – (per) Aufwandskonto
   – an Ertragskonto,
   wobei das Gegenkonto der Tatsache Rechnung trägt, daß der im neuen Jahr anfallende Erfolg bereits einen Anspruch bzw. eine Verpflichtung darstellt:
   – an Sonstige Verbindlichkeiten bzw.
   – (per) Sonstige Forderungen.
   Bei Zahlung im neuen Jahr werden diese Konten wieder ausgeglichen.
o Werden im alten Jahr Aufwendungen/Erträge gebucht, die ganz/teilweise wirtschaftlich zum neuen Jahr gehören, obwohl die Zahlung bereits im alten Jahr erfolgt ist, spricht man von *transitorischen* Posten: die Buchungen des alten Jahres *greifen in das neue Jahr über.* Daher müssen die bei Zahlung angesprochenen Erfolgskonten um den auf das neue Jahr entfallenden Betrag reduziert werden: Buchung *entgegengesetzt* zur Zahlung, d. h.
   – (per) Ertragskonto
   – an Aufwandskonto.
   Das Gegenkonto ist ein spezielles Rechnungsabgrenzungskonto:
   – *aktive* Rechnungsabgrenzung (ARA), wenn der *Aufwand* des alten Jahres vermindert wird („aktiv", da die Zahlung bereits geleistet wurde, insofern also ein Guthaben besteht)
   – *passive* Rechnungsabgrenzung (PRA), wenn der *Ertrag* des alten Jahres vermindert wird („passiv", da das KI die Zahlung für das neue Jahr bereits erhalten hat, insofern also eine Verbindlichkeit besteht).
Die Rechnungsabgrenzungskonten werden mit Beginn des neuen Geschäftsjahres aufgelöst.

Zeitliche Abgrenzung		
	Die Zahlung erfolgt	
	im alten Jahr (transitorisch)	im neuen Jahr (antizipativ)
abzugrenzender Betrag	der des neuen Jahres	der des alten Jahres
Buchung auf dem Erfolgskonto	entgegengesetzt zur Zahlung	wie bei Zahlung
Gegenkonto	aktive/passive Rechnungsabgrenzung	sonstige Forderungen/ Verbindlichkeiten
Auflösung der Gegenkonten im neuen Jahr	sofort am 2. Januar	bei Zahlung

c) Geschäftsvorfälle:

(1) *antizipative Posten:*

(a) Reparatur einer Büromaschine am 28.12. zu 200,– DM + 14 % MwSt., Bezahlung am 04.01.:

→ Raumkosten an Sonstige Verbindlichkeiten 228,– DM

(b) Steuererstattung für das abgelaufene Jahr 1 600,– DM, Eingang Anfang Januar:

→ Sonstige Forderungen an Steuererstattungen 1 600,– DM

(c) Auf eigene Wertpapiere gehen Zinsen über 60 000,– DM im neuen Jahr ein; Anteil des alten Jahres 15 000,– DM:

→ Sonstige Forderungen an Wertpapiererträge 15 000,– DM

Eingang der Zinsen im neuen Jahr:

→ LZB-Giro   60 000,– DM

an Sonstige Forderungen   15 000,– DM

an Wertpapiererträge   45 000,– DM

(d) Zinsen für das abgelaufene Geschäftsjahr über insgesamt 18 000,– DM sind am 31.12. noch nicht eingegangen:

→ Sonstige Forderungen an Zinserträge 18 000,– DM

(2) *transitorische Posten:*

(a) Miete für Zweigstellen-Geschäftsräume November–April über 1 800,– DM wurde am 31.10. gezahlt:

Buchung bei Zahlung:

→ Raumkosten an LZB-Abrechnung 1 800,– DM

Buchung am Jahresende:

→ Aktive RA an Raumkosten 1 200,– DM

Buchung am Anfang des neuen Jahres:

→ Raumkosten an Aktive RA 1 200,– DM

(b) Diskontierung eines Wechsels am 15.12.; Verfall 30.01.; Diskonterlös 360,– DM; der Wechsel wird zum *Nennwert* bilanziert:

Buchung bei Diskontierung:

→ Diskontwechsel   48 000,– DM

an Kunden-KK   47 640,– DM

an Diskonterträge   360,– DM

Buchung am Jahresende:

→ Diskonterträge an Passive RA 240,– DM

Buchung am Anfang des neuen Jahres:

→ Passive RA an Diskonterträge 240,– DM

Falls der Wechsel zum *Barwert* bilanziert wird, lautet die Buchung am Jahresende:

→ Diskonterträge an Diskontwechsel 240,– DM

3.2.12 Rückstellungen

a) *Wesen:* Auch Rückstellungen sind im weitesten Sinne Abgrenzungsbuchungen, da sie im alten Jahr für Aufwendungen, die im neuen Jahr anfallen, vorgenommen werden.

Rückstellungen werden gebildet (§ 249 HGB)

o für Verbindlichkeiten, die ihrem Grunde nach im alten Jahr entstanden sind, deren Höhe und/oder Fälligkeit aber noch nicht feststehen
o für drohende Verlust aus noch schwebenden Geschäften
o für im Geschäftsjahr unterlassene Aufwendungen für Instandhaltung/Abraumbeseitigung
o für Gewährleistungen, die ohne rechtliche Verpflichtung erbracht werden.

Die *Höhe* der Rückstellung muß geschätzt werden. Nach § 253 I HGB darf nur der Betrag angesetzt werden, der nach vernünftiger kaufmännischer Beurteilung notwendig ist.

Rückstellungen dürfen nur aufgelöst werden, soweit der Grund für die Rückstellung entfallen ist.

b) *Einzelfälle:* Typischerweise sind Rückstellungen zu bilden für

o Steuern
o Kosten des Jahresabschlusses
o Prozeßkosten
o Pensionsverpflichtungen (separates Konto „Pensionsrückstellungen")
o Reparaturen
o drohende Verluste aus schwebenden Geschäften (z. B. Inanspruchnahme aus Avalkrediten, Indossamentsverbindlichkeiten, sonstigen Gewährleistungen).

c) *Buchung:* Rückstellungen werden zu Lasten des Aufwandskontos gebildet und bei Kostenanfall durch Zahlung aufgelöst, wobei „Erträge aus der Auflösung von Rückstellungen" anfallen können.

Beispiel: Das KI rechnet mit dem Verlust eines Prozesses und dem Anfallen von Prozeßkosten über 4 500,– DM:

→ Prozeßkosten an Rückstellungen 4 500,– DM

Der Prozeß geht verloren; Kosten 4 000,– DM:

→ Rückstellungen   4 500,– DM
                         an LZB-Giro   4 000,– DM
                         an Auflösung v. Rückstell.   500,– DM

Abwandlung: Die Kosten betragen 5 500,– DM:

→ Rückstellungen   4 500,– DM
    Prozeßkosten   1 000,– DM
                         an LZB-Giro   5 500,– DM

3.2.2 Sonstige Buchungen

3.2.20 Mehrwertsteuer (Umsatzsteuer)

a) *Wesen:* Besteuerung des *Mehrwertes* bei Handel und Dienstleistungen mit einem Satz von derzeit 14 % (für besondere Leistungen gilt halbe Steuer oder Steuerbefreiung); vgl. Abschnitt 3.1.002.

b) KI kommen mit der Mehrwertsteuer in Berührung,
o wenn sie eine steuerpflichtige Leistung *erhalten*
o wenn sie eine steuerpflichtige Leistung *erbringen*.

Leistungen von KI sind überwiegend von der Mehrwertsteuer befreit. Ausnahmen:

o Verkäufe von Edelmetallen, Münzen (vgl. Abschnitt 0.6.20), Medaillen
o Verkäufe von Sicherungsgut
o Verkäufe von Gegenständen des Anlagevermögens
o Vermietung von Schrankfächern
o Vermögensverwaltung.

Die bei diesen Leistungen in Rechnung gestellte Mehrwertsteuer wird auf dem Konto „Mehrwertsteuer" erfaßt und bis zur Überweisung an das Finanzamt gehalten.

Wenn KI eine steuerpflichtige Leistung erhalten, so ist die erhobene Mehrwertsteuer nur dann als *Vorsteuer* abzugsfähig, wenn sie *steuerpflichtigen* Umsätzen des KI unmittelbar *zugerechnet* werden kann, also einer der oben dargestellten Leistungen des KI. In diesem Fall wird die Mehrwertsteuer auf dem Konto „Vorsteuer" erfaßt und vor Abführung der erhobenen Mehrwertsteuer mit dieser verrechnet. Der Differenzbetrag = die *Zahllast* wird an das Finanzamt abgeführt. Diese Zahllast entspricht dabei stets einer Besteuerung des durch das KI geschaffenen Mehrwertes.

Ist die dem KI in Rechnung gestellte Mehrwertsteuer *nicht* abzugsfähig, wird sie buchhalterisch ebenso erfaßt wie die Leistung selbst. Beispiele:

(1)   Anschaffung einer Schreibmaschine für 900,– DM + 126,– DM MwSt:
        → Betriebs- und Geschäftsausstattung an LZB-Giro 1 026,– DM

(2) Kauf von Heizöl über 4 000,– + 560,– DM MwSt:
→ Raumkosten an LZB-Giro 4 560,– DM

3.2.21 Weitere Steuern

a) *Gewerbesteuern, Vermögensteuer* und *Grundsteuer* sind Kosten, also ordentliche betriebliche Aufwendungen, und werden auf separaten Konten erfaßt. Auch die *Kraftfahrzeugsteuer* ist eine Kostensteuer; sie wird als Bestandteil der Fuhrparkkosten angesehen.

b) *Einkommen-* bzw. *Körperschaftsteuer* wird als vom Ergebnis abhängige Steuer in der Klasse 7 auf dem Konto „Ertragsteuern" verbucht.

3.2.22 Kalkulatorische Kosten

a) *Wesen:* Kosten, die nicht effektive Aufwendungen darstellen, d. h. nicht über ein Zahlungsverkehrskonto bezahlt werden müssen, sondern die gebucht werden, um einen wirtschaftlichen Vorteil – z. B. die Unterbringung in eigenen Geschäftsräumen – nicht zu einem kalkulatorischen Nachteil werden zu lassen, sind kalkulatorische Kosten.

Das Unternehmen bucht die nicht gezahlte Miete als kalkulatorischen Kostenfaktor, um in der Kosten- und Erlösrechnung von einer mit anderen KI vergleichbaren kalkulatorischen Grundlage auszugehen und den wirtschaftlichen Wert des eigenen Gebäudes nicht dadurch auszuhöhlen, daß das darin gebundene Kapital brachliegt.

b) *Buchung:* Beispiel: Für die Geschäftsräume eines KI im eigenen Gebäude müßten bei Anmietung monatlich 10 000,– DM aufgebracht werden:

→ Raumkosten an Mieterträge 10 000,– DM

3.2.23 Jahresabschluß, Bilanzgewinn, Rücklagen

a) Der sich in der Gewinn- und Verlustrechnung ergebende Saldo aus der Gegenüberstellung von Aufwendungen und Erträgen ist der *Jahresüberschuß* oder *Jahresfehlbetrag*. Er berücksichtigt nur das Gesamtergebnis, das neutrale Erfolge ebenso wie betrieblich-ordentliche Erfolge enthält.

b) Ein sich ergebender Jahresüberschuß wird zur Rücklagenbildung eingesetzt; bei Aktiengesellschaften wie folgt:
o der gesetzlichen Rücklage werden jährlich mindesten 5 % des Jahresüberschusses (gemindert um Verlustvortrag) zugeführt, bis die Rücklage mindestens 10 % des Grundkapitals erreicht hat (§ 150 AktG)

o darüber hinaus können freie Rücklagen gebildet werden (Zuführung bis zur Hälfte des Jahresüberschusses)

o die gesetzliche Rücklage enthält darüber hinaus das Agio (Aufgeld) bei Ausgabe von Aktien oder Wandelschuldverschreibungen.

c) Der nach Dotierung der Rücklagen verbleibende Gewinn wird als *Bilanzgewinn* ausgewiesen und an die Inhaber *ausgeschüttet*.

d) *Buchungen:*
  (1) Aus dem Vorjahr besteht ein Bilanz-Verlustvortrag von 500 000,– DM:
  → GuV-Konto an Verlustvortrag 500 000,– DM

  (2) Auf dem GuV-Konto ergibt sich nunmehr ein Gewinn von 2 500 000,– DM. Der gesetzlichen Rücklage werden 5 %, der freien Rücklage 375 000,– DM zugeführt:

  → GuV-Konto   500 000,– DM
        an gesetzliche Rücklagen   125 000,– DM
        an Andere Rücklagen   375 000,– DM

  (3) Buchung des Bilanzgewinns:
  → GuV-Konto an Bilanzgewinn 2 000 000,– DM

  (4) Abschluß der Konten Grundkapital, Gesetzliche Rücklagen, Andere Rücklagen und Bilanzgewinn über das SBK.

  (5) Im neuen Jahr: Übertragung des Bilanzgewinns auf ein Gewinnverteilungskonto, nach Hauptversammlungs-Beschluß Verteilung des Gewinns unter Berücksichtigung von Kapitalertragsteuer und Körperschaftsteuer.

e) Zur Eigenkapitalausstattung einzelner Arten von KI vgl. die Vorschriften des § 10 KWG (Abschnitt 1.0.122).

3.3 Kosten- und Erlösrechnung

3.3.0 Grundlagen

3.3.00 Aufwendungen und Erträge

a) *Aufwendungen* sind die von einem Unternehmen innerhalb eines bestimmten Zeitraums (z. B. Geschäftsjahr) eingesetzten, d. h. *verbrauchten* Güter und Dienstleistungen.

b) *Erträge* bilden den von einem Unternehmen innerhalb eines bestimmten Zeitraums erzielten *Wertzuwachs*.

c) *Unterscheidung:*
o ordentliche betriebliche Aufwendungen und Erträge entstehen für die und aus der Erbringung der jeweiligen betriebstypischen Leistung, z. B. der Bankgeschäfte
o neutrale Aufwendungen und Erträge
  – stehen mit dem Betriebszweck nicht in Zusammenhang (betriebsfremd)
  – oder haben mit dem gewöhnlichen Betriebsablauf nichts zu tun (außerordentlich), d. h.
    – sie sind unregelmäßig (und insoweit unberechenbar, z. B. Kursgewinne und -verluste)
    – sie sind periodenfremd.

3.3.01 Kosten und Erlöse

a) Die *Leistung* eines Betriebes ist abhängig von der Betriebsart. Sie kann stark spezialisiert oder aber weit differenziert wie z. B. die Leistungspalette von Kreditinstituten sein.

b) *Kosten* sind die für die betriebliche Leistung verbrauchten Güter und Dienstleistungen; sie entsprechen demnach weitgehend den ordentlichen betrieblichen Aufwendungen (sog. *Grundkosten*) und werden ergänzt durch sog. *Zusatzkosten* = kalkulatorische Kosten (vgl. Abschnitt 3.2.22). Arten: z. B.

o kalkulatorische Raumkosten
o kalkulatorische Abschreibungen
o kalkulatorisches Risiko (Wagnis).

c) *Erlöse* sind die ordentlichen betrieblichen Erträge *(Grunderlöse)* sowie kalkulatorische Erlöse (z. B. bei Kreditgenossenschaften) = *Zusatzerlöse*.

3.3.02 Bankleistungen

a) *Bankleistungen* sind Leistungen eines KI aus dem Beziehungsbereich zum Kunden (Gegensatz: Verwaltungsleistungen, die dem betriebsinternen Bereich zuzurechnen sind). Beispiel: Kontoeröffnung = Bankleistung, Belegablage = Verwaltungsleistung.
Bankleistungen werden unterschieden in Betriebs- und Wertleistungen.

b) *Betriebsleistung* (Stückleistung) ist die durch den Einsatz

o menschlicher Arbeitskraft

o von Betriebsmitteln (Produktionsfaktoren) = organisatorisch-technisch
erbrachte Leistung.

c) *Wertleistung* ist der finanzielle Teil einer Leistung, d. h. die Entgegennahme oder Überlassung von Kapital.

d) Die dem jeweiligen Bereich zugewiesenen Kosten und Erlöse lassen sich dementsprechend einordnen in

o Betriebskosten/Betriebserlöse (z. B. Personal-, Sachkosten; Provisionserträge)

o Wertkosten/Werterlöse (z. B. Zinsaufwendungen und -erträge).

e) Betriebsleistung und Wertleistung sind voneinander weitestgehend *unabhängig*. (Für die mit der Entgegennahme einer Einlage verbundene Betriebsleistung ist die Höhe der Einlage grds. ohne Bedeutung.)

3.3.03 Bedeutung der Kosten- und Erlösrechnung

Die Kosten- und Erlösrechnung dient der *Entscheidungsfindung* im Rahmen der Geschäftspolitik aufgrund umfassender und aktueller *Informationen* über

o die Selbstkosten

o die Wirtschaftlichkeit

o den Erfolg

der Unternehmung.

a) Die *Selbstkosten* sind die pro Leistungseinheit errechneten Kosten der Einzelleistungen des Unternehmens. Sie stellen das Minimum des auf dem Markt zu verlangenden Preises dar, wenn kostendeckend gewirtschaftet werden soll. Mit den durch Marktuntersuchung und Erfahrungswerte feststellbaren Preisobergrenzen ergeben sie den Spielraum für die geschäftspolitischen Preisentscheidungen im Hinblick auf Normal- und Sonderkonditionen.

b) Die Kontrolle der *Wirtschaftlichkeit* ergibt sich aus dem Verhältnis von *Kosten* und *Leistungen* zueinander. Leistung ist z. B. die bearbeitete Postenzahl in der Kasse, bei

Überweisungen oder Inkassoschecks, Kosten sind die auf die Einzelleistung entfallenden Stückkosten (z. B. pro Posten, Überweisung, Scheck).

Die einzelne errechnete Beurteilungszahl sagt für sich nichts aus; eine Wirtschaftlichkeitskontrolle ermöglichen *Vergleichszahlen:*

o *Zeitvergleich* mit vorangegangenen Ergebnissen z. B. früherer Geschäftsjahre, betriebsintern

o *Betriebsvergleich* mit den Ergebnissen anderer, vergleichbarer Unternehmen derselben Branche, z. B. einer Sparkasse mit anderen, gleich großen und gleichartig strukturierten Sparkassen

o *Planvergleich* der Ist-Ergebnisse mit den anhand von Erfahrungs- und Vergleichswerten festgesetzten Soll-Werten.

c) Bei der *Erfolgskontrolle* werden *Kosten* und *Erlöse* zueinander in Beziehung gesetzt. Die Erfolgsermittlung wird für einzelne Leistungen und Leistungsbereiche vorgenommen, wobei neben dem absoluten Erfolg vor allem die Relation durch Zeit-, Betriebs- und Planvergleich wesentlich ist.

3.3.1 Verfahren der Kosten- und Erlösrechnung

3.3.10 Betriebsabrechnung

3.3.100 Kostenartenrechnung

a) *Wesen:* In der Kostenartenrechnung werden alle Betriebskosten nach der Art und dem Verbrauch gegliedert.

b) *Kostenarten:*

o Einzel- und Gemeinkosten
  – Einzelkosten können einer konkreten Leistung direkt zugerechnet werden (z. B. Kosten für Konto-Eröffnung)
  – bei Gemeinkosten ist die unmittelbare Zurechnung zu einer Leistung nicht möglich (z. B. Raumkosten für die Geschäftsräume); für die Verteilung auf die einzelnen Kostenstellen muß ein Verteilerschlüssel gefunden werden

o fixe und variable Kosten
  – variable Kosten sind Kosten, die von der jeweiligen Leistung (Beschäftigungsgrad) abhängen (z. B. Kilometergeld; abhängig von der Kilometerleistung)
  – fixe Kosten sind von der jeweiligen Leistung unabhängig (z. B. Grundmiete für Fotokopierer unabhängig von der Kopierleistung)

o Kosten nach dem Verbrauch: Gliederung nach Art der verbrauchten Leistung, z. B.
  – Personalkosten
  – Sachkosten (Raumkosten, Bürobedarf, Fuhrparkkosten usw.)
  – Betriebsteuern
  – Abschreibungen usw.

c) *Bedeutung:* Die Kostenartenrechnung ermöglicht Aussagen über die Kostenentwicklung innerhalb einer Zeitspanne, und zwar absolut oder relativ durch Zeit-, Betriebs- und Planvergleich, und läßt damit eine Kontrolle von Kostenentwicklung und Kostenstruktur zu.

3.3.101 Kostenstellenrechnung

a) *Wesen:* Aufbauend auf der Kostenartenrechnung, werden in der Kostenstellenrechnung die Kosten den Stellen zugerechnet, wo sie entstehen.

b) *Bildung von Kostenstellen:* erfolgt unterschiedlich, je nachdem, wie exakt die Kostenrechnung sein soll, bis hin zum einzelnen Arbeitsplatz als Kostenstelle.

Die Kostenstellen werden grds. zunächst danach unterschieden, ob sie zum kundenorientierten (marktbezogenen) oder zum innerbetrieblichen Bereich gehören. Weitere Gliederungsmöglichkeiten bieten insb.

o die Gleichartigkeit der Leistung, z. B. Kreditgewährung
o die Art der Marktleistung, z. B. Effektenkommission
o die verschiedenen Kompetenzen (Gruppen-, Abteilungsleiter)
o die räumlich-organisatorischen Gesichtspunkte (z. B. Zentrale, Filialen, Zweistellen).

Üblich ist eine Unterscheidung in

o Hauptkostenstellen (z. B. Kontoeröffnung)
o Nebenkostenstellen (z. B. Verkauf eines in der Zwangsversteigerung erworbenen Grundstücks)
o Hilfskostenstellen (z. B. Expedition, Fuhrpark) = betriebsbezogene Kostenstellen
o evtl. allgemeine Kostenstellen (z. B. Geschäftsleitung, Grundstücke).

Der Kostenstellenplan ist auf die Bedürfnisse des einzelnen KI auszurichten.

c) Die *Kostenverteilung* wird im *Betriebsabrechnungsbogen (BAB)* vorgenommen. Den Kostenarten (senkrechte Rubrik) stehen die verursachenden Kostenstellen (waagerechte Rubrik) gegenüber.

Einzelkosten können den verursachenden Kostenstellen direkt zugerechnet werden. Für *Gemeinkosten* muß aufgrund des Verursachungsprinzips ein Verteilerschlüssel gefunden werden, auch hier ist die Kostenverursachung maßgeblich. Beispiele:

o Verteilung der Raumkosten nach Größe der Räume
o Verteilung der Personalkosten aufgrund von Zeitaufschreibungen für die jeweiligen Leistungen
o Verteilung der Kosten für Büromaterial aufgrund von Materialentnahmescheinen
o Verteilung der Reinigungskosten nach qm-Reinigungsfläche.

Übliches Vorgehen: (Reihenfolge)

o Verteilung der Personalkosten
o Verteilung der Sachkosten
o Verteilung der kalkulatorischen Kosten.

d) *Bedeutung* der Kostenstellenrechnung: bessere Überschaubarkeit der Kostenstruktur in Betriebs-, Zeit- und Planvergleich, da die Kostenverursacher bekannt sind; bessere Feststellbarkeit der Ursachen für Kostenänderungen; wesentlicher Ansatzpunkt für die Durchführung von Maßnahmen zur Kostensenkung/Kostenersparnis.

3.3.102 Kostenträgerrechnung

a) *Wesen:* Als Endstufe der Kostenrechnung werden in der Kostenträgerrechnung die auf die einzelnen vom Unternehmen erbrachten Leistungen entfallenden Kosten ermittelt.

b) *Voraussetzung* ist die Untergliederung der erbrachten Leistungen in *Marktleistungsarten:* vgl. die Bildung von Kostenstellen für den Marktleistungsbereich.

c) Auf die Marktleistungsarten werden *sämtliche* entstandenen Kosten verteilt, da die Marktleistung alle Kosten erwirtschaften soll. Vorgang:

o Verteilung der Hilfskosten auf Haupt-, Neben- und Allgemeine Kostenstellen
o Verteilung der Allgemeinen Kosten (Verwaltungskosten) auf Haupt- und Nebenkostenstellen.

Ergebnis: die Kosten der jeweiligen Marktleistungsart innerhalb eines bestimmten Zeitraums. Bei Division der Kosten durch die Menge (Stückzahl) der erbrachten Leistungen lassen sich die Kosten pro Stück/pro Einheit ermitteln.

d) *Bedeutung:* Die Kostenträgerrechnung ist die eigentliche und maßgebliche Grundlage für Selbstkostenermittlung und Kontrolle der Wirtschaftlichkeit.

3.3.11 Zinsspannenrechnung

3.3.110 Gesamtzinsspannenrechnung

a) *Wesen:* Die Betriebsabrechnung befaßt sich mit der Betriebsleistung. In Kreditinstituten spielen jedoch die *Wert*leistungen eine wesentliche und im Verhältnis bedeutendere Rolle, da die Entgegennahme und Überlassung von Kapital im weitesten Sinne die typische Betätigung von KI darstellen.

Aus der Differenz von Werterlösen und Wertkosten ergibt sich die *Zinsspanne*.

b) *Verfahren:* Die Gesamtzinsspanne, also das Ergebnis aus der Gegenüberstellung aller Wertkosten und -erlöse, wird zu anderen sich aus dem Rechnungswesen ergebenden Werten in Beziehung gesetzt, insbesondere zur *Bilanzsumme*. Damit ergeben sich Beurteilungszahlen, die unterschiedliche Geschäftsjahre und verschiedene KI vergleichbar machen.

c) Die Zinsspanne kann in *Brutto- und Netto*zinsspanne unterschieden werden. Die Bruttozinsspanne ergibt sich aus der Gegenüberstellung von Zinserlösen und Zinskosten (in % der Bilanzsumme); von ihr ist die Bedarfsspanne (in % der Bilanzsumme) abzusetzen, die Betriebs- und Risikokosten sowie Dienstleistungserlöse und Kursgewinne enthält; Ergebnis ist die Nettozinsspanne.

3.3.111 Teilzinsspannenrechnung

a) *Wesen:* Die Teilzinsspannenrechnung dient der Ermittlung der Zinsspanne einzelner Bilanzpositionen, wobei Verbindungen zwischen Aktiv- und Passivseite, also Zusammenhänge zwischen Finanzierung und Refinanzierung hergestellt werden.

b) *Verfahren:* Problematisch ist die Zuordnung der Passiva zu den einzelnen Aktivpositionen, da nicht in jedem Fall (wie z. B. im Realkreditgeschäft eines Realkreditinstituts; bei Diskontierung und Rediskontierung von Wechseln) eine betragsmäßig identische Refinanzierung eines Aktivgeschäfts erfolgt.

Die bestehenden Finanzierungsrichtlinien, wie sie z. B. das Bundesaufsichtsamt in den „Grundsätzen" niedergelegt hat, entsprechen in aller Regel nicht der Betriebswirklichkeit. Das KI muß also zu einer eigenständigen Zuordnung der Kostenbereiche aufgrund der Passiva zu den Erlösbereichen aufgrund der Aktiva finden.

Beispiel: Ein KI nimmt an, daß der Bilanzpostion „Kurzfristige Kundenforderungen" folgende Kostenbereiche zuzuordnen sind:

o 35 % der Sichteinlagen

o 25 % der kurzfristigen Verbindlichkeiten gegenüber KI

o 20 % der Termineinlagen

o 20 % der Spareinlagen.

Die einzelnen Kostenbereiche werden als *Schichten* bezeichnet. Nach ihrer Zuordnung ergibt sich demnach eine *Schichtenbilanz*.

3.3.12 Kalkulation

a) In der *Spartenkalkulation* werden die Kosten und Erlöse einzelner Bereiche = Sparten der Tätigkeit eines KI ermittelt, so daß sich der Erfolg des Bereichs beziffern läßt.

b) Die *Kontenkalkulation* dient der Ermittlung des Erfolgs einzelner Konten, die *Kundenkalkulation* der Feststellung, welcher Erfolg sich aus der gesamten Geschäftsbeziehung zu einem Kunden ergibt.

c) *Verfahren:* Wesentliche Daten ergeben sich bereits aus der Kosten- und Erlösrechnung.

o In der Spartenkalkulation bedarf es insbesondere der Zuordnung der Kosten derjenigen Stellen zu den Sparten, die Leistungen für mehrere Sparten erbringen (Verwaltung, Organisation, Geschäftsleitung usw.).

o In der Kundenkalkulation werden die Betriebskosten pro Leistungseinheit ermittelt; Methoden:
  - Divisionskalkulation: Division der Betriebskosten der jeweiligen Marktleistungsart durch deren Stückzahl
  - Äquivalenzziffernrechnung: bei Leistungsarten, die sich aus mehreren einzelnen Leistungen zusammensetzen, werden Äquivalenzziffern (Verhältniszahlen) der einzelnen Leistungen zueinander, besonders aufgrund des für jede Einzelleistung bestehenden Zeitbedarfs, berechnet.

o Bei der Kontokalkulation müssen die für jedes Kundenkonto erbrachten Leistungen fixiert werden können. Betriebs- und Werterfolg sind separat zu ermitteln, beide bestimmen wie bei der Kundenkalkulation den Erfolg der Kontoverbindung.

3.3.13 Profit Center

a) *Wesen:* Profit Center sind Teilbereiche des Bankbetriebes, die als *wirtschaftlich selbständige Geschäftsbereiche* behandelt werden. Dabei wird dem Delegationsprinzip voll Rechnung getragen. Der wirtschaftliche Erfolg der Teileinheit wird anhand bestimmter Meßzahlen ermittelt.

b) *Technik:* Zur Ermittlung des Erfolgs eines Profit Centers wird der *Deckungsbeitrag* ermittelt. Dies ist der Beitrag, den das Profit Center zum Gesamterfolg des Kreditinstituts leistet. Dabei werden das Zinsergebnis (Aufwendungen und Erträge), das außerordentliche Ergebnis (z. B. Provisionserlöse) und das Betriebsergebnis herangezogen.

Bei der Ermittlung des Zinsergebnisses ist zu berücksichtigen, daß beispielsweise eine Zweigstelle einen Passiv- oder Aktivüberhang haben kann, d. h. mehr Einlagen oder Ausleihungen. Für die Differenz muß ein Bilanzausgleich herbeigeführt werden, also ein Betrag, der die Lücke schließt und der mit einem Rechnungszins bewertet wird.

c) *Praxis:* Bei KI sind Geschäftsstellen besonders geeignet für die Betrachtung als Profit Center. Aber auch Kunden, Kundengruppen, Konten und Geschäftssparten lassen sich entsprechend kalkulieren.

d) *Bedeutung:* Das Profit Center ist ein geeigneter Weg, um die Selbständigkeit einzelner Unternehmensbereiche zu unterstreichen und ihre Selbstverantwortung sowie unternehmerisches Verhalten zu stärken. Dies gelingt insbesondere dann, wenn auch entsprechende Handlungs- und Entscheidungsfreiheit besteht. In der Praxis endet diese meist bei der personellen Verantwortung, d. h. der Freiheit, zu entscheiden, wieviele Mitarbeiter in einem Profit Center eingesetzt werden. Nachteilig kann sich die Versuchung auswirken, nur im Interesse des eigenen Teilbereichs zu handeln.

3.4 Statistik

3.4.0 Grundlagen

a) *Wesen:* Statistik ist die Zusammenfassung bestimmter Daten (sog. Merkmalsträger), ihre Zählung und Tabellierung, um sich wiederholende bzw. in großer Zahl auftretende Vorgänge zu bestimmen, zu vergleichen und analytisch zu beobachten.

In Kreditinstituten dient die Statistik in diesem Sinne der Erfassung und Überprüfung von Geschäftsabläufen, Arbeitsvorgängen und der Entwicklung von Leistungen und Erfolgen des einzelnen Instituts, von Institutsgruppen und des gesamten Kreditgewerbes.

b) Während die Zusammenfassung mehrerer bzw. einer Vielzahl von KI zu volkswirtschaftlich interessanten Daten führt (vorgenommen insb. durch die Deutsche Bundesbank), befaßt sich die innerbetriebliche Statistik mit

o der Betriebsleistung (Betriebsstatistik)
o der Wertleistung (Geschäftsstatistik).

Betriebsstatistik ist die mengenmäßige Erfassung z. B. in der Posten-, Personal-, Kontenstatistik. Geschäftsstatistik ist die wertmäßige Erfassung z. B. in der Umsatz-, Erfolgs-, Bilanzstatistik. Die monatliche Bilanzstatistik (BiSta) ist zugleich volkswirtschaftlich bedeutsam, da sie der Deutschen Bundesbank zuzuleiten ist, die sie statistisch auswertet.

3.4.1 Methodik

a) *Erhebung* ist die Beschaffung des statistischen Materials durch bestimmte methodische Verfahren. Dabei kommt es auf exakte sachliche und zeitliche Fixierung der sog. Grundgesamtheit (= die statistisch zu untersuchende Masse) an.

o Vollerhebung = Erfassung sämtlicher Teilmengen einer Gesamtmasse (z. B. Erfassung sämtlicher anfallenden Posten in der Postenstatistik)
o Teilerhebung = Auswahl einer als repräsentativ angesehen Teilmasse (z. B. Vornahme von Stichproben zur Prüfung der Kreditwürdigkeit von Konsumentenkreditnehmern); Auswahlkriterien:
  – bewußte Auswahl der nach objektiven Kriterien repäsentativen Teilmasse
  – bewußte Auswahl, dabei bewußtes Auslassen unbedeutender Teile
  – Zufallsauswahl.

b) *Auswertung* durch Aufbereitung der statistischen Daten, d. h. Zusammenfassung gleichartiger, Verbindung vergleichbarer Daten, Gegenüberstellung, Bildung von Beziehungen.

c) *Darstellung:*
o Tabellen
o Texterläuterungen
o Bildung von Relationen, Verhältniszahlen
o grafische Darstellung usw.

d) In der *deskriptiven* (beschreibenden) *Statistik* werden
o Häufigkeitsverteilung (z. B. Verteilung der gewerblichen Kredite nach Zahl und Volumina auf bestimmte Branchen)
o Zeitreihen (z. B. vierteljährliche Erfassung der Neuabschlüsse im Realkreditgeschäft)

untersucht.

e) Die *induktive* (schlußfolgernde) *Statistik* stellt Beziehungen der statistisch erfaßten Daten zueinander, zu anderen statistisch ermittelten Daten, zu Indexzahlen (z. B. „1970 = 100") usw. her und enthält dementsprechend Wertungen der dargestellten Untersuchungsergebnisse und Schlußfolgerungen. Mittel sind besonders auch errechnete Kennzahlen.

3.5 Wiederholung

Abschnitt 3.0 Grundlagen

1. Aus welchen rechtlichen und wirtschaftlichen Gründen benötigen Kreditinstitute ein funktionsfähiges Rechnungswesen?

2. Welche Grundsätze ordnungsmäßiger Buchführung kennen Sie?

3. Erklären Sie folgende Begriffe:
    a) Inventur
    b) Inventar
    c) Bilanz

4. In welche Hauptgruppe ist die Bilanz eines Kreditinstitutes gegliedert? Nennen Sie für jeden Bereich drei wesentliche Bilanzpositionen!

5. Was versteht man unter einem Aktiv- bzw. einem Passivtausch?

6. Erklären Sie den Unterschied zwischen Grundbuch und Hauptbuch!

7. „Erfolge sind betriebliche Erträge eines Unternehmens." Ist dieser Satz richtig? (Mit Begründung!)

8. Nennen Sie die Buchungen, mit denen Erfolgskonten abgeschlossen und der Gewinn oder Verlust einer Unternehmung verbucht werden!

9. Was versteht man unter einem gemischten Bestandskonto? Nennen Sie ein Beispiel!

10. Erklären Sie Wesen und Bedeutung einer Betriebsübersicht!

11. Wie ist eine Betriebsübersicht aufgebaut? Nennen und beschreiben Sie Stufen, in denen die Arbeit mit der Betriebsübersicht abläuft!

12. Welche Vorschriften über die Rechnungslegung von KI enthält das KWG?

Abschnitt 3.1 Buchungen im Geschäftsverkehr und 3.2 Spezielle Buchungen

Buchen Sie die nachfolgenden Geschäftsvorfälle!

1. Feststellung eines Überschusses in der Kasse.

2. Kunde kauft Sorten zu Lasten seines DM-Girokontos.

3. Ein KI erwirbt einen Goldbarren zu 10 000,– DM zzgl. MwSt. und verkauft diesen an einen Kunden zu 11 000,– DM zzgl. MwSt.

4. Ein KI führt eine Überweisung zu Lasten des Kunden-Kontos aus. Vier Verrechnungswege bieten sich an.

5. In der LZB-Abrechnung ergibt sich ein Saldo von 5 500 000,– DM zugunsten des eigenen KI.

6. An der Kasse wird ein auf das KI gezogener Barscheck eingelöst.

7. Bei dem bezogenen KI wird über den Vereinfachten Scheckeinzug der Bundesbank ein Verrechnungsscheck vorgelegt und eingelöst.

8. Einzug eines E. v.-Schecks für einen Kunden.

9. Einzug eines n. E.-Schecks für einen Kunden (Buchung bis zum Eintreffen des Gegenwertes!)

10. Ein zur Gutschrift n. E. hereingenommener und dem bezogenen KI direkt übersandter Scheck ist nicht eingelöst worden.

11. Ein Kunde reicht Lastschriften zum Einzug ein.

12. Ein Wechsel wird zum Einzug eingereicht. Einzug per Post, n. E.-Gutschrift.

13. Ein Rückwechsel geht ein. Wechselbetrag 5 000,– DM, Protestkosten und Auslagen 30,– DM. Wie sieht die Rückrechnung der Bank des Bezogenen und die der 1. Inkassostelle (eigene Spesen 3,– DM) aus? Buchen Sie!

14. Zu Lasten des Kundenkontos wird ein bei dem KI domizilierter Wechsel eingelöst.

15. Ein Kunde erhält Zinsgutschrift auf seinem Sparkonto.

16. Kunde erwirbt einen Sparbrief (Abzinsungspapier).

17. Einem Kunden wird ein Kontokorrentkredit eingeräumt.

18. Abrechnung eines Kontokorrentkontos: Sollzinsen, Kreditprovision, Kontoführungsgebühr, Umsatzprovision und Porto.

19. Das KI kauft einen Wechsel vom Kunden an.

20. Der angekaufte Wechsel wird zum Rediskont gegeben.

21. Der Wechsel wird nicht rediskontiert, sondern bei der Bundesbank zum Lombard gegeben.

22. Einem Kunden wird ein Privatdarlehen eingeräumt.

23. Gewährung eines Hypothekendarlehens über 100 000,– DM, Zinsen 6 % p. a. (vierteljährliche Zinszahlung, jährliche Tilgungsverrechnung), Tilgung 1 % p. a., Auszahlung zu 90 %, Provision 50,– DM.

24. Die Deutsche Ausgleichsbank gewährt ein zinsloses Darlehen, das über das KI weitergeleitet wird.

25. Einräumung eines Avalkredites.

26. Das KI wird aus dem Avalkredit zu einem Teilbetrag in Anspruch genommen. Die Inanspruchnahme für den Rest entfällt.

27. Zusage eines Akzeptkredites durch das KI.

28. Das KI akzeptiert und diskontiert eine Tratte und rediskontiert den Wechsel bei der Privatdiskont AG. Vor Verfall schafft der Kunde die Deckung an. Der Wechsel wird über die Abrechnung vorgelegt.

29. Kunde erteilt Kaufauftrag über Aktien. Welche Konten sind anzusprechen?

30. Kunde verkauft 10 000,– DM 6 % Anleihe, 1.8. gzj., Kurs 100 %,

    a) am 01.07.

    b) am 20.07.

    Vorzunehmen ist die Berechnung der Stückzinsen und die Buchung bei üblichen Gebühren.

31. Das KI erwirbt 100 X-Aktien zu 200 für den eigenen Bestand.

32. Das KI ist Konsortialführerin eines Emissionskonsortiums.

    a) Verkauf der emittierten Anleihe an Kunden (diese sind Ersterwerber).

    b) Belastung der Konsortialbanken mit der von ihnen übernommenen Quote.

    c) Übernahme des nicht verkauften Restes.

    d) Abbuchung der Emissionsvergütung vom Konto des Emittenten und Weiterleitung an die Konsortialbanken.

33. Für Kunden werden Zinsscheine getrennt, eingezogen und gutgeschrieben.

34. Abwicklung eines Kunden-Zahlungsauftrages in Fremdwährung zu Lasten seines DM-Girokontos.

35. Eröffnung eines Akkreditivs über 100 000,– US-Dollar, Deckungsanschaffung zu Lasten des DM-Kundenkontos. Ausnutzung des Akkreditivs in Höhe von 99 500,– US-Dollar; Abrechnung unter Berechnung von 450,– DM Provision und 45,– DM Maklergebühren sowie 10,– DM Spesen. Umrechnungskurs in jedem Fall 2,50.

36. Buchung folgender Gehaltsabrechnung. Bruttogehalt 3 200,– DM, vermögenswirksame Arbeitgeberleistung 52,– DM, Lohn- und Kirchensteuer 380,– DM, Sozialversicherung (Arbeitnehmer) 400,– DM; vermögenswirksame Anlage des Arbeitnehmers 52,– DM; Arbeitnehmersparzulage 15,60 DM; Arbeitgeberanteil zur Sozialversicherung 390,– DM.

37. Indirekte Abschreibung einer Buchungsmaschine mit 1 000,– DM.

38. Ein Kraftwagen ist bis auf 500,– DM indirekt abgeschrieben; Anschaffungswert 14 000,– DM. Der Wagen wird zu 800,– DM verkauft.

39. Wir erhalten am 29.12. die Ankündigung einer Steuerrückvergütung von 8 000,– DM; Eingang im neuen Jahr, Buchung am 31.12.?

40. Eine Schreibmaschine wird am 27.12. repariert; Eintreffen der Rechnung am 05.01. (200,– DM + MwSt.). Buchung am 31.12.?

41. Garagenmiete für Geschäfts-Pkw für September bis Februar über 300,– DM wurde am 01.09. gezahlt; Buchung am 31.12.? Am 02.01.?

42. Bildung einer Rückstellung über 40 000,– DM für die Kosten der Prüfungsgesellschaft (Prüfung des Jahresabschlusses). Buchung? Die Kosten belaufen sich auf 39 000,– DM. Buchung?

Bitte beantworten Sie die nachstehenden Fragen!

1. Erklären Sie die Begriffe „Vorsteuer", „Mehrwert" und „Zahllast"!

2. Was versteht man unter dem Niederstwertprinzip? Schildern Sie zwei Anwendungsfälle im Rechnungswesen der Kreditinstitute!

3. Erklären Sie den Begriff „Skontro" anhand eines Beispiels!

4. Für welche Anwendungsfälle wird ein C. p. D. benötigt?

5. Die Begriffe „Lorokonto" und „Nostrokonto" beziehen sich prinzipiell auf ein und dieselbe Geschäftsverbindung. Inwiefern?

6. Warum können Lastschriften in der Buchhaltung wie Schecks behandelt werden?

7. Auf welche zwei Arten können Diskontwechsel im Rahmen der Bilanzierung bewertet werden?

8. Was sind Eventualverbindlichkeiten?

9. Wie werden im Umlauf befindliche eigene Akzepte eines KI bilanziert? Wie werden diskontierte und noch im eigenen Bestand befindliche eigene Akzepte behandelt?

10. Erklären Sie die buchhalterischen Besonderheiten eines Zwischenkommissionsgeschäftes!

11. Bei eigenen Wertpapieren eines KI stellt sich das Problem ihrer Bewertung. Wie ist diese im Aktiengesetz geregelt, und welche Buchungen ergeben sich daraus?

12. Welche Bücher werden in der Depotbuchhaltung der KI geführt?

13. Erklären Sie die steuerrechtliche Behandlung des Einzugs und der Gutschrift von Zins- und Dividendenscheinen im Rahmen der Buchhaltung

    a) bei eigenen Wertpapieren
    b) bei Kundenpapieren!

14. In welchem Zusammenhang stehen die Konten „DM-Devisen" und „FW-Verrechnung"?

15. Welche Methoden zur Berechnung von Abschreibungen kennen Sie?

16. Worin bestehen die Vorteile der indirekten Abschreibung?

17. Erklären Sie die Begriffe „Einzel- und Sammelwertberichtigungen" im Zusammenhang mit der Abschreibung auf Forderungen!

18. Worin unterscheiden sich die sachliche und die zeitliche Abgrenzung, und was haben sie gemeinsam?

19. Warum müssen „aktive" und „passive" Rechnungsabgrenzung unterschieden werden, und was bedeuten diese Begriffe?

20. Für welche typischen Geschäftsvorfälle werden in KI Rückstellungen gebildet?

21. Was schreibt das Aktiengesetz zur Bildung von Rücklagen vor? Wie werden Rücklagen bei Sparkassen und bei Kreditgenossenschaften gebildet?

Abschnitt 3.3 Kosten- und Erlösrechnung

1. Wodurch unterscheiden sich Aufwendungen und Kosten, Erträge und Erlöse?

2. Erklären Sie, was man unter Betriebs- und Wertleistungen versteht!

3. Zu welchen Zwecken wird die Kosten- und Erlösrechnung im Bankbetrieb eingesetzt? Welche Aussagen vermag sie zu liefern? Welche Vergleiche werden herangezogen, um die Kosten und Erlöse beurteilen zu können?

4. Erklären Sie folgende Begriffspaare: Einzel- und Gemeinkosten; fixe und variable Kosten.

5. Welche Bedeutung hat der Betriebsabrechnungsbogen im Rahmen der Kostenstellenrechnung?

6. Verbinden Sie die Begriffe „Marktleistungsart" und „Kostenträgerrechnung" miteinander!

7. Wodurch unterscheiden sich die Gesamt- und die Teilzinsspannenrechnung? Worin liegt der Unterschied zwischen Zinsspannenrechnung und Betriebsabrechnung?

8. Erklären Sie kurz die wesentlichen Kalkulationsverfahren im Bankbetrieb!

Abschnitt 3.4 Statistik

1. Was ist Statistik?
2. Was versteht man unter der „BiSta"?
3. Erklären Sie die Methoden der statistischen Erhebung!

4. Organisation und Datenverarbeitung

4.0 Grundlagen

Neben dem kundenbezogenen Marktbereich, in dem die Dienstleistungen, Beratung der Kunden und Verkauf der Produkte des Kreditinstitutes angesiedelt sind, benötigt jedes Kreditinstitut einen modern organisierten, funktional ausgerichteten *Verwaltungsbereich*. Der Einsatz der Datenverarbeitung stellt die schnelle und sichere Abwicklung des gesamten Rechnungswesens sicher und bietet eine Reihe unterstützender Funktionen. Damit läßt der Verwaltungsbereich sich als Dienstleistungsbetrieb innerhalb des eigenen Hauses zugunsten des Marktbereichs bezeichnen.

Wesentliche Abteilungen des Verwaltungsbereichs sind (mit unterschiedlichen Bezeichnungen in den einzelnen Häusern):

o Organisationsabteilung
o Abteilung für Datenverarbeitung
o Rechenzentrum
o Personalabteilung
o Verwaltungsabteilung
o Grundstücksverwaltung
o Hauptbuchhaltung.

Besondere Aufgaben im Rahmen der Abwicklung des Zahlungsverkehrs übernehmen

o Datenerfassungsabteilung
o Zahlungsverkehrsabteilung
o Belegexpedition.

Unterstützende Funktionen sind außerdem auch in den *Stabsabteilungen*

o Geschäftspolitik (Vorstandssekretariat)
o Betriebswirtschaft und Finanzen
o Rechtsabteilung
o Revisionsabteilung
o Marketingabteilung

angesiedelt, zu denen auch die bereits erwähnten Abteilungen für Personal und für Organisation zählen.

Die Dienstleistungsfunktion der verwaltungsorientierten Abteilungen ist heute noch keine Selbstverständlichkeit. Viele Kreditinstitute leiden unter dem Konflikt zwischen „draußen" und „drinnen", „Front" und „Etappe" oder „denen, die das Geld verdienen" und „denen, die das Geld ausgeben". Ein wichtiges Ziel der Unternehmensführung sollte es sein, die Gleichwertigkeit und Gleichberechtigung beider Bereiche zu verdeutlichen und zu verankern.

4.1 Organisation in Kreditinstituten

4.1.0 Grundlagen

a) Aufgabe der Organisation ist die geplante, auf Dauer angelegte Koordinierung der menschlichen *Arbeitskraft*, der *Informationen* und der *Sachmittel* als betriebliche Leistungsfunktionen. *Ziele* sind

o die Aufstellung eines generellen, dauerhaften Ordnungssystems (Struktur) für Erfassung, Ausführung und Kontrolle der betrieblichen Geschäftsvorfälle

o der rationelle *Einsatz der Mittel* zur Bewältigung der Arbeitsabläufe unter Beachtung des ökonomischen Prinzips.

Organisation ist abzugrenzen von

o Disposition: Strukturierung des Einzelfalls

o Improvisation: aktuelle, vorläufige Regelung einer begrenzten Zahl von Fällen.

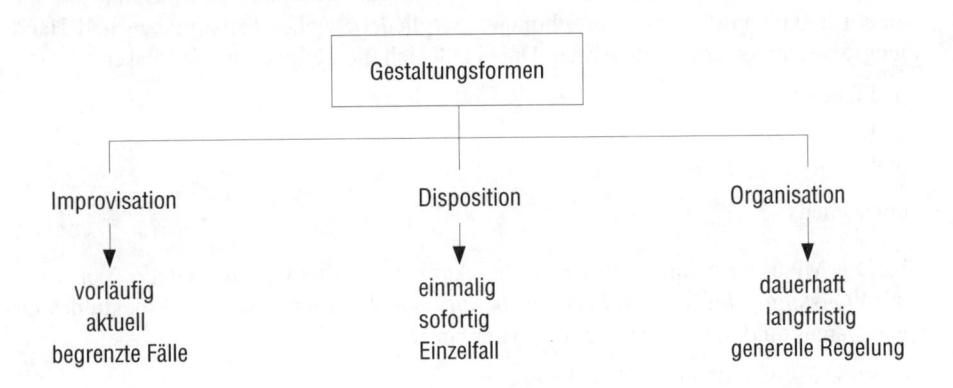

```
                    Gestaltungsformen
        ┌──────────────────┼──────────────────┐
   Improvisation       Disposition       Organisation
        ▼                   ▼                   ▼
    vorläufig            einmalig            dauerhaft
    aktuell              sofortig            langfristig
    begrenzte Fälle      Einzelfall          generelle Regelung
```

b) Folgende *Prinzipien* kennzeichnen die Organisationsarbeit:

o Vereinheitlichung der Erfüllung der Aufgaben (vgl. Dienst- oder Arbeitsanweisungen)

o Schaffung eines stabilen Systems (vgl. Aufbauorganisation)

o Fähigkeit des Systems zur Anpassung (Flexibilität).

c) Betriebe wie Banken und Sparkassen lassen sich als *Systeme* beschreiben. Sie bestehen aus Subsystemen und Elementen.

Die Gestaltung der *Beziehungen* in und zwischen Systemen und die sinnvolle Einordnung der *Elemente* ist wesentliche Aufgabe des Organisierens.

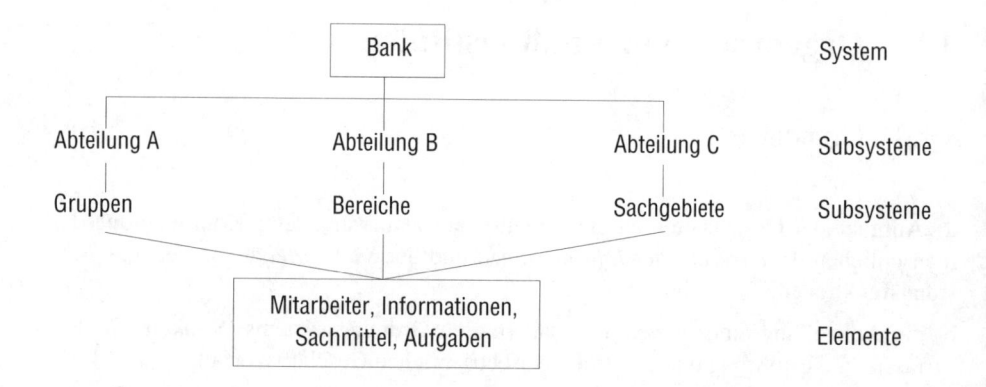

```
                          Bank                        System
          ┌────────────────┼────────────────┐
      Abteilung A      Abteilung B      Abteilung C   Subsysteme
          │                │                │
       Gruppen          Bereiche         Sachgebiete  Subsysteme
          └────────────────┼────────────────┘
                  Mitarbeiter, Informationen,
                    Sachmittel, Aufgaben            Elemente
```

4.1.1 Organisatorische Tätigkeit

4.1.10 Elemente der Organisation

a) In Betrieben sind bestimmte *Aufgaben* zu erfüllen. Mit einer *Aufgabenanalyse* wird eine Tätigkeit in einzelne Verrichtungen zergliedert, wobei Teilaufgaben und Handlungsalternativen ermittelt werden. Dabei läßt sich die Tätigkeit in die Phasen

o Planung
o Realisierung
o Kontrolle

unterteilen.

b) Die Mitarbeiter sind Adressaten der Aufgaben, also *Aufgabenträger*. Von ihnen wird *Leistungsfähigkeit* und *Leistungsbereitschaft* erwartet. Wichtige Aspekte des Organisierens sind in Richtung auf den Mitarbeiter

o seine Motivation und Identifikation
o seine Fähigkeiten (z. B. Ausbildungsstand, Erfahrung)
o seine Bereitschaft, sich auf organisatorische Änderungen einzulassen.

Motivation, also Leistungsbereitschaft, stellt sich ein, wenn der Mitarbeiter mit der Erfüllung seiner Aufgaben gleichzeitig eigene *Bedürfnisse* erfüllen kann. Dies sind insbesondere

o Grund- oder Existenzbedürfnisse
o Sicherheitsbedürfnisse
o soziale Bedürfnisse
o Bedürfnis nach Anerkennung
o Bedürfnis nach einem Sinn, einer Bedeutung der eigenen Tätigkeit.

Hieraus resultieren organisatorische Problembereiche, z. B.

o Einführungswiderstände bei technischen Neuerungen
o Ängste bei Rationalisierungen (Wegfall des eigenen Arbeitsplatzes).

c) *Informationen* liefern das zur Aufgabenerfüllung notwendige *Wissen*. Sie sind zweckbezogen und sollen zur Problemlösung beitragen.

Der Austausch von Informationen ist Teil der menschlichen *Kommunikation*. Eine wesentliche Funktion in der Beschaffung und Aufbereitung von Informationen nimmt die Datenverarbeitung wahr.

Probleme bei der Bereitstellung von Informationen bestehen vor allem darin, daß
o einzelne Informationen falsch sind
o die Informationen unvollständig sind
o zu viele Informationen geliefert werden (z. B. Informationsflut in den Medien)
o die Informationen unzureichend aufbereitet sind
o die Informationen zum falschen Zeitpunkt eingehen.

d) *Sachmittel* sind die vielfältigen Arbeits- und Hilfsmittel wie z. B. in einem Bankbetrieb
o Schreibtisch, Stuhl, Schreibmaschinentisch, Beistellschrank; Büromaterial
o Schreibmaschine, Additionsmaschine, Taschenrechner, Telefon, Bildschirm bzw. Personal Computer (PC), Fernschreiber, Fernkopierer, Diktiergerät usw.

4.1.11 Aufbauorganisation

a) Als *Aufbauorganisation* bezeichnet man die auf Dauer angelegte Gestaltung eines Systems nach Teilaufgaben und Aufgabenträgern. Die betrieblichen Aufgaben werden aufgegliedert und anhand eines Organisationsplans bestimmten *Stellen* zugewiesen. Eine Stelle ist also die Summe der Teilaufgaben für einen bestimmten Mitarbeiter.

Stellenbeschreibungen fassen die Aufgaben, Kompetenzen und die Verantwortung zusammen.

Bei der Gestaltung der Stellen kommen Prinzipien wie die *Zentralisation* oder *Dezentralisation* zum Tragen. Der Rang einer Stelle wird bestimmt durch den Umfang der mit ihr verbundenen *Leitungskompetenzen*. Man unterscheidet *Leitungs-* und *Ausführungsstellen*. Stabsstellen sind Ausführungsstellen, die für bestimmte Instanzen Entscheidungen vorbereiten oder ihre Realisierung überwachen.

b) Die Verbindung von Stellen und ihre Beziehung zueinander richtet sich nach dem hierarchischen Aufbau. Dieser wird im *Organigramm* aufgezeigt.

Je nachdem, ob eine Stelle stets nur von einer anderen Stelle oder von mehreren Stellen Weisungen erhält, unterscheidet man *Einlinien-* und *Mehrliniensysteme*. Beim Stab-Linien-System handelt es sich um ein Einliniensystem mit eingefügten Stabsstellen.

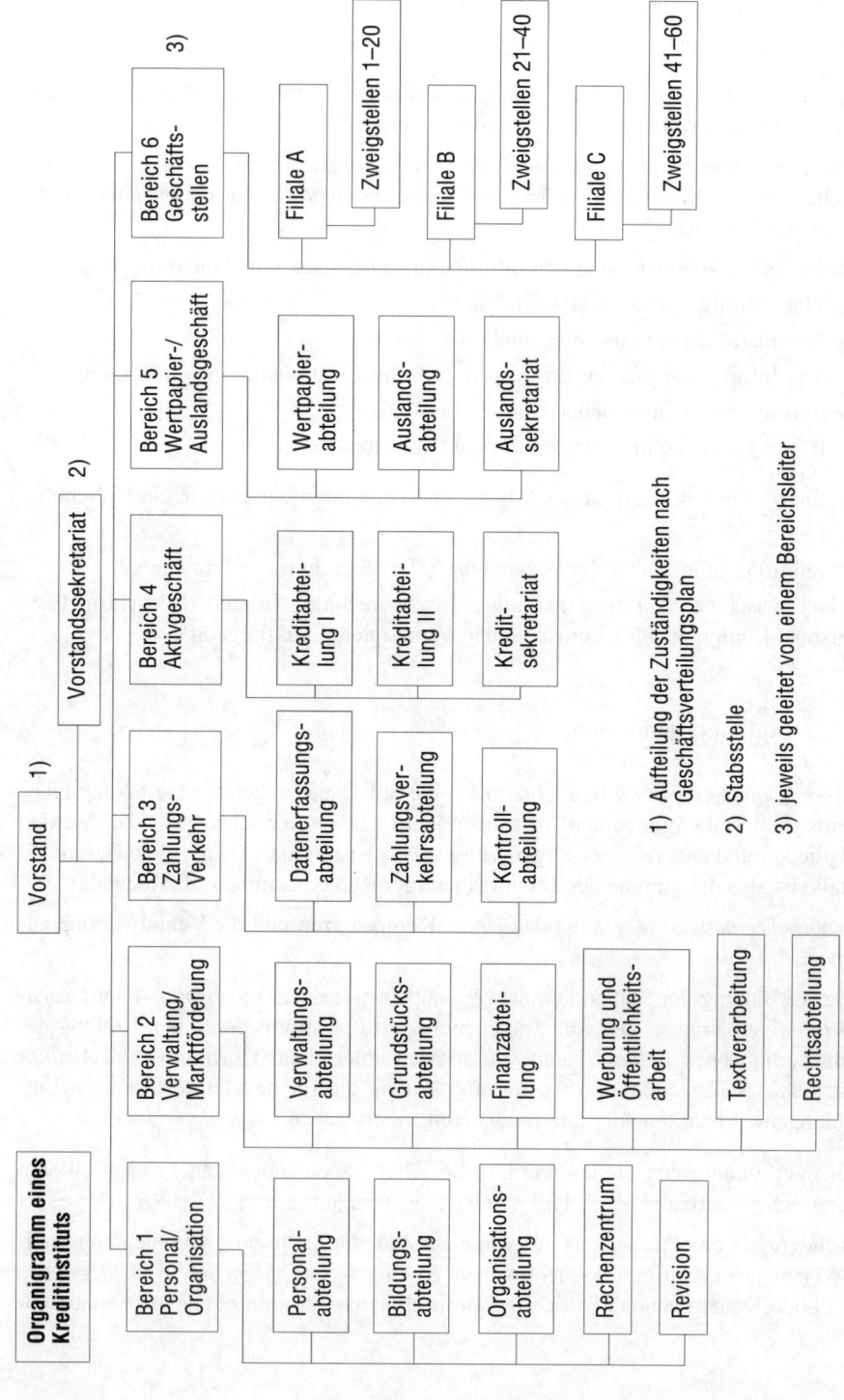

Organigramm eines Kreditinstituts

Vorstand [1]

Vorstandssekretariat [2]

Bereich 1 Personal/Organisation
- Personalabteilung
- Bildungsabteilung
- Organisationsabteilung
- Rechenzentrum
- Revision

Bereich 2 Verwaltung/Marktförderung
- Verwaltungsabteilung
- Grundstücksabteilung
- Finanzabteilung
- Werbung und Öffentlichkeitsarbeit
- Textverarbeitung
- Rechtsabteilung

Bereich 3 Zahlungsverkehr
- Datenerfassungsabteilung
- Zahlungsverkehrsabteilung
- Kontrollabteilung

Bereich 4 Aktivgeschäft
- Kreditabteilung I
- Kreditabteilung II
- Kreditsekretariat

Bereich 5 Wertpapier-/Auslandsgeschäft
- Wertpapierabteilung
- Auslandsabteilung
- Auslandssekretariat

Bereich 6 Geschäftsstellen [3]
- Filiale A
  - Zweigstellen 1–20
- Filiale B
  - Zweigstellen 21–40
- Filiale C
  - Zweigstellen 41–60

1) Aufteilung der Zuständigkeiten nach Geschäftsverteilungsplan
2) Stabsstelle
3) jeweils geleitet von einem Bereichsleiter

Einliniensystem:

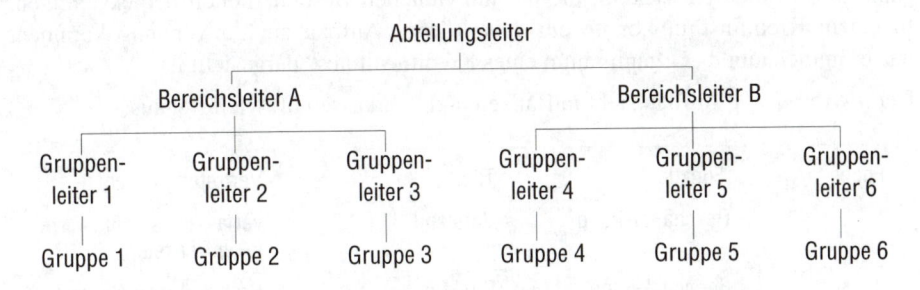

```
                         Abteilungsleiter
              ┌─────────────┴─────────────┐
        Bereichsleiter A              Bereichsleiter B
       ┌──────┼──────┐              ┌──────┼──────┐
  Gruppen- Gruppen- Gruppen-    Gruppen- Gruppen- Gruppen-
  leiter 1 leiter 2 leiter 3    leiter 4 leiter 5 leiter 6
     │       │        │            │        │        │
  Gruppe 1 Gruppe 2 Gruppe 3    Gruppe 4 Gruppe 5 Gruppe 6
```

c) In *Organisationsmodellen* wird der Aufbau von Systemen und ihrer Subsysteme dargestellt. *Funkionale* Modelle sind auf die *Tätigkeiten* bezogen, z. B.

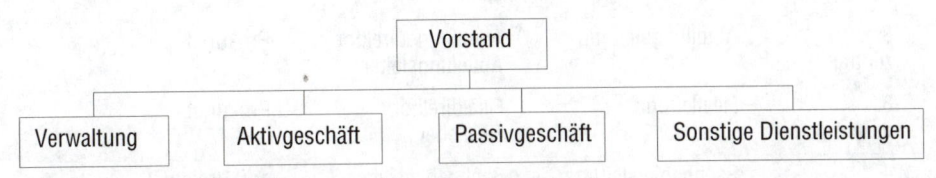

```
                    Vorstand
       ┌──────────┬────┴─────┬──────────────┐
   Verwaltung  Aktivgeschäft  Passivgeschäft  Sonstige Dienstleistungen
```

Divisionale Organisationsmodelle untergliedern nach Objekten (Produkte, Dienstleistungen), z. B.

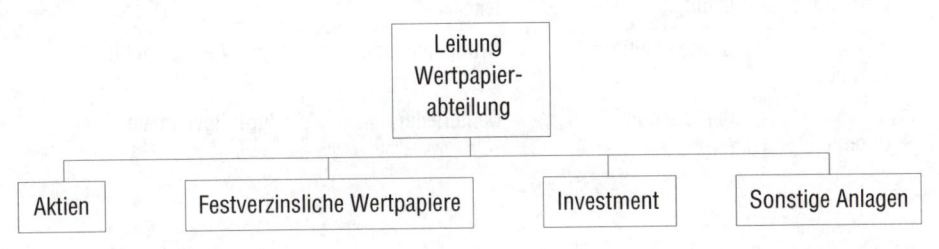

```
                Leitung
              Wertpapier-
               abteilung
       ┌──────┬────┴──────┬──────────┐
   Aktien  Festverzinsliche  Investment  Sonstige Anlagen
           Wertpapiere
```

Im Modell der *Matrixorganisation* wird auf einer Hierarchieebene gleichzeitig nach Tätigkeiten und Objekten gegliedert, z. B.

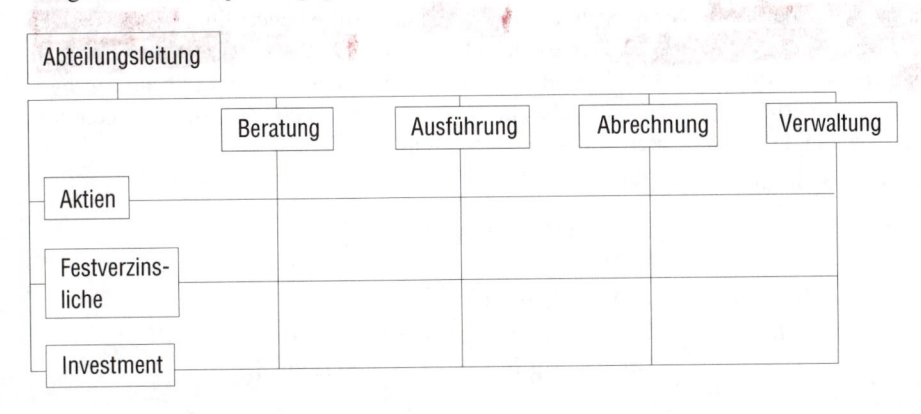

Abteilungsleitung	Beratung	Ausführung	Abrechnung	Verwaltung
Aktien				
Festverzinsliche				
Investment				

d) Auf diesen Modellen aufbauend lassen sich für jedes Unternehmen spezifische Organisationsformen entwickeln, die die individuellen Besonderheiten berücksichtigen. In einem Kreditinstitut könnte ein *modellhafter* Aufbau zur Anwendung kommen, wie er im Schaubild „Organigramm eines Kreditinstitutes" dargestellt ist.

Der *hierarchische* Aufbau sieht in Banken und Sparkassen oft wie folgt aus:

Ebene	Funktion	Titel	Vertretungsmacht
1.	Geschäftsleitung	Vorstand	verfassungsmäßig berufener Vertreter
2.	Bereichsleitung	Direktor Bereichsleiter Hauptabteilungsleiter	Prokurist oder Generalbevollmächtigter nach BGB
3. zentral	Abteilungsleitung	Abteilungsdirektor Abteilungsleiter	Prokurist
3. dezentral	Filialleitung	Filialdirektor Filialleiter	Prokurist
4. zentral	Sachgebietsleitung	Sachgebietsleiter	ggf. Prokurist
4. dezentral	Geschäftsstellenleitung	Geschäftsstellenleiter	ggf. Prokurist
5. zentral	Gruppenleitung	Gruppenleitung	ggf. Bevollmächtigter
5. dezentral	Centerleitung	Centerleiter	ggf. Bevollmächtigter

4.1.12 Ablauforganisation

a) Im Gegensatz zu der auf Dauer ausgerichteten Aufbauorganisation ist die Ablauforganisation *dynamisch*. Sie gestaltet den Ablauf der Aufgabenerfüllung nach räumlichen und zeitlichen Aspekten. Daraus entsteht z. B. eine Folge von Bearbeitungsschritten, eine Checkliste von zu erledigenden Aktivitäten. Diese werden mit einer *Aufgabenanalyse* erfaßt und beispielsweise in *Dienst- oder Arbeitsanweisungen* geordnet niedergelegt. Dabei sind auch grafische Darstellungen möglich.

Beispiel: Eröffnung von Girokonten

- o Antrag → Kontonummer vergeben
  → Formular „Girokontoeröffnungsantrag" ausfüllen
- o Legitimation → Legitimation prüfen
- o Unterschriften → Unterschrift Kontoinhaber einholen
  → Unterschrift Bevollmächtigte(r) einholen

o Vollmacht → Vollmacht über den Tod hinaus
 → Vollmacht für den Todesfall
o Verfügungsarten → Einzelverfügung
 → gemeinsame Verfügung

b) Die Ordnung des Arbeitsablaufs ermöglicht die Festlegung bestimmter, wiederkehrender Ablaufformen. Bei mehreren parallel zu durchlaufenden Bearbeitungswegen spricht man von Und-Verzweigungen. Alternative Wege führen zu Oder-Verzweigungen. Die dabei entstehende Ordnung wird auch für die Schaffung technischer Unterstützung als Ablaufplan zugrunde gelegt (sog. *Blockdiagramme*).

Beispiel: Ausgabe einer ec-Karte (Auszug)

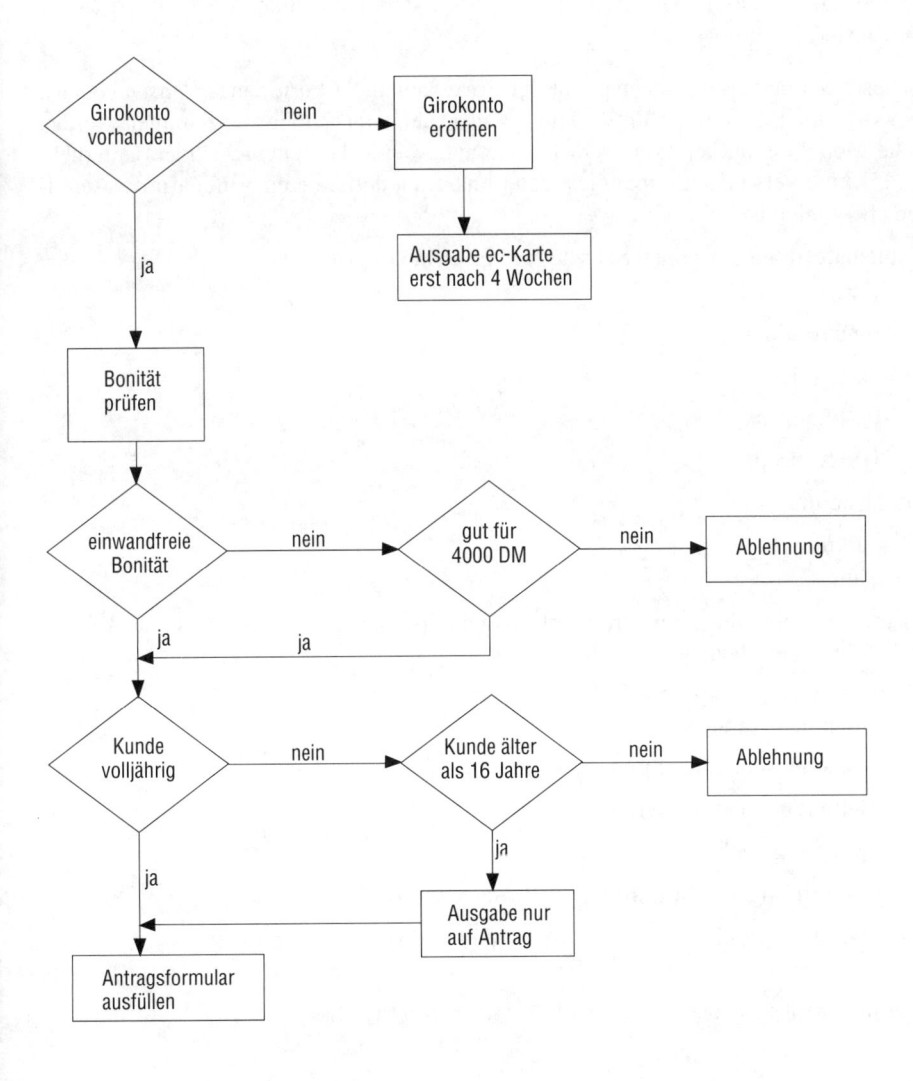

Eine weitere wichtige Gestaltungsform ist die *Netzplantechnik*. Hier werden die Aufgaben in genau abgegrenzte Teile zerlegt, einzelne Schritte festgelegt und ein Zeitplan aufgestellt. Ziel ist die zeitliche Optimierung.

4.1.13 Systematische Vorgehensweise

a) Organisationsarbeit ist geprägt von einem strengen systematischen, an *Vorgehensmodellen* ausgerichteten Vorgehen. Ziel des „Systemdenkens"[1] ist es, ein komplexes System transparent zu machen und in logischen Einzelschritten zur Lösung zu bringen.

b) Durch das Vorgehen *vom Groben zum Detail* wird das Betrachtungsfeld schrittweise eingeengt, so daß Varianten nur je nach Stufe der Bearbeitung anfallen und zu behandeln sind.

c) Dieser Vorgehensweise entspricht der Prozeßablauf in Form eines *Phasenmodells*. Besonders im Bereich der Entwicklung von Datenverarbeitungsprogrammen werden solche Modelle eingesetzt und sehr präzise angewandt. Die entwickelnden Unternehmen/Institute verwenden dabei oft eigene Phasenmodelle, deren Aufbau im wesentlichen aber gleich ist.

Beispielhaft für die einzelnen Schritte sind folgende Begriffe:

> Voruntersuchung
> Konzeption
>   Fachkonzept
>   DV-Konzept
> Realisierung
> Einführung

d) Ein allgemeingültiger für Problemlösungen einsetzbarer Ansatz könnte aus folgenden Schritten bestehen:

> 1. Situationserfassung
> 2. Problembeschreibung und -bewertung
> 3. Zielfindung und -bewertung
> 4. Erarbeitung von Lösungswegen
> 5. Überprüfung und Bewertung von Lösungswegen
> 6. Entscheidung über Vorgehensweise, Zeit und Kosten

---

[1] vgl. das Modell des „Systems Engineering" der Akademie für Organisation

e) Im Rahmen des systematischen Vorgehens spielen folgende Aspekte eine wesentliche Rolle:

o gründliche Bestandsaufnahme (Situationserfassung), gerichtet auf
  - Elemente (siehe Abschnitt 4.1.10)
  - Beziehungen
  - Zeit, Raum, Mengen

o Einsatz methodischer Vorgehensweisen, z. B. bestimmter Erhebungstechniken wie
  - Beobachtung
  - Selbstaufschreibung (z. B. Zeitaufschreibung für bestimmte Tätigkeiten)
  - Multimomentaufnahme (= Ermittlung z. B. von Zeitanteilen bestimmter wiederkehrender Aufgabenarten durch Stichproben)
  - Befragung (Interview)

o sorgfältige Dokumentation

o Einbeziehung der Betroffenen (z. B. der Fachabteilungen, Zweigstellen): Organisationsarbeit ohne Einschaltung der Stellen, die vor Ort mit einem Problem zu tun haben, vom „grünen Tisch" birgt die Gefahr in sich,
  - daß wesentliche Aspekte unberücksichtigt bleiben
  - daß bei Einführung einer organisatorischen Lösung Akzeptanzprobleme und Widerstände auftreten.

4.2 Datenverarbeitung in Kreditinstituten

4.2.0 Grundlagen

4.2.00 Überblick

Die Datenverarbeitung ist heute unverzichtbarer Bestandteil eines jeden Kreditinstitutes. Zahlreiche Arbeitsabläufe lassen sich in dem geforderten Umfang (*Datenmenge*) und mit den Anspruch an *Schnelligkeit* und *Sicherheit* manuell nicht mehr bewältigen. Dies gilt ganz besonders für den Zahlungsverkehr.

Durch den Einsatz der Datenverarbeitung sind in den letzten Jahren erhebliche *Rationalisierungseffekte* erzielt worden. Dadurch konnte eine Verlagerung zu qualitativ höherwertigen Tätigkeiten insbesondere in der Kundenberatung erfolgen. Die Potentiale für Rationalisierungen sind heute weitgehend ausgeschöpft. In der Gegenwart und Zukunft erstreckt sich der Einsatz der Datenverarbeitung besonders auf folgende Gebiete:

o Unterstützung der Sachbearbeitung und Kundenberatung:
   – Textverarbeitung
   – Simulationsprogramme (z. B. Beispielsrechnungen für Privatdarlehen)
   – elektronische Archivierung
   – Bereitstellung von Kundeninformationen aus Datenbanken (Kontoübersicht, Saldenübersicht, Obligozusammenstellung usw.)
   – Bereitstellung von Produktinformationen (Angebotspalette, aktuelle Konditionen)
   – Datenerfassung und -veränderung
   – Verknüpfung von Daten zu Statistiken und Auswertungen (z. B. maschinelle Analyse der Bilanzen von Firmenkunden)
o Einsatz im Rahmen der Kundenselbstbedienung, z. B. über
   – Geldautomaten
   – Kontoauszugsdrucker
   – btx-Terminals
   – Kundeninformationssysteme
o technische Optimierung von Vorgängen, z. B.
   – maschinelle Erfassung und Weiterbearbeitung von Wertpapieraufträgen
   – Schaffung einer Verbindung zur Datenfernübertragung (DFÜ) zwischen Kunde und Kreditinstitut.

Die grundlegende Unterscheidung in der Datenverarbeitung zwischen *Hardware* (= die eingesetzten elektronisch arbeitenden Maschinen) und *Software* (= die Programme, die diese Maschinen in bestimmter Weise arbeiten lassen) schlägt sich in Kreditinstituten aufbauorganisatorisch nieder in der Tätigkeit der Organisationsabteilung, teilweise einer selbständigen Datenverarbeitungs-Abteilung für die Software-Entwicklung und dem Rechenzentrum, in dem sich die zentrale Datenverarbeitungsanlage befindet.

Zahlreiche Kreditinstitute haben für die Datenverarbeitung Gemeinschafts-Rechenzentren geschaffen, in denen meist auch die Programmentwicklung erfolgt (insbesondere bei den Kreditgenossenschaften und den Sparkassen).

4.2.01 Grundbegriffe der Datenverarbeitung

4.2.010 Daten

a) Grundlage der Datenverarbeitung (DV) sind *Informationen*. Daher wird die DV oft auch als *Informationsverarbeitung* bezeichnet. *Daten* sind die einzelnen Elemente einer Information, zusammengefaßt zu einem *Datensatz*. Dieser enthält *Ordnungsbegriffe*, die Sortierung und Suche ermöglichen, und Erläuterungen.

Beispiel:

Name	Ordnungsbegriff
Vorname	ergänzender Ordnungsbegriff
Geburtsdatum	Erläuterung
Telefonnummer	Erläuterung

b) Um eine wesentliche DV-Funktion, das zweifelsfreie Auffindung einer Information anhand eines Suchkriteriums, zu unterstützen, werden Daten oft verschlüsselt, d. h. bestimmten Schlüsseln zugeordnet. Diese können *numerisch* (z. B. 007), *alphabetisch* (z. B. USA) oder *alphanumerisch*, also kombiniert sein (z. B. SAT1).

c) Computer sind *Rechenanlagen* mit elektronischen Bauelementen. Voraussetzung für den Einsatz *Elektronischer* Datenverarbeitung ist eine *Darstellungsform* für Daten, die ihren direkten maschinellen Einsatz ermöglicht. Die Bauelemente (nach ihrer historischen Entwicklung: Röhren, Transistoren, Monolithe) kennen nur die Zustände „eingeschaltet" und „ausgeschaltet".

Diesen Zuständen entspricht die Darstellung von numerischen Daten im *Dualsystem* (Zweier-, Binärsystem), das nur aus den Ziffern 0 und 1 besteht.

Beispiel: 87 im Dezimalsystem entspricht 1 010 111 im Dualsystem:

$$
\begin{aligned}
& 1\,000\,000 = 2^6 = 64 \\
+\ & 10\,000 = 2^4 = 16 \\
+\ & 100 = 2^2 = 4 \\
+\ & 10 = 2^1 = 2 \\
+\ & 1 = 2^0 = 1 \\
\hline
=\ & 1\,010\,111 = 87
\end{aligned}
$$

Die Umwandlung von Zeichen in eine binäre Darstellung bezeichnet mat als *Codierung*, das Umwandlungssystem als *Code*.

d) Bei dem ersten in der DV eingesetzten Datenträger, der *Lochkarte*, wurde der nach dem Entwickler benannte *Hollerith-Code* eingesetzt. Dieser beruht auf der Einteilung einer Lochkarte in 12 Zeilen und 80 Spalten, so daß sich insgesamt 960 mögliche Lochstellen ergeben, die aufgrund Zeilennummer und Spaltennummer festgelegt sind. Der Code berücksichtigt die elektronische Darstellung mit den Zuständen „gelocht" und „ungelocht". Jedes derartige Darstellungselement wird als *Bit* bezeichnet.

e) Auf diesem Prinzip baut der sog. *BCD-Code* (Binary Coded Decimal-Code, im Dualsystem codierter Dezimalcode) auf. Hier werden Bits in drei Ablochbereichen zu je 32 Spalten dargestellt. In einer erweiterten Darstellungsform, dem *EBCDI-Code* (Extended Binary Coded Decimal Interchange-Code), werden jeweils 8 Bits zu einem *Byte* als Kolonne zusammengefaßt.

f) Folgende *Arten* von Daten sind zu unterscheiden:

o Bewegungsdaten: Daten werden eingegeben; durch Verarbeitung entstehen neue Daten. Beispiel: Rechenoperation, z. B. 8 : 2 = 4. Die Division ist der Verarbeitungsvorgang.

o Bestandsdaten: Daten aufgrund eines Verarbeitungsvorgangs werden zusammengefaßt und gespeichert, um spätere Auswertungen zu ermöglichen. Beispiel: Fortschreibung der Zahl der Kassenposten.

o Stammdaten: Daten werden für bestimmte Vorgänge immer wieder benötigt und daher unter Ordnungsbegriffen in Stammdateien zusammengefaßt. Beispiel: die Daten eines Mitarbeiters, die in jeder Gehaltsabrechnung wiederkehren (z. B. Name, Vorname, Gehaltsgruppe, Steuerklasse usw.).

Die Verwaltung und Aktualisierung von Datenbeständen wird als *Pflege* bezeichnet.

4.2.011 Datenträger

a) Bei *Lochkarten* stellen Lochungen den binären Code dar. Lochkarten werden heute kaum noch verwandt.

b) *Lochstreifen* sind schmale Papierbänder, die nach bestimmten Codes mit Lochungen versehen werden. Sie werden auch heute noch für die Datenübertragung im Fernschreibverkehr verwendet, sind aber technisch ebenfalls überholt.

c) *Magnetbänder* bestehen aus beschichteter Kunststoffolie, die magnetisiert werden kann, so daß der für den Binärcode erforderliche Zustand „magnetisiert" oder „nicht magnetisiert" heißt. Sie werden auch als Kassetten eingesetzt (vgl. Tonband- oder Videokassetten).

Magnetbänder ermöglichen die Speicherung einer Vielzahl von Datensätzen gegenüber Lochkarten. Pro cm können mehr als 6 000 Zeichen gespeichert werden (= 100 Lochkarten à 80 Stellen).

Daten werden auf Magnetbändern blockweise aufgezeichnet. Zum Auffinden eines bestimmten Satzes muß das Band von Anfang an gelesen werden.

d) *Magnetplatten* sind magnetisierbare beschichtete Scheiben aus Leichtmetall. Die Speicherung der Daten erfolgt in bestimmten Spuren, die numeriert sind. Magnetplatten werden zu *Plattenstapeln* zusammengefaßt. Das Speichervolumen ist unterschiedlich, kann bei einer Magnetplatteneinheit aber durchaus mehrere Milliarden Bits umfassen.

Der entscheidende Vorteil der Magnetplatte ist die direkte Zugriffsmöglichkeit zu einem Datensatz in einer bestimmten Spur, d. h. die Magnetplatte ist *adressierbar*, der Zugriff geht außerordentlich schnell.

e) *Disketten* sind magnetisierbare beschriftete Kunststoffscheiben, die wie Magnetplatten eingesetzt werden. Die üblichen Formate für Disketten betragen 3 1/2 sowie 5 1/4 Zoll.

4.2.012 Datenerfassung

a) *Datenerfassung* ist die Eingabe von Daten in eine DV-Anlage. Dabei werden die Daten *codiert* und in bestimmte *Formate* gebracht, die eine problemlose Weiterverarbeitung ermöglichen.

b) Die Datenerfassung kann *zentral* z. B. in einer hierfür vorgesehenen Abteilung und anhand einzelner Belege oder *dezentral* erfolgen, d. h. dort, wo die Daten anfallen.

c) Folgende Erfassungsmöglichkeiten sind zu unterscheiden:
o Eingabe am Terminal über eine numerische und/oder alphanumerische Tastatur mit Kontrollmöglichkeit am Bildschirm
o Erfassung durch Klarschriftleser für Buchstaben, Zahlen und Symbole; Beispiele:
  – Optischer Belegleser, der eine bestimmte Schrift lesen kann, z. B. die OCR-A-Schrift (Optical-Character-Recognition Form A), die sich in der Codierzeile von Zahlungsverkehrsbelegen befindet
  – Schriftenlesesysteme, die heute imstande sind, Maschinenschrift und eindeutige handschriftliche Zeichen zu erkennen (vgl. die neuen Überweisungsbelege)
o Erfassung anhand eines Scanners (Markierungsleser), der einen Strichcode lesen kann; verbreitet im Groß- und Einzelhandel: die Ware wird mit einem Strichcode ausgezeichnet, der vom Scanner über einen Lichtgriffel oder eine Lichtpistole erfaßt wird; dadurch nimmt das Kassenterminal die Warenart auf und erhält über die Zentraleinheit die aktuellen Preise. Gleichzeitig kann bei angeschlossenem Warenwirtschaftssystem der Lagerbestand korrigiert werden.
o Einlesen von bereits auf Datenträgern gespeicherten Daten.

d) Die Erfassung kann *direkt*, d. h. mit unmittelbarer Übermittlung in den zentralen Rechner, oder *indirekt*, d. h. mit einer Zwischenspeicherung, erfolgen.

4.2.013 Hardware

a) Als *Hardware* bezeichnet man die maschinentechnische Ausstattung einer DV-Anlage. Ihre Auslegung entscheidet über Speicherplatz, Geschwindigkeit und die Möglichkeiten von Datenorganisation und Datenzugriff. Von den Anfängen der Datenverarbeitung an bis noch vor einigen Jahren überwog der Kostenanteil der Hardware gegenüber den Aufwendungen für Programme. Heute hat sich das Verhältnis umgekehrt, bei größeren Anlagen und Anforderungen machen die Hardwarenkosten nur noch bis zu 10 % der gesamten DV-Kosten aus, sofern eigene Programmentwicklung betrieben wird.

b) Die einzelnen Hardware-Komponenten (= Bausteine) richten sich nach den *Funktionen*, die sie erfüllen sollen:

o Dateneingabe-Geräte

o Datenausgabe-Geräte

o zentraler Rechner (Zentraleinheit, „Host" = „Gastgeber" für die dort ablaufenden Programme)

o externe Speicher.

c) Folgende Ein- und Ausgabegeräte sind zu unterscheiden:

o Reine Eingabegeräte:
 – Lochkartenleser
 – Lochstreifenleser
 – Klarschriftleser
 – Markierungsleser (Scanner)

o Reine Ausgabegeräte:
 – Lochkartenstanzer
 – Drucker
 – COM-Einheit (= Computer-Output on Microfilm, Computerausgabe auf Mikrofilm)

o Kombinierte Ein-/Ausgabegeräte:
 – Terminal
 – Bildschirm
 – Magnetbandeinheit
 – Magnetplatteneinheit

d) Die *Zentraleinheit* ist der Kern der DV-Anlage. Sie besteht aus

o Rechenwerk: Ablauf der Rechenoperationen und logischen Funktionen (Durchführung von Vergleichen wie „hoch – niedrig" und „gleich – ungleich")

o Steuerwerk: Steuerung der einzelnen Operationen und ihrer Reihenfolge aufgrund von Befehlen (Lesen, Suchen, Ausgabe usw.) und nach dem Prinzip der Delegation, d. h. der Weiterleitung an ausführende Stellen sowie Kontrolle der Ausführung

o Hauptspeicher (Arbeitsspeicher): Bereich, in den Daten zur Verarbeitung aufgenommen, verändert und an externe Speicher weitergegeben sowie zur Bearbeitung erforderliche Programme gehalten werden.

e) Externe *Speicher* bieten die Möglichkeit, Daten, die nicht für den unmittelbaren Verarbeitungsprozeß im Hauptspeicher benötigt werden, in größerer Menge aufzunehmen, zu verwahren und auf Anforderung wieder abzugeben. Vgl. Abschnitt 4.2.011.

4.2.014 *Datenübertragungsnetze*

a) Zur *Datenübertragung* werden im Regelfall Leitungen verwendet, die aus Kabeln bestehen (Kupferdraht, Koaxialkabel; neu: Lichtwellenleiterkabel). Die auf dem Grundstück des Betreibers der DV-Anlage verlegten Kabelverbindungen werden bei besonderem Aufbau, der an jedem Endplatz den Zugriff auf das Gesamtsystem und die Kommunikation untereinander zuläßt, als „Local Area Network (LAN)" (lokales Netz) bezeichnet.

b) Wenn der Anwender das eigene Netz verlassen und auf die Dienste der Post zugreifen muß, spricht man von *Datenfernübertragung (DFÜ)*. An den Schnittstellen (= Verbindungsstellen) des eigenen und des von der Post betriebenen Fernmeldenetzes werden sog. *MODEMS* zur Umwandlung der elektronischen Impulse eingesetzt (*MOdulation* bzw. *DEModulation*).

c) Die Post stellt folgende Leitungsnetze zur Verfügung:

o *Telefonnetz:*
   - Herkömmlich genutzt für die Übermittlung von Sprache; die dabei entstehenden akustischen Schwingungen werden durch ein Mikrofon in *analoge* (d.h. den Schallwellen entsprechende) elektronische Signale umgewandelt und mit einer Lautsprechermembran wieder in hörbare Schallwellen zurückverwandelt.
   - heute ist die Umwandlung von Schallwellen in *digitale* Signale möglich; dabei werden die Schallwellen vielfach gemessen und in einen Code übertragen. Digitale Übertragung ist wesentlich störungsärmer als analoge Übermittlung

o *Integriertes Text- und Datennetz (IDN):* umfaßt alle öffentlichen digitalen Datel-Fernmeldedienste (Datel = Data Telecommunications), d. h.
   - Telexdienst zur Übermittlung von Nachrichten im Fernschreibverkehr (siehe Abschnitt 0.2.084)
   - Teletexdienst zum Austausch maschinengeschriebener Texte zwischen Textverarbeitungsanlagen (auch Speicherschreibmaschinen) in Briefqualität
   - Datexdienst zur Datenübertragung in leitungsvermittelter (Datex-L) oder paketvermittelter Form (Datex-P)
   - Direktruf-Standleitung zwischen Datenverarbeitungsanlagen

o *ISDN = Integrated Services Digital Network:* Integriertes Datennetz, das über ein Breitbandkabel die Zusammenfassung von Sprache, Text, Bild und Daten zu einem gemeinsamen Kommunikationssystem möglich macht, wobei nur eine Leitung und eine Rufnummer benötigt werden. Am Arbeitsplatz befindet sich dann ein „multifunktionales" Terminal mit den Elementen Bildschirm – Rechner – Text- und Datentastatur – Mikrofon – Lautsprecher – Fernsprech-Handapparat.

Dienst	Fernsprech-netz	Integriertes Fernschreib- und Datennetz (IDN)			Rundfunk
		Telex-Netz	Datex L	Datex P	
Sprachkommunikation	o				
Textkommunikation:					
– Telex		o			
– Teletex			o		
– btx	o			o	
– Videotext					o
Telefax	o				
Datenkommunikation:					
– Direktruf (HfD)	o				
– Rechner-Terminal	o		o	o	
– Rechner-Rechner			o	o	

Das ISDN wird bereits in firmeninternen Netzen eingesetzt. Außerdem hat die Post mit der Installation im öffentlichen Netz begonnen. Die Umstellung des gesamten Netzes in der Bundesrepublik wird aber noch Jahrzehnte auf sich warten lassen. Vgl. Abschnitt 0.2.088.

4.2.015 *Software*

a) Mit dem Sammelbegriff *Software* werden alle Programme eines EDV-Systems bezeichnet. Die in ihnen enthaltenen Befehle sorgen dafür, daß eine „Verarbeitung von Daten" überhaupt stattfindet.

b) Ein DV-*Programm* ist eine Befehlsfolge, die aufgrund ihrer logischen Anordnung zur Lösung einer bestimmten Aufgabe führt (z. B. Rechenoperation). Die *Programmierung* ist das Schreiben eines Programms in einer *Sprache*, die für das Problem geeignet ist und von der Maschine verstanden wird (z. B. BASIC, COBOL, ASSEMBLER, C).

c) Die Entwicklung von Programmen muß, um zu den gewünschten Ergebnissen zu führen, eine bestimmte Schrittfolge eingehalten (systematische Vorgehensweise, vgl. Abschnitt 4.1.13). Dazu gehören

o ein die Aufgabenerfüllung detailliert beschreibendes Fachkonzept
o die Umsetzung in ein DV-Konzept

- o die Codierung (das eigentliche Schreiben des Programms)
- o der Test des Programms.

Der Einsatz der Programme im Echtbetrieb wird als *Produktion* bezeichnet.

d) Software läßt sich unterscheiden nach

- o Systemsoftware: Betriebssystem, das vom Hersteller der DV-Anlage zur Verfügung gestellt wird (z. B. IBM MVS, Siemens BS 2000) und die Steuerung der Hardwarekomponenten ermöglicht
- o Anwendungssoftware: Programme für die Nutzer, z. B. Textverarbeitungsprogramm.

e) Beim *Programmbetrieb* sind verschiedene Betriebsarten möglich:

- o Einzelbetrieb oder Multiprogramming (d. h. gleichzeitiger Ablauf mehrerer Programme)
- o Time-Sharing (sich die Zeit teilen): eine Vielzahl von Anwendern nutzt den Rechner zur gleichen Zeit, wobei durch die außerordentlich hohe Verarbeitungsgeschwindigkeit der Eindruck der Gleichzeitigkeit entsteht (Anwendung: Nutzung externer Großrechenzentren)
- o Stapelverarbeitung (Batchbetrieb): Daten werden gesammelt, „als Stapel" zu einer festgelegten Zeit an den Zentralrechner (Host) geleitet und dort verarbeitet.
- o Echtzeitverarbeitung (Online-Betrieb): Direkte, zeitgleiche („realtime") Verbindung zum Rechner.

4.2.1 EDV im Bankbetrieb

4.2.10 Hardware

a) Große Kreditinstitute verfügen über ihre eigene zentrale EDV-Anlage. Bei mittelgroßen Instituten stellt sich die Frage, ob die Selbständigkeit wirtschaftlich vertretbar ist, insbesondere bezogen auf den erheblichen Aufwand der eigenständigen Programmentwicklung. Kleinere Institute haben sich vielfach organisationseigenen Gemeinschaftsrechenzentren angeschlossen. Dieser Weg ist besonders bei den Kreditgenossenschaften und den Sparkassen zu beobachten gewesen.

Heute findet auf der Ebene der Gemeinschaftsrechenzentren ein Konzentrationsprozeß statt, da man erkannt hat, daß dieselben Tätigkeiten der Programmentwicklung an verschiedenen Stellen gleichzeitig stattfinden.

b) Neben den *zentralen* EDV-Anlagen (*Großrechner, Host*) kommen zunehmend *dezentrale* Anlagen zum Einsatz, die mit dem Großrechner verbunden sind und von diesem Datenbestände beziehen bzw. Daten zur zentralen Weiterverarbeitung übertragen, aber auch ihrerseits Daten halten, so daß bei Online-Verbindung nicht in jedem Fall dauernde Kommunikation mit dem Großrechner stattfinden muß.

c) Die Ausstattung vor Ort besteht in erster Linie

o zur Sachbearbeiterunterstützung aus
  - Terminal (Bildschirm, Kassenterminal)
  - Drucker (am Kassenarbeitsplatz; Journalbelegdrucker)
  - Tastatur (bildet meist mit dem Terminal eine elektronische Einheit)
o bei der Kundenselbstbedienung aus
  - Geldausgabeautomat (GA)
  - Kontoauszugdrucker
  - Btx-Terminal
  - sonstigem Informationsterminal.

Die Ausstattung der Arbeitsplätze mit Bildschirmen nimmt immer größeren Umfang an. Einzelne Institute stellen bereits jedem Sachbearbeiter einen Bildschirm zur Verfügung. Die Ausstattung mit Druckern ist kostenintensiv, besonders wenn an die Druckqualität hohe Ansprüche gestellt werden (z. B. Formulardruck), wird jedoch zunehmend erforderlich, wenn Kunden bestimmte Unterlagen sofort ausgedruckt und zur Verfügung gestellt werden sollen.

Die Ausstattung von Geschäftsstellen mit Geräten der Kundenselbstbedienung nimmt ebenfalls erheblich zu. Es gibt bereits einige reine Selbstbedienungszweigstellen (SB) in der Bundesrepublik.

d) *Personal Computer* (PC) haben in den letzten Jahren eine erhebliche Verbreitung erfahren. Sie befinden sich bereits auf vielen Arbeitsplätzen in KI im Einsatz. Meist dienen sie der Erfüllung besonderer Anforderungen, für die der Einsatz der Groß-EDV nicht erforderlich ist. Beispiele:

o Simulationsprogramm für Wertpapiere

o Beratungsprogramm für Leasinggeschäfte

o Programm für Effektivzinsberechnung.

Problematisch am PC-Einsatz ist, daß diese Anwendungen „Inseln" bilden, deren Nutzung nach allgemeingültigen Sicherheitsaspekten nicht sichergestellt werden kann. Solche Sicherheitsaspekte sind

o Zugang zum Programm nur für Berechtigte

o regelmäßige Datensicherung, damit durch Fehlbedienung oder Manipulation nicht einmalig vorhandene Datenbestände unwiederbringlich verlorengehen

o Schutz der Daten von mißbräuchlicher Nutzung

o Schutz der Hardware vor mißbräuchlicher Nutzung (z. B. Verwendung für private Zwecke).

Daher wird es in vielen KI die zukünftige Linie sein, die eingesetzten Personal Computer mit der Groß-EDV zu verbinden. Sie werden damit zu „intelligenten" Terminals vor Ort, die wie ein Endgerät der Groß-EDV eingesetzt sind, gleichzeitig aber auch PC-Funktionen bieten.

4.2.11 Software

a) Besitzt ein KI ein eigenes Rechenzentrum, so wird es die benötigte Software im wesentlichen selbst entwickeln. In Gemeinschaftsrechenzentren geschieht dies zentral für alle Nutzer.

b) Für die Software*entwicklung* ist ein gutes Zusammenspiel von Anwendern, Organisationsbereich und EDV-Bereich erforderlich, damit die Anforderungen der Anwender erfüllt werden, das Programm sich aber auch in ein organisatorisches Gesamtkonzept einfügt.

c) Die Software muß sorgfältig *dokumentiert* sein (vgl. Abschnitt 4.1.13). Hierzu gehören

o Fachkonzept (detaillierte fachliche Beschreibung, abgestimmt mit den Anwendern)
o DV-Konzept (detaillierte dv-orientierte und entsprechend strukturierte Beschreibung)
o Arbeitsanweisung für das Rechenzentrum.

d) Die Software muß *getestet* werden, d. h. anhand einer Reihe praxisbezogener Fälle (sog. „Gut"-Fälle und „Schlecht"-Fälle) muß sichergestellt werden, daß das Programm richtige Ergebnisse liefert und selbst bei falscher Bedienung möglichst kein Schaden entstehen kann. Nach Abschluß der Tests wird die Software durch Anwender und Revision freigegeben.

4.2.12 Anwendungen

a) Mit dem Begriff „Anwendungen" wird der Einsatz von Programmen in der Praxis bezeichnet. Dementsprechend sind die „Anwender" die Nutzer des Programms, z. B. der Sachbearbeiter in der Kreditabteilung oder der Kundenberater in der Geschäftsstelle.

b) Die Anwendungen lassen sich unterteilen in

o Programme für das Rechnungswesen
o Programme zur Bereitstellung von Informationen
o Programme zur Unterstützung von Beratung und Sachbearbeitung.

c) Für das *Rechnungswesen* werden z. B. folgende Programme benötigt:

o Giro-Programm, das die Girokonten führt, Zu- und Abgänge verbucht, Umsätze speichert, Salden ermittelt, Valuten berücksichtigt und alle diese Daten u. a. auf dem Kontoauszug ausdruckt
o Spar-Programm, das die Sparkonten führt, Ein- und Auszahlungen erfaßt, neue Salden ermittelt und (bei Online-Verarbeitung) das Sparbuch beschriftet
o Darlehens-Programm, das die Darlehenskonten führt, Zinsen und Tilgungen berücksichtigt, Tilgungspläne, Zinsmitteilungen und Kontostandsübersichten erstellt

o Wertpapier-Abrechnungsprogramm, das den Kauf oder Verkauf von Wertpapieren unter Berücksichtigung von Provisionen, Courtage usw. bearbeitet und die entsprechenden Buchungen anstößt (einschließlich der Führung der Depotkonten)

o Führung sämtlicher Hauptbuchkonten über die EDV.

d) Die Datenverarbeitung ist zu einem wesentlichen Teil *Informationsverarbeitung*. Die Funktion, Informationen zu liefern, hat in KI erhebliche Bedeutung. Ein großer Teil dieser Informationen stammt direkt aus dem Rechnungswesen, z. B.

o Übersicht über alle Konten eines Kunden

o Übersicht über die Umsätze und Salden auf diesen Konten.

Die besondere Leistung der Informationsverarbeitung besteht darin, die benötigten Informationen für einen vorher definierten Zweck zur Verfügung stellen zu können. Beispiele:

o Ein Wertpapierberater benötigt für eine Kundenberatung eine Übersicht, aus der sämtliche Guthaben des Kunden bei diesem KI hervorgehen

o ein Kundenberater möchte eine Übersicht über sämtliche Konten des Kunden haben

o ein Kreditsachbearbeiter benötigt eine Obligozusammenstellung, d. h. einen Überblick über sämtliche bei dem KI unterhaltenen Kredite und Darlehen

o zur Beurteilung des Engagements eines Firmenkunden ist es erforderlich, eine Zusammenstellung aller rechtlichen und tatsächlichen Verbindungen zu anderen Personen und Unternehmen zu erhalten (z. B. Verschachtelung mehrerer Unternehmen).

Eine Vielzahl von Informationen wird nicht dem Rechnungswesen des KI entnommen, sondern stammt von externen Informationsanbietern. Beispiele:

o aktuelle Börsenkurse

o Wirtschaftsdaten.

e) Programme zur Unterstützung der Sachbearbeitung und der Beratung greifen ihrerseits wiederum auf das Rechnungswesen und auf Programme der Informationsverarbeitung zurück. Sie bieten Dienstleistungen wie z. B.

o Textverarbeitung, d. h. Bereitstellung von Textbausteinen zur Erstellung von Briefen, Verträgen usw.

o Simulationsrechnungen, z. B. in der Kundenberatung (Beispiel: ein Berater stellt dem Kunden anhand von Beispielsrechnungen dar, welche Belastung sich bei einem Privatdarlehen bei unterschiedlicher Höhe und Laufzeit des Darlehens ergibt)

o Produktdaten, z. B. Konditionen für Termingelder, Wertpapiere, Kredite usw.

o Einspielen von Name, Anschrift, Geburtsdatum des Kunden, soweit z. B. für einen Vertrag benötigt

o Ausdruck des Wertpapierdepots, bewertet nach aktuellen Börsenkursen.

4.2.13 Sicherheit

a) Auf die Sicherheitsproblematik wurde bereits im Abschnitt 4.2.10 d hingewiesen. Hinsichtlich der gesamten Datenverarbeitung in Kreditinstituten stellen sich besondere Probleme dadurch, daß es sich bei den Datenbeständen ganz überwiegend um sehr *sensible* Daten handelt.

b) Hinsichtlich der *Hardware* besteht die Notwendigkeit, sich vor Schäden zu schützen, die den Rechenzentrumsbetrieb lahmlegen können, z. B. Feuer oder Sabotage. Folgende Schutzeinrichtungen werden praktiziert:

o kritische Auswahl der Mitarbeiter, die im Rechenzentrum arbeiten dürfen
o der Zugang zu Rechenzentren ist besonders gesichert, z. B. durch Codekartenleser
o das Rechenzentrum selbst wird gesichert, z. B. durch besondere Baumaßnahmen, besondere Löscheinrichtungen
o es wird ein Ausweichrechenzentrum vorgesehen, das notfalls den Betrieb aufrechterhalten könnte.

c) Hinsichtlich der *Software* ist es erforderlich, sicherzustellen, daß selbst bei Verlust/Beschädigung die Datenbestände noch vorhanden sind; Hierfür werden Sicherungskopien der Magnetbänder oder sonstigen Datenträger hergestellt, die in anderen Räumen bzw. in ausgelagerten Stellen aufbewahrt und regelmäßig aktualisiert werden.

d) Der *Zugang zu Dateien* muß ebenfalls besonders gesichert werden, damit nur derjenige die Daten einsehen oder verändern kann, der dazu berechtigt ist. Meist wird hierzu ein *Passwort* verwendet, d. h. ein Kennwort, das nur dem Nutzer bekannt ist und von diesem auch verändert werden kann. Zukünftig werden zu diesem Zweck Chipkarten eingesetzt werden.

e) Die vom KI gespeicherten *Kundendaten* müssen vor mißbräuchlicher Nutzung gesichert werden. Dazu ist es neben technischen und organisatorischen Sicherheitsvorkehrungen erforderlich, daß die Mitarbeiter ein entsprechendes Sicherheits*bewußtsein* entwickeln. Zu diesem Zweck werden Mitarbeiter bei Einstellung auf ihre Verschwiegenheit und die Beachtung des Datenschutzgesetzes verpflichtet.

4.3 Wiederholung

Abschnitt 4.0 Grundlagen

1. Welche Abteilungen gehören in Kreditinstituten zum Verwaltungsbereich?
2. Welche Abteilungen sind den Stabsabteilungen zuzurechnen?
3. Ein wichtiges Problem in jedem kundenorientierten Betrieb ist das Verhältnis zwischen dem Marktbereich und der Verwaltung. Wie beurteilen Sie diese Situation für Ihr Haus?

Abschnitt 4.1 Organisation

1. Welche Prinzipien sind für die Organisationsarbeit kennzeichnend?
2. Eine wichtige organisatorische Aufgabe ist die Bereitstellung der wesentlichen Informationen. Welche Probleme gibt es hierbei in der Praxis? Welche Bedeutung hat für Sie in Ihrem Haus und generell in Ihrem Beruf der Begriff „Informationsflut"?
3. Schildern Sie die wesentlichen Merkmale der Aufbauorganisation Ihres Hauses!
4. Was versteht man unter einer Matrixorganisation? Bilden Sie ein Beispiel!
5. Stellen Sie ein Beispiel für die Ablauforganisation anhand der Bearbeitung eines Kontoeröffnungsantrages mit mindestens sechs Teilschritten dar!
6. Der Grundsatz der systematischen Vorgehensweise führt zur Bildung von Vorgehens-(Phasen-)modellen für Organisationsvorhaben. Nennen und erläutern Sie die wesentlichen Schritte eines solchen Modells!

Abschnitt 4.2 Datenverarbeitung

1. Schildern Sie jeweils vier Beispiele aus Ihrem Hause für die Unterstützung
   o der Buchhaltung
   o der Sachbearbeitung

   durch Einsatz von Datenverarbeitungsprogrammen.
2. Was versteht man unter dem Dualsystem (Binärsystem), und welche Bedeutung hat es für die Datenverarbeitung?
3. Nennen und erklären Sie vier verschiedene Arten von Datenträgern!

4. Was sind Schriftenlesesysteme, und für welchen Zweck werden sie heute in KI eingesetzt?

5. Erläutern Sie die Begriffe „Hardware" und „Software"!

6. Schildern Sie das Zusammenwirken der verschiedenen typischen Hardwarekomponenten anhand eines konkreten Beispiels aus Ihrem Hause!

7. Welche Datenübertragungsnetze sind Ihnen bekannt?

8. Worin besteht der Unterschied zwischen Dialog- und Stapelverarbeitung?

9. Mit welchen Endgeräten sind in Ihrem Kreditinstitut

   a) der Kassiererarbeitsplatz

   b) der Arbeitsplatz eines Kundenberater in einer Geschäftsstelle

   c) der Platz eines Anlageberaters in der Wertpapierabteilung
   ausgestattet?

10. Welche Probleme ergeben sich in Kreditinstituten im Rahmen der Anforderungen an die Sicherheit der Datenverarbeitung?

5. Geld – Wirtschaft – Währung

5.0 Das Geld

5.0.0 Wesen des Geldes

5.0.00 Entwicklung des Geldes

Die geschichtliche Entwicklung des Geldes findet ihren Ursprung im Altertum mit zunehmender Lösung des wirtschaftlichen Verhaltens des einzelnen von der Selbstversorgung, der Autarkie, und der Hinwendung zur *Arbeitsteilung* und dem damit verbundenen *Tauschverkehr*.

Auf der Basis des Gütertauschs entwickelte sich die Verwendung bestimmter Waren, z. B. Vieh, Waffen (sog. *Warengeld*) als Tauschmittler, eine Rolle, die schließlich die Edelmetalle einnahmen (*Metallgeld*), da sie sich als beliebig teilbar, dauerhaft, dabei relativ knapp und leicht zu transportieren erwiesen.

Geld im heutigen Sinn entstand zuerst in Form von Münzen, die zunächst vollwertig waren, d. h. insb. aus den Metallen Gold, Silber und Kupfer bestanden, wobei der aufgeprägte Nennwert dem Metallwert entsprach (*Kurantmünzen*), später aber zum Teil als *Scheidemünzen* mit geringerem Metallwert ausgegeben wurden, um den steigenden Bedarf an Zahlungsmitteln zu decken, für den die Edelmetall-Vorräte nicht ausreichten.

Im Mittelalter, vorwiegend im 17. und 18. Jahrhundert, traten *Banknoten* hinzu, die zunächst als Anweisungen auf vollwertige Münzen, später auf Goldvorräte der Zentralbank verstanden wurden.

Mit zunehmender Ausbreitung des Bankwesens wurde die Möglichkeit der Schaffung und Verwendung von Kontenguthaben als *Buch- oder Giralgeld* erkannt.

Geld ist ein gemeinsamer Nenner, der den Markt synchronisieren (anpassen, zum Gleichlauf bringen) kann. Bei der Naturaltauschwirtschaft entstehen sehr hohe Transaktionskosten – bei der Geldwirtschaft wiederum besteht die Gefahr der unbegrenzten Geldschöpfung.

5.0.01 Definition, Aufgaben und Arten des Geldes

a) *Definition:* Nach heute anerkannter Definition ist *Geld* zu kennzeichnen

o *wirtschaftlich* als Anweisung auf einen Teil des Sozialprodukts; das Sozialprodukt entspricht dem Wert aller in einem bestimmten Zeitraum innerhalb einer Volkswirtschaft hergestellten Güter (Waren und Dienstleistungen) abzüglich der zur Produktion verbrauchten Güter

o juristisch als das vom Staat vorgeschriebene, gesetzliche Zahlungsmittel (s. u.)

b) Aufgaben des Geldes (Geldfunktionen): Geld wird verwendet als

o Tauschmittel = Mittel zur Übertragung von Werten, Mittel zur Erlangung von Wirtschaftsgütern (Waren, Dienstleistungen), d. h. Zahlungsmittelfunktion

o Wertmesser = Mittel zur Bewertung von Gütern, Verrechnungseinheit, die alle Güter vergleichbar macht, d. h. Rechenmittelfunktion

o Wertaufbewahrungsmittel = Mittel zur Bewahrung und Erhaltung von Werten, da das Geld (weitgehend) wertbeständig ist und über längere Zeit anerkannt wird, d. h. Wertaufbewahrungsfunktion

o Dispositionsmittel = Mittel zur Erfüllung von Transaktions-(übertragungs-)zwecken, d. h. Liquiditätsfunktion

o Kreditmittel = Mittel zur Erlangung von Kaufkraft durch vorübergehende Überlassung, d. h. Kreditfunktion.

c) Geldarten:

o geschichtlich lassen sich unterscheiden (s. o.)
  – Warengeld
  – Metallgeld
  – Münzgeld (Kurant- und Scheidemünzen)
  – Notengeld
  – Buchgeld (Giralgeld)

o heute findet Geld Verwendung in Form von
  – Münzgeld (grds. Scheidemünzen)
  – Notengeld
  – Buchgeld (Giralgeld)
  – Geldersatzmitteln (insb. Scheck, Wechsel)

o nach der Zahlungsmittelfunktion sind zu unterscheiden
  – gesetzliche Zahlungsmittel: Münzen, Banknoten
  – Zahlungsmittel kraft Vereinbarung:
    Buchgeld (Zahlung durch Überweisung wirkt grds. an Erfüllungs Statt)
    Geldersatzmitteln (Wirkung grds. erfüllungshalber)

o nach der Herkunft ist zu trennen in
  – inländisches Geld (eigene Währung)
  – ausländisches Geld = Devisen.

d) Gesetzliche Zahlungsmittel sind bestimmte Erscheinungsformen des Geldes, die durch staatlichen Hoheitsakt (Gesetz) mit Annahmezwang ausgestattet sind: ein Schuldner kann mit diesen Zahlungsmitteln seine Verbindlichkeiten rechtswirksam gegenüber seinem Gläubiger tilgen (Erfüllungswirkung). In der Bundesrepublik Deutschland sind gesetzliche Zahlungsmittel

o inländische Münzen mit der Einschränkung, daß

- auf Mark lautende Münzen nur bis 20,- DM
- auf Pfennig lautende Münzen nur bis 5,- DM

angenommen werden müssen

o inländische *Banknoten*.

Gegenwärtig gibt es Noten über 1 000, 500, 100, 50, 20, 10 und 5 DM. Für sie besteht ein uneingeschränkter Annahmezwang.

Die Deutsche Bundesbank bereitet seit einigen Jahren eine neue Serie von Banknoten vor. Die Neuausgabe wird frühestens 1990 erfolgen. Die alten Banknoten sollen dann noch einige Zeit ihre Gültigkeit behalten. Vorgesehen ist die erstmalige Ausgabe einer Note über 200 DM, um die Lücke zwischen den Nennbeträge 100 und 500 DM zu schließen.

Die neuen Noten sollen die Fälschungssicherheit noch erhöhen. Daher werden die auf jeder Note sichtbaren optischen Erkennungsmerkmale verbessert und ergänzt. Der Schutz durch nicht sichtbare, erst bei maschineller Echtheitsprüfung erkennbare Merkmale bleibt erhalten. Außerdem sollen die Geldscheine zusätzliche Kennungen erhalten, die die zuverlässigere automatische Zählung und Prüfung bei KI und Unternehmen zulassen (insb. wegen der Geldautomaten).

Das grafische Erscheinungsbild wird ebenfalls verändert.

5.0.02 Theorien zum Wesen des Geldes

Für uns ist es heute selbstverständlich, mit Geld zu bezahlen. Im alltäglichen Umgang mit (Bar)geld macht man sich kaum Gedanken, warum gerade die Münze oder das Papier in der Hand einen Wert verkörpert. Gerade in einer Zeit, in der die nationale Währung nicht mehr gedeckt ist (z. B. durch die Hinterlegung von Gold), stellt sich die Frage nach einem theoretischen Modell, das die Funktionsweise des Geldwesens erklärt.

Die *Geldwerttheorien* lassen sich wie folgt unterteilen:

o Geldwerttheorien im *engeren* Sinne befassen sich mit der Erklärung des Geldwertes als solchem (warum wird das, was wir als Geld verwenden, auch als Geld akzeptiert)

o Geldwerttheorien im *weiteren* Sinne dienen der Erklärung der Veränderung des Geldwertes (Inflationstheorien); vgl. Abschnitt 5.0.1.

Geldwerttheorien im engeren Sinne gab es schon im 13. Jahrhundert. Man ging davon aus, daß das Geld durch menschliche Übereinkunft (Konvention) entsteht (*Konventionstheorie*).

Vom Ende des 18. Jahrhunderts bis in die Zwanziger Jahre unseres Jahrhunderts hielt sich die *Warentheorie*. Diese Theorie ist auch als *Metallismus* bekannt, weil der Wert des Geldes wie bei einer Ware aus dem Stoffwert (Metallwert) heraus begründet wurde. Der Geldwert bestand also aus den Kosten für das Edelmetall (z. B. Silber oder Gold) und den Produktionskosten (Prägekosten). Mit dieser Theorie ließen sich auch

Banknoten vereinbaren, solange diese sich jederzeit in das hinterlegte Edelmetall eintauschen ließen.

Die *staatliche Theorie* (Georg Friedrich Knapp, 1905) betrachtet das Geld als „Geschöpf der Rechtsordnung", das seinen Wert aus der rechtlichen Geltung des im Geld verkörperten Wertversprechens bezieht. Danach besitzt das Geld keinen Eigenwert, sondern stellt eine Anweisung auf einen Teil des Sozialprodukts der Wirtschaft dar. Dieser sog. *Nominalismus* geht davon aus, daß „Mark gleich Mark" ist. Er kann jedoch nicht das Inflationsproblem erklären. In den großen Inflationen wurde diese Theorie daher erschüttert, da sie nach dem Nominalismus gar nicht hätten auftreten dürfen.

Die neueren Theorien werden als *Funktionswerttheorien* bezeichnet. Danach liegt das Wesen des Geldes in der Erfüllung bestimmter Funktionen, insb. der Tauschmittel- und Zahlungsmittelfunktion.

o Die *reale Theorie* (nach O. Veit) betrachtet Geld als Gut besonderer Art, das einen Gebrauchswert besitzt (Liquiditätsfunktion).

o Die *sozialpsychologische Theorie* (nach G. Schmölders) begründet den Geldwert als Ergebnis von Einstellungen und Verhaltensweisen. Sie sieht das Vertrauen in die allgemeine Gültigkeit des im Gelde verkörperten Wertversprechens als entscheidend an. Damit vermag diese Theorie unter anderem abzuleiten, warum staatliches Geld seinen Wert verlieren kann.

5.0.03 Entstehung des Geldes durch Geldschöpfung

Geld entsteht nicht durch einen präge- oder drucktechnischen Vorgang, sondern als Ergebnis eines *Geldschöpfungsprozesses*. An diesem Prozeß sind die Bundesbank, die Bundesregierung (aufgrund des Münzregals) und die Kreditinstitute beteiligt.

Zentralbankgeld, das von der Bundesbank in Umlauf gegeben wird, entsteht durch Monetisierung von Aktiva, die ihrerseits kein Geld sind. „Monetisierung" bedeutet, daß die Bundesbank mit Zentralbankgeld bestimmte Sachen (Güter) bzw. Werte ankauft (z. B. Wechsel). Die Bundesbank zahlt also mit einer Forderung gegen sich selbst (Zentralbankgeld).

Auch KI betreiben Geldschöpfung dadurch, daß sie mit einer Forderung gegen sich selbst zahlen: Jede Kontogutschrift ist eine Forderung gegen das KI.

5.0.030 Bargeldschöpfung

a) Ausgabe von *Banknoten:* ist der Deutschen Bundesbank vorbehalten.

o *Vorgang:* Ankauf von Aktiva durch die Bundesbank gegen Ausgabe von Banknoten als Bezahlung; Vergabe von Kassenkrediten an die Bundesrepublik Deutschland

o Aktiva – und als solche in der Bundesbankbilanz ausgewiesen – sind

- Gold
- Devisen
- Wechsel
- Münzen
- Anleihen.

Den auf diese Weise erworbenen Aktiva entspricht der Banknotenumlauf als Passivposten der Bundesbankbilanz. Ende 1988 waren Banknoten im Wert von 144 Mrd. DM in Umlauf.

b) Ausgabe von *Münzen:* ist der Bundesregierung vorbehalten (sog. *Münzregal*).

o Prägung erfolgt in den staatlichen Münzen (München – Zeichen D, Stuttgart – F, Karlsruhe – G, Hamburg – J)

o neben den üblichen Scheidemünzen werden regelmäßig Sondermünzen geprägt, die auch als gesetzliche Zahlungsmittel zugelassen sind

o *Ausgabe* durch Verkauf der Münzen zum Nennwert von Bundesfinanzministerium an Bundesbank, die sie in den Verkehr bringt.

Der Münzenumlauf betrug Ende 1988 10,9 Mrd. DM.

5.0.031 Buchgeldschöpfung (Giralgeldschöpfung)

a) *Wesen:* Buchgeldschöpfung ist die Entstehung von Buchgeld bei der Deutschen Bundesbank und bei den Kreditinstituten.

b) *Passive Buchgeldschöpfung* = Umwandlung von Bargeld in Buchgeld:

o bei der Bundesbank:
 – durch Einzahlung von Bargeld und Gutschrift des Betrages auf einem LZB-Konto
 – durch Ankauf von Aktiva durch die Bundesbank und Gutschrift des Gegenwertes auf einem LZB-Konto

o bei den Kreditinstituten: durch Einzahlung von Bargeld und Gutschrift des Betrages auf einem Konto.

Durch diese Vorgänge verändert sich der Zahlungsmittel-Bestand eines einzahlenden Kunden nicht. Er kann nun statt über Bargeld über Buchgeld verfügen. Tut er dies, z. B. durch Überweisung, findet ebenfalls keine Änderung statt: an seiner Stelle kann nun ein anderer Kunde über Buchgeld verfügen. Eine Einzahlung bewirkt außerdem, daß sich die Kassenbestände einer LZB oder eines KI erhöhen; dem steht eine entsprechende Buchgeld-Verbindlichkeit gegenüber.

c) *Aktive Buchgeldschöpfung* = Schaffung *zusätzlichen* Buchgeldes durch Kreditvergabe der Kreditinstitute (sog. *Kreditschöpfung*):

o die wesentliche Tätigkeit der KI besteht in der Vergabe von Buchgeldkrediten
o diese erfolgt aufgrund der Einlagen bei KI
o der dem Einleger zustehende Betrag bleibt auf seinem Konto erhalten
o da erfahrungsgemäß über einen großen Teil der Einlagen jedoch vorübergehend

nicht verfügt wird und Verfügungen i. d. R. Einlagen von entsprechender Höhe gegenüberstehen bzw. der größte Teil aller Verfügungen den Einlagenbestand der KI insgesamt nicht verändert (soweit bargeldlos verfügt wird), können KI Buchgeldkredite vergeben, ohne ihre Zahlungsfähigkeit zu verlieren

o so erhalten andere Kunden Gutschrift eines Kreditbetrages; die Tatsache, daß sie in entsprechender Höhe Verbindlichkeiten haben, ändert nichts daran, daß auf diese Weise zusätzliches Buchgeld entstanden ist.

Nicht alles den Banken anvertraute Geld kann zur Kreditvergabe verwandt werden. Als *Grenzen* sind zu beachten:

o die Zahlungsgewohnheiten der Kunden, insb. der zu erwartende Abfluß von Bargeld; hierfür ist eine *Kassenreserve* zu unterhalten

o *Mindestreserve*bestimmungen, d. h. die Verpflichtung der KI zur zinslosen Unterhalten von Teilen der Einlagen auf einem Konto bei der jeweiligen LZB.

Weitere Grenzen für die Kreditschöpfung ergeben sich aus der Höhe der den KI anvertrauten Einlagen und der Nachfrage nach Krediten.

Der Kreditschöpfungsvorgang findet nicht nur einmal, sondern *vielfach* statt: verfügt der Kreditnehmer z. B. durch Überweisung, so erhält ein Bankkunde eine Gutschrift, die eine Einlage darstellt; über sie kann das KI nach Abzug von Kassen- und Mindestreserve erneut verfügen, d. h. Kredite vergeben, wodurch neues Buchgeld geschöpft wird.

Voraussetzung für derartige vielfache Kreditschöpfung ist ein in sich geschlossenes Zahlungs- und Kreditsystem, in dem es möglich ist, von jedem Auftraggeber zu jedem Empfänger, sofern sie Kontoinhaber sind, Zahlungen bargeldlos zu leiten. Dann erstreckt sich die aktive Buchgeldschöpfung auf dieses gesamte Wirtschaftssystem und erlangt Bedeutung für die Gesamtwirtschaft.

Beispiel für aktive Buchgeldschöpfung:

Einlage	10 % Mindestreserve	15 % Kassenreserve	Freier Überschuß
10 000,– DM	1 000,–	1 500,–	7 500,–
Kreditvergabe			
7 500,–	750,–	1 125,–	5 625,–
5 625,–	562,50	843,75	4 218,75
4 218,75	421,88	632,82	3 164,05
3 164,05	316,41	474,62	2 373,02
……	……	……	……
30 000,–	4 000,	6 000,–	30 000,–

Passive Giralgeldschöpfung
10 000,– DM

Aktive Giralgeldschöpfung
30 000,– DM

40 000,– DM Buchgeld

Dieser Vorgang vollzieht sich nach der Formel

$$S = \frac{Ü \times 100}{R}$$ im Beispiel: $30\,000 = \frac{7\,500 \times 100}{25}$

S = Summe der Kreditschöpfung   im Beispiel: 30 000,– DM
Ü = erster freier Überschuß   im Beispiel: 7 500,– DM
R = Reservesatz (Kassen- und Mindestreserve)   im Beispiel: 25

5.0.1 Wert des Geldes

5.0.10 Kaufkraft

5.0.100 Theorien zum Wert des Geldes

a) Bereits im Altertum wurde nicht nur das Wesen, sondern auch der Wert des Geldes diskutiert. Man erkannte, daß nicht allein das in einer Münze enthaltene Metall ihren Wert bestimmte, sondern daß mit der Prägung von Münzen, d. h. der Festsetzung bestimmter Währungseinheiten, das Problem entstand, das bei Prägung bestehende Tauschverhältnis zu bestimmten Gütern zu erhalten und Geldentwertungen z. B. durch Mißbrauch des Münzregals zu vermeiden.

b) Auf dieser Grundlage entstand im 16. Jahrhundert die *Quantitätstheorie*, nach der das Preisniveau gebildet wird durch das Verhältnis von Geldmenge und Gütermenge: eine Erhöhung der Edelmetallmenge und damit der Geldmenge bedinge die Abnahme des Geldwertes.

c) Wenig später folgte die Erkenntnis, daß die *Umlaufgeschwindigkeit* des Geldes für Geldmenge und Geldwert bedeutsam ist und daß neben dem *Binnenwert* auch ein *Außenwert* des Geldes im Verhältnis zu anderen Währungen berücksichtigt werden muß.

d) England hatte im 19. Jahrhundert ein weit entwickeltes Geldwesen. 1816 wurde das sog. Währungsgesetz erlassen, 1819 ergänzt durch die Wiedereinführung der Banknoten, die 1833 zum gesetzlichen Zahlungsmittel erklärt wurden. Strittig war zu dieser Zeit, wie das Währungssystem hinsichtlich der Elastizität des Geldvolumens, d. h. der Anpassung der umlaufenden Geldmenge an das schwankende volkswirtschaftliche Handelsvolumen, ausgestaltet sein sollte. Hierzu entstanden zwei Auffassungen:

o Die *Currency-Theorie* vertrat die Ansicht, daß Banknoten stets voll durch Edelmetalle (Metallgeld) gedeckt sein müßten, um eine inflationäre Entwicklung zu verhindern, da die Ausgabe ungedeckten Papiergeldes das natürliche Verhältnis zwischen (Edelmetall-)Geld und Gütermenge störe.

o Die *Banking-Theorie* erkannte, daß diese starre Bindung eine Unterversorgung der Volkswirtschaft mit Geld bewirken könne; die Geldmenge sei vielmehr in jedem

Falle dem Zuwachs des Güterangebots anzupassen, eine „bankmäßige Deckung" für ausgegebenes Papiergeld reiche aus, d. h. Kreditvergabe durch Banknotenausgabe gegen Diskontierung guter Handelswechsel (oder andere Sicherheiten). Die umlaufende Geldmenge werde begrenzt durch die Goldreserve *und* den Wert der in der Volkswirtschaft produzierten Güter, repräsentiert durch gute Handelswechsel.

e) Nach Karl Marx ergibt sich die Kaufkraft des Geldes aus den Produktionskosten des Geldes als Ware *(Produktionskostentheorie)*.

f) Die *Einkommenstheorie* erklärt Preisbewegungen und damit Änderungen des Geldwertes durch Veränderung des Volkseinkommens und/oder seiner Aufteilung in Ausgaben für Investition und Konsum sowie Sparen und Änderung der Produktion.

5.0.101 Das heutige Verständnis des Geldwertes

Die Entwicklung der Geldwerttheorien zeigt die Erkenntnis folgender Problemkreise:
o das Problem des Binnenwertes des Geldes hängt zusammen
  – mit der vorhandenen *Geldmenge*
  – mit der *Deckung* des ausgegebenen Geldes (Frage des *Währungssystems*, s. u.)
o das Problem des Außenwertes des Geldes betrifft die Frage der Austauschverhältnisse zu anderen Währungen und der internationalen Währungsordnung.

a) Unter *Kaufkraft* versteht man den *Tauschwert* des Geldes, d. h. die Menge an Gütern (Waren und Dienstleistungen), die man für eine Geldeinheit erlangen kann.

b) *Ermittlung* der tatsächlichen Kaufkraft und ihrer Veränderungen ist möglich durch vom Staat aufgestellte Statistiken (Indizes), wobei der jeweilige Zweck des Geldeinsatzes berücksichtigt wird: z. B.
o Preisindex der Lebenshaltungskosten
o Index der Erzeugerpreise in gewerblicher Wirtschaft und Landwirtschaft
o Index der Verbraucherpreise allgemein
o Index für Bauleistungen usw.

c) Der Wert des Geldes bestimmt sich nach folgenden *Faktoren:*
o Geldmenge, die sich im Umlauf befindet (G)
o Handelsvolumen, d. h. der Umsatz an Gütern in einem bestimmten Zeitraum (H)
o Umlaufgeschwindigkeit des Geldes: je häufiger erzielte Einnahmen wieder ausgegeben werden, desto größer wird effektiv die Geldmenge (U).

Geldmenge, Handelsvolumen und Umlaufgeschwindigkeit des Geldes bestimmen den Preis, das allgemeine *Preisniveau* (P), durch das der Geldwert bestimmt und durch dessen Veränderungen der Wert des Geldes beeinflußt wird.

Die *Beziehung* zwischen diesen Faktoren kennzeichnet die *Fishersche Verkehrsgleichung*[1]:

$$G \times U = P \times H$$

Die Besonderheit des *Buchgeldes* und seiner im Vergleich zum Bargeld größeren Umlaufgeschwindigkeit (die auch den Umfang der Kreditschöpfung mitbestimmt) ist dabei ebenfalls zu berücksichtigen (G' = Buchgeld, U' = Umlaufgeschwindigkeit des Buchgeldes):

$$G \times U + G' \times U' = P \times H$$
(Geldvolumen)   (Gütervolumen)

Daraus folgt:

$$P = \frac{G \times U + G' \times U'}{H}$$

Aus dieser Formel ergeben sich die Wirkungen von Veränderungen einzelner Faktoren:

o eine Verringerung des Handelsvolumens führt zu steigendem Preisniveau
o eine Erhöhung des Handelsvolumens bewirkt sinkendes Preisniveau
o die Vermehrung des Geldvolumens durch Erhöhung der Geldmenge und/oder der Umlaufgeschwindigkeit des Bargeldes, vor allem aber des Buchgeldes führt zu steigendem Preisniveau, die Verminderung des Geldvolumens entsprechend zu sinkendem Preisniveau
o steigendes Preisniveau bewirkt Sinken des Geldwertes, sinkendes Preisniveau führt zum Steigen des Geldwertes.

5.0.11 Währung und Währungssysteme

5.0.110 Währung

a) *Definition:* Währung ist die gesetzliche Ordnung des Geldwesens innerhalb eines Landes (sog. Geldverfassung). Hierzu gehören

o die Bestimmung der einzelnen Geldeinheiten
o die Festlegung der gesetzlichen Zahlungsmittel
o die (mögliche) Festsetzung eines Austauschverhältnisses der Landeswährung zu den Währungen anderer Länder

---

[1] nach Irving Fisher (1867–1947)

o die Fixierung von Deckungsvorschriften für ausgegebenes Geld
o die Regelung des Münzregals und der Befugnis zur Ausgabe von Banknoten
o die Bestimmung der stofflichen Beschaffenheit des Geldes (wichtig nur für Münzen).

b) Die *Währungspolitik* befaßt sich mit allen Maßnahmen, die die Geld- und Kreditversorgung der Wirtschaft und den Geldwert betreffen (siehe dort).

5.0.111 Währungssysteme

Währungssysteme sind feste, meist gesetzlich fixierte und wissenschaftlich fundierte Grundordnungen des Geldwesens eines Landes. Sie sind denkbar auch im supranationalen (überstaatlichen) Bereich (vgl. Währungspolitik). Folgende *Arten* sind zu unterscheiden:

a) Bei den *Metallwährungen* sind Geldmenge und Geldwert an ein bestimmtes Metall gebunden (daher auch „gebundene" Währungen), Geldeinheit und Metallgewicht werden in feste Beziehung gebracht. Dagegen haben *freie Währungen* eine solche Bindung nicht; hier bestimmt der Staat eine andere Festlegung des Geldwertes und bemüht sich um Knapphaltung des Umlaufs an Zahlungsmitteln.

b) In Deutschland gab es bis 1857 eine *bimetallische Währung*, bei der zwei Metalle (Gold und Silber) verwendet werden, in Form der *Doppelwährung,* d. h. mit einer festen Relation zwischen Gold und Silber. Bei der in Deutschland bis 1873 noch teilwei-

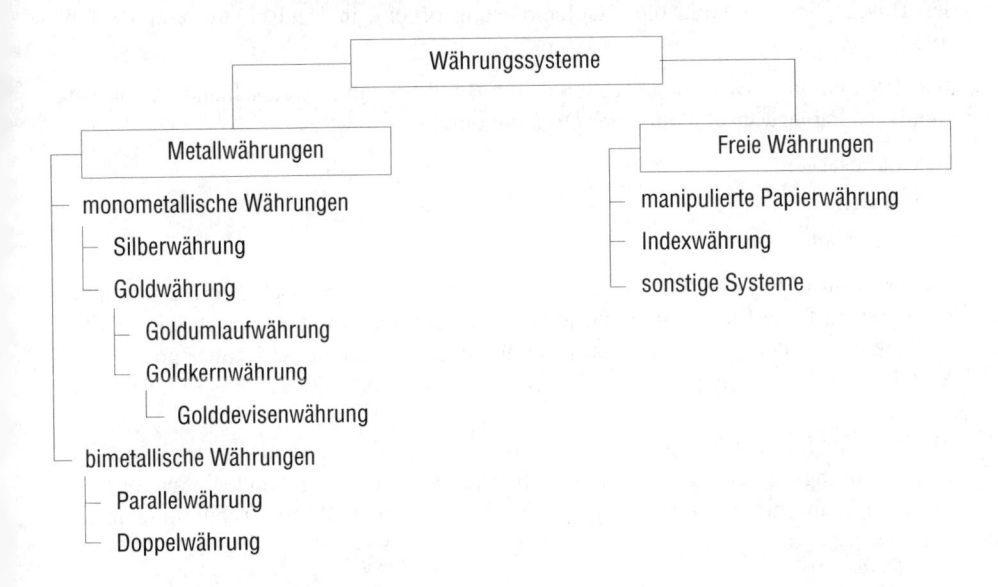

```
                        Währungssysteme
                       /               \
           Metallwährungen              Freie Währungen
  ├ monometallische Währungen     ├ manipulierte Papierwährung
  │   ├ Silberwährung             ├ Indexwährung
  │   └ Goldwährung               └ sonstige Systeme
  │       ├ Goldumlaufwährung
  │       ├ Goldkernwährung
  │       └ Golddevisenwährung
  └ bimetallische Währungen
      ├ Parallelwährung
      └ Doppelwährung
```

se vorgekommenen *Parallelwährung* hingegen besteht ein solches Wertverhältnis nicht, praktisch liegen zwei Metallwährungen nebeneinander vor.

c) Bei *monometallischen Währungen* liegt eine Bindung nur an ein Metall, also *Gold* oder *Silber* vor. Eine *Silberwährung* gab es in Deutschland teilweise zwischen 1857 und 1873. Daran schloß sich die *Goldwährung* an.

d) *Goldumlaufwährung* sind durch das Kursieren vollwertiger Goldmünzen gekennzeichnet, wobei als gesetzliches Zahlungsmittel anerkannt sein können

o nur Goldmünzen (*reale* oder *reine G.*)
o Gold- und Silbermünzen (*hinkende G.*)
o Gold und Banknoten (*gemischte G.*).

Goldumlaufwährungen kamen in Deutschland bis 1914 vor.

e) Bei *Goldkernwährungen* befindet sich Gold nicht im Umlauf, sondern dient zur Sicherung und Deckung eines Teiles der umlaufenden Banknoten; im Auslandsverkehr besteht Einlösungspflicht für Banknoten in Gold.

Bei der Sonderform der *Golddevisenwährung* sind die Banknoten außer durch Gold durch ausländische in Gold einlösbare Zahlungsmittel (Golddevisen) gedeckt. Sie bestand in Deutschland bis 1931.

f) Wesen der *manipulierten Papierwährung* ist das freie Steuerungs- und Lenkungsrecht der Zentralnotenbank, wobei der Geldumlauf dem Geld- und Kreditbedarf angepaßt, Geld- und Kreditvolumen durch die Geldmenge gesteuert werden können. Dieses Währungssystem bestand in Form einer *nominellen Goldwährung,* d. h. einer formellen Bindung an das Gold ohne Goldeinlösungspflicht, in Deutschland von 1931 bis 1939.

Seit 1948 ist diese Bindung aufgehoben, die Bundesrepublik Deutschland hat eine manipulierte Papierwährung mit einer *Deckung* durch

o Goldreserven
o Devisen
o Sonderziehungsrechte.

Dieses Währungssystem läßt sich in einer modernen Volkswirtschaft mit ihrem unterschiedlichen Bedarf an Geld am besten und gezieltesten einsetzen. Es verleiht der Notenbank eine äußerst wichtige Zentralstellung und verlangt ein wirksames und sinnvolles wirtschaftliches und politisches Kontrollsystem, damit Mißbrauch vermieden wird.

g) Bei einer *Indexwährung* sind geldpolitische Maßnahmen an einen Index, z. B. der Lebenshaltungskosten oder der industriellen Erzeugerpreise, gebunden. Andere (theoretische) Währungssysteme sehen sonstige Bindungen, z. B. an Arbeitsstunden u. a., vor.

5.0.112 Außenwert des Geldes

a) *Wesen:* Der Außenwert des Geldes bestimmt sich nach den Austauschverhältnissen = *Wechselkursen* einer Währung zu anderen Währungen und ihren Änderungen (vgl. Abschnitt 2.1.20 und Währungspolitik).

b) Die *Wechselkurse* können fest sein, d. h. durch nationalen Hoheitsakt oder internationale Vereinbarung fixiert werden = *Paritäten*. Die Devisenkurse dürfen sich dabei grundsätzlich innerhalb bestimmter Bandbreiten frei nach Angebot und Nachfrage bewegen. Werden die Grenzen der zulässigen Schwankungsbreiten erreicht, muß die Zentralnotenbank durch An- oder Verkauf der betreffenden ausländischen Währung einschreiten (intervenieren). Entsprechend die nominellen Paritäten nicht mehr den wahren Wertverhältnissen der Währungen (z. B. bei ständigen gleichgerichteten Zahlungsbilanzungleichgewichten) oder sollen bestimmte wirtschaftliche Wirkungen erzielt werden, findet eine *Auf- oder Abwertung* statt, d. h. eine staatliche Änderung der Parität.

Üblicherweise orientiert sich die Parität bei festen Wechselkursen an einem international einheitlichen Maßstab. Als solcher hat lange Zeit der US-Dollar gedient (sog. *Leitwährung*). Für die Zukunft können die *Sonderziehungsrechte* diese Rolle übernehmen.

c) Die *Wechselkurse* können *flexibel* sein, d. h. nicht an starre Paritäten gebunden, sondern sich den jeweiligen Marktverhältnissen anpassen, *Floating*. Flexible Wechselkurse haben den Vorteil, daß die Austauschverhältnisse grundsätzlich den wahren Wertverhältnissen entsprechen, erhebliche Differenzen zwischen nominaler und realer Parität werden vermieden; da keine künstliche Auf- und Abwertung erfolgt, bleibt Devisenspekulation vor derartigen Maßnahmen weitgehend aus.

Andererseits bringt das Floating den Nachteil mit sich, daß Außenhändlern sichere Kalkulationsgrundlagen für ihre Währungsgeschäfte fehlen, sofern sie sich nicht durch Devisentermingeschäfte absichern oder Wechselkursversicherungen abschließen; diese können mit erheblichen Kosten verbunden sein.

Möglich ist, daß nicht alle Währungen untereinander flexible Wechselkurse haben, sondern daß einige Länder sich im Innern, d. h. in ihrem Verhältnis zueinander, auf feste Paritäten einigen, gemeinsam nach außen, d. h. gegenüber den anderen Währungen, aber floaten (sog. *Blockfloating*).

5.0.12 Inflation und Deflation

5.0.120 Überblick

Inflation und Deflation sind Störungen des Geldwertes. Sie ergeben sich aus einem ständig gleichgerichteten *Ungleichgewicht* zwischen der Geldmenge (= *Nachfrage* auf dem Markt) und der Gütermenge (= *Angebot* auf dem Markt).

Preise

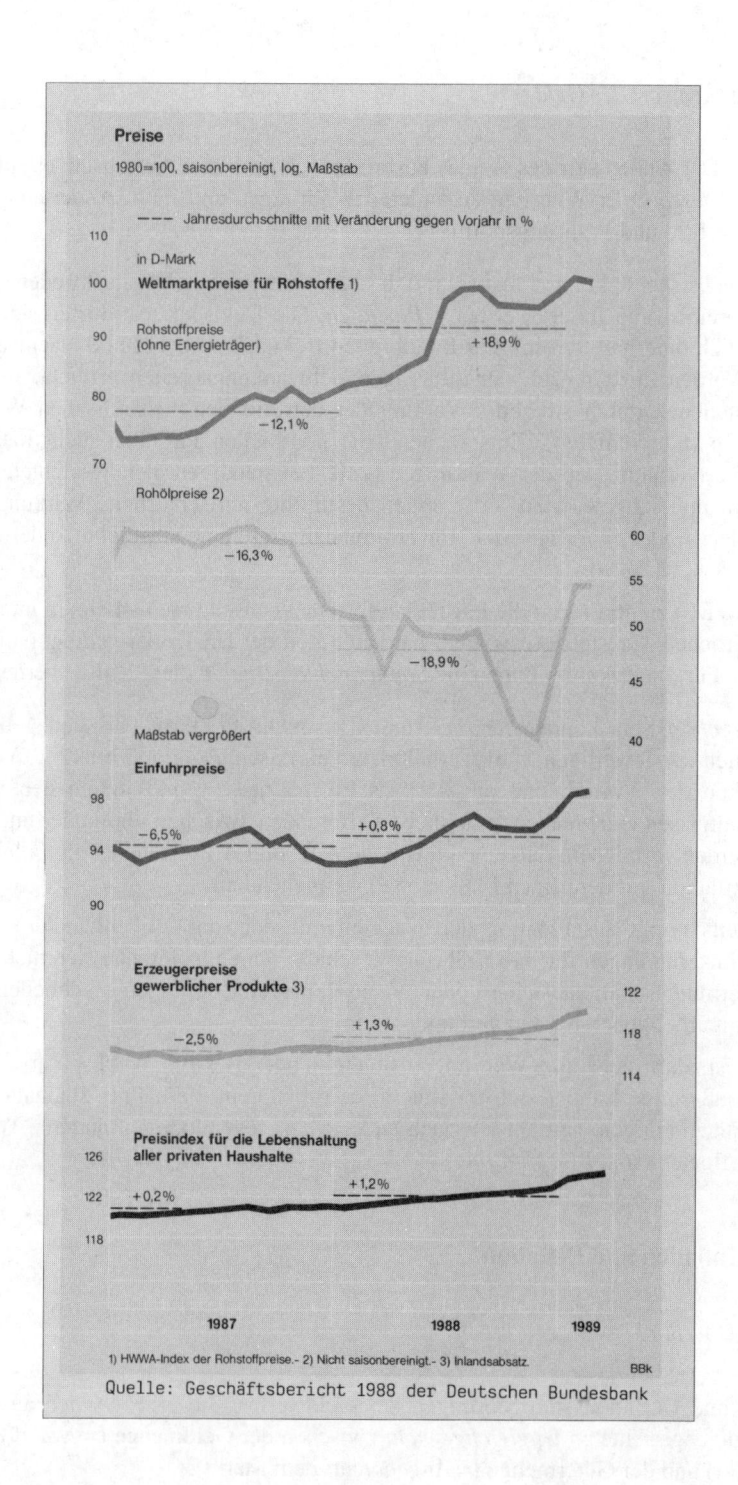

1980=100, saisonbereinigt, log. Maßstab

--- Jahresdurchschnitte mit Veränderung gegen Vorjahr in %

in D-Mark
Weltmarktpreise für Rohstoffe 1)

Rohstoffpreise (ohne Energieträger) +18,9%
−12,1%

Rohölpreise 2)
−16,3%
−18,9%

Maßstab vergrößert
Einfuhrpreise
−6,5% +0,8%

Erzeugerpreise gewerblicher Produkte 3)
−2,5% +1,3%

Preisindex für die Lebenshaltung aller privaten Haushalte
+0,2% +1,2%

1987 1988 1989

1) HWWA-Index der Rohstoffpreise.- 2) Nicht saisonbereinigt.- 3) Inlandsabsatz.

BBk

Quelle: Geschäftsbericht 1988 der Deutschen Bundesbank

Derartige Ungleichgewichte wirken sich auf die Kaufkraft des Geldes aus. Sie deuten sich oft frühzeitig durch bestimmte *Tendenzen* an, die sich an der allgemeinen Preisentwicklung, insbesondere anhand bestimmter Indizes erkennen lassen.

Bestimmte Situationen der Gesamtwirtschaft sind typischerweise inflationär oder deflationär. So ist eine Wirtschaft im Wachstum bei Vollbeschäftigung grundsätzlich mit gewissen Preissteigerungen verbunden, die zunächst „normal" sind, jedoch schnell kritische Formen annehmen können, wenn z. B. das Wachstum nachläßt, die Vollbeschäftigung nicht mehr gewährleistet ist, die Preissteigerungen jedoch anhalten.

Hinzu kommt, daß Inflation und Deflation zum Teil von *psychologischen Faktoren* abhängen oder beeinflußt werden, da sie in den meisten Fällen durch das wirtschaftliche Verhalten aller Wirtschaftsteilnehmer, also auch der in wirtschaftlichen Problemen vielfach unerfahrenen Verbraucher, bestimmt werden und dieses Verhalten oft unkontrollierbar und falsch verläuft. Zur Abwendung erheblicher Schäden für die Gesamtwirtschaft müssen daher entsprechend auch psychologische Maßnahmen vom Staat ergriffen werden – eine Politik, die in einer weitgehend freien Marktwirtschaft nicht unproblematisch ist, vom einzelnen jedoch u. U. positiver empfunden wird als sonst erforderliche unmittelbare Eingriffe in die Freiheit der Wirtschaft. Zu beachten ist, daß zur Erzielung bestimmter politisch gewollter Erfolge das Verbraucherverhalten auch negativ psychologisch manipulierbar ist (über Massenmedien).

5.0.121 *Inflation*

a) *Wesen:*

o die *Nachfrage* nach Gütern ist *größer* als das *Angebot* an Gütern
o dadurch steigen die Preise mit unterschiedlicher Geschwindigkeit, jedoch ständig
o der Wert des Geldes sinkt entsprechend.

b) *Ursachen:*

o Verringerung des Gütervolumens, d. h. des Angebots an Waren und Dienstleistungen, z. B. durch Mißernten, Konzentrierung der Industrie auf Rüstungs-, Kriegsproduktion
o Erhöhung des Konsums und damit der Nachfrage durch erhebliche Verfügung über Sparguthaben, durch Einschränkung oder Unterbleiben des Sparens, durch verstärkte Aufnahme von Konsumkrediten *(Konsuminflation)*
o Verstärkung der Nachfrage durch überhöhte Staatsausgaben ohne entsprechende Geldabschöpfung durch Steuern *(Ausgabeninflation):*
  – Ausgaben für öffentliche Vorhaben
  – höhere Arbeitsentgelte im öffentlichen Dienst
o unangemessene, dem Produktionsergebnis nicht entsprechende Lohnerhöhungen in einem wesentlichen Teilbereich der Wirtschaft oder in der Gesamtwirtschaft *(Lohninflation)*

o Erhöhung der industriellen Erzeugerpreise durch Kostenerhöhung (z. B. Rohstoffe, Löhne/Gehälter), wenn die Kosten auf die Preise abgewälzt werden *(Kosteninflation)*

o starke Kreditgewährung an die Wirtschaft (Investitionskredite), die sich zunächst nicht in einer Erhöhung des Güterangebots niederschlägt (da Neuanlagen/ Rationalisierungen usw. sich erst mit Zeitverschiebung auswirken), sondern in höheren Preisen *(Kredit-* oder *Investitionsinflation)*

o andauernde Zahlungsbilanzüberschüsse, die einerseits durch hohe Exportraten Verringerung des inländischen Güterangebots bedeuten, andererseits – durch Hereinströmen ausländischen Geldes – zu einer Vermehrung der inländischen Geldmenge und damit der Nachfrage führen *(Zahlungsbilanzinflation)*

o stark aktive Zahlungsbilanzen können außerdem zu einer *importierten Inflation,* d. h. zur Übertragung einer Inflation vom Ausland auf das Inland aufgrund freier Konvertierbarkeit der Währungen insb. bei festen Paritäten führen: Durch Inflation im Ausland werden inländische Exportartikel dort billiger; die Nachfrage erhöht sich, gleichzeitig fließen mehr Güter ins Ausland, mehr Geld in das Inland; dieses fördert und verstärkt die inländische Nachfrage; da die Devisen außerdem aus Inflationsländern stammen, überträgt sich ihre fortschreitende Entwertung auf die eigene Währung.

Inflationen durch Verminderung des Güterangebotes sind selten und setzen extreme wirtschaftliche und/oder politische Situationen voraus (z. B. Krieg). Wesentlich häufiger ist eine Inflation dagegen auf Verstärkung der *Nachfrage* zurückzuführen; diese wiederum beruht in aller Regel auf einer *Erhöhung der* im Inland umlaufenden *Geldmenge.* Diese aber wird i. d. R. nicht willkürlich erhöht, sondern ergibt sich aus der jeweiligen gesamtwirtschaftlichen Lage:

o Verstärkung der *Inlandsnachfrage,* die die Unternehmen zu höherer Kreditaufnahme veranlaßt, wodurch einerseits die Kosten und damit die Preise steigen, andererseits über die *Kreditschöpfung* die Buchgeldmenge größer wird

o Verstärkung der *Auslandsnachfrage* oder aus anderen Gründen bestehende Zahlungsbilanzüberschüsse (s. o.)

o verstärkte Nachfrage nach *staatlichen Leistungen* (z. B. Sozialleistungen, Bauvorhaben usw.), die den Staat zur Kreditaufnahme und zu höheren Ausgaben zwingen.

Daraus ergibt sich, daß Nachfrage und Geldmenge sich gegenseitig bedingen und in einem Wechselverhältnis stehen, das, einmal ausgelöst, ohne entsprechende Eingriffe zu ständig und mit zunehmender Geschwindigkeit wachsenden Preissteigerungsraten führt.

Ein ähnliches Verhältnis besteht zwischen Löhnen und Preisen (sog. *Lohn-Preis-Spirale*): steigende Löhne bedingen höhere Kosten der Unternehmen, verstärkte Nachfrage der Haushalte und damit höhere Preise; diese Preissteigerungen können nur durch höhere Löhne aufgefangen werden, wenn der Lebensstandard erhalten bleiben soll, dadurch erhöhen sich erneut die Preise usw.

c) *Arten* der Inflation nach Geschwindigkeit, Erscheinungsform und Grad:
- *Offene Inflation* (Preisinflation):
  - die Preise steigen entsprechend der *inflatorischen Lücke*, d. h. dem Übergewicht der Nachfrage im Verhältnis zum Güterangebot
  - der Staat greift nicht ein oder versucht die Inflationsrate mit marktkonformen Mitteln zu senken, ohne drastisch die Wirtschaftsfreiheit zu beschneiden
- *zurückgestaute* (verdeckte) *Inflation:*
  - die Inflation kommt im Gütermangel zum Ausdruck
  - die Preise sind aufgrund von *Preisstops* (evtl. verbunden mit Lohnstop) eingefroren
  - Nachfrage wird durch Rationierung und Abschöpfung der Kaufkraft über das Zwangssparen beschränkt
- *schleichende Inflation:*
  - es besteht nur geringfügige Güterknappheit
  - die Preissteigerungsraten erhöhen sich nur mäßig oder bleiben gleich und halten sich in bestimmten Grenzen *(inflationäre Tendenz,* anzunehmen ab 3–5 %, äußerstens bis 20 %)
  - der Nachfrageüberhang kann durchaus „gesund" sein, d. h. eine Wirtschaft im Wachstum kennzeichnen
- *galoppierende Inflation* (Hyperinflation):
  - größere und ständig steigende Inflationsrate
  - z. T. künstliche Verringerung des Güterangebots durch Zurückhaltung von Gütern in der Hoffnung auf durch Preissteigerungen größere Gewinne
  - Einsetzen psychologischer Ursachen und Auswirkungen (Vertrauensschwund, „Flucht in die Sachwerte", s. o.).

d) *Wirkungen:*
- für *Haushalte:*
  - die Kaufkraft des Geldes sinkt
  - Forderungen werden allmählich entwertet, ohne daß Inflationssicherung besteht; Sparguthaben verlieren an Wert, die Zinsen fangen selbst mäßige Inflationsraten nicht auf, daher werden Sparbereitschaft und Sparsinn geringer
  - die Einkommen der Haushalte werden der Inflation oft nur mit Zeitverschiebung angepaßt; dadurch verringert sich auch die Sparfähigkeit
  - Barmittel werden, bevor sie weiter an Wert verlieren, ausgegeben, was die Inflationstendenz verstärkt
  - die Aufnahme von Konsumkrediten wird leichter, da die Inflationsrate bei angepaßter Einkommensentwicklung die Belastung durch die Rückzahlung verringert; dadurch erhöht sich die Nachfrage noch mehr
- für *Unternehmen:*
  - die Unternehmergewinne steigen, da die Festkosten (inbs. Löhne/Gehälter) der Inflationsrate nur mit Zeitverzögerung angeglichen werden

- die Aussicht auf höhere Gewinne verstärkt einerseits die Produktion, verführt andererseits zum Zurückhalten von Gütern (künstliche Verknappung), um noch höhere Gewinne zu erzielen
- eintretende höhere Gewinne sowie die Vorteile, die sich aus Verschuldung während einer Inflation ergeben (s. o.), ermöglichen zusätzliche Investitionen, die zu einer Vermehrung des Angebots und damit zur Dämpfung der Inflation führen könnten; die durch höhere Nachfrage auf dem Investitionsgütermarkt steigenden Investitionskosten werden jedoch an die Verbraucher weitergegeben und gleichen diesen Vorteil wieder aus

o für die *Gesamtwirtschaft:*

- bereits inflationäre Tendenzen verschieben das soziale Gefüge, da Geldanlagen, d. h. Forderungen, entwertet werden (insb. Sparguthaben), während Sachanlagen die Inflationsrate mindestens auffangen durch entsprechende Wertsteigerungen (z. B. industrielle Anlagen, Grundstücke)
- bei schleichender Inflation besteht stets die Gefahr der Ausweitung zu einer galoppierenden Inflation, bei der das Vertrauen in das Geld schließlich ganz verloren geht und durch Rückkehr zum Tauschhandel ein hochentwickeltes Wirtschaftssystem in eine primitive Stufe zurückfallen kann
- steigende Verbraucherpreise erfordern auch steigende Sozialleistungen des Staates (insb. Renten), die meist nicht mit den inflationär anwachsenden Steuereinnahmen finanziert werden können
- da auch die Exportpreise steigen, kann eine exportorientierte Volkswirtschaft ihre internationale Konkurrenzfähigkeit verlieren
- die nachlassende Sparneigung der Haushalte kann die Kreditversorgung der Wirtschaft erheblich verteuern (was sich erneut auf die Preise auswirkt) oder gefährden, so daß die Güterproduktion eingeschränkt werden muß
- ausländische Produkte können auf dem Inlandsmarkt u. U. günstiger angeboten werden als einheimische Erzeugnisse, wodurch Unternehmen und Arbeitsplätze in Gefahr geraten
- inländische Kreditverknappung führt zu steigenden Zinsen und lockt ausländisches Geld an, das – durch Erhöhung der inländischen Geldmenge – die Nachfrage verstärkt.

5.0.122 Deflation

a) *Wesen:*

o die Nachfrage nach Gütern ist geringer als das Güterangebot

o dadurch sinken die Preise

o der Wert des Geldes steigt entsprechend.

b) *Ursachen:*

o Vermehrung des Güterangebots durch
- erhöhte Produktivität der Wirtschaft z. B. durch umfangreiche vorangegangene Investitionen, schließlich Überproduktion
- starke Zunahme der Importe

o Rückgang der Nachfrage
- nach Konsumgütern aufgrund zu hohen Sparens der Haushalte, Horten von Geld in der Hoffnung auf weiteres Sinken der Preise, aufgrund zu hoher Steuern
- nach Investitionsgütern aufgrund unzureichender Kreditversorgung der Wirtschaft, fehlender Investitionsneigung

o Sinken der Auslandsnachfrage z. B. aufgrund einer vergleichbaren deflatorischen Entwicklung

o zu geringe staatliche Ausgaben, Einschränkung von Aufträgen, Bildung von Haushaltsüberschüssen.

c) *Wirkungen:*

o mit Sinken der Preise verringern sich die Unternehmensgewinne, womit Investitionen weiter zurückgehen, entstehen schließlich Verluste

o diese können zu Konkursen, zum Zusammenbruch von Unternehmen führen, Arbeitslosigkeit hervorrufen

o statt Durchführung von Rationalisierungen werden Arbeitskräfte entlassen

o während der Geldwert steigt, verringert sich der Wert der Sachanlagen, die daher veräußert werden und das Gesamtangebot erhöhen

o Forderungen werden aufgewertet, Schuldentilgung wird erheblich erschwert bis zur Zahlungsunfähigkeit der Schuldner

o geringe Geldmenge bedeutet teure Kredite, die wegen der hohen Rückzahlungsbelastung immer weniger aufgenommen werden; dadurch und durch Arbeitslosigkeit geht die Nachfrage noch weiter zurück

o i. ü. vgl. Inflation: die Auswirkungen einer Deflation sind oft genau entgegengesetzt.

5.0.123 Geldwertstörungen, Geldschulden und Wertsicherung

a) *Überblick:* Seit dem 2. Weltkrieg sind Deflationen praktisch nicht mehr vorgekommen; die zunächst im Wiederaufbau befindliche und später ständig weiter wachsende Weltwirtschaft war und ist gekennzeichnet von inflationären Tendenzen, z. T. auch von Inflationen im eigentlichen Sinn. Da in einer florierenden Wirtschaft der Vergabe von *Krediten* eine entscheidende Bedeutung zukommt, inflationistische Entwicklungen aber das Verhältnis zwischen Gläubiger und Schuldner verändern (s. o.), stellt sich die Frage nach der Sicherungsmöglichkeit für Forderungen gegen Wertverluste.

b) Juristisch sind Forderungen, d. h. – aus Schuldnersicht – *Geldschulden,* zu unterscheiden in

o *Geldbetragsschulden:* die Höhe der Schulden wird angegeben durch einen festen Betrag (Nennwert) an Geld, d. h. ein Schuldner, der einen Kredit über 10 000,– DM aufgenommen hat, hat – abgesehen von Zinsen und Kosten – trotz einer möglichen Geldentwertung auch nur 10 000,– DM zurückzuzahlen; das *Risiko* einer Entwertung trägt der *Gläubiger*

o *Geldwertschulden:* die Höhe der Schuld richtet sich nach dem Wert eines Gegenstands, eines Vermögensanteils oder eines sonstigen Maßstabs.

c) Das deutsche Recht läßt nur in wenigen Ausnahmefällen *Geldwertschulden* zu: Verpflichtungen zum Schadensersatz bei Personen- oder Sachschäden, zum Wertersatz bei ungerechtfertigter Bereicherung (§§ 249, 818 II BGB) orientieren sich grundsätzlich an bestimmten verletzten Werten.

Praktisch alle sonstigen Zahlungsverpflichtungen, z. B. die Kreditrückzahlungspflicht, Geldschulden aus Kaufverträgen, aber auch Steuerschulden, Rentenschulden, Gewinnausschüttungspflichten, sind *Geldbetragsschulden.*

d) Damit erkennt die Rechtsordnung (einschließlich der Rechtsprechung und eines großen Teils der Literatur) dem *Nominalismus,* d. h. der Auffassung der Geldschuld als Geldbetragsschuld, ganz eindeutig den Vorrang zu gegenüber dem *Valorismus,* der Geldschulden an bestimmten Wertmaßstäben messen will.

c) Dies führt zu einer Vielzahl wirtschaftlicher und sozialer Probleme und Ungerechtigkeiten:

o private Versorgungsansprüche gegen Arbeitgeber können ihren Wert verlieren

o Sparguthaben, Anlagen in Festverzinslichen u. a. werden entwertet, obwohl diese Kapitalbindungen wirtschaftlich notwendig sind und staatlich gefördert, z. T. sogar gefordert werden

o Kreditschuldner werden ungleich begünstigt, wobei diesen Vorteil gerade diejenigen wahrnehmen können, die über umfangreiche Sachwerte (die der Entwertung nicht unterliegen) verfügen, diese als Sicherheiten anbieten und daher große Verschuldungen eingehen können.

f) *Sicherungsmöglichkeiten* gegen die Entwertung von Geldbetragsschulden sind

o *Wertsicherungsklauseln* (Währungsklauseln) in Einzelverträgen, d. h. Vereinbarungen, daß Geldschulden in anderer Währung als D-Mark bzw. unter Bindung an den jeweiligen Wert von Feingold, anderen Gütern oder Dienstleistungen zurückzuzahlen sind

o *Indexklauseln* als insb. gesamtwirtschaftliche Sonderformen der Bindung z. B. von Sparguthaben und ihrem Wert an wirtschaftliche Preis-Indizes wie z. B. die Steigerung der Lebenshaltungskosten.

Derartige Klauseln bedürfen nach § 3 Währungsgesetz der Genehmigung der Deutschen Bundesbank, wenn die vertragliche Leistung und der Leistungsmaßstab *nicht gleichartig* sind. Dies ist grundsätzlich der Fall bei Preisgleitklauseln, der typischen Sicherheit gegen Inflationsschäden.

Nicht genehmigungspflichtig – und daher oft angewandt – sind

o Spannungsklauseln mit gleichartiger Leistungsbindung, z. B. Orientierung einer Gehaltszahlung an Tarifen einer anderen (vergleichbaren) Berufsgruppe

o Leistungsvorbehaltsklauseln, bei denen eine Geldschuld in der Weise an einen Index gebunden ist, daß bei bestimmten Änderungen des Indexes über die Geldschuld und ihre Höhe erneut eine Vereinbarung getroffen werden muß.

Soweit Wertsicherungsklauseln genehmigungspflichtig sind, werden Genehmigungen von der Deutschen Bundesbank in aller Regel nur erteilt, wenn

o keine Bindung an ausländische Währungen, den Goldpreis, die Entwicklung der Lebenshaltungskosten oder des Wertes von Grundstücken erfolgt

o die Bindung nicht einseitig ist (d. h. nur Gläubiger oder Schuldner begünstigt).

Ausnahmen sind möglich, wenn Verträge über mehr als 10 Jahre oder auf Lebenszeit laufen und insb. wiederkehrende Leistungen beinhalten. Typische Ausnahmen sind z. B. Erbbaurechtsverträge.

g) Aus den genannten Regelungen und Vorschriften geht hervor, daß der Staat die Geldwertschuld grundsätzlich als unzulässig betrachtet. Dies ist vertretbar, da in der Tat vieles dafür spricht, daß derartige Vertragsvereinbarungen inflationäre Tendenzen verschärfen und das Vertrauen in die Währung noch weiter untergraben.

5.1 Geld- und Wirtschaftspolitik

5.1.0 Geldpolitik

5.1.00 Überblick

a) *Wesen:* Geldpolitik ist die Gesamtheit aller staatlichen Maßnahmen zur Erhaltung des Geldwertes insbesondere durch Einwirkung auf die umlaufende Geldmenge. Die Geldpolitik betrifft den Binnen- und den Außenwert des Geldes. Daher ist Währungspolitik ein Bestandteil der Geldpolitik.

b) *Träger* der Geldpolitik sind insbesondere

o die *Deutsche Bundesbank:* Notenbankpolitik, d. h.
  – Diskontpolitik
  – Lombardpolitik
  – Mindestreservenpolitik
  – Offenmarktpolitik
  – Einlagenpolitik
  – administrative Kreditpolitik
  – währungspolitische Befugnisse;

  das Instrumentarium der Bundesbank beinhaltet auch allgemein wirtschaftspolitische Maßnahmen

o das *Bundesfinanzministerium* (in geringerem Umfang auch die Finanzministerien der Länder): Finanzpolitik, d. h.
  – Haushaltspolitik (Ausgabenpolitik)
  – Steuerpolitik (Einnahmenpolitik)
o die *Bundesregierung* im Rahmen der Währungspolitik.

Neben diesen Staatsorganen müssen jedoch alle staatlichen Einrichtungen zur Erreichung der Ziele der Geldpolitik zusammenwirken.

c) *Ansatzpunkt* für die Geldpolitik ist die *Geldmenge* (das Geldvolumen), da der Wert des Geldes unmittelbar zusammenhängt mit der Menge umlaufenden Bar- und Buchgeldes und ihren Veränderungen.

Die Bedeutung des Geldvolumens für den Geldwert läßt sich erkennen, wenn Zentralbankgeldmenge und Entwicklung der Aktienkurse in einen Zusammenhang gebracht werden: auf längere Sicht ist hier eine Phasengleichheit zu erkennen, d. h. die Entwicklung der Aktienkurse paßt sich den Veränderungen des Zentralbankgeldvolumens unmittelbar an.

Wachstum der Geldmenge M3*)

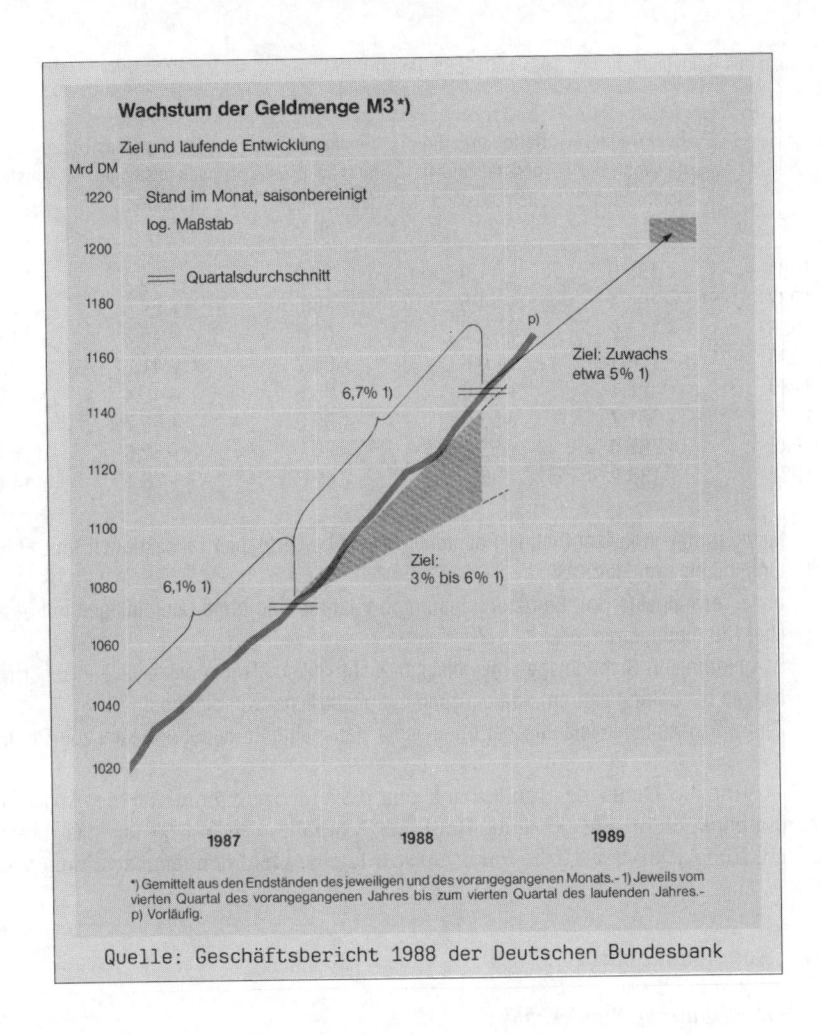

Ziel und laufende Entwicklung
Mrd DM
Stand im Monat, saisonbereinigt
log. Maßstab

═══ Quartalsdurchschnitt

6,1% 1)
6,7% 1)
Ziel: 3% bis 6% 1)
Ziel: Zuwachs etwa 5% 1)
p)

1987   1988   1989

*) Gemittelt aus den Endständen des jeweiligen und des vorangegangenen Monats.- 1) Jeweils vom vierten Quartal des vorangegangenen Jahres bis zum vierten Quartal des laufenden Jahres.- p) Vorläufig.

Quelle: Geschäftsbericht 1988 der Deutschen Bundesbank

In die Überlegungen müssen die *Quellen* des Geldes und seiner mengenmäßigen Veränderung einbezogen werden:

o Zentralbankgeldschöpfung der Deutschen Bundesbank
o Kreditschöpfung der Kreditinstitute
o staatliche Haushalte
o Devisenzu- und abflüsse, d. h. Einflüsse der Zahlungsbilanz
o volkswirtschaftlicher Sparprozeß.

Entwicklung des Geldvolumens von 1981 bis 1988*: (in Mrd. DM)

Zeit	Bankkredite an inländische Nichtbanken (1)	Netto-Forderungen gegenüber dem Ausland (2)	Geldkapitalbildung bei KI/ inländ. Quellen (3)	Geld- und Quasigeldbestände (Vol. M 3) (4)	Sonstiges (5)
1981	+ 132,0	+ 11,9	+ 86,0	+ 36,1	+ 21,8
1982	+ 104,4	+ 4,5	+ 46,5	+ 54,8	+ 7,6
1983	+ 113,2	+ 1,2	+ 67,1	+ 45,3	+ 1,9
1984	+ 108,1	+ 0,8	+ 69,7	+ 41,3	− 2,1
1985	+ 98,1	+ 30,0	+ 75,0	+ 45,4	+ 7,7
1986	+ 81,7	+ 55,9	+ 69,8	+ 65,7	+ 2,0
1987	+ 87,0	+ 53,2	+ 70,7	+ 62,6	+ 6,9
1988	+ 138,2	− 5,2	+ 42,8	+ 76,1	+ 14,0

(2) = kurz-, mittel- und langfristige Positionen einschl. Wertpapiertransaktionen und Entwicklungshilfekredite der KfW
(3) = ohne Termingelder mit Befristung bis unter 4 Jahren und ohne Spareinlagen mit gesetzlicher Kündigungsfrist
(4) = Bargeldumlauf, Sichteinlagen inländischer Nichtbanken, Termingelder inländischer Nichtbanken bis unter 4 Jahren, Spareinlagen mit gesetzlicher Kündigungsfrist
(5) = Zentralbankeinlagen inländischer öffentlicher Haushalte, Bardepot und sonstige Einflüsse

Seit 1974 gibt die Deutsche Bundesbank eine Orientierungslinie für die Ausweitung der Zentralbankgeldmenge bekannt. Bei einer Vorgabe von 3–6 % lag das monetäre Wachstum Ende 1988 bei 6,7 %. Für 1990 wurde eine Geldmengenausweitung von etwa 4–6 % angestrebt.

5.1.01 Notenbankpolitik

5.1.010 Die Deutsche Bundesbank

a) *Geschichte:* Seit über 100 Jahren gibt es in Deutschland eine zentrale Notenbank. Am 1.1.1876 nahm – mit dem Inkrafttreten des Bankgesetzes von 1875 (des ersten das Geld- und Kreditwesen in seiner Gesamtheit regelnden Gesetzes in Deutschland) – die *Reichsbank* ihre Tätigkeit auf. Sie hatte das Recht zur Regelung des Geldumlaufs im Reichsgebiet, jedoch noch kein Monopol für die Ausgabe von Banknoten; von Privatnotenbanken ausgegebenes Papiergeld kursierte in Deutschland noch bis Mitte 1936.

Nach dem 2. Weltkrieg übernahm in der Bundesrepublik die *Bank deutscher Länder* die Befugnisse einer Zentralnotenbank in Zusammenarbeit mit den selbständigen Landeszentralbanken und der Berliner Zentralbank. Die BdL war durch Militärregierungsgesetz Nr. 60 am 1.3.1948 in Frankfurt/Main errichtet worden.

* Quelle: Bundesbank-Monatsbericht Mai 1989

Bilanz der Deutschen Bundesbank zum 31. Dezember 1988

Aktiva

		DM
1 Gold		13 687 518 821,70
2 Reserveposition im Internationalen Währungsfonds und Sonderziehungsrechte		
2.1 Ziehungsrechte in der Reservetranche	5 957 155 548,07	
2.2 Kredite aufgrund besonderer Kreditvereinbarungen	–	
2.3 Sonderziehungsrechte	3 306 768 292,55	9 263 923 840,62
3 Forderungen an den Europäischen Fonds für währungspolitische Zusammenarbeit im Rahmen des Europäischen Währungssystems		
3.1 Guthaben in ECU 37 969 381 824,70 abzüglich: Unterschiedsbetrag zwischen ECU-Wert und Buchwert der eingebrachten Gold- und Dollarreserven 16 415 333 580,53	21 554 048 244,17	
3.2 sonstige Forderungen	–	21 554 048 244,17
4 Guthaben bei ausländischen Banken und Geldmarktanlagen im Ausland		50 157 612 631,29
5 Sorten		25 531 209,–
6 Kredite und sonstige Forderungen an das Ausland		
6.1 Kredite im Rahmen des mittelfristigen EG-Währungsbeistands	–	
6.2 sonstige Kredite an ausländische Währungsbehörden	–	
6.3 Kredite an die Weltbank	2 437 383 750,–	2 437 383 750,–
7 Kredite an inländische Kreditinstitute		
7.1 Im Offenmarktgeschäft mit Rücknahmevereinbarung angekaufte Wertpapiere	77 980 186 000,–	
7.2 Inlandswechsel	33 485 132 743,72	
7.3 Auslandswechsel	22 027 024 349,10	
7.4 Lombardforderungen	11 243 440 300,–	144 735 783 392,82
8 Kassenkredite (Buchkredite)		
8.1 Bund	–	
8.2 Lastenausgleichsfonds	–	
8.3 Länder	1 010 251 750,–	1 010 251 750,–
9 Ausgleichsforderungen an den Bund und unverzinsliche Schuldverschreibung wegen Berlin		8 683 585 988,93
10 Kredite an Bundesbahn und Bundespost		
10.1 Kassenkredite (Buchkredite)	–	
10.2 Schatzwechsel und unverzinsliche Schatzanweisungen	–	–
11 Wertpapiere		4 916 179 623,09
12 Deutsche Scheidemünzen		713 953 852,44
13 Postgiroguthaben		231 819 955,75
14 Grundstücke und Gebäude		2 704 043 767,61
15 Betriebs- und Geschäftsausstattung		190 082 075,–
16 Schwebende Verrechnungen		6 081 380 769,96
17 Sonstige Vermögensgegenstände		2 490 245 338,48
18 Rechnungsabgrenzungsposten		41 245 329,15
		268 924 590 340,01

Passiva

		DM
1 Banknotenumlauf		143 941 663 065,—
2 Einlagen von Kreditinstituten		
2.1 auf Girokonten	61 209 345 974,30	
2.2 sonstige	31 549 401,09	61 240 895 375,39
3 Einlagen von öffentlichen Haushalten		
3.1 Bund	2 718 242 346,56	
3.2 Lastenausgleichsfonds und ERP-Sondervermögen	107 809 420,17	
3.3 Länder	681 404 233,08	
3.4 andere öffentliche Einleger	27 275 753,33	3 534 731 753,14
4 Einlagen von anderen inländischen Einlegern		
4.1 Bundesbahn	10 431 034,85	
4.2 Bundespost (einschl. Postgiro- und Postsparkassenämter)	4 258 983 618,69	
4.3 sonstige Einleger	739 381 656,16	5 008 796 309,70
5 Verbindlichkeiten aus abgegebenen Mobilisierungs- und Liquiditätspapieren		4 729 400 000,—
6 Verbindlichkeiten aus dem Auslandsgeschäft		
6.1 Einlagen ausländischer Einleger	23 975 948 479,45	
6.2 sonstige	44 457 657,27	24 020 406 136,72
7 Ausgleichsposten für zugeteilte Sonderziehungsrechte		2 900 678 270,—
8 Rückstellungen		
8.1 für Pensionsverpflichtungen	2 233 000 000,—	
8.2 sonstige Rückstellungen	2 527 000 000,—	4 760 000 000,—
9 Sonstige Verbindlichkeiten		664 586 184,62
10 Rechnungsabgrenzungsposten		275 480 538,85
11 Grundkapital		290 000 000,—
12 Rücklagen		
12.1 gesetzliche Rücklage	5 766 600 000,—	
12.2 sonstige Rücklagen	290 000 000,—	6 056 600 000,—
13 Bilanzgewinn		11 501 352 706,59
		268 924 590 340,01

Gewinn- und Verlustrechnung der Deutschen Bundesbank für das Jahr 1988

Aufwand

			DM
1	Verwaltungskosten		
	1.1 persönliche	838 265 858,57	
	1.2 sächliche	217 641 780,77	1 055 907 639,34
2	Notendruck		152 831 980,93
3	Abschreibungen		
	3.1 auf Grundstücke und Gebäude	177 776 607,09	
	3.2 auf Betriebs- und Geschäftsausstattung	110 157 400,91	287 934 008,—
4	Zuweisungen an Rückstellungen		
	4.1 Pensionsverpflichtungen	206 727 511,39	
	4.2 sonstige	—	206 727 511,39
5	Versorgungsleistungen wegen Reichsbank		19 336 318,98
6	Sonstige Aufwendungen		98 008 401,79
7	Jahresüberschuß (= Bilanzgewinn)		11 501 352 706,59
			13 322 098 567,02

Ertrag

		DM
1	Zinsen	11 570 731 813,71
2	Gebühren	24 045 328,81
3	Erträge aus An- und Verkauf von Fremdwährungen sowie aus Bewertung der Währungsreserven und sonstigen Fremdwährungspositionen	1 610 118 224,38
4	Sonstige Erträge	117 203 200,12
		13 322 098 567,02

Frankfurt am Main, den 1. Februar 1989

Deutsche Bundesbank
Das Direktorium

Pöhl Prof. Dr. Schlesinger
Gaddum Prof. Dr. Gleske Prof. Dr. Köhler Dr. Storch Werthmöller

Die Buchführung und der Jahresabschluß entsprechen nach unserer pflichtgemäßen Prüfung den gesetzlichen Vorschriften. Der Jahresabschluß vermittelt unter Beachtung der Grundsätze ordnungsmäßiger Buchführung ein den tatsächlichen Verhältnissen entsprechendes Bild der Vermögens-, Finanz- und Ertragslage.

Frankfurt am Main, den 10. März 1989

Treuarbeit Aktiengesellschaft
Wirtschaftsprüfungsgesellschaft
Steuerberatungsgesellschaft

Dr. Wollert — Dr. Elmendorff KG
Wirtschaftsprüfungsgesellschaft

Prof. Dr. Dr. h.c. Forster Kern
Wirtschaftsprüfer Wirtschaftsprüfer

Thoennes Brückner
Wirtschaftsprüfer Wirtschaftsprüfer

An die Stelle der BdL trat am 1.8.1957 mit Inkrafttreten des Bundesbankgesetzes (BBankG) die *Deutsche Bundesbank*.

b) *Wesen:*
o die Deutsche Bundesbank ist eine bundesunmittelbare juristische Person des öffentlichen Rechts (Anstaltscharakter)
o Sitz: Frankfurt/Main
o Grundkapital: 290 Millionen DM (Rücklagen 6 057 Mill. DM Ende 1988).

c) *Aufgaben* (§ 3 BBankG):
o Regelung des Geldumlaufs und der Kreditversorgung der Wirtschaft
o mit dem Ziel, die Währung zu sichern
o Sorge für die Abwicklung des Zahlungsverkehrs im Inland und mit dem Ausland.

Weitere Aufgaben der Bundesbank:
o Kontoführung für den Staat
o Vergabe kurzfristiger Kassenkredite an den Staat
o Verwaltung der Währungsreserven
o Mitwirkung im Rahmen der Bankenaufsicht
o Mitwirkung in nationalen und internationalen wirtschafts-, finanz- und währungspolitischen Organisationen.

d) Die Bundesbank darf folgende *Geschäfte* betreiben (§§ 19 ff. BBankG):
o Geschäfte mit öffentlichen *Verwaltungen:* u. a.
  – Ankauf von Münzen
  – Vergabe von Kassenkrediten bis zu bestimmten Höchstgrenzen (Bund: 6 Mrd. DM, Bundesbahn: 600 Mill. DM, Bundespost: 400 Mill. DM usw.)
  – Annahme unverzinslicher Giroeinlagen, Verwahrung von Wertpapieren, Einzug von Schecks, Wechseln usw.
o Geschäfte mit *Kreditinstituten:* u. a.
  – An- und Verkauf von Schecks, Wechseln, Schatzwechseln
  – Gewährung von Lombardkrediten
  – Gewährung von Lombardkrediten
  – Annahme unverzinslicher Giroeinlagen
  – Einzug von Schecks, Wechseln u. a.
  – An- und Verkauf von Devisen, Sorten, Gold, Silber, Platin sowie von Forderungen und Wertpapieren in ausländischer Währung
  – alle Bankgeschäfte im Verkehr mit dem Ausland.
o Geschäfte mit *jedermann:* entsprechend den Geschäften mit KI, *außer:* An- und Verkauf von Wechseln, Schecks, Schatzwechseln in D-Mark, Gewährung von Lombardkrediten.

e) *Organisation:*

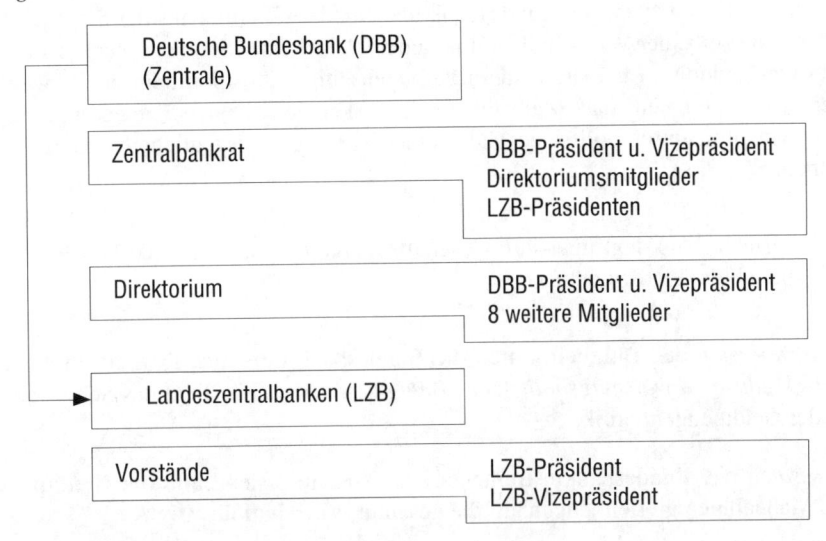

```
┌─→ Deutsche Bundesbank (DBB)
│    (Zentrale)
│
│    Zentralbankrat ─────── DBB-Präsident u. Vizepräsident
│                           Direktoriumsmitglieder
│                           LZB-Präsidenten
│
│    Direktorium ────────── DBB-Präsident u. Vizepräsident
│                           8 weitere Mitglieder
│
└─→ Landeszentralbanken (LZB)

     Vorstände ──────────── LZB-Präsident
                            LZB-Vizepräsident
```

o *Zentralbankrat* (§ 6 BBankG): Bestimmung der Währungs- und Kreditpolitik der Bundesbank, Aufstellung allgemeiner Richtlinien für Geschäftsführung und Verwaltung von Bundesbank und Landeszentralbanken; u. a. Festsetzung von Diskont- und Lombardsatz

o *Direktorium:* ausführendes Organ; gerichtliche und außergerichtliche Vertretung der Bundesbank; Durchführung der Beschlüsse des Zentralbankrates; vorbehalten – im Verhältnis insb. zu den LZB-Vorständen – sind dem Direktorium:

 – Geschäfte mit Bund/Sondervermögen
 – Geschäfte mit überregionalen KI
 – Devisen- und Auslandsverkehrsgeschäfte
 – Geschäfte am offenen Markt

o *Landeszentralbanken:* = Hauptverwaltungen der Bundesbank in jedem Bundesland; ihnen unterstehen die Zweiganstalten der Bundesbank, d. h.

 – Hauptstellen
 – Zweigstellen

o *LZB-Vorstände:* Durchführung der regional anfallenden Aufgaben, insb. von Geschäften mit dem betr. Land und dort befindlichen öffentlichen Verwaltungen sowie mit regional tätigen KI.

f) *Rechtsstellung* der Deutschen Bundesbank: Sie ist bei der Ausübung ihrer Befugnisse von Weisungen der Bundesregierung *unabhängig* (§ 12 BBankG), hat sie jedoch zu beraten und ihr Auskunft zu geben (§ 13). Ziel des Gesetzgebers war es, bei Meinungsverschiedenheiten zwischen Bundesbank und Bundesregierung aus der Sicht der Geldpolitik einerseits, der Wirtschaftspolitik andererseits keiner Seite das Recht zu einseitiger Entscheidung zu geben, sondern zu gegenseitiger Abstimmung zu zwingen oder aber zu ermöglichen, daß Maßnahmen der einen Seite von der anderen, wenn für falsch gehalten, durch politische Maßnahmen korrigiert, ausgeglichen, ergänzt werden können.

g) Die Bundesbank legt über ihre Geschäftstätigkeit *Rechenschaft* ab in Monats- und Jahresberichten, Statistiken usw.

h) *Kernbereich* der Tätigkeit, durch die Bundesbank ihre Aufgaben erfüllt, sind ihre *geld-, kredit- und währungspolitischen Befugnisse.* Auch hier liegt das Schwergewicht auf der Geldmengenpolitik.

Adressaten des Bundesbankinstrumentariums sind in erster Linie die Kreditinstitute. Ihre Maßnahmen greifen jedoch auf die gesamte Wirtschaft über.

5.1.011 Diskont- und Lombardpolitik

a) *Wesen:* Einwirkung der Bundesbank auf die *Refinanzierung* der Kreditinstitute, damit auf die Kreditgewährungsmöglichkeit der KI (Finanzierung von Unternehmen und Haushalten) und die Kreditschöpfung und auf diese Weise Steuerung des Geldvolumens.

b) *Inhalt:*

o Festsetzung von Diskont- und Lombardsätzen für (Re-)Diskontkredite und Lombardkredite der Bundesbank an KI
o Festlegung von Kreditlimits für Diskontkredite = Rediskontkontingente (quantitative Beschränkungen)
o Bestimmung qualitativer Anforderungen an das zu rediskontierende Wechselmaterial sowie Festsetzung von für Lombardkredite geeigneten Pfändern.

c) *Wirkungen:*

o Entscheidende Bedeutung hat die Festlegung der Zinssätze, d. h. der Refinanzierungskosten der KI; erste Refinanzierungsmöglichkeit soll dabei die Rediskontierung sein, entfällt sie wegen Ausschöpfung der Kontingente oder Nichteignung des

Entwicklung ausgewählter Bankzinsen

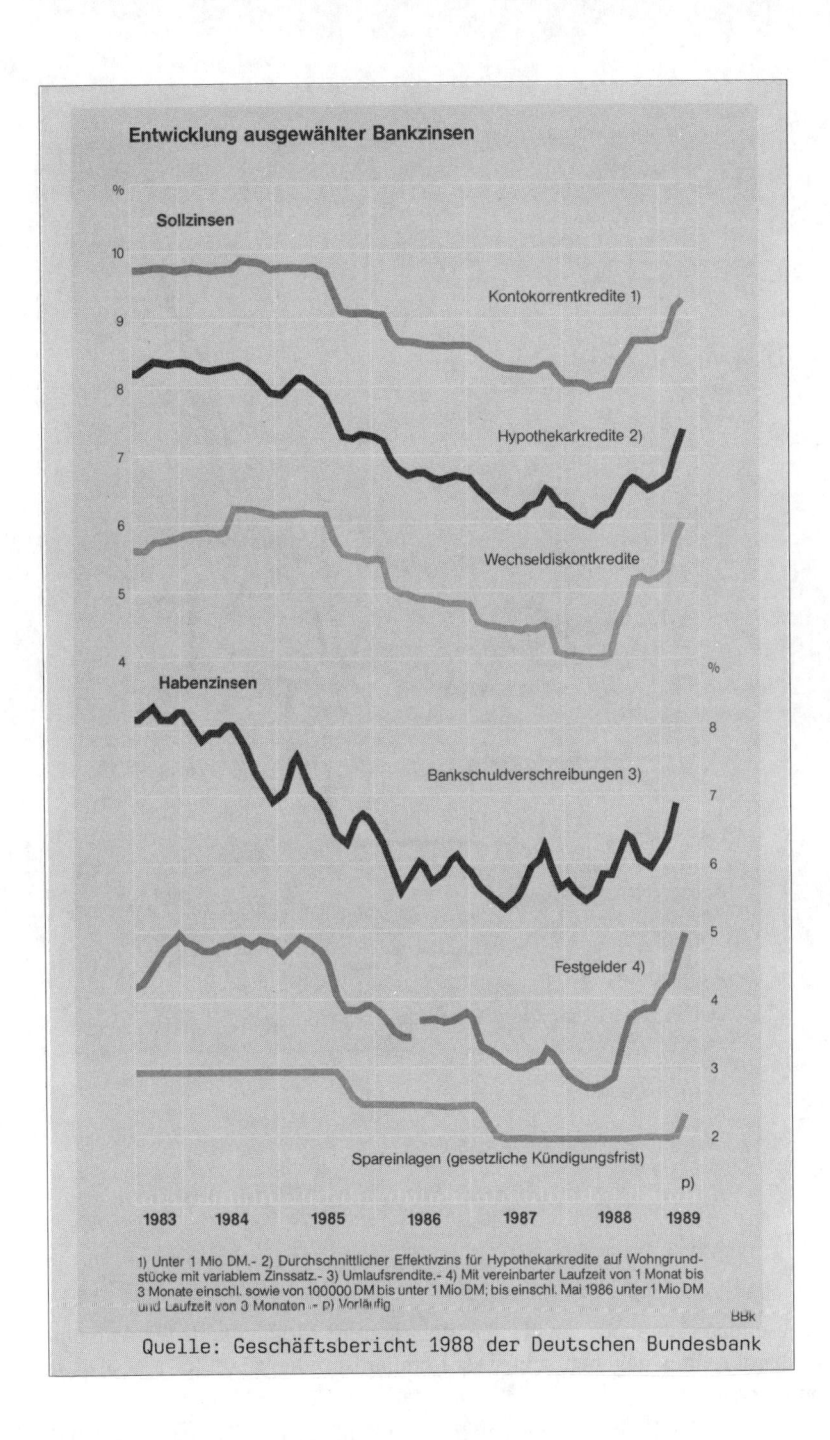

Sollzinsen
- Kontokorrentkredite 1)
- Hypothekarkredite 2)
- Wechseldiskontkredite

Habenzinsen
- Bankschuldverschreibungen 3)
- Festgelder 4)
- Spareinlagen (gesetzliche Kündigungsfrist)

p) Vorläufig

1) Unter 1 Mio DM.- 2) Durchschnittlicher Effektivzins für Hypothekarkredite auf Wohngrundstücke mit variablem Zinssatz.- 3) Umlaufsrendite.- 4) Mit vereinbarter Laufzeit von 1 Monat bis 3 Monate einschl. sowie von 100000 DM bis unter 1 Mio DM; bis einschl. Mai 1986 unter 1 Mio DM und Laufzeit von 3 Monaten.- p) Vorläufig

BBk

Quelle: Geschäftsbericht 1988 der Deutschen Bundesbank

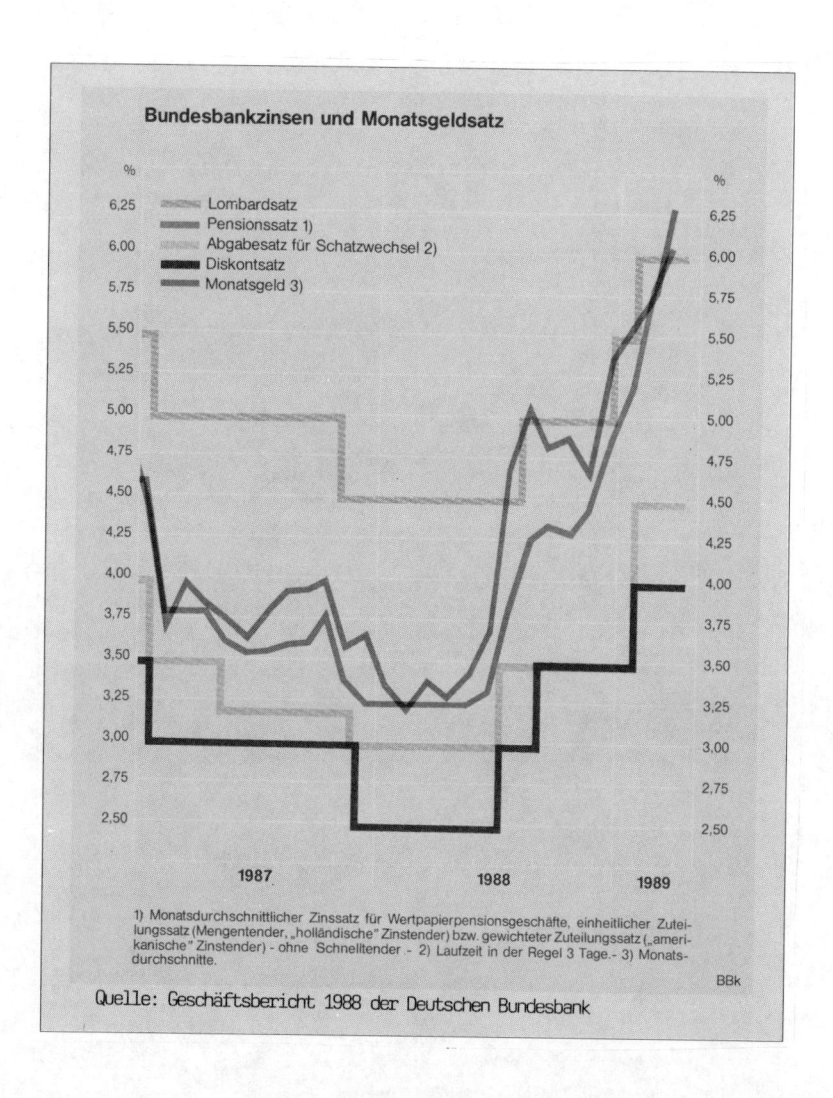

Wechselmaterials, soll den KI die stets teurere Möglichkeit der Aufnahme eines Lombardkredites gegeben sein. Der Lombardsatz liegt i. d. R. 1 % über dem Diskontsatz.

o Änderungen des Diskontsatzes gelten für zukünftige Kredite, Änderungen des Lombardsatzes betreffen auch gegenwärtige, bestehende Kreditverhältnisse.

Entwicklung von Diskont- und Lombardsatz seit 1980				
gültig ab		Diskontsatz % p. a.	Lombardsatz % p. a.	Sonderlombard % p. a.
1980	29. 02.	7	8 1/2	
	02. 05.	7 1/2	9 1/2	
	19. 09.	7 1/2	9	
1981	20. 02.		ausgesetzt	
	25. 02.			12
	26. 02.			ausgesetzt
	03. 03.			12
	09. 10.			11
	04. 12.			10 1/2
1982	22. 01.			10
	19. 03.			9 1/2
	07. 05.		9	ausgesetzt
	27. 08.	7	8	
	22. 10.	6	7	
	03. 12.	5	6	
1983	18. 03.	4	5	
	09. 09.	4	5 1/2	
1984	29. 06.	4 1/2	5 1/2	
1985	01. 02.	4 1/2	6	
	16. 08.	4	5 1/2	
1986	07. 03.	3 1/2	5 1/2	
1987	23. 01.	3	5	
	06. 11.	3	4 1/2	
	04. 12.	2 1/2	4 1/2	
1988	01. 07.	3	4 1/2	
	29. 07.	3	5	
	26. 08.	3 1/2	5	
	16. 12.	3 1/2	5 1/2	
1989	20. 01.	4	6	
	21. 04.	4 1/2	6 1/2	
	30.06.	5	7	
	06.10.	6	8	

o *Erhöhungen* der Sätze bedeuten Verteuerung der Refinanzierung für die KI; dies führt zur Anhebung der Kosten insb. für Diskont-, aber auch u. U. für alle anderen Kredite, die von KI vergeben werden. Folge wird i. d. R. eine Verringerung der Investitionstätigkeit in der Wirtschaft sein, außerdem sinkende Beschäftigung bzw. geringere Löhne/Gehälter, womit die Nachfrage nach Investitions- und Konsumgütern und letztlich die Preise sinken.

Andererseits wirken Erhöhungen des Diskont- und Lombardsatzes sich gewöhnlich über den Geldmarkt auf das allgemeine Zinsniveau aus, auch die Habenzinsen der KI steigen – wenn die KI auf andere Weise, also über die Einleger, mehr Geld beschaffen wollen –, was zu vermehrtem Sparen und dadurch zur Verringerung der Nachfrage führen kann. Die Verringerung der Investitionen kann außerdem zur Reduzierung des Güterangebotes und damit zu Verteuerungen führen. Nimmt die Wirtschaft trotz höherer Sollzinsen Kredite auf, belasten diese die Preise.

o Hieraus ergibt sich, daß die Diskont- und Lombardpolitik der Bundesbank zwar i. d. R. auf die Geldmenge in gewünscher Weise wirkt, im Hinblick auf die Preise jedoch auch durchaus gegensätzliche Effekte hervorrufen kann. Daher muß sie von flankierenden Maßnahmen begleitet sein, damit Vor- und Nachteile sich nicht gegenseitig aufheben (kompensieren).

o *Senkungen* der Sätze haben entsprechend umgekehrte Wirkung.

o Durch Festsetzung von *Rediskont-Kontingenten* wird die Refinanzierungsmöglichkeit der KI nicht nur kostenmäßig, sondern auch quantitativ beschränkt. Wichtig zur Erreichung des Geldmengenziels ist dies insb. dann, wenn Unternehmen und/oder Haushalte trotz hoher Kreditzinsen zur Verschuldung bereit sind, vor allem in einer Hochkonkunktur.

Für die *Höhe* der Rediskont-Kontingente sind in erster Linie die haftenden Mittel der KI maßgeblich, außerdem ihre jeweilige Geschäftsstruktur.

o Die Bundesbank kann bei entsprechender kreditpolitischer Notwendigkeit den Lombardsatz aussetzen und Lombardkredite zu einem *Sonderlombardsatz* gewähren, der täglich geändert werden kann. Die Bereitschaft zur Gewährung des Sonderlombardkredites kann jederzeit widerrufen werden. Diese Maßnahme hat die Bundesbank z. B. zwischen März 1981 und Mai 1982 ergriffen.

5.1.012 *Mindestreservenpolitik*

a) *Wesen:* § 16 BBankG;

= Verpflichtung der Kreditinstitute, zinslos einen Teil ihrer Verbindlichkeiten auf Girokonto bei der Bundesbank zu unterhalten

o Zweck:
– ursprünglich wurde die Mindestreserve als ein Notenbankinstrument mit einlagensicherndem Charakter zumindest *neben* ihrer Bedeutung im Rahmen der Geld- und Kreditpolitik der Bundesbank angesehen (sog. *dualistische Theorie*)
– heute wird weitgehend angenommen, die Mindestreserve habe allein kreditpolitische Funktion (sog. *monistische Theorie*); daß sie zur Sicherheit der Kundenein-

lage bei einer Bank beiträgt, vermag deshalb nicht zu überzeugen, weil die MR-Technik (s. u.) zeigt, daß eine Bank nur im Monatsdurchschnitt die Mindestreservepflicht erfüllen muß, jederzeit aber über ihr gesamtes Guthaben auf LZB-Girokonto verfügen kann
- dies ergibt sich auch aus § 16 I BBankG, wonach die Mindestreserve von der Bundesbank verlangt werden kann „zur Beeinflussung des Geldumlaufs und der Kreditgewährung".

b) *Technik:*
o *Reservepflichtige Verbindlichkeiten* sind insbesondere Einlagen und aufgenommene Gelder, sofern die Gläubiger keine ebenfalls reservepflichtigen KI sind, also von Nichtbanken und ausländischen KI; einbezogen sind auch Verbindlichkeiten aus Schuldverschreibungen und aus Pensionsgeschäften. Es bestehen jedoch zahlreiche Möglichkeiten zur *Freistellung* von der Reservepflicht, z. B. für Verbindlichkeiten aus Bauspareinlagen.
o *Reservepflichtig* sind grds. *alle KI;* ausgenommen sind u. a.
  - Kapitalanlagegesellschaften
  - Kassenvereine (Wertpapiersammelbanken).
  Seit 1.1.84 sind auch KI mit hauptsächlich langfristigen Geschäften und Bausparkassen mindestreservepflichtig.
o Nach ihrer *Befristung* werden nur Verbindlichkeiten von weniger als 4 Jahren Laufzeit erfaßt.
o Die *Mindestreserve-Sätze* richten sich
  - nach der Art der Verbindlichkeiten; folgende *Höchstgrenzen* sind zu beachten:
    Sichteinlagen 30 %
    Termineinlagen 20 %
    Spareinlagen 10 %
  - nach der Größe der KI in Verbindung mit dem Umfang ihrer reservepflichtigen Verbindlichkeiten; seit März 1977 Einteilung in Progressionsstufen: bis 10 Mio, 10–100 Mio, über 100 Mio DM; seit 1.5.86 entfallen die Progressionsstufen für befristete Verbindlichkeiten und Spareinlagen.
o Die Reserve-Sätze werden grundsätzlich auf den *Bestand* an reservepflichtigen Verbindlichkeiten gerechnet, ausnahmsweise auf den *Zuwachs,* insb. wenn erheblicher Zufluß von Geld aus dem Ausland abgewehrt werden soll (der Zuwachs an Auslandsverbindlichkeiten wurde – zur Abwehr spekulativer Gelder vor einer DM-Aufwertung – schon einmal mit 100 % Reservepflicht belegt).
o *Gebietsfremde* können mit höheren Sätzen belegt werden als gebietsansässige KI.
o Die *Einhaltung* der MR-Sätze ergibt sich aus einer Übereinstimmung von Reserve-Soll und Reserve-Ist.
  - Das *Reserve-Soll* ergibt sich aus dem Monats-Durchschnitt der reservepflichtigen Verbindlichkeiten (ihr Bestand kann über die Endstände aller Tage oder über den Stand an vier Stichtagen, 23., Ultimo, 7., 15., errechnet werden) unter Anwendung der Reserve-Sätze.

Von dem so errechneten Betrag können seit März 1978 die Kassenbestände der KI abgesetzt werden, und zwar der Durchschnittsbestand aus sämtlichen Tagen des laufenden Monats (für die beiden letzten Geschäftstage: alternativ der Vormonate, höchstens aber 50 % des Reserve-Solls).
- Das *Reserve-Ist* ergibt sich aus dem Monatsdurchschnitt der täglichen Guthaben des KI auf seinem LZB-Girokonto.
- Der Bestand kann an einzelnen Tagen unter dem Soll liegen, nur im Monatsdurchschnitt muß das Ist dem Soll mindestens entsprechen.
- Fehlbeträge werden mit einem Sonderzins von z. Z. 3 % über Lombardsatz für 30 Tage belegt.
- Für die Berechnung des Reserve-Solls haben die KI der Bundesbank monatlich eine Reservemeldung einzureichen (spätestens am 5. Geschäftstag nach dem 15. eines jeden Monats).
- Die Mindestreserven sind auf Girokonto bei der Deutschen Bundesbank zu unterhalten (ländliche Kreditgenossenschaften: auf besonderem Konto bei der Zentralkasse, die ihrerseits entsprechende Bundesbank-Guthaben unterhält).

c) *Wirkungen:*
o Eine *Erhöhung* der Reserve-Sätze bewirkt Einschränkung des Zentralbankgeldes, also der Liquidität der KI, und damit geringere Kreditvergabemöglichkeiten; weitere Folgen sind Beschränkung des Geldhandels und Erhöhung der allgemeinen Zinssätze, insb. dadurch, daß die Mindestreserve *zinslos* zu unterhalten ist; schließlich u. U. – im Zusammenwirken mit anderen kreditpolitischen Maßnahmen – Einschränkung der Gesamtnachfrage und preisstabilisierende Wirkung.
o Eine Senkung der MR-Sätze hat entsprechend umgekehrte Wirkungen.

d) *Rechtsgrundlagen* der Mindestreservepolitik sind
o § 16 BBankG
o Anweisung der Deutschen Bundesbank über Mindestreserven von 1968 in der jeweils gültigen Fassung *(AMR)*.

e) *Aktuelle Daten:* (Stand: Mai 1989)
o Reservesätze für Verbindlichkeiten gegenüber Gebietsansässigen:
    Sichtverbindlichkeiten
        bis 10 Mill. DM   6,6 %
        über 10 bis 100 Mill . DM   9,9 %
        über 100 Mill. DM   12,1 %
    befristete Verbindlichkeiten   4,95 %
    Spareinlagen   4,15 %
o Reservesätze für Verbindlichkeiten gegenüber Gebietsfremden:
    Sichtverbindlichkeiten   12,1 %
    befristete Verbindlichkeiten   4,95 %
    Spareinlagen   4,15 %

o reservepflichtige Verbindlichkeiten insgesamt (März 1989): 1 154 Mrd. DM
o Reserve-Soll (März 1989): 67,8 Mrd. DM, anrechenbare Kassenbestände 12,3 Mrd. DM.

5.1.013 Offenmarktpolitik

a) *Wesen:*

= An- und Verkauf bestimmter Wertpapiere des Geld- und Kapitalmarktes „am offenen Markt" auf eigene Rechnung gegen Zentralbankgeld
= Festsetzung von Abgabe- und Rücknahmesätzen für sog. Offenmarkttitel.

b) *Rechtsgrundlagen:* §§ 15, 21 BBankG.

c) Geeignete *Wertpapiere:*

o Wechsel: insb. Privatdiskonten, Vorratsstellenwechsel
o Schatzwechsel, unverzinsliche Schatzanweisungen des Bundes / der Länder / der Bundes-Sondervermögen sowie deren Schuldverschreibungen und Schuldbuchforderungen
o andere zum amtlichen Börsenhandel zugelassene Schuldverschreibungen.

d) *Tätigkeiten* (Operationen) der Bundesbank am offenen Markt:

o Bei einigen Geldmarktpapieren: Festsetzung von Ausgabe- und Rücknahmesätzen, durch die anlagesuchende KI eine Verzinsung erzielen können, die günstiger oder ungünstiger als eine Anlage auf dem Geldmarkt sein kann; auf diese Weise kann die Bundesbank die Anlageentscheidungen der KI beeinflussen und freies Zentralbankguthaben aus dem Markt ziehen oder – durch ungünstige Veränderung der Sätze – die KI zur Aufgabe dieser Anlage veranlassen, so daß Geld frei wird.

Derartige Geldmarktpapiere *mit Marktregulierung* sind insb. Schatzwechsel und unverzinsliche Schatzanweisungen, bei denen jederzeitige Rückgabe an die Bundesbank vor Ende der Laufzeit möglich ist.

o Verkauf von sog. *Mobilisierungs- und Liquiditätspapieren* an KI und andere Anleger: Geldmarktpapiere, bei denen keine Marktregulierung erfolgt, sondern eine bestimmte Verzinsung gewährt wird und Rücknahme erst am Ende der Laufzeit möglich ist. Die Bundesbank verkauft diese Papiere (unverzinsliche Schatzanweisungen des Bundes) zu festen Abgabesätzen an KI und andere Anleger und kann auf diese Weise Liquidität binden, soweit die Verzinsung günstig ist, insb. mit Termingeldern konkurrieren kann.

o Möglich: Geschäfte der Bundesbank am offenen Markt in Kapitalmarktpapieren, d. h. öffentlichen Schuldverschreibungen mit längerer Laufzeit.

e) *Wirkung* der Offenmarktpolitik: Gezielter Einsatz ermöglicht es der Bundesbank, die bei KI vorhandene Zentralbankgeldmenge zu beeinflussen, ohne dirigistisch, d. h. durch Zwang in den Markt eingreifen zu müssen. Ihre Maßnahmen können sich der

Marktlage anpassen und durch stufenweisen Einsatz zum gewünschten Ziel gebracht werden (dies wäre z. B. bei der Diskontpolitik nur durch ständige Neufestsetzung des Diskontsatzes in kürzesten Abständen möglich, die die Kreditwirtschaft verunsichern könnte).

Wichtig ist die direkte Einflußmöglichkeit auf das allgemeine Zinsniveau, das sich in der Regel nach den Veränderungen der über die Offenmarktanlage erzielbaren Erträge richten wird.

5.1.014 Einlagenpolitik

a) *Wesen:* § 17 BBankG

o öffentliche Verwaltungen (Bund, Länder, ERP-Sondervermögen, Sondervermögen Ausgleichsfonds) haben ihre Kassenmittel grds. auf Girokonten bei der Bundesbank zu unterhalten

o die Bundesbank hat das Recht, andere Anlageformen zu gestatten.

b) *Bedeutung:*

o die erheblichen Geldbeträge, die dem Staat ständig zufließen (z. B. Steuern) und nicht sofort verwendet werden, stehen der Kreditwirtschaft nicht als Einlagen zur Kreditschöpfung zu Verfügung

o die Bundesbank kann dies ändern, wenn es geldpolitisch notwendig erscheint

o die Bundesbank hat jedoch die Verbindung zwischen Ländern und Landesbanken (Staatsbanken, Girozentralen) zu berücksichtigen.

5.1.015 Sonstige kreditpolitische Instrumente

a) *Administrative Kreditpolitik:*

o Wesen:
  = Teilausschnitt aus anderen kreditpolitischen Befugnissen der Bundesbank:
  = Recht zur Aufstellung allgemeiner Bestimmungen und Grundsätze für die Kreditpolitik der Bundesbank (vgl. § 15 BBankG), z. B. Limitierung der Vergabe von Bundesbankkrediten (Rediskontkontingente), Auswahl bestimmter Kreditarten für Refinanzierung (z. B. Ausschluß von Teilzahlungs- und Bauwechseln von der Rediskontierung). Aufstellung der AMR

o Wirkung: Qualitative und quantitative Beschränkungsmöglichkeiten, die den Tätigkeitsbereich der KI auf dem Kreditsektor einengen, überschaubar, statistisch erfaßbar, kontrollierbar und beeinflußbar machen.

b) *Währungspolitische Befugnisse* (siehe Währungspolitik).

c) Versuche der Bundesbank, die weiteren Wirtschaftsteilnehmer sowie alle, deren

Verhalten für die Wirtschaft bedeutsam sein kann (z. B. Politiker, Verbraucher, Unternehmen, Gewerkschaften, Arbeitgeber, Kreditinstitute), zu beeinflussen, von den aktuellen wirtschaftlichen Notwendigkeiten zu überzeugen und ein bestimmtes Verhalten herbeizuführen, ohne daß die Bundesbank dieses erzwingen könnte (sog. *„moralsuasion"*, „Seelenmassage", „Politik des erhobenen Zeigefingers").

Dies geschieht durch öffentliche Stellungnahmen der Präsidenten der Bundesbank und der Landeszentralbanken, des Zentralbankrats, durch Monatsberichte und Geschäftsbericht, durch allgemein bedeutsame Zielsetzungen der Bundesbank (z. B. Geldmengenziel) u. a. m.

5.1.02 Finanzpolitik

a) *Träger:*

o die Legislative (Parlament) durch Aufstellung von Gesetzen, die die Grundlagen der Finanzpolitik festlegen, sowie durch Verabschiedung der Haushalte, die Gesetz sind

o die Exekutive (Bundesregierung, Länderregierungen) durch gezielte Anwendung der gesetzlichen Möglichkeiten

o die öffentlichen Haushalte (des Bundes, der Länder und Gemeinden, der öffentlich-rechtlichen Körperschaften) als unmittelbar Betroffene.

b) *Rechtsgrundlagen:*

o Abschnitt X (Art. 104a ff.) des Grundgesetzes

o Stabilitätsgesetz (siehe Abschnitt 5.1.121)

o Gesetze über mehrjährige Finanzplanung

o Haushaltsgesetze

o Steuergesetze.

c) *Grundsätze:*

o Die Finanzpolitik beinhaltet drei *Bereiche:*
  – Haushaltspolitik (Ausgabenpolitik)
  – Steuerpolitik (Einnahmenpolitik)
  – Schuldenpolitik.

o Die Finanzpolitik ist von der *Fiskalpolitik* zu unterscheiden. Die Fiskalpolitik ist haushaltsorientiert, also darauf gerichtet, der Staatskasse Einnahmen zuzuführen. Diesem Ziel kann die Finanzpolitik teilweise entgegenstehen, da der Bundeshaushalt zur Verfolgung gesamtwirtschaftlicher, insb. konjunktureller Ziele eingesetzt wird.

o Dem Stabilitätsgesetz folgend sollte die Einnahmen- und Ausgabenpolitik *antizyklisch* sein, d. h. der jeweiligen Wirtschaftsentwicklung entgegengerichtet: bei Konjunktur (Aufwärtsentwicklung) dämpfend, bei Depression (Abwärtsentwicklung) fördernd.

o Grundlage der Finanzpolitik sind die öffentlichen Haushalte. Mit ihnen bemüht sich der Staat entsprechend seinem grundgesetzlichen Auftrag (Art. 109 GG), den „Erfordernissen des gesamtwirtschaftlichen Gleichgewichts Rechnung zu tragen". Ein besonderes Mittel hierfür ist das sog. *„deficit spending"* („Ausgeben von Fehlbeträgen"): der Staat verschuldet sich, nimmt also Kredite auf (insb. am offenen Markt), nicht, um bestimmte Leistungspflichten (z. B. sozialer Art) zu erfüllen, sondern um zusätzliche Ausgaben tätigen zu können, mit denen finanzpolitische Ziele verfolgt werden (z. B. Ankurbelung der Gesamtwirtschaft, Förderung einzelner Wirtschaftsbereiche).

Die gegenteilige Wirkung, d. h. die Bildung zusätzlicher *Überschüsse* wird – neben den Maßnahmen der Notenbank – insb. durch Erhöhung der Einnahmen, d. h. Zuschläge zu den Steuern, erzielt, wobei die zusätzlichen Einnahmen nicht wieder ausgegeben, sondern fest angelegt werden i. d. R. auf einem Sonderkonto bei der Bundesbank (sog. *Konjunkturausgleichsrücklagen*).

o Das Grundgesetz regelt die Einnahmenverteilung zwischen Bund, Ländern und Gemeinden (Art. 106, 107), vgl. Abschnitt 0.6. Art. 104a regelt die Ausgabenverteilung, wonach anfallende Ausgaben von Bund und Ländern grds. getrennt nach ihren Aufgaben zu tragen sind; u. a. sind Finanzhilfen des Bundes an Länder und Gemeinden vorgesehen. Neben Einzelvorschriften über den Bundeshaushaltsplan (Art. 110–114) sieht Art. 115 GG vor, daß für Kreditaufnahmen eine bundesgesetzliche Ermächtigung vorliegen muß und daß die Investitionsausgaben übersteigende Einnahmen aus Krediten nur zur Abwehr einer Störung des gesamtwirtschaftlichen Gleichgewichts zulässig sind (vgl. Stabilitätsgesetz).

d) Gesetz zur Förderung der Stabilität und des Wachstums *(Stabilitätsgesetz)* von 1967:

o Dem Stabilitätsgesetz liegt die Annahme zugrunde, daß die gesamtwirtschaftliche Lage durch Geld- und Finanzpolitik steuerbar ist. Das Gesetz wurde auf der Basis der nachfrageorientierten Theorien (Keynes) eingeführt und hat bis heute Gültigkeit, auch wenn gegenwärtig (1989) vermehrt angebotsorientierte Instrumente eingesetzt werden.

o Der Bundeshaushaltswirtschaft ist ein fünfjähriger Finanzplan zugrundezulegen (Grundsatz der *mittelfristigen Finanzplanung*), § 9. Sinn: für finanzpolitische Entscheidungen soll der Plan Orientierungshilfen geben, die ein konjunkturgerichtetes Verhalten des Bundes und der ebenfalls gebundenen Länder und Gemeinden ermöglichen, ohne daß starre Bindung vorliegt (keine Verbindlichkeit der Finanzplanung). Jahreswirtschaftsberichte und zweijährige Subventionsberichte ergänzen diese Informationen.

Grundlage der Finanzplanung sind *Investitionsprogramme* der einzelnen Bundesministerien (§ 10).

o Die Verwendung öffentlicher Mittel zur Vergabe von *Finanzhilfen* an die Wirtschaft soll insb. folgenden Zwecken dienen (§ 12):

– Erhaltung von Betrieben/Wirtschaftszweigen

- Anpassung von Betrieben, Wirtschaftszweigen an neue Bedingungen
- Förderung des Produktivitätsfortschritts und Wachstums von Unternehmen/ Wirtschaftszweigen insb. durch neue Produktionsmethoden, Produktionsrichtungen.

o Die Bildung und der Umfang von *Konjunkturausgleichsrücklagen* des Bundes und der Länder können durch Rechtsverordnung der Bundesregierung festgesetzt werden (§ 15).

o Bundeswirtschafts-, Bundesfinanzminister sowie Vertreter der Länder und der Gemeinden bilden einen *Konjunkturrat,* der über konjunktur- und finanzpolitische Maßnahmen, insb. auch über den Kreditbedarf der öffentlichen Haushalte berät und sich um Koordinierung der Wirtschaft aller Haushalte bemüht (§ 18).

o Die *Kreditbeschaffung* die öffentlichen Haushalte kann zur Abwehr einer Störung des gesamtwirtschaftlichen Gleichgewichts durch Rechtsverordnung der Bundesregierung mit Zustimmung des Bundesrats beschränkt werden (§§ 19 ff.); dabei sind die Aufgaben von Bund, Ländern und Gemeinden als gleichrangig anzusehen.

e) Überblick über die *Ausgabenpolitik:*

= Verwendung der Mittel der öffentlichen Haushalte zur Beeinflussung der wirtschaftlichen Entwicklung

o bremsende Maßnahmen:
- Verringerung der Ausgaben, Einschränkung von Investitionen usw.
- Bildung bzw. Verstärkung von Konjunkturausgleichsrücklagen
- verstärkte Tilgung von Schulden
- Festlegung von Geldern der Sozialversicherungsträger

o anregende Maßnahmen:
- Erhöhung der Ausgaben, verstärkte Investitionstätigkeit
- Auflösung von Rücklagen.

f) Überblick über die *Einnahmenpolitik:*

= Förderung oder Dämpfung der Wirtschaftsentwicklung durch Erhöhung oder Senkung der Steuerbelastung

o dämpfende Maßnahmen:
- Erhöhung der Einkommen- und Körperschaftsteuer um 10 % für höchstens ein Jahr
- Aussetzung bestimmter Abschreibungs- und Absetzungsmöglichkeiten (insb. der degressiven Abschreibung auf Investitionsgüter für höchstens ein Jahr)
- Begrenzung der Kreditaufnahme der öffentlichen Hand

o fördernde Maßnahmen:
- Senkung der Einkommen- und Körperschaftsteuer um 10 % für höchstens ein Jahr
- Absetzbarkeit von sog. Investitionsprämien von der Einkommen- und Körperschaftsteuer bei bestimmten Investitionen
- zusätzliche Kreditaufnahme der öffenlichen Hand.

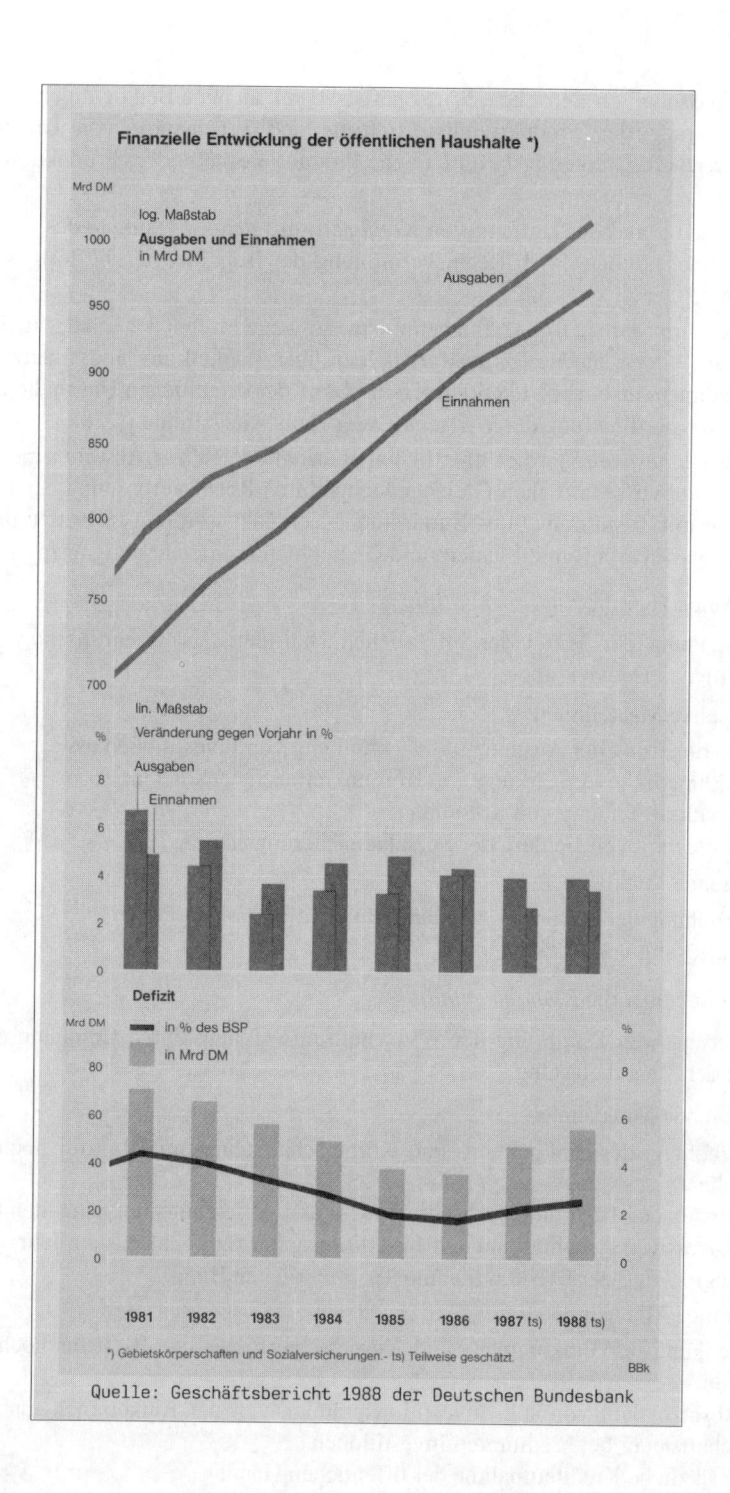

Finanzielle Entwicklung der öffentlichen Haushalte *)

log. Maßstab
Ausgaben und Einnahmen in Mrd DM

Ausgaben
Einnahmen

lin. Maßstab
Veränderung gegen Vorjahr in %
Ausgaben
Einnahmen

Defizit
— in % des BSP
▬ in Mrd DM

1981 1982 1983 1984 1985 1986 1987 ts) 1988 ts)

*) Gebietskörperschaften und Sozialversicherungen.- ts) Teilweise geschätzt.

BBk

Quelle: Geschäftsbericht 1988 der Deutschen Bundesbank

g) *Bedeutung:*

o Durch die Finanzpolitik kann auf die wirtschaftliche Gesamtentwicklung eingewirkt werden. Antizyklische Maßnahmen bewirken, daß die Wirtschaftsphasen in ihrer üblichen Wellenbewegung (Konjunktur – Depression) keine großen Extreme aufweisen, sondern in einer möglichst flachen Kurve verlaufen, da jedes derartige Extrem für die wirtschaftliche und soziale Sicherheit gefährlich und kritisch ist. Außerdem können die Zeiträume zwischen den Höchst- und Tiefstpunkten verlängert werden.

o Die Instrumente der Finanzpolitik ermöglichen einen gezielten Einsatz, der die Gesamtwirtschaft betrifft oder aber Effekte nur in bestimmten Wirtschaftsbereichen oder bei einzelnen bedeutenden Unternehmen hervorruft (z. B. bei Arbeitnehmern, Mittelstand, Einzelhandel, Kraftfahrzeugindustrie, Außenhandel); Ansatzpunkte sind

– die Konsumfreudigkeit der privaten Haushalte
– die Investitionsneigung und -tätigkeit der Unternehmen.

o Auf diese Weise ist, insb. im Zusammenwirken mit der Notenbankpolitik, eine effektive und gleichmäßige Steuerung der Gesamtwirtschaft möglich, die zusätzlich besonders politisch motiviert, z. B. sozial, marktwirtschaftlich orientiert, auf private Vermögensbildung ausgerichtet sein kann usw.

5.1.03 Währungspolitik

5.1.030 Überblick

a) *Wesen:* Die Währungspolitik umfaßt alle staatlichen Maßnahmen, die folgenden Zielen dienen:

o Erreichung und Erhaltung des außenwirtschaftlichen Gleichgewichts, d. h. einer ausgeglichenen Zahlungsbilanz
o Erzielung eines angemessenen, d. h. dem wahren Wert entsprechenden Austauschverhältnisses der eigenen Währung zu anderen Währungen.

b) *Bedeutung:* Hinter den genannten Zielsetzungen der Währungspolitik steht die Erkenntnis, daß in einem nicht autarken (d. h. selbstversorgenden) volkswirtschaftlichen System, in dem demzufolge Außenwirtschaftsverkehr betrieben werden muß, durch die Beziehung zu anderen Währungen Einflüsse und Entwicklungen entstehen, die das gesamtwirtschaftliche Gleichgewicht beeinträchtigen oder gefährden können und daher beeinflußbar und kontrollierbar sein müssen.

Diese Einwirkungen aus dem Ausland sind weitgehend an den finanziellen Transaktionen spürbar, sie zeigen sich insbesondere an Veränderungen der inländischen Geldmenge. Daher ist die Währungspolitik Bestandteil der Geldpolitik.

c) Währungsprobleme bestehen grundsätzlich in jeder Volkswirtschaft, die Außenwirtschaftsverkehr betreibt. Da der Welthandel grundsätzlich frei ist – nur in einzelnen Staaten sowie in übernationalen wirtschaftlichen Gruppierungen bestehen Beschränkungen –, sind auch die Währungsprobleme *international*. Daher bestehen internationale Organisationen (z. B. der IWF), Verträge (z. B. das EWA), Absprachen (z. B. der Zehner-Club), die im Rahmen der nationalen Währungspolitik beachtet werden müssen.

d) *Träger* der Währungspolitik sind

o die Deutsche Bundesbank (sog. *Devisenpolitik*)

o die Bundesregierung (Paritätsänderungen, Maßnahmen aufgrund des AWG usw.).

5.1.031 Die internationale Währungsordnung seit 1944 – Geschichte

a) 1944 wurden die Grundlagen der Weltwährungsordnung der Nachkriegszeit auf der *Konferenz von Bretton Woods* (USA) von 44 alliierten Staaten gelegt. Neben der Gründung einer Internationalen Bank für Wiederaufbau und Entwicklung (Weltbank) wurde die Errichtung des Internationalen Währungsfonds (IWF) beschlossen. Ziel der Konferenz war die Errichtung eines multilateralen Zahlungsverkehrssystems mit frei konvertierbaren Währungen und unter Abschaffung von nationalen Beschränkungen des Devisenverkehrs.

b) *Der Internationale Währungsfonds* wurde 1945 mit Sitz in Washington errichtet. Die Bundesrepublik trat ihm 1952 bei; inzwischen hat der IWF über 150 Mitgliedsländer.

Ziele des IWF sind

o Förderung der internationalen währungspolitischen Zusammenarbeit und der Währungsstabilität

o Bereitstellung von Mitteln zur Beseitigung unausgeglichener Zahlungsbilanzen

o Förderung des Welthandels, seines Wachstums, Erreichung eines hohen Beschäftigungsstandes aller Mitglieder

o Schaffung eines multilateralen Zahlungssystems ohne Devisenbeschränkungen.

Am 1.4.1978 traten Änderungen der IWF-Statuten in Kraft; Zielsetzung der Neuerungen (u. a):

o Abbau der Bedeutung des Goldes

o flexiblere Wechselkursregelungen

o Ausweitung der Verwendung der Sonderziehungsrechte.

Für jedes Mitglied des IWF besteht eine – regelmäßig überprüfte – *Quote*, die sich nach volkswirtschaftlichen Daten des Landes richtet, die Beteiligung des Mitglieds am IWF ausdrückt und entscheidend ist für

o Stimmrecht im Gouverneursrat (= oberstes Organ des IWF)
o Beitrag (75 % der Quote in Landeswährung, der Rest in Mitglieds- oder Landeswähung oder SZR – nicht mehr, wie früher, in Gold)
o Ziehungsrechte (Inanspruchnahme von Buchgeldkrediten aus dem Fonds).

c) Die 1950 geschaffene *Europäische Zahlungsunion* (EZU) ermöglichte zwischen den am ERP (Europäisches Wiederaufbau-Programm) und der OEEC (Organisation für europäische wirtschaftliche Zusammenarbeit) beteiligten Ländern einen multilateralen Zahlungsverkehr, der über die Bank für Internationalen Zahlungsausgleich (BIZ), Basel, abgewickelt wurde und zur Konvertierbarkeit der wichtigsten nicht dem Ostblock angehörenden europäischen Währungen führte.

d) Die EZU wurde 1958 durch das *Europäische Währungsabkommen* (EWA) abgelöst. Seine Ziele waren – dem IWF vergleichbar – die Erhaltung und Sicherung der Konvertibilität der Währungen, die Durchführung eines freien multilateralen Zahlungsverkehrs, die Erhaltung stabiler Wechselkurse und die Erweiterung und Sicherung des zwischenstaatlichen Handels, der Vollbeschäftigung und der finanziellen Stabilität.

Im Rahmen der EWA wurde die *Ausländerkonvertibilität* eingeführt, d. h. das Recht von Devisenausländern zum Umtausch der inländischen Währung in jede ausländische Währung.

e) Das internationale Währungssystem auf der Grundlage des IWF basiert zunächst auf dem *Prinzip der festen Wechselkurse:*

o für die Mitgliedsstaaten wurden Paritäten ihrer Währungen gegenüber dem Gold und dem US-Dollar festgelegt (z. B. DM ab 1953; 1,– DM = 0,211588 g Feingold = 0,238095 US-Dollar)
o der Dollar erhielt eine feste Parität zum Gold von 35 US-Dollar, ab Dezember 1971 von 42,22 US-Dollar pro Feinunze Gold
o ausgehend von der jeweiligen Parität bestand die Möglichkeit der Anpassung der Devisenkurse an vorübergehende Schwankungen innerhalb der *Bandbreiten* unterhalb und oberhalb der Parität; diese betrugen zunächst nach unten und oben je 1 %, ab 1971 je 2,25 %
o bei Erreichen der *Interventionspunkte* war die Zentralbank des betroffenen Landes zum Eingreifen durch An- und Verkauf am Markt verpflichtet
o die Zentralbanken der EWA-Mitglieder brauchten nur beim US-Dollar zu intervenieren (dies bedeutete zwischen zwei EWA-Ländern eine mögliche Differenz = cross rate von maximal doppeltem Umfang der Bandbreiten)
o *Paritätsänderungen* (Auf- und Abwertungen) als Änderungen des gesamten Wechselkursgefüges durften grds. erst nach Beratung mit dem IWF und – bei Änderungen um mehr als 10 % – dessen Zustimmung erfolgen; oft kam es – bei Vorsehbarkeit der Änderung – zu spekulativen Geldströmen in Milliardenhöhe
o zur Bereinigung von Zahlungsbilanzschwierigkeiten erhielten die IWF-Mitglieder das Recht zur Aufnahme von Buchgeldkrediten, sog. *Ziehungsrechte*

o 1970 wurden die *Sonderziehungsrechte* eingeführt; in Ergänzung des bis dahin bestehenden Gold-Devisen-Standards wurden damit Buchgeldkredite an IWF-Mitglieder als dritte Form von Währungsreserven anerkannt *(Gold-Devisen-Kreditstandard)*.

f) Im Rahmen des EWA wurden statt der hohen IWF-Bandbreiten *eigene Bandbreiten* von je 3/4 % (nach oben und unten) der Dollarparität festgesetzt; 1971 schlossen die EG-Staaten sich den neuen 2,25 %-Bandbreiten an und fixierten diese auch für das Verhältnis der EG-Währungen zueinander.

g) Seit 1971 ist es den IWF-Mitgliedsländern auch möglich, sich von der festen Parität gegenüber dem US-Dollar zu lösen und die eigene Währung an einem anderen *Leitkurs* – vor allem den Sonderziehungsrechten – zu orientieren. Die Bundesrepublik fixierte daraufhin den Wert der DM bei 0,310580 SZR.

h) Das ursprüngliche Prinzip der festen Wechselkurse durchlief eine mehr als fünfzehn Jahre andauernde *Krise*. Hauptursache war die Festlegung des *US-Dollars als Leitwährung*. Das zeitweise erhebliche Zahlungsbilanzdefizit der USA überschwemmte andere Staaten – insb. Länder mit aktiver Zahlungsbilanz – mit Dollars, zu deren Ankauf die Zentralbanken aufgrund ihrer Interventionspflicht gezwungen waren. Die eigenen unterbewerteten Währungen dieser Länder (auch der Bundesrepublik) bewirkten zu billige und umfangreiche Exporte, die diese Situation noch verstärkten. Notwendige Aufwertungen z. B. der D-Mark erfolgten oft zu spät, dann in drastischen, die eigene Wirtschaft stark beanspruchenden Schritten, wobei das Bemühen um reale Werteinschätzung durch politische Erwägungen und spekulative Veränderungen der Marktlage belastet wurde.

i) Ab 1971 lösten sich nach und nach alle wichtigen Währungen vom US-Dollar und gingen zum *Floating* über, d. h. sie gaben die festen Wechselkurse auf und überließen die nominellen Austauschverhältnisse der realen Einschätzung durch den Markt.

Seitdem gibt es kein fest vereinbartes Weltwährungssystem mehr, obwohl gemeinsame Interventionen der Notenbanken der wichtigsten Industriestaaten zeigen, daß ein abgestimmtes Vorgehen möglich und oft auch sinnvoll ist.

Um zwischen einzelnen durch Handelsbeziehungen besonders eng verbundenen Ländern ein gewisses Gleichgewicht mit brauchbarer Kalkulationsgrundlage für die Außenwirtschaft zu erhalten, bildeten sich daraufhin Währungsblöcke, d. h., einige Länder vereinbarten untereinander Paritäten mit entsprechenden Interventionspflichten der Notenbanken, gaben aber nach außen ihre Kurse frei *(Block-Floating)*. So entstand in Europa die *Währungsschlange* mit wechselnder Mitgliedschaft der EG-Staaten, Norwegens und Schwedens.

Dieser Währungsverbund mündete schließlich in das Europäische Währungssystem von 1979 ein.

5.1.032 Das Europäische Währungssystem (EWS)

a) *Wesen:* Das EWS ist ein am 13.3.1979 in Kraft getretener Währungsverbund mit gegenseitigen Kreditlinien, einem Interventionssystem bei Wechselkursschwankungen und teilweiser Zusammenfassung der Währungsreserven. Miglieder:

o die EG-Staaten Belgien, BR Deutschland, Dänemark, Frankreich, Irland, Italien, Luxemburg, Niederlande; Portugal und Spanien seit Juni 1989
o Griechenland und Großbritannien sind assoziiert, nehmen aber an dem Wechselkursmechanismus nicht teil.

b) Kern des EWS ist die *Europäische Währungseinheit* (European Currency Unit = *ECU*) als

o Bezugsgröße für den Wechselkursmechanismus
o Grundlage für die Bestimmung der „Abweichungsschwelle" (s. u. d)
o Rechengröße für den Interventions- und Kreditmechanismus
o Instrument für den Saldenausgleich von Land zu Land
o Reserveeinheit.

Die ECU ist eine künstliche Währung, die sich aus den verschiedenen Währungen der EWS-Mitglieder zusammensetzt. Dieser sogenannte *Währungskorb* wird grundsätzlich alle 5 Jahre überprüft.

Nach Aufnahme von Spanien und Portugal (Juni 1989) gilt folgende Gewichtung im Währungskorb des EWS:

Land	Prozentanteil
BR Deutschland	30,10
Großbritannien	13,00
Frankreich	19,00
Italien	10,15
Niederlande	9,40
Belgien	7,60
Luxemburg	0,30
Dänemark	2,45
Irland	1,10
Griechenland	0,80
Spanien	5,30
Portugal	0,80

c) *Interventionssystem:* Aus den Leitkursen der Landeswährungen zur ECU ergibt sich ein Netz gegenseitiger Paritäten, von denen um 2,25 % nach oben und unten abgewichen werden darf (Spanien: z. Zt. noch 6 %). Darüber hinaus besteht Interventionspflicht.

Das System bedingt, daß bei Erreichen des oberen Punktes durch eine Währung mindestens eine andere Währung den unteren Interventionspunkt erreicht, so daß die Interventionspflicht währungsstarke und währungsschwache Länder gleichzeitig trifft.

Bei Ausschöpfen der Bandbreite zu 75 % (d. h., im Regelfall Schwankung um 1,6875 % vom Leitkurs) ist die sog. *Abweichungsschwelle* erreicht, d. h., von dem betreffenden Land wird eine Korrektur erwartet (kein Zwang), sog. „Frühwarnsystem".

d) *Währungsbeistand:* Die Notenbanken können einander Kredithilfen für 3, maximal 9 Monate (kurzfristig) bzw. 2–5 Jahre (mittelfristig) gewähren. Drei Fünftel des Kreditvolumens entfallen auf den kurzfristigen, zwei Fünftel auf den mittelfristigen Währungsbeistand.

e) Die Deutsche Bundesbank hat 1987 die ECU anerkannt, so daß auch auf ECU lautende Konten eingerichtet und Zahlungen in ECU geleistet werden können.

5.1.033 Währungspolitische Maßnahmen

a) Geld- und kreditpolitische Beschlüsse der Bundesbank haben oft einen *währungspolitischen Nebeneffekt;* Beispiel: die Senkung des inländischen Diskontsatzes kann den – nicht gewollten – Zustrom ausländischen Geldes bremsen, da die zinsgünstige Anlagemöglichkeit verschlechtert wird.

b) Ein speziell währungspolitisches Instrument der Bundesbank ist die *Swap-Politik.* Durch Einflußnahme auf die Kurssicherungskosten von Kreditinstituten – und damit auch von Außenhändlern – können nicht nur Devisentermingeschäfte von KI untereinander und mit Kunden, sondern auch Außenhandelskontrakte kostenmäßig beeinflußt, d. h. vorteilhafter oder teurer werden. Das Bestreben der Bundesbank ist dabei i. d. R. – im Hinblick auf die deutsche Zahlungsbilanz – auf Förderung des Geldexports gerichtet; dieses Ziel ist erreichbar, wenn für KI kursgesicherte Anlagen im Ausland rentabler als im Inland sind.

c) Im Rahmen der von der Bundesbank erhobenen *Mindestreserve* können Ausländer-DM-Einlagen mit besonderer Reservepflicht belegt und damit für KI uninteressant werden. Außerdem kann für solche Einlagen ein Verzinsungsverbot ausgesprochen werden.

d) Zu den währungspolitischen Befugnissen der Bundesregierung gehört der Beschluß über Auf- und Abwertungen, die durch die Errichtung des Europäischen Währungssystems wieder an – zunächst theoretischer – Bedeutung gewonnen haben, nachdem während des Floating rein wirtschaftlich die Bundesbank diese Kompetenz durch ihre Interventionsmöglichkeiten auf dem freien Devisenmarkt übernommen hatte.

Zur Bedeutung von Auf- und Abwertungen vgl. Abschnitt 2.1.20.

e) Im Rahmen des *Außenwirtschaftsgesetzes* stehen Bundesregierung und Bundesbank weitere währungspolitische Befugnisse zu (vgl. insb. §§ 22 ff. AWG); bedeutsam ist derzeit vor allem die Genehmigungspflicht für Verzinsung von Guthaben Gebietsfremder bei inländischen KI, für den Erwerb von Geldmarktpapieren, Wechseln, inländischen Schuldverschreibungen durch Gebietsfremde und für Geschäfte über die

„Pension" inländischer Schuldverschreibungen mit Gebietsfremden, insb. wenn derartige Anlagen eine Restlaufzeit von 4 Jahren unterschreiten.

§ 6 a AWG ermöglicht der Bundesregierung die Einführung einer *Bardepotpflicht* und der Bundesbank die Festsetzung ihrer Höhe; diese – als Ergänzung zu den Mindestreservevorschriften anzusehende – Verpflichtung inländischer Kreditnehmer zur zinslosen Hinterlegung im Ausland aufgenommener Kredite ganz oder teilweise bei der Bundesbank bestand zwischen 1972 und 1974 und dient ebenfalls – wie die meisten Maßnahmen der Währungspolitik – der Abwehr ausländischen Geldes.

f) Insgesamt muß bei währungspolitischen Maßnahmen stets bedacht werden, daß sie nur *ein* Bestandteil des breiten Spektrums an Möglichkeiten von Bundesregierung und Bundesbank sind, sich andererseits aber in aller Regel nicht nur auf die „Währung" im Sinne des Außenwertes der D-Mark, sondern auch auf ihren Binnenwert und auf die Gesamtwirtschaft auswirken. Sie sind daher in ein globales System von geld- und wirtschaftspolitischen Maßnahmen des Staates einzuordnen.

5.1.1 Wirtschaftspolitik

5.1.10 Grundbegriffe

Die Wirtschaftspolitik kann in diesem Rahmen nur in Grundzügen erläutert werden. In erster Linie sollen daher die zum Verständnis erforderlichen Begriffe erklärt sein.

a) Die Entwicklung einer Volkswirtschaft läßt verschiedene *Konjunkturphasen* erkennen, einen Zyklus in Form einer Wellenbewegung:

o der *Aufschwung* (oft als *Konjunktur* bezeichnet) ist gekennzeichnet von einem Wachstum der Wirtschaft, steigender Produktion, höheren Einkommen, einem Ansteigen der Preise (auch der Effektenkurse), der Geld- und Kapitalmarktzinsen

o in der *Hochkonjunktur* (Boom) zeigen sich bereits kritische Merkmale, die den bevorstehenden Abschwung kennzeichnen; Vollbeschäftigung liegt noch vor, Geld und Kredite werden knapp (Hochzinsphase); die Preise können noch steigen oder aber zum Stillstand kommen

o während des *Abschwungs* verringern sich Wirtschaftswachstum, Unternehmergewinne, Konsum, Investitionen, Produktion; auch das Volkseinkommen sinkt; möglich sind Preissenkungen, deflatorische Tendenz; zahlreiche Unternehmenszusammenbrüche; Geld wird billiger, größere Liquidität; erfolgt der Abschwung allmählich, spricht man von *Rezession;* eine stärkere Abwärtsentwicklung ist eine *Depression,* die – mit zunehmender Geschwindigkeit – zur *Krise* werden kann

o der *Tiefstand* ist eine Phase vorübergehenden Stillstands von Produktion und Konsum, Einkommen und Preisen.

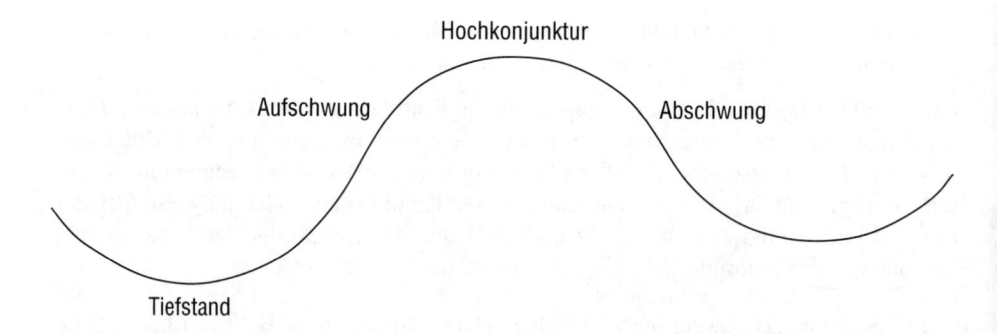

```
                    Hochkonjunktur
         Aufschwung   ╱‾╲    Abschwung
                    ╱    ╲
        ╲_____╱      ╲_____╱
         Tiefstand
```

Derartige Konjunkturphasen verlaufen nicht einheitlich. Im Abschwung beispielsweise können vorübergehende Erholungen von um so stärkerem Absturz gefolgt werden. Psychologische Faktoren spielen ebenso sehr eine Rolle wie zufällige Ereignisse und politische Einflüsse. Die Wirtschaft eines Landes kann sich parallel oder entgegengesetzt zur Weltwirtschaft entwickeln (letzteres ist allerdings selten) und entsprechend beeinflußt werden. Vor allem die *Preise* gehen oft eigene Wege.

Dabei ist es möglich, daß der besonders kritische Zustand der *Stagflation* erreicht wird, d. h. ein Zusammentreffen von Stagnation (wirtschaftlicher Stillstand) und Inflation. Merkmale sind ein Stagnieren der Produktion, zunehmende Arbeitslosigkeit und eine – an den Gewinnen der Unternehmen und dem Lebensstandard der Bevölkerung zehrende – gleichbleibend hohe oder gar noch ansteigende Preissteigerungsrate.

Die Wirtschaftsgeschichte scheint eine gewisse Unabhängigkeit der Wirtschaftsphasen aufzuzeigen. Dennoch bietet sich der Wirtschaftspolitik die Möglichkeit, einzugreifen und durch *antizyklische,* d. h. der jeweiligen Phase entgegengesetzte Maßnahmen die Wellenbewegung abzuflachen.

b) Kennzeichnend für Wirtschaftsleistung, Leistungsvermögen und -entwicklung einer Volkswirtschaft ist das *Sozialprodukt:*

o das *Brutto*sozialprodukt ist die innerhalb eines Jahres in einer Volkswirtschaft erzeugte Menge an Waren und Dienstleistungen, ausgedrückt in Marktpreisen oder in Preisen eines bestimmten, als Grundlage herangezogenen Jahres (zur Ermittlung der *realen* Veränderungen ohne Geldwertschwankungen); abzuziehen sind die bei der Produktion verbrauchten Güter

o durch Abzug der Abschreibungen (Ersatzinvestitionen) erhält man das Nettosozialprodukt zu Marktpreisen; zieht man hiervon indirekte Steuern ab (da sie Bestandteil der Marktpreise sind) und rechnet man Subventionen hinzu, ergibt sich das Nettosozialprodukt zu Faktorkosten, d. h. zu den Kosten der Produktionsfaktoren; dies stellt zugleich das *Volkseinkommen* dar

o die jährlichen Veränderungen des Sozialprodukts geben Auskunft über das *Wachstum* der Wirtschaft.

Zwischen 1984 und 1988 erhöhte sich das Bruttosozialprodukt

o in jeweiligen Preisen von 1 770 auf 2 122 Mrd. DM
o in Preisen von 1980: von 1 548 auf 1 700 Mrd. DM.

Die Wachstumsrate betrug gegenüber dem Vorjahr

o nominal: 1986 + 5,5 %
            1987 + 3,9 %
            1988 + 5,0 %
o real: 1986 + 2,3 %
            1987 + 1,8 %
            1988 + 3,4 %

5.1.11 Internationale Wirtschaftsbeziehungen

5.1.110 Überblick

Die Wirtschaftspolitik eines Landes muß seine Beziehungen zu anderen Ländern berücksichtigen. Diese können durch Verträge, Zusammenschlüsse u. dgl. festgelegt sein. Die sich daraus ergebenden Bindungen bringen den Beteiligten i. d. R. auf lange Sicht zahlreiche Vorzüge, engen jedoch die Handlungsfreiheit im Rahmen der Wirtschaftspolitik ein. Für die Bundesrepublik sind die *Europäischen Gemeinschaften (EG)* von besonderer Bedeutung.

a) 1957 wurde die *Europäische Wirtschaftsgemeinschaft (EWG)* gegründet; Mitglieder waren ursprünglich die Benelux-Länder, Frankreich, Italien und die Bundesrepublik Deutschland. Ziele der EWG sind

o Abschaffung der Zölle und Mengenbeschränkungen zwischen den Mitgliedern, Errichtung eines gemeinsamen Marktes
o Schaffung gemeinschaftlicher Zolltarife gegenüber Drittländern
o im Innern Einführung gleicher Wettbewerbsbedingungen, der Freizügigkeit von Arbeitnehmern, der Niederlassungsfreiheit von Unternehmen, der Freiheit von Dienstleistungs- und Kapitalverkehr
o einheitliche Regelung des Wettbewerbs, der wirtschaftsrechtlichen und Steuervorschriften, der Geld- und Wirtschaftspolitik.

1973 sind Dänemark, Großbritannien und Irland den Europäischen Gemeinschaften beigetreten, seit 1978 sind diese Staaten Vollmitglieder. 1981 trat Griechenland, 1986 traten Spanien und Portugal bei.

b) Bereits seit 1951 besteht die *Europäische Gemeinschaft für Kohle und Stahl (EGKS, Montanunion)*, ein Zusammenschluß, der auf Schaffung eines gemeinsamen Marktes für Kohle und Stahl abzielte und durch Verbindung der wichtigsten europäischen Rohstoffvorkommen und Grundindustrien die Grundlage für einen dauerhaften Frieden in Mitteleuropa bilden sollte.

c) Die EG-Staaten arbeiten außerdem zusammen in der *Europäischen Atomgemeinschaft EURATOM* im Hinblick auf friedliche Nutzung der Atomenergie.

d) In Konkurrenz zur EWG entstand 1960 die *Europäische Freihandelszone (EFTA)* mit vergleichbaren Zielen; seit 1973 besteht zwischen EG und den restlichen EFTA-Ländern (Finnland, Island, Norwegen, Österreich, Schweden, Schweiz) ein *Freihandelsabkommen,* das die Schaffung eines einheitlichen europäischen Wirtschaftsraumes zum Ziel hat.

e) Aus der *OEEC* (Organization for European Economic Cooperation, Organisation für europäische wirtschaftliche Zusammenarbeit) entstand nach Abschluß der europäischen Wiederaufbauphase die *OECD* = Organization for Economic Cooperation and Development, Organisation für wirtschaftliche Zusammenarbeit und Entwicklung (seit 1961), in der zahlreiche europäische Staaten sowie USA, Kanada und Japan zusammenarbeiten, um gemeinsame Konjunktur- und Währungspolitk und Entwicklungshilfe zu betreiben.

f) Ein der EG vergleichbarer Wirtschafts-Zusammenschluß des Ostblocks ist der *COMECON* = *Rat für gegenseitige Wirtschaftshilfe (RGW)* unter Führung der UdSSR.

g) Bestrebungen zur Vereinheitlichung des Welthandels fanden ihren Niederschlag in der Gründung des *GATT* (General Agreement on Tariffs und Trade, Allgemeines Zoll- und Handelsabkommen) 1948. Seine Ziele sind Sicherung der Vollbeschäftigung, Erhöhung des Lebensstandards, des Wirtschaftswachstums, Ausweitung des Welthandels unter Abbau von Zollschranken, Diskriminierungen, Devisenbeschränkungen insbesondere auf *marktwirtschaftlicher Grundlage.*

5.1.111 Europäischer Binnenmarkt

a) *Wesen:* Im Rahmen der Europäischen Wirtschaftsgemeinschaft soll bis zum 31.12.1992 eine Wirtschaftseinheit ohne rechtliche, steuerliche oder technische Schranken entstehen. Der neue europäische Binnenmarkt wird mit 320 Millionen Einwohnern der größte einheitliche Wirtschaftsraum in industrialisierten Regionen sein.

b) *Realisierung:* Die EG-Kommission hat einen 300 Punkte umfassenden Maßnahmenkatalog erarbeitet, der 1985 verabschiedet wurde. Ziele:

o Beseitigung der Grenzkontrollen und Warenformalitäten

o Beseitigung technischer Schranken: gegenseitige Anerkennung technischer Normen, Realisierung nur von Mindestanforderungen für Sicherheit und Gesundheit im technischen Bereich, bei Chemikalien, Lebensmitteln usw.

o Beseitigung fiskalischer Schranken: Harmonisierung des Steuerrechts, Anpassung der Steuersätze (insb. Mehrwertsteuer), Harmonisierung der Verbrauchsteuern; bis Ende 1992 nicht erreichbar, aber angestrebt: Anpassung der direkten Steuern, insb. für Unternehmen

o Freizügigkeit und Niederlassungsfreiheit: freier Aufenthalt und freie Berufstätigkeit im EG-Gebiet, Abschaffung der Grenzkontrollen für Personen (aus Sicherheitsgründen bedenklich), Anpassung des Asylrechts
o Liberalisierung des Dienstleistungs- und Kapitalverkehrs: ungehinderte Niederlassung und Betätigung, Öffnung für sämtliche Finanzdienstleistungen, Abschaffung von Kapitalverkehrskontrollen.

c) *Bedeutung:*
o durch die Konzentration der Kräfte ist ein größerer Wachstumsschub für die EG-Staaten möglich
o es werden Einsparungen von Kosten in Höhe von bis zu 6,5 % des Bruttoinlandsproduktes der EG erwartet, insb. durch Abschaffung von Grenzkontrollen, Bescheinigungen, Formalitäten und durch Vorteile bei der Mengenproduktion aufgrund steigender Nachfrage nach gleichartigen Produkten
o der sich verschärfende Wettbewerb in allen Bereichen wird auch zu Konzentrationsprozessen führen; diese werden in vielen Branchen bereits vorweggenommen
o der Binnenmarkt wird auch die Menschen näher zusammenführen, eine bessere Basis für Verständigung bieten und zu einer weiteren politischen Annäherung führen.

d) *Folgen für KI:* Im Bereich der Finanzdienstleistungen im weitesten Sinne (einschließlich der Versicherungswirtschaft) werden erhebliche Auswirkungen des Binnenmarktes erwartet:
o Anpassungen im Bereich von Gebühren und Provisionen
o weitere rechtliche Harmonisierungen (vorbereitet wird die zweite Bankrechts-Koordinierungsrichtlinie; Hauptziel: Einführung der „Herkunftslandkontrolle", d. h. ein KI unterliegt der Bankenaufsicht in seinem Herkunftsland)
o Zunahme der internationalen Verbindungen und Verflechtungen
o weiterer Konzentrationsprozeß
o weiteres Zusammenwachsen von Kreditinstituten und Versicherungen, Komplettierung der Allfinanzangebote
o Verschärfung des Wettbewerbs durch neue Anbieter, neue Produkte
o für Kunden von KI: vorteilhafte Erweiterung der Angebotspalette, möglicherweise günstigere Konditionen; nachteilige Unüberschaubarkeit des Marktes.

5.1.12 Wesen, Ziele und Mittel der Wirtschaftspolitik

5.1.120 Überblick

Grundlage der Wirtschaftspolitik ist das Wirtschaftsrecht, d. h. die Gesamtheit der gesetzlichen Vorschriften und Rechtsverordnungen, die die wirtschaftliche Gesamtverfassung oder einzelne Teilbereiche regeln und Eingriffsmöglichkeiten bieten.

Als gesetzliche Grundlage kommen in Betracht
o das Grundgesetz

- das Gesetz zur Förderung der Stabilität und des Wachstums der Wirtschaft (Stabilitätsgesetz)
- das Außenwirtschaftsgesetz
- das Gesetz gegen Wettbewerbsbeschränkungen (Kartellgesetz)
- das Kreditwesengesetz sowie das Gesetz über die Deutsche Bundesbank
- viele weitere Einzelgesetze (z. B. Energiesicherungsgesetz).

Wirtschaftspolitik *im weiteren Sinne* umfaßt alle Maßnahmen zur Erreichung volkswirtschaftlicher Ziele und umfaßt daher folgende Teilbereiche:

- Geld- und Kreditpolitik
- Währungspolitik
- Finanzpolitik
- Industrie- und Agrarpolitik
- Energiepolitik
- Wettbewerbspolitik
- Außenwirtschaftspolitik
- Verkehrspolitik
- Strukturpolitik
- Stabilitätspolitik,

wobei sich viele dieser Teilbereiche überschneiden.

Nach der *Zielrichtung* der wirtschaftspolitischen Maßnahmen lassen sich Geld- und Kreditpolitik (und die Währungspolitik als ihr Bestandteil) ausgliedern. Wirtschaftspolitik *im engeren Sinne* beinhaltet demnach alle innerhalb der Volkswirtschaft ansetzenden Maßnahmen zur Beeinflussung des wirtschaftlichen Geschehens, die nicht geld- oder kreditpolitischen Charakter haben.

Dabei dürfen die staatlichen Maßnahmen die gesetzten Grenzen nicht überschreiten. Richtlinie ist hierfür zunächst die *Wirtschaftsverfassung* der Bundesrepublik Deutschland.

Es handelt sich um eine besondere Ausprägung des Typs der *Sozialen Marktwirtschaft* mit der besonderen Möglichkeit der *Globalsteuerung* der Wirtschaft durch den Staat.

Tragende *Grundsätze* der Wirtschaftsverfassung ergeben sich aus folgenden grundgesetzlichen Vorschriften:

Art. 2 – Freiheit der Person

Art. 3 – Gleichheit vor dem Gesetz

Art. 12 – Berufsfreiheit

Art. 14 – Gewährleistung des Privateigentums; „Eigentum verpflichtet"

Art. 20 – Grundsatz der Sozialstaatlichkeit der Bundesrepublik Deutschland.

5.1.121 Ziele der Wirtschaftspolitik

Erstes Ziel der Wirtschaftspolitik ist die Erhaltung des marktwirtschaftlichen Systems unter Wahrung der genannten Grundsätze des Grundgesetzes.

Kernproblem der wirtschaftspolitischen Zielsetzung ist dabei die Erhaltung und Sicherung der vom *Stabilitätsgesetz* in § 1 genannten Faktoren, des *„magischen Vierecks"*:

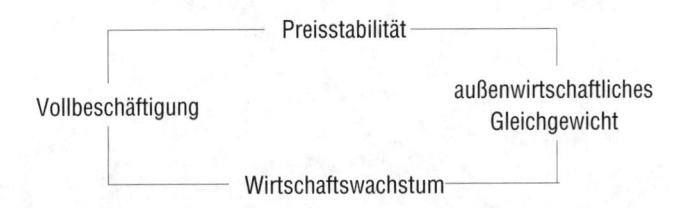

```
            ┌──── Preisstabilität ────┐
            │                         │
Vollbeschäftigung             außenwirtschaftliches
                                  Gleichgewicht
            │                         │
            └──── Wirtschaftswachstum ┘
```

§ 1 Stabilitätsgesetz lautet:

„Bund und Länder haben bei ihren wirtschafts- und finanzpolitischen Maßnahmen die Erfordernisse des gesamtwirtschaftlichen Gleichgewichts zu beachten. Die Maßnahmen sind so zu treffen, daß sie im Rahmen der marktwirtschaftlichen Ordnung gleichzeitig zur Stabilität des Preisniveaus, zu einem hohen Beschäftigungsstand und außenwirtschaftlichem Gleichgewicht bei stetigem und angemessenem Wirtschaftswachstum beitragen."

a) *Preisstabilität* zu wahren, bedeutet, Inflationen und Deflationen zu verhindern. Die deutsche Wirtschaft ist zur Zeit von einer inflationären Tendenz gekennzeichnet. Eine fortschreitende Wirtschaftsentwicklung beinhaltet nahezu immer eine gewisse Aufwärtsbewegung der Preise. Daher kann noch bei einer Preissteigerungsrate von 2 bis 3 % von Preisstabilität gesprochen werden.

Dieses Ziel wurde in den letzten Jahren erreicht. Insgesamt konnte die Preissteigerungsrate gegenüber dem Ausland vor allem aufgrund der Eingriffe der Bundesbank in Grenzen gehalten werden. Die Lebenshaltungskosten der privaten Haushalte entwickelten sich seit 1980 folgendermaßen:

1980	+ 5,5 %
1981	+ 5,9 %
1982	+ 5,3 %
1983	+ 3,3 %
1984	+ 2,4 %
1985	+ 2,2 %
1986	− 0,2 %
1987	+ 0,2 %
1988	+ 1,2 %

Gewogener Außenwert wichtiger Währungen

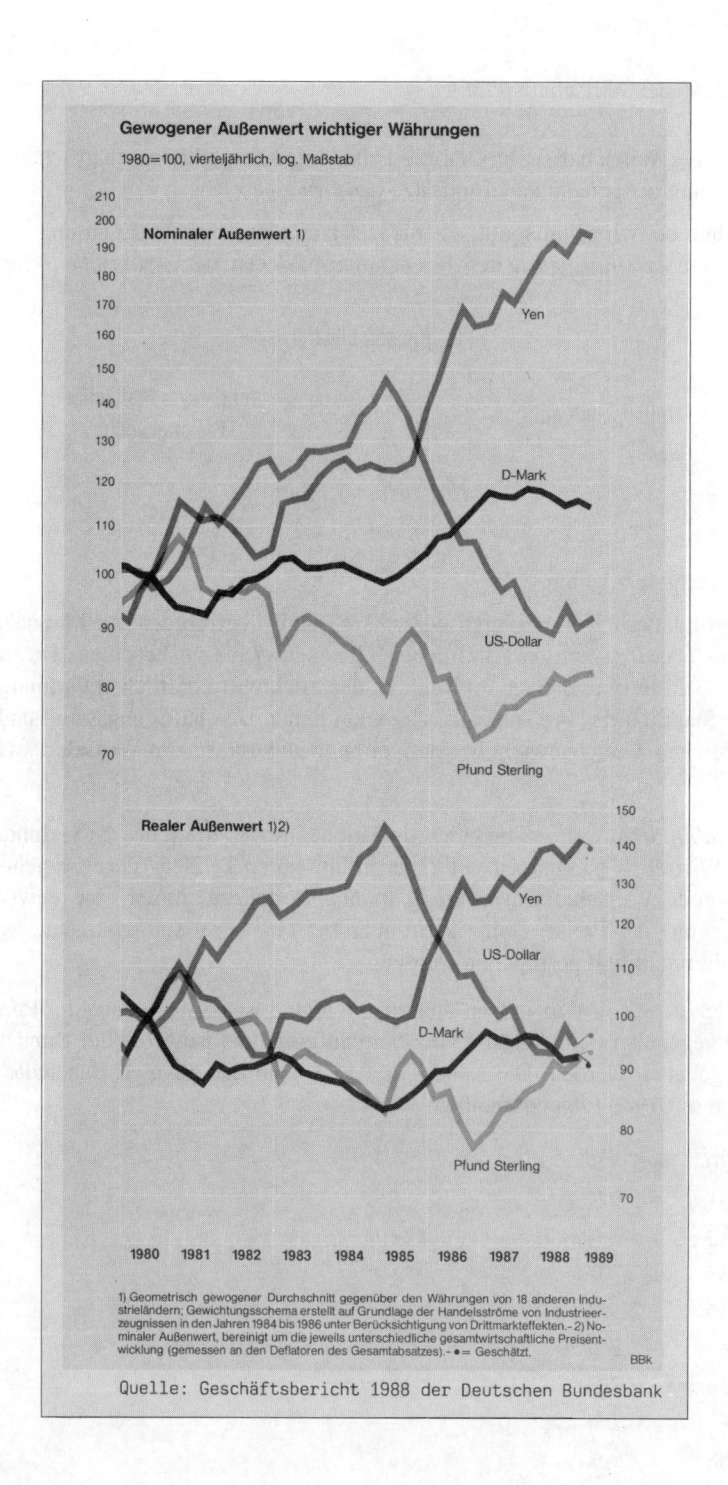

1980=100, vierteljährlich, log. Maßstab

Nominaler Außenwert 1)

Yen
D-Mark
US-Dollar
Pfund Sterling

Realer Außenwert 1) 2)

Yen
US-Dollar
D-Mark
Pfund Sterling

1) Geometrisch gewogener Durchschnitt gegenüber den Währungen von 18 anderen Industrieländern; Gewichtungsschema erstellt auf Grundlage der Handelsströme von Industrieerzeugnissen in den Jahren 1984 bis 1986 unter Berücksichtigung von Drittmarkteffekten.- 2) Nominaler Außenwert, bereinigt um die jeweils unterschiedliche gesamtwirtschaftliche Preisentwicklung (gemessen an den Deflatoren des Gesamtabsatzes).- ● = Geschätzt.

BBk

Quelle: Geschäftsbericht 1988 der Deutschen Bundesbank

b) Das Erreichen und die Erhaltung der *Vollbeschäftigung* ist eines der wichtigsten Ziele, getragen auch von der sozialen Aufgabe und Verpflichtung des Staates. Wann Vollbeschäftigung erreicht ist, ist nur schwer zu definieren, da verschiedene, z. B. saisonal bedingte und bildungspolitische, Einflüsse eine Rolle spielen; Zielsetzung ist vor allem, daß es weder konjunkturell noch durch Strukturkrisen bedingte Unterbeschäftigung gibt, daß die Zahl der Arbeitslosen einen bestimmten – im einzelnen festzulegenden – Stand im Verhältnis zu den Beschäftigten nicht übersteigt und daß die Zahl der offenen Stellen die der Arbeitslosen überschreitet.

Die Zahl der in abhängiger Arbeit Beschäftigten betrug 1988 22,9 Millionen, davon ca. 1,6 Millionen Ausländer. Neben 208 000 Kurzarbeitern gab es im Jahresdurchschnitt 2 242 000 Arbeitslose gegenüber 189 000 offenen Stellen.

Entwicklung der Arbeitslosenquote:

Jahr	Quote
1972	1,1 %
1974	2,6 %
1976	4,6 %
1978	4,3 %
1980	3,8 %
1982	7,5 %
1984	9,1 %
1986	9,0 %
1987	8,9 %
1988	8,7 %

Im Jahre 1985 erreichte die Arbeitslosigkeit mit 9,3 % ihren höchsten Stand seit dem zweiten Weltkrieg. In den Folgejahren hat sich gezeigt, daß trotz deutlich verbesserter konjunktureller Situation kein entscheidender Rückgang der Arbeitslosigkeit zu verzeichnen war. Offenbar ist hierfür nicht nur die konjunkturelle Lage entscheidend, sondern wesentliche Merkmale werden durch die Struktur des Arbeitsmarktes bestimmt. Hierzu gehört die Zunahme von Arbeitsplätzen, die eine besonders qualifizierte Ausbildung verlangen, während manuelle und wiederkehrende Tätigkeiten zunehmend durch Maschinen und Computer übernommen werden. Echte Wachstumsbranchen sind die einzelnen Bereiche des Dienstleistungsgewerbes. Hierzu gehört auch das Kreditwesen.

Die Anforderungen auf dem Arbeitsmarkt haben sich also verlagert. Daher ist es kein Zufall, daß die Arbeitslosigkeit bei Arbeitnehmern mit keiner oder geringer beruflicher Bildung besonders groß ist. Andererseits zeigen sich schon heute die Folgen des sogenannten „Pillenknicks" (geburtsschwache Jahrgänge infolge der Anti-Baby-Pille). So übersteigt die Zahl der angebotenen Ausbildungsplätze bereits die der Bewerber.

Vor diesem Hintergrund ist ein Erreichen der Vollbeschäftigung nicht in Sicht. Voraussichtlich werden auch die kommenden Jahre von anhaltender Arbeitslosigkeit und gleichzeitig steigender Nachfrage nach qualifizierten Arbeitskräften gekennzeichnet sein.

Zur *Lösung* des Problems der Arbeitslosigkeit ist in den vergangenen Jahren eine Vielzahl von Möglichkeiten diskutiert worden. Diese lassen sich in die beiden Bereiche

o Eingriffe des Staates
o marktwirtschaftliche Ansätze

einteilen und entsprechen dabei den jeweiligen politischen Grundströmungen. Folgende Ansätze wurden bzw. werden diskutiert und praktiziert:

o *Arbeitszeitverkürzungen:* Der Hauptansatz vor allem der Gewerkschaften; Möglichkeiten:
  – Verkürzung der *Wochen*arbeitszeit: Angestrebt wird die 35-Stunden-Woche. Gegenargumente: Bei unverändertem Lohn werden die Unternehmen zusätzlich belastet. Folge: Keine neuen Arbeitsplätze, sondern die bisherige Arbeit muß von derselben Zahl an Beschäftigten bewältigt werden, u. U. mit Überstunden. Bei Lohnkürzungen ergibt sich ein Rückgang der Kaufkraft, in der Folge Schwächung der Konjunktur und dadurch Verlust weiterer Arbeitsplätze.
  – Verkürzung der *Lebens*arbeitszeit: Realisiert z. B. über den Vorruhestand. Gegenargumente: Von den Unternehmen allein nicht zu finanzieren. Die Rentenversicherung ist bereits an der Grenze des für sie Tragbaren angelangt, weitere Anhebung des Rentenversicherungsbeitrags erscheint volkswirtschaftlich kaum vertretbar. Freiwilliges früheres Eintreten in den Ruhestand bei anteiligem Rentenverzicht dürfte nur von wenigen in Anspruch genommen werden.
  Die oben beschriebene Spaltung des Arbeitsmarktes zeigt sich zwischenzeitlich auch hier: Während noch die Verkürzung der Wochenarbeitszeit angestrebt wird, haben sich die politischen Parteien bereits auf eine *Verlängerung* der Lebensarbeitszeit vom Jahre 2001 an verständigt.

o Staatliche Maßnahmen zur Begrenzung des Ausländeranteils an den Arbeitsplätzen: Anwerbestop für Gastarbeiter, der bereits seit mehr als einem Jahrzehnt praktiziert wird. Die These, daß Ausländer den Deutschen die Arbeitsplätze wegnehmen, hat sich als falsch erwiesen, da die Ausländer viele Arbeitsplätze belegen, die deutsche Arbeitnehmer auch heute noch überwiegend ablehnen, und da die Arbeitslosigkeit unter Ausländern deutlich höher als unter Deutschen ist. Hinzu kommt die sozialpolitische Verantwortung: Die ausländischen Arbeitnehmer haben der deutschen Wirtschaft entscheidend geholfen und können jetzt nicht einfach abgeschoben werden. Der Versuch, Ausländer über eine Abfindung zur Rückkehr in ihr Heimatland zu bewegen, ist nur zum Teil gelungen.

  Zu dieser Problematik gehören auch die politisch sehr umstrittenen Themen der Asylantenpolitik und der Aufnahme von Aussiedlern aus osteuropäischen Ländern. Gerade die Aussiedler eröffnen der deutschen Wirtschaft zusätzliche Potentiale gut qualifizierter Arbeitskräfte.

o Staatliche Beschäftigungsprogramme: Der Staat ist bereits bis zur Grenze des volkswirtschaftlich Vertretbaren verschuldet, die Neuverschuldung muß nach Ansicht aller Parteien begrenzt werden. Erhöhung der Steuerquote zur Finanzierung der Programme könnte eine Rezession auslösen.

o Begrenzung von Technisierung und Rationalisierungen als vermeintlichen Ursachen für die Vernichtung von Arbeitsplätzen: Gefahr, daß die deutsche Wirtschaft ihre Konkurrenzfähigkeit gegenüber dem Ausland einbüßt.

o Unterstützung der Marktwirtschaft, Abbau staatlicher Beschränkungen, Investitionsförderung: Maßnahmen, die Geld kosten; Gefahr, daß andere staatliche Zielsetzungen (Sozialpolitik, Umweltschutz) auf der Strecke bleiben.

o Strukturreformen: Gezielter Einsatz eines Katalogs von Maßnahmen in allen Bereichen, d. h.
  – begrenzte Einschränkungen im sozialen Bereich
  – Abbau von Überversorgungen, z. B. im öffentlichen Dienst
  – neue Arbeitsplatzmodelle, z. B. Job Sharing = Arbeitsplatzteilung, Verstärkung der Teilzeitarbeit
  – gezielte Förderung zukunftsträchtiger Wirtschaftsbereiche.

c) *Außenwirtschaftliches Gleichgewicht* kommt zum Ausdruck in einer ausgeglichenen Zahlungsbilanz. In der Bundesrepublik Deutschland kann dieses Ziel aufgrund des hohen Exportüberschusses der Handelsbilanz zur Zeit nur durch umfangreichen Kapitalexport erreicht werden (vgl. Abschnitt 2.0.6).

d) Das ständige *Wachstum der Wirtschaft* ist gekennzeichnet von einer stetigen Erweiterung des Produktionsertrages an Gütern, einer jährlichen Steigerung des Bruttosozialproduktes (vgl. Abschnitt 5.1.10).

e) Das magische Viereck wird heute oft erweitert um den Begriff *„soziale Gerechtigkeit"* als zusätzliches Ziel des wirtschaftspolitischen Verhaltens des Staates.

f) *Zusammenfassung:*
Die genannten Zielsetzungen sind bereits für sich allein nur sehr schwer zu verwirklichen, insbesondere, wenn der Staat nicht dirigistisch in den Markt eingreift, d. h. Zwang ausübt, sondern sich *marktkonformer Mittel* bedient, die vor allem Angebot und Nachfrage beeinflussen sollen und sich dem Marktgeschehen anpassen.
Besonders schwierig ist es jedoch, die Ziele zu *koordinieren,* d. h. sich um Erfüllung aller Zielsetzungen gleichzeitig zu bemühen, da sie zum Teil sehr *gegensätzlich* sind; Beispiele:

o das abrupte Abbremsen einer inflationären Tendenz zur Erreichung der Preisstabilität kann – z. B. durch Beschneidung des Geld- und Kreditvolumens – das Wirtschaftswachstum beeinträchtigen, eine Stagnation hervorrufen und sich damit auch negativ auf die Vollbeschäftigung auswirken

o ein stetiges Wirtschaftswachstum kann auf Kosten der Preisstabilität und – insb. in einer exportabhängigen Wirtschaft – des außenwirtschaftlichen Gleichgewichts gehen

o Vollbeschäftigung ist grds. nur möglich bei ständigem Wachstum der Wirtschaft mit den sich daraus ergebenden negativen Folgen.

5.1.122 Mittel der Wirtschaftspolitik

Das wirtschaftspolitische Instrumentarium ist gekennzeichnet von einer außerordentlichen *Vielfalt* möglicher Maßnahmen, wobei zu unterscheiden ist zwischen Maßnahmen, die vom Staat aufgrund gesetzlicher Verpflichtung ergriffen werden *müssen* (z. B. Sozialleistungen), und Maßnahmen, die speziell zur Erreichung der wirtschaftspolitischen Zielsetzungen getroffen werden *können*. Zu beachten ist, daß praktisch jede allgemeine staatliche Verhaltensweise volkswirtschaftlich bedeutsame Wirkungen und Konsequenzen hat.

Folgende *Beispiele* für wirtschaftspolitische Maßnahmen seien genannt:

o Überwachung und Kontrolle des Wettbewerbs, Erhaltung seiner Freiheit
o Einflußnahme auf Ein- und Ausfuhren über Genehmigungspflichten, Zölle usw.
o Vergabe von Subventionen an bestimmte Unternehmen und Wirtschaftsbereiche, d. h. Gewährung finanzieller Mittel
o Steuerliche Maßnahmen, z. B. Steuererleichterungen und -befreiungen für bestimmte Branchen usw.
o Einflußnahme auf das Sparverhalten der Bevölkerung durch Sparprämien und Steuervorteile; u. U. Zwangssparen
o Vermögensbildungsmaßnahmen für Bezieher kleinerer Einkommen
o Zahlung von Wohngeld, Durchführung sozialer Wohnungsbauprojekte
o Eingriff in das Güterangebot auf dem Markt z. B. durch Einlagerung von Lebensmitteln oder Auflösung vorhandener Bestände
o energiepolitische Maßnahmen, z. B. Sonntags-Fahrverbot
o strukturpolitische Maßnahmen, z. B. Förderung wirtschaftlicher Konzentrationsprozesse.

5.1.123 Wirtschaftstheorien

a) *Problematik:* Das Stabilitätsgesetz zeigt Zielsetzungen für die Wirtschaftspolitik auf. Fraglich ist aber, *wie* diese Zielsetzung erfüllt werden kann. Hier setzen verschiedene Wirtschaftstheorien an, in denen auch unterschiedliche politische Anschauungen ihren Ausdruck finden.

b) *Nachfrageorientierte* Wirtschaftspolitik: Auf der Basis der Thesen von J. M. Keynes. Grundgedanken:

o Die führenden Wirtschaftsnationen haben seit Beginn der Industrialisierung hochentwickelte Produktionspotentiale aufgebaut.
o Bei Vollbeschäftigung ist die Angebotsseite imstande, große Sozialprodukte und hohe Pro-Kopf-Einkommen zu ermöglichen.
o Dem Angebot tritt aber eine private Nachfrage gegenüber, die Gefahr läuft, hinter dem Güterausstoß bei Vollbeschäftigung zurückzubleiben.

o Das Nachfrageverhalten des privaten Sektors macht den Wirtschaftsprozeß also prinzipiell instabil. Ursachen:
  - unterproportionales Steigen der Konsumnachfrage der privaten Haushalte im Vergleich zu Produktion und Einkommen
  - Renditeerwartung der Unternehmer, nicht genügend senkbare Zinssätze, die wiederum zur Zurückhaltung von Investitionen führen.
o Der Staat kann durch zusätzliche Ausgaben die Nachfrage und dadurch die Beschäftigung auf praktisch jeder gewünschten Höhe stabilisieren. Die zusätzlichen Staatsausgaben dürfen aber nicht durch Entzugseffekte bei der privaten Nachfrage (z. B. Steuererhöhung) finanziert werden, sondern erhöhen die Staatsverschuldung (sog. „deficit spending").

Das in sich logische Modell, das bis zum Ende der sozialliberalen Koalition 1982 praktiziert wurde, konnte weder des Problems der Arbeitslosigkeit noch der Staatsverschuldung Herr werden.

c) *Angebotsorientierte* Wirtschaftspolitik: Grundgedanken:

o Das ständige Wechseln zwischen jeweils antizyklisch eingesetzten dämpfenden und anregenden Maßnahmen im Konjunkturverlauf (sog. Stop-and-Go-Politik) wird nicht als Folge, sondern als Ursache konkunktureller Schwankungen verstanden.
o Der Staat trägt dadurch destabilisierende Impulse in den prinzipiell zum Gleichgewicht tendierenden nichtstaatlichen Bereich hinein.
o Es muß daher darauf verzichtet werden, durch wechselnde staatliche Einflüsse den Entscheidungshorizont der Anbieterseite (private Unternehmen) ständig zu verschieben.
o Aufgabe des Staates ist es vielmehr, ordnungspolitische Rahmendaten zu setzen, die eine langfristige Orientierung erlauben und der Entfaltung marktwirtschaftlicher Kräfte mehr Raum geben, d. h. Abbau hemmender staatlicher Regeln (sog. Deregulierung), Förderung der unternehmerischen Initiative, kostenmäßige Entlastung der Unternehmertätigkeit (z. B. durch Senkung von Produktionssteuern, Erleichterungen bei Abschreibungen).

d) In den letzten Jahren wird vermehrt in der Praxis ein Mittelweg versucht, der Elemente beider Lehrmeinungen einbezieht.

5.2 Wiederholung

Abschnitt 5.0 Das Geld

1. Welche volkswirtschaftlichen Funktionen hat das Geld?
2. Welche Bedeutung haben gesetzliche Zahlungsmittel? Welche Geldarten gehören in der Bundesrepublik Deutschland dazu?
3. Erläutern Sie anhand eines Beispiels die aktive Giralgeldschöpfung der Kreditinstitute!
4. Welche Faktoren bestimmen den Wert des Geldes? Stellen Sie die Fishersche Verkehrsgleichung auf und setzen Sie unterschiedliche Zahlen ein, die die Wechselbeziehungen der einzelnen Faktoren verdeutlichen!
5. Welche Arten von Währungssystemen kennen Sie? Versuchen Sie, das heutige Währungssystem der Bundesrepublik Deutschland zu erklären!
6. Welche Arten von Inflationen lassen sich nach ihren Ursachen sowie ihren Erscheinungsformen unterscheiden?
7. Wie wirkt sich eine Inflation aus auf
    a) Unternehmen
    b) Haushalte
    c) die Gesamtwirtschaft?
8. Wodurch ist der Unterschied zwischen Geldbetrags- und Geldwertschulden gekennzeichnet? Was versteht man unter dem Nominalismus? Welchen Sinn haben Wertsicherungsklauseln? Inwieweit sind sie zulässig?

Abschnitt 5.1 Geld- und Wirtschaftspolitik

1. Welche Bedeutung hat die Geldmenge im Rahmen der Geldpolitik? Warum hat die Bundesbank ein „Geldmengenziel" verkündet?
2. Beschreiben Sie die Organisation der Deutschen Bundesbank; gehen Sie insbesondere auf die Stellung des Zentralbankrates ein!
3. Beschreiben Sie die gesamtwirtschaftlichen Auswirkungen einer Erhöhung des Diskontsatzes durch die Deutsche Bundesbank!
4. Wie ist die Mindestreservepolitik der Bundesbank technisch ausgestaltet?

5. Erklären Sie kurz die folgenden Instrumente der Notenbankpolitik:

    a) Offenmarktpolitik

    b) Einlagenpolitik

    c) Administrative Kreditpolitik.

6. Was versteht man unter den folgenden Begriffen:

    a) antizyklische Finanzpolitik

    b) deficit spending?

7. Versuchen Sie die Geschichte der internationalen Währungsordnung in ihren Grundzügen seit 1944 aufzuzeigen! Gehen Sie dabei näher auf den IWF und seine heutige Bedeutung ein!

8. Welche Konjunkturphasen einer Volkswirtschaft sind zu unterscheiden? In welcher dieser Phasen befinden sich die Wirtschaft der Bundesrepublik Deutschland und die Weltwirtschaft zur Zeit?

9. Beschreiben Sie kurz Wesen und heutige Bedeutung folgender internationaler Organisationen:

    a) Europäische Gemeinschaften

    b) OECD

    c) COMECON

    d) GATT

10. Was versteht man unter dem „magischen Viereck"? Wo ist es geregelt? Erläutern Sie seine einzelnen Faktoren vor allem in ihrem Verhältnis zueinander hinsichtlich ihrer Realisierbarkeit und ihrer Bedeutung für das gesamtwirtschaftliche Gleichgewicht!

11. Welche Veränderungen bringt der Europäische Binnenmarkt mit sich?

12. Das vielleicht größte wirtschaftliche und soziale Problem der Bundesrepublik ist die Arbeitslosigkeit.

    a) Worin sehen Sie die Hauptursachen?

    b) Welche Folgen der über fast ein Jahrzehnt andauernden hohen Arbeitslosigkeit sehen Sie?

    c) Welche Möglichkeiten gibt es, die Arbeitslosenquote zu senken?

Stichwortverzeichnis

A

Abandonrecht 193
ab Bahnhof hier 40
Abbuchungsauftrag 411, 415
ab Fabrik 40
Abgrenzungsbuchungen 843 ff.
ab Hafen hier 40
ab hier 40
Abkommen über den Lastschriftverkehr 416 f.
Ablader 83
ab Lager 40
Ablauforganisation 872 f.
Ablaufplan 873
Ablehnung mangels Masse 216
Abmahnungen 312
Abnehmerrisiko 690
Abrechnung 417
Abrechnungsverkehr 815
Abrufdarlehen 519
Absatz 10 f.
Absatzgenossenschaften 194
Absatzpolitik 317 f.
Absatzziele 316
Abschlagsverfahren 542
Abschluß 806
Abschlußagent 99
Abschlußbilanz 808
Abschlußfreiheit 24
Abschlußprüfer 153
Abschlußprüfung 231
Abschreibpolice 708
Abschreibungen 832, 841 f., 929, 938
Abschreibungen auf Sachanlagen 841
Abschwung 937
Absonderung 217
Abstandnahmeverfahren 265
abstrakt 385, 477 f., 528
Abstraktionsprinzip 35 f.
Abtretung 331, 478
Abtretung des Herausgabeanspruchs 46
Abtretungserklärung 478
Abweichungsschwelle 936
ab Werk 40

Abwertung 775, 901
Abzahlungsdarlehen 547, 557
Abzahlungsgeschäfte 64
Abzahlungsgesetz 64
Abzinsung 452, 567
Abzugsverfahren 253
administrative Kreditpolitik 926
Änderungskündigung 234
Äquivalenzziffernrechnung 857
à-forfait-Wechsel 532
AG 159 ff., 178 ff.
AGB-Gesetz 65
AGB-Klauseln 337
AGB-Pfandrecht 337
Agent 99
Agenturvertrag 99
A-Geschäft (direkte Kundenfinanzierung) 523
AG in Gründung (i. G.) 180
Agio 179
AIDA-Formel 319
Air Waybill 80
AKA Ausfuhr-Kreditgesellschaft mbH 290, 760
Akkord 213
Akkordlohn 233
Akkreditiv 423, 727
Akkreditivauftrag 729
Akkreditivbank 727
Akkreditiv-Deckungskonto 729, 838
Akkreditiveröffnung 729
Akkreditivformen 735
Akkreditiv-Sonderformen 742 ff.
Akkreditivstelle 727
Aktie 185 f., 588 ff.
Aktien 664
Aktienanalyse 665 ff.
Aktienarten 589
Aktienbanken 285
Aktienfonds 595
Aktiengesellschaft 178 ff.
Aktionärsbuch 185
aktive Buchgeldschöpfung 894
aktive Rechnungsabgrenzungsposten (ARA) 845
aktive Scheckfähigkeit 371

Aktivgeschäft 467 ff., 822 ff.
Aktivierungsvorschriften 156
Aktivseite (Aktiva) 800
Aktivtausch 804
Akzept 385, 394
Akzeptakkreditiv 737, 755
Akzeptant 385
Akzeptanzstellen 424
Akzeptarten 395
Akzeptkredit 523 f., 751, 755, 827
Akzessorietät 473, 487
akzessorisch 119, 528
Alleinwerbung 319
Allfinanzkonzepte 286
Allgemeine Genehmigungen 690
Allgemeine Geschäftsbedingungen (AGB) 25, 65 f., 336 ff.
allgemeine Kreuzung 372
Allgemeines Zoll- und Handelsabkommen (General Agreement on Tariffs and Trade/GATT) 940
Allgemeinverbindlichkeitserklärung 241
Allzweckhypothek 537, 541
alphabetisch 877
alphanumerisch 877
Altersentlastungsbetrag 256
Altersruhegeld 246
Amexco 424
Amortisationsdarlehen 547, 556
amtliche Kursfeststellung 778
amtliche Makler 612
amtlicher Handel 617
amtliches Kursblatt 630
Amtsgericht 18, 58
Analysenzertifikat (Certificate of Analysis) 703
Analyse von Aktien 666
Anderdepot 655
Anderkonten 331
Andienung 726
Andienungskauf 43
Androhung 53
an Erfüllungs Statt 44, 481
Anfechtbarkeit 26
Angebot 29
angemessene Herstellkosten 542
Angestellte 229
Angestellten-Rentenversicherung 246
Angstindossament 396
Anhang 148, 151 f.
Ankauf von Dokumenten 729
Ankauf von Wechseln 509

Anlageberatung 659 f.
Anlagedaten 661
Anlageempfehlungen 661
Anlagen eines KI 302
Anlagevermögen 800
Anlegerdaten 661
Anleihen 566
Annahme 29 f.
Annahme (Akzeptierung) 394 f.
Annahmeverzug 52
Annuitäten 547
Anpassungsweiterbildung 314
Anrechnungsverfahren 267
Ansatzvorschriften 146, 156
Anschlußfinanzierung 748 f., 754, 771
Anstaltslast 307
Anteilpapier 185, 588 f.
Anteilsrechte 562
Antidumpingzoll 684
antizipative Posten 845
antizyklisch 927
Antrag 29 f.
Anwendungen 885 f.
Anwerbestop 946
Anzahlung 696
Anzahlungsgarantie 531
Arbeiter 229
Arbeiter-Rentenversicherung 246
Arbeitgeber 233
Arbeitgeberpflichten 233, 312
Arbeitgeberverbände 240
Arbeitnehmer 228, 232
arbeitnehmerähnliche Personen 230
Arbeitnehmerpflichten 232
Arbeitnehmer-Sparzulage 458, 840
Arbeitsanweisungen 872
Arbeitsdirektor 181
Arbeitsentgelt 233
Arbeitsförderung 234 ff., 238 f., 250
Arbeitsgemeinschaft deutscher Wertpapierbörsen 610
Arbeitsgerichte 245
Arbeitsgerichtsbarkeit 17, 245
Arbeitskampf 242 f.
Arbeitskampfverbot 243
Arbeitslosengeld 250
Arbeitslosenhilfe 250
Arbeitslosenquote 945
Arbeitslosenversicherung 250
Arbeitslosigkeit 945
Arbeitspflicht 232
Arbeitsrecht 226 ff.

Arbeitsschutz 234 ff.
Arbeitsteilung 9, 890
Arbeitsverhältnis 232 ff.
Arbeitsvertrag 232, 311
Arbeitszeit 235
Arbeitszeitordnung 235
Arbeitszeitverkürzung 946
Arbitrage 778, 785
Arbitrage-Geschäfte 616
arglistige Täuschung 26
Arrosion 568
Artmangel 50
Assessment-Center 311
Assignaten 284
Aufbauorganisation 869 ff.
Aufbewahrungsfristen 145
Aufgaben 868
Aufgabenanalyse 868, 872
Aufgabenträger 868
Aufgebotsverfahren 447
Aufgeld 179
aufgenommene Gelder 464, 821
Auflassung 47
Auflassungsformel 120
Auflassungsurkunde 120
Auflassungsvormerkung 119
Aufmaßliste (List of Measurement) 706
Aufrechnung 217
Aufrechnungsverbot 698
Aufschwung 937
Aufsichtsrat 183 f., 192
Aufstiegsentwicklung 313
Aufstiegsweiterbildung 314
Auftrag 33
Aufwands- und Ertragskonsolidierung 153
Aufwendungen 805, 851
Aufwertung 775, 901
Aufzinsung 452, 568
Ausbilder-Eignungsverordnung 231
Ausbildung 314
Ausbildungsplatzprogramm 536
Ausbildungsrahmenplan 231
Ausbildungsversicherung 461
Ausfallbürgschaft 474
Ausfuhrabfertigung 686
Ausfuhrbürgschaften 756
Ausfuhr (Export) 681
Ausfuhrgarantien 756
Ausfuhrliste 688
Ausfuhr-Pauschal-Gewährleistung 758
Ausfuhrrisiko 758
Ausfuhrüberwachung 686

Ausfuhrverfahren 686
Ausgabegerät 880
Ausgabeinflation 903
Ausgabenpolitik 927, 929
Ausgabepreis 597
Ausgabe von Schuldverschreibungen 466
Ausgleichsabgaben 273
Ausgleichsarbitrage 785
Ausgleichsforderungen 514
Ausgleichsposten zur Auslandsposition der Bundesbank 714
Auskünfte 344
Ausländerkonvertibilität 933
ausländische Investmentzertifikate 598
Auslandsanleihen 584
Auslandsbonds 584
Auslandsgarantiegeschäft 772
Auslandsgeschäfte 716 ff., 835 ff.
Auslandskassenverein AG (AKV) 653
Auslandsvertreter 710
Auslandswerte 683
Auslandszahlungen 441, 837
Auslosung 571
Ausschließlichkeitserklärung 505
Ausschüttungsbelastung 267
Außenhandel 680 ff.
Außenverhältnis 169
Außenwert 896
Außenwert des Geldes 901
Außenwirtschaftliches Gleichgewicht 947
Außenwirtschaftsgesetz 682 ff., 936
Außenwirtschaftsverkehr 682 f.
Außenwirtschaftsverordnung (AWV) 683, 685 f.
außergerichtlicher Vergleich 213 f.
außergewöhnliche Belastungen 258
außergewöhnlicher Erfolg 844
außerordentliche Kündigung 234
Aussonderung 217
Aussperrung 242
Aussteller 385
Aussteuerversicherung 461
Austauschverhältnisse (Wechselkurse) 901
Aus- und Weiterbildung 314 f.
Auswahlentscheidung 311
Auswahlinstrumente 311
Auswahlverfahren 311
Auszahlungen 346
Auszahlungsquittung 346
Auszubildende 231
Autarkie 9, 681
Authority to Purchase (AtP) 746

Automaten 318
Autorisierung 438 f.
Autorisierungssystem / Geldautomaten-
 Verbund 350
autoritärer Führungsstil 315
Aval 475
Avalkredit 528, 826, 839
Avalprovision 529
AWB 80

B

Balken-Charts 666
Bandbreiten 773, 933 f.
Bankakzepte 393, 525, 526
Bankauskunftsverfahren 344
Bankbetriebslehre 281 ff.
Bankbilanzrichtlinie 802
Bankbürgschaften 530
Bank deutscher Länder 912
Bankenaufsicht 299 f.
Bankenerlaß 342
Bankenkonsortium 602
Banken-Kontokorrent 813, 821
Bankenkrise 286
Bankenkurse 793
Banken-Orderscheck 719 f.
Bankenposition (Devisenposition) 784
Bankenstrukturkommission 286
Bank für internationalen Zahlungsausgleich
 (BIZ) 933
Bankgeheimnis 342 ff.
Bankgeschäfte 282, 298
Banking-Theorie 896
Bankkaufmann 231
Bankleistungen 852
Bankleitzahl 429
Banknoten 892 f.
Banknotenausgabe 893
Banknotenumlauf 894
Bankplatz 390
Bankrechts-Koordinierungsrichtlinie 941
Barakkreditiv 423
Bardepot 684
Bardepotpflicht 937
Bargeldbestände 345
bargeldloser Zahlungsverkehr 324, 812 ff.
Bargeldschöpfung 893
Bargründung 179
Barliquidität 221
Barren 793

Barscheck 346, 372, 377
Barverkehr 345 f., 809
Barwert 823
Barzahlungsrabatt 37
Basispreis 626
Baugenossenschaft 194
Baukindergeld 538
Bausch- und Bogen-Kauf 43
Bauspardarlehen 450
Bausparen 450 f., 458, 460
Bausparförderung 460
Bausparkasse 289, 450
Bauwert 542
B (Brief) 619
BCD-Code 878
Bedarf 8
Bedeutung des Sparens 462
bedingte Kapitalerhöhung 188, 599 f.
Bedingungen für den Scheckverkehr 371
Bedürfnisse 8, 868
Beförderungszwang 71
Befrachter 83
befristete Akkreditive 737
Begebungsvertrag 561
Beglaubigung 25
Begünstigter 385
Beherrschungs- und Gewinnführungsverträge
 207
Beitragsbemessungsgrenze 246
Beleg 804
Belegexpedition 866
beleglose Scheckeinzug 384, 435 f.
belegloser Zahlungsverkehr 433
Belegschaftsaktien 589
Beleihungsgrenze 543, 556
Beleihungsobjekte 541
Beleihungswert 542, 556, 582
Beleihungswertermittlung 542
Benachrichtigungspflicht 403
Bereitstellungszinsen 546
bergrechtliche Gesellschaft 592
bergrechtliche Gewerkschaft 203
Berichtigungsaktien 188, 589
Berlin-Darlehen 665
Berliner Abkommen (Interzonenhandelsab-
 kommen) 689
Berner Union 699
Berufsausbildung 231, 311, 314
Berufsausbildungsvertrag 231
Berufsbild 231
Berufsbildungsgesetz 231
Berufsgenossenschaften 235, 249

Berufsschulen 231
Berufsunfähigkeitsrente 247
Berufung 18
Beschäftigungsprogramme 946
Beschaffung 10
Beschlagnahme 331
beschränkte Verpfändung 657
Beschränkungen 110
Besitz 23
– mittelbarer 23
– unmittelbarer 23
Besitzkonstitut 47, 492
Besitzmittlungsverhältnis 492
Besitzsteuern 254
besondere Kreuzung 373
bestätigter LZB-Scheck 376
bestätigte Schecks 376
Bestätigung des Akkreditivs 727, 730, 735
Bestätigungsvermerk 154
Bestandsdaten 878
Bestandskonten 803 ff.
Bestandsverzeichnis 109 f.
Bestellerkredit 698 f.
Besteuerung von Effektenerträgen 635 f.
Beteiligung 157, 642
Beteiligungskapital 665
Beteiligungsrechte 244
Beteiligungssparen 459 f.
Betriebe 2, 10 f.
– erwerbswirtschaftliche 11
– gemeinwirtschaftliche 11
– genossenschaftliche 11
Betriebsabrechnung 853 f.
Betriebsabrechnungsbogen (BAB) 854
Betriebsarten 11
betriebsfremder Erfolg 844
Betriebsgenossenschaften 194
Betriebskosten/Betriebserlöse 852
Betriebskrankenkassen 248
Betriebsleistung (Betriebsstatistik) 858
Betriebsleistung (Stückleistung) 852
Betriebsrat 243
Betriebsrente 247
Betriebssteuern 252
Betriebsübersicht 807 f.
Betriebsvereinbarung 244
Betriebsverfassung 243 f.
Betriebsverfassungsgesetz 182, 243 ff.
Betriebsverfassungsrecht 243 ff.
Betriebsvergleich 222, 500, 853
Betriebsversammlung 243
Beurkundung 25

Beurteilungen 313 f.
Beurteilungssystem 313
Bevollmächtigte des Kaufmanns 142
Bevorschussung 750
Bevorschussung von Akkreditiv- und Inkassodokumenten 754 f.
bewegliche Sachen 22
Bewegungsdaten 878
Beweismittel 406
Beweisurkunde 561
Beweiszeichen 561
Bewertung 151
Bewertung eigener Wertpapiere 831
Bewertungsgrundsätze 146
Bewertungskennziffer 451
Bewertungsvorschriften 146, 802
Bewertung von Vermögensgegenständen 147
Bezogenenobligo 510
Bezugsgenehmigung 689
Bezugskosten 38
Bezugsrecht 188, 607
Bezugsrechtshandel 630
Bezugsrechtswert 607
Bezugsscheine 566
BfA 246
BGB-Gesellschaft 164 f., 168 ff.
B-Geschäft (indirekte Kundenfinanzierung) 523
Bietungsgarantie 531
Bilanz 220 f., 799
Bilanzanalyse 500
Bilanzgewinn 849
Bilanzgliederung 148 f.
Bilanzierung bei Kapitalgesellschaften 157
Bilanzkritik 500
Bilanzprüfung 500
Bilanzrelationen 221, 500
Bilanzrichtlinien-Gesetz 145
Bilanzstatistik (BiSta) 305, 858
Bilanzverkürzung 804
Bilanzvermehrung 804
bilateraler Ausgleich 417
Bildschirm 880
Bildschirmtext 436, 441
Bildungsbedarf 314 f.
Bildungscontrolling 315
Bill of Lading 84
bimetallische Währung 899
Binärsystem 877
Binnenschiffahrt 76
Bit 878
B/L 84

Blankoakzept 395
Blankoindossament 396
Blitzgiroverkehr 364
Blockdiagramm 873
Block-Floating 776, 901, 934
Bodensatz 333, 345, 445
Bodenwert 542
Bodmereibriefe 564
Börse 608
Börsenaufsicht 610
Börsenbesucher 612
Börsen-Charts 666
Börsenfaktoren 634
Börsengesetz 609
Börsengesetznovelle 623
Börsenhändler 613
Börsenhandel 615 f.
Börsenkurse 615, 617
Börsenmakler 612
Börsenordnung 609
Börsenorgane 611
Börsenpflichtblatt 614
Börsentermingeschäfts-
  Zulassungsverordnung 609
Börsenumsatzsteuer 604, 640
Börsenvorstand 611
Börsenzulassung 612, 614
Börsenzulassungs-Verordnung 609, 613 f.
Bogen 565
Bohranteil 588, 592
Bona-fide-Klausel 743
Bonus 37
Boom 937
Bordkonnossement 85
Bote 28
Boykott 242
Branchenvergleich 844
Bretton Woods 932
Briefform 122
Briefgrundschuld 124
Briefhypothek 124
Briefkurse 779
Briefmarken 664
Briefrechte 122
Bringschulden 45
Bruchteilseigentum 24
Bruchteilsgemeinschaft 168
Brunnenrecht 111
Bruttoabrechnung 640
Bruttodividende 636
Bruttosozialprodukt 938
Bruttozinsspanne 856

BSE-Vorgang 436
Buchform 122
Buchführung 798
Buchführungssysteme 798 f.
Buchgeld 282, 890
Buchgeldschöpfung 894
Buchgrundschuld 124
Buchhypothek 124
Buchprüfer 153
Buchrechte 122
Buchung auf Bestandskonten 804
Buchungssatz 804
Bürge 473
Bürgerlicher Kauf 43
Bürgschaft 473, 474, 528
Bürgschaftsakzept 395
Bürgschaftsarten 474
Bürgschaftsgemeinschaften 536
Bürogehilfen 229
Bürokommunikation 96
Bundes-Angestellten-Tarifvertrag (BAT) 242
Bundesaufsichtsamt für das Kreditwesen 299
Bundesbahn 71, 131
Bundesbank 357, 910, 912
Bundesbankgesetz 916
Bundesbank-Scheckeinzug 383
Bundesfinanzministerium 910
Bundesgerichtshof 18
Bundeshaushaltsplan 928
Bundeskartellamt 209
Bundesobligationen 571, 575
Bundespost 92, 131
Bundesschatzbriefe 575
Bundesschuldbuch 576
Bundesschuldenverwaltung 576
Bundesstaatlichkeit 16
Bundessteuern 252
Bundesverband der Deutschen Volksbanken
  und Raiffeisenbanken 291
Bundesverband deutscher Banken 291
Bundesversicherungsanstalt für Angestellte
  246
Bund-Futures 629
Byte 878
bz B (bezahlt und Brief) 621
bz (bezahlt) 619
bz G (bezahlt und Geld) 619
bz G rep/ bz B rep (repartiert) 621

C

Cable Confirmation 719
Cash-and-Carry-System 13
Cash flow 634
Certificate of Deposit (CD) 789
C.& F. (cost and freight = Kosten und Fracht) 693
CFR 634
Chancenkapital 665
Chart 667
Chart-Analyse 666
Charterpartie 79
Charter Party 86
Charter-Party-Konnossement 86
Charterung 76, 83
Chipkarte 887
CIF-Agent 710
C.I.F. (cost, insurance, freight = Kosten, Versicherung, Fracht) 693
clean 90
Clean Payment 696, 716
Clearing 417
Clearingbezirke 430
Clearinggebiet 430
Co-Branding-Karten 424
C.o.d. (cash on delivery = Zahlung gegen (bei) Lieferung) 696
Code 877
Codierpflicht 431
Codierrichtlinien 431
Codierung 431, 877, 883
Codierzeile 431, 879
Combined Certificate of Value and Origin (Kombiniertes Wert- und Ursprungszeugnis) 702
COM Einheit (Computer Output on Microfilm) 880
Commercial Letter of Credit (CLC = Handelskreditbrief) 743 ff.
Computer 877
Computerbörse 609, 629
Confirmed CLC 743
Container 83
Container-Seeverkehr 90
Containerverkehr 71
Corporate Identity 310
Courtage 102, 640
C.p.D. (Konto pro Diverse) 813
cross rate 933
Currency-Theorie 896

D

Dachgesellschaft 207
Damnum 545, 825
Darlehen 33, 443, 469
Darlehen mit Gewinnbeteiligung 178
Darlehensabwicklung 548 f.
Darlehensauszahlung 555
DATA-Dateien 441
Datapostdienst 83
Daten 877 f.
Datenausgabe-Gerät 880
Datenbank-Dienste 441
Dateneingabe-Gerät 880
Datenerfassung 879
Datenerfassungsabteilung 866
Datenfernübertragung (DFÜ) 97, 433, 881
Datenmenge 876
Datensatz 877
Datenträger 433, 878 f.
Datenträgeraustausch 441
Datenübermittlungsdienst 97
Datenübertragung 881
Datenübertragungsnetze 881
Datenverarbeitung 876 ff.
DATEX-L 97
DATEX-P 97
Dauerauftrag 352
Dauernutzungsrechte 111
Dauerüberweisungen 352
Dauerwohnrecht 111, 541
DAX (Deutscher Aktienindex) 666
DAX-Future 629
DDR-Sperrkonten 690
Debitoren 812
Debitorenziehungen 393
Deckungsbeitrag 857
Deckungsmasse 582
Deckungsprinzip 582
Deckungsregister 582
deckungsstockfähig 558, 572
Deferred-Payment-Akkreditiv 737
deficit spending 928
Deflation 906
degressive Abschreibung 841, 929
deklaratorisch 142 f.
Delcrederegebühr 533
Delivery-Order 709
Delkrederehaftung 99 f.
Deport 787
Depositenkonto 335, 445
Depot 649

Depotarten 651 f.
Depotauszug 659
Depotbank 597
Depotbuchhaltung 834
Depotbücher 659
Depotgeschäft 648 ff., 834
Depotgesetz 651
Depotkonto 335
Depotprüfung 321
Depotstimmrecht 187, 659
Depression 937
deskriptive Statistik 859
Deutsche Angestellten-Gewerkschaft (DAG) 240
Deutsche Ausgleichsbank 290
Deutsche Bundesbank 131, 290, 299, 910, 912
Deutsche Bundespost 91 f., 290, 358
Deutsche Genossenschaftsbank 289
Deutsche Girozentrale 289
Deutsche Kommunalbank 289
Deutsche Pfandbriefanstalt 577
Deutscher Gewerkschaftsbund (DGB) 240
Deutscher Sparkassen- und Giroverband 291
Deutsche Termin-Börse (DTB) 626, 629
Deutsche Verkehrs-Kreditbank 290
Devisen 772, 835, 891
Devisenarbitrage 778, 785
Devisenbewirtschaftung 774
Devisenbewirtschaftungsgesetze 689
Devisenbilanz 713
Devisenbörse 608
Devisengeschäfte der Kreditinstitute 777 f.
Devisenhändler 779, 784
Devisenhandel 772
Devisenkassageschäfte 778
Devisen-Kundengeschäfte 782 f.
Devisenpolitik 932
Devisenpositionen 304
Devisenskontren 836
Devisentermingeschäft 698, 786
Devisentermingeschäfte der Kreditinstitute 780
Devisenzwangswirtschaft 774
DG-Bank 289
DIA (Documents against Acceptance = Dokumente gegen Akzeptierung) 724
Dienstanweisungen 872
Dienstleistungsabend 235
Dienstleistungsbilanz 713
Dienstleistungsverkehr 69
Dienstvereinbarung 244
Dienstvertrag 33, 232

Differenzarbitrage (Zinsarbitrage) 785
Differenzierungsklauseln 241
digitale Abschreibung 841
Diners Club 424
dingliche Einigung 47, 120
dingliche Haftung 122
dingliche Rechte 562
DIP (Documents against Payment = Dokumente gegen Zahlung) 724
direkte Abschreibung 841
Direktoren 230
Direktorium 917
Disagio 545
Disketten 879
Diskontkredit 509 f., 524, 822 f.
Diskontlinie 509
Diskontpolitik 918 f.
Diskontsatz 511, 918
Diskontwechsel 400
Disposition 867
Dispositionskredit 508, 518
Dispositionsmaxime 59
Dispositionspflicht 45
dispositives Recht 168
Dividende 189, 636
Dividendenpapiere 588
Dividendenrendite 633
Dividendenscheine 834
divisionale Organisationsmodelle 870
Divisionskalkulation 857
DM-Einlagen-Zertifikate (Certificate of Deposits) 587
Dokumente 699 f.
Dokumentenakkreditiv 696 f., 727 ff.
Dokumenteninkasso 696, 723 ff. 839
Domizil- oder Zahlstellenvermerk 390
Domizilwechsel 819
Doppelte Buchführung (Doppik) 798
doppelt gespannte Kurse 782
Doppelwährung 899
Doppelwährungsanleihen 585 f.
Dotationskonto 835
Dow-Jones-Index 666
Drawing Authorizations (Ziehungsermächtigungen) 745
Drittverpfändung 656
Drittverwahrer 654
Drittverwahrung 654
Drohung 26
Drucker 880, 884
Drucksachen 93
duales System 231, 314

dualistische Theorie 922
Dualsystem 877
Dumpingpreise 684
Duplikatklausel 390
durchgeleitete Kredite 558 f.
Durchkonnossement 85
durchlaufende Kredite 559 f., 826
Durchschnittsteuersatz 255
Durchsetzung von Ansprüchen 53
DV 877
DV-Konzept 882
DV-Produktion 880
DV-Programm 882
DV-Sicherheit 885

E

EBCDI-Code 878
ec 374
echtes Factoring 533
ECU (European Currency Unit) 689, 773
ECU-Reiseschecks 420 ff.
Edelmetalle 663
Edelmetallhandel 793, 810
EDV-Kundenservice 440
Effekten 562, 565
Effekten-Arbitrage 598, 642
Effektenbörse 608
Effektengiroverkehr 644
Effektenhandel 608
Effektenkonditionen 640
Effektentermingeschäft 623
Effektenverwaltung 657
effektive Stücke 643
Effektivklauseln 241
Effektivverzinsung 64, 633
EFTA (Europäische Freihandelszone) 682
eG 195
EG-Bankbilanzrichtlinie 802
EG-Kommission 940
EG-Verordnungen 689
EG-Verträge 688
Ehegatten-Splitting 255
Ehrenannahme 395, 407
Ehrenausschuß 611
Ehreneintritt 407
Ehrengericht 611
Ehrenzahlung 407
eidesstattliche Versicherung 57
Eigenanzeige 655
Eigendepot 655

eigenes Akzept 525, 827
eigene Wertpapiere 830
Eigenfinanzierung 224
Eigengeschäfte 830 f.
eigenhändig 93
Eigenhändlergeschäfte 640, 830
Eigenkapital 300 ff., 304, 799 f.
Eigenkapitalausstattung 500
Eigenkapitalfinanzierung 224
Eigentümergrundschuld 123
Eigentümerhypothek 123
Eigentum 23 f.
Eigentumsübertragung 46
Eigentumsverschaffung 653
Eigentumsvorbehalt 48
 – erweiterter 49
 – verlängerter 48
Eigentum zur gesamten Hand 168
Eilüberweisung 352
Eilüberweisungsverkehr 363, 815
Eilzustellung 93
Einfache Buchführung 798
Einfuhrabfertigung 687
Einfuhrbescheinigung 686
Einfuhrerklärung 687
Einfuhrgenehmigung 687
Einfuhr (Import) 681
Einfuhrliste 688
Einfuhrverfahren 687
Eingabegeräte 880
„Eingang vorbehalten" 382
eingetragene Genossenschaft 195
Einheitliche Richtlinien und Gebräuche für
    Dokumenten-Akkreditive (ERA) 728
Einheitskurs 618, 623
Einheitskursberechnung 620
Einheitskursfeststellung 619, 779
Einigung 46 f.
Einigungsstelle 243 f.
Einkaufsarten 254
Einkaufskommissionär 100
Einkaufs-Kooperationen 208
Einkaufs-, Verkaufskommissionär 711
Einkommensteuerpflicht 254
Einkommensteuertarif 255
Einkommenstheorie 897
Einkünfte 256
Einkünfte aus Kapitalvermögen 259 f.
Einkünfte aus nichtselbständiger Arbeit 259
Einkünfte aus Vermietung und Verpachtung
    260
Einlagengeschäft 443 f., 820

961

Einlagenpolitik 926
Einlagensicherung 306 f.
Einlagensicherungsfonds 307
Einlassung 58
Einlassungsfrist 58, 406
Einliniensystem 869
Einlösungspapier 561
Einmalmarge 545
Ein-Mann-GmbH 190
Einnahmenpolitik 929
Einrede 60, 406
Einrede der Vorausklage 474
Einreicherobligo 510
Einschreiben 93
Eintragungsbewilligung 112
Einwirkungspflicht 241
Einzahlungen 346
Einzahlungsbeleg 346
Einzelabtretungen 482
Einzelbankiers 299
Einzelbürgschaften 758
Einzelgarantien 758
Einzelhandel 12
Einzelkonten 330
Einzelkosten 853
Einzelpolice 706
Einzelschuldbuchforderungen 576
Einzelunternehmung 159 ff., 163, 166 f.
Einzelvertretung 172
Einzelwertberichtigungen 843
Einziehungsermächtigung 411
Einzugsermächtigungsverfahren 412 ff.
Eisenbahnfrachtbrief 700
Eisenbahngüterverkehr 71 f.
Electronic Banking 440
Elektronischer Zahlungsverkehr 433
Elektronischer Zahlungsverkehr für individuelle Überweisungen (EZÜ) 363, 434 f.
Elementarbedürfnisse 8
Elemente 868
elterliche Gewalt 27
Eltern 27
Emissionsgeschäft 602 f.
Emissionskonsortien 603
Entlastung 184
Entstehung der AG 180
Entwicklungshilfe 771
Equipment-Leasing 534
ERA 737
Erbbaurecht 111, 541
Erbschaft- und Schenkungsteuer 270 ff.
Erfolge 806

Erfolgskonten 805 f.
Erfolgsübersicht 808
Erfüllung 44, 350
Erfüllung der Effektengeschäfte 643
Erfüllungsgeschäfte 36
erfüllungshalber 44, 365, 481
Erfüllungsort 44 ff.
Erfüllungsstörungen 49 f.
Erhebung 858
ERI (Einheitliche Richtlinien für Inkassi) 724
Erlaßvergleich 213
Erlöschen der Pfandhaftung 490
Erlöse 851
Erlöskontrolle 686
Eröffnung des Akkreditivs 729
Eröffnungsbilanzkonto (EBK) 805
ERP (European Recovery Programme = Europäisches Wiederaufbauprogramm) 771
Ersatzdeckung 582
Ersatzinvestitionen 938
Ersatzkassen 248
Ersatzschecks 383
Erschließungskosten 542
„erste Adressen" 464
Ersterwerb 604
Erträge 805, 851
Ertragsteuern 849
Ertragswert 542, 633
Erwerbs- und Wirtschaftsgenossenschaften 194
Erwerbsunfähigkeitsrente 247
erwerbswirtschaftlich 296
Erziehungsgeld 237
Erziehungsurlaub 237
etw bz G oder etw bz B (etwas bezahlt Geld/Brief) 621
Eurocard 424 f.
Eurocard Gold 424 f.
Eurocheque 719
Eurocheque (Scheckkartenscheck) 373
Eurocheque-Verrechnung 384
Eurodollarmarkt 789
Eurogeldmarktpapier 789
Eurokredite 754
Euromarkt 788
Euronotes 587
Europäische Atomgemeinschaft (EURATOM) 940
Europäische Freihandelszone (EFTA) 940
Europäische Gemeinschaft (EG) 688, 939
Europäische Gemeinschaft für Kohle und Stahl (EGKS, Montanunion) 939

Europäischer Binnenmarkt 688, 940 f.
Europäisches Kartellrecht 689
Europäisches Währungsabkommen (EWA) 933
Europäisches Währungssystem (EWS) 935
Europäisches Wiederaufbau-Programm (ERP) 933
Europäische Währungseinheit (European Currency Unit/ECU) 935
Europäische wirtschaftliche Interessenvereinigung (EwiV) 204
Europäische Wirtschaftsgemeinschaft (EWG) 939
Europäische Zahlungsunion (EZU) 933
Eventualforderung 826
Eventualverbindlichkeit 509, 524 f., 528, 823, 826 f., 837 f.
EWG-Sparkassenvereinigung 289
ex B (ausschließlich Bezugsrecht) 621, 630
ex D (ausschließlich Dividende) 621
Exekutive 16
Existenzgründungsprogramm 536
Existenzgründungssparen 453
Export-Anschlußfinanzierung 749 f., 754
Exporteur-Bescheinigungen 706
Exportfinanzierung 749, 754 f.
Export-, Importhändler 711
Export-, Importvertreter 711
Export-Rembourskredite 756
ex quay (ab Kai) 693
ex ship (ab Schiff) 693
ex works (ab Werk) 693
EZÜ-Abkommen 434 f.

F

Fabrikationsrisiko 758
Factoring 533
Fakultativklausel 350
Familiengesellschaft 181
F.A.S. (free alongside ship = freie Längsseite Schiff) 693
Faustpfandprinzip 488
Fazilitäten 741
FCR (Forwarding Agents Certificate of Receipt) 106, 700
FCT (Forwarding Agents Certificate of Transport = Internationales Spediteur-Durchkonnossement) 106, 700
Feedback 315
Fehlen zugesicherter Eigenschaft 50

Feingold 933
Feinunze 793
Feinunze Gold 773
Fernkopieren 96
Fernschecks 382
Fernschreibverkehr 96
Fernverkehr 362
Festgeld 445
Festpreis 697
Feststellungsklage 58
festverzinsliche Wertpapiere 566, 664
Festzins 545
FIBOR (Frankfurt Interbank Offered Rate) 587
fiduziarisch 481
Filialprokura 143
Finance-Leasing 535
Financial Futures 629
Finanzgerichtsbarkeit 18
Finanzhilfen 928
finanzierter Abzahlungskauf 515
Finanzierung 220 f., 223 ff.
Finanzierung des Außenhandels 748 f.
Finanzierungsfunktion 3
Finanzierungsgrundsätze 223
Finanzierungsinstrumente 586
Finanzierungs-„U-Schätze" 573
Finanzinnovationen 586
Finanzplan 928
Finanzplanung 442
Finanzpolitik 910, 927 f.
Finanzterminkontrakte 626, 629
Finanzverwaltung 252
Finanzwechsel 393
Firma 135 ff.
Firmenausschließlichkeit 136
Firmenbeständigkeit 136 f.
Firmenfortführung 137 f.
Firmengrundsätze 136 f.
Firmenkarten 427
Firmenkern 136
Firmenklarheit 136
Firmenmonopol 136
Firmenöffentlichkeit 137
Firmenschutz 137
Fishersche Verkehrsgleichung 898
fixe Kosten 853
Fixgeschäfte 618
Fixing 778
Fixkauf 40, 43
flexibles Altersruhegeld 246
flexible Wechselkurse 901

963

„Floater"-Anleihen 586
Floating 775, 901, 934
Floating-Rate-Notes 583
Float-Nutzen 333
Fluktuation 310
Flurstücke 109
Flußkonnossement 79
F.O.B. airport (free on board airport = frei Bord benannter Abgangsflughafen) 693
F.O.B. (free on board = frei Bord Schiff) 693
Föderalismus 16
Förderprogramme 536
Fonds 592
Fondsvermögen 595
Forderungspapiere 563, 566
Forderungsrechte 562
Forderungsumschlag 222
Forfaiteur 532
Forfaitierung 532
Forfaitist 532
F.O.R./F.O.T. (free on rail/free on truck = frei Eisenbahnwaggon) 693
Formfreiheit 24
Formkaufmann 134
Formvorschriften 25
Forstwirtschaft 134
Forwarding Agents Certificate of Receipt 106
Forwarding Agents Certificate of Transport 106
Fracht 72
Frachtaval 530
Frachtbasis 40
Frachtbrief 70, 72 f., 76
– internationaler 72
Frachtbriefdoppel 73, 700
Frachtenbörse 608
frachtfrei 40
Frachtführer 70
Frachtparität 40
Frachtvertrag 70
Franchise (Selbstbeteiligung) 708, 738
Frauenschutz 237
free carrier (frei Frachtführer) 693
frei Bahnhof 40
frei dort 40
freie Berufe 130
freie Kursermittlung 779 f.
Freie Marktwirtschaft 5 ff.
freier Makler 612, 630
freie Rücklagen 850
freie Währungen 899

freight/carriage and insurance paid to (frachtfrei versichert) 693
freight or carriage paid (Fracht bezahlt, frachtfrei) 693
freihändiger Rückkauf 571
freihändiger Verkauf 606
Freihandelsabkommen 940
frei Haus 40
frei Lager 40
frei Schiff 40
Freiverkehr 615, 629 f.
Freiverkehrsausschüsse 615
frei Waggon 40
freiwillige Gerichtsbarkeit 18
Freizeichnungsklauseln 39
freizügiger Sparverkehr 449
Fremdemission 603
Fremdfinanzierung 225
Fremdkapital 800
Fremdvermutung 655
Fremdwährungsbuchführung 836
Fremdwährungskonten 784
Fremdwährungsparität 773
Fremdwährungs-Verrechnung 836
Friedenspflicht 241
Fristentransformation 306
Fristverlängerungsfunktion 4
Frühwarnsystem 936
Führen durch Zielvereinbarungen 316
Führungsleitlinien 316
Führungsprinzip 316
Führungsstile 315
Fürsorgepflicht 233
Fundamentalanalyse 666
funktionale Modelle 870
Funktionswerttheorien 893
Fusionskontrolle 209
Futures 632

G

Gabel 431
galoppierende Inflation (Hyperinflation) 905
Garantie 477, 528
Garantieerklärung 50
Garantiefonds 307
Garantiefunktion 396
Garantiekonsortium 605
GATT (General Agreement on Tariffs and Trade) 689
Gattungskauf 42

Gebietsansässige (Deviseninländer) 683
Gebietsfremde (Devisenausländer) 683
geborene Rektapapiere 564
geborenes Orderpapier 385, 564
Gebrauchsmustergesetz 68
Gebrauchsabnahmeschein 546
Gebührenliste 706
gebundener Finanzkredit 758
Gefälligkeitsakzept 395
Gefälligkeitswechsel 393
Gefahrenübergang 45, 693
Gegenakkreditiv (Back-to-Back-Credit) 742
Gehaltsabrechnung 840
Gehorsamspflicht 232
gekauft wie besehen 42
gekorene Rektapapiere 565
gekreuzter Scheck 372, 719
Geld 890 ff.
Geldanlagemittel 388
Geldarten 891
Geldausgabeautomat 349
Geldautomaten 348
Geldautomaten-Schadensfälle 375
Geldbetragsschulden 908
Gelderfassung 898
Geldersatzmittel 891
Geldfunktionen 890
Geldinstitut 290, 358
Geldkreislauf 1, 282
Geldkurse 779
Geldleihe 472, 524
Geldlohn 233
Geldmarkt 465, 789
Geldmarktpapiere 466, 925
Geldmenge 317, 897
Geldmengenausweitung 912
Geldpolitik 910 ff.
Geldschöpfung 893
Geldschulden 908
Geldsurrogat (Geldersatzmittel) 387
Geldvermögensbildung 662
Geldvolumen 910
Geldwert 907 ff.
Geldwertpapiere 562
Geldwertschulden 908
Geldwerttheorien 892
Gelegenheitsgesellschaften 169
geliefert...Grenze 693
geliefert...verzollt 693
Gemeindesteuern 252
Gemeinkosten 853
Gemeinschaftskonten 331

Gemeinschaftsrechenzentren 883
Gemeinschaftswerbung 319
Gemeinschuldner 216
gemeinwirtschaftlich 296
gemischte Bestandskonten 807
gemischte Fonds 595
gemischte Hypothekenbanken 289
genehmigtes Kapital 188
Generalpolice 706
Generalversammlung 198
Generalvollmacht 28, 659
Genossen 195
Genossenschaft 154 f., 159 ff., 194 ff.
genossenschaftlich 296
Genossenschaftsregister 195, 198
Genußrechte 301
Genußscheine 301, 601
Gerechtigkeit 14
geregelter Freiverkehr 615, 629
geregelter Markt 615, 629
gerichtlicher Vergleich 214 f.
Gerichtsstand 45 f.
Gerichtssystem 17 f.
Gerichtsvollzieher 60
Geringwertige Wirtschaftsgüter 842
Gesamthaftungsverpflichtung 584
Gesamthandseigentum 24
Gesamthandsgemeinschaft 168
Gesamtkostenverfahren 150, 158
Gesamtliquidität 221
Gesamtprokura 143
gesamtschuldnerisch 173
Gesamtvertretung 172
– echte 172
– unechte 172
Gesamtvollmacht 143
Gesamtzinsspannenrechnung 855
Geschäftsanteil 196
Geschäftsbesorgungsvertrag 33
Geschäftsfähigkeit 20 f.
– beschränkte 21
– partielle 128
Geschäftsführung 169, 192
Geschäftsführung (BGB-Gesellschaft) 169
Geschäftsführung (Innenverhältnis) 171 f.
Geschäftsführung (OHG) 171
Geschäftsguthaben 196
Geschäftsleiter 230
Geschäftspolitik 309, 866
Geschäftsunfähiger 20
Geschichte der Kreditinstitute 284 ff.
geschlossenes Depot 648

Geschmacksmustergesetz 68
Gesellschaft bürgerlichen Rechts 168 ff.
Gesellschaften 164
Gesellschafterversammlung 192
Gesellschaft für Zahlungssysteme 384, 432
Gesellschaft mit beschränkter Haftung 190 ff.
Gesellschaft zur Finanzierung von Industrieanlagen (GEFI) 760, 764
Gesetz gegen Wettbewerbsbeschränkungen 206, 208
gesetzliche Bestandteile 366, 389
gesetzlicher Forderungsübergang 473
gesetzlicher Löschungsanspruch 125
gesetzliche Rücklagen 849
gesetzliches Kündigungsrecht 469 f.
gesetzliches Pfandrecht 487
gesetzliche Vertretung 27
gesetzliche Zahlungsmittel 891
gespannte Kurse 782
Gestaltungsklage 58
gestohlene Sachen 48
Gesundheitszertifikat (Health Certificate) 703
Gewährleistungsgarantie 531
Gewährleistungspflicht 49
Gewährträgerhaftung 307
Gewaltenteilung 16
Gewerbebetrieb 130
Gewerbeertrag 268
Gewerbekapital 268
Gewerbesteuer 268
Gewerken 203
Gewerkschaft 240, 592
Gewichtsliste (Certificate of Weight) 706
Gewinn 38, 806
Gewinnmaximierung 9
Gewinnschuldverschreibungen 601 f.
Gewinnsteuern 252
Gewinn- und Lotteriesparen 452 f.
Gewinn- und Verlustkonto (GuV) 806
Gewinn- und Verlustrechnung 150 ff.
Gewinn- und Verlustrechnung bei Kapitalgesellschaften 158
Gewinnverteilung (KG) 177
Gewinnverteilung (OHG) 174
Gewinnverwendung 189 f.
„gewöhnliche" Bürgschaft 474
gezogener Wechsel (Tratte) 385
G (Geld) 619
Giralgeld 890
Giralgeldschöpfung 894
Giralgeldschöpfungsfunktion 4
Girobanken 284

Girokonto 334
Gironetze 354 ff.
Girosammeldepot 654
Girosammeldepot (Sammelverwahrung) 652
Girosammelverwahrung (GS) 643
Giroüberziehungslombard 514
Girozentralen 288
Gläubiger
– bevorrechtigte 218
– gewöhnliche 218
Gläubigerpapiere 566 ff.
Gläubigerversammlung 215, 217
Gläubigerverzug 52
Gleichberechtigung 229
Gleitklausel 505
Globalaktien 589
Global-Akzeptlinie 752
Globalsteuerung 8, 942
Globalurkunde 646
Globalzession 483
GmbH 159 ff., 190 ff.
GmbH-Anteilschein 192
GmbH & Co.KG 159 ff., 198 ff.
GmbH in Gründung (i. G.) 165
GmbH-Mantel 192
GmbH-StG 202
G oder B (gestrichen Geld/Brief) 621
Gold 792, 811
Gold-Devisen-Kreditstandard 934
Golddevisenwährung 900
Goldene Bankregel 305
Goldene Bilanzregel 223
Goldene Finanzierungsregel 223
Goldparität 773
Goldpunkt 773
Goldwährung 900
Gossensche Gesetze 9
Gratifikationen 233
Gratisaktien 188, 589
green clause (grüne Klausel) 747
Grenznutzen 9
Grenzsteuersatz 255
grenzüberschreitender Lohnveredelungsverkehr 681
Großbanken 285, 287 f.
Große Abrechnung 419
Großhandel 12
Großkredite 302
Großrechner, Host 883 f.
Gründung
– einfache 179
– qualifizierte 179

Gründung der AG 178
Gründungsversammlung 178
grüner Effektenscheck (Pfandscheck) 646
Grundakte 109 f.
Grundbuch 108 ff.
Grundbuchamt 108
Grundbuchblatt 109 f.
Grundbucheintragungen 112
Grundbuch (Journal, Primanota, Memorial) 805
Grunddienstbarkeiten 111
Grunderlöse 851
Grunderwerbsteuer 270
Grundfreibetrag 255
Grundgesetz 16 f.
Grundhandelsgewerbe 131
Grundkosten 851
Grundkreditanstalten 290, 577
Grundpfandrechte 121 ff., 491
Grundrechte 16 f.
Grundsätze des Bundesaufsichtsamtes 304
Grundsätze ordnungsmäßiger Buchführung 144
Grundsatz Ia 791
Grundschuld 122, 491
Grundschuldbrief 122
Grundsteuer 269
Grundstück 109, 541
Grundstückskaufvertrag 119 f.
Grundstücksmakler 132
Grundstücksverkehr 108 ff.
Grundstücksverwaltung 866
gsetzliche Kündigungsfrist 450
Gültigkeit der Order 641
Güter 8
 – freie 8
 – knappe 8
Güterkreislauf 1
Güterverkehr 69
Gütervolumen 898
gutgläubiger Erwerb 47, 129

H

Habenseite 803
Händler 613
Händlergeschäfte 642, 644
Händlerposition 784
Hafenkonnossement 85
haftendes Eigenkapital 300
Haftsumme 197

Haftsummenzuschlag 301
Haftung der OHG-Gesellschafter 173
Haftung des Kommanditisten 176
Haftung des Pfandes 490
Haftung für Auskünfte 661
Haftungsfonds 375
Haken 431
Hamburger Abrechnung 419
Hamburger Usance 725
Handel 12 f.
Handelndenhaftung 169, 196
Handelsabkommen 689
Handelsarten 12
Handelsbilanz 713
Handelsbücher 144
Handelsgeschäft, einseitiges 128 f.
Handelsgewerbe 130
Handelskauf 43, 129 f.
Handelsmakler 102, 612
Handelsmittler im Außenhandel 710 f.
Handelsmittler 99
Handelsmittler im Außenhandel 710 f.
Handelsrecht 127 ff.
Handelsregister 135, 139 ff.
Handelsspanne 38
Handels- und Zolldokumente 701
Handelsvertreter 99 f.
Handelsvolumen 897
Handelswechsel 393, 511
Handlungsbevollmächtigte 229
Handlungsgehilfen 142, 229
Handlungskosten 38
Handlungslehrlinge 142
Handlungsvollmacht 143 f.
Handwerk 133
Handwerksbetriebe 132
Hardware 880 f., 883
Hardware-Komponenten 880
Hartwährung 774
Hauptakkreditiv 742
Hauptbuchhaltung 866
Hauptbürgen 475
Hauptkommissionsgeschäft 639
Hauptspeicher (Arbeitsspeicher) 881
Hauptversammlung 184
Haushalte 2
Haushaltsfreibetrag 258
Haushaltsplan 928
Haushaltspolitik 927
Hausse 633
Haustürgeschäfte 66 f.
Hausübertrag 352

Haus- und Branchenbanken 290
Hausverkehr 362
Havarie 84, 708
Hebesatz 268
Hedge Fond 598
Hemmung 62 f.
HERMES Kreditversicherungs-Aktiengesellschaft 756
Herstatt 298
Herstellerhaftung 50
hierarchischer Aufbau 872
Hilfspersonen 613
hinkendes Inhaberpapier 447
Hinterbliebenenrente 247
Hinterlegung 52
Hochkonjunktur 937
Höchstbetragsbürgschaft 474
Höchstbetragshypothek 122, 491
Höchstwertprinzip 837
Holding-Gesellschaft 169, 207
Hollerith-Code 877
Holschulden 45
Homogenitätsgrundsatz 16
horizontal 205
Host 880
Hybridleser 439
Hypothek 121 f.
Hypothekenbank 288, 577
Hypothekenbrief 122
Hypothekendamnum 545
Hypothekendarlehen 537, 824 f.
Hypotheken-Deckungsmasse 570
Hypothekengewinnabgabe 273
Hypothekenregister 582

I

IATA 79
ICC (International Chamber of Commerce) 692
Identifikation 868
Identität 310
Imagewerbung 319
Imaginärer Gewinn 708
Immobilien 22, 664
Immobilienfonds 595, 606, 638
Immobilien-Leasing 534
Immobilien-Zertifikate 664
Import-Anschlußfinanzierung 749 f.
Importfinanzierung 748, 750
importierte Inflation 775, 904

Import-Vorfinanzierung 750
Improvisation 867
Incoterms 692 f.
Index 667
Indexklauseln 908
Indexverfahren 542
Indexwährung 900
indirekte Abschreibung 841
Individualarbeitsrecht 228 ff.
Indizes 666
Indossament 395 f., 564
Indossamentenkette 564
Indossamentsarten 396
Indossamentsverbindlichkeiten 823
Indossatar 396
in dosso 564
induktive Statistik 859
Industrie 13, 133
Industriekreditbank AG 290
Industrieobligationen 584
Inflation 903
inflationäre Tendenzen 905
Inflationstheorien 892
Informationen 869
Informationsverarbeitung 877, 886
Inhaberaktien 185
Inhaberpapiere 563
Inhaltsfreiheit 24
Inkassoauftrag 725
Inkassoindossament 396
Inkasso von Dokumenten 723
Inkassowechsel 400, 818
Innenrevision 320 f.
Innenverhältnis 169
innerdeutscher Handel 682
innerdeutscher Handel (Handel mit der DDR) 689 f.
Insolvenzordnung 219
Insolvenzplan 219
Insolvenzrecht 218 ff.
Inspektionszertifikat (Certificate of Inspection) 703
Instanzen 18
institutionelle Garantien 17
Institutssicherung 307
Integrated Services Digital Network 97
Integriertes Text- und Datennetz (IDN) 881
„intelligenter" Terminal 884
Interbank Master Charge 424 f.
Interessengemeinschaft 206
„interessewahrend" 617
Interimsscheine 589

Interministerieller Ausschuß 758
International Air Transport Association 79
International Commercial Terms 692 f.
internationale Arbeitsteilung 680
Internationale Handelskammer 692
Internationaler Währungsfond (IWF) 776, 932
Internationales Zoll- und Handelsabkommen 689
internationale Währungsordnung 932
internationale Wirtschaftsbeziehungen 939
Interventionspunkte 774, 933
Interventionssystem 935
Inventar 144, 799
Inventarbilanz 808
Inventarwert netto 597
Inventur 145, 799, 807
Investierung 221, 500
Investitionsprämien 929
Investitionsprogramme 928
Investmentgesellschaft 595 f.
Investmentzertifikat 592, 637, 665
Irrtum 26
ISDN (Integrated Services Digital Network) 97 f., 881 f.
IWF 932
IWF-Quote 934

J

Jahresabschluß 145, 321, 849
Jahresabschluß der Kreditinstitute 801 f.
Jahresabschluß in der Praxis 155 f.
Jahresfehlbetrag 849
Jahresüberschuß 849
Job Sharing 947
Judikative 16
Jugendarbeitsschutz 238
Jugendliche 238
Jugend- und Auszubildendenvertretung 243, 245
junge Aktien 606
Junghandwerkersparen 453
Jungschein 646
Jungscheingiroverkehr 607, 646
juristische Personen 19 ff.

K

Kaduzierungsverfahren 193
Kai-Empfangsschein 85

Kai-Teilschein 709
Kalkulation 38, 856 f.
Kalkulationsfaktor 38
Kalkulationszuschlag 38
kalkulatorische Kennziffern 222
kalkulatorische Kosten 849 f.
Kameralistische Buchführung 798
Kannkaufmann 134
Kapitaländerungen 188
Kapitalanlagegesellschaft 592, 596
Kapitalausfuhr 685
Kapitalbeschaffungsstelle 608
Kapitalbewertungsstelle 608
Kapitalbilanz 713
Kapitalerhöhung aus Gesellschaftsmitteln 188
Kapitalerhöhungen 188
Kapitalerhöhung gegen Einlagen 188, 607
Kapitalertragsteuer (KapSt) 263 ff., 636
Kapitalgesellschaften 163
Kapitalherabsetzungen 188 f.
kapitalistische OHG 200
kapitalistische Personengesellschaft 200
Kapitalkonsolidierung 153
Kapitalmarkt 789
Kapitalsammelstellen 465
Kapitalumschlagsstelle 608
Kapitalverkehrsteuer 273
Kapitalwertpapier 185, 562, 565
Kartell 205 f.
 – anmeldepflichtiges 208
 – genehmigungspflichtiges 208 f.
Kartellgesetz 206, 208
Kartellrecht 208
Kartentelefone 95
Kassadevisen 782
Kassageschäfte 778
Kassakurs 618
Kassamarkt 616, 618
Kassen 346
Kassenbestand 810
Kassendifferenzen 809
Kassengeschäfte 346, 809
Kassenkredite 916
Kassenobligationen 573
Kassenreserve 895
Kataster 109 f.
Kauf auf Abruf 43
Kauf auf Probe 42
Kaufkraft 467
kaufmännische Angestellte 229
kaufmännische Bestandteile 367, 390
kaufmännische Organisation 133

969

Kaufmann 127
Kaufmann kraft Eintragung 133 f.
Kaufmann kraft Rechtsscheins 135
Kaufmannsbegriff 127
Kaufmannseigenschaft 127
Kaufmannseigenschaften von Sparkassen 130
Kauf nach Probe 42
Kaufoptionen 626
Kauf-Verkaufs-Option 627
Kaufvertrag 33 f.
Kaufvertrag (Kontrakt) 690
Kaufvertragsarten 42 f.
Kauf zur Probe 42
Kautionswechsel 393
Kellerwechsel 393
Keynes 928, 948
kaufmännische Anweisungen 564
kaufmännische Verpflichtungsscheine 564
KG 159 ff., 175 ff.
KGaA 159 ff., 201 f.
KI mit Sonderaufgaben 290
Kinderarbeit 238
Kinderfreibetrag 258
Kinderzuschuß 247
Klagearten 58
Klageverfahren 58 f.
Klarschriftleser 879 f.
Klausel 60
Kleine Abrechnung 419
kleine Kapitalgesellschaften 147
knappschaftliche Rentenversicherung 246
Knebelung 497
Koalitionen 239 f.
Körperschaftsteuer 266 f., 636
kollektives Arbeitsrecht 239 ff.
Kombination 213
Kommanditaktionäre 201
Kommanditgesellschaft 175 ff.
Kommanditgesellschaft auf Aktien 201 f.
Kommanditist 175 ff.
Kommission 100 f.
Kommissionär 100 f., 639, 782
Kommissionsgeschäft 642, 828
Kommittenten 100
Kommunaldarlehen 825
Kommunalkredite 576
Kommunalobligationen 558, 576
kommunalverbürgte Darlehen 557
Kommunikation 869
Kommunikationsdienste – Netze 882
Kommunismus 6
Kompensation 843

Komplementär 175 f., 201 f.
Kommunalkredit 557 f.
Konditionenanpassung 545
Konditionen (Effektengeschäft) 644
Konjunktur 937
Konjunkturausgleichsrücklagen 928 f.
Konjunkturphasen 937
Konjunkturrat 929
konkludent 23
Konkurs 215 ff.
Konkursbilanz 217
Konkursmasse 217
Konkursordnung 215
Konkursquote 217 f.
Konkursverwalter 216 ff.
Konnossement 84 ff.
Konnossementarten 85 f.
Konnossement (Bill of Lading = Seefrachtverkehr) 700
Konnossementsgarantie 531
Konnossement-Teilscheine 709
Konsignant 711
Konsignatar 711
Konsignationslager 711
Konsolidierung 153, 301
Konsorten 603
Konsortialführerin 603
Konstitution 221
konstitutiv 133 f., 142
Konsulatsfaktura (Consular Invoice) 702
Konsumbetriebe 2
Konsumgenossenschaften 194
Konsuminflation 903
Konsumkredite 515
Konsumverzicht 462
Kontendisposition (Cash Management) 441
Kontenkalkulation 856
Kontenplan 803
Kontenrahmen 803
Kontensparen 449 f.
kontingentierter Handel 682
Konto 324 f., 803 ff.
Kontoabschluß 805
Kontoauszug 332
Kontoauszugsdrucker 333
Kontoeröffnung 805
Kontoinhaber 325
Kontokarte 325
Kontokorrent 812
Kontokorrentkonto 334 f.
Kontokorrentkredit (KKK) 507, 822

Kontoverbindung zwischen Kreditinstituten 813
Kontovertrag 325
Kontovollmacht 326
Kontrahierungszwang 24, 92
Konventionalstrafe 477
Konventionstheorie 892
Konversion 568
Konvertibilität (Konvertierbarkeit) 774, 933
Konvertierungsanlagen 433
Konvertierungsverbot 758
Konzentrationsprozeß 286
Konzentrator (Regional Processor) 721
Konzern 207
Konzernabschluß 152
Konzernlagebericht 152
Konzertzeichnung 606
Kooperationspolitik 309 f.
kooperativer Führungsstil 316
Korbwährungen 777
Korrespondenzbanken 464, 716
Korrespondenzinstitute 310
Kosten 844, 851
Kostenartenrechnung 853
Kosteninflation 904
Kostenstellen 854
Kostenstellenrechnung 854
Kostensteuern 252
Kostenstruktur 222, 855
Kostenträgerrechnung 855
Kostenübergang 45, 693
Kosten- und Erlöskonten 851 ff.
Kraftfahrt 75
Kraftfahrzeug-Brief 497
Kraftfahrzeuge 497
Kraftfahrzeugsteuer 273
Kraftloserklärung 447
Krankengeld 235, 249
Krankenpflege 249
Krankenversicherung 248 f.
Kredit 303, 467
Kreditabwicklung 506
Kreditanleihe 524, 528
Kreditanstalt für Wiederaufbau (KfW) 290, 760, 771
Kreditantrag 504
Kreditarten 471 f.
Kreditauftrag 475
Kreditbewilligung 505
Kreditbewilligungsschreiben 505
Kreditbrief 422
Kreditfähigkeit 499

Kreditfunktion 891
Kreditgenossenschaften 194, 286, 289, 364
– gewerbliche 289
– ländliche 289
Kreditgeschäft 467 ff.
Kreditgewinnabgabe 273
Kredit-/Investitionsinflation 904
Kreditkarten 424 ff.
Kreditleihe 472, 506, 826 f.
Kreditmittel 388
Kreditnehmer 303
Kreditoren 812
kreditpolitische Mittel 388
Kreditprovisionen 508
Kreditschöpfung 894
Kreditsicherheiten 473 f.
Kredittäuschung 497
Kreditüberwachung 506
Kreditversicherung 756
Kreditversicherungsvertrag 505
Kreditversorgung 468
Kreditvertrag 504 f.
Kreditwesengesetz 297
Kreditwürdigkeit 499
Krise 937
KTZM-Risiken 758
Kuckuck 60
Kündigung 234 f., 571
– außerordentliche, fristlose 235 f.
– betriebsbedingte 236
– ordentliche 235
– personenbedingte 236
– verhaltensbedingte 236
Kündigungsfristen 236 f.
Kündigungsgelder 445
Kündigungsschutz 235 ff.
Kündigungsschutz für werdende Mütter 238
Kündigungsschutzprozeß 237
Küstenschiffahrt 76
Kulturbedürfnisse 8
kumulative Vorzugsaktien 186
kumulativ-stimmrechtslose Vorzugsaktien 186
Kumulierungsverbot 460
Kundengeschäfte 643 f.
Kundengruppen 317
Kundenkalkulation 856
Kundenkommission in Aktien 828
Kunden-Kontokorrent 812, 820
Kundenposition 784
Kundenselbstbedienung 318, 884
Kunden-Tratten 827

Kundenverhalten 318
Kuponsteuer 636
Kuponzwischenkonto 834
Kurantgelt 284
Kurantmünzen 890
kursbestimmende und kursbeeinflußende Faktoren 631 f.
Kursbrief 93 f.
Kursfaktoren 634
Kursfeststellung 618
Kurs-Gewinn-Verhältnis (Price-Earnings-Ratio, PER) 634
Kursmakler 612
Kursnotierungen 619
Kurspflege 634
Kurspflege-Konsortium 642
Kursprognose 665 ff.
Kursregulierung 634 f.
Kursrisiken 780, 782
Kurssicherungskosten 783, 787
Kurzakzept 395
kurzfristige Exportfinanzierung 754
kurzfristige Kredite 822
Kurzindossament 396
Kux 588, 592
KWG 297

L

Ladenschlußgesetz 235
Ladeschein 79
Ladeschein (Binnenschiffahrt) 700
Länderlisten 687 f.
Lagebericht 152
Lagergeld 106
Lagerhalter 106
Lagerhalterkonnossement 85
Lagerscheine 106
Lagerstellenkartei 659
Lagerumschlag 222
Landesbanken 288
Landesbodenbriefe 583
Landeskreditbank 577
Landessteuern 252
landesüblicher Zinseinfluß 543
Landesversicherungsanstalten 246
Landeszentralbank 357, 917
Landgericht 18, 58
Landschaften und Stadtschaften 577
Landwirtschaft 134
Landwirtschaftsbriefe 583

langfristige Exportfinanzierung 759
langfristige Kredite 824
langfristige Kreditgeschäfte 536 ff.
Lasten 110
Lastenausgleich 273
Lastenausgleichsbank 290
Lastschriftabkommen 415
Lastschriftverkehr 410, 817
Laufzeitkongruenz 582
LZB-Abrechnung 419, 815
LZB-Giro 813
LZB-Scheck 376
Leasing 534
Leasingerlaß 535
Leasingfonds 595
Lebensarbeitszeit 946
Lebenshaltungskosten 943
Lebensversicherung 461
Legislative 16
Legitimationsfunktion 396
Legitimationspapiere 561
Legitimationsprüfung 325
Leihvertrag 33
Leistungsbilanz 713
Leistungserstellung 10
Leistungsklage 58
Leistungslohn 233
Leistungsort 44
Leistungsverzug 51
Leistungsvorbehaltsklauseln 909
leitende Angestellte 230
Leitkurs 934
Leitung 11
Leitwährung 901, 934
liberalisierter Handel 682
Liberalismus 6 f.
Liberationswirkung 561
LIBOR (London Interbank Offered Rate) 587
Lieferklauseln 39
Lieferrisiko 690
Lieferungsbedingungen 39 f., 691 f.
Lieferungs- und Leistungsgarantie 531
Lieferungsverzug 51
Liefervertragskredit 699
Lieferzeit 40
„Liffe"-London International Financial Futures Exchange 623
Limitierung 616
Limitierungsarten 616
lineare Abschreibung 841
Linien-Charts 666
Linienschiffahrt 83

Liquidation 212 f.
Liquidität 221, 300, 304, 500
Liquiditätsfunktion 891
Liquiditäts-Konsortialbank 290
Liquiditätspapiere 925
Lizenz 68
Lkw-Frachtbrief 700
Lkw-Güterverkehr 75
Local Area Network (LAN) 881
Lochkarte 877, 878
Lochkartenleser 880
Lochkartenstanzer 880
Lochstreifen 878
Lochstreifenleser 880
Löschung 112
Löschungsbewilligung 112, 124
löschungsfähige Quittung 124
Löschungsvormerkung 119, 125
Löschung von Grundpfandrechten 124 f.
Lohnarten 233
Lohnfortzahlungsgesetz 235
Lohnfortzahlungspflicht bei Krankheitsfall 235
Lohninflation 903
Lohn ohne Arbeit 234
Lohn-Preis-Spirale 904
Lohnsteuer 262
Lohnsteuerkarte 262
Lohnstop 905
Lohn- und Gehaltstarife 241
Lohn- und Gehaltszahlungen 840
Lohnveredelungsverkehr 681
lokales Netz 881
Lombardfähigkeit 572
Lombardierung 761 f.
Lombardkredit 489, 656, 823
Lombardkredit der deutschen Bundesbank 513 f.
Lombardpolitik 918 f.
Lombardsatz 918
Lorokonto 356, 813
Loro-Valuta-Konten 717
Losanleihen 600
Luftfrachtbrief 80 f.
Luftfrachtbrief (Air Waybill) 700
Luftfrachtverkehr 79
Luftpost 93
Luxusbedürfnisse 8
LVA 246
LZB-Giroverkehr 357
LZB-Vorstände 917

M

Macht der Banken 281
Mängelrüge 50
magisches Viereck 943
Magnetbänder 878
Magnetband-Clearing-Verfahren 436
Magnetbandeinheit 880
Magnetplatten 878
Magnetplatteneinheit 880
Mahnbescheid 54
Mahnverfahren 54
– gerichtliches 54
– kaufmännisches 54
Maintenance-(Operating-) Leasing 535
Majorität 187
Maklerkammer 612
Maklerprovision 102
Maklertreue 102
Management by Objectives 316
mangelhafte Lieferung 49
manipulierte Papierwährung 900
Mantel 565
Manteltarife 241
Mantelzession 483
Marketing 316
Marketingabteilung 866
Marketingkonzeption 316 f.
Markierungsleser (Scanner) 880
Markt 4 ff.
Marktanalyse 316
marktbeherrschende Unternehmen 209
Marktbeobachtung 317
Marktforschung 316
Marktleistungsarten 855
Marktregulierung 925
markttechnische Einflüsse 635
Marktwirtschaft 6
Marshallplan 771
maschinenlesbarer Überweisungsvordruck 351
Massekosten 218
Masseschulden 218
MasterCard 424 f.
materielle Kreditwürdigkeit 499
Mate's Receipt 85
„Matif" 623
Matrixorganisation 870
Maximalprinzip 9
Mehrarbeit 235
Mehrliniensystem 869
Mehrstimmrecht 198

973

Mehrstimmrechtsaktien 185
Mehrwert 810
Mehrwertsteuerpflicht 810
Mehrwertsteuer (Umsatzsteuer) 269 f., 848
Mehrzweckfeld 431
Meistbegünstigungsklausel 703
Meldevorschriften für Auslandszahlungen 720 f.
Meldevorschriften für Devisentermingeschäfte 791
Meldewesen 303
Mengennotierung 779
Mengenpolitik 317
Merkmalsträger 858
Meta-Geschäft 642
Metallgeld 890
Metallismus 892
Metallwährungen 899
Methodik 858 f.
Mietvertrag 33
Mikrofilm 144
Militärregierungsgesetz 689
Millionenkredite 302
Minderjährige 21
Minderjähriger als Kaufmann 128
Minderkaufmann 132
Minderung 50
Mindestreserve 306, 922, 936
Mindestreservebestimmungen 895
Mindestreservepolitik 922
Mindestreserve-Sätze 923
Minimalprinzip 9
Minoritätsrechte 184
Mischfirma 135
Mißbrauchsaufsicht 209
Mitarbeitergespräch 314
Mitbesitz 23, 488
Mitbestimmung 181
Mitbestimmungsgesetz 181, 243
Mitbestimmungsgesetz Bergbau, Eisen, Stahl 181
Mitbestimmungsrechte 244
Mitbürgschaft 475 f.
Miteigentum nach Bruchteilen 24
Miteigentum zur gesamten Hand 24
Mitgliedschaft 196
Mitgliedschaftsrechte 562, 588
Mitgliedspapiere 563
mittelbarer Besitz 488
mittelfristige Exportfinanzierung 759
mittelfristige Finanzplanung 928
mittelfristige Kredite 822

Mittelkurs 778
Mittelstandsprogramm 536
Mitwirkungsrechte 244
Mobiliarpfandrecht 488
Mobilien 22
Mobilien-Leasing 534
Mobilisierungspapiere 925
MODEM 437, 881
Modernisierung des Zahlungsverkehrs 427
modifizierte Ausfallbürgschaft 475
Monetisierung 893
monistische Theorie 922
monometallische Währungen 900
Monopolkommission 209
Montanindustrie 181
Montanmitbestimmung 181
moralsuasion 927
Moratorium (Zahlungsaufschub) 759
Motivation 868
Mündelsicherheit 28, 571
Münzausgabe 894
Münzen 664, 793, 890 f., 894
Münzenumlauf 894
multilaterales Clearing 417
Multimomentaufnahme 875
Multiprogramming 883
Mußkaufmann 131 f.
Mutterschaftsgeld 237
Mutterschaftshilfe 249
Mutterschutz 237
Mutter-Tochter-Gesellschaft 207

N

Nachbürgen 475
Nachbürgschaft 475
nachfrageorientierte Wirtschaftspolitik 948
nachhaltiger Ertragswert 543
Nachlässe 37
Nachnahme 93
Nachrichtenverkehr 69 f., 91 ff.
Nachschußpflicht 193 f., 197
– beschränkte 193, 197
– unbeschränkte 193, 197
Nachsichtakkreditive 736
Nachsichttratten 726
Nachttresor 348
Nachtwächterstaat 5
Nachverfahren 406
Namensaktien 185
Namenslagerschein 107

natürliche Personen 20
Naturallohn 233
Nebeneinkünfte 263
Nebengewerbe der Land-/Forstwirtschaft 134
Nebenplatz 390
negative Orderklausel 365, 565
Negativerklärung 505, 570
negatives Konsensprinzip 171
Negativklausel 505, 570
Negoziierung 727, 729, 739
Negoziierungskredite (Drawing Authorizations) 745, 756
Negoziierungslinie (Drawing Authorizations) 753
Negoziierung von Akkreditiv- und Inkassodokumenten 754
Nennwert 823
Nettoabrechnung 640
Nettokurs 640
Nettosozialprodukt 938
Nettowert 823
Netto-Zinssatz 508
Nettozinsspanne 856
netzneutrale Überweisungsvordrucke 432
Netzplantechnik 874
Nichteinlösung (Notleiden des Wechsels) 402
Nichtigkeit 26
nichtrechtsfähige Vereine 165
Nichtveranlagungsbescheinigung (NV-Bescheinigung) 264, 637
Niederstwertprinzip 147, 831, 842
Nießbrauch 111
NIF (Notes Issuance Facilities) 587
Nominalismus 893, 908
nominelle Goldwährung 900
Nostroeffekte 657
Nostrokonto 356, 784, 813
Notadresse 407
Notaranderkonto 555
Notarbestätigung 555
notarielle Beurkundung 25, 119
Notar-Treuhandauftrag 555
Notenbank 912
Notenbankinstrumente 912
Notenbankpolitik 910, 912 f.
Notierungen (variable) 618
Notifikation 403
notify address 90
Notleiden von Unternehmen 210 ff.
Notverkauf 53
Null-Förderung 458
Nullkupon-Anleihen 586

numerisch 877
Nummernverzeichnis 659
Nutzen 9
NV-Bescheinigung 264

O

Oberlandesgericht 18
Obliegenheiten 31
Obligationen 566
OCR-A-Schrift 431, 879
Oder-Konto 331
OECD 689
öffentliche Beglaubigung 25
öffentliche Förderprogramme 535 f.
öffentliche Haushalte 928
öffentlicher Glauben 109
öffentliche Schuldformen 572 ff.
Öffentliches Recht 15
öffentliches Register 18
öffentliche Versteigerung 60
öffentliche Zeichnung (Subskription) 605
Öffentlichkeitsarbeit 319
öffentlich-rechtliche Grundkreditanstalt 289
öffentlich-rechtliche Universalbanken 288 f.
Offenbarungseid 57
offene Devisenpositionen 791
offene Fonds 595
Offene Handelsgesellschaft 170 ff.
offene Immobilienfonds 596
offene Inflation (Preisinflation) 905
offener Arrest 217
offenes Depot 649
offenes Factoring 533
offene Zession 482
offene Zielgewährung 41
Offenkundigkeitsprinzip 28
Offenlegung 154
Offenlegungsvorbehalt 482
Offenlegung wirtschaftlicher Verhältnisse 303
Offenmarktpolitik 573, 925
Offenmarkttitel 925
OHG 159 ff., 170 ff.
Opposition 651
Optionsanleihe 600
Optionsgeschäfte 626
Optionshandel 627
Optionshandel in Rentenwerten 628 f.
Optionspreis 626
optischer Belegleser 879

ordentliche Gerichtsbarkeit 17
ordentliche Kündigung 234
Order 616
Orderklausel 564
Orderladeschein 79
Orderlagerschein 106
Orderpapier 89, 365, 385, 563 f.
Orderscheck 365, 719
Order to Negotiate (OtN) 745
Ordnungsbegriffe 877
Ordnungssystem 867
Organe 183 f.
Organigramm 869
Organisation 866 ff.
Organisation für europäische wirtschaftliche Zusammenarbeit (Organization for European Economic Cooperation, OEEC) 933, 940
Organisation für wirtschaftliche Zusammenarbeit und Entwicklung (Organization for Economic Cooperation and Development) 940
Organisationsabteilung 866
Organisationsmodelle 870
organisatorische Tätigkeit 868 ff.
Organkredite 302 f.
Ortsausschuß 612
Ortskrankenkassen 248
Outright (Sologeschäfte) 786

P

Pachtvertrag 33
Packing Credits 746
Päckchen 81
Pakete 81
Paketkarte 81
Paketpostdienst 81
Papierwährung 900
Parallelkredite 771
Parallelwährung 900
pari 179, 570
Paritäten 772 f., 901, 933
paritätische Mitbestimmung 182
Paritätsänderungen 774
Paritätsänderungen (Auf-/Abwertungen) 933
Parteifähigkeit 58
Partenreederei 203
passive Buchgeldschöpfung 894
passive Rechnungsabgrenzungsposten (PRA) 845

passive Scheckfähigkeit 367
Passivgeschäft 443 ff., 820 f.
Passivierungsvorschriften 156 f.
Passivseite (Passiva) 800 f.
Passivtausch 804
Passwort 886
Patentgesetz 68
Patronatserklärung 498
Patronatsherr 498
Pauschalabtretungen 482
Pauschalgarantien 758
Pauschalwertberichtigungen 843
Payment Order (Zahlungsauftrag) 716
Pensionsgeschäfte 466
Pensionsrückstellungen 847
persönliche Hypothekendarlehen 541
Persönliche Identifikationsnummer (PIN) 348, 438
persönliche Kreditwürdigkeit 499
Persönlichkeitsentwicklung 313
Personalabteilung 866
Personalakte 312 f.
Personalbeschaffung 310
Personal Computer (PC) 884
Personalentwicklung 313 f.
Personalführung 315 f.
Personalinformationssystem 313
Personalkosten 840
Personalkredit 471, 519
Personalplanung 310 f.
Personalrat 243
Personalvertretungsgesetze 243 ff.
Personalverwaltung 311
Personalwesen 310
Personendepot 659, 834
Personenfirma 135
Personengesellschaft 163
Personenkonten 812
Personensorge 27
Personensteuern 251
Pfändung 60
Pfändungspfandrecht 488
Pfändungs- und Überweisungsbeschluß 60
Pfändung von Kontoguthaben 331
Pfandbriefe 576
Pfanddepot 656
Pfandindossament 396
Pfandrecht 487
Pfleger 27
Pflichtbeteiligung 195
Pflichtprüfung 196
Phantasiefirma 135

Phasenmodell 874
Pillenknick 945
Plafond A 760
Plafond B 762
planmäßige Tilgung 570
Planvergleich 844, 853
Planwirtschaft 6
Platzschecks 382
Platz- und Nachbarschaftsverkehr 362
Plus-Sparen 453
politisches Risiko 758
Portefeuille 510
Portokasse 809
positives Konsensprinzip 169, 171
POS (Point of sale) 438
POS-System 438
Post 91
Postbank 92
Postdienst 92
Posteinlieferungsschein 83
POS-Terminal 438
Postfachsendungen 93
Postgeheimnis 92
Postgiro 813
Postgirodienst 358 ff.
Post-Güterverkehr 81
Postgut 81
Postlaufkredit 741
Postleitzahlen 93
Postlieferungsschein (Parcel Post Receipt) 700
Postprotestauftrag 400, 403
Postscheckring 358 ff.
Postsparverkehr 449
Poststrukturgesetz 92
Postzustellungsauftrag 93
Präferenzpolitik 318
Prämienanleihen 600
prämiengünstiges Sparen 458
Prämienreservefonds 572
Prämiensparen 452
Präsenzbörse 629
Preisnotierung 779
Preisabzüge 37
Preisangabenverordnung (PAngV) 68, 518
Preisaushang 309
Preisgleitklausel 697
Preiskalkulation 38
Preispolitik 309, 317
Preisstabilität 943
Preisstops 905
Preisverzeichnis 309, 334

Prioritätsaktien 186
Prioritätsprinzip 483 f.
Privatbankiers 288
Privatdarlehen 515, 824
Privatdiskont AG 290, 525 f.
Privatdiskonten 393
Privatdiskontfähigkeit 526 f.
private Ersparnis 660
private Hypothekenbanken 289
Privatentnahmen 806
private Universalbanken 288
Privatgiroverkehr 364
Privatkonto 806
Privatrecht 15
Produktionsbetriebe 2
Produktionsfaktoren 8
Produktionskostentheorie 897
Produktivgenossenschaften 194
Produktivität 223
Produktpolitik 309
Produktwerbung 319
Profit Center 857
Programmbetrieb 883
Programmiersprache 882
Programmierung 882
Progressionszone 255
Prokura 142 f.
Prokuraindossament 396
Prokuristen 230
Prolongation 407, 507
Pro-memoria-Konten 356, 529 f.
Proportionalzone 255
Prospekt 614
Prospekthaftung 614
Prospektpflicht 615
Protesterlaßklausel 403
Protest mangels Annahme 402
Protest mangels Sicherheit 402
Protest mangels Zahlung 402
Provision 640
Prozentkurse 615, 618
Prozeßbürgschaften 530
Prozeßfähigkeit 58
Prüfungsberichte 321
Prüfungsmaßnahmen 320
Prüfungsstellen 320
Prüfungsverbände 320
Prüfungsverband 196
Prüfung von Jahresabschluß und Lagebericht 153 f.
Prüfziffernrechnung 320
Public Relations 319

Publizität 109
- negative 109
- positive 109
Publizitätspflicht 801
Publizitätswirkung 139, 198

Q

Qualifikationsentwicklung 313
qualifiziertes Legitimationspapier 447
Qualitätsmangel 49
Qualitätszeugnis (Certificate of Quality) 703
Quantitätsmangel 49
Quantitätstheorie 896
quasi-juristische Person 127, 171
Quay Receipt 85
Quellensteuer 585, 636
„querschreiben" 395
Quittungen 409

R

Rabatt 37
Raiffeisen 286
Ramschkauf 43
Rangänderung 112
Rangfolge 112
Rangordnung 218
Rangstelle 544
Rangvorbehalt 112
Rangwirkung 119
Ratenzahlung 41
Rat für gegenseitige Wirtschaftshilfe (RGW) 940
Rationalisierungen 876
reale Theorie 893
Realkredite 536 f.
Realkreditinstitute 289, 577
Reallasten 111
Realrechtsbestätigung 548
Realsteuern 251, 268 f.
Rechenmittelfunktion 891
Rechenwerk 880
Rechenzentrum 866, 885
Recherchen 442
Rechnungsabgrenzung 843
Rechnungsabgrenzungsposten 146
Rechnungslegung 303
Rechnungslegung bei Kaufleuten 144
Rechnungswesen 798

Recht 14 f.
Rechte 22
Rechtsabteilung 866
rechtsbegründend 142
rechtsbekundend 142
Rechtscheintheorie 561
Rechtsfähigkeit 20
Rechtsgeschäfte 19 ff.
- einseitige 22
- empfangsbedürftige 22
- mehrseitige 22
- nicht empfangsbedürftige 22
Rechtskraft 59
Rechtsmangel 50
Rechtsmittel 59, 253
Rechtsobjekte 22
Rechtsordnung 14 f.
Rechtsquellen 15
Rechtssätze 15
Rechtsschutzgarantie 14
Rechtssicherheit 14
Rechtsstaatlichkeit 16
Rechtssubjekte 19
Rechtsverhältnisse der Genossenschaft 196 ff.
Rechtsverhältnisse der GmbH 192 f.
red clause (rote Klausel) 747
Rediskontierung 509, 511 f., 761, 823
Rediskontkontingente 511, 918, 922
Rediskontlinie 762
Reederei 203
Reederei-Lieferschein 709
regelmäßige Verpfändung 656
Regional- und Lokalbanken 288
Register 18
Regreßansprüche 379 f.
Regulation 789
Rehabilitation 239
Reichsbank 912
Reihenregreß 405
reines Konnossement 90
Reinvermögen 799
Reisescheck 419
Reisevertrag 33
rekta 564
Rektaindossament 396
Rektapapier 365, 564
Remboursbank 751
Rembourskredit 751, 755, 839
Remittent 385
Rendite 633
Rentabilität 223, 500
Rentenfonds 595

978

Rentenformel 247
Rentenhöhe 247
Rentenreform 248
Rentenschuld 122
Rentenversicherung 246 ff.
Rentenversicherungspflicht 246
Rentenwerte 566
Report 787
Reserve-Ist 924
Reservepflicht 923
Reserve-Soll 923
Restliberalisierung 586
Restposten 713
Restricted CLC 743
Revision 18, 318 f., 320 ff.
Revisionsabteilung 866
Revisionsberichte 321
revolvierende Akkreditive 736
revolvierende Garantien 758
Rezession 937
Richtlinien für einheitliche Zahlungsverkehrs-
   vordrucke 431
Ringhauptstellen 364
Ringstellen 364
Risikokapital 665
Rohgewinn 38
Rohstoffgenossenschaften 194
Roll-over-Kredite 789
rosa Effektenscheck (Effektenfernscheck) 645
roter Effektenscheck 645
Rückbürge 475
Rückbürgschaft 475
Rückgriff (Regreß) 379, 405
Rückkoppelung 315
Rückkredit 656
rückläufige Überweisung 352, 410
Rücklage 189, 849
– freie 189
– gesetzliche 189
Rücklagen (AG) 189
Rücknahmepreis 598
Rückrechnung 405, 818
Rückschecks 816
Rückschein 94
Rückstellungen 146, 847 f.
Rückwechsel 818
Rückzahlung 547
Rückzahlung von Anleihen 570
RUF (Revolving Underwriting Facilities) 587
Run 297, 345

S

Sachdepot 659
Sacheinlagen 179
Sachen 22
Sachenrechte 562
sachenrechtliche Wertpapiere 563
Sachfirma 135
Sachgründung 179
sachliche Abgrenzung 843 f.
Sachmittel 869
Sachverständigen-Zeugnisse 703
Sachwert 542
said to contain 737
Saisonkredit 507
Saldenbilanz 808
Saldo 335
SAL-Paket-Dienst 81
Sammelkonnossement 86
Sammelobjekte 664
Sammelschuldbuchforderungen 576
Sammelüberweisung 352
Sammelwertberichtigungen 843
Sammlungsfunktion 3
Sanierung 211
Sanktionssystem 312
Satzung 178
Satzungsänderungen 184
Scanner (Markierungsleser) 879
Schachtel 187
Schadensersatz 51
Schadensersatz wegen Nichterfüllung 50
Schätzung 543
Schaltergeschäft 606
Schalterkurse 793
Schaltzentralen (Operating Centres) 721
Schatzwechsel 573
Schaufensterangebot 35
Scheck 365
Scheckabkommen 382
Scheckkarten 371 ff.
Scheckeinreicher 816
Scheckeinzug durch die Bundesbank 383 f.
Scheckfähigkeit 367
Scheckkarten 373
Scheckkartengarantie 373
Scheckmahnbescheid 381
Scheckprozeß 381
Schecksperre 378
Scheckverkehr 365 ff., 719 f., 815 f.
Scheckversand 816
Scheckvertrag 371

Scheckwiderruf 376
Scheidemünzen 284, 890
Scheingeschäft 26
Scheinkaufmann 135
Schenkung 33
Scherzgeschäft 26
Schichtenbilanz 856
Schickschulden 45
Schiedsgericht 611
Schiffe 108
Schiffshypothekarkredite 538
Schiffsmakler 83
Schiffsmiete 76
schleichende Inflation 905
schlüssiges Handeln 23
Schluß 629
Schlußbilanzkonto (SBK) 805
Schlußnote 102
Schlußschein 102
Schneeballsystem 67
Schrankfach (Schließfach) 649
Schriftenlesesystem (SLS) 351 434, 879
Schriftform 25
Schriftverkehr 93 f.
Schufa 325, 499
Schufa-Klausel 345, 476
Schufa-Meldungen 344 f.
Schuldbuchforderungen 565, 575, 643
Schuldbuchgiroverkehr 576, 646
Schulden 799
Schuldenkonsolidierung 153
Schuldenpolitik 927
Schuldrechte 562
Schuldschein 558
Schuldscheindarlehen 558
Schuldverschreibungen 566
Schuldverschreibungen der Kreditinstitute 583 ff.
Schulze-Delitzsch 286
Schutzgemeinschaft für allgemeine Kreditsicherung (SCHUFA) 344
schwebend unwirksam 21
Schweigen des Kaufmanns 129
Schwerbehinderte 238
Schwestergesellschaft 207
S-Daten-Service 439
Seefracht 91
Seetransportversicherung 84
Selbstbedienungsterminals 349
Selbsteintritt 639
Selbsteintrittsrecht 101, 103, 782
Selbstemission 603

Selbstfinanzierung 224
Selbstfinanzierungsquote 761
Selbstkosten 852
Selbstkostenermittlung 855
Selbstkredit 524
selbstschuldnerische Bürgschaft 475
„self-liquidating-Geschäft" 695
Service 130 95
Sicherheit 884, 887
Sicherungshypothek 122, 491
Sicherungsmaßnahmen 320
Sicherungsmittel 345, 388
Sicherungsübereignung 491 f.
Sicherungswirkung 119
Sicht 378
Sichtakkreditive 736
Sichteinlagen 444, 820
Sichtkurs (Scheckankaufskurs) 720
Sittenwidrigkeit 26
situativer Führungsstil 316
Skonto 37
Skontration 417
Skontren 812
„Soffex" 623
Software 882 f., 885
Softwareentwicklung 885
Solawechsel 385, 387
solidarisch 173
Solidarität 194
Sollkaufmann 133
Sollseite 803
Soll- und Habenzinsabkommen 286
Sonderausgaben 256 f.
Sonderausgaben-Pauschalbetrag 258
Sonderlombardsatz 922
Sonderpfanddepot 656
Sondervermögen 168, 592
Sonderziehungsrechte 774, 776, 901, 934
sonstige Darlehen 823
sonstige Einkünfte 261
Sorgepflicht 45, 693
Sorten 772, 810
Sortenhandel 792 f., 810
Sortenkurse 792
Sortenskontro 810
Sortenwechsler 349
Sortimentspolitik 318
soziale Aufwendungen 840
soziale Betreuung 312
soziale Gerechtigkeit 947
Soziale Marktwirtschaft 7 f., 942
Sozialgerichtsbarkeit 18, 250

Sozialpartner 239 f.
Sozialprodukt 890, 938
sozialpsychologische Theorie 893
Sozialrecht 228, 245
Sozialstaatlichkeit 16
Sozialversicherungsrecht 245
Spätesttermine 698
Spannungsklauseln 909
Spannungskurse 630
Sparbriefe 505 ff., 821
Sparkassenbriefe 451 ff., 821
Sparbuchmodul 349
Sparbuch (Sparkassenbuch) 446
Spareckzins 450
Spareinlagen 446, 820
Sparer 446
Sparer-Freibetrag 260
Sparförderung 457
Sparformen 449 f.
Spargiroverkehr 362 ff.
Sparkassen 285, 288
Sparkassenschuldverschreibungen 451 ff.
Sparkonto 335, 663
Sparkreislauf 462
Sparobligationen 450
Sparpläne 453
Sparquote 660
Sparschuldverschreibungen 663
Spartenkalkulation 856
Spar- und Darlehensbanken 289
Sparvertrag mit Versicherungsschutz 457
Spediteur 103
Spediteur-Durchkonnossement 106
Spediteur-Übernahmebescheinigung 106, 700
Speicher 881
Spekulationsgeschäfte 261, 638
Spekulationskapital 665
Sperrminorität 187
Spezialbanken 289 f.
Spezialkreditbrief 422
Spezialvollmacht 28
Spezifikationskauf 42
Spitzen 622
Splitting 255
Sprungregreß 405
staatliche Geldwerttheorie 893
Staatliche Sparförderung 457, 663
Staatskommissar 610
Stabilitätsgesetz 928, 943
Stablinien-System 869
Stagflation 938
Stagnation 938

stale (verspätet) 730, 738
Stammaktie 185, 588
Stammdaten 878
Stand-alone-System 438
Standardkorb 777
Standortpolitik 309, 318
Standortprogramm 536
Stapelverarbeitung (Batchbetrieb) 883
Statistik 858 f.
Stellen 869
Stellenanzeige 311
Stellen-, Aufgabenbeschreibungen 311
Stellenausschreibung 244, 311
Stellenbeschreibung 869
Sterbegeld 249
Steuerarten 251
Steueraufkommen 251
steuerbare Umsätze 269
Steuerbefreiung 254, 636
Steuerbegünstigungen 636
Steuerbescheid 252
Steuerbescheinigung 265
Steuerehrlichkeit 253
Steuereinnahmen 251
Steuererklärung 252
steuerfreier Betrag 262
Steuerguthaben 636
Steuerhinterziehung 253
Steuerinländer 254
Steuerklasse 262
Steuermeßzahlen 268
Steuern 251 ff.
Steuerpolitik (Einnahmenpolitik) 927
Steuerreparaturgesetz 265
Steuerstrafverfahren 343
Steuerverfahren 252 f.
Steuervergehen 253
Steuerwerk 880
Stille Gesellschaft 159 ff., 177 f., 202
stille Reserve 189, 802
stilles Factoring 533
stille Zession 481 f.
Stimmrecht 186 ff.
Stimmrechtsausübung 659
Stimmrechtsbeschränkungen 187
Stimmrechtsvollmacht 659
Stop-Buy-Auftrag 617
Stop-Loss-Auftrag 617
Stop-Orders 617
Straferlaß 253
Strafprozeß 343

Streifbanddepot (Sonderverwahrung) 651 f., 653
Streifbandverwahrung 643
Streik 242
Struktur des Fremdkapitals 500
Strukturreformen 947
Stückeverzeichnisse 659
Stückguttransport 83
Stückkauf 42
Stückkurse 615, 618
Stückzinsen 568, 829
Stützungfonds der Sparkassen 307
Stuhl 431
Stundungsvergleich 213
Substanzwert 634
Subsystem 867
Summenbilanz 808
Surrogat 387
Swapgeschäfte 786
Swap-Politik 936
Swap-Prämie 788
Swaps 587
Swapsatz 787
S.W.I.F.T. (Society for Worldwide Interbank Financial Telecommunication) 721 f.
Swing 690
Sympathiestreik 242
Syndikat 206
System 867
Systemdenken 874
Systemprüfung 321
SZR 776

T

Tabellensprung 255
Tafelgeschäft 606
Tagesgeld 465
Tageskauf 43
Tag-Nacht-Tresor 348
Talon 566
Tantieme 233
Tara 37
Tarifautonomie 241
Tarifbesteuerung 635
Tarifvertrag 240 ff.
Taschengeldparagraph 21
Tastatur 884
Tauschmittel 284
Tauschverkehr 890

Technik der kurzfristigen Kreditgewährung 499
technische Analyse 666
Teilakzept 395
Teileigentum 541
Teilerhebung 858
Teilhaberpapier 185
Teilhaberrechte 588
Teilkonnossement 708
Teilverladungen 738
Teilzahlungskredite 522
Teilzinsspannenrechnung 856
Telebox 97
Telebrief 93
Telefaxdienst 96 f.
Telefondienst 94
Telefonnetz 881
Telefonverkehr 630
Telegrammdienst 96
Telekom 92
Telekommunikation 91 ff.
Telekommunikationsnetz 97
Teletexdienst 96
Telexdienst 96
Tendenzbezeichnungen 631
Tenderverfahren 606
Termefixe-Versicherung 461
Terminal 880, 884
Terminbörsen 623
Termindevisen 782
Termineinlagen 445, 663, 820
Termingeld 465
Termingeldkonten 445
Termingeschäfte 780
Termingeschäftsfähigkeit 626
Terminkauf 43
Terminkurs 780
Terminmarkt 616, 618, 623 f.
Textschlüssel 431
Tiefstand 937
Tilgung 570
Tilgungsdarlehen 547
Tilgungsstreckungsdarlehen 546
Tilgungsverrechnung 547 f.
Time-Sharing 883
Titel 60
Trade Terms 693
trading portfolio = Handelsbestand 802
Traditionspapier 47, 79 f., 86, 106, 563
Trampschiffahrt 83
Transferverbot 758
Transithandel (Durchhandel) 681

transitorische Posten 845
Transitverkehr (Durchverkehr) 681
Transportdokumente 699 f.
Transportfunktion 396
Transportversicherungspolicen 706
Trassant 385
trassiert-eigener Wechsel 386
Travellers Cheque 420, 719
Tresorgeschäft 648 f.
TREUARBEIT Aktiengesellschaft 756
Treuepflicht 233
Treugeber 560
Treuhänder 331, 560
treuhänderisch 481
Treuhandkredite 558 f., 826
Treunehmer 560
true and fair view 157
Trust 208
T (Taxe) 621

U

Überbringer 372
Überbringerklausel 365
Überdividende 186
Überkreuzverflechtung 184
Übernahme 604
Übernahmekonnossement 85
Übernahmekonsortien 604
Über-pari-Emission 179
Überschuldung 201, 211
Übersicherung 483, 497
Überstunden 235
übertragbare Akkreditive 736
Übertragbarkeit von Aktien 185
Übertragung des Wechsels 395
Übertragungsbilanz 713
Überweisung 350
Überweisungsarten 352
Überweisungs-Grundformen 353
Überweisungsverkehr 814
Überziehungskredit 506 f.
Ultimogeld 465
Ultimo-Order 642
Ultimosparen 453
Umlaufgeschwindigkeit 896 f.
Umlaufgrenzen 582
Umlaufvermögen 800
Umsatz 222
Umsatzkostenverfahren 151, 158
Umsatzsteuer 269 f.

Umschlagshäufigkeit 222
Umschulung 239
Umtausch 50
unbeschränkte Verpfändung 656 f.
unbestätigtes Akkreditiv 735
Und-Konto 331
unechter Lombardkredit 508, 513
uneinbringliche Forderungen 842
Unfallverhütungsvorschriften 235, 346
Unfallversicherung 249
unfrei 40
ungeregelter Freiverkehr 616, 629
Universalbanken 287
unlauterer Wettbewerb 67
unlimitierte Bürgschaft 474, 476
unlimitierter Auftrag 617
unlimitierter Auftrag:bestens 617
unlimitierter Auftrag:billigst 617
unmittelbarer Besitz 488
Unmöglichkeit 30 f.
unregelmäßige Verwahrung 444
unselbständige Hilfspersonen 142
Unterbrechung 62 f.
Unterbringung 605 f.
Unternehmen 2
Unternehmensformen 159 ff.
Unternehmenskennziffern 222
Unternehmenssonderformen 198 ff.
Unternehmensziele 309
Unternehmenszusammenschlüsse 204 ff.
unter pari 567
Unterschriftsprobe 325
unverbindliche Preisempfehlungen 209
Unverfallbarkeit 247
unverzinsliche Schatzanweisung 573
unwiderrufliches Akkreditiv 735
Urabstimmung 242
Urkundenprozeß 381, 405
Urproduktion 132
Ursprungszeugnis (Certificate of Origin) 702 f.
UVV Kassen 346

V

Valorismus 908
Valutierung 332, 555
variable (fortlaufende) Notierung 622 f.
variable Kosten 853
variabler Zinssatz 545
Vemögensherkunft (Finanzierung) 799

Venture Capital 665
Veräußerungsgewinne 638
Veranlagungsverfahren 252
Verbände der Kreditwirtschaft 291
Verband öffentlicher Banken 291
verbotene Geschäfte 298
Verbraucherschutz 63
Verbrauchsteuer 251
verbundenes Unternehmen 157, 207, 210
Verein 164 f.
vereinbarte Kündigungsfrist 450
vereinfachte Ausfuhr 686
vereinfachte Einfuhr 687
vereinfachter Lastschrifteinzug 416
vereinfachter Scheckeinzug 383 f.
Vereinheitlichung 429
Vereinte Nationen 689
Verfahrensgrundsätze 59
Verfallkartei 510
Verfalltag 390
Verfallzeit 390
Verfassungsgerichtsbarkeit 17
Verfassungsgrundsätze 16
Verfrachter 83
Verfügungen über Spareinlagen 448 f.
Verfügungsberechtigung 329 f.
Verfügungsbeschränkungen 110, 112
Verfügungsgeschäfte 22
Verfügungsgrundsatz 59
Vergleich 213 ff.
Vergleichsgericht 214
Vergleichsordnung 213
Vergleichstermin 215
Vergleichsverwalter 215
Vergleichsvorschlag 214
vergleichswürdig 214
Vergnügungsteuer 273
Verhandlungsgrundsatz 59
Verjährung 60 ff., 408
Verjährungsfristen 61 f.
Verkaufen 316
Verkaufskommissionär 100
Verkaufskonsortien 605
Verkaufsoption 626
Verkaufsverpackung 37
Verkehrshypothek 122, 491
Verkehrsteuern 251, 273, 269 f.
Verkehrswert 542
Verladedokumente 737
Verlust 806
Verlustverteilung (OHG) 174
Vermittlungsagent 99

Vermögensabgabe 273
Vermögensaufbau 221, 500
Vermögensbildung 458 f.
Vermögenssorge 27
Vermögenssparen 457
Vermögensteuer 267, 638
Vermögensverwendung (Investierung) 799
Vermögenswerte 799
Veröffentlichung des Jahresabschlusses 154
Verpackung 37
Verpackungsliste (Packing List) 706
Verpfändung 332
Verpfändung von Rechten 488 f.
Verpflichtungsgeschäft 22, 34
Verrechnungseinheiten (VE) 690
Verrechnungsscheck 372, 377
Versäumnisurteil 59
Versandkosten 39 f.
Versandverpackung 37
Versicherungsbörse 608
Versicherungsdokumente 706 f., 738
Versicherungssparen 461
Versicherungsteuer 273
Versicherungsverein auf Gegenseitigkeit 131, 202 f.
Versicherungswesen 461
Versicherungszertifikat 708
Versilberung 218
Versorgungs-Freibetrag 259
verstärkter Personalkredit 472
verstärkt planmäßige Tilgung 571
vertikal 205
Vertrag 23, 28 ff.
vertragliches Pfandrecht 488
Vertragsabschluß 29
Vertragsarten 31 ff.
Vertragsfreiheit 24
Vertragsstrafe 477, 531, 698
Vertrauensfunktion 3
Vertrauensschaden 29
Vertrauensverhältnis 29
vertretbare Kapitalwertpapiere 566
Vertreter 28
Vertreterversammlung 198
Vertretung 27, 169
Vertretung (Außenverhältnis) 172
Vertretung (BGB-Gesellschaft) 169
Vertretung (OHG) 172
Vertretungsmacht 27
Vertrieb 10 f.
Vertriebsgesellschaft 206
Verwahrstücke 649

984

Verwahrungsart 643
Verwahrvertrag 33
Verwaltung 11
Verwaltungsabteilung 866
Verwaltungsbereich 866
Verwaltungsberufsgenossenschaft 249
Verwaltungsgerichtsbarkeit 18
Verwertung 218
Verzugsschaden 51
Vetorecht 171
Vier-Augen-Prinzip 299 f., 320
vinkulierte Namensaktien 185, 652
Visa 424
Volksaktien 589
Volksbanken, Raiffeisenbanken 289
Volkseinkommen 938
Vollakzept 395
Vollbeschäftigung 945
Vollerhebung 858
Vollfinanzierungen 544
Vollhafter 175 f.
Vollindossament 396
Vollkaufmann 131, 135
Vollkonsolidierung 153
Vollmacht 27 f., 329
Vollmachtsindossament 396
Vollstreckbarkeit 406
Vollstreckungsbescheid 57
Vollwirkung 119
Volontäre 142
Vorankündigungen 622
Vorauszahlung 41, 696
vorbereitende Abschlußbuchungen 808
Vorbereitung der Emission 603 f.
Vordruckgestaltung 431 f.
Vordruckzwang 357, 367
Vorfinanzierung 748 f.
Vorgehensmodelle 874
Vorgesellschaften 165 f.
vorgezogenes Rentengeld 246
Vorkaufsrecht 110
Vorlagegebot 394
vorlagepflichtiges Dokument 409
Vorlageverbot 394
Vorlegungsfristen 377 f.
Vorlegungsort 398
Vorlegungspapiere 561
Vorlegungstag 398
Vorlegungsvermerk (Nicht-bezahlt-Vermerk) 379
Vorlegungszeit 398
Vormerkung 119

Vormund 27
Vormundschaft 21, 27
Vormundschaftsgericht 27
Vorruhestand 248, 946
Vorschuß 448, 506
Vorschußzinsen 448
Vorsorgeaufwendungen 257 f.
Vorstand 183
Vorstandssekretariat 866
Vorsteuer 84, 269, 811
Vorteilsgründung 179
Vorwegbefriedigung 218
Vorzugsaktien 185 f., 588
VVaG 202 f.

W

Wachstum 938
Wachstum der Wirtschaft 947
Wachstumsfonds 595
Wachstumssparen 453
Währung 772, 898
Währungsanleihen 585
Währungsbeistand 936
Währungsbuchführung 835
Währungsklauseln 908
Währungskorb 773, 935
Währungspolitik 931 f.
währungspolitische Maßnahmen 936
Währungs-Reiseschecks 420
Währungsrisiko 690 f., 697
Währungsschlange 776, 934
Währungssysteme 899 f.
Waffengleichheit 242
Wagniskapital 665
WAK 79
Wandelschuldverschreibung 599 f.
Wandlung 50
Wandprotest 403
Ware 37
Warenbegleitpapiere 700 f.
Warenbegleitschein 689
Warenbörse 608
Warenfonds 595
Warengeld 890
Warenkontrolle 686
Warenlisten 687 f.
Warentermingeschäfte 665
Warentheorie 892
Warenverkehrsbescheinigung (Versandbescheinigung) 703

Warenwertpapiere 562
Warenwirtschaftssystem 438
Warenzeichengesetz 68
Warschauer Abkommen 79
Wartezeit 451
Wechselabkommen 401 f.
Wechselabrechnung 510
Wechselankaufskurs 720
Wechselarten 393
Wechselbürgschaft 475
Wechseleinlösung 398 f.
Wechseleinreicher 818
Wechselfähigkeit 394
Wechselinkasso 400
Wechselkopierbuch 510
Wechselkursrisiko 759
Wechselkursversicherung 698
Wechselmahnbescheid 406
Wechselnehmer 385
Wechselprotest 402 ff.
Wechselprozeß 405 ff.
Wechselreiterei 393
Wechselsteuer 273
Wechselsteuermarken 809
Wechselsteuerschuld 398
Wechselstrenge 402
Wechselverkehr 384 f., 720 f., 817 f.
Wechselversand 818
Wegerecht 110
Weichwährung 774
weißer Effektenscheck 645
Weiterbildung 314
Weltbank 932
Weltpostverein 91
Weltwährungsordnung 932
Werbebotschaften 319
Werbepolitik 319
Werbung 319
Werbung in KI 303
Werbungskosten 259
Werklieferungsvertrag 33
Werkvertrag 33
Wertansätze 802
Wertaufbewahrungsfunktion 891
Wertberichtigungen 841
Wert des Bezugsrechts 607
Wert des Geldes 896
Wertkosten/Werterlöse 852
Wertleistung 852, 855
Wertleistung (Geschäftsstatistik) 858
Wertmesser 891
Wertpapier 561 f.

Wertpapiere des Anlagevermögens 831
Wertpapiere des Umlaufvermögens 831
Wertpapiereigentum 638
Wertpapieremission 833
Wertpapieremissionskonto 833
Wertpapiere mit festem Ertrag 566
Wertpapierfonds 595 f., 637
Wertpapiergeschäft 561, 828
Wertpapierkonsortialkonto 833
Wertpapierprospekt 614
Wertpapierrechnung 653
Wertpapierrechnung (Aberdepot) 643
Wertpapier-Sammelbanken (Kassenvereine) 645
Wertpapierschecks 645
Wertpapiersonderformen 592 f.
Wertpapierumsätze 828
Wertrechte 565, 575, 643
Wertsicherungsklauseln 908
Wertstellung 332
Wertstellungsgewinne 333
Wertstellungsgrundsätze 332
„Wert zum Einzug" 396
Wertzuwachsanleihen 583
Wesen des Geldes 892
Wettbewerb 67
Wettbewerb der Unternehmungen 208
Wettbewerbsausschuß 291
Wettbewerbsbeschränkung 208
Wettbewerbsrecht 67
Wettbewerbsverbot 174, 183, 233
widerrechtliche Drohung 26
widerrufliches Akkreditiv 735
Widerspruch 119
Widerspruchsrecht 171
wilder Streik 242
Willenserklärung 22, 23
Windprotest 403
Wirtschaften 8
wirtschaftliches Risiko 758
Wirtschaftlichkeit 852
Wirtschaftlichkeitsprinzip 9
Wirtschaftsausschuß 243 f.
Wirtschaftsgebiet 683
Wirtschaftskreislauf 1 f.
Wirtschaftspolitik 937 f., 942
Wirtschaftsprüfer 153, 320
Wirtschaftsrecht 941
Wirtschaftssysteme 5 ff.
Wirtschaftstheorien 948
Wirtschaftsverfassung 942
Wochenarbeitszeit 946

Wohnungsbau 538
Wohnungsbau-Prämiengesetz 460
Wohnungsbau-Sparförderung 460 f.
Wohnungseigentum 541
Wohnungsrecht 111 f.
WZG 68

Z

Zahllast 269, 811, 848
Zahlstellenwechsel 390
Zahlung bei Lieferung 41
Zahlungsabwicklung 716 f.
Zahlungsauftrag im Außenwirtschaftsverkehr 716
Zahlungsbedingungen 41, 695
Zahlungsbefehl 54
Zahlungsbereitschaft 301
Zahlungsbilanz 711 f., 931
Zahlungsbilanzinflation 904
Zahlungsfunktion 3
Zahlungsmittel 323, 387, 891
Zahlungsmittelfunktion 891
Zahlungsort 390
Zahlungsrisiko 690
Zahlungssicherung 698
Zahlungstag 398
Zahlungsunfähigkeit 210 f.
Zahlungsverbot 759
Zahlungsverkehr 323, 809
Zahlungsverkehrsabkommen 428
Zahlungsverkehrsabteilung 866
Zahlungsversprechen 387
Zahlungsverzug 52
Zahlungsziel 696
Zedent 478
Zeichnung 605
zeitliche Abgrenzung 844 f.
Zeitvergleich 222, 500, 844, 853
Zeitwert 823
Zentralbanken 289
Zentralbankgeldmenge 910
Zentralbankrat 917
Zentraleinheit 880
Zentraler Kreditausschuß 291
Zentralnotenbank 285, 912
Zentralverwaltungswirtschaft 6 f.
Zerobonds 583, 586
Zessionar 478
Zessionsprüfung 482

Zettelbanken 285
Zeugniserteilung 233
Ziehungsrechte 933
Zinsanpassung 545
Zinsen 635
Zinsoptionsscheine 587
Zinsscheine 834
Zinsspanne 855
Zinsspannenrechnung 855 f.
Zinstermine 568
Zinsverordnung 286
Zins-Warrants 587
Zirkularkreditbrief 422
Zivilmakler 102
Zivilrecht 15
Zl 721
Zollanmeldung 687
Zollanschlüsse 683
Zollausschlüsse 684
Zollaval 530
Zollfaktura (Customs Invoice) 702
Zollfreigebiete 683
Zubuße 203
Zugabeverordnung 68
zu getreuen Händen 726
Zug um Zug 41
Zulassungsausschuß 611
Zulassungsstelle 611, 614
Zulassungsverfahren 613 f.
Zurückbehaltungsverbot 698
zurückgestaute Inflation 905
Zusatzerlöse 851
Zustellung 58, 60
zu versteuerndes Einkommen 254 f., 258 f.
Zuwachssparen 453
Zwangskonversion 568
Zwangssparen 463
Zwangsvergleich 215
Zwangsversteigerung 126
Zwangsverwaltung 126
Zwangsvollstreckung 57, 60, 126
Zwangsvollstreckungsklausel 126
Zweckerklärung 122
zweifelhafte (dubiose) Forderungen 842
zweiseitige Rechnung 799
Zwischendokumente mit Sperrwirkung 85
Zwischenkommissionar 828
Zwischenkommissionsgeschäft 639
Zwischenkredit 508, 546, 556
Zwischenscheine 589
Zwischenverwahrer 654